DICTIONNAIRE LITTÉRAIRE
DES FEMMES DE LANGUE FRANÇAISE

L'Agence de la Francophonie (ACCT) a contribué à la publication de cet ouvrage.

Les noms de lieux ou de personnes et leur orthographe, les limites territoriales, les idées et opinions exprimés dans cet ouvrage, n'engagent que leurs auteurs et ne sauraient être considérés comme reflétant un point de vue ou une position officielle de l'Agence de la Francophonie.

Christiane P. MAKWARD et Madeleine COTTENET-HAGE

Dictionnaire littéraire des femmes de langue française

de Marie de France à Marie NDiaye

avec la collaboration de
Mary-Helen Becker, Erica Eisinger *et al.*

Éditions KARTHALA
22-24, boulevard Arago
75013 Paris

Agence de la Francophonie (ACCT)

L'Agence de la Francophonie (ACCT) créée à Niamey en 1970, sous l'appellation d'Agence de coopération culturelle et technique est l'unique organisation intergouvernementale de la Francophonie et le principal opérateur des Conférences bisannuelles des chefs d'État et de gouvernement des pays ayant le français en partage, aussi appelées Sommets francophones.

L'Agence assure le secrétariat de toutes les instances de la Francophonie. Elle déploie son activité multilatérale dans les domaines de l'éducation et de la formation, de la culture et de la communication, de la coopération juridique et judiciaire, de diverses actions au titre de la direction générale du développement et de la solidarité.

Outre son siège, situé à Paris, l'Agence dispose d'une École internationale de la Francophonie à Bordeaux (France) où est située sa direction générale Éducation-Formation, d'un Institut de l'énergie des pays ayant en commun l'usage du français (IÉPF) à Québec (Canada), d'un Bureau de liaison avec les organisations internationales à Genève (Suisse), d'un Bureau de liaison avec l'Union européenne à Bruxelles (Belgique), d'un Bureau permanent d'observation aux Nations unies à New York aux États-Unis, d'un Bureau régional de l'Afrique de l'Ouest à Lomé (Togo), d'un Bureau régional de l'Afrique centrale à Libreville (Gabon), d'un Bureau régional pour l'Asie-Pacifique à Hanoi (Viêt-nam).

L'ACCT regroupe 46 pays ou gouvernements : Bénin, Bulgarie, Burkina-Faso, Burundi, Cambodge, Cameroun, Canada, Canada-Nouveau-Brunswick, Canada-Québec, Centrafrique, Communauté française de Belgique, Comores, Congo, Côte-d'Ivoire, Djibouti, Dominique, Égypte, France, Gabon, Guinée, Guinée-Bissau, Guinée-équatoriale, Haïti, Laos, Liban, Luxembourg, Madagascar, Mali, Maroc, Maurice, Mauritanie, Moldavie, Monaco, Niger, Roumanie, Rwanda, Sainte-Lucie, Sénégal, Seychelles, Suisse, Tchad, Togo, Tunisie, Vanuatu, Viêt-nam, Zaïre.

[Le Royaume de Belgique, le Cap-Vert et Saint-Thomas-et-Prince portent à 49 le nombre des pays et gouvernements participant aux sommets.]

Cet ouvrage est dédié
aux illettrées d'hier et de demain,
à Reine C., de Martinique
à la mémoire d'Oumou M., du Sénégal
et à nos filles : Mireille, Rebecca

Abréviations et sigles employés

Id

Pour éviter des répétitions fastidieuses, *seuls sont indiqués les lieux de publication autres que Paris.* La mention « id. » est utilisée lorsque deux titres chronologiquement successifs proviennent des mêmes maisons d'édition.

Cf., V.

Lorsque nous n'avons pas pu rédiger ni obtenir un article original sur une écrivaine et/ou lorsque nous pensons utile de signaler d'autres sources, nous renvoyons les lecteurs et chercheurs, avec la mention « Cf. » [confer], ou « V. » [voir] à divers *ouvrages de référence récents* qui ont consacré à cette écrivaine soit un article, soit un commentaire. *Ces ouvrages sont identifiés de la façon suivante :*

ALBLF

Alphabet des lettres belges de langue française, dir. Liliane Wouters et Alberte Spinette (Bruxelles : Association pour la promotion des lettres belges de langue française, 1982).

DEQ

Dictionnaire des auteurs de langue française en Amérique du Nord [nouvelle édition refondue du *Dictionnaire des écrivains québécois*], de Hamel, Reginald, John Hare et Paul Wyczynski (Montréal : FIDES, 1989).

DFELF

Dictionnaire des femmes-écrivains de langue française, de Drouillard Philippe, Dominique Candelier et Hélène Lefebvre (Le Grand Livre du Mois : 1990).

DLFF

Dictionnaire de la littérature française et francophone, dir. Jacques Demougin, 3 vol. (Larousse/ Références, 1987).

DLLF
Dictionnaire des littératures de langue française, dir. Jean-Pierre de Beaumarchais, Daniel Couty et Alain Rey, 3 vol. (Bordas, 1986 & 1987).

FWW
French Women Writers, A Bio-Bibliographical Source Book, dir. Sartori, Eva Martin et Dorothy Wynne Zimmerman (New York : Westport, CT & Londres, 1991).

LFLFM
La Littérature féminine de langue française au Maghreb, de Jean Déjeux (Karthala, 1994).

NDES
Écrivaines et Écrivains d'aujourd'hui : nouveau dictionnaire des écrivains suisses (Zurich : Société des écrivains suisses, 1988).

RAEF
Romancières africaines d'expression française, Beverley Ormerod et Jean-Marie Volet (L'Harmattan, 1994).

Avant-propos

A celles et ceux qui ne verraient toujours pas l'utilité d'un livre de référence commode sur les femmes qui ont créé des œuvres littéraires en langue française depuis huit siècles, et qui en créent encore tous les jours sous tous les cieux, nous représenterons que depuis vingt-cinq ans les études féminines dans le monde anglo-saxon, et parfois ailleurs se portent bien. C'est par exemple une authentique Norvégienne qui nous a fait découvrir telle poète africaine. On ne peut plus arguer que la critique gynocentrique relève d'une mode et encore moins des rigueurs du puritanisme anglo-saxon auquel répondrait le féminisme états-unien. A commencer par Harvard, Yale et Laval (Québec), aucune université de recherche digne de ce nom ne peut plus se dispenser, outre-Atlantique-Nord, de compter un/e spécialiste dans les perspectives gynocentrées, dans chacune des disciplines de lettres et sciences humaines. La grande majorité des universités du monde anglo-saxon ont un programme d'études féminines florissant ou en plein essor. Une révolution fondamentale a eu lieu dans la gestion de la connaissance et dans les universités. On ne peut que souhaiter un semblable développement sur tous les continents.

Fondamentalement, il s'agissait pour nous de faire mieux connaître et d'honorer la créativité littéraire des femmes d'expression française, qu'elle se conforme ou non aux critères établis. On voit en effet chaque jour de nouvelles recherches s'orienter aussi vers les formes les plus humbles ou les plus lucratives de créativité, que ce soit le journal intime de jeune fille ou la bande dessinée, en passant par le policier classique revu au féminin. Tout phénomène culturel peut faire l'objet d'une approche positive, quels qu'en soient les mérites du point de vue non négligeable mais forcément limité de telle ou telle instance : l'Académie française, l'Institut Simone de Beauvoir, la Société des gens de lettres, le Cercle des conteurs cajuns ou le Club des khâgneux de 1968 (s'il existe).

Cet ouvrage, avec les limites inévitables qu'on lui trouvera, était conçu sous une forme différente dès 1974. Il a été exécuté surtout par des universitaires françaises ou francisantes en Amérique du Nord, assistées de femmes de lettres – d'écrivaines, comme nous préférons dire – de langue française, parisiennes ou autres [1]. La plupart de ces universitaires et critiques (femmes

---

1. Nous sommes tout à fait conscientes des variations dans la féminisation de termes tels que « poète » en lieu de « poétesse » (mot existant traditionnellement et par conséquent chargé de connotations parfois péjoratives), ou l'emploi non systématique (mais

9

en majorité, quelques hommes que nous avons accueillis avec joie puisque les meilleurs hommes sont aussi capables de perspectives gynocentriques) enseignent les littératures de langue française. C'est dire que des textes de femmes francophones sont d'ores et déjà intégrés dans leur enseignement.

Le terme de « féminisme », toujours mal coté en France en cette fin de siècle, ne nous inquiète pas. C'est pour nous un souci politique et une intelligence de la condition des femmes dans le monde. Il implique la foi dans l'égalité potentielle des sexes et des races, et le respect des différences liées à la sexualité. Nous croyons que les différences se trouvent traditionnellement niées ou exaltées par les cultures selon une dynamique historique complexe mais qui reste encore sous le contrôle masculin.

Nous n'avons jamais cru aux ségrégations d'aucune sorte, mais nous avons une longue expérience de la sous-représentation des femmes dans les ouvrages de référence littéraire et, depuis 1975, de leur récupération commerciale tous azimuts. Nous avons donc entrepris d'y remédier en visant la commodité qu'apportera notre travail à celles et ceux qui veulent faire de nouvelles recherches, s'ouvrir de nouvelles perspectives, retrouver ou vérifier une information, créer un nouveau cours ou encore réévaluer leurs souvenirs de lecture. C'est un travail d'amour et de patience que l'on tient en main. Si telle femme n'a pas fait l'objet d'un article, c'est parce que nos énergies et le calendrier avaient, au bout de vingt années, atteint leurs limites. Ce dictionnaire n'est pas le palmarès d'aujourd'hui ni le hit-parade de demain. C'est un ouvrage vivant, un projet en devenir voué, nous l'espérons, à une longévité ouverte à celles et ceux qui désireront apporter des suppléments d'information, et proposer des entrées ou des articles pour les auteures qui n'en ont pas encore fait l'objet.

Nous remercions cordialement nos deux collaboratrices des débuts du projet : Mary-Helen Becker (Ph. D. Wisconsin) et Erica Eisinger (Ph. D. Yale), nos amies de Madison, Wisconsin (États-Unis), qui nous ont accompagnées jusqu'en 1980. Nous remercions aussi chaleureusement les dizaines de critiques qui ont gracieusement fourni des articles pour ce dictionnaire. Ce projet n'ayant jamais fait l'objet d'un soutien financier majeur, nous sommes toutefois très reconnaissantes aux administrateurs de nos institutions qui nous ont périodiquement accordé quelques centaines de dollars pour faciliter nos déplacements ou pour rétribuer nos divers/es assistant/es pour certaines parties de la dactylographie et de la saisie des textes.

En dernier lieu, et donc tout particulièrement, nous tenons à remercier la jeune philosophe lettrée bilingue, Claire Duiker. Sans elle, « ce livre ne serait pas », comme disaient de leurs épouses les auteurs traditionnels. Deux doyens associés pour la recherche de l'Université d'État de Pennsylvanie nous ont assuré l'aide modestement rétribuée de l'incomparable Claire.

Christiane (Perrin) Makward et Madeleine Cottenet-Hage

---

fréquent) de « écrivaine » qui ne s'est pas encore établi à Paris. Cette apparente « liberté » égratignera sans doute les plus pointilleux des lecteurs. Son but est de respecter les choix des critiques qui ont rédigé les articles et l'orientation générale de l'ouvrage.

AVERTISSEMENT

Les bibliographies ont été établies pour l'essentiel à partir des ressources de la Bibliothèque nationale française, des bibliothèques des centres culturels francophones parisiens, du *National Union Catalog* des États-Unis et des renseignements obtenus par téléphone auprès des éditeurs. *L'édition indiquée est normalement la première. Les titres sont donnés par ordre chronologique* mais des vérifications que nous ne pouvions pas entreprendre auraient été nécessaires pour garantir l'exactitude absolue de ces dates comme première édition. Quelques titres particulièrement longs (XVIᵉ siècle surtout) ont été abrégés par des points de suspension.

A l'exception de mémoires et d'essais d'intérêt historique, seules les œuvres de création (poésie, théâtre, roman, fiction autobiographique) ont été retenues. On ne trouvera donc pas ici le reflet de la réflexion extraordinairement riche au XXᵉ siècle sur les femmes dans les domaines des sciences sociales et humaines : ni Hubertine Auclert, ni Elizabeth Badinter, ni Michèle Perrot par exemple et à notre vif regret, car nous avons respecté les limites littéraires du domaine. Nous avons visé l'exhaustivité pour les bibliographies mais dans le cas d'œuvres très abondantes de nature populaire, une sélection a été faite. Les dates de naissance restent parfois inconnues ou douteuses, surtout pour nos contemporaines. *L'origine géographique a été précisée pour les écrivaines non hexagonales et pour celles des Françaises dont l'œuvre a une visée régionale distinctive.* Pour les œuvres ayant fait l'objet d'un article, nous avons à l'occasion favorisé la représentation des contemporaines et des non-hexagonales : notre livre sera sans doute le premier à « errer » dans ce sens. Ce sont celles sur qui, paradoxalement, il est souvent difficile de rassembler des informations, celles en tout cas qui ne sont pas encore représentées dans les ouvrages de référence courants. Enfin, *le critère retenu pour inclusion au titre du répertoire bibliographique combiné au dictionnaire a été, à quelques exceptions près, un minimum de deux livres publiés,* davantage dans le cas de plaquettes de poésie. Nous ne serons certes pas absoutes de toute lacune, mais l'universel lecteur moyen sera sans doute aussi émerveillé que nous devant la richesse de notre matière.

11

A

ABRANTES, Laure Junot de Saint-Martin-Permon, duchesse d' –, 1784-1838, mémorialiste.

L'Amirante de Castille (Mame-Delaunay, 1832). *Catherine II* (Dumont, 1834). *Les Femmes célèbres de tous les pays* (Lachevardière, 1834). *Histoire des salons de Paris* (Ladvocat, 1836-38). *La Duchesse de Vallombray* (L. Chapelle, 1838). *L'Exilé, un roseau désert* (Dumont, 1838). *Étienne Saulnier,* rm historique (C. La Chapelle, 1840). *Les Deux Sœurs* (id., 1840). *Mémoires* [1831-1835], 10 vol. (Garnier, 1893). Cf. DFELF.

ACCAD, Évelyne, n. 1943, romancière, essayiste libanaise-américaine.

Née à Beyrouth, dans une famille de cinq enfants et de stricte tradition protestante, Évelyne Accad a fait des études secondaires dans son pays avant de poursuivre une formation de lettres modernes aux États-Unis. Elle y a obtenu un doctorat de lettres modernes. Elle mène une carrière universitaire tout en multipliant les séjours de recherches dans divers pays du Machrek, du golfe Persique, et de l'Afrique (Tunisie, Soudan, Égypte). Elle aime chanter des chansons qu'elle compose à la guitare et elle séjourne volontiers à Paris.

Évelyne Accad écrit souvent ses essais en anglais, elle a publié dans cette langue de nombreux articles de critique littéraire et culturelle, mais ses romans sont rédigés en français. Ayant fait de la femme arabe son principal – et combien vaste – objet de recherche et de réflexion, elle fonctionne donc en trois langues. Son œuvre manifeste un engagement d'un courage exemplaire en ce qu'elle frappe droit au cœur des injustices les plus criantes et des absurdités les plus douloureuses. On imagine que la publication d'essais sur (et contre) le voile islamique, sur le lien intrinsèque de la sexualité, de la violence sanguinaire et des dogmatismes implique aussi beaucoup de courage du côté d'éditeurs optant pour les antipodes du lucratif.

Arabe mais de milieu chrétien et de formation occidentale, Évelyne Accad incarne ces nouvelles générations de femmes dégagées des limites d'une seule culture, aux horizons ouverts et capables d'inscrire des positions politiques claires, sous des longitudes où la tradition est plutôt de ratiociner à l'infini et ne pas donner prise. Son mode narratif romanesque est d'une énergie qui cherche à transmettre l'authenticité de l'émotion, de la colère. *Coquelicot du massacre,* qui traite de la guerre au Liban, (d)étonne en s'ouvrant sur une scène de castration dépeinte comme sur une scène de théâtre expressionniste (ou de Genet) : c'est une métaphore de la pulsion de mort de l'homme méditerranéen mais aussi *pour* que l'Occident cesse de se complaire dans ses doux « complexes », pour qu'il cesse de déguster la castration à toutes les sauces abstraites alors que de vrais humains déshumanisés se mutilent dans leur chair et en réalité, sous l'œil d'un monde spectateur. Dans ce roman au sang (comme on dit « à l'eau de rose »), Maria Desmée a souligné la lueur au bout de la nuit, de l'horreur : « Il faut que l'homme se renouvelle, qu'il sorte de cet espace-temps sans mémoire, sans horizon, qu'il le transcende et le transgresse, qu'il le déchire, qu'il le saigne, qu'il le tranche comme son sexe-fusil qu'on vient de couper. Qu'il traverse la mort... Qu'une porte s'ouvre vers un autre espace, celui où l'homme et la femme retrouvent la tendresse, l'échange... » Sous forme d'essai (comparant les perspectives masculines et féminines sur la guerre dans des fictions originaires du Liban) Évelyne Accad aborde de nouveau ce lourd problème dans *Des femmes, des hommes et la guerre.* Elle y fait référence tout particulièrement aux positions parallèles qu'elle a découvertes chez les Australiens Bob Connell et Adam Farrar *(Masculinity and War).*

Quant à *L'Excisée,* c'est l'envers fictif d'une réalité scandaleuse, l'excision (parfois accompagnée d'infibulation) dont on s'étonne que les uns l'euphémisent encore aujourd'hui en « circoncision féminine », et dont on s'étonne aussi que les autres, cultivés par ailleurs, n'en aient même « jamais-jamais » entendu parler ! Heureuse si l'on n'en entend pas d'autres justifier l'excision au nom de différences ethnoculturelles qu'il faudrait respecter ! La romancière, dont le but est de montrer le plus énergiquement et « graphiquement » possible la réalité, pose aussi, enfin d'une voix féminine véridique, le dilemme du couple interreligieux qui est un thème important dans les littératures modernes nées des contacts interculturels. Ce livre est « un poème et un cri : contre la guerre qui ravage le Liban, contre la répression patriarcale chez les chrétiens comme chez les musulmans... » (Claire Brisset). Ceci résume bien l'entreprise créatrice d'Évelyne Accad dont les narratrices, et parfois les protagonistes, sont en partie, inévitablement et courageusement, des projections autobiographiques.

Le troisième texte de fiction « poétic/autobiographique », *Blessures des mots,* est lié à un séjour d'études en Tunisie. La narratrice observe la vie des femmes, et leurs tentatives d'inscrire dans une réalité sociopolitique leur besoin d'évolution. *Nissa,* magnifique vocable pour « femme » en arabe, son émergence et son déclin, est le périodique créé autour du groupe dit « Club Taher Haddad » (en hommage au penseur progressiste des années quarante, qui avait influencé Bourguiba), club dont la figure de proue est Aïda, amie de la narratrice. Ce roman traite également des drames plus personnels tels que le viol, dont les « belles étrangères » sont des cibles de choix. Derechef est traité le drame du couple interculturel, même si, dans ce cas, la différence peut sembler minime (pour un observateur éloigné) entre un Palestinien et une Tunisienne. La distance intersubjective se joue également dans le temps, entre filles et mères observées par la narratrice. Avec Évelyne Accad, on est donc très loin de certains dogmatismes post-existentialistes qui voulaient qu'on écrive parce qu'on n'avait rien à dire.

Bibliographie : *Veil of Shame* (Sherbrooke : Naaman, 1978). *L'Excisée,* rm (L'Harmattan, 1982). *Coquelicot du massacre,* rm (id., 1988). *Sexuality, War and Literature in the Middle East,* essai (New York Univ. Press, 1989). *Des femmes, des hommes et la guerre : fiction et réalité,* essai (Côté Femmes, 1993). *Blessures des mots : Journal de Tunisie,* rm (id., 1993). *Diverses traductions, articles, essais.*

CM

ACHKAR, Marcelle Haddad. Cf. DLLF : « Liban ».

ACKERMANN, Louise Victorine Choquet, 1813-1890, poète.

Louise Ackermann résumait ainsi sa vie en 1874 : « une enfance engourdie et triste, une jeunesse qui n'en fut pas une, deux courtes années d'union heureuse, vingt-quatre ans de solitude volontaire ». Née à Paris, elle est élevée surtout à la campagne, entre un père libre-penseur et une mère conventionnelle. Elle est souvent taquinée par ses deux jeunes sœurs pour son amour de l'étude et sa sauvagerie car à douze ans elle fait ses délices de Corneille. Lorsqu'on entreprend son éducation religieuse dans une pension de Montdidier, elle prend « péché et rédemption » fort au sérieux mais son père l'en guérit bientôt avec Voltaire, Platon et Buffon. En 1829, elle entre en pension à Paris où l'on encourage sa vocation littéraire : elle y acquiert le sobriquet d'« ourson » mais on montre ses vers à Victor Hugo. Ces trois années de plaisirs intellectuels révolues, elle rentre dans sa famille et résiste farouchement aux pressions de son entourage quant à la vie mondaine. Après la mort de son père, un premier séjour à

Berlin (1838) est suivi de deux années à Paris où sa mère s'éteint. Libre à 28 ans, elle retourne à Berlin où elle rencontre un protestant français, devenu athée : Paul Ackermann. Elle l'épouse en 1843, « sans entraînement aucun » mais s'en trouve charmée, transformée en assistante de recherche et ménagère heureuse. Prématurément veuve, elle se retire à Nice en 1846, y achète une ancienne propriété dominicaine, s'y fait bâtir une tour et cultive ses terres pendant une dizaine d'années. Elle adapte des contes orientaux en vers légers et guère prudes. D'abondantes lectures scientifiques et philosophiques et la venue d'une certaine renommée littéraire occupent ses dernières années. Elle se fixe à Paris en 1880 et y meurt dix ans plus tard avec pour seul regret celui de « n'avoir rien su ». Le cimetière niçois où elle avait été inhumée a fait place... à une autoroute.

Louise Ackermann a inspiré au moins une passion au XXe siècle, celle du critique qui en une vingtaine de pages analysait chez « la malheureuse imaginaire », un « pessimisme raisonné et raisonneur » intégral. Il fait écho à sa victime en ces termes : « Cette fanfare du néant sonne creux, mais fort, chez cette fanfaronne du désespoir » auxquels s'ajoutent : « vociféra-trice », « lyrique furie », « poétesse inconsolable », et « veuve consolée », « hautaine sibylle du malheur » enfin, dont la stratégie existentielle fut de « faire l'économie du suicide » en chantant le malheur universel !

Anatole France, qui avait connu l'extraordinaire « puritaine athée », en trace un portrait plus modéré mais gauchit quelque peu l'histoire : « Il est certain que si l'on m'eût laissée suivre ma pente d'alors, j'allais droit au couvent », confiait Louise Ackermann. « Le catéchisme la rendit folle d'épouvante », traduit Anatole France. Cependant, ses contemporains (Sully Prud'homme, Littré, Sainte-Beuve, Gautier) lui ont rendu hommage et France, lui aussi, admet qu'elle est « véritable poète philosophe. Elle eut la passion des idées ». Son seul exégète sérieux, Marc Citoleux, réhabilite Mme Ackermann dans sa féminité « en dépit d'elle-même et de la critique ». Elle avait effectivement été jugée sans appel par Barbey d'Aurevilly : « Cette Origène femelle est parvenue à tuer son sexe en elle et à la remplacer par quelque chose de neutre et d'horrible, mais de puissant ».

Le fait est que la poète parle le plus souvent au masculin – ce qui tient, comme nous savons aujourd'hui, à la « nature » même du langage et plus encore de la culture. Elle n'est pas tendre pour ses congénères, sur lesquelles elle porte de mâles appréciations : « Les femmes qui écrivent [Louise qui adorait Musset penserait-elle à George Sand ?] sont, hélas ! naturellement disposées à se laisser aller à de déplorables écarts de conduite. Un pareil danger effrayait ma mère. » Parmi ses pensées les plus originales sur la question, il convient peut-être de souligner celle-ci : « Bien qu'il en soit, hélas ! la première victime, l'homme n'a pas le droit de se plaindre des défauts, ni même des vices de la femme. Celle-ci n'a qu'un but au monde : le captiver, et pour y parvenir elle se modèle sur ses désirs. Or, que lui demande-t-il ? Des charmes et du plaisir. Elle se fait donc coquette, frivole, menteuse pour le séduire. Au lieu de se rendre à de pareils attraits, s'il ne se montrait sensible qu'aux qualités de l'esprit et du cœur, elle s'évertuerait à les acquérir et deviendrait bientôt simple, sérieuse, vertueuse même ; car elle est capable de tout pour lui plaire (*Pensées*, 1902 : 15).

Quant à cet art « féminin » du roman, elle s'en sentait incapable : « Les femmes font entrer dans un roman les ardeurs, contenues ou non, de leur tempérament. Hélas ! je n'aurais rien eu à mettre dans les miens. » Il est évident que Louise Ackermann n'a pas jugé utile d'admettre publiquement sa propre sensualité non plus que de penser la question plus profondément. C'est le puritanisme et l'élitisme caractéristiques de l'époque : « La femme n'existe qu'en vue et au profit de l'homme... Qu'elle se renferme donc dans les devoirs de sa destinée... » Au moins Louise a-t-elle la lucidité d'admettre qu'elle s'y serait également « enfermée » si le sort ne l'avait privée de son époux car elle avait abandonné ses propres études, « lesquelles n'avaient jamais été pour [elle] que le remplissage d'une existence vide » (*Ma Vie* : xiv).

C'est bien le fond du problème que pose cette femme, si détachée de la vie mondaine dès l'enfance. Louise Ackermann n'est pas une romantique mais un Pascal qui n'a pas fait le saut et qui le lui envie tout en le maudissant dans le grand poème « Pascal ». C'est un Camus frustré de ses noces : « Considéré de loin, à travers mes méditations solitaires, le genre humain m'apparaissait comme le héros d'un drame lamentable qui se joue dans un coin perdu de l'univers, en vertu de lois aveugles, devant une nature indifférente, avec le néant pour dénouement » (*Ma Vie* : xxii). D'où les magnifiques cris à « corps perdu », d'où le refus, le mépris et la haine de l'au-delà qui fondent une véritable mystique anti-déiste et qui expliquent l'oubli dans lequel on a enseveli sa violente voix : « Non à la Croix sinistre et qui fit de son ombre/ Une nuit où faillit périr l'esprit humain... »

Il ne faut pas limiter le personnage de Louise Ackermann à son pessimisme véhément. Il constitue pourtant la profonde originalité de cette solitaire doublée d'une positiviste. C'est en poésie qu'elle se fait solidaire de la misère universelle. Elle a subi ses propres deuils en silence et noté fort sagement la faille entre le vécu et l'écrit : « Les douleurs chantées sont déjà les douleurs calmées. Ce n'est point lorsque nous sommes encore engagés dans la sensation que nous serions capables de l'exprimer. » Le dogme de l'authenticité de l'expression devait pourtant déterminer sa réputation littéraire. « Le Cri », le plus sombre et l'un des plus forts poèmes philosophiques, est aussi l'un des très rares où Louise Ackermann a marqué son texte au féminin. Le poème est daté du 21 mars 1871, période « martiale » d'autant plus cruelle et déchirante pour Louise Ackermann que l'Allemagne était sa seconde patrie. Elle était revenue de Nice passer l'année à Paris et dénoncer l'absurdité de la guerre.

Bibliographie : *Contes* (Garnier Frères, 1855). *Contes et Poésies* (Hachette, 1863). *Poésies. Premières Poésies. Poésies Philosophiques* (Lemerre, 1874). *Pensées d'une solitaire, précédées d'une autobiographie* (id., 1882). *Œuvres de L. Ackermann : Ma Vie. Premières Poésies. Poésies Philosophiques* (id., 1885).

Sélection critique : Marc Citoleux : *La Poésie philosophique au XIXᵉ siècle*, 2 vol., 1. *Lamartine* ; 2. *Mᵐᵉ Ackermann* (Plon-Nourrit, 1906). Anatole France : « Madame Ackermann », *La Vie Littéraire* IV (Calmann-Lévy, 1892). Charles Lalo : « Madame Ackermann ou la malheureuse imaginaire », *L'Art et la Vie, l'économie des passions* (Jean Vrin, 1947). Louise Read : « Madame Ackermann intime », *Pensées d'une solitaire* (Lemerre, 1902).

CM

ACREMANT, Germaine Poulain, Mᵐᵉ Albert –, 1889-1986, romancière.

Le Roman d'un touriste (Arras : Sueur-Charruey, 1903). *Ces dames aux chapeaux verts* (Plon-Nourrit, 1921). *La Hutte d'acajou* (id., 1924). *La Sarrazine ou Tourbillon de Paris* (id., 1926). *Gai ! Marions-nous !* (Plon, 1927). *Le Carnaval d'été. Au pays de Reuze* (id., 1928). *Gertrude et mon cœur* (Plon-Nourrit, 1929). *Une Petite qui voit grand* (Plon, 1931). *A l'ombre des célibataires* (id., 1932). *Les Ailes d'argent* (id., 1933). *L'Enfant aux cheveux gris* (id., 1934). *Le Corsage vert pomme* (id., 1935). *Fortune rapide* (id., 1936). « La Dentellière de Watteau », *Cinq histoires de France*, avec Edmond Jaloux *et al.* (Da Costa, 1937). *Flandre et Artois*, essai (J. de Gigord, 1937). *Quatre comédies en un ou deux actes*, avec Albert Acremant : *Chut ! voilà la bonne. Deux réveillons. Mon repos. Une Femme dépensière* (Plon, 1937). *La Route mouvante* (id., 1939). *Arrière-saison* (id., 1942). *Une Enfant trop riche* (Marchenelles, 1944). *Le Triomphe du printemps* (Plon, 1946). *Pastorales* (id., 1948). *Méandres* (Loisirs, 1949). *Échec au roi* (Plon, 1951). *Cœur en éclats* (id., 1953). *Les Enchanteresses* (id., 1955). *Par petites tables* (Galic : 1962). *Chapeaux gris, Chapeaux verts* (Plon, 1970). *La Grande Affaire* (id., 1975). *Un Gendarme tombé du ciel* (id., 1977). *Colombe et son mystère* (id., 1978). *La Chambre de Charles IX* (id., 1972). *Hier que j'aimais* [souvenirs] (id., 1980). *Le Monsieur de Saint-Josse* (id., 1983). Cf. DFELF.

ADA [Goldstein], n. 1906.

La Vie d'une femme : la mienne, récit (Les Sables-d'Olonne, 1982). *Elle voulait voir la mer* (Maurice Nadeau, 1985). *Les Étoiles à nouveau* (id., 1987).

ADAM, Juliette Lamber, 1836-1936, publiciste, femme de lettres.

La Chanson des nouveaux époux (L. Conquet, 1882). *Récits d'une paysanne* (Impr. Georges Chamerot, 1885). *L'Heure vengeresse des crimes bismarckiens* (Plon, 1916). *L'Angleterre en Égypte* (Imp. du Centre, 1922). *Mes Souvenirs, 1904-1908,* 6 vol. (Lemerre, 1936). *Laide* ([nlle éd.], Lemerre, 1910). *Idées antiproudhoniennes* (1858 & Dentu, 1861). *Mon village* (1860). *Le Mandarin* (1862). *Païenne* (1883 & Plon). *Chrétienne* (1913 & Plon). *Mémoires* (1902-1910). Cf. DLLF & DFELF.

ADRIENNE, Nicole.

Le Calicot (Lyon : J.-M. Laffont, 1980). *L'Arbre de la solitude* (id., 1981). *Le Prisonnier du temps qui passe* (Presses de la Renaissance, 1984). *Une Mort très particulière* (id., 1985). *La Forêt d'Arua* (Centurion, 1986).

AEPLY, Janine, romancière.

Le Rendez-vous (Seuil, 1961). *La Boîte à musique* (id., 1962). *A propos des rossignols* (Mercure de France, 1965). *Un Royaume de papier* (id., 1968). *Une Fille à marier* (id., 1969). *Eros zéro* (id., 1972).

AGHONNE, Justine Louise Philippine, Mie d'–, 1823-1899, romancière populaire.

« Le Collier de Sacripant » (*Semaine Littéraire,* 18 déc. 1869). *L'Écluse des cadavres* (Libr. des Sartorins, 1875). *L'Usurier des gueux,* etc.

AGNÈS d'Harcourt, ? – 1289.

« Le Joinville de la sœur de Saint-Louis », cf. Raoul Goût : *Le Miroir des dames chrétiennes* (Éd. « Je sers », 1935).

AGOSTINO, Jocelyne d'–.

L'Enfant-dos (Hallier, 1979). *Une Femme si sage* (Denoël, 1985).

AGOULT, Marie de Flavigny d'– (Pseud. : Daniel Stern), 1805-1876, romancière, publiciste.

Il est difficile de distinguer la vie de l'œuvre : écrire a représenté le salut pour Marie de Flavigny, comtesse d'Agoult, quand Franz Liszt, pour qui elle avait tout abandonné, l'eut quittée. Elle y rêvait avant. Mais c'est dans le naufrage de la passion qu'elle a su qu'il fallait ou périr, ou « devenir ». Être, non plus par sa beauté, son esprit, son titre, ses amours, mais par elle. Devenir elle.

Ses œuvres de fiction, le roman *Nélida* et des nouvelles, tiennent de l'autobiographie détournée et d'une affirmation de combat : c'est toujours, homme ou femme, un marginal que la société rejette et qui tente de s'imposer. Aujourd'hui, des femmes – et des hommes – avouent que l'écriture fut, demeure leur porte de salut. Au temps de George Sand, peu de femmes osaient publier. Moins encore sans l'armure d'un pseudonyme masculin. Il y fallait l'orgueil d'une Germaine de Staël, la sincérité modeste d'une Hortense Allart de Méritens, la bravoure lutteuse d'une Pauline Roland. Le travesti, d'ailleurs, dura longtemps en littérature.

Si les *Mémoires* (posthumes) de « d'Agoult-Stern » restent superficiels, ses *Souvenirs* nous livrent ses clés et nous font comprendre l'état d'âme d'une « noble demoiselle » de la Restauration : « Depuis le jour de mon mariage je n'avais pas eu une heure de joie. Le sentiment d'isolement complet du cœur et de l'esprit... avait jeté dès ce premier jour, sur toutes mes pensées, une tristesse mortelle. »

Excès romantique ? Sans doute. Mais dans combien d'écrits féminins du XIXe siècle apparaît cette rétraction – qu'on qualifie de frigidité ? A cause de sa mère, fille de banquiers de Francfort qui avait, dans un élan fou, épousé un émigré français séduisant et léger, Marie de Flavigny croyait en l'amour. Au sortir du couvent elle refusa de « beaux partis » faute de rien ressentir. A vingt-deux ans on la persuada d'accepter le comte Charles d'Agoult, « mari parfait » de quinze ans son aîné. Deux filles : la maternité semble n'avoir jamais comblé Marie. Elle ouvre son salon aux artistes, aux écrivains : Vigny, Eugène Sue, première révolte contre le légitimisme étroit des d'Agoult. Une de ses filles meurt. Le désespoir pousse Marie à tout quitter pour suivre le « rayon de lune incarné », « l'apparition », le génie de la musique qu'elle avait rencontré en 1833. Franz Liszt était fils d'un régisseur hongrois, il avait six ans de moins qu'elle. La folie dura cinq ans... et trois enfants furent déclarés par Liszt, célibataire : la mère était « fictive » car la comtesse restait liée par un mariage indissoluble. Puis Liszt s'est lassé. Marie revint à Paris en 1839, répudiée par sa famille, brouillée avec la seule femme qui aurait pu l'imposer dans les lettres : George Sand.

Après les apparences d'une amitié extrême, Marie fut jalouse, à Nohant, de l'intimité Liszt-Sand, et malveillante pour la relation Sand-Chopin. La vengeance de George fut éclatante. Elle fit cadeau à Balzac d'un sujet de roman, l'histoire d'une mondaine assez ridicule et d'un bas-bleu qui tente de voler son amant à une charmante femme-écrivain. Cela donna « Beatrix ». Marie s'y reconnut... Balzac raconta tout à Mme Hanska...

Mais en 1840 Marie fait la conquête du plus important journaliste du temps. Émile de Girardin aimait l'intelligence des femmes. Il avait épousé Delphine Gay, poète-prodige. Il encouragea Marie à écrire et la publia dans *La Presse,* son journal. C'est là qu'à la hâte elle choisit son pseudonyme : Daniel, le prénom de son fils avec Liszt – qui mourra à vingt ans – et Stern, « étoile » en allemand, pour se porter bonheur en honorant ses origines maternelles. Elle écrivit d'ailleurs sur l'Allemagne, comme sur la Hollande.

Son œuvre marquante reste l'*Histoire de la Révolution de 1848*, évocation de ce temps où elle inspira Lamartine, chef du premier gouvernement provisoire. Parfois, les *Choses vues* de Victor Hugo décrivent les mêmes scènes : en furent-ils l'une et l'autre témoins ? Les ont-ils tous deux lues dans les feuilles du temps ? Bien sûr, au milieu du tumulte révolutionnaire, Marie retrouvera George et elles rivaliseront d'influence. Marie publia aussi des *Lettres Républicaines,* elle refusa le Second Empire et conserva un salon républicain. Pourtant sa fille Blandine épouse Émile Ollivier qui deviendra – la jeune femme étant morte en couches – le « ministre libéral » de Napoléon III. Mais c'est à Pauline Roland, la prisonnière politique, que Daniel Stern s'intéressait.

Marie d'Agoult, la séductrice, n'a pas su se faire aimer de ses enfants. Cinq fois mère, elle n'était guère faite pour la maternité et son œuvre parle peu d'enfants. Sa seconde fille avec Liszt, Cosima, raya la mère de sa vie quand elle eut épousé Wagner. En 1870 elle choisit l'Allemagne. Et quand Marie, la Française, vint lui rendre visite, le journal de Cosima, détaillé jusqu'à la manie, passe le fait sous silence. En 1876 Cosima note qu'elle a appris la mort de sa mère par un journal.

Tant d'amoureux platoniques, de Sainte-Beuve à Vigny, d'Eugène Sue à des dizaines de peintres, poètes, propriétaires terriens, et cinq enfants : à la comtesse, en fin de vie, ne restait qu'une certitude, celle d'avoir su transmettre l'air et les combats de son temps. L'amour ? Elle constate après une dernière rencontre : « Il était devenu l'abbé Liszt et moi Daniel Stern » ; mais elle se souvient bien des larmes et des orages.

Avec quelques fidèles, Émile de Girardin, l'ex-« Napoléon de la presse », assista aux funérailles conduites par le petit-fils légitime, le fils de Claire, comtesse de Charnacé. Marie a voulu rejeter deux noms illustres : Flavigny et d'Agoult, pour créer « un » inconnu : « Daniel Stern », avec elle-même pour matériau. C'est Girardin qui fut le père nourricier de cet écrivain qui pour nous est une « écrivaine ».

Bibliographie : (*La Revue Indépendante, La Presse*). *Nelida* (Amyot, 1846). *Esquisses morales. Pensées, réflexions et maximes*, 2ᵉ édit. (J. Techener, 1856). *Jeanne d'Arc, drame historique en prose* (M. Lévy, 1857). *Dante et Gœthe, dialogues* (Didier, 1866). *Mes Souvenirs 1806-1833* (Calmann-Lévy, 1877). *Valentia. Hervé. Julien. La Boîte aux lettres. Ninon au couvent* (id., 1883).
Sélection critique : Desanti, Dominique, *Daniel, visage secret de Marie d'Agoult* (Stock, 1980). Cf. DFELF, FWW.

Dominique Desanti

AHOU DE SAINTANGE, Rosemonde, pseud. de Valérie Roullard Séchaud, romancière franco-africaine de Côte d'Ivoire.

Sang et larmes d'Afrique, rm (La Pensée Universelle, 1989). *Les Enfants perdus,* contes et nouvelles (id., 1989). *L'Inspecteur Koffikan,* nouvelles (id., 1990).

AIMÉE, Andria, romancière malgache.

Brouillard (Louis Soulanges, 1967). *L'Esquif* (id., 1968). *Pelandrova* (Éd. du CEDES, 1975), prix ADELF 1976.

AISSÉ, Mˡˡᵉ, 1695-1733, épistolière d'origine circassienne.

Lettres de Mademoiselle Aïssé à Madame C... [Calendrini] *qui contiennent plusieurs anecdotes de l'histoire du temps, depuis l'année 1726 jusqu'en 1733 ; Précédées d'un narré très court de l'histoire de Mademoiselle Aïssé, pour servir à l'intelligence de ses lettres ; Avec des notes dont quelques-unes sont de M. de Voltaire* (La Grange, 1787). [8 éditions au XIXᵉ s., y compris 1897]. Cf. DLLF & DFELF.

ALBERTI, Olympia, poète, romancière.

L'Amour palimpseste suivi de *La Dernière lettre,* poésie (Albin Michel, 1982). *Un Jasmin ivre* (id., 1982). *Une Mémoire de santal* (id.,

1983). *Cœur rhapsodie, cœur absolu,* suivi de *Requiem,* poésie (id., 1985). *La Dévorade* (id., 1985). *Lelouch passion* (id., 1987). *Le Noyau de Safou,* nouvelles (id., 1987). *Rive de bronze, Rive de perle* (Arles : Actes Sud, 1989). *La Sarabande* (Monaco : Éd. du Rocher, 1991).

ALBIACH, Anne-Marie, poète.

État (Mercure de France, 1968). *IHIL Linéaires* (Le Collet de Buffle, 1974). *Objet Figurae* (Grange Export Ltd., 1976). *Mezza Voce* (Flammarion, 1984). *Anawratha* (Le-Revest-des-Eaux : Spectres Familiers, 1984). *Figure vocative* (Draguignan : Lettres de Casse, 1985).

ALLART DE MERITENS, Hortense, 1801-1879, romancière, essayiste.

Conjuration d'Amboise (A. Mare, 1822). *Gertrude* (A. Dupont, 1828). *L'Indienne* (C. Vimont, 1833). *Sattimia* (1836). *Lettres inédites à Sainte-Beuve, 1841-1848* (Mercure de France, 1908). *Clémence* (Sceaux, impr. de E. Dépée, 1865). *Les Enchantements de Mme Prudence de Saman L'Esbat* (id., 1872). *Les Nouveaux Enchantements par Mme P. de Saman* (Michel Lévy frères, 1873). *Derniers Enchantements* (id., 1874). *Nouvelles Lettres à Sainte-Beuve, 1832-1864* (Genève : Droz, 1965).

ALBRAND, Michèle, pseud. de Michèle LAFOREST.

ALONZO, Anne-Marie, n. 1951, poète, critique, éditrice québécoise.

Anne-Marie Alonzo est née à Alexandrie où elle a fréquenté l'école allemande. Arrivée au Canada en 1963, elle vit à Montréal depuis cette période. Malgré un grave accident, elle a entrepris des études de lettres et obtenu en 1986 un doctorat sur l'œuvre de Colette. Éditrice et très active comme critique littéraire, elle a fait partie du comité de rédaction de la revue *Estuaire,* puis a été membre fondatrice de la revue *Trois* et des éditions Trois. Elle a aussi créé des œuvres radiophoniques et préparé des émissions littéraires pour Radio-Canada.

Au carrefour des cultures nord-américaine, européenne et égyptienne, l'œuvre d'Anne-Marie Alonzo se révèle particulièrement originale dans la littérature québécoise actuelle. Sa poésie est traversée par une subjectivité au féminin aux prises avec un double exil spécifique : exil du pays de la première enfance, exil du corps soumis à l'immobilité. D'un recueil à l'autre, son écriture développe, dans un parcours en spirale, des thématiques étroitement liées à ces deux pôles : un sentiment d'appartenance simultanée à plusieurs communautés culturelles, la dépossession du corps, la recherche d'une paix intérieure et d'une rencontre avec l'autre. Il s'agit donc une poésie de l'intime, d'un travail d'introspection par lequel un je-femme ne se tourne vers lui-même que pour mieux s'ouvrir au monde et à la différence.

Geste, son premier recueil, se donne comme le récit poétique d'une conscience à vif qui aborde de front une réalité insoutenable :

je ne guérirai jamais ne suis malade simplement
sourde à toute vie inerte que faut-il ni guérir ni
périr mais alors et rester là immobile inutile
jusqu'à quand ne veut pas savoir personne ne le
dira ne le sait (18-19).

Texte de la douleur, de la souffrance physique et morale, puisque le corps « n'appartient plus », puisqu'il faut continuer à vivre même si on « n'accepte pas », *Geste* est écrit dans un style incisif, sans complaisance aucune. Une technique de la description minutieuse qu'on pourrait qualifier d'hyperréaliste vient créer une distance entre soi et la situation, produire de la fiction à partir de la réalité.

Pourtant, il reste le rêve, l'imagination. C'est là que prend place *Veille* : « Je suis l'amère des rêves (...) Chaque rêve songe l'autre et j'enfile patiente des colliers de perles brunes ». L'écriture permet de mettre en mouvement l'immobilité, de lui donner forme. Elle scrute les mots pour en retrouver l'écorce charnelle, débarrasser le langage de sa syntaxe figée et le rendre à sa pulsion première, à son impulsion. Elle tente de faire surgir une langue d'avant la langue, une langue qui redonne la mère : « J'ai la mère rouge et toute passion l'emporte. J'ai la mère femme (et j'écris car j'écris pour elle) ».

Rejoindre la mère, non seulement pour réaffirmer le lien filial mais pour devenir mère pour sa propre mère, voilà qui fait qu'on peut entreprendre un trajet intérieur où « dire je devient un corps possible ». Langue incarnée, langue de chair et de sang, langue qui vivifie et brise les frontières, cette langue maternelle, ressuscitée dans la poésie, déconstruit le territoire symbolique pour constituer un exil positif, créateur. Cette problématique se poursuit dans *Bleus de Mine*. Accepter de se voir comme étrangère, c'est consentir à vivre dans un lieu ouvert, un lieu imaginaire à construire qui n'est pas un pays utopique pourtant : les mots rappellent sans cesse la réalité, une réalité baroque où les couleurs des drapeaux comme des encres vertes, bleues et noires s'entremêlent sur le blanc de la page.

Écrire n'est jamais un trajet en ligne droite. Écrire implique un aller-retour où la renonciation à ses origines pose paradoxalement la question des origines, d'une remontée vers l'enfance, le pays perdu. *Droite et de profil, Bleus de mine* et *Écoute, sultane,* se donnent comme travail de deuil et de la mémoire, parcours où l'on tente de signifier la dépossession, l'abandon, le manque. La nostalgie du passé ne devient jamais mélancolie cependant, mais point de départ d'une prise en charge du présent. L'image de la mère engendre celle d'une femme, sœur, amie et amante, autre et semblable, qui ouvre dans l'absence même un espace de désir et d'audace. Voilà ce que vient explorer *Seul le désir* : le corps amoureux, l'attente, les petits riens qui prennent tout à coup un sens dans l'univers de la passion, la fiction qui ne peut malheureusement rien contre le réel, sauf nous permettre d'imaginer l'impossible, la durée de l'étreinte, l'éternité, « le monde et les heures abolies ».

Mais les gestes se brisent irrémédiablement contre l'éphémère des signes et l'on se retrouve seule face à la vie comme face à une longue traversée du désert. *Le Livre des ruptures* aborde cette solitude, cette perte de l'amour qui construit pourtant le goût du partage, transforme le désir en une connivence avec les autres femmes, les lectrices. On se prend alors à « chercher le ton ne pas seulement s'écrire mais rejoindre l'autre dans les lignes ». C'est ainsi que les ruptures savent se faire commencement. Loin de vouloir effacer toute trace du passé, ce *commencement* amorce un devenir qui transforme le vécu en une écriture coïncidant avec son projet : « Faire d'un texte une lettre. Mouler le personnage. Tout inventer en se basant sur l'invraisemblable. Inventer pour faire vrai ». *Dire* crée alors un nouveau *vivre*.

Bibliographie : *Geste,* poésie (Des Femmes, 1979). *Veille,* poésie (id., 1982). *Blanc de thé,* livre-objet, d'après une conception graphique d'Azélie Zee Artand (Montréal : Les Zéditions élastiques, 1983). *Droite et de profil,* poésie (Montréal : Lèvres urbaines, 1984). *Une lettre rouge, orange et ocre,* texte dramatique (Montréal : La Pleine Lune, 1984). *Bleus de mine,* poésie (Montréal : Noroît, 1985). *French Conversation,* textes et images, avec Alain Laframboise (Montréal : Trois, 1986). *Nous en reparlerons sans doute,* textes et photographies, avec Denise Desautels et Raymonde April (Montréal : 1986). *Écoute, Sultane,* poésie (Montréal : L'Hexagone, 1987). *Seul le désir,* poésie (Montréal : La Nouvelle Barre du Jour, 1987). *Esmai,* avec une traduction en hiéroglyphes de Nihal Mazloum (Montréal : 1987). *Le livre des ruptures,* poésie (Montréal : L'Hexagone, 1988).

Louise Dupré

ALTOVITIS, Marseille d'–, 1577-1606, poète.

« Ode », dans Léon Feugère : *Les Femmes poètes au XVIᵉ siècle* (Didier, 1860). Cf. V. A. Bromberger : *Une Poétesse oubliée : Marseille d'Altovitis* (Marseille : Impr. Marseillaise, 1922).

AMROUCHE, Marie-Louise Taos, 1913-1976, romancière, chanteuse tunisienne.

Taos Amrouche, dite Marguerite par confusion avec sa mère (mais baptisée en tant que Marie-Louise, Taos étant son prénom kabyle) est née à Tunis. Ses parents avaient quitté leur village natal à la suite de leur conversion au christianisme. Sa mère, Fadhma Aith Mansour (Marguerite) Amrouche, publiera en 1968 une *Histoire de ma vie* (Maspero). Taos fait des études secondaires à Tunis puis elle commence l'École normale de Sèvres à Paris, mais ne termine pas. Dès 1936, elle s'intéresse à la tradition orale de son pays et recueille auprès de sa mère des chants berbères qu'elle interprète. Elle rassemble également des contes, des légendes et des proverbes kabyles qu'elle traduit pour un recueil intitulé *Le Grain magique* (qui a donné lieu à un spectacle en 1993). Elle donne des récitals à Paris, à Munich et en Espagne, et enregistre sept disques, dont l'un reçoit le grand Prix de l'Académie du disque (1966). Elle vit en France à partir de 1945 et anime des émissions littéraires à la radio-diffusion française ainsi que la chronique hebdomadaire en langue kabyle. Mariée puis divorcée, mère d'une fille, elle devait mourir au printemps 1976 d'un cancer à la gorge.

Taos Amrouche, qui est la sœur de l'écrivain Jean Amrouche, exprime comme lui la tragédie de leur déchirement : la conversion de leurs parents les a arrachés à leur terre pour les jeter dans l'exil. Elle se sentira toujours écartelée entre deux sociétés, la musulmane et la chrétienne. Sa « différence » lui est à la fois source d'orgueil et de solitude. Mais, comme elle le confie à M'hamed E. Elabdallaoui en 1972 au cours d'un entretien (*Afrique littéraire et artistique* 22), c'est précisément sa marginalité qui lui permet de découvrir certaines vérités que ses compatriotes ne pouvaient apercevoir et d'en rendre compte dans son œuvre. Dans le même entretien, elle avance également l'idée d'une écriture féminine différente de celle de l'homme, plus intériorisée, plus centrée sur elle-même. Pour elle, « écrire, c'est incantatoire, écrire, c'est magique, c'est entrer dans le métier à tisser ».

Composé entre 1935 et 1939, le premier roman de Taos Amrouche, *Jacinthe noire,* est aussi l'un des premiers romans maghrébins de langue française. Isaac Yétiv a pu ainsi remarquer : « Le cri de la femme arabe, humiliée et aliénée dans son groupe, a précédé la révolte de l'homme arabe contre la tradition et le colonisateur ». L'ouvrage raconte l'histoire d'une jeune fille tunisienne dans une pension française dont les règlements sont très stricts. La plupart des pensionnaires s'y soumettent mais l'héroïne, considérée comme l'étrangère, comme l'objet exotique venu d'un pays barbare, se révolte. Elle commence par attirer plusieurs des insoumises, mais presque toutes finiront par la rejeter. Bien que semi-autobiographique, le roman n'est pas narré à la première personne mais par l'une des amies de l'héroïne. Le procédé met ainsi en relief l'aliénation de l'auteur qui s'objectifie à travers l'autre.

Son deuxième roman, également semi-autobiographique, *Rue des Tambourins,* est écrit à la première personne. Il est divisé en trois parties, chacune dominée par une femme représentant une génération différente : celle de la grand-mère qui maintient les traditions ancestrales, celle de la mère qui vit entre deux mondes, acceptant l'émancipation pour elle-même mais non pour sa fille et celle de la fille, tendue vers l'avenir mais encore entravée. Elle n'a ni le droit de recevoir des amis à la maison ni de rendre visite à d'autres hormis quelques voisins désignés par la famille. Devenue pubère, elle est surveillée et battue lorsqu'elle désobéit. Et tandis que ses frères en France sont libres dans leurs décisions, le père décide pour elle de son avenir : elle sera institutrice. Au lieu de se révolter, elle traverse une crise de piété, sans y trouver l'apaisement. Aliénée par rapport aux autres, comme dans le premier roman, l'héroïne de ce second ouvrage l'est également par rapport à elle-même. Déchirement, révolte, différence et aliénation, tels sont donc les thèmes d'une œuvre ancrée dans l'expérience de la double culture où, sous une forme ou une autre, beaucoup peuvent se retrouver.

Bibliographie : *Jacinthe noire* (Charlot, 1947). *Rue des Tambourins* (Table Ronde, 1960). *Le Grain magique, Contes, poèmes et Proverbes berbères de Kabylie* (F. Maspero, 1971 ; création de Jacqueline Payelle, Festival des Francophonies, Limoges, 1993). *Moisson de l'exil* ([nlle éd.] id., 1972). *L'Amant imaginaire* (Robert Morel, 1975). *Entretiens avec Jean Amrouche et Taos Amrouche* (Gallimard, 1990). Discographie : Chants berbères de Kabylie, BAM-LD, 101. Chants de processions, méditations et danses sacrées berbères (SM, 30A- 280). Chants de l'Atlas-Traditions millénaires des Berbères (CBS-Arion).

Sélection critique : Accad, Evelyne : *Veil of Shame* (Sherbrooke : Naaman, 1978). Brahimi, Denise : « Offrande pour Aïni, la femme païenne » [sur Fatma Amrouche], *L'Éternel Jugurtha,* Actes du colloque Jean Amrouche (Marseille : Éd. du Quai, 1987). Brahimi, D. : *Taos Amrouche, Romancière* (Joëlle Losfeld, 1996). Déjeux, Jean : *La Littérature de langue française au Maghreb* (Karthala, 1994). Memmi, Albert : *Anthologie des écrivains maghrébins d'expression française* (Présence Africaine, 1964).

Évelyne Accad

ANCELOT, Virginie, Marguerite Chardon, 1792-1875, romancière, dramaturge.

Marie ou Trois époques, comédie en 3 actes (Magasin Théâtral, 1836). *Le Château de ma nièce,* comédie en 1 acte (Marchant,1837). *Isabelle ou deux jours d'expérience,* comédie en 3 actes (id., 1838). *Juana ou le projet de vengeance,* comédie en 2 actes (id., 1838). *Clémence ou la fille de l'avocat,* comédie en 2 actes (id., 1839). *Gabrielle* (C. Gosselin, 1840). *Les Deux Impératrices ou une petite guerre,* comédie en 3 actes (Beck, 1842). *Emerance* (C. Gosselin, 1842). *L'Hôtel de Rambouillet,* comédie en 3 actes (Beck, 1842). *Une Femme à la mode,* comédie en 1 acte (id., 1843). *Hermance ou un an trop tard,* comédie en 3 actes (id., 1843). *Loïsa,* comédie en 2 actes (id., 1844). *Madame Roland,* drame historique en 3 actes (id., 1843). *Méderine* (Berquet et Petion, 1843). Follette (Beck, 1844). *Un Jour de liberté,* comédie en 3 actes (id., 1844). *Pierre le millionnaire,* comédie en 3 actes (id., 1844). *Une Année à Paris,* comédie en 3 actes (id., 1847). *Les Femmes de Paris ou L'Homme de loisir,* drame en 5 actes (Impr. de Boulé, 1848). *La Nièce du banquier* (H. Boigard, 1853). *Renée de Varville* (G. Roux et Cassanet, 1853). *Georgine* (A. Cadot, 1856). *Une Famille parisienne au XIXe siècle* (id., 1857). *Une Route sans issue* (id., 1857). *La Fille d'une joueuse* (id., 1858). *Un Nœud de ruban* (id., 1858). *Les Salons de Paris. Foyers éteints* (J. Tardieu, 1858). *Un Drame de nos jours* (A. Cadot, 1860). *Une Faute irréparable* (id., 1860). *Le Baron de Fresmontiers* (id., 1861). *Antonia Vernon ou Les Jeunes Filles pauvres* (Hachette, 1863). *Les Honneurs et les Mœurs ou Le Même Homme,* comédie en 2 actes (Marchant, s.d.). *Marguerite,* comédie en 3 actes (id., s.d.). *Le Père Marcel,* comédie en 2 actes (id., s.d.). Cf. DLLF & DFELF.

ANDUZE, Clara d'–, poète provençale, début XIIIe s.

V. TROBAIRITZ. Cf. O. Schultz-Gora : *Die Provenzalischen Dichterinnen* (Leipzig : G. Fock, 1888). R. Goût : *Le Miroir des dames chrétiennes* (Éd. « Je sers », 1935).

ANGLIVIEL, Doëtte, 1898-1948, poète.

La Lune des chats (A la Connaissance, 1923). *Le Voyage enchanté* (Perpignan : Éd. de la Tramontane, s.d.). *Instinct* (Librairie du Phare, 1935). *Volonté de l'ombre* (Éd. littéraires de France, 1939). *Le Cheval fou* (Perpignan : Éd. de la Tramontane, 1947). *La Dame sans nom* (Soc. des Amis de D.A. Sabadell, 1960).

ANNE de France (Anne de Beaujeu), 1461-1522.

Enseignements d'Anne de France (1504), publié par A.M. Chazaud (1878).

ANNE-CLAIRE, poète, essayiste.

Les Caravelles de l'aurore (Orléans : Domerat, 1985). *L'Éveil du jardin : Ronde poétique* (Montluçon : Collège J.-J. Soulier, 1986). *Il pleut des silences* (03630-Désertines : Pinsard, 1986). *Le Sourire de l'amandier* (id., 1987). *La souffrante, l'aimante, la fervente Marie Noël, poète authentique* (Cournon d'Auvergne : Orionis, 1989). *Le Blé intérieur* (73-La Ravoire : Éd. Gap, 1990). *L'Effusion pourpre* (id., 1990).

ANSORGE, Gisèle, nouvelliste, romancière suisse.

Le Jardin secret, nouvelles (La Croix-sur-Lutry : Plaisir de Lire, 1986). *Prendre d'aimer,* rm (Yvonand : Bernard Campiche, 1988). *Les Tourterelles du Caire,* rm (id., 1991).

ARNAUD, Angélique, épistolière.

Une Correspondance saint-simonienne [entre] *Angélique Arnaud et Caroline Simon (1833-1838),* textes recueillis et présentés par Bernadette Louis (Côté-Femmes, 1991).

ARNAULD, Céline, n. 1893, poète surréaliste.

Tournevire (Éd. de L'Esprit nouveau, 1919). *Poèmes à claire-voix* (Éditions de Librairie, 1920). *Points de mire* (Povlozki, 1921). *Guêpier de diamants* (Anvers : Corréa, 1923). *Hermès intactes* (Bruxelles : 1936). *Les Réseaux du réveil* (G.L.M., 1937). *La Nuit pleure tout haut* (Magné, 1939). *Rien qu'une étoile* suivi de *Plains-chants sauvages* (Montbrun, 1948).

ARNAULD, La R. M. Jacqueline-Marie-Angélique de Saint-Jean, 1624-1684.

Lettres (Utrecht, 1742-1744). Cf. DLLF.

ARNAULD, La R. M. Jeanne-Catherine-Agnès de Saint-Paul, 1593-1671.

Les Constitutions du monastère de Port-Royal (Mons : Migeot, 1665). *L'Image d'une religieuse parfaite et d'une imparfaite* (Savreux, 1665). *Lettres,* 2 vols (Duprat, 1858).

ARNOTHY, Christine, n. 1930, romancière, critique.

Christine Arnothy est née à Budapest dans une famille d'intellectuels. Après la Deuxième Guerre mondiale elle a immigré en France où elle s'est mariée. Elle vit depuis 1948 à Paris et a fait de fréquents séjours aux États-Unis. Elle a pu se décrire vers 1975 comme une mère passionnée par ses enfants et par l'idée même de la famille unie. Le mariage peut être une réussite et tenir les femmes – tout au moins cette romancière – à l'écart du féminisme militant. La deuxième grande passion de sa vie est l'écriture : « Écrire, c'est respirer. Exister. Aimer. Etre. »

Christine Arnothy a connu un succès immédiat en 1954 avec un texte autobiographique : *J'ai quinze ans et je ne veux pas mourir.* Ce récit constitue le témoignage d'une adolescente sensible sur le siège de Budapest pendant la Deuxième Guerre mondiale. Une suite, *Il n'est pas facile de vivre,* raconte l'installation de l'auteur à Paris après une émigration difficile et sa nouvelle vie de jeune femme étrangère.

Plus d'une douzaine de romans, un recueil de nouvelles, divers essais, des pièces pour la radio et la télévision assurent désormais à Christine Arnothy une place parmi les auteurs féminins de facture traditionnelle. Écrits dans une langue agréable, ses romans à intrigue mettent souvent en scène des personnages insolites dans des situations dont le suspense est efficacement mené même si les coïncidences sont quelquefois artificielles. C'est un monde où les personnages s'affrontent lucidement, leurs rapports faits de haine et d'amour servant de support à des débats tantôt philosophiques, tantôt psychologiques. Dans *Le Cardinal prisonnier,* les protagonistes mettent en question leur raison d'être politique et religieuse, tandis que *La Saison des Américains* oppose deux conceptions de l'amour et deux analyses contradictoires d'une amitié. Ces deux romans (et d'autres comme *Le Jardin noir* et *Un Type merveilleux*) reflètent le monde contemporain, mobile et instable, où les individus de cultures différentes se heurtent, s'aiment et se blessent.

Dans chaque récit, Arnothy poursuit son analyse de l'amour et des relations où il fait défaut. Le spectre d'une parenté non reconnue par l'adulte et ignorée par l'enfant peut relier les thèmes de l'amour passion et de l'amour maternel. Dans *Pique-Nique en Sologne, Le Cavalier mongol* et *J'aime la vie,* cette situation, ambiguë et ressentie comme dramatique par la mère, s'avère bénéfique pour l'enfant. *Chiche !* et quelques nouvelles du *Cavalier mongol* manifestent une tendance vers le fantastique. *Chiche !,* satire assez mordante, située dans un Paris futur, accablé par la pollution, renouvelle la forme du conte philosophique, tandis que « Le Cavalier mongol », « Le Fleuve », « Draa » et « Hibou » explorent des interprétations parapsychologiques de phénomènes inexplicables.

L'héritage hongrois de l'auteur constitue un fond d'images et de mythes qu'elle utilise dans presque chaque roman. Des gitans, des souvenirs d'ancêtres romantiques ou romanesques, des objets ou des mots dont la fonction a été oubliée ou perdue, toutes ces reliques d'une culture devenue inaccessible ajoutent une dimension spirituelle à l'environnement riche, mais dénué de mystère, qui entoure la plupart des personnages. Les femmes dans leur quête du bonheur ou leur souffrance ne se différencient pas nettement des hommes. Dans les textes les plus récents, Arnothy les peint de plus en plus indépendantes et émancipées quant à la sexualité. Si elle laisse entendre que, sans amour, ses personnages sont incomplets, elle suggère aussi que chacun/e aspire à un destin « différent de celui des autres », à une vie qui prendrait « une autre dimension ».

Bibliographie : *J'ai quinze ans et je ne veux pas mourir* (Fayard, 1954, Grand Prix Vérité). *Dieu est en retard* (Gallimard, 1955). *Il n'est pas facile de vivre* (Fayard, 1957). *Le Guérisseur* (id., 1958, Prix de la langue française). *Femmes du Japon* (voyage) (Éd. Néerlandaises, 1959). *Pique-Nique en Sologne* (Julliard, 1960). *Le Cardinal prisonnier* (id., 1962). *La Saison des Américains* (id., 1964). *Le Jardin noir* (id., 1966, Prix des Quatre Jurys). *Jouer à l'été* (id., 1967). *Aviva* (Flammarion, 1968). *Chiche !* (id., 1970). *Un Type merveilleux* (id., 1972). *Lettre ouverte aux rois nus,* essai (A. Michel, 1974). *J'aime la vie* (Grasset, 1976). *Le Cavalier mongol,* nouvelles, Prix de la nouvelle de l'Académie française (Flammarion, 1976). *Le Bonheur d'une manière ou d'une autre* (Grasset, 1978). *Toutes les chances plus une* (id., 1980). *Jeux de mémoire* (Fayard, 1981). *Paradis sur mesure* (Le Grand livre du mois, 1982). *L'Ami de la famille* (Fayard, 1984). *Les Trouble-Fête* (Tallandier, 1986). *Vent africain* (Grasset-Fasquelle, 1989). *Une Affaire d'héritage* (Grasset, 1991). Pièces inédites pour la radio et la télévision. Articles et nouvelles dans divers journaux.

Sélection critique : Armand, Marcel : *Tranche de pogne : quelques événements romanciers* (Romans : Union locale CGT, 1979). Arnothy, Christine : « Le Roman par les romanciers », *Europe* (Oct. 1968). Lamoureux, Agnès : « Comment écrivent les femmes : Christine Arnothy », *Revue des deux mondes* (15 avril, 1963).

Jean Hardy Robinson

ARSAN, Emmanuelle [pseud.], romancière érotique.

Emmanuelle (E. Losfeld, 1962). *Le Terrain vague, suite d'Emmanuelle* (id., 1967). *Epître à Paul VI sur la pilule* (E. Losfeld, 1968). *Nouvelles de l'Erosphère* (id., 1969). *L'Hypothèse d'Eros* (Filipacchi, 1974). *Mon « Emmanuelle », leur pape et mon Eros* (C. Bourgois, 1974). *L'Anti-vierge* (France Loisirs, 1975). *Les Enfants d'Emmanuelle* (Club français du livre, 1975). *Néa* (Opta, 1976). *Laure* (Belfond, 1976). *Vanna* (id., 1979). *Emmanuelle : la leçon d'homme* (France Loisirs, 1982). *Sainte Louve*

(Belfond, 1983). *Les Soleils d'Emmanuelle* (id., 1988). *Valadié* (Librairie Séguier, 1989). *Les Débuts dans la vie* (Belfond, 1989). *Chargée de mission* (id., 1991).

ASSAAD, Fawzia Mikhail, philosophe, romancière égyptienne genevoise.

L'Égyptienne (Mercure de France, 1975). *Les Préfigurations égyptiennes de la pensée de Nietzsche* (Lausanne : L'Age d'Homme, 1986). *Des enfants et des chats* (P. M. Favre, 1987). *La Grande Maison de Louxor* (L'Harmattan, 1992).

ATLAN, Liliane (Galil), n. 1932, dramaturge, poète.

Liliane Atlan s'apparente aux poètes maudits et bénis dont les saisons en enfer permettent le jaillissement des plus beaux textes. Petite fille, elle rêvait de mener ses amis à la Terre Promise où le soleil luirait toujours et où les parents hargneux ne pourraient jamais s'installer. Arrivée à l'âge adulte, elle tente de changer de terre en approfondissant les arcanes du mysticisme juif. Aujourd'hui, ne tenant aucun compte de la discrétion, elle rêve encore d'un langage magiquement humain qui aiderait le monde à devenir vivable.

Ses premiers poèmes paraissent sous le nom de Galil en 1962. Sa pièce, *Monsieur Fugue ou le mal de terre,* créée en 1967 à la Comédie de Saint-Étienne, est reprise au TNP puis jouée dans divers pays, y compris le Canada et Israël. Écrivant par nécessité « comme on respire », Liliane Atlan ne cherche pas à isoler ce qu'elle écrit de ce qu'elle vit : « Écrire est pour moi vital, mais vivre aussi. La véritable difficulté, ou plutôt le but, c'est de faire en sorte que l'un et l'autre se fécondent ». C'est ainsi que ses textes reflètent son enfance à Montpellier, où, durant les années de guerre, sa famille se cachait, et où elle inventait des pièces pour divertir sa jeune sœur. De même, les rites juifs qu'elle adopte à l'époque où elle est étudiante en philosophie et en littérature à la Sorbonne, les années à Paris, à New York, à San Francisco, où elle écrit, enseigne et s'occupe de sa famille, le séjour en Israël où elle tente de résoudre des conflits personnels et politiques, toutes ces expériences nourrissent autant qu'elles enrichissent son théâtre et sa poésie. Cette femme de théâtre a aussi travaillé avec des toxicomanes à Paris, ce qui la mène au vidéo-théâtre avec *Même les oiseaux ne peuvent pas toujours planer* (1980). Deux récits autobiographiques ont suivi, elle a reçu le prix Wizo en 1989, poursuivant son exploration dramatique du judéocide avec son *Opéra pour Térézin.*

Ses enfers personnels, Atlan parvient à les dompter par l'écriture. Un recueil de poèmes, *Lapsus* (1971), et un récit inédit, « Le Rêve des animaux rongeurs », traduisent la tension intérieure qu'elle nomme « langage crépusculaire » dans l'avant-propos de *Lapsus*. Obsédée par des fantasmes de torture concentrationnaire, de mort, de culpabilité, d'échec, elle est rongée par son incapacité d'en sortir, signe de la folie qui menace. Ses élans de foi, ses études des livres cabalistiques, les années rythmées par les pratiques orthodoxes juives sont hantés par une impitoyable lucidité. Dans ses écrits, deux voix dialoguent. L'oraculaire qui enfante des visions, la cynique qui lâche des clichés : « Les-aigles-savent-que-le-faîte-de-la-montagne-est-noir-/ ce n'est pas vrai elle est de flamme ». En amour, son refus de l'union exclusive fonde une opposition analogue : « On ne peut vivre seul vivre à deux fait grincer », écrit-elle dans « Le rêve des animaux rongeurs ». Si le mariage, la vie de famille l'étouffent, la solitude la désespère. Métamorphosée en oiseau : « elle vole... mais que l'espace est vide. » Ce dilemme se rapporte à la condition traditionnelle de la claustration féminine. La mère, âme de la maison, devient âme enfermée dans cette « cage » qui lui fait hurler : « Elle fera semblant d'être une bonne mère, mais-on-ne-peut-pas-l'être, moi je ne peux pas l'être, elle était née pour autre chose, pour vivre dangereusement, avec On, ou un autre, n'importe, mais pas dans cette maison... » Mais une fois lancée sur le trajet de la relativité et de la transformation, Atlan ressentira la nostalgie de l'absolu.

A ces contradictions, son théâtre donne une forme concrète faisant vibrer l'espace de rythmes saccadés et frénétiques, de discordes historiques, métaphysiques et personnelles. *Monsieur Fugue ou le mal de terre* s'inspire d'un drame de la Deuxième Guerre : les enfants menés à la mort par les nazis. Ces enfants, bien que n'échappant pas à la condamnation, réussissent à sauver leur âme par l'intermédiaire de l'amour fou d'un gardien. La scène oppose le wagon clos où des jeux imaginaires ouvrent un horizon illimité et l'espace extérieur apparemment ouvert mais en réalité fermé par la loi sociale meurtrière. Du destin individuel, Liliane Atlan se détourne vers le salut collectif dans *Les Messies ou le mal de terre* pour parodier le vieux mythe judaïque. La posture de ses Messies grotesques, impuissants et paralysés, éternellement à l'écoute des messages de détresse humaine, traduit l'idée d'un espace hiérarchisé : des habitants d'ici-bas en rapport statique avec le sauveur d'en-haut. Simultanément, une conception contradictoire de l'espace se dégage de ce spectacle total dont le mouvement déréglé fait s'entrechoquer le domaine des Messies, le radeau des Morts, la Terre, les galaxies inconnues, la planète où on enregistre l'Histoire, et le lieu où la dramaturge écrit la pièce.

Plus récemment encore, *Les Musiciens, les émigrants* dramatise la situation politique en Israël, en la transposant encore une fois dans le contraste de deux espaces. Une salle dans un hôpital pour malades mentaux, asile du fantasme qui rappelle le wagon de Monsieur Fugue, résiste à l'univers stratifié, rationaliste et sadique des médecins impérialistes. Comme son titre l'indique, la pièce joue à changer la vie par la métaphore, faisant appel à un monde où les être humains – comme les instruments d'un orchestre – seront capables d'occuper le même site harmonieusement. Provenant d'une expérience intime que Liliane Atlan appelle « la difficulté de m'insérer dans la réalité, de vouloir vivre », cette vision apocalyptique d'un cosmos en lutte perpétuelle n'en correspond pas moins à notre vérité sociale.

Un pareil chaos se constitue autour d'une femme aux prises avec la schizophrénie dans *La Petite Voiture de flammes et de voix* où la scène reflète en images concrètes l'éclatement de l'identité. Emmurée, le sujet-femme tourne sur soi-même jusqu'à ce qu'une révélation mystique lui ouvre l'espace sans mur de l'union, de la joie et de la paix. C'est le déchirement d'une femme juive qui abandonne foi, mari et enfants afin de vivre et d'écrire au-delà des tabous. L'universalité de son aventure tient à la dialectique entre des aspirations vers le délimité et l'infini, vers l'unique et le multiple. La féminité est assumée comme qualité du plaisir érotique et de la maternité, alternativement conviée et repoussée. Mais en fait, l'héroïne dédoublée (s'appelant Louli, Louise, alias Mondiale) atteint à la bisexualité en ce sens qu'elle dépasse les oppositions ordinaires. En incarnant un conflit cosmique, elle constitue une des plus belles figures féminines du théâtre moderne.

Bibliographie : *Les Mains coupeuses de mémoire* (Pierre-Jean Oswald, 1962). *Le Maître-mur* (id., 1964). *Lapsus* (Seuil, 1971). *Monsieur Fugue ou le mal de terre* (id., 1967). *Les Messies ou le mal de terre* (id., 1968). *La Petite Voiture de flammes et de voix* (id., 1971). *Les Musiciens, les émigrants : une pièce de théâtre enfouie sous une autre* (Pierre-Jean Oswald, 1976). *Leçons de bonheur* (Théâtre Ouvert, 1980). *L'Amour élémentaire : poème, monologue* (Toulouse : L'Ether vague, 1985). *Le Rêve des animaux rongeurs* (id., 1985). *Les Passants* (Payot, 1988). *Un Opéra pour Térézin* (Montpellier : Radio-France, juillet 1989).

Sélection critique : Knapp, Bettina : *Liliane Atlan* (Amsterdam : Rodopi, 1987). Levowitz, Michèle : « L'Apocalypse et les soldats habillés de vert », *Nouveaux Cahiers : Revue d'études et de libres débats*, 34 (1973). Schneider, Judith M. : « Liliane Atlan : Jewish Difference in Postmodern French Writing » (*Symposium* 43, 1989-1990).

Judith Morganroth Schneider

AUBERNON, Euphrasie-Héloïse-Lydie Lemercier de Nerville,1825-1899, femme de lettres.

[anonymes :] De l'éducation morale (Saint-Germain, 1880). *La Femme du monde au XIXe siècle*.

AUBESPINE, Madeleine de l'–, 1546-1596, poète.

Les Chansons de Callianthe, Cf. Roger Sorg, L. Pichon (1926).

AUBIER, Dominique, n. 1922.

Contes de verte foi (Éd. du Bateau Ivre, 1946). *Le Maître-jour* (Domat, 1952). *La Nourriture du feu* (Seuil, 1954). *Le Pas du fou* (id., 1955). *Le Détour des choses* (id., 1961). *La Duchesse d'Albe* (Del Duca, 1961). *Deux Secrets pour une Espagne,* essai (Arthaud, 1964).

AUDIBERTI, Marie-Louise, romancière, critique.

Viens, il y aura des hommes (Stock, 1977). *La Dent d'Adèle* (Grasset, 1978). *Sophie de Ségur, l'inoubliable comtesse* (Stock, 1981). *La Peau et le Sucre* (Plon, 1983). *Volcan sur l'île,* Prix Émile Zola (id., 1986). *Tsa-Rong* (Casterman [Jeunesse], 1989). *Brahms, un génie ordinaire* (Plon, 1991). *La Cadette,* rm (Écriture, 1995). Pièces radiophoniques inédites, diffusées sur Radio-France.

AUDOUARD, Olympe, 1830-1890, écrivaine voyageuse [Russie, Égypte, États-Unis].

V. Monicat, Bénédicte. *Itinéraires de l'écriture au féminin : Voyageuses du 19ᵉ s.* (Amsterdam : Rodopi, 1995).

AUDOUX, Marguerite, 1863-1937, romancière.

Marie-Claire (Fasquelle, 1910). *Le Chaland de la reine* (Nevers, 1910). *L'Atelier de Marie-Claire* (Fayard, 1920). *De la ville au moulin* (Fasquelle, 1926). *La Fiancée* (Flammarion, 1932). *Douce Lumière* (Liège : Impr. Soleil, 1947). Cf. *Un Cœur pur, lettres inédites de M. Audoux,* par Georges Reyer (Grasset, 1942). *Marguerite Audoux par elle-même et par ses amis* (Le Kremlin-Bicêtre : Lerale, 1980). Cf. DLLF & DFELF.

AUDRY, Colette, 1906-1990, dramaturge, scénariste, critique.

Colette Audry est née à Orange mais elle a fréquenté les lycées Molière et Fénelon à Paris avant d'entrer à l'École normale supérieure de

Sèvres. Agrégée de lettres, elle enseigne au lycée Molière de 1945 à 1965 tout en écrivant pour les rubriques littéraires des *Temps Modernes* (de 1945 à 1955), des *Cahiers du Sud* et d'autres revues. Elle compose également ment des scénarios et dialogues de films : *Les malheurs de Sophie, La Bataille du rail, Olivia, Absence, Liberté surveillée, Fruits amers* (Grand Prix du cinéma français, 1966), etc. Elle a milité avant la guerre au sein de la gauche révolutionnaire antifasciste. Inscrite au Parti socialiste unifié puis au Parti socialiste depuis 1969, elle en a été membre du comité directeur. Elle a aussi travaillé dans l'édition et dirigé une collection « Femme ».

L'œuvre de Colette Audry est variée : en une quarantaine d'années elle a publié de nombreux articles, comptes rendus, essais littéraires et politiques, des critiques de films, des nouvelles, une pièce de théâtre, un roman, des scénarios et l'« inclassable » *Derrière la baignoire* qui lui a valu le prix Médicis en 1962. Quel qu'en soit le genre, ses textes s'imposent par la clarté de la réflexion, la qualité de l'intelligence et la sincérité de l'engagement.

On joue en perdant (1946) est un recueil de nouvelles dédié à Sartre dont le titre reflète bien le point de vue philosophique qui domine les récits. Les chances de gagner au jeu de la vie sont toujours minces pour des personnages en proie au mal existentiel propre au siècle. Simone de Beauvoir cite dans *Le Deuxième Sexe* les souvenirs d'enfance de Colette Audry publiés sous le titre *Aux Yeux du souvenir.* Dans la pièce de 1956, *Soledad,* un engagement dans l'action collective ne résout pas le problème de l'isolement du personnage féminin que Sartre devait commenter en ces termes : « Le sentiment de Colette Audry, je ne pense pas le trahir ni le forcer en l'exprimant ainsi : plus étroits sont les liens, plus total est l'engagement et plus la solitude est forte. Pour elle, la solitude, c'est un échec secret, l'envers du lien collectif, toujours dépassé, toujours renaissant. » L'écrivain analyse les rapports entre deux femmes, Soledad et sa sœur Tita : « Or un homme n'aurait jamais pu montrer la relation de ces deux femmes, si claire et pourtant si complexe, ni cet amour des deux sœurs qui porte en soi la solitude, qui la refuse et qui finira par la vaincre. Pour décrire l'évolution de cet amour, il fallait être femme et sœur. C'est ce qui fait, je crois, le charme étrange de cette pièce hermaphrodite : les hommes y parlent comme des hommes et c'est la seule, peut-être, où, en même temps, les femmes entre elles parlent comme des femmes » (*Les Écrits de Sartre* : 730-732).

Parmi les textes les plus récents, *L'Autre Planète* (1972) est un roman de science-fiction suivi d'un récit à suspense kafkaïesque, dans lequel la romancière est interrogée par les services de sécurité ; on l'accuse de publier le roman en question pour communiquer des informations secrètes à l'ennemi. La science-fiction n'est qu'un cadre attrayant pour le récit : on y suit un cosmonaute « désintégré » puis « regroupé », en compagnie de son épouse et de son fils, sur une autre planète qui ressemble fort à la nôtre. Le couple y retrouve les hantises du monde et du roman contemporains : la perte d'identité, le doute, le problème du double.

Dans l'étonnant *Derrière la baignoire*, Colette Audry combine des matériaux autobiographiques avec l'histoire d'un animal, ses méditations sur l'amour de la nature avec les vicissitudes de la vie d'écrivain. La narratrice vit à Paris avec son fils adolescent. Tiraillée entre son travail d'enseignante et ses activités politiques et littéraires, elle ramène un jour chez elle un petit berger allemand qui envahit aussitôt l'espace et la vie de ses maîtres. Douchka pille et gâche les habits et la literie, perd généreusement ses poils et ses excréments et n'en finit pas de manger, de vouloir prendre l'air et le temps de ses victimes. L'indignation de la romancière devant la cruauté du patron d'un chenil, ses angoisses durant la maladie de l'animal, ses remords d'avoir, quelques mois auparavant, souhaité s'en débarrasser, sont revécus après que Douchka, ayant contracté une maladie, s'est réfugiée derrière la baignoire pour mourir. La baignoire lui avait toujours servi de refuge lors de ses incartades. Attendant les employés de la fourrière après avoir cousu le cadavre du chien dans un sac, la romancière commence à écrire au son d'un disque de jazz que son fils avait écouté la veille, alors que tous deux espéraient encore sauver Douchka.

Avec *Françoise l'ascendante*, présenté comme « récit », Colette Audry s'est tournée vers sa propre histoire pour retrouver, dans sa mémoire, son arrière-grand-mère, protestante cévenole et mère de Gaston Doumergue. L'expérience de sa propre vieillesse lui a fait rejoindre cette aïeule dont elle savait peu de choses et dont elle a évoqué l'existence avec la finesse et l'intelligence qui sont la marque de son œuvre et qui tiennent généralement l'émotion à une certaine distance.

Bibliographie : *On joue perdant* (Gallimard, 1946). *Aux yeux du souvenir* (id., 1947). *Pour et contre l'existentialisme* (Atlas, 1948). *Bataille du rail,* scénario avec René Clément (Comptoir français de diffusion, 1949). *Léon Blum ou la politique du juste* (Denoël-Gonthier, 1955 ; 1970). *Soledad,* théâtre (Denoël, 1956). *Sartre et la réalité humaine. Présentation, choix de textes de J.-P. Sartre* (Seghers, 1961). *Derrière la baignoire* (Gallimard, 1962). *L'Autre Planète* (Gallimard, 1972). *Les Militants et leurs morales* (Flammarion, 1976). *La Statue* (Gallimard, 1983). *La Nouvelle Revue socialiste,* n° spécial : *Le Renouveau socialiste et l'unité de la Gauche, 1958-1976 :* [colloque (24 avril 1976)] (Gallimard, 1984). *Françoise l'ascendante,* récit (id., 1986). *Rien au-delà,* correspondance (Denoël, 1993).

Sélection critique : Contat, Michel et Michel Rybalka : *Les Écrits de Sartre* (Gallimard, 1970). Duhamel, Betty : « *L'Autre Planète* par Colette Audry », *Magazine Littéraire,* n° 73 (février 1973). Jardin, Claudine : « Quand je est un autre », *Figaro Littéraire,* n° 1389 (30 décembre 1972). Rabaut, Jean : « Léon Blum ou la politique du juste », *Preuves,* n° 64 (juin 1956). Nadeau, Maurice : *Le Roman français depuis la guerre* (Gallimard, 1963).

MHB

AULNOY, Marie-Catherine d'–, 1650-1705, auteur de contes.

Marie-Catherine Le Jumel de Barneville, de noble famille normande, épouse à l'âge de quinze ans François de la Motte, baron d'Aulnoy, hobereau d'une quarantaine d'années qui s'était élevé dans la hiérarchie sociale de façon peu orthodoxe. Le mariage ne dut pas être des plus heureux car, en 1669, Mme d'Aulnoy s'associe à sa mère, Mme de Gudanne, ainsi qu'à deux complices pour fomenter contre le baron une accusation de crime de lèse-majesté. La conspiration échoue. Le baron est acquitté et les deux complices sont condamnés à mort. Compromise par la déposition du baron, Mme de Gudanne s'enfuit en Espagne. Le sort de Mme d'Aulnoy est moins clair, incarcérée quelque temps ou en fuite avec sa mère. On sait peu de choses de sa vie entre 1670 et 1690. D'après ses romans, on pense qu'elle voyage beaucoup. Revenue en France en 1690, elle publie son premier roman et commence avec éclat une carrière de femme de lettres. Hautement estimée à son époque, elle est même élue à l'Académie des Ricovrati de Padoue – un groupe érudit qui n'admet que neuf femmes parmi ses membres. On la surnomme Clio, « L'Éloquente ».

Auteur de romans et mémoires historiques ainsi que d'ouvrages religieux, Mme d'Aulnoy est surtout connue – des érudits plus que du commun des lecteurs – pour ses contes. Ceux-ci occupent une place éminente dans le réveil du genre vers la fin du dix-septième siècle, pour la pertinence des thèmes abordés et l'originalité de leur style. Un autre réseau de thèmes apparaît dans des histoires qui explorent la nature et la valeur de certaines formes de relations amoureuses. Parmi celles-ci, on lira en particulier « L'Oranger et l'Abeille » et « La Grenouille bienfaisante ». Nombreux sont les contes qui opposent la prodigalité ingénieuse de l'amour idéal au sadisme égoïste. Dans cet univers de fiction, c'est la capacité de donner et d'accepter l'amour qui permet à la plupart des protagonistes, de l'un comme de l'autre sexe, d'atteindre au plus haut degré d'humanité. Le mariage et le « bonheur sans fin » perdent ici leur caractère stéréotypé et revêtent une signification philosophique.

Certains contes explorent de manière plus spécifique le thème de la découverte et du développement de soi (« Le Rameau d'or », « Serpentin vert » et « Belle Belle ou Le Chevalier fortuné »). Dans « Le Rameau d'or », la laideur physique repoussante du prince et de la princesse les rend méprisables à leurs propres yeux et les aveugle sur leur beauté intérieure. Leur périple à travers des univers magiques est le symbole d'un voyage pyschologique au cours duquel ils prennent conscience de leurs possibilités d'évolution et agissent en conséquence. Ici, comme souvent dans les contes de Mme d'Aulnoy, les personnages se métamorphosent afin que la beauté des corps s'harmonise avec celle des âmes.

Des victimes féminines et des mégères fourbes et intéressées apparaissent dans l'œuvre aux côtés de femmes fortes et volontaires qui savent s'affirmer et rester maîtresses de leur destin. Dans « L'Oiseau bleu », par exemple, de perfides créatures s'efforcent constamment de changer l'illusion en réalité. L'héroïne Florine non seulement s'évertue à conserver sa lucidité mais encore elle entreprend, seule, un voyage courageux à la recherche de son amant afin de révéler à son esprit enténébré la vérité des choses. Les limites des personnages féminins découlent plus de l'immaturité ou de la méchanceté gratuite d'une mauvaise fée que des conventions et des rôles sociaux. Plusieurs histoires inversent, en fait, des rôles traditionnels. Dans « L'Oranger et l'Abeille », c'est l'héroïne qui chasse et abrite son amant. C'est elle qui trompe la mort par sa perspicacité et son courage. Dans « Belle Belle », l'héroïne est une chevalière intrépide. Déguisée en homme, elle dupe le mauvais roi et restitue le butin à son propriétaire légitime. Dans « La Chatte blanche », c'est l'héroïne qui favorise la croissance spirituelle de son amant. L'originalité des contes de Mme d'Aulnoy tient en partie à ce qu'aucun rôle stéréotypé n'est imposé aux personnages en fonction de leur sexe ; hommes et femmes suivent souvent, dans des intrigues juxtaposées, un cheminement semblable dans leur développement personnel, leur éducation et leur initiation.

Si de l'esprit et une certaine ironie, tant à l'adresse des personnages qu'à celle des lecteurs, émaillent son style et contribuent à son charme, l'emploi de symbolismes cohérents et complexes marque l'art de Mme d'Aulnoy. Les vêtements, les couleurs, les véhicules et surtout les noms deviennent autant de métaphores qui traduisent leur être moral. Sous les détours de la fable symbolique, la majorité de ces vingt-cinq contes explorent la relation entre amour et sexualité. L'acceptation d'un rapport amoureux adulte et le renoncement aux dépendances infantiles sont, comme le montre Mme d'Aulnoy, essentiels à l'accomplissement de soi-même. C'est ainsi que, dans « Gracieuse et Percinet », la peur de l'amour physique éprouvée par la jeune héroïne la contraint à rejeter son prétendant. Elle parviendra néanmoins à surmonter son appréhension et à s'ouvrir aux possibilités que lui offre la vie avec Percinet. Toutefois, pour Catherine d'Aulnoy, la sexualité ne constitue jamais une valeur en soi ; elle doit s'intégrer à un ensemble. Lorsque le désir physique devient envahissant, l'individu peut être amené à trahir soit son rang, soit ses devoirs, soit son humanité. Dans « Le Prince Marcassin », le sanglier Marcassin, enfant d'une reine humaine, incarne bien sûr les puissances impétueuses de la libido. Uniquement soucieux de satisfactions immédiates, il réduit la femme à l'état d'objet utilitaire. En forçant des femmes qui ne l'aiment pas à l'épouser, il commet un viol consommé dans la mort de ses victimes. Pour dépasser la sensualité brutale et se dépouiller de sa bestialité (littérale et symbolique), il doit se rendre progressivement capable d'aimer l'Autre et non pas seulement chercher à la posséder. Le message de « La Chatte blanche » n'est pas sans ressemblance. Des fées malfaisantes y enferment dès sa naissance une jeune princesse dans une tour, la privant de toute expérience directe du monde. Mais une « distinction anémique » ne s'avère pas être sa réponse naturelle en face de la vie. Le désir spontané et sincère qu'elle manifeste au premier homme qu'elle aperçoit suggère que le sentiment sexuel explicite n'est pas l'apanage de l'homme. Un symbolisme érotique intense marque ce texte. Le prince la « charme par quelques fanfares » tirées de son « cor » ; il communique avec elle à l'aide d'une « espèce de trompette » et son entrée impulsive dans la tour est une métaphore sans équivoque. Mais la princesse sera punie d'avoir cédé à ses impulsions sexuelles au lieu de s'être enfuie avec le roi, comme il était prévu. Aussi est-elle transformée en chatte blanche, signe de son asservissement à sa nature animale. Cependant, à la différence de Marcassin, son pendant monstrueux, elle n'est condamnée qu'à demeurer l'image paradoxale et charmante d'un érotisme domestiqué.

Bibliographie : *Histoire d'Hypolite, Comte de Duglas* (Louis Sevestre, 1690, rééd., B.N., 1978). *Mémoires de la Cour d'Espagne* (Claude Barbin, 1690). *Relation du voyage d'Espagne* (id., 1691). *Nouvelles espagnoles* (id., 1692). *Histoire de Jean de Bourbon, prince de Carency* (id., 1692). *Nouvelles ou Mémoires historiques* (id., 1693). *Mémoires de la Cour d'Angleterre* (id., 1695). *Les Contes de fées*, 4 vol. (–, 1697). *Les Contes nouveaux ou Les fées à la mode*, 4 vol. (Vve Théodore Girard, 1698). *Sentiments d'une âme pénitente, Sur le psaume Miserere mei Deus*, et *Le Retour d'une âme à Dieu, Sur le psaume Benedic anima mea. Accompagné de Réflexions chrétiennes* (id., 1698). *Le Comte de Warwick* (Compagnie des Libraires Associés, 1703). *Les Contes de fées* et *Les Contes nouveaux* furent repris dans *Le Cabinet des Fées* (éd. Charles Joseph de Mayer, Amsterdam et Paris : Hôtel Serpente, 1785-1789) et récemment réimprimés (Genève : Slatkine Reprints, 1975-1976).

Sélection critique : Barchillon, Jacques : *Le Conte merveilleux français de 1690 à 1790* (Champion, 1975). Degraff, Amy Vanderlyn : *The Tower and the Well : A Psychological Interpretation of the Fairy Tale* (Birmingham, Al. : Summa, 1984). Hubert, Renée Riese : « Le sens du voyage dans quelques contes de Mme d'Aulnoy », *French Review*, XLVI, n° 5 (avril, 1973). Jyl, Laurence : *Madame d'Aulnoy ou la fée des contes* (Laffont, 1989). Mitchell, Jane Tucker : *A Thematic Study of Mme d'Aulnoy's Contes de Fées* (Mississipi Romance Monographs, 1978). Storer, M.-E. : *Un Épisode littéraire de la fin du XVIIe siècle : La Mode des contes de fées* (1928 ; réimp. Genève : Slatkine, 1972, + bibliographie). Cf. FWW.

Amy Vanderlyn Degraff

AUNEUIL, Louise d'–, auteur de contes de fées.

L'Inconstance punie (P. Ribou, 1702). *Nouvelles diverses du temps, La Princesse de Prétintailles* (id., 1702). *Les Chevaliers errants et le génie familier* (id., 1709). *La Tyrannie des fées détruites* (Hochereau, 1756).

AVRIL, Nicole, n. 1939, romancière.

L'Été de la Saint-Valentin (Pauvert, 1972). *Les Gens de Misar* (Albin Michel, 1972). *Les Remparts d'Adrien* (Club Français du Livre, 1975). *Le Jardin des absents* (Albin Michel, 1977). *Monsieur de Lyon* (id., 1979). *La Disgrâce* (id., 1981). «Taisez-vous, Elkabbach!» (Flammarion, 1982). *Jeanne* (id., 1984). *La Première Alliance* (France Loisirs, 1986). *Sur la peau du diable* (Flammarion, 1988). *Dans les jardins de mon père* (id., 1989). *Il y a longtemps que je t'aime* (id., 1992). Cf. DFELF.

B

BA, Mariama, 1929-1981, romancière sénégalaise.

Née à Dakar, dans une famille lébou (ethnie originelle de la région de Dakar), Mariama Bâ est élevée sous la coupe d'un père fonctionnaire moderne et d'un grand-père tourné vers le passé, sa mère étant décédée prématurément. On ne se contente pas de former la fillette aux arts domestiques : elle poursuivra jusqu'en 1947 des études à l'École normale d'institutrices de Rufisque où ses rédactions sont remarquées. Mariée jeune, elle passe de longues années dans ses classes du primaire puis vient à l'Inspection générale de l'enseignement, tout en donnant naissance à huit reprises (à neuf enfants). Elle doit traverser aussi la séparation et puis le divorce d'un mari journaliste et homme politique. Sa maturité célibataire lui donne alors le plaisir de prendre la plume créatrice pour composer deux romans, et goûter brièvement une certaine renommée avant sa mort prématurée.

La célébrité de Mariama Bâ repose sur un roman plus mince que *La Princesse de Clèves* mais plus canonique aux États-Unis. Il y a diverses raisons à ce succès phénoménal. *Une si longue lettre,* traduit en diverses langues, a d'abord reçu un prix japonais pour l'édition en Afrique. C'est un livre facile à lire et bref. Il traite avec retenue de l'incontournable demande féminine d'amour, de sécurité affective, cette idée fixe que l'on qualifie volontiers d'occidentale quand on ignore les mythologies « autres », car du Japon à l'Amazonie, Juliette et Roméo ne font guère que changer de prénoms : l'amour d'une femme et d'un homme préside (quand ce n'est pas un viol ou un insondable miracle) à tous les mythes de création. *Une si longue lettre* est avant tout le premier texte d'une Africaine francophone qui aborde de front, pour la déconstruire posément, la question de la polygamie. En outre, la forme de discours choisie (la lettre à une amie d'enfance absente qui a choisi de ne pas subir le partage ni la loi du pays) assure la communication directe avec les lecteurs, confidents et récepteurs implicites du texte. C'est donc une parole écrite, de femme à femme ou à homme « libérant ». L'épistolière émet un message nuancé mais clair de femme africaine en deuil, traditionnelle en apparence, à femme africaine « libérée » partie au loin. Cette voix féminine africaine a donc été bien entendue outre-Atlantique.

Aurait-elle pu incarner au jour le jour la sagesse et la retenue exprimées par son héroïne Ramatoulaye ? Les éditeurs et certains critiques de Mariama Bâ ont tenu à signaler que ce n'est pas un roman autobiographique, comme si le vécu était une source frelatée d'inspiration (en dépit de Proust, Colette, Simon, Duras et tant d'autres). Il est possible de montrer que Ramatoulaye, qui a choisi de rester et de subir la tradition polygame, est la voix « recto » de l'Africaine qui rêve d'un « verso » (la libération au prix de l'exil) incarné par Aïssatou, la destinataire de la si longue lettre. L'auteur dote sa narratrice-épistolière d'une abondante progéniture (elle a eu neuf enfants elle-même, plutôt que douze), en revanche, l'auteur Mariama Bâ a divorcé : elle n'a donc pas fait le choix de Ramatoulaye mais bien celui de Nafissatou.

Très subtilement, Barbara Harrell-Bond a évité de poser, dans son précieux entretien avec Mariama Bâ, la question du féminisme. L'association explicite du féminisme avec l'« Occident », la « bourgeoisie », la perte de la féminité et autres épouvantails pour femmes « subalternes » reste en effet un obstacle majeur. Cet entretien fait apparaître autant l'intelligence nuancée que les ambivalences de Mariama Bâ quant à la condition de la femme africaine. Mais elle comprend très bien que le vrai problème est le poids de la tradition qui a toujours *avantagé* l'homme : « Il a hérité de son père une certaine vision du mariage... la femme qui vit avec lui ne doit pas être une esclave comme il a appris à l'attendre, dans son enfance. Quand ils étaient petits, le garçon s'est toujours entendu dire : « Non, tu ne dois pas balayer. C'est les filles qui doivent balayer.../ S'il veut que son épouse soit heureuse, il faut qu'il oublie ce qu'on lui a appris... C'est notre seul espoir pour l'avenir ». La polygamie islamique n'est qu'une façon de « légaliser les escapades de l'homme », dit-elle. C'est un problème d'autant plus difficile à éluder que beaucoup d'autres femmes (celles qui n'ont pas encore acquis le statut d'épouse d'un homme nanti) sont prêtes à jouer le jeu du mâle, c'est-à-dire à profiter des largesses qu'il peut offrir. Et cette vénalité justifiera en retour le mépris de l'homme, bien entendu. Là est tout le drame de la protagoniste d'*Une si longue lettre*, comme celui de Mireille, dans le deuxième roman intitulé *Un Chant écarlate*.

La supériorité du premier sur le second roman tient à l'authenticité de l'impulsion créatrice. Même si les destinées de Ramatoulaye et de Mariama Bâ sont différentes, leur affectivité vient de la même source, bien souvent la meilleure pour la création artistique, le vécu. Mireille, l'épouse blanche française, progressiste et postcoloniale, d'Ousmane ne peut assumer une conversion de son statut d'épouse à celui de « première femme » d'un époux bigame sous prétexte qu'il redécouvre ses racines africaines. Si Mariama Bâ n'a pu concevoir d'autre solution à ce dilemme que la folie meurtrière de Mireille (choisissant ainsi dans le répertoire l'archétype de l'impuissance hystérique féminine), c'est qu'elle ne peut pas imaginer de solution plus constructive. Des critiques éclairés (mâles et sénégalais) ont cependant su montrer que le génie de Mariama Bâ consiste à atténuer ses thèses en introduisant des preuves contraires : des couples monogames homo-raciaux heureux et un couple homo-racial malheureux dans *Une si longue lettre,* des couples interraciaux heureux dans *Un Chant écarlate.* Là où Mariama Bâ ne semble pas disposée à l'indulgence ni à la nuance, c'est dans le rôle destructeur des entremetteuses, marâtres et belles-mères. Est-ce là que le bât a vraiment blessé en réalité ? Est-ce la forme la plus pernicieuse du sexisme ordinaire ? Est-ce la dernière carte dans l'insoluble psychodrame qui se joue éternellement entre mères, filles et femmes de générations différentes mais toutes héritières du patriarcat ordinaire ? Il y a certainement place pour de nouvelles analyses.

Bibliographie : *Une si longue lettre* (Dakar : Nouvelles Éditions Africaines, 1979 ; nombreuses traductions ; rééd. *Femmes Africaines,* Propos recueillis par Annette Mbaye d'Erneville sur les thèmes de *Femmes et Société,* 6 vol. (Martinsart, c. 1982). *Un Chant écarlate* (id., 1981). « Une enfance à Dakar », essai (-).

Sélection critique : Cham, Mbye B. : « Contemporary Society and the Female Imagination : A Study of the Novels of Mariama Bâ », in *Women in African Literature Today,* dir. Eldred D. Jones *et al.* (Washington, DC : Africa World Press, 1987). Harrell-Bond, Barbara : Entretien du 9 juillet 1980, *African Book Publishing Record* 6 (1981). Larrier, Renée : « Correspondance et création littéraire : Mariama Bâ : *Une si longue lettre* » (*The French Review* 64, 5, 1991). Lee, Sonia : « Le Thème du bonheur chez les romancières de l'Afrique occidentale », *Présence francophone* 29 (1986). Mortimer, Mildred : « Enclosure/ Disclosure in Mariama Bâ's *Une si longue lettre* », *The French Review* 64, 1 (1990). Schwarz-Bart, Simone : « Mariama Bâ », *Hommage à la femme noire,* vol. 4 : 96-106 (Éditions Consulaires, 1989). Stringer, Susan : « Cultural Conflict in the Novels of Two African Writers : Mariama Bâ and Aminata Sow Fall », *SAGE* Suppl. (1988).

CM

BABY, Yvonne, romancière, critique.

Oui, L'Espoir, Prix Interallié 1967 (Grasset, 1967). *Le Jour et la Nuit* (id., 1974). *Kilroy* (Mercure de France, 1980). *La Vie retrouvée* (Éd. de l'Olivier, 1992).

BACKER, Anne-Marie de, n. 1910, poète.

Poèmes (St.-Étienne : La Pensée Française, 1950). *Le Vent des rues* (Seghers, 1952). *Danse du cygne noir* (id., 1954). *Les Étoiles de Novembre* (id., 1956). *L'Herbe et le Feu* (id., 1960). *La Dame d'Elché* (id., 1962). *L'Étoile Lucifer* (id., 1967). *Orties aux flammes bleues...* (Rodez : Subervie, 1975). *Oiseaux-soleils* (id., 1979). *Le Soleil du grand vent* (id., 1981). *Au cœur de la vague* (Aurillac : Éditions Gerbert, 1981). *Refuges ambigus* [s.d.]. *Les Songes des premières heures de la nuit* [s.d.]

BALAZARD, Simone, critique, romancière.

L'Été prochain (Julliard, 1963). *Quatre Saisons à Château-Mercy* (id., 1965). *L'Histoire d'Émile* (Flammarion, 1968). *Le Rocher rouge* (Grasset, 1972). *Deux Femmes à la rencontre* (id., 1975). *L'Année des roses* (id., 1980). *Le Château des tortues* (Flammarion, 1982). *Guide du théâtre français contemporain* (Syros-Alternatives, 1988), autres essais.

BANCQUART, Marie-Claire, n. 1932, poète, universitaire, romancière.

Née dans l'Aveyron, Marie-Claire Bancquart a mené de front une carrière d'universitaire et de femme de lettres : sévrienne agrégée et docteur ès lettres, professeur à Paris-IV (Sorbonne), responsable du Centre de recherches « Littératures et spiritualités », elle a reçu en 1979 le prix Max Jacob de poésie et, en 1985, le Grand Prix de l'Académie française pour l'ensemble de son œuvre critique, ayant écrit entre autres sur Guy de Maupassant, Anatole France, les surréalistes (au neutre-masculin) et la poésie moderne et contemporaine.

Malgré quatre romans dont le dernier, *Élise en automne,* a été sélectionné pour le prix Renaudot en 1991, c'est surtout à la poésie que le nom de Marie-Claire Bancquart est associé. La poésie « est un mode d'existence ». « On écrit par désir d'interroger l'univers, pour savoir comment continuer, par recherche mystique ». Elle est quête d'une plénitude qui nous manque ou qui nous échappe sitôt qu'entrevue. Sa poésie est donc toute de tension, épurée, dense et dure. Difficile aussi car elle n'essaie ni de charmer ni de faire naître une émotion facile. Un lyrisme sans concession passe par de belles images inattendues (c'est bien l'art du poète) qui font violence aux sens et à l'imagination. Ainsi demande-t-elle à la parole poétique de « plier le monde en linge de Pâques ».

La poésie de Marie-Claire Bancquart se déplace entre la violence âpre et intense de la passion des corps qui se désirent, qui se déprennent et (imaginaires) s'érodent – ce sont les corps « en location obligatoire » –, entre l'amertume de la souffrance, et la grande douceur des choses et des instants quotidiens. Là encore poésie égale art de vivre : c'est la douceur «d'une rencontre avec un arbre, un animal, une ville». D'une part l'enfermement dans un corps étroit dans un «monde mal fait pour nous», d'autre part la corrélation du réel avec «l'autre côté du monde», la complicité éphémère avec le non-moi, avec l'organique, et surtout avec le «passé antérieur» au regard et à la conscience humaine. Les sens dérivent à partir des couleurs – qui lui inspirent une série, des plantes, des animaux (particulièrement des chats qu'elle aime), en quête du sens livré par le contact avec le vivant. Mais toujours, au-delà du sang qui bat dans les artères, de la «connaissance artésienne des entrailles», l'os est mis à nu, la mort dresse ce butoir qui l'interroge, «limite sûre à partir de laquelle notre vie se définit forcément comme une attente». Ses titres sont révélateurs : *Mémoire d'Abolie, Votre visage jusqu'à l'os, Opéra des limites* et plus récemment, *Sans lieu sinon l'attente.* L'affiliation semble donc revendiquée avec la grande tradition française postromantique, de Mallarmé à Bonnefoy.

Le recours fréquent aux mythes et personnages classiques (Orphée, Eurydice, Antigone) ouvre le transitoire de l'être à l'universel mais il réintroduit aussi par l'oblique la narrativité – continuité et temporalité – dans la poésie qui traditionnellement exclut le récit. De même, les «séries» sur les couleurs, les anges, créatures ambiguës dans son univers, organisent les révélations poétiques. Attentive aux rêves, à la fantaisie, au désir érotique, M.-C. Bancquart gomme cependant du poème les traces trop claires de l'autobiographie, et ses poèmes, généralement brefs, se donnent comme des concrétions énigmatiques qui demandent à être ouvertes patiemment. Car elle n'abhorre rien autant que le fade, le laisser-aller, l'humanitarisme à tout prix, les vies larvaires ou atrophiées (le point de vue peut se mettre en question). Sans doute une longue et précoce expérience de la maladie explique-t-elle en partie ce parcours exigeant pour saisir «la vie à la fois éblouissante et intenable» dans le travail des mots, respectueuse aussi du travail qui les entoure.

Avec le temps, si une évolution se dessine, elle irait dans le sens d'une plus grande tendresse et de plus de sérénité. Dieu, «nécessaire et inadmissible», naguère objet de la révolte, serait, selon M.-C. Bancquart, en passe de devenir une «positive absence», le pressentiment d'une réponse non encore imaginée.

Bibliographie : *Mais* (Vodaine, 1969). *Projets alternés* (Rougerie, 1972). *Proche* (Saint-Germain-des-Prés, 1972). *Pour un espace de l'amour* (Vodaine, 1974). *Cherche-terre* (Saint-Germain-des-Prés, 1977). *Mémoire d'Abolie* (Belfond, 1978). *Voix,* avec papiers gravés de Marc Pessin (1979). *Mouvantes* (Le Verbe et l'Empreinte, 1991). *Images littéraires du Paris «fin de siècle»* (Éd. de la Différence, 1980). *L'Inquisiteur,* rm (Belfond, 1981). *Partition* (id., 1981). *Votre visage jusqu'à l'os* (Temps actuels, 1983). *Les Tarots d'Ulysse,* rm (Belfond, 1984). *Opportunité des oiseaux* (Belfond, 1986). *Opéra des limites* (Corti, 1988). *Végétales* (Cahiers du Confluent, 1988). *Photos de famille,* rm (François Bourin, 1989). *Élise en automne,* rm (id., 1991). *Sans lieu sinon l'attente* (Obsidiane, 1991).

Sélection critique : Film vidéo des services culturels de la Ville de Paris, 1983. *Revue Flache* 12 (avec un entretien).

MH et CM

BARBEY, Mary Anna, écrivaine romande.

Nous étions deux coureurs de fond (Genève : Éd. Zoé). *Ma Voix, ou celle d'Écho,* récits (id., 1993).

BARBIER, Élisabeth, n. 1920, romancière.

Les Gens de Mogador (Julliard, 1947). *Julia Vernet de Mogador* (id., 1952). *Dominique Vernet* (id., 1961, 2 vol.). *Ni le jour, ni l'heure* (id., 1969). *Mon père, ce héros* (Livre de poche, 1972). *Serres Paradis* (id., 1974). *Ludivine* (Julliard, 1979).

BARNEY, Nathalie Clifford, 1877-1972, écrivaine anglaise bilingue.

Quelques portraits-sonnets de femmes (Ollendorf, 1900). *Actes et Entr'actes* (Sansot, 1910). *Poèmes et poèmes, autres alliances* (Paris-New York : Émile-Paul, 1920). *Pensées d'une Amazone* (id., 1921). *Nouvelles Pensées de l'Amazone* (Mercure de France, 1939). *Nouvelles de chez nous (La Réunion)* (Jacques Lafitte, 1951). *Traits et portraits* (Mercure de France, 1963). *Un Panier de framboises* (id., 1979). *Éparpillements* (Persona, 1982). *Aventures de l'Esprit* (id., 1983). *Souvenirs indiscrets* (Flammarion, 1983).

BAROCHE, Christiane, nouvelliste, romancière.

Les Feux du large (Gallimard, 1975). *Chambres, avec vue sur le passé* (id., 1978). *L'Écorce indéchiffrable* (Marseille : Actes Sud, 1978). *Pas d'autre intempérie que la solitude* (Gallimard, 1980). *Perdre le souffle,* nouvelles (id., 1983). *Un soir, j'inventerai le soir,* nouvelles (Marseille : Actes Sud, 1983). *Plaisirs amers* (id., 1984). *Du vertige et du vent* (Marseille : Actes Sud, 1984). *L'Hiver de beauté* (Gallimard, 1987). *« Et il ven-*

tait devant ma porte », nouvelles (id., 1989). *Giocoso, ma non...* (Presses de la Renaissance, 1989). *Le Boudou* (Grasset, 1991). *Les Ports du silence* (id., 1992). *La Rage au bois dormant* (id., 1995).

BARTEVE, Reine, dramaturge arménienne.

Le Pavillon Balthazar et *L'Arménoche* (Collection Culture Armé-nienne, 1978). *Ouverture sur mer* (Théâtre Poche-Montparnasse, 1980). *L'Orphelinat* (Théâtre de Plaisance, 1984).

BARON SUPERVIELLE, Silvia.

Les Fenêtres (G. Asse, 1976). *Plaine blanche* (C. Martinez, 1978). *Espace de la mer* (Losne : T. Bouchard, 1981). *La Distance de sable*, poé-sie (Granit, 1984). *Le Mur transparent* (Losne : T. Bouchard, 1986). *Lec-tures du vent...* (J. Corti, 1988). *L'Or de l'incertitude* (id., 1990).

BASHKIRTSEFF, Marie, 1860-1884, peintre, mémorialiste.

Peintre surtout célèbre pour son *Journal,* Marie Bashkirtseff est née à Poltava en Ukraine. A dix ans elle quitte la Russie en compagnie de sa mère et de sa tante et découvre Vienne, Baden-Baden et Genève. Le père et le frère restent en Russie, Marie et sa mère s'installent à Nice. Exaspé-rée par ses professeurs, elle établit elle-même son programme et s'astreint à neuf heures d'études par jour : « Je crains que ce désir de vivre à la vapeur ne soit le présage d'une existence courte » (24 août 1874). A seize ans, Marie lit les Anciens et les Modernes dans le texte. Sa soif de tout connaître s'étend aussi bien aux sciences humaines qu'aux sciences exactes. Elle joue du piano, de la harpe et elle chante. Elle voyage beau-coup : à Rome, son idylle avec un neveu du Pape tourne court ; en Russie, aucun des jeunes nobles ne lui donne envie de se marier ; 1876 sera sa dernière année de dissipation mondaine. En 1877, la famille s'installe à Paris où Marie entre à l'atelier Julian. Désormais la jeune fille ne vit plus que pour son art, peinture et sculpture. Elle travaille intensément car elle se sait malade et condamnée. En 1876, elle a perdu sa belle voix (Marie rêvait d'être cantatrice), dès 1880 elle devient sourde. En 1881, elle entre-prend son dernier voyage important : elle visite l'Espagne et y étudie la peinture espagnole. La période créatrice de Marie peintre s'étend de 1878 à 1884. Ses principales toiles se trouvent au musée du Luxembourg et au musée de Nice, mais on peut admirer au musée d'Orsay le superbe « Mee-ting » de petits garçons pauvres, chef-d'œuvre réaliste de 1884.

Pourquoi Marie a-t-elle tenu un journal dès l'âge de douze ans ? Toute enfant, elle se plaint de sa solitude totale. La fillette de treize ans sent déjà que, par l'écriture, elle émerge de son état d'objet social indifférencié et parvient à sa singularité. Racontée, sa vie devient exemplaire, sauvée de l'inexistence et de l'engloutissement total. Le *Journal* n'a de sens, et Marie le répète dans la préface qu'elle a écrite quelques mois avant sa mort, que s'il est « l'exacte, l'absolue, la stricte vérité ».

A l'âge de seize ans, Marie dénonce ses rêves de grandeur et son imagination romanesque : « Serais-je romanesque, dans le sens ridicule du mot ?... J'ai préféré des gens parce qu'il faut un objet à mon imagination » (Paris, 13 juillet 1883). Même si son cœur est vide et s'il lui faut des rêveries pour l'amuser, Marie considère l'amour et la gloire comme inconciliables. Son imagination est d'autant plus vive qu'elle se sait incapable de se départir de son esprit analytique et raisonneur. A l'évanescence du moi a succédé la conscience d'une scission intérieure : « La femme qui écrit et celle que je décris font deux » (Nice, 30 mai 1877).

Mots-masques, mots-écrans, heureusement qu'existe l'art « comme une grande lumière là-bas, très loin ». Mais Marie n'a pas encore commencé chez Julian et l'inaction relative la plonge dans l'angoisse de mourir « sans avoir rien laissé après. Mourir comme un chien ! comme sont mortes 100 000 femmes dont le nom est à peine gravé sur leurs tombes ! » (Nice, 7 août 1877). Le 6 octobre de la même année, elle entre à l'atelier Julian où elle fait sa première ébauche. Là, « tout disparaît ; on n'a [plus de] nom de famille ; on n'est plus la fille de sa mère, on est soi-même, on est un individu et on a devant soi l'art, et rien d'autre ». Marie commence à devenir ce qu'elle désirait être : « Sûre de moi, tranquille au dehors ».

Cependant l'exaltation des premiers mois retombe vite. Marie se tourmente sur ses dons artistiques et ne cesse d'être angoissée par l'idée de la mort. A cette époque, la jeune fille est de plus en plus révoltée par l'injustice faite aux femmes mais elle avoue se contenter de grogner d'être femme. Au cours des années, son attitude se durcira, mais son engagement féminin se situera d'abord au niveau du vécu, ensuite seulement sur le plan de la polémique. En 1881, elle collabore, sous le pseudonyme de Pauline Orelle, au journal féministe *La Citoyenne*. Le fait même qu'elle refuse de « se marier pour être mariée » et qu'elle n'envisage jamais son art comme un passe-temps de jeune fille désœuvrée en dit long. Il est vrai qu'elle aurait été heureuse de s'anéantir devant la supériorité d'un homme aimé, mais le « Prince Charmant » est demeuré introuvable. Marie lie l'infériorité artistique des femmes à une éducation qui les inhibe. Elle-même veut donner à la société l'exemple d'une femme « qui sera devenue quelque chose, malgré tous les désavantages dont la comble la société » (Paris, 2 janvier 1879). Pourtant les succès obtenus ne la remplissent pas de joie. Marie rêvera jusqu'à la fin d'une consécration magique, indépendante de son travail acharné. Il suffit que le succès soit le sien pour qu'il perde de sa valeur. Les progrès de la maladie aggravent la cyclothymie dont Marie s'est toujours plainte. L'art devient son seul refuge mais elle craint que sa solitude n'obscurcisse son intelligence et qu'elle-même ne devienne « amère, aigrie, sombre » (Paris, 7 sept. 1880). Son caractère s'assombrit effectivement et elle en vient à se méfier de ses professeurs. Le voyage en Espagne qu'elle entreprend en automne 1881 lui permet de se rouvrir au monde. Cependant, à peine rentrée à Paris, elle est à nouveau en proie à ses tourments habituels : solitude, doutes, inertie.

Marie Bashkirtseff connaît pourtant des moments de joie confiante quand son travail avance bien : elle s'exhorte alors à ne pas céder à la facilité mais à faire de constants efforts. Elle traverse des moments d'élévation presque mystiques, qui alternent avec des états de prostration et d'angoisse. Depuis 1879, elle pense à faire de la sculpture, car la peinture lui apparaît parfois comme une tromperie qui ne laisse plus de place à la pensée. La sculpture exige un travail plus honnête et l'on peut y mettre « cette étincelle, ce suprême mystère de quelque chose qui est en vous, qui est divin » (29 août 1882) et que la jeune fille ne sait pas exprimer en mots. La sculpture, telle qu'elle la conçoit, nous renvoie à une recherche vitale et ancienne chez elle : trouver la variété dans l'identique. Des années auparavant, elle avait exprimé sa nostalgie de Nice où l'horizon est « infini, toujours le même et toujours nouveau ». D'une sculpture, elle écrit maintenant : « Vous en faites le tour, la silhouette change en gardant la même signification... » (Paris, 24 février 1883).

Cependant Marie n'aura guère le temps de s'engager dans cette voie. La dernière année sera marquée par des élans d'amour fou pour la vie, amour qui prend souvent un aspect synthétique et universel : « Il me semble que personne n'aime autant tout que moi : arts, musique, peinture, livres, monde, robes, luxe, bruit, calme, rire, tristesse, mélancolie, blague, amour, froid, soleil » (Paris, 11 mars 1884) ; elle voudrait tout voir, tout avoir, tout embrasser, se confondre avec tout et mourir. Et puis la mort imminente de son ami Bastien-Lepage et sa propre fin qu'elle sent venir obscurcissent son horizon : « La voilà donc, la fin de toutes mes misères ! tant d'aspirations, tant de désirs, de projets, tant de... pour mourir à vingt-quatre ans, au seuil de tout ! » (30 août 1884). Marie devait mourir le 31 octobre, avant Bastien-Lepage. Rarement la quête de soi, la recherche d'un sens de la vie auront été exprimées avec autant d'intensité, de fièvre.

Bibliographie : *Journal de Marie Bashkirtseff* (Charpentier et Fasquelle, 1887 ; Mazarine, 1980). *Lettres de Marie Bashkirtseff* (id., 1891). *Nouveau Journal inédit de Marie Bashkirtseff avec correspondance avec Guy de Maupassant* (Éditions de la Revue, 1901). *Cahiers Intimes inédits de Marie Bashkirtseff,* introd. de Pierre Borel (4 tomes, 1925). *Confessions* (Bloud et Gay, 1925). *Dernier voyage* (Abbeville : F. Paillart, 1926). *L'Enfance candide et passionnée : cahier inédit* (Aix-en-Provence : Éditions du Feu, 1929).

Sélection critique : Cahuet, Albéric : *Moussia ou la vie et la mort de Marie Bashkirtseff* (Fasquelle, 1926). France, Anatole : *La Vie littéraire*, t. I (Calmann-Lévy, 1888). Henriot, Émile : « Marie Bashkirtseff », *Portraits de femmes, d'Héloïse à Katherine Mansfield* (A. Michel, 1950). Jaccard, Annie-Claire : « La recherche ontologique de Marie Bashkirtseff », *Société d'Études Romantiques, Intime/Intimité/Intimisme* (1975). Cosnier, Colette, *Marie Bashkirtseff, Un portrait sans retouches* (P. Horay, 1985).

Annie-Claire Jaccard

BASIL, Sidonie, n. 1922, romancière belge.

Cocktail (Julliard, 1961). *La Pelromsic de nuit* (id., 1962). *Les Bourgeois du bailli de Suffren* (id., 1963). *Les Jeux tristes* (Bruxelles : Pierre de Meyère, 1963). *Le Diable par la plume* (Table Ronde, 1970).

BAULU, Marguerite, romancière belge.

Modeste automne (A. Leclerc, 1911). *L'Abbaye des dunes* (Plon-Nourrit, 1914). *Boulle et sa fille* (id., 1925).

BÉATRICE de Die, cf. DIE.

BEAUCHASTEL, Louise de –, XVe siècle.

Cf. G. Raynaud : *Rondeaux et autres poésies du XVe siècle.*

BEAUDRY, Marguerite, écrivaine québécoise.

Debout dans le soleil (Montréal : Éd. Quinze, 1977). *Tout un été l'hiver* (id., 1976). *Le Rendez-vous de Samarcande* (Montréal : Libre expression, 1981).

BEAUFILS-LAVANCHY, Ninon, mémorialiste suisse.

Du soleil qui me disait bien (Lausanne : L'Age d'Homme, 1971), Prix des écrivains genevois.

BEAUHARNAIS, Marie-Anne Françoise, « Fanny » de –, 1737-1813, romancière, poète.

Œuvres, 2 vol. (1772). *A tous les penseurs, salut* (Amsterdam et Paris, 1774). *Volsidor et Zulménie* (Delalain, 1776). *Lettres de Stéphanie,* rm (Deriaux, 1778). *L'Abailard supposé* (Gueffier, 1780). *L'Aveugle par amour* (id., 1781). *Le Somnambule, œuvres posthumes en prose et en vers* (Didot le Jeune, 1786). *Nouvelles folies sentimentales ou folies par amour* (Royez, 1786). *La Fausse Inconstance* (Lesclapard, 1787). *Les Amants d'autrefois* (Couturier, 1787). *L'Ile de la félicité* (Masson, 1800). *A la mémoire de Mme Dubocage* (Richard, 1803). *La Cyn-Achantide ou le voyage de Zizi et d'Azor* (Houzé, 1811).

BEAULIEU, Danielle, romancière québécoise.

Il neige sur les frangipaniers (Sherbrooke : Naaman, 1978). *Les Coquelicots* (id., 1980).

BEAUMER, Mme de –, ?-1766, journaliste, épistolière.

Sa date de naissance et son prénom sont encore inconnus et l'on sait peu de choses de sa vie. A-t-elle été mariée ? Elle affirme n'être « la dame de personne ». Elle fut toutefois la première femme à diriger pendant quelque temps *Le Journal des Dames,* premier périodique pour femmes à avoir perduré (1759-1778). En cette qualité (et quelles autres ?), Mme de Beaumer doit affronter les autorités, ce qui explique probablement qu'elle soit morte en Hollande : ayant eu des contacts avec les Huguenots, elle a pu s'y réfugier. A cause de ces mêmes conflits, selon l'essayiste Nina Gelbart, les traces de ses activités sont quasiment effacées.

Ses *Œuvres mêlées,* grâce à l'emploi de l'allégorie, n'ont pas frappé les censeurs par leurs aspects subversifs et ont pu paraître anodines. Sous forme de fictions et de dialogues, Mme de Beaumer attaque l'inégalité sociale, la corruption des tribunaux, la persécution religieuse, et décrit la misère du peuple. A côté de l'idéal maçonnique de la « nation spirituelle », un certain féminisme se dégage aussi : elle exprime sa préférence pour les femmes dans les gouvernements, prenant Christine de Suède pour exemple.

C'est ce féminisme qui va l'inspirer lorsqu'elle rédige le *Journal des Dames.* Elle y est première femme après deux journalistes masculins : avec elle le ton change. Suite aux poésies galantes adressées par ces hommes au public féminin, elle inverse la situation et attaque directement les hommes, les accusant d'abuser des forces de leur corps. Ses lectrices, elle les incite à « se faire homme » elles aussi. Ce ton est manifeste surtout dans les diverses préfaces et lettres au public ainsi que dans les biographies de femmes célèbres qu'elle publie pour venger les unes et donner des exemples aux autres.

Elle ne réussit pas vraiment à soutenir la publication de ce journal. Mme de Maisonneuve, dont le rôle n'est pas éclairci à ce jour, lui succède ainsi que d'autres femmes journalistes, telle Mme de Princen, dix années plus tard.

Bibliographie : *Lettres curieuses, instructives et amusantes* (La Haye : 1759). *Œuvres mêlées* (id., 1760). «Lettres de Magdelon Friquet» (resté à l'état de projet). *Journal des Dames* (Paris, 1761-1763). «Histoire militaire» (projet dont le prospectus parut en 1762).

Sélection critique : Gelbart, Nina R. : *Feminine and Opposition Journalism in Old Regime France : Le Journal des Dames* (Berkeley, CA : Univ. of California Press, 1987). Rustin, J. : «Romanesque et destin ou *Les Caprices de la Fortune* (Mme de Beaumer, 1760)», *Travaux de linguistique et de littérature* (4) 1966. Van Dijk, Suzanne : «*Le Journal des Dames,* 1759-1778 ; les journalistes-dames et les autres», *Traces de femmes, Présence féminine dans le journalisme français du XVIIIe siècle* (Amsterdam/ Maarsen : Holland Univ. Press, 1988).

Suzanne van Dijk

BEAUMONT, Germaine, n. 1890, poète, romancière.

Disques (Plon, 1930). *Le Fruit de solitude* (A. Lemerre, 1932). *Cendre* (id., 1934). *Perce-Neige* (id., 1934). *Piège* (Plon, 1935). *La Longue Nuit* (id., 1936). *Les Clefs* (id., 1939). *Agnès de rien* (id., 1943). *La Roue de l'infortune* (id., 1946). *Silsauve* (id., 1952). *Les Légataires* (id., 1966). *Les Temps des lilas* (id., 1970). *Colette* (Seuil, 1973). *Le chien dans l'arbre* (Gallimard, 1975). *La Harpe irlandaise* (J. Tallandier, 1977). *Une Odeur de trèfle blanc* (Plon, 1981).

BEAUVOIR, Simone de –, 1908-1986, philosophe, mémorialiste, romancière, critique.

Simone de Beauvoir est née à Paris, dans une famille bourgeoise : mère pieuse et ferme sans rigueur, père avocat, agnostique et brillant. Ses études secondaires dans des institutions privées sont marquées par son amitié avec «Zaza» et par la perte de la foi à 14 ans. Au cours de ses études de philosophie à la Sorbonne, elle rencontre Jean-Paul Sartre avec qui elle formera le «couple contemporain capital» pendant un demi-siècle. Agrégée de philosophie, elle enseigne d'abord à Marseille et Rouen puis à Paris en 1938. A l'âge de 35 ans, son premier roman, *L'Invitée* marque son entrée sur la scène littéraire et sa sortie de l'Éducation nationale. Son histoire tombe dès lors dans l'Histoire : fondation des *Temps Modernes,* prix Goncourt 1954, grande visibilité et voyages sur tous les continents, mise au monde du féminisme moderne avec *Le Deuxième Sexe,* activisme politique sur tous les fronts. A partir de 1972, elle se consacre à l'action féministe, aux soins de Sartre et aux besoins de leurs œuvres respectives ou communes (voyages, correspondances, entretiens).

Un critique remarque « une vocation toute féminine du bonheur » chez Simone de Beauvoir. Elle a en effet évité les pièges du nihilisme et de l'esprit de système, soutenu toute une vie et l'engagement et les joies de la vie (la « fête » comme l'a souligné Geneviève Gennari), malgré une image publique empreinte de gravité et, dans son âge mûr, une certaine raideur que se plaisent à souligner les biographes. Elle a trouvé, non sans déchirements passagers, l'équilibre qui a finalement fait défaut à ses compagnons existentialistes, entre la personne publique et la personne privée ; du moins est-il certain qu'elle n'a pas vécu ses ambiguïtés sur un mode aussi tragique ni spectaculaire.

Lorsqu'elle écrivait l'essai capital qui serait la bible de ses contemporaines, Simone de Beauvoir ne se définissait pas comme « féministe » mais plutôt comme une exploratrice objective – quoique « de l'intérieur » – de la condition féminine. Cet ouvrage allait rester, trente ans plus tard, celui qui gardait pour elle tout son poids. Si l'on excepte le traditionalisme de certaines remarques sur l'homosexualité (elle ne fit état de la sienne propre, symbolique et réelle qu'avec réticence) et la maternité (liée dans son imagination et son observation au mariage bourgeois et donc à la perte d'intégrité de la femme), il est incontestable que l'ouvrage n'a guère perdu de son actualité. Quand il serait périmé pour les Françaises de la fin du siècle, il aurait encore une immense mission de par le monde. On sera en fait étonné/e de sa pertinence quand on le lira cinquante ans plus tard, avec les yeux agrandis par les perspectives « globales ». *Le Deuxième Sexe* analyse les significations sociologiques, biologiques et symboliques du concept de « femme ». Cet énorme traité est indubitablement marqué par le lieu et l'époque où la pensée de Simone de Beauvoir s'élaborait, une situation que les existentialistes tenaient pour garant même de l'authenticité d'un discours, mais dont la philosophe elle-même ne s'est pas assez défiée. Ce dont elle révèle les mécanismes, c'est d'abord la situation de la femme occidentale, et le sort que lui réserve, du berceau à la tombe, entre le trottoir et le salon, le système patriarcal bourgeois avant 1945. L'auteur n'ignore pas, bien entendu, les autres cultures et époques mais son pessimisme foncier sur la question féminine ne s'apprécie pleinement que par le constat d'échec qu'elle a observé de première main dans son propre milieu. Il s'agira de ne pas tomber dans les pièges où elle voit tomber les femmes de son entourage (et que des témoins comparables, Gide, Proust, Mauriac, Sartre ne peuvent pas concevoir comme pièges). Vingt ans avant la révolution sexuelle (c'est-à-dire la possibilité du contrôle de la reproduction par les femmes), il s'agissait d'expliquer les étapes du développement et les degrés du conditionnement à la « féminité » ainsi que les leurres de l'existence par homme interposé que les femmes choisissaient en règle générale. Il suffit de sortir des universités pour constater combien la programmation des femmes à la féminité dont a besoin la société de consommation reste puissante.

La formule beauvoirienne est mieux connue que la pensée qui la sous-tend : « On ne naît pas femme, on le devient. Aucun destin biologique, psychique, économique ne définit la figure que revêt au sein de la société la femelle humaine ; c'est l'ensemble de la civilisation qui élabore ce produit intermédiaire entre le mâle et le castrat qu'on qualifie de féminin. Seule la médiation d'autrui peut constituer un individu comme un *Autre* » Autrement dit, la biologie (devoir/privilège de reproduction) n'est pas la psychologie, encore moins le « destin » féminin. En 1978 encore, Simone de Beauvoir réitère sa position : « Je crois absolument qu'il y a de profondes différences entre les hommes et les femmes, au désavantage des femmes d'ailleurs dans l'ensemble... Ces différences ne viennent pas des natures féminines ou masculines, mais de l'ensemble culturel » (*Le Monde*, 10 janvier 1978). Longtemps l'engagement premier de sa vie et de son œuvre a été la promotion de l'idéal socialiste. Comme à bien d'autres, la connaissance de l'histoire lui a enseigné que le socialisme est un rêve qu'il faut soutenir mais qui ne saurait suffire à la libération des êtres marginalisés selon leur corps : celle-ci ne passe ni par la révolution, ni par la libération sexuelle uniquement.

A soixante ans Simone de Beauvoir donnait à son essai monumental un pendant : *La Vieillesse*. Nul doute que ce soit en partie pour exorciser ses angoisses devant le phénomène du vieillissement, et tout autant pour attirer l'attention sur le statut pathétique ou scandaleux des citoyens du « 3e âge » en France et par extension en Occident. Il est à noter que parmi les facteurs propres à soulager l'angoisse due au grand âge, les rapports familiaux (les petits-enfants en particulier) et l'activité politique reçoivent une attention particulière. Cet essai met avant tout en relief le danger d'ostracisme que court toute personne âgée non conforme aux images traditionnelles idéalistes, à une époque et dans une culture où le vieillissement est assimilé à la déchéance sans rédemption. Cet essai, où la philosophe ne s'est pas suffisamment appuyée sans doute sur l'expérience des femmes, n'aura pas une résonance comparable.

Les éléments de base de l'attitude somme toute positive de Simone de Beauvoir quant à la vie et la société sont exposés dans *Pour une morale de l'ambiguïté* qui recèle la structure idéologique de toutes ses œuvres de fiction. Ainsi le texte discursif *Pyrrhus et Cinéas* traite de la question métaphysique : la mort, l'absurde et l'engagement. Les premiers romans (*Les Mandarins, Tous les hommes sont mortels, Le Sang des autres*) illustrent également la responsabilité individuelle dans la promotion de la liberté des autres (c'est la mission même de l'existentialisme bien conçu). Ces romans analysent les conditions d'accès à des rapports authentiques avec autrui. Rappelons que l'esthétisme littéraire n'est pas une forme d'engagement authentique pour Simone de Beauvoir, car il est en réalité destiné aux minorités privilégiées de la société par qui il est consommé. On sait qu'elle ne fut pas plus tendre pour les nouveaux romanciers que Sartre ne l'était pour les surréalistes (voir *La Force des choses* en particulier).

Simone de Beauvoir a continué longtemps à écrire des textes de fiction qui atteignaient un public plus large que les essais, ce qui les justifiait amplement à ses yeux. Ce sont néanmoins ces essais, et au premier chef *Le Deuxième Sexe*, en parallèle aux énormes volumes de son autobiographie (*Mémoires d'une jeune fille rangée, La Force de l'âge, La Force des choses, Tout compte fait*) qui lui assurent sa place au premier rang des écrivains d'un siècle dont elle fut un témoin absolument incomparable car femme « en vue ». Les textes de fiction des années soixante sont nettement axés sur les problèmes de la « féminité ». Leur épaisseur réaliste et sociologique est réduite pour diriger l'éclairage sur la crise psychologique. On a une systématisation du point de vue très effective dans *La Femme rompue* où les rapports du couple sont explorés dans trois nouvelles longues. L'une laisse entrevoir un rayon d'espoir dans le mariage, l'autre serre au plus près le langage de la paranoïa féminine, la dernière expose, sous forme de journal, l'échec de la bonne volonté et de l'authenticité dans les rapports triangulaires, problème posé dès *L'Invitée*.

Un autre angle de vue sur le féminin dans les œuvres de fiction est celui des rapports des générations, en particulier le rapport mère-fille, traité comme autobiographique dans *Une Mort très douce* et qui reste la dimension la plus fascinante, la plus authentique des *Mémoires d'une jeune fille rangée*. Tandis que *Le Deuxième Sexe* dénonçait vigoureusement la responsabilité de la mère bourgeoise traditionnelle dans le dressage socio-sexuel des enfants, quelque vingt ans plus tard, *Les Belles Images* jette une lumière moins pessimiste sur la question. Trois générations de femmes s'affrontent, se soutiennent, se méprennent : une toute jeune fille qui découvre la misère sociale, réalité qu'on lui a épargnée jusque-là ; une mère dotée d'un amant parfaitement passionné, qui la laisse indifférente, et d'un mari tout à fait « acceptable » qui s'avère sans scrupule et conventionnel ; une grand-mère au beau milieu d'une passion malheureuse et hantée par l'âge. Les deux femmes adultes, mère et fille, travaillent avec succès et Laurence est dessinatrice publicitaire ce qui permet à l'auteur de déployer toute une thématique des apparences et du conditionnement par « les belles images ». On pourra apprécier dans ce sobre roman la « dernière manière » de la romancière philosophe : l'efficacité d'un style limpide et la souplesse d'un point de vue qui fait alterner le dialogue, le monologue intérieur direct ou indirect. Laurence est une mère en crise existentielle : il ne faut pas que sa fille devienne, à sa propre image, une femme mutilée dans sa sensibilité, ses motivations et sa créativité. Elle assume donc une lutte cruciale contre son entourage, pour ouvrir à Catherine la complexité des « réalités de la vie » au-delà des « belles images ». C'est dans ce procès de la société de consommation que l'on peut trouver le vrai testament moral, à la fois modeste, très lisible et très fondamental de la plus influente intellectuelle des temps modernes.

La biographie « définitive » de Deirdre Bair n'a étonné que les moins informés, la nature, chaste pendant des décennies, de son compagnonnage avec Sartre ayant toujours défrayé la chronique tandis que la critique a toujours tendu à exagérer sa dépendance à l'égard de Sartre. Cette biographie confirme la stature unique de Simone de Beauvoir dans l'histoire des idées sur la différence sexuelle, désormais établie du côté du non-essentiel et du non-« naturel ». On peut donc s'étonner de la survie anachronique du débat « essentialiste » dans certains milieux féministes nord-américains ou français, le péché d'« essentialisme » étant attribué tant à Simone de Beauvoir qu'à Hélène Cixous. L'enchevêtrement des sciences humaines comme l'évolution des mœurs rendent théoriquement impossible la réduction à un « isme » quelconque la réflexion sur « la différence » que Simone de Beauvoir instituait enfin comme débat philosophique à part entière cinq siècles et demi après La Querelle des femmes.

Bibliographie : *L'Invitée* (NRF, Gallimard, 1943). *Pyrrhus et Cinéas* (Gallimard, 1944). *Les Bouches inutiles* (NRF, Gallimard, 1945). *Le Sang des autres* (id., 1945). *Tous les hommes sont mortels* (id., 1946). *Pour une morale de l'ambiguïté* (Gallimard, 1947). *L'Amérique au jour le jour* (NRF, Gallimard, 1948). *L'Existentialisme et la sagesse des nations* (Nagel, 1948). *Le Deuxième Sexe* (NRF, Gallimard, 1949). *Les Mandarins* (id., 1954). *Privilèges* (Gallimard, 1955). *La Longue Marche* (id., 1957). *Mémoires d'une jeune fille rangée* (id., 1958). *La Force de l'âge* (id., 1960). *Djamila Boupacha* (id., 1962). *La Force des choses* (id., 1963). *Une Mort très douce* (id., 1964). *Les Belles Images* (id., 1966). *La Femme rompue, Monologue, L'âge de discrétion* (id., 1968). *La Vieillesse* (id., 1970). *Tout compte fait* (id., 1972). *Faut-il brûler Sade ?...* (id., 1972). *Les Écrits de Simone de Beauvoir*, inédits présentés par Claude Francis et Fernande Gontier (id., 1979). *Quand prime le spirituel* (id., 1979). *La Cérémonie des adieux*, suivi de *Entretiens avec Jean-Paul Sartre, août-septembre 1974* (id., 1981). *Journal de guerre : septembre 1939-janvier 1941* (id., 1990). *Lettres à Sartre* (id., 1990).

Sélection critique : Bair, Deirdre : *Simone de Beauvoir* [trad. de l'américain] (Fayard, 1991). Beauvoir, Hélène de : *Souvenirs* (Séguier, 1987). Bennett, Joy : *Simone de Beauvoir : An Annotated Bibliography* (New York : Garland, 1988). Collectif « Elles sont pour » : *Simone de Beauvoir, de la mémoire aux projets* [Actes du colloque du 16 déc. 1989, Sorbonne]

(Maison des Femmes, 1990). Dayan, Josée et Malka Ribowska : *Simone de Beauvoir,* scénario et film (1979). Eaubonne, Françoise d' : *Une femme nommée Castor, mon amie Simone de Beauvoir* (Encre, 1986). Francis, Claude et Fernande Gontier : *Simone de Beauvoir* (Perrin, 1985). Julienne-Gaffié, Serge : *Simone de Beauvoir* (Gallimard, 1966). Marks, Elaine : *Critical essays on Simone de Beauvoir* (Boston : G.K. Hall, 1987). *L'Arc 61 : Simone de Beauvoir et la lutte des femmes,* 1975. Schwarzer, Alice : *Simone de Beauvoir aujourd'hui : entretiens* (Mercure de France, 1984). Cf. FFC & FWW.

CM

BECK, Béatrix, n. 1914, romancière.

Béatrix Beck est née à Villers-sur-Ollon en Suisse, de mère irlandaise. Son père était écrivain. Après des études à Paris, elle rencontre à l'Université de Grenoble un étudiant juif russe qu'elle épouse en 1936. Elle a une fille, mais son mari meurt en 1940 et ce sont des années très difficiles. Elle est ouvrière d'usine, modèle dans une école de dessin, employée dans une école par correspondance, employée de ferme et même femme de ménage. Cette lutte la conduit à Bruxelles puis en Angleterre. Après un premier roman en 1948, elle sera secrétaire d'André Gide (décédé en 1951). En 1960 elle démissionne du Jury Fémina, le prix étant allé à *La Porte retombée,* entaché d'antisémitisme. Conseiller littéraire à la *Revue de Paris* jusqu'à sa disparition en 1970, elle voyage aux États-Unis et au Québec, enseignant dans diverses universités américaines. Elle a reçu en 1989 le prix Prince Pierre 1er de Monaco pour l'ensemble de son œuvre.

Barny, son premier roman, offre une projection autobiographique comme les trois suivants, *Une mort irrégulière, Léon Morin prêtre* (Goncourt,1952) et *Des accommodements avec le ciel* qui constituent la suite des aventures de Barny. On la retrouvera en 1963 dans *Le Muet* où elle prend position sur la nécessité du récit à la première personne tout en évoquant la guerre, avec un séjour de Barny en Angleterre marqué par la conscience de classe et de nationalité, et la présence d'un personnage énigmatique qui finira par se suicider. Écrire est donc bien une nécessité dont les personnages se font l'écho dans *Des accommodements avec le ciel* où Barny déclare qu'écrire est ce qu'elle a à faire, comme si elle n'était née que pour cela. *Cou coupé court toujours* reprend la question : écrire ne sert à rien, mais il faut le faire. Et l'auteur de souligner que l'écriture est activité physique autant qu'intellectuelle. Ainsi, *La Décharge* présente une petite Noémi « s'agrippant » à son crayon afin de contrôler ce qu'elle écrit. L'écriture c'est aussi le moyen d'exprimer un certain amour de la vie, d'explorer les mystères de l'existence : la vie, la mort, le plaisir, la souffrance, l'amour, la religion. C'est la découverte du monde par Paméla, entre deux mois et treize ans, que Béatrix Beck essaie de créer le plus précisément possible dans *L'Épouvante, l'Émerveillement*. Par ses remarques à la fois franches et naïves, pleines de logique et de simplicité, l'enfant dévoile la bêtise comme les illusions du monde des adultes.

Si l'œuvre de Beck apparaît comme une célébration de la vie, il peut s'agir de la survie. Tel personnage de *Cou coupé court toujours* affirme que le plus beau jour de sa vie est celui où elle est née ; la peine de mort dans *Devancer la nuit* est dénoncée comme pratique malhonnête, les vivants ne pouvant donner ce qu'ils ne possèdent pas. Ce choix de la vie va jusqu'à la condamnation catégorique de l'avortement dans *Noli,* question déjà posée dans *Léon Morin prêtre*. Béatrix Beck tranche ici de manière absolue la question de la liberté de la femme à disposer de son corps, le point de vue de la femme « prise au piège » n'étant pas abordé.

Léon Morin prêtre présente la venue progressive de Barny à la religion. Alors que la jeune veuve, mère d'une fillette, lutte pour survivre dans la France occupée, elle fait la connaissance d'un prêtre aux idées progressistes qui l'invite à discuter de livres comme de ses problèmes quotidiens. Ces dialogues font en particulier la critique des « chrétiens du dimanche » et ils apportent à Barny un réconfort. Elle se sent bientôt attirée par la religion. « De : "Je pense donc je suis" à "Je pense Dieu, donc il est", il n'y a qu'un pas glissant ». Sa foi est à toute épreuve lorsque Morin lui apprend qu'il est muté et doit quitter le village.

Béatrix Beck souhaiterait redonner à la femme sa « vraie » place dans la société par rapport à l'homme, s'attachant à montrer, avec une sympathie mitigée, des personnages de femmes seules, en lutte avec les difficultés de la vie. Non moins sévère que Simone de Beauvoir, elle suggère que les femmes sont complices de leur état. On retrouve dans *Noli* un « je » aux accents autobiographiques, ainsi que ce plaisir à manipuler les mots qui caractérise Béatrix Beck. Présentant l'histoire de façon à en faire ressortir le côté aberrant, d'où une introduction pleine d'ironie, elle entreprend, semble-t-il, de libérer les femmes de « fausses idées ». Les propos sur le féminisme paraissent bien usés : on n'a jamais mené d'enquête sur la situation de l'homme ; des femmes sont colonisées et brimées par d'autres femmes ; les différences de culture et l'appartenance à une classe sociale déterminée constituent des obstacles plus importants que le sexe. *Noli* est à noter dans la mesure où il traite, non sans ambiguïté, la question épineuse, du point de vue de l'auteur en 1978, de l'amour lesbien. En 1986, Béatrix Beck reprend ce thème dans *La Prunelle des yeux,* mais au masculin cette fois, et elle semble alors beaucoup plus à l'aise.

C'est dans un milieu profondément dépravé que la romancière situe un vigoureux portrait de « misérable » moderne, sa Noémi de *La Décharge*. Ce texte marque un renouvellement de la manière de Béatrix Beck. Les situations les plus sordides sont évoquées avec une candeur quasi poétique, sans pour autant en diminuer le réalisme. Le raisonnement aberrant de Noémi sur l'inceste prend un relief extraordinaire dans la bouche naïve de la narratrice. Mais c'est la société qui est attaquée, cette société bien-pensante du village qui a relégué une famille dans une cabane près de la décharge. Là, la vie et la mort se côtoient, les Duchemin vivent pratiquement dans le cimetière ; ils en utilisent l'eau, ils en gardent la clé. Les enfants vivants portent le même nom que les enfants morts. Leur horizon est la décharge où viennent pourrir et brûler tous les détritus du village.

L'œuvre traite dorénavant les sujets plus variés et a perdu son caractère autobiographique, même si, dans *L'Enfant chat* et *Josée dite Nancy,* la narratrice « travaille dans le français », c'est-à-dire, qu'elle écrit. L'enfant chat est une chatte douée de la parole. Ce conte transporte dans le monde du merveilleux sans perdre de vue un certain réalisme. Sa « morale » propose qu'il est beaucoup plus facile d'accepter le « contre nature » qu'il n'y paraît. *Josée dite Nancy* fait écho à la Noémi de *La Décharge,* avec le même milieu déshérité, le même langage direct et les déformations verbales savoureuses. Elle s'oppose par contre à Barny car le principe de plaisir la gouverne. Mais le livre est surtout l'histoire d'une amitié inattendue et brève entre un esprit inculte et un esprit formé et curieux : « Elle fut pour moi comme un enfant dans un square qui vous empêche de lire mais s'avère plus captivant que votre livre. »

Devancer la nuit explore la question du suicide grâce à des échanges entre deux personnages sur le ton du badinage et de l'humour. C'est un livre drôle, étincelant de jeux de mots parfois cyniques. On peut se demander si ce roman est une satire ou une apologie du type névrotique qu'incarne Alexis et l'on est surpris d'assister au triomphe de la mort : « Les gens qui ont dans l'idée de se tuer, on n'a pas le droit de les empêcher », conclut une servante. Cependant *Don Juan de forêts* reprend un thème déjà abordé dix ans plus tôt dans *Léon Morin prêtre,* celui de la ferveur et de la sincérité de la pratique religieuse, et repose sur un mode cynique la question de l'inceste : « Le droit de préemption du seigneur existe, et le père est seigneur de ses enfants. »

On assiste désormais à une évolution de plus en plus marquée de la représentation de la femme, illustrée dans *Stella Corfou* qui évoque par son titre même une libération pouvant aller jusqu'aux extravagances les plus poussées. Béatrix Beck démythifie l'écrivain ou du moins explore les limites du « fait littéraire » du côté du grotesque. *Stella Corfou* fut couronné par la Société des Gens de Lettres. Cependant, *Un(e)* présente une femme face au problème d'identification sexuelle : dès son plus jeune âge, elle aurait voulu être un garçon. Dans une deuxième partie, on voit Mahaut s'en remettre à des personnages étranges pour finir par comprendre qu'ils n'existaient que dans l'imagination de la narratrice.

Béatrix Beck a rendu compte dans son œuvre de l'infinie richesse de la vie, et particulièrement de la vie des femmes face à leurs problèmes. Si sa conception du rôle de la femme dans la société peut paraître étroite dans ses premiers romans, on observe ensuite une diversification positive qui correspond mieux aux réalités de la femme de la fin du XXᵉ siècle, responsable et instigatrice de son destin. Elle laisse paraître clairement un amour, sans concessions, de la nature humaine dans ses forces et ses faiblesses.

Bibliographie : *Barny,* (Gallimard, 1948). *Une mort irrégulière* (id., 1950). *Léon Morin prêtre,* Prix Goncourt (id., 1952). *Des accommodements avec le ciel* (id., 1954). *Premier Mai* (Calmann-Lévy, 1958). *Kroll* (Genève : P. Cailler, 1958). *Le Muet* (Gallimard, 1963). *Contes à l'enfant né coiffé* (id., 1966). *Cou coupé court toujours* (id., 1967). *L'Épouvante l'Émerveillement* (Sagittaire, 1977). *Noli* (id., 1978). *La Décharge* (id.,1979). *Devancer la nuit* (Grasset, 1980). *Josée dite Nancy* suivi de *La Mer intérieure* (id., 1981). *Don Juan des forêts* (id., 1983). *La Grenouille d'encrier* (Gallimard, 1983). *L'Enfant chat* (Grasset, 1984). *La Prunelle des yeux* (id., 1986). *Stella Corfou* (id., 1988). *Un(e)* (id. 1989). *Recensement :* nouvelles (id., 1991). *Vulgaires vies* (id., 1992).

Monique Layet

BÉGON, Élisabeth, 1696-1755, épistolière québécoise.

La Correspondance de Mᵐᵉ Bégon, 2ᵉ éd. (Montréal : Fides, 1950). *Lettres au cher fils, correspondance d'Élisabeth Bégon* (Montréal : HMH, 1972).

BELLOCQ, Louise, romancière.

La Porte retombée, Prix Femina (Gallimard, 1960). *Le Passager de la « Belle Aventure »* (Gautier-Languereau, 1961). *Conte de mes bêtes au vent* (Casterman, 1962). *Mesdames Minnigan* (Gallimard, 1963). *Contes de mes bêtes sous la lune* (Casterman, 1964). *Conte de mes bêtes à l'aventure* (id., 1968).

BELLON, Loleh, dramaturge.

Les Dames du jeudi (*L'Avant-Scène Théâtre* 607, avril 1977). *Changement à vue* (*L'Avant-Scène Théâtre* 651, 1979). *Le Cœur sur la main* (*L'Avant-Scène Théâtre* 681, janv. 1981). *De si tendres liens* (Gallimard,

1984). *L'Éloignement* (Actes Sud-papiers, 1987). *Une Absence* (id., 1988).

BEN, Myriam (Marylise Ben-Haïm), n. 1928, écrivaine, peintre algérienne.

La Mémoire en exil, rm (-). *Ainsi naquit un homme,* nouvelles (Alger : Maison des Livres, 1982). *Sur le chemin de nos pas,* poésie (L'Harmattan, 1984). *Sabrina, ils t'ont volé ta vie* (id., 1986). *Au carrefour des sacrifices,* poèmes (id., 1992). Théâtre inédit : « Leila » ; « Karim, ou jusqu'à la fin de notre vie » (1968). Cf. *Al-Raïda* 29, vol. VII (1984) & LFLFM.

BENMUSSA, Simone, dramaturge.

La vie singulière d'Albert Nobbs (Des Femmes, 1977). *La Traversée du temps perdu* [exposition et texte] (id., 1978). *Nathalie Sarraute* (Lyon : la Manufacture, 1978). *Apparences* (id., 1979). *Le Prince répète le Prince* (Seuil, 1984).

BENOITE, Colette, n. 1920, poète.

Les Sortilèges bleus (Cahiers Poétiques Français, 1946). *Tir aux pigeons* (Caractères, 1951). *De la rose à l'épine* (São Paulo : Rimes françaises, 1957). *A toutes gens merci* (Debresse, 1957). *De Terre et d'Eau* (Bordeaux : Germain, 1962). *La Cité franche* (Limoges : Rougerie, 1969). *Territoires sans nom* (Saint-Germain-des-Prés, 1974).

BENZONI, Juliette, romancière populaire.

Catherine (Trévise, 1963). *Marianne* (id., 1969). *Par le fer ou le poison : récits historiques* (id., 1973). *Le Sang, la gloire et l'amour : les maris de l'histoire,* récits historiques (id., 1974). *Les Lauriers de flammes* (id., 1974). *Une Étoile pour Napoléon* (J'ai lu, 1975). *Le Gerfaut des brumes* (Trévise, 1976). *Grandes dames, petites vertus, récits historiques* (id., 1978). *La Dame de Montsalvy* (id., 1978) *Trois seigneurs de la nuit,* récits historiques (id., 1978). *Un Collier pour le diable* (id., 1978). *Dames, drames, démons : les princes de la Renaissance italienne* (id., 1979). *De sac et de corde,* récits historiques (id., 1979). *Le Trésor* (id., 1980). *Tragédies impériales,* récits historiques (id., 1980). *Haute Savane* (id., 1981). *Dans le lit des rois : nuit de noces* (Plon, 1982). *Un aussi long chemin*

(Trévise, 1983). *Hortense au point du jour* (Plon, 1985). *Jean de la nuit* (id., 1985). *Les Loups de Lauzargues* (id., 1985). *Le Roman des châteaux de France* (id., 1986). *Fiora et le Magnifique* (id., 1988). *Fiora et le Téméraire* (id., 1988). *La Florentine* (id., 1988). *Fiora et le Pape* (id., 1989). *Fiora et le Roi de France* (id., 1990). *La Jeune Mariée* (Julliard, 1990). *Les Dames du Méditerranée - Express* (id., 1990). *La Fière Américaine* (id., 1991). *La Princesse mandchoue* (id., 1991). *Cent ans de vie de château* (Etrepilly : C. de Bartillat, 1992).

BEREZAK, Fatiha, n. 1947, poète, animatrice franco-algérienne.

Le Regard aquarel 1 (L'Harmattan, 1985). *Le Regard aquarel 2* (id., 1990). *Le Regard aquarel 3* (id., 1992).

BERGER, Anne, n. 1951, poète luxembourgeoise.

J'ai peur du fleuve (Luxembourg : Saint-Paul, 1969). *La Loi blanche* (St-Germain-des-Prés, 1975). *Clair de toile* (A. Biren, 1982). *Je vous aime...* (Mizérieux : C. Bussy, 1988).

BERNARD, Annick, n. 1953, romancière.

Les Voleurs de temps (Hachette, 1972). *Marie* (Ramsay, 1980). *L'Esparonne : quand une troupe de gueux détroussait les Marseillais au temps de la peste* (Hachette, 1981). *Le Guerrier de l'esprit* (id., 1983). *La Machine à blessures* (id., 1985).

BERNARD, Catherine, 1622-1712, auteur de tragédies et récits.

Les Malheurs de l'amour (M. Guérout, 1687). *Le Comte d'Amboise, nouvelle galante* (La Haye : A. de Houdt & J. van Elinckhuysen, 1689). *Brutus,* tragédie (V. de L. Gontier, 1691). *Inès de Cordoue, nouvelle espagnole* (M. & G. Jouvenel, 1696). *Relation de l'isle de Bornéo* (éd. G. Peignot, 1807). Cf. DFELF, DLLF.

BERNARD, Gabrielle, 1893-1963, poète belge.

Flora de la Hulotte, tragédie pastorale en vers (1949). Plusieurs recueils de poésies.

63

BERNHARDT, Sarah, 1844-1923, comédienne, femme de lettres.

Adrienne Lecouvreur (théâtre). *Mémoires, ma double vie* (Des femmes, 1980). *Dans les nuages : impression d'une chaise* (G. Charpentier, 1878). *Petite idole* (Nilsson, 1920). *Joli Sosie* (id., 1925).

BERNHEIM, Emmanuèle, romancière.

Le Cran d'arrêt (Denoël, 1985). *Un Couple* (Gallimard, 1987). *Sa femme,* Prix Médicis (id., 1993).

BERNIER, Claudine, n. 1935, poète belge.

Poèmes de mes six ans (Bruxelles: Éd. du Trèfle à quatre feuilles, 1949). *Les Bûchers sur la mer* (id. : Éd. des Cahiers du Nord, 1962). *Les Noces du vent* (Nouvelles Éditions Debresse, 1970). *Toute l'âme du ciel* (Bruxelles : De Rache, 1972).

BERNIER, Jovette-Alice, n. 1900, poète, romancière québécoise.

Roulades, poésie (Rimouski : Impr. générale S. Vachon, 1924). *Comme l'oiseau,* poésie (Québec: s.é., 1926). *Tout n'est pas dit,* poésie (Montréal : Garand, 1929). *La Chair décevante,* rm (Montréal : Albert Lévesque, 1931). *On vend le bonheur,* essai (Montréal : LACF, 1931). *Les Marques déchirés*, poésie (Montréal : A. Lévesque, 1932). *Mon deuil en rouge,* poésie (Montréal : Éd. Serge Brousseau, 1945). *Non Monsieur,* rm (Montréal : CLF, 1969).

BERSIANIK, Louky (pseud. de Lucile Durand), n. 1930, écrivaine québécoise.

Lucile Durand est née à Montréal où son père était professeur de français à l'école normale Jacques Cartier. « J'ai vécu dans un milieu intellectuel, au sens où les idées et l'instruction comptaient énormément » (entretien, *Voix et Images*). Elle fait des études de lettres françaises à l'Université de Montréal, obtient une maîtrise ès-arts en 1952, puis des diplômes de bibliothéconomie et de linguistique appliquée. Elle passe plusieurs années à Paris (1953-56, 1958-60) et une en Grèce (1978-79). Entre 1964 et 1966, elle écrit des textes pour la radio, la télévision et le cinéma. Depuis la parution de son premier roman, *L'Euguélionne,* reconnu au

Québec comme le premier roman féministe à grand succès, elle participe à de nombreux colloques et rencontres à l'étranger.

Essayiste, romancière, poète et théoricienne féministe, Louky Bersianik travaille dans ses textes à la recherche d'une identité-femme. Encore plus critique que Simone de Beauvoir de toute culture qui assigne une signification secondaire au mot « femme », Bersianik inverse le fameux postulat de la philosophe, se demandant plutôt « comment naître femme (au sens mélioratif du mot) et ne pas le devenir (au sens dépréciatif) ? » Elle écrit pour examiner le mal fait aux femmes par la philosophie, la religion, la psychologie occidentale, de même que par le système d'éducation : ils ont souvent réduit la fonction sociale des femmes à la « reproduction de l'espèce » et à la préservation du foyer paternel. Ce sont ces mêmes institutions qui ont empêché les femmes de se concevoir autrement qu'en mère de famille patriarcale.

A travers ses explorations fictives, poétiques et théoriques, Louky Bersianik tente de repenser la vie matérielle, intellectuelle et artistique des femmes à partir des valeurs féministes afin de mieux comprendre la place qu'elles pourraient occuper dans une culture qui ne les caractériserait plus selon la seule fonction biologique. Mais elle refuse d'enterrer la mère avec l'idéologie et le système de représentation qu'elle veut déconstruire. Aussi résiste-elle à la dichotomie traditionnelle des deux sexes qui dicte que l'un est « le sexe créateur et civilisateur » et que l'autre s'immerge toujours dans les valeurs de la Nature.

La quête de la mère dans l'œuvre de Bersianik est à l'origine d'une redécouverte du passé, une « remembrance » des générations perdues de femmes (perdues car passées sous silence) et le sens d'un héritage historique auquel les femmes ont contribué de façon marquante. L'importance de la mythologie dans l'œuvre de Bersianik est à souligner également. Elle accorde une place majeure à la subversion et à la réinterprétation des mythologies classique et judéo-chrétienne, ainsi qu'à celle des archétypes et de divers discours culturels qui ont faussé, dévalué ou effacé la vérité des femmes, dans une optique toujours avantageuse pour l'homme blanc privilégié. En même temps, son œuvre met en évidence le pouvoir qu'exercent les représentations mythiques du patriarcat dans la culture contemporaine.

Louky Bersianik travaille à l'invention de structures du langage et de l'imaginaire qui incluent les femmes et valorisent leur expérience. Après avoir critiqué, avec un humour d'une rare envergure, l'inégalité à la base des cultures viriles et de la pensée phallocratique dans *L'Euguélionne* et *Le Pique-nique sur l'Acropole*, c'est vers l'émergence d'une culture aux valeurs maternelles et à l'imaginaire utopique triomphant que l'écrivaine se dirige avec *Maternative* et *Axes et eau,* textes qui mettent en relief sa double entreprise de renouvellement personnel et de reconstruction culturelle.

Bibliographie : *L'Euguélionne* (Montréal : Éd. de la Presse, 1976). *Le Pique-nique sur l'Acropole ; Cahiers d'Ancyl* (Montréal : VLB, 1979). *Maternative : les Pré-Ancyl* (id., 1980). *Les Agénésies du vieux monde* (Montréal : L'Intégrale, 1982). *Au Beau Milieu de moi,* sur des photos de Kéro (Montréal : Nouvelle Optique, 1983). *Axes et eau : Poèmes de « La Bonne Chanson »* (Montréal : VLB, 1984). *Kerameikos :* poèmes, avec Graham Cantieni (Saint-Lambert : Noroît, 1987). *La Théorie, un dimanche,* en collaboration (Montréal : Éd. du Remue-Ménage/Itinéraires féministes, 1988). *La main tranchante du symbole* (Montréal : Remue-Ménage, 1990). *Entretiens : Lettres Québécoises* 26 (1982). *Lettres Québécoises* 27 (1982). *Écrivains contemporains I : 1976-1979* (Montréal : L'Hexagone, 1982). *Arcade 11* (1986). *Voix et Images 49* (automne 1991).

Sélection critique : Forsyth, Louise : « L'écriture au féminin : *L'Euguélionne* de L.B., *L'Absent aigu* de Geneviève Amyot, *L'Amèr* de Nicole Brossard », *Journal of Canadian Fiction* 25-26 (1979). Gould, Karen : *Writing in the Feminine : Feminism and Experimental Writing in Quebec* [Brossard, Bersianik, Gagnon, Théoret] (Carbondale, IL : Southern Illinois Univ. Press, 1990). Dossier de 3 articles sur L.B. : *Voix et Images* 49. Waelti-Walters, Jennifer : « When Caryatids Move : Bersianik's view of culture », *A Mazing Space : Writing Canadian Women Writing,* dir. Shirley Newman et Smaro Kamboureli (Edmonton, Alberta : Longspoon/NeWest, 1986).

Karen Gould

BERTHOUD, Dorette, 1888-1975, romancière suisse.

Sur le thème : illusion, six nouvelles (Neuchâtel : La Baconnière, 1929). *Le Tambour roula... Histoire du Capitaine Jean-Jacques Bourgeois* (Lausanne : Payot, 1931). *Faillir* (A. Rédier, 1934). *L'Onguent vert* (Neuchâtel : Attinger, s.d. [1936]). *Vivre comme on pense* (Lausanne : Payot, 1943). *Vers le silence* (Neuchâtel : Delachaux & Niestlé, 1948). *Les Grandes Personnes* (id., La Baconnière, 1955). *Le Général et la Romancière, 1792-1798 ; épisodes de l'émigration française en Suisse d'après les lettres du Général de Montesquiou à Mme de Montolieu* (id., La Baconnière, 1959).

BERTIN, Célia, n. 1920, romancière.

De milieu bourgeois aisé, Célia Bertin fait ses études secondaires au lycée Fénelon où il se trouve que Simone de Beauvoir remplace un de ses professeurs pendant six semaines. Elle fait une licence d'anglais à la Sorbonne, prépare une thèse de doctorat, s'engage dans la Résistance. Elle y fait l'expérience d'une fraternité exaltante. Elle sera obligée de quitter Paris en juin 1943 et n'achèvera pas sa thèse. L'incertitude, la confusion de l'après-guerre ont été pour elle une douloureuse déception.

Avec Pierre de Lescure, elle fonde en 1951 la revue *Roman* consacrée aux problèmes de la création romanesque ; elle en sera le principal éditeur jusqu'en 1955, à St-Paul-de-Vence, dans ce Midi qu'elle évoque dans ses ouvrages. De 1946 à 1950, elle contribue régulièrement à *Arts, Le Figaro Littéraire,* et *La Revue de Paris.* Passionnée de cinéma, elle est aussi critique de films pour *La Revue de Paris* et les *Cahiers du Cinéma.* Célia Bertin enseigne à l'occasion dans les universités américaines ; mariée en 1972 à un Américain, elle vit principalement en Nouvelle-Angleterre et depuis quelques années, elle a surtout écrit des biographies.

L'œuvre de Célia Bertin intéresse à plus d'un titre : son premier roman paru en 1946, *La Parade des Impies,* dépeint le milieu du cinéma ; c'est le milieu qu'elle connaît le mieux, avec celui de la haute-couture auquel elle a consacré un essai et qui lui a fourni le cadre pour *Une Femme heureuse.* En 1953, *La Dernière Innocence* reçoit le prix Renaudot. Elle réussit particulièrement à dévoiler les secrets des relations entre les êtres qu'elle met en scène avec une grande minutie. Réactions contradictoires, pensées troubles ou feintes, malentendus, cruauté, rien ne manque à la peinture. Dans ses œuvres, la passion mène fatalement à la déception, la vie de famille à l'esclavage. Elle retrouve dans le destin des femmes une forme de la fatalité antique, inexorable. Dix années avant mai 1968 (et dix après *Le Deuxième Sexe*), elle dénonçait les injustices de la condition féminine depuis le tournant du siècle, dans le *Temps des Femmes,* essai d'une grande lucidité.

Aucun de ses ouvrages ne lui est plus proche que *Contre-Champ.* Elle a voulu y faire une série de plans, avec « prise de vue dans le sens opposé à celui d'une autre prise », selon la définition du terme cinématographique. Peu d'intrigue dans ce roman où, dans le cadre du Midi de l'après-guerre, l'auteur évoque l'existence tâtonnante d'individus à la recherche d'un équilibre, après les épreuves de la guerre et de la vie clandestine. Dans une maison au bord de la mer sont réunis des êtres qui n'ont pas grand-chose en commun. « Ils sont en vacances, donc en marge de leur vie habituelle et chacun poursuit son rêve, chacun monologue, aussi seul à l'intérieur du couple qu'au cours des conversations générales ». Les principaux personnages seront repris dans un roman de 1977, *Liens de Famille.*

L'auteur s'attache particulièrement aux personnages féminins qu'elle voit fortement déterminés par leur milieu, bourgeois ou non. Selon ce milieu, les lois, les préjugés diffèrent mais pèsent de toutes façons sur les femmes. Célia Bertin a donc poursuivi en toute indépendance une œuvre marquée tôt par la conscience féminine des temps modernes.

Bibliographie : *La Parade des impies* (Grasset, 1946). *La Bague était brisée* (Corréa, 1948). *Les Saisons du mélèze* (id., 1949). *La Dernière Innocence* (id., 1953). *Contre-Champ* (Plon, 1954). *Haute-Couture, terre inconnue,* essai (Hachette, 1956). *Une Femme heureuse* (Corréa, 1957). *Le Temps des femmes,* essai (Hachette, 1959). *La Comédienne* (Grasset, 1963). *Mayerling ou le destin fatal des Wittelsabach,* biographie (Libr. Acad. Perrin-Plon, 1967). *Elles ont vingt ans* (Plon, 1970). *Je t'appellerai Amérique* (Grasset, 1972). *Liens de famille* (id.,1977). *La Dernière Bonaparte* (Perrin, 1982). *Jean Renoir,* biographie (id., 1985). *Marie Bonaparte* (Presses Pocket, 1985). *La Femme à Vienne au temps de Freud* (Stock, 1989). *La Femme au temps de l'Occupation* (id., 1993).

Sélection critique : Anex, Georges, «Découverte du Monde», *Journal de Genève* 12-13 février 1972. Clerval, Alain, «Étrange Amérique», *Quinzaine Littéraire,* 16-31 mars 1972. Guéhenno, Jean, «Les Impies et les Croyants», *Figaro Littéraire,* 30 nov. 1976. Lipton, Anne, «Women in Today's World : A Study of Five French Women writers» [Bertin, Duras, Leduc, Mallet-Joris, Rochefort] (thèse, Univ. du Wisconsin, 1972). Nourissier, François, *Les Nouvelles Littéraires,* 14-20 février 1972.

Anne D. Ketchum

BERTIN, Marthe, 1855-19?? [27 titres]

Les Causeries de Mlle Melin, récits sur les petits devoirs de société (Tours : Mame et Fils, 1983). *Madame Grammaire et ses enfants* (Delagrave, 1983). *Petit Pinson* (Tours : Mame et fils, 1884). *Denise Langier* (id., 1886). *Les deux côtés du mur* (Hetzel, 1886). *Friquet* (Tours : Mame et Fils, 1887). *Maltaverne* (Delagrave, 1890). *La Fée de la maison* (Tours : Mame et Fils, 1890). *L'Institutrice* (id., 1901). *A bonne école* (Hachette, 1904). *Cigale ou fourmi ?* (Tours : Mame et fils, 1921). *Les Deux Moulins : l'Art d'être malade* (Gedalge, 1926). *Voyage au pays des défauts* (Hachette, 1927).

BESSETTE, Hélène, romancière.

Lili pleure (Gallimard, 1953). *Materna, vingt minutes de silence* (id., 1955). *Les Petites Lecocq* (id., 1958). *La Tour* (id., 1962). *N'avez-vous pas froid ?* (id., 1963). *Si j'étais vous* (id., 1964). *Garance rose* (id., 1965). *Ida ou le Délire* (id., 1973).

BESSON, Ferny, n. 1913, romancière.

Jeanne et Marie (Albin Michel, 1950). *La Paupière du jour* (id., 1951). *L'Échelle noire* (id., 1954). *Le Désert perdu* (id., 1962). *Sahara, terre de vérité* (1965). *Madame, sans masque à chacune sa vérité* (Paris & Bruxelles : Société d'Éditions, 1969). *Alexandre Vialatte ou la Complainte d'un enfant frivole* (J.-C. Lattès, 1981).

BEST, Mireille, romancière.

Les Mots de hasard (Gallimard, 1980). *Camille en octobre* (id., 1980). *Le Méchant Petit Homme* (id., 1983). *Une Extrême Attention* (id., 1985). *Hymne aux murènes* (id., 1986). *Orphea III* (id., 1991). *Il n'y a pas d'hommes au Paradis,* autobiographie (id., 1995).

BEYALA, Calixthe, n. 1961, romancière camerounaise.

Née à Douala, Calixthe Beyala a fait des études au Cameroun, en Espagne et en France. Elle s'est installée à Paris avec ses deux enfants mais retourne fréquemment en Afrique, espace originel de son univers romanesque comme de sa vie. Elle a assuré la présentation du triptyque télévisuel « Rêves d'Afrique », production inter-francophone de 1992.

Déclinant naguère l'étiquette de féministe (le féminisme tel qu'elle le perçoit serait sorti des usines du XIXᵉ siècle et ne s'appliquerait pas aux réalités africaines), elle n'en fait pas moins œuvre de jeune femme en colère et traite de situations féminines, même en prenant la voix d'un jeune garçon. Peu orthodoxe, elle a vanté la femme sans souci d'égalité (« une banane n'est pas égale à un plantain » et la femme est supérieure à l'homme). Rien n'est tabou pour Calixthe Beyala : ni la vie traditionnelle africaine, ni la famille, ni les rapports sexuels, ni le pouvoir politique. Ses jeunes héroïnes (elles mûriront dans les romans « parisiens »), face à la violence sexuelle des hommes, à leur désir de soumettre pour le seul plaisir d'humilier, face à une société corrompue, cherchent à percer les « horizons bouchés » des bidonvilles pour concevoir un avenir autonome et même l'envisager sans homme. Ainsi Ateba dénonce, dans *C'est le soleil qui m'a brûlée,* une radicale différence qui « représente pour moi, femme, tout ce que j'exècre chez l'homme, ce mélange d'arrogance et de vanité absurde, de sérieux et d'inanité chaotique, tout ce que je vomis ». Elle est en revanche attirée par « cette lueur plus vive, tapie dans les eaux complexes des femmes à venir ».

Deux discours se chevauchent dans ces romans d'apprentissages africains : le féminin et le sociopolitique. Ils dépassent la critique habituelle des problèmes de société par l'énergie de l'écriture. Son indignation devant la corruption et l'ignorance qu'elle observe n'emprunte pas le discours explicatif et didactique des Ousmane Sembène ou Chinua Achebe de la génération précédente. Son langage, la puissance imagée de son discours, juxtaposant une réalité crue et violente avec l'univers du rêve et de l'imagination féminine, conduisent le lecteur à la limite du supportable, et peut-être s'approchent-ils du mythe.

L'écriture sexuée de Calixthe Beyala regarde l'homme africain d'un œil peu tendre : l'humour est mordant, l'ironie quasi impitoyable. Dans le troisième livre, une mère, Dame Maman, explique qu'elle a deux hommes, inversant ainsi la tradition polygame parce qu'elle a connu « la faiblesse de l'Homme : avec deux amants, l'un complétait les manques de l'autre » (l'idée sera développée dans *Maman a un amant*). Quant à la fille, Mégri, elle sait qu'elle ne supportera pas son nouveau mari lorsqu'elle l'observe, le soir des noces, déféquant abondamment. Et l'auteur de braquer son regard sur le mâle séant (on pourra se soulager en invoquant de célèbres traditions scatologiques) : « Un derrière tout gris, bigarré de grosses veines noires et de taches brunâtres, un derrière mal en point, flétri comme celui d'un vieillard... Et ce pauvre derrière... »

Adèle King a lu l'œuvre comme célébration jubilatoire de la femme, enfin narratrice de sa propre histoire. Le projet est double : montrer la place de la femme dans une société décadente aussi bien dans les quartiers abjects des centres urbains qu'en milieu rural, et par ailleurs « retrouver » la femme pour lui rendre quelque intégrité. Cette dualité s'inscrit textuellement : chaque protagoniste a un double, leurs deux voix sont modulées en psycho-récit, lieu du fantasme, et en discours du réel. Le langage de la magie brouille réel et imaginaire, les croyances dites animistes et celles que l'on nomme rationnelles. Ce refus de la romancière de trancher, de maintenir les distances, n'est pas le fruit d'une visée surréaliste. Si Beyala élude l'assimilation au discours rationnel occidental, ce n'est pas pour idéaliser une quelconque africanité mais pour revendiquer sa différence. Elle se rit de l'Africain qui voit le continent « comme une réalité qui prend source dans nos cœurs exactement comme la femme ». L'héroïne de *Tu t'appelleras Tanga* fustige l'homme qui domine et l'accuse d'avoir « le cul entre deux chaises, qui revendiquait la négritude d'un côté et pourchassait les frigos et les gazinières de l'autre ».

Les grands thèmes, le rêve et l'aliénation des Africaines, émanent de leur situation dans un monde incohérent pour elles et signalent leur désir « d'arrêter l'histoire » pour découvrir la tendresse et l'amour. Cette quête n'aurait pas d'issue dans l'état actuel de l'histoire africaine, d'où l'importance de deux autres questions : celle de l'étranger, et celle de l'abandon (enfants délaissés par leur mère, individus par la société, familles par le père). Dans un monde éclaté il ne reste que les mots comme trace des valeurs perdues.

Après avoir relevé l'option de l'amour entre femmes comme refuge contre l'oppression et la violence mâle dans les deux premiers romans, la narratrice souligne, dans le troisième, que « très peu de femmes ont une vie digne, supportable... elles doivent subir le poids de leur féminitude », cette vision masculine de la femme, qui les limite et les opprime. Et c'est ainsi qu'il faut « fuir pour retrouver la sérénité », quitter l'Afrique « de son plein gré. Pas comme une femme bannie ». La romancière part alors à la conquête d'autres horizons avec *Le Petit Prince de Belleville* qui donne au roman féminin africain son plus beau fleuron. C'est ici une nouvelle formule de « dialogue » puisque deux discours sont juxtaposés pour le bénéfice des lecteurs : voix du père en italique, voix de l'enfant en romain. La stratégie a l'avantage de tout dialogue ouvert : ne pas trancher, ne pas choisir ; des jugements, la société française s'en charge en appliquant ses lois. La voix du merveilleux « Loukoum » (douceur de confiserie arabe, associée au sérail) domine le texte, sans un brin d'amertume. Un « petit prince » africain-parisien donne au temps le temps de lui administrer ses leçons de réalité. Il a de l'espoir, de l'amour et de la joie de vivre au cœur. C'est un prince dont le royaume ne s'étend pas encore au-delà du quartier : l'école, la maison, les cafés où se retrouvent les hommes. Il découvre que sa mère biologique vit de ses charmes (et dans *Maman a un amant,* c'est son autre mère qui enfreindra derechef les tabous). Cette mère affirme une telle indépendance d'esprit et de répartie, une telle séduction franche qu'elle conquiert les cœurs du fils, de la mère sociologique, et d'un oncle célibataire. Autrement dit, la « petite vertu » africaine est une mère aimable (et mieux vaut deux mères qu'une, de toutes façons). Tout se termine, au grand dam du père dont le très beau discours, poétique, méditatif et passéiste n'est pas traité de façon sarcastique par Beyala. Simplement, c'est un discours que personne n'entend plus. Dans le roman suivant, où elle reprend la disposition du texte en deux voix (discours non communicants mais la romancière et la lectrice assurent les liens dans leur imaginaire) c'est la voix de la mère, aussi énigmatique que poétique, qui plaide la cause de sa passion. Cependant le jeune Loukoum, scandalisé, ne peut s'empêcher de l'aimer, même après qu'elle est partie. Lui-même ne rêve en effet que de conquérir sa chère Lolita : il est donc bien l'avocat de l'amour (il sait même faire une tarte), non sans sincère commisération pour son géniteur.

Avec *Assèze l'Africaine* Beyala retrouve sa voix polyphonique de femme africaine en voie de découverte et d'affirmation de soi ; elle renoue avec ses premiers textes pour ce qui est une œuvre majeure. Par ailleurs, dans *Lettre d'une Africaine à ses sœurs occidentales,* elle prend en son nom propre position sur la question du féminisme réputé « occidental », et de la féminitude africaine : elle fait enfin entendre directement cette voix de femme en colère qui est la sienne, et qui marque une rupture entre l'Africaine de langue française d'hier, et celle d'aujourd'hui : Beyala rejoint ainsi les Ama Ata Aïdoo, Nawal El Sadaawi, Alice Walker et autres révoltées qui ont pris le risque de transcender la camisole de force de la race pour dire son fait au mâle.

Bibliographie : *C'est le soleil qui m'a brûlée* (Stock, 1987). *Tu t'appelleras Tanga* (id., 1988). *Seul le diable le savait* (Pré aux Clercs, 1990). *Le Petit Prince de Belleville* (Albin Michel, 1992). *Maman a un amant* (id., 1993). *Assèze l'Africaine* (id., 1994). *Lettre d'une Africaine à ses sœurs occidentales* (Spengler, 1995). *Les Honneurs perdus* (Albin Michel, 1996).

Sélection critique : Almeida, Irène d'- Assiba : *Destroying the Emptiness of Silence* (Florida Univ. Press, 1994). Brière, Éloïse A. : *Le Roman camerounais et ses discours* (Éd. Nouvelles du Sud/Paul Dayeko, 1994). King, Adèle, «Calixthe Beyala et le roman féministe africain», *Carrefour des mythes, Mélanges offerts à Jacqueline Leiner,* dir. Régis Antoine (Tübingen : Gunther Narr, 1993). Kombi II, Narcisse Mouellé : Entretien : *Amina* 268 (août 1992). N'Dop, Victoria : «Qui se soucie de l'âme d'une femme de nègre ?» (*Amina* 278, juin 1993).

Athleen Ellington et CM

BIBESCO, Marthe, 1888-1973, romancière.

Marthe Lucie Lahovary est née à Bucarest : sa mère est la princesse Emma Maurocordato, son père est ministre plénipotentiaire de Roumanie à Paris, où l'enfant est élevée. Son enfance est marquée par la mort d'un unique frère dont la mémoire devait faire l'objet d'une véritable idôlatrie dans la famille : ce sera le thème du *Perroquet vert*. Un cousin, le prince Georges Bibesco, tombe amoureux de la jeune et jolie Marthe : elle l'épouse à 16 ans et devient mère un an plus tard. L'amour, la fortune, la beauté, l'esprit constituent son lot. Sa cousine, Anna de Noailles, aurait même envié ses succès littéraires précoces.

Très affectée par le fait qu'elle ne peut avoir un deuxième enfant, la jeune princesse Bibesco envisage de se retirer dans un couvent. Son ami et confesseur, l'abbé Mugnier, qui partage son amour pour Chateaubriand, la soutient efficacement pendant de longues années. L'entre-deux-guerres trouve Marthe Bibesco absorbée dans la restauration du palais de Mogosoëa, déserté depuis 1714. Le prince devait mourir dans cette demeure familiale en 1941. Dépossédée de ses biens par le régime communiste, Marthe Bibesco réintègre son appartement de l'Ile Saint-Louis et adopte la nationalité française en 1958. Elle devait recevoir de nombreux honneurs de son vivant : élection à l'Académie royale de Belgique, chevalier de la Légion d'honneur, commandeur de l'Ordre de la Couronne de Belgique auxquels s'ajoutent les prix littéraires : Grand Prix de l'Académie française, prix Beaumarchais, prix Sévigné, prix de la fondation Singer-Polignac. Elle est morte subitement le 28 novembre 1973.

Liée à la plupart des nations européennes, membre d'une « aristocratie internationale » (européenne) raréfiée, Marthe Bibesco est d'une caste où l'on n'encourage guère les vocations littéraires. Les parallèles avec la carrière et la destinée de sa cousine Anna de Noailles s'imposent : même enfance opulente et oppressante, mêmes privilèges et dons, mêmes tragédies et deuils. Dans ce milieu, il n'est guère respectable de publier, sinon à compte d'auteur. La princesse Bibesco aura recours au pseudonyme de Lucile Decaux pour plusieurs de ses romans.

Elle aurait pu se contenter d'incarner un personnage proustien : une vie sociale brillante lui assurait de survivre par l'intermédiaire de Marcel Proust auquel elle a consacré trois volumes d'analyses et impressions. L'ayant rencontré jeune fille, elle reste marquée profondément par cet homme effrayant mais qui l'inspire. Comme lui, elle devait poursuivre son activité littéraire jusqu'au dernier jour de sa vie. Ses mémoires, prévues à l'origine en trois volumes, ne cessent, comme le roman de Proust, de proliférer au fil des jours et elle ne devait pas plus que lui assurer leur forme définitive.

Sa conception du temps, de l'histoire, de la généalogie, proustienne encore par certains côtés, lui est cependant propre du fait qu'elle incarne elle-même ces qualités que traque Proust dans les descendants modernes de personnages historiques ou légendaires. Appréciée en tant qu'interprète originale et judicieuse de l'œuvre romanesque majeure du siècle, Marthe Bibesco s'imposera aussi en tant que poète ou « créateur ». Venant d'une famille pour qui « la chute de Constantinople est un malheur personnel qui nous est arrivé la semaine dernière » (Florenne : 376), elle s'efforce d'unir en une vision conciliatrice les courants de l'histoire, les mythes communs, les aspirations des aristocraties et des nations européennes. Dans une perspective désormais perdue pour la diplomatie contemporaine, elle connaît les liens profonds de l'Est et de l'Ouest, ceux du passé et du présent : ils sont le tissu même de sa vie.

Styliste accomplie, ses textes sont aussi élégants que gracieux et Yves Florenne a pu citer dans « Stèle pour la Princesse Bibesco » les hommages qu'elle a reçus de Claudel, Proust, Rilke, Cocteau, Max Jacob et d'autres. Dans sa jeunesse, elle doutait souvent que l'éloge eût sa source dans une appréciation sincère de son œuvre. La correspondance avec Claudel et l'abbé Mugnier, deux amis proches, a été publiée. En tant que romancière tragique, comique ou poignante, elle comptait ses lecteurs par millions. Elle est en outre une historienne du meilleur aloi, une épistolière dans la grande tradition française, une biographe enfin et l'historienne de sa propre famille. L'oubli dans lequel est tombée son œuvre s'explique d'autant moins que ses romans révèlent un témoin unique de son époque, doublé d'une visionnaire à la plume très sûre.

Bibliographie : *Les Huit Paradis* (Grasset, 1911). *Alexandre Asiatique* (Hachette, 1912). *Isvor, le pays des saules* (Plon, 1923). *Le Perroquet vert*

(Grasset, 1924). *Une Visite à la béchellerie* (Lesage, 1925). *Une Victime royale, Ferdinand de Roumanie* (Abbeville, F. Paillart, 1927). *Catherine-Paris* (Grasset, 1927). *Noblesse de robe* (id., 1928). *Au bal avec Marcel Proust* (Gallimard, 1928 & 1970). *Quatre Portraits* (Grasset, 1929). *Jour d'Égypte* (Flammarion, 1929). *Pages de Bukovine et de Transylvanie* (Éd. des Cahiers Libres, 1930). *Croisade pour l'anémone* (Plon, 1931). *Le Destin de Lord Thomson of Cardington* (Flammarion, 1932). *Lettres d'une fille de Napoléon (Fontainebleau et Windsor) 1853-1859* (id., 1933). *Le Rire de Naïade* (Grasset, 1935). *Égalité* (id., 1935). *Le Tendre Amour de Napoléon : Marie Waleska* (id., 1936). *Images d'Épinal* (Plon, 1937). *Loulou, prince impérial* (id., 1938). *Louison, le bel amour du dernier roi de France* (id., 1938). *Katia* (id., 1938). *Feuilles de calendrier* (Plon, 1939). *Pont-l'Abîme ou la grande passion de la duchesse de Baume* (Fayard, 1947). *Le Voyageur voilé* (Genève : La Palatine, 1947). *Caline ou la folle équipée de la duchesse de Berry* (Gallimard, 1948). *Laure de Sade, Duchesse de Guermantes* (Plon, 1950). *La Vie d'une amitié : ma correspondance avec l'Abbé Mugnier, 1911-1944*, 3 vol. (id., 1951-1957). *Théodora, le cadeau de Dieu* (Éd. d'Amsterdam, 1953). *Churchill ou le courage* (Albin Michel, 1956). *Élisabeth II* (id., 1957). *La Nymphe Europe* (Plon, 1960). *Au jardin de Marcel Proust : Le Voyageur voilé ; Au bal avec Marcel Proust ; La Duchesse de Guermantes* (Grasset, 1968). *Le Confesseur et les Poètes* (id., 1970). *Échanges avec Paul Claudel ; nos lettres inédites* (Mercure de France, 1972). *Où tombe la foudre* [*La Nymphe Europe II*] (Grasset, 1976).

Sélection critique : Princesse Bibesco et Carlo Bronne : « Une Réception à L'Académie royale de langue et de littérature françaises de Belgique », *Nouvelle Revue des Deux Mondes* 10 (15 mai 1955). Debré, Robert : « "Marthe", Princesse Bibesco », *Revue des Deux Mondes* 11 (nov. 1975). Diesbach, Ghislain de : *La Princesse Bibesco : 1886-1973* (Perrin, 1986). Fabre-Luce, Alfred : « Marthe Bibesco », *Nouvelle Revue des Deux Mondes* 1 (janv. 1974). Florenne, Yves : « Stèle pour la Princesse Bibesco » ; « Pour la nymphe Europe », *Nouvelle Revue des Deux Mondes* 11 (nov. 1975). Rambaud, Henri : « La Princesse Bibesco », *Bulletin des Lettres* (15 janv. 1974). Robida, Michel : « Il y a deux ans », *Revue des Deux Mondes* 11 (nov. 1975).

MHB

BIE, Jacqueline de –, poète.

Les Vergers du songe, Prix Renée Vivien, 1960 (Bruxelles : Éd. des Artistes, 1958). *Ce Jour inépuisable* (id., 1962). *Le Voyage d'Emmanuelle* (id., 1966).

BIENNE, Gisèle, n. 1946, romancière.

Née à Chavanges, dans l'Aube, Gisèle Bienne est la troisième d'une famille de sept enfants. Elle est élevée dans la ferme familiale et elle poursuit comme boursière de l'État des études secondaires dans des pensionnats laïques. Elle fait ensuite des études de lettres modernes à l'université de Nancy et enseigne dans le milieu rural champenois.

G.B. ou l'empêchement de vivre ? La reconstruction de l'être-femme, du désir-femme émerge dans l'écriture comme une volonté de guérison, celle d'un corps souffrant à l'écoute de ses maux devenant mots. Gisèle Bienne a d'abord écrit à partir du refoulement, de la répression intolérable des forces vives de l'enfant et de l'adolescente. Cette répression, source de peur, maladie, cri et le rêve aussi figurent souvent en filigrane chez d'autres : ici, elle devient incarnation même du mal dans des textes manifestement autobiographiques.

Les textes frappent par leur «résurrection» de l'enfance «inouïe, démente, luxuriante, ravageante, foudroyante, au cœur des choses et des êtres» (*Rose* : 113) dont elle ressaisit le désir fou de tendresse et les rêves brutalement étouffés par les représentants d'un ordre qui tue la vie au nom de la loi. Entre rêves et cauchemars, entre vie et mort, le personnage central des quatre premiers romans, Marguerite, «Marie-salope» pour les siens, passe du monde de la ferme où grouille la vie animale et familiale, à celui de l'internat où règnent les interdits et la cruauté. Un jour elle retrouvera et dénoncera les racines de l'aliénation dans le monde de l'éducation auquel son certificat d'enseignante l'a fait accéder.

Dans *Douce amère* et *Je ne veux plus aller à l'école,* le *je* autobiographique domine, dans la recherche d'une transparence stylistique qui vise à la plus grande approximation possible du vécu : des énoncés courts, des phrases nominales, une langue parlée crue, branchée sur les bouleversements et désirs intérieurs, au plus près possible de leur déroulement patiemment reconstruit, selon le rythme propre aux passions exigeantes de l'enfance qui refusent de mourir. *Marie-salope* et *Rose enfance* font alterner première et troisième personnes, pour un texte ouvert qui dédouble la perspective. Outre les principaux axes : liberté/interdits, tendresse et brutalité, amour ou haine qui structurent l'expérience, des images prennent valeur de symboles : violence insupportable de la scène où la mère «si âprement mégère» de Marie-salope enfonce dans la bouche de sa petite sœur, pour lui apprendre à être propre, «du caca dans la petite cuillère». Alors ce sont des «Cris d'horreur. Cris fous. Ravages éternels. L'oubli jamais ne viendra... ». Le dressage par la force est viol de la vie intime de l'enfant. Mépris, colère et dégoût atteignent un autre paroxysme quand les parents de Marie-salope se concertent pour lui couper les cheveux : «La vaine révolte, la peur, la haine, le désespoir, le reniement, la nausée, le long suicide» sont de piètres défenses devant la castration, la dénégation de l'être même de l'enfant. Mais les mots, comme les cheveux, résisteront puisqu'ils « poussent et repoussent sans cesse, modulés, serrés, vitaux ». Lorsque l'expérience se fait intolérable, comme dans la tentative de suicide de Marie-salope, ou celui, effectif, de Marie-Thérèse dans *Douce amère,* l'écriture elliptique se déploie par allusions et associations échappant à l'ordre logique.

Je ne veux plus aller à l'école poursuit ce témoignage cinglant en se tournant contre l'imbécillité du pouvoir qui doit mater les enfants de la campagne qu'on souhaite « faire devenir bêtes et travailleurs bornés, ou chômeurs désespérés, dépolitisés ». En ouverture, le bruit et la fureur d'une tronçonneuse évoquent la répression méthodiquement organisée du système scolaire. Une poupée démembrée figurera dans *Rose enfance* l'enfant qui veut fuir vers les lieux privilégiés du grenier, de l'écurie, des champs avec toute sa vie instinctive et exubérante. Mais l'espoir débouche trop souvent sur le désir d'anéantissement. Les rapports défectueux avec les parents auront fondé le mal-être de l'enfant. Le père coureur et cogneur du premier texte préfigure les substituts que seront les directeurs, inspecteurs et administrateurs. La mère, haïe pour sa violence dans *Marie-salope,* reste dans *Rose enfance* celle dont la mort ou la disparition possibles jettent l'enfant dans l'angoisse au risque de retourner contre soi le désir de mort. Une amitié passionnée et particulière pour Agnès, retracée dans *Douce amère,* la « Banane velue » attire et repousse à la fois ; elle se solde également par la séparation, car les parents sont décidés à « soigner » leur fille, même par électrochocs.

Il persiste miraculeusement, dans les premiers écrits de Gisèle Bienne, la force du désir, la capacité de tendresse, la recherche de l'amitié, de l'amour, de la beauté qui donnent une force vitale aux mots du cœur. On voit en effet *Marie-salope* se terminer par l'évocation calme et heureuse d'une vie partagée par Marguerite et Nénuphar, *Rose enfance* par un hymne à la campagne qui lui a fourni ses éblouissements. *Douce amère* nous fait part de la guérison au fil des mots retrouvés et *Je ne veux plus aller à l'école* offre finalement une assurance comparable : « Aujourd'hui, dans ce temps retrouvé, loin, bien loin, par-delà leurs incessantes répressions, j'aime et je me sens aimée ».

Bibliographie : *Marie-salope* (Des femmes, 1976). *Douce amère* (id., 1977). *Rose enfance* (id., 1978). *Je ne veux plus aller à l'école* (id., 1980). *Bleu, je veux* (Seuil, 1983). *Lettre à l'été* (Troyes : Librairie bleue, 1985). *Le Silence de la ferme* (Etrépilly : Presses du Village, 1986). *Premières alliances : récit* (Seuil, 1988). *La Champagne* (« Autrement », 1988). *Les Jouets de la nuit* (Gallimard, 1990).

Marguerite Le Clézio

BILLE, S. Corinna, 1912-1979, nouvelliste, romancière suisse.

Née à Lausanne, Stéphanie Bille (qui se donnera le prénom de plume « Corinna ») connaît une enfance heureuse en Valais, dans un milieu familial singulièrement stimulant. Sa mère, paysanne et catholique, est originaire de Corin, hameau du Haut-Valais. Son père, le peintre et maître verrier Edmond Bille, l'a épousée en secondes noces, il est protestant. Il vit en grand seigneur dans un castel baroque de Sierre où il reçoit des célébrités : Ramuz, Jouve, Istrati, dans les remous de la première guerre mondiale. La grandeur sauvage de la montagne dite « Noble Contrée » qui l'entoure est pour Corinna une source primordiale de son désir d'écrire. Elle sera élève à Lucerne, étudiante à Zurich, et jeune mariée à Paris (1934-36). Le premier mariage blanc dépassé, elle continue assidûment à travailler l'écriture, découvre l'amour physique et se remarie avec le poète Maurice Chappaz dont elle a trois enfants : le manque de temps et de « chambre à soi » seront toujours le « bon » obstacle à sa vocation littéraire qui est sa plus constante passion. Elle est appréciée d'un public d'abord féminin puis voit sa renommée consacrée par la bourse Goncourt de la nouvelle en 1975. Établie depuis 1958 à Veyras-sur-Sierre, elle en émerge volontiers pour se rendre en Afrique ou à Moscou. C'est au retour d'un voyage sur le Transsibérien que « la grande dame des lettres romandes » s'éteint en octobre 1979.

La longue liste des titres, la richesse des inédits à sa mort prouvent que pour Corinna Bille – et de son aveu même – écrire est une respiration. Elle écrit depuis l'âge de seize ans. Son premier roman, *Théoda* (1944), a été précédé par des nouvelles primées. Elle publie ensuite deux autres romans, des récits autobiographiques, des pièces en un acte, des poèmes mais surtout, ne cessant jamais d'imaginer des personnages ou de s'identifier à ceux des faits divers de son pays, elle ne cesse d'écrire des nouvelles longues ou courtes et de petites histoires. Ce n'est pourtant pas à l'abondance que se réfère Jacques Chessex, quand il nomme Corinna Bille « la plus grande poétesse de ce pays ». Il parle de sa recréation de « la simplicité rayonnante de l'être ». Or, l'être-dans-le-monde helvétique représenté dans ces textes a une dimension fantastique sur le double fond de la nature sauvage et de la vie quotidienne. Cette combinaison intime de l'onirique et du concret est d'ailleurs lisible dans les titres, avec d'un côté, le document (sabot, alpestre, enfant, paysannes, Rhône, printemps, fraise, histoires) et le mythe de l'autre : Vénus, tourment, secret, inconnue, noire, mystère, éternelle, cruelles. C'est pourquoi il faut parler de « poésie » bien que l'œuvre emprunte massivement la voie du récit pur, à côté d'ensembles et recueils moins connus, désignés comme poésies ou théâtre.

La femme est souvent à l'avant-scène chez Corinna Bille, et cette femme est souvent une amoureuse. Comme dans la légende de Tristan, la mort et l'amour sont liés, la passion adultère l'emporte, il n'est pas rare qu'elle aboutisse au meurtre ou au suicide (ou au double trépas). Lors-qu'on n'est pas dans l'univers fantaisiste, parfois humoristique du rêve, on est généralement dans le pré-moderne, le rural. Les hommes peuvent être purs, frustes, obsessionnels dans leur désir et inhabiles à s'exprimer, les femmes aussi, en outre elles seront parfois « fatales » et plus communica-tives, surtout si elles sont « d'ailleurs ». Elles sont pourtant et avant tout proie et victime d'un amour vécu absolument.

Pour l'homme, quand les histoires se situent dans les villages de la montagne, la femme est la possession clé. Qu'elle erre, il l'enferme ; qu'elle s'évade, il la tue. Sans pouvoir autre que le mystère de la sexualité, « les femmes d'ombre qui se retirent et restent muettes, quand leurs maris fêtent ou se battent » accomplissent leur fonction de mère et de partenaire sexuel. C'est là que la condition féminine intemporelle est ressentie dans son aspect tragique. Mais des femmes passionnées défient cet ordre tradi-tionnel (et Corinna Bille peut traiter avec la plus grande élégance l'in-ceste et le meurtre). Citadines ou « étrangères » incompréhensibles, signi-fiant l'érotisme aux yeux des montagnards, les femmes éveillent le désir, ne se laissant pas posséder. Un simple geste, un propos insolite ou libre suggère qu'elles sont « folles ». Deux héroïnes, Bara (*Le Sabot de Vénus*) et Jeanne (« La Fraise noire ») évoluent ainsi sous le regard d'un voyeur (regard qui, à l'occasion, sera celui de la narratrice). Et les amantes seront trahies, ou exécutées. Ainsi s'établit la correspondance entre la femme et la mort : l'ingénieur des barrages confond la « Demoiselle sauvage » avec l'eau, la « source perdue » qu'il cherchait. Folie, mort, nature, ce sont les domaines de l'inconnu auxquels, selon la tradition littéraire, la femme sert habituellement de voie de pénétration. C'est ainsi qu'inconsciem-ment, passivement, la vieille Désirée mène Martin Lomense au sommet de la montagne où il trouvera la fascinante Bara (*Le Sabot de Vénus*). Le héros, lui, comprend que cette poursuite lui fait appréhender le mystère du monde.

Comment repérer ce que signifient pour Corinna Bille ces figures féminines ? Empruntant une voix narrative proche de l'oralité, son écriture limpide prétend raconter des faits étonnants mais vrais. Il est certain que l'insolite quotidien, les rumeurs et faits divers ont alimenté sa plume autant que son imaginaire le plus authentique, celui des rêves qu'elle a notés, souvent ou régulièrement, depuis les années trente et systémati-quement après 1960. Ce sont d'ailleurs ces récits de rêve qui ont fourni la plupart des « petites histoires » dont elle fit deux recueils, ainsi qu'un grand nombre des nouvelles les plus fantastiques (celles du *Salon Ovale* par exemple).

L'omniscience marque la voix narratrice, aucune « mise en abyme », aucun narcissisme de l'écriture : l'absence de commentaire moral ou psy-chologique est un parti-pris conscient chez Corinna Bille. Peut-être parce qu'elle a été formée, comme fille d'artiste, à l'école du visuel, elle pos-sède une sensibilité quasi mystique devant la beauté de ce qui en appelle au regard et à la respiration : les paysages alpins. Peut-être parce que son environnement a préservé en elle le sens du merveilleux, du mystérieux, elle s'abstient de juger ou d'expliquer. Sa vision est marquée par l'idéologie chrétienne mais, entre une mère pieuse catholique et un père mécréant d'origine protestante, elle-même est surtout sceptique. Ses plus atroces nouvelles (« Emerentia », « Celui qui ne savait pas son catéchisme ») condamnent sans appel le fanatisme religieux.

L'œuvre considérable de Corinna Bille commence à être reconnue dans sa force et son originalité profonde, bien au-delà des charmes régionalistes : rêve et désir sont en effet les sources vives qui caractérisent une œuvre narrative hors pair en Suisse romande, œuvre féminine et protoféministe, parfois naïve intellectuellement mais toujours émancipée par rapport à la tradition patriarcale. Elle reste superbement déterminée par sa culture, s'en nourrissant et appréciant ses propres racines et privilèges : un orgueil qu'elle tenait autant de son père, qui pouvait le traduire en coups de pinceaux, que de sa mère, qui lui écrivait tout simplement : « Que je suis heureuse d'être née en Valais ! »

Bibliographie : *Printemps* (La-Chaux-de-Fonds : Nouveaux Cahiers, 1939). *Théoda* (Porrentruy : Portes de France, 1944). *Le Grand Tourment* (Lausanne : Terreaux, 1951). *Le Sabot de Vénus,* rm (Lausanne : Rencontre, 1952). *Florilège alpestre* (Lausanne : Payot, 1953). *L'Enfant aveugle* (Lausanne : Miroirs partagés, 1954). *Douleurs paysannes* (Lausanne : Guilde du Livre, 1955). *A pied du Rhône à la Maggia* (Lausanne : Terreaux, 1957). *Le Pays secret* (Sierre : Treize Étoiles, 1961). *L'Inconnue du Haut-Rhône,* théâtre (Lausanne : Rencontre, 1963). *Entre hiver et printemps* (Lausanne : Payot, 1967). *La Fraise noire* (Lausanne : Guilde du Livre, 1968). *Le Mystère du monstre* (Lausanne : Verdonnet, 1967). *Juliette éternelle,* Préface de Pierre-Jean Jouve (Lausanne : Guilde du Livre, 1971). *Cent petites histoires cruelles* (Lausanne : Bertil Galland, 1973). *La Demoiselle sauvage* (id., & Gallimard, 1974). *Le Salon ovale* (Lausanne : Bertil Galland, 1976). *Les Invités de Moscou* (id., 1977). *La Maison musique* (Lausanne : Éd. ex Libris, 1977). *Cent petites histoires d'amour* (id., & Gallimard, 1978). *La Montagne déserte,* poèmes (Genève : E. Vernay, 1978). *Deux passions* (Gallimard, 1979). *Chant d'amour et de mort,* poésie (St-Pierre-de-Clages : Éd. Octogone, 1979). *Le Sourire de l'araignée* (Lausanne : L'Aire, 1979). *Le Bal double* (Gallimard/Vevey : Bertil Galland, 1980). *Le Pantin noir* (Lausanne : L'Aire, 1981). *Abîme des fleurs, trésor des pierres* (Briançon : Passage, 1985). *Cents petites histoires cruelles,* suivi de *Trente-six petites histoires curieuses* (Albeuve : Castella, 1985). *Œil-de-mer* (Lausanne : 24 Heures, 1989). *Forêts obscures* (id., 1989). *Deux maisons perdues* (Neuchâtel : La Baconnière, 1989). *Le Vrai Conte de ma vie,* itinéraire autobiographique établi et annoté par Christiane Makward (Lausanne : Empreintes, 1992). *L'Œuvre dramatique complète* : I. *L'Inconnue du Haut-Rhône,* II. *Les Étranges Noces et autres inédits,* textes établis et présentés par Christiane Makward (Lausanne : L'Age d'Homme, 1996).

Sélection critique : Chappaz, Maurice : *Le Livre de C.* (Lausanne : Empreintes, 1986). Chessex, Jacques : « Une lecture de Corinna Bille », dans *Les Saintes Écritures* (Lausanne : Bertil Galland, 1972). Collectif : « Corinna Bille », *Écriture* 33 (Lausanne) 1989. Courten, Maryke de – : *L'Imaginaire dans l'œuvre de Corinna Bille* (Neuchâtel : La Baconnière, 1989). Favre, Gilberte : *Corinna Bille ; Le vrai conte de sa vie* (Lausanne : 24 Heures, 1981). Galland, Bertil : « Corinna Bille », *Princes des Marges* (Lausanne : 24 Heures, 1991). Makward, Christiane : *Corinna Bille : Naissance des textes* (à paraître). Paccolat, Jean-Paul, Préface, Chronologie, bibliographie : *Corinna Bille : Nouvelles et Petites Histoires* (L'Age d'Homme, Suisse/Poche, 1988).

Judith M. Schneider et CM

BILLETDOUX, Raphaële, n. 1951, romancière.

Née à Neuilly, elle est la fille de l'auteur dramatique François Billetdoux. Après le baccalauréat et trois mois de stage dans une usine de tirage cinématographique, son premier livre, largement autobiographique, *Jeune-Fille en silence* obtient une bourse de la fondation Cina del Duca. *L'Ouverture des bras de l'homme* lui vaut ensuite les prix Contrepoint et Louise de Vilmorin. Elle a travaillé comme journaliste à *La Maison de Marie-Claire. Prends garde à la douceur des choses* reçoit le prix Interallié en 1976 au treizième tour de scrutin et sa victoire ne laisse pas de surprendre certains. Son film *La Femme-Enfant* (avec Klaus Kinski) sort en 1980 et le prix Renaudot pour *Mes nuits sont plus belles que vos jours* (1985) consolide sa renommée sur la scène littéraire.

Les romans de Raphaële Billetdoux constituent dans leur ensemble une sorte d'éducation sentimentale d'inspiration plus ou moins autobiographique dont l'évolution suit l'éveil de la femme depuis la toute jeune fille. Un monde masculin, à la fois irrésistible et menaçant, est entrevu dans le premier roman à travers cinq courts récits qui content les expériences de l'héroïne de onze à dix-huit ans. Dans *L'Ouverture des bras de l'homme,* ce n'est plus cette découverte par petites touches mais la mise en relief de la figure masculine élue. Tandis que l'élément autobiographique s'estompe, le paysage qui se construit dans les romans suivants est nettement sexué : couleur mâle et couleur femelle ne se confondent pas. L'homme et la femme sont chacun pour l'autre une contrée étrangère. Pas d'homme qui ne suive sa pente vers la conquête, pas de femme qui n'attende l'« élu ». Dans cet imaginaire de « femme-enfant », seule une main virile va rendre soudain le monde habitable et merveilleux avant de broyer celle à qui il aura précédemment tout donné. Les femmes de R. Billetdoux ne sont cependant pas de faibles créatures mais plutôt des Antigones de l'Amour qui vont courageusement de l'attente de la plénitude au risque de se perdre. La violence qui leur est faite, et à laquelle elles s'offrent, les enrichit : la femme renaît toujours plus forte. Ces figures n'illustrent pas pour autant une vision féministe : elles luttent en solitaires, parfois complices d'autres femmes mais en dehors de toute « sororité ».

Le style de R. Billetdoux se veut constamment à l'affût de ces forces qui tiraillent ses héroïnes, démantelant la syntaxe, suscitant des associations surprenantes. Le lecteur est sans cesse confronté au paradoxe d'un regard d'enfant qui passe par des raffinements d'écriture aux confins de la préciosité. L'auteur ne se cache pas de « faire de la littérature » : pour elle, c'est le propre du féminin de se laisser toucher par l'écho infini des choses que renvoient les mots. Ses romans tirent leur charme de la voix narratrice et leurs titres sont un reflet fidèle d'un univers imprégné d'art et d'artifice. La femme y recherche l'équilibre et l'harmonie auprès de l'homme aimé avec lequel la communication, embellie par la distance, risque de demeurer hors d'atteinte. L'œuvre a le sourire séduisant de la Belle au Bois Dormant.

Bibliographie : *Jeune Fille en silence* (Seuil, 1971). *L'Ouverture des bras de l'homme* (id., 1973 ; Points, 1987). *Prends garde à la douceur des choses* (Seuil, 1975 ; Points, 985). *Lettre d'excuse* (id., 1981). *Mes nuits sont plus belles que vos jours,* Prix Renaudot (Grasset, 1985). *Entrez et fermez la porte* (Grasset, 1991). Film : *La Femme-enfant,* 1980.

Annie Richard

BLAIS, Marie-Claire, n. 1939, romancière québécoise.

Née dans une famille ouvrière de Québec, Marie-Claire Blais doit abandonner ses études à l'âge de quinze ans pour travailler en usine. Mais elle est douée pour l'écriture ; encouragée par divers professeurs et critiques, elle reprend des études et publie son premier roman en 1959. L'accueil de la critique canadienne est enthousiaste. Depuis lors, elle n'a cessé d'écrire romans, poèmes et pièces de théâtre. A plusieurs reprises elle séjourne en France, comme boursière du Conseil des Arts puis de la Fondation Guggenheim (dès1960 et 1963). Entre-temps, elle a rencontré le célèbre critique américain Edmund Wilson, auquel est dédié son récit poétique « Les Voyageurs sacrés » (1963). « Exilée » d'abord à Cape Cod (États-Unis), elle réside surtout à Montréal. Entre autres honneurs, elle a reçu de la Belgique le prix Nessim-Habif 1990 ainsi que le prix David, du Québec, en 1982 pour l'ensemble de son œuvre.

Marie-Claire Blais figure depuis longtemps parmi les écrivains canadiens dont la réputation a franchi l'océan. La publication française d'*Une*

Saison dans la vie d'Emmanuel (Prix Médicis, 1966) est accueillie comme une révélation, alors que deux recueils de poèmes et trois romans avaient déjà paru au Canada. Ces textes « baignent... dans l'atmosphère d'inquiétude, de rupture et souvent d'échec » qui marquait alors la littérature canadienne (C. Moeller, préface aux *Pays voilés*). Une fille laide vit auprès d'une mère belle et d'un frère idiot mais physiquement épanoui, formant le trio tragique de *La Belle Bête*. Tragique également, le couple de Yance et de Josué (*Le Jour est noir*) où la solidarité et la générosité féminines s'ouvrent vainement à « l'homme-refus », selon l'expression de Suzanne Paradis, l'insaisissable charmeur. Mais l'aura poétique qui enveloppe ces personnages dilue leur présence. *Une Saison dans la vie d'Emmanuel* constitue à cet égard une plus grande réussite romanesque. L'alliage poésie/réalisme est mieux dosé et surtout accompagné d'un humour féroce qui impose l'univers de Marie-Claire Blais avec une force impitoyable. Ici, une tribu d'enfants malingres naît, survit et meurt sous le regard d'une grand-mère despotique et omniprésente. On ne peut oublier le visage de Jean le Maigre, tendre, poétique et pervers, celui de Septième, rebelle assoiffé de savoir, ni celui d'Héloïse que des élans érotico-mystiques conduisent en victime aveugle du couvent à la prostitution. La vie refusant aux êtres une place au soleil, ils sont contraints de s'échapper vers le haut, dans de baroques sublimations, ou vers le bas, dans des fantasmes et actes incendiaires, hors de l'enfer rimbaldien que suggère le titre.

Dans les œuvres qui suivent, la poésie se fragmente de plus en plus pour s'imbriquer dans le détail de la fresque qui s'élabore patiemment. C'est une véritable « comédie humaine » que peint Marie-Claire Blais sur la toile de fond de la ville canadienne, avec son cortège de déshérités, d'opprimés et de rebelles (*Les Manuscrits de Pauline Archange*, 1968 ; *Un Joualonais, sa joualonie*, 1973 ; *Visions d'Anna ou le vertige*, 1982). Elle s'attache à une société aliénée sur qui pèse, symboliquement comme en réalité, le rude hiver canadien, une société dont les enfants expriment mieux que les adultes la grande misère de l'innocence trahie. A cette aliénation, elle laisse entrevoir des causes socio-économiques mais ce qui l'intéresse, c'est de comprendre « le mystère du malheur » (*Pays voilés*), de le traquer dans les êtres, de tracer, selon la formule de Pierre Châtillon, des « portraits d'âme ». Elle exhibe leurs désirs refoulés en même temps que leur soif d'amour et d'absolu qui, pour n'être pas apaisée, opte souvent pour l'absolu du mal. C'est le cas du héros du *Loup*, roman qui explore l'amour homosexuel et la difficulté d'être. C'est également le sujet de *L'Exécution*, pièce en deux actes, dans laquelle trois collégiens exécutent froidement et de façon gratuite l'un de leurs camarades.

Les premières acclamations tues, une partie de la critique canadienne s'est inquiétée de la constante noirceur du tableau. L'œuvre est dure, effectivement, et sans complaisance envers les nantis, les imposteurs, les hypocrites de la société. Pourtant si Marie-Claire Blais fait partie d'une jeune génération d'écrivains en colère, elle reste attachée aux valeurs que sont l'amour et la foi en l'humain. Le nouveau-né Emmanuel ne porte-t-il pas sur la vie qui l'attend un regard qu'accompagne un sourire ? Car dans une société qui se désintéresse des petits, quand elle ne les broie pas, l'individu conserve le choix entre mort et résurrection. Les voies de la rédemption passent par la souffrance, par l'amour et par l'écriture. C'est en accueillant jusqu'au bout sa faiblesse et sa détresse que le condamné de *Vivre ! Vivre* redécouvre le sens d'une vie ; c'est en l'aimant que le prêtre se sauve. Anna, l'héroïne droguée des *Visions d'Anna,* choisit le monde, aussi sombre soit-il (et sa mère) contre le désespoir.

On comprend que Marie-Claire Blais cite Georges Bernanos parmi les grands noms de la littérature. Tout en dénonçant violemment et avec insistance les méfaits d'une éducation catholique, à travers une galerie de portraits de religieux et de religieuses néfastes, elle demeure marquée par l'humanisme chrétien. Grandeur possible de l'humain au cœur de la plus grande misère, soif d'absolu et tolérance empêchent son univers de basculer dans un désespoir sans recours.

D'autre part, la plupart des romans de Marie-Claire Blais introduisent un « écrivant », car l'écriture constitue l'une des démarches essentielles du personnage blaisien. Ses fonctions sont multiples : naissance à la conscience personnelle et délivrance de soi afin d'exister pour quelqu'un, entreprise de résurrection du passé qui s'accompagne du double sentiment de réussite (écrire la vie, c'est la posséder, *Les Apparences*) et d'échec (vouloir la posséder, c'est mesurer son évanescence), et cri de révolte contre l'injustice et le malheur. *L'Insoumise* est, à cet égard, un texte important : une femme, Madeleine, ayant trouvé les carnets de son fils suicidé découvre en ce jeune inconnu sa propre ressemblance. On a dit que toute énergie prend, chez Blais, l'accent femelle. S'il est vrai que les mères sont encore fréquemment des figures résignées, c'est cependant chez elles, à travers des signes, des ébauches de confidences, que les enfants quêtent leur propre insoumission, et non auprès de pères dont l'impuissance ne sait que se traduire en violence stérile.

Paru en 1979, *La Liaison parisienne* a pu dérouter les lecteurs. L'intrigue s'est déplacée vers la France où un jeune écrivain canadien côtoie une société bourgeoise férocement caricaturée. Meurtri par sa liaison avec la très vaine et méchante Mme d'Argenti, il revient au Québec. Roman d'une éducation sentimentale, roman de mœurs où passent des échos du XVIIIe siècle, le roman lui-même semble parfois desservi par cette culture littéraire, ces images de la France que véhicule Matthieu Lelièvre, et qui se « coincent » entre lui et la vie. Mais la réconciliation finale de l'écrivain avec sa vocation et son appartenance à la terre canadienne représente sans doute une étape importante dans l'itinéraire de Marie-Claire Blais.

Le projet des *Nuits de l'Underground* (1978) est encore de sonder les « souterrains du cœur », en s'attachant à l'amour saphique. Déjà dans *La Nef des Sorcières,* création dramatique collective (1976), la romancière avait signé le monologue de la lesbienne, Marcelle. Avec ces deux ouvrages s'affirme l'autre engagement de Marie-Claire Blais, sans que son œuvre dévie pour autant de sa ligne essentielle : un réalisme pessimiste qui peut allier beaucoup de tendresse à un humour volontiers mordant. La critique Mary Jean Green a souligné cette constante possibilité de multiples rapports entre femmes, le réseau féminin continuant à jouer un rôle central dans *L'Ange de la solitude,* où le protagoniste est encore une fois un groupe d'amies. Et du côté des marginalités, Marie Naudin trouve des affinités intertextuelles avec Lautréamont dans *Pierre* (et la révolution en 1981) qui renverrait à Rimbaud et au Werther de Goethe, mais dont le but serait de fustiger la violence moderne.

Sur le plan formel, les romans de Marie-Claire Blais présentent d'intéressantes utilisations du découpage temporel, des déplacements de points de vue pour mieux cerner son propos. Le dialogue naît spontanément, juste de ton, acéré et révélateur. Il est rare que les passages narratifs ne s'appuient pas eux-mêmes sur les échos parodiques de propos entendus ou tenus. L'univers de Marie-Claire Blais a une existence sonore plus encore que visuelle et, en ceci, il illustre avec force l'une des qualités les plus remarquables du roman canadien actuel, très sensible à un parler vivant et qui emprunte souvent aux dialectes et patois régionaux (en l'occurrence le joualonais) leur pittoresque, poétique ou cru mais vif avant tout.

Bibliographie : *La Belle Bête,* rm (Québec : Institut littéraire du Québec, 1959). *Tête blanche,* rm (id., 1960). *Le Jour est noir,* rm (Québec : Garneau, 1963). *Pays voilés,* poèmes (id., 1963 ; suivi d'*Existences,* Montréal : Éd. de l'Homme, 1967). *Une Saison dans la vie d'Emmanuel,* Prix Médicis 1966 (Montréal : Éd. du Jour, 1965 ; Grasset, 1966). *L'Insoumise* (Éd. du Jour, 1966) ; suivi de *Le Jour est noir,* Grasset, 1971). *David Sterne* (Éd. du Jour, 1967). *L'Exécution* (id., 1968). *Manuscrits de Pauline Archange* (id., 1968 ; Grasset, 1968). *Les Voyageurs sacrés* (Montréal : HMH, 1969). *Vivre ! Vivre !* (Éd. du Jour, 1970). *Les Apparences* (id. 1970). *Le Loup* (id., 1972). *Un Joualonais, sa joualonie* (id., 1973 ; sous le titre *A Cœur joual,* Laffont, 1973). *Fièvres et autres textes dramatiques* (Éd. du Jour, 1974). *La Liaison parisienne* (Montréal : Stanké-Quinze, 1975). *L'Océan,* pièce radio (Montréal : Quinze, 1977). *Les Nuits de l'Underground* (Montréal : Stanké, 1978). *Le Sourd dans la ville* (Gallimard, 1980). « L'Exil », théâtre in *Liberté* 133 (janv.-fév. 1981). *Visions d'Anna ou le vertige* (Montréal : Stanké & Gallimard, 1982). *Sommeil d'hiver,* théâtre (Montréal : Pleine Lune, 1984). *Pierre : La Guerre du printemps 81* (Montréal : Primeur, 1984 ; nouvelle éd., Acropole, 1986). *L'Ile,* théâtre (Montréal : VLB, 1988). *L'Ange de la solitude* (Belfond, 1989). *Les Marquises,* nouvelles (L'Age d'Homme, 1989). *La fin d'une enfance* (s. d.).

Sélection critique: Châtillon, Pierre: «Marie-Claire Blais telle qu'en elle-même» (*Livres des auteurs québécois*, 1968). Goldmann, Lucien: «Deux romans de Marie-Claire Blais», dans *Structures mentales et création culturelle*. Fabri, Thérèse: *Marie-Claire Blais* (Montréal: Éditions Agence d'Arc, 1973). Laurent, Françoise: *L'Œuvre romanesque de Marie-Claire Blais* (Montréal: FIDES, 1986). Marcotte, Gilles: «Marie-Claire Blais: "Je veux aller le plus loin possible"», *Voix et Images* VIII, 2 (hiver 1983). Paradis, Suzanne: *Femme fictive, femme réelle. Le personnage féminin dans le roman féminin canadien* (Québec: Garneau, 1966). Stratford, Phillip: *Marie-Claire Blais* (Toronto: Forum House Publications, 1971).

MH

BLAISE, Véronique, romancière, poète.

Pays (Seghers, 1948). *Le Jour des Rois* (id., 1950). *Le Temps de notre vie* (Gallimard, 1957). *Seven to seven* (Seghers, 1961).

BLASQUEZ, Adélaïde, romancière.

Gaston Lucas, serrurier (Plon, 1976). *Mais que l'amour d'un grand dieu* (-). *Les Ténèbres du dehors* (Gallimard, 1981). *Le Noir Animal* (Belfond, 1988). *Grisélidas cherche un mari* (L'École des Loisirs, 1989). *La Ruche: témoignage* (Belfond, 1990). *Le Prince vert* (id., 1995).

BLESKINE, Hélène, romancière.

Dérive gauche (Éd. Libres Hallier, 1976). *L'Espoir gravé* (id., 1978). *Les Mots de passe* (id., 1978). *Châtelet-les-Halles* (Grasset, 1982).

BODART, Marie-Thérèse, romancière belge.

Les Roseaux noirs [inceste] (-). *Marcel Leconte, une étude de Marie-Thérèse Bodart* (Seghers, 1970). *Tolstoi* (Éditions Universitaires, 1971).

BOISSARD, Janine (Oriano), n. 1932, romancière.

Troisième de six enfants, Janine Boissard est née dans une famille bourgeoise aisée. Elle reçoit dans le 16e arrondissement une éducation stricte et très religieuse pour se marier à vingt ans à un universitaire de gauche dont elle aura quatre enfants. Ils divorceront vingt-cinq années plus tard. Sa jeunesse est profondément marquée par l'affection que lui prodigue son entourage familial, contrastant avec le rejet qu'elle subit de la part des camarades de son âge à l'insu des siens. Cette contradiction vécue douloureusement est une source profonde de son désir de sortir de l'ombre et se révéler en devenant écrivain.

Dès l'âge de vingt-trois ans, elle publie chez Gallimard, sous son nom d'épouse, des romans policiers qu'elle désavoue quelque peu par la suite pour s'attacher à traiter des questions d'actualité telles que la drogue (*Rendez-vous avec mon fils*), l'adolescence (*Une grande petite fille*), les pièges du réseau familial (*L'Esprit de famille*) ou le divorce (*Une femme neuve*). Elle s'est aussi mesurée au roman historique (*Trois femmes et un empereur*) comme au scénario de film et de télévision auquel son dernier roman semble devoir son « suspense permanent » et son tourbillon de joie de vivre lorsqu'on atteint la retraite.

Son œuvre est dominée par le discours intimiste et proche de l'expérience réaliste sinon vécue, la tendresse n'y est pas rare et un style soigné mais accessible au plus grand nombre lui ont asssuré un public enthousiaste, largement féminin et débordant les frontières nationales. Son succès est fondé avant tout sur l'émotion qu'elle excelle à communiquer.

Bibliographie : *Claire et le bonheur* (Fayard, 1979). *L'Avenir de Bernadette* (UNIDE, 1979). *Une femme neuve* (Fayard, 1980). *Moi, Pauline* (id., 1981). *Rendez-vous avec mon fils* (id., 1982). *Cécile et son amour* (id., 1984). *Cécile, la poison* (id., 1984). *Une femme réconciliée* (id., 1985). *Vous verrez, vous m'aimerez* (Plon, 1987). *L'Esprit de famille* (Fayard, 1977). *Les Pommes d'or* (id., 1988). *Trois femmes et un empereur* (Fixot, 1989). *Les Trois amours de Napoléon* (Presses Pocket, 1990). *La Reconquête* (Fayard, 1990). *L'Amour, Béatrice* (Fayard, 1990). *Cris du cœur* (Albin Michel, 1991). *Une grande petite fille* (Fayard, 1992). *Belle-grand-mère* (id., 1993). *Une Femme en blanc* (R. Laffont, 1996).

Françoise Perrin-Leroy

BOISSONNAS, Édith, n. c. 1920, écrivaine franco-suisse.

Née en Suisse, Édith Boissonas a fait ses premières études à Genève où son père était médecin. Sa famille s'est fixée dans le Var quand elle avait quatorze ans. Elle a séjourné en Espagne, puis en Angleterre et aux États-Unis. En 1939 elle a publié son premier poème. Elle habite Paris depuis 1946, et publie des poèmes, des textes divers, des notes sur la peinture. *L'Embellie* a reçu le prix Max Jacob en 1966.

En 1953 Édith Boissonnas a répondu à une enquête : « Que m'importe une poésie féminine, pour peu qu'elle existe. Sans doute n'est-ce là qu'une catégorie malicieusement ou paresseusement établie ». On pourrait, en effet, aborder son œuvre en dehors de toute référence à l'identité féminine de son auteur, comme une description approfondie de la solitude essentielle de tout être humain, comme une recherche souvent angoissée du moi profond. Cependant, à un certain moment, cette quête rejoint les préoccupations féminines de notre époque.

Du point de vue technique, Édith Boissonnas est un poète accompli, avec un penchant pour un vocabulaire plutôt abstrait et un vers régulier. Le style peut être d'une précision analytique mais soudain une image, un événement insolite font intrusion. Sa poésie est riche en images d'un monde tout à fait particulier, où la spirale est la forme géométrique prédominante, un monde de pièges, de dédales, de violence animale. Les visions architecturales abondent : des villes à moitié mortes, d'étranges maisons aux escaliers qui mènent à des chambres fermées, des cachots. Elle écrit aussi des poèmes narratifs, crée des personnages fictifs qui ressentent, eux aussi, la terreur de l'existence. « Descendre » (*Grand Jour*) contient plusieurs des images clés de son œuvre : l'escalier qui descend vers l'ombre, la violence animale qui attend toujours en bas, le contraste entre l'immobilité du moi, pris dans la peur, et la mobilité des objets.

Le thème essentiel de cette poésie est la recherche de l'identité : « Je veux savoir à n'importe quel prix. Connaître enfin quel est mon vrai visage ». Elle exprime souvent le sentiment d'être double ; un autre moi, non connaissable, lui inspire l'angoisse qui continue lorsque le poète se tourne vers le monde extérieur. Les autres êtres sont eux aussi inconnaissables et souvent hostiles. Reliée à sa quête d'une vérité profonde, il se dégage également une critique des voies ordinaires de la connaissance. Il n'y a guère que la poésie, la forme même de la recherche, qui puisse réussir : « Qu'il existe la grâce de l'individuel, / Mais la trace se perd sans la forme accomplie. » La poésie d'Édith Boissonnas est donc une marche solitaire et angoissée, une quête difficile, toujours à renouveler, toujours entreprise avec le sentiment que la réussite n'apporterait peut-être pas de plénitude : « Le soleil et la liberté / En me caressant le visage / Ne m'empêchent de regretter / L'ombre où j'aimais dans l'esclavage. »

Le discours poétique rejoint une affirmation de la féminité par l'importance attachée au corps. C'est avec « les lèvres » et « sur la pointe des pieds » qu'Édith Boissonnas explore le domaine de la poésie. Elle peut ironiser sur certains des rôles traditionnels de la femme (la « chair promise » de la jeune fille désensibilisée qui ne sera jamais papillon). Son œuvre révèle une sensualité qui dépasse les contraintes sociales, une sexualité souvent cruelle : les images de violence, de viol, abondent et ne sont pas toujours liées au masculin. Les assassines d'Orphée sont « fines, folles, félines », pleines de « cruauté féminine ». Fondamentalement, le poète veut atteindre une vérité : « Je pense descendre à l'humain au plus profond / Au-delà des sexes à d'autres différences. / C'est important, tout sera changé, l'on confond / Encore, avec une sorte de peur, les essences ».

Si les premiers volumes de poésie poursuivent les mêmes thèmes, dans les plus récents, *L'Embellie* et *Initiales,* où les poèmes deviennent plus serrés, Édith Boissonnas s'approche d'une sérénité provisoire. Ce calme ne fait cependant pas taire la pulsation physique d'une angoisse essentielle, le « battement » décrit dans le poème qui donne son titre à *Paysage cruel,* son premier recueil. Deux poèmes de *L'Embellie* nous font entendre la voix qui parle au poète. « Passionné » décrit ce « son lourd » qui semble être à la fois volupté et grâce poétique, qui apporte la connaissance, mais aussi la destruction. La forme – le jeu continu des sons [i] et [y], les alexandrins classiques – signifie bien le cri passionné et monotone. Dans « Entendre », ce son devient « chuchotement » secret. Le rythme et la rime, souvent irréguliers ici, donnent une autre modalité, peut-être plus efficace, à ce cri intérieur. « Dépouillé » (*L'Embellie*) présente sa méthode poétique : dépouiller toute émotion pour arriver à l'essentiel tandis que « Signaux » et « Inceste » (*Initiales*) constituent l'appel le plus direct dans son œuvre à une nouvelle sensualité, à une libération de l'émotion.

Bibliographie : *Paysage cruel* (Gallimard, 1946). *Demeures* (id., 1950). *Grand Jour* (id., 1955). *L'Embellie* (id., 1966). *Initiales* (id., 1971). *Étude* (id., 1980).

Sélection critique : Borel, Jacques : « Édith Boissonnas », *La Nouvelle Revue Française* (mai 1967). Grosjean, Jean : « Initiales », *La Nouvelle Revue Française* (août 1971). Noulet, E. : *L'Alphabet Critique, Tome 1* (Presses Universitaires de Bruxelles, 1964). Pingaud, Bernard : « Édith Boissonnas », in *Écrivains d'aujourd'hui* (Grasset, 1960).

Adèle King

BOMBARDIER, Denise, romancière québécoise.

La Voix de la France (Laffont, 1975). *Une Enfance à l'eau bénite* (Seuil, 1985). *Le Mal de l'âme* (Laffont, 1988). *Tremblement de cœur* (Seuil, 1990).

BONAL, Denise, dramaturge.

Honoré par un petit monument (Edilig Collection « Théâtrales », 1983). *Portrait de famille* (id., 1983). *Passions et prairie* et *Légère en Août* (1988). *Une Femme sans conséquence* (inéd.).

BON, Geneviève, romancière.

Été de cendres (Laffont, 1985). *Traversée du désir* (id., 1986). *La Saison des bals* (id., 1988). *La Poupée du loup* (id., 1990). *La Vénitienne* (Seghers, 1990). *Le Chemin de Samarcande* (-).

BONA, Dominique, romancière, critique.

Les Heures volées, rm (Mercure de France, 1981). *Argentina,* rm (id., 1984). *Romain Gary,* Grand Prix de la biographie de l'Académie française (id., 1987). *Les Yeux noirs ou Les vies extraordinaires des sœurs Heredia,* Grand Prix de la Femme (id., 1989).

BONI, Tanella Suzanne, écrivaine ivoirienne.

Une Vie de crabe (Dakar : Les Nouvelles Éditions Africaines du Sénégal, 1990). *De l'autre côté du soleil,* nouvelles [jeunesse] (EDICEF, 1991).

BORDEREAU, Renée, 1770-1828, mémorialiste.

La Jeanne d'Arc vendéenne : Mémoires de Renée Bordereau, dite Langevin (Niort : Favre, 1888).

BOSCO, Monique, n. 1927, écrivaine québécoise.

Un Amour maladroit, rm (Gallimard, 1961). *Les Infusoires* (Montréal : HMH, 1965). *La Femme de Loth* (Laffont, 1970). *Jéricho,* poésie (Montréal : HMH, 1971). *New Medea* (Montréal : L'Actuelle, 1974). *Charles Lévy, M.D.* (Montréal : Quinze, 1977). *Portrait de Zeus peint par Minerve,* fiction (La Salle : Hurtubise, 1982). *Sara sage,* rm (id., 1986). *Boomerang,* nouvelles (id., 1987). *Clichés,* nouvelles (id., 1988). *Babel-Opéra,* poésie (Laval : Éd. Trois, 1989).

BOSSE, Claire, n. 1899, écrivaine réunionnaise.

Ça Bourbon même (Impr. de Chaix, 1958). *Bourbon Terre Française, Petit Dictionnaire de locutions créoles* (-). *Souvenir d'un pèlerinage en Terre Sainte* (Saint-Denis-de-la-Réunion : Bosse, 1976). *Grand'mère*

Kalle : sa légende et ses histoires d'antan, Bourbon, 1860 (Neuilly : Promotions éditions méthodes, 1977). *Voilà La (Claire) Fontaine : les fables de la Fontaine en créole* (Saint-Denis : Bosse, 1979).

BOUCHARD, Louise Anne, écrivaine québécoise.

Les Images, récit (Montréal : Les Herbes Rouges, 1985). *Sept fois, Jeanne* (id., 1987). *L'Inséparable,* poésie (id., 1989).

BOUCHER, Denise, n. 1935, poète, dramaturge québécoise.

Retailles, complaintes politiques, avec Madeleine Gagnon (Montréal : Éd. de l'Étincelle, 1977). *Cyprine, essai-collage pour être une femme* (Montréal : L'Aurore, 1978). *Les Fées ont soif,* théâtre (Montréal : Intermède, 1979). *Lettres d'Italie* (Montréal : L'Hexagone, 1987). *Gémeaux croisées* (Beba, 1988). *Paris Polaroïd et autres voyages,* poésie (id., 1990).

BOUKORTT, Zoulika, écrivaine algérienne.

Le Corps en pièces (Montpellier : Coprah, 1977). Cf. DLLF /« Maghreb ».

BOULANGER, Mousse, n. 1926, poète suisse.

La situation du village, à cheval sur la frontière franco-suisse, où Mousse Boulanger est née (Boncourt, Jura) abolit pour elle les frontières et lui ouvre très jeune la francophonie, une partie de sa famille paternelle et maternelle vivant en France. Elle a consacré à la poésie une grande part de sa vie, soit par l'écriture, soit par le récital, soit encore par la production d'émissions radiophoniques.

L'écriture de Mousse Boulanger est dense, foisonnante d'images, de symboles. La musicalité des phrases recherche le ton et le sens les plus justes. C'est une nature un peu particulière qui est présente dans ses poèmes : les grottes, les sentiers qui vont se perdre sur les rochers, les pétales écrasés sous la roue, le carnaval du printemps. Le noyau de cette poésie est incontestablement l'amour. Dans ses *Poèmes-Missives* tout comme dans ses *Poèmes à l'homme,* elle dit le caché, le secret : « Ta voix qui se glisse dans mon corps me rend heureuse tout un jour. » Elle a aussi publié des contes qu'on peut qualifier de fantastiques. Ici ce sont les oiseaux qui portent les humains au-delà d'eux-mêmes. L'écriture est colorée, on pourrait même dire parfumée de graines, de feuilles, de soleil, de plumes. Une de ces histoires, « Sylvie et le paon », a été mise en musique pour orchestre, cantatrice et récitante, par le compositeur suisse René Gerber.

Dans un recueil de nouvelles, Mousse Boulanger s'est demandé si les grands mythes pouvaient employer le language du XXe siècle. Elle a fait revivre Iseult, Médée, Prométhée, Ménélas, Antigone dans des situations qui les a conduits à réagir comme leurs antiques modèles. Cette réflexion la mène vers le théâtre radiophonique auquel Mousse Boulanger s'est intéressée très tôt, d'abord pour faire des adaptions, puis pour écrire des pièces jouées à la Radio Suisse Romande et en Roumanie. Ici, c'est avant tout la solitude qui est mise en scène, celle qui peut aller jusqu'à la mort, la recherche de l'autre n'aboutissant qu'au désespoir, à la fuite.

Bibliographie : *Tendre Pays* (Jarnac : Les Poètes de la Tour, 1967). *Reflets* (Lausanne : Terreaux, 1973). *Ce qui reste de jour* (Guy Chambelland, 1975). *L'Arbre aux oiseaux* (Lausanne : Terreaux, 1978). *Je m'appelle Suzanne* (Zurich : OSL,1978). *Les Copains de Rimbaud* (Rochessauve, 1978). *Poèmes-Missives* (id., & Guilde du Poème, 1985). *Poèmes à l'homme* (Lausanne : L'Aire, 1988). *Promenade avec Gustave Roud* (Quimper : Calligrammes, 1988). *Cœur d'or* (Lausanne : Delachaux-Niestlé, 1990). *Si ce n'est le passant* (Yverdon-les-Bains : La Thièle, 1991). Poèmes mis en musique aux éditions de la Batiaz, Sion et livres pour enfants.

Sélection critique : Lannes, Patrick : « Bons baisers à Adam », *A contre-silence* (St-Etienne de Montluc, 1989). Mary, François : « Promenade avec Gustave Roud », *Nouvelle Revue Française,* 1988. Micheloud, Pierrette : « Poèmes à l'homme », *Le Cerf-Volant,* 1989. Seghers, Colette : « Mousse Boulanger », *Poésie 87.* Ughetto, André : « Poèmes à l'homme », *Sud,* revue littéraire, 1988.

Janine Massard

BOURAOUI, Nina, n. 1967, romancière franco-algérienne.

La Voyeuse interdite (Gallimard, 1991). *Poing mort* (id.). *Le Bal des murènes* (Fayard, 1996).

BOURDOUXHE, Madeleine, n. 1906, romancière belge.

La Femme de Gilles (Gallimard, 1937). *Sept Nouvelles* (Éd. Tierce, Collection « Littératures », 1985). *Wagram 17-42, Marie attend Marie* (Tierce, 1989).

BOURIN, Jeanne, n. 1922, romancière historique.

Le Bonheur est une femme (-,1966). *Très Sage Héloïse* (Table Ronde, 1980). *Agnès Sorel, Dame de beauté* (Presses de la Cité, 1970). *La Chambre des dames* (Table Ronde, 1979). *Le Jeu de la tentation* (id., 1981). *La Dame de beauté* (id., 1982). *Les Recettes de Mathilde Brunel* (Flammarion, 1983). *Le Grand Feu* (Table Ronde, 1985). *Cour d'amour* (Seghers, 1986). *Les Amours blessées* [Ronsard] (Table Ronde,1987). *Le Sanglier blanc* (Grasset, 1987). *Les Pérégrines* (Bourin, 1989). *La Rose et la Mandragore : plantes et jardins médiévaux* (id., 1990). *Les Compagnons d'éternité* (id., 1992). Cf. DFELF.

BOURNIQUEL, Camille, romancière, critique.

Sélinonte ou la chambre impériale (Médicis, 1970). *Pignon, œuvres récentes, 1967-1970* (Musée Galliera, 1970). *Sentier d'Hermès : Vingt-et-un dessins originaux d'Alfred Manessier* (Galanis, 1971). *Le Lac* (Livre de Poche, 1971). *L'Irlande* (Seuil, 1972). *L'Enfant dans la cité des ombres* (Grasset, 1973). *Manessier : 1970-1974* (Galerie de France, 1974). *Rencontre* (Julliard, 1974). *La Constellation des lévriers* (Seuil, 1975). *Tempo* (Tallandier, 1977). *Chopin* (Seuil, 1978). *Le Soleil sur la rade* (Julliard, 1979). *L'Empire Sarkis* (id., 1981). *Le Dieu crétois* (Balland, 1982). *Le Jugement dernier* (Julliard, 1983). *Elvire Jan : histoire d'une amitié* (Guitardes, 1984). *Le Manège d'hiver* (Julliard, 1986). *Le Jardin des délices* (Mercure de France, 1987). *Cathelin : peintures, 1982-1990* (Trinckvel, 1991).

BOUSSART, Caroline (Mme Popp Binche),1808-1891, écrivaine belge.

Récits et légendes (-, 1868). *Contes et Nouvelles* (-, 1880). *Paysages flamands et wallons* (-, 1887). « La Tête de fer ». [Fondatrice du] *Journal de Bruges.*

BRAGANCE, Anne, n. 1943, romancière.

Tous les désespoirs vous sont permis (Flammarion, 1973). *La Dent de rupture* (id., 1975). *Les Soleils rajeunis* (Le Seuil, 1977). *Changement de cavalière,* Bourse Goncourt de la nouvelle (id., 1978). *Clichy sur Pacifique* (id., 1979). *Une Valse noire* (id., 1983). *Le Damier de la reine,* nouvelles (Mercure de France, 1983). *L'Été provisoire* (id., 1983). *Virginia Woolf ou la dame sur le piédestal,* essai (Des Femmes, 1984). *Charade* (Mercure de France, 1985). *Bleu indigo* (Grasset, 1986). *La Chambre andalouse* (Grasset, 1989). *Annibal* (Laffont, 1991). *Le Voyageur de noces* (id., 1992). *Une Journée au point d'ombre* (id., 1993). *Le Chagrin des Reslingen* (Julliard, 1994). *Mata Hari* (Belfond, 1995). *Rose de pierre* (Julliard, 1996).

BRAUD, Catherine, n. 1944, poète, éditrice.

Ciels à damiers (St-Germain-des-Prés, 1971). *Marthe amour antiphonaire,* livre-poème (id., 1975).

BREILLAT, Catherine, romancière.

Le Silence (F. Wimille, 1971). *Les Vêtements de mer* (id., 1971). *L'Homme facile* (UGE, 1974). *Le Soupirail* (G. Authier, 1974). *Tapage nocturne* (Mercure de France, 1979). *Police* (Albin Michel, 1985). *36 fillette* (Carrère, 1987).

BRIERE, Marie-Christine, poète.

Un Contre Sépulcre (Chambelland, 1968). *Montagnes à occuper : suite poétique en 40 textes* (Saint-Germain-des Prés, 1978).

BRISSAC, Elvire de –, romancière.

Un Long Mois de septembre (Grasset, 1971). *Les Règles* (Gallimard, 1974). *Ballade américaine* (Stock, 1976). *Grabuge et l'indomptable Amélie* (Gallimard, 1977). *Une Forêt soumise* (Grasset, 1980). *Ma Chère République* (id., 1983). *Le Repos* (id., 1986).

BROCK, Renée, 1912-1980, poète belge.

Née à Liège en 1912, Renée Sarlet manifeste de bonne heure son goût pour toutes les formes artistiques et pour la nature. A vingt ans, elle épouse un industriel dont elle a deux fils ; la maternité devait plus tard constituer un thème majeur de son œuvre poétique. Pendant l'occupation allemande, Renée et Henry Brock prennent une part active à la Résistance, aidant les réfractaires et hébergeant des réfugiés juifs. Après la guerre, elle assure le secrétariat de l'Association pour le progrès intellectuel et artistique de la Wallonie et elle a ainsi de nombreux contacts avec d'importants écrivains et artistes d'Europe. Malgré son intérêt marqué pour la littérature, elle ne commence à publier que vers l'âge de trente-sept ans. Selon elle, l'influence du grand poète belge Marcel Thiry fut décisive pour l'orienter dans cette voie et l'on aimerait voir publier leur correspondance. Après les premiers recueils de poésie vinrent les nouvelles dont une grande partie ont paru à titre posthume, Renée Brock étant brutalement décédée d'un arrêt cardiaque. Son œuvre, quoique peu abondante, s'est attiré les éloges des critiques et lui a valu plusieurs distinctions honorifiques dont le prix de l'Académie de Belgique, le prix Victor Rossel et le prix RTL/Poésie.

Jean Breton, éditeur et poète, distingue trois thèmes essentiels dans la poésie de Renée Brock : la maternité, l'exaltation de vivre et la hantise du temps. Ce sont plus particulièrement les poèmes sur la maternité qui lui ont valu l'acclamation critique, et l'on peut affirmer qu'à eux seuls ces vers consacrent l'originalité d'un auteur qui a su renouveler et approfondir un thème immémorial. Femme d'une exquise sensibilité, pénétrée de beauté, d'amour, à l'écoute de la nature et des êtres, Renée Brock exprime dans ses vers sa véritable âme de femme, dans l'acception la plus haute du terme. Mais il serait abusif de parler ici de littérature « féminine » ou « féministe », notions totalement étrangères à une écriture qui se veut accord, communion avec le monde, et non adhésion à des codes, qu'ils soient périmés ou progressistes.

Sans obéir à la rigidité d'une prosodie « classique », certains poèmes sont marqués d'un rythme alexandrin traditionnel et sont comme des « chants » dont le pouvoir d'évocation demeure très sensible : « Je brûle entre l'épine et les rosacées blanches/Que porte sans me voir l'âpre roncier du monde. » Dans le même texte, « J'espère et désespère et brûle, condamnée/A écraser la torche au cœur de mon désir » fait songer à Louise Labé, à qui d'ailleurs on a parfois comparé Renée Brock. Mais le rythme sait se montrer beaucoup plus libre, jusqu'à l'irrégularité, restant toujours fondateur de la poéticité du texte. La musicalité résulte aussi d'un certain art du contrepoint verbal, jeux subtils d'assonances, mots clés et leitmotive en écho.

Malgré l'originalité des images, voire leur caractère insolite, une qualité importante de cette écriture est la transparence, à la différence de certaines tendances chez les poètes contemporains, trop enclins à privilégier l'aspect ludique du verbe aux dépens de son pouvoir incantatoire et de la profondeur du sentiment. Applaudis par Marcel Thiry, Gaston Bachelard, Henri Michaux, Géo Norge, Blaise Cendrars et tant d'autres « grands », les poèmes de Renée Brock ont trouvé place dans bien des anthologies, ont fait l'objet d'émissions radiophoniques dans divers pays et ils ont été traduits, en tchèque et en italien par exemple.

Si Renée Brock a chanté la Nature, l'union cosmique entre tous les êtres, l'amour, le respect du vivant, elle a su d'autre part dégager la beauté secrète des choses les plus simples, et voulu pressentir les essences cachées de ce qui nous entoure dans la vie quotidienne. Pénétrée du sens tragique de l'existence, l'œuvre de Renée Brock ne débouche jamais sur le désespoir, mais au contraire sur l'amour de ce don précieux qu'est la vie : c'est le « fruit à noyau doux-amer » qu'elle évoque dans l'un de ses recueils. Il en va de même de ses nouvelles dont le fond souvent tragique n'est nullement incompatible avec « l'émerveillement de faire partie de l'univers » ni avec les fines notations spirituelles qui jalonnent les textes.

Dans la nouvelle, « chaque mot doit porter. La chute est rapide... [elle] peut se montrer rare en anecdotes et parfois s'en passer. Elle peut être ambiguë, elliptique, riche en informulé ». Cette définition, due à l'auteur elle-même, fait ressortir les caractéristiques essentielles de sa prose. Chaque mot « porte » en effet, et Renée Brock a souvent parlé de son attirance pour le « verbe » et de sa « jouissance à construire des phrases ». Sa prose est véritablement celle d'un poète ; on y retrouve certains rythmes, des parallélismes, de subtiles images qui vont bien au-delà d'un simple effet esthétique et structurent le récit. Dans une telle écriture « rare en anecdotes » l'action est réduite et consiste davantage en réflexions, paroles, souvenirs destinés à une lecture des profondeurs plutôt qu'à une lecture du fil narratif. Ainsi dans « L'Étranger intime », l'incident des oursins n'est qu'un catalyseur : il déclenche une allusion à la solitude fondamentale de l'être, à la conscience d'une altérité qui est pourtant aussi la forme antinomique du « même ».

Ce sont bien des nouvelles où « la chute est rapide » et net le refus d'analyser comme de conclure, soit que le récit reste en suspens, soit qu'il aboutisse à la dissolution ambiguë de ses composantes. Bien des finales « ouvertes », comme celle d'« Angèle », suscitent des prolongements dans l'esprit du lecteur, l'associent au processus de création. Ambiguïté, ellipse, marques d'une prose qui travaille les structures binaires et les modulations de points de vue. Les récits signifient autant par ce qu'ils taisent que par ce qu'ils expriment, soumis à cette qualité toute classique qu'est la litote.

De même que Renée Brock sait, dans ses poèmes, transfigurer le quotidien, le récit bref peut métamorphoser le moindre détail, déboucher sur un univers secret, parfois mythique : c'est bien la magie de l'art littéraire. Ainsi le sujet banal de « Florence Nue », une soirée dansante, s'efface derrière un monde onirique né des grands symbolismes de l'eau et de la pierre. Langage, comme l'a noté Luc Estang, qui est « rayonnement de "correspondances" subtiles entre la donnée anecdotique et la sensibilité qui l'appréhende ». La nouvelle, chez Renée Brock, est révélation d'un réseau de rythmes, d'images correspondantes qui s'organisent autour de l'événement, l'encerclent comme autant d'ondes qui vont s'élargissant. Malgré la grande diversité des sujets et des tons, les motifs qui réapparaissent avec insistance (l'oiseau, le miroir, l'eau, l'espace clos, etc.) produisent un effet global de convergence et confèrent à l'œuvre entière son unité fondamentale et son harmonie.

Bibliographie : Poésie : *Poème du sang,* Prix Polak de l'Académie royale de langue et de littérature françaises (Laffont, 1949). *Solaires* (Guy Levis-Mano, 1950). *L'Amande amère* (Seghers, 1960). *Poésies complètes* (Saint-Germain-des-Prés, 1982). *Le Temps unique* (Saint-Germain-des-Prés, 1986). Nouvelles : *Caramel et Ottilie* (Liège : Desoer, 1945). *L'Étranger intime,* Prix Victor Rossel 1971 (Saint-Germain-des-Prés, 1970). *Ceux du canal* (Le Cherche Midi, 1980). *L'Étoile révolte,* nouvelles + dossier et bibliographie (id.,1984). *Les Bleus de la nuit* (Le Milieu du Jour, 1990).
Sélection critique : Breton, Jean : « L'Amour/La Blessure », *Poésie I* (1979). Breton, Jean : « Renée Brock ou l'Amour Menacé », *Connaissance de Renée Brock* (Saint-Germain-des-Prés, 1983). Curvers, Alexis : « De Joie et d'Amertume » (id.). Desnoues, Lucienne : « Renée Brock : La Prose d'un Poète », *Revue Générale Belge* 3 (1981). Desnoues, L. : « L'Originel et le Civilisé », *Connaissance de Renée Brock* (v. supra). Guitard-Auviste, Ginette : « La Qualité d'un Regard » (*Le Monde* 30 mai 1980). Linkhorn, Renée : « Poésie Belge : La Voix "Ardente" de Renée Brock », *Bulletin de la Société des Professeurs de Français en Amérique* (1986-87). Mogin, Jean : « La Louise Labé de Liège », *Connaissance de Renée Brock* (v. supra).

Renée Linkhorn

BRODA, Martine.

Jouve (Lausanne : L'Age d'Homme, 1981). « Tout ange est terrible » (Clivages, 1983). *Passage* (Lettres de Casse éd., 1985). *Dans la main de personne* (Éditions du Cerf, 1986).

BROQUEVILLE, Huguette de –, écrivaine belge.

Cf. DLLF « Belgique ».

BROSSARD, Nicole, n. 1943, poète, écrivaine québécoise.

Née et enracinée à Montréal, Nicole Brossard a fait des études supérieures à l'université de la métropole québécoise. Elle a une fille. Elle a été cofondatrice et codirectrice de la revue littéraire *La Barre du Jour* (1965-1975) dont la mission, selon Paula Lewis, était de soutenir la synthèse entre analyse sociopolitique et créativité. Nicole Brossard reste liée à rédaction de *La Nouvelle Barre du Jour* (qui a consacré plusieurs numéros au féminisme), elle publie aussi dans diverses revues québécoises, nord-américaines et européennes. Coauteur d'un film (« Some American Feminists », avec Luce Guibeault) sur les féministes américaines, elle a été membre du collectif féministe *Les Têtes de Pioche,* créé en 1976. Elle a fondé une maison d'édition et son travail a été honoré à divers titres : prix du Gouverneur Général en 1975, prix Athanase-David 1991 pour l'ensemble de son œuvre, etc. Elle se place au tout premier rang des poètes et écrivain(e)s engagé(e)s de sa génération.

Voix de femme guère portée au compromis, elle se situait en ces termes dans le célèbre collectif dramatique québécois, *La Nef des sorcières* (1976) : « Je parle pour me donner une voix d'accès. Je parle dans la perspective d'un pacte politique avec d'autres femmes. Touchez-moi. La vie privée est politique... Je refuse d'écrire pour expier la bêtise collective./ Ce soir j'entre dans l'histoire sans relever ma jupe. » Nicole Brossard a d'abord compris et dénoncé la répression subie par une parole féminine sous surveillance qui « a tôt vite de faire le tour d'elle-même. Parole censurée par excellence. Parole confinée. Condamnée à tourner en rond, à se clore sur elle-même dans la mesure où elle n'entre pas dans l'histoire ; où l'histoire y entre par défaut. » (« *E* Muet Mutant », *Barre du Jour,* hiver 1975).

Évoquer les textes de Nicole Brossard c'est essayer de dire *comment* cette femme s'écrit, d'où elle a entrepris le geste créateur* : « Sexe son sexe son écrit, elle n'écrit pas les jambes croisées », elle n'écrit pas selon l'étiquette des « genres » littéraires ni sexuels et ses « romans » n'en sont guère, pas plus que ses « poèmes » ne sont « poétiques » au sens du Littré. Poète expérimentale, elle évolue justement entre les genres, ce qui la fascine étant le processus de transformation de la vie en écriture**. La création d'un langage poétique implique une manipulation de la langue qui ne va pas sans l'éclatement du corps. Elle écrira donc pour découvrir, pour explorer l'inédit, tentant de résoudre un mystère quasi mathématique : il en va du féminin. Elle court donc le risque de devenir une sorte de « femme fatale » de l'écriture : « Chaque fois qu'une femme écrit, elle contribue au corps féminin, elle lui donne existence. » Le mérite (la gloire, dirons-nous) de Nicole Brossard, ce n'est pas tant qu'une femme écrive mais qu'un sujet-femme assume et assure cette pratique d'avant-garde, qu'elle en indique la voie.

Ce que démontre la fiction de Nicole Brossard, c'est la complexité du corps parlant : la place du sujet, l'inconscient, la langue et la sexualité par rapport à la contrainte sociale*. S'il peut se constituer en un langage, le texte poétique recèle un merveilleux pouvoir : « Introduire sa langue dans la bouche de l'autre » (*French Kiss*), la fiction s'insinuant partout à travers la syntaxe commune : « Du dedans, du dehors, je me penche pour comprendre et c'est comme toujours par une folie retrouvée et insaisissable avec des mots. Les mots d'une grammaire en érection. Qui coupe les ponts. Et qui me laisse seule à tramer comme un « e » muet mes phrases où le masculin l'emporte toujours sur le féminin » (*Nef des Sorcières*). La stratégie pourra être l'affirmation du double, de la bisexualité que tout sujet parlant porte en soi. C'est un continent dérangeant dont elle joue, en appuyant plus fortement du côté jusqu'ici refoulé, celui de la féminité*. Il ne s'agit pas de nier le lien entre le sens et la position de maîtrise qu'il postule mais d'opérer des ruptures (code, syntaxe, sonorité, sujet « plein » non problématisé). La féminité active sera opérante en tant que confrontation, moment de lutte, elle se fera « mécanique jongleuse », selon le titre d'un recueil de 1974*.

La langue est éprouvée par Nicole Brossard comme un obstacle mais aussi bien comme le lieu de tous les possibles, en particulier comme espace de liberté où le sujet-femme va pouvoir s'inventer : toute femme est une écrivaine et une lesbienne qui s'ignore et c'est dans l'expérience scripturale que la dignité et l'être même peuvent s'instituer. Nicole Brossard se conçoit volontiers comme triangulaire : écrivaine, lesbienne, féministe**. Il est instructif de noter par quelles prouesses certains critiques et certains ouvrages évitent toujours, même dans les années quatre-vingt-dix, de reconnaître ce que l'écrivaine a résolument placé au cœur de son discours : son lesbianisme. Parmi quelques très grandes contemporaines d'avant-garde de langue française, elle jouit aujourd'hui d'un statut remarquable : ayant assumé l'étiquette de « féministe » comme celle de « lesbienne », elle n'a pas dû s'exiler, elle n'a que partiellement été marginalisée : ni extradée de son sol, ni ignorée. Le « cas » Brossard est très significatif en ce qu'il réalise, grâce à un environnement culturel très spécifique, le lien entre recherche expérimentale dans l'écriture et pratique de vie explicitement non-conforme et anti-patriarcale. Son horizon imaginaire inclut les aspects les moins classiquement littéraires/lettrés : réalités et fantasmes culturels nord-américains contemporains, engagement féministe explicite, images et paysages des États-Unis (bitume, désert, motel) quand il ne s'agit pas du contexte primordial de La Ville (de Montréal), homosexualité quasi normalisée et métaphores mytho-scientifiques (hologramme, spirale). C'est en particulier dans *Picture Theory* qu'elle met en jeu la métaphore de l'hologramme (femme virtuelle/fictive/réelle) qui aurait un impact symbolique. Ce roman se présente en cinq parties : entre Paris, Curaçao, New York et Montréal ; puis entre deux femmes, scène amoureuse abstraite, diffusée ensuite en images de nature ; le troisième volet pose cinq femmes autour d'une table, dans ce mythique lieu de retraite intellectuelle qu'est « Martha's Vineyard », USA ; la quatrième partie se compose de très brefs textes pour amener l'hologramme final qui a partie liée avec la féconde « spirale » des imaginaires gynocentriques modernes, de Paris (groupe de femmes peintres) à New York (Mary Daly), en passant donc bien par Montréal (Suzanne Lamy et *amicae*).

L'œuvre est abondante et bien loin de son terme. On notera tout particulièrement *L'Amèr ou le Chapitre effrité* (1977), texte écrit dans la souffrance de la transgression** (risque de damnation perpétuelle), où s'affirme le chemin d'une femme qui choisit de s'identifier avec le féminin intégral : entre sa mère et sa fille (femmes « tresserrées » et qui dansent), aux dépens d'un père désigné comme corps « étranger », en quête d'ensanglantement de la femme, comme « chien bigame » et « pouvoir du muscle », lequel impose une différence qui doit le servir. C'est dans ce texte que Nicole Brossard distingue entre les deux faces fondamentales du féminin : l'une, la fille-mère (hors circuit pour le patriarcat) et l'autre, fille (ou femme) patriarcale : celle, précisera-t-elle dans les textes de *La Lettre aérienne,* qui « épouse le sens que l'Homme donne à la vie ». Dans *L'Amèr,* l'écrivaine se situe dans la lignée (ou aux côtés) des pionnières (ou championnes) de l'écriture au féminin : Virginia Woolf, Anaïs Nin, Luce Irigaray, Adrienne Rich, Monique Wittig, Djuna Barnes, etc. C'est un texte qui (nous) offre par endroits le plaisir d'une évocation autobiographique, tel ce séjour à New York avec l'amie et leurs enviables échanges, inextricablement intimes et intellectuels. *Amantes* (1980) qui flirte aussi parfois avec la forme d'un journal amoureux, accomplira de façon plus formelle, quasi autistique, ces mêmes éloges : celui de la compagne dans la vie réelle, celui des aînées et des compagnes littéraires nommées ci-dessus.

Il faut compter *La Lettre aérienne* (dédié à sa fille) parmi les textes les plus importants de Nicole Brossard. Ce livre réunit diverses conférences et présentations des années 1980-1985, constituant ainsi un « art poétique » plus accessible au plus grand nombre que les pratiques scripturales (poésies, proses et « romans ») elles-mêmes. Elle s'explique ici clairement sur l'incontournable question : pourquoi écrire ? « Je désire que ça change. J'écris donc... La bête est au pouvoir. J'écris pour ne pas être une bête de somme(il)... Je suis d'un savoir d'homme et d'une condition féminine : hybride. » Là encore les références littéraires positives vont à ses compatriotes France Théorêt et Jovette Marchessault, Louky Bersianik, ou aux Françaises Luce Irigaray et Monique Wittig. Elle se place aussi au côté de Simone de Beauvoir, en refusant de théoriser gratuitement la différence sexuelle, en prenant parti pour une conscience politique qui passe par la réalité sociale. Pour Nicole Brossard, la modernité implique qu'il est impossible de camoufler la question de la différence sexuelle : on aura l'imagination de son siècle, et surtout de son corps, et elle insiste sur la primauté de la peau (comme du cortex/ corps-texte), organes d'appréhension globale, diffuse et fondamentale du réel. Une culture au féminin, qu'elle postule et fantasme, dépendra « essentiellement de nos incursions dans le territoire tenu jusqu'à ce jour comme celui du non-sens ».

Parmi les textes récents, le moins contesté sans nul doute est *Désert mauve* (1987) qui ferait pendant au moins que lisible *Picture Theory* selon

Louise Milot. Il s'agit ici d'un roman où Nicole Brossard fait une fois encore preuve, mais à un niveau plus accessible, de sa « très grande intelligence des faits de langage ». Le livre met en scène la fabrication de la fiction : un premier récit (« Le Désert mauve ») est découvert, analysé, décomposé, et « traduit » c'est-à-dire reécrit en « Mauve, horizon », par une jeune protagoniste dont certaines caractéristiques reflètent la passion de vivre de l'auteure du récit, mais aussi de sa mère lesbienne. Sa passion naissante avorte violemment du fait qu'un « homme long » (alias « hom'oblong » [= « homo blond » que Louise Milot lit « homosexuel blond » sans envisager l'« homo aryen »], homme qui semble avoir partie liée avec la science nucléaire, tue l'amante à peine entrevue. Entre les deux récits sont exposées les réflexions de la narratrice, dans une prose qui sans vraiment avoir du mal à rester simple et limpide « ne semble tout simplement pas vouloir rester telle, ayant tendance à privilégier le jeu avec les mots, mais aussi avec l'ellipse, l'implicite, l'abstraction » (Milot, 22). Ces réserves n'empêchent pas la critique de louer *Le Désert mauve* comme un « livre important, dans le contexte d'un des cheminements les plus sérieux de la littérature québécoise contemporaine ».

N.B. * indique un emprunt à un article inédit sur N.B. : « Gynécophonie-s » (1975) d'André Beaudet. ** renvoie à un entretien inédit de N.B. et C.M. à Doubrovnik (mai 1988).

Bibliographie : « Aube à la saison », *Trois* avec Michèle Beaulieu et Micheline de Jordy (Montréal : AGEUM, 1965). *Mordre en sa chair,* poèmes (Montréal, Estérel, 1966). *L'Écho bouge beau,* poèmes (id., 1968). *Un Livre,* rm (Montréal : Éd. du Jour, 1970). *Le Centre blanc,* poésie (Montréal : Orphée, 1970). *Suite logique,* poèmes (Montréal : Éd. de l'Hexagone, 1970). *Sold-Out ; Étreinte/Illustration,* rm (Montréal : Éd. du Jour, 1973). *Mécanique jongleuse,* poèmes (Colombes : Jassaud, 1973). *French Kiss : Étreinte/ Exploration,* rm (Éd. du Jour, 1974). *La Partie pour le tout* (L'Aurore, 1975). *L'Amèr ou le Chapitre effrité* (Montréal : Quinze, 1977). *Le Sens apparent,* rm (Flammarion, 1980). *Picture Theory,* fiction, suivi de *Hologramme* (Montréal : Nouvelle Optique, 1982). *Journal intime* ou *Voilà donc un manuscrit* (Montréal : Herbes Rouges, 1984). *Double impression,* poèmes et textes (Montréal : Éd. de l'Hexagone, 1984). *Le Centre blanc : poèmes 1965-1975* [rééd.] (id., 1978). *Collection Délire* (Montréal : Parti Pris, 1977). *Journal intime* (Montréal : Herbes Rouges, 1984). *La Lettre aérienne* (Montréal : Éd. du Remue-Ménage, 1985). « Domaine d'écriture », *Nouvelle Barre du Jour* 154 (1985). *L'Aviva,* poésie (Montréal : Nouvelle Barre du Jour, 1985). *Désert mauve,* rm (Montréal : Éd. de l'Hexagone, 1987). *Installations (avec et sans pronoms),* Gd Px de la Fondation des Forges (Trois-Rivières : Écrits des Forges, 1989). *A tout regard* (Montréal : Bibliothèque Québécoise, 1989). *Typhon dru* (Colombes : Collectif Génération, 1990). *Anthologie de la poésie des femmes au Québec* (Montréal : Remue-Ménage, 1991). *Langues obscures,* avec Lisette Girouard (Montréal : L'Hexagone, 1992). *La Nuit verte du parc labyrinthe* (Laval : Éd. Trois, 1992).

Sélection critique : Beausoleil, Claude et André Roy : «Entretien avec N.B.», *Hobo Québec* 14-15, 1974. Chassay, J.-F. : «Érosion» [sur *Le Désert mauve*], *Spirale* (fév. 1988). Collectif [Colloque Cixous/Djebar, Queen's Univ., ONT, 1991] dir. Calle-Gruber, Mireille : *Mises en scène d'écrivains : Nicole Brossard, Assia Djebar, Madeleine Gagnon, France Théorêt* (PUG/ Canada : Le Griffon d'Argile, 1993). Drapeau, Renée-Berthe : *Féminins singuliers : Pratiques d'écriture : Brossard, Théorêt* (Montréal : Triptyque, 1986). Dupré, Louise : *Stratégies du vertige ; Trois poètes : Nicole Brossard, Madeleine Gagnon et France Théorêt* (Montréal : Éd. du Remue-Ménage [Itinéraires féministes], 1989). Forsyth, Louise : «The Novels of N.B.», *Room of One's Own* 4 : 2 (1979). Forsyth, Louise : «Beyond the Myths... The Political in the Works of N.B.», *Traditionalism, Nationalism and Feminism : Women Writers of Quebec,* dir. Paula G. Lewis (Westport, CT : Greenwood, 1985). Gould, Karen : *Writing in the Feminine : Feminism and Experimental Writing in Quebec* (Carbondale : Southern Illinois, 1990). Milot, Louise : «Telle qu'en elle-même N.B.» [sur *Le Désert mauve*], *Lettres Québécoises* 49 (Printemps 1988). *La Nouvelle Barre du Jour,* sept. 1977, nov. 1982, etc.

CM

BROUILLET, Chrystine, n. 1958, écrivaine québécoise.

Coups de foudre (Montréal : Éd. Quinze, 1983). *Chère voisine* (France Loisirs, 1983). *Le Poison dans l'eau* (id., 1987). *Préférez-vous les icebergs ?* (id., 1988). *Les Collégiens mènent l'enquête* (Bordas, 1988). *Danger bonbons !* (Syros, 1989). *La Montagne noire* (Bouki Club, 1990). *Marie La Flamme,* rm (Denoël, 1990).

BRULLER, Jacqueline, romancière.

Le Gardien de la mémoire (Julliard, 1973). *Les Héritiers des lumières* (Stock, 1977). *Rocaïdour* (Julliard, 1977). *La Fleur et l'oiseau : et autres contes* (Éditions G.P., 1978). *Dis-moi qui c'était* (id., 1979). *Les Blanches Années* (Stock, 1980). *Le Soleil des loups* (id., 1981). *L'Exil est ma patrie, entretiens* (Le Centurion, 1982). *Le Hussard blond* (Laffont, 1985). *Ciel rebelle* (Maren Sell, 1987).

BURINE, Claude de –, poète.

Lettres à l'Enfance (Rougerie, 1957). *La Gardienne* (Le Soleil dans la tête, 1960). *L'Allumeur de réverbères* (Rougerie, 1963). *Hanches* (Saint-

Germain-des-Prés, 1969). *Le Passeur* (id., 1976). *Le Cahier vert* (id., 1980). *La Servante* (id., 1980). *Marcel Arland* (Subervie, 1980). *Le Voyageur* (Le Milieu du jour, 1990). *Le Visiteur* (Charlieu : La Bartavelle, 1991).

BURKO-FALCMAN, Berthe.

La Dernière vie de Madame K. (Hachette, 1982). *Chronique de la source rouge* (Calmann-Lévy, 1984).

BURNAT-PROVINS, Marguerite, 1872-1952, romancière, peintre franco-suisse.

Marguerite Provins naît à Arras en 1872 dans une famille de huit enfants. Fille d'avocat, elle a par sa mère des ascendances belges et hollandaises. Très tôt, elle se révèle une enfant curieuse, passionnée, douée pour l'écriture et la peinture. A dix-neuf ans, elle obtient d'aller à Paris travailler avec les artistes Jean-Paul Laurens et Benjamin Constant. C'est là qu'elle rencontre Adolphe Burnat, jeune architecte vaudois ; elle l'épouse en février 1896 et le ménage s'installe à La Tour-de-Peilz, au bord du Léman. En 1899, date capitale, Marguerite découvre le Valais, plus particulièrement la région de Savièse. Le saccage des sites qui s'amorce la pousse à fonder, en 1905, la Ligue pour la Beauté, futur Heimatschütz, association qui n'a cessé de croître.

A Savièse, Marguerite se lie avec le peintre Ernest Biéler et rencontre Paul de Kalbermatten, fidèle compagnon du reste de sa vie, qu'elle épouse en secondes noces en 1910. Elle accompagnera cet ingénieur dans de nombreux voyages et finit par se fixer en France, près de Grasse, où elle meurt, le 20 novembre 1952. La Suisse reconnaît, par un vibrant hommage dû à la plume de Henri Naef et paru dans l'organe du Heimatschütz en 1953, sa dette vis-à-vis de celle qui aima tant la terre valaisanne.

Nature, amour, mort. Ces trois mots essentiels résument l'œuvre de Marguerite Burnat-Provins. La découverte du Valais transforme en écrivain celle qui n'était encore que peintre et décoratrice. La nature âpre et brûlante de ce coin de pays la séduit. Elle donne son premier livre en 1903, *Petits Tableaux Valaisans,* illustré par elle en une multiplicité de tons chaleureux, œuvre qui prélude à toute une série d'autres livres chantant le Valais, ses coutumes, ses paysans rudes, sa flore et sa faune, sa vie simple, sa solitude aussi, gage de sérénité et de richesse féconde pour l'artiste. C'est en peintre attentif et curieux qu'elle approche les choses et les êtres, qu'elle les fixe sur le papier, où ils vivent alors de cette existence mystérieuse qui nous signale le véritable écrivain. D'abord accompagnés de ses propres dessins, ils finissent par se détacher d'eux et accéder à l'autonomie littéraire. Mais ils gardent de ces compagnons une forme qui est celle du motif : petits poèmes en prose (à de très rares exceptions près), minuscules paroxysmes inscrits dans l'espace et dans le temps. C'est un art « entrecoupé », avec des reprises de souffle fréquentes, un besoin de ponctuation, une recherche de repères spatiaux et temporels. Quête d'une sécurité, d'un sol plus stable d'où le jet créateur peut s'élever à nouveau.

Quand Marguerite rencontre l'amour, elle écrit *Le Livre pour Toi* (1907), qui chante la beauté de l'homme et le don total de soi. Grâce à cette œuvre, Marguerite sera saluée à Paris, dans les milieux littéraires, comme un écrivain exceptionnel : celle qui a osé dire tout haut ce qui ne se vit que tout bas. C'est aussi avec ce livre que l'artiste, précipitée sous l'éclatant soleil de la passion, passe de l'observation des choses de la nature à l'exaltation de l'amour humain. Mais la nature ne perd pas ses droits ; elle se met au service du chant, à la fois témoin et caution de l'émerveillement éprouvé. Les fleurs seront « comme » l'amant, celui-ci sera « comme » elles. La comparaison et, forme suprême et accomplie, la métaphore, transfigurent l'être aimé en une créature mythique, homme, dieu et bouquet.

Les années douloureuses de la Première Guerre mondiale mettent brusquement Marguerite en présence de la mort. Le Nord ravagé lui fait craindre pour la vie des siens ; elle perd dans la tourmente nombre de manuscrits et de tableaux, d'esquisses et de souvenirs dont le prix est inestimable. Elle commence à subir ces hallucinations si particulières qui font lever en elle une multitude de noms étranges sur lesquels des visages obsédants viennent se greffer. Elle écrit et elle peint, comme possédée par ce monde impérieux qui exige d'elle sa transcription immédiate. L'œuvre de Marguerite Burnat-Provins se fait alors plus grave. La mort, déjà présente dans la plante épanouie et les caresses de l'amant, car l'une et les autres sont irrémédiablement soumises au temps, la mort s'impose doucement, omnipotente et sereine. Par le rêve, l'hallucination, qui sont des départs vers un ailleurs, nous glissons peu à peu dans le lit du temps.

Cette œuvre, autobiographique s'il en fut, mène à travers ces trois thèmes une quête plus essentielle encore, celle de notre propre identité. « Qui suis-je ? », demande Marguerite Burnat-Provins tout au long de ses livres. « Qui suis-je, qui êtes-vous, vous qui me lisez, m'aimez, m'oubliez ? » Quête acharnée, quête sans fin, à laquelle elle a tenté, dans *Le Livre pour Toi,* de répondre par la glorification de l'amour, le chant de la présence. Grâce à l'« hymne enivré », le mystère de la vie et de la mort sera dépassé et le chant unira les âmes « pour l'éternité ». Foi ardente dans le pouvoir du dire qui abolit l'effrayant désert de l'oubli.

Si *Le Livre pour Toi* est le chant de la présence, *Vous* (1919) est celui de l'absence. La dédicace du livre est significative : « Pour l'être sans visage ». A l'élan solaire qui jette la femme vers l'être aimé succède un repliement frileux sur elle-même ; mais c'est aussi l'acceptation courageuse du corps à corps avec la vie. Le monde froid et désolé instauré par la disparition de l'autre ne saurait être habitable sans l'extraordinaire force vitale affirmée par l'écrivain : « Maintenant elle [la vie] est moi ». Le chant irrépressible monte, s'exalte à ce duel avec la Vie, pour culminer superbement dans l'évocation des sphinx qui, « pour jamais », garderont l'âme de celle qui a su dire le beau combat de l'homme avec son destin.

Bibliographie : *Petits Tableaux Valaisans, décorations en couleurs de l'auteur* [bois gravés] (Säuberlin et Pfeiffer, Vevey, 1903). *Heures d'Automne,* décoration en camaïeu de l'auteur (id., 1904). *Chansons rustiques,* ill. en noir de l'auteur (id., 1905). « Les Cancers », in *Gazette de Lausanne,* 17 mars 1905. *Le Chant du verdier,* ill. en noir de l'auteur (Säuberlin et Pfeiffer, Vevey, 1906). *Sous les noyers,* ill. en noir de l'auteur (id., 1907). *Le Livre pour Toi* (Sansot, 1907). *Le Cœur sauvage,* rm (id., 1909). *Le Cantique d'été* (id., 1910). *La Fenêtre ouverte sur la vallée* (Ollendorf, 1911). *La Servante,* ill. en noir de l'auteur (id., 1914). *Poèmes de la boule de verre* (Sansot, 1917). *Nouveaux Poèmes de la boule de verre* (id., 1918). *Vous* (id., 1919). *Poèmes troubles* (id., 1920). *Le Livre du pays d'Armor* (Ollendorf, 1920). *Heures d'hiver* (Émile Paul, 1920). *Poèmes de la soif* (Ehiberre, 1921). *Poèmes du scorpion* (id., 1921). *Contes en vingt lignes,* ill. de Gisèle Vallerey (Tablettes de Saint-Raphaël, 1922). *Le Voile,* rm (Albin Michel, 1928). *Près du rouge-gorge* (Éd. de la Hune, 1937). *La Cordalca* (Lyon : Éd. Provincia, 1943). *Le Livre pour Toi* [éd. de luxe] (Les Cent Femmes Amies des Livres, 1947). Il subsiste 27 titres inédits.

Sélection critique : Bataille, H. : Préface au *Livre pour Toi* (Sansot, 1909). Laederach, M. : Postface au *Livre pour Toi* (Bibliothèque Romande, Lausanne, 1971). Malo, H. : *Les Célébrités d'aujourd'hui, Marguerite Burnat-Provins* (Sansot, 1920). Morsier, G. de : *Art et Hallucination, Marguerite Burnat-Provins, avec des reproductions de quelques portraits de Ma Ville* (Neuchâtel : La Bâconnière, 1969).

Catherine Dubuis
(à la mémoire de Cécile-René Delhorbe)

BURNOD, Élisabeth, c. 1910-c. 1980, romancière suisse.

Le Miracle des violettes (Genève : Jeheber, 1946). *Florentine* (id., 1949). *Agnès et le cercle intime* (id., 1955). *Les Arrangeurs* (Lausanne : Spes, 1963). *La Femme disponible* (id., 1966). *Le Vent d'août* (Bienne : P. Thierrin, 1970). *Le Dimanche padouan* (Bienne : Éd. Panorama, 1976).

C

CAGNATI, Inès, romancière.

Le Jour de congé, Prix Roger Nimier (Denoël, 1973). *Génie la Folle* (id., 1976). *Mose ou le lézard qui pleurait* (id., 1979). *Galla ou le Jour de congé : pièce en 5 actes* (id., 1980). *Les Pipistrelles* (Julliard, 1989).

CAMPAN, Jeanne, 1752-1822, mémorialiste.

Mémoires sur la vie privée de Marie-Antoinette (Baudouin Frères, 1822), 3 vol. *Lettres d'une Turque à Paris* (Saint-Foix, 1730). *Cour de Marie-Antoinette, Versailles à la veille de la Révolution, Mémoires de Mme Campan* (UGE, 1971). *Madame Campan :* [choix de mémoires et écrits avec biographie] (Ollendorf, 1891). *Mémoires de Madame Campan, première femme de chambre de Marie-Antoinette* (Mercure de France, 1988). *Mémoires* (Ramsay, 1979).

CANDEILLE, Amélie-Julie, 1767-1834, dramaturge, romancière.

Catherine ou la belle fermière (Maradan, 1793). *Commissionnaire* (id., 1794). *La Bayadère* (1795). *Ida ou l'orpheline de Berlin* (1807). *La Réconciliation* (1808). *Lydie ou les mariages manqués* (Barba, 1809). *Bathilde, reine de France* (Le Normand, 1814). *Agnès de France* (Maradan, 1821). *Geneviève ou le hameau* (Bertrand, 1822). *Essai sur les félicités humaines* (Pillet, 1828).

CAPECIA, Mayotte [pseud.], 1916-1955, romancière martiniquaise.

Née au Carbet avec une jumelle identique, « Mayotte » y est élevée. Leur mère, restée célibataire parce que pauvre, est de santé fragile et ne peut assumer longtemps l'éducation des fillettes. L'une est confiée à une institutrice (qui lui fermera la porte de ses classes) tandis que « Mayotte » fait divers apprentissages plus naturels qu'intellectuels. Passionnée, et d'une beauté remarquable comme sa jumelle, « Mayotte » donnera elle-même trois fois naissance. Elle décide de s'exiler à Paris après la guerre et la mort de son père (mai 1946), lequel a donné in extremis son nom aux jumelles. Très vite, « Mayotte » convaincra sa sœur de la rejoindre puis elle retourne au pays, son premier roman en main, pour prendre ses enfants, l'été 1948. Ce fut son unique retour. Deux nouvelles années de luttes matérielles s'ensuivent, et le deuxième roman voit à peine le jour qu'on lui découvre un cancer. Après une opération, divers traitements et le recours thérapeutique à la peinture (elle est alitée, sous morphine, sa dernière année de vie) elle s'éteint chez elle, confiant ses enfants à sa fidèle jumelle.

Elle pourrait sortir d'un roman de Maryse Condé. Destinée peu commune que celle d'une femme dont la trace dans l'histoire est restée pendant quarante ans limitée au jugement de Frantz Fanon, pour ce « complexe de lactification » qu'elle incarne selon lui (*Peau noire, Masques blancs,* 1952). La publicité entourant les deux romans n'a pas failli à sa fonction : induire les lecteurs à trouver la femme « toute vive entre les pages de ses livres » comme s'en plaignait déjà la rusée Colette. C'est ignorer que « Mayotte » n'est qu'une femme sans droits politiques, légitimée par son père à l'âge de trente ans, quand les Françaises viennent tout juste d'acquérir le droit de vote. Au lieu de se taire, de s'abîmer comme sa mère, de devenir folle, de se faire « doudou » au port de Fort-de-France, Mayotte (est-elle sustentée par cet amour privilégié entre tous qu'est celui d'une jumelle identique ?), Mayotte finalement s'en va, comme la Claudine de Colette. A trente ans, nantie de trois enfants, elle sait ce qu'elle ne veut plus supporter : « Moi, dont les ancêtres avaient été des esclaves, j'avais décidé d'être indépendante ; et aujourd'hui encore... je pense qu'il n'y a rien de mieux au monde que l'indépendance. » (*Je suis Martiniquaise*).

Le syndrome de son héroïne, vive, meneuse de jeu, insoumise, peu disposée à l'étude et, dit la narratrice, libre de préjugés au départ, c'est après tout qu'elle a « horreur des gens compliqués ». La joyeuse équipe enfantine des Mauvaises Herbes qu'elle mène inclut tout l'éventail des nuances de peau. Son premier amour enfantin tout comme son premier amant seront noirs. Mais « Mayotte », son auteure aussi sans doute, est douée d'une énergie de vivre qui s'accommode mal de l'esprit de médisance et de conformisme. C'est de ce même esprit que la Télumée de Simone Schwarz-Bart se plaindra. Le père *[sic]* de « Mayotte » ayant (dans la réalité) fait quelque peu défaut à sa mère, la fille se donne en grandissant, comme premier grand amour, le plus innocent et le plus parfait. C'est un père spirituel, Monsieur le Curé en personne, séduisant à

106

son insu mais qui fixe l'imaginaire de la fillette. Les confidences de sa mère lui révélant qu'une arrière-grand-mère canadienne a aimé un grand-père noir, elle décide toutefois, pensant toujours à Monsieur le Curé, qu'elle ne pourra « aimer qu'un blond avec des yeux bleus, un Français ».

Je suis Martiniquaise, malgré son point de vue narratif rétrospectif et ironique, passera donc pour emblématique du roman « exotisant », comme trahison exemplaire, mais il faudrait méditer la fonction du bouc émissaire pour Capécia, et penser à *La Lettre écarlate,* ce triste roman du puritanisme américain. Il est clair que Capécia justifiait son titre et en profitait pour faire connaître aux Français de France son pays, de la nourriture aux contes de nuit, de la quimboiserie aux modes féminines. Trahie par le père de son enfant, par le système de caste selon la couleur (et plus encore, selon le pouvoir de l'argent), comment s'étonner que « Mayotte » veuille en sortir, qu'elle prenne un bateau et qu'elle tente la chance de se perdre, se trouver peut-être, dans l'anonymat de la « mère-patrie » ?

La Négresse blanche a pour héroïne la mulâtresse Isaure, dont on pourra faire un parallèle psychologique avec la « Solitude » des Schwarz-Bart : « Les noirs la rejetaient du côté des blancs au moment même où elle commençait à être dégoûtée de ces derniers. Serait-elle toujours seule, ni noire ni blanche, haïe par les uns, méprisée par les autres ? » Isaure, sage et respectable tenancière de bar pour les officiers et marins français du port pendant la guerre, est un avatar de « Mayotte ». Elle fusionne certains éléments de la biographie de la jumelle (qui a bien tenu un bar-club mais qui n'a jamais eu d'enfant) et de « Mayotte » qui n'a jamais épousé un Blanc, même pauvre, et encore moins révolutionnaire. Là aussi l'intrigue évoque les tragédies amoureuses d'autres héroïnes antillaises qui perdent leurs hommes dans des événements violents (grèves du sucre, agitation ouvrière).

Pascal, blanc, pauvre, point beau, est aimable du fait qu'il insiste pour épouser celle qu'il aime. « Elle avait toujours aspiré à la légitimité et au définitif, elle qui avait été une fille illégitime puis une fille-mère, elle qui n'était ni blanche ni noire. » Pascal est admirable par ailleurs : antiraciste, engagé, bien placé, semble-t-il, pour servir d'interprète entre les communautés adverses lors des émeutes qui marquent la fin du régime de l'amiral Robert (dit « Poyo », émissaire de Vichy) : « Pascal ne pouvait cacher son enthousiasme, alors que ses sœurs vivaient dans la terreur. Isaure souhaitait la révolution de tout son cœur ; elle se sentait prête à faire cause commune avec les noirs ; il lui semblait que son bonheur, sa vie en dépendaient ». Pressentant son deuil, Isaure « aurait voulu porter une robe noire toute simple comme celle de la vieille négresse qu'elle venait de croiser. Un foulard à carreaux noirs et blancs noué sur la tête, un foulard identique serrant la taille ». C'est un très bref bonheur que connaît Isaure puisque Pascal est tué dans une émeute et qu'elle décide de quitter la Martinique, non sans l'ultime et perverse satisfaction d'avoir humilié sa belle-mère, raciste blanche : « Mais trouverait-elle un pays où échapper enfin à la malédiction de n'être ni noire ni blanche ? » Le débat n'est pas clos, qui porte aujourd'hui à revendiquer un Saint-John Perse comme « créole ».

Bibliographie : *Je suis Martiniquaise* (Corréa, 1948). *La Négresse blanche* (id., 1950). Une nouvelle inédite.

Sélection critique : Johnson, Illona et C. Makward : « La Longue Marche de Mayotte Capécia à Françoise Ega » (à paraître). Makward, Christiane : *Mayotte Capécia* (à paraître). Stith-Clark, Beatrice : « The Works of Mayotte Capécia (With Apologies to Frantz Fanon », *CLA Journal* 17 : 4 (1973). Zimra, Clarisse : « Negritude in the Feminine Mode : The Case of Martinique and Guadeloupe », *Journal of Ethnic Studies* 12 : 1 (1984).

CM

CARADEC, Odile, n. 1925, poète.

Nef lune (Creuset : Traces-Magazine, 1969). *Potirons sur le toit...* (Creuset, 1972). *L'Épitaphe évolutive d'un chaume* (Fagne, 1972). *Avélo, Immortels !* (St-Germain-des-Prés, 1974). *Le Collant intégral* (id., 1975). *Les Barbes transparentes : petits métiers, petits objets* (Chaillé-sous-les-Ormeaux : Dubost, 1981). *Reprises des vides* (Saint-Laurent-du-Pont : le Verbe et l'Empreinte, 1981). *La Nuit, velours côtelé* (Ile-d'Yeu : Éditions du Nadir, 1988).

CARAIRE, Andrée, n. 1925, poète.

Telle la feuille et l'arbre (Goutal-Darly, 1972). *A l'endroit de l'envers* (Sovet, 1974). *Dans le matin noir des coquelicots* (Saint-Germain-des-Prés, 1974). *Nos bourreaux s'endorment à la nuit* (id., 1974). *Max Papart* (Béziers : Éditions Vision sur les Arts, 1975). *Les Boucheries célestes* (Saint-Germain-des-Prés, 1976).

CARBET, Marie-Magdeleine, 1902-1995, poète, écrivaine martiniquaise.

Originaire d'un petit village de Martinique, Marie-Magdeleine Carbet écrit des poèmes à partir de l'âge de quinze ans. Après des études supérieures à Paris, elle est nommée chargée d'enseignement, professeur, puis chargée de mission culturelle pour les territoires d'outre-mer. Relevée de ses fonctions par le gouvernement de Vichy, elle ne reprendra l'enseignement qu'en 1955. Conférencière appréciée, M.-M. Carbet mène de front une carrière littéraire féconde et un engagement anti-raciste. Parmi les distinctions obtenues, on remarque en 1970 le prix de la critique de l'ADELF et le prix des Caraïbes pour le recueil *Roses de ta Grâce.*

Marie-Magdeleine Carbet commence tôt sa carrière en collaboration avec une compatriote homonyme, Claude Carbet, mais l'après-guerre met fin à cette association. Riche de termes créoles, d'une profusion d'images marines et végétales, une langue gracile atteste d'abord l'influence symboliste, alors tant à la mode parmi les auteurs antillais. Elle fait ainsi l'apprentissage d'une solide technique et polit une prose fluide que l'on a comparée à celle de Colette.

Ce n'est pas la thématique de ses compatriotes qu'elle renouvelle, mais elle apporte un éclairage sensiblement différent. Malgré quelques vifs éclats dans les poèmes des années soixante, la question raciale est traitée de manière indirecte, en partie à cause de ses origines, car elle est issue d'un contexte moins dur que celui des Guadeloupéennes Michèle Lacrosil et Jacqueline Manicom. Par ailleurs, elle arrive au roman, ce mode plus direct de l'analyse contestataire, après une longue carrière de poète qui a permis à la question raciale de se décanter.

Poète mais aussi musicienne, peintre et sculptrice, Carbet préfère l'émotion spontanée d'une forme traditionnelle marquée d'un lyrisme contenu aux prouesses linguistiques expérimentales. L'île natale, partout présente, module métaphoriquement le paysage intérieur. Chant très personnel qui célèbre la vie organique et l'étincelle divine au cœur de la création, le poème souvent érotique sert une lutte passionnée contre toutes les formes de l'injustice et de la laideur. Dans cette œuvre de haut combat, la joie demeure.

Parcours exemplaire, l'hommage sensuel est devenu, au fil du temps, une méditation mystique sur la condition humaine où l'érotisme a fonction transcendante. Son plus bel ouvrage, et son préféré, est *Au péril de ta joie,* roman lyrique et genre nouveau pour elle (il lui a coûté douze années d'effort). L'intrigue repose sur le malentendu tragique d'une jeune Martiniquaise qui s'imagine que son fiancé français l'a abandonnée pour obéir à sa bourgeoise famille. Elle n'apprendra sa mort que bien des années après, années passées dans une chasteté stérile, symbolique de la perversion d'une âme qui se détruit en détruisant les autres.

Comme de nombeux romans antillais, *Au péril de ta joie* pose la question du racisme par le biais du couple interracial, mais sans prétendre la résoudre. Plutôt que d'assigner le blâme ou se cantonner dans une opposition simpliste entre îles et métropole, Carbet préfère souligner des hiérarchies sociales différentes mais également arbitraires et cruelles. Ce sont surtout les stigmates psychiques de ces situations sociales qui l'intéressent. L'expérience du racisme a poussé Fanny sur la voie du malentendu psychologique, devenu malentendu métaphysique. Pour y mettre fin, Fanny doit réintégrer l'humanité dont elle s'est spirituellement coupée.

Au milieu d'une forêt enneigée, elle se donne à un inconnu en un rite d'initiation à la vie où la couleur de la peau des officiants n'a pas d'importance. L'acte d'amour représente alors le point culminant d'une pensée mystique pour laquelle la transcendance spirituelle commence par la réalité physique.

D'une rive à l'autre, le second roman, semble être, thématiquement et idéologiquement, en régression sur le précédent. L'opposition île-métropole y est simplifiée : à la passion impossible de la femme du grand bourgeois blanc pour le médecin mulâtre de l'île répond l'idylle parisienne de son neveu avec une compatriote de couleur. Marielle prend parti pour les jeunes gens contre le reste de la famille et s'exile avec eux, recréant à des milliers de kilomètres l'île idéale. Cet exil prend encore une valeur métaphorique. C'est dans le déracinement absolu que l'âme martiniquaise, blanche, noire ou autre, peut surmonter le racisme. Par la suite, le beau roman *Au village en temps longtemps* reprend le thème de la passion, passion impossible socialement, mais partagée spirituellement dans un même amour de l'île et de son passé. En recréant pour Gilles le paysage intérieur antillais dans le roman qu'elle compose, c'est à elle-même que Marianne l'initie : l'amour n'est assouvi qu'au cœur du rêve.

En deçà du féminisme, les plus beaux portraits n'en sont pas moins des portraits de femmes qui luttent : Fanny, Marielle se rebellent, l'une en s'affirmant dans le renoncement, l'autre en revendiquant son autonomie spirituelle et affective à l'intérieur du couple. Ce qu'elle exige n'est point le pardon du maître à l'esclave qui a fauté mais un respect mutuel de l'intégrité de chacun : une intégrité que Gilles et Marianne possèdent et pour laquelle, justement, ils se refusent à consommer leur passion. La société telle qu'elle est et la façon dont la prisonnière y maintient sa dignité, voilà ce qui passionne avant tout l'auteur.

Bibliographie : *Féfé et Doudou, Martiniquaises,* nouvelles, avec Claude Carbet (Crès, 1936). *Chansons des Isles* (Orphée, 1937). *Piment rouge,* poèmes (Cahiers d'Art et d'Amitié, 1938). *Dans sa case,* théâtre (Fort-de-France : Cité du Livre, 1938). *Çà et là sur la Caraïbe,* nouvelles (id., 1939). *La Poupée en son* (id., 1955). *Chansonnelle, l'Ile aux oiseaux* (id., 1956). *Braves gens de la Martinique,* nouvelles (id., 1957). *Questions sur l'Histoire de la Martinique,* avec C. Carbet et G. de Chambertrand (id., 1953). *Point d'orgue,* poèmes (La Productrice, 1958). *Écoute Soleil-Dieu,* poèmes (Le Cerf-Volant, 1965). *Rose de ta Grâce,* poèmes (id., 1970). *Au péril de ta joie,* rm (Montréal : Leméac, 1972). *Et Merveille de vivre,* poèmes (Pontarlier : Faivre, 1973). *Suppliques et Chansons* (Cerf-Volant, 1974). *Comptines et Chansons antillaises* (Montréal : Leméac, 1975). *D'une rive à l'autre,* rm (id., 1975). *Au village en temps longtemps,* rm (id., 1977). *Minipoèmes* (id.). *Le Bon Manger antillais* (id., 1978). *La Cuisine des îles ou le Bon Manger antillais* (Verviers : Hachette, 1980). « A chaque cochon son samedi » (*Europe,* n° 612, avril 1980). « Cousinage insolite : créole et joual », in *Littératures insulaires : Caraïbes et Masca-reignes* [Colloque Paris IV et Paris XIII, avril 1981] (L'Harmattan, 1983). *Plats exotiques* (Dessain et Tolra, 1986).

Sélection critique : Corzani, Jack : *La Littérature des Antilles et Guyane françaises,* vol. 5 (Fort-de-France : Désormeaux, 1978). Hurley, Anthony : « A Woman's Voice » (*Callaloo* 15 : 1, hiver 1992).

Clarisse Zimra

CARDINAL, Marie, n. 1929, romancière, essayiste.

Marie Cardinal est née à Alger, dans une famille de propriétaires fonciers. Elle a fait des études supérieures de philosophie et enseigné en Algérie et en France pendant plusieurs années. Vers 1955 elle entre dans l'édition comme lectrice et « nègre » chez Grasset. Présidente du syndicat des écrivains elle participe à de nombreux débats. Son attitude réceptive vis-à-vis du mouvement féministe (elle adhère à Choisir) se double d'une énergie militante qui ne mâche pas ses mots et met volontiers en cause l'économie de l'édition. Elle a des attaches au Québec où elle réside volontiers.

A travers les romans, essais et récits qui constituent son œuvre, Marie Cardinal poursuit une recherche autobiographique, une mise à jour de la femme authentique qui est en elle. Chacun de ses ouvrages repose sur un personnage féminin central dont l'évolution psychologique constitue l'intérêt principal du livre. La crise morale qu'elle traverse, avec succès ou non, est liée à son refus de la condition de femme que la société et son éducation lui ont imposée. Cette aliénation est régulièrement mise en parallèle avec son exil loin de la terre algérienne, terre d'enfance, dont elle ne veut se rappeler que l'innocence et la chaleur, et qui est décrite dans des pages d'une grande beauté. Le style de Marie Cardinal, volontairement simple, direct et par moments d'une franchise extrême, sait se faire lyrique à volonté. Il laisse deviner, sous-jacente et toujours sensible, la forte et chaleureuse présence de l'écrivaine.

Dès son premier roman, *Écoutez la mer* (Prix international du premier roman) sont juxtaposés les thèmes de l'aliénation féminine et de l'exil. Loin de l'Algérie natale, mal adaptée à Paris, traversant une grave crise psychologique et conjugale, Maria rencontre un Allemand, lui aussi exilé. Cet amour l'aide à revivre. De très belles pages sur le bonheur du couple éveillent en écho les souvenirs de l'enfance algérienne heureuse et libre. Lorsque lassé, repris par son pays, l'amant ne lui revient plus, elle s'effondre. Seul le souvenir de l'Algérie de son enfance l'arrêtera à l'instant du suicide. Ce roman est simple encore, son monde réduit à deux personnages. Le schéma en est repris et développé dans *La Souricière,* mais l'accent déplacé est mis sur le déroulement inéluctable de la crise psychologique qui se referme comme un piège sur la jeune femme et la mène au suicide. Ici les personnages secondaires sont plus nombreux et cernés d'un trait plus ferme. Vieilles femmes ou servantes, symboles d'une société révolue, elles sont incapables de comprendre la crise que traverse la protagoniste et celle-ci s'en trouve d'autant plus isolée.

Il faut noter deux figures féminines exceptionnelles dans l'œuvre : d'abord la protagoniste de *La Mule de corbillard,* une très vieille femme qui peut évoquer l'univers de Mauriac. Elle vit dans un monde d'hommes qu'elle domine et subjugue, pour assouvir sa vengeance sur celui qui l'a exilée et chassée de sa terre. Le second de ces personnages, la mère de la narratrice dans *Les Mots pour le dire,* est également d'une grande dureté. Bourgeoise catholique, cette mère a subi la répression qu'elle veut imposer à sa fille, non sans sadisme.

Pour Marie Cardinal, l'écriture est partie de la parole psychanalytique. Elle en est donc la conséquence logique et ne saurait s'éloigner longtemps de l'oral. Dans toute son œuvre se répondent en contrepoint, des récits aux romans, le parlé et l'écrit. C'est ainsi qu'au roman *Les Mots pour le dire* correspond l'essai *Autrement dit.* Dans ce dernier, Marie Cardinal a été interrogée par Annie Leclerc et elle a retranscrit leur long dialogue dans sa spontanéité. L'écriture, le réglé et le vague, l'analyse, le sang, la mère : les thèmes se pressent, nombreux, au hasard de ce long vagabondage verbal. Ils sont repris, « écrits » à l'occasion par Marie Cardinal lorsqu'elle en sent le besoin. Un livre est créé : parole libre et vague, pourtant figée par la transcription, et à laquelle se mêle, nécessaire aussi, la facture littéraire.

Dans *Les Mots pour le dire,* le récit des romans antérieurs, repris à la première personne, se fait confession romanesque. En dépit des intentions de l'auteur qui, dans ce texte, veut mettre l'accent sur les problèmes du langage, le livre a été promu et reçu comme autobiographie analytique. Il est pourtant évident à la lecture qu'il ne s'agit ici nullement de « parole d'analysante » mais bel et bien de texte littéraire au sens classique. Les thèmes sont resserrés autour d'une narratrice traquée qui, à la limite de la folie, décide dès les premières pages d'entreprendre une cure psychanalytique. Avec elle nous allons chercher les origines de son mal, mais aussi « les mots pour le dire » ; mots directs, impudiques mais toujours justes et beaux dans leur franchise. Remontant le temps jusqu'à son enfance, on retrouve cette Algérie, terre d'innocence, symbole de l'enfance heureuse qu'elle veut se rappeler, mais aussi les crises qu'elle veut oublier.

Une Vie pour deux remet en cause la notion de couple comme unité immuable qui cache, en réalité, la subordination de la femme à l'homme. Comme dans *Les Mots pour le dire,* Marie Cardinal dépiste les mythes impliqués dans les termes tels que « couple », « Mariage » ou « désir ». Utilisant une technique narrative que l'on retrouvera dans les deux romans suivants, elle fait reconstruire l'identité de son héroïne par le truchement d'une autre fiction. En effet, après que son mari a découvert le corps d'une femme noyée sur la plage, le couple décide d'écrire la vie de cette femme. Parallèlement à cette histoire, la protagoniste invente en secret sa propre version de la vie de la noyée sur laquelle elle projette librement ses désirs et fantasmes. A travers l'écriture, la narratrice reconquiert son identité enfouie sous les masques de Mère et Épouse. Elle peut désormais établir avec son mari un nouveau mode de relation basé sur le respect mutuel de leurs différences.

Avec *Le Passé empiété,* Marie Cardinal poursuit la même démarche mais sur un mode plus distinctement romanesque. A l'occasion d'un accident dont ses enfants sont victimes à bord d'une motocyclette qu'elle leur avait achetée, l'héroïne, une femme de cinquante ans, brodeuse d'art, « empiète » sur son passé « pour se lancer dans l'avenir ». Encore une fois, il s'agit de débroussailler les souvenirs pour dégager les causes, les motivations et les images mythiques sur lesquelles s'est édifiée l'aventure personnelle. Deux personnages vont aider la narratrice dans cette redécouverte du moi : son père – c'est la première fois que l'écrivaine aborde le rapport au père – et un personnage mythologique, Clytemnestre, avec qui elle s'identifie à divers niveaux. A l'occasion de ce retour aux sources, Marie Cardinal traite les sujets qui lui ont toujours tenu à cœur : le féminisme et la féminité, l'homme vu par la femme, la famille, l'injustice, avec ce langage direct qui la caractérise.

La drogue et notre incompréhension face à elle est à l'origine des *Grands désordres.* Ce sujet lié à une expérience personnelle, comme la psychanalyse pour *Les Mots pour le dire,* n'est toutefois qu'un prétexte qui permet à Cardinal d'explorer les relations mère-fille sous un nouvel angle, et de s'interroger à nouveau sur le langage, la sexualité et la parole des femmes. *Comme si de rien n'était* ouvre d'autres perspectives. Il ne s'agit plus d'une narratrice/protagoniste unique, mais d'une myriade de voix de femmes différentes : le roman est une sorte de patchwork d'instantanés pris dans la vie de ces femmes. Le récit – au style très oral – est orchestré par deux voix de femmes, deux cousines qui se téléphonent à intervalles réguliers pour échanger leurs idées sur les sujets qui les préoccupent et commenter l'actualité politique. Ce texte rebrasse en les remodelant certains thèmes clés de l'œuvre : l'Algérie, le rythme des vies de femmes, leurs rapports à leur corps, à la matière, au temps et au langage. En mettant en parallèle les histoires de ces femmes avec les événements historiques contemporains (chute du mur de Berlin, profanation au cimetière de Carpentras, etc.) Marie Cardinal médite l'Histoire. Non pas celle des spécialistes, mais l'Histoire telle qu'elle est vécue chaque jour, entremêlée aux histoires personnelles, ordinaires, passagères.

Les Jeudis de Charles et de Lulla poursuit la rhétorique de l'oralité que Cardinal privilégie dans ses derniers romans. Il s'agit ici de dialogues entre un homme et une femme, amis et amants au gré de leurs rencontres et qui, ayant atteint la soixantaine, découvrent qu'il leur faut tenter d'éclaircir leur passé. Ils décident de se rencontrer sept jeudis de suite pour discuter de sujets choisis à l'avance. A travers leur « étrange » conversation se noue tout un jeu de complicités, de faux-fuyants et de masques, jeu qui mime le désir qui les attache et souligne aussi la distance qui les sépare irrévocablement.

Dense et attachante, l'œuvre de Marie Cardinal se construit de livre en livre, chaque nouveau texte prolongeant le précédent, remodulant les thèmes chers à l'écrivaine qui ne cesse de surprendre ses lecteurs et lectrices par son renouvellement.

Bibliographie : *Écoutez la mer* (Julliard, 1962). *La Mule de corbillard* (id., 1963). *La Souricière* (id., 1965). *Cet été-là* (id., 1967). *La Clé sur la porte* (Grasset, 1972). *Les Mots pour le dire* (id., 1975). *Autrement dit* (id., 1977). *Une Vie pour deux* (id., 1978). *Au pays de mes racines* (id., 1980). *Le Passé empiété* (id., 1983). *La Médée d'Euripide,* théâtre (id., 1986). *Les Grands Désordres* (id., 1987). *Les Pieds-Noirs* (Belfond, 1988). *Comme si de rien n'était* (Grasset, 1990). *Les Jeudis de Charles et de Lula* (id., 1993). N. B. Marie Cardinal a servi de scripteur à Gisèle Halimi pour *La Cause des femmes* (Grasset, 1974).

Sélection critique : Durham A. : *The Contexture of Feminism : Marie Cardinal and Multicultural Literacy* (Univ. Illinois Press, 1992). Hall, Colette : *Marie Cardinal* (Amsterdan : Rodopi, 1994).

Colette Hall et Monique Milhollin

CARON, Francine, n. 1947, poète.

Études ibériques (Rennes : Centre d'études hispaniques, 1971). *Orphée sauvage* (Sables-d'Olonne, chez l'auteur, 1973). *Germoir* (id., 1973). *En vers et pour tous* (id., 1974). *Amour éphéméride* (Chambelland, 1974). *Le Plein Amour* (Angers : Caron, 1974). *Les Corps sourciers* (Millas-Marin, 1975). *La Somme de joie* (Amiens : Eklitra, 1975). *Bonheur désarmé* (Cholet : Dubost, 1975). *Le Paradis terrestre : poème de l'été picard* (Famars : Centre Foissart et Recherches Poétiques, 1976). *Espagne veuve : 1973-1976* (Chaille-sous-les-Ormeaux : Dubost, 1977). *Femme majeure,* poèmes (Millas-Martin, 1977). *L'Année d'amour,* poèmes (Angers : Caron, 1979). *Picardie poésie* (Amiens : Eklitra, 1981). *15 ans de poésie* (Angers : Caron, 1981). *Musée du Louvre : poèmes...* (Angers : Terre inconnue, 1984). *Terres celtes* (Maulévrier : Hérault, 1986). *Grandeur nature : poèmes de la France profonde et de la Picardie originelle* (Maulévrier : Caron, 1989). *L'Amour, le feu : poèmes de l'amour picard* (Amiens : Eklitra, 1991). *Beautés en trombes, Année-lumière* (–).

CAROUTCH, Yvonne, n. 1935, poète.

Soifs (N. Éd. Debresse, 1954). *Les Veilleurs endormis* (id., 1955). *L'Oiseleur du vide* (Structure, 1957). *Paysages provisoires* (Venise-New York : Mica, 1965). *Lieux probables* (Veilhes : La Fenêtre ardente, 1968). *Le Gouvernement des eaux* (Bourgois, 1970). *Le Grand Transparent et le Grand Ecorché* (Saint-Pierre-Capelle : Lettera amorosa, 1972). *La Fête hermétique* (St-Germain-des-Prés, 1972). *La Voie du cœur de verre* (id., 1972). *Hordes virginales du matin* (Braine-le-Comte : Lettera Amorosa, 1974). *Giordano Bruno, le voyant de Venise* (Culture, Art, Loisirs, 1975). *Gustav Meyrink* (Éditions de l'Herne, 1976). *Ungaretti* (Seghers, 1980). *La Licorne alchimique* (Éditions philosophiques, 1981). *Renaissance thibétaine* (Friant, 1982). *Giordano Bruno : le volcan de Venise* (Plazac : Arista, 1988). *Le Livre de la licorne* (Puiseaux : Pardès, 1989).

CASARI, Jacqueline, romancière, dramaturge suisse.

Marie-Madeleine (Théâtre, radio, 1973). *Le Goûter,* rm (1974). *Scène en pièce* (Théâtre, 1975).

CAZANOVE, Michèle, haïtienne.

Présumée Solitude ou Histoire d'une paysanne haïtienne, rm (Julliard, 1988).

CASTELLOZA, Dame. v. TROBAIRITZ.

CASTER, Sylvie, romancière et journaliste.

Les Chênes verts (B.F.P., 1980). *La France fout le camp* [articles de Charlie-Hebdo] (id., 1982). *Nel est mort* (Bernard Barrault, 1985). *Bel-Air* (Grasset, 1991).

CAUSSE, Michèle, romancière.

L'Encontre (Des Femmes, 1975). *Écrits, Voix d'Italie,* avec Maryvonne Lapouge (id., 1977). *Petite Réflexion sur Bartleby* (« Le nouveau commerce », 1976).

CAVALLY, Jeanne de –, pseud. de Jeanne Goba, auteure ivoirienne de livres pour enfants.

Papi (Abidjan : Nouvelles Éditions Africaines, 1978). *Poué-Poué le petit cabri* (id., 1981). *Le Réveillon de Boubacar* (id., 1981). *Bely et sa bande* (id., 1985). *Cocochi, le petit poussin jaune* (id., 1987). *Zériba* (–). Cf. RAEF.

CERF, Muriel, romancière.

L'Antivoyage (Mercure de France, 1974). *Le Diable vert* (id., 1975). *Le Roi et les Voleurs* (id., 1975). *Hiéroglyphes de nos fins dernières* (id., 1977). *Le Lignage du serpent* (id., 1978). *Amérindiennes* (Stock, 1979). *Les Seigneurs du ponant* (Mercure de France, 1979). *Une Passion* (J.-C. Lattès, 1981). *Marie Tiefenthaler* (A. Michel, 1982). *Une Pâle Beauté* (id., 1984). *Drama per musica* (id., 1986). *Doux Oiseaux de Galilée* (id., 1988). *La Nativité à l'étoile* (id., 1989). *Primavera Toscana : détail de la légende d'une Florentine* (Sand, 1989). *Julia M. ou le premier regard* (Laffont, 1991). Cf. DLLF.

CÉSAIRE, Ina, n. 1942, ethnologue, dramaturge martiniquaise.

Née à Fort-de-France, elle s'y est établie. Fille du poète et homme politique Aimé Césaire, ethnologue attachée au CNRS, Ina Césaire a enseigné une quinzaine d'années à Paris (Villetaneuse, Nanterre, Jussieu). Elle est chargée de la section de littérature orale du Musée d'histoire et d'ethnographie de la Martinique. Elle fait également œuvre de critique ethnologique et culturelle et a réalisé plusieurs films d'orientation ethnographique. Elle est restée célibataire.

Quiconque s'intéresse aux gens qui constituent les majorités, au « peuple » donc, a cette vocation polyvalente d'étudier la culture au sens large, d'entrer en communication avec elle, de remonter aux sources, de lui donner voix aussi et de thésauriser sa tradition. Oralité/créolité : le va-et-vient de l'un à l'autre semble inévitable aujourd'hui aux Antilles mais les problèmes scientifiques sont loin d'être résolus. Ina Césaire reste par exemple fort circonspecte quant à l'un ou l'autre système de codification de ce créole qui n'est pas un mais infiniment irisé selon le bagage et l'héritage linguistique et culturel des usagers.

C'est de sa vocation d'ethnologue qu'est partie pour Ina Césaire la création qui caractérise son travail littéraire : elle recueille et traite aussi directement que possible les contes antillais liés aux grands rituels de la vie et de la mort, contes de veillées funèbres et contes « à dormir debout »

de la vie diurne. De là, du conte à composantes merveilleuses ou irration-
nelles, au récit spontané ou au « dit » tout court, le passage est ouvert.
C'est par le travail sur des récits de vie qu'Ina Césaire s'est d'abord initiée
à la création dramatique. Une rencontre plus ou moins fortuite avec le
directeur du théâtre du Campagnol, lui-même coéquipier des premières
créations collectives du théâtre du Soleil, l'amène à créer avec deux
actrices antillaises *Mémoires d'Isles, Maman N. et Maman F.* au théâtre du
Campagnol en 1983. C'est un dialogue de femmes d'un autre âge, personnages inspirés directement ou de façon composite des grand-mères
mêmes d'Ina Césaire ainsi que de témoignages d'autres Antillaises. Le
créole y est mis en scène, comme marque d'indépendance psychopoli-
tique, et comme instrument d'identification et de ralliement, mais aussi
bien comme « handicap » dans une lutte pour la survie qui passe par les
contraintes d'une situation para-coloniale.

Prise au jeu de l'espace et surtout de la communication scéniques, Ina
Césaire élabore ensuite une composition intitulée *L'Enfant des Passages*
ou *La Geste de Ti-Jean*, sur la base de récits saisis lors d'enquêtes ethno-
graphiques. Cette suite de tableaux dramatiques, composés et imprimés en
français et parallèlement en créole, a été créée par José Alpha, avec Aurélie Dalmat, au Centre d'art dramatique de Fort-de-France. Le héros est
l'archétype du débrouillard, « paroleur » à sa façon qui n'a ni feu ni lieu
(ni foi ni loi) et passe d'une situation catastrophique dans une autre pour
en sortir par la force de sa langue et de son esprit. Dans un très bel article,
Ina Césaire a elle-même interprété de façon convaincante ce héros moins
qu'héroïque. Le Ti-Jean d'Ina Césaire n'a que de lointains rapports avec
le héros « solaire » de Simone Schwarz-Bart : il n'entreprend pas de quête
pour sauver son peuple, il ne traverse pas la mort aux mains des Blancs ni
dans leur pays, il n'est même pas amoureux ! C'est un petit diable astu-
cieux et ses significations fondamentales sont la pauvreté absolue, le souverain mépris de l'ordre et de la loi, du passé et des valeurs qui en dérivent. Enfant véritablement polymorphe et pervers, athlétique et sans cœur
il incarne le révolté-type. Ti-Jean en réalité est un « enfant » né adulte et
déraciné, c'est le nègre marron qui se déplace éternellement en dehors de
nos repères occidentaux habituels.

Autre incarnation de la révolte anarchique (faute des moyens d'articulation symbolique, c'est-à-dire des moyens du maître), Ina Césaire a
imaginé quatre femmes à partir de l'histoire de la « pyromaniaque » Rosanie Soleil, inculpée dans le procès de « la grande révolte » de 1870, dans la
région de Rivière-Pilote. Conçue pour représenter la réalité quotidienne
féminine aussi bien que la résistance politique aux Antilles, cette pièce a
été créée à Fort-de-France, avec Toto Bissainthe en 1992, puis en traduction à New York, dans une mise en scène de Ntozake Shange. Elle traite et
imagine, en théâtralisant simplement le quotidien, le contexte des grèves
du sucre et secondairement, le rapports entre les sexes où l'homme est

décentré, invisible mais ni absent ni ignoré, et en fait doté du rôle crucial de meneur ou « marron ».

La création dramatique pour Ina Césaire et l'œuvre de création en général abordent donc l'histoire antillaise par l'approche ethnographique. En somme, des récits de vies de femmes (authentiques ou inventés), des dialogues de femmes corrigent la dominante masculine dans un imaginaire populaire qu'elle écoute attentivement et recueille sous la forme de ses contes et autres traditions orales. Ina Césaire pratique aussi le scénario de film et l'adaptation dramatique d'œuvres littéraires : *Pluie et Vent sur Télumée Miracle* par exemple, ou encore *Les Nuits et les Diables,* d'après Marie Chauvet, la romancière haïtienne, dans une mise en scène de Syto Cavé (création été 1996) et *Maître Puntila et son valet Maty,* de Brecht. Côté cinéma, elle s'est attachée à travailler les données des croyances populaires, les tabous et les grands rituels sociaux que sont le carnaval (dans *Masques et Diables,* réalisé par Nady Odry) et les veillées. « Zouk de rêve » par exemple traite de la « guiablesse » tandis qu'une nouvelle pièce *Chorus pour un homme seul* travaille l'archétype du poète maudit en le faisant passer par le comédien paroleur qui incarne tous les démons de la société.

En 1994, elle a publié son premier « roman », *Zonzon Tête Carrée,* une construction narrative de nature très originale puisque sa matière en est le patrimoine oral martiniquais : des récits recueillis auprès de conteurs auxquels le livre est dédié, de vraies chansons populaires d'antan dont la partition est fournie si bien que l'on peut les apprendre, et des notations de la vie contemporaine telle que la formule du taxi-pays, avec pour quasi-personnage le véhicule intempestif, rutilant et décoré qui permet à son chauffeur Zonzon de relier les lieux et les conteurs de l'île. A cette matière première, Ina Césaire a donné une voix narrative finement modulée : nostalgique, sarcastique, didactique, et la structure d'un quadrille aux mouvements intitulés d'après les saisons, assortis de commentaires qu'apprécieront musicologues et ethnologues. Il s'agit ici pour l'auteur de mettre en exergue la poésie du quotidien, celui des petites gens, de leur faire connaître la fierté d'origine, la « petite musique » de jour en jour, et les héroïsmes obscurs que colporte la tradition orale, plutôt que de magnifier des héros aux pieds d'argile. Tissu de récits, livre d'humour, d'ironie et surtout d'amour, *Zonzon Tête Carrée* fait date dans la création littéraire antillaise.

Bibliographie : Contes : *Contes de mort et de vie* (Éd. Caribéennes,1976). *Contes de nuits et de jours* (id., 1989). Théâtre : *Mémoires d'Isles, Maman N. et Maman F.* (id., 1985). *L'Enfant des Passages ou la Geste de Ti-Jean* (id., 1987). *La Maison close* (création 1991). *Rosanie Soleil* (création 1992). Roman : *Zonzon Tête Carrée* (Monaco : Éd. du Rocher, 1994). *Adaptations dramatiques inédites : Gouverneurs de la* *rosée* de Jacques Roumain. *Pluie et Vent sur Télumée Miracle* de Simone Schwarz-Bart. *Les Nuits et les Diables* d'après Marie Chauvet. Parmi de nombreux articles : « La Triade humaine dans le conte antillais », *Présence Africaine* 121-122 (1982).

Sélection critique : Makward, Christiane : « De bouche à oreille à bouche : Ethno-dramaturgie d'Ina Césaire », *L'Héritage de Caliban,* dir. Maryse Condé (Guadeloupe : Éd. Jasor [Diff. Sépia], 1992). Makward, Christiane : « Filles du soleil noir : sur deux pièces d'Ina Césaire et de Michèle Césaire », *Elles écrivent, des Antilles,* S. Rinne et J. Vitiello, éds. (à paraître).

CM

CHABRIER, Agnès (pseud. : Daniel Gray), n. 1914, romancière, reporter.

Le Royaume intermédiaire (Grasset, 1945). *La Vie des morts* (id., 1946). *Les Pierres crient* (id., 1948). *Au vent de l'hiver* (id., 1950). *Le Plaisir de Dieu seul* (Albin Michel, 1962). *L'Ile Aurore* (Flammarion, 1962). *Noir est la couleur* (id., 1964). *Mémoires du proche avenir* (id., 1965). *Le Poids des chaînes* (Casterman, 1967). *Le Prince de Palagonia* (Flammarion, 1968). *Le Jour des diablesses* (Casterman, 1969). *La Seconde Vie des amants* (Presses Pocket, 1969). *Nous les vivants* (Plon, 1972). *La Plaine des tombeaux* (Presses Pocket, 1980). Une trentaine de romans populaires signés Daniel Gray : *L'Amour, cette passion, Le Bruit des eaux, Le jour des diablesses, Périls de l'ombre,* etc.

CHAIX, Marie, romancière.

Les Lauriers du lac de Constance (Seuil, 1974). *Les Silences ou la vie d'une femme* (id., 1976). *L'Age du tendre* (id., 1979). *Le Salon des anges* (id., 1982). *Juliette, chemin des cerises* (id., 1985). *Un 21 avril à New York : Journal, 1980-1982* (id., 1986). *Beaujolais, Mâconnais, Bresse* (Autrement, 1988). *Barbara* (Calmann-Lévy, 1990). *Le Fils de Marthe* (id., 1990). *Le Livre de maman : Une Anthologie des plus beaux textes de la littérature française* (Acropole, 1990).

CHALEM, Denise, dramaturge.

A cinquante ans elle découvrait la mer (Papiers, 1985). *Selon toute ressemblance* (id., 1986). *Couki et Louki sont sur un bateau* (id., 1987).

CHAMOREL, Julia, romancière, dramaturge suisse.

Les Compagnons d'Hannelore (Seuil, 1957). *Les Verts Paradis* (Julliard, 1960). *Colin-Maillard* (Gallimard, 1963). *La Cellule des écoliers* (L'Age d'Homme, 1983). Théâtre inédit : *Le Soixante-huit. La Femme Moloch. Une Sainte. Caïn. Pasiphaé.*

CHAMPION, Jeanne, romancière historique.

Le Cri (Julliard, 1967). *Les Miroirs jumeaux* (id., 1968). *X* (C. Bourgois, 1969). *Vautour-en-Privilège* (Calmann-Lévy, 1973). *Ma Fille, Marie-Hélène Charles-Quint* (id., 1974). *Dans les jardins d'Esther* (id., 1975). *Les Gisants* (id., 1977). *Les Frères Montaurian* (Grasset, 1979). *La Passion selon Martial Montaurian* (id., 1981). *L'Amour capital* (Calmann-Lévy, 1982). *Le Bunker* (Grasset, 1985). *Bette Davis* (Lherminier, 1986). *Suzanne Valladon ou la Recherche de la vérité* (Librairie Générale Française, 1986). *La Hurlevent* (Presses de la Renaissance, 1987). *Mémoires en exil* (Fayard, 1989).

CHAMPVENT, Hélène, 1893-1975, romancière suisse.

Enfance. Destinée. Clair-Obscur (Neuchâtel : La Baconnière, 1953). *Insaisissable autrui* (Lausanne : Rencontre, 1958).

CHANDERNAGOR, Françoise, n. 1945, énarque, romancière.

Fille du député socialiste et ancien ministre André Chandernagor, Françoise fait des études secondaires à Sceaux et devient à 23 ans première femme major de l'ENA où elle rencontre l'époux dont elle aura trois fils. Affectée au Conseil d'État et à divers postes de la fonction publique, elle se partage depuis 1981 entre des responsabilités culturelles et une carrière de romancière fondée sur son expérience de la classe dirigeante et des milieux artistiques à quoi s'ajoute une passion pour l'histoire entretenue dès l'enfance par l'enthousiasme paternel pour Chateaubriand.

C'est en 1981 que les mémoires apocryphes de la marquise de Maintenon, *L'Allée du Roi* (1,5 million d'exemplaires vendus), lui valent deux prix, une dizaine de traductions en langues étrangères et son prénom propre en littérature. En liant avec brio les journaux intimes, la correspondance de Françoise d'Aubigné et des bribes de mémoires d'époque, Françoise Chandernagor fait renaître la cour de Louis XIV sous forme d'un passionnant feuilleton dans la perspective (secrète) de la seconde épouse du Roi-Soleil. Malgré les 500 pages on reste rivée au récit qui montre l'ascension fabuleuse de celle qui devait partager l'amitié et la confidence d'un monarque autoritaire et capricieux jusqu'à sa mort. L'auteur dresse par degrés le portrait séduisant d'une femme intelligente et spirituelle qui se sent tiraillée, sa vie durant, entre un besoin démesuré de plaire et d'être aimée, et des hantises religieuses qui jettent par à-coups le froid sur son arrivisme social. C'est donc le trajet «romantique» d'une héroïne née en prison, prise dans un mariage épineux avec Scarron, veuve chargée de l'éducation des bâtards royaux de «la Montespan», et triomphant finalement des favorites. Elle inspire en outre une compassion profonde quand, sur son lit de mort, elle déclare avoir failli sur tous les plans : amour, pouvoir et religion.

Ressuscitant une époque lointaine et les splendeurs illusoires d'une aristocratie bafouée qui entraîne son propre déclin, le coup de maître de *L'Allée du Roi* fut suivi, sept ans plus tard, d'une vaste trilogie romanesque intitulée «Leçons de ténèbres» : *La Sans Pareille,* surnom de l'héroïne Christine Valbray ; *L'Archange de Vienne,* surnom de Charles de Fervacques, double «machiavélique» de Christine, et *L'Enfant aux loups* qui valut à l'auteur le prix Chateaubriand. Ces trois «leçons de ténèbres» s'imposent non seulement comme une fresque satirique des milieux politiques, intellectuels et mondains des années Giscard mais elles constituent aussi une réflexion sur la faillite de notre civilisation, doublée d'une longue chronique de l'arrivisme parisien incarné par un Julien Sorel en jupons, le tout dominé par un esprit «fin de siècle» moralisateur.

Ici une structure double et les méandres philosophiques intercalés confèrent à l'œuvre un aspect déroutant : 2 000 pages où l'explicité est préféré à la litote, où la préciosité et les sentences font rage. Six chapitres de longueur inégale dressent une fresque quasi surréaliste de la 5e République : une adolescente en voie d'initiation aux mondanités comme à la mêlée politique se trouve, après un bref mariage, passant d'un ministère à un autre. Elle se taille une carrière qui va du PCF à l'UDR sans être jamais vraiment admise dans le milieu de la haute politique. Elle se prendra à ses propres machinations pour avoir voulu se venger de l'«Archange» maléfique autant que d'un père négligent, et elle finira en prison. Roman-réquisitoire et portrait pathétique d'une jeune femme hybride dont la vie n'est que tromperie : autant la compassion était facile pour Françoise d'Aubigné, autant il est difficile de se passionner pour Christine Valbray. La narratrice elle-même s'en détache et n'y revient que par désœuvrement. Feuilleton de la République, littérature de salon, livre «mode», c'est une œuvre déconcertante qui pourvoit au besoin de lecteurs cherchant à entrevoir le fonctionnement d'un système par les yeux d'une observatrice interne.

Bibliographie : *L'Allée du Roi* (Julliard, 1981). *La Sans Pareille* (Éd. de Fallois, 1988). *L'Archange de Vienne* (id., 1989). *L'Enfant aux loups* (id., 1990). «Écrire pour se trouver», *Le Nouveau F 9* (nov. 1982). *L'Enfant des lumières* (Éd. de Fallois, 1995).

    Sélection critique : Bott, François : «La Courtisane de Françoise Chandernagor», *L'Année des Lettres 1989,* prés. Pierre Lepage (La Découverte, 1989). Grainville, Patrick : «Françoise Chandernagor : Une Fresque de haut vol», *Le Figaro,* 5 sept. 1988. Nourissier, François : «Chandernagor : Le Feuilleton de la République», *Le Point,* 832 (29 août 1988). Schumann, Maurice : «En relisant Françoise Chandernagor», *Nouvelle Revue des Deux Mondes,* 1 (1984). Suffert, Georges : «De L'Allée du Roi aux coulisses de la République», *Le Figaro Magazine* (3 sept. 1988).

Marianne Bosshard

CHANTAL, Suzanne, auteur de récits et d'essais touristiques.

    Le Portugal (Larousse, 1970). *Algarve, le Midi portugais* (Vilo, 1971). *Le Cœur battant : Josette Clotis-André Malraux* (Grasset, 1976). *Le Brésil* (Larousse, 1976). *Le Ciné-monde* (Grasset, 1977). *Les Pays-Bas* (Larousse, 1978). *La Belgique* (id., 1979). *L'Océanie* (id., 1980). *Trésors de la nature* (id., 1981). *Forteresses et châteaux dans le monde* (id., 1981). *Ervamoira* (Orban, 1982). *Un An et un jour* (id., 1983). *L'Australie aujourd'hui* (Éditions Jeune Afrique, 1983). *France* (Éditions Sun, 1983). *Les Anneaux d'or* (Orban, 1984). *Les Larmes de cristal* (id., 1985). *Les Pavés de l'enfer* (id., 1986). *Espagne* (Éditions Sun, 1986). *L'Espagne : le pays... à travers le temps... villes et régions... encyclopédie...* (Larousse, 1987). *Jérôme Manni, le Vénitien : saint, guerrier et protecteur des orphelins* (Sand, 1989). *Lisbonne aujourd'hui* (Éditions JA, 1986).

CHAPONNIÈRE, Pernette, romancière suisse, auteur de livres pour la jeunesse.

    La Femme de Charlemagne (Le Mois Théâtral/La Patrie Suisse, 1942). *Petites Poésies des quatre saisons* (Genève : La Joie de Lire, 1948). *Vingt Noëls pour les enfants* (Neuchâtel : La Baconnière, 1951). *Toi que nous aimions* (Julliard, 1955). *Eau Douce* (id., 1957). *A la rescousse* (Lausanne : Spes, 1958). *Au fils du temps* (Genève : Journal de Genève, 1961). *Ni la mort ni la vie* (Julliard, 1961). *Fêtes galantes : Histoire de la vie d'Antoine Watteau* (Montalba, 1984). *Le Pèlerin de Cythère : Antoine Watteau* (Pourquoi Pas, 1984), etc.

CHAPSAL, Madeleine, essayiste, romancière.

Les Écrivains en personne (Julliard, 1960). *Quinze écrivains : entretiens* (id., 1963). *Les Professeurs pour quoi faire* (Seuil, 1970). *Alphabêtes* (Fleurus, 1971). *Un Anniversaire chez les dragons* (Denoël, 1973). *Un Été sans histoire* (Mercure de France, 1973). *Je m'amuse et je t'aime* (Gallimard, 1974). *Une Promenade au cœur des choses* (Pauvert, 1974). *Grands cris dans la nuit du couple* (Gallimard, 1976). *Le Compte-bêtes* (Champigny-sur-Marne : Jauze, 1977). *Attention au loup !* (id., 1978). *Une femme en exil* (Grasset, 1978). *Un Homme infidèle* (id., 1980). *Divine passion* (id., 1981). *Envoyez la petite musique* (id., 1984). *La Jalousie* (Gallimard, 1985). *Un Flingue sous les roses* (id., 1985). *Adieu l'amour* (Fayard, 1987). *La Maison de jade* (Le Grand livre du mois, 1987). *Douleur d'août* (Grasset, 1988). *Une saison de feuilles* (Fayard, 1988). *Quelques pas sur la terre,* théâtre (Gallimard, 1989). *La Chair de la robe* (Fayard, 1989). *Le Retour du bonheur* (id., 1990). *Si aimée, si seule* (id., 1990). *L'Ami chien* (Acropole, 1991). *On attend les enfants* (Fayard, 1991). *Mères et Filles* (id., 1992). *Suzanne et la province* (id., 1993). *Le Foulard bleu* (id., 1996).

CHARLES-ROUX, Edmonde, n. 1920, essayiste, romancière.

Guide du savoir vivre (Grasset, 1965). *Oublier Palerme,* rm (id., 1966, Prix Goncourt). *Elle, Adrienne* (id., 1971). *L'Irrégulière ou mon itinéraire Chanel* (id., 1974). *Elles : héroïnes de romans, miroir de leur temps* (Éditeurs Français Réunis, 1975). *Les Femmes et le Travail, du Moyen Age à nos jours* (Éd. de la Courtille, 1975). *Amour de la Provence : variations sur une certaine Provence* (Plaisir du livre, 1978). *Stèle pour un bâtard : don Juan d'Autriche : 1545-1578* (id., 1980). *Une Enfance sicilienne,* d'après Falco di Verdura (id., 1981). *Un Désir d'Orient, la jeunesse d'Isabelle Eberhardt* (Grasset, 1989). *Nomade j'étais ; les années africaines d'Isabelle Eberhardt* (id., 1995).

CHARRIÈRE, Isabelle de, 1740-1805, romancière suisse.

Isabelle-Agnès-Elizabeth van Tuyll van Serooskerken van Zuylen, la future Madame (Belle) de Charrière, naît en Hollande, dans une famille noble d'Utrecht. Elle se révolte bientôt contre la rigueur sociale dans ses écrits comme dans sa conversation. Après avoir rejeté plusieurs demandes en mariage (dont une du célèbre James Boswell), Belle échappe à la haute société hollandaise en épousant le tuteur de son frère, un Suisse. Malheureusement, le mariage n'apporte pas ce que l'on attendait. Belle, qui tenait de Rousseau une image idéalisée de la Suisse, y trouve non pas la paix mais l'ennui et son mari se révèle plutôt sans intérêt ! Elle voyagera donc : à Paris, en 1787, elle fait la connaissance de Benjamin Constant. Il lui rend visite plusieurs fois à Colombier (où elle mourra), près de Neuchâtel, ils échangeront des lettres jusqu'en 1795.

La première œuvre de Belle de Charrière est un conte anonyme intitulé *Le Noble* (1763). Elle y fait la satire de cette rigide société hollandaise dans laquelle elle se sentait prisonnière. L'héroïne du *Noble*, Julie, se rebelle contre un père qui refuse de lui laisser épouser l'homme qu'elle aime parce que la famille du jeune homme n'est que récemment anoblie tandis qu'elle a trente générations d'illustres ancêtres. Le côté comique de l'histoire apparaît quand Julie s'enfuit pour rejoindre son amant, sautant par une fenêtre du château pour s'embourber dans une mare. Ce conte spirituel n'a pas de qualité littéraire hors pair, mais il illustre le goût de Belle pour la satire et son habileté à transformer ses observations et expériences personnelles en récits.

Dans *Les Lettres de Mistriss Henley* (1784) l'auteur analyse ses déceptions quant au mariage. Le livre est une réponse au roman de Samuel de Constant, *Le Mari sentimental,* histoire d'un homme qui se tue à cause de sa femme. Le roman de Belle de Charrière ne contient pas d'éléments romanesques de ce genre mais se contente de noter les événements quotidiens de la vie conjugale considérés du point de vue de la femme. Mistriss Henley n'a rien de particulier à reprocher à son mari. En effet le défaut le plus notoire du pauvre homme semble être le fait qu'il n'en ait pas ! Il est calme, raisonnable et modéré, et de ce fait totalement incapable de comprendre sa femme. Madame de Charrière excelle dans l'analyse minutieuse des implications des petits événements de tous les jours – ce qui a été souvent considéré comme typique de la littérature dite « féminine ». La série de lettres se termine sans conclusion et laisse au lecteur le soin d'imaginer la suite.

La romancière utilise cette même technique d'une fin ouverte dans ses deux principaux romans, *Lettres neuchâteloises* (1784) et *Caliste ou Lettres écrites de Lausanne* (1788). Tous deux sont écrits sous forme de lettres, comme *Mistriss Henley,* lettres écrites pour la plupart par un résident en Suisse qui décrit son entourage à un ami résidant à l'étranger. Chaque roman constitue donc une étude des mœurs et plus particulièrement de l'influence corruptrice de riches étrangers dans la ville marchande de Neuchâtel et la ville d'eaux qu'est Lausanne. Les deux livres soulignent la légèreté des hommes qui aiment un temps et puis disparaissent, détruisant ainsi la vie d'une femme.

Les *Lettres écrites de Lausanne* et *Caliste* furent à l'origine publiés séparément mais Belle de Charrière les avait conçus comme un tout. L'histoire de Caliste complète et propose une morale à l'histoire de Cécile dans *Lettres écrites de Lausanne*. Caliste, qu'André Le Breton distingue comme la première prostituée vertueuse dans la littérature « française », est vendue par sa mère à un homme riche, après la mort duquel elle mènera une vie irréprochable. Elle tombe amoureuse de William, le tuteur d'Édouard, prétendant de Cécile. Mais William est trop faible pour épouser Caliste contre la volonté de son père et cette faiblesse entraîne la mort de cette dernière. On connaît le succès de cette intrigue à la fin du XIXᵉ siècle, entre Dumas et Verdi. L'histoire de Cécile et d'Édouard reste donc inachevée mais l'auteur semble suggérer que Cécile sera abandonnée, tout comme Caliste.

Bibliographie : *Le Noble* (Amsterdam : s.éd., 1763). *Lettres de Mistriss Henley* (Genève : s.éd., 1784). *Lettres neuchâteloises* (Amsterdam : s.éd., 1784). *Lettres écrites de Lausanne* (Genève : s.éd., 1785). *Caliste* (Genève : s.éd., 1787). *Les Phéniciennes,* tragédie lyrique (Neuchâtel : Société typographique, 1788). *Observations et Conjectures politiques* (Verrières-Suisses : Witel, 1788). *Lettres d'un Evêque françois à la nation* (s.l. : s.éd., 1789). *Plainte et défense de Thérèse Levasseur* (Fauche-Borel, 1789). *Éclaircissemens relatifs à la publication des Confessions de Rousseau* (id., 1790). *Éloge de Jean-Jacques Rousseau* (Grégoire, 1790). *Aiglonette et Insinuante ou la Souplesse,* conte (s.l. : s.éd., 1791). *Lettres trouvées dans la neige* (s.éd., 1793). *L'Émigré,* comédie (s.l. : s.éd., 1793). *Lettres trouvées dans des porte-feuilles d'émigrés* (s.éd., 1793). *Honorine d'Userche* (s.l : s.éd., 1796). *Les Trois Femmes* (Chez les libraires de nouveautés, 1797). *La Nature et l'art* (Fauche-Borel, 1797). *Les Ruines de Yedburg* (Leipsig : Pierre-Philippe Wolf, 1799). *Sainte-Anne* (id., 1799). *Sir Walter Finch et son fils William* (Genève : J.-J. Paschoud, 1806). Éditions récentes : *Lettres neuchâteloises* suivi de *Trois Femmes* (Lausanne : Payot, 1971). *Œuvres Complètes* (Amsterdam : Van Orstoot, 1980). *Caliste ou Lettres écrites de Lausanne* (Des Femmes, 1980). *Écrits : 1788-1794 : une aristocrate révolutionnaire* (Des Femmes, 1988).

Sélection critique : Courtney, Cecil Patrick : *Isabelle de Charrière : Belle de Zuylen : a secondary bibliography* (Oxford : Touzot, 1982). Deguise, Alix : *Trois Femmes : le monde de Madame de Charrière* (Slatkine, 1981). Godet, Philippe : *Madame de Charrière et ses amis,* 2 vol. (Genève : A. Julien, 1906). Scott, Geoffry : *Portrait of Zélide* (New York : Scribners, 1927). Thompson Pasquali, Constance : *Madame de Charrière à Colombier : iconographie* (Neuchâtel : Bibliothèque de la Ville, 1979). Vissières, Isabelle : *Une Liaison dangereuse : Mᵐᵉ de Charrière* (Éd. de la Différence, 1991). Winiker, Rolf : *Madame de Charrière, essai d'un itinéraire spirituel* (Lausanne : La Cité, 1974). Cf. FWW.

Lucy Schwartz

CHATELET, Noëlle, essayiste, romancière.

Le Corps à corps culinaire (Seuil, 1977). *Histoires de bouche* (Mercure de France, 1986, Bourse Goncourt de la nouvelle 1987). *A contresens, récits* (Mercure de France, 1989). *La courte échelle* (Gallimard, 1991). *La Dame en bleu* (Stock, 1996).

CHAUFFIN, Yvonne, n. 1905, romancière.

Rambourt, 4 vol. (Amiot-Dumont, 1952-1955). *La Cellule* (Plon, 1970). *Les Amours difficiles* (id., 1972). *Le Tribunal du merveilleux : Rencontres avec l'ailleurs* (Plon, 1976).

CHAUVET, Marie, 1919-1972, romancière haïtienne.

Marie (Vieux) Chauvet est née à Port-au-Prince d'une mère antillaise des Iles Vierges et d'un père politicien de la bourgeoisie mulâtre d'Haïti. Après des études à l'annexe de l'École normale d'institutrices, elle obtient un brevet élémentaire en 1933. Mariée en deuxièmes noces avec Pierre Chauvet en 1948, elle a trois enfants. Elle passe des années en Europe et aux États-Unis. Après la publication de son dernier roman, il devient dangereux pour elle de retourner au pays et elle reste à New York, loin de sa famille. Elle y meurt quelques années plus tard d'une tumeur au cerveau.

Marie Chauvet débute par une fantaisie dramatique, *La Légende des fleurs,* féerie en 1 acte, représentée au théâtre Rex à Port-au-Prince et publiée en 1947 sous le nom de *Plume Colibri.* Il y est question de roses, de pensées, de fleurs, d'un papillon, du soleil, de leurs amours et de leurs petits traits d'amour-propre. Le premier roman, *Fille d'Haïti,* représente un effort plus sérieux et laisse entrevoir un talent qui manque encore de maturité. Il est pourtant couronné par le prix de l'Alliance française. Le deuxième, *La Danse sur le volcan,* s'inspire, d'après l'auteur, d'une histoire vraie : celle de deux jeunes filles de couleur qui triomphent des préjugés pour devenir actrices célèbres. On y découvre un don pour la peinture de vastes fresques et tableaux de foules. Il sera traduit en plusieurs langues. Mais c'est avec son troisième roman, *Fond des nègres,* roman paysan, que Marie Chauvet aborde directement la peinture sociale en y montrant le peuple appauvri et exploité par les bourgeois et les grandes compagnies américaines. Elle cherche dans un retour à ce qu'il y a de bon dans la tradition paysanne les forces nécessaires à une prise de conscience et à une libération. D'où le rôle joué par le prêtre vaudou, représentant la sagesse traditionnelle et qui prend sous sa tutelle la jeune et idéaliste

Marie-Ange. A la fin du roman, il réussira à mobiliser le village dans un effort collectif pour secouer l'oppression.

Le dernier roman, *Amour, Colère et Folie* est sans aucun doute le meilleur, du point de vue esthétique, et le plus engagé. Il est en réalité composé de trois courts romans que l'éditeur a réunis sous la même couverture et qui tous ont pour toile de fond l'ambiance de peur et de répression où baigne la société haïtienne du haut en bas de l'échelle, sous le régime Duvalier. Le premier des trois, écrit en forme de journal intime, révèle à travers les observations d'une «vieille fille de trente-neuf ans» les préjugés, les faiblesses et les prétentions de la haute société provinciale mulâtre. Le second est situé dans la capitale au sein d'une famille aisée de la petite bourgeoisie dont les membres vont être tour à tour l'objet de harcèlements, de vols et d'extorsions de la part des «hommes en noir». Les efforts et les compromis que les uns et les autres seront amenés à faire entraîneront le démembrement de la cellule familiale. Dans *Folie,* un petit noyau de «poètes» affamés et indigents deviendra de même la proie de ces «hommes en noir» aux mains desquels ils finiront par mourir. Le pouvoir mystérieux et omniprésent de cette police haïe y est évoqué avec une force rare. Le point de vue adopté est en effet celui de l'un des protagonistes que menace la folie, cette folie amplifiant les images et les émotions. Dans cette trilogie, ni l'amour ni la solidarité ne sont proposés comme solution. Tout se dénoue dans le meurtre, la folie ou la mort.

Si l'on considère l'œuvre dans son ensemble, à partir de *Fonds des nègres,* les femmes assument plus particulièrement une fonction dramatique ou mythique. Marie-Ange est l'instrument par lequel s'effectue la solidarité du groupe. La mère dans *Colère* représente l'effort suprême, la force manquée et la désagrégation totale d'un système de vie. L'image de la montagne qu'elle devra grimper est la métaphore du chemin que la société haïtienne devra parcourir pour surmonter la répression brutale qui s'acharne sur elle. Quant à la narratrice d'*Amour,* sa décision de tenir un journal est déjà l'acte qui donne un sens aux événements vécus par la communauté. C'est elle qui finalement tuera, dans un geste décisif, l'agent de l'oppression, le commandant Calédu.

Ainsi, l'œuvre de Marie Chauvet a évolué dans le sens d'un plus grand engagement comme d'une plus grande maîtrise de la forme. Par son réalisme, la psychologie des personnages, la force avec laquelle elle réussit à imposer un «point de vue» et un langage, Marie Chauvet est généralement considérée comme la plus importante romancière haïtienne.

Bibliographie : *Plume Colibri, Fille d'Haïti* (Fasquelle, 1954). *La Danse sur le volcan* (Plon, 1957). *Fonds des nègres* (Port-au-Prince : Henri Deschamps, 1960). *Amour, Colère et Folie* (Gallimard, 1968).

Sélection critique : Coates, Carol (SUNY-Binghamton) : «La Danse haïtienne d'un point de vue féministe : *La Danse sur le Volcan*» (CIEF-

1990, Martinique). Condé Maryse : *La Parole des femmes, essai sur des romancières des Antilles de langue française* (L'Harmattan, 1979). Laraque, Frank : « Violence et sexualité dans Colère de Marie Chauvet », *Présence Haïtienne* 2 (septembre 1975). Cottenet-Hage, Madeleine : « Violence libératoire/violence mutilatoire dans *Amour* de Marie Chauvet », *Francofonia* 4 : 6 (printemps 1984). Cf *Callaloo* 15 : 2 et 15 : 3 (printemps 1992 & été 1992).

Carolyn Fowler

CHAWAF, Chantal, n. 1943, « romancière ».

Auteur de fictions poétiques plutôt que de « romans », Chantal (Pierron de la Montluel) Chawaf est née à Paris, dans un milieu aisé mais en de tragiques circonstances. Après des études à l'École du Louvre, elle a épousé un ingénieur syrien et brièvement vécu au Proche-Orient. Mère d'un fils et d'une fille adultes, elle vit surtout dans la région parisienne. Huit titres entre 1974 et 1980 lui ont rapidement donné place parmi les plus remarquables écritures féminines du quart de siècle. Elle a fait plusieurs voyages de conférences et lectures en Amérique du Nord, partageant à l'occasion des considérations théoriques.

« Rendre linguistique le labeur domestique... passage indispensable d'une femme ancienne à une femme nouvelle... » (« L'écriture », *Chair chaude*). Ce qui distinguera l'œuvre de Chantal Chawaf est trouvé d'emblée : une écriture libre et prenante, ni transparente ni vraiment hermétique, variant à chaque livre dans ses éléments narratifs mais fidèle à elle-même dans ce qui la fonde. C'est une écriture « matérialiste ». La jouissance sensuelle généralisée aussi bien que l'oralité et la sexualité, l'angoisse féminine devant l'œuvre de l'homme social qui fonctionne coupé de cette matière, tels seront ses thèmes majeurs avec toutes les variations qu'un travail riche et obstiné peut explorer d'un livre à l'autre, quand l'écriture est un mode de vie. Chantal Chawaf s'est prononcée très tôt (1974) sur ce que signifie pour elle « l'écriture au féminin » : « Dans l'aventure d'écrire, et en particulier d'écrire au féminin, d'écrire corporellement, je ne cherche que la vie, que les corps de la vie, qu'une proximité aussi profonde que possible avec la vie, et si ce lieu de l'écriture, en effet, n'a pas l'éternité des au-delà spirituels "virils", il est le lieu de l'amour, lieu de ce que les êtres ont d'unique et d'irremplaçable... lieu d'action et non de résignation, mais lieu-passion... » (*Chair chaude*). Écrire c'est donc faire que les sens écrivent, permettre aux mots de « rejoindre la pâte, la terre boueuse, le pétri ». Pour ce retour du langage à la malléabilité de la substance archaïque (pour « La Langue en sens inverse », comme le formulera vingt ans plus tard le sous-titre d'un essai), à la tendresse du corps maternel, le texte va nécessairement s'assouplir dans ses structures et se faire chant poétique : phrases nominales, accumulations, incantations marquées par l'emploi du « Et » de la genèse poétique : « Et ta mie demeure humide », « Et le pain était bon », « Et tu rouvres le terrain de tes bras ». Coulent également les infinitifs absolus, signes du désir et du fantasme : « La fenêtre par où se jeter, à travers son visage fixe qui ne veut pas de moi, à travers mon désir d'elle » (il s'agit ici d'une petite fille qui se sent abandonnée par la mère à cause du silence que ses parents adoptifs préfèrent entretenir autour de la morte).

Retable est une longue prose qui joue entre deux registres extrêmes : le dialogue au « degré zéro » de la pensée (la langue de bois) et le flux fantasmatique autour du corps perdu de la mère. C'est l'expérience (autobiographique) d'une fillette hantée par l'image de sa mère, vie tuée dans le bombardement de Boulogne (1943). A huit jours de la délivrance, l'enfant est née par césarienne. Cette tragédie originelle hante encore la dépression hystérique de la narratrice dans *Vers la lumière* (1992), où la mort violente des parents prend une dimension obsessionnelle « gothique ». Sur le traumatisme de la naissance se greffe, dans *Retable* la double figure de parents adoptifs calomniateurs, jaloux de la mère biologique. La fillette s'achemine cependant vers la découverte et l'acceptation de son propre corps de femme, chemin qui est celui de l'identification à la (bonne) mère.

Le chant glorieux du corps, la maturité sexuelle de la femme se coulent dans *La Rêverie,* magistrale réponse à l'appel contre-lacanien pour l'inscription de la jouissance féminine. Dans ce très beau chant du corps amoureux, le sadisme est absent. Aussi loin de la sensibilité névrotique que du corps refoulé ou morcelé, au plus près de la chair vécue, Chantal Chawaf chante l'acte où la femme, à l'inverse des poètes masculins, ne touche pas à la mort mais à la plénitude de la vie, à la « chair de la paix ». C'est à l'homme que revient une angoisse indéfinie qui est peut-être son « manque » spécifique devant la puissance procréatrice de la femme. A ce manque, le corps féminin oppose/offre ses surabondances. Les constantes de la représentation passent souvent par l'oralité : fins morceaux, sang, blancheur du lait, de la crème, du beurre, mousse de la bière, « blondeur lumineuse » qui est dans tous ces textes le signal de la perfection matérielle. Aucun texte de langue française ne surpasse ce nouveau cantique des cantiques pour dire le plaisir féminin et cette fois, la voix est identifiable.

Blé de Semences est un autre texte heureux : la voix se tourne vers un monde de l'enfance, dans un temps moyenâgeux, où l'enfant vit entourée de figures maternelles nobles et animales, c'est un « Peau d'Ane » sans méchante reine et sans mariage forcé. Les nourritures terrestres, le naturel des fonctions biologiques, le travail de la terre occupent ce poème de jouissance qui fait pendant à *Cercœur,* avec la sollicitude parfois étouffante des « Mères » (Mère de la Gerbe, Mère du Seigle, Mère du Blé, du Lait). Le texte fait place aussi à l'émergence du désir de la fillette : un Prince a été entrevu (ou rêvé), l'enfant désire partir à sa rencontre, explorer un corps « autre ». Comme le Petit Chaperon Rouge, il lui faudra pénétrer dans la forêt des contes, apte métaphore pour la majeure partie de l'œuvre de Chantal Chawaf. Elle donnera d'ailleurs un des ses plus jolis textes comme éloge des mots-fées dans *Fées de toujours*.

Cercœur : vocable significatif de l'angoisse – mais il contient le « cœur » – est ce terme du dialecte de l'Yonne qui indique le cercueil. La fable met en scène les dangers du maternage comme ses joies. Dans la maison de campagne archétypique, il y a le coin du feu et les œufs frais, la cave et le grenier, la pluie d'automne et les jambons fumés. Il y a aussi une mère trop maternelle, une vieille servante, une bonne plantureuse et joyeuse, un fils délicat et trop nourri. Il y a enfin la fillette au nom de fleur des champs. Guillemette, idole de la mère, est prise dans l'étau d'un amour « serre-cœur », enchâssée dans cent-dix-huit lourdes robes précieuses. Le texte passe de l'évocation des plaisirs « archaïques » à l'hallucinante mise à mort de la fillette. Ni fée ni sorcière, la mère perpétue le rituel de la beauté féminine. De l'agonie de la princesse embaumée sortira peut-être une « jeune née » mais la tonalité dominante du texte reste du côté de l'angoisse.

Comme si la succession des textes suivait en désordre un itinéraire vaguement autobiographique, le « roman » de Chantal Chawaf peut évoquer le profond malaise d'une jeune femme exilée dans une culture étrangère, là où « le témoignage d'un homme vaut celui de deux femmes ». *Le Soleil et la Terre* ressuscite des antinomies symboliques qu'on aurait pu croire éculées. La jeune femme est prise dans un dialogue dédoublé : avec l'époux-amant présent, et avec l'« absent » du fait du climat de guerre qui, cernant les corps, rend l'homme d'autant plus désiré. La jeune femme, rentrée en France, entreprend aussi un dialogue amoureux avec sa petite fille, lui inculquant la tendresse du toucher, du contact avec le corps maternel et la parure. Cette compensation opère contre la violence d'une société guerrière. Le dialogue est repris dans le poème dramatique à trois voix de *Chair chaude,* mais ici la fille, sans âge défini, est devenue partenaire de la mère et son égale dans le discours amoureux. Le Cœur/Chœur étant, dans cette nouvelle trinité mystique, l'organe de communication des deux femmes entre elles et avec le monde extérieur. C'est l'exploration du corps féminin et la célébration de l'amour de deux femmes qui se fait entendre ici encore, dans une forme que l'on imagine chantée comme une cantate moderne.

Avec *Rougeâtre, Landes* et *Crépusculaires,* Chantal Chawaf explore les grandes crises de la maturité féminine. Nouvelle « saison en enfer », *Rougeâtre* dit le manque présent dans tout effort de poursuivre la vie du corps et du couple amoureux. C'est l'univers-prison, la chambre d'une

« grande hystérique » où toute une chacune pourra, un jour où l'autre, se reconnaître. Comme si la plume micro-chirurgicale de Nathalie Sarraute fouillait l'intériorité d'une femme de Marguerite Duras, tel est le discours maîtrisé par l'imagerie baroque et flamboyante de Chantal Chawaf. Les éclairs d'une enfance féerique illuminent par moments cet univers torturé pour faire ressortir la dégradation du couple, l'angoisse d'une femme prisonnière de la mort. Une modalité nouvelle de l'écriture apparaît dans ce texte : au primat de la souffrance s'ajoute désormais la mise en cause du langage, une réflexion poétique interne dont les premiers textes étaient dénués.

Ce processus s'affirme dans *Landes* : la jeune femme échappe au mari pour des errances folles, des étreintes de hasard dans Paris. Traversant ensuite une longue (durassienne si l'on veut) « vacance » au bord de la mer elle se dit longuement – à la première comme à la troisième personne : elle est hantée par les poussées d'un désir exacerbé pour découvrir ses propres limites, explorer jusqu'au bout le désert affectif et la solitude de la chair. L'angoisse de ne plus jamais connaître les fêtes érotiques de *La Rêverie,* second paradis perdu, une angoisse qui sera plus clairement formulée dans *Vers la lumière,* fonde ici une poétique de l'écriture dont le but serait une nouvelle civilisation par l'amour. Ce sera, dix ans plus tard, le message global de *Le Corps et le Verbe.* Décidée à sortir de sa prostration morbide, la jeune femme est finalement vaincue par la violence du désir de son époux, venu lui porter un nouveau pacte d'amour (qui l'étrangle). Un tel avatar de perversion amoureuse se retrouve dans *Rédemption.*

Crépusculaires, livre de deuil, évoque un autre amour fondamental dont il faut se défaire, celui du père mort tandis que dans *Le Corps et le Verbe,* Chawaf présente une réflexion courageuse sur les prolongements destructeurs du dualisme occidental. C'est tour à tour une suite de lectures critiques d'auteurs aimés et d'œuvres non littéraires (films ou musique), un regard sans indulgence sur la culture moderne occidentale qui a perdu et le sens prélangagier du corps et celui de la chose écrite. C'est par-dessus tout un appel pour repenser l'amour, c'est-à-dire la vie, ancré dans la psychanalyse gynocentrique. L'illustration romanesque de ce problème fournit la trame de *Rédemption,* texte où l'on adhère à la fascination masochiste de la jeune femme devant la mâle destruction du symbolique (l'homme étant malade de la langue).

Vers la lumière manifeste une tentative de dépassement, mais aussi l'immense effort impliqué, de la dépression hystérique liée à l'âge. Refusant de mentir gaiment, comme le faisait Colette, la voix de « la mère », toujours hantée par sa propre naissance, veut ici conjurer la douleur du renoncement à l'Amour. Elle exalte donc le génie créateur de « la jeune fille », et la continuation de la vie que celle-ci incarne. Chantal Chawaf reprend ici, en mode mineur, certains lieux et climats de *Retable, Le Soleil et la Terre* ainsi que de *Cercœur.* Elle émeut à dire l'impuissance de l'homme devant le goufre de la sensibilité féminine et soutient la gageure de dire la musique par les mots. Elle en fait même le thème majeur, le côté lumineux de ces adieux imaginaires d'une femme à certaines formes de l'amour, à l'érotisme qu'elle a peint en gloire dans certaines de ses plus belles pages.

Bibliographie : *Retable,* suivi de *La Rêverie* (Des Femmes, 1974). *Cercœur* (Mercure de France, 1975). *Blé de semences* (id., 1976). *Chair chaude,* suivi de *L'Écriture* (id., 1976). *Le Soleil et la Terre* (Jean-Jacques Pauvert, 1977). *Rougeâtre* (id., 1978). *Maternité* (Stock, 1979). *Landes* (id., 1980). *Crépusculaire* (Ramsay, 1982). *Les Surfaces de l'orage* (id., 1982). *La Vallée incarnate* (Flammarion, 1984). *Elwina, le roman fée* (id., 1984). *L'Intérieur des heures* (Des Femmes, 1987). *Fées de toujours* (Plon, 1988). *Rédemption* (Flammarion, 1989). *L'Éclaircie* (id., 1990). *Le Corps et le Verbe, la langue en sens inverse,* essai (Presses de la Renaissance, 1992). *Vers la lumière* (Des Femmes, 1992).

Sélection critique : Accad, Evelyne : Entretien, *Présence Francophone* 17 (automne 1978). Bosshard, Marianne : «Chantal Chawaf : La Mise en question de la bipolarité» (thèse, Univ. de Maryland, 1988). Clédat, Françoise : «L'Écriture du corps», *Magazine Littéraire* 180 (janvier 1982). Duault, Alain : «La chant», *Critique* 358 (1977) ; «Grains de gras», *Poésie* 2 (1977). Jean, Raymond : «Pour Chantal Chawaf», *Pratique de la littérature,* Seuil, 1978. Makward, Christiane : «Corps écrit, corps vécu : de Chantal Chawaf et quelques autres», *Féminité, subversion, écriture,* dir. S. Lamy, I. Pagès (Ottawa : Éd. du Remue-Ménage, 1983). Nerlich, Michael : «Chantal Chawaf : le désir de se rythmer par les mots», *Lendemains* 30 (1983). Tondeur, Claire-Lise : «Chantal Chawaf», *Voix de femmes : Écritures de femmes...* (Lanham : Univ. Press of America, 1990).

CM

CHEDID Andrée, n. 1921, poète, romancière.

D'origine libanaise, Andrée Chedid est née au Caire, dans un milieu aisé. Après des études secondaires dans une institution religieuse, elle a fréquenté l'Université américaine du Caire puis séjourné en Angleterre et poursuivi sa formation à Paris où elle s'installe dès 1946. Ouverte à diverses formes d'écriture, c'est d'abord sa poésie qui est célébrée : prix Louise Labé 1966, Aigle d'Or de la poésie 1972, prix Mallarmé 1976. L'œuvre est d'une envergure considérable. Outre une vingtaine de recueils de poèmes, Andrée Chedid a publié six pièces de théâtre et une vingtaine de romans et recueils de nouvelles honorées par le Goncourt de la nouvelle. Voyageuse périodique vers sa terre natale, elle a aussi fait de multiples séjours aux États-Unis. Sa moindre joie n'est pas d'évoquer ses petits-enfants auxquels certains textes récents sont dédiés. Les études et colloques sur son œuvre et les traductions se multiplient.

Que l'on s'interroge d'abord sur la nature et la fonction de la poésie pour Andrée Chedid, et les textes répondent : (« Poésie I », *Visage Premier*)

> Poésie
> Tu nous mènes
> Vers la substance du monde

La poésie requiert une attitude « d'attention passionnée » car elle est amour, soif, regard, présence au monde. Retrouver la poussée, la pureté, l'innocence mène « au pays de la première fois » et c'est un choix radical, car « si la poésie n'a pas bouleversé notre vie, c'est qu'elle ne nous est rien ». Cette fonction existentielle, donc, de la poésie rattache Andrée Chedid à toute une tradition qui fait du poète un être à vision lointaine mais ancré dans le siècle. Andrée Chedid célèbre avant tout et fondamentalement les valeurs de vie. Les titres parlent par eux-mêmes : *Textes pour le vivant, Textes pour la terre aimée, Terre regardée*. C'est dire l'attention à la vie en soi, à l'instant, à l'autre, l'élan pour parler à l'autre, pour aimer, le refus de s'enliser dans la détresse passagère (cf. l'exergue de *Textes pour la terre aimée* et en contrepoint : « L'ancre n'est pas du voyage/ Je te le dis » du « Voyage délivré », du même recueil).

Ainsi les notions de temps, d'espace ouvert, de cycle de vie (« J'ai des saisons dans le sang », *Fraternité de la parole*) sont les fondements d'une parole poétique marquée par quelques images privilégiées : visage et regard, air, oiseaux, eaux vives, soleil, chemin/ement, voyage, naissance. Certains recueils semblent venir directement de l'événement : une naissance (*Prendre corps*), le conflit libanais (*Cérémonial de la violence*) mais toujours l'événement est transcendé vers l'expérience humaine générale, au-delà des limites de l'espace et du temps.

Cette poésie est donc à la fois méditation permanente sur la vie et parole vers l'autre. Elle se coule naturellement dans des formes telles que l'apostrophe et l'invocation, la question (par exemple « L'invitation » de *Contre-chant*) : le *tu* est presque toujours présent à côté du *je*. Ce qui frappe est moins l'évolution que la permanence et de l'inspiration et de l'expression poétique. Dans les premiers recueils les agencements sonores sont peut-être plus près de la prose (moindre travail sur la mise en page et la découpe du vers). Dans l'ensemble des textes poétiques et au niveau d'une forme radicalement différente de la prose fonctionnelle, le recueil *Fêtes et Lubies* tranche nettement. Il n'est pas sans évoquer les jeux de Robert Desnos ou les délices du non-sens des comptines anglo-saxonnes. Mais Andrée Chedid laisse toujours passer la signification, ce qui est sa loi première d'écriture.

Il serait, au fond, surprenant qu'elle n'ait pas abordé ces entreprises de plus longue haleine, et plus directement appels à l'autre (le public) que sont le texte dramatique et le récit. Consciente du statut, bon gré mal gré, marginalisé de la poésie, elle se fait romancière et dramaturge sans diverger le moins du monde des préoccupations exposées ci-dessus.

Pour la scène comme au long d'un récit, Andrée Chedid reste à l'écart de mouvements et d'écoles déterminés mais dans une harmonie implicite avec son époque. Tout en exploitant la spécificité des genres, les liens sont forts entre l'écriture poétique, les pièces et les romans. C'est un théâtre de situation et de passion : vénalité, volonté de puissance dans *Le Montreur,* conflit fratricide dans *Les Nombres,* problématique du pouvoir absolu et de la justice dans *Bérénice d'Égypte.* Les textes dramatiques offrent un équilibre magistral – comme ceux d'Anouilh, de Claudel – entre la parole « verte », vive, abondamment ironique et qui ne néglige pas le travail sur le mot, et la dimension métaphorique qui prend la forme d'images à saveur biblique et orientale, de rhétorique poétique au meilleur sens : « Je te salue, mon jeune ami ! Tu es plus beau qu'un églantier ! » auquel l'autre répond : « Je me découvre et te salue, mon méticuleux ami ! Je te trouve/plus morose qu'un tablier d'écolier ! » (*Montreur*).

La qualité oratoire de l'énoncé, emphatique ou messianique selon que le personnage est tragique ou bouffon, donne une dimension mythique à la situation. Certains procédés scéniques (emploi du mime, du chant, de l'accoutrement fantastique, d'écrans et marionnettes, jeux d'ombres) jouent également ce rôle. Aussi loin du théâtre de la cruauté que du drame réaliste, le drame d'Andrée Chedid s'ancre dans la réalité par l'appel fait aux objets concrets (nommés sinon présents sur scène) et aux détails minutieux mais distanciés par un espace et un temps lointains historiquement, ou « déréalisés » par le langage. C'est un présent du siècle de Ptolémée, ou des temps bibliques, mais aussi le temps d'aujourd'hui car dans tous les cas on mange, on a froid, on aime et on se pare minutieusement. On vit concrètement en incarnant les tentations et les passions universelles. Sur cette scène les grands drames et les grands rêves modernes se jouent : rêve de paix au Moyen-Orient, rêve de justice sociale et du gouvernement de l'amour (*Bérénice d'Égypte*).

Ces visées sont également traitées, avec la même ampleur, dans le récit *Nefertiti et le rêve d'Akhnaton.* Le texte alterne entre le chant du scribe Boubastos, chroniqueur du pharaon, et le monologue d'amour de la reine qui célèbre en son époux l'inventeur du monothéisme et de la cité « juste », œuvre qu'il lui confie avant de s'exiler et disparaître. C'est la légende du couple historique le plus prestigieux de l'histoire ancienne mais aussi une allégorie politique centrale à la pensée d'Andrée Chedid. Il suffit de lire les deux premiers romans pour apprécier la permanence du rêve de justice qui passe par le point de vue féminin. *Jonathan,* moins élaboré du point de vue de la technique narrative, est le récit d'une vocation mystique qui s'effrite et le cède à l'idéal révolutionnaire. Liane, jeune bourgeoise idéaliste que l'on imagine volontiers sous les traits de son auteure, est marquée, comme le personnage de Jonathan, par le besoin de (se) donner aux défavorisés. Texte proche de la problématique existentialiste de l'époque, il est moins original que cet autre beau récit « égyptien », *Le Sommeil délivré*. Premier roman d'Andrée Chedid, ce texte sera réédité vingt-quatre ans plus tard. C'est un plaidoyer pour la femme, pour la justice, pour l'amour, pour la créativité féminine : « Un jour viendrait où les flammes feraient place au feu. Nos filles, nos filles peut-être ne seront plus semblables à ces mousses qui végètent autour des troncs morts. Nos filles seront différentes. Elles surgiront de cet engourdissement qui m'enveloppe lorsque j'entends la voix de l'homme. » Comme plus tard dans *La Maison sans racines,* en passant par *Le Sixième jour* et *Jonathan,* le lien spirituel vital repose avec l'enfant de la troisième génération, que l'on peut comprendre et accepter tout en déchiffrant l'inéluctable changement ; mûe par sa vocation de modeler l'argile en statuettes que son oncle saccage au nom de la religion, Ammal dans *Le Sommeil délivré* rappelle l'orpheline de *Jonathan*, l'enfant qui sauve de la dépression une « femme perdue » en éveillant en elle le respect de la féminité et l'empathie pour l'autre.

Le meurtre d'un mari-tyran tirait le rideau sur *Le Sommeil délivré*. Il fait également l'objet d'une des plus remarquables nouvelles de *L'Étroite Peau*, « La maison de force » où une vieille femme médite longuement l'assassinat de son époux (qui l'abat à l'instant même où elle allait le faire). Autre nouvelle où le message de libération est sans équivoque : « La longue patience » évoque la tradition d'hospitalité en pays musulman et l'emprise de la religion. La révolte violente et le meurtre sont donc les signes manifestes du profond malaise féminin qui est une thématique importante dans la fiction d'Andrée Chedid, en contrepartie à l'amour du couple (*Nefertiti, Le Survivant*), et à l'amour maternel comme dans *Le Sommeil délivré* ou *Le Sixième Jour* (adapté à l'écran avec Dalida, par Youssef Chahine). Sur le même thème de la lutte heure par heure pour la survie, l'effort et l'amour triomphent dans *L'Autre* (adapté en 1991 par le cinéaste Bernard Giraudeau). *L'Autre* dramatise ce pouvoir d'amour qui passe par la parole dialogique (qui n'est peut-être qu'un soliloque) : un vieil homme met en jeu son intégrité mentale pour sauver un jeune inconnu victime d'un séisme.

Les figures féminines tiennent toutefois l'avant-scène des récits d'Andrée Chedid, avec une constance remarquable : celle de la vieille, tout particulièrement. Aux côtés des fillettes rédemptrices, les vieilles sont parfois les tristes émissaires de la loi patriarcale (*Déesse Lare, Sommeil délivré, Nefertiti*) mais elles peuvent être tout simplement drôles (l'humour d'Andrée Chedid n'est jamais corrosif ni l'amour possessif) comme ces commères, voisines du « falstaffien » peintre de *A la mort, à la vie*. Les femmes âgées sont aussi « bonnes sorcières » qui, ayant donné leur mesure en faveur de la vie, glissent sereinement dans la mort. C'est le cas d'Aléfa dans *La Cité fertile,* texte très élaboré qui réalise la symbiose de la triple vocation d'Andrée Chedid : poétique, dramatique et narrative. Comme dans *Nefertiti,* la parole féminine est ici imprimée en italiques. La voix immémoriale, aimante et royale, nous vient encore de l'incomparable vallée fertile. On aimerait proposer le Nil lui-même (n'était-il pas de genre féminin dans quelque ancien langage ?) comme métaphore de la créativité d'Andrée Chedid : fertile, discrète, continue, généreuse et coulant depuis cinq décennies dans le même (bon) sens.

Bibliographie : (nombreuses rééditions Flammarion et Poche). *Essais : Le Liban* (Seuil, 1969). *Guy Levis-Mano* (Seghers, 1974). *Livres pour enfants : Grandes Oreilles, Toutes Oreilles* (Laffont). *Le Cœur et le Temps* (L'École, 1976). *Lubies* (id., 1976). *Le Cœur suspendu* (Castermann, 1981). *L'Étrange Mariée* (Le Sorbier, 1983). *Grammaire en fête* (Folle Avoine, 1984). *Les Saisons de passage* [Souvenirs] (Flammarion, 1996).

Poésie : [* indique les recueils repris dans le volume *Textes pour un poème (1949-1970),* Flammarion, 1987 ; ** indique les recueils repris dans *Poèmes pour un texte (1970-1991),* Flammarion, 1991]. *On the Trails of my Fancy* (Le Caire : Horus, 1943). *Textes pour une figure** (Pré-aux-Clercs, 1949). *Textes pour un poème** (GLM, 1950). *Textes pour le vivant** (id., 1955). *Textes pour la terre aimée** (id., 1955). *Terre et Poésie** (id., 1956). *Terre regardée** (id., 1957). *Seul, le visage** (id., 1960). *Double Pays** (id., 1965). *Contre-Chant** (Flammarion, 1969). *Visage premier ** (id., 1972). *Fêtes et Lubies* (id., 1973). *Prendre corps* (GLM, 1973). *Voix multiples* (Commune mesure, 1974). *Escorte la vie* (1975). *Fraternité de la parole*** (Flammarion, 1976). *Cérémonial de la violence* (id., 1976). *Greffes* (Le Verbe et l'Empreinte). *Cavernes et Soleils ** (Flammarion, 1979). *Épreuves du vivant*** (id., 1983). *Par-delà les mots* (id., 1995).

Romans et nouvelles : *Le Sommeil délivré* (Stock, 1952). *Jonathan* (Le Seuil, 1955). *Le Sixième Jour* (Julliard, 1960). *Le Survivant* (id., 1963). *L'Autre* (Flammarion, 1969). *La Cité fertile* (id., 1972). *L'Étroite Peau,* nouvelles (Julliard, 1972). *Nefertiti et le rêve d'Akhnaton* (Flammarion, 1974). *Les Corps et le Temps,* nouvelles (id., 1979). *Les Marches de sable* (id., 1981). *La Maison sans racines* (id., 1985). *Mondes, Miroirs, Magies,* nouvelles (id., 1988). *L'Enfant multiple* (id., 1989). *A la mort, à la vie,* nouvelles (id., 1992).

Théâtre : *Bérénice d'Égypte* (Seuil, 1968). *Les Nombres* (id., 1968). *Le Personnage* (L'Avant-Scène, avril 1968). *Le Montreur* (Seuil, 1969). *Le Dernier Candidat* (L'Avant-Scène, avril 1973). *Échec à la Reine* (Flammarion, 1984).

Sélection critique : Hermey, Carl : *Contemporary French Women Poets* (Van Nuys, California : Perivale Press, 1977). Izoard, Jacques : *Andrée Chedid* (Seghers, 1977). Knapp, Bettina : *Andrée Chedid* (Amsterdam : Rodopi, 1984). Lamar, Celita : *Our Voices, Ourselves ; Women Writing for* the French Theatre (New York : Peter Lang, 1991). Linkhorn, Renée : *The Prose and Poetry of Andrée Chedid* (Birmingham, AL : Summa Publ., 1990). Collectif, dossier *Andrée Chedid ; Voix multiple :* Revue *Sud* 94-95 (1991). Cf. FWW.

MH et CM

CHÉRON, Élisabeth-Sophie, 1648-1711, poète.

Essai de psaumes et cantiques, mis en vers par Mademoiselle C. (M. Brunet, 1694). *Psaumes nouvellement mis en vers français, enrichis de figures* (P.F. Giffart, 1715). *Les Cerises renversées* (Giffart, 1717). *Le Cantique d'Habacuc et le psaume 103 traduits en vers français* (s.é., 1717).

CHIMENTI, Eisa, écrivaine juive marocaine.

Èves marocaines, légendes et récits (Tanger : André, 1935). *Chants de femmes arabes,* recueil et traduction (Plon : 1942). *Au cœur du harem, roman marocain* (Scorpion, 1959). *Légendes marocaines* (id., 1959).

CHOISY-CLOUZET, Maryse, n. 1903, essayiste, poète, romancière.

Mon cœur dans une formule (Radot, 1927). *Le Vague à l'âme* (Éd. du Tambourin, 1930). *Le Veau d'or* (Gallimard, 1932). *Don Juan de Paris* (Flammarion, 1933). *Neuf Mois* (Omnès, 1936). *Étapes d'amour,* poèmes (A. Messein, 1941). *Fugues,* poèmes (Jean-Renard, 1942). *Le Thé des Romanech* (id., 1943). *Contes de Fées* (Ariane, 1945). *Amarella* (Éd. de Flore, 1946). *Le Serpent* (Caractères, 1957). *Les Atlantides* (Psyché-roman, 1957). *Les Iles s'enfuirent* (–, 1959). *Teilhard et l'Inde* (Éd. Universitaires, 1964). *L'Etre et le Silence* (Genève : Mont-Blanc, 1965). *Mais la terre est sacrée* (Payot, 1968). *La Guerre des sexes* (Éd. Publications Premières, 1970). *Mémoires* (Genève : Mont-Blanc & Payot, 1971).

CHONEZ, Claudine, née en 1912, poète, romancière, critique.

La Morsure de l'ange (Corréa, 1936). *A force de naître* (Éditions Sagesse, 1943). *Poèmes choisis* (Seghers, 1959). *Les Maillons de la chaîne* (Albin Michel, 1962). *L'Ascenseur* (id., 1963). *Ils furent rois tout un matin* (id., 1967). *La Mise au monde* (Chambelland, 1969). *La Mise à nu* (Albin Michel, 1971). *Giono* (Seuil, 1973). *George Sand* (Seghers, 1973). *Les Yeux d'amandes amères* (Le Pont de l'épée, 1977). *Annulation des navires* (La Grisière, 1984). *Les Verrous ambigus,* poèmes (Institut académique de Paris, 1988).

CIXOUS, Hélène, n. 1937, auteur de fictions poétiques et critiques.

Hélène Cixous est née à Oran, dans une famille juive originaire d'Autriche, son père étant médecin. L'allemand a été sa langue maternelle et sa petite enfance est évoquée en particulier dans *La Jeune Née* et *Tombe.* Elle a fait des études supérieures d'anglais à Bordeaux, passé l'agrégation en 1959 et soutenu une thèse d'État sur James Joyce en 1968. Elle a élevé deux enfants et enseigné à Paris, à l'université « libre » de Vincennes (Saint-Denis depuis 1980). Elle donne désormais un séminaire hebdomadaire, traverse assez souvent l'Atlantique et maintient des attaches avec le Sud-Ouest de la France. De 1968 à 1976, elle a marqué de sa présence les grandes maisons d'éditions parisiennes avec une quinzaine d'ouvrages et de nombreux articles. Elle a dirigé brièvement la collection « Féminin Futur » (10/18) avec Catherine Clément et participé à la création du mensuel *Femmes en mouvements* aux éditions Des femmes où elle publie généralement ses textes depuis 1975. En 1976, *Portrait de Dora,* représenté au Petit Orsay, la fait connaître d'un public jusque-là restreint aux milieux d'avant-garde. Son poème lyrique, *Le Nom d'Œdipe,* pour lequel Boucourechliev a composé, est créé par Claude Régy au festival d'Avignon en 1978. Deux essais en collection de poche ont rendu sa pensée accessible au grand public mais sont destinés d'abord aux femmes. Ce sont de vibrantes exhortations à « l'écriture féminine » dont le mythe restera attaché à son nom. Ses essais et séminaires sont régulièrement traduits et présentés en anglais (par Verena Conley en particulier). L'œuvre, imposante sinon toujours séduisante, est en plein essor, ayant résolument dépassé les effets médiatiques de 1975.

L'écriture d'Hélène Cixous manifeste la plus grande liberté dans l'usage de la langue. Sa conception de l'art poétique ou scriptural est une prise de possession joyeuse ou paradoxale de la langue. Elle ne peut guère se décrire par comparaison avec d'autres contemporain(e)s. C'est du côté des poètes d'avant-garde, de Mallarmé « syntaxier » à Denis Roche « ingénieur langagier », du côté aussi des philosophes du langage (Lacan contre lequel elle réagit, Derrida qui mène le jeu de la déconstruction qu'elle affiche dans *Partie*) qu'il faut chercher les premières connivences d'Hélène Cixous avec les écritures « de demain ». Indéniable encore est l'école, sinon l'influence, de James Joyce, qui devait libérer tant de voix de langue française. Une partie de ses textes reste inévitablement hermétique pour les lecteurs non familiers avec le jeu de « dissémination » : dériver du mot toutes les composantes possibles et les propulser dans le texte à la rencontre d'autres mots, d'autres significations qui, comme des étincelles dans l'ombre, permettent au lecteur d'élaborer sa propre configuration de l'espace textuel. Hélène Cixous est avant tout engagée dans la créativité poétique, gageure qui ne peut dépasser certaines frontières (sociales au moins autant que linguistiques) parce que le langage, plus que tout autre moyen d'expression artistique, est soumis à l'attente de signification immédiate.

Les « romans » ou fictions d'Hélène Cixous sont souvent des rencontres, des dialogues avec d'autres textes littéraires, ceux qu'elle aime ou qu'elle veut au contraire mettre en cause. Parmi ses interlocuteurs au-delà du temps et de l'espace, on peut noter Edgar Poe (pour *Neutre*), Jean Genet (pour *Souffles*), *Le Livre des morts* (pour *La*), la pensée de Derrida (pour *Partie*), celle de Lacan et Kleist (pour *La Jeune Née*), celle de Freud (pour *Portrait du soleil* et *Portrait de Dora*), de Clarice Lispector pour *Vivre l'Orange* et d'autres : Akhmatova, Joyce, Shakespeare, Kafka, Goethe, Hölderlin et la Bible çà et là et pour l'œuvre en général. Plus essentielle encore et plus spécifique que le travail sur le langage et le dialogue avec d'autres textes ou écrivains, il y a chez Hélène Cixous « l'inscription du féminin », formule capitale de sa conception de l'écriture au plus près possible du corps et de l'inconscient. « La plupart de mes textes écrivent la femme. Principalement : *Portrait du soleil* (rejeu de l'hystérie, du "cas Dora") ; *Dedans,* mon premier roman, était déjà une interrogation sur l'Internement de la fille ; *Le Troisième Corps, Les Commencements, Tombe* traitent du couple et du désir... *Souffles*... travaille sur le corps de la femme et la jouissance féminine » (correspondance, mars 1975).

Ayant fréquemment émis des réserves sur le terme de « féminisme » (si galvaudé depuis le siècle et demi qu'il existe), Hélène Cixous parlera plutôt « du côté du féminin ». L'on est en droit d'évoquer « l'homme-projet » sartrien pour évaluer cette (ré)habilitation du féminin. Il se différencierait sans s'opposer au masculin et on ne devrait pas chercher à en définir une « nature » ni une « essence » car il est trop facile de piéger l'autre en l'acculant à s'identifier par opposition. De semblables questions ne se décident pas, ni ne peuvent progresser en temps limité (deux heures de débat, trois jours de colloque, quelques années de militantisme féministe). L'enseignement, la lutte spécifique d'Hélène Cixous auront été d'amener des femmes à s'écrire, à dépasser le silence ou le bavardage que la culture leur avait assignés traditionnellement.

Pour sa propre activité créatrice, Hélène Cixous révèle, dans divers entretiens, la valorisation des données de l'inconscient, du rêve, qui sont la contrepartie vitale et nécessaire au dialogue littéraire qu'elle mène avec certaines références culturelles : « Ma chance, c'est d'avoir dans mon travail un partenaire d'écriture qui n'est autre que le rêve... le rêve et le texte s'échangent jusqu'à l'infini. C'est, d'un certain côté, douloureux et terrifiant (quand j'ai commencé *Angst,* il m'est arrivé de faire, en l'espace de deux mois, vingt rêves mettant en scène un certain type de mort). Mais en même temps, c'est comme si j'avais une double voix... tout circule entre ma vie, mon corps, mon inconscient, mon histoire, mon texte, et que tout se mêle en moi, comme mon propre sang » (*Le Monde,* 9 avril 1976).

Dans cette ouverture ou ce dialogisme créateur, et cette recherche du côté de l'inconscient, on ne saurait sous-estimer tout le contexte intellectuel français (parisien) des années 1960-1980, et plus précisément encore, l'importance de la psychanalyste Antoinette Fouque qui aura, à sa manière, contourné le piège de l'écrit (elle ne publie pas) tandis qu'Hélène Cixous écrit trop (trop pour être piégée avec un minimum de probité intellectuelle). Certains textes plus anciens sont moins marqués que d'autres par ce processus de fluidification du message écrit. Ils sont plus proches d'une interrogation philosophique (sur l'Histoire par exemple avec *Révolutions pour plus d'un Faust*) et vont donc dans le sens d'une écriture « neutre », laissant aux fantasmes seuls le soin d'inscrire la féminité de l'auteur. D'autres en revanche, parmi eux trois livres des années soixante-dix (*Souffles, La, Angst*), sont marqués par la centralité du jeu avec le langage qui inscrit avant tout le corps et la jouissance féminine. *Angst* « répond » à *La* en mettant en scène l'aliénation mortelle dans laquelle le sujet féminin peut se laisser prendre, aliénation de « l'amour fou » qui se paye par la dépendance et la mise à mort, aux mains de la loi paternelle. La « sortie » ne peut de faire qu'en direction de la féminité assumée, telle qu'elle est exaltée triomphalement dans *La,* « texte de femmes, dit-elle, qui ne serait pas venu au jour sans le travail massif des femmes en mouvement » (référence au travail des éditrices des années soixante-dix autour d'Antoinette Fouque).

L'ouverture de *La,* intitulée « Le Livre des mortes », est emblématique à plus d'un titre. Pour l'ensemble du livre on ne peut manquer de remarquer la versatilité post-moderne du style qui passe de l'écriture poétique solennelle à la cocasserie de petites proses revendicatrices, de la mélancolie de méditations personnelles au délire du discours amoureux, de la fable fantastique aux démonstrations d'art poétique. Divers mythes classiques sont en jeu : la barque sacrée, la descente aux enfers, Icare où l'envol (essor du sujet-femme) vers une « soleille » (dans *Portrait du soleil*) auquel la femme donne elle-même naissance. La syntaxe se plie au récit de la « sortie » du féminin hors du silence de la nuit. Le passage du sujet non nommé, de « quelqu'un » ou de l'absence à « tu » (le moi féminin à venir) et à « je » (le moi actuel qui ne se connaît pas), est un exemple de ce travail sur le langage qu'accomplit Hélène Cixous autour de fantasmes, visions et méditations gynocentriques, ancrées dans la culture la plus classique. Innombrables, inépuisables sont les étincelles poétiques volées aux mots (le mot « jetaime », motif du thème majeur de l'amour dont elle aura tiré tous les nouveaux accords possibles dans *Beethowen à jamais*).

A la fin des années soixante-dix une rencontre capitale a lieu dans son espace littéraire (qui ne se distingue pas de la vie pour les poètes). Hélène Cixous découvre (les textes de) Clarice Lispector, Brésilienne d'origine juive polonaise... Pour la première fois, et sans doute est-elle mûre pour la découverte, Hélène Cixous tombe amoureuse d'un discours de femme à sa mesure, répondant à ses propres recherches et tâtonnements vers le cœur de l'existence, la découverte du secret de l'altérité : l'amour, cette obsession des femmes, se définit à respecter l'autre et l'aborder avec le plus grand scrupule. De nombreuses ramifications de cette rencontre sont à suivre dans les séminaires, conférences et textes de fiction d'Hélène Cixous dont le plus connu est le texte bilingue (français-anglais) de *Vivre l'Orange*. Il sera le foyer d'un groupe de textes consacrés à l'exploration et la célébration du principe féminin et aux aventures fantasmatiques d'un sujet féminin insaisissable.

Dans les années quatre-vingt, la créativité d'Hélène Cixous est en partie captée par les spectacles (et la politique) du théâtre du Soleil, troupe dont les origines remontent aux années soixante et les premiers titres de gloire aux grandes créations collectives des années soixante-dix (*Les Clowns* [1969], *1789* [1970], *L'Age d'Or* [1975]). Avec Ariane Mnouchkine, qui communique son incomparable énergie à des dizaines d'acteurs, Hélène Cixous (qui avait déjà exploré la scène de toute autre façon par la visée psychanalytique) va s'avancer ailleurs, jusqu'en Extrême-Orient, pour étudier, vivre, comprendre l'Histoire contemporaine. Elle en reviendra transmuée et liée différemment à l'Histoire. Elle élabore pour le théâtre du Soleil la tragédie contemporaine du Cambodge, le génocide perpétré par les Khmers rouges, et ensuite celle de la partition de l'Inde après l'indépendance de 1948, autour de l'incomparable figure de Gandhi. Ces spectacles et ces textes ont fait date dans l'histoire du théâtre « engagé » (franco-socialiste didactique). Mais l'impulsion se propage à l'autre versant de la créativité d'Hélène Cixous, le côté de la réflexion intérieure et de l'imaginaire intime, et cela engendre le chef-d'œuvre poético-politique de *Manne, aux Mandelstams aux Mandelas*.

Si ce texte peut être considéré comme œuvre maîtresse sous divers angles, c'est qu'un équilibre particulier y est atteint. La vie intérieure, l'énergie créatrice s'ouvre généreusement pour s'identifier avec les résistants politiques sud-africains (Mandelas) et les résistants poètes russes (Mandelstams). Deux couples au pied du mur de l'Histoire sont écrits-fantasmés dans leur situation extrême de perte, refusant le désespoir : la vie carcérale, la communication par le poème ou la lettre comme ultime planche de salut psychique, la pulsion amoureuse crucifiée. C'est l'ironie majeure du destin d'Hélène Cixous que l'objet privilégié de ce chef-d'œuvre poétique et narratif (Winnie Mandela) soit tombé depuis dans les chausse-trapes de l'histoire. L'impiégeable Cixous avait toutefois prévu d'ancrer son discours imaginatif en 1964. Comme pour *L'Histoire ter-*

rible mais inachevée de Norodom Sihanouk, roi du Cambodge, l'escrimeuse s'est mise en garde. Elle intervient dans son texte à la première personne, en sa voix propre et authentique mais imprimée, donc sujette à caution pour le lecteur à venir. Personne ne pourra jamais mieux dire, avec des mots d'une extrême simplicité, l'horreur de la torture dans le crâne d'une mère (celle de Steve Biko) ou la pulsion amoureuse crucifiée : « Mon amour je t'envoie les cendres. Je te demande de lire le feu.../.../ Heureusement qu'il y a le papier. Heureusement qu'il y a les mains de papier sur mes joues sur mon front sur ma poitrine sur mon ventre, j'ai lu ta lettre avec toute ma peau et sans les mots, de toute ma peau j'ai bu tes caresses de papier, je me suis frotté tout le corps avec ta lettre du 12 janvier. »

Avec ses plus récents textes, *On ne part pas, on ne revient pas, Déluge, Beethowen à jamais, ou l'existence de Dieu,* Hélène Cixous revient à la méditation intime (au sens de flux fantasmatique narratif) sur la relation à l'autre, le couple et l'amour. « Déluge », référence biblique, est surtout associé aux larmes et au féminin (puisque les « grands garçons ne pleurent pas » selon l'adage anglo-saxon). Il évoque le grand deuil qu'est la perte de l'objet d'amour, la vallée de larmes où miraculeusement quelque chose n'est pas mort : « le moucheron écriture », véritable fil d'Ariane de l'existence psychique. Cixous est fidèle à ses grandes références littéraires (*Jules César* de Shakespeare, auquel elle adjoint Roland agonisant à Roncevaux) pour s'interroger sur les fatalités de récits qui ne « font pas sens ». Pour s'analyser encore sur les paradoxes de l'amour, la voix narratrice s'extirpe du deuil amoureux et s'élance (comme en espagnol, la narratrice s'appelle d'ailleurs "Ascension") : « Dans cent ans nous n'aurons jamais existé vingt millions d'années auront passé, notre civilisation à deux aura disparu... » Autrement dit, le point de vue des sages ou celui des vieilles qui savent, doit prévaloir. Dans ce texte encore la maîtrise du récit métaphorique est implacable et magnifique, tel ce désir platonicien qu'elle réussit à incarner dans un toutou : « En sens inverse la laisse qui ne sent rien ne pense rien, en sens inverse le destin, et au bout de la laisse tire quelqu'un, quelqu'un de froid, inversement, tire dans la direction contraire, sans rien céder, sentant le chien tirer de son côté, quelqu'un de froid sans nerfs sans âme entraînant l'âme titanesque en sens inverse d'elle-même. Toutes les forces du monde, forces du cœur, forces du rêve, forces de la chair de chien, forces des anges, forces du bon sens, forces des portes et fenêtres, forces de la prière et supplication, ne sauraient fléchir l'arrêt du destin. Mais la bête n'a pas cédé. » Malgré une dominante notoire de l'angoisse (mourir, être sans amour, faillir au devoir d'amour/ de vie), le message délibéré d'Hélène Cixous reste du côté de la jouissance du Verbe, Dieu (vocable entre « jeu » et ce « deux », double qui veut dire création, et « joie/gioia ») d'où le choix de « La 9e », de l'histoire de Beethoven, de la musique impossible, pour métaphoriser le paradoxe de la créativité « torturée » en réaffirmant, dans quelques-unes de ses plus belles pages, la gloire humaine de l'amour. Œuvre exigeante et phénoménale.

Bibliographie : *Essais* : *L'Exil de James Joyce ou l'art du remplacement* (thèse, Grasset, 1968). *Prénoms de personne* (Seuil, 1974). *Un K. incompréhensible : Pierre Goldman* (Bourgois, 1975). *La Jeune Née,* avec Catherine Clément (Féminin Futur, 10/18, 1975). *La Venue à l'écriture,* avec Madeleine Gagnon et Annie Leclerc (id., 1977). *Entre l'écriture* (Des Femmes, 1986). *L'Heure de Clarice Lispector* précédé de *Vivre l'Orange* (id., 1989).

Théâtre : *La Pupille* (*Cahiers Renaud-Barrault* 78, 1971). *Le Paradire* (*Cahiers Renaud-Barrault* 89, 1975). *Portrait de Dora* (Des Femmes, 1976). *L'Arrivante* [adaptation de *La,* par Viviane Théophilidès] (créé Avignon, 1977). *Le Nom d'Œdipe, Chant du corps interdit,* livret d'opéra (id., 1978). *Je me suis arrêtée à un mètre de Jérusalem et c'était le Paradis* (Jardin d'Hiver, 1982). *La Prise de l'école de Madhubai* (*L'Avant-Scène Théâtre* 745, Mars 1984). *L'Histoire terrible mais inachevée de Norodom Sihanouk, roi du Cambodge* (Théâtre du Soleil, 1985). *L'Indiade ou L'Inde de leurs rêves* (id., 1987). *Akhmatova* (id., 1990). *On ne part pas, On ne revient pas* (Des Femmes, 1992).

Fiction : *Le Prénom de Dieu,* nouvelles (Grasset, 1967). *Dedans* (id., Prix Médicis 1969). *Le Troisième Corps* (id., 1970). *Les Commencements* (id., 1970). *Un Vrai Jardin,* nouvelles (L'Herne, 1971). *Neutre* (Grasset, 1971). *Tombe* (Seuil, 1973). *Portrait du soleil* (Denoël, 1974). *Révolutions pour plus d'un Faust* (Seuil, 1975). *Souffles* (Des Femmes, 1975). *Partie* (id., 1976). *La* (Gallimard, 1976 ; Des Femmes/Poche, 1979). *Angst* (Des Femmes, 1977). *Préparatifs de noces au-delà de l'abîme* (id., 1978). *Anankè* (id., 1979). *Vivre l'orange* (id., 1979). *Patrie* (id., 1979). *Illa* (id., 1980). *With ou l'art de l'innocence* (id., 1981). *Limonade tout était si infini* (id., 1982). *La Bataille d'Arcachon* (Montréal : Trois, 1986). *Manne, aux Mandelstams aux Mandelas* (Des Femmes, 1988). *Jours de l'An* (id., 1990). *L'Ange du secret* (id., 1991). *Déluge* (id., 1992). *Beethoven à jamais, ou L'Existence de Dieu* (id., 1993). *Photos de racines,* avec Mireille Calle-Gruber (id., 1994). *La Fiancée juive, De la tentation* (id., 1995). *Messie* (id., 1996).

Articles : dans *Poétique* 1 (1970) ; 4 (1970) ; 10 (1972) ; 26 (1976) ; 40 (1979). *Littérature* 3 (1971). *L'Arc* 54/Derrida (1973). *Cahiers Renaud-Barrault* 83 (1973). *New Literary History* V, 2 (1974). *Review* 13 (1974). *L'Arc* 61/Simone de Beauvoir (1975). *Signs* 1, n° 4 (1976). *Sorcières* 1 (1976). *Cahiers du GRIF* 13 (1976). Dossier « Écrire, disent-elles », présenté par Hélène Cixous : *Les Nouvelles Littéraires* 26 mai 1976, etc.

Entretiens : avec Lucette Finas : *Le Monde,* 13 mai 1977 ; avec Christiane Makward : *Sub-Stance* 13, 1976 ; avec Jean-Louis Rambures : *Le Monde* 9 avril 1976 ; avec *Chroniques* I, n° 2 (1976, Montréal) ; avec Françoise van Rossum Guyon : *Revue des Sciences Humaines* 168 (déc. 1977), etc.

Sélection critique : Collectif [Colloque Cixous/Djebar, Univ. Queens, ONT, 1991] Calle-Gruber, Mireille, dir. : *Du féminin* (PUG/ Canada : Le

Griffon d'Argile, 1992). Conley, Verena Andermatt : *Hélène Cixous : Writing the Feminine* (Lincoln : Univ. of Nebraska Press, 1984). Conley, Verena Andermatt : *Hélène Cixous,* Modern Cultural Theorist series (Hemel Hempstead, GB: Simon and Schuster, 1992). Fisher, Claudine Guégan : *La Cosmogonie d'Hélène Cixous* (Amsterdam : Rodopi, 1988). Collectif [Colloque H. Cixous, Utrecht, 1988], Guyon, Françoise van Rossum et Myriam Diaz-Diocaretz, dir. : *Hélène Cixous, Chemins d'une écriture* (Amsterdam : Rodopi, 1990). Shiach, Morag : *Hélène Cixous : A Politics of Writing* (Londres : Routledge, 1991). Cf. FWW.

CM

CLAIR, Andrée, n. 1916, auteur de livres pour enfants et sur l'Afrique.

Une trentaine de titres aux éditions La Farandole et Présence Africaine dont : *Le Baobab merveilleux* (La Farandole, 1971). *La Savane enchantée, contes d'Afrique* (id., 1972). *Nicole dans le grand pré* (id., 1973). *Safia et le fleuve* (id., 1974). *La Chatte verte* (F. Nathan, 1976). *Les Fameuses Histoires du village de Tibbo* (La Farandole, 1977). *Issilim ou le voyage imprévu* (EDICEF, 1983).

CLÉMENT, Catherine Backès, essayiste, journaliste, romancière.

Essais critiques : *Pour une critique marxiste de la théorie psychanalytique* (Messidor, 1973). *Les Fils de Freud sont fatigués* (Seuil, 1978). *L'Opéra ou la défaite des femmes* (Grasset, 1978). *Vies et légendes de Jacques Lacan* (id., 1981). *Le Maure de Venise* (id., 1983). *Claude Lévi-Strauss ou la structure du malheur* (LGF, 1985). *La Famille Grignotoux* (GP Rouge, 1986). *Le Goût du miel* (Grasset, 1987). *Le Pierrot de Venise* (Fleurus). *Gandhi : Athlète de la liberté* (Gallimard, 1989). *La Syncope : Philosophie du ravissement* (Grasset, 1990). *La Pègre, la peste et les dieux* (Éd. Théâtrales). Romans : *Bildoungue ou la vie de Freud* (Bourgois, 1978). *La Sultane* (Grasset, 1981). *Bleu panique* (id., 1986). *Adrienne Lecouvreur ou le Cœur transporté* (Laffont, 1991). *La Señora* (Calmann-Lévy, 1992). *La Putain du Diable* (Flammarion, 1995).

CLÉMENT, Marilène, conteuse pour la jeunesse.

La Nuit de l'Alléluia (Gallimard, 1970). *Zadig ou la Destinée : Histoire orientale de Voltaire, étude et analyse* (Éditions de la Pensée moderne, 1972). *Une fille dans une orange* (Gallimard, 1973). *Le Vent sur la maison* (id., 1976). *Contes de Provence : récits du folklore proven-*

çal (Hachette, 1976). *Contes de Bourgogne : récits du folklore bourguignon* (id., 1978). *Contes tziganes : récits du folklore tzigane* (id. 1978). *Les Quatre Matelots et autres contes de Provence* (id., 1980). *La Fleur de lotus* (Gallimard, 1981). *Noémi et les grandes personnes* (id., 1984). *Martin le Barbouillou : conte de Bourgogne* (La Farandole, 1984). *Les Gens du château* (Gallimard, 1986). *Sans domicile fixe* (id., 1988).

CLÉMENT-MAINARD, Michelle.

La Fourche à loup (Mazarine, 1985). *La Foire aux mules* (Mazarine, 1986). *Les Sabots de la liberté* (Payot, 1989). *L'Empreinte des sabots* (Fayard, 1991).

CLÈVES, Marie de –, 1426-1487, poète.

Cf. *Les Poésies de Charles d'Orléans,* publiées par Champollion-Figéac (Ad. Delahays, 1856). Cf. *Rondeaux et autres poésies du XVᵉ siècle,* publiés d'après le manuscrit de la Bibliothèque nationale..., par G. Raynaud (Firmin Didot, 1889). Cf. *Poètes et romanciers du Moyen Age,* par A. Pauphilet (Gallimard, 1943).

CLOTIS, Josette, n. 1912.

Le Temps vert (Gallimard, 1932). *Une Mesure pour rien* (id., 1934). *Le Vannier* (NRF, 1946).

COHEN, Annie, n. 1944, artiste, écrivaine, professeur.

Née en Algérie, Annie Cohen est dans la mêlée de 1968 à Paris, où elle s'est installée. Elle a milité dans le MLF, et donné des chroniques littéraires à *F. Magazine.* Docteur en géographie, écrivain-résident à la Chartreuse de Villeneuve-lès-Avignon en 1983-1984, elle est aussi artiste graphique et l'on peut voir ses dessins, gouaches et « rouleaux d'écriture » dans des expositions personnelles ou en groupe. Elle publie régulièrement dans des revues et journaux. C'est au cours d'une exposition qu'elle a rencontré François Mitterand, incident qui donne lieu au « tableau peint en mots » de son *Histoire d'un portrait.*

Fille de la génération qui a vécu la guerre, les camps d'extermination, enfant de ceux qui « ne sont pas tout à fait comme nous parce qu'ils ont touché l'horreur absolue » (Chawaf : 254), Annie Cohen cherchera à repousser les limites de ces « immenses plages [pages] blanches... mornes figures du temps ruiné » avec ses dessins et ses livres-édifices, en tissant méticuleusement une trace au-dessus du vide, du trou de mémoire, de ces « contrées trouées de sens ». En creusant dans « le creux du creux, dans les concavités du langage » vers la « source secrète, anéantie ou cachée » afin que quelque chose s'inscrive dans le néant : un motif qui s'organise, un dessin qui se précise, une construction qui s'impose (*Roman* 23 : 47). Ce sera donc un travail de géomètre qui mesure, calcule, arpente et forge les traces du passé à partir du vide « momentanément éclairé », et paradoxalement celles de l'avenir dans une espèce d'avancée en aveugle, mais volontaire, « où ce qui compte, c'est le chemin ».

Ainsi cette œuvre se construit au présent, au moment même où elle crée un lieu, un personnage, des mouvements d'âme, en nous rappelant à chaque pas que « l'on n'est pas sur la terre ferme là où on marche » puisque toute réalité est imaginaire. D'aucuns diraient que les deux premiers textes, *La Dentelle du cygne* et *Les Sabliers du bord de mer* évoquent des traits stylistiques connus. On se sent, dans le premier, emporté par des images surréalistes qui, d'une page à l'autre, s'entrechoquent dans les visions cauchemardesques de Maria Grinedel, employée de bureau, images qui semblent procéder de l'écriture automatique. La lecture de *Sabliers* rappelle sensiblement la « chair linguistique » de certains textes de Chantal Chawaf, expérimentation stylistique qui donne lieu, dans la deuxième partie, à une succession de tableaux hantés par un discours trouble, troué de blancs, évoquant (s'il faut revenir au connu) la manière durassienne d'une certaine époque. Tout se passe comme si l'auteur, dans ses débuts, cherchait encore son style. Cependant, si les dites explorations langagières et structurelles semblent proches de certains modèles, il s'y révèle les traits essentiels d'une écriture « graphique/géographique » idiosyncratique, espace où l'auteur tissera d'une œuvre à l'autre son propre réseau imaginaire.

La Dentelle du cygne (comment ne pas entendre l'homonyme « signe » et ses associations symboliques ?) a été écrit sur un tableau de Modigliani : « Marie » aurait dicté les mots qui nous disent l'odyssée mentale de Maria en phrases courtes, incisives, caractéristiques d'une certaine forme de désintégration mentale qui s'empare du sujet la nuit tombée. Cela consiste à arpenter son intériorité cérébrale garnie de fantômes, de voix incongrues du passé. « Mal avec la nuit » et « redoutant l'arrivée du jour » géré par un ordre social inexorable, Maria s'épuise à reconstruire sa santé mentale en comptant les pavés, les poteaux électriques et les portes d'entrées. Les fantômes lui collent à la peau : hommes de loi, figures de l'Ancien Testament, médecins, ombres de ses désirs dérisoires. Amplifiant jusqu'à l'absurde des manies cachées derrière un calme plat, le portrait prend des dimensions beckettiennes. Maria pressent que jamais elle « n'épuisera la topographie du monde », c'est à peine si elle réussit à saisir le bout d'une bobine de fil blanc qui se précipita un jour dans l'escalier. C'est ce fil blanc (100 % coton) qui aidera Héléna Roujanski (*L'Édifice invisible*) à lier les quartiers et les squares de Paris pour opposer un nouvel ordre à l'effritement du sens, de la mémoire, de l'histoire. Pénélope moderne, Héléna tisse la ville, des Gobelins à la Butte, de Saint-Lazare au Quartier Latin, laissant derrière elle le fil qui se transforme peu à peu en fil de la mémoire de cette ville. Pour qui est sans terre, en exil entre deux terres, car Héléna est juive née de l'autre côté de la mer, tout a été dit mais un homme solidement ancré dans le réel lui restitue sur papier les paroles de Iahvé : « Va-t'en de ton pays, de ta patrie et de la maison de ton père. » Rien ne peut désormais entraver sa démarche, son corps est finalement devenu automatique, libre, débarrassé du poids de l'origine. C'est la mise en scène d'un regard ambivalent porté sur l'Écriture, dans un désir de la respecter tout en empruntant un chemin personnel et unique.

Pur poème en prose, *Les Sabliers au bord de mer* manifestent une raréfaction de l'écriture qui de page en page offre des bribes de parole disant le vide, l'absence, le manque, la perte, le silence. Nous sommes en face d'une « géographie du vide » d'où la narratrice cherche à bâtir l'espace mystérieux du langage « aux confins de la stérilité, au bord de l'impossible... là où l'histoire peut commencer, là où tout doit être repris ». Patiemment, elle s'enfonce dans les contrées de sable, comme une plante du désert, en direction de la nappe phréatique qui recèle le sens caché, le secret, l'origine, l'ineffable mystère : « Oh ! toi, l'amour, comment vas-tu t'y prendre ? » Une traversée initiatique, donc, qui se poursuit dans *Les Étangs de la Reine Blanche*.

Longue lettre à l'aimé disparu, absence qui se traduit en présence, l'auteur en arrive ici à une écriture plus sereine : une femme « avale seconde après seconde le silence immense » devant les morceaux d'une vie brutalement éclatée. Elle trace, des heures durant, des points à l'encre de Chine sur un papier, pour broder au dessus de la ville un motif qui occuperait l'espace jusqu'à lui, l'homme dont la mort a jeté son âme vers le bas. Femme superstitieuse en quête de sa destinée, elle interroge mille choses, notamment le Tarot, pour y déceler les signes d'une révélation. C'est en marchant au bord des étangs, en déblayant son jardin qu'elle cherche à comprendre « l'insondable inconnu qui nous enveloppe ». Longue lettre du silence et de la mémoire au cours de laquelle elle lance des questions équivoques : Quand cessera la colère de Dieu ? D'où vient la malédiction ? Pourquoi, pour qui écrit-on (serait-ce pour répondre à l'exigence des morts ?) ?

Sur la base de sept rendez-vous à l'Élysée en deux ans et demi, assise de biais devant l'incarnation du pouvoir, l'auteur élabore une *Histoire d'un portrait* de François Mitterrand où alternent et s'imbriquent regards admiratifs et réflexions subversives : elle se risque sur le terrain de l'autre pour s'en faire une image et la dévoiler. A chaque mise en scène elle reconstruit la topographie matérielle et morale des secrets de la Loi, des hauts-lieux du pouvoir, sans pour autant nous livrer les termes du pacte des protagonistes. C'est un défi majeur, une «expérience extrême» que de «commettre l'acte d'écrire devant la loi». Il y a ce roc immuable, souriant, bienveillant et de l'autre côté de la grille «les murs se cassent... les frontières vacillent; l'histoire se dérègle sans ponctuation». Séduite par l'idée de prendre place à l'abri de la Loi, la narratrice fait tout pour se hisser à la hauteur de son modèle, ne serait-ce que pour, finalement, être repoussée vers elle-même, son propre destin, par cette même Loi qui, au fond, lui reste étrangère. Est-ce un portrait ou bien plutôt un tableau en trompe-l'œil qui renvoie à une autre histoire, celle qui se profile dans les interstices d'une œuvre amorcée en 1979? Peu connue du grand public, l'œuvre d'Annie Cohen est invitation à suivre une quête personnelle, douloureuse parfois mais que justifient sa force poétique et un imaginaire pétillant aux images finement ciselées, succintes, imposantes.

Bibliographie: *La Dentelle du cygne* (Des Femmes, 1979). *Les Sabliers du bord de mer* (id., 1981). *Le Peignoir à plumes,* textes et dessins (id., 1984). *Les Étangs de la Reine Blanche* (id., 1984). *L'Édifice invisible* (id., 1988). *Les Mots ont le temps de venir,* textes et dessins, avec Madeleine Gagnon (Table Rase/Écrits des Forges, 1989). *Pierre de nuit,* rouleaux d'écriture (Les Petits Classiques du grand pirate, 1991). *Histoire d'un portrait* (Actes Sud, 1992). Articles dans *Les Temps Modernes, Land, Roman, F. Magazine, Libération, Le Nouvel Observateur, Elle, Marie-Claire,* etc. Textes dans les collectifs: *Les Femmes s'entêtent* (Temps Modernes, 1974). *Plaisirs d'amour* (Lieu Commun, 1982). *Mon Algérie* (Belfond, 1989).

Sélection critique: Baronheid, Marc: «Fil blanc pour féerie noire», *La Wallonie,* 21 oct. 1988. Bastide, François-Régis: «Le Président croqué», *Le Monde,* 10 juin 1992. Chawaf, Chantal: «Le Geste du Verbe: Les rouleaux d'écriture de l'écrivain Annie Cohen», *Le Corps et le Verbe: La Langue en sens inverse* (Presses de la Renaissance, 1992). Martinoir, Francine de: «Les Étangs de la Reine Blanche», *Nouvelle Revue Française,* avril 1985. Reichmann, Edgar: «Une Plage incertaine», *L'Arche,* juillet 1981.

Marianne Bosshard

COIGNARD, Gabrielle de –, ?-1594, poète.

Œuvres chrétiennes de feu dame G. de C., veuve, à feu M. de Mansencal, Sieur de Miremont (1595, rééd. Mâcon: Protat frères, 1902). *Hugues Vaganay* (Genève: Slatkine rééd. 1969). V. thèse inéd. de Huguette Kaiser: «Gabrielle de Coignard, poétesse chrétienne» (Univ. Emory, Atlanta, Géorgie).

COLET, Louise, 1810-1876, poète, romancière.

Née à Aix-en-Provence, Louise Revoil épouse en 1835 le flûtiste Hippolyte Colet. En 1847 elle se sépare de son mari qui meurt quatre ans plus tard. Elle est mère d'une fille, Henriette, et a perdu deux fils en bas âge. Elle « monte » à Paris où la publication de *Fleurs de Midi, poésies* (1836) lui vaut de recevoir une pension de 400 livres et d'être présentée à Chateaubriand et à Mme Récamier. Sous l'égide de Victor Cousin dont elle devient la maîtresse, elle commence une carrière littéraire et obtient en 1839 le Grand Prix de poésie de l'Académie française pour son poème *Le Musée de Versailles*. Grâce à la protection de Cousin, de Villemain et de leurs amis, puis de Musset et de Vigny, elle sera couronnée trois fois encore (pour *Le Monument de Molière, La Colonie de Mettray* et *L'Acropole d'Athènes*). Son salon, rue de Sèvres, succède à celui de Mme Récamier. Pendant l'orageuse liaison qui a valu à la postérité les lettres sur l'élaboration de *Madame Bovary,* il n'est pas exclu que Louise Colet ait envisagé de devenir, contre toute vraisemblance, Mme Gustave Flaubert. A-t-elle eu des préoccupations politiques ? En tout cas des rapports avec Victor Hugo pendant l'exil, des sympathies pour les Italiens proscrits et des relations avec le mouvement libéral européen. Quand Louise Colet se dit « républicaine », il s'agit plus d'une attitude sentimentale que d'un choix politique délibéré.

Sans les écrivains célèbres qui furent ses amants, Musset, Vigny, Flaubert, on ne parlerait peut-être plus de Louise Colet. La vie de cette femme de lettres n'est pourtant pas sans intérêt car elle témoigne de la situation précaire et du statut ambigu que la société de la Monarchie de Juillet et du Second Empire a réservés à celles qui ont tenté de vivre de leur plume sans avoir l'envergure d'une George Sand. Victime et dupe d'un système social qu'elle n'avait pas les moyens de remettre en cause, Louise Colet est aliénée tant idéologiquement qu'économiquement. Ses *Memoranda* la révèlent incapable de se définir, de penser, d'éprouver et d'écrire, sans reproduire les stéréotypes qui véhiculent l'idéologie contemporaine concernant la femme : primat de la beauté physique dans l'autoportrait, destin féminin synonyme de souffrance, définition conventionnelle de l'amour maternel, sentiment amoureux exalté comme valeur suprême, vie féminine conçue comme une quête perpétuelle de cet amour idéal. Par un discours répétitif sur la pureté, la moralité, le sacrifice, le mépris des sens, elle cherche à restaurer une image du moi dégradée par ses conditions de vie et les compromissions qu'elle a supportées.

Louise Colet a été plus heureuse en vers qu'en prose et au théâtre. Son premier recueil, *Fleurs du Midi,* reste sans doute un des plus intéressants. En revanche, l'élégance soutenue du style académique des recueils suivants a mal vieilli. Avec *Le Poème de la femme,* dont trois récits ont finalement été publiés et trois autres abandonnés (La Bourgeoise, La Femmeartiste, La Princesse), Louise Colet prétendait suivre toute l'histoire de la femme. Rien de féministe, au reste, dans cette entreprise qui réduit le sort des femmes à un « destin » de victimes de l'amour. Seule *La Paysanne* est encore lisible. Comme auteur dramatique elle n'a guère connu de succès. Elle a publié des volumes de voyages et, comme beaucoup de femmes de lettres à son époque, des *Historiettes morales* (récits d'enfances célèbres) à l'usage des enfants. Elle a collaboré à divers périodiques et publié un feuilleton dans *Le Siècle, Les Pays lumineux,* après avoir assisté à l'inauguration du canal de Suez. *Une Histoire de soldat,* transposition romanesque de ses amours avec Flaubert, est un prétexte pour valoriser complaisamment le personnage de Caroline, projection idéalisée de l'auteur. *Lui, roman contemporain,* réimprimé cinq fois entre 1860 et1864 pour avoir été une sorte de réponse à *Elle et Lui* de George Sand et à *Lui et Elle* de Paul de Musset (frère aîné d'Alfred), manifeste le même sentimentalisme incurable et le goût du mélodrame qui ont caractérisé l'œuvre comme la vie de Louise Colet.

Bibliographie : *Fleurs du Midi* (Dumont, 1836). *Le Musée de Versailles,* poème (Impr. de Vve Dondé-Dupré, 1839). *La Jeunesse de Goethe,* comédie en un acte (Vve Dondé-Dupré, s. d.). *A ma mère* (id., 1839). *Les Funérailles de Napoléon* (Garnier frères, 1840). *Penserosa* (H.L. Deloye, 1840). *La Jeunesse de Mirabeau* (Dumont, 1841). *Œuvres de Mme L.C., née Révoil, 1re partie, Poésies* (Impr. de Lacrampe, 1842). *Charlotte Corday et Madame Roland* (Berquet & Pétion, 1842). *Le Monument de Molière* (Paulin, 1843). *Deux mois d'émotions* (W. Coquebert, 1843). *Les Cœurs brisés* (Berquet & Pétion, 1843). *Folles et Saintes* (id., 1844). *Historiettes morales* (Royer, 1845). *L'Empereur de Russie près de sa fille mourante* (Plon, 1845). *Le Chant des vaincus* (A. René, 1846). *Ce qui est dans le cœur des femmes, poésies nouvelles* (Libr. Nouv., 1852). *La Colonie de Mettray* (id., 1852). *Le Poème de la femme,* 1 : *La Paysanne* (Perrotin, 1853) ; 2. *La Servante* (id., 1854) ; 3. *La Religieuse* (id., 1856). *Ce qu'on rêve en aimant, l'Acropole d'Athènes* (Libr. Nouv., 1854). *Enfances célèbres* (Hachette, 1854). *Une Histoire de soldat* (A. Cadot, 1856). *Quarante-cinq lettres* (J.-P. Bérenger, 1857). *Le Comte de Landèves* (Bruxelles : Méline, Cans et Co., 1858). *Lui, roman contemporain* (Libr. Nouv., 1860). *L'Italie des Italiens,* 4 vol. (Dentu, 1862-1864). *Richesse oblige, Contes et nouvelles pour l'adolescence* (Fonteney et Peltier, 1862). *Les Derniers Marquis ; Deux mois aux Pyrénées* (Dentu, 1866). *Les Derniers Abbés ; Mœurs religieuses d'Italie* (id., 1868). *La Satire du siècle I. Paris matière* (Hurtau, 1868). *Ces Petits Messieurs* (Dentu, 1869). *Les Dévotes du grand monde* (id., 1873). *Edgard Quinet* (Hurtau, 1876). *Les Pays lumineux ; Voyage en Orient* (Dentu, 1879). *Madame du Châtelet* (G. Barba, s. d.). *Madame Hoffman-Tanska* (id., s. d.). *Mementos* (s. d.). *Poésies choisies* (s. d.). *Textes choisis* (s. d.).

Sélection critique : Clébert, Jean-Paul : *Louis Colet : la Muse* (Presses de la Renaissance, 1986). Grand, Serge : *L'Indomptable Louise Colet* (P. Horay, 1986).

Lucette Czyba

COLETTE, Sidonie-Gabrielle, 1873-1954, romancière, mémorialiste.

Sidonie-Gabrielle Colette, née un 28 janvier en Bourgogne, a connu une enfance heureuse auprès de « Sido », sa mère, Adèle-Sidonie Landoy, qui avait épousé en secondes noces Jules-Joseph Colette, « le Capitaine », petit fonctionnaire et écrivain manqué. Colette fit ses études à l'école laïque de Saint-Sauveur en Puisaye. En 1890, la famille est ruinée et doit abandonner la maison natale. Peu après, la jeune provinciale épouse, sans dot, Henri Gauthier-Villars, dit Willy, entrepreneur littéraire. Elle a vingt ans, lui trente-quatre. Sous la surveillance de Willy, elle commence la série des *Claudine* qu'il signe : c'est le début de treize années d'« apprentissages ». Après son divorce, elle fait du music-hall sans cesser d'écrire, mais il lui faudra encore vingt années avant de pouvoir signer seule ses livres et vivre de sa plume. En 1909-1910, elle travaille au *Matin* en tant que critique et journaliste et y rencontre son deuxième mari, le diplomate Henri de Jouvenel, dont elle aura, à l'âge de quarante ans, une fille qu'elle surnomme « Bel-Gazou ».

Divorcée derechef au bel âge de cinquante et un ans, elle aborde une période d'extraordinaire fécondité : *Chéri, La Maison de Claudine, Le Blé en herbe, La Femme cachée, La Naissance du jour* et *La Seconde* datent tous de cette époque. Des ouvrages de réflexion autobiographique succèdent. En 1935, elle récidive en épousant Maurice Goudeket et vivra avec lui jusqu'à sa mort. Élue membre de l'Académie royale de Belgique et de l'Académie Goncourt (c'était bien trop tôt pour un fauteuil parmi les Immortels), Colette passe ses dernières années dans un appartement au Palais-Royal, jouissant d'une immense renommée littéraire qui lui valent, notoire exception, des funérailles nationales.

L'œuvre de Colette est un monument consacré à la féminité (assez souvent par le truchement de projections autobiographiques), à la force et la souplesse de la femme, à son « goût de durer ». Tout au long d'une carrière littéraire qui embrasse plus d'un demi-siècle et qui compte plus de soixante titres, Colette explore l'art spécifiquement féminin de survivre. « Que c'est solide, une femme », déclare-t-elle. C'est cette peinture gynophile, remarque Claudine Chonez, qui fait de Colette la vraie charnière entre l'ancienne littérature féminine et les nouvelles écritures de femmes d'après 1970. La transition que Colette représente se définit par la célébration de la femme et d'un principe féminin qui, loin d'être retenu par les conventions partriarcales habituelles, puise sa force dans le rapport avec la mère et dans le refus de la hiérarchie bourgeoise des sexes. Avec Colette, l'optique se déplace : c'est la femme qui devient enfin à la fois sujet et objet du discours narratif, et les masques sont désormais transparents.

De la jeune fille garçonnière des *Claudine* à la femme âgée, plus «virile» mais toujours vulnérable de *La Fin de Chéri* ou *Julie de Carneilhan,* en passant par la jeune fille bisexuelle des temps nouveaux, Colette offre un des tableaux les plus fouillés de la féminité occidentale. Partout, la démarche est la même : une femme traverse une crise dans sa vie affective et n'en meurt pas : elle en triomphe. Dans ces œuvres, toute femme de quelque envergure est héroïque. Revendiquant le droit à la passion, elle trouve dans le renoncement à l'amour, la vraie liberté et la grandeur (n'oublions pas toutefois que, dans la réalité, Colette n'a jamais manqué de compagnie masculine à demeure). La souffrance et même l'humiliation en amour ne sont que des moments passagers dans la vie d'une femme qui continue à se forger une identité autonome et à découvrir sa propre voix.

Si la femme n'est jamais au bord de la destruction chez Colette, c'est sans doute qu'elle reste liée au matriarcat fondamental de sa jeunesse, et proche du monde magique de Sido qui recèle le secret de l'éternel renouvellement de la nature. Le paradis de l'enfance, en contact avec la mère et avec la terre, signifie aussi le paradis de l'angrogynie avant l'exil, avant la chute dans la polarisation sexuelle. «J'appartiens à un pays que j'ai quitté», a écrit Colette. Le pays dont ses femmes désignent le chemin est le monde de la jeunesse où l'adolescente jouit de la libre expression de sa nature bisexuelle. Et si elle a souvent peur de vieillir, ce n'est pas simple coquetterie. Il ne s'agit pas tant de recouvrer la beauté de la jeunesse que de pleurer sur sa liberté physique de garçonne indépendante.

De nombreux romans épars dépeignent la vie de cette exilée du jardin maternel, loin du monde dont elle croit, dit-elle, ne plus être digne. Si elle cherche souvent refuge auprès de l'homme, son «cher ennemi», elle ne s'attache pas moins volontiers à une autre femme, à une semblable. On oublie bien souvent que le thème de la difficulté d'aimer, du lien pénible et nécessaire entre l'homme et la femme se double du thème tout aussi important chez Colette de la connivence féminine. L'homme s'avère le plus souvent incapable d'assurer (ou même permettre) le bonheur et une femme devra s'inventer en s'appuyant sur d'autres femmes.

L'amour n'est jamais éternel (romantique) chez Colette. Si ses hommes restent souvent «en deçà de la virilité» comme Phil du *Blé en herbe,* ou Chéri, ou Alain de *La Chatte,* ou Michel de *Duo,* c'est qu'ils font de l'amour une chimère, quelque chose d'absolu, tandis que le personnage féminin accepte la contingence des passions (qui sont d'ailleurs toujours au pluriel : *Ces plaisirs...*). Comme dira Renée Néré de *La Vagabonde :* «La volupté tient dans le désert illimité de l'amour, une ardente et très petite place...»

Dans *La Vagabonde,* œuvre largement autobiographique, Colette évoque sa vie d'artiste de music-hall, cette «carrière de celles qui n'en ont pas une» qu'elle a adoptée par nécessité après sa séparation de Willy. Comme Renée Néré, Colette est montée sur les planches en tant que mime et danseuse, et elle y trouve un monde pur où elle recouvre son honneur et ses dons créateurs. Roman d'analyse dans la lignée de *La Princesse de Clèves, La Vagabonde* est, comme ce dernier, l'histoire d'une renonciation à l'amour. Le récit d'une crise dans la vie d'une femme, seule et au-delà de la prime jeunesse à trente-trois ans. Elle tente de refaire sa vie, de regagner sa liberté et son équilibre, de renaître en tant que femme et artiste. Elle choisit une chasteté libératrice tout en restant consciente de la perte : sa liberté est acquise au prix de son être personnel. L'arrivée sur scène d'un homme dont elle subit la séduction mais qu'elle reconnaît pour adversaire et même inférieur, précipite la décision finale : elle refusera l'homme au nom de la souveraineté de sa propre «incomparable» vision : «Les plus beaux pays de la terre, je refuse de les contempler, tout petits, au miroir amoureux de ton regard...»

Autre moment crucial, celui où la narratrice évoque son art d'écrire : cette femme, humble et réticente, qui disait, «Non, je ne sais pas écrire... Dans ma jeunesse, je n'ai jamais, jamais désiré écrire», avoue son réel amour de l'écriture. Renée (Colette re-née) se dépouille du maquillage théâtral, pour retrouver dans le miroir son être authentique. Le miroir la rend à elle-même, à la source de son salut qui reste, finalement, dans la création, dans l'écriture. Répété au cours du texte comme un talisman, le mot «Écrire !» devient équivalent de l'injonction magique de Sido : «Regarde», car écrire implique pour Colette la transcription fervente du monde de la sensation, recréation de sa lointaine jeunesse.

Il n'est donc rien d'étonnant à ce que Colette soit abondamment relue, redécouverte et revendiquée comme source d'inspiration et comme modèle d'autonomie créatrice par les féministes des années soixante-dix. La consécration de la Bibliothèque de la Pléiade ne fait qu'entériner une réputation internationale qui, pour avoir été à l'occasion tributaire du cinéma commercial, n'en reste pas moins enracinée dans sa popularité en France. Féminine traditionnellement et extraordinairement forte, bien en chair et bien dans sa peau, comédienne et grande observatrice de la réalité naturelle et sociale sinon politique, Colette est aussi une styliste dont la virtuosité s'imposera avant tout dans les grands textes autobiographiques (*La Maison de Claudine, Sido, La Naissance du jour, Le Pur et l'Impur* etc.), ceux qu'elle écrivait pour son propre cheminement identitaire. Mais les souvenirs divers et les menus articles pour la presse dégagent eux aussi, féminité obligeant, une sûre élégance, un parfum d'oisiveté trompeur, et un humour délicat. Car l'éthique de Colette semble être (inspirée de Sido ou incarnée par elle) de dédramatiser la souffrance et de river les yeux (les siens, ceux des lecteurs) fermement sur la vie.

Bibliographie (sélective) : *Claudine à l'école* (Ollendorf, 1900). *Claudine à Paris* (id., 1901). *Claudine en ménage* (Mercure de France, 1902). *Claudine s'en va* (Ollendorf, 1903). *Dialogues de bêtes* (Mercure de France, 1904). *Minne* (Ollendorf, 1904). *Les Égarements de Minne* (id., 1905). *La Retraite sentimentale* (Mercure de France, 1907). *Les Vrilles de la vigne* (Éd. de la Vie Parisienne, 1908). *L'Ingénue libertine* (Ollendorf, 1909). *La Vagabonde* (id., 1911). *L'Envers du music-hall* (Flammarion, 1913). *L'Entrave* (Libr. des Lettres, 1913). *Mitsou ou comment l'esprit vient aux filles* (Arthème Fayard, 1918). *Chéri* (id., 1920). *La Maison de Claudine* (J. Ferenczi et fils, 1922). *Le Blé en herbe* (Flammarion, 1923). *La Femme cachée* (id., 1924). *La Fin de Chéri* (id., 1926). *La Naissance du jour* (id., 1928). *Renée Vivien* (Abbeville : F. Paillart, 1928). *La Seconde* (Ferenczi et fils, 1929). *Sido* (Éditions Krâ, 1929). *Histoires pour Bel-Gazou* (Stock, 1930). *Ces plaisirs [= Le Pur et l'Impur]* (Ferenczi et fils, 1932). *La Chatte* (Bernard Grasset, 1933). *Duo* (Ferenczi et fils, 1934). *La Jumelle noire* (id., 1934-1938). *Mes apprentissages* (id., 1936). *Le Toutounier* (id., 1939). *Journal à rebours* (Arthème Fayard, 1941). *Julie de Carneilhan* (id., 1941). *De ma fenêtre* (Aux Armes de France, 1942). *Gigi et autres nouvelles* (Lausanne : La Guilde du Livre, 1944). *L'Étoile Vesper* (Genève : Éditions du Milieu du Monde, 1946). *Le Fanal bleu* (Ferenczi et fils, 1949). Éditions posthumes : *Œuvres complètes,* 15 vol. (Flammarion, 1948-1950). *La Naissance du jour, livre-cassette* (Des femmes). *Sido, lettres à sa fille, précédé de lettres inédites de Colette* (id., 1984). *Lettres à Moune et à Toutounet* (Des Femmes, 1985). *Œuvres* (Gallimard/Pléiade, dir. Claude Pichois : vol. 1, 1984, vol. 2, 1986). *Lettres aux petites fermières,* éd. Marie-Thérèse Colléaux-Chaurang (Castor Astral, 1992). *Au concert* [critiques musicales de Gil Blas, 1903] (id., 1992).

Sélection critique : Bal, Mieke : *Narratologie: essais sur la signification narrative dans quatre romans modernes* (Utrecht : HES, 1984). Biolley-Godino, Marcelle : *L'Homme-Objet chez Colette* (Klincksieck, 1972). Bray, Bernard : *Colette : nouvelles approches critiques* (A.G. Nizet, 1986). Dormann, Geneviève : *Amoureuse Colette* (Herscher, 1984). Eisinger, Erica et Mari McCarty : *Colette, the Woman, the Writer* (University Park : Penn State Univ. Press. 1981). Gauthier, Michel : *La Poétique de Colette* (Klincksieck, 1989). Ketchum, Anne D. : *Colette ou La Naissance du jour* (Minard, 1968). Marks, Elaine : *Colette* (New Brunswick, N. J. : Rutgers Univ. Press, 1960). Resch, Yannick : *Corps féminin, Corps textuel* (Klincksieck, 1973). Norrell, Donna M. : *Colette, An Annotated Primary and Secondary Bibliography* (New York/Londres : Garland, 1993). Sarde, Michèle : *Colette, libre et entravée* (Stock, 1978). Stewart, Joan Hinde : *Belles saisons : A Colette Scrapbook* (New York : Twayne, 1979). Tegyey, Gabriella : *Analyse structurale du récit chez Colette* (Debrecen : Kossuth Lajos Tudomanyegyetem, 1988). Cf. FWW.

Erica Eisinger & CM

COLIMON, Marie-Thérèse Hall, romancière haïtienne.

La Fille de l'esclave (Port-au-Prince : Dandin Frères, 1949). *Fils de misère* (Port-au-Prince : Éd. Caraïbes, 1974). *Le Chant des sirènes,* nouvelles (Port-au-Prince : Éd. du Soleil, 1979).

COLLIN, Françoise, n.1938, écrivaine belge.

Françoise Collin est née dans le Hainaut (Belgique). Docteur en philosophie, elle a enseigné dans le secondaire, le technique puis à la faculté, d'où elle s'est fait exclure. Elle a eu deux enfants et habite Paris depuis les années quatre-vingt. Elle a fait divers séjours aux États-Unis et retourne fréquemment dans sa campagne natale. Outre ses activitiés journalistiques, elle a publié des romans, des poèmes, une pièce radiophonique et de nombreux textes dans des revues. Elle a participé à la création des *Cahiers du Grif* qu'elle a animés avec un collectif à Bruxelles à partir de 1973, puis à Paris. L'entreprise s'est prolongée en 1978-1979 par la naissance d'une Université des femmes à Bruxelles.

L'activité littéraire de Françoise Collin comporte plusieurs dimensions : écrivain-poète et romancière, Françoise Collin est également essayiste d'inspiration philosophique. Mais c'est la première de ces dimensions qui traverse tout son itinéraire et reste pour elle fondamentale. L'écriture « pure », l'écriture qui ne poursuit d'autre but qu'elle-même, l'écriture non démonstrative est la référence ultime et le lieu de ressourcement de l'écriture théorique et militante.

C'est en 1958, et comme poète, que Françoise Collin est d'abord révélée, par Jean Cayrol, dans *Écrire 6*. Déjà apparaissent certains pôles de son style : lyrisme et réalisme mêlés, mouvement narratif, et certains thèmes qui se confirmeront : le rapport maternel, la campagne, la mort, la nourriture. Mais c'est dans son premier récit *Le Jour fabuleux,* que ceux-ci s'affirment. C'est l'histoire d'une femme qui vit une journée de déménagement au cours de laquelle sa vie et ses objets sont dilapidés sur un mode quasi tragique, à mi-chemin du réel et du fantastique. Dans le vide ainsi ouvert affleurent des bribes éparses du passé : la guerre, la violence et la tendresse.

Dès ce premier récit il apparaît bien que, pour Françoise Collin, l'unité d'un livre n'est jamais qu'une unité composée, ramassant une multiplicité de niveaux et de formes : non seulement parce que s'y mêlent presque indistinctement le passé et le présent, le grave et le drôle, mais aussi parce que la parole surgit de toutes parts, sans être maîtrisée par un sujet. Dans la voix de la narratrice, toutes sortes de voix se mettent à parler.

Alors c'est pour aujourd'hui ou pour demain ce déménagement ?
Les choses arrivent plus vite qu'on ne pense. C'est déjà
demain, c'est le trente, le trente du mois de novembre.

L'enfant a trente ans et quelques mois. Elle fait sa
communion solennelle : voyez-moi ça. Pas plus haut qu'une
botte. Et ce déménagement, on en reparlera.

Dans *Rose qui peut* Françoise Collin, pousse plus loin sa démarche, renonce au fil continu d'une histoire pour se livrer au déploiement de l'imaginaire autour d'un thème. Thème d'un enfant perdu, mort peut-être, dans un tournoiement d'images et de péripéties. Le réel côtoie, ici aussi, le fantastique pour former un paysage de tendresse et de dévastation où aucune rencontre n'est jamais décisive. Rose, le personnage central, se livre à un énergique « sauve qui peut », comme s'il fallait constamment regagner la vie sur la mort, cette loi dont la figure la plus récurrente est celle d'un bombardement : « J'ai mis une planche sur eux et j'ai grimpé jusqu'à ce qu'on vienne. La poussière tombait du plafond, et la chaux. J'ai été enterrée vivante quelques instants mais je me suis battue. La cendre s'est mêlée au sang dans toutes mes plaies. » Le discoureur avec qui elle pédale en tandem dans la campagne, le bossu avec qui elle partage des brioches derrière un comptoir de grand magasin, le représentant de commerce qu'elle croise sur le palier ne sont jamais que les relais d'une course éperdue. Mais partout, comme un refrain, réaffleure le thème du rapport maternel, dans sa fascination et sa difficulté.

Ces deux récits charrient déjà, en forme de collages aux bords parfois imperceptibles dans la trame du texte, des éléments de langages recueillis ailleurs : chansons populaires, adages, proverbes, vérités de sens commun, qui assurent la présence du collectif dans le destin individuel. On les retrouvera plus tard sous d'autres formes.

Une pièce écrite pour la radio, *Les Maîtres baigneurs,* et un texte poétique, *Ici,* paraissent au cours des années suivantes puis c'est un silence d'à peu près cinq ans, déterminé sans doute principalement par de lourdes charges éducatives et professionnelles. L'écriture subit une grave menace mais ce silence est interrompu en 1971 par la publication d'un important ouvrage : *Maurice Blanchot et la question de l'écriture,* le premier consacré à cet écrivain. Bien qu'il ne s'agisse pas de fiction, ce livre est tout à la fois un débat sur la question de l'écriture et un travail d'écriture qui est révélateur de Françoise Collin en même temps que de Maurice Blanchot. Elle-même dira que, dans ce travail centré sur un autre, elle a eu l'impression, sans jamais parler d'elle, de se livrer à une autobiographie des profondeurs.

C'est en 1975 qu'elle revient à la fiction avec un livre rédigé en 1972 : *331 W20, Lection du président,* puis avec des textes publiés dans diverses revues. *331 W20* est d'abord un démontage critique, par le quotidien, du grand pathos politique qui entoure les élections présidentielles aux États-Unis (où Nixon est réélu). Ce livre est en apparence très différent des premiers : le lyrisme y est beaucoup plus discret, et la mémoire, si importante précédemment, totalemment estompée. Le texte se tient dans le présent, mais la distance temporelle est peut-être remplacée ici par la distance d'une langue et d'une culture. La ville de New York et la langue anglo-américaine sont un proche qui est en même temps lointain.

Un séjour à New York en 1972 est à l'origine de cet ouvrage et marque ainsi la relance de l'activité littéraire sous toutes ses formes. C'est aussi à ce moment que Françoise Collin fonde (1973) avec un collectif *Les Cahiers du Grif,* première revue féministe de langue française. Elle entre alors dans la deuxième période de son travail littéraire, celle qui est confrontée à la question du féminin. Entre 1973 et 1991, la revue a publié des numéros consacrés à la religion comme au lesbianisme, à l'amour, à l'excision, au Liban, au nucléaire comme à la violence, au « genre » de l'histoire et à la pauvreté. C'est donc une entreprise féministe et politique, internationaliste et gynocentrique, philosophique au sens le plus large plutôt que littéraire. Un bel éventail d'intellectuelles francophones et françaises soutiennent et nourrissent ce qui restera, face aux *Nouvelles Questions Féministes,* l'autre périodique féministe fondamental de langue française à avoir survécu à l'explosion médiatique des années soixante-dix.

La Nuit du racoon, On ne, Mutu motus restent fidèles au « tournant » des années soixante-dix, mais réintègrent davantage de formes et d'éléments de la première période. Les collages sont désormais plus détachés du texte ; ils sont constitués de titres de journaux, de phrases publicitaires, de phrases prononcées dans la rue et désignent plus souvent la sphère du public, par opposition à celle du privé. Le regard prend une place plus importante, par rapport au sentiment. Les thèmes varient mais on retrouve toujours ceux du féminin, du maternel, de la nourriture. S'il y a maturation et changement, il n'y a pas rupture, cependant, la jubilation des mots et *dans* les mots s'accentue. *Le Rendez-Vous* entre dans le rang des plus beaux textes de filles en deuil de leur mère, d'une vraie mère avec l'âme (ou le fantôme) de laquelle il s'agit de dialoguer comme la Colette de *La Naissance du jour,* mais ici en langage moderne, non sans la distanciation littéraire, mais sans mensonge romanesque. Poignant sera ce texte pour celles qui ont déjà perdu leur mère, une mère ordinaire mais *vécue* selon les normes du temps (sans horribles comptes à régler avec le père), *vécue* simplement par une fille un peu exceptionnelle, fille dont la sensibilité peut atteindre la poignance raffinée des tropismes sarrautiens, et fille qui sait bien tenir sa plume.

L'itinéraire de Françoise Collin est donc étroitement lié aux aléas de l'existence et marqué par une grande liberté à l'égard des genres et des styles. Comme si elle ne pouvait avancer qu'en traçant elle-même son chemin ou ses chemins, dans une référence certaine à la collectivité, et à la collectivité des femmes particulièrement, mais aussi dans un grand isolement. Toujours interrompue et toujours recommencée, l'écriture reste pour elle la forme la plus forte de communication mais tout autant d'exploration.

Bibliographie : *Le Jour fabuleux,* rm (Seuil, 1960). *Rose qui peut,* rm (id., 1962). *Ici,* poèmes avec eaux fortes de Marthe Eéry (Bruxelles : 1966). *Maurice Blanchot et la question de l'écriture,* essai (Gallimard, 1971). *331W20, Lection du Président,* rm (Bruxelles : Transéditions, 1975). *Le Rendez-Vous* (Tierce, 1988). *Poèmes dans des revues :* « Poèmes », *Écrire* 6 (Seuil, 1959). « L'un et l'autre », *Critique,* 229, 1966. « La nuit, l'autre nuit (négatif et négativité) », *L'Éphémère* 13 (Maeght éd., 1970). « Écriture et matérialité », *Critique* 279-280 (1970). « Le jeu, l'aléa, la rencontre », *Cahiers Internationaux du Symbolisme* 19-20 (1970). « La question d'un langage femme » (id., 29-30, 1973). « La nuit du racoon, romans », *Luna-Park* 1 (Transéditions, 1974), etc. et nombreux articles dans divers collectifs et dans les *Cahiers du Grif* depuis 1973. « Femmes, création et représentation » (*Histoire des femmes en Occident V, Le XXᵉ siècle,* Plon, 1992).

Sélection critique : Trekker, Anne-Marie et Jean-Pierre Vander Straeten : *Cent auteurs, Anthologie de littérature française de Belgique* (Éd. de la Francité & de la CEC, 1982).

FV

COLLOBERT, Danielle.

Dire I-II (Laffont, 1972). *Il donc* (id., 1976). *Survie : figurae* (Malakoff : Orange export Ltd., 1978). *Cahiers 1956, 1978* « Change » (Seghers/Laffont, 1983). *Recherche* (Fourbis, 1990).

COLOMB, Catherine, Marie-Louise Reymond, dite -, 1893-1965, romancière suisse.

Née au château de Saint-Prex, Catherine Colomb perd sa mère à cinq ans et vit chez sa grand-mère à Begnins. Licenciée ès lettres de l'université de Lausanne en 1916, elle séjourne en Allemagne puis à Paris en 1917, avant de collaborer à *La Tribune de Lausanne.* Préceptrice quelques mois à Londres, elle fréquente le Bloomsbury Circle dont le souvenir la marque. En 1921, elle épouse Mᵉ Jean Reymond dont elle aura deux enfants et s'installe dès lors à Lausanne. Son premier roman « pré-colombien », *Pile ou Face,* obtient le prix d'un concours de *La Patrie Suisse.*

C'est une travailleuse acharnée, solitaire. Elle publie à de longs intervalles ses trois textes majeurs en 1945, 1953 et 1962, tous trois primés, et elle reçoit en 1963 le prix Rambert. A sa mort ne subsistent de l'ensemble de ses manuscrits qu'une nouvelle et des extraits d'un roman en travail, « Les Royaumes combattants ».

L'œuvre de Catherine Colomb frappe tout d'abord par sa densité, par son originalité, par une logique narrative nouvelle qui est proprement sienne ou « post-moderne » avant la lettre. Pas de symbolisme pesant dans une tapisserie en mouvement où tout se fond, passé, présent, morts et vivants. Des intrigues s'y esquissent, des dialogues sortent de nulle part, si vrais pourtant. Des personnages y grouillent de vie sous l'œil ironique et perçant de la romancière, et pourtant, on les sent pris dans des mondes dont la clôture effraie ; le récit oscille sans cesse entre des mythologies du temps et de l'espace, qui fournissent en fin de compte au roman son noyau mobile. Entre les châteaux, la terre et le ciel, c'est une œuvre qui est à la fois plongée dans les mythes – ces grilles en trompe-l'œil – et très puissamment démythificatrice. Par ce double mouvement, par cette densité, par cette traversée de l'écriture, on peut certes rapprocher Catherine Colomb de Virginia Woolf, comme de Joyce, comme de tous ceux et toutes celles qui, dans l'écriture moderne, accordent la première place, non seulement au texte, mais à son dépassement, atteignant bien souvent à un nihilisme narquois.

Les trois textes majeurs, *Châteaux en enfance* (1945), *Les Esprits de la terre* (1953), *Le Temps des anges* (1962), et les quelques passages publiés du dernier manuscrit, manifestent à quel point l'œuvre tout entière vise à ouvrir, à briser la clôture d'une vie et d'un espace. Mais le mouvement s'amorce, en fait, dès le premier roman qui était de facture classique, *Pile ou Face* (1934). Ce serait déjà le désir inscrit par Catherine Colomb, alors qu'elle progresse, de cette effraction nécessaire, pour parvenir à des traits propres, à sa façon féminine, poétique, de sentir, de comprendre, de dire. Le médiévalisme n'est qu'un trait de l'œuvre, indiquant combien peuvent être brassés siècles et mondes à partir d'un lieu géographiquement restreint : cette côte du lac Léman, où se trace, de roman en roman, la geste familiale incessante de châtelains et châtelaines pris dans leur trame sociale (et partant, si propres à la caricature), vivotant de leurs vignes, en ce tournant du siècle. Ce que Catherine Colomb recherche et poursuit, ce n'est pas le poids de la terre, mais l'insaisissable, les époques perdues, et, ce faisant, elle nous livre une ouverture. Au long du parcours, de ces visions de mondes clos, évoluent des personnages incongrus, étranges parfois, cosmiques presque, dont le meilleur exemple est César, « déplacé » qui parcourt le monde à la recherche des enfants que furent sa sœur, ses frères et lui-même, entre Fraidaigue où règne sa belle-sœur (Madame-Sémiramis) et la Maison d'En Haut.

Au départ de l'œuvre donc, double mouvement de la conscience : intuition, obstinément présente, de la clôture d'un certain monde européen, qui se modifie sans vraiment changer, et celle, vécue dès l'enfance, de la souffrance, de la disparition des êtres, que la conscience de l'écrivaine porte à des dimensions quasi planétaires. Conscience féminine, sans doute, par sa richesse intuitive, son rejet du linéaire, de l'abstrait, de l'analyse, tout autant que par son don d'ironie, mordante souvent et de plus en plus amère, ainsi que par son pouvoir poétique. Une telle poésie peut aussi se faire sympathie et tendresse, dans un monde à la fois nostalgique et bouillonnant de vie, où la foule des morts sert sans cesse de rappel aux vivants, sinon de mesure de la vie. De la conscience de la clôture à l'impossible tentative d'ouvrir totalement le roman (voir l'échec partiel de la quête dans *Les Esprits de la terre,* et les multiples plaintes du narrateur dans *Le Temps des anges*), l'effort consistera à atteindre ce point « où l'ouest devient l'est, les lignes parallèles se rejoignent » et c'est ainsi tout un parcours stylistique de grande rigueur qui se distingue.

Le réalisme de *Pile ou Face* où apparaissait déjà le souvenir de la grand-mère, figure maternelle privilégiée par l'image de la pèlerine de laine noire (elle revient en leitmotiv au long de l'œuvre, prenant les traits de Galeswinthe dans *Châteaux en enfance,* ou du souvenir de la tourterelle, lié au monde des morts, dans *Les Esprits de la terre*), ce réalisme cède la place à un incessant foisonnement verbal. Ce sera *Châteaux en enfance,* avec son monde d'avant 1914, où femmes et filles, enfoncées dans de lourds vêtements, coiffées de leurs chapeaux, leurs ombrelles à la main, regardent le mouvement des êtres et du monde depuis la terrasse des manoirs et passent à côté d'une vie qui se laisse, pourtant, deviner. Rejetée dans le passé mais persistant dans l'âme des enfants, la mère-oiseau (tourterelle des *Esprits de la terre,* figure du « Vol des Mouettes » dans le dernier manuscrit) est le symbole de cet envol impossible qui persiste dans les fantasmes de Catherine Colomb elle-même ; et chaque femme est, à sa manière, une figure de la souffrance, de la frustration liée à la clôture.

Que l'on compte, dans cette œuvre à la fois tendre et vengeresse, le nombre de morts violentes : dans *Le Temps des anges,* c'est Gaston, minus persécuté par ses frères, Sylvia blessée à vie, Arlette morte d'avoir traversé le grand vide de l'amour, c'est Joseph aussi. Parfois, la réflexion sur la mort devient envahissante, et c'est la mort de Jämes Laroche dans *Châteaux en enfance :* danse macabre comme ce vitrail en la cathédrale de Berne. Parfois les victimes se vengent : ainsi César, dans *Les Esprits de la terre,* complote pour tuer son neveu, sa belle-sœur. Mais c'est aussi la femme, agressive, qui transpose en intrigues sociales sa propre frustration : c'est le cas de Madame dans le même roman, qui cherche désespérément à écarter César, à empêcher son mariage, et marier sa fille du même coup. Et puis, tout autour de ces misérables automates que sont ces

Vaudois déchirés par la vie, ou rendus grotesques par leurs travers (ainsi Jämes Laroche des *Châteaux en enfance,* sa montre et son snobisme monarchisant), grouille tout un univers de souffrance anonyme, présent dès les *Châteaux en enfance.* Ce sont des inconnues qui s'appelaient Jenny, ou Sophie, ou Louise, mais devenant grandeur du monde, foisonnement de grandeur poétique, dans *Le Temps des anges,* véritable apocalypse lyrique à la mesure de notre temps. L'usage de constellations verbales en mouvement marque la distance de Catherine Colomb par rapport au récit linéaire dont le discours masculin se dégagera surtout avec les nouveaux romanciers, dans les années soixante.

Bibliographie : *Pile ou Face* (sous le pseudonyme de Tissot, Catherine), prix de la Patrie Suisse (Neuchâtel : Éd. H. Messeiller, 1934). *Châteaux en enfance,* prix de la Guilde du Livre (Lausanne : Guide du Livre, 1953). *Les Esprits de la terre,* prix du Livre vaudois (Lausanne : Rencontre, 1953). *Le Temps des anges* (NRF, 1962). *A la rencontre de mes personnages* (Lausanne : Spes, avril 1963). « Fuyardes Étincelles », dans *Écriture* 1 (Lausanne : *Cahiers de la Renaissance vaudoise,* 1964). Autres fragments dans *Écriture* 3 (1967).

Sélection critique : Anex, Georges : *A la rencontre de mes personnages* (Spes, 1963). Chessex, Jacques : « Les Anges de Catherine Colomb », *Les Saintes Écritures* (Vevey : Bertil Galland,1972). Nicod, Marguerite : « Une Œuvre de tendresse et de nostalgie », *Revue de Belles-Lettres* 1 (1966). Rieban, Pierre-André : « Le Temps et l'Espace », *Revue de Belles-Lettres* 1(1966). Roud, Gustave : Préface, *Œuvres* de Catherine Colomb (Lausanne : Rencontre, 1968). Seylaz, Jean-Luc : « D'une Seule Blessure », *Écriture* 3 (1967). Seylaz, Jean-Luc : « Postface », *Esprits de la terre* (Bibliothèque romande, 1972).

Henri-Dominique Paratte

COLONNA, comtesse Mathilde.

Contes de la Bosnie (P. Lamme, 1898). *L'Épave* (Hatier, 1897). *Le Journal de Julie Tours* (Mame & Fils, 1896). *Seuls dans la vie, Histoire de deux orphelins* (Hatier, 1893).

CONAN, Laure (pseud. de Félicité Angers), 1845-1924, romancière franco-canadienne.

Silhouette canadiennes (Québec : L'Action sociale, 1917). *Si les Canadiennes le voulaient ! : Aux jours de Maison neuve* (Montréal : Leméac, 1974). *Œuvres romanesques,* 3 vol. (Montréal : Fides, 1974-75). Édition

Roger le Moine : vol. I : *Un Amour vrai et Angéline de Montbrun*. II : *A l'œuvre et à l'épreuve* et *L'Oubli*. III : *La Vaine Foi, L'Obscure Souffrance et La Sève immortelle*. Cf. DEQ.

CONDÉ, Maryse, n. 1937, romancière guadeloupéenne.

Critique et universitaire, auteur de pièces de théâtre et de nombreux romans, Maryse Condé est née à la Guadeloupe et y a fait ses études primaires et secondaires. Elle a obtenu à Paris un doctorat de lettres en 1976. Elle avait entre-temps commencé une carrière de journaliste pour la BBC, épousé un acteur africain, travaillé en Europe et en Afrique. Mère de quatre enfants, elle a enseigné à Paris les littératures antillaises et africaines, elle contribue régulièrement à diverses revues sur le Tiers monde, et elle a dirigé à l'ORTF une émission culturelle sur le monde noir. Divorcée et remariée, elle s'est réintégrée en Guadeloupe pour des raisons politiques, partageant depuis plusieurs années son temps d'enseignement, de recherche et de création entre les Antilles, l'Europe et diverses universités nord-américaines telles que Berkeley, les universités de Virginie, du Maryland et Colombia à New York.

La réflexion de Maryse Condé, d'orientation socialiste, ne cesse de dénoncer la collusion de fait, sinon d'idées, entre dirigeants blancs et dirigeants noirs. Elle a donc pu naguère marginaliser le problème féminin, redoutant que le féminisme ne devienne un autre « isme » à idées courtes. La jeune femme qui se faisait les griffes sur Césaire et Damas, reprochant aux « négritudinisants » de s'endormir sur leurs lauriers, est restée fidèle à elle-même. Cette Guadeloupéenne intercontinentale se targue d'une expérience de la race et de la culture aussi personnelle que variée. Dans son œuvre de fiction comme dans ses essais critiques, ce qui lui importe est de témoigner pour elle-même, invitée de plusieurs cultures mais fille de l'Afrique ; et pour nous, femmes de cette fin de siècle (et non point « fin de siècle »). Frondeuse à ses heures, elle utilise l'écriture comme une arme pour nous sortir de notre complaisance et arracher ainsi à l'oubli de l'Occident les marginaux irréductibles de l'Histoire que sont les Noirs et les femmes.

Elle a donc pu récuser naguère le mot « féminisme », convaincue (comme l'était Fanon, comme le fut Simone de Beauvoir) que, pour libérer les femmes, il fallait d'abord libérer une société, évacuer l'Occident de la scène collective et remonter au temps d'avant ce regard de Blanc qui créa le Nègre. C'est dans ce sens que vont ses travaux critiques. Le « bossale », c'est l'esclave fraîchement débarqué qui n'a, pour survivre, que le miracle de la mémoire orale, miracle dont les femmes se font les gardiennes. Toutefois, remonter au temps d'avant ce que Damas appelait « le désastre » n'est point, pour elle, prétexte à escamoter le présent. Sa fiction s'attaque d'une part à la conspiration du silence longtemps maintenue par des bourgeois trop obsédés par « une goutte de sperme blanc » pour accepter l'autre partie d'eux-mêmes ; d'autre part, à un continent africain ravagé qui ne répond que trop aux sombres prédictions de Fanon, autre Antillais qui n'avait pas peur des mots. C'est donc par le biais de l'Histoire que, chez Condé, fiction et critique se rejoignent.

Partout dans l'œuvre, c'est de la nécessité d'une redéfinition de l'Antillaise dans l'Histoire qu'il s'agit. Qu'elle s'attaque à l'arrogance masculine (*Dieu nous l'a donné, Pension Les Alizés*) qui ignore la diaspora noire pour se vouloir strictement insulaire, ou qu'elle présente l'Afrique au moment où celle-ci découvre le regard du Blanc et perd le sens de ses traditions (*Oluwemi*), c'est, dans les premiers textes dramatiques, une même fuite et un même sort tragique. Nier le réel, la réalité psycho-affective plus précisément, c'est se mettre dans l'impossibilité de comprendre l'Histoire. Implacable, la créatrice juge ses créatures, une voix féminine se fait entendre clairement. Maryse Condé saisira la bonne occasion du bicentenaire de la Révolution française pour donner à ses compatriotes une formidable leçon d'histoire antillaise avec *An Tan Revolisyion*.

Ce défaut (refus, ignorance) de l'histoire, qu'il serve à échafauder un avenir grandiose ou à fabuler un passé glorieux, constitue le thème central de romans qui font souvent aux femmes la plus belle part. Dans les premiers, sous des noms différents, une même protagoniste est entendue à la première personne et dans la situation symbolique par excellence : le retour aux sources d'une exilée. L'Antillaise sorbonnarde est brusquement plongée, par choix dans *Hérémakhonon,* par la force des choses dans *Rihata,* au cœur de l'Afrique. Récits semi-autobiographiques (« un anti-moi », dira-t-elle de Véronica dont le récit révisé est réédité en 1988), dans la mesure où toute conscience féminine qui se cherche doit d'abord s'écrire : corruption, vénalité et démence sanguinaire, rien ne manque au portrait peu flatteur de l'Afrique des indépendances. Véronica, qui choisit pour amant un ministre dont elle prétend ignorer les décisions, n'en est pas moins coupable par association. Marie-Hélène, héroïne de *Rihata,* se sait coupable, ne serait-ce que d'inaction. Toutes deux serviraient d'excellentes illustrations au concept sartrien de mauvaise foi. Telle ses sœurs des romans de la génération féminine précédente, Véronica repart vers Paris où l'on peut, semble-t-il, nier pour quelque temps l'Histoire sans rien perdre de sa (fausse) innocence.

Dans le récit féminin se joue souvent la mort de la mère. Insaisissable dans *Hérémakhonon,* la mère n'est que trop vulnérable dans *Rihata.* C'est sous le regard implacable de sa fille aînée que Marie-Hélène s'achemine vers une vieillesse qu'elle ne s'est pas choisie. *Rihata,* éternelle saison en enfer, est le roman du désenchantement. Ce que Véronica était venue chercher en Afrique, c'était des êtres « libres », c'est à dire libérés du regard de l'autre. Sa quête individuelle achoppe sur son refus de l'histoire collective. Marie-Hélène, elle, ne le comprend que trop mais n'en trébuche pas moins. Les critiques ont, à juste titre, loué chez Condé la satire politique et l'amour des vérités pas toujours bonnes à écrire. Il y a toutefois, chez cette proto-féministe, des préoccupations que les plus militantes ne récuseraient point. Le refus de la mère antillaise comme de la mère-Afrique, figure de palimpseste dans le premier roman, fait surface dans le second.

Les œuvres qui suivent prouvent bien qu'à travers la confrontation de la Mère/Ile, Maryse Condé travaille aussi à régler les comptes du Père/Afrique, qu'il s'agisse du géniteur biologique qu'elle nomme si sarcastiquement, dans son premier roman, « le marabout mandingue » (justement parce qu'il ne l'est pas), ou du père historique (le prince africain, Ibrahima, qui devient son amant). En fait, avec Ségou, trilogie historique qui connaît un grand succès tant pour son intensité narrative et sa densité historique que sa finesse psychologique, Condé ranime la fameuse « querelle de la Négritude » de la fin des années soixante. La fougueuse universitaire qui mettait au défi l'optimisme trop exubérant d'un Léon Damas a mûri, mais ses convictions n'ont pas changé : la Négritude et son parti pris d'un passé glorieux sont des pièges où enliser les âmes idéalistes. Il n'y a, en fait, qu'une faible distance entre les manigances politiques des princes africains et ceux qui les ont conquis. C'est cette réalité multiforme et contradictoire de la créature historique qui l'intéresse d'abord, quels que soient son sexe, son origine, ou la couleur de sa peau. C'est pourquoi, avec *La Vie scélérate* et *Traversée de la mangrove*, Maryse Condé revient au pays natal puis explore les liens intimes de la Caraïbe et du continent américain, se faisant désormais historienne, par fiction interposée, de la diaspora noire. Ainsi, entre Panama, les grandes et petites Antilles, la côte de Caroline du Sud (*Les Derniers Rois mages,* 1992) et même la Nouvelle-Angleterre (avec *Tituba*), elle plante ses personnages en quête d'une impossible histoire de leurs origines : la nouvelle « Pays mêlé » comme le beau contre-récit de 1992 restent exemplaires à cet égard. De même, dans *La Colonie du Nouveau Monde* (1993), Maryse Condé raconte la bouleversante déréliction d'une communauté d'hommes et de femmes, Guadeloupéens, Haïtiens, revenus à l'adoration des dieux d'autrefois. Sur un hectare de terre aride situé sur la côte caraïbe de la Colombie, cette colonie va disparaître dans la cupidité, la haine et la folie. C'est le désarroi de notre époque que l'écrivaine consigne dans ce roman où l'amour semble être la seule réponse possible à tous les fanatismes.

Ce que Maryse Condé rejette avec lucidité n'est certes pas le principe de l'émancipation féminine, mais l'ethnocentricité qui la définit en Occident (voir l'entretien de Bouraoui, par exemple). Il est évident que toute idéologie est enracinée dans son contexte sociologique et c'est vers une conscience sociohistorique élargie que l'écrivaine cherche à mener ses lecteurs. Éducatrice patiente et ferme, Maryse Condé a toujours eu le courage de ses convictions : certains de ses compatriotes ne l'ont pas admis volontiers mais sa réputation est désormais inébranlable. L'œuvre riche et variée, traduite en anglais pour l'essentiel, domine la littérature féminine franco-caribbéenne et fait l'objet d'un nombre croissant d'études critiques.

Bibliographie : *Romans* : *Hérémakhonon* (10/8, UGE, 1976). *Une Saison à Rihata* (Laffont, 1981). *Ségou*, 3 vol. : 1: *Ségou ;* 2 : *Les Murailles de terre ;* 3 : *La Terre en miettes* (Laffont, l985). *Pays mêlé,* suivi de «Nanna-Ya», nouvelles (Hatier, 1985). *Moi Tituba, Sorcière... noire de Salem* (Mercure de France, l986). *La Vie scélérate* (Seghers, 1988). *Traversée de la mangrove* (Mercure de France, 1989). *Les Derniers rois mages* (id., 1992). *La Colonie du Nouveau Monde* (Laffont, 1993). *La Migration des cœurs* (id., 1995).

Théâtre : *Dieu nous l'a donné* (Oswald, 1972). *Mort d'Oluwemi d'Ajumako* (id., 1979). *La Pension Alizées* (Mercure de France, 1988). «Le Morne de Massabielle» (Puteaux : Th. des Hauts de Seine, 1970, inéd.). *An tan revolisyion : Elle court, elle court, la liberté* (Conseil régional de la Guadeloupe, sd [c. 1991]). *Comédie d'amour* (Pointe-à-Pitre : 1993, inéd.).

Essais : *La Civilisation du Bossale* (L'Harmattan, 1978). *Profil d'une œuvre : Cahier d'un retour au pays natal* (Hatier, 1978). *La Parole des femmes, essai sur des romancières des Antilles de langue française* (L'Harmattan, 1979).

Anthologies : *La Littérature africaine d'expression française* (Accra : 1966). *La Poésie antillaise* (Nathan, 1977). *Le Roman antillais* (id., 1978).

Collectif : *L'Héritage de Caliban,* dir. Maryse Condé (Guadeloupe : Éd. Jasor [Diff. Sépia], 1992). *Penser la créolité,* avec M. Cottenet-Hage (Karthala, 1995).

Traductions : avec Richard Philcox : *Histoire des Antilles* d'Éric Williams (Présence Africaine, 1975). *Tim, Tim ; Anthologie de la littérature antillaise en néerlandais* (Rotterdam : Flamboyant, 1978).

Livres pour la jeunesse : *Haïti chérie* (Bayard, 1987). *Victor et les barricades* (id., 1989). *Hugo le Terrible* (Sépia, 1992).

Sélection critique : Andrade, Susan Z. : «The Nigger of the Narcissist : History, Sexuality and Intertextuality in Maryse Condé's Hérémakhonon», *Callaloo* 16,1 (1993). Bouraoui, A. Hedi : «Interview with Maryse Condé» in *Écriture Française* III, 1 (1981). Collectif : *L'Héritage de Caliban,* (Guadeloupe : Éd. Jasor [diff. Sépia], 1992). Crosta, Suzanne : «Narrative and Discursive Strategies in *Traversée de la Mangrove* (*Callaloo* 15 : 1, hiver 1992). Herdeck, Donald *et al.* : *Carribean Writers, A Bio-Bibliographical-Critical Encyclopedia* (Washington, D.C. : Three Continents Press, 1979). Makward, Christiane : «Lire le théâtre de Maryse Condé», *Callaloo* 18 (1995). Meckel, Alexyna : «Interview with Maryse Condé», in *Caribbean Contact* XV, 8 (janv. 1988). Mekkawi, Mohamed : «Maryse Condé... An Introductory Bibliography» (Howard Univ., Libraries Pertinent Guides, 1991). Pfaff, Françoise : *Entretiens avec Maryse Condé* (Karthala, 1993).

Clarisse Zimra

CONDROYER, Mariette, romancière.

Contes d'amour et de mort (Gallimard, 1980). *Emma Bovary est dans votre jardin* (Laffont, 1984). *Mary* (Grasset, 1985). *Mangeur d'âmes* (Laffont, 1988). *Un Après-midi plutôt gai,* Prix Goncourt de la nouvelle (Gallimard, 1993).

CONSTANT, Paule, n. 1944, romancière.

Paule Constant a vécu la majeure partie de son enfance en Afrique (Cameroun, Djbouti, Algérie, Tunisie) où son père exerçait la médecine. Après ses études, elle-même épouse d'un médecin spécialiste des maladies tropicales, elle découvre l'Afrique de la décolonisation (Côte-d'Ivoire, Sénégal). Elle est professeur de littérature à l'université Aix-Marseille III (travaux sur New York dans le roman français contemporain, et sur l'éducation des jeunes filles de l'aristocratie du XVIᵉ au XIXᵉ s.). Remarquée par la critique dès son premier roman (prix Valéry Larbaud 1980) elle construit une œuvre exigeante dont chaque roman est un tout mais dont l'ensemble forme une sorte de comédie humaine du monde contemporain dans son opposition fondamentale Nord/Sud. Son essai *Un Monde à l'usage des Demoiselles* (1987) est couronné par l'Académie française qui décerne pour la première fois à une femme le Grand Prix de l'essai. Paule Constant tient la rubrique «Littérature» pour les «Chroniques du mois» de la *Revue des Deux Mondes* dans laquelle elle présente des romans ou biographies écrits par des femmes.

Le thème majeur de l'œuvre romanesque de Paule Constant tel qu'il se développe dans au moins trois de ses livres, *Ouregano* (1980), *Balta* (1983) et *White Spirit* (1989), est la terre d'Afrique, présentée sciemment de façon mythique : *Ouregano,* pays d'Afrique centrale n'existe pas et La Mégalo où se situe l'action de *Balta* est le symbole des villes tentaculaires modernes. Quant à *White Spirit,* les personnages y évoluent dans une bananeraie monstrueuse, lieu d'une nature altérée par le «progrès». C'est moins une analyse réaliste que Paule Constant élabore à travers ses romans africains qu'une dénonciation de la dénaturation du monde en regard d'une nature première, où les êtres sont innocents. Terre, fleuves, ciel, arbres, animaux et humains forment donc une cosmogonie, chant lyrique et violent du monde profané.

Ce sont les enfants qui conduisent l'humanité humiliée vers la prise de conscience. Dans *Ouregano,* Tiffany la petite fille blanche regarde se défaire dans ses comédies et tragédies la société pervertie du monde colonial, et elle voit ce que personne ne voit plus, les signes éternels du chant du monde. Dans *Balta,* l'enfant noir survit dans la forêt monstrueuse d'une mégapole de béton. Il fait naître magiquement les signes d'un monde que l'on croit définitivement perdu. Dans l'enfer de *White Spirit,* c'est l'enfant-singe qui rappelle à chacun sa part d'humanité.

En publiant *Un Monde à l'usage des Demoiselles,* essai sur le féminin et ses rôles, qui répond au roman autobiographique *Propriété privée* et le prolonge, Paule Constant change apparemment de genre. En fait, il n'en est rien car ce texte est un plaidoyer pour les femmes, une tentative de montrer que, dans leur histoire, les femmes ont subi, comme beaucoup de peuples colonisés, la dure loi des hommes qui leur ont imposé leurs structures imaginaires. Les femmes appartiendraient, comme certains peuples africains, à des cultures de type oral, exprimant leur savoir à égale distance de la culture écrite classique et des techniques que le savoir moderne inscrit dans la notion de progrès. L'histoire des femmes serait celle d'une acculturation de type colonial, valorisant à l'extrême les images du colonisateur et dévalorisant celles de l'authenticité.

Ce thème de la femme dévalorisée, dénaturée se retrouve de façon plus explicite dans *White Spirit* où de nombreux symboles renvoient à la signification du titre, produit de blanchissage et de décoloration ou dissolution. La femme est souvent assimilée à la nature elle-même dénaturée. On voit la femme colonisée par les hommes et complice de sa propre dénaturation, trahissant donc sa vraie nature de primitive, avec sa peau réelle, sa vraie couleur pour aboutir à son image artificielle de Barbie prostituée. Ce roman, d'une écriture moins classique que celle des œuvres précédentes, manifeste dans l'expression une force qui égale la rage avec laquelle l'auteur dévoile l'inhumanité des personnages. Ce livre clôt le premier cycle de l'œuvre de Paule Constant et paraît annoncer une nouvelle étape.

Le plus frappant dans l'œuvre est certainement le rapport fondamental qu'entretiennent les livres entre eux par le passage d'un même personnage d'un livre à l'autre, non pas chronologiquement mais par la multiplication de points de vue différents, par l'exploitation polyphonique des thèmes, la reprise de lieux ou d'objets de référence qui forment un tissu intertextuel dépassant les limites des livres pour fonder celles de l'œuvre.

Bibliographie : *Ouregano,* rm (Gallimard, 1980). *Propriété privée,* rm (id., 1981). *Balta,* rm (id., 1983, Folio, 1986). *Un monde à l'usage des Demoiselles,* essai (id., 1987). *White Spirit,* rm (id., 1989). *Les périls de la passion,* scénario (d'après *La Princesse de Clèves,* 1987). *L'Abbesse,* scénario (situé au XVIIᵉ s., 1987). *L'Éducation des jeunes filles de l'aristocratie du seizième au dix-neuvième siècle* (Lille 3 : ANRT, 1988). *Le Grand Ghâpal,* rm (Gallimard, 1991). *La Fille du gobernator,* rm (id., 1995).

Sélection critique : Christmann, Ellen : « Untersuchungen zu Paule Constant : *Ourégano* und *Propriété privée* », mémoire (Univ. de Mayence, Allemagne, 1983). Karlsson, Britt-Marie : « Illusion et réalité dans *Balta* de Paule Constant », mémoire (Univ. Göteborg, Suède, 1988). Actes du colloque *Continental, Latin-American and Francophone Women Writers* (Wichita State Univ., KS, 1989).

Ginette Adamson

COPPIN, Marguerite, romancière belge, XIXe s., Bruges.

CORDELIER, Jeanne, romancière.

La Dérobade (Hachette, 1976). *La Passagère* (Mazarine, 1981). *Chez l'espérance* (Hachette, 1982). *Malparade* (id., 1985). *Sang et plumes* (id., 1987). *A l'arraché,* récit (J.-C. Lattès, 1990).

CORRIVEAU, Monique, n. 1925, québécoise, auteure pour la jeunesse.

Le Témoin (Montréal : CLF, 1969). *Le Garçon au cerf-volant* (Montréal : FIDES, 1974). *Les Saisons de la mer* (id., 1975).

COSSÉ, Laurence, romancière.

Les Chambres du Sud (Gallimard, 1981). *Le Premier pas d'amante* (id., 1983). *18 h 35 : Grand bonheur* (Seuil, 1991).

COTTIN, Marie Sophie Risteau, 1770-1807, romancière.

Claire d'Albe (1799). *Malvina,* 4 vol. (1800). *Amélie Mansfield,* 3 vol. (1803). *Mathilde* (1805). *Élisabeth ou les Exilés de Sibérie* (Gignet & Michaud, 1806). *Œuvres complètes* (Foucault, 1817). *Histoire de Mathilde et de Malek Adhel : épisode du temps des croisades* (B. Renaud, 1863). *La Prise de Jéricho* (s. d.). Cf. DLLF & FWW.

CRAVEN, Pauline de la Ferronays, 1808-1891, romancière.

Née en Angleterre où ses parents avaient émigré en 1805, Pauline de la Ferronays appartenait à une famille prestigieuse. Après avoir été ambassadeur de France au Danemark et en Russie, son père fut brièvement ministre des Affaires étrangères en 1828, puis ambassadeur à Rome avant de démissionner en 1830. En 1834, elle épouse Augustus Craven qui renonce à la foi protestante. La carrière diplomatique de ce dernier est loin d'égaler celle du beau-père et une tentative de carrière politique en Angleterre se solde aussi par un échec. Des spéculations peu avisées ayant menacé l'aisance financière du couple au début des années soixante, Pauline commence une carrière littéraire fructueuse à tous points de vue car en 1880 son éditeur lui fera une rente à vie.

L'ouvrage qui devait assurer en grande partie la réputation de l'écrivaine et déterminer la popularité de ses œuvres subséquentes est son premier : *Récit d'une sœur*. Une première édition de 1865 est destiné essentiellement à l'entourage, mais celle de 1866 marque le début d'un succès durable : la dernière édition (1906) est la cinquantième et l'ouvrage a été couronné en 1867 par l'Académie française comme le sera *Fleurange* en 1872. *Récit d'une sœur* est une compilation de lettres échangées par les membres de la famille de l'écrivaine, avec pour intrigue principale l'histoire d'amour et de mort entre Albert, frère de Pauline Craven et son épouse, Alexandrine. La fonction de Pauline fut d'éditer les lettres, établir certaines transitions et ajouter çà et là des commentaires à l'échange épistolaire. Ainsi qu'elle le précise dans l'avant-propos, Pauline veut nous livrer, au travers d'une histoire vraie, le portrait d'êtres profondément catholiques, la peinture d'une jeunesse morale et d'un amour conjugal qui se transformera chez Alexandrine en amour divin à la mort d'Albert. *Récit d'une sœur,* de même que la plupart des écrits de Pauline, témoigne de la destiné féminine glorifiée dans (et par) la foi catholique. Cependant ce n'est pas là le seul enseignement que l'on peut tirer de cette œuvre généreuse.

Certes, Pauline Craven biographe et romancière se veut à part entière écrivaine catholique. Mais bien qu'elle s'attache dans tous ses ouvrages à évoquer la grandeur du sentiment religieux (Paul Bourget la range, avec raison sans doute, parmi les « romanciers piétistes »), il est possible de lire dans une perspective différente la peinture qu'elle fait de la destiné féminine. Les « livres pour jeunes filles », conventionnels et ne menaçant guère l'ordre des choses, sont loin de représenter le lot de la femme sous un jour attirant. Leurs héroïnes (aristocratiques pour la plupart) vivent une vie de sacrifice pour ne pas déroger aux principes de la foi : sacrifice d'une religion autre que le catholicisme, sacrifice du bonheur personnel, en un mot sacrifice de soi. Ces vies de femmes sont jonchées d'obstacles et de défis. Elles racontent la difficulté de la vie conjugale (que le mariage soit arrangé ou pas), la dépendance de la femme ne se haussant jusqu'au sublime que par l'acceptation de la douleur qui lui est infligée par l'homme. Les héroïnes de Pauline Craven sont, en fin de compte, péniblement parfois et douloureusement toujours, la conscience des hommes.

Bibliographie : *Récit d'une sœur : Souvenirs de famille* (Didier, 1866). *Anne Séverin* (id., 1968). *Adélaïde Capece Minutolo* (id., 1969). *Fleurange* (id., 1871). *La Marquise de Mun* (id., 1872). *Le Comte de Montalembert* (id., 1872). *Le Mot de l'énigme* (id., 1874). *La Sœur de Nathalie Narischkin* (id., 1875). *Deux incidents de la question catholique en Angleterre* (id., 1875). *Le Travail d'une âme* (id., 1877). *Réminiscences : Souvenirs d'Angleterre et d'Italie* (id., 1879). *La Jeunesse de Fanny Kemble*, traduction (id., 1880). *Une année de méditation* (id., 1881). *Éliane* (id., 1882). *Le Valbriant* (Perrin, 1885). *Robert de Mun* (id., 1887). *Lady Giorgiana Fullerton, sa vie et ses œuvres* (id., 1888). *Le Père Damien* (id., 1890).

Bénédicte Monicat

CRENNE, Hélisenne de –, c. 1510-1552, écrivaine de la Renaissance.

L'examen des documents de l'époque ne révèle que quelques détails sur la vie de la femme qui se sert du pseudonyme Hélisenne de Crenne. Une chronique d'Abbeville fait mention de Marguerite Briet, femme de Philippe Fournel, seigneur de Crenne, qui obtient certains succès littéraires à Paris. Il semble qu'elle ait été appelée à la cour de Louise de Savoie où elle tombe amoureuse du jeune chevalier qui inspire son roman. Entre 1538 et 1541, elle publie pour la première fois toutes ses œuvres : un roman sentimental, des épîtres, un songe allégorique et une traduction de Virgile. Elle disparaît après 1560, date de la dernière édition de ses œuvres corrigées de sa main.

L'œuvre témoigne de la diversité des courants littéraires au milieu du seizième siècle. Elle emploie des formes médiévales – les discours allégoriques et le songe – aussi bien que des formes nouvelles – le roman sentimental et la traduction. En fait, c'est Hélisenne qui nous donne le premier roman sentimental français, *Les Angoysses douloureuses qui procèdent d'amours* (1538). Ses *Épistres* poursuivent certains thèmes de ce roman tout en ouvrant la voie du roman épistolaire du dix-huitième siècle. Le *Songe,* texte allégorique et didactique, parachève sa doctrine d'amour esquissée dans les œuvres de fiction. Sa traduction de l'*Enéide,* un travail d'humaniste, met l'histoire de Didon et d'Enée en prose française de l'époque.

La modernité de la forme se décèle aussi dans les techniques narratives. Trois personnages racontent successivement l'histoire d'une passion malheureuse. Hélisenne décrit son mariage et son amour pour un beau jeune homme. Le mari jaloux met fin à son récit en l'emprisonnant dans une tour. L'amant prend la plume afin de conter ses aventures chevaleresques en quête de sa dame : la quête achevée, la mort les cueille tous deux. Alors le compagnon fidèle de l'amant narre l'apothéose des héros aux Champs-Élysées ! Les trois narrateurs expriment la même intention didactique : montrer les conséquences destructrices de la passion.

La narration d'Hélisenne, généralement tenue pour autobiographique, est particulièrement attachante. Elle-même souligne le fait qu'elle parle de sa propre expérience : « Hélas, je n'en parle comme ignorante, mais comme celle qui a le tout expérimenté » (Édition de Harry Secor, p. 122 ; nous avons modernisé orthographe et ponctuation). La description réaliste et détaillée de son mariage renforce l'impression de sa sincérité. Elle peint son mari avec une sympathie indubitable. Dès leur mariage, il l'aime, « j'étais le seul plaisir de mon mari et il me rendait amour mutuel et réciproque... » Si plus tard il la bat, c'est seulement pour la ramener à la raison ! Ce n'est pas la faute du mari si elle tombe et se brise deux dents ! Il ne l'enferme qu'après avoir tout essayé, en mari exceptionnel pour l'époque. Hélisenne se décrit avec honnêteté, ne s'excusant pas. Aveuglée par son amour, elle apprend à dissimuler et à feindre auprès de son mari, son caractère se détériore, prise qu'elle est entre son devoir conjugal et son amour. Avec grande franchise, Hélisenne fait allusion aux aspects physiques du mariage. Selon la coutume, elle a été mariée à un inconnu à l'âge de douze ans. La narratrice laisse entendre que cette initiation sexuelle prématurée nuisait à sa santé, « Moi vivant en telle félicité, il ne me restait qu'une chose : c'était santé, qui de moi s'était séquestrée, au moyen que j'avais été en trop jeune âge. » Les relations sexuelles du couple, acceptables au commencement du mariage empirent au cours de la première partie du roman jusqu'au jour où le lit conjugal devient un champ de bataille comme dans cette scène, au début des *Angoysses* où l'épouse refuse ses faveurs au mari et feint la maladie (sinon la moderne migraine). Hélisenne nous aura donc donné l'archétype d'une trop longue tradition littéraire, celle des mal mariées, modèle qui serait aussi, selon certains critiques, le premier roman autobiographique de langue française.

Bibliographie : *Les Angoysses douloureuses qui procèdent d'amours* (Denys Janot, 1538). *Les Épistres familières et invectives* (id., 1539). *Le Songe* (id., 1540). *Les Quatre premiers livres des Eneydes* (id., 1541). « Hélisenne de Crenne : *Les Angoysses douloureuses qui procèdent d'amours* (1538) : A Critical Edition Based on the Original Text with Introduction, Notes and Glossary », éd. Harry R. Secor (Thèse Yale, 1957). *Les Angoysses douloureuses qui procèdent d'amours,* éd. Paule Demats (Les Belles Lettres, 1968). *Les Angoysses douloureuses qui procèdent d'amours,* éd. Jérôme Vercruysse (Minard, 1968). *Œuvres* (Slatkine, 1977). *Les Épistres familières et invectives de madame Hélisenne,* éd. critique de J.-Ph. Beaulieu (Montréal : PUM, 1995).

Sélection critique : Conley, Tom : « Creative Paradox : Narrative Structures in Minor French Fiction of the Sixteenth Century [Flore, Crenne, Des Autelz, Tabourot, Yver], thèse (Univ. Wisconsin, 1972). Mustacchi, M., Archambault, Paul : *A Renaissance woman : Helisenne's Personal and Invective Letters* (New York : Syracuse Univ. Press, 1985). Reynier, Gustave : *Le Roman sentimental avant l'Astrée* (Armand Colin, 1908). Waldenstein, Helen: « Hélisenne de Crenne : A Woman of the Renaissance », thèse (Wayne State Univ., 1964). Wood, Diane S. : « Literary Devices and Rhetorical Techniques in the Works of Hélisenne de Crenne », thèse (Univ. Wisconsin, 1975). Cf. FWW.

Diane S. Wood

CREQUY, Renée-Caroline-Victoire de Froullay, marquise de –,1714-1803.

Souvenirs, 7 vol. (Fournier, 1834-1835). *Lettres inédites* (Potier, 1856).

CRESSANGES, Jeanne, romancière, essayiste.

Le Cœur en tête (Julliard, 1970). *La Feuille de bétel* (J'ai lu, 1970). *La Chambre interdite* (id., 1971). *La Part du soleil* (id., 1971). *Mourir à Djerba* (Denoël, 1973). *La Petite Fille aux doigts tachés d'encre* (Flammarion, 1985). *Les Chagrins d'amour* (Grasset, 1976). *La Vraie Vie des femmes commence à quarante ans* (id., 1979). *Ce que les femmes n'ont jamais dit* (id., 1982). *La Mariée de Saint-Médard* (Flammarion, 1984). *Parlez-nous d'amour* (id., 1986). *Les Eaux rouges* (F. Bourin, 1988). *Seules ; enquête sur la solitude féminine,* essai (id., 1992). *Les trois naissances de Virginie* (à paraître).

CREUCHET, Anne, n. 1941, poète.

Comme un vent sans relâche (Chambelland, 1962). *Poèmes du Cherche-Midi* (id., 1972). *Sourdine* (Chaillé-sous-les-Ormeaux : Dubost, 1977). *Panique : poèmes* (« La Barravelle », 1987).

CRIF (Centre de recherche et d'information féministes), collectif.

Stratégies des femmes, féminisme-sociologie-histoire (Tierce, 1984). *Nouvelles technologies et travail des femmes en Aquitaine* (Talence : Éditions de la Maison des sciences de l'homme et d'Aquitaine, 1988). *Femmes et vie rurale au Québec et en Aquitaine* (id., 1991).

CUNÉO, Anne, n. 1936, romancière, dramaturge suisse.

D'origine italienne, Anne Cunéo est née à Paris mais elle a été élevée en Italie pendant la deuxième guerre mondiale où son père est mort. A l'âge de cinq ans elle a déjà décidé d'écrire parce que cela lui paraît être « la plus belle profession du monde ». Après avoir été pensionnaire dans divers internats religieux, elle vit en Suisse avec sa famille et fait ses études secondaires et universitaires à Lausanne où elle enseigne par la suite la littérature. Une année à Londres et l'ouverture à la culture anglo-saxonne constituent un moment décisif. Elle fait de longs voyages à travers l'Europe. Un premier roman est terminé en 1964. Sa production littéraire commence réellement en 1967, date à laquelle elle décide, sous l'influence des surréalistes, d'abandonner le roman et ses personnages fictifs pour rester plus près de ses expériences personnelles. Après une première phase autobiographique, elle est poussée à affronter la société, double vocation qui est renforcée lorsqu'elle surmonte un cancer du sein avancé en 1978. Elle préfère désormais le livre documentaire et l'écriture dramatique. Elle fait des stages de théâtre pour s'essayer finalement à la mise en scène. Elle vit à Zurich où elle travaille comme traductrice, journaliste, metteur en scène et cinéaste.

L'œuvre d'Anne Cunéo n'évolue pas de façon linéaire car elle suit les méandres de sa vie et de ses expériences. Le premier texte, *Gravé au diamant,* comporte quatre parties : une journée dans sa vie, d'abord décrite puis rendue visible par le truchement de photographies des lieux déjà évoqués, les circonstances de son évolution et finalement l'exposé de sa position féministe. La référence littéraire majeure est à *Nadja* de Breton, modèle, comme le rappelle l'épigraphe, du livre ouvert tel une porte battante dont on n'a pas à chercher la clé. Une volonté de transparence restera le fil conducteur de toute l'œuvre.

Le second livre, *Mortelle Maladie,* est écrit pour élucider l'expérience de la maternité et pour recréer l'enfant qui a empli son corps, peuplé ses rêves pour mourir lors d'une naissance prématurée. Le troisième volet de cette réflexion sur sa propre condition de femme est constitué par *Poussière du réveil* qui fait ressortir les côtés les plus obscurs du rapport conjugal. La femme est traitée comme une « femme d'intérieur » par son mari et comme une prostituée par son amant. Liaison et mariage se désagrègent tandis que la femme essaie de se comprendre. Comme ailleurs dans l'œuvre, les hommes sont représentés avec une moindre richesse de détails. Ce n'est pas tant pour les dénoncer que parce qu'une femme ne peut les voir que de l'extérieur. Tout au long de sa vie, l'auteur en reste en effet à la position formulée à la fin de *Gravé au diamant* : « Il n'y a pas de solution hors de l'amour », hors de la dynamique d'un rapport amoureux.

A la fin de cette trilogie intime, Anne Cunéo ressent de plus en plus fort le besoin de s'insérer dans la réalité sociale. Les moyens qu'elle trouve sont le livre documentaire (comme on parle de film documentaire), puis les textes dramatiques. *Le Piano du pauvre* est l'histoire authentique d'une femme du peuple dont le rêve était de devenir musicienne et qui finira par être accordéoniste dans les cafés de Lausanne. *La Machine fan-*

taisie décrit par le menu, avec une technique empruntée directement au roman américain dont l'influence marque toute l'œuvre, le tournage d'un film suisse (*Der Gehülfe* de Thomas Koerfer) et, à travers cet exemple concret, le texte donne une image assez précise de ce qu'est l'industrie suisse du cinéma.

Ici se situe la rupture dans la vie d'Anne Cunéo. En 1978, elle est atteinte d'un cancer dont on lui prédit qu'elle ne se remettra pas. Pourtant, elle survit. Trois œuvres sont liées directement à sa maladie. *Passage des panoramas* est une réflexion sur la mort toute proche, un bilan d'une vie mal vécue, une ouverture sur un avenir barré par la maladie, une profession de foi dans l'avenir. *Une Cuillerée de bleu* est le récit de la lutte opiniâtre pour survivre au cancer, pour préserver ce petit rien, cette infinitésimale «cuillerée de bleu» qu'est la vie. Bien qu'ils ne se réclament pas aussi explicitement du féminisme et du politique, ces deux livres font preuve d'un engagement et d'une solidarité profonds. Le public ne s'y est pas trompé : *Une Cuillerée de bleu* a été lu par des dizaines de milliers de personnes, de nombreux cancéreux disent lui devoir la vie. L'intention de l'auteur était de léguer la troisième œuvre de ce cycle, *Portrait de l'auteur en femme ordinaire,* écrite au moment où la mort semblait imminente, à sa fille Eva, alors âgée de neuf ans, pour qu'elle sache qui avait été sa mère : Anne Cunéo y fait un récit linéaire des trente premières années de sa vie, et ceci constitue un adieu à l'autobiographie proprement dite.

Plus récemment Anne Cunéo s'est tournée vers le spectacle : un livre sur Benno Besson, *Benno Besson et Hamlet,* un autre sur le monde des forains, *Frères humains qui avec nous vivez,* et surtout une œuvre théâtrale importante. Jusqu'en 1978, elle avait écrit deux ou trois textes dramatiques. Depuis lors, elle en a produit une douzaine, joués un peu partout en Suisse, parfois mis en scène par l'auteure. Ils témoignent de son féminisme, de son engagement social, d'un goût pour le fantasque. Ainsi *La Plante d'Elvira* est une version de don Juan du point de vue d'Elvire, *Ophélie des bas quartiers* se place dans la perspective d'Ophélie et relie la jeune fille shakespearienne à une femme d'aujourd'hui. *Madame Paradis,* dont le personnage central est une comédienne de soixante-dix ans, explore la question de l'âge des femmes. Des pièces comme *Une fenêtre sur le neuf novembre* traitent de la réalité politique suisse : une femme dîne alors que sous ses fenêtres se déroule le 9 novembre 1932, un des épisodes les plus controversés dans l'histoire des rapports entre l'armée et la population suisses. *L'Aigle de la montagne noire* raconte l'histoire vraie d'un chef hopi venu en Suisse parler de la destruction des territoires traditionnels de son peuple par les chercheurs de plutonium. Dans un autre registre, *Scènes de la vie d'un pavé* donne la parole à un pavé qui a été le témoin d'événements tels que le passage du jeune Mozart en Suisse ou la naissance de la République helvétique au moment des guerres napoléoniennes. *Les enfants de Saxo* est une rencontre entre Guillaume Tell et

Hamlet au soir du 1er août 1991, 700e anniversaire de la Confédération suisse. Les deux personnages se promènent dans le paysage historique des Confédérés en compagnie de leur amie Helvétia et échangent des réflexions sérieuses, aigres-douces, franchement drôles. Les œuvres d'après 1978 témoignent d'un élément nouveau : la gaieté.

Parallèlement, Anne Cunéo a écrit des textes critiques, des textes de réflexion sur la place de l'artiste dans la société, le plus important étant *Art, rupture et résistance*. Pour elle l'écriture est en effet, dès les débuts, un acte social, et même ses œuvres les plus intimes se terminent sur une prise de position, car « l'écrivain est un privilégié : = il lui est donné de voir dans un monde d'aveugles et de s'exprimer dans un monde de muets ». Un état qui crée des devoirs. A ne pas négliger enfin, l'activité de cinéaste, qu'Anne Cunéo voit comme « écrire des récits par d'autres moyens ».

Quelle qu'en soit la forme, l'œuvre d'Anne Cunéo dit la tension entre son désir d'union avec l'autre, enfant, ami, artiste, personnage historique, contexte social, dans une communion qui assouvirait l'esprit et le corps, et le désir de trouver son autonomie en tant que sujet. C'est un sujet qui voit, qui s'exprime, et qui veut vivre dans toute sa plénitude une vie devenue d'autant plus précieuse qu'elle est plus menacée de l'intérieur (la maladie) ou de l'extérieur par l'accident de l'histoire. De son roman tchèque (1990) un critique affirme : « Nulle part Anne Cunéo n'avait encore trouvé ce ton qui tient en même temps du reportage et de la confidence pathétique – ce qui ne veut pas dire larmoyante... » Il ne fait pas de doute qu'un sens approfondi du théâtre nourrit effectivement le pathétique noble qui marque l'œuvre, une des plus considérables œuvres romandes de sa géné-ration.

Bibliographie : *Récits* : *Gravé au diamant* (Lausanne, L'Aire, 1967). *Mortelle Maladie* (id., 1969). *La Vermine* (1970). *Poussière du réveil* (Lausanne : Bertil Galland, 1972). *Forêt profonde : une partition parlée* (La Chaux de Cossonay : F.A. Parisod, 1974). *Le Piano du pauvre* (Lausanne : Bertil Galland, 1975). *La Machine fantaisie* (id., 1976). *Passages des panoramas* (id., 1978). *Une Cuillerée de bleu* (id., & Eric Losfeld, 1979). *Portrait de l'auteur en femme ordinaire* (id., 2 tomes, 1980/1982). *Les Portes du jour* (Payot, 1980). *Hôtel Vénus* (Lausanne : Favre, 1984). *Prague aux doigts de feu* (Yvonand : Bernard Campiche, 1990). *Le Trajet d'une rivière* (Denoël, 1995).

Essais : *Art, rupture et résistance* (Moutier : Éd. de la Prévôté, 1978). *Le Monde des forains : Frères humains qui avec nous vivez* (Lausanne : 3 Continents, 1985). *Benno Basson et Hamlet* (Lausanne : Favre, 1987).

Théâtre (créations à la TV, à la Radio et/ou au théâtre) : *Les Bourreaux ordinaires*, 1971. *Jours du Chat*, 1972. *Le Piano du pauvre*, 1975. *Cessez de m'appeler grand-père*, 1976. *Une fenêtre sur le 9 novembre*, 1979. *Le Grand jeu de la vie courante*, 1980. *Au Sud des Nuages*, 1981. *Lorelay*,

1985. *Scènes de la vie pavée*, 1986. *BaBa Lou Bar*, 1987. *Rue des Miroirs*, 1988. *Les Enfants de Saxo*, 1988. *Madame Paradis* (Lausanne : Favre, 1989).

Films : *Cinéjournal au féminin*, 1981. *Wenn die City Kommt*, 1982. *Les Sept Vies*, 1983. *Signes de terre, signes de chair*, 1984. *Basta*, 1986.

Sélection critique : Carrard, Philippe : « Variations sur le "je" » (*Présence Francophone* 20, 1980). Moser, Monique : « Anne Cunéo : En route vers le dialogue » (*Swiss-French Studies,* nov. 1982). *Écriture* (Lausanne).

Karin Blair

CURCHOD, Alice, romancière suisse.

Le Pain quotidien (Lausanne : Bonnard, 1935). *L'Amour de Marie Fontaine* (id., 1942). *Les Pieds de l'Ange* (Lausanne : Guilde du Livre, 1950).

CURTIL, Jocelyne, poète.

Le Soleil sous la peau (Chambelland, 1968). *Le Point de non-retour* (Saint-Germain-des-Prés, 1975). *Paroles du matin clair* (École des loisirs, 1977).

D

DACIER, Anne Lefèvre, 1647-1720, philologue, essayiste.

Des causes de la corruption du goût (Rigaud : 1714). *Homère défendu contre l'Apologie du R.P. Hardouin,* ou *Suite des causes de la corruption du goût* (Coignard, 1716). *La Vie de Marc Antonin* (s. d.). Traductions d'Anacréon, Aristophane, Callimaque, Homère, Marc-Aurèle, etc. Cf. DLLF.

DRACIUS-PINALIE, Suzanne, n. 1951, universitaire, romancière martiniquaise.

L'Autre qui danse, rm (Seghers, 1989). « De sueur, de sucre et de sang », nouvelle (*Le Serpent à Plumes* 15, 1992). *La Mangeuse de Lotus* (à paraître).

D'AMOUR, Francine, écrivaine québécoise.

Les Dimanches sont mortels, rm (Montréal : Guérin Littérature, 1987). *Les Jardins de l'enfer* (Montréal : VLB, 1990). Nouvelles et textes divers dans *Le Québec Littéraire, Le Devoir, Québec Amérique, Le Sabord,* etc.

DARAKI, Maria, n. 1941, poète grecque.

La Solitude d'Adam (Oswald, 1973). *Le Règne de la négresse* (Saint-Germain-des-Prés, 1974). *Dionysos* (Arthaud, 1985). *Une Religiosité sans Dieu* (La Découverte, 1989).

DASH (pseud. de Pouilloüe- de Saint-Mars), dite comtesse de – (Gabrielle-Anne-Cisterne de Courtiras), 1804-1872, romancière sentimentale.

Mémoires des autres (posthumes,1896-97).

DAUDET, Julia-Rosalie-Céleste Allard (Mme Alphonse),1844-1940, poète, critique sous le pseud. de Karl Steen.

Impressions de nature et d'art (Charpentier, 1879). *L'Enfance d'une Parisienne* (Charavay, 1883). *Fragments d'un livre inédit* (id., 1884). *Les Enfants et les Mères* (Lemerre, 1889). *Reflets sur le sable et sur l'eau* (id., 1903). *Miroirs et Mirages* (Fasquelle, 1905). *Au bord des terrasses* (Lemerre, 1906). *Lumières et Reflets* (id., 1920).

DAUGET, Marie,1860-1942, poète.

A travers le voile (Léon Vanier, 1902). *Par l'amour* (Mercure de France, 1904). *Clartés* (Sansot, 1907). *Les Pastorales* (id., 1908). *L'Essor victorieux* (id., 1911). *Ce n'est rien, c'est la vie* (Chiberre, 1924).

DAUTHEVILLE, Anne-France, romancière.

Une Demoiselle sur une moto (Flammarion, 1973). *Et j'ai suivi le vent* (id., 1975). *L'Histoire de Jeff Walcott* (P. Belfond, 1978). *La Piste de l'or* (Plon, 1982). *Le Voleur d'images* (id., 1984). *La Ville sur l'eau* (id., 1985). *Les Anges de Sainte Catherine* (Stock, 1986). *Les Variations Maraldi* (Julliard, 1989). *L'Africaine* (Orban, 1990). *Les Chevaux du ciel* (Éditions du Rocher, 1992).

DAVELUY, Marie-Claire,1880-1968, historienne québécoise, auteure pour les jeunes.

Les Aventures de Perrine et de Charlot, rm (Montréal : BAF, 1923 ; suite en 6 vols.). *Le Filleul du roi Grolo* suivi de *La Médaille de la Vierge* (id., 1926). *Sur les ailes de l'oiseau bleu*, récit (Montréal : A. Lévesque, 1936). *Une Révolte aux pays des fées*, récit (id., 1936).

DAVID, Catherine, n. 1949, romancière.

    L'Océan miniature (Seuil, 1983). *Simone Signoret : la nostalgie* (Laffont, 1990).

DEBECHE, Djamila, écrivaine franco-algérienne.

    Leila, jeune fille d'Algérie, rm (Alger : Imp. Chanas, 1947). *Les Musulmans algériens et la scolarisation* (id., 1950). *L'enseignement de la langue arabe et le droit de vote aux femmes algériennes* (id., 1951). *Aziza,* rm (Alger : Imp. Imbert, 1955).

DEFFAND, Marie-Anne de Vichy-Chamrond, marquise du –, 1697-1780, épistolière.

    Correspondance inédite de Mme du Deffand avec d'Alembert, Montesquieu etc., suivie des lettres de M. de Voltaire à Mme du Deffand, 2 vol. (L. Colin, 1809). *Lettres de la Marquise du Deffand à Horace Walpole (1766-1780), avec des lettres à Voltaire, 1759-1775,* 4 vol. (Treuttel & Würtz, 1812 & 1824). *Lettres de Mlle Aïssé, suivies de celles de Montesquieu et de Mme du Deffand au Chevalier d'Aydie* dans *Lettres portugaises* [de Mariana Alcoforado] *avec les réponses,* revues et précédées de deux notices biographiques et littéraires par Eugène Asse (Charpentier, 1873). *Lettres inédites de Madame du Deffand au Baron Carl Fredrik Scheffer : 1751-1756* (Genève : Institut et Musée Voltaire, 1959). *Cher Voltaire : La Correspondance de Madame du Deffand avec Voltaire* (des Femmes, 1987). *Lettres à Voltaire,* Préface de Chantal Thomas (Rivages, 1995). Cf. DLLF & DLFF.

DEFORGES, Régine, éditrice, romancière.

    Françoise Issaurat, de son entourage immédiat, l'évoque ainsi : « Mère de trois enfants, Régine Deforges continue la reliure, l'encadrement et, bibliophile, à rechercher les textes et les éditions rares. Malgré ses nombreuses activités, elle aime à cuisiner pour ses amis les plats de son terroir et se dit qu'un jour, peut-être, elle pourrait bien publier un livre de cuisine », et Madeleine Chapsal l'étudie. Régine Deforges est membre du jury Fémina, de la Société des Gens de Lettres, du Pen-Club, du Comité consultatif de la langue française, et son coup de plume a pu illustrer *L'Apocalypse de Saint Jean* pour Ramsay (1985).

Régine Deforges tient dans la vie littéraire contemporaine une place originale : elle est un des rares auteurs féminins d'ouvrages érotiques. Son nom est attaché pour le grand public au roman fleuve paru en trois tomes et vendu, pour le premier, en 3 millions d'exemplaires : *La Bicyclette bleue* (Ramsay, 1982), *101, avenue Henri Martin* (1983), *Le Diable en rit encore* (1985), récit des péripéties érotico-héroïques traversées par la jeune Léa, résistante de la première heure pendant l'occupation allemande de 1940. Léonine (comme son prénom l'indique) par sa témérité tant sexuelle que politique, et par sa chevelure rousse, elle pourrait figurer la projection pythique de Régine Deforges elle-même : proximité du prénom (Lea/Regina) et crinière/chevelure rousse que Régine Deforges s'attache à rehausser de vêtements noirs. Sans doute faut-il chercher dans cette conni-vence du personnage et de sa créatrice, autant que dans les réminiscences littéraires, les rapports de l'œuvre avec cette autre épopée féminine qu'est *Autant en emporte le vent*.

C'est bien en effet l'image d'une conquérante que critiques et public retiennent généralement de Régine Deforges dont l'éclat irrite ou fascine, d'où le rapprochement de Régine Deforges avec d'autres pionnières iso-lées, notamment Pauline Réage dont elle a publié des entretiens (*O. m'a dit* en 1975 chez Pauvert). Dominique Aury a tracé un fossé infranchis-sable entre l'auteure de fiction et la personne réelle là où Régine Deforges revendique leur fusion : « J'ai admiré en vous, dit la première, ce courage que moi, je n'ai pas eu : publier à découvert des érotiques et affronter les moqueries, les insultes, les polices. Cette jolie fille (j'avais vu une photo) était un petit soldat qui montait au feu sans flancher. Bravo. »

Or le scandale, loin d'être subi comme une malédiction à la manière romantique, est utilisable comme une arme dans la conquête d'un public. Ceci a été le pari de Régine Deforges, « libraire passionnée » qui est contrainte, en 1974, de mettre en vente une partie de sa bibliothèque. En 1976, elle crée une maison d'édition qui porte son nom et réédite des romans féminins, quelques textes érotiques et des pamphlets qui lui valent derechef une interruption de 1978 à 1984. Provisoirement, elle se tourne vers la caméra et réalise un de ses recueils, *Contes pervers,* succès com-mercial qu'elle considère comme un échec même. Elle a été figurante dans l'épisode de Hong-Kong ainsi que dans *La Banquière* et dans *Papa les petits bateaux*.

Ce qui caractérise Régine Deforges est d'entrer sur la scène littéraire et cinématographique d'une manière directe, à visage découvert : elle pré-face *Lola et quelques autres,* recueil de contes érotiques en les présentant comme des fantasmes personnels. Elle continue en fait dans la veine auto-biographique de son premier roman : *Blanche et Lucie* paru en 1977 où elle cherchait à travers le regard porté sur ses deux grand-mères à se retrouver elle-même. La suite, *Le Cahier volé,* la met donc en scène : ado-lescente en butte à tout un village pour un cahier de confidences amoureuses dont l'objet est principalement son amie d'enfance, et que lit publiquement par vengeance un de ses amoureux éconduits. En 1982 sort le dernier tome, *Les Bords de la Gartempe,* faisant de cette rivière capricieuse le symbole des héroïnes tumultueuses et attachantes de la saga familiale de Régine Deforges.

Un roman historique, *La Révolte des Nonnes : Poitiers 589,* raconte l'épopée merveilleuse de Vanda, femme-louve, héroïne de la surprenante révolte des nonnes de Poitiers contre l'abbesse de leur couvent, qu'elle a découverte dans *L'Histoire des Francs* de Grégoire de Tours. Le parti pris d'objectivité met en relief l'élément dérivé du fantastique des contes.

Ainsi Régine Deforges est à sa façon un auteur engagé dans la cause de la libération féminine. Elle fait entendre d'autres voix que la sienne dans l'anthologie des *Cent Plus Beaux Cris de femme* destinée à montrer tant la « dignité » des femmes que leur « merveilleux courage », ou dans *Pour l'amour de Marie Salat,* composé à partir de cartes postales anciennes. Ce texte reconstitue la correspondance de deux jeunes femmes du début du siècle qui s'aiment d'un amour passionné, se l'avouent et le vivent au risque de se perdre.

La femme dans l'œuvre de Régine Deforges est donc promue au rang d'héroïne : elle est prête à toutes les aventures. Soumise seulement en apparence aux fantasmes masculins, c'est sa propre sexualité qu'elle entend découvrir, assumer, au besoin à la face du monde. Dans ce domaine, pas de frontière : aux confins de la violence, du sadisme, du masochisme, peuvent naître pureté ou folie. On a rapproché Régine Deforges de Colette, de l'impertinence de Claudine en particulier. Le ton, l'époque ont changé, mais Régine Deforges n'évite pas toujours la monotonie de variations infinies sur le thème de la petite culotte, d'autant plus que la forme adoptée pour éviter les « gros mots » qu'elle juge d'un effet « attristant » est d'un pur classicisme (v. préface aux contes de *Lola*). Sans doute ce vocabulaire sage, ce récit de bon ton au passé simple, fonctionnent-ils comme la tenue d'une écolière modèle rendant plus piquante la découverte du feu intérieur.

Bibliographie : *O. m'a dit, Entretiens avec Pauline Réage* (J.-J. Pauvert,1975). *Blanche et Lucie* (Fayard, 1977). *Le Cahier volé, petite chronique des années 50* (Le Livre de Paris, 1978). *Lola et quelques autres* (Jean Goujon, 1979). *Contes pervers* (Fayard, 1980). *Les Cent plus beaux cris de femmes,* anthologie (Le Cherche-Midi, 1980). *La Révolte des nonnes : Poitiers, 589* (La Table Ronde, 1981 & 1991 sous le titre *L'Enfant et les loups*). *Léa au pays des dragons,* contes pour enfants (Garnier, 1982, éd. illust. Pauvert-Garnier). *Les Enfants de Blanche* (Fayard, 1982). *101, Avenue Henri Martin* (Ramsay, 1983). *Le Diable en rit encore* (id., 1985). Édition illustrée de *l'Apocalypse* à l'usage des enfants (id., 1985). *Sur les bords de la Gartempe* [= *Blanche et Lucie, Le Cahier volé* et *Les Enfants de Blanche*] (Fayard, 1985). *Le Livre du point de croix,* essai avec Geneviève Dormann et Anne Spengler (Albin Michel, 1986). *Marquoirs* (id., 1987). *Fleurs et Fruits* (id., 1987). *Sous le ciel de Novgorod*, rm (Fayard, 1988). *Noir Tango* (Ramsay, 1991). *Roger Stéphane ou la passion d'admirer* (Fayard/Spengler, 1995). *La Dernière Colline* (–, 1996).

Annie Richard

DEHARME, Lise, 1907-1980, romancière, poète.

Lise Deharme, née Lise Hirtz et fille d'un médecin réputé, a décrit son enfance aux Champs-Élysées comme « violente, joyeuse, garçonnière ». Liée au mouvement surréaliste, elle est « la dame au gant » dont parle Breton dans *Nadja*. Elle tenait dans les années cinquante ce qu'un observateur a décrit comme « le dernier salon littéraire... encombré de chouettes empaillées et de plantes ténébreuses, très fin de surréalisme ».

L'œuvre est abondante (treize romans, cinq recueils de contes, quatre recueils de poésie). Des descriptions surréalistes, une sensualité voluptueuse et un esprit souvent badin créent un monde de « luxe, calme et volupté », plein d'humour, de fantaisie et de métamorphoses insolites.

Lise Deharme commence comme poète avec plusieurs petits recueils dans les années vingt et trente. Une voix adolescente sinon enfantine se fait entendre dans des poèmes courts, écrits souvent en forme de chanson. Ils jouent allègrement avec des mots simples et une syntaxe « parlée », multipliant les rimes intérieures, les allitérations et les répétitions. Les jeux de sonorités (en particulier à partir de noms de lieux et de personnes) séduisent Lise Deharme. Les images sont empruntées à un fond merveilleux, non dénué de préciosité, plutôt que nées d'une imagination surréaliste. Le charme acide ou mélancolique de cette poésie tient au décalage entre cette forme légère et ses thèmes, qui sont aussi ceux des romans : l'ennui, la difficulté de coller au quotidien, au présent, d'être comprise, de vivre dans un monde sans poésie et limité par la mort.

Lise Deharme trouve sa voix de romancière après la deuxième guerre mondiale, époque où elle compose ses œuvres les plus substantielles, comme *La Porte à côté*. A partir d'évocations du XVIIIe siècle et d'un monde surnaturel, elle construit dans ce roman un monde naturel et beau. Le passé et le présent s'y rejoignent en la personne de Sybille, amante de l'arrière-grand-oncle du héros qui revient pour offrir de nouveau son amour. Plus tard Lise Deharme s'engage dans une voie romanesque quelque peu différente dans la mesure où un érotisme plus directement exprimé s'allie à une fantaisie surréalisante.

Dans ses journaux comme dans ses romans, l'auteur traite souvent de son dégoût du monde contemporain, de sa préférence pour une époque disparue : époque des dîners chez Maxim's, d'amitiés et d'amours parmi les surréalistes. Elle voit cependant cette liberté réincarnée dans le monde des adolescents qui, eux aussi, rejettent la vie bourgeoise et sa morale. A ce monde appartiennent Carole, quatorze ans (*Laissez-moi tranquille,* et *Carole – ou ce qui plaît aux filles*), Yull, orpheline qui cherche son identité dans un monde de fantaisie (*L'Amant blessé*), Violette (*Oh! Violette ou la politesse des végétaux*), Lis, seize ans, orpheline protégée (*La Marquise d'Enfer*). Ces héroïnes échappent à toute contrainte sociale, leur seul principe étant de ne pas s'ennuyer. Elles font ce qui peut paraître le mal en toute innocence, dans un état de nature où la morale n'a pas cours.

Outre son journal des *Années perdues* (1939-1949), Lise Deharme a écrit plusieurs livres où vie imaginaire et souvenirs autobiographiques se mêlent. Toute son œuvre est en effet une mise en scène fantaisiste de sa propre existence, une métamorphose continuelle de son Moi dans divers êtres qui eux-mêmes souvent se métamorphosent, changeant de nom et de nature. Entourés d'amis et d'amants, ses personnages restent profondément seuls avec leurs fidèles compagnons, les chiens, les chats et les roses. Dans le monde que crée Lise Deharme, l'amour humain ne dure pas. Une liberté absolue y règne sur le plan sexuel. Violette couche volontiers avec son père et son frère pour le plaisir pur et sans arrière-pensée. Elle cherche également le plaisir auprès de sa femme de chambre, Rosa, qu'elle partage avec ses amants. Les garçons ont souvent une beauté féminine tandis que les filles sont garçonnières. Cependant Violette se retire parmi ses végétaux car le plaisir sexuel n'est que l'un des aspects d'une vie pleinement sensuelle mais (donc ?) essentiellement solitaire.

Bien que se jouant des tabous avec désinvolture, l'œuvre de Lise Deharme ne s'inscrit pas dans la modernité, en particulier dans la perspective néo-féministe. Bien au contraire, Deharme suggère un Mouvement de Libération des Fées, dans *La Marquise d'Enfer*. Elle-même se voit comme fée, créature qui n'appartient pas au monde quotidien mais vit dans le merveilleux continu. Si elle refuse pour la femme tout rôle conventionnel, celui de mère et celui d'épouse, elle refuse tout autant un rôle sociopolitique : il n'est pas question pour elle d'affirmer sa dignité dans le travail ou dans l'action. Aux hommes donc la conduite des affaires, bien que ces derniers ne soient guère plus capables d'agir dans son monde romanesque. Beaux, sensuels, riches, sans souci et ouverts à toute expérience qui dépasse le plan logique, ses personnages masculins sont aussi éloignés que les fées des faits de la vie réelle.

Bibliographie : *Images dans le dos du cocher,* poèmes (Les Feuilles Libres, 1923). *Il était une petite pie,* poèmes (Jeanne Bucher, 1928). *Cahier de curieuse personne,* poèmes (Cahiers Libres, 1933). *Le Cœur de pic,* poèmes (A. Michel, 1936). *Cette année-là,* contes (Gallimard, 1945). *Insolence,* conte (La Revue Fontaine, 1946). *Le Pot de mousse* (id., 1946 et Gallimard, 1953). *La Porte à côté* (id., 1949). *Ève la blonde* (id., 1952).

Farouches à quatre feuilles, essais avec J. Tardieu, J. Gracq et A. Breton (Grasset, 1954). *Le Château de l'Horloge* (Julliard, 1955). *Le Poids d'un oiseau,* contes (Le Terrain Vague, 1956). *Les Quatre-Cents coups du diable,* contes (Deux-Rives, 1957). *Laissez-moi tranquille* (id., 1959). *Carole – ou ce qui plaît aux filles* (id., 1961). *Les Années perdues, Journal 1939-1949* (Plon, 1961). *Pierre de la Mermorte* (Julliard, 1962) *L'Enchanteur* (Grasset, 1964). *L'Amant blessé* (id., 1966). *Oh! Violette ou la politesse des végétaux* (Losfeld, 1969). *Le Téléphone est mort* (id., 1973). *La Marquise d'Enfer* (Grasset, 1976). *La Caverne* (Troies : Librairie Bleue, 1984).

Sélection critique : Artaud, Antonin : *Œuvres complètes,* tome II (Gallimard, 1961). Schneider, Marcel : *La Littérature fantastique en France* (Fayard, 1964). Sénart, Philippe : « L'Enchanteur », in *La Revue de Paris* (Mai 1964).

Adèle King

DELARUE, Claude, romancière.

Les Collines d'argile, récits (Denoël, 1973). *La Lagune* (id., 1974). *L'Opéra de brousse* (id., 1976). *Le Fils éternel* (Balland, 1978). *Vivre la musique* (Tchou, 1978). *Le Grand Homme* (Balland, 1979). *La Chute de l'ange* (id., 1981). *L'Herméneute ou le Livre de cristal* (Lausanne : Éditions de l'Aire, 1982). *Le Dragon dans la glace* (Balland, 1983). *Edgar Poe : Scènes de la vie d'un écrivain* (id., 1984). *Edgar Poe* (Seuil, 1985). *La Mosaïque* (id., 1986). *En attendant la guerre* (id., 1989). *Le Triomphe des éléphants* (id., 1992). *Le Silence des neiges : Drame en sept jours* (Edilig : s. d.).

DELARUE-MARDRUS, Lucie, 1874-1945, poète, romancière.

Née à Honfleur, Lucie Delarue-Mardrus restera profondément attachée à la terre normande. Elle aime la parcourir à cheval, cheveux au vent, en jeune fille sportive. Elle reviendra souvent dans sa demeure, « Le pavillon de la Reine », et à l'ombre de ses tilleuls où elle aime écrire. Ses dons sont variés : sa voix enchante lorsqu'elle dit ses vers ; elle joue du violon, peint, sculpte, façonne poupées et marionnettes ; sa curiosité et sa créativité sont peu communes. En 1900, elle épouse le docteur Mardrus, traducteur des *Mille et une nuits.* Le couple organise de longues randonnées en bicyclette dans les environs de Paris, en compagnie de tout ce que la capitale compte alors de jeunes talents littéraires. Son mari lui fera connaître l'Afrique du Nord, l'Égypte et le Liban, qu'elle quittera « sur une mer parsemée de roses en son honneur » (J.A. Sorel, n° spécial des

Pharaons). Son divorce, ses amours saphiques (en particulier avec Natalie Barney) qui lui inspirent *L'Ange et les Pervers* (1930) ont défrayé la chronique mondaine. Bien des années après, elle rassemblera ses souvenirs dans *El Arab tel que je l'ai connu*. Grande voyageuse, elle n'hésitera pas à traverser seule les États-Unis en 1930 et en rapportera *Le Far-West aujourd'hui*. Solitaire et oubliée, elle s'éteint à Château-Gonthier, dans le marasme de l'occupation allemande.

Quelle que soit la forme littéraire qu'elle choisisse, Lucie Delarue-Mardrus apparaît comme une écrivaine éprise de liberté et d'une terre normande qu'elle représente comme chaleureuse et colorée. Oubliés aujourd'hui, deux de ses textes dramatiques sur des thèmes antiques furent joués au théâtre d'Orange et au théâtre antique de Carthage. Sa poésie n'évoque en rien l'idée d'une poésie féminine d'épanchement sentimental ; rien de mièvre dans ces vers solides, souvent d'inspiration orientale dans une tradition plutôt hugolienne. Des thèmes graves y sont abordés : très tôt, la préoccupation de la mort s'y fait jour, accompagnée de la hantise de la vieillesse et de la déchéance physique. Une tentation mystique apparaît chez cette agnostique qui, de sa fenêtre, « adressait des litanies » à la cathédrale Notre-Dame voisine, et à qui l'on doit une *Sainte Thérèse de Lisieux*. Elle sait allier la simplicité du ton et la fluidité du vers à la majesté de l'alexandrin dont l'ampleur s'accorde à celle du paysage dépeint ou des sentiments évoqués comme dans ce charmant éloge : « L'odeur de mon pays était dans une pomme./Je l'ai mordue avec les yeux fermés du somme,/Pour me croire debout dans un herbage vert. » (« L'Odeur de mon pays », *Ferveur*).

Toutefois, ce sont surtout les romans – une cinquantaine, souvent publiés en livraison hebdomadaire dans *Le Journal* ou *L'Illustration* – fortement construits, qui firent connaître Lucie Delarue-Mardrus. *Le Roman de six petites filles* est le récit poétique de son enfance sur la côte normande telle que l'ont peinte Boudin, Jongkind et les impressionnistes. Dans tous, elle défend un idéal pacifiste et féministe bien qu'elle se soit défendue d'être féministe dans des entretiens avec Henri de Jouvenel dans *Le Journal* ; elle peint avec conviction et efficacité l'horreur de la violence, de l'alcool, de la misère, la dégradation et les souffrances qu'ils entraînent. Ses personnages féminins tiennent le devant de la scène. Ce sont souvent des adolescentes sensibles et généreuses sous la causticité et la rudesse normandes. Rebelles à la soumission que leur destin leur aurait inculquée, ces existentialistes avant la lettre sont bien décidées à prendre en main la conduite de leur vie. Leurs conflits et leurs luttes, dépeintes en une langue forte et simple, qui ne craint pas la brutalité, ont parfois été jugés vulgaires, « de mauvais goût », à l'époque. Ils prennent aujourd'hui tout leur sens.

L'Ex-Voto est sans doute le meilleur roman de Lucie Delarue-Mardrus. L'action se situe dans le port de Honfleur et le roman dépeint la vie rude et misérable des pêcheurs normands, leur fierté et leurs faiblesses. Une héroïne de quatorze ans, élevée dans la misère et sous les coups, se découvrira peu à peu une âme et s'élèvera jusqu'à la dimension héroïque grâce à l'amour et au sacrifice. La romancière donne à son personnage et à la bande d'enfants misérables sur laquelle elle règne une signification quasi mythique en les rattachant au « grand passé normand » des « hordes scandinaves qui fondèrent la race ». Elle nous a laissé d'intéressants *Mémoires* où ses contemporains et les mœurs sociales sont souvent saisis avec justesse et mordant.

Lucie Delarue-Mardus composa elle-même, « dans la plénitude parfaite de [s]a pensée », le texte qui, selon son désir, devait être lu sur sa tombe : « Au moment où j'écris ceci, j'ai choisi, j'ai éliminé, j'ai pris un parti. Les ruades et les galopades du poulain sont calmées. Mes scepticismes sont plutôt des expériences. Ils ne m'ont pas desséchée, ni refroidie, au contraire. Mais ils m'ont appris à me posséder, comme une virtuose possède un instrument » (« Peut-être au revoir », Honfleur, 6 octobre 1921, cité dans *Les Pharaons*). Dans sa sérénité et son humilité, ce texte est un témoignage de la force d'âme de celle qui n'hésitait pas à écrire : « Mon au-delà, c'est ma vie. »

Bibliographie : *Occident,* poésies (Éd. Revue Blanche, 1901). *Ferveur,* poésies (id., 1902). *Horizons,* poésies (Fasquelle, 1905). *Marie, fille-mère* (id., 1908). *La Figure de proue,* poésies (id., 1908). *Le Roman de six petites filles* (id., 1909). *L'Acharnée* (id., 1910). *Comme tout le monde* (Tallandier, 1910). *Par vents et marées,* poésies (Fasquelle, 1910). *Tout l'amour* (id., 1911). *L'Inexpérimentée* (id., 1912). *La Monnaie de singe* (id., 1912). *Douce moitié* (id., 1913). *Un Cancre* (id., 1914). *Un Roman civil en 1914* (id., 1916). *Deux Amants* (id., 1917). *Souffles de tempête,* poésies (id., 1918). *L'Ame aux trois visages* (id., 1919). *Toutoune et son amour* (Albin Michel, 1919). *A Maman,* poème (Fasquelle, 1920). *Le Château tremblant* (Ferenczi, 1920). *Les Trois Lys* (id., 1920). *L'Apparition* (id., 1921). *L'Ex-Voto* (Fasquelle, 1922). *Le Plain Blanc* (Ferenczi, 1923). *La Cigale* (A. Fayard, 1924). *A côté de l'amour* (J. Ferenzci, 1925). *Graine au vent* (A. Fayard, 1926). *Sainte Thérèse de Lisieux* (Fasquelle, 1926). *La Petite Fille comme ça* (Ferenczi, 1927). *Rédalga* (id., 1928). *Amanit* (Fasquelle, 1929). *Hortensia dégénéré* (Ferenczi, 1929). *Poèmes mignons pour les enfants,* poésies (Éd. Gédalge, 1929). *Les Amours d'Oscar Wilde* (Flammarion, 1929). *Le Beau Baiser* (Ferenczi, 1929). *Anatole* (id., 1930). *L'Ange et les Pervers* (id., 1930). *Le Cheval* (Nouvelle Société d'Édition, 1930). *Les Sept Douleurs d'Octobre,* poésies (Ferenczi, 1930). *L'Amour à la mer* (A. Lemerre, 1931). *Le Bâtard, Vie de Guillaume le Conquérant* (Fasquelle, 1931). *L'Autre Enfant* (Ferenczi, 1932). *Le Far-West aujourd'hui* (Fasquelle, 1932). *Mort et Printemps,* poésies (A. Messein, 1932). *Mes mémoires* (Gallimard,1938). *François et la liberté* (J. Ferenczi et fils, 1933). *Temps présents : ballades* (Les Cahiers d'art et d'amitié, 1939). *El Arab, l'Orient tel que je l'ai connu* (Lyon : Éd. Lugdunum, 1946). *L'Amour attend* (J. Tallandier, 1978). *M'sieu Gustave* (s. d.).

Sélection critique : Clifford-Barney, Nathalie : *Aventures de l'esprit* (Emilepaul, 1929). Ernest-Charles, J. : *Les Samedis Littéraires* (Sansot, 1905). Harry, Myriam ([Perrault] : *Mon amie Lucie Delarue-Mardrus* (Ariane : 1946). Maurras, Charles : *L'Avenir de l'intelligence*, « Le Romantisme féminin » III (Fontemoing, 1905). Plat, Hélène : *Lucie Delarue-Mardrus, Une Femme de Lettres des années folles* (Grasset, 1994). Siryex de Villers : *Lucie Delarue-Mardrus* (R. Chiberre, 1923). *Les Pharaons17! Lucie Delarue-Mardrus* (La Voix des Poètes, 52, 1974). Cf. FWW.

Anne D. Ketchum

DELAY, Florence, romancière, dramaturge.

Minuit sur les jeux (Gallimard, 1973). *Le Aïe aïe de la corne de brume* (id., 1975). *Graal théâtre* (id., 1977). *Gauvin et le chevalier vert* (Marseille : J. Lafitte, 1979). *Lancelot du lac* (id., 1979). *Merlin l'enchanteur* (id., 1979). *L'Insuccès de la fête* (Gallimard, 1980). *Riche et Légère* (id., 1983). *Course d'amour pendant le deuil* (id., 1986). « Les Dames de Fontainebleau » (F.M. Ricci, 1987). *Petites Formes en prose après Edison* (Hachette, 1987). *La Séduction brève* (Mont-de-Marsan : Les Cahiers des brisants, 1987). *Partition rouge : poèmes et chants des Indiens d'Amérique du Nord* (Seuil, 1988). *Etxemendi* (Gallimard, 1990). *La Fin des temps ordinaires* (id., 1996).

DELBÉE, Anne, femme de théâtre et de lettres.

Anne Delbée est connue comme l'inventeur du sculpteur Camille Claudel. Ce renom dissimule une activité diverse et un combat acharné de comédienne, metteur en scène, dramaturge et écrivain. Elle parle volontiers de son contact précoce avec les tréteaux grâce à son père, architecte de l'un des théâtres de Jean-Louis Barrault. Sa passion pour Claudel date de son enfance : elle assiste à la création de *Tête d'or* à l'Odéon. Dès treize ans, au lycée Claude Monet, elle monte *La Reine morte* en se collant une barbe pour jouer le roi Ferrante et en 1971, à l'âge du Conservatoire, elle donne *Les Brigands* de Schiller dans les (anciennes) Halles de Baltard. Ces débuts, encouragés par Vitez, ne la dispensent pas d'une lutte pied à pied pour faire sa place dans le monde volontiers masculin de la mise en scène. Elle s'y impose avec *L'Échange,* donné en 1975 à la Comédie de Saint-Étienne, puis à Paris, au Théâtre de la Ville. En 1891, elle monte *La Ville,* dans sa première version jamais jouée, dans le parc du château de Brangues où est enterré Claudel.

Considérée comme spécialiste de l'œuvre de ce dramaturge, introduite auprès de la famille, elle entreprend alors de réunir documents et lettres concernant Camille dont la carrière de sculpteur avait été interrompue définitivement par un internement d'une trentaine d'années. Le spectacle *Camille Claudel, une femme,* né d'un montage de textes en collaboration avec Jeanne Favart, est joué en septembre 1981 à la Cartoucherie de Vincennes, puis au Théâtre du Rond-Point. C'est une révélation. Tony Cartano, directeur des Presses de la Renaissance, demande à Anne Delbée d'écrire un livre : *Une Femme* paraît en 1982 et devient un best-seller bientôt traduit du Danemark à la Chine. La famille réagit vivement et l'on accuse l'auteur d'avoir usé de trop d'imagination, inventé des dialogues entre Camille et Rodin, et fait passer un plaidoyer pour la liberté de la femme. Paraît bientôt une biographie de Camille par la petite-fille de Claudel, Reine-Marie Paris, historienne de formation : elle contrecarre la thèse d'Anne Delbée qui niait la folie de Camille. Anne Delbée est désormais écartée de l'œuvre des Claudel : le film de Bruno Nuyten (avec Isabelle Adjani) retient l'interprétation de Reine-Marie Paris. Anne Delbée doit renoncer à réaliser son propre film mais passe outre à une interdiction formelle et participe à un « Apostrophes ».

Entre-temps, Anne Delbée a ouvert à Paris une école d'art dramatique, le théâtre Go et dirige une cellule de création à Angers auprès du centre dramatique national du Pays-de-Loire : elle monte un spectacle : *Apocalypse 2000* à partir des tapisseries d'Angers, d'où elle tire le roman *Elle qui traversa le monde.* Par ailleurs, elle s'interroge sur Racine à travers un cycle intitulé « Entre le cœur et le désir », spectacle présenté en juillet 1986 au Festival d'Avignon. En 1986, elle monte à la Foire du Trône un spectacle de douze heures continues, le *Wallenstein* de Schiller. Elle choque sans doute par ses hardiesses et encombre bientôt à Angers. A partir de 1989, Anne Delbée dirige le centre dramatique national de Nancy.

Dans le travail théâtral comme dans l'œuvre romanesque court une interrogation majeure sur les rapports entre l'art et le politique : dans le monde contemporain que semble dominer la guerre, la voix de l'artiste a-t-elle encore sens et portée ? Vie et œuvre d'Anne Delbée sont de manière indissociable engagées dans la réponse.

Bibliographie : *Une Femme* (Presses de la Renaissance, 1982). *Elle qui traversa le monde* (id., 1985).

Annie Richard

DELBO, Charlotte, dramaturge, - †1985.

La Théorie et la Pratique, dialogue imaginaire mais non tout à fait apocryphe entre Herbert Marcuse et Henri-Lefebvre (Éditions Anthropos, 1969). *L'Auschwitz et après...* (Éditions de Minuit, 1970). *La Sen-*

tence (J.P. Oswald, 1972). *Qui rapportera ces paroles ?* (id., 1974). *Spectres, mes compagnons* (M. Bridel, 1977). *Maria Lusitania - Le Coup d'État. Le convoi du 24 janvier* (rééd. Minuit, 1978). *Kalavrita des mille Antigone* (LMP, 1979). *Décédée* (-,1985). *La Mémoire et les Jours* (Berg, 1985). *Spectres, mes compagnons* (Berg International, 1996).

DELCARTE, Françoise, n. 1936, poète belge.

Infinitif (Seghers, 1967). *Sables* (id., 1969). *Arythmie* (s. d.).

DELEPINNE, Berthe, n. 1902, poète, romancière belge.

Cf. Trekker, Anne-Marie et Jean-Pierre Vander Straeten : *Cent auteurs, Anthologie de littérature française de Belgique* (Éd. de la Francité & de la CEC, 1982).

DELETANG-TARDIF, Yanette, 1907- , poète, romancière.

Générer (Quillet, s. d.). *Éclats* (id., 1929). *Vol des oiseaux* (id., s. d.). *Confidences des Iles* (Corréa, 1934). *Briser n'est rien* (Sagesse, s. d.). *La Colline* (Debresse, 1936). *Morte en songe* (id., 1937). *Pressentiment de la rose* (id., s. d.). *Poèmes du vitrier* (Poètes, s. d.). *Tenter de vivre* (Denoël, 1943). *Edellina,* rm (Niort : A. Nicolas, 1943). *Sept Chants royaux* (Rond-Point, 1945). *Les Séquestrés,* rm (La Table Ronde, 1945). *L'Éclair et le Temps* (Limoges : Rougerie, c. 1950). *La Nuit des temps* (Seghers, 1951). *Chants royaux* (id., 1956). *Les Emblèmes* (Rodez : Subervie, 1957). *Almanach* (Bruxelles : CELF, 1958). *Les Éléments perdus* (Rodez : Subervie, 1963). *L'Insatiable, A toi, vivante encore* (-).

DELLY, pseud. de Marie (1875-1947) et Frédéric (1876-1949) Petitjean de la Rozière.

Une Femme supérieure (Gautier, 1908). *Magali* (id., 1910). *Le Roi des Andes* (Maison de la Bonne Presse, 1910). *Esclave ou reine* (Plon-Nourrit, 1910). *La Colombe de Rudsay-Manor* (N^lle^ Bibliothèque pour Tous, 1911). *Fille de Chouans* (Maison de la Presse, 1912). *Entre deux âmes* (Plon-Nourrit, 1913). *Le Fruit mûr* (Flammarion, 1925). *L'Infidèle* (id., 1927). *Cœurs ennemis. Laquelle* (Tallandier, 1928). *Une Misère dorée* (Flammarion, 1929). *Mitsi* (id., s. d.). *Gille de Cesbres* (Tallandier, 1930). *Le Candélabre du temple* (Flammarion, 1931). *La Lune d'or* (id., 1932). *Ma Robe couleur du temps* (Tallandier, 1933). *La Douloureuse Victoire* (Flammarion, 1934). *Des Plaintes dans la nuit* (id., 1934). *Comme un conte de fées* (id., 1935). *Un Marquis de Carabas* (Tallandier, 1936). *Les Heures de la nuit* (id., 1937). *La Lampe ardente* (id., 1939). *Le Drame de l'Étang aux biches* (Flammarion, 1940). *L'Héritage de Cendrillon* (id., 1941). *Anita* (Maison de la Bonne Presse, 1943). *Sainte-Nitouche* (Tallandier, 1946). *Les Deux Crimes de Thècle* (Flammarion, 1946). *La Rose qui tue* (id., 1948). *La Jeune Fille emmurée* (Tallandier, 1948). *L'Enfant mystérieuse* (id., 1950). *Rue des Trois Grâces* (Éditions du Dauphin, 1950). *La Maison des belles colonnes* (Flammarion, 1951). *Orietta* (id., 1951). *Le Roseau brisé* (id., 1952). *Gwen, princesse d'Orient* (Tallandier, 1953). *Un Amour de Prince* (Flammarion, 1954). *Salvator Falnerra* (id., 1955). *Pour l'amour d'Orida* (id., 1955). *Annonciade* (id., 1957). *L'Illusion orgueilleuse* (Tallandier, 1959). Cf. DLLF, DFELF.

DELPECH, Alice, n. 1921, romancière martiniquaise.

Née à Fort-de-France, Alice Delpech a passé son enfance et son adolescence à la Martinique. A l'âge de vingt ans, elle quitte sa maison de Balata pour des contrées plus lointaines au gré des nominations de son mari, originaire de la Guadeloupe et officier de carrière. Depuis 1970, elle a choisi un retour aux sources.

Laissant derrière elle les trois cents îlots des Bermudes, la *Jeanne d'Arc* fendait de son étrave, dans un bruit de soie déchirée, les flots de l'Atlantique. A sa tête : l'amiral Robert. Nous sommes à l'aube de la deuxième guerre mondiale, au cœur d'un jeu où s'affrontent une île (la Martinique) et un homme singulier qui hante encore les esprits : l'amiral Robert.

Après *La Dame de Balata*, Alice Delpech trempe sa plume dans l'encre d'une époque trouble : la dissidence. Scandales, crimes, trahisons, secrets et bravoures jalonnent la vie martiniquaise. Autour de « Ma bé », « Damien », « Marie-Aymée » : souffrances, humiliations et famine exacerbent les comportements des uns et des autres. Les amours métissés vont-ils briser les tabous et les rancœurs ? Dans le camp de Balata, « la Dissidence » va jaillir, ardente, combative, rayonnante, guidée par le commandant Tourtet. L'amiral a perdu. C'est l'émergence d'un peuple plus fort, dont les lettres de noblesses sont : honneur et liberté. Dans le ciel des Caraïbes, Ma bé et les siens regardent scintiller un avenir plus serein.

Son deuxième roman est dédié, dit la romancière, « avec une infinie tendresse à tous ceux qui ont combattu et su trouver l'unique terre où n'existent ni race, ni haine car ils ont fait corps avec la mer, matrice de l'humanité. Ils ont su s'abreuver d'absolue dignité ». Avec des héros fictifs et réels (M. Degrand-Maison, la famille Clément, Aimé Césaire, les époux Laroche, Félix Éboué, Symphor...), elle évoque, en les dotant d'une grande authenticité, les événements importants et insuffisamment connus de cette seconde guerre mondiale sous les tropiques.

> **Bibliographie :** *La Dame de Balata* (L'Harmattan, 1990). *La Dissidence* (id., 1991).

Marie-Line Ampigny

DEMAR, Claire, - †1833, journaliste, saint-simonienne.

L'Affranchisssement des femmes : 1832-1833, suivi de « Symbolique groupale et idéologie féministe saint-simoniennes » par Valentin Pelosse (Payot : 1976). *Ma loi d'avenir* (1831, rééd. Maspero, 1981 + prés. Valentin Pelosse). Cf. Moser, Claire Goldberg et Leslie Wahl Rabine : *Feminism, Socialism and French Romanticism* (Bloomington : Indiana U. Press, 1993).

DENIS, Marie, femme de lettres belge.

Cf. Trekker, Anne-Marie et Jean-Pierre Vander Straeten : *Cent auteurs, Anthologie de littérature française de Belgique* (Éd. de la Francité & de la CEC, 1982).

DENOIX DES VERGNES, Fanny, 1798-1864, poète patriotique.

Jeanne Hachette, ou le Siège de Beauvais, poème (Beauvais : E. Tremblay, 1835). *Heures de solitude,* poésies (Ébrard, 1837). *Mystères de Paris* (C. Gosselin, 1843). *A l'armée française* (L. Martinet, 1850). *Cœur et Patrie* (Le Doyen, 1855).

DERAISMES, Maria, 1825-1894, dramaturge féministe.

Le Théâtre chez soi (Michel Lévy, 1864). *Ève dans l'humanité* (I. Sauvaître, 1891 ; rééd. + préface de Laurence Klejman, Côté-Femmes, 1990). *Ce que veulent les femmes* (Syros, 1980).

DERIEX, Suzanne, n. 1926, romancière suisse.

Corinne (Genève : Rencontre, 1961). *San Domenico* (Neuchâtel : La Baconnière, 1964). *L'Enfant et la Mort* (Lausanne : Rencontre, 1968). *Pour dormir sans rêves* (Éditions de l'Aire, 1980). *L'Homme n'est jamais seul* (PUF, 1983). *Les Sept vies de Louise Croisier, née Moraz* (CDU-CEDES, 1986). *Une si longue nuit* (-).

DEROIN, Jeanne, éditrice, journaliste du XIXᵉ s.

Cf. *L'Histoire des femmes en Occident* 4, G. Duby et M. Perrot (dir.) (Plon, 1991). *Almanach des femmes :* 1852, 1853, 1854 (3 vol. en un).

DESANTI, Dominique, essayiste, romancière.

Née à Paris, Dominique Desanti faisait de l'histoire et de la sociologie quand la deuxième guerre mondiale a éclaté. Elle est entrée dans la Résistance et a publié des feuilles clandestines entre 1940 et 1944. Elle est restée très engagée politiquement jusqu'en 1956, date à partir de laquelle les événements dans l'Est de l'Europe l'ont fait s'orienter vers le témoignage plutôt que l'action militante. Biographe, elle est connue pour ses ouvrages consacrés à Drieu La Rochelle, Flora Tristan, Elsa Triolet et Marie d'Agoult. Parmi ses essais, le plus connu est sans doute *Les Staliniens, une expérience politique 1943-1956.* Elle voyage beaucoup et a enseigné sur plusieurs continents. Depuis 1968, elle a pris une part active au Mouvement des femmes.

Les romans de Dominique Desanti reflètent sa riche expérience et sa connaissance des figures qui ont animé les mouvements politiques et sociaux de la période contemporaine. Dans *Un Métier de chien,* la psychanalyste Cléo se trouve au carrefour de sa vie entre trois continents, entre trois hommes et plusieurs générations, en particulier celle du PC des années quarante et celle de la contre-culture des années soixante-dix. Ce qui lie entre elles ces générations, c'est le désir « de croire en un ailleurs, en un meilleur ». Mais les plus vieux ont déjà l'expérience viscérale des « douleurs politiques ». Vieillir, se demande Cléo, « est-ce donc rester prisonnier de mythes périmés ? » Cléo, comme la plupart des personnages féminins de Dominique Desanti, ne se replie pas sur ses intimes détresses. Par sa personnalité, comme par son métier, elle est extravertie, passionnément curieuse du monde et des autres.

Personne ne se ressemble réunit autour de thèmes voisins des personnages très denses, eux aussi déchirés entre les continents. L'intrigue policière conduit de la Californie à la vieille Europe, dans un va-et-vient transatlantique. Le nouveau monde est celui des années soixante-dix avec ses promesses d'innovation radicale, fondée sur l'innocence d'une société qui n'a pas connu de désillusions ni de déchirements. Du côté de l'ancien, la jeune californienne, Zoé-Florence, évolue dans une France désenchantée mais dans laquelle elle découvre chez ses congénères la même fascination à l'égard de formes d'organisation humaine – tribus, clans, communes, familles électives, trios ouverts – qui protègent de la solitude en même temps que de l'enfermement dans une cellule trop étroite. Une même nostalgie s'attache chez toutes ces femmes au souvenir de l'intimité partagée que pourtant, à un moment de leur existence, elles ont dû briser pour renouer avec la solitude qu'elles redoutent et recherchent à la fois. Car seule elle permet de devenir adulte et d'échapper aux démons et merveilles de l'idéologie communautaire.

Un autre thème insistant dans les romans de Dominique Desanti, celui de la paternité réelle ou symbolique, culmine dans *Le Chemin du Père*. «La paternité, dit Vic, commence toujours après la naissance». A la recherche de son propre père Aurélien, mort dans des circonstances mystérieuses, Vic échappe à la question de savoir qui, de ses différents compagnons, est le père de son enfant. Elle ne veut pas le reconnaître mais eux tendent à la forcer et à rompre le pacte idéologique fondé sur un postulat en principe inaliénable. C'est ici que se manifeste le féminisme profond, parfaitement intégré à la conscience comme à la pratique de Dominique Desanti. Ses femmes ne succombent jamais à leurs contradictions. Elles vivent leur liberté comme l'expérience existentielle d'une génération qui a tout à découvrir et qui déborde d'un courage et d'une créativité entièrement neufs.

Dans *Les Années passion* où s'entremêlent les grandes turbulences politiques et amoureuses du dernier demi-siècle, Ariane, photographe célèbre, son mari Sébastien, architecte et Xavier, le deuxième homme de sa vie, sont liés par un pacte de «liberté sans mensonge». Une fois naufragé leur engagement dans le parti, ils sauvent le rêve de changer le monde et l'homme par la relation indestructible qui lie leur trio jusqu'à la mort exclue. Bilan sans complaisance d'un échec idéologique et historique, *Les Années passion,* où reparaissent certains personnages du *Chemin du père,* réussissent à transmettre, grâce à l'exceptionnelle personnalité d'une femme, le goût du bonheur, et cette réalité d'une harmonie que beaucoup de contemporains ont cru impossibles. Sans doute le plus beau, le plus accompli de ce riche univers romanesque.

Matrice des passés, le lieu opère comme s'il était lui-même un personnage. Paris constitue la clé de voûte de l'édifice, pivot d'une histoire, petite ou grande, avec laquelle il faudra prendre des distances pour devenir soi-même. La romancière évoque avec amour, dans la grande tradition, Paris moderne et Paris ancien. Dans cette ville multiforme foisonne un petit monde de personnages sortis de tous les milieux car, contrairement à beaucoup de ses contemporaines axées sur l'introspection parfois narcissique, Dominique Desanti est une créatrice de personnages. Ils naissent d'une écriture vivante et moderne, sensible aux registres et aux diversités d'expression qui mesure les écarts de langage et les dose avec précision et justesse.

Bibliographie : *La Colombe vole sans visa* (Éd. Français Réunis, 1951). *Visages de partout* (Éd. de l'Avant-Garde, 1951). *A bras le corps* (Éd. Français Réunis, 1953). *Les Grands Sentiments* (Grasset, 1960). *La Banquière des années folles, Marthe Hannau* (Fayard, 1968). *L'Internationale communiste* (Payot, 1970). *Les Socialistes de l'utopie* (id., 1971). *Flora Tristan, la femme révoltée* (Hachette, 1972). *Un Métier de chien* (Flammarion, 1972). *Œuvres et vie mêlées ; Tristan y Moscozo, Flore, Célestine Thérèse Henriette, 1803-1844* (UGS, 1973). *Les Staliniens* (Fayard, 1975). *L'Année où le monde a tremblé : 1947* (Albin Michel, 1976). *Personne ne se ressemble* (Flammarion, 1977). *Drieu La Rochelle ou le séducteur mystifié* (id., 1978). *Daniel ou le Visage secret d'une comtesse romantique, Marie d'Agoult* (Stock, 1980). *Le Chemin du Père* (Grasset, 1981). *Sacha Guitry* (id., 1982). *Les Clés d'Elsa, Aragon, Triolet* (Ramsay, 1983). *La Femme au temps des Années folles* (Stock, 1984). *Rue Campagne-Première* (J.-C. Lattès, 1987). *Sonia Delaunay, magique magicienne* (Ramsay, 1988). *Les Années passion* (Presses de la Renaissance, 1992).

Michèle Sarde

DESBORDES-VALMORE, Marceline, 1786-1859, poète.

Marceline Desbordes-Valmore était native de Douai, dans le Nord de la France. La Révolution devait en grande partie ruiner sa famille, composée d'artisans et d'artistes à la solde des nobles et du clergé. A quinze ans, suite à une folle équipée qui coûtera la vie à sa mère, Marceline – née Desbordes – débarque à la Guadeloupe d'où elle reviendra un an plus tard, orpheline et sans argent. Très tôt elle entre dans le milieu du théâtre. Sa voix frêle mais juste et sa sensibilité la font admirer dans des opéras de Grétry et de Rossini mais elle perd la voix après de mauvaises couches et se limite dès lors à des rôles uniquement parlés, restant toutefois dans la profession jusqu'en 1823. C'est alors son mari, l'acteur Prosper Lanchantin, dit Valmore, qui pendant de nombreuses années fera vivre le ménage et les enfants qui naissent, un fils et deux filles, dont l'une, Ondine, avec de véritables talents d'écrivain et une forte personnalité séduira un moment Sainte-Beuve. Cependant la tuberculose emporte Inès d'abord, et puis Ondine.

Marceline avait eu dans sa jeunesse un enfant illégitime sur la paternité duquel la lumière n'est pas encore faite. Il semble qu'une fois Marceline mariée, un amant de naguère, le fameux Henri de Latouche, conseiller littéraire de Balzac et de George Sand et écrivain lui-même, soit revenu dans sa vie, provoquant en 1842 une crise intime dont les effets se feront sentir très longtemps. Elle écrira bravement, malgré le cancer qui la tient alitée pendant deux années, revoyant même les épreuves de ces « Poésies posthumes » pour lesquelle Michelet s'était entremis et qui contiennent plusieurs de ses plus beaux poèmes.

Le monde du XIXe siècle lui ayant appris à ne revendiquer la gloire du poète qu'avec une extrême prudence, Marceline Desbordes-Valmore n'a jamais posé au poète inspiré. Elle était la première à admettre que, simple muse, elle chantait d'instinct comme l'oiseau sur la branche. Toutefois, elle avait une conscience très nette de sa nature d'artiste et ne manquait pas d'en être fière : « Les femmes, je le sais, ne doivent pas écrire ; j'écris pourtant. » Cependant elle n'osait pas le dire trop ouvertement, les femmes poètes étant rangées d'emblée parmi les poètes mineurs. De plus, une fois la période romantique passée, on ne se privait pas de sourire de sa prétendue facilité à épancher son cœur en vers larmoyants et hypersensibles. Bien que les poètes symbolistes aient en partie réhabilité sa poésie, c'est avec la publication de sa correspondance qu'elle devait acquérir une réputation d'envergure et de substance, parmi les connaisseurs sinon dans les manuels scolaires où elle reste prisonnière de son mythe d'amoureuse éplorée. Les lettres révélaient l'histoire de ses amours et, du même coup, l'authenticité des sentiments exprimés dans les élégies.

Cette sorte de réputation passait tout simplement sous silence le fait que Desbordes-Valmore était un vrai poète. Elle est en effet à cet égard comparable à Émily Dickinson pour les États-Unis. Sans doute ses poèmes sont inégaux, affaiblis par de mutiples concessions aux conventions littéraires du jour. Assez docilement, elle avait accepté le rôle que lui imposait la société, celui d'une femme simple qui avait tout appris par elle-même et qui avait beaucoup aimé et beaucoup souffert. C'est ce qu'elle dit dans un poème, « A Madame Tastu », où elle se montre humble et fière à la fois du « jour douteux et blanc dont la lune a touché / Tout ce ciel que je porte en moi-même caché ». Elle était parfaitement capable de trouver l'expression inattendue et les mots qui pouvaient dire, avec autant d'intensité que de subtilité, la poésie de ses émotions.

Les premiers textes témoignaient déjà de l'authenticité du don qui lui avait été imparti par la nature. Très tôt elle avait su transformer le lyrisme sentimental de la tranquille élégie en une poésie dramatique au rythme fort et passionné. Avec le développement du mouvement romantique et parce qu'elle était sensible aux courants de pensée de l'époque, Marceline Desbordes-Valmore s'est laissé prendre au piège d'une poésie contemplative et philosophique qui ne lui convenait pas. Ce genre aurait pu détruire son originalité si le don de percevoir et de s'exprimer qui était le sien n'avait pas été une réalité profonde d'où pouvaient encore par moments surgir de véritables trouvailles poétiques, lueurs qui illumineront les poèmes diffus qu'elle écrit alors. Mais avec les années, au cours d'une longue carrière, elle a su présenter le miracle d'une femme qui, avec l'âge, a trouvé la poésie de sa nature.

Elle s'est révélée capable de trouver des mots de révolte, forts autant que tendres, passionnés et impérieux, très humbles toutefois. Déjà, à l'occasion des émeutes sanglantes des soyeux de Lyon où la troupe avait tiré sur la foule, elle avait osé écrire, dans un poème qu'aucun journal n'avait voulu publier (« Dans la rue ») : « Le prêtre est là, marquant le prix des funérailles. » Dans « Les Prisons et les Prières », poème inspiré par la Révolution de 1848, Marceline s'adresse, comme elle le faisait souvent, aux exploités, aux prisonniers politiques, et elle lutte de toute la force de sa poésie pour obtenir pardon et pitié pour les uns et les autres.

Plus tard, alors que le public commençait à oublier, et qu'elle se trouvait démunie d'argent et de secours, Marceline Desbordes-Valmore a eu le sentiment de ses erreurs et une vision de la mort qui la troublaient profondément. Alors une voix nouvelle, sortie de profondeurs encore inconnues, s'est fait entendre. Tout ce qui jusque-là avait fait d'elle un poète se rassemblait soudain en un langage neuf aux accents inimitables. Au chevet de son enfant mourante, épuisée par les veilles et les larmes, elle écrit un poème halluciné où on la voit marcher, en rêve, vers sa mort et celle de sa fille. Pourtant Marceline avait toujours aimé la vie et, jusqu'à ses derniers poèmes, écrits à soixante-dix ans, elle a parlé d'amour, de souvenirs impérissables, avec un sens toujours aussi vif de la possession des choses. Croyante à sa manière, il lui est arrivé d'user d'un langage mystique où une sorte de vie rêveuse et pure se mêle à une sensualité sublimée mais toujours présente. Dans « Le rêve intermittent d'une nuit triste », elle livre, avec une très grande intensité de perception, le double sentiment d'être à la fois mère et fille. Marceline Desbordes-Valmore donne là forme transcendante au langage personnel et tout poétique qui lui permet d'évoquer « les flancs ronds et verts » des « champs paternels ».

Bibliographie : *Élégies, Marie et Romances* (François Louis, 1819). *Les Veillées des Antilles*, 2 vol. (id., 1821). *Poésies*, 2 vol. (A. Boulland, 1830). *L'Atelier d'un Peintre. Scènes de la vie privée* (Charpentier, 1833). *Les Pleurs. Poésies nouvelles* (id., 1833). *Une Raillerie de l'amour* (id., 1833). *Pauvres Fleurs* (Dumont, 1839). *Violette*, 2 vol. (id., 1839). *Bouquets et Prières* (id., 1843). *Poésies inédites*, publiées par Gustave Revilliod (Genève : Jules Fick, 1860). *Contes et Scènes de la vie de famille* (Garnier Frères, 1865). *Albums à Pauline : œuvres manuscrites* (A. Lemerre, 1921). *Romans inédits* (Parallèles, 1928). *Les Œuvres poétiques de Marceline Desbordes-Valmore*, 2 vol., éd. complète, établie et commentée par M. Bertrand (Grenoble : Presses Univ. de Grenoble, 1973). *Correspon-

dance intime, publiée par B. Rivière, 2 vol. (Lemerre, 1896). *Lettres inédites,* recueillies et annotées par son fils Hippolyte Valmore, avec une préface de Boyer d'Agen et des notes d'A. Pougin (Louis Michaud, 1911). *Lettres de Marceline. Lettres à Félix Desbordes,* publiées par Lucien Descaves (Arthème Fayard, 1932). *Poèmes-missives* (Annecy : Poédif, 1986). *Contes* (Lyon : Presses Universitaires de Lyon, 1989). *Les Petits Flamands* (Genève : Droz, 1991). *A la mémoire d'Aimé de Loy* (s. d.).

Sélection critique : Ambrière, Francis : *Le Siècle des Valmore : Marceline Desbordes-Valmore et les siens* (Seuil, 1987). Collectif : *Marceline Desbordes-Valmore et Paul Verlaine : d'Édouard Corbière à Louis II de Bavière* (A Rebours, 1986). Descaves, Lucien : *La Vie douloureuse de Marceline Desbordes-Valmore* (Éd. d'Art et de Littérature, 1910). Jasenas, Éliane : *Marceline Desbordes-Valmore devant la critique* (Genève : Droz, 1962). Jasenas, Éliane : *Le Poétique : Desbordes-Valmore et Nerval* (Éditions Universitaires, 1975). Moulin, Jeanine : *Marceline Desbordes-Valmore* (Seghers, 1955). Cf. FWW.

Éliane Jasenas

DESCHAMPS, Fanny, n. 1920, journaliste et romancière populaire.

Journal d'une assistante sociale, les nouveaux misérables (Éditions et publications premières, 1970). *Vous n'allez pas avaler ça !* (Albin Michel, 1971). *Don Juan est-il français ?* (id., 1973). *Croque-en-bouche* (id., 1976). *La Bougainvillée* : I. *Le Jardin du roi* ; II : *Quatre épices* (id., 1982). *M. Folies Bergère* (1987). *Louison ou l'heure exquise* (1987). *Louison dans la douceur perdue* (1989). Cf. DFELF.

DESHOULIÈRES, Antoinette, 1638-1694, poète moraliste.

Poésies de Madame des Houlières (Veuve de S. Mabre-Cramoisy, 1688). *Œuvres complètes* (David l'Aîné, 1747). *Œuvres choisies* (Jouaust, 1862). Cf. DLLF.

DESJARDINS, Hortense, v. VILLEDIEU.

DESNOUES, Lucienne, n. 1921, poète belge.

Jardin délivré (Éd. Raison d'être, Prix Fénéon, 1947). *Les Racines* (id., Prix Renée Vivien, 1952). *La Fraîche* (Gallimard, 1958). *Les Ors* (Seghers, 1966). *La Plume d'oie* (Bruxelles : Jacques Antoine, 1971). *Toute la pomme de terre,* essai (Mercure de France, 1979). *Le Compotier*

(Bruxelles : Éditions ouvrières, 1982). *Quatrains pour crier avec les hiboux* (Montigny-sur-Canne : G. Oberlé, 1984). Cf. DLLF & Trekker, Anne-Marie et Jean-Pierre Vander Straeten : *Cent auteurs, Anthologie de littérature française de Belgique* (Éd. de la Francité & de la CEC, 1982).

DESQUIRON, Lilas, Haïtienne.

Les Chemins de Loco-Miroir, rm (Stock, 1990).

DES ROCHES, Madeleine et Catherine.

Cf. DLLF.

DESROY, Annie, Haïtienne.

La Cendre du passé (pièce créée à Port-au-Prince, juin 1931). *Et l'Amour vint !* (pièce inéd., créée à Port-au-Prince, nov. 1921). *Le Joug* (Port-au-Prince : Impr. Modèle, 1934).

DESVIGNES, Lucette, romancière.

Travaux comparatistes (Saint-Étienne : CECRED, 1978). *Les Nus d'Argile* (Dijon : Civry, 1982). *Clair de nuit* (Fayard, 1984). *Les Mains nues* (Mazarine, 1985). *Le Grain du chanvre ou l'Histoire de Jeanne* (id., 1985). *Le Livre de juste* (id., 1986). *Canicule* (Dijon : Alei, 1987). *Famille, familles,* nouvelles (id., 1988). *Les Mains libres* (F. Bourin, 1991). *Vent debout* (id., 1991). *La Maison sans volets* (id., 1992).

DETAMBEL, Régine, n.c. 1965, romancière.

Le Long Séjour (Julliard, 1991). *Le Vélin* (id., 1993). *La Lune dans le rectangle du patio* (Gallimard, 1994). *Le Jardin clos* (id., 1994). *Le Ventilateur* (id., 1996). *Album* (Calmann-Lévy, 1996).

DIALLO, Nafissatou Niang, romancière sénégalaise.

De Tilène au Plateau, une enfance dakaroise (Dakar : Nouvelles Éd. Sénégalaises, 1976). *Le Fort maudit* (Hatier, 1980). *Awa, la petite marchande* (Abidjan/Dakar : NEA, 1981). *La Princesse de Tiali* (Dakar : NEA, 1987).

DIE, comtesse [? Béatrice] de –, fin du XIIᵉ siècle.

La comtesse de Die, parfois appelée Béatrice, est la première des poétesses provençales, ou *trobairitz,* par la date et aussi par ses dons poétiques. Elle écrivait en langue occitane et il semble qu'elle ait vécu et écrit pendant la deuxième partie du XIIᵉ siècle mais on manque de données certaines sur ce personnage énigmatique. Sa *vida,* ou biographie traditionnelle, dit qu'elle était l'épouse de Guillem de Peitieus, qu'elle était dame belle et bonne, et qu'elle est tombée amoureuse de Rambaut d'Orange qui lui a inspiré maint beau poème. Elle était sans doute d'origine aristocratique et semble être liée de façon ou d'autre à la ville de Die, au nord-est d'Orange (Drôme). Des recherches récentes mettent en doute l'identification de ces personnages avec les troubadours Raimbaut d'Orange et Guillaume de Poitiers. Deux critiques américains avancent des théories intéressantes sur son identité (Wilhelm et Bogin, cf. bibliographie). Quoi qu'il en soit, des poèmes subsistent en témoignage éloquent de cette figure mystérieuse.

La comtesse de Die est l'auteur de quatre *cansos,* ou chansons. Une *tenson,* débat ou dialogue en vers, autrefois attribuée à la comtesse et au troubadour Raimbaut d'Orange, est aujourd'hui considérée apocryphe. Même s'il est impossible d'établir le lien avec le poète Guillaume de Poitiers, les chants de « Béatrice » évoquent la virtuosité des rimes, l'élégance de style, la sensualité franche, l'expression audacieuse des désirs amoureux de ce dernier. Si elle ne fut sa compagne, elle fut du moins sa rivale en poésie.

On a surnommé la comtesse « la Sapho du Rhône » car elle célèbre, avec les autres troubadours, la joie de l'amour physique. Elle excelle dans l'expression du libre abandon de la femme au *fin 'amors,* mais en vers brefs et enlevés et non plus dans le latin exsangue d'Andréas Capellanus. La poésie médiévale, écrite surtout par des hommes, était alors imprégnée des idées d'Ovide sur l'amour. Toutefois, dans les poèmes de la comtesse, les images s'inversent et les thèmes sont présentés du point de vue de la femme. Comme c'était le cas pour Sapho, la voix est plus intime, plus réaliste que celle des hommes qui se fait volontiers un peu abstraite et artificielle.

Les chansons de Béatrice sont pleines de franchise, de spontanéité, de la sincérité de la passion féminine. Contrairement aux apparitions pâles et froides des châtelaines imaginées plus tard par les romantiques, elle s'exprime en femme vive et chaleureuse. Elle apparaît comme une authentique créatrice, capable de forger des situations dramatiques à partir des matériaux les plus communs du répertoires (cf. Wilhelm). Cette voix exceptionnelle au Moyen Age, époque où l'œuvre artistique était anonyme, collective et impersonnelle, parle franc aux femmes de son époque.

La comtesse de Die compte ainsi dans la lignée de voix de femmes qui affirment leur sexualité à travers les siècles.

Bibliographie : Schultz-Gora, Oscar : *Die Provenzalischen Dichterinnen* (Leipzig : 1888 ; Genève : Slatkine Reprints, 1975). Kussler-Ratyé, Gabrielle : «Les chansons de la Comtesse Béatrix de Dia», *Archivium Romanicum* I (1917). Véran, Jules : *Les Poétesses provençales du moyen âge et de nos jours* (Lib. Aristide Quillet, 1946). Boutière, J. & A.-H. Schutz : *Biographies des troubadours* (Nizet, 1964). *Li Soubro : texte original avec une traduction en provençal moderne et en français* (Toulon : L'Astrado, 1973).

Sélection critique : Bogin, Meg : *The Women Troubadours* (New York-Londres : Paddington, 1976). Marrou, Henri-Irénée (pseud. Henri Davenson) : *Les Troubadours* (Seuil, 1971). Wilhelm, James J. : *Seven Troubadours : The Creators of Modern Verse* (University Park, PA : Penn State Univ. Press, 1970). Cf. TROBAIRITZ.

MHB

DIEULAFOY, Jane, 1851-1916, écrivaine voyageuse.

La Perse (Hachette, 1887). *A Suze* (id., 1888). *Parysatis,* drame lyrique (A. Lemerre, 1890). *Volontaire, 1792-1793* (A. Colin, 1892). *Rose d'Hatra* (id., 1893). *Frère Pélage* (Lemerre, 1894). *Déchéance* (id., 1897). *Aragon et Valence* (Hachette, 1901). *Castille et Andalousie* (id., 1908). *L'Orient sous le voile* (Phébus, 1990). *Une Amazone en Orient* (id., 1989). *En Mission chez les Immortels* (Phébus, 1990). V. Monicat, Bénédicte : *Itinéraires de l'écriture au féminin : Voyageuses du XIXe s.* (Amsterdam : Rodopi, 1995).

DJEBAR, Assia (pseud. de Fatima-Zohra Imalayène), n. 1936, historienne, cinéaste, romancière algérienne.

Née à Cherchell de mère berbère, de père instituteur, Assia Djebar dira avoir connu une enfance heureuse. Elle a fait des études secondaires au lycée de Blida, des études d'histoire à Paris et plus tard à Tunis. Admise à l'École normale supérieure de Sèvres en 1955, elle s'en fera exclure pour des raisons politiques. Elle suit son premier mari pour travailler en Tunisie puis elle enseigne à l'Université de Rabat et, après un exil volontaire en France, elle devient professeur à l'Université d'Alger. Elle résidera alors principalement en Algérie où elle élève ses enfants et par la suite se partagera aussi longtemps que possible entre Alger et Paris, restant détachée de l'Université d'Alger. Sa renommée internationale désormais établie, elle fait l'objet de colloques et d'études universitaires aussi bien que de traductions dans les principales langues européennes, y compris le russe. En 1993, elle est écrivain-résident à Strasbourg auquel un roman à paraître est consacré. Un très beau film biographique de Kamal Dehane (1992) témoigne de l'impressionnant courage d'une femme qui «espère mourir en Algérie».

La carrière littéraire d'Assia Djebar est marquée par un silence d'une dizaine d'années, résultant de difficultés à se réintégrer à la société algérienne autour de 1975 avec pour handicap, en tant qu'universitaire, une maîtrise insuffisante de l'arabe classique. C'est à cette époque qu'elle découvre la pratique du film, comme voie de résolution du dilemme linguistique. Les essais incisifs de Fadéla M'Rabet furent longtemps mieux connus du public francophone en quête du visage de l'Algérienne moderne. Mais c'est un monde peuplé de femmes bien vivantes que présentent les textes : l'œuvre d'Assia Djebar s'est désormais imposée comme celle de la plus accomplie des écrivaines arabes de langue française.

Quelques articles critiques, une pièce de théâtre, un essai photographique et quatre romans ponctuent la «première période». La seconde s'ouvre avec un film documentaire réalisé pour la télévision algérienne, dans des conditions de liberté limitée. Il s'agit de *La Nouba des femmes du Mont Chenoua* (1977), un retour aux sources, vers sa «virile» grand-mère berbère. Tableau du rôle des femmes dans la transmission orale de la tradition berbère, c'est aussi une mise en scène de l'énergie sauvage d'une féminité qui ne peut se faire entendre qu'entre femmes. Pour Assia Djebar désormais, le discours sera marqué au féminin, le groupe des femmes va émerger comme une puissance avec laquelle il faut compter et dans le même temps, la voix autobiographique se donnera à entendre.

Le tout premier roman (écrit en deux mois) était une expérience de plume sans grande ambition : *La Soif* manque de crédibilité dans le contexte algérien, avec une héroïne cynique sans raison apparente : l'immoraliste (qui finit par épouser un inlassable soupirant) bravait carrément tous les interdits pour les jeunes filles rangées de l'époque. La voix durable d'Assia Djebar s'annonce dès l'entreprise suivante, *Femmes d'Islam,* remarquable collection de photographies de 1961. L'introduction témoigne du rapport à l'islam de la jeune Assia Djebar et de circonspection quant à l'émancipation des musulmanes. Un entretien de 1959 avec le président Bourguiba illustre la problématique délicate de ces questions en pleine guerre d'Algérie. L'intention de l'ouvrage était manifestement un reportage réaliste de la condition féminine dans l'ensemble du monde arabe, question qu'elle allait placer au cœur même de son œuvre.

Les romans suivants traitent directement de la situation algérienne. Ils explorent un riche éventail de personnages féminins autour de la question primordiale du mariage : le célibat et l'hostilité qu'il inspire, tous les degrés de l'oppression, de l'enfermement au meurtre pour l'honneur des familles. Après *Les Impatients,* un nouveau type d'Algérienne apparaît, celui de la militante politique dans *Les Enfants du nouveau monde.* Vivant elle-même proche des réfugiés à la frontière tunisienne, Assia Djebar a pu explorer une série de situations propres à la période de la guerre d'indépendance : les familles disloquées, les femmes vouées malgré elles à l'exil et à l'autonomie psychique. Ce sont parfois même des déracinées en proie au vide de l'après-guerre. « Je n'ai jamais connu les horreurs de la guerre, précisera-t-elle à Michael Heller (*Cahiers d'études maghrébines,* 2) [mais en Tunisie] je voyais des centaines de milliers de réfugiés qui racontaient des choses atroces... J'essayais de les intérioriser ». C'est ainsi qu'elle a pu commencer à introduire un regard gynocentrique sur l'histoire qui se déroulait sous ses yeux.

Un sentiment de vacuité, de doute quant à l'Histoire, la tradition et l'avenir se dégage du quatrième roman : *Les Alouettes naïves.* La vie en exil, à la frontière tunisienne, manque de consistance. Observant la lutte de l'autre côté du rideau d'acier, les personnages s'agitent aux terrasses des cafés où le temps s'étire. Incongru dans ce contexte transitoire, un amour s'épanouit. Le couple formé par Nfissa et Rachid, tous deux militants en exil, incarne un idéal important : l'amour semble inébranlable, indifférent à la séparation des corps. Ce tableau qui peut sembler idéaliste constitue cependant une demande neuve et troublante dans le contexte du roman arabe, dans la mesure où il est ancré dans la sensualité de la femme. *A posteriori,* on apprendra qu'il s'agissait là du premier « dévoilement » autobiographique pour la romancière. L'écriture d'Assia Djebar, qui semble parfois faire écho aux structures de la langue arabe, atteint dès lors une efficacité particulière : pas de facilités poétiques dans une imagerie fluide et neuve qui révèle l'exigence du corps féminin, le besoin profond de nouveaux types de rapports entre les sexes.

Écrite en collaboration avec Walid Carn, la pièce *Rouge l'Aube* est une mise en scène de la guerre d'indépendance et des principaux conflits personnels qu'engendrent une situation de crise et le face-à-face avec la mort ; l'amour humain risque de perdre son sens, la loyauté à la cause nationaliste peut s'user au long des années de prison. Mais la raison d'être de l'art lui-même, celle de la parole poétique reste intacte, au prix de la vie du poète s'il le faut. Ce drame pose avant tout l'injustice de la colonisation : sujétion des peuples et enfermement des femmes dans la société musulmane traditionnelle.

Après les situations liées à la guerre d'indépendance, Assia Djebar explore le travail cinématographique et approfondit ses préoccupations fondamentales : l'Histoire et le présent des femmes arabes. Le recueil de nouvelles écrites entre 1959 et 1978, *Femmes d'Alger dans leur appartement* (1980), inaugure la créativité de la maturité et reste un des plus lus et traduits. Il faut l'apprécier en regard de la réalisation de deux films par

Assia Djebar, où priment l'oralité féminine et les traditions musicales de son pays. En des scènes aussi sobres que poignantes, ces nouvelles posent sous de nouveaux angles la question des rapports du couple, entre les ravages des années de guerre et l'élargissement inéluctable des horizons féminins. Ce travail illustre aussi la valeur de l'héritage culturel féminin et de la puissance verbale des femmes, toutes frontières ouvertes.

Le grand œuvre d'Assia Djebar est la suite, encore incomplète, de quatre compositions textuelles complexes où s'inscrit la voix autobiographique. Elle présente dans *L'Amour, la Fantasia* un contrepoint entre l'histoire des hommes du siècle passé (froidement écrite par les conquérants) et le récit des femmes de notre temps, fait par la narratrice. Le village grand-maternel a été le site même de ces atrocités. Il s'agit, pour celle qui part de l'Histoire et y revient sans cesse, de ne pas oublier, de faire entendre la conscience en deuil, de poursuivre le devoir de mémoire. Toute la puissance de la chose écrite, et la gageure qu'elle constitue à l'ère du médiatisé instantané, sont à l'œuvre : articuler ainsi le vécu et l'archive historique est en réalité un travail de vivification de l'histoire. De ce « roman » Assia Djebar dira comment il manifeste la résolution de son dilemme linguistique : dévoiler les traces sanglantes de sa propre histoire dans la langue qui fut celle de l'ennemi, mais aussi langue d'un père non répressif : « Plus j'écris dans la langue française, plus la langue maternelle me redevient proche ; elle fonctionne comme un silence, qui alimente cette parole et la construction des fictions romanesques que je fais » ([1988], *Cahiers d'études maghrébines* 2, 1990 : 79).

Ombre sultane, le second volume de ce quatuor, fonctionne sur la modulation d'une voix dédoublée et explore l'entente/écoute féminine qu'aborrhent les hommes. La narratrice, Esma, première (précédente) épouse, hante un couple, observe et se rapproche de la « sœur » qu'elle a choisie elle-même pour son mari. Elle lui fournit la clé qui lui permettra de découvrir la ville, le monde extérieur. On est ici entre le romanesque (une situation fantasmée à partir de celle de Shéhérazade : femme en danger de mort, qu'écoute et protège sa sœur cachée) et le politique explicite. Hajila, Esma sont deux et une, dans une mise en cause de la polygamie mais surtout de la toute-puissance masculine. Ce roman transcende, bien entendu, la seule situation algérienne. Tel critique a montré comment chez Assia Djebar l'apprentissage de soi passe par la découverte de l'existence du monde extérieur, puis celle du corps propre, de la parole enfin, et de la solidarité féminine.

Loin de Médine ne fait pas partie du quatuor de textes où le récit-cadre est autobiographique mais il fonctionne de façon comparable puisque la narratrice est une première personne directe. C'est d'abord, en dépit de l'étiquette de « roman », une formidable leçon d'histoire, celle des femmes qui ont participé à la mise au monde de l'islam. Le livre fut écrit en réaction aux sanglantes émeutes de 1988 à Alger, marquant l'émergence du

FIS. Historienne et enseignante de l'histoire du Maghreb, Assia Djebar donne l'exemple du vrai retour aux textes de la fondation de l'islam. Ce sont trois cents pages autant érudites qu'inspirées par le désir de lever une bonne fois pour toutes le voile de l'amnésie. Si, implicitement, Mohamed est quasi Dieu sur terre, et si les femmes participent au culte, il est crucial de montrer à quel prix, et en dépassant quelles contradictions, la parole du prophète a pu s'imposer. Le point de vue de la douleur féminine est donc soutenu, explorant en particulier la problématique de la polygamie. Tendon d'Achille de l'islam, c'est la grande difficulté du prophète le jour où sa fille préférée, Fatima, doit choisir entre la foi et une coépouse. Des textes historiques ayant fourni la base de ces récits, l'écrivaine brode pour combler les silences de l'histoire. C'est une résurrection de l'histoire – garantie par les textes – des femmes d'Arabie qu'a tissée Assia Djebar, dans l'espoir d'éclairer le présent.

Bibliographie : *La Soif* (Julliard, 1957). *Les Impatients* (id., 1958). *Rouge l'Aube,* pièce en quatre actes (1960, *Promesses* 1, Alger : 1969). *Femmes d'Islam* (Londres : André Deutsch, 1961). *Les Enfants du nouveau monde* (Julliard, 1967). *Les Alouettes naïves* (id., 1967). *Poèmes pour l'Algérie heureuse* (Tunis : SNED, 1969). *La Nouba des femmes du Mont Chenoua,* film (TV algérienne, 1977). *Femmes d'Alger dans leur appartement,* nouvelles (Des Femmes, 1980). *La Zerda et les chants de l'oubli,* film (1982). *L'Amour, la Fantasia* (J.C. Lattès, 1985). *Ombre sultane,* Prix Littérature, Foire de Francfort, 1989 (id., 1987). *Loin de Médine* (A. Michel, 1991). Scénario/adaptation de *Histoire de ma vie* de Fatma Aït Mansour (inédit, 1992). *Vaste est la prison* (A. Michel, 1995). *Le Blanc de l'Algérie* (id., 1995).

Sélection critique : Brahimi, Denise : « *L'Amour, la Fantasia :* une grammatologie maghrébine », *Littératures Maghrébines* 11 : 2 (L'Harmattan, 1990). Chikhi, Beïda : *Les Romans d'Assia Djebar* [Alger : Office des Publications Universitaires, c. 1990). Collectif : *Cahier d'études maghrébines* 2 : *Assia Djebar* (Cologne : Dépt de litt. romanes, 1990). Collectif [Colloque Cixous/Djebar de Queens, ONT, 1991] dir. Calle-Gruber, Mireille : *Mises en scène d'écrivains : Assia Djebar, Nicole Brossard, Madeleine Gagnon, France Théorêt* (PUG/ Canada : Le Griffon d'Argile, 1993). Déjeux, Jean : *Littérature maghrébine de langue française* (Sherbrooke : Naaman, 1973). Mortimer, Mildred : « La Femme algérienne dans les romans d'Assia Djebar », *French Review* 49, n° 5, avril 1976. Smati, Thoria : Entretien et dossier collectif, *Algérie-Actualité* 1276, 29 mars-4 avril 1990. Zimra, Clarisse : article et entretien avec A. Djebar sur *Loin de Médine, Callaloo* 16, 1 (1993).

CM

DOFF, Neel (pseud. de G. Serigiers), 1858-1942, romancière belge.

La trajectoire biographique de Neel Doff est surprenante qui devait faire d'une petite prolétaire une grande bourgeoise. Née à Buggenum, aux Pays-Bas, dans un milieu plus que modeste, ses parents l'entraînent bientôt (avec ses sept frères et sœurs) dans une misère de plus en plus sordide. La famille Doff débarque à Bruxelles en 1874. Acculée par sa mère, Neel devient prostituée mais elle devient également modèle pour les grands artistes de l'époque. Un objectif la brûle : s'extraire de son milieu à tout prix. Et de fait, elle gravit assez rapidement les échelons sociaux et se mue en grande bourgeoise, grâce à sa détermination farouche, grâce à sa beauté et son intelligence, grâce à deux maris riches. Ce n'est qu'en 1909, à l'âge de cinquante et un ans, que Neel Doff ose prendre la plume... en français. Mais ce début s'avère fulgurant. En 1911 paraît *Jours de famine et de détresse* chez Fasquelle, et l'ouvrage frôle le prix Goncourt ! Le mouvement est donné, Neel Doff atteindra la notoriété européenne. Elle mourra à quatre-vingt-quatre ans, à Bruxelles. Riche mais point heureuse. Les souffrances d'antan ne se sont pas vraiment cicatrisées.

Le noyau thématique de son œuvre, c'est justement cette souffrance : la hantise de la misère vécue dans sa jeunesse. La faim, le froid, les taudis immondes d'Amsterdam, les maladies, la honte d'être née pauvre, la révolte vis-à-vis de la déchéance physique et morale de ses parents, l'abjection de la prostitution. Voilà le contenu lancinant de *Jours de famine et de détresse* et de *Keetje trottin*. *Keetje* bouclera ce triptyque autobiographique en évoquant une ascension sociale jonchée de nouveaux problèmes. D'autres livres complètent ce témoignage sur la misère : *Contes farouches* et *Angelinette* en particulier.

A cette veine fiévreuse s'ajoutent deux autres thèmes, exploités dans *Campine, Elva* suivi de *Dans nos bruyères, Une fourmi ouvrière* et *Quitter tout cela* ainsi que *Au jour le jour*. Il s'agit de la passion pour la nature et par ailleurs l'univers campinois, au nord de la Belgique.

Incontestablement, c'est la veine du passé lancinant qui est la plus incandescente, parce que la plaie reste ouverte, entretenue par la conscience que la misère sévit toujours, sous toutes les latitudes. Et puis Neel Doff n'a pas exactement écrit : elle a expulsé, elle a craché. Sans aucune fioriture, sans « littérature ». Avec une force inouïe, nue, brute. Parce qu'elle était autodidacte, parce qu'elle était un témoin direct de cette misère. Parce que son langage n'était pas vraiment policé. La puissance sauvage, donc. On touche ici à l'originalité profonde de son œuvre. Une œuvre qui n'a rien à voir avec Émile Zola, que Neel Doff jugeait sévèrement : il n'était qu'un bourgeois qui n'avait même pas trempé un orteil dans les ordures du peuple. On touche aussi à la dimension historique et sociale de l'œuvre de Neel Doff. Ses livres offrent un témoignage rare, précieux sur la pauvreté dans les grandes villes européennes de la deuxième moitié du XIXe siècle.

Malgré la noirceur du contenu, l'œuvre peut paraître positive en fin de compte. Car un souffle l'habite : l'amour fou à l'égard de la vie, à l'égard de l'enfance, de la nature. C'est ainsi qu'au cœur de l'immonde perce le sourire. Particulièrement dans *Keetje trottin*. Et puis Neel s'est dégorgée de tout ce vécu avec l'espoir insensé que cela contribuerait – un minimum – au progrès social.

Œuvre féminine, féministe ? Neel Doff avait horreur de tous les « ismes ». Elle n'adhéra à aucune idéologie, aucun mouvement. Elle entretint une sauvage indépendance sur ce plan. Mais elle osa livrer des réalités fortes, à travers son expérience personnelle, en outrepassant la sacro-sainte pudeur féminine et en affichant une riche sensualité. Elle fait donc partie de ces « rebelles » de l'histoire grâce auxquelles nous, femmes d'aujourd'hui, pouvons plus facilement nous affirmer en pleine lumière.

Bibliographie : *Jours de famine et de détresse* (Fasquelle, 1911). *Contes farouches* (P. Ollendorf, 1913). *Keetje* (id., 1919). *Angelinette* (G. Crès, 1923). *Campine* (Rieder & Co., 1926). *Elva* (Rieder, 1929). *Dans nos bruyères* (PUF, 1929). *Keetje trottin* (1921, Éditions du Tambourin, 1930). *Une fourmi ouvrière* (Sans Pareil, 1935). *Au jour le jour* (-, 1937).

Sélection critique : Pierson-Pierad, Marianne : *Neel Doff par elle-même* (Bruxelles : Éditions Esses, 1964). Wilwerth, Évelyne : *Neel Doff (1858-1942) ; Conte de fée sur écran noir* (Bruxelles, Le Pré aux Sources : Bernard Gilson, 1992).

Évelyne Wilwerth

DOMINIQUE, Jean (pseud. de Marie Closset), 1873-1952, poète.

Un Goût de sel et d'amertume (Bruxelles : Paul Lacomblez, 1899). *L'Ombre des roses,* poèmes suivis du *Gilles en Blanc* (Bruxelles : Éd. du Cyclamen, 1901). *La Gaule blanche* (Mercure de France, 1903). *L'Anémone des mers* (id., 1906). *L'Aile mouillée* (id., 1908). *Le Puits d'azur* (id., 1912). *Le Vent du soir* (Liège : Impr. Bernard, 1922). *Sable sans fleurs,* poèmes en prose (Braine-le-Comte : Éd. de la Nervie, 1925). *Une Syllabe d'oiseau* (Anvers : J.-E. Buschmann, 1926). *Poèmes choisis* (Bruxelles : La Renaissance du Livre, 1955).

DOMINIQUE, Jan dite « J.J. », journaliste haïtienne.

Mémoire d'une amnésique (Port-au-Prince : Imp. Deschamps, 1984).

DORIN, Françoise, n. 1930, romancière, dramaturge.

Les Bonshommes (*L'Avant-Scène* 459, 1970). *Théâtre*, 2 vol. : I. *Le Tournant* ; *Les Bonshommes* ; II. *Comme au théâtre* ; *La Facture* ; *Un Sale Égoïste* (Julliard, 1973). *Le Tournant* (-, 1974). *Le Tube* (Flammarion, 1975). *Va voir maman, papa travaille !,* rm (Laffont, 1976). *L'Autre Valse* ; *Si t'es beau... t'es con,* théâtre (id., 1978). *Les lits à une place* (Flammarion, 1980). *L'Intoxe* (id., 1981). *Les Miroirs truqués* (id., 1982). *L'Étiquette* (id., 1983). *Les Jupes-culottes* (id., 1984). *Les Cahiers tango* (id., 1988). *Les Corbeaux et les Renardes* (id., 1988). *Nini Patte-en-l'air* (R. Laffont, 1990). *Au nom du père et de la famille* (Flammarion, 1992). *Le Tout pour le tout* (s. d.). Cf. DLLF, DLFF, DFELF.

DORION, Hélène, poète québécoise.

La Vie, ses fragiles passages (Le Dé Bleu, 1990). *Un Visage appuyé contre le monde* (Le Noroît/Le Dé Bleu, 1990). *Les États du relief* (id., 1992). Prix « Aux trois canettes-Wallonie-Bruxelles » 1992.

DORMANN, Geneviève, n. 1933, romancière.

La Fanfaronne (Seuil, 1959). *Le Chemin des dames* (Seuil, 1964). *La Passion selon Saint-Jules* (Seuil, 1967). *Je t'apporterai des orages* (id., 1971). *Le Bateau du courrier* (id., 1974). *Mickey l'Ange* (id., 1977). *Fleur de péché* (id., 1980). *Le Roman de Sophie Trébuchet* (Albin Michel, 1982). *Amoureuse Colette* (id., 1985). *Le Livre du point de croix,* avec Régine Deforges (id., 1986). *Une Belle Histoire* (id., 1988). *De toutes les couleurs* (id., 1988). *Fleurs et Oiseaux* (id., 1988). *Messages* (id., 1988). *Partir* (id., 1988). *Rues de Paris* (id., 1988). *Le Bal du dodo* (id., 1989). *Paris est une ville pleine de lions,* photographies de Sophie Bassouls (id., 1991). *Maurice, vue du ciel* (Gallimard, 1991). *La Petite Main* (Albin Michel, 1993). Cf. DLLF, DLFF, DFELF.

DOSEN, Flora, romancière.

Le Maestro (Flammarion, 1961). *La Messe du lundi* (id., 1962). *Un Prix fou* (id., 1966). *La Poussière des jours* (id., 1972). *La Vie comme elle vient* (id., 1974). *L'Illyrienne* (id., 1986).

DROUET, Juliette Gauvain, 1806-1883, épistolière.

Lettres à Victor Hugo (Tchou, 1970). *Lettres à Victor Hugo : décembre 1870-janvier 1871* (Neuilly-sur-Seine : P. Zoummeroff, 1988). *Lettres à Victor Hugo,* t. 1 : *1833-1882,* t. 2 : *1833-1883* (Har-Po. réédition, 1985). [*Journal*] (s. d.). [*Lettre à Louis Koch*] (s. d.). [*Lettres à Claire Pradier*] (s. d.).

DROUET, Marie-Noëlle, dite Minou, n. 1947, poète.

Poèmes et extraits de lettres (Julliard, 1955). *Arbre, mon ami* (id., 1956). *La Patte bleue,* suivi de *Symphonie fauve, Ami Pikpom* (Casterman, 1966). *Du Brouillard dans les yeux,* rm (Plon, 1966). *La Flamme rousse* (Hachette, 1968). *Guf de la forêt* (Presses de la Cité, 1968).

DUBRAU, Louis (pseud. de Louise Janson-Scheidt), n. 1904, poète et romancière belge, membre de l'Académie royale de Belgique.

Zouzou (Bruxelles : Éd. du Cheval de bois, 1936). *Présences* (id. : Les Cahiers du Journal des Poètes, 1937). *Abécédaire,* Prix Verhaeren (Corréa, 1939). *Poèmes* (Bruxelles : La Maison du Poète, 1940). *L'Arme du crime* (id. ; Beirnaerdt, 1943). *L'An quarante* (id. ; Le Carrefour, 1945). *Un Seul Jour* (Corréa, 1947). *Pour une autre saison* (Antibes : Les Iles de Lérins, 1947). *La Part du silence* (Bruxelles : L'Écran du Monde, 1949). *Double jeu,* nouvelles, Prix Malpertuis (-, 1952). *Ailleurs* (Libr. des Lettres, 1956). *Le Temps réversible* (Malines : Le Trou dans le Ciel, 1956). *La Belle et la Bête* (La Renaissance du Livre, 1961). *A la poursuite de Sandra* (Albin Michel, 1963). *Comme des gisants* (id., 1964). *Les Témoins* (Bruxelles : A. De Rache, 1969). *Le Cabinet chinois* (Musin, 1970). *A part entière* (Renaissance du livre, 1974). *Jeu de massacre* (Bruxelles : P. De Meyere, 1978). *Rencontres* (Le Cormier, 1981). *Les Imaginaires,* nouvelles (La Renaissance du Livre, 1982). Divers livres de reportage sur l'Iran, Madagascar, etc.

DU CHATELET, Gabrielle-Émilie, 1706-1749, intellectuelle et savante.

Institutions de physique (Prault, 1740 ; rééd. G. Olms, 1988). *Dissertation sur la nature et la propagation du feu* (id., 1744). *Lettres* (Paris, G. Charpentier, 1878). Cf. DLLF & Ehrmann : *Madame du Châtelet ; Scientist, Philosopher and Feminist of the Enlightenment* (St Martin's Press, 1987).

DUCHEMANN, Germaine, écrivaine malgache.

Muse à la réunion (-, 1964). *Pêle-mêle* (-, 1972). *Lionel chez les fées*, conte pour enfants (-, 1976).

DUCOUT, Françoise, romancière, essayiste.

La Curiosité du rêveur (Seuil, 1972). *Les Anges dans nos campagnes* (id., 1976). *Séductrices du cinéma français,* 1936-1956 (Éd. Henri Veyrier, 1978). *Greta Garbo : la somnambule* (Stock, 1979). *A petit feu* (Balland, 1981). *Plaisirs d'amour : almanach érotique des femmes* (Le Grand livre du monde, 1983). *Cartes postales de chats* (P. Horay, 1984). *Léon moins le quart* (Grasset, 1984). *Les Fantômes de Grand Central* (P. Horay, 1988).

DUFOUR, Hortense, romancière.

La Femme buissonnière (J.-J. Pauvert, 1971). *La Pandour* (La Marge-Kesserling, 1974). *La Dernière Femme de Barbe-Bleue* (Grasset, 1976). *La Marie-Marraine* (id., 1978). *La Guenon qui pleure* (id., 1980), prix du livre Inter. *L'Écureuil dans la roue* (id., 1981). *Le Bouchot* (id., 1982). *Le Tournis* (id., 1983). *Jardins labyrinthes* (id., 1984). *Capitaine Dragée* (id., 1986). *Le Diable blanc* (J'ai lu, 1986). *La Garde du cocon* (Flammarion, 1987). *Le Château d'absence* (id., 1989). *Comtesse de Ségur, née Rostopchine* (id., 1990). *La Fille du saulnier* (Grasset, 1992).

DUFRENOY, Adélaïde, 1765-1825, poète, auteur d'essais et romans pour les jeunes, couronnée en 1815 par l'Académie.

Abécédaire des petits gourmands (Lefuel, s. d.). *L'Anniversaire de la naissance du Roi de Rome* (Imp. de P. Didot l'Aîné, 1812). *La Femme auteur* (Béchet, 1812). *Élégies* (A. Eymery, 1813). *Les Derniers Moments de Bayard,* poème (id., 1815). *Étrennes à ma fille* (id., 1815). *La Petite Ménagère* (id., 1816). *Biographie des jeunes demoiselles, ou Vie des femmes célèbres depuis les Hébreux jusqu'à nos jours* (id., 1816). *Les Conversations maternelles* (id., 1818). *Contes, nouvelles et historiettes par Mme de Genlis, Mme de Beaufort, Mme Dufresnoy, etc.* (A. Bertrand, 1820). *La Convalescence,* élégie (Imp. de J. Tastu, 1823). *Le Livre des femmes,* choix de morceaux extraits des meilleurs écrivains... (Gand : G. de Busscher & fils, 1923). Œuvre poétique (Moutardier, 1826).

DUMAREST-DUSSAUGE, Suzanne, dramaturge, nouvelliste.

Plusieurs pièces dont *Cassandre,* Prix Georges Jamati 1972 (Sherbrooke : Naaman, 1979).

DUNOYER, Anne-Marguerite, née Petit, 1663-1719, épistolière.

Huguenote, elle quitta la France et son mari pour s'installer avec ses deux filles à La Haye où elle a probablement vécu en grande partie de sa plume, tout au moins vers la fin de sa vie. A cette époque, elle publiait avec une certaine régularité les volumes de son ouvrage principal, les *Lettres Historiques et Galantes.* Elle travaillait en outre comme journaliste, une des premières en langue française : après l'échec de son imitation du *Mercure Galant,* elle a repris en 1711 la direction d'une gazette existant depuis quelques décennies, et qui paraissait deux fois par semaine : la *Quintessence des Nouvelles.*

C'est par ses *Lettres Historiques et Galantes,* que Madame Dunoyer a été connue durant tout le XVIIIe siècle. Il s'agit là d'un curieux mélange de réalité et de fiction, présenté sous la forme d'un recueil de lettres qu'échangent deux femmes anonymes. Ces lettres peuvent être considérées comme la continuation sous une autre forme de ses *Mémoires,* qui relataient sa vie jusqu'en 1702 mais sans grande crédibilité quant aux faits.

Dans ses *Lettres,* Madame Dunoyer se permet encore plus de liberté à l'égard des événements politiques et privés, qui forment le sujet essentiel des lettres échangées. En outre, une des correspondantes imaginaires « connaît » Madame Dunoyer et lit ses journaux. Dans les lettres à son amie, elle exprime son admiration pour cette dame – non pas l'écrivain ou la journaliste, mais par exemple son attitude lorsqu'elle rencontre le roi d'Angleterre (qui aurait, selon elle, été ravi de la connaître). Ce genre de scènes est astucieusement imbriqué à l'intérieur de passages repris littéralement de son journal, la *Quintessence.*

Madame Dunoyer montre une certaine préférence pour des personnages féminins – son propre personnage d'abord –, mais elle n'aborde pas la question féminine en tant que telle. Par contre, certaines des réactions apparemment suscitées par son œuvre sont assurément dues au fait qu'elle était femme. Le conflit conjugal aidant, Monsieur Dunoyer n'a pas hésité à publier sa propre version de certains événements.

Sa manipulation de la réalité lui a évidemment valu des ennemis. Les *Lettres,* dont les sept tomes devaient paraître entre 1704 et 1717, ont néanmoins connu une célébrité certaine. On considérait que ses aventures avaient « le mérite assez rare d'amuser comme un roman ». On doit effectivement classer cette œuvre parmi les nombreux prédécesseurs du genre romanesque proprement dit. Cependant les *Lettres Historiques et Galantes* ont longtemps été lues comme une autobiographie et en 1910 une compilation parut, où *Mémoires* et *Lettres* se trouvaient amalgamés pour constituer une « biographie » de Madame Dunoyer (Arnelle, pseud. de Madame de Claussade).

Sa biographie définitive n'a pas encore été écrite : l'image de Madame Dunoyer continue à souffrir de sa querelle avec Voltaire (elle refusait que sa fille le rencontre). Elle figure toujours dans les biographies de Voltaire, sous un jour extrêmement négatif. La femme et l'œuvre méritent un traitement plus objectif que celui qu'ils ont reçu jusqu'à présent.

Bibliographie : *Lettres Historiques et Galantes* (Cologne : Marteau, 7 vol. entre 1704 et 1717 [nombreuses éditions pirates, et rééditions durant le siècle]). *Mémoires* (id., 1710 [nombreuses rééditions souvent combinées avec celles des *Lettres*]). *Nouveau Mercure Galant des Cours de l'Europe* (La Haye, 1710, mensuel qui n'a paru que deux fois). *Quintessence des Nouvelles historiques, critiques, politiques, morales et galantes* (La Haye, 1711-1719 [périodique bi-hebdomadaire]).

Sélection critique : Dijk, Suzanne, van : « Madame Dunoyer, auteur de *la Quintessence des Nouvelles*, 1711-1719 », dans *Traces de Femmes - Présence féminine dans le journalisme français du XVIIIe siècle* (Amsterdam : Maarssen, 1988, pp. 85-133).

Suzanne van Dijk

DUPUIS, Charlotte-Catherine Bordes (pseud. : Antoine de Nantes),1813-1879, auteur dramatique.

Deux Veuves pour rire (Michel-Lévy, 1856). *Où l'on va* (id., 1869). *Petit Frère* (id., 1870).

DUPUIS, Eudoxie (pseud. : Victorien Aury, Meryen Cecly, Tante Nicole). 1835-1906, plus de cent romans, nouvelles pour enfants.

Comédies enfantines (Delagrave, 1884). *Contes de Tante Nicole* (id., 1900). *La Robe noire* (id., 1901). *Denise et Ned,* suivi d'autres nouvelles (id., 1903). *Le Prince Cam* (id., 1903). *L'Auberge de la Cour de France* (id., 1904). *Les Petits Métiers de Paris* (Delagrave, 1924). *La Farce de Pathelin* (L'École des Loisirs, 1982).

DUPUIS, Sylviane, n. 1956, poète suisse.

Sylviane Dupuis vit et enseigne à Genève, où elle est née. Elle crée dans ses poèmes un univers dramatique où apparaissent des « figures d'égarées » à la recherche d'une vérité, à la poursuite de ce qui pourrait combler l'absence et le manque. Par une formulation extrêmement dépouillée, Sylviane Dupuis crée un univers où le Moyen Age et l'Antiquité rejoignent le présent des mythes intemporels. Perte des dieux, aliénation amoureuse, folie mystique : les femmes qui errent dans ses poèmes partagent une douleur fondamentale et éternelle. La très grande musicalité des vers, le sens du rythme qui met en valeur les métaphores, exprime la perte et la souffrance par la fulgurance.

Bibliographie : *D'un lieu à l'autre* (Lausanne : Empreintes, 1985). *Creuser la nuit* (Turin : Albert Meynier, 1985). *Figures d'égarées* (Lausanne : Empreintes, 1989). *Travaux du voyage,* essai (Genève : Éd. Zoé, 1993).

Françoise Fornerod

DURAND, Catherine, ?-1736, auteur de contes et comédies.

Histoire des amours de Grégoire VII, du cardinal de Richelieu, de la princesse de Condé, et de la marquise d'Urfé par Mademoiselle D*** (Pierre LeJeune, 1700). *Anecdotes galans [sic] ou Histoire des amours de Grégoire VII du cardinal de Richelieu de la princesse de Condé et de la marquise Durfé par mademoiselle D**** (Pierre LeJeune, 1702). *Amarante, ou le Triomphe de l'amitié* (Claude Jombert, 1715). *Triomphe de l'amitié, avec plusieurs pièces de poésie* (s.l., 1726). *Lettre de Mademoiselle D*** à Monsieur l'abbé du R*** sur le Supplément de l'Année merveilleuse* (s.l., 1748).

DURAND, Marguerite, essayiste, fondatrice de *La Fronde* en 1897.

Ministère du commerce, de l'industrie, des postes, et des télégraphes... Congrès international de la condition et des droits des femmes, tenu à Paris du 5 au 8 sept. 1900. Procès-verbaux sommaires (Impr. Nationale, 1901).

DURAND, Simone, poète.

Yachmak (Orphée, 1964). *Le Sang des tambours* (Saint-Germain-des-Prés, 1969). *Les Pantins éborgnés* (Chambelland, 1973). *A saute-cœur* (Le Pallet : « Traces », 1979). *Trois fois passera* (Mizerieux : C. Bussy, 1986).

DURANTEAU, Josane, essayiste, romancière.

Albertine Sarrazin (Sarrazin, 1971). *Josane* (id., 1972). *La Belle Indienne* (Stock, 1975). *Les Petits Carnets de M. Billon* (Calmann-Lévy, 1976). *Le Départ* (Julliard, 1977). *Les Confidences vénitiennes* (Stock, 1981).

DURAS, Claire de –, 1777-1828, nouvelliste dite « sentimentale ».

Claire Rose Louise Bonne de Coetnempren de Kersaint naquit à Brest un 23 mars. Son père était officier de marine et sa mère créole (« Blanche des îles », à l'époque). Très jeune, elle prend sa place dans le salon familial puis elle est placée au couvent de Panthémont. Pendant la Révolution son père, devenu girondin, est guillotiné et elle s'embarque avec sa mère malade pour la Martinique, d'où elle se rend aux États-Unis puis en Suisse. Elle se trouve enfin à Londres où elle épouse en 1797 le duc de Duras, émigré lui aussi. C'est en Angleterre qu'elle donne le jour à deux filles : Félicie et Clara. Sous l'Empire, la famille rentre en France et vit au château d'Ussé jusqu'à la Restauration. Mme de Duras revient alors à Paris où elle tient un salon très apprécié dont le « lion » n'est autre que son très cher ami Chateaubriand. Ce salon est décrit par Sainte-Beuve dans *Portraits de femmes*. Une maladie contractée vers 1820 la force en 1824 à se retirer à la campagne où elle écrit les brefs romans qui nous sont parvenus. Elle meurt à Nice en 1828.

Longtemps simplement classée comme « romancière sentimentale », Claire de Duras a publié deux nouvelles longues ou « romans », *Ourika* (1824) et *Édouard* (1825) qui analysent les émotions d'amants écartés du bonheur à cause de leur race ou en raison de leur appartenance sociale. Sainte-Beuve mentionne, dans *Portraits de femmes,* qu'elle avait écrit trois autres romans, *Le Frère ange, Les Mémoires de Sophie,* ouvrage autobiographique, et *Olivier,* encore inédits pour les deux premiers. Jusqu'en 1971, *Olivier* devait soulever de nombreuses controverses, en grande partie pour avoir traité implicitement du thème de l'impuissance sexuelle.

L'héroïne du bref roman *Ourika* est une enfant noire amenée du Sénégal par le chevalier de B... La situation était inspirée de la vie réelle comme l'a établi en particulier la thèse de Mary-Lee Crofts : Ourika est élevée par la tante du chevalier comme sa propre fille. Jusqu'à l'âge de douze ans, l'enfant mène une existence heureuse, champêtre et protégée, parfaitement inconsciente de l'infériorité que lui confère sa race dans la société du XVIIIᵉ siècle. Elle est aussi, longtemps à son insu, éprise de Charles, le fils de Mᵐᵉ de B..., essayant de se convaincre qu'elle l'aime comme un frère. Charles finit par prendre, comme il est « normal », une parfaite épouse dont il aura un fils. Atteinte d'une maladie où nous verrions aujourd'hui une forme de dépression anorexique, Ourika se tourne vers l'Église, refuge traditionnel des filles condamnées au célibat. Elle se fait religieuse pour mourir admirablement dans la fleur de l'âge.

Le « roman » est l'étude d'une prise de conscience de la barrière raciale qui vient mettre fin à un rêve de bonheur forgé conformément à l'idéologie chrétienne occidentale, au cours d'une enfance idyllique. *Ourika* connut un grand succès et fut à l'origine d'une mode de coiffes « à la Ourika » (dont Mᵐᵉ de Duras reste elle-même le meilleur modèle) comme le seront un siècle plus tard la Claudine de Colette et son fameux col. Des recherches récentes ont exploré les tenants historiques et sociologiques africains de ce texte tandis que l'énergique préface de Claudine Herrmann faisait le point sur l'amitié avec Chateaubriand dès 1979. M.-L. Crofts a suggéré que le personnage fictif d'Ourika avait servi de modèle culturel général, sorte de Galatée issue d'un siècle des lumières rêvant d'universel, et tout autant, de modèle prémonitoire pour l'Africain assimilé du colonialisme français au siècle suivant.

Le thème d'*Édouard* reprend, sous une autre forme, la notion du bonheur rendu impossible par suite des inégalités de condition. Édouard, recueilli par le maréchal d'Olonne, tombe amoureux de la fille de ce dernier, la duchesse de Nevers, veuve à vingt ans. Dans le cadre du château de Faverange, tous deux rêvent d'union mais les différences de classe obligent le jeune homme à s'éloigner. Édouard, ayant appris la mort de Mᵐᵉ de Nevers, se fera tuer au cours de la guerre d'indépendance américaine et son manuscrit retrouvé sera le prétexte du roman. En 1971, Denise Virieux a présenté le troisième roman de Claire de Duras : *Olivier ou le secret,* d'après les manuscrits. Cette édition prouve qu'Olivier a bien servi de modèle pour l'*Armance* de Stendhal. *Olivier* est à nouveau l'histoire d'un amour malheureux : le comte Olivier de Sancerre ne peut épouser sa cousine, la comtesse Louise de Nangis, en raison d'une maladie dont il ne peut expliquer la nature.

Chateaubriand comparait Claire de Duras à Mᵐᵉ de La Fayette pour « la grâce de son talent » et à Mᵐᵉ de Staël pour « la force de sa pensée ». Les femmes dans ses romans apparaissent certes comme des figures douées d'énergie et qui luttent pour faire triompher une conception du bonheur affectif envers et contre les pratiques et les préjugés sociaux : un bonheur fondé sur l'engagement et sur un échange total et limpide, comme les femmes n'ont jamais cessé d'y rêver. Mais il est non moins remarquable que cette énergie déployée se dissolve régulièrement dans la mort, sort symbolique réservé par la société à la femme qui songe à enfreindre les limites.

Bibliographie : *Ourika,* (Ladvocat, 1824 ; Des femmes, 1979, prés. Claudine Herrmann). *Édouard* (Ladvocat, 1825, 2 vol.). *Pensées de Louis XIV extraites de ses ouvrages et de ses lettres manuscrites* (L. Passard, s. d.). *Réflexions et Prières* (Debécourt, 1839). *Olivier ou le secret,* prés. Denise Virieux (José Corti, 1971).

Sélection critique : Bardoux, Agénor : *La Duchesse de Duras* (C. Lévy, 1898). Crofts, Mary-Lee : « Duras's *Ourika* : Race and Gender in Text and Context » (thèse, Univ. du Wisconsin-Madison, 1992). Crichfield, G. : *Three Novels of Madame de Duras : « Ourika », « Édouard », « Olivier »* (Mouton, 1975). Decreus-Van Liefland, Juliette : « Madame la Duchesse de Duras », dans *Sainte-Beuve et la critique des auteurs féminins* (Boivin, 1949). Giraud, V. : *Passions et romans d'autrefois. Mme de Duras* (1925). Herrmann, Claudine, Introduction à *Édouard* (Mercure de France, 1983). Pailhès, G. : *La Duchesse de Duras et Chateaubriand d'après des documents inédits* (Perrin,1910).

Lucy Schwartz

DURAS, Marguerite (pseud.), 1914-1996, romancière, cinéaste, dramaturge.

Marguerite Donnadieu, alias Duras et finalement « la Duras » nationale, est née en Indochine dans une famille d'enseignants et a fait des études secondaires au lycée de Saigon. A dix-sept ans, elle est à Paris, prépare une licence de droit et une autre en sciences politiques. Elle travaille au ministère des Colonies, se marie en 1939. C'est pendant la guerre qu'elle rencontre Dyonis Mascolo dont elle a un fils. Elle s'engage dans le communisme militant et publie son premier roman : *Les Impudents* (1943). Vers 1950 elle s'intéresse de près à la production dramatique et cinématographique et la plupart de ses textes romanesques ont depuis fait l'objet d'adaptions pour la scène ou de films qu'elle réalise elle-même. Deux de ses scénarios seront très célèbres : *Hiroshima mon amour* (Resnais) et *Une aussi longue absence* (avec Gérard Jarlot). Elle milite en marge de groupements mais son nom restera attaché à l'affaire Ben Barka, et aux événements de 1968 à la Sorbonne. Elle sympathise un temps avec les éléments radicaux du MLF et donne des séries d'entretiens réunis en volumes. Elle est très remarquée en 1977 au Festival de Cannes (pour *Le Camion*) et sur la scène littéraire qui voit paraître des études majeures la concernant, tant en France qu'à l'étranger. Son œuvre écrite compte une quarantaine de titres et domine, par sa profonde originalité, et par ses effets d'ambiguïté poétique, l'écriture féminine du quart de siècle. Marguerite Duras n'aime guère voyager et vit le plus possible dans sa résidence campagnarde de la région parisienne ou en Normandie. En 1984 le prix Goncourt qu'elle reçoit pour *L'Amant* attire enfin sur elle l'attention du plus grand public, attention qui culmine avec l'exploitation télévisuelle de son œuvre et l'adaptation cinématographique controversée du roman primé.

Au plus fort du débat sur le Nouveau Roman (entité mythique dira Jean Ricardou en lui donnant sa théorie), Marguerite Duras a été associée à ce mouvement parce qu'elle apportait dans certains textes une écriture nouvelle, à mi-chemin entre roman et poème. Pas plus que Nathalie Sarraute, Marguerite Duras ne correspond au prototype (toujours mythique) du nouveau romancier artisan/ingénieur de son texte. Il y a peu de travail sur le mot (le « signifiant ») chez Duras mais en revanche une mise en valeur absolue d'un signifié (« Amour » dans *L'Amour,* « Détruire » dans *Détruire, dit-elle*) et chez elle, l'exploitation de l'efficacité poétique de la répétition sont évidentes. Ses textes, *Le Vice-Consul* excepté, ne comportent pas le critère néo-romanesque qu'est la mise en abyme de la créativité. Rares sont les allusions à l'écriture dans les textes et les personnages de « romanciers » dans *Le Ravissement de Lol V. Stein* ou *Détruire, dit-elle* sont d'hypothétiques écrivains « à venir ». Toutefois, et comme pour Nathalie Sarraute encore, il y a une « idée fixe », ou plutôt une « vision fixe » tragique du monde, non plus microscopique mais cosmique : c'est un message tripartite magistral : aimer/détruire/ne pas oublier.

A mesure que les livres se sont accumulés, ils ont perdu leur épaisseur réaliste, les descriptions, les noms propres et de lieu se raréfient. Les « personnages » sont des variations de personnages antérieurs, les situations également. Le texte devient essentiellement dialogue en dentelle : troué de blancs, de phrases nominales, d'interjections, de cris, une écriture dont le poids est à trouver entre les lignes, aux franges du non-sens. Par cette écriture les espaces et les temps se trouvent décantés, réduits à des lieux archétypiques, des moments du jour, des climats. Il y a les « lieux de rencontre » : jardin public du *Square,* bar de *Moderato Cantabile,* parc ou salon d'hôtel, plage (*Détruire, L'Amour*), terrasse (*L'Après-midi de Monsieur Andesmas*). Il y a les « lieux interdits » : l'autre côté du fleuve (*L'Amour*), l'esplanade et la forêt (nouveau monde et chaos terrifiant de la folie), la place du village (*Andesmas*), la ville sur la mer (bonheur perdu du *Square*), la cave (folie et crime d'*Hiroshima* et *L'Amante anglaise*). De la même manière, le temps est réduit à ses unités naturelles : jour/nuit, midi, soir, matin, après-midi. La description des espaces-temps se fait par les notations brèves du type des indication scéniques, laissant au lecteur (comme à un metteur en scène éventuel) le soin des détails réduits au minimum, comme si Marguerite Duras avait absorbé, au soleil de l'Indochine, quelque chose de l'art des estampes japonaises : lignes douces et pures, tons dégradés, inlassable répétition des motifs. Marguerite Duras en effet se plaît aux variations sur un même thème, et le moins magnifique n'est pas cette figure composite d'Aurélia Steiner qui incarne, mieux que les amants d'Hiroshima, l'horreur durassienne de l'Histoire contemporaine. Rien dans l'adoucissement moderne des mœurs ne peut pour Duras amorcer un équilibre entre l'horreur par excellence (Shoah-Hiroshima) et la fin des colonialismes, le progrès des droits civiques ou ceux de l'émancipation féminine.

La vision durassienne est un constat radicalement négatif, et il faudra peut-être penser Duras comme une grande romantique en fin de compte. Sur le plan de la vie quotidienne et intime, un autre volet du sens durassien du tragique est capté par Yann Andréa, célèbre compagnon de Duras, qui a décrit au jour le jour sa cure de désintoxication éthylique de 1981 à l'Hôpital américain de Neuilly. Ce texte constitue un hommage remarquable au génie de Duras : on peut y observer l'écriture « blanche », le style même de la grande dentellière des lettres contemporaines. On imagine qu'Andréa ne l'a pas choisi mais qu'il démontre au contraire le processus d'identification profonde – d'aliénation de soi – que Marguerite Duras appelle « l'amour ». De son amitié amoureuse avec Andréa devait naître le joyau stylistique de son œuvre, *La Maladie de la mort,* texte inclassable, incantatoire, érotique au meilleur sens, cruel aussi et mal reçu par la communauté homosexuelle.

L'immense popularité tardive de Duras relève d'une part de l'évolution de son écriture vers le discours autobiographique lisible pour le plus grand nombre (*La Douleur, L'Amant, L'Amant de la Chine du Nord*) mais plus fondamentalement encore, de son génie profond à dire et redire, avec des mots très fondamentaux, la hantise de l'oubli de la passion, dans les deux sens du terme : extase amoureuse et douleur de mort. Le succès d'Annie Ernaux en France relève sans doute de cette même affinité française ou latine pour le tragique, pour cette « maladie de l'amour/de la mort » qu'aucun humour ne vient mettre en question. Car si Marguerite Duras cultive volontiers le paradoxe (médiatisé surtout : éloge de l'infanticide, de l'inceste, de la drogue ou de l'alcool), l'humour reste rare (*Détruire, dit-elle,* faisant exception). Et il faut aussi compter avec la dimension politique de l'œuvre de Duras (citons ici *Le Shaga, India Song* ou *Le Vice-Consul,* et *La Pluie d'été*), œuvre qui participe affectivement des vicissitudes de tout un siècle.

Bibliographie : [seuls les imprimés sont mentionnés, sans distinction des versions théâtrales et scénarios] : *Les Impudents* (Plon, 1943). *La Vie tranquille* (Gallimard, 1944). *Un Barrage contre le Pacifique* (id., 1950). *Le Marin de Gibraltar* (id., 1952 ; Folio, 1977 + entretien de Michelle

Porte). *Les Petits Chevaux de Tarquinia* (Gallimard, 1953). *Des journées entières dans les arbres* (nouvelles : « Le Boa », « Madame Bodin », « Les Chantiers » ; id., 1954). *Le Square* (id., 1955). *Moderato Cantabile* (Minuit, 1958). *Hiroshima mon amour* (Gallimard, 1960). *Les Viaducs de la Seine-et-Marne* (id., 1960). *Dix heures et demie du soir en été* (id., 1960). *Une aussi longue absence* (id., 1961). *L'Après-Midi de Monsieur Andesmas* (id., 1962). *Le Ravissement de Lol V. Stein* (id., 1964). *Théâtre I* (« Les Eaux et Forêts », « Le Square », « La Musica » ; id., 1965). *Le Vice-Consul* (id., 1966). *L'Amante anglaise* (id., 1967). *Théâtre II* (« Suzanna Andler », « Le Shaga », « Yes, peut-être », « Un Homme est venu me voir », « Des journées entières dans les arbres » ; id., 1967). *Détruire, dit-elle* (Minuit, 1969). *Abahn Sabana David* (Gallimard, 1970). *L'Amour* (id., 1971). *Ah ! Ernesto* (Harlin-Quist, 1972). *India Song* (Gallimard, 1973). *Nathalie Granger* suivie de *La Femme du Gange* (id., 1973). *Les Parleuses,* avec Xavière Gauthier (Minuit, 1974). *L'Eden Cinéma* (Mercure de France, 1977). *Le Camion* (Minuit, 1977). *Les Lieux de Marguerite Duras,* entretiens avec Michelle Porte (id., 1977). *Le Navire Night ; Césarée ; Les Mains négatives ; Aurélia Steiner* (Mercure de France, 1979). *L'Homme assis dans le couloir* (Minuit, 1980). *L'Été 80,* chroniques pour *Libération* (id., 1980). *Les Yeux verts,* numéro spécial des *Cahiers du Cinéma* 312-313 (juin 1980). *Véra Baxter ou les plages de l'Atlantique* (Albatros, 1980). *Agatha,* théâtre (Minuit, 1981). *Outside* [critique depuis 1957] (Albin Michel, 1981). *La Maladie de la mort* (Minuit, 1982). « La Jeune Fille et l'Enfant » (extrait de *L'Été 80*), lu par M. Duras (Livre-cassette Des Femmes, 1982). *L'Amant,* Prix Goncourt (Minuit, 1984). *Outside* (P.O.L., réédition d'articles de 1981). *La Douleur* (id., 1985). *La Musica deuxième* (Gallimard, 1985). *La Pute de la côte normande* (Minuit, 1987). *La Vie matérielle* (P.O.L., 1987). *Émily L.* (Minuit, 1987). *La Pluie d'été* (P.O.L., 1990). *L'Amant de la Chine du Nord* (Gallimard, 1991). *Écrire* (id., 1993). *C'est tout* (P.O.L., 1995). *La Mer écrite* (Marval, 1996).

Sélection critique : Alleins, Madeleine : *Marguerite Duras : médium du réel* (L'Age d'Homme, 1984). Armel, Aliette : *Marguerite Duras et l'autobiographie* (Le Castor Astral, 1990). Bajomée, Danielle : *Duras ou la douleur* (Éditions Universitaires, 1989). Bernheim, Lise : *Marguerite Duras tourne un film* (Albatros, 1975). Blot-Labarrère, Christiane : *Marguerite Duras* (Seuil, 1992). Borgomano, Madeleine : *L'Écriture filmique de Marguerite Duras* (Albatros, 1985). Cixous, Hélène et Michel Foucault : « A propos de Marguerite Duras » (*Cahiers Renaud-Barrault* 89, 1975). Collectif avec M. Duras, M. Blanchot, J. Lacan *et al., Marguerite Duras* (Albatros, 1975). Ligot, Marie-Thérèse : *Un Barrage contre le Pacifique* (Gallimard/ Foliothèque, 1992). Marini, Marcelle : *Territoires du féminin, avec Marguerite Duras* (Minuit, 1977). Montrelay, Michèle : *L'Ombre et le Nom* (Minuit, 1977). Pierrot, Jean : *Marguerite Duras* (J. Corti, 1986). Tison-Braun, Micheline : *Marguerite Duras* (Amsterdam : Rodopi, 1985). Virecondelet, Alain : *Marguerite Duras,* biographie (F. Bourin, 1991). Collectifs et entretiens dans *Textuerre* 5-6, 1977 ; *Cahiers du Cinéma* (nov. 1969) ; *Contemporary Literature* (Fall 1972) ;

Esprit Créateur 30 : 1 (1990) ; *Signs* 1, 2 (1976) ; *Camera Obscura, a Journal of Feminism and Film Theory* 6 (automne 1980). Cf. FWW.

CM

DURRY, Marie-Jeanne, 1901-1980, poète.

Marie-Jeanne Durry est née à Paris dans une famille de la haute bourgeoisie. Elle fait ses études à la Sorbonne, conquiert l'agrégation en 1923 et reçoit doctorat et prix de la meilleure thèse en 1933. Elle commence sa carrière à l'université de Caen. Professeur à la faculté de Paris entre 1947 et 1975, elle est la première femme élue à la Sorbonne. Directrice de l'École normale supérieure de jeunes filles de 1957 à 1975, elle lutte pour les droits de la femme dans l'enseignement universitaire. En 1971 elle fonde et dirige l'Association de recherches sur la poésie française moderne et contemporaine et la revue *Création*. Conférencière, critique, commandeur de la Légion d'honneur elle reçoit le Grand Prix de poésie de l'Académie française en 1977.

L'œuvre poétique de Marie-Jeanne Durry inclut huit recueils de poésie et une pièce en vers. L'unité de cette œuvre tient à une thématique qui s'inspire de la Genèse et de la mythologie classique. La structure tripartite sous-jacente révèle une profonde nostalgie du paradis. La poète en communion avec l'univers édénique évoque le monde aveugle, carcéral et mortel d'après la chute avant de retrouver le paradis perdu dans l'amour conjugal. C'est dans le contexte du couple que s'insère une dialectique gynocentrique. Le concept et la fonction de la femme dans ses diverses incarnations de femme-amante, femme-mère, femme-fille et femme-nature orchestrent l'œuvre.

Dans les mythologies grecque et biblique, M.-J. Durry choisit les couples d'Orphée et Eurydice et d'Adam et Eve pour explorer les sujets qui lui sont chers : les relations entre la Vie et la Mort, l'amour humain et ses limites, et la voix poétique. Dès le premier recueil, *Le Huitième Jour,* jour où commence le règne de l'Homme, le couple possède et apprivoise le monde. La femme, épouse et amante, n'est ni en lutte ni en concurrence avec l'homme. L'amour est conçu comme un dédoublement corporel, sexuel et affectif : « Si je ne suis pas deux/Je ne suis pas moi-même » (*Lignes de vie*). Cet amour et cette fidélité peuvent même transcender la mort et la décomposition des corps : « Nos doigts ensevelis se chercheraient encore » (*Effacé*). La nature et les éléments sont personnifiés et sexualisés. L'eau, élément générique féminin, apparaît comme un symbole ambivalent de fécondité et naissance (eau limpide) et de mort (eau stagnante). La maternité devient la métaphore essentielle dans cet univers féminin polymorphe et la femme enceinte un microcosme de la création : « Je vous porte mes vivants, je vous porte mes morts/Femme invisiblement grosse, de vous à jamais je suis lourde » (*Soleils de sable*). Le renouvellement poétique et la poésie sont eux-mêmes décrits en termes de naissance : « Tu arrachais de tes matrices/le soleil, la lune, le ciel,/le tissu ramier des étoiles,/A l'aube grondaient dans tes flancs/les Iliades » (*Lignes de vie*). Dans les textes intitulés « A une enfante », M.-J. Durry transforme le texte hugolien en un art d'être grand-mère. Le corps de la femme crée le lien physique entre les générations : « Je te connais, petite enfant./ Jusqu'au fond de mes entrailles,/un fil aigu nous relie. Je suis grand-mère et jeune fille » (*Lignes de vie*). Cependant l'amour maternel, comme l'amour conjugal, ne peut s'épanouir qu'en pleine liberté. L'œuvre s'inscrit sous le signe d'une révolte contre toute forme d'oppression et dans ce contexte l'amour ne se donne que lorsque : « Vous êtes libres face à moi/ Et je vous retiens seulement/Dans mon amour aux mains ouvertes » (*Près des sources* : « Mains ouvertes »).

Bibliographie : *Le Huitième Jour* (José Corti, 1949). *La Cloison courbe* (Seghers, 1949). *Effacé* (id., 1954). *Soleils de sable* (id., 1958). *Mon Ombre* (id., 1962). *Eden, cinq actes* (id., 1970). *Lignes de vie* (Librairie St-Germain-des-Prés, 1973). *Près des sources* (id., 1974). *Orphée* (Flammarion, 1976). *Création...* (ARPFMC, 1976). *Marines* (s. d.).

Essais & travaux érudits : *Stendhal et la police pontificale* (Champion, 1925). *Une Passion de Stendhal* (id., 1927). *L'Ambassade romaine de Chateaubriand* (Champion, 1927). *Un Ennemi de Stendhal* (Le Divan, 1928). *Raymond Schwab* (id., 1932). *Flaubert et ses projets inédits* (Nizet, 1950). *Jules Laforgue* (Seghers, 1952). *Autographes de Mariemont,* 4 vol. (Nizet, 1955-1959). *Gérard de Nerval et le mythe* (Flammarion, 1956). *Apollinaire, Alcools.* 3 vol. (Sedes, 1956). *A propos de Marivaux* (id., 1960). *L'Univers de Giraudoux* (Mercure de France, 1961). *Madame de Lafayette* (id., 1962). *La Vieillesse de Chateaubriand : 1830-1848* (Slatkine, 1986).

Sélection critique : Madaule, Jacques : *Marie-Jeanne Durry* (Seghers, Poètes d'aujourd'hui, n° 152, 1966).

Irène Finel-Honigman

DUTERME, Marguerite, dramaturge belge.

Grand Prix triennal de littérature dramatique 1922 pour *Le Musée d'amour. Vae Victis* (1905/Théâtre de l'Œuvre, 1913). *La Maison des Chimères* (-, 1914). *Les Eaux mortes* (-). *Bastien le Lâche* (-).

DUTREIL, Nicole, n. 1920, romancière.

Adieu, Jérémie (Vigneau, 1949). *Tout finit au port* (Gallimard, 1951). *Lieu d'asile* (id., 1951). *La Poudre d'or* (Plon, 1954). *Le Miel acide* (Gallimard, 1955). *Visa pour le Brésil* (id., 1961). *La Belle respire* (id., 1965).

E

EAUBONNE, Françoise d'–, n. 1920, romancière, essayiste.

Née dans une famille de la petite noblesse ruinée qui a compté plus d'un esprit rebelle, elle a été élevée dans la banlieue parisienne puis à Toulouse par un père idéaliste qu'elle chérit et une mère qui n'a «ni les dons ni les défauts» d'une femme (*Chienne de jeunesse*). Institutrice et ouvrière agricole pendant la guerre, elle s'installe ensuite à Paris. Elle a étudié tour à tour le droit et les arts, travaillé comme journaliste et lectrice de manuscrits, acceptant souvent diverses tâches pour élever deux enfants. Très tôt (1950), elle se lance dans la bataille féministe avec *Le Complexe de Diane* et ne cesse depuis lors d'écrire et de se battre pour faire triompher une nouvelle conception de la femme et de son rôle dans la société. Elle a fondé le Centre de recherches «écologie-féminisme».

De tout temps, Françoise d'Eaubonne a désiré écrire et son abondante production compte de la poésie, des essais, des biographies et des romans. A travers des formes variées, son projet n'a pas dévié, l'œuvre étant centrée sur la question des rapports entre les sexes, la libération totale de la sexualité et la place essentielle des femmes dans cette révolution.

Les premiers ouvrages, fortement marqués par Simone de Beauvoir, appartiennent à la littérature romanesque. Empruntant largement soit à l'autobiographie (*Je voulais être femme*), soit à l'histoire (*Je m'appelle Kristine*), ils sont d'une facture classique malgré des recherches parfois plus poussées de structure narrative (*Le Temps d'apprendre à vivre*). La peinture sociale et l'analyse psychologique y sont souvent d'une grande acuité et sans aménité, en particulier pour les personnages masculins. A travers les aventures sentimentales et les engagements politiques, ses héroïnes, alliant aux traditionnelles vertus féminines de la sensibilité et de la générosité celles traditionnellement masculines de l'énergie et de la combativité, poursuivent leur quête d'identité. Leur acharnement et leur lucidité semblent leur tenir lieu de valeur, masquant mal l'amertume de dénouements moroses. Le titre même de *Je voulais être une femme* indique par son imparfait un constat d'échec. La femme de «transition», l'être mutant que les changements sociaux qui ont succédé à la deuxième guerre mondiale auraient dû engendrer se brûle les ailes avant de s'épanouir. Ariane, figure clé chez Françoise d'Eaubonne, ne détient pas encore le fil.

Mai 1968, l'éclosion du nouveau féminisme aux États-Unis puis en France aident alors l'auteur à sortir de l'impasse. Abandonnant le domaine romanesque pour la recherche historico-politique, elle publie, dans les années soixante-dix deux ouvrages importants : *Histoire et actualité du féminisme* et *Le Féminisme ou la mort*. En grande sympathie avec les positions du mouvement féministe, F. d'Eaubonne s'affirme cependant dans la dissidence. Il s'agit en effet pour elle non de séparer mais d'unir la lutte des femmes pour une société nouvelle à la lutte des hommes (d'où encore la figure symbolique d'Ariane). La libération des unes et des autres passe par la remise en question d'une civilisation fondée sur l'exploitation irréfléchie des richesses et l'exercice du pouvoir masculin, et par l'établissement d'un nouvel équilibre écologique qui fera triompher « les valeurs de paix, de gratuité, de jouissance et d'égalité ». Mais avant que celles-ci puissent être instaurées, F. d'Eaubonne ne refuse *a priori* d'user ni de la violence ni du langage des hommes dont sa génération a hérité (cf. entretien dans *Canal,* n° 8). Au cours des années soixante-dix, l'œuvre de F. d'Eaubonne est donc devenue essentiellement documentaire et polémique, et la création littéraire – elle affirme écrire pour se faire plaisir – y est subordonnée à l'intention « politique ». Ainsi *Le Satellite de l'amande* (1975), conte philosophique et roman de science-fiction dont le deuxième volet, *Les Bergères de l'Apocalypse* paraît en 1978, tente d'exprimer « ce que serait une femme dans un monde d'où l'homme aurait disparu : à la fois profondément accomplie, en harmonie enfin avec les autres et le cosmos, et en même temps souffrant d'une carence qu'elle ne comprendrait pas ».

Bibliographie : *Le Complexe de Diane* (Julliard, 1949). *La Vie passionnée d'Arthur Rimbaud* (Intercontinentale, 1956). *Je m'appelle Kristine* (A. Michel, 1959 = *Moi Kristine reine de Suède,* Encre, 1979). *Les Tricheurs* (Seghers, 1959). *Le Temps d'apprendre à vivre* (A. Michel, 1960). *Verlaine et Rimbaud ou la fausse évasion* (id., 1960). *Je voulais être une femme* (Bucher, 1962). *Mémoires précoces,* I : *Chienne de jeunesse.* II : *Les Monstres de l'été* (Julliard, 1965). *Une femme témoin de son siècle, Germaine de Staël* (Flammarion, 1966). *Eros minoritaire* (A. Balland, 1970). *Histoire et actualité du féminisme* (A. Moreau, 1972). *Le Féminisme ou la mort* (P. Horay, 1974). *Les Femmes avant le patriarcat* (Payot, 1976). *Le Satellite de l'amande* (Éd. des Femmes, 1975). *Écologie-Féminisme, Révolution ou mutation* (Éd. Actualité-Temps Présent, 1977). *Les Bergères de l'Apocalypse* (Simoën, 1978). *Histoire de l'art et lutte des sexes* (Éd. de la Différence, 1978). *On vous appelait terroristes* (Kellering, 1979). *L'Indicateur du réseau, mémoires* (Encre, 1980). *L'Im-*

pératrice rouge, Moi Jiang Quing, veuve Mao (id., 1981). *Ni lieu, ni mètre ou Une Saison au purgatoire* (Éd. Samizdat, 1981). *Dossier S... comme Sectes* (Alain Moreau, 1982). *Je ne suis pas née pour mourir* (Denoël, 1982). *A la limite des ténèbres* (Encre, 1983). *L'Amazone sombre : Vie d'Antoinette Lix, 1837-1909* (id., 1983). *L'Éventail de fer ou la vie de Qiu Sin* (id., 1984). *Les Obsèques de J.-P. Sartre*, t. I : *Les Enfants de l'horreur* (id., 1984) ; t. II : *La Mort du prophète* (id., 1985). *Louise Michel la Canaque* (id., 1985). *Une Femme nommée Castor, mon amie Simone de Beauvoir* (id., 1986).

MH

EBERHARDT, Isabelle, 1877-1904, mémorialiste transculturelle.

D'aucuns ont pu avancer que sa brève vie fut son meilleur roman. La légende a desservi l'œuvre malgré le sérieux de divers travaux critiques récents. Isabelle est née d'une mère russe, près de Genève. Elle connaît une enfance heureuse entre ses deux parents (son père, précepteur, est russe également) et ses aînés dont l'un lui est si cher qu'elle partira à sa suite, entraînant sa mère en Algérie, en mai 1897. Elle a appris l'arabe et se convertit bientôt à l'islam. Ses deux parents étant morts (1897 et 1899), plus rien ne l'attache à l'Europe où le frère préféré a fait un mariage médiocre selon elle. Isabelle a adopté le costume masculin arabe et, journaliste à temps partiel, mènera le style de vie des nomades. Du 1er janvier 1900 au 31 janvier 1903, elle tient des « journaliers » qui permettent de suivre avec précision cette période de sa vie. Critique de l'administration coloniale qui détruit la vie des nomades du Sud de l'Algérie où elle souhaite vivre, elle est appréciée de Lyautey sinon de ses subalternes. Elle est victime d'un attentat commandé par une secte islamique rivale de la sienne, et bannie du sol algérien. C'est en épousant le spahi Slimane, en octobre 1901, qu'elle contourne le jugement, revenant en Algérie pour y mourir noyée, deux années plus tard, lors de la crue d'un oued.

Isabelle est donc francophone et arabophone, « étrangère », mal venue, méconnue et de plus elle se transvêt pour transgresser les tabous socio-sexuels. Dès 1983, un important essai de Denise Brahimi s'efforce d'éclairer, sans engouement ni indulgence, la complexité de la véritable personne à la lumière de ses carnets et de ses nouvelles. Les influences littéraires manifestes seraient celles de Baudelaire, Dostoïevsky et Loti. Marquée jeune par la perte de ses objets d'amour les plus chers, elle connaît avec son compagnon Slimane une union fusionnelle et une plénitude sexuelle qui ne font pas pour autant d'elle une « vraie femme » disposée à nidifier. Au contraire, c'est d'une relation amoureuse « fraternelle » ou « homosexuelle » qu'il vaudrait mieux parler selon Brahimi car

223

Isabelle n'a que mépris pour la féminité traditionnelle, comme pour le matérialisme moderne et (contrairement à Baudelaire) pour la modernité en général. En ce dernier, c'est plutôt le chantre du sinistre, de la déchéance, le voyeur sensible des prostituées qui la marque, comme sa postulation vers l'Idéal. On s'explique bien ses démêlés avec les autorités coloniales, et son adhésion à l'islam, sincère mais fortement idéalisée dans le film *Errances* où l'épisode antisémite comme la transe mystico-lesbienne relèvent de la fiction intégrale (Djafar Damardji, Maghreb Film, 1993).

Elle écrivait des nouvelles, ébauchait un roman dénaturé par l'édition (*Trimardeur*), et elle tenait des «journaliers», car elle était passionnée de choses essentielles, la vie au sens le plus dépouillé que lui donne le désert, la communication aux plus humbles moyens : crayon, papier, et la pulsion mystique. Celle que l'on a désignée «amazone des sables» quand ce n'était pas «nymphe du désert» est actuellement connue d'un public élargi. Son œuvre est à la fois un témoignage et la promesse d'une œuvre littéraire qu'elle eût peut-être élaborée plus tard dans le XXe siècle naissant. L'écriture transparente, le plus souvent au masculin, même dans la correspondance avec Slimane ou son frère Augustin, est sans recherche, elle porte le cachet de l'observation critique, de l'urgence du vécu.

En 1993, un spectacle dramatique tentait de restituer le parfum d'une existence emblématique, en particulier comme incarnation de la vigueur physique que peut recéler un corps de femme non entravé. On pense alors à sa contemporaine Colette, autre scandaleuse, qui, dans sa première maturité, s'incarnait si volontiers en chat. «Toute jeune, écrira Isabelle, j'ai senti que la terre existait». Et, mieux que Colette, et moins éprouvée par le temps, Isabelle fera l'éloge de «ceux qui traversent la vie seuls» car ce sont les forts. On a bien sûr, et à juste titre, évoqué la théorie psychosexuelle de l'androgyne (Mechtild Gilzmer, dans un parallèle avec Flaubert) pour cerner la personnalité exceptionnelle d'Isabelle Eberhardt : tourmentée, entière donc excessive, passionnée, russe et romantique au tréfonds, c'est-à-dire au point de mettre sa vie en jeu. On conçoit la filiation fabuleuse qui a été suggérée avec Rimbaud par Françoise d'Eaubonne. Si, comme le suggère délicatement Denise Brahimi, Isabelle souffrait d'un complexe de persécution (ou si l'on préfère de la fameuse « névrose d'abandon » dégagée par Frantz Fanon dans *Peau noire, Masques blancs*), sa brève et tragique vie relève avant tout de l'archétype d'Antigone, l'héroïne sans peur et politiquement gênante. On se demande si *L'Exil et le Royaume* de Camus ne lui doit vraiment rien. Nul doute que la monumentale biographie d'Edmonde Charles-Roux apporte toute la lumière possible sur cette jeune femme de lettres à l'étonnante gloire posthume.

Bibliographie : *Dans l'ombre chaude de l'Islam* (Fasquelle, 1921). *Le Trimardeur* (id., 1922). *Amara, le forçat ; L'anarchiste,* nouvelles (Paillart,

1923). *Rakhil* [1er roman : 1898-1900] (La Boîte à Documents, 1990). *Yasmina et autres nouvelles algériennes,* prés. Marie-Odile Delacour et Jean René Hulen (Liana Levi, 1986). *Lettres et journaliers,* prés. Eglal Errera (Arles : Actes Sud, 1987). *Écrits intimes, Lettres aux trois hommes les plus aimés,* éd. Delacour/Hulen (Payot, 1991). *Œuvres complètes : Écrits sur le sable,* éd. Delacour/Hulen, 1 : *Récits, notes et journaliers* (Grasset, 1988). 2. *Nouvelles et roman* (id., 1990).

   Sélection critique : Boustany, Carmen : « Les Effets du travestissement dans l'écriture d' I. E. » (à paraître, Actes du colloque « La Lettre à la croisée de l'individuel et du social », dir. Mireille Bossis, déc. 1992). Brahimi, Denise : *L'Oued et la Zaouïa, Lectures d'I. E.* (Alger : OPU & PubliSud, 1983). Charles-Roux, Edmonde : *Un Désir d'Orient :* 1. *Jeunesse d'I. E., 1877-1899* ; 2. *Nomade j'étais* (Grasset, 1988 et 1995). Delacour, Marie-Odile et Jean-René Hulen : *Sables, Le Roman de la vie d'I. E.* (Liana Levi, 1986). Hart, Ursula Kingsmill : *Two Ladies of Colonial Algeria : The Lives and Times of Aurélie Picard and I. E.* (Athens, OH. : Ohio Univ. Press, 1987). Mackworth, Cecily : *The Destiny of I. E. : A Biography* (New York : Ecco Press, 1975). Raudan, Robert : *Notes et Souvenirs sur I. E.* (La Boîte à Documents, 1989).

CM

EGA, Françoise, écrivaine martiniquaise, 1920-1976.

   Le Temps des madras (Éditions Maritimes et d'Outre-Mer, 1966 ; L'Harmattan, 1983). *Lettres à une noire* (L'Harmattan, 1978). Cf. Rosello, Mireille : « La femme de ménage de lettres », *L'Héritage de Caliban,* dir. Maryse Condé (Guadeloupe : Éd. Jasor [diff. Sépia], 1992).

EL GOULLI, Sophie, n. 1932, poète tunisienne.

   Signes (Tunis : STD, 1973). *Nos rêves* (Tunis : Union internationale de banques, 1974). *Ammar Fehrat et son œuvre,* essai [peinture] (id., 1979). *Vertige solaire* (Tunis : Imp. Presses Graphie Industrielle, 1975). *Ammar Ferhat et son œuvre,* essai (Tunis : Union internationale de banques, 1979). *Lyriques,* poésie (Tunis : La Nef, 1989). V. LFLFM.

ELHANY MOURAD, Farida, romancière marocaine.

   La Fille aux pieds nus (Casablanca : Impr. Eddar el Beïda, 1985). *Ma femme, ce démon angélique* (id., 1991). *Faites parler le cadavre* (id., 1991).

ÉPINAY, Louise d'–, 1726-1783.

Louise Florence Pétronille d'Esclavelles naît à Valenciennes dans une famille noble mais sans fortune. Son père meurt quand elle a dix ans et Louise connaît une enfance et une adolescence difficiles. Après avoir été recueillie par une tante qui la méprise et l'humilie, elle passe trois ans au couvent. Elle n'y reçoit que des rudiments d'éducation : arts de salon et instruction religieuse. Son cousin, M. de la Live d'Épinay, tombe amoureux d'elle et l'épouse mais ce ne sont que quelques mois de bonheur : son mari est volage et dépensier, aime les spectacles et veut y montrer la jeune femme, tiraillée entre cet époux et une mère raide et conservatrice. M. d'Épinay ayant dissipé sa fortune, il est interdit. Cependant Louise a une liaison de quelques mois avec M. de Francueil puis se retire à La Chevrette (près de Montmorency) et se consacre à l'éducation de ses enfants. Ses *Lettres à mon fils* sont publiées en 1759. Pour sa fille, elle écrit *Les Conversations d'Émilie* (1774), un des premiers livres de pédagogie enfantine, dont la mode se répand à la fin du XVIIIe siècle. On le traduit en allemand et en anglais et la tzarine Catherine, à qui est dédiée la seconde édition, s'en sert pour ses petits-fils. L'année de sa mort, l'ouvrage est couronné par l'Académie française.

A La Chevrette, où s'élaborera en grande partie sa *Correspondance littéraire,* Mme d'Épinay attire peu à peu une petite société d'auteurs et de philosophes auprès desquels elle se cultive. La place importante qu'elle occupe dans le cercle encyclopédiste fera de sa correspondance avec l'abbé Galiani l'une des meilleures chroniques sur ce groupe si influent dans la vie intellectuelle de l'époque. Parmi les fidèles, on compte le romancier Charles Duclos, Rousseau, Galiani donc, Diderot et Grimm, qui sera son amant. La célèbre querelle avec Rousseau, les accusations stridentes de ce dernier, sa rédaction des *Confessions* et la lecture partielle qu'il en donne dans certains salons parisiens encouragent Mme d'Épinay à rédiger, avec l'aide de Grimm et de Diderot, entre 1755 et 1770, un long roman semi-autobiographique : *Histoire de Madame de Montbrillant* dans lequel le personnage de Rousseau (René) est présenté sans indulgence. Cette histoire, sous sa forme actuelle, ne voit le jour qu'en 1951 ; il a été difficile d'en démêler le vrai du faux. La grande tentation a été de considérer l'ouvrage comme l'histoire même de Mme d'Épinay et de publier sous forme de mémoires et correspondance à la fois des lettres authentiques et des extraits du roman. Avec l'édition de George Roth, nous avons maintenant un texte fidèle, long, parfois ennuyeux, lorsque l'auteur pastiche Rousseau, mais définitif. Le texte est à la fois un roman épistolaire et un roman à clés et l'on a pu retrouver le nom véritable des personnages principaux.

Louise d'Épinay meurt à Paris en 1783, léguant ses papiers à Grimm qui ne les publie pas. Différentes éditions « arrangées » des *Mémoires et Correspondance* ont été publiées depuis le début du XIXe siècle. Dans son roman et plus encore dans sa correspondance, Mme d'Épinay se révèle une écrivaine « remarquable par son sens de l'observation et la spontanéité de son style ».

Bibliographie : *Mes Moments heureux* (Genève, 1758). *Lettres à mon fils* (Genève, 1759). *Les Conversations d'Émilie* (Leipzig, 1774). *Mémoires et Correspondance de Mme d'Épinay*, 1818. *Histoire de Mme de Montbrillant,* introduction, variantes et compléments de G. Roth (Gallimard, 1951). *Correspondance de Ferdinando Galiani et –* (Dejonquères : I, 1992 ; II, 1993).

Sélection critique : Billy, A., « Grimm et Diderot : Ce que sont les *Mémoires* de Mme d'Épinay » (*Le Figaro Littéraire,* 11 juillet 1942). Diderot, « Lettres à Grimm et à Mme d'Épinay » (*Revue des Deux Mondes,* 1, 1931). Trapnell, Maryse : « The *Histoire de Madame de Montbrillant :* A Critical Analysis of Mme d'Épinay's Confession and Self-Justification » (thèse inéd. Univ. de Pittsburgh, 1972). Zurich, Comte de, « La première rencontre de Rousseau et de Mme d'Épinay » (*Annales de la Société Jean-Jacques Rousseau,* XXIX, 1941-42).

† Hélène Monod-Cassidy

ERNAUX, Annie, n. 1940, romancière.

Annie Ernaux est née à Lillebonne (Seine-Maritime) dans une famille de condition modeste. Elle obtient l'agrégation de lettres et exerce comme professeur depuis 1967, métier qu'elle a conservé pour pouvoir écrire « librement par rapport à l'argent ». Dès l'âge de vingt ans, le désir d'écrire a été très fort, tandis que la maternité a été éprouvée dans ses contraintes.

L'écriture d'Annie Ernaux au fil des ouvrages publiés depuis 1974 s'est dépouillée des apparences romanesques pour mettre à nu le « je » autobiographique qui, même masqué, a toujours été présent. Dans son premier roman, *Les Armoires vides,* Annie Ernaux explore un thème auquel elle retourne constamment : celui de la déchirure sociale ressentie par une femme que la réussite scolaire, les valeurs transmises par une éducation classique et élitiste et un mariage bourgeois séparent de ses origines populaires. *Ce qu'ils disent ou rien* et plus encore *La Femme gelée* poursuivent l'examen du désenchantement éprouvé par la narratrice, comme les jeunes et les femmes de sa génération, dans les années soixante.

Plusieurs années après la mort de son père, Annie Ernaux entreprend le récit de sa vie dans *La Place* (Prix Renaudot 1984), document émouvant et pudique sur le difficile et lent cheminement d'un homme de la petite paysannerie pour se faire « une place au soleil ». Témoignage construit à partir de faits, de photos, de souvenirs directs, *La Place* est une confession sur le fossé qui se creuse, malgré un amour fort, entre un père et une fille séparés désormais par leur appartenance à deux groupes sociaux différents. Mais l'art avec lequel Annie Ernaux saisit ses personnages dans leur quotidienneté fait également de ce texte un document sociologique sur l'héritage culturel, les valeurs, les habitudes et les goûts d'un groupe dominé et largement « muet », la langue étant l'apanage des « clercs ».

Une Femme, consacré à l'évocation de sa mère, prolonge la description du milieu dont l'auteur est issue : la mort de cette mère, diminuée par une maladie cérébrale, l'en coupe définitivement. L'ambivalence des sentiments qu'éprouve la fille – amour et haine, culpabilité, reconnaissance, attachement et ressentiment – donne à ce récit, qui se situe, selon Annie Ernaux elle-même, quelque part « entre la littérature, la sociologie et l'histoire », une épaisseur plus charnelle malgré un parti pris d'éviter toute réflexion subjective et affective. En 1991 un nouveau récit, plus court encore que les précédents, va surprendre avec succès le grand public : *Passion simple,* sans concessions à la « littérature », raconte lucidement une passion qu'elle a éprouvée pour un homme marié et qui a, pendant une année, réduit son existence à une alternance entre jouissance et attente de l'amant étranger.

Écriture pudique/impudique, en supprimant toute distance entre le « je » narrateur et le « je » autorial, Annie Ernaux transgresse les tabous du genre romanesque et sentimental. Dès son premier roman, dit-elle, « je sentais que j'avais quelque chose à dire qui était une transgression ». Il semble qu'avec ce texte Annie Ernaux ait franchi une étape importante dans sa quête d'une écriture de l'immédiateté. Une telle écriture réduit l'écart entre le vivre et le dire dans l'espoir – vain car comment se dépouiller d'un style certain ? – de se faire pardonner une trahison envers ceux, parents et autres, qui n'ont pas accès au « beau langage » des livres.

Bibliographie : *Les Armoires vides* (Gallimard, 1974). *Ce qu'ils disent ou rien* (id., 1977). *La Femme gelée* (id., 1981). *La Place* (id., 1984). *Une Femme* (id., 1987). *Une Passion simple* (id., 1992).

Sélection critique : Bernstein, Michèle : « Annie Ernaux. Mémoire d'une jeune femme coincée » (*Libération,* 16-01-1992). Grainville, Patrick : « Annie Ernaux : Une sainteté du désir et du cœur » (*Figaro Littéraire,* 13 janvier 1992). Savigneau, Josyane : « Le Courage d'Annie Ernaux » (*Le Monde,* 17 janvier 1992).

MH

ETCHEA, Catherine d'–, nouvelliste.

La Moisson (P. Boudet, 1972). *Des Demeures et des Gens,* nouvelles (Table Ronde, 1974). *Personnes publiques, vies privées,* nouvelles (id., 1976). *Jeux de miroirs.*

ETCHERELLI, Claire, n. 1934, romancière, journaliste.

Claire Etcherelli est née à Bordeaux dans un milieu familial humble. Son père mort à la guerre, elle est élevée par sa mère et son grand-père paternel. Elle a surtout vécu à Bordeaux, au pays Basque et à Paris. Après des études dans un pensionnat religieux et au lycée, elle a exercé divers métiers. Politiquement engagée, elle fait une longue carrière syndicaliste et assume en 1973 la fonction de secrétaire de rédaction aux *Temps Modernes.* Elle a commencé à écrire parce que c'était « le seul moyen d'expression » à sa portée. La correspondance et les journaux des écrivains l'ont influencée (surtout Virginia Woolf qu'elle aime relire). Elle se souviendra qu'au début, l'essentiel était d'écrire, pas d'être publié, le manque de temps étant le principal obstacle. Elle reconnaît le rôle des militantes dans l'amélioration du statut des femmes. Privé « parce qu'il faut aller jusqu'au fond de soi », l'acte d'écrire est pour elle à la fois social et politique « dans le fait de choisir certains sujets et le choix de terminer sur le désespoir ou de laisser rayonner une certaine lueur ».

Claire Etcherelli est auteur de romans et de nouvelles. La critique et le public français ont apprécié son premier roman, *Élise ou la vraie vie,* en y découvrant une authentique image de la vie en usine et une illustration du racisme qui touchait les ouvriers étrangers en France pendant la guerre d'Algérie. Le roman a été traduit en anglais et plusieurs autres langues. Quatre ans après le prix Fémina qui l'avait couronné, paraît *A Propos de Clémence,* un roman plus complexe au niveau de la structure, mais moins touchant quant aux personnages. Le grand public y a cherché en vain une suite à Élise, et les critiques n'en ont pas beaucoup parlé. Claire Etcherelli n'en fut guère surprise : « La réaction au premier roman était telle que les éditeurs ne voyaient qu'un aspect de l'auteur. Ils voulaient […] que je refasse le roman en ne changeant que les détails ».

Alors qu'*Élise* traite surtout du problème du racisme et de la condition ouvrière, tandis que *Clémence* souligne la difficile situation des réfugiés politiques, certains thèmes sont communs aux deux romans. Sans parti pris ni romantisme, la romancière peint la pauvreté et la misère de ses personnages qui appartiennent presque tous à la classe ouvrière ou aux marges de la société. Ses narratrices racontent le cercle vicieux de ceux et celles qui n'arrivent pas à sortir de la vie abrutissante et solitaire de « la chaîne » à l'usine (*Élise*) ou de la morosité des chambres meublées

(*Clémence*). Ce tableau de vies sinistres plus que tragiques ne fait que rendre plus intensément les problèmes communs à toutes les classes sociales : l'incommunicabilité entre les individus et les difficultés de deux êtres à soutenir l'amour.

Dans *Élise* la simplicité du style et de la structure correspond à la logique interne du roman. Au début Élise, la jeune narratrice, essaie de surmonter la souffrance aiguë du présent, causée par la disparition de deux êtres aimés et elle est par là-même amenée à interroger le passé. L'alternance du dialogue et de la description produit une impression d'honnêteté et de lucidité, mettant en valeur le lyrisme discret de certains passages alors qu'on suit Élise vers ce qu'elle appelle « la vraie vie ».

Une structure plus élaborée dans *Clémence* soutient le double jeu entre littérature et réalité. Gabrielle, qui cherche à analyser son amour pour un certain Villaderda, se projette dans un personnage romanesque, Clémence. Plus tard, le comédien Simon, qui veut savoir comment jouer le rôle de Villaderda, le recherche à travers les deux visages d'une femme, Gabrielle/Clémence. Le roman met en lumière un triple échec : celui de l'amour (Gabrielle/Clémence-Villaderda), celui de l'art (le roman dont on a vendu 300 exemplaires et la pièce qui ne sera pas jouée) et celui du rapport entre Simon et Gabrielle, qui ne devient ni collaboration ni amitié. Ces échecs sont figurés par la perte de trois lieux : en fin de compte les trois personnages n'ont pas pu se rencontrer même à travers l'art.

Une vie bornée par la pauvreté limite les gestes et l'imagination des personnages féminins dans les deux romans. Par contre, les hommes réagissent, s'engageant directement ou indirectement dans un mouvement qui les dépasse, mais cet engagement les blesse cruellement. Ils sont tous trois voués à un échec personnel et, d'une façon dramatique, tous meurent ou disparaissent. Les femmes qui les aiment (Élise, Marie-Louise, Anna, Gabrielle/Clémence) jouent un rôle de témoin (spectatrice, confidente) et même de chroniqueuse car elles suivent. Les beaux romans de Claire Etcherelli, tout en éclairant divers aspects de la condition féminine dans la classe ouvrière des années cinquante et soixante, font pressentir ce que signifiera un jour « vivre autrement ».

Bibliographie : *Élise ou la vraie vie* (Denoël, 1967). *A Propos de Clémence* (id., 1971). *Un Arbre voyageur* (Gallimard, 1978). *Dérivante,* album avec Gérard Altmann (Rambouillet : 1980). « Germinal, An III », théâtre (*Acteurs*, 1989). *Nouvelles et articles dans diverses revues.*

Sélection critique : Ophir, Anne : *Regards féminins* (Denoël, 1976). Camproux, Charles : « La langue et le style des écrivains : *Élise* », *Les Lettres Françaises,* n° 1244 (7-20 août 1968). Mallet, Francine : « Claire Etcherelli parle », *Le Monde* (29 nov. 1967). Beauvoir, Simone de : « Portrait d'un exilé », *Nouvel Observateur,* n° 344 (14-20 juin 1971).

Jean Hardy Robinson

F

FAHROUD, Abla, dramaturge libano-québécoise.

« Les Filles du 5, 10, 15 » (1992). « Jeux de patience » (1992).

FAÏK-NZUJI (Clémentine) Madiya, n. 1944, poète, linguiste zaïroise.

Clémentine Madiya Faïk-Nzuji, sœur de Baleka-Bamba Nzuji est née à Tshofa. Elle a fait des études secondaires au graduat du Sacré-Cœur et à l'Université de Kinshasa. En 1972, elle obtient sa licence de linguistique et littérature africaines et par la suite un doctorat. Mariée et mère de plusieurs enfants, Madiya a fait un voyage officiel aux États-Unis en 1975. Outre des poèmes et des contes, elle publie livres et articles de recherches sémiologiques sur les proverbes et énigmes luba. Elle réside en Belgique.

On sait l'importance capitale des traditions orales dans les cultures africaines. Elle explique sans doute pourquoi les littératures nationales naissantes, comme celle du Zaïre, passent d'abord par la forme poétique et – le nationalisme entrant en jeu – par la recherche scientifique sur ces traditions orales ainsi que par la mise en forme littéraire des contes. C'est ainsi que Madiya avait publié divers brefs recueils poétiques (*Murmures,* 1968 ; *Impressions,* 1968 ; *Kasala,* 1969 ; *Le Temps des amants,* 1969 et *Lianes,* 1971, aux éditions du Mont Noir, Kinshasa). Ce sont des poèmes relativement neutres (sur le plan féminitude et négritude), exceptés ceux qui relèvent de l'expérience maternelle ou amoureuse. De forme souple mais sans recherche formelle, le poème est plus proche de ses sources culturelles (le symbolisme) que régionales.

Dans le cas des contes, au contraire, Madiya (comme Baleka Bamba) traite une tradition africaine encore vivante et recueille directement ses récits. Ceci en fait des textes intéressants à plus d'un titre, les valeurs morales et l'imaginaire du groupe étant captés. Le respect du contenu explique la déception que l'on peut éprouver – le cadre de référence étant patriarcal traditionnel – sauf si l'on peut adopter la perspective ethnographique pure. On trouvera souvent dans ces contes, parce qu'ils sont fidèles à leurs racines, des leçons régressives : sur le principe de l'écholalie par exemple pour le conte intitulé « Ditembwa » : il y a réaction en chaîne d'un désordre initial, la chaîne menant à Dieu qui entreprend une enquête et redescend jusqu'à l'origine infime du désordre universel (la mouche qui pique une femme qui laisse tomber un pilon qui renverse un arbre qui réveille les grenouilles qui réveillent le coq qui réveille le village qui se met au travail en pleine nuit ce qui étonne Dieu !) : démonstration, s'il en est, de l'unité organique du groupe et du milieu ainsi que valorisation absolue de l'ordre (la mouche perturbatrice périra entre deux doigts de Dieu).

Bibliographie : Articles scientifiques dans diverses revues zaïroises, dans *Poétique* 19, 1974 et *Cahiers d'études africaines* (Paris, 1974). *Essai de méthodologie pour l'étude des proverbes Luba* (Kinshasa : ENM, 1967). *Énigmes lubas, nshinga : Étude structurale* (Kinshasa, Éd. de l'Université Lovanium, 1970). *Le Temps des amants,* poèmes (Kinshasa : Mandore, 1969). *Kasala, chant héroïque Luba* (Lumumbashi : P.U. du Zaïre, 1969). *Devinettes tonales tusumwinu* (SELAF, 1976). *Lenga et autres contes d'inspiration traditionnelle* (Lumumbashi : Éd. Saint-Paul Afrique, 1976). *Gestes interrompus : Variations poétiques* (Lumumbashi : Mandore, 1976). *Mélanges [pour Leo Stappers] de culture et de linguistique africaines* (Berlin : D. Reimer, 1983). *Les Noms d'origine étrangère dans l'anthroponymie zaïroise* (Louvain-la-Neuve : CILTADE, 1986). *Symboles graphiques en Afrique noire* (Karthala, 1992).

CM

FALL, v. SOW-FALL, Aminata.

FALL, Kiné Kirama, poète sénégalaise.

Chants de la rivière fraîche (Dakar : Nouvelles Éditions Africaines, 1975). *Les Élans de grâce* (Yaoundé : Clé, 1979).

FASQUELLE, Solange, n. 1933, romancière.

Parisienne, Solange Fasquelle a été très marquée par la deuxième guerre mondiale et par sa rencontre avec l'équipe du *Cahier des Saisons* (Jean-Louis Curtis, Jean-Louis Bory, etc.). Cette équipe l'a engagée sur la voie de l'écriture, plus encore que la fréquentation des milieux littéraires dès sa prime jeunesse grâce à sa mère, la duchesse de La Rochefoucault. Après s'être occupée d'études financières dans une banque, elle a dirigé

Le Cahier des Saisons de 1955 à 1967, puis elle a collaboré à diverses revues, dont *La Revue de Paris, Le Figaro Littéraire, Les Œuvres Libres*, et fait partie de plusieurs jurys littéraires, entre autres celui du prix Cazes, du prix Louise Labé et du prix des Quatre Jurys. Divorcée et mère d'une fille, elle consacre une grande partie de son temps à promouvoir une nouvelle image du Liban et à encourager de nouvelles relations et attitudes envers un pays qu'elle connaît bien.

Riches de péripéties savamment conduites et de personnages saisis dans leur complexité, les romans de Solange Fasquelle se lisent aussi allègrement que des romans policiers, rapprochement qui n'a rien pour lui déplaire. Mais leur facture traditionnelle et la sobriété d'un style qui refuse tout effet et toute recherche formelle risquent d'en masquer la modernité. Parmi la vingtaine de romans déjà publiés, il est facile de distinguer trois courants qui regrouperaient d'une part les romans historiques, *Victoire et la Florentine* et *Victoire et la fille de Barbe-Bleue*, où l'auteur a cédé au pur plaisir de la narration ; par ailleurs trois ouvrages parus aux Presses de la Cité qui racontent des procès historiques, fouillant les motivations de l'accusé et attaquant au passage l'appareil judiciaire ; enfin les romans « contemporains » où la part d'autobiographie et d'engagement personnel est plus grande. A travers les très nombreux personnages féminins auxquels sont confiés des rôles divers, adolescentes, mères de famille, célibataires dévouées et/ou frustrées, veuves, femmes professionnelles ou oisives mondaines, un commentaire s'ébauche sur la situation sociale et sur les relations entre les sexes.

En 1959 paraît *Malconduit* dont sera tirée une adaptation radiophonique. Le roman révèle déjà la finesse d'analyse, l'habileté à mener une intrigue où les destinées s'enchevêtrent et un goût pour des personnages habités de passions dévorantes ou d'un désir violent qui vont infléchir le cours des événements. Une citation de La Rochefoucault en exergue circonscrit l'intention : « Il y a des folies qui se prennent comme des maladies contagieuses ». Irène, trente-huit ans et célibataire, a pris en charge la maison de son frère veuf et remarié à une grabataire neurasthénique. Séduite par la beauté trouble de son neveu, elle devient sa maîtresse. L'aventure folle creuse en elle un désir qui rendra plus amère et plus impossible son union raisonnable à un quadragénaire des environs. Irène se suicide le jour de son mariage. Sa descente aux enfers se joue en habile contrepoint sur la re-naissance de sa nièce Anne. Ayant sombré dans la folie, celle-ci retrouve en guérissant une conscience de la réalité et de sa propre identité qui prélude à un mariage que l'on pressent heureux et durable – rare exemple dans l'œuvre de Solange Fasquelle.

Ainsi se dessinent les thèmes majeurs dont les romans ultérieurs affirmeront la qualité obsessionnelle : la passion, la solitude et la folie, auxquels il faut ajouter la guerre et sa violence. La romancière jouera toujours librement de ces thèmes, défiant toute tentative de systématisation et resserrant son intrigue dans un minimum de temps et d'espace, saisissant ses personnages à l'instant d'une crise qu'elle mène vers son dénouement généralement tragique. En ce sens elle est, et se veut, très marquée par les classiques.

C'est peut-être dans *Les Amants de Kalyros* (prix de la Société des Gens de Lettres) que passion, solitude et folie sont articulés avec le plus grand « bonheur » et l'expression la plus lyrique à laquelle Solange Fasquelle ait consenti. Claude, mariée à un écrivain, retrouve sur l'île de Kalyros Alen qu'elle a brièvement et violemment aimé lors d'un séjour à Rome. Sur fond de soleil et de mer grecs, ils revivent leur passion dans une grotte, obscurément conscients du danger qui les menace. Car si la passion fait éclater les limites du quotidien, elle menace la cohérence que les personnages les plus proches, semble-t-il, de l'auteur, cherchent à maintenir entre leurs actes. Elle est donc marquée d'un double signe. Comme dans plusieurs autres romans, l'intrigue se situe dans un entre-deux du temps et de l'espace : temps des vacances dans une île de rêve. Ailleurs, temps d'un congrès qui surprend les participants hors de leurs structures familières (*Le Congrès d'Aix*). Ailleurs encore, temps d'un bref séjour dans une Venise digne de Thomas Mann (*L'Air de Venise*). Dans ces temps et ces lieux en suspension, les personnages libérés de leur carcan social se révèlent dans leur vérité, leurs faiblesses et leurs rêves. Des envies folles leur traversent soudain « l'esprit comme les éclairs un ciel d'orage ». Désir de passer la tête au-dessus des nuages, de rompre la solitude, d'aimer intensément.

Solange Fasquelle excelle à décrire les manques creusés dans l'être, manques que l'autre comblera l'espace d'un instant : brève et intense rencontre de Paula et d'un peintre anglais (*Le Carnet de Paula*), de Charlotte et d'Alexandre (*L'Été dernier*). Union sans illusion de deux solitudes, celle d'Antonella et d'Amati (*L'Air de Venise*), d'Elisabeth et de Georges (*Le Congrès d'Aix*). Mais les espoirs avortent, car les motifs secrets sont toujours complexes et l'égoïsme se révèle ici la chose au monde la mieux partagée, surtout, mais pas exclusivement, entre les personnages masculins.

Vision pessimiste, donc, d'un monde dont les personnnages féminins sont à la fois les acteurs, les victimes souvent, et en tout cas les témoins lucides. Solange Fasquelle dépeint volontiers des femmes énergiques, combatives, passionnées – à l'occasion – mais peu sentimentales. Rêvant d'agir librement, sans dépendre d'un homme, elles ont conquis dans leur travail une demi-liberté. Mais à quel prix, puisque Paula sombre dans la dépression à la fin du roman qui raconte sa galante bataille ? Quant à la très vaillante et acharnée Marion des *Falaises d'Ischia*, dont l'unique passion est de venger un père mis à mort sous ses yeux durant l'Occupation, sa défaite sera l'amour fou mêlé de haine qui la lie à sa troisième victime et suspend définitivement l'acte libératoire. Il revient à Claire, à la dernière ligne de *Que faire de la vie*, de s'interroger sur la vanité d'une lutte qui a passé par deux mariages, un adultère et une liaison : « Ma vie avait-elle changé ? » Et Claude de constater amèrement la lâcheté d'Alen : « C'était ça, son amour ? Vraiment, l'existence n'était qu'une fumisterie ».

Pour sombre que soit le tableau, il n'est cependant jamais dénué d'humour et de piquant. Fine analyste, Solange Fasquelle exerce sa griffe à la peinture de mœurs, par exemple à l'occasion d'une réception au château de Malconduit, d'un week-end chez des parvenus où se côtoient le faux grand écrivain et la sotte entretenue, ou de l'ascension professionnelle d'une femme en milieu masculin. Toujours avec la plus grande économie de moyens, marque d'une écrivaine qui se situe aux antipodes de certaines tendances actuelles, le projet avoué est de raconter une histoire par plaisir. Si le moi et ses obsessions cherchent à s'exprimer, ils sont constamment tenus en bride, comme si les retenait la peur de basculer, de déchaîner des monstres incontrôlables : d'où la grande tension des romans de Solange Fasquelle et un refus du poétique.

Bibliographie : *Malconduit* (Julliard, 1959). *Le Congrès d'Aix*, prix Cazes (id., 1960). *Que faire de la vie* (id., 1962). *Hôtel Salvador* (id., 1963). *L'Air de Venise*, prix des Deux-Magots 1967 (Grasset, 1966). *Le Prince à Palmyre* (id., 1969). *Les Amants de Kalyros*, prix des Gens de Lettres 1972 (id., 1971). *Le Trio infernal* (Presses de la Cité, 1972). *Te revoir à Venise* (Hachette, 1973). *Le Carnet de Paula* (Grasset, 1973). *L'Ogresse de la Goutte-d'Or* (Presses de la Cité, 1974). *Victoire et la Florentine* (id., 1974). *Victoire et la fille de Barbe-Bleue* (id., 1974). *L'Été dernier* (Albin Michel, 1975). *Les Falaises d'Ischia* (id., 1977). *L'Horloger de Montreuil* (Presses de la Cité, 1976). *Le Jour se lève à Rhodes* (Albin Michel, 1979). *Les Chemins de Bourges* (Trévise, 1984). *Cécile ou La Part obscure* (Belfond, 1989). *Les La Rochefoucauld : Une Famille dans l'histoire de France* (Perrin, 1992). Nouvelles et pièces pour la radio.

Sélection critique : R.-M. Albérès, *Nouvelles Littéraires*, 14 nov. 1963. Matthieu Galey, *Revue de Paris*, décembre 1963. Maurice Chapelan, *Figaro Littéraire*, 19 oct. 1963. Entretien dans *Les Nouvelles Littéraires*, 27 août 1964. René Tavernier, *Liberté* mars-avril 1967 (Montréal). J. de Ricaumont, *Combat*, 19 janv. 1967. B. Hilbert, *Nouvelle Républicaine*, 19 mai 1976.

MH

FAUBERT, Ida, n. 1883, poète haïtienne.

Cœur des îles (Debrosse, 1939). *Sous le ciel caraïbe : Histoires d'Haïti et d'ailleurs* (Office des Librairies Bord, 1954).

FAUCONNIER, Geneviève (pseud. de Mme Van Den Berg), 1886-1959, romancière.

Claude (Stock, 1933). *Les Étangs de la Doube* (id., 1935). *Christine et les Micocouliers* (Delamain, 1948). *Pastorale* (id., 1949). *Évocations* (Stock, 1960).

FAULN, Catherine, 1912-1951, poète.

Fenêtre sur le paradis (imp. par l'auteur, 1946). *Chants pour la statue* (id., 1948). *Les Éphémères*, chanson (id., à 3 exemplaires, s. d.).

FAUQUES, Marianne Agnès de –, 1720-1773 (pseud. : Mme de Vaucluse), romancière.

Alisaï, 3 vol. *Abbassaï* (Bauche fils, 1753). *Contes du sérail* (La Haye, 1753).

FAURE, Gabrielle (M. R. Degoumois), n. 1917, dramaturge, nouvelliste suisse.

Née à Berne où elle a fait ses classes, Gabrielle Faure a fait des études supérieures dans sa ville natale et à Lausanne où elle s'est établie. A côté de sa carrière dans l'enseignement, elle a poursuivi une riche activité littéraire, comme critique, traductrice et auteur de nombreuses pièces radiophoniques.

De nombreuses nouvelles, récits sobres et souvent sombres traduisent le regret d'une vie mal vécue, d'une destinée marquée par la solitude ou l'échec. Le tragique n'épargne pas plus les femmes que les hommes, les citadins que les provinciaux. Gabrielle Faure peint les difficiles rapports entre les êtres, faits de malentendus, de mesquineries, d'égoïsme, où peut cependant poindre parfois un rayon de chaleur et de générosité. Les femmes apparaissent le plus souvent comme les victimes, que ce soit dans le couple ou par leur infériorité sociale. La sobriété de l'écriture, que les récits soient à la première ou à la troisième personne, contribue à la tension de la narration et au caractère souvent désespéré des personnages.

Bibliographie : *Fiction* : *Evora*, nouvelles, Prix Schiller, Prix Alpes-Jura, Prix de l'État de Berne (Lausanne : L'Aire, 1979). *L'Excavation*, rm (id., 1982). *La Source dans les sables*, récit autobiographique (id., 1984). *La Nuit d'Autun*, rm (id., 1986).

Théâtre: *Le Tombeau d'Agamemnon* ; *Heureux qui comme Ulysse* ; *Ultimes recommandations; Le Labyrinthe ; Le Tram ; Où a passé le monde ?* *Théâtre radiophonique*: *La Cabine 20 ; La Croisière aux Antilles ; Saint-Sylvestre ; Émile ou le Confident ; L'Homme actionnaire privé ; La Ville rouge; Contre-Jour ; Le Marteau-Piqueur ; La Reconstitution.*

Françoise Fornerod

FAURE, Lucie, 1908-1978.

Les Passions indécises (Julliard, 1961). *Les Filles du calvaire* (id., 1963). *Variations sur l'imposture* (Gallimard, 1965). *L'Autre Personne* (Julliard, 1968). *Les Bons Enfants* (Grasset, 1972). *Un Crime si juste* (id., 1976). *Les Destins ambigus* (id., 1978).

FAVRE, Lucienne, n. 1896, romancière née en Algérie.

Dimitri et la Mort (J. Ferenczi, 1925). *Bab-el-Oued* (G. Grès, 1926). *L'Homme derrière le mur* (id., 1927). *La Noce* (Grasset, 1929). *Orientale 1930* (id., 1930). *Tout l'inconnu de la Casbah d'Alger* (Alger : Baconnier, 1933). *Dans la Casbah* (Grasset, 1937). *Le Bain juif* (id., 1939). *Les Aventures de la belle Doudjda* (Gallimard, 1941). *Mourad*, 2 vol. (Denoël, 1944-1948).

FERAY, Louise-Yveline, romancière bretonne.

La Fête des eaux (Albin Michel, 1966). *Les Promeneurs de nuit* (Julliard, 1976). *Épopée des bords du chemin* (id., 1980). Grand Prix des écrivains de l'Ouest, 1976.

FERRAND, Anne Bellinzani, 1657-1740, épistolière.

Lettres de Bélise à Cléante (1691). *Histoire des amours de Cléante et de Bélise* (1689). Cf. Niderst, A. & DLLF.

FERRON, Madeleine, n. 1922, écrivaine québécoise.

La Fin des loups-garous (Montréal : HMH, 1966). *Cœur de sucre, contes* (id., 1966). *Le Baron écarlate* (id., 1971). *Les Beaucerons, ces insoumis* (id., 1974).

FEYDER, Véra, poète belge.

Le Temps démuni, Prix Découverte (Nouveaux Cahiers de Jeunesse, 1961). «Un Jaspe pour Liza», nouvelle (*Temps Modernes*, mars 1965). *Ferrer le sombre* (Rougerie, 1967). *Pays d'absence*, Prix François Villon (Millas-Martin, 1970). *Delta du doute* (Rougerie, 1971). *Passionnaire* (Auvernier, Suisse : Numaga, 1974). *En Gestes séparés* (id., 1972). *Le Sang la trace* (Milan : Éd. Lafrance, 1974). *La Derelitta* (Stock, 1977). *L'Emballage perdu*, théâtre (id., 1978).

FINAS, Lucette, n. 1921.

Lucette Finas, essayiste et romancière, est née à Grenoble et habite Paris depuis 1955. Agrégée de lettres classiques, elle a enseigné jusqu'en 1968 dans des classes préparatoires aux Grandes Écoles puis, au moment de la fondation de l'Université de Paris VIII-Vincennes, peu après Mai 1968, elle a été appelée à y enseigner. Elle a soutenu une thèse d'État sur «L'acharnement comme principe et mode de lecture», en 1977.

L'œuvre de Lucette Finas met en question la lecture. Dans ses romans ou dans ses travaux critiques, son travail se présente comme interrogation sur l'appréhension de l'objet par l'intellect. Le passage de l'impression du monde à l'impression du livre (imprimé/impressionnant), sa représentation psychique donc, chez le lecteur, transforme ce dernier inévitablement en scripteur. Le développement de l'intrigue dans ses romans comme celui de ses analyses critiques (Bataille, Derrida ou Mallarmé) révèle l'existence d'une *transe* où la matière du mot et de son «sens» s'entredévorent de telle manière que le fonctionnement classique du discours, la communication à partir du langage, est à la fois déclenchée et pervertie. Cette violence de lecture ne suggère guère que le travail romanesque de Lucette Finas insiste sur un court-circuit systématique du sens. Au contraire, les textes imposent un ordre qui finit par le morcèlement à la fois de la voix et du corps du narrateur et du lecteur. Ainsi, Hell de *Donne* perd le droit de parler et va d'un nom de lieu à l'effacement d'une lettre minuscule ; le commentaire textuel *La Crue*, qui commence par l'étude multiple et répétée de la phrase «Au coin de la rue l'angoisse», se termine 400 pages plus loin par le tremblement et l'hébétude ; ou encore, l'analyse de «Salut» de Mallarmé est couronnée – à la fin – par l'impératif : «Tue-la».

Dans chaque cas, il s'agit d'une hallucination tactile de la langue. Les romans et les études critiques sont l'avers et l'endroit de la même médaille, pièce d'échange qui, dans le contexte réaliste, est d'emblée contrefaite ou qui, plutôt, a une frappe vraie dans sa fausseté même, ce qui révèle la force obsessionnelle de cette littérature. Ce qui, au premier abord, semble être une mise en pratique de théories empruntées à l'économie (l'aliénation, la commodité-fétiche, et la transformation de valeur d'usage en valeur d'échange chez Marx) et à la psychanalyse (instance de la lettre dans l'inconscient chez Lacan) se raffine en tant que nouvel engagement de texte où, justement, tout échange devient impossible et les fantasmes se coagulent en lettres-sons matériels.

L'écriture de Lucette Finas est marquée par la discipline et la densité. Travaillant en priorité l'architecture de la phrase et les mots, elle projette à la surface du texte – iconographie, étymologie, histoire de conventions, passage d'un sens latent à sa configuration manifeste – toute l'aventure romanesque des deux derniers siècles. Par exemple : « Écrire m'angoisse, lire m'angoisse plus encore ; quand un livre vous résiste, l'acharnement ne peut-il se faire méthode ? » (*Gramma*, n° 7). La présence de la feinte, fente (faille/défaut) de signification par où doit passer un échange qui assurerait un retour de calme dans la transmission de messages entre émetteur et récepteur, est toujours angoisse. L'accent qui porte sur l'acharnement de l'écriture et de la lecture nous sensibilise à la lutte opiniâtre entre chair et langage, de sorte que le terme acharnement – provenant de la chasse – retrouve son odeur irritante de leurre. L'acharnement du texte consiste donc à inciter le lecteur à être, et sans relâche, angoissé.

La méthode de cet acharnement s'opère à travers une métamorphose du mot (précieux et classique) en une figure de fétiche (en termes freudiens) donc de mouvement et de force perpétuels : il y a la stratégie de l'anagramme au niveau rigoureusement inconscient ; le retour du *cliché*, mot-signe ou rébus qui concrétise un excès et un vide de sens que les yeux aperçoivent tout à coup et qui passe par la bouche de l'auteur et par celle du lecteur. Cette condensation de différences constitue dans la fiction de Lucette Finas et dans ses ouvrages critiques une tentative remarquable : celle de briser violemment la loi de signification du langage. Le rapport de cette entreprise au problématique « concept » de « féminin » fait évidemment problème comme en témoigne un texte tel que *Donne* : le mixage (les inversions) du masculin/féminin y est très élaboré puisqu'on peut y lire – en particulier – la régression au langage non-articulé de Hell, personnage « au masculin » dont le nom se lira « ell » en français.

Bibliographie : *L'Échec*, rm (Seuil, 1958). *Le Meurtrion*, rm (id., 1968). *La Crue*, une lecture de Bataille : *Madame Edwarda*, essai (Gallimard, 1972). *Écarts*, quatre essais à propos de Jacques Derrida, avec S. Kofman, R. Laporte, J.-M. Rey (Fayard, 1973). *Donne*, rm (Seuil, 1976). *Le Bruit d'Isis*, essais (Flammarion, 1978). *La Toise et le Vertige* (Des femmes, 1986).

Sélection critique : Cerquiglini, Bernard : « Figures d'Histrion », *Critique*, n° 365 (1977). Collectif : « L'Archarnée, Lucette Finas » avec des articles de Barthes, Luccioni, Wilhem, etc. (*Gramma*, n° 7, Christian Bourgois, 1977). Wey, Daniel : « Pour une descente en Hell », *Enclitic* 3 (1978). Entretien, *Quinzaine Littéraire* 241. & 267. *Le Monde*, 27 avril 1979.

Verena Andermatt Conley

FINI, Léonor, 1908-1995, peintre, femme de lettres.

Le Livre de Léonor Fini : Peintures, dessins, écrits, notes... (Vilo, 1975). *Le Temps de la mue* (Galerie Bosquet, 1975). *Miroir des chats* (Éd. de la Différence, 1977). *Mourmour, Contes pour enfants velus* (id., 1977). *Société Générale, Agence centrale* (Société Générale, 1986). *L'Onéïropompe* (id., 1978). *Rogomolec* (Stock, 1979).

FLAMAND, Barbara Y., poète belge.

Écrasés sous pneu de Jaguar... (Honfleur : P.-J. Oswald, 1968). *D'argile et de bulle* (ARCAM, 1976). *Sous le regard des statues*, poèmes (id., 1979). *La Part de l'ombre* (id., 1981). Cf. DLLF.

FLEURIOT, Zénaïde, 1829-1889, romancière pour la jeunesse.

[Choix] *Souvenirs d'une douairière* (Dentu, 1859). *Marquise et Pêcheur* (C. Dillet, 1860). *La Vie en famille* (Hachette, 1862). *Sans beauté* (C. Dillet, 1862). *Réséda* (A. Bray, 1863). *Sans nom* (id., 1866). *La Clef d'or* (C. Dillet, 1866). *Mon sillon* (F. Brunet, 1869). *Notre passé* (id., 1870). *A l'aventure* (Lecoffre fils, 1870). *Aigle et Colombe* (Firmin Didot, 1873). *Le Petit Chef de famille* (Hachette, 1874). *En congé* (id., 1874). *Bigarette* (id., 1875). *Plus tard ou le jeune chef de famille* (id., 1879). *Raoul Daubry, chef de famille* (id., 1879). *Grand cœur* (id., 1879). *Mandarine* (id., 1880). *Tombée du nid* (id., 1881). *Cadette* (id., 1881). *Cadok* (id., 1882). *Bouche en cœur* (id., 1882). *Sous le joug* (Blériot et Gauthier, 1883). *Désertion* (id., 1884). *Gildas l'intraitable* (Hachette, 1886). *Le Cœur et la Tête* (id., 1887). *Au Galadoc* (id., 1887). *Cœur muet* (id., 1887). *Bengale* (id., 1890).

FLEUTIAUX, Pierrerre, n. 1941, romancière, nouvelliste.

Née à Guéret (Creuse), Pierrette Fleutiaux y a vécu jusqu'à seize ans. Elle a fait ensuite des études d'anglais à Bordeaux, puis à Paris où elle enseigne. Elle a commencé à écrire dès l'âge de six ans.

Entre *L'Histoire de la chauve-souris* (1975), son premier roman, les recueils de nouvelles qui ont suivi, et l'opulence romanesque de *Nous sommes éternels* (1990), on passe d'une vision obscure des origines du monde et de l'être à leur mise en scène littéraire ou, en faisant allusion à Lévi-Straus, on passe du mythe au roman. Les noyaux mythiques, les archétypes qui font l'essentiel des premiers textes, se sont développés en trames multiformes et enchevêtrées. On retrouve dans *Nous sommes éternels* la même immédiateté insolite de l'image, cette « pauvreté essentielle » des objets imaginaires dont parle Sartre. Mais au lieu d'être concentrée symboliquement sous la forme d'une chauve-souris nichée sous une chevelure, d'une forteresse intérieure aux murs d'acier ou d'un gouffre peuplé d'escabeaux, cette pauvreté se ramifie et s'étend à l'ensemble du roman. L'angoisse claustrophobique de personnages enfermés se débattant dans des lieux sans issues, leur fascination douloureuse et jouissive des gouffres et des ténèbres de l'inconscient se diluent, se répandent et contaminent tout l'espace romanesque. Les personnages, d'abord prisonniers anonymes de terreurs privées, se transforment en héros d'une tragédie orchestrée comme un opéra funèbre, figures symboliques dont les déplacements définissent non plus l'étroitesse d'une névrose mais l'ampleur d'un destin. Dans cet espace poétique qui détemporalise le temps et devient iconographique, *L'Histoire de la chauve-souris* se lit comme, une traversée symbolique du monde – dirait-on de l'inconscient ?

Les nouvelles des deux premiers recueils, *Histoire du gouffre et de la lunette* (1976) et *La Forteresse* (1979), présentent les mêmes espaces kafkaïesques, que les personnages arpentent et mesurent inlassablement, où ils échaffaudent des constructions improbables contre des ennemis intérieurs. Le dernier, *Métamorphoses de la reine* (bourse Goncourt de la nouvelle 1985), est une réécriture des contes de Perrault qui, tout en restant exactement fidèle à l'esprit des contes, en a revivifié les structures profondes : les personnages changent de sexe (Le Petit Pantalon rouge, Cendron), se mélangent dans les récits (les ogres cohabitent avec les loups et le Poucet), et apparaissent dans des décors contemporains où la citrouille devient Cadillac. Fleutiaux joue de ces renversements avec un sens aigu de la dérision des valeurs. Sur le mode de la cocasserie, elle viole la loi du non-dit des contes, et donne aux rois et aux reines une sexualité des plus toniques. Elle est entrée en femme dans ces « textes archaïques » pour en ranimer la vision pétrifiée de l'enfance.

Nous sommes éternels conte en 822 pages la sombre liturgie d'une famille, mais surtout, à travers le récit de l'amour d'une sœur pour son frère-amant, le deuil de l'enfance. Le trajet initiatique que suit la narratrice en quête d'un sens du monde hors l'amour surcharge l'espace de polarisations qualitatives, mais ici, les hauteurs sont celles d'un New York ensoleillé, ville dont Fleutiaux dira : « Toutes mes coquilles de Française sage y ont éclaté. C'est une ville où j'ai été chercher mon trouble le plus profond, où je l'ai bu jusqu'à la lie » (*Télérama* n° 2130, 7 nov. 1990). Le fantastique de *Nous sommes éternels* naît du travail de la mémoire qui arrange esthétiquement le souvenir. Fleutiaux met tout son lyrisme désespéré à en faire revivre l'éblouissement. L'effet de luminosité vient de la savante déconstruction de tous les constituants des récits classiques : chronologie brisée où les époques s'entrecroisent, récits troués par les inventions de la mémoire, multiplication des personnes auxquelles s'adresse la narratrice. L'enfance, nécessairement et universellement souvenir d'enfance, est toujours nimbée d'une « aura » double : le prestige de l'insouciance primordiale, et celui que la mémoire lui ajoute. Fleutiaux organise cette duplicité, joue de ce double pouvoir sur le temps et la mort et fait ainsi de l'enfance, d'emblée, une œuvre d'art. Elle est le paradis perdu où l'idée même de mort n'existait pas, elle est l'époque où la parole est vivante. L'amour, n'est-ce pas essentiellement une jouissance de la parole partagée contre les petits discours chagrins du monde ?

Le discours du monde, « l'immense poubelle commune », nous menace partout et sans cesse. Il est ce à quoi l'écriture doit résister. Les autres – le raisonnable, le bien-pensant, le sage, le reconnu, mais aussi le théorique et le terrorisme des mouvements littéraires – Fleutiaux, de chauve-souris en histoire d'amour incestueuse, en fuit le danger. Voyages initiatiques en quête de soi-même jusque dans les bas-fonds de l'imaginaire, à travers les moments les plus noirs de l'anxiété d'être, les récits de Pierrette Fleutiaux sont animés par la vitalité que donne son sens aigu de la dérision et du plaisir, et ce quelque chose d'indéfinissable vers quoi elle tend : enfance, vérité, poésie... écriture d'une nouvelle poétique du fantastique.

Bibliographie : *Histoire de la chauve-souris* (Julliard, 1975). *Histoire du gouffre et de la lunette*, nouvelles (id., 1976). *Histoire du tableau* (id., 1977). *La Forteresse*, nouvelles (id., 1979). *Métamorphoses de la Reine*, Bourse Goncourt de la nouvelle (Gallimard, 1984). *Nous sommes éternels*, rm, Prix Fémina (id., 1990). *Sauvée !* nouvelles (id., 1993). *Allons-nous être heureux ?* rm (id., 1995).

Sabine Raffy

FLORE, Jeanne, c. 1510- ?

L'identité de la femme qui écrit sous le nom de Jeanne Flore n'est pas éclaircie. La féminisation possible du nom de Juan de Flores (dont l'œuvre, *La Déplorable Fin de Flanette*, a été traduite par Maurice Scève) a pu servir de pseudonyme, jetant le doute sur l'existence de l'auteur des *Comptes amoureux*. En tout état de cause, ses traductions de Boccace font preuve d'une maîtrise de l'italien, langue fort importante pour une écrivaine lyonnaise de l'époque.

Au commencement des années 1530 paraissent à Lyon *Les Comptes amoureux*, un manifeste qui exalte l'amour passionné. Sous couvert d'un pseudonyme, l'auteur présumé se jette en plein débat sur l'amour. S'inscrivant contre la vision pessimiste proposée par Juan de Flores et se conformant aux conventions d'*humilitas*, ces sept contes se présentent bardés d'excuses sur l'incapacité littéraire naturelle aux femmes : « Ce que j'ai fait présentement, néanmoins sous espoir que vous, et les humains lecteurs excuserez le rude et mal agencé langage. C'est œuvre de femme, d'où il ne peut sortir ouvrage si limé, que bien serait d'un homme discret en ses écrits. Tels donc qu'ils sont, vous les prendrez en gré » (Orthographe et ponctuation ont été changées pour faciliter la lecture).

Malgré la modestie de cette mise en garde, le langage des contes est loin d'être « rude ». Il est au contraire fleuri, nourri de descriptions hyperboliques, de comparaisons mythologiques et de réminiscences gothiques. Jeanne Flore fait ses gammes et répète sept fois l'horreur que lui inspirent ceux qui ne suivent pas l'inclination humaine à aimer. Sa thèse est illustrée par des histoires contemporaines, par une version du mythe d'Écho et de Narcisse et par deux contes de Boccace (*Décaméron* IV, 9 et V, 8) traduits pour la première fois en français.

De 1531 à 1574 paraissent six éditions de ces *Comptes amoureux*, témoignage à la fois de l'intérêt contemporain pour le sujet et du talent de l'auteur. Bien avant Marguerite de Navarre, Jeanne Flore perçoit les possibilités du cadre du *Décaméron* pour poursuivre le débat amoureux, mais contrairement à elle, elle s'interdit l'emploi de narrateurs. Le point de vue masculin est donc totalement éliminé. Elle présente uniquement des vues fondées sur l'expérience féminine de l'époque et qui reflètent une opposition à la domination masculine. Une seule voix traditionnelle s'y fait entendre, celle de Madame Cébille, qui soutient l'inviolabilité des vœux du mariage. Mais ce personnage ne présente aucun conte pour appuyer ses vues sur la vie conjugale et par conséquent ne convainc personne.

Le sous-titre du recueil annonce la matière des récits : « Touchant la punition de ceux qui condamnent et méprisent le vrai Amour. » Les différentes narratrices définissent l'amour idéal et fournissent des exemples de ceux qui aiment de plein cœur et de ceux qui ne sont pas capables d'aimer. D'après elles, aimer est la plus haute vertu et l'acte sexuel le plus grand plaisir. La jeunesse et la beauté physique sont des qualités indispensables aux vrais amants. Dans ce monde de mariages arrangés entre vieillards et jeunes filles, l'amour conjugal semble condamné d'avance. « Estimant qu'elle serait moult heureuse », les parents d'une jeune fille considèrent seulement la richesse du prétendant et ne tiennent aucun compte de sa laideur. La différence d'âge entre les époux entraîne, bien évidemment, des rapports sexuels difficiles : dans les contes, le mari se révèle soit impotent soit « un droit poltron ». Dans ces circonstances, la jeune femme trouve légitime de prendre un bel amant si possible. L'adultère reçoit l'approbation des dieux, car Vénus et Cupidon viennent souvent au secours des jeunes amants. Celles qui résistent aux désirs naturels, les orgueilleuses et les frustrées, sont punies de leur faute par la déesse d'amour (certaines sources attribuent à Jeanne Flore *Pugnition de l'Amour contempné*, de 1540, cf. DFELF).

243

Descriptions du plaisir sur un mode lyrique et insistant et invite à la libération des sens, Les *Comptes amoureux* pourraient bien n'être que « fiction de poésie », comme le donne à entendre l'auteur dans son envoi final. Néanmoins la verve et la conviction dans le ton de nombre de ces pages, au son remarquablement moderne, autorisent à y voir un témoignage unique d'une écriture de femme « jubilante », écriture recouverte par l'oubli jusqu'à sa réédition en fac-similé en 1971. Dans ses histoires divertissantes s'inscrivait en effet un fond de réflexions profondes sur l'injustice faite aux femmes par l'institution du mariage sur laquelle reposait l'ordre social.

Bibliographie : *Les Comptes amoureux* (Lyon : A la marque d'Icarus, s. d. 1530 ?). *Les Comptes amoureux*, fac-similé de l'édition de Lyon, 1574 avec une notice bibliographique par P.L. Jacob (Genève : Slatkine Reprints, 1971). *Les Comptes amoureux*, édition critique établie par le Centre lyonnais d'étude de l'humanisme (Lyon, PUL et CNRS, 1980).

Sélection critique : Conley, Tom : *Creative Paradox : Narrative Structures in Minor French Fiction of the Sixteenth Century (Flore, Crenne, Des Autelz, Tabourot, Yver)* (thèse, Univ. du Wisconsin, 1972). Coulet, Henri : « Les Comptes amoureux » (...) (1531) in *Le Roman jusqu'à la Révolution* (Colin, 1968). Fay Carolyn : « Who was Jeanne Flore ?... » (*Women in French Studies*, automne, 1995).

Diane S. Wood

FOA, Eugénie Rodrigues Gradis, n. fin XVIIIe s.-1853 ?, romancière populaire et auteur de contes pour enfants.

Une dizaine de romans parmi lesquels *Les Blancs et les Bleus* (1832). *La Fiancée de l'exilé* (1833). *Rachel* (1833). *La Femme à la mode* (1834). *La Juive, Histoire du temps de la régence* (1835).

FONTAINE, Anne, poète, essayiste suisse.

Cantate des objets perdus (Fribourg : Egloff/Genève : Impr. A. Kundig, 1947). *Nausicaa...* (id., 1948). *L'Herbier d'Armand Godoy* (id., 1949). *Le Premier Jour,* poèmes (Grasset, 1950). *Métamorphoses* (id., 1951). *Par-dessus la haie* (id., 1952). *Le Cerf-volant* (id., 1953). *Delacroix, poète* (id., 1953). *L'Oiseleur* (id., 1954). *Armand Godoy* (id., 1959). *Henri Mondor* (id., 1960).

FONTAINE, Marguerite, mémorialiste.

Les Vieux Moulins de Thilay, haut-lieu de la Résistance ardennaise (Charleville-Mézières : Éd. de la Soc. des écrivains ardennais, 1969). *Le Journal de guerre (1941-1945)* (La Manufacture, 1984).

FORRESTER, Viviane, romancière, critique littéraire.

Viviane Forrester vit et travaille à Paris. Elle se sent écrivain depuis qu'elle sait écrire. Son premier roman fut publié en 1970 et ses souvenirs dans *Ce soir, après la guerre* la révèlent enfant et adolescente, pendant l'Occupation. Une douzaine de livres, un nombre impossible à chiffrer d'émissions de télévision, de radio (la série portant sur Virginia Woolf est devenue un livre), d'articles de critique de livres et d'art, elle est aussi une conférencière internationale vraiment bilingue (français-anglais) et l'on entend sa voix dans le film de Marguerite Duras, *India Song*.

L'œuvre est traversée de nos angoisses vitales. Le sentiment d'exil, le sentiment-jumeau de l'extériorité de l'Autre : personne n'est jamais un, chaque tournant révèle une face insoupçonnée. Enfin la rébellion contre l'absurde cruauté du « grand festin » – la vie – dont on est, de toute façon, le convive. Les seuls titres des livres pontuent ces permanences : *Ainsi des exilés, Le Grand Festin, Le Corps entier de Marigda, La Violence du calme, Le Jeu des poignards...*

Ainsi des exilés nous montre une longue plage plate en Hollande que l'auteur a vue quelques jours. Le reste ? L'après-guerre ? « Une paix sans innocence... » Elle sourd de l'alchimie de l'écriture. Viviane Forrester écoute s'élaborer en elle une première phrase, guette une scène, la suit, et ensuite les mots l'entraînent.

Le Grand Festin (1971) commence par la question : « Et être juif, ici, cela prend-il un sens ? Peut-on l'être, ici, juif, en cette saison ? » Aussitôt tout vous submerge, la sève, et la boue de l'Europe centrale, et le lacis d'une phrase longue. En général, la phrase est brève, les mots souvent repris. Phrases rompues, paragraphes ramassés. Parfois des dialogues comme une quête. Le narrateur est homme, juif, fils d'un déporté mort. Lui, le vivant, participe au « grand festin » de la vie. Il rencontre des femmes étranges, Martine, Celia, Adrienne, à Rome, à Venise. Puis à Dieppe un homme, Blumweil, nom juif redoublé dont il apprend, après qu'il a été tué, qu'il s'appelait Gournier et avait peut-être jadis aidé la Gestapo.

Parfois, comme dans *Le Corps entier de Marigda* (1975), les chapitres sont précédés d'une phrase-exergue. Clé ou traquenard ? Ici, dans ces histoires croisées, les destins et les corps butent contre une matière plus dure, la montagne, dont on sait pourtant aussi qu'elle s'érodera. Pas d'éternité.

Les Allées cavalières mélangent la fiction et l'autobiographie, nous laissant incertains sur ce qui vraiment a eu lieu et ce qui fut rêvé.

Viviane Forrester a inauguré un genre inédit : elle a écrit un roman entier, *Vestiges*, elle française, en passant sans relâche de l'une à l'autre de ses langues familières, le français et l'anglais : « What do I care about l'histoire qu'ils imaginent neuve... ». Ses essais expriment la même révolte contre le monde qui refuse d'accepter le plus profond de vous : que vous soyez femme, juif, vieux ou fou.

La Violence du calme (1980) montre des assassinats silencieux, commis en toute bienséance. Les mouroirs des vieux sont des « tuoirs ». Emma Bovary se calque sur le seul modèle offert : la femme dessinée par les hommes qui eux-mêmes règlent leur comportement sur cette épure. Les hommes, dit l'auteur, sont les moins libres : ils ont forgé la loi et la langue à leur mesure, et de ce carcan, parfois, seule la folie semble offrir l'issue, comme pour Nietzsche ou pour Artaud. Les femmes « hors la loi » transgressent plus facilement, mais aussitôt font scandale.

Le plus célèbre essai de Viviane Forrester, traduit en plusieurs langues, est *Van Gogh ou l'enterrrement dans les blés* (Prix Fémina-Vacaresco, 1983). C'est une biographie pleine de découvertes étayées sur des documents. C'est aussi une méditation sur la singularité, la solitude, la fermeture de la société. Van Gogh est celui qui crie : « Si j'avais élevé la voix dès le début au lieu de me taire dans toutes les langues du monde... »

Femme ? Viviane Forrester, dans les romans ou les essais, s'identifie, dit-elle, à ce qu'elle écrit, que l'objet soit une femme, un homme, un paysage, une lumière. Dans *Mains,* la dernière phrase dit : « Mains hérissées du monde. Fleurs âcres, déchirées... »

Ce soir, après la guerre reprend l'autobiographie d'une adolescente en un temps inventé, dirait-on, pour Shakespeare, mais qui le dépassa : l'Occupation nazie dont les ressacs traversent l'œuvre entière de Viviane Forrester.

Bibliographie : *Ainsi des exilés* (Denoël, 1970). *Le Grand Festin* (id., 1971). *Virginia Woolf* (Éd. de la Quinzaine littéraire, 1973). *Le Corps entier de Marigda* (Denoël, 1975). «L'Autre Corps», préface à *Trois Guinées* de Virginia Woolf (Éd. des Femmes, 1977). *Vestiges* (Seuil, 1978). *La Violence du calme*, essai (id., 1980). *Les Allées cavalières* (Acropole, 1982). *Van Gogh ou l'Enterrement dans les blés*, biographie (Seuil, 1983). *Le Jeu des poignards* (Gallimard, 1985). *L'Œil de la nuit* (Grasset, 1987). *Mains*, essai (Séguier, 1988). *Auvers-sur-Oise* (Molinard, 1992). *Ce soir après la guerre, souvenirs* (J.-C. Lattès, 1992).

Dominique Desanti

FRAIN, Irène, n. 1950, romancière.

Quand les Bretons peuplaient les mers (Fayard, 1979). *Contes du cheval bleu les grands jours de vent* (1980). *Le Nabab* (J.-C. Lattès, 1982). *Modern Style* (id., 1984). *Désirs* (id., 1986). *Secrets de famille* (id., 1989). *Histoire de Lou* (Fayard, 1990). *Devi* [héroïne indienne] (Fayard-Lattès, 1993). *L'Homme fatal* (Fayard, 1995). Cf. DFELF.

FRANCE, Marie de –, v. MARIE de France.

FRANCILLON, Clarisse, 1899-1976, romancière suisse.

Née à Saint-Imier, dans le Jura suisse, Clarisse Francillon passe la deuxième partie de son enfance à Menton où elle fréquente un cours secondaire de jeunes filles avec sa sœur, Étiennette Demulinen. Puis, son goût pour la littérature s'étant affirmé, elle travaille à Paris, fait connaître et traduit Malcom Lowry et s'attire l'amitié de Maurice Nadeau, Georges Guillevic et Colette Audry entre autres. La deuxième guerre mondiale la ramène en Suisse et elle souffrira par la suite, à Paris, d'un isolement relatif. Suivant des convictions politiques marquées, Clarisse Francillon milite autour de 1968 et Georges Guillevic rendra hommage à son action en tant que trésorière, rédactrice des procès-verbaux de séances et archiviste de l'Union des écrivains socialistes. Observant une « réserve sans complaisance », elle retourne finalement en Suisse, auprès de sa sœur, pour les derniers mois de sa vie. Son amie Roselaine Doucet-Lenhardt l'a évoquée parlant de ses livres avec détachement et mourant « tout simplement, sans faire de drame, en regrettant de devoir interrompre sa vie. »

Dès 1934, les joutes psychologiques et l'extraordinaire verve de Clarisse Francillon retiennent l'attention des lecteurs avec *Chronique locale* qui détaille sans indulgence les menus drames et intrigues qui enserrent de leurs mailles des personnages dont l'existence est faussée au départ. Les lieux ne sont pas identifiés car, ayant vécu en France depuis l'âge de dix ans, Clarisse Francillon tient à la fois à dépasser le cadre de son héritage romand et à le faire vivre : il constitue une part fondamentale de sa propre vision du monde. Quatre romans suivront le premier livre chez Gallimard, parmi lesquels il convient de remarquer *La Mivoie* dont le titre suggère la riche et douloureuse ambiguïté : voie et voix, synonyme d'impasse, c'est une demi-voix qui n'aboutit pas. Une jeune fille dominée par un père autoritaire gâche ses années de jeunesse à aimer un vieux politicien aigri qui se joue d'elle et la mène aux abords de la folie. Certains amis de Clarisse ont pu voir une dimension quasi autobiographique dans cette liaison avec un homme âgé d'une protagoniste qui arbore à sa mort cet « air d'adolescente vieillie qu'on voit à certaines moniales. »

La retraite forcée en Suisse inspirera l'analyse de l'exil et d'une culpabilité effectivement mise en œuvre dans *Quatre ans* tandis que *Le Carnet à Lucarnes, Les Meurtrières* et les nouvelles consacrées au XIVe arrondissement dans *Le Quartier* dominent une œuvre où l'on doit souligner, selon le témoignage de Colette Audry, un très riche humour qui donne sa pleine mesure dans le *Champ du repos*. Il semble que Clarisse Francillon ait souffert d'une vertu fondamentale, la modestie liée à une grande honnêteté littéraire. Certains critiques ont pu évoquer à propos des *Meurtrières* le détachement systématique et le style dépouillé parfois associés au nouveau roman. C'est ici l'analyse du syndrome de la «toile d'aragne», le crime à distance sous forme d'autodestruction : une femme mûre induit au suicide un jeune homme plutôt que de le perdre d'autres façons. Là encore le détachement ironique de la voix narratrice permet d'établir la distinction entre création authentique et roman noir.

La Lettre, roman imprégné de poésie, est passablement osé dans la littérature des années cinquante car il s'agit de l'amour de deux femmes : passion, déchirement, exaltation, ivresse. «Osé» parce que l'homme en est absent comme il l'était – au moins à l'avant-scène – du *Rempart des Béguines* de Françoise Mallet-Joris ou du *Puits de solitude* de Radcliffe Hall. «Osé» encore *Le Frère* dont Maurice Nadeau a compris qu'il évoquait fondamentalement ce rêve de l'androgyne, dans la tradition de l'inceste pharaonique, comme figuration de la communion cosmique. En 1968, c'est *Le Carnet à lucarnes* qui prend sa place au rang des textes majeurs de Clarisse Francillon. L'héroïne y incarne au féminin trois archétypes de l'imaginaire occidental : Hamlet, le tourmenté, Don Juan, l'insatisfait et Faust, l'orgueilleux. Le pacte avec le diable prend ici la forme d'une opération de chirurgie esthétique qui rajeunit de seize ans la femme quinquagénaire. Elle ne se prendra cependant jamais au sérieux, et c'est bien ce qui constitue la forte originalité de ce roman, le drame de Faust est ramené au quotidien féminin dans une distance ironique explicite.

Clarisse Francillon s'est essayée non sans succès à l'écriture dramatique et «Le Plat de lentilles» est un bon exemple de l'ironie multiforme qui sous-tend son œuvre. *Champ du repos* (dernier texte publié mais des inédits attendent de voir le jour) amène, comme il se doit en fin de parcours, l'écriture de Clarisse Francillon vers une sorte de parabole philosophique dont le lieu principal est le cimetière. S'y pose évidemment la question de Dieu, de la mort, de la vie éternelle (abordée déjà magistralement et fort sceptiquement par une conscience féminine dans *Le Plaisir de Dieu*). Dieu est bien le patriarche lointain, sans doute «fantasme de particules dans le cosmos errant à l'infini» et sceptique mais «moins qu'il n'y paraît», car pour être sceptique, «il faut ne pas se sentir relié à la nature, ni au cosmos». En dernière analyse, c'est l'amour humain – succession d'échecs liés aux mauvaises herbes de l'égoïsme – qui constitue sans doute le nœud primordial d'une œuvre riche, fondamentale et méconnue.

Bibliographie : *Des ronds sur l'eau* (La Caravelle, 1927). *Francine* (Berne : Amis du Chandelier, 1927). *Chronique locale* (Gallimard, 1934). *La Mivoie* (id., 1935). *Béatrice et les Insectes* (id., 1936). *Coquillage* (id., 1937). *Le Plaisir de Dieu* (id., 1938). *Les Nuits sans fêtes*, nouvelles (Lausanne : Abbaye du Livre, 1942). *Samedi Soir* (Zurich : Fondation Schiller, 1944). *La Belle Orange* (Lausanne : Abbaye du Livre, 1944). *Les Fantômes* (Fribourg : Egloff, 1945). *Les Meurtrières* (Gallimard, 1952). *Quatre ans* (Lausanne : Abbaye du Livre, 1957). *Le Quartier*, nouvelles (id., 1958). *Festival*, nouvelles (id., 1958). *La Lettre*, rm (Pierre Horay, 1958). *Les Gens du passage* (id.,1959). *Le Frère* (Lettres Nouvelles, 1963). *Le Carnet à lucarnes* (Denoël, 1968). *Théâtre des ahuris* (Lausanne : Abbaye du Livre, 1970). *Le Champ du repos* (1974). *Vingt-neuf contes* (J.-P. Oswald/ Contes et Poèmes).

Pierrette Micheloud

FRANÇOIS, Jocelyne, n. 1933, romancière, poète.

Née à Nancy, dans un milieu quasi populaire, aisé mais peu éduqué, Jocelyne François est l'aînée de trois enfants et fait très vite preuve d'une mémoire supérieure et d'un don pour l'écrit. Lors de six années de pension dans un couvent des Vosges, elle s'éprend d'une camarade, Marie-Claire Pichaud, dont elle fera sa compagne de vie à partir de 1960. Auparavant, elle a fait des études supérieures à l'université de Nancy, obtenu une licence et pris époux. C'est une union de convenance sous pressions religieuses et familiales : il en naîtra trois enfants dont les aînés sont élevés par le père et la benjamine par la mère et sa compagne. Cette dernière est artiste, compositrice, interprète, puis devient potière et peintre, tous arts qui stimuleront la sensibilité de Jocelyne François. Elles passent vingt-quatre années à Saumanes-de-Vaucluse. La rencontre de René Char dans les années soixante est aussi un moment marquant dans le cheminement créatif et poétique de l'écrivaine. Elle reçoit le prix Femina pour son troisième roman, *Joue-nous España*. En 1985, elle s'installe avec son amie dans un appartement parisien et continue ses activités créatrices en dépit de problèmes de santé.

Dans ses poèmes comme dans ses autres écrits, cet auteur privilégie dans une prose précise mais simple la réalité de sa propre vie. Les textes qui ont fondé sa réputation s'avèrent d'essence autobiographique et, pour qui a la curiosité de reconstituer un itinéraire, il convient de commencer par *Joue-nous España* qui évoque l'enfance et l'adolescence, tandis que *Les Bonheurs* cherche à capter la tension d'un amour homosexuel fondamental qui défait les liens du mariage pour triompher dans la liberté. *Les Amantes* veut dire, dans l'ordre du dicible, le rapport très étroit traversé avec René Char mais ne pouvant aboutir à une union complète étant donné le primat du lien avec son amante. Quant à *Histoire de Volubilis*, dans le cadre de la vie dans le midi avec Marie-Claire, le texte explore le rapport aux enfants et la gestion de leurs difficultés d'adolescents. Enfin *Le Sel* évoque, comme toutes les œuvres de Jocelyne François, cette « ardeur [de l'amour] qui structure les jours », la mort, la souffrance physique et tous les grands thèmes philosophiques qui sous-tendent sa réflexion devant l'histoire du monde en train de se faire sous nos yeux.

Les romans de Jocelyne François s'imposent avant tout par leur tonalité chaleureuse émanant d'un tempérament positif, d'un sens de la réussite d'une existence à deux. Son écriture révèle une conscience affinée de « la vie matérielle minimale » et une attention aux signes, une sensibilité permanente à leur égard qui est la marque de la modernité authentique de cette œuvre. A l'écart du discours féministe, son écriture témoigne d'une lutte âpre mais victorieuse pour vivre l'homosexualité, l'amour ne pouvant reposer que sur un épanouissement qui entraîne la fidélité des amant(e)s. Opposés à toute force destructrice comme à la violence sous toutes ses formes, les textes mettent en valeur la richesse de la nature et l'efficacité des liens qui permettent de mieux affronter les épreuves. Hymne simple mais somptueux à l'art et à la vie.

Bibliographie : *Les Bonheurs* (Mercure de France, 1970). *Feu de roue* (Mercure de France, 1971). *Arpad Szenes* (Le Musée de Poche, 1975). *Gravé, écrit un hiver à Saumanes-de-Vaucluse* (s. e., 1976). *Savoir de Vulcain* (Mercure de France, 1978). *Les Amantes* (Gallimard, 1978). *Joue-nous España* (Gallimard, 1980). *Histoire de Volubilis* (Mercure de France, 1986). *Maintenant* (Petits Classiques du Grand Pirate, 1988). *Le Cahier Vert : Journal 1961-1989* (Mercure de France, 1989). *Éloge du jaune* (Michel Chandeigne, 1990). *Ankoua, Nivollet, Pichaud, Sorg, Thiolat, cinq peintres de la rue* (Cluny : Office municipal de la culture et des loisirs, 1990). *Le Sel* (Mercure de France, 1992). *La Femme sans tombe* (id., 1995).

Sélection critique : Althau, Max : « Joue-nous España », *Sud* 46/47 (fév. 1981). Detrez, Conrad : « Les Amantes », *Magazine Littéraire* 141 (oct. 1978). Florenne, Yves : « Jocelyne François sans masque » (*Le Monde,* 21 nov. 1980). Naudin, Marie : « Blais, Bombardier, François, Wittig : Enfances à l'eau bénite », *Bulletin de la Société des professeurs français en Amérique* (1986-87). Rivière, Anne et Xavière Gauthier : « Des femmes et leurs œuvres », *Magazine Littéraire* 180 (janv. 1982). Royer, Jean : « Jocelyne François : La Justesse du regard », *Écrivains contemporains, Entretiens 2* : 1977-1980 (Montréal : L'Hexagone, 1983). Shaw, Nanette : « Jocelyne François, An Introduction », *Moon* 8 (1-2, 1984).

Marie Naudin

FRANÇOISE (pseud. de Robertine Barry), 1863-1910, journaliste québécoise.

Fleurs champêtres, nouvelles (Montréal : Desaulniers, 1895). *Chroniques du lundi* (s. éd., 1900).

FRÈRE, Maud, 1923-1979, romancière belge.

Née à Bruxelles, elle perd ses parents en 1942 et doit interrompre des études de lettres contre une formation à l'Institut d'études sociales. Elle travaille comme assistante sociale puis elle épouse l'ingénieur Edmond Frère en 1945 et entreprend d'écrire. Éditée chez Gallimard, traduite en neuf langues au moins, inspiratrice de longs métrages à partir de ses romans (de Jean-Pierre Berckmans en particulier), Maud Frère a aussi œuvré pour l'ORTF, sans s'expatrier, et la radio-télévision et la presse belges. Certains de ses textes ont paru dans des revues, des albums pour enfants et c'est pour un récit destiné aux adolescents (*Vacances secrètes*) qu'elle se fait d'abord connaître. Elle a reçu les prix Victor Rossel, Veillon et Georges Garnir.

Les huit romans publiés entre 1956 et 1972 constituent l'essentiel de l'œuvre. Chez Maud Frère, les romans ne débouchent sur aucune conclusion ; tout reste possible et l'histoire se clôt sur un nouveau départ dans une direction non encore déterminée car l'épanouissement du moi ne se fait pas une fois pour toutes : « On va toujours vers l'inconnu, vers la découverte de sentiers innombrables... »

Cette œuvre parle de la difficulté d'être femme et « singulière », à la fois seule et insolite. En effet, chaque récit se construit autour d'une femme disant sa solitude. La majorité des héroïnes sont orphelines de l'un ou des deux parents. En outre, elles sont la plupart du temps filles uniques ou, sinon, isolées des autres enfants de la famille. Deux exceptions : dans *La Grenouille* et *Le Temps d'une carte postale,* les rapports intenses de la protagoniste avec son frère aîné articulent le récit. Ce féminin est également singulier parce qu'il s'écarte des diverses interprétations – souvent des plus contradictoires – qui s'attachent au terme. Il n'a chez Maud Frère aucun rapport avec la traditionnelle « féminité ». « Est-ce que je suis une femme ? A quel âge devient-on une femme ? Après quels événements ? Quelles joies ? Quelles peines ? Serai-je jamais une femme ? » Pour la narratrice des *Jumeaux millénaires*, il y a prise de conscience d'un écart entre le féminin ressenti et vécu et la définition d'une essence.

En fait, le féminin chez Maud Frère ne se pense pas comme tel mais manifeste sa nature sans intention de le faire. Il est synthèse de la dialectique interne, sorte d'hermaphroditisme intellectuel et affectif témoignant de la complexité de l'être. Les héroïnes ont souvent des comportements réputés « masculins » tandis que des traits prétendus « féminins » s'observent chez les hommes, tels le manque d'assurance et d'esprit de suite ou encore la coquetterie vestimentaire. Réciproquement, dans cet univers, la femme sait se montrer plus lucide que son partenaire lorsqu'il s'agit d'interpréter les événements et de prendre parti. Elle jette sur l'homme un regard « inversé », étant frappée par les formes harmonieuses de son corps, la douceur de sa peau... et elle en parle ! On ne saurait en conclure que Maud Frère vise un renversement parodique des idées reçues sur la différence des sexes.

Les romans sont indépendants les uns des autres mais leur ensemble forme un vaste « Bildungsroman » où la femme s'inscrit « dans tous ses états », femmes au foyer, ouvrières, intellectuelles, femmes du monde, aventurières sont sans doute les groupes les mieux représentés mais on trouve aussi les domestiques, petites commerçantes, religieuses, étudiantes et, un peu partout parmi elles, des célibataires, divorcées, épouses et veuves. De même tous les âges de la vie sont explorés, du début de l'adolescence (*L'Herbe à moi* et *La Grenouille*) à l'âge mûr (*Les Nuits aventureuses*). Fresque centrée sur le féminin, l'œuvre de Maud Frère forme aussi un tout harmonieux dans son architecture. D'un roman à l'autre des constantes thématiques, lexicales et structurelles s'inscrivent, dont les plus notables sont l'empreinte parentale (mort ou distanciation de la mère en particulier), la symbiose paysage/personnage (fondamentale et inféodée à la notion d'identité), le merveilleux (matière des contes et légendes, syndrome de Cendrillon) et la prise de parole, lorsque l'auteur se représente elle-même, communiquant sa passion d'écrire et inscrivant son authenticité « à elle » (*Le Temps d'une carte postale,* par exemple).

Œuvre axée sur la difficulté d'être au féminin, œuvre à la fois grave, tendre, frémissante d'émotions, inscrite dans le réel sur un palimpseste de rêve, l'écriture de Maud Frère ne s'abandonne pas au pessimisme. Penser, agir, cultiver son « herbe à soi », y trouver sa joie de vivre, telles sont les consignes. « Apprendre » est un des mots clés. Apprendre à revitaliser un moi menacé d'étouffement par le quotidien, apprendre a réorienter un moi abusé par l'attrait des apparences, apprendre à se réapproprier un moi investi par le désir des autres. Il faut un certain courage pour réapprendre continuellement la liberté intérieure et pour assumer son être véridique tout en ne renonçant pas à respecter l'intégrité des autres ni à les aimer. Car les livres de Maud Frère sont aussi des histoires d'amours, à commencer par l'amour de la vie même comme recherche de l'équilibre entre repli et ouverture, entre la nécessité fondamentale de s'isoler singulièrement en soi, et le besoin de se frayer un passage pluriel vers l'autre.

Bibliographie : *Vacances secrètes* (Gallimard, 1956). *L'Herbe à moi* (id., 1957). *La Grenouille*, Prix Charles Veillon, Lausanne, 1960 (id., 1959). *La Délice* (id, 1961). *Les Jumeaux millénaires*, Prix Victor Rossel (id., 1962). *Guido* (id., 1966). *Le Temps d'une carte postale* (id., 1967). *L'Ange aveugle* (id., 1970). *Des Nuits aventureuses* (id., 1972). *Véronique : Les Caprices d'Odilon* (Ed. RST, 1973). *La Cabane* (Casterman, 1981). *Le Journal de Véronique* (id., 1981). *Noël* (id., 1981). *Premier jour de vacances* (id., 1981). *La Mer* (id., 1982). *Odilon, les oreillons* (id., 1982).

Sélection critique : De Spens, Willy : sur *La Grenouille* (*NRF* 14 11, nov. 1959). « Dufays, J.-L. : sur *Les Jumeaux millénaires* » (*Indications* 5, série 47, 1990). Nicolaï, Marie : « Maud Frère, romancière belge. Étude en oui majeur » (*Présence Francophone* 1, 1970). Pierson-Piérard, Marianne : *Maud Frère* (Bruxelles : Pierre de Méyère, 1966). Trekker, Anne-Marie et Jean-Pierre Vander Straeten : *Cent auteurs, Anthologie de littérature française de Belgique* (Éd. de la Francité & de la CEC, 1982).

Renée Linkhorn

G

GAGNEUR, Louise, romancière, essayiste.

Une Femme hors ligne (Dentu, 1862). *Le Calvaire des femmes* (Bureaux du « Siècle », 1863). *Un Drame électoral* (Dentu, 1863). *La Croisade noire* (Bureaux du « Siècle », 1866). *Les Réprouvées,* suite et fin du *Calvaire des femmes* (A. Faure, 1867). *Les Forçats du mariage* (Lacroix, 1870). *Chair à canon* (E. Dentu, 1872). *Mésaventure électorale de M. le Bor de Pirouett* (A. Chevalier, 1872). *Le Divorce* (Librairie de la Bibliothèque démocratique, 1872). *La Part du feu* (Sagnier, 1873). *Les Crimes de l'amour* (Dentu, 1874). *La Politique au village* (Lib. de la Bibliothèque démocratique, 1874). *Les Droits du mari* (Dentu, 1876). *Le Roman d'un prêtre* (Impr. de Debous, 1876). *Les Vierges russes* (Dentu, 1880). *Un Chevalier de sacristie* (id., 1881). *Le Crime de l'abbé Maufrac,* suite et fin du *Roman d'un prêtre* (id., 1882). *La Fournaise* (id., 1885). *Le Supplice de l'amant* (id., 1888). *Une Dévote fin de siècle* (id., 1891). *Le Désarmement et la Question sociale* (id., 1899). *Le Droit au bonheur. Charles Fourier, d'après Zola et Jaurès* (id., 1901).

GAGNON, Madeleine (Mahoney), n. 1938.

Née au cœur de la Gaspésie, à Amqui, elle a fait une maîtrise en philosophie à l'université de Montréal de 1959 à 1961. Titulaire d'un doctorat ès lettres de l'université d'Aix-Nice (1961-68), elle est professeur de littérature à l'université du Québec à Montréal depuis 1969. Elle y a créé, en 1972, avec un groupe de collègues femmes, le premier cours au Québec sur la condition féminine. Elle a effectué plusieurs séjours en France, y compris des séjours d'enseignement. Madeleine Gagnon participe à des lectures publiques de ses poèmes (« Solstice de la poésie québécoise » à Montréal, été 1976, par exemple). Elle a collaboré avec Denise Boucher à la production du spectacle de Pauline Julien *Femmes de paroles* et lui a donné deux chansons. Outre ses multiples participations à des colloques, on compte de nombreux articles de Madeleine Gagnon sur la psychanalyse, l'écriture, le mouvement des femmes dans des revues québécoises comme *La Barre du Jour* dont plusieurs dossiers ont été consacrés à l'écriture féminine (55 et 56-57), mais surtout le mensuel *Chroniques* où, de 1974 à 1976, elle tenait la rubrique intitulée «Paroles de femmes». Divorcée, Madeleine Gagnon a deux fils.

Parler de Madeleine Gagnon, c'est déjà ouvrir une nouvelle parole, celle privilégiée de l'avènement de l'écriture des femmes. Elle est sans doute la première femme au Québec à saisir, avec autant de finesse que de lucidité, les liens entre le politique et le poétique dans une conscience très vive de l'ambiguïté du «sujet femme». *Pour les femmes et tous les autres,* est la première publication de l'auteur où s'inscrit la présence féminine comme «différence». Il s'agit d'un reportage sur l'actualité féminine, vécue par les femmes dans une conjoncture politique capitaliste, patriarcale, essentiellement répressive. Le texte est fait de plusieurs types de discours : citations, slogans, événements politiques, langage populaire s'orchestrant à différents niveaux. Hommes et femmes se rejoignent dans un même désir de révolution, de transformation du corps social. Dans *Portraits du voyage,* Madeleine Gagnon partage avec Jean-Marc Piotte et Patrick Straram, le Bison Ravi, l'aventure d'un récit tissé à trois voix. Celui-ci prend forme suite à un «voyage à l'acide» qui est à l'origine de remises en question. Avec *Amour parallèle,* elle amorce le questionnement du sujet féminin à travers les méandres de l'imaginaire. Ici se dessinent les lueurs d'un amour neuf, repensé au féminin. Puis se conjuguent de vive voix le poétique et le politique. *Poélitique* est une critique de l'art et une analyse du rôle de l'intellectuel dans la société. Les mouvements ouvriers, les luttes de femmes, l'ensemble des tissus de l'actualité politique sont la charpente du texte.

De nouveau impliquée dans un triangle, Madeleine Gagnon dit son «Corps dans l'écriture» aux côtés d'Hélène Cixous et Annie Leclerc dans *La Venue à l'écriture.* Elle y fête son chemin dans le langage par l'avènement d'un long poème en quête de retrouvailles avec le corps d'origine, celui de la mère. De cette matrice d'exploration viennent les ramifications qui, à travers la fiction, reconstituent les éléments de son «histoire». Dans cette marge, on l'écoute parler de sa grand-mère et aussi, peut-être, d'une nouvelle mathématique de l'amour. Pendant une année, Madeleine Gagnon a fait partie d'un groupe «moi-je» ou «groupe de conscience» à Montréal avec cinq autres femmes. Cette expérience, vécue sur les modèles du mouvement féministe états-unien, s'est achevée par une rupture du groupe et a donné naissance à *Retailles, complaintes politiques.* Deux écritures se côtoient et se répondent, celles de Madeleine Gagnon et Denise Boucher. Le texte trace de l'intérieur une critique du féminisme en explorant les interdits, dénonçant à chaque fois le pouvoir, même lorsqu'il est reproduit par les femmes. «Nous risquions l'histoire de nos vérités à chacune. Là où elles se ressemblaient l'une et l'autre, c'était la fête ;

là où elles différaient, ce fut le drame ». De la mort difficile d'un long conditionnement millénaire, les deux voix ouvrent le procès initiatique de l'aventure du sujet féminin. Texte de grande beauté, genèse d'une jouissance entrouverte...

Bibliographie : *Les Morts vivants,* nouvelles (Montréal : HMH, 1969). *L'Autre bord de l'hiver,* poèmes (Montréal : Écrits du Canada français, 1970). *Pour les femmes et tous les autres* (Montréal : Éd. de l'Aurore, 1974). *Portraits du voyage,* avec Straram, Patrick le Bison Ravi et Jean-Marc Piotte (id., 1975). *La Venue à l'écriture* avec Hélène Cixous et Annie Leclerc (10/18, 1977). *Retailles, complaintes politiques,* avec Denise Boucher (Montréal : Éd. l'Étincelle, 1977). *Lueur, roman archéologique* (Montréal : VLB éd., 1979). *Au cœur de la lettre,* poésie (id., 1981). *Autobiographie I. Fictions* (id., 1982 [inclut *L'Autre Bord de l'hiver, Pour les femmes et tous les autres, L'Amour parallèle* et des inédits]). *Pensées du poème,* poésie (id., 1983). *La Lettre infinie,* texte poétique (id., 1984). *Les Fleurs du catalpa,* poèmes (id., 1986). *L'Infante immémoriale,* poésie (Trois-Rivières : Écrits des Forges, 1986). *Au pays des gouttes,* contes (Montréal : Éd. Pauline, 1987). *Toute écriture est amour, autobiographie II,* textes réunis et prés. par Jeanne Miranda et Maïr Verthuy (Montréal : VLB, 1989).

Sélection critique : Collectif [Colloque Cixous/Djebar de Queens, ONT, 1991] dir. Calle-Gruber, Mireille : *Mises en scène d'écrivains : Assia Djebar, Nicole Brossard, Madeleine Gagnon, France Théorêt* (PUG/ Canada : Le Griffon d'Argile, 1993). Duciaume, J.-M. : « Les Morts-Vivants », *Livres et Auteurs Québécois* (Québec : Presses de l'Université Laval, 1969). Dupré, Louise : *Stratégies du vertige ; Trois poètes : Nicole Brossard, Madeleine Gagnon et France Théorêt* (Montréal : Éd. du Remue-Ménage [Itinéraires féministes], 1989). Gould, Karen : *Writing in the Feminine : Feminism and Experimental Writing in Québec* (Edwardsville, S. Ill. Univ Press, 1990).

Mireille Lanctôt †

GALLAIRE, Fatima Bourega, n. 1944, écrivaine, dramaturge, cinéaste algérienne.

Elle est née dans un village de l'Est constantinois, dans une famille de la petite bourgeoisie terrienne. Ayant fait des études de lettres à Alger et de cinéma à Vincennes, elle mène, outre sa vie familiale (elle a des jumeaux des deux sexes depuis 1981), une triple carrière : le cinéma de documentation, l'écriture de fiction et la création dramatique, explorant les liens entre les trois. Elle vit à Paris, se dit sans coupure de l'Algérie. Vivre, penser, parler en tant que femme lui paraît évident, son œuvre le manifeste. Fatima Gallaire a reçu le prix Arléty 1990 pour l'ensemble de son œuvre.

Fatima Gallaire a écrit de nombreuses nouvelles, parfois publiées dans des revues, ainsi que des romans inédits. Une notice précise : « Dans *Solstice d'été,* elle rassemble des nouvelles à l'atmosphère méditerranéenne où l'émotion le dispute à la finesse de l'observation.... [Dans son roman] *Nadir pour un zénith,* elle décrit la fuite haletante et vouée à l'échec d'un insoumis dans son pays d'origine. Dans *Verna, l'esclave née dans la maison,* elle dénonce le destin immuable des filles non mariées dans la maison de leur père : celui de bonnes à perpétuité » (*L'Avant-Scène Théâtre 815*). Une prédilection marquée pour le dialogue l'a, plus ou moins par inadvertance, amenée au théâtre, mais sans attirance pour la mise en scène. Sept de ses pièces ont été créées : l'une, en traduction américaine par le Ubu Repertory Theatre de New York en 1988 : *Princesses,* ou *Ah! Vous êtes venus...* (*You have come back*). *Les Circoncis,* pièce documentaire située dans un pays maghrébin, doit être traduit en norvégien. Auteur méditerranéen et documentariste entre Paris et Alger, elle peut s'intéresser à des thèmes aussi divers que la maladie du palmier, la vie des bergers, l'or, les maisons de retraite en France (*Lumière dans l'indispensable,* 1977) ou les réseaux de soutien FLN en France pendant la guerre d'indépendance, sujet d'un long métrage (1992).

Bien que ses pièces publiées constituent des attaques radicales contre les méfaits du patriarcat, elles manifestent aussi un humour qui sauve l'écrivaine du doctrinaire. *Témoignage contre un homme stérile* a été créé en flamand, à Anvers, ainsi qu'au Festival de l'Acte à Metz (1987). C'est à première vue la complainte d'une vieille femme contre son mari. Elle évoque la vie conjugale à partir de la nuit de noces : « Il m'a escaladée à deux ou trois reprises en râlant très fort.../ On appelle ça être honorée. Il faut croire que l'on n'a jamais demandé l'avis des jeunes épousées. J'étais sur les genoux et je n'aspirais qu'à dormir. » Après le monologue de la supposée vieille femme, et un dialogue aigre-doux avec une fille de salle, la *vraie* Madame Bertin entre en scène (nous sommes dans une maison de retraite de médiocre catégorie). Mais au lieu d'être un réquisitoire contre le mari, la pièce s'avère célébration du couple, entre deux êtres qui se ressemblent comme des jumeaux. La forme de *Témoignage* n'est pas sans évoquer la farce « absurde », procès autant qu'éloge du mariage et plaidoyer contre la solitude, le tout dans une langue énergique et un rapport ludique avec le public.

Princesses a été créée par Jean-Pierre Vincent en juin 1991, au théâtre des Amandiers de Nanterre après une mise en ondes à France-Culture. Si l'on peut imaginer *Témoignage* dans n'importe quel contexte culturel, l'action de *Princesses* se passe dans une Algérie traditionnelle où les femmes sont les biens « meubles » des hommes, et les filles des marchandises. Il n'est d'ailleurs pas difficile de l'imaginer transposée dans un certain nombre d'autres pays ou d'époques un peu éloignées. *Princesses* prend le ton d'une tragédie grecque. Une femme algérienne est partie, s'est mariée, rejetée par sa famille. Elle revient dans son village où son père en mourant a laissé ordre de l'exécuter, parce qu'elle n'a pas converti son époux. De vieilles femmes, qui ont hérité du père et font construire une mosquée, se chargeront du travail. C'est un drame plausible comme on sait, et pas seulement au Maghreb (accidents suspects de jeunes épouses en Inde, suicides induits de jeunes veuves, etc.). Sombre réquisitoire contre l'intégrisme et plaidoyer pour l'ouverture, le métissage culturel et l'amour, *Princesses* exige de beaux moyens et une grande audace de mise en scène, les moyens d'expression dramatiques n'allant pas de soi quand il s'agit de mettre en scène un meurtre collectif.

Parallèlement, c'est une vieille femme, la mère de Driss qui, dans *Les Co-épouses,* fait entendre la voix la plus puissante contre les droits des femmes. Cette comédie de la polygamie a été mise en scène par Maurice Attias en février-mars 1991. Parce que sa première femme était stérile, Driss en a épousé une autre qui lui a donné sept filles avant de mourir épuisée. Quand la belle-mère exige une troisième épouse pour avoir des petits-fils, l'amitié complice de la nouvelle co-épouse, ses vertus de femme émancipée qui « paralysent » le mari, ses leçons de séduction pour la première épouse, et la colère de la fille aînée assurent un heureux dénouement. Ici encore point d'extrémisme (si ce n'est aux yeux de la mère du patriarche qui perd ses privilèges exhorbitants) mais une mise en scène des pouvoirs de l'amitié entre femmes et une réaffirmation de l'amour dans le couple.

Position de travail a été mise en scène par la comédienne libanaise-américaine Teresa Amoon au Guichet Montparnasse. Ce travail sur l'accouchement a connu un succès appréciable et a attiré des « soirées sages-femmes ». *La Brûlure,* mise en espace dramatique (mai-juin 1992, théâtre de la Main d'Or) par Jean-Christian Grinevald est en réalité une nouvelle-monologue de femme. Sur scène un vieux père « intronisé » dans son fauteuil mais impotent/incapable de répondre à la horde de congénères qui le somme de déclarer lequel de ses nombreux enfants il préfère... On peut penser à Duras et à *L'Après-midi de M. Andesmas.* La parole appartient à la fille prodigue, celle qui connaît l'indicible secret du père et lui rend son amour mais seulement dans ce dialogue imaginaire, impossible en réalité. C'est bien pourquoi elle n'est plus à ses côtés.

La situation de l'exil est fondamentale chez Fatima Gallaire, mais c'est décidément une séparation plus qu'une coupure et encore moins une castration symbolique. Pour la femme, « l'exil » se vit sur le mode positif, à la différence de « l'exil », néo-mythe quelque peu en retard sur les réalités du monde libre moderne. Qui n'a pas perdu un monde... ne serait-ce que ce « vert paradis des amours enfantines » des écrivains nantis ? Pour Fatima Gallaire, femme heureuse, écrire ou faire des images correspondent à la même démarche : dénonciation et révélation d'un monde aussi bon que tragique.

Bibliographie : *Témoignage contre un homme stérile (L'Avant-Scène Théâtre* 815, 1 oct. 1987). *Princesses* ou *Ah ! Vous êtes venus... là où il y a quelques tombes* (Quatre-Vents, 1988). *Les Co-épouses* (id., 1990). *Textes pour enfants : Le Mandigot* et *Le Chant de la montagne* (Montréal : Hurtubise).

Adèle King et CM

GALLOIS, Claire, romancière.

Une Fille cousue de blanc (Club Français du Livre, 1970). *A mon seul désir* (Livre de Poche, 1972). *Des roses plein les bras* (Livre de Poche, 1973). *Jérémie la nuit* (Buchet-Chastel, 1976). *La Vie n'est pas un roman* (Grasset, 1978). *Le Cœur en quatre* (Grasset, 1981). *Et si on parlait d'amour* (Seuil, 1985). *L'Homme de peine* (Grasset, 1989). *Les Heures dangereuses* (Grasset, 1992). *La nuit dernière, quand j'étais jeune* (Albin Michel, 1995).

GALZY, Jeanne, 1883-1977, romancière.

L'Ensevelie (Calmann-Lévy, 1912). *La Femme chez les garçons* (Fayot, 1919). *L'Image* (Gallimard, 1922). *Les Allongés,* Prix Femina (Rieder, 1923). *La Grand'Rue* (id., 1925). *Le Retour dans la vie* (id., 1926). *Sainte Thérèse d'Avila* (id., 1927). *L'Initiatrice aux mains vides* (id., 1929). *Les Démons de la solitude* (id., 1931). *Jeune Fille en serre chaude* (Gallimard, 1934). *Le Village rêve* (id., 1935). *Les Oiseaux des îles* (id., 1941). *Pays perdu* (id., 1943). *La Cage de fer* (id., 1946). *Le Dieu terrible. Diane de Ganges* (SEPE, 1949). *La Jeunesse déchirée* (Gallimard, 1952). *Le Parfum de l'Œillet* (id., 1956). *Celle qui vient d'ailleurs* (id., 1958). *La Fille* (id., 1961). *La Surprise de vivre* (id., 1969). *George Sand* (Évreux : Le Cercle du Bibliophile, 1970). *Les Sources vives* (Reider, 1971). *Le Rossignol aveugle* (Gallimard, 1976).

GANGE, Françoise, romancière.

Amina (Denoël, 1984). *La Ville plus basse que la mer* (Flammarion, 1988). *Le Goût du rhum blanc* (id., 1991).

GARAT, Anne-Marie, romancière.

L'Homme de Blaye (Flammarion, 1984). *Voie non classée* (id., 1985). *L'Insomniaque* (id., 1987). *Le Monarque égaré* (id., 1989). *Chambre noire* (id., 1990). *Merle* (Seuil, 1996).

GARDINER, Madeleine, écrivaine haïtienne.

Sonate pour Ida [Ida Faubert, poète et conteuse] (Port-au-Prince : Deschamps, 1984). *Néna ou la Joie de vivre* (id., 1989).

GARRETA, Anne F., romancière, nouvelliste.

Sphinx, rm (Grasset/Fasquelle, 1986). *Pour en finir avec le genre humain,* dialogue (François Bourin, 1987). *Ciels liquides,* rm (Grasset/Fasquelle, 1990). Nouvelles dans diverses revues (*Le Serpent à Plumes, La Règle du jeu,* etc.).

GARSENDA, née c. 1170, poète provençale médiévale.

Elle est probablement la fille de Bernard de Forcalquier et certainement femme d'Alphonse II, comte de Provence car elle gouverne la Provence après sa mort. Ici elle encourage un prétendant timide : « Vous qui me paraissez du nombre des sincères amants, ah ! je voudrais que vous ne fussiez si timide ! Je me réjouis que l'amour vous tienne, car moi-même je souffre pareillement à cause de vous. Vous portez la peine de votre timidité, quand vous n'osez vous enhardir à prier une dame et vous faites grand tort et à vous et à moi, car jamais une femme n'ose découvrir tout ce qu'elle désire, par crainte... » Cf. Véran, Jules : *Les Poétesses provençales du moyen âge et de nos jours* (Librairie Aristide Quillet, 1946).

GASPARIN, Catherine Valérie Boissier, comtesse de –, 1813-1894, mémorialiste, romancière suisse.

Valérie Boissier est une représentante de la littérature romande dont la vie et l'œuvre sont marquées par un profond sentiment religieux et une conscience aiguë des réformes sociales nécessaires à l'amélioration d'une société positiviste qui fait déjà défaut à ses obligations morales. Elle publie ses premières œuvres en 1833 sous le pseudonyme d'Antoine Goru. La même année elle inaugure la série des nombreux voyages dont elle relatera le cours par un périple en Italie à la suite duquel elle publie *Voyage d'une ignorante dans le midi de la France et l'Italie,* abandonnant alors son pseudonyme. En 1836 elle perd sa mère, Mme Boissier, dont elle était très proche et qui avait défendu ardemment sa pratique de l'écriture. L'année suivante Valérie épouse le comte Agénor de Gasparin, avec qui elle partagera voyages, lectures, convictions religieuses et un amour que l'écrivaine célèbre tout au long de ses écrits.

L'œuvre est occupée avant tout par la réflexion religieuse, l'élévation spirituelle, la portée morale de l'écriture et la volonté de changer des structures sociales allant à l'encontre des principes religieux de l'auteur. Elle est à la fois œuvre de méditation et œuvre incitant à l'action, soit une critique des mœurs contemporaines dans une société où la vie humaine a peu de valeur. Cette double perspective peut être notée dans le style même qui caractérise la majeure partie des ouvrages de Valérie de Gasparin, mélange d'évocations contemplatives et d'exhortations lyriques. Qu'elle traite de questions sociales (la pauvreté) ou qu'elle se livre à la fiction moralisante, l'écrivaine a toujours pour objectif principal l'étude de la condition des êtres humains dans leurs rapports avec Dieu.

Elle aborde ces questions d'une manière qu'elle-même définit comme « féminine », approche qui illumine en particulier les nombreux récits de voyages formant une partie essentielle et fascinante de son œuvre, celle peut-être où la comtesse de Gasparin est la plus brillante, ne se voyant pas enfermée dans un propos ou un genre précis et laissant libre cours à ses émotions et réflexions. Là, l'écrivaine refuse d'user d'une écriture dite objective et se réclame d'une subjectivité toute féminine. L'esprit, la vivacité, l'humour et la légèreté qui caractérisent tant de récits de voyages au féminin sont certes parmi les qualités importantes de ces ouvrages. Les textes illustrent le besoin d'apprendre et de s'exprimer grâce auquel, selon l'auteur, les femmes s'élèveront (car l'écrivaine ne met pas en cause les limites de ce savoir et de cette expression). Lyrisme, méditation, vivacité, esprit sont les caractères qui dominent des récits se voulant à la fois subjectifs et descriptifs, distrayants et moralisants. Le prosélytisme qui s'en dégage ne l'empêche pas de reconnaître des différences qu'elle ne définit pas en terme d'infériorité, l'objet de sa critique étant la société matérialiste du XIXe siècle.

La comtesse de Gasparin s'attache souvent à l'évocation de sujets touchant à la condition féminine, dans le contexte de ce que prescrit la religion. Ainsi, elle élabore une réflexion sur le mariage et, dans *Le mariage du point de vue chrétien* par exemple, affirme que le devoir de la femme est avant tout de se vouer à ses fonctions domestiques, de protéger le foyer. Elle prône l'humilité et l'obéissance, mais insiste également sur l'importance de l'intelligence et de l'instruction. Outre l'ensemble important que forment les souvenirs de voyages, Valérie de Gasparin a produit de nombreux ouvrages dans des genres allant du traité à la nouvelle en passant par la poésie. *Camille,* l'un de ses rares ouvrages de fiction, est un roman dominé par la question religieuse. L'héroïne y refuse d'épouser un homme qui ne partagerait pas son sentiment religieux mais est subjuguée par la supériorité intellectuelle de cet être qui finira par « ressusciter » à la vraie religion. L'un des ouvrages ayant connu le plus de succès, *Les horizons prochains,* est composé d'une série de nouvelles inspirées elles aussi par la religion et la relation à la nature. Les descriptions bucoliques y abondent, évocations d'une existence simple où l'individu est en rapport étroit avec la nature et Dieu. Cet idéal imprègne la totalité des ouvrages de Valérie de Gasparin, mais alors qu'il eût pu s'exprimer en une langue et des contextes rigides, ici au contraire il donne lieu à des discussions vives dont la portée critique et les multiples perspectives font une œuvre vivante, engageante et engagée, dominée par l'intelligence et la forte présence d'une femme à (re)découvrir.

Bibliographie : *Voyage d'une ignorante dans le midi de la France et l'Italie* (Paulin, 1835). *Le Mariage du point de vue chrétien* (Marc Ducroix, 1843). *Allons faire fortune à Paris* (1846). *Il y a des pauvres à Paris et ailleurs* (1846). *Livre pour les femmes mariées* (1846). *Journal d'un voyage au Levant* (Marc Ducloux, 1848). *Quelques défauts des chrétiens d'aujourd'hui* (1853). *Des corporations monastiques au sein du protestantisme* (1854-55). *Les Horizons prochains* (Michel Lévy frères, 1857). *Les Horizons célestes* (id.,1859). *Vesper* (id., 1861). *Les Tristesses humaines* (s. l., s. éd. ,1863). *Premier voyage* (1985). *Les Prouesses de la bande du Jura* (1865). *La Bande du Jura* (1865-66). *Camille* (Michel Lévy, 1986). *Chez les Allemands* (1866). *Au bord de la mer ; rêveries d'un voyageur* (Michel Lévy, 1866). *A Constantinople* (id., 1867). *A travers les Espagnes* (id., 1869). *Le Fait accompli le 28 juillet 1870* (1870). *La Chanson des vautours* (Genève : s. éd., 1870). *Quelques pensées* (1872). *Lisez et jugez* (Genève : 1883). *Jésus, quelques scènes de sa vie terrestre* (1885). *Andalousie et Portugal* (Calmann-Lévy, 1886). *Dans les prés et sous les bois* (1888). *Edelweiss ;* poésies (1890). *El sonador,* poèmes (1893). *Sur les montagnes. Au pays du soleil* (Calmann-Lévy, 1890). *La femme et le mariage* (Fischbacher, 1896).

Bénédicte Monicat

GAUDIN DE LAGRANGE, Anne-Mary de –, 1902-1943, poète réunionnaise.

Reflets d'âme (Hong-Kong : Millington, Ltd., 1939). *Poèmes pour l'Ile Bourbon* (Tananarive : Imp. de l'Emyrne, 1949). V. H. Foucque, *Pages réunionnaises* (St-Denis : Cazal, 1962).

GAUTHIER, Xavière, n. 1942, critique, écrivaine féministe.

Née en Normandie dans le milieu ouvrier, Xavière Gauthier a fait des études supérieures de lettres, philosophie et esthétique. De 1962 à 1968 elle écrit les textes réunis dans *Rose Saignée* et soutient en 1969 une thèse de doctorat qui constitue un des tous premiers ouvrages de critique gynocentrique moderne de langue française : *Surréalisme et Sexualité*. Parmi les écrivains marquants pour elle, Rimbaud, Artaud, Violette Leduc sont à noter ainsi, bien sûr, que Marguerite Duras avec laquelle elle a réalisé cinq entretiens publiés sous le titre *Les Parleuses*. Xavière Gauthier a enseigné les arts plastiques à l'Université de Paris I et elle a fondé en 1976 la revue *Sorcières* avec un collectif. Plus récemment, elle a travaillé contre la sexologie traditionnelle.

Un des premiers livres publiés par les éditions Des Femmes, *Rose Saignée* réunit les textes suivants : « L'indélicatesse du sperme » (1964), « L'attente des crapauds nomades » (1962-63), « Au sexe un tremblement rebelle » (1965), « Parade des périlleux » (1966) et « Chiffe, comme Çiva » (1967-68). Bien avant, donc, que la théorie féministe de l'écriture ne s'ébauche, Xavière Gauthier inscrit une affirmation violente du désordre, du désir féminin et de la schizoïdie (clivages, dispersions) du sujet poétique. Ce sont des textes « d'avant 68 », douloureux et hermétiques, avant que ne se découvrent la solidarité et le rire des « Sorcières ». A vingt ans, cette femme écrit pour ne pas mourir.

De ces textes d'angoisse, violents et morbides, ponctués d'anagrammes, de contrepèteries, d'éclats de rire cyniques et de colère, les éditions Des Femmes ont fait un objet vivant, troublant, superbe. Notoire bien sûr est la coulée menstruelle calligraphiée en rouge : page après page ses méandres traversent le texte originel imprimé en noir. Avec ce discours « noir » Xavière se met du côté des révoltes (Lautréamont, Rimbaud, Artaud, Breton) car, dit-elle, « la véritable poésie s'en prend au père, elle le tue, constamment » (*Surréalisme et Sexualité*).

Parmi les codes majeurs du discours « noir » il y a la présence menaçante de la Loi (religieuse entre autres), le politique (racisme, socialisme totalitaire, le métro), la pulsion de mort. Il y a aussi la puissance d'explosion (motifs du feu, du volcan, de la sorcière) et la désorientation (Paris, Istanbul, Belgrade, lieux mythiques). La transgression littérale majeure étant le texte rouge, ces divers codes sont mis en rapport avec une iconographie complexe où dominent trois éléments : l'Amazone en noir et un visage de femme qui est reproduit deux fois (Mer/mère morte : mère noire et mère rouge) et associé au corps de la terre-mère, aussi nommé Istanbul dans le texte. Ce thème plastique annonce la conscience douloureuse du saccage de la terre par l'homme qui préoccupe Xavière Gauthier. Le troisième élément capital de l'iconographie de *Rose Saignée* est la magnifique couverture : sur fond rouge et jaune d'incendie/sang, l'Amazone noire et triomphale s'éloigne au grand galop ; elle a sans doute mis le feu aux deux refuges représentés : château fort et temple oriental (maisons du Père). C'est un chef-d'œuvre d'édition expérimentale.

Avec *Surréalisme et Sexualité,* Xavière Gauthier analyse le statut d'Éros dans l'art/l'écriture surréalistes axés sur la notion d'Éros comme force subversive, la quête de la femme en vue de la reconstitution de l'androgyne primordial et la Femme/objet/porte de la connaissance. Elle dresse donc l'inventaire des images de la femme chez les surréalistes. Femme-Janus, mythifiée et non réelle : bonne femme (femme-fleur, femme-enfant, femme-fruit, femme-terre, femme-astre) et femme-instrument-du-diable (mante religieuse, prostituée, femme fatale, voyante, sorcière-fée). Conclusion : « La femme surréaliste est une forgerie de mâles ». Elle rend cependant justice aux bonnes intentions de Breton : « La force du surréalisme c'est d'avoir inscrit dans ses prémisses que l'art, comme la révolution, est une violence, un rapt, et une métamorphose douloureuse du corps. » Breton, dit-elle, avait cette prémonition du matriarcat qui lui fait déclarer dans *Arcane 17* : « Le temps serait venu de faire valoir les idées de la femme aux dépens de celles de l'homme dont la faillite se consomme assez tumultueusement aujourd'hui. » Pour elle, il apparaît que le surréalisme ressortit aussi à cette même faillite.

D'où la nécessité vitale d'affirmer la différence de la « femellitude », de l'écriture féminine et de la solidarité des « sorcières ». La féminité moderne passe nécessairement pas l'oscillation entre pouvoir et refus du pouvoir, parole et écriture, cri et discours. Pendant plusieurs années, la revue *Sorcières* a inscrit dans la production culturelle (« la vie littéraire ») cette nouvelle féminité à la recherche d'elle-même à travers la créativité plastique et picturale, l'écriture et les « paroles de femmes » vives.

Bibliographie : *Surréalisme et Sexualité* (Gallimard, 1971). *Léonor Fini,* essai (Goldschmidt, 1973). *Rose saignée* (Des Femmes, 1974). *Les Parleuses,* avec Marguerite Duras (Minuit, 1974). *Dire nos sexualités,* essai (Galilée, 1976). Articles et textes dans *Sorcières* n°s 1, 7, 8, etc. Dossier « Luttes de femmes » in *Tel Quel* 58, été 1974. Entretien avec Julia Kristeva, *Sorcières* 1, janvier 1976. *Le Lit clos et autres récits d'amour,* nouvelles (Belfond, 1988). *L'Étrange Métamorphose d'Anaïs* (Slatkine, 1981). *La Haye, ma terre violentée* (Mercure de France, 1981). *L'Insoumise* (Manya, 1991).

Sélection critique : *Quinzaine Littéraire* 246. Notes dans *Cahiers du GRIF, Sorcières, BREFF.*

CM

GAUTIER, Louise Charlotte Ernestine, dite « Judith », 1846-1917, romancière orientaliste.

Le Livre de jade (A. Lemerre, 1867). *Le Dragon impérial* (A. Lemerre, 1869). *L'Ursupateur* (Lacroix, 1875 ; = *La Sœur du soleil* [Dentu, 1887]). *Lucienne* (C. Lévy, 1877). *Les Cruautés de l'amour* (E. Dentu, 1879). *Le Jeu de l'amour et de la mort* (Impr. du « Rappel », 1879). *Les Peuples étranges* (Charpentier, 1879). *Isoline* (Charavay, 1882). *La Femme de Putiphar* (C. Marpon & E. Flammarion, 1884). *La Conquête du paradis* (L. Frinzine, 1887). *La Marchande de sourires,* pièce japonaise (Charpentier, 1888). *Les Noces de Fingal,* poème (Firmin-Didot, 1888). *Fleurs d'Orient* (A. Colin, 1893). *Le Vieux de la montagne* (id., 1893). *Le Dragon impérial* (id., 1893). *Iskender, histoire persane* (id., 1894). *Mémoires d'un éléphant blanc* (id., 1894). *Khou-N-Atonou, Fragments d'un papyrus* (id., 1898). *Les Princesses d'amour* [courtisanes japonaises] (Ollendorf, 1900). *La Musique chinoise à l'Exposition de 1900* (Enoch, 1900). *La Musique indo-chinoise à l'exposition de 1900* (id., 1900). *Musique égyptienne* (id., 1900). *Le Collier des jours, souvenirs de ma vie* (F. Juven, 1904). *Le Paravent de soie et d'or* (Fasquelle, 1904). *En Chine* (merveilleuse histoire) (Vincennes : Les Arts graphiques, 1911). *Poésies* (Fasquelle, 1911). *Dupleix* (Vincennes : Les Arts graphiques, 1912). *Auprès de Richard Wagner : Souvenirs, 1861-1882* (Mercure de France, 1943). *Le Livre de la foi nouvelle* (sl/ sd). Avec Pierre Loti : *La Fille du ciel,* drame chinois (C. Lévy, 1912). *Le Japon* (Vincennes : Les Arts graphiques, 1912). *L'Inde éblouie* (A. Colin, 1913). Cf. DFELF, DLLF, FWW.

GAUVIN, Lise, écrivaine québécoise.

Écrivain cherche lecteur ; l'écrivain francophone et ses publics [Colloque de Royaumont], dir. Lise Gauvin et Jean-Marie Klinkenberg (Créaphis, 1991).

GAY, Sophie, 1776-1852, écrivaine mondaine, cf. GIRARDIN.

GEBEYLI, Claire, poète, journaliste franco-libanaise.

Poésies Latentes (Beyrouth, 1968). *Mémorial d'exil* (Saint-Germain-des-Prés,1975). *La Mise à jour* (Agence de coopération culturelle et technique, 1982). Prix Edgar Poe 1985. Cf. DLLF, « Liban » et *Al-Raïda,* 1er fév. 1984 & 1er nov. 1983.

GEILLE, Annick, romancière, essayiste.

Le Nouvel Homme, essai (J.-C. Lattès, 1978). *Portrait d'un amour coupable* (Grasset, 1981). *Une Femme amoureuse* (Grasset, 1984). *La Voyageuse du soir* (Gallimard, 1986). *Les Roses électriques* (Flammarion, 1990).

GELLY, Jacqueline Darmont, romancière, essayiste.

Moi, Claire, La Condition féminine au concret (Stock, 1977). *Le Damier* (Messidor, 1986). *La Nova* (id., 1989). *Villejuif : Avec toute mon affection* (id., 1989). *Gardanne : une semaine, un siècle* (id., 1990).

GENLIS, Mme de –, 1746-1830, femme de lettres, éducatrice.

Caroline-Stéphanie Ducrest, comtesse de Genlis, fut élevée en Bourgogne avec une négligence et une frivolité extraordinaires d'où, sans doute et par contrecoup, son inlassable goût de la pédagogie. Seule la musique a été son étude. A seize ans, elle est demandée en mariage par le comte de Genlis. Autodidacte avec frénésie, spirituelle et élégante, elle sera l'un des pivots de la société parisienne et parviendra à l'honneur suprême d'être la première femme nommée « gouverneur » des enfants d'un Grand de la cour : le duc de Chartres, père du futur Louis-Philippe. La Révolution la contraint à fuir, d'abord en Angleterre puis en Allemagne où elle vit de sa plume. De retour en France en 1800, elle continue à écrire tout en accueillant des figures du monde politique et littéraire dans son salon.

« Écriveuse », disait d'elle Sainte-Beuve, plutôt qu'écrivain. L'abondance des œuvres de Mme de Genlis – son œuvre remplit plus de 5 colonnes de la *Bibliographie de la Littérature Française du XVIIIe siècle* (CNRS, 1969) – sinon leur qualité la met au premier rang dans un siècle riche en écrits féminins. Sa vogue fut si grande que l'Europe a vu très rapidement fleurir les traductions et que Jane Austen était, dit-on, lectrice avide de ses *Veillées du Château.* Qu'il s'agisse de contes, de nouvelles, de romans, de théâtre, à plus forte raison de traités, le projet essentiel de Mme de Genlis a été d'instruire. A vingt ans, enceinte de son premier enfant, n'écrit-elle pas ses *Réflexions d'une mère de vingt ans,* dont le manuscrit est perdu ? Ses *Veillées* portent en sous-titre : *Cours de morale à l'usage des enfants ;* quant au *Théâtre à l'usage des jeunes personnes,* dont le tome II porte en faux-titre *Théâtre d'éducation,* il a été écrit pour être joué par les enfants de l'auteur, les tomes suivants par ses élèves et le dernier s'adresse aux enfants des boutiquiers et des artisans. N'oublions pas toutefois que le goût de l'éducation était très répandu au siècle des Lumières.

Les idées de Mme de Genlis sur ce sujet lui inspirent en 1782 *Adèle et Théodore ou Lettres sur l'éducation.* Tout en s'inscrivant en faux contre le postulat rousseauiste que la nature est fondamentalement bonne et la société corruptrice, la pédagogie que prônent ces lettres a plus d'une ressemblance avec celle de l'auteur d'*Émile.* Mettant l'accent sur l'importance des expériences de la petite enfance, Mme de Genlis favorise la découverte du monde par l'intermédiaire des sens. Aussi insiste-t-elle sur l'observation : on organise des visites en pleine nature et dans diverses manufactures, on emmène les enfants pour de véritables études du milieu. On leur donne également la possibilité de « faire » par eux-mêmes. Les enfants de Mme d'Almane jardinent avec le jardinier, cousent des vêtements ou réparent les objets brisés (en tant que gouverneur des enfants du duc de Chartres, Mme de Genlis avait fait construire un petit laboratoire rempli de jouets éducatifs qui ont été exposés à Paris en 1963). Par ailleurs, l'éducateur doit respecter les aptitudes intellectuelles de son élève. Il ne lui fera lire les grands classiques qu'à l'âge où il sera à même de les comprendre et de les apprécier. On commencera par des ouvrages de moindre qualité mais plus immédiatement accessibles. Et l'on tâchera de développer, par la lecture, l'esprit critique et le raisonnement. Les langues vivantes apprises avec des « natifs » auront priorité sur le latin ou le grec ; et l'on aura garde de développer le corps en même temps que l'esprit. Les longues marches, les repas frugaux, la toilette à l'eau froide et le vêtement spartiate formeront le corps à l'endurance. Fort bien, dira-t-on. Mais le programme est réglé avec une si totale absence de fantaisie et de spontanéité, avec un tel sérieux que l'on se demande où passera la vie. Songeons que même les murs du château des d'Almane ont été peints pour dispenser des leçons d'histoire et de mythologie. Et sur tout cela veille la Mère accomplie dans tous les arts, infatigable et moralisatrice.

Mme de Genlis qui, à ses heures, soutiendra des idées libérales, est en réalité foncièrement attachée à l'ordre traditionnel : chacun doit tenir la place que sa naissance lui a assignée et les enfants de modistes ou de lingères seront élevés avec le juste sentiment de leur rôle subalterne. De même les filles ne prétendront à d'autres fonctions que celle de gardienne du foyer. Reconnaissons cependant à l'auteur de les vouloir compétentes et éclairées et de recommander pour elles des notions de législation et d'économie.

L'œuvre romanesque a beaucoup vieilli. « J'ose croire que mes romans sont des traités de morale », écrit-elle dans la préface des *Mères rivales.* Ce souci, en effet, brise l'inspiration et le sentiment. Le manichéisme de son univers (où la vertu est toujours récompensée et le repentir purificateur) n'emporte plus l'adhésion. Cependant la belle et exemplaire histoire d'amour de *Mademoiselle de Clermont* se lit encore avec plaisir.

Mme de Genlis s'attache à y peindre un sentiment auquel le XVIIIe siècle finissant croyait de plus en plus : un amour durable qui ne soit pas passion mais « amitié exaltée ».

Par ailleurs, monté par une femme de talent (Caroline Huppert a mis en scène *L'Enfant gâté* à l'Essaïon de Paris en 1976), son théâtre « dépoussiéré » n'est pas sans charme. La psychologie est naïve et le projet éducatif trop apparent mais la peinture sociale transparaît qui peut être lue comme une satire. C'est sans doute en ce sens que l'œuvre de Mme de Genlis mérite d'être revue : comme le témoignage d'une femme curieuse d'esprit, énergique et combative d'une époque dont elle a épousé les valeurs sans s'interdire de les juger.

Bibliographie : Contes et nouvelles : *Les Veillées du château, ou Cours de morale à l'usage des enfants* (M. Lambert et F.-J. Baudoin, 1782, 4 vol.). *Nouveaux contes moraux et nouvelles historiques* (Paris, 1802, 3 vol.). *Les Veillées de la chaumière* (Lecointe et Durey, 1823). *Les Jeux champêtres des enfants et de l'île des monstres* (A. Marc, s. d.). *Mlle de Clermont* (Werdet et Lequien fils, 1827). *Zuma, ou la découverte du quinquina* (Maradan, 1817). Romans : *Adèle et Théodore, ou Lettres sur l'éducation* (M. Lambert et F.-J. Baudoin, 1782). *Jeanne de France*, nouvelle historique (Maradan, 1816). *Mme de Maintenon* (id., 1806). *Les Mères rivales ou la Calomnie* (Dupont, an IX). *Le Siège de la Rochelle, ou le Malheur et la conscience* (H. Nicolle, 1808). Théâtre : *Théâtre à l'usage des jeunes personnes* (Panckoucke, 1779-1780, 4 vol.). Traités : *Discours sur la suppression des couvents de religieuses et sur l'éducation publique des femmes* (Onfroy, 1790). *De l'influence des femmes sur la littérature française* (Maradan, 1811). *Projet d'une école rurale pour l'éducation des filles* (id., 1801). *La Religion considérée comme l'unique base du bonheur et de la véritable philosophie* (Imprimerie Polytype, 1787).

Sélection critique : Dreyfuss, V. et S. Roche : « Mme de Genlis » (*Écriture* 23 [Lausanne]). Laborde, Alice, M. : *L'Œuvre de Mme de Genlis* (Nizet, 1966). Nikliborc, Anna : *L'Œuvre de Mme de Genlis* (Wroclaw : Acta Universitatis Wratislaviensis, 1969). Sainte-Beuve : *Causeries du Lundi* (Garnier Frères, 1852, Tome III). Broglie, Gabriel de – : *Madame de Genlis* (Librairie Académique Perrin, 1985). Cf. FWW.

MH

GENNARI, Geneviève, n. 1920, romancière.

Née dans une famille de quatre enfants, Geneviève Gennari est parisienne. Ses parents sont tous deux musiciens : sa mère puritaine et réservée, son père, industriel, agnostique et très intellectuel ; il a une personnalité dominatrice. La jeune fille reçoit une éducation catholique et présente un doctorat de lettres à la Sorbonne en 1946. Elle commence à publier des romans après la mort de sa mère. En 1953, son père s'étant remarié, elle s'installe dans son propre appartement, travaille comme journaliste et voyage énormément. En 1968, elle épouse le veuf de la romancière Marie Le Hardouin et continue ses activités littéraires, fiction et journalisme. Publiant surtout dans la presse féminine, elle a envisagé sérieusement un « adieu aux Lettres ». Plusieurs de ses romans ont été réédités et traduits en anglais.

En dépit d'une œuvre considérable (plus de vingt titres) Geneviève Gennari jouit d'une solide réputation plutôt que de véritable célébrité. C'est qu'elle s'est choisie, avec une lucidité tenace, peintre des destinées et des conflits féminins « bourgeois », selon son titre le plus célèbre. Ceci la place en marge, mais non à rebours, du nouveau féminisme. Romancière au talent multiple, elle s'est lentement dégagée (comme Simone de Beauvoir) du roman existentialiste chargé de démonstrations pour en venir à l'inscription du discours intérieur féminin. Sa veine la plus originale, le réalisme fantastique, a donné deux textes très remarquables qui restent méconnus : *Nouvelles du temps et de l'espace* et *La Fugue irlandaise*. De ce mode, elle dit qu'il ne s'agit pas de science-fiction mais de la perception, très spontanée pour elle, d'un futur possible (Cf. *Ce monde où je vis*).

Comme la plupart des romanciers modernes jusqu'autour de 1960, Geneviève Gennari explore sa perception du temps et en fait une source majeure d'inspiration : temps historique patiemment reconstruit (*L'Étoile Napoléon*), rêve de remonter le temps, qui fait le sujet – couplé à la névrose moderne – de la belle histoire de *La Fugue irlandaise* (retour d'un homme d'affaires américain à ses sources et au Moyen-Age). Le passé peut aussi être cultivé de façon morbide : culte d'un fiancé défunt dans *Le Plus Triste Plaisir* (il s'agit des voyages, d'après une formule de Germaine de Staël). L'interrogation du passé prend encore la forme de la mission archéologique dans *Le Rideau de sable* où est abordée la double question de l'aliénation culturelle et du couple interracial.

La dimension future du temps est lestée d'une angoisse poignante dans « Le Dernier Pape » des *Nouvelle du temps et de l'espace* : c'est un Africain qui est l'espoir ultime pour une mère dont l'enfant va mourir de dépression incurable, dans une société totalitaire et surrationnelle où même le cancer a été résolu. Reste cette étrange maladie qui saisit subitement les gens : l'absence de désir. Les œuvres récentes sont essentiellement des méditations sur la régression spirituelle de l'Occident sous l'effet de la vie moderne. Le poids de l'idéologie bourgeoise, que les personnages féminins ne rejettent pas, est très lourd à porter.

Le roman le plus connu est le *Journal d'une bourgeoise* : Sylvestre fait brutalement la découverte de sa liberté, à la mort de son mari. Comme dans le court essai « De la civilisation bourgeoise » (*Ce monde où je vis*) où quelques réserves sont émises, le *Journal* montre avec force et conviction le profond désarroi de la veuve « sans support », de la femme sans homme, dans une société où elle n'a pas sa place. Amour, mariage et sexualité sont réévalués mais finalement leur séquence n'est pas en cause. Les personnages de Geneviève Gennari sont crucifiés par l'alternative mariage ou carrière et indépendance. Le choix de Sylvestre, liberté et indépendance économique, tient du suicide plus que du triomphe.

Par la suite, *Un Mois d'août à Paris* ne diverge pas de cette vision de la féminité comme ne pouvant guère s'accomplir que dans le mariage et la maternité. Ce texte peut être vu comme un long *mea culpa* qui n'est pas sans analogie avec *La Chute* de Camus. Françoise « coupable, jugée d'avance et condamnée » n'a pas l'énergie de briser quoi que ce soit. A l'inverse de Clamence, elle se prolonge telle quelle, enseignant à sa fille l'usage des pilules anti-dépressives. Car la fugue semble toujours vouée à l'échec dans les romans de Geneviève Gennari : le désir de stabilité, l'attachement aux traditions familiales, aux lieux familiers (*Les Nostalgiques*) sont plus forts que l'idéal de justice sociale ou d'autonomie. Toutes les solutions possibles dans le bovarysme qui conditionne les héroïnes de Geneviève Gennari ont été envisagées, fort systématiquement (dans *Les Cousines Müller* en particulier). La seule solution qui n'est pas envisagée est celle-là même que l'idéologie bourgeoise caricature et culpabilise : la solidarité féminine.

Dans *Le Dossier de la femme,* modèle de recherche et mine de documentation sur le féminisme de1890 à 1964, Geneviève Gennari prenait clairement position pour le « féminin » et contre le féminisme qu'on pouvait considérer comme « mort » en 1964 sans manquer d'esprit d'observation. Sa position n'ayant pas changé sur la question de la femme (essentiellement différente de l'homme et ne connaissant pas l'épanouissement sans la maternité), il reste que le dernier bilan de la condition féminine (bourgeoise) tel qu'*Un Mois d'août à Paris* le pose est négatif. Françoise n'est pas dupe, en effet, de ce que le souvenir des joies passées (confort, enfants, voyages) est en réalité un bien piètre remède à l'angoisse existentielle de la femme bourgeoise vieillissante, privée de l'homme qui la faisait vivre. Cette remarquable constance dans la représentation de l'échec féminin, de l'impuissance féminine, n'est évidemment pas délectable. Il reste que la femme est « flouée », et la bourgeoisie en procès implicite, dans les textes de Geneviève Gennari. Contrairement à Simone de Beauvoir, sa quasi-contemporaine, la romancière semble hantée par la question de la maternité.

Bibliographie : *Le Premier voyage de Mme de Staël en Italie et la genèse de Corinne* (Didier, 1947). *Les Cousines Müller* (Horay-Flore, 1949). *La Fontaine scellée* (id., 1950). *J'éveillerai l'aurore* (id., 1952). *L'Étoile Napoléon* (id., 1954). *Le Plus Triste Plaisir* (La Palatine, 1956). *Le Rideau de sable* (Horay, 1957). *Simone de Beauvoir,* essai (Éditions

Universitaires, 1959). *Journal d'une bourgeoise* (Grasset, 1959). *J'avais vingt ans. Journal 1940-1945* (id., 1961). *Les Nostalgiques* (id., 1963). *Nouvelles du temps et de l'espace* (Librairie Académique Perrin, 1964). *Le Dossier de la femme (1889-1964)* (id., 1965). *Ce monde où je vis* (Grasset, 1972). *La Fugue irlandaise* (Julliard, 1973). *Un Mois d'août à Paris* (Tchou, 1977). *La Robe rouge* (id., 1978). *La Neuvième Vague* (Julliard, 1980). *Dieu et son ombre* (Perrin, 1981). *Les Portes du palais* (Julliard, 1983). *La Femme précaire* (id., 1986). *Le Manuscrit* (Monaco : Éd. du Rocher, 1989).

Sélection critique : Pauwels, Louis : Préface aux *Nouvelles du temps et de l'espace*. Robinson, Jean Hardy : *Geneviève Gennari* (Boston : Twayne, 1984). *Europe* 419-420 (mars-avril 1964). *Le Monde,* 5 août 1977 & 23 mai 1980.

CM

GEOFFRIN, Marie-Thérèse Rodet, 1699-1777, salonnière, épistolière.

Correspondance inédite du roi Stanislas-Auguste Poniatowski et Mme – (1764-1777), précédée d'une étude sur Stanislas-Auguste Poniatowski et Mme Geoffrin et accompagnée de notes par M. Charles de Mouÿ (Plon : 1875). *Lettres,* éd. Abbé André Morellet ; *Éloges* de Mme Geoffrin (1812). Cf. DLFF.

GÉRARD, Rosemonde. 1871-1953, poète.

Les Pipeaux (Bibl. Charpentier, 1923). *Les Masques de l'amour,* théâtre (Fasquelle, 1934). *Rien que des chansons* (id., 1939). Collaboratrice d'Edmond Rostand ; nombreuses préfaces en vers.

GERMAIN, Sylvie, n. 1954, romancière.

Née à Châteauroux qu'elle a quitté très jeune, Sylvie Germain a d'abord voulu faire des études aux Beaux-Arts. Elle s'est dirigée vers la philosophie et elle a obtenu un doctorat avec une thèse sur le visage humain. Ayant commencé par écrire des contes pour enfants, qu'elle a illustrés, et des nouvelles, elle a ensuite abordé la création romanesque. Attachée au ministère de la Culture en 1986, elle a enseigné la philosophie à l'École française de Prague.

Le premier roman de Sylvie Germain, *Le Livre des nuits,* a reçu en 1985 un accueil enthousiaste de la critique et six prix littéraires (Lion's Club International, Livre Insolite, Passion, Ville du Mans, Hermès et prix

Grevisse). C'est dire l'extraordinaire gamme sur laquelle joue cette « épopée de la démesure » qui conte « les mésaventures d'une famille magicienne » bibliquement nommée Péniel, nom de l'endroit où Jacob avait vu Dieu face à face et avait eu la vie sauve. Victor-Flandrin, dit Nuit-d'Or-Gueule-de-Loup, s'étant établi aux confins d'un territoire hanté par la guerre, « engendrera une nombreuse descendance, marquée par la gemellité et la violence de la passion. » « Féerie tragique », où mysticisme et sorcellerie se combinent, ce récit poétique et fantastique, écrit avec une maîtrise de la langue où passent les échos du parler du terroir ardennais, était tout désigné pour être choisi par le jury du prix Grevisse.

Nuit d'Ambre, qui fait suite au Livre des nuits, narre les aventures de Charles-Victor, dit Nuit-d'Ambre. Resté seul après la disparition de ses parents et habité par la colère et la haine, Nuit-d'Ambre devra traverser le mal, « errer sur sa propre terre » avant de rejoindre lui-même la nuit du grand silence, terrassé par l'Ange de Jacob. Un souffle mystique entraîne le récit dans des aventures fantastiques. Nous retrouvons dans Jours de colère (Prix Fémina 1989), qui se déroule dans les forêts du Morvan que la romancière a bien connues, parmi les bûcherons et les flotteurs de bois, l'univers fabuleux et tragique de Sylvie Germain : passions, folie et crime tissent d'étranges péripéties contées avec un luxe d'images poétiques et une richesse sensuelle qui font peut-être de ce roman le plus envoûtant de ses textes.

La même année paraît un récit plus court et moins foisonnant, Opéra muet, découpé en quatre séquences, comme il convient à un texte consacré d'abord à un photographe, Gabriel, qui « avait le goût de voir » ne cherchant pas les images mais se contentant de « ramasser celles qui s'offraient à sa vue ». Voyeur modeste et décent, Gabriel n'appartient plus à la lignée des Péniel, mais à ceux « que le destin a miniaturisés », dans un paysage non plus d'eau et de forêts sombres mais de solitudes urbaines. Le jour où une immense fresque, qui ornait de la tête du Docteur Pierre la façade d'en face, tombe sous les bulldozers des promoteurs, son univers se défait, son paysage intérieur se décompose et, comme nombre de personnages de Sylvie Germain, Gabriel finira par abandonner le monde des images pour être réabsorbé « au-delà des limites du jour et de la nuit » dans la lumière pure.

L'Enfant-Méduse renoue avec l'imagination fastueuse et ses personnages ont des parentés de nom et de cœur avec les héros tragiques des trois premiers romans. Encore une fois, ils doivent traverser le paroxysme de leurs colères, leurs haines, leurs désirs meurtriers, la contagion du mal afin de réapprendre à sentir, à « contempler le monde pour en recevoir la douceur enfouie ». Ici encore le corps est hypertrophié, partout présent. Le regard surtout, qui « méduse », fige l'autre et l'écrase de visions.

Les personnages féminins, souvent blessés par l'existence ou différemment, sont généralement doués d'une force de résistance passive et passionnée, d'une sorte d'évidence de l'Etre – et de l'Etre de leur corps – qui leur confère un rayonnement tout particulier.

En moins de dix années, l'écriture de Sylvie Germain l'a placée aux premiers rangs d'une littérature romanesque contemporaine (la post-moderne ?) qui renoue avec la tradition baroque. L'Histoire récente – celle des guerres en particulier – pèse lourd sur les destins humains mais sa rencontre avec la fable et le mythe en fait éclater les limites réalistes. L'imagination se coule dans le langage avec une évidente jouissance. Une inventivité de conteuse et de peintre fait de ces textes des fables poétiques dans lesquelles un symbolisme que l'on devine personnel rejoint très naturellement des formes archétypales.

Bibliographie : *Le Livre des nuits* (Gallimard, 1985). *Nuit d'ambre* (id., 1987). *Jours de colère* (id., 1989). *Opéra muet* (Sell M., 1989). *L'Enfant-Méduse* (Gallimard, 1991). *La Pleurante des rues de Prague* (id., 1992). *Immensités* (1994). *Éclats de sel* (id., 1996).

Sélection critique : *Magazine Littéraire*, oct. 1988. *Le Monde*, 15 sept. 1989. *La Quinzaine Littéraire*, 16-31 mai 1991.

MH

GESLIN, Colette, poète, romancière.

Vanas ou la loi des ancêtres [Maoris-Tahiti xixᵉ siècle] (Buchet/Chastel, 1984). *Les Étoiles écarlates,* poèmes (Le Méridien, 1991). *Les Feux de Beltaine* (Buchet-Chastel, 1992).

GEVERS, Marie, 1883-1975, poète, romancière belge.

Née à Edegem, près d'Anvers, dans la maison familiale de Missembourg qui sert de cadre à plusieurs de ses textes autobiographiques, Marie Gevers passe une enfance « demi-sauvage » entre les lectures (elle apprend à lire dans *Les Aventures de Télémaque*) et les escapades folles dans un domaine de sept hectares. En 1907, elle publie ses premiers poèmes dans la revue *Durendal* (Bruxelles). L'année suivante, elle épouse Frans Willems et le couple s'installe à Missembourg. Ils auront trois enfants : Jean (1909), Paul (1912) et Antoinette (1920). Jusqu'en 1930, Gevers publie des recueils de poèmes puis, en 1931, paraît son premier roman, *La Comtesse des digues*. Le second, *Madame Orpha* (1933) lui vaut le Prix Populiste. Elle se consacre désormais à la prose et sera élue à l'Académie royale de langue et de littérature françaises de Belgique en 1937. La Dame de Missembourg mourra à l'âge de 92 ans.

273

D'une écriture que l'on peut qualifier de « féminine » car elle présente certaines qualités de fluidité, d'ouverture, de continuité et d'absence de maîtrise, Marie Gevers dégage le sublime du quotidien et valorise les « tâches » féminines souvent considérées futiles. Ses personnages trouvent assez régulièrement la force et la sérénité dans le mariage et l'enfantement (*La Ligne de vie*, 1937 et *Paix sur les champs*, 1941). Leur corps sain fusionne avec le flux végétal et communique avec les éléments naturels, en particulier l'eau. Elles sont astucieuses, quelque peu « sorcières » et en général supérieures moralement et physiquement à leurs conjoints. Les hommes dans les textes de Gevers font souvent pâle figure.

L'eau, substance vitale et élément féminin par excellence, est présente dans la plupart des textes de Gevers. Dans son premier roman, *La Comtesse des digues* (1931), elle lui attribue le rôle d'un personnage. La protagoniste Suzanne vit en symbiose avec l'Escaut, fleuve qui rejoint la mer du Nord. Elle est sa « petite fiancée » et s'offre allégoriquement à lui. L'Escaut joue le rôle de mère génitrice et adoptive. Dans *Vie et Mort d'un étang* (1961), l'eau stagnante et tranquille est l'extension maternelle du domaine de Missembourg. L'étang encercle la maison familiale et symbolise la chaleur et la vie de toute une génération de Gevers. Marie célèbre aussi l'eau sous sa forme la plus banale, la pluie, car il pleut beaucoup en Belgique, particulièrement dans la région presque côtière d'où vient l'écrivaine. Les phénomènes atmosphériques – gel, dégel, étoiles, météores – tiennent parfois une place prépondérante. Écriture marquée par l'harmonie des saisons dont les violences et les caresses représentent le plaisir de la vie (*Plaisir des météores*).

La sorcellerie et la superstition ont profondément influencé la vie des paysans flamands au début du siècle. Avec *Guldentop* [Tête d'Or] (1935), Gevers exploitera la matière de ses souvenirs d'enfance pour mettre en valeur la part du surnaturel dans la formation de tout être humain. *Guldentop* est un personnage à la fois réel (brigand de son métier, arrêté « le 7 Messidor An VI » et guillotiné au début du xixᵉ siècle) et mythique (il peut être affilié à la mythologie nordique). Chacun l'interprète à sa manière et il est le sujet de conversations animées au coin du feu. La crédulité des paysans est une cible facile pour Guldentop, fantôme à la fois charmant, sympathique et malicieux.

On a nommé Marie Gevers la « Colette du Nord », et pour cause. Visionnaires, voyeuses, toutes deux ont regardé, écouté, observé, admiré et aimé avec chaque fibre de leur corps. L'étang est à Marie ce que les sources sont à Colette. Les textes de Gevers sont livrés au lecteur sans réticence et avec un amour presque maternel, source inépuisable de dialogues, toujours commencés, jamais achevés.

Bibliographie : *Missembourg,* poésie (Anvers : Buschmann, 1917). *Ceux qui reviennent* (Bruxelles : La Renaissance d'Occident, 1922). *Les*

Arbres et le Vent, poésie (Bruxelles : Robert Sand, 1923). *Antoinette,* poésie (Anvers : Buschmann, 1925). *Brabançonnes à travers les arbres,* poésie (Anvers : Lumière, 1931). *La Comtesse des digues,* rm (Illustration, 1931). *Madame Orpha ou la Sérénade de mai,* rm (La Petite Illustration, 1933). *Guldentop,* récit (Bruxelles-Paris : Durendal-Lethielleux, 1935). *Le Voyage de Frère Jean,* récit (Plon, 1935). *La Grande Marée,* nouvelle (Liège : Desoer, 1936). *La Ligne de vie,* rm (Plon, 1937). *Plaisir des météores ou Le Livre des douze mois,* essai (Stock, 1938). *Paix sur les champs,* rm (Plon, 1941). *Le Voyage sur l'Escaut,* essai romancé (Tournai : Casterman, 1947). *Château de l'Ouest,* rm (Plon, 1948). *Vie et Mort d'un étang,* récit autobiographique (France-Illustration, 1950). *Correspondance : 1917-1974* (Bruxelles : Labor, 1986). *L'Herbier légendaire* (Stock, 1991).

Sélection critique : Collectif : *Alphabet des lettres belges de langue française* (Bruxelles : Association pour la promotion des lettres belges de langue française, 1982). Frickx, R. et R. Burniaux : *La Littérature belge d'expression française* (PUF, 1973). Frickx, R. et J. Muno : *Littérature française de Belgique* (Sherbrooke : Naaman, 1979). Jans, A. : *Marie Gevers* (Bruxelles-Paris : P. de Méyère, 1964). Mercier, Anne-Marie : *Marie Gevers, « La Comtesse des digues »* (Bruxelles : Éd. Labor, 1988). Trekker, Anne-Marie et Jean-Pierre Vander Straeten : *Cent Auteurs : Anthologie de littérature française de Belgique* (Éditions de la Francité, 1982). Skenazi, Cynthia : *Marie Gevers et la nature* (Bruxelles : Palais des Académies, 1983). Skenazi, C., éd. : *Correspondance de Marie Gevers* (Bruxelles : Labor, 1986).

Yolande Helm

GHALEM, Nadia, écrivaine québécoise d'origine algérienne.

Le jardin de cristal, récit (Québec : L'Arbre HMH, 1981). *Exil,* poèmes (Québec : Compagnons du Lion d'Or, 1980). *L'Oiseau de fer,* nouvelles (Sherbrooke : Naaman, 1981). *La Villa Désir,* rm (Montréal : Guérin Littérature, 1988). *La Nuit bleue,* nouvelles (Montréal : VLB, 1991). Cf. LFLFM.

GHATTAS, Mona Latif, n. 1946, écrivaine québécoise d'origine égyptienne.

Mona Latif Ghattas est née au Caire en 1946. Son père, industriel mais aussi peintre, musicien, écrivain, lui a légué son goût des arts. Elle poursuit ce qu'il n'a pas eu le temps de terminer, mais l'art est surtout une partie essentielle d'elle-même. Elle a quitté l'Égypte à dix-neuf ans pour s'installer à Montréal où elle a étudié le théâtre à l'Université du Québec et obtenu une maîtrise en création dramatique de l'Université de Montréal. Elle a aussi signé plusieurs mises en scène et des extraits de ses œuvres écrites ont été le point de départ de spectacles à Montréal, à Québec et en 1990, en Belgique.

Dans l'espace « blanc » du Québec que le destin lui a réservé, elle a apprivoisé celui de l'écriture. Avec le recul accordé par le temps, elle peut chanter le monde de son enfance et le Nil, emportés dans ses « bagages vers le pays des érables et des neiges ». Dans ses premières œuvres, elle donne son Orient au lectorat québécois où, croit-elle, le « froid cicatrise les souvenirs ». Dans un roman subséquent, Montréal devient l'univers imaginaire investi et l'Orient, un désert d'Anatolie, se manifeste en différé par les contes d'un sans-papiers, réfugié à Montréal. Il lui a fallu, dira l'auteur, vingt-quatre années pour intégrer l'Occident en elle.

A partir du souvenir, des traces anciennes, du pays perdu, dans la tendresse et la virulence, Mona Latif Ghattas écrit. Elle écrit « comme s'exprime le féminin en nous dans une forme décloisonnée. [Elle] écri[t] par la femme et la terre et tout ce qui les blesse ; pour la femme et la terre et tout ce qui les unit ». A l'affût de la mémoire du Nil, des odeurs et des objets, elle exprime l'exil généalogique qui a traversé sa famille et son propre parcours ; à l'écoute de la polyphonie des mondes, elle dit le désarroi du monde des déracinés, des éternels errants. Elle rêve de repos, d'un ordre nouveau de paix et d'harmonie (*Ma chambre belge*).

Son écriture tient de la mélopée, du chant au rythme oriental. Dans un va-et-vient entre la mémoire et le présent, l'auteur raconte une histoire, isole un mot, reprend une histoire, la complète pour ensuite la relancer à nouveau ; des refrains incantatoires traversent sa prose romanesque comme sa poésie. Sur un mode oral, elle écrit, mais à la manière de l'artisane, elle cisèle ses personnages, trame ses préoccupations, surtout l'exil et le déracinement, qu'elle veut explorer à fond. Elle tisse la facture visuelle de ses livres dans la dualité typographique : l'italique et le caractère romain sont utilisés dans chacun de ses livres, dualité qu'elle brise par les caractères gras ou plus grands et les points de suspension. Ses romans sont poétiques, sa poésie récitative. Elle s'écrit à la première personne surtout, mais par des jeux d'alternances de pronoms, elle élargit son récit, l'éloigne, le rapproche afin que cohabitent le singulier et le pluriel.

Ses trois premières œuvres, en partie autobiographiques, décantent son passé. Dans un premier roman, *Nicolas le fils du Nil,* elle raconte l'histoire de son père à partir de l'exil du grand-père. Ce récit, éloge du Nil, explore aussi les images traditionnelles de la féminité et laisse entendre une complicité manifeste entre les femmes. A la mort de Nicolas, et à la grande surprise des hommes de la famille, Joe, l'épouse, décide de prendre la relève de l'usine. L'approbation de sa belle-mère fait taire les hommes qui cèdent. Ce roman-poème, écrit en exil afin de pouvoir continuer à vivre, annonce les œuvres à venir de Latif Ghattas. Dans *Les chants du*

Karawane, elle se fait scribe afin de transcrire la voix de celui qui, en sourdine, chante la douleur du monde. Elle raconte ainsi son adolescence et laisse parler les autres femmes qui se disent et rappellent leurs douleurs multiples. La poète veut encore initier son fils à son héritage culturel. Plus que dans son premier livre, l'exil et le pays des neiges se manifestent ; elle brouillera donc la géographie et le Nil côtoie le Saint-Laurent. *Quarante voiles pour un exil* remonte à la petite enfance, d'où elle a rapporté des objets qu'elle entaille en exil. Plaçant son cœur à l'état oriental, elle transcrit les messages d'incertitude et de violence des objets déballés, mais elle ne dit qu'une partie de ce passé, car on n'en finit jamais de son premier âge. Devant la page de neige, elle s'affirme femme, poète, Égyptienne et Québécoise. Après les quarante jours de deuil, comme les femmes qu'elle appelle à l'émancipation, elle suit son aptitude à la vie. Elle sait rompre avec les traditions sans les oublier, elle peut innover.

L'œuvre ne se situe pas comme écriture féministe manifeste, mais chaque texte fait entendre une multiplicité de voix de femmes dont elle écoute la souffrance, l'audace et/ou les transgressions, en dehors du discours revendicatif, dans l'action du quotidien. Set El Kol (*Les voix du jour et de la nuit*), son personnage au féminin le plus fort, règne sur le cœur des hommes. Mythique et réelle, elle naît et renaît des racontars de femmes qui prennent ainsi un pouvoir réel de subversion. La tradition dans ce roman se transmet par la lignée des femmes et même disparue, Set El Kol compte, puisque les femmes ne meurent pas. C'est une œuvre qui célèbre l'impossibilité de raconter à une voix. Dans *Le double conte de l'exil,* Latif Ghattas fait entendre une voix de femme et une voix d'homme mais chacune contient plusieurs autres voix, des voix de femmes surtout. Ces voix n'ont d'identité que leur déracinement et celle de Mariam Nour, issue de l'homme, rapproche la femme Madeleine-Manitakawa de son identité de femme et d'Amérindienne. L'identité émerge ainsi des multiples voix de femmes.

Bibliographie : *Nicolas le fils du Nil* (Le Caire : Elias Modern Publishing House & Co., 1985). *Les Chants du Karawane* (id., 1985). *Quarante voiles pour un exil : Récits et fragments poétiques* (Laval : Éditions Trois, 1986). *Les Voix du jour et de la nuit* (Montréal : Boréal, 1988). « Pourquoi j'(écris) » (Montréal : *Bulletin de l'Institut Simone de Beauvoir,* vol. 8, n° 2, 1988). *Le double conte de l'exil* (id., 1990). *Ma chambre belge* (Bruxelles : Asdl Identités Wallonie, L'Arbre à parole, 1990).

Sélection critique : Beausoleil, Claude : « Quarante voiles pour un exil », *Estuaire* 44 (Montréal : printemps 1987). Jonassaint, Jean : « Livres d'ici, écrivains d'ailleurs », *Lettres Québécoises* 60 (Montréal : hiver 1990-1991). Mavrikakis, Catherine : « Babel en français », *Spirale* (Montréal : sept. 1988). Noein, Luc : « Orientales d'Occident », *La Libre Belgique* (Bruxelles : 17 sept. 1987).

Lucie Lequin

GHERI, Francine-Charlotte, romancière suisse.

A louer meublé, nouvelle (Lyon : Maison Rhodanienne de Poésie, 1971). *La colère,* nouvelle (Chernex : chez l'auteur, 1974). *Un Sou d'or,* nouvelles et contes (Genève : Perret-Gentil, 1974). *Le Chemin de l'Espagne* (Rennes : L'Amitié par le Livre, 1976). *Sara ou le soleil gris* (Chernex : chez l'auteur, 1976).

GIANNETTINI, Eve.

La Strega (J.-J. Pauvert, 1977). *Le Sac d'autruche* (id., 1979). *L'Oiseau coureur* (Albin Michel, 1981). *Suite en rouge* (id., 1983).

GIBELIN, Colette, n. 1936, poète.

Mémoires sans visages (Chambelland, 1967). *De Quel Cri traversé* (id., 1968). *Le Paroxysme seul* (id., 1972).

GIL, Christiane, romancière.

La Putana (Stock, 1983). *Le Scorpion de Ferrare* (id., 1984). *Le Paradisio* (id., 1985). *Un Carré de Reines : les quatre sœurs de Provence* (Mercure de France, 1986). *Renée de France : « Ce lys au mileu des épines »* (Perrin, 1990).

GIRARDIN, Delphine de –, 1804-1855, mémorialiste, romancière.

Fille de Sophie Gay, elle-même auteur respectée d'une quarantaine d'ouvrages, et de M. Gay, receveur-général de la Ruhr, Delphine Gay de Girardin est née à Aix-la-Chapelle et sera « femme de lettres » : poète, dramaturge, romancière et chroniqueuse. Après la disgrâce et la mort de M. Gay, la famille connaît des difficultés financières. Mme Gay revient s'installer à Paris, où Delphine fréquente les salons littéraires et s'acquiert le parrainage de Chateaubriand. D'une très grande beauté et lisant superbement la poésie qu'elle compose dès l'enfance, Delphine connaît la gloire à dix-huit ans en obtenant une mention spéciale de l'Académie française pour un de ses poèmes. Lors d'un voyage en Italie, en 1826, elle est couronnée sur le Capitole (on croit lire *Corinne* de Germaine de Staël !) et fait la connaissance de Lamartine pour lequel elle gardera toute sa vie une admiration passionnée.

En 1831, elle épouse Émile de Girardin, homme d'affaires et journaliste qui a posé les bases de la presse moderne. Ce mariage ne sera pas heureux. Après une fausse couche, Delphine restera sans enfant mais élèvera, fort tendrement selon le témoignage de George Sand, le fils d'Émile et d'une de ses maîtresses. Malgré le succès de ses œuvres, le luxe de sa vie et les amitiés nombreuses et brillantes qui l'entourent, Delphine est attirée par l'au-delà et devient une fervente adepte du spiritisme. Elle meurt à cinquante et un ans d'un cancer à l'estomac, « secrètement désireuse d'en finir », selon le mot de son ami Théophile Gautier.

« Consentir à être aimée, c'est abdiquer, c'est perdre son libre-arbitre, c'est anéantir son individualité », écrivait la romancière dans son introduction à *Marguerite ou Deux amours*. L'ambiguïté de la quête du double dans laquelle l'âme risque de se dissoudre sous-tend toute son œuvre. Il est caractéristique que l'héroïne qui a trouvé cette âme-sœur meure, comme Marguerite, ou doive la refuser, comme dans le *Marquis de Pontanges,* car le bonheur terrestre ne semble pas pouvoir exister dans les œuvres de Mme de Girardin.

La vie avait pourtant commencé sous les plus beaux auspices. Mais *Le Lorgnon,* roman autobiographique publié à l'époque du mariage de Delphine de Girardin, permet de comprendre ses rêves et les désillusions qui ont suivi. Ses poèmes reflètent également la tristesse et le désespoir. Même s'il faut faire la part de l'inspiration romantique, visible par exemple dans *La Tour du prodige* ou *La Confession d'Amélie,* on ne peut qu'être frappée de la récurrence du motif du suicide. Ce ne sont pas des héros incompris qui se donnent la mort mais des jeunes filles mal aimées ou abandonnées, lasses du monde, comme l'héroïne d'une élégie tragique, *Napoline* (1833) ou comme celles des poèmes « Elgise » et « La Noce d'Elvire ».

Malgré la déception qui suit son mariage, Delphine s'efforce de seconder son mari et l'aide à lancer le journal *La Presse* qui révolutionne le journalisme en 1836. Elle participe au succès du quotidien en rédigeant ses *Lettres parisiennes* sous le pseudonyme du Vicomte de Launay. Charme, vivacité et humour permettent au « Vicomte » de dire ce qu'il pense sur la vie contemporaine, artistique, mondaine ou politique. « Il » attaque aussi bien le général Cavaignac que la ridicule mode des bonnets et trouve souvent l'occasion de protester contre le rôle assigné aux femmes par la société. En 1848, par exemple, lorsque les législateurs instituent le suffrage universel pour les hommes, le vicomte a ces mots cinglants : « Le crétin le plus abject si son imbécillité a l'honneur d'être masculine compte plus à leurs yeux que la plus noble femme douée du plus grand esprit. » Ceci ne l'empêche pas de s'en prendre aux bas-bleus, ces « femmes littéraires qui devraient être reliées au lieu d'être habillées. » Parallèlement au journalisme, Delphine de Girardin poursuit une carrière de romancière et d'auteur de théâtre. A l'exception de ses deux tragédies,

Judith et *Cléopâtre,* ses œuvres dépeignent le milieu mondain que l'auteur connaît bien. Elles mettent en scène une héroïne dont la psychologie est minutieusement étudiée. C'est avec *Lady Tartuffe,* comédie écrite en prose pour l'actrice Rachel (lasse de réciter des vers), que Delphine obtient son plus grand succès. Elle compose également des comédies assez plaisantes et qui ont connu une réussite durable, comme *Le Chapeau de l'horloger.* La même alternance entre sérieux et légèreté se retrouve dans ses romans et ses contes. *La Canne de M. de Balzac,* canne qui rend invisible, et *Le Lorgnon,* qui permet de lire dans la pensée des gens, sont des textes pleins de fantaisie. Les autres romans ont en général un ton plus amer, de même que *Les Contes d'une vieille fille,* écrits pour ses neveux.

Dans l'œuvre théâtrale et romanesque reparaît le personnage de la veuve, en réalité vierge. Passant pour veuve ou ayant contracté un mariage blanc, l'héroïne est une jeune fille qui attend encore l'homme auquel elle est destinée. L'importance de ce thème nous renvoie sans aucun doute à la virginité sentimentale que Mme de Girardin n'a, semble-t-il, jamais perdue. Elle a cherché à remplir le rôle qu'Émile de Girardin lui avait assigné ; elle l'a épaulé dans ses luttes politiques et défendu avec véhémence. Associée sincère, elle n'a cependant joui d'aucun des bénéfices de cette association. Ni ses nombreuses activités, ni la fréquentation de l'intelligentsia parisienne, ni le succès qui a accompagné sa carrière littéraire n'ont rempli le vide sentimental de son existence. Delphine de Girardin regrettait simplement la réussite considérable de ses *Lettres parisiennes,* qui lui paraissaient une œuvre de second ordre mais dans lesquelles Gautier, au contraire, reconnaissait à juste titre ce qu'elle avait écrit de meilleur. Les *Lettres parisiennes* séduisent encore aujourd'hui, un peu à la façon des *Lettres* de Mme de Sévigné auxquelles on les a souvent comparées.

Bibliographie : *Œuvres complètes,* en six vol. (Plon, 1861). 1 : Poèmes, poésies, improvisations. 2 : Romans : *Le Lorgnon* (1831), *La Canne de M. de Balzac* (1836), *M. le Marquis de Pontanges* (1835). 3 : Nouvelles et contes : *Marguerite ou Deux amours* (1852), *Il ne faut pas jouer avec la douleur* (1855), *Contes d'une vieille fille à ses neveux* (1835). 4 et 5 : *Lettres parisiennes* (sous le pseud. du vicomte de Launay). 6 : Théâtre : *L'École des journalistes,* comédie en cinq actes, en vers (1839), *Judith,* tragédie en trois actes, en vers (1843), *Cléopâtre,* tragédie en cinq actes, en vers (1847), *C'est la faute du mari,* comédie en un acte, en vers (1851), *Lady Tartuffe,* comédie en cinq actes, en prose (1853), *La Joie fait peur,* comédie en un acte, en prose (1854), *Le Chapeau d'un horloger,* comédie en un acte, en prose (1855), *Une Femme qui déteste son mari,* comédie en un acte, en prose (1856). Divers : *La Croix de Berny* (Pétion, 1846 ; rééd. France-Empire, 1980), avec le vicomte de Launay, Théophile Gautier, Jules Sandeau et Joseph Méry, *La Danse n'est pas ce que j'aime* (Marcq-en-Barœul : M. Deravaux & Fils, 1935). *Nouvelles* (Slatkine, 1979).

Chroniques Parisiennes, 1836-1848, éd. Jean-Louis Vissière (Des Femmes, 1986).

    Sélection critique : Abriscosoff, E. : « Le Théâtre de Mme de Girardin », *Revue d'Histoire Littéraire de la France* (avril-juin 1931). Corrière, A. : « Madame de Girardin as a Dramatist », *Romance Notes* (9, 1966). Durry, M.-J. : « Chateaubriand et Mme de Girardin », *Les Nouvelles Littéraires* (9 juillet 1927). Imbert de Saint-Amand, A. L. : *Mme de Girardin* (Plon, 1875). Séché, L. : *Muses romantiques : Delphine Gay* (Mercure de France, 1910). Viguié, P. : « Delphine de Girardin journaliste », *Revue de Paris* (76, 1969). Cf. FWW.

Nicole Aronson

GODARD, Jocelyne, n. 1941, poète.

    Rocking-chair (Millas-Martin, 1970). *Sable d'or* (id., 1975). *Le Pays d'Alice est à quelques dérives d'ici* (id., 1979).

GOLL, Claire, 1890-1977, poète, romancière, mémorialiste.

    Née à Nuremberg, Claire Goll passe son enfance à Munich. Brièvement mariée en 1910-1911, elle découvre à Leipzig les expressionnistes allemands. Elle fait la connaissance du jeune poète Yvan Goll en 1916, leur union sera légalisée en 1921. En 1919 Claire et Yvan s'installent à Paris, fréquentent Aragon, Breton, les Malraux, Chagall. Les années vingt voient la composition, avec Yvan, des premiers poèmes-dialogues. Le couple séjourne trois ans à Berlin mais en 1939, devant la menace du nazisme, les Goll quittent Paris pour New York où ils vivent jusqu'en 1947, collaborant aux journaux gaullistes et passant quelques étés dans des colonies d'artistes. Trois ans après leur retour en France, Yvan Goll meurt (1950). Claire entreprend une tournée de conférences aux États-Unis en 1952, année où elle obtient le prix de la Meilleure Nouvelle, offert par la Radiodiffusion allemande. En 1965 elle reçoit le prix Katherine Mansfield.

    L'œuvre bilingue (français et allemand) de Claire Goll est à la fois riche et variée comme le reflète avec pertinence l'étude de Cattaui *et al.* Les mêmes lignes de force parcourent ses ouvrages autobiographiques, ses romans et nouvelles, ainsi que sa poésie. Deux de ses ouvrages, *Le Ciel volé* et *Ballerine de la peur,* évoquent, en une pénétrante analyse psychologique, son enfance plus que douloureuse sous la dictature d'une mère sadique. Son troisième volume autobiographique, *La Poursuite du vent,* constitue un bilan de sa vie à l'âge adulte.

Dans la majorité de ses œuvres en prose, Claire Goll se fait peintre de la souffrance, que ce soit la sienne, celle d'une pauvre bonne provinciale à Paris (*Une Perle*), celle de la femme délaissée ou mal aimée (*Un Crime en province, Un Amour au Quartier latin*), le malheur d'un émigré chinois à New York (« Blanchisserie chinoise »), ou la souffrance des bêtes (« Journal d'un cheval »). La plupart des romans et nouvelles de Claire Goll se rattachent à la tradition naturaliste par leur goût pour la description détaillée d'un milieu où règnent misère et violence. Claire Goll a très tôt examiné les rapports des Européens et des Africains dans son roman *Le Nègre Jupiter enlève Europe*. Exilée à New York, elle publie *Le Tombeau des amants inconnus,* roman par lettres où l'histoire d'un couple lui permet de dénoncer les horreurs du nazisme.

Mais Claire Goll qui, avec son mari Yvan, a côtoyé l'expressionnisme allemand et le surréalisme, reste avant tout poète. Avec Yvan, elle a commencé à publier dans les années vingt des recueils de poèmes dialogués, dialogue qui se poursuit à travers de multiples éditions augmentées jusqu'à la mort d'Yvan Goll et qui se prolonge dans le dialogue solitaire que Claire Goll entretient avec le disparu. Les titres des premiers recueils, *Poèmes d'amour, Poèmes de jalousie, Poèmes de la vie et de la mort,* révèlent l'essence de cette poésie. Toute la gamme des rapports du couple se trouve exprimée par chacun des deux partenaires dans ces poèmes d'autobiographie sentimentale. L'œuvre poétique de Claire Goll composée du vivant de son mari exprime la joie, la haine, les plaisirs, les souffrances d'une vie de couple très mouvementée. Au plan formel, les poèmes des années vingt en particulier révèlent l'effort pour intégrer à la poésie des images nouvelles tirées du rêve ainsi que du monde moderne.

Après la mort d'Yvan (1950), Claire Goll a exprimé sa perte dans *Les Larmes pétrifiées*. Tout en se consacrant à la publication des œuvres de son mari, elle poursuit son propre travail. Ses voyages en Amérique et ses contacts avec les Indiens lui inspirent deux recueils, *Chansons indiennes* et *Chants peaux-rouges* (*Le Cœur tatoué*). Souvent sous les images spécifiques des lieux reparaissent les thèmes chers à l'auteur : l'amour caractérisé par le désir de tout donner à l'aimé, la jalousie, la solitude, le deuil, la mort vue comme rupture, ou comme consécration.

En 1969, Claire Goll publie *L'Ignifère*. Elle y décrit son expérience de dix-huit ans de solitude depuis la mort d'Yvan dans une poésie devenue plus dense et qui fait de plus en plus écho au langage poétique du disparu (images orphiques, puisées à plusieurs reprises dans le mysticisme hébraïque).

Comment définir l'inscription du féminin chez celle qui dit d'elle-même : « J'ai toujours été soumise à l'homme. Pas du tout émancipée. » (Cattaui : 59) ? Claire Goll a loué son mari d'avoir été plus fort qu'elle. Elle a dépeint, dans ses romans ainsi que dans sa poésie, des femmes soumises à l'homme, parfois jusqu'au masochisme. Or, cette même femme s'est toujours arrogé le droit de s'exprimer. Pour Claire Goll une problématique femme/écrivain n'existe pas. Dans *La Poursuite du vent* (1976), rédigée pendant ce qu'elle dénomme « l'année du beau sexe », l'auteur, pour qui la femme est inférieure à l'homme, répudie le MLF et affirme que si elle avait eu à choisir entre un amour et un grand talent, elle aurait opté pour le premier. Elle critique âprement ses congénères, les accusant d'être incapables (paresse et manque d'inspiration). Elle attribue ses succès au fait qu'elle soit restée « femme à cent pour cent », ce en quoi elle ne se trompe sans doute pas. Quant à son œuvre, elle réaffirme l'influence de son époux dans la formation de son talent. Contre tout mouvement d'émancipation de la femme, elle n'admet l'égalité que dans la mesure où chaque individu doit être indépendant. D'après *La Poursuite du vent,* la féminité aurait d'évidence caractérisé son œuvre. Si ce bilan rétrospectif est amer, il faut cependant signaler que l'auteur elle-même y met en cause la sincérité d'un tel retour en arrière. Il reste donc difficile de juger dans quelle mesure son œuvre antérieure s'y trouve décrite à sa juste valeur.

Bibliographie : [Vu l'ampleur de l'œuvre en partie « croisée », on n'a retenu que les ouvrages composés en français et on a exclu les traductions. Pour une bibliographie plus complète, voir Cattaui *et al.*]. « A Mon enfant », *Demain* (1916). *Tendres impôts à la France* (Poésie et Cie, 1920). C. et Y. Goll : *Poèmes d'amour,* Collection Surréaliste (Budry, 1925). *Journal d'un cheval, Les Mémoires d'un moineau* (id., 1926). C. et Yvan Goll : *Poèmes de jalousie* (id., 1926). C. et Yvan Goll : *Poèmes de la vie et de la mort* (id., 1927). *Le Nègre Jupiter enlève Europe* (Crès, 1928). *Une Perle* (id., 1929). *Ménagerie sentimentale (Histoires de bêtes)* (id., 1930). C. et Y. Goll : *Poèmes d'amour* (Fourcade, 1930). *Un Crime en province* (Éditions des Portiques, 1932 = *Arsenic,* Montréal : Variété, 1944). C.G., éd. : *Charlie Chaplin intime de May Rêves* (Gallimard, 1935). *Éducation barbare,* Collection « Voix de France » (New York : Éditions de la Maison française, 1941, = *Le Ciel Volé,* Fayard, 1958). *Le Tombeau des amants inconnus,* Collection « Voix de France » (New York : Éditions de la Maison française, 1941). « Blanchisserie chinoise », *Hémisphères,* n°s 2-3 (automne-hiver, 1943-44, = « Laverie chinoise », *Les Œuvres libres* 141, 1958). « L'Inconnue de la Seine, Le Dîner de 500 mille francs », *Les Œuvres nouvelles,* 4 (1944). *Contes et légendes russes* (Montréal : Variétés, 1945). « Les Barricades mystérieuses », France-Amérique (1946). « Rilke et les femmes », *La Nef* 5, n° 45 (1948). C. et Y. Goll : *Dix Mille aubes* (Falaize, 1951). *Les Larmes pétrifiées,* (« Cahiers P.S. », 89, Seghers, 1951). *Chansons Indiennes* (« Cahiers P.S. », 138, id., 1952). C. et Y. Goll : *Nouvelles petites fleurs de Saint François,* (« Cahiers P.S. » 239, id., 1952). « Apollon sans bras », *Les Œuvres libres,* n.s. n° 127 (1956). *Chants peaux-rouges (Le Cœur tatoué)* (id., 1958). C. et Yvan Goll : *Duo d'amour. Poèmes d'amour* (1920-1950) (id., 1959). *Un Amour au Quartier Latin* (Fayard, 1959). *Les Confessions d'un moineau du siècle* (Émile-Paul, 1963). C. et Y. Goll : *L'Antirose* (Seghers, 1965). C.G. et François Xavier Jaujard, éds :

Œuvres d'Yvan Goll, 2 vol. (Émile-Paul, 1968, 1970). *L'Ignifère* (Saint-Germain-des-Prés, 1969). *Ballerine de la peur* (Émile-Paul, 1971). *Le Cirque de la vie* (id., 1975). *Hölderlin ou la Tour du fou* (Grenoble : Pessin, 1976). *La Poursuite du vent* (Orban, 1976).

Sélection critique : Cattaui, Georges, Edmée de La Rochefoucauld et Armand Lanoux : *Claire Goll,* Collection « Poètes d'aujourd'hui », 167 (Seghers, 1967). Noulet, E. : *Alphabet critique, 1924-64, II,* Travaux de la Faculté de Philosophie et de Lettres, 26 (Bruxelles : Presses Universitaires, 1965).

Donna Kuizenga

GOMEZ, Madeleine-Angélique Poisson, Dame Gabriel de –, 1684-1770, auteur de tragédies et romans.

Histoire secrète de la conquête de Grenade (Leclerc, 1723). *Anecdotes, ou Histoire de la maison ottomane* (Lyon : Marcellin Duplaine, 1724 ; = *Anecdotes ou Histoire secrète de la maison ottomane, Roman de la chevalerie,* Amsterdam : par la Compagnie, 1772). *Œuvres mêlées* (G. Saugrin, 1724). *Anecdotes persanes,* 2 vol. (D. Mouchet, 1727). *Les Journées amusantes,* contes en 8 vol. (Saugrin, 1731). *Les Cent Nouvelles,* 19 vol. (V. Guillaume, 1932-39). Cf. DLLF.

GOUGES, Marie Aubry, dite Olympe de –, 1748-1793, essayiste et dramaturge.

Action héroïque d'une Françoise, ou la France sauvée par les femmes (Guillaume junior, s. d.). *Les Droits de la femme* (s. l., s. d.). *Œuvres* (l'auteur & Cailleau, 1788) : I. *Le Mariage inattendu de Chérubin. Le Philosophe corrigé. Réminiscence.* II. *L'Homme généreux. Mémoire de Mme de Valmont...* III. *Zamore et Mirza. Molière chez Ninon. Bienfaisance ou la Bonne Mère. La Bienfaisance récompensée. Le Couvent ou les vœux forcés,* drame en 3 actes (Vve Duchesne, 1792). *L'Esclavage des nègres, ou l'Heureux naufrage,* drame en 3 actes, en prose (id., 1792 ; Côté-Femmes, 1989). *L'Entrée de Dumourier* (sic) *à Bruxelles, ou les Vivandiers,* pièce en 5 actes, en prose (Regnaud, 1793). *Mirabeau aux Champs-Élysées,* comédie en 1 acte, en prose (Garnéry, s. d.). *Théâtre politique [Le Couvent... ; Mirabeau aux Champs-Élysées ; L'Entrée de Dumouriez à Bruxelles...],* Préface de Gisela Thiele-Knobloch (Côté-Femmes, 1992). *Œuvres,* prés. Benoîte Groult (Mercure de France, 1986). Cf. DLLF & DFELF.

GOURNAY, Marie Le Jars de –, 1565-1645, philosophe.

Née à Paris en 1565 ou 1566 dans une famille noble et riche, son père, trésorier de la maison du roi, meurt jeune et sa veuve aura charge de six enfants. Pour vivre plus à l'aise, elle abandonne la Cour et va s'installer à Gournay en Picardie. C'est donc en province que Marie, seule et sans professeur, commence à apprendre le latin et s'initie aux grands textes classiques. Elle le fait en dépit de sa mère qui aimerait la voir aux soins du ménage plutôt qu'à l'étude. Marie en tant qu'aînée se trouve responsable de l'établissement de ses frères et sœurs à la mort de sa mère en 1591, ce qu'elle fait avec générosité, ne gardant pour elle-même que peu de ressources. En fait, il lui faudra toute sa vie lutter contre la pauvreté. De retour à Paris, elle décide de vivre de ses écrits et s'efforce de gagner la faveur des grands, en particulier celle d'Henri IV qui sut reconnaître son talent. A la mort du roi, elle obtient les grâces de la régente avec un poème : *Adieu de l'âme du Roi de France et de Navarre Henry le Grand à la Reine,* dans lequel elle prend la défense des jésuites accusés d'avoir fait assassiner le roi.

Bien que Marie de Gournay vive au début du XVIIᵉ siècle, elle appartient affectivement et intellectuellement à l'époque des Valois. Contre Malherbe et son école, elle défend Ronsard et Desportes. Sorel nous dit qu'elle se mettait dans de grandes colères contre ceux qu'elle appelait « les poètes de la nouvelle bande », parce qu'ils prétendaient châtier le langage de la grammaire aux dépens de la richesse et de la vigueur de la langue.

C'est à l'âge de dix-neuf ans que Marie découvre les *Essais* de Michel de Montaigne. Il n'est pas encore célèbre, cependant l'enthousiasme de la jeune fille est tel qu'il lui faut, selon ses propres dires, avaler quelques grains d'ellébore pour se calmer ! Dès lors, elle n'a de cesse qu'elle ne rencontre celui que toute sa vie elle considèrera comme son maître spirituel. La rencontre a finalement lieu à Paris et aussitôt naît une amitié telle que Montaigne fait d'elle sa « fille d'alliance ». Montaigne séjournera à Gournay et il encourage Marie à écrire. C'est ainsi que sont publiés *Le Proumenoir de Monsieur de Montaigne,* petit livre qui contient une épître de 1589 dédiée à Montaigne, ainsi qu'un court roman inspiré de Plutarque et qui retrace les aventures de deux amants, Alinda et Léontin, séparés par la jalousie et diverses mésaventures. La psychologie y est finement observée et Marie y souligne la valeur morale d'un amour véritable.

Tout au long de sa vie Marie de Gournay édite les *Essais* dont les manuscrits lui ont été confiés par la veuve de Montaigne. Il semble que l'amitié et la confiance du grand écrivain aient confirmé Marie dans la certitude de sa valeur intellectuelle et qu'elles lui aient donné le courage d'affronter les moqueries que provoque son non-conformisme. En effet, si la vie d'homme de lettres n'est pas facile, la situation de femme de lettres l'est encore moins. En ce début du XVIIe siècle, Marie est un phénomène étrange et singulier : une femme qui prétend être l'égale des hommes, vivre comme il lui plaît et suivre sa vocation intellectuelle. Il n'en faut pas plus pour déchaîner contre elle les sarcasmes, d'autant qu'elle a son franc-parler et ne se fait pas faute d'y répondre. Il n'est donc pas étonnant que le combat qui lui tienne le plus à cœur soit celui qu'elle mène pour l'égalité des femmes, leur droit à la vie de l'esprit et à l'éducation.

Marie a cependant su inspirer à beaucoup de ses contemporains – et non des plus indulgents – un véritable respect. Tallement des Réaux souligne sa qualité d'âme. Charles Sorel note : « Au-dessus de son savoir je voudrais mettre encore sa générosité, sa bonté et ses autres vertus qui n'avaient pas leur pareil. » A sa mort, à l'âge de quatre-vingts ans, son abondante correspondance révèle les échanges qu'elle a eus avec des princes et des savants de toute l'Europe qui ne cessent d'assurer de leur admiration et de leur respect celle qu'on a appelée « la mère du féminisme moderne ».

C'est en 1622 qu'elle publie son célèbre traité de *L'Égalité des hommes et des femmes,* étape nouvelle dans la « querelle des femmes ». L'ouvrage est dédié à la régente, Anne d'Autriche. Dans ce court essai, Marie de Gournay se moque des hommes qui se croient supérieurs aux femmes et elle entreprend de réfuter leurs arguments en s'appuyant sur les autorités religieuses et philosophiques les plus illustres. Enfin elle introduit le sujet qui lui est cher, à savoir que l'infériorité des femmes n'est pas innée mais due au manque d'éducation. Elle soutient son argumentation en accumulant autant de noms célèbres que possible mais c'est lorsqu'elle se départ de son érudition et débride son humour naturel et son bon sens que ses arguments frappent le plus. Le traité sera suivi d'un court essai, *Le Grief des Dames* (1626), écrit sur un ton plus direct mais aussi plus amer. Pour Marie il ne s'agit plus de faire étalage d'érudition mais de faire entendre une plainte sincère contre l'injustice dont les femmes de son temps sont victimes. Elle dénonce vigoureusement les procédés hypocrites employés par les hommes pour maintenir à une place inférieure les femmes, celles qui revendiquent le droit de s'instruire en particulier. Le XXe siècle finissant lui a rendu quelque justice.

Bibliographie : *Le Proumenoir de Monsieur de Montaigne* (Abel l'Angelier, 1594 ; rééd. Delmar : Scholars Facsimiles and Reprints, 1985). *Adieu, de l'âme du Roy de France et de Navarre Henry le Grand à la Royne* (Fleury Bouriquant, 1610). *Alinda, Histoire tragique* (Toussaint du Bray, 1623). *L'Ombre de la Demoiselle de Gournay,* recueil incluant *De l'Égalité des hommes et des femmes, Le Grief des Dames, Les Advis ou les Presens de la Demoiselle de Gournay* (id., 1634 & 1641 ; rééd. avec préface de Milagros Palma : Côté-Femmes, 1989). *Lettres à Justius Lipsius* (*Bulletin du Bibliophile,* 1862). *Fragments d'un discours féminin* (J. Corti, 1988). *Peinctures de murs* (sl, sd).

Sélection critique : Bonnefon, Paul : *Montaigne et ses amis,* 2 vol. 1898 (cf. vol. II, livre VII, chap. I et II). Isley, Marjorie Henry : *A Daughter of the Renaissance, Marie Jars de Gournay* (La Haye : Mouton, 1963). Schiff, Mario : *La Fille d'alliance de Montaigne, Marie de Gournay,* essai suivi de *L'Égalité des hommes et des femmes* et *Grief des Dames* (Champion, 1910). Cf. FWW.

Rosine Tenenbaum

GRAFIGNY [GRAFFIGNY], Françoise de –, 1695-1758.

Née à Nancy d'un père major de gendarmerie, Françoise-Paule d'Issembourg du Buisson d'Happoncourt contracte un mariage malheureux et perd trois enfants en bas âge. Elle est souvent battue et presque à mort, obtient un divorce, le mari violent étant emprisonné. Protégée de Madame, épouse du duc de Lorraine, elle vit en marge de la cour de Lunéville. Elle fréquente madame du Châtelet et Voltaire, qui la reçoivent à Cirey. A Paris, elle tiendra un salon à partir de 1750 et entretiendra des relations avec des écrivains (Rousseau, Marivaux, Crébillon fils), des figures politiques (Turgot, Malesherbes) et des philosophes (Helvétius). Elle connaît une célébrité tardive avec la publication des *Lettres d'une Péruvienne* (1747) traduites en plusieurs langues. A cinquante-deux ans elle vit dans la gêne mais, de nouveau inspirée, elle donne *Cénie* (1750) ; elle est la seule femme qui ait produit une comédie en cinq actes durable au théâtre. L'isolement social et ses continuels problèmes financiers semblent toutefois avoir fait de sa mort une délivrance à soixante-trois ans.

Mᵐᵉ de Grafigny a été admise à l'Académie de Florence et louée par Grimm, Lessing et Diderot. Si les qualités formelles de ses œuvres ne semblent pas dignes d'une attention particulière, ses thèmes ne manquent pas d'intérêt historique ni de modernité. Bien avant Rousseau, elle dénonce les méfaits du luxe et d'une certaine forme de civilisation, incitant ses lecteurs à un retour aux joies simples de la nature pour le plus grand bien de la vertu.

Après des débuts médiocres avec *La Nouvelle Espagnole,* F. de Grafigny donne à un public enthousiaste ses *Lettres d'une Péruvienne,* sorte de *Lettres Persanes* où le sentiment tempérerait la raison. Il s'agit, sous forme épistolaire, d'un long journal, prétexte pour Zilia, jeune Péruvienne, à dénoncer les mœurs des Français. Sous le masque de l'exotisme et de la couleur locale – mais également signe d'un siècle qui s'interroge sérieusement sur les fondements universels de la « nature humaine » – Mᵐᵉ de Grafigny s'attaque aux problèmes philosophiques de son temps : la tolérance religieuse (*Lettres,* I : 214-25), l'équité à l'égard des inférieurs (II : 63), le sacrifice des enfants à des conventions sociales injustes : droit d'aînesse, mariage (I : 201, II : 69) et le manque d'éducation des filles (I : 199).

Elle condamne avant la lettre une société de consommateurs dont elle blâme le goût effréné pour le superflu, qui corrompt non seulement la raison, le cœur et l'esprit des riches mais prive le pauvre du nécessaire. Le livre plut aux contemporains, fond autant que forme, et un juge aussi peu indulgent que Mme de Genlis affirma même que *Les Lettres d'une Péruvienne* était « le premier ouvrage de femme écrit avec élégance ».

Au-delà, comme le montrent des lectures récentes, il s'agit plus profondément de l'apprentissage d'une autonomie heureuse pour l'héroïne qui ne s'est pas laissée coloniser par l'amour même si elle a assimilé les moyens de communication européens et l'alphabet romain. Moins d'un siècle après la Princesse de Clèves, la princesse inca devenue européenne incarne le parfait métissage culturel : à l'écart de l'amour-passion-esclavage et sans renoncer à une vie pleine de sens elle a créé sa liberté : « Je suis, je vis, j'existe ».

Dans *Cénie,* drame en prose et en cinq actes, Mme de Grafigny étudie les relations humaines dans le cadre de la famille. Tout ce qui touche à la femme en particulier y est abordé : l'éducation, les devoirs et les désirs de la jeune fille, son futur rôle d'épouse et de mère. Cette remarquable poussée d'émancipation personnelle, sociale et politique que connaît le XVIIIe siècle, Mme de Grafigny la ressent en femme et en femme pose la question : pourquoi les femmes ne profiteraient-elles pas de ce « modernisme » ? Lucidement, elle analyse la situation et le statut féminins, dévoile son sexe méprisé, ne jouissant d'aucune protection ni de la part des hommes ni de la part des lois. Pour en avoir souffert personnellement, elle juge sévèrement l'institution du mariage et dénonce le sentiment d'indifférence qui s'installe entre les époux. « La honte, écrit-elle dans *Cénie,* ce tyran des âmes nobles n'habite qu'avec les hommes. Fuyons-les » (III, 3). Cependant, réaliste, « même si l'autorité est du côté des hommes », elle n'englobera pas toute la gent masculine dans l'opprobre. Il faut que cette autorité serve à l'amélioration de la condition féminine. Et elle en appelle à une éducation libérale, également ouverte aux deux sexes pour la garantir. On accordera donc à Françoise de Grafigny le mérite d'avoir su, en « honnête femme », concilier les deux passions fondamentales de son siècle : le cœur et la raison.

Bibliographie : *Œuvres complètes,* 2 vol. Nouvelle éd. (Briand, 1821). *Lettres* (Genève : Slatkine, 1972). *Correspondance* (Diffusion J. Touzot, 1985). *Correspondance de Madame de Grafigny* (Oxford : The Voltaire Foundation, Taylor Institution, 1989). *Lettres d'une Péruvienne,* préf. de Colette Piau-Gillot (Côté-Femmes, 1991).

Sélection critique : Ballon, Arthur, conservateur de la Bibliothèque de Nancy : Fiches manuscrites sur Mme de Grafigny (1816-1883). Dewey, Pascale V. : *Mesdames de Tencin et de Grafigny : deux romancières de l'école des « cœurs sensibles »* (thèse, Rice University, États-Unis, 1976). English, Showalter : « Les Lettres d'une Péruvienne : composition, publication, suites », *Archives et Bibliothèques de Belgique* LIV, 1-4 (1983). Genlis, Mme de : *De L'influence des femmes sur la littérature française* (Lecointre et Durey, 1826, tome II). Groupe d'études du XVIIIe siècle : *Vierge du soleil, fille des lumières : « La Péruvienne » de Mme de Grafigny et ses « suites »* (Strasbourg : Presses univ. de Strasbourg, 1989). Noël, Georges : *Madame de Grafigny, une « primitive » oubliée de l'École des « cœurs sensibles »* (Plon Nourrit, 1913). Cf. FWW.

Dietlinde Sigrid Bailet

GRAVIERE, Caroline,1821-1878, romancière belge.

Une Histoire du pays (1864).

GRAVILLE, Anne de –, poète « fin amor » et « gauloise ».

Le Beau roman des deux amants Palamon et Arcité et de la belle et sage Émilia, texte critique établi et présenté par Yves le Hir (PUF, 1965).

GRAY, Daniel. v. CHABRIER, Agnès.

GRÉGOIRE, Hélène, n. c.1905, romancière suisse née en Mayenne.

Poignée de terre, récit (Neuchâtel : La Baconnière, 1964). *Naissance d'une femme,* récit (id., 1967). *La Jiarde et autres contes* (Neuchâtel : La Baconnière, 1968). *Une Autre Saison* (id.,1973). *Les Noces de l'été,* récit (id., 1975). *Nuits blanches,* récit (id., 1977). *Le Petit Chemin de pierres* (Lausanne : L'Age d'Homme, 1984). *La Corbeille des jours* (id., 1986). *Mon village dans la ville* (id., 1988). *Le Gouffre et la Grâce* (Laval : Siloë, 1989). *Moisson d'automne* (Lausanne : L'Age d'Homme, 1990). *La Zone* (id., 1992).

GREKI, Anna (pseud. de Colette Anna Grégoire), 1931-1966), poète franco-algérienne.

Algérie, capitale Alger (Tunis : SNED, 1963). *Temps Forts* (Présence Africaine, 1966). v. *Hommage à Anna Greki* (Alger : SNED, 1966). V. LFLFM.

GREY, Marina, romancière, traductrice.

Les Aventures du ciel (Stock, 1973). *La Campagne de glace : Russie 1918* (Perrin, 1978). *Les Armées blanches* (Livre de Poche, 1978). *La Sage de l'exil* (Plon, 1979). *Sophia* (id., 1979). *Le Général meurt à minuit : l'enlèvement des généraux Koutiépov* (1930) (id., 1981). *Le Rendez-Vous impossible,* rm (Presses de la Cité, 1982). *Hébert : Le Père Duchesne, agent royaliste* (Perrin, 1983). *Le Château du soleil couchant* (Plon, 1984). *Mon père, le Général Dénikine* (Perrin, 1984). *Maria Lagorio* (J. Touzot, 1985). *Enquête sur le massacre des Romanov* (Perrin, 1987). *Enquête sur la mort de Louis XVII : le Prince et le Savetier* (id., 1989). *Liouba* (Plon, 1989). *Le Baron de Batz : le d'Artagnan de la Révolution* (Perrin, 1991). *Les Romanov* (Critérion, 1991).

GRIRA, Salima, écrivaine tunisienne.

« L'enfant de la guerre », Prix des Auditeurs in *L'Étrangère* [titre d'une nouvelle de Catherine N'Diaye], douze nouvelles primées dans le cadre du Concours Radio-France de la meilleure nouvelle de langue française (Radio-France Internationale et Agence de coopération culturelle et technique : Hatier, l985).

GROBÉTY, Anne-Lise, n. 1949, romancière et journaliste romande.

Née à La-Chaux-de-Fonds, Anne-Lise Grobéty y fait ses classes au Gymnase avant d'entreprendre des études à l'université de Neuchâtel, qu'elle abandonne au bout d'un an pour devenir stagiaire à la *Feuille d'Avis de Neuchâtel.* En 1969, son premier récit important, *Pour mourir en Février,* lui vaut le prix Georges Nicole. En 1973, elle devient députée socialiste au Grand Conseil neuchâtelois. Un second roman, *Zéro Positif,* lui acquiert le prix Schiller en 1976. Mariée à un journaliste indépendant, Gilles Stauffer, elle a trois filles et vit dans le Val-de-Ruz. Membre du comité de la revue *Écriture,* participant pleinement tant au réveil culturel romand qu'à la vie politique, elle exerce également la profession de traductrice. Elle a reçu en 1986 le prix Rambert et en 1992 le prix de l'Institut neuchâtelois.

La normalité étouffante, voilà l'espace tragique où se débattent les personnages féminins d'Anne-Lise Grobéty. Problème actuel s'il en est, puisque toute femme ne peut affirmer son indépendance qu'en allant à l'encontre de normes établies. Le mari musicien de *Zéro Positif* et le père écrivain de *Pour mourir en Février* s'appuient tous deux sur une certaine hypocrisie sociale, sur une normalité fictive mais intouchable. Ils fondent sur elle leur volonté de modeler le moi de cette autre, la narratrice, qu'elle soit femme comme Laurence (dans *Zéro Positif*) ou jeune fille comme Aude (dans *Pour mourir...*). Il s'agit de la modeler dans ce qu'elle a de plus intime, dans son expérience amoureuse où la femme incertaine d'elle-même tente de se saisir dans un bref moment d'équilibre. Le danger, cependant, n'est-il pas, plutôt que dans les autres, dans la complicité sournoise qui s'instaure entre le moi « colonisé » et la volonté aliénante ? C'est ainsi que la relation entre Aude et Gabrielle, femme plus âgée, est irrémédiablement brisée par l'apparition entre elles du mot « lesbienne », que les autres ont réussi à implanter dans l'esprit d'Aude.

La norme tue tout ce qui existe d'humain dans les rapports entre les êtres : dans la nouvelle « Sale Bête Bête Morte », écrite comme *Zéro Positif* en une alternance de parole et de non-dit, de discours intérieur et de parole de l'autre, c'est par le regard d'une petite fille « aliénée » que nous découvrons l'envers du monde des adultes, ce monde censément normal, où la femme trompe son mari, où l'on met ceux qui ne rentrent pas dans la norme dans des « institutions », afin d'éviter que les relations entre individus atteignent à la dimension de don humain qui serait nécessaire pour briser le cercle de l'aliénation.

Écriture engagée donc que celle d'Anne-Lise Grobéty, stylistiquement et socialement.

Il y a espoir, dans *Zéro Positif :* c'est l'attachement de la femme à la vitalité qu'exprime le symbole du sang, d'où le titre. Mouvement central, magistralement orchestré, l'archétype du sang résonne en contrepoint au travers du roman entier. Car la révolte contre les normes est aussi révolte contre les mythologies, contre leur épaisseur, à commencer par le langage ; contre un certain style biblique, la femme s'affirme comme voix profane ; contre la mythologie d'un pays « parfait », Laurence osera se prononcer sur la qualité déplorable du papier de toilette, et un jour sur les malheurs de l'ouvrier italien broyé par un bloc de béton.

Elle revient dans son roman de 1989, *Infiniment plus,* à l'analyse d'une intériorité féminine, au retour sur soi d'une narratrice qui a traversé l'absolue remise en cause du moi qu'est la désintégration mentale. Elle est inconsciemment mal à l'aise avec le bon ordre et la perfection d'un avenir tracé droit mais ponctué des inévitables chutes (« tomber amoureuse, tomber dans les bras d'un garçon, tomber sur un bon mari, tomber enceinte, retomber enceinte, reretomber enceinte par la grâce de Dieu, tomber de haut parfois, tomber malade, un pied dans la tombe et puis les deux... »). La jeune enseignante s'éloigne de sa famille et de son fiancé. Elle se découvre lentement autre, solitaire, sensuelle et rebelle mais surtout follement perturbée par le spectacle de l'amour fusionnel, incarné dans un jeune couple. Elle ira beaucoup plus loin que Duras et Lol V. Stein, son aînée dans le voyeurisme au féminin. C'est en trouvant sa propre voix dans l'écriture, solution classique, qu'elle remonte la pente. Si l'histoire évoquée en trois lignes semble « déjà vue », c'est qu'un travail de deux années ne saurait s'y réfléchir. Le roman, comme la vie qu'il explore, est lui-même « infiniment plus ». On a souligné le nouvel équilibre atteint par l'art de Grobéty avec ce texte, « son écriture superbe, généreuse, lyrique, imagée, forte/ un don du langage, une invention de l'expression rare chez nous... » (Y. Bridel, *24 Heures*, 14 déc. 1989).

Sa sensibilité particulière devait provoquer le crépitement de vingt-cinq petites histoires sous le titre de *Contes-gouttes*, savoureux et ironiques, sarcastiques et extravagants. Le mouvement créateur est celui du *Spleen de Paris* de Baudelaire et tant d'autres. Une contre-humanité exerce d'étranges métiers (pince-sans-rire, avaleuse de couleuvres, empêcheur de tourner en rond, etc.) et des leçons de philosophie s'offrent à la lecture mais prendre la langue au mot n'était pas un jeu : « Ça a été pour moi un scandale de jeunesse, et un scandale profond, que l'on puisse détourner les mots, et aussi les utiliser pour occulter complètement la réalité. Comme les nazis qui ne parlaient jamais de cadavres mais de bois mort. Sous les mots détournés des *Contes-gouttes* il y a des réalités cruelles, comme celle du « Vérificateur de baiser » [qui meurt empoisonné par un baiser de paix de Judas].

Bibliographie : *Pour mourir en février*, récit (Vevey : Bertil Galland,1970). *Zéro Positif*, rm (id.,1976). *La Fiancée d'Hiver*, nouvelles (Lausanne : 24 Heures, 1984). *Contes-Gouttes*, courts récits (Yvonand : Bernard Campiche, 1986). *Infiniment plus*, rm (id., 1989). *L'Endouleur*, textes (id., 1992). Articles et textes dans divers périodiques (*Écriture, Coopération,* etc.) et *Écriture féminine ou féministe ?* (Genève : Zoé, 1983). Textes dramatiques pour la radio.

Sélection critique : Anex, Georges : « Une parole à soi », *Journal de Genève*, 10 fév. 1990. Chessex, Jaques : « Blessures d'Anne-Lise Grobéty », *Les Saintes Écritures* (Vevey : Bertil Galland, 1972). Entretien, *Femmes Suisses* (déc. 1979). Galland, Bertil : *Prince des Marges* (Lausanne : *24 Heures* et Bertil Galland, 1991). Givord, Christiane : *L'Express/Feuille d'Avis de Neuchâtel,* jeudi 22 janv. 1987. Gsteiger, Manfred : *La nouvelle littérature romande* (trad. française : Vevey : Bertil Galland, 1978). Seylaz, Jean-Luc : « Feux et Flammes », *Écriture* (hiver 1990). Cf. NDES.

Henri-Dominique Paratte

GROULT, Benoîte, n. 1920, romancière, essayiste.

Elle se présente dans la préface autobiographique de *Ainsi soit-elle* comme une jeune fille de bonne famille que l'idée d'avoir à décrocher un mari pour attester sa réussite en tant qu'être humain transforma très jeune en « larve ». Elle entreprend des études « en attendant », obtient une licence de lettres classiques, se marie, enseigne pendant la guerre. Veuve à vingt-cinq ans, avec un enfant, elle devient journaliste. Elle publie trois romans en collaboration avec sa sœur Flora. Un deuxième mariage se solde rapidement en échec radical : on lui confisquait son journal ! Et, lentement, celle qui avait eu « tant de mal à devenir féminine », devient féministe et le mariage contracté à quarante ans fut le bon : « J'ai commencé trop tard à vivre », avoue-t-elle sur *Le Divan* (télévision, 17 nov. 1991) avec un large et serein sourire. Remariée donc, avec l'écrivain Paul Guimard, Benoîte Groult a eu trois filles. Elle vit entre Paris et le Var et affirme que la Bretagne de ses étés et la féminitude constituent sa véritable patrie. Une des fondatrices de *F. Magazine,* elle fut invitée à la Commission pour la féminisation des noms de métiers par Yvette Roudy en 1984. Aujourd'hui, admet-elle, « l'étiquette de "féministe" est un peu héroïque à porter », mais il n'est pas question de la renier.

La « venue à l'écriture » de Benoîte Groult s'est faite avec *Le Journal à quatre mains,* écrit en collaboration avec sa sœur, dans une solidarité dont l'histoire offre peu d'exemples. Après trois romans, Benoîte publie seule *La Part des choses,* tandis que Flora publie *Maxime ou la Déchirure.* Dans *L'Express* (15-21 mai 1972), Étienne Lalou comparait les deux romans en des termes dont le mordant est à peine voilé : « On y retrouve la même sensibilité aux chiens, aux vieilles photos et à la maison de campagne, le même intérêt pour les problèmes du couple, les mêmes souvenirs d'enfance [le contraire eût étonné], la même mélancolie et le même pessimisme fonciers. Avec plus de violence chez Benoîte, plus de charme chez Flora. »

Une lecture attentive des œuvres publiées indépendamment permet d'apprécier la part de chacune dans l'œuvre commune, et en particulier le fait que Benoîte s'y révèle déjà philosophe et féministe. Seize ans après *Le Deuxième sexe,* qui l'aurait moins marquée que *Une Chambre à soi* de Virginia Woolf, elle affirme dans *Ainsi soit-elle* qu'il faut « enfin guérir d'être femme ». Elle entreprend le récit d'une telle guérison dans *La Part des choses.* Mais le réquisitoire s'accommode mal du genre romanesque, aussi se tourne-t-elle vers l'essai. Benoîte Groult entre, avec *Ainsi soit-elle,* dans « la catégorie des emmerdeuses qui /ayant perdu un peu de grâce !/ ne méritent même plus la courtoisie... ». L'ouvrage analyse en effet « l'infini servage » de la femme, sa dégradation physique et mentale, la misogynie qui trouve son expression la plus terrible dans la clitoridectomie. Il fait le procès des Hommes avec un humour acide. Mais Benoîte Groult sait aussi transmettre son émotion, surtout lorsqu'elle évoque « la découverte dans les larmes et dans les rires d'être entre femmes ».

Deux ans plus tard, elle publie *Le Féminisme au masculin.* Dans un esprit de conciliation, et tout en affirmant dans son introduction qu'il « n'y a qu'une manière d'être féministe aujourd'hui pour un homme, c'est de se taire sur la féminité », elle conte l'histoire des hommes qui, dans le passé, ont soutenu la cause des femmes. Le féminisme s'ouvre à une dimension humaniste : la résolution des problèmes qui nous préoccupent dépend de TOUS les individus de bonne volonté.

Benoîte Groult s'inscrit par son écriture directe et courageuse dans la tradition française des moralistes. Écrivaine engagée, elle est marquée par la pensée de Sartre et de Simone de Beauvoir. Dans le chapitre IX de *Ainsi soit-elle,* elle lit au féminin les *Réflexions sur la question juive.* Dans *La Part des choses,* Alexandre et Iris vivent en couple mais chacun considère l'autre «comme un bourreau». Le yacht sur lequel les personnages du roman partent en croisière ressemble, avec ses fauteuils de satin, au salon de *Huis-clos.* Des volets d'acier ferment les hublots ; la narratrice est prise d'un mal de mer qui est un vague à l'âme ; quant aux âmes des voyageurs, elles s'enlisent «dans un nirvana nauséeux». Liberté, choix, angoisse et responsabilité sont les thèmes essentiels de ses romans. Malgré l'expérience de l'absurde, malgré le silence qui répond à toute question fondamentale, malgré la souffrance et la bêtise humaines, il faut imaginer la femme heureuse. Car s'il y a un envers, il y a aussi un endroit et la vie offre des instants où le bonheur insensé demande à être vécu. Chez Groult comme chez Camus, ces instants sont souvent déclenchés par l'émerveillement devant la nature.

La Part des choses, que l'on retiendra particulièrement dans l'œuvre romanesque, raconte le drame existentiel d'une femme de quarante ans et du couple qu'elle forme avec Yves. Un couple qui aurait pu faire naufrage, à cause de l'adultère et des contraintes que le mariage impose, mais qui continue son voyage «puisque l'angoisse et les rêves se cicatrisent comme la chair du cœur». La multiplicité des personnages – ils sont neuf en croisière – et le fait que la scène du drame est le monde permettent à la romancière de toucher à de très nombreuses questions : le mariage, l'enfant, l'adultère, le divorce, la fidélité et la jalousie, la maladie et le vieillissement, l'autodestruction, le bonheur, la conscience sociale, le Tiers monde, l'écologie, la créativité, l'éducation, le voyage, le temps et l'espace, la liberté et l'équilibre.

Ces mêmes thèmes seront repris dans *Les Trois Quarts du temps,* accrochés aux aventures d'une héroïne (qui change peu des précédentes et qui emprunte largement à l'autobiographie) dont les années «en plus» lui permettent d'élargir son champ de vision à trois générations de femmes ; il s'agit de mesurer les progrès accomplis dans la recherche de l'autonomie et d'une nouvelle formule pour le couple. A la sexualité, au rêve passionnel qui hante les rapports amoureux, Benoîte Groult rend justice dans *Les Vaisseaux du cœur* où certain critique a voulu voir non seulement (encore et toujours) la part autobiographique mais aussi un «culte phallique enthousiaste» ! C'est dire que nulle ne peut être féministe sans que sa sexualité, même l'imaginaire et la fictive, ne soit passée au crible de l'incompréhension mâle... Le désir dit au féminin sera toujours en porte à faux mais elle s'y est risquée. L'œuvre de Benoîte Groult est une œuvre sympathique, que l'humour souvent corrosif sauve d'un réalisme un peu trop consciemment asservi à des fins polémiques et éthiques plus que romanesques, et qui colle étroitement à notre époque.

Bibliographie : Avec Flora Groult : *Le Journal à quatre mains* (Denoël, 1962). *Le Féminin pluriel* (id., 1965). *Il était deux fois* (id., 1968). *Histoire de Fidèle* (Des Femmes, 1976). Seule : *La Part des choses* (Grasset, 1972). *Ainsi soit-elle* (id., 1975), livre-cassette lu par l'auteur (Des Femmes). Préface à *La Dérobade* de Jeanne Cordelier (Hachette, 1976). *Le Féminisme au masculin* (Denoël, 1977 ; Poche, 1980). « Priez Dieu, elle vous exaucera », in *F. Magazine* (n° 1, janvier 1978). *Ni tout à fait la même, ni tout à fait une autre* (Grasset, 1979). Préface à *Vivre avec la peur au ventre* de Huguette Morière (Pierre Horay, 1979). *Les Nouvelles Femmes* (Mazarine, 1979). *Des Nouvelles de la famille*, avec Paul Guimard, Flora Groult, Blandine Decaunes (Mazarine, 1980). *La Moitié de la terre* (A. Moreau, 1981). *Les Trois Quarts du temps* (Grasset/Fasquelle, 1983). *Les Vaisseaux du cœur* (id., 1988). *Lauline Rolland ou Comment la liberté vint aux femmes* (Laffont, 1991).

Sélection critique : Gonthier, Fernande : *Benoîte Groult* (Klincksieck, 1978). Lalou, Étienne : « La double séparation », in *L'Express* (15-21 mai 1972). Desanti Dominique : « Le Féminisme au masculin par Benoîte Groult », in *Le Monde* (14 octobre 1977). Cf. FWW.

Margret Andersen

GROULT, Flora, n. 1924, romancière, essayiste.

Avec Benoîte Groult : *Journal à quatre mains* (Denoël : 1962). *Le Féminin pluriel* (id., 1965). *Il était deux fois* (id., 1968). *Histoire de Fidèle* (Des Femmes, 1976). Seule : *Maxime ou la déchirure* (Flammarion, 1972). *Mémoires de moi* (id., 1975). *Un Seul Ennui, les jours raccourcissent* (Flammarion, 1977). *Une Vie n'est pas assez* (id., 1981). *Le Paysage intérieur* (Table Ronde, 1982). *Le Passé infini* (Flammarion, 1984). *Tout le plaisir des fous est dans leur matinée* (Plon, 1985). *Le Temps s'en va, Madame,* nouvelles (Flammarion, 1986). *Marie Laurencin* (Mercure de France, 1987). *Belle Ombre* (Flammarion, 1989). *L'Amour de...,* essai (Christian de Bartillat, 1993). Cf. DLLF.

GUELLOUZ, Souad, n. 1937, romancière tunisienne.

La Vie simple (Tunis : MTE, 1975). *Les Jardins du nord* (Tunis : Salammbo, 1982).

GUÉRIN, Eugénie de –, 1805-1848, poète.

Reliquiae, prés. G.S. Trébutien (Caen : Hardel, 1855). *Journal et Fragments,* prés. G.S. Trébutien (Didier, 1862). *Lettres* (id., 1864). *Lettres à Louise Bayne* (1830-1834), 2 vol. (Gabalda, 1927). *Lettres à son frère Maurice* (1824-1839), prés. Mgr Barthès (id., 1929). *Lettres à sa famille et à divers* (1827-1839), prés. Mgr Barthès (Didier, 1942). DLLF.

GUÉRIN, Mona (Rouzier), écrivaine haïtienne.

Sur les vieux thèmes (Port-au-Prince : Imp. Théodore, 1958). *L'Oiseau de ces dames* (Port-au-Prince : Deschamps,1966). *La Pieuvre* (id., 1970). *Chambre 26* (-, 1969). *Les cinq chéris* (-, 1973). *La Pension Vacher,* suivi de *Sylvia* (Port-au-Prince : Le Soleil, 1976). *Mi-figue, mi-raisin* (vol. I : Port-au-Prince : Deschamps, 1980 ; vol II : Le Natal, 1989).

GUÈVREMONT, Germaine, 1893-1968, romancière québécoise.

En pleine terre. Paysanneries, trois contes (Montréal : Éd. Paysana, 1942). *Le Survenant* (Montréal : Beauchemin, 1945 ; Plon, 1946). *Marie-Didace* (id., 1947). Cf. Rita Leclerc : *Germaine Guèvremont* (Montréal : FIDES, 1963) ; Jean-Pierre Duquette : *Germaine Guèvremont, une route, une maison* (Montréal : PUM, 1973). Cf. DEQ, DLLF « Québec ».

GUIBERT, Élisabeth, 1735-1787, poète pensionnée par Louis XV.

Poésies dans *L'Almanach des Muses.* Tragédie : *La Coquette corrigée.*

GUILLET, Pernette du –, 1520-1545, poète.

Pernette du Guillet, née dans une bonne famille lyonnaise, reçoit une éducation soignée pour une femme de l'époque car elle apprend l'espagnol, l'italien, le latin, et même un peu de grec. L'année 1536 survient l'événement le plus important de sa courte vie : elle fait la connaissance du poète Maurice Scève. Les *Rymes* de Pernette et la *Délie* de Scève conservent l'histoire de leur amour passionné mais peut-être non consommé. On la marie vers 1537 à un monsieur du Guillet qui semble avoir occupé un rôle mineur dans la vie de la poétesse mais il publiera ses poèmes après sa mort.

Pernette du Guillet écrit exclusivement des poèmes d'amour. Ses « brouillars », conservés par son époux, sont destinés à être lus aux intimes ou à être chantés par la scriptrice qui s'accompagnait du luth. Il y apparaît que l'amour domine toute son existence. Elle se voit comme incarnant la force féminine – la journée – tandis que son amant prend le rôle de la force masculine correspondante – le jour (chanson IX). Cette métaphore de la clarté symbolise à la fois la pureté de leur amour et les lumières intellectuelles qu'engendre leur fréquentation :

> ... mon Jour par clarté adoucie
> M'éclaire toute, et tant qu'à la minuit
> En mon esprit me fait apercevoir
> Ce que mes yeux ne surent oncques voir.

Le poète Maurice Scève, identifié par deux anagrammes (Ce vice se muera), inspire cette dévotion totale qu'elle veut dignement exprimer : « Prête-moi ton éloquent savoir/ Pour te louer ainsi que tu me loues ».

Plus qu'un journal intime de ses souvenirs personnels, ses *Rymes* fournissent parfois des discussions théoriques sur les questions amoureuses où Pernette est à tour de rôle celle qui interroge et celle qui répond. Chaque épigramme traite d'une seule question, par exemple : « A qui est plus un Amant obligé/ Ou à Amour ou vraiment à sa Dame ? » (XXIX). Après une courte discussion, Pernette prononce le jugement qui termine le poème : « C'est que sans Dame Amour ne serait point ». Plutôt que d'élaborer une doctrine cohérente de l'Amour, elle concentre son attention sur la question immédiate, ce qui explique la fin apparemment contradictoire d'une autre épigramme : « Qu'Amour fut premier que l'Amant. » (XLVI). La mise en vers du débat prévaut sur le développement d'une théorie unifiée. L'auteur se laisse entraîner par son sujet, examinant parfois un cas hypothétique : « Prenez le cas que, comme je suis vôtre/ (Et être veux) vous soyez tout à moi » (XXVI) ou bien une situation paradoxale : « Si j'aime [celui] que je devrais haïr,/ Et hais celui que je devrais aimer », (XXV). Le développement d'un syllogisme nourrit l'inspiration poétique (XX) :

> Si le servir mérite récompense,
> Et récompense est la fin du désir,
> Toujours voudrais servir plus qu'un ne pense,
> Pour venir au bout de mon plaisir.

Cette quête du plaisir est ailleurs mise en question. Dans un des plus intéressants poèmes (Elégie II), Pernette propose une scène idyllique de tentation et de domination comme s'il s'agissait d'une situation qu'elle allait explorer pour ensuite la rejeter. Elle se voit tentatrice, se baignant nue dans une fontaine. Telle Diane prise au bain, Pernette imagine son amant/Actéon transformé non en « cerf » mais en « serf », ce qui risquerait de provoquer le courroux d'Apollon, dieu de la poésie. Finalement, elle rejette ce rôle de dominatrice et adopte l'attitude de soumission conventionnelle. Elle accepte donc l'ordre établi seulement après avoir examiné de près l'alternative. Se voyant « sans grâce et sans mérite », elle préfère que son amant serve les muses car de ses écrits à lui naîtrait le bonheur du couple. Les circonstances font que la soumission de la poétesse est exigée par le talent supérieur de l'homme « Lequel un jour par ses écrits s'attend/ D'être avec moi et heureux, et content. »

Bibliographie : *Rymes* (Lyon : Antoine du Moulin, 1545). *Rymes,* édition critique de Victor Graham (Genève : Droz, 1969).

Sélection critique : Ardouin, Paul : *Maurice Scève, Pernette du Guillet et Louise Labé : L'Amour à Lyon au temps de la Renaissance* (Nizet, 1981). Buche, Joseph : « Pernette du Guillet et la "Délie" de Maurice Scève », *Mélanges de philologie offerts à Ferdinand Brunot* (Genève : Slatkine Reprints, 1972). Perry, Anthony T. : « Pernette du Guillet's Poetry of Love and Desire », *Bibliothèque d'Humanisme et Renaissance* 35 (1973). Saulnier, V. -L. : « Étude sur Pernette du Guillet et ses "Rymes" », *Bibliothèque d'Humanisme et Renaissance* 4 (1927). Schmidt, A. -M. : « Poètes lyonnais du seizième siècle », *Information Littéraire* 4 (1952). Soderstrom, Richard : « The Poetry of Pernette du Guillet and its Italian Sources » (thèse, Univ. Vanderbilt, c. 1980). Cf. FWW.

Diane S. Wood

GUIRGUIS, Renée, écrivaine égyptienne.

Récits (G.L.M., 1952). *Rondes* (id., 1959). *Rythmes* (Troyes : Librairie Bleue, 1983).

GUIZOT, Pauline, 1773-1827, journaliste, romancière.

La Chapelle d'Ayton (Maradan, 1810). *Histoire du théâtre français. Journal d'une mère. Lettre de famille sur l'éducation* (Pichon/Didier, 1828). *Aglaé, ou les Tracasseries,* suivi de *Hélène, ou le but manqué ; Julie ou La Morale de Madame Croque-mitaine* (Didier, 1837). *Eudoxie ou l'orgueil permis,* suivi de *Le Pauvre Françou ; Édouard et Eugénie ou Le Sac brodé et l'Habit neuf,* contes dédiés à la jeunesse (Libr. d'éducation de Didier, 1840). *L'Amie des enfants,* contes moraux (Didier, 1859).

GURGAND, Marguerite, n. 1917, romancière.

Nous n'irons plus au bois (Mazarine, 1979). *Les Demoiselles de Beau-moreau* (id., 1981). *L'Histoire de Charles Brunet* (Mazarine, 1982).

GUYON, Jeanne-Marie, 1648-1717, écrivaine mystique.

Moyen court et très facile pour l'oraison que tous peuvent pratiquer aisément (1685). *Le Cantique des Cantiques de Salomon, interprété selon le sens mystique et la vraie représentation des états intérieurs* (Lyon : Antoine Briasson, 1688). *Le Nouveau Testament de Notre Seigneur Jésus-Christ avec des explications et réflexions qui regardent la vie intérieure* (Cologne : Jean de la Pierre, 1713). *Les Livres de l'Ancien Testament avec des explications et réflexions qui regardent la vie intérieure* (id., 1715). *Discours chrétiens et spirituels sur divers sujets qui regardent la vie inté-rieure, tirés la plupart de la Sainte Écriture* (id.,1716). *L'Ame amante de son Dieu, représentée dans les emblèmes de Hermanus Hugo sur ses pieux désirs* (id.,1717). *La Sainte Bible avec des explications et réflexions qui regardent la vie intérieure* (Libraires Associés, 1790). *Madame Guyon et Fénelon : La Correspondance secrète* (Dervy, 1982). *La Vie de Madame Guyon* (Dervy, 1983). Cf. Françoise Mallet-Joris : *Jeanne Guyon* (Flammarion, 1978)

GYP, 1849-1932, romancière, polémiste.

Sybille-Gabrielle-Marie-Antoinette de Riquette de Mirabeau, comtesse de Martel de Janville, arrière-petite-nièce du grand orateur Mirabeau, est née en Bretagne en 1849 ou 1850. Mariée à vingt ans, elle ne commence sa carrière d'écrivaine qu'en 1882 avec son premier roman, *Petit Bob.* C'est le début de Gyp, nom de plume qu'elle signera pour une centaine de romans et articles. Elle connaît de grandes amitiés, notamment Montes-quiou, Barrès et France. Boulangiste, anti-dreyfusarde, farouchement nationaliste et donc explicitement antisémite, elle collabore aux plus grands journaux et revues de son époque, et ne cesse d'écrire qu'un an avant sa mort.

Mieux que tout autre, peut-être, le critique Carlo Cordié a su résumer une notoriété en une image : « Gyp sous l'abat-jour couleur de rose. » En effet, l'œuvre abondante de cette écrivaine est parcourue de la nostalgie d'un monde perdu, celui de l'aristocratie, et n'est finalement rachetée de sa sentimentalité sirupeuse que par la satire, à la fois amusante et tran-chante, des mœurs contemporaines. Hormis Anatole France, ses plus grands admirateurs sont presque exclusivement des tenants de la droite : Barrès, Faguet, Lemaître ; ses détracteurs, tout en rendant juste hommage aux qualités de simplicité, clarté et vivacité de son langage ainsi qu'à la justesse de ses caricatures, s'en prennent finalement à l'actualité de son œuvre qui « la vieillit malheureusement ». Ils la taxent de monotonie, ce qui aboutit au jugement sévère que ses romans sont tous « du même auteur ».

Mais c'est par cela même qu'elle est originale. Ses portraits, tous d'après nature, des « gens de la haute » qu'elle fréquente, sont devenus de véritables figures archétypiques. On cite le plus souvent ses enfants terribles et surtout le héros de son premier roman dialogué, *Petit Bob* (1882). Mais il faut tenir compte également de ses jeunes filles un peu sauvages, un peu « garçonnes » qui précèdent si bien la Claudine de Colette : Chiffon (*Le Mariage de Chiffon,* 1894) et la petite fille de sa nouvelle « Le Pot de Réséda » (1892), pour n'en nommer que deux.

Les femmes de ses romans sont peu différenciées, au moral comme au physique, mais elles échappent en partie aux clichés les plus banals et les plus défavorables de l'époque par leur indépendance. Cependant aucune solidarité ne lie ses héroïnes aux autres femmes, ceci en partie parce que leur droiture et leur originalité les distinguent de la masse qui les entoure. Étant toujours « la plus belle créature qu'on puisse imaginer », la femme chez Gyp a un corps souple dont « jamais un corset n'a entravé les mouvements ni raidi la taille ronde ». Resplendissante de santé, elle monte à cheval tous les jours, soit au Bois de Boulogne, soit à la chasse dans ses domaines. Forte, robuste, elle n'a jamais de vapeurs, n'a jamais appris à pleurer. Elle s'habille en général comme sa créatrice, de façon originale, ayant « cette chance que tout ce qu'elle porte va mal à celles qui essaient de le copier » (*Le Monde à côté,* 1884).

L'héroïne de Gyp est spirituelle, gaie, rieuse de nature mais elle a un fond sérieux qui tourne au fanatisme le plus réactionnaire lorsqu'il s'agit de politique, et surtout de « l'affaire » [Dreyfus] qui a inspiré à l'auteur non seulement des textes mais encore des dessins où elle caricature les juifs selon tous les stéréotypes de l'époque. La belle peut divorcer, mais l'adultère lui répugne. D'une loyauté et d'une fidélité exceptionnelles, elle donne parfois l'impression inverse. Quant à sa vie amoureuse, elle épouse le plus souvent un homme qu'elle n'aime pas pour des raisons de convenance ou dans l'espoir d'obtenir par le mariage une plus grande liberté d'action. Son mari de premières noces est rarement bon époux, mais l'auteur s'arrange souvent pour que ce mari meure, par suicide ou en duel, afin que l'héroïne puisse épouser en secondes noces, alors qu'elle est une « femme de trente ans », l'homme qu'elle aime en secret depuis long-temps : un ami d'enfance ou un homme mûr qui lui est « supérieur ».

Gyp a, d'une certaine façon, « perfectionné » la forme littéraire qu'est le roman dialogué. Pour nous, lecteurs modernes, les difficultés de lecture se rattachent au manque d'actualité de son œuvre. Non seulement elle emploie fréquemment l'argot de son époque, mais les personnages sont souvent des personnages à clef. Néanmoins, on peut sourire de ses personnages sans savoir leur véritable identité, grâce aux noms suggestifs qu'elle leur donne, noms qui deviennent de véritables étiquettes. Ce mécanisme fonctionne sans défaillance, en particulier dans les textes dramatiques où s'exerce sa verve la plus pétillante et la plus discutable.

Bibliographie (sélective) : *Petit Bob* (Calmann-Lévy,1882). *La Vertu de la baronne* (id., 1882). *Autour du mariage* (id., 1883). *Elles et lui* (id., 1885). *Autour du divorce* (id., 1886). *Joies conjugales* (id., 1887). *Petit bleu* (id., 1888). *Ohé! les psychologues* (id., 1889). *Professional-lover* (id., 1894). *Le Mariage de Chiffon* (id., 1894). *Leurs âmes* (id., 1895). *Israël* (id., 1898). *La Meilleure amie* (Arthème Fayard, 1912). *Souvenirs d'une petite fille* (Calmann-Lévy, 1912). *Joyeuse enfance de la Troisième République* (id., 1931). Cf. H. Talvert et J. Place : *Bibliographie des auteurs modernes de langue française,* t. III (Éditions de « la Chronique des lettres françaises » Aux horizons de France, 1941), pp. 416-428.

Sélection critique : Brisson, Adolphe : *Portraits intimes* (Armand Colin, 1904). Corpechot, Lucien : « Le Souvenir de Gyp », *Revue de Paris,* 15 juillet 1932, 434-441. Lemaître, Jules : « Gyp et la *Vie Parisienne* », *Impressions de Théâtre,* t. 1 (H. Lecène et H. Oudin, 1888). Pellissier, Georges : « La Littérature dialoguée en France (Gyp, Lavedan, Donnay, Provins) », *Revue des Revues,* t. XXIV (1898). Silverman, Willa Z. : *Gyp : Right-Wing Anarchist at the Fin du Siècle* (Oxford Univ. Press, 1994).

Amy Millstone

H

HABERSAAT, Édith, n. 1941, romancière suisse.

Née à Genève et issue de la classe moyenne, Edith Habersaat a éprouvé très tôt le besoin d'écrire, pressentant dès son enfance la fonction cathartique de cet acte. Cette perception de l'écriture explique son entrée tardive (c'était en 1979) et due essentiellement au hasard, dans le domaine de la publication. Édith Habersaat a fait des études à l'université de Genève, avec entre autres Jean Starobinski et Jean Rousset. Après une licence en lettres, et un brevet pédagogique, l'écrivaine enseigne et collabore quelques années à la radio suisse romande ainsi qu'à divers journaux. Mariée, mère de deux enfants, elle vit près de Genève. Plusieurs prix ont honoré son œuvre : prix de la Ville de Genève, en 1980, pour *L'Age de Feu,* prix Alpes-Jura 1989 pour *des Plis dans l'aube,* et prix de la Nouvelle 1990 pour « L'Arbre rouge » dans *Résurgence.*

Constituée d'une douzaine d'ouvrages, romans et essais, l'œuvre d'Édith Habersaat est traversée par trois thèmes fondamentaux entretenant des relations étroites entre eux : la quête multiforme de l'image paternelle, la dénonciation des hommes prédateurs de la femme et la souffrance dans le monde, celle des non-privilégiés et des enfants en particulier. Cette thématique n'exclut pas la présence d'un ton humoristique, voire corrosif. Ici, on peut penser au roman *Au pays des enfants nus,* où le déroulement du récit s'inscrit dans trois registres qui convergent finalement : l'histoire de Marie-Ève, épouse d'un industriel (fromages mous Blanbec), qui apparaît en caractères romains. Entrecoupant celui-ci, les livraisons hebdomadaires d'un récit pour les jeunes imprimé en caractères gras et porteur principal de l'humour corrosif : au travers de Joseph le Chat, Marie-Ève exorcise ses révoltes contre l'embourgeoisement lié à sa belle-famille et partant, la frivolité de son époux. Le troisième discours, en italique, constitue une sorte de journal intime de Marie-Ève : elle rêve d'écrire un jour *Au pays des enfants nus* et peu à peu un glissement s'opère des aventures de Joseph le Chat au récit envisagé. En refusant une fiction édulcorée, en se redressant finalement après que Pierre l'a rejetée, la narratrice trouve sa véritable patrie, le pays des Enfants Nus.

L'œuvre d'Édith Habersaat révèle la nécessité d'évacuer non seulement les angoisses existentielles, mais encore celles engendrées par un contexte familial bousculé et, corrélativement, par une confrontation souvent douloureuse avec le monde des adultes. Son écriture très particulière oscille entre la prose et la poésie : elle est chant dans le verbe, sans que le déroulement événementiel en soit altéré, bien au contraire. Le style, en forme de flux et de reflux, polyphonique aussi, épouse en quelque sorte son objet.

Bibliographie : *In Nomine Patris* (Lausanne : L'Age d'Homme, 1979). *L'Age de Feu,* rm (id. 1980). *Le Mur du Son,* rm (id. 1981). *Le Bal démasqué,* nouvelles (id., 1982). *Jean Vuilleumier* (Fribourg : Éd. Univ. de Fribourg, 1983). *En spirales* (Lausanne : L'Age d'Homme, 1984). *L'Écrivain et l'espace,* collectif (Montréal : L'Hexagone, 1985). *Turbulences* (Lausanne : L'Age d'Homme,1986). *Yvette Z'Graggen,* essai (Fribourg : Éd. Univ. de Fribourg, 1987). *Des Plis dans l'aube* (Yverdon : La Thièle, 1988). *Non Lieu,* rm (id., 1989). « L'Arbre rouge », in *Résurgence* (Vaud : Alliance culturelle romande, 1990). *Au pays des enfants nus* (L'Harmattan, 1991).

Sélection critique : Arnothy, Christine : sur *Des Plis dans l'aube* (*La Suisse,* 12 fév. 1989). Bridel, Yves : sur *En Spirales* (*24 Heures,* 9 janv. 1985). Bridel, Yves : sur *Non Lieu* (*24 Heures,* 1er fév. 1990). Chapuis, Simone : sur *Yvette Z'Graggen* (*Femmes Suisses,* mars 1988). Dalhem, Charles-Henri : sur *Turbulences* (*Coopération* 36, 4 sept. 1986). Junod, Roger-Louis : sur *Jean Vuilleumier* (*Coopération* 51, 22 déc. 1983). Lachenal, Lise : sur *In Nomine Patris* (*La Suisse,* 5 fév. 1980). Nicod, Georges : sur *L'Age de Feu* (*Repère* 1, oct. 1981). Vuilleumier, Jean : sur *Le Bal démasqué* (*La Tribune de Genève,* déc. 1982).

Janine Massard

HAFSIA, Jalila, écrivaine tunisienne.

Cendre à l'aube, rm (Tunis : MTE, 1975). *Visages et Rencontres,* entretiens (Tunis : Imp. de la SAGEP, 1981). *La Plume en liberté* (id., 1983). *Soudain la vie,* nouvelles (Tunis : Chama, 1992).

HAMOIR, Irène. v. IRINE.

HAN, Françoise, n. 1928, poète vietnamienne.

Cité des hommes (Seghers, 1956). *L'Espace ouvert* (Saint-Germain-des-Prés, 1970). *Saison vive* (HC, 1972). *Par toutes les bouches de l'éphé-*

mère (id., 1976). *Le Temps et la Toile* (Mortemart : La Rougerie, 1977). *Est-ce une prairie (cernée) ?* (id., 1979). *Dépasser le solstice ?* (Saint-Germain-des-Prés, 1984). *Palissades* (F. Han, 1985). *Nous ne dormirons plus jamais au mitan du monde* (Saint-Germain-des-Prés, 1987).

F. Han a animé, avec Jean-Paul Cathala, la revue *Avant-Quart* (Chelles) : douze numéros entre 1966 et 1974.

HANS, Marie-Françoise, essayiste, romancière.

Tamara, ma sœur (R. Deforges, 1976). *Les Femmes, la pornographie, l'érotisme,* avec Gilles Lapouge (Seuil, 1978). *Esquisse pour une jeune fille* (Hachette, 1980). *Coup de dés* (id., 1982). *Double dame* (id., 1985). *Le Temps des copines* (id., 1986). *Les Femmes et l'argent : Histoire d'une conquête* (Grasset, 1988). *Du côté de la vie* (id., 1990).

HANSKA, Evane, romancière.

Les Raouls (Orban, 1976). *La Mauvaise Graine* (id., 1978). *J'arrête pas de t'aimer* (Balland, 1981). *La Femme coupée en deux* (id., 1983). *L'Imparfait du subjonctif* (Fleuve Noir, 1984). *Les Amants foudroyés* (Mazarine, 1984). *Le Manuel de la garce,* avec Jeanne Fally (J.-C. Lattès, 1985). *Fascination* (Mercure de France, 1986). *Barbe à papa* (id., 1987). *Que sont mes Raouls devenus ?* (Balland, 1990). *J'accuse le Prince Charmant* (Table Ronde, 1991).

HARPMAN, Jacqueline, psychanalyste, romancière belge.

« L'Amour et l'Acacia », nouvelle (Julliard, 1958). *Brève Arcadie,* prix Victor Rossel (id., 1959). *L'Apparition des esprits* (id., 1960). *Les Bons Sauvages* (id., 1966). *La Mémoire trouble* (Gallimard, 1987). *La Fille démantelée* (Stock, 1990). *La Plage d'Ostende,* prix « Point de Mire » (id., 1991). *La Lucarne,* nouvelles (id., 1992). *Le Bonheur dans le crime* (id., 1993). Cf. *Le Monde,* 22 nov. 1991.

La vieille dame et moi (Le Grand Miroir, 2001)

HARRY, Myriam (pseud. de Mme Émile Perrault), 1875-1958, romancière née à Jérusalem.

Passage de Bédouins, nouvelles (Lévy, 1899). *Petites Épouses* (id., 1902). *La Conquête de Jérusalem,* premier prix Fémina (Flammarion, 1903). *Tunis la blanche* (Fayard, 1910). *La Petite Fille de Jérusalem* (id.,

1914). *Siona chez les Barbares* (id., 1918). *Siona à Paris* (id., 1919). *Le Tendre Cantique de Siona* (Œuvres Libres, 1921). *Les Amants de Siona* (1924). *L'Ile de volupté* (Fayard, 1925). *La Divine Chanson* (id., 1925). *Siona à Berlin* (id., 1927). *Le Premier Baiser* (Ferenczi & fils, 1927). *Le Mannequin d'amour* (Flammarion, 1927). *La Conquête de Jérusalem* (id., 1928). *Le Petit Prince de Syrie* (Illustration, 1928). *La Pagode de l'île flottante* (Éd. des Portiques, 1929). *Madame Petitjardin* (Fayard, 1930). *La Jérusalem retrouvée* (Flammarion, 1930). *Terre d'Adonis* (id., 1930). *La Tunisie enchantée* (Illustration, 1931). *Les Derniers Harems* (id., 1932). *Cléopâtre* (id., 1934). *Ombres* (id., 1935). *Les Adorateurs de Satan* (id., 1937). *Amina, ma colombe* (id., 1937). *La Princesse turquoise* (id., 1942). *Micador* (id., 1944). *La Divine Chanson* (Fayard, 1947). *Mon Testament* (Grenoble : Allier, 1952).

HAUMONT, Marie-Louise, romancière belge.

Comme, ou la journée de Madame Pline (Gallimard, 1974). *Le Trajet* (id., 1976). *L'éponge* (id., 1981).

HÉBERT, Anne, n. 1916, poète, romancière québécoise.

Née à Sainte-Catherine-de-Fossambault (Québec), dans une famille lettrée (son père était un critique connu dans les années trente), Anne Hébert dit avoir reçu une éducation exigeante, plus française que nord-américaine. Encouragée par son cousin, le poète Saint-Denys-Garneau, elle commence à publier des poèmes dans diverses revues à partir de 1939. Ce n'est qu'ensuite qu'elle vient au roman et au théâtre. Elle séjourne d'abord en France grâce à des bourses. En 1953, elle entre comme scénariste et rédactrice de commentaires à l'Office national du film canadien, expérience qu'elle mettra à profit dans ses pièces, dont l'une, *La Mercière assassinée* (1958) sera créée à la télévision. Elle a reçu de nombreux prix pour son œuvre, parmi lesquels le prix Fémina (1982), tant en France qu'au Canada.

Bien qu'elle soit désormais plus connue comme romancière, Anne Hébert est aussi dramaturge et surtout « un des plus grands poètes contemporains », affirme le critique André Rousseau. Non seulement la dimension poétique n'est jamais absente de ses textes, mais l'œuvre romanesque reprend dans le temps, à la fois thématiquement et dans son propre cheminement, les intuitions fulgurantes inscrites dans la poésie. Les trois recueils qui regroupent des poèmes publiés dans de nombreuses revues posent les jalons d'une expérience intérieure qui sera le fondement de l'œuvre tout entière. *Les Songes en équilibre* (1942) doit beaucoup au symbolisme et à la technique impressionniste, chantant en vers courts la nostalgie d'une enfance où, croyait le poète, « tout se disposait pour /son/jeu » (« Le Miroir »). Jeu des apparences, poèmes du songe, c'est-à-dire de l'absence de réalité, thème que reprendra en particulier le roman *Les Chambres de bois*.

Marquée à neuf ans d'intervalle par la mort de son cousin puis celle de sa sœur Marie (1952), Anne Hébert publie en 1953 son second recueil, *Le Tombeau des rois*, poèmes de la descente vers les chambres secrètes où « L'immobile désir des gisants /la/ tire ». Le vers s'allonge, s'épure, les images acérées s'enchaînent jusqu'à l'hermétisme. Leur traduction en anglais a donné lieu à un dialogue passionnant entre la poète et son traducteur qui en éclaire le sens et la démarche formelle. A cette plongée dans les souterrains de l'âme et cette confrontation avec l'angoisse et la mort succède la remontée vers le jour et la lumière célébrée dans *Mystère de la parole*. Le vers désormais libéré s'amplifie, tout à la joie de la voix et de la vie retrouvées. Un texte, « Poésie, solitude rompue », est capital pour comprendre la fonction de l'art chez Anne Hébert. Il précède des poèmes où les images se diversifient, se gonflent de chair et de sang, superposant leurs multiples sens en cercles concentriques dont il est difficile d'épuiser les figures. Une double influence biblique et claudélienne s'y décèle.

« De l'exil au royaume », pour reprendre le titre de l'étude d'Albert Le Grand, tel est donc l'itinéraire des poèmes. L'œuvre romanesque et théâtrale s'attache beaucoup plus longuement au premier terme du parcours. Il y a chez Anne Hébert une indéniable fascination pour les « chambres hantées » et les « temps sauvages » où de fortes et possessives mères (Agnès, dans *Le Temps sauvage*, la « grande Claudine » dans *Le Torrent*) tentent de retenir leurs enfants. Ce sont les espaces intérieurs de natures que n'éclaire pas la conscience, prises dans des temps immobiles, un passé qui emprisonne l'être – comme Michel et Lia dans *Les Chambres de bois* ou Stéphanie de Bichette dans « La Maison de l'Esplanade ». Peur de la chair qui sous-tend les abondantes images d'os, de mutilations, de tombeaux, d'eaux sombres et destructrices. Dans *Kamouraska*, dont Claude Jutra a tiré un film en 1974, et dans *Les Enfants du sabbat* une même vision se dégage : la sexualité y apparaît simultanément comme force vive où l'être libéré pourrait s'exprimer tout entier, et comme force démoniaque nuisible non seulement à l'individu mais au tissu social. L'héroïne de *Kamouraska* sera punie d'avoir choisi de vivre selon l'ordre de la passion.

Dans cet univers d'affrontement, les femmes, qui dominent l'œuvre d'Anne Hébert, appartiennent presque toujours à la catégorie des grandes présences maternelles étouffantes, si fréquentes dans la littérature canadienne, ou à celle des « servantes » : la métisse d'« Un Grand Mariage », la mercière assassinée, l'ouvrière Catherine qui épousera son « prince » dans

Les Chambres de bois. Femmes aliénées ou humiliées, elles parviennent dans la plupart des œuvres, au besoin par le meurtre, à obtenir vengeance et à reconquérir leur dignité. Comme le poète, leur porte-parole, elles accèdent enfin à l'expression, sinon celle des mots, du moins celle du geste. Mais seule Catherine des *Chambres de bois* permet de croire à la possibilité du bonheur et d'un amour porteur de vie plus que de mort.

Dans son ensemble, l'œuvre d'Anne Hébert séduit par son intensité poétique et sa puissance évocatrice. Mais c'est peut-être dans *Les Fous de Bassan,* prix Fémina 1982, que l'univers romanesque, marqué par le mal et la folie, atteint à sa plus grande force poétique et tragique. Récit d'un double viol et d'un double meurtre situé dans un village côtier isolé dans un décor de sable, de vent et de tempête, il met en scène des figures masculines qui répondent par la peur et la violence à la fascination qu'exerce sur eux le monde féminin. On trouve ici une recherche plus poussée au niveau d'une structure narrative qui peut évoquer Faulkner. Le texte cerne les événements à partir de cinq récits différents, multipliant ainsi les voix, les points de vue et enfermant le lecteur dans un suspense savamment entretenu autour de personnages inquiétants et mystérieux. Avec ce roman, Anne Hébert a confirmé son talent de conteuse et la richesse d'une imagination très personnelle soumise à un sens sûr du métier.

La remontée au jour, troisième volet d'un imaginaire poétique marqué par la descente et le jeu des apparences, apparaît infiniment moins « jubilante » dans l'œuvre en prose. Cependant il existe une remarquable fusion entre l'aventure personnelle d'Anne Hébert, celle de ses personnages et l'aventure collective de la communauté franco-canadienne aliénée dans le souvenir d'un passé glorieux et, jusque récemment, prolétaire d'une nation qui lui a longtemps dénié une identité. Anne Hébert, poète ayant émergé à la conscience d'elle-même, invite les siens à prendre possession de leur terre, à la fois violente et tendre.

Bibliographie : *Les Songes en équilibre,* poésie (Montréal : L'Arbre, 1942). *Le Torrent,* nouvelles (Éd. Beauchemin, 1950 ; éd. augmentée : Montréal : HMH, 1963). *Le Tombeau des rois,* poésie (Québec : Institut Littéraire du Québec, 1953). *Les Chambres de bois,* rm (Le Seuil, 1958). *Poèmes, Le Tombeau des rois et Mystère de la parole* (Seuil, 1960). *La Traduction, Dialogue entre le traducteur et l'auteur,* avec Frank Scott (ECF, t. 7, 1960 ; Montréal : HMH, 1970). *Le Temps sauvage, La Mercière assassinée, Invités au procès,* théâtre (Montréal : HMH, 1967). *Kamouraska,* rm (Seuil, 1970). *Les Enfants du sabbat,* rm (id., 1975). *Héloïse,* récit (id., 1980). *Les Fous de Bassan,* rm (id., 1982). *Le Premier jardin,* récit (id., 1988). *Poèmes* (id., 1989). *La Cage,* suivi de *L'Ile de la Demoiselle* [théâtre,1979] (Montréal/Paris : Boréal/Seuil, 1990). *L'Enfant chargé de songes* (id., 1992). *Aurélien, Clara, Mademoiselle et le Lieutenant anglais,* récit (Seuil, 1995).

Sélection critique : Hazaire Garant, France : *Ève et le cheval de grève : Contribution à l'étude de l'imaginaire d'Anne Hébert* (Québec : Univ. Laval, CRELIQ, 1988). Pagé, Pierre : *Anne Hébert* (Montréal et Paris : Fides, 1965). Le Grand, Albert, « Anne Hébert de l'exil au royaume » (*Études Françaises*, 4 : 1, fév. 1968). Lacote, René : *Anne Hébert et son temps* (Seghers, 1968). Major, Jean-Louis : *Anne Hébert et le miracle de la parole* (Montréal : PUM, 1975). Patterson, Janet M. : *Anne Hébert : Architexture romanesque* (Ottawa : Éd. de l'Univ. d'Ottawa, 1985). Roy, Lucille : *Entre la lumière et l'ombre : L'Univers poétique d'Anne Hébert* (Sherbrooke : Naaman, 1984). Russell, Delbert W. : *Anne Hébert* (Boston : Twayne, 1983). Thériault, Serge : *La Quête de l'équilibre dans l'œuvre romanesque d'Anne Hébert* (Hull : Éd. de l'Asticou, 1980).

MH

HÉBRARD, Frédérique, romancière.

La Demoiselle d'Avignon (Julliard, 1972). *L'Ile sans serpent* (id., 1972). *Je vous aime* (id., 1973). *Le Mois de septembre* (id., 1973). *Babouillet ou la Terre promise* (Éd. GP., 1973). *La Petite Fille modèle* (id., 1974). *Un Mari c'est un mari* (Julliard, 1976). *La Vie reprendra au Printemps* (Flammarion, 1978). *La Chambre de Goethe* (id., 1981). *Un visage* (id., 1982). *La Citoyenne* (Grand Livre du Mois, 1984). *Le Harem* (France-Loisirs, 1987). *Le Mari de l'ambassadeur* (Flammarion, 1990). *Félix, fils de Pauline* (id., 1992).

HÉLOISE, 1101-1161, épistolière.

Lettres à Abélard (sd). *Correspondance,* Abélard et Héloïse : texte traduit du latin et présenté par Paul Zumthor (UGE, 1979). *La Fille sauvage* (Esternay : M. Thébault, 1982).

HERMARY-VEILLE, Catherine.

Le Beau Rôle (La Pensée Universelle, 1974). *La Grand Vizir de la nuit* (Gallimard, 1981). *L'Épiphanie des dieux* (id., 1983). *La Marquise des ombres* (Olivier Orban, 1983). *L'Infidèle* (Gallimard, 1985). *Romy* (Orban, 1986). *Le Jardin des Henderson* (Gallimard, 1988). *Le Rivage des adieux* (Pygmalion, 1990). *Un Amour fou* (Orban, 1990).

HERMINE, Micheline Aguer, romancière aquitaine et transatlantique.

« Le Jeune Homme sec », nouvelle (*Les Temps Modernes,* 461, déc. 1984). *Les Iguanes du Temps,* rm (Éditions Caribbéennes, 1988). *Anna ou les crimes parfaits,* rm, prix de la Renaissance aquitaine 1986. *Blessures,* rm, prix de la Renaissance aquitaine 1990 (à paraître). *Dolorès,* rm, prix des Abîmes 1992 (id.). *La Sœur d'Amérique,* rm (id.).

HERVIEU, Louise, 1878-1954, peintre, romancière.

Le Livre de Geneviève (Bernheim jeune & Cie, 1920). *L'Ame du cirque* (Librairie de France, 1924). *Le Bon Vouloir* (id., 1927). *Sangs* (Denoël, 1936). *Le « Crime »* (id., 1937). *Le Malade vous parle* (id., 1943). *La Rose de sang* (Genève : P. Cailler, 1953).

HIRTUM, v. VAN HIRTUM.

HO, Ly Thu, v. LY.

HOAREAU, Iris [Catherine ?], n. 1896 ? (pseud. : Violette de Bourbon ?), poète réunionnaise.

La Réunion, paradis des tropiques (Éd. de la Revue Moderne, 1966). *Poèmes, mes enfants* (Saint-Denis : Cazal, 1980). *Trois poètes réunionnaises d'une grande génération* (Saint-Gilles-les-Hauts : Lauret, 1989).

HOMMAIRE DE HELLE, Adèle, 1830-?, voyageuse [Caucase, Turquie, Russie].

V. Monicat, Bénédicte : *Itinéraires de l'écriture au féminin : Voyageuses du 19ᵉ s.* (Amsterdam : Rodopi, 1995).

HOUARI, Leila, romancière marocaine.

Zeïda de nulle part (id.,1985). *Quand tu verras la mer* (L'Harmattan, 1988).

HOUDYER, Paulette, peintre, essayiste, romancière.

La Grande Bucaille (Julliard, 1954). *L'Oiseau de pluie* (id., 1955). *La Bête à chagrin* (id., 1956). *Taupe* (id., 1958). *Mélancoline* (id., 1961). *Le Diable dans la peau* (id., 1966). *L'Affaire des sœurs Papin* (= *Diable dans la peau*) (J'ai lu, 1970). *L'Affaire Caillaux : Ainsi finit la Belle Époque* (Sables-d'Olonne : Cercle d'Or, 1977). *Nouveau Guide des petites astuces de la maison* (Rennes : Ouest-France, 1986). *L'Affaire Papin* (Le Mans : Cénomane, 1988).

HOUFANI BERFAS, Zehira, romancière algérienne.

Le Portrait du disparu (Alger : ENAL, 1986). *Les Pirates du désert* (id., 1986). *L'Incomprise* (id., 1989). V. LFLFM.

HOUSSA, Nicole, 1930-1959, poète, critique belge.

Comme un collier brisé (Bruxelles : Éd. des Artistes, 1960). *Poèmes,* in *Revue Générale Belge* (Bruxelles : oct. 1960).

HOUVILLE, Gérard d'–. 1875-1963 (pseud. de Marie-Louise Antoinette de Heredia de Régnier), poète et romancière.

Fille de José Maria de Heredia (1842-1905), le poète des *Trophées,* femme de Henri de Régnier (1864-1936), le poète de *La Cité des Eaux* et le romancier de *La Pécheresse,* maîtresse de Pierre Louÿs, le poète des *Chansons de Bilitis* et l'auteur de *La femme et le Pantin,* belle-sœur de Maurice Maindron qui prétendait rivaliser avec Dumas dans des romans de cape et d'épée, puis de René Doumic, auteur d'une *Histoire de la Littérature française* ; maîtresse encore de Henri Bernstein auquel elle inspire sa pièce *Le Secret,* et de plusieurs autres romanciers ou poètes comme Jean-Louis Vaudoyer ou Edmond Jaloux, le problème majeur de Gérard d'Houville ne fut jamais d'exister.

Telle une fleur surgie au milieu des hommes de lettres, elle va à la littérature spontanément, avec une aisance innée et naïve, et une confiance en soi d'autant plus surprenante que Marie – dite Mouche dans la famille – n'a pour elle ni science ni culture. Rien que le talent naturel. Elle a trouvé sa vocation en écoutant son père réciter des sonnets tout en fumant des cigares, dans le salon célèbre de la rue Balzac, à Paris.

Son pseudonyme lui vient d'un ancêtre normand (Girard d'Ouville, seigneur des Trois Rivières, filleul de madame de Pompadour), émigré à Saint-Domingue. Avec Cuba où est né José Maria de Heredia, l'île fétiche dont elle prétend tenir la lascivité, le goût pour le rêve et la sieste, l'exotisme est au cœur de ses livres. Des papillons, des perroquets, des hibiscus accompagnent les personnages de *L'Esclave*, du *Séducteur* et de *La Jeune Fille*. L'amour du père, de l'enfant Tigre (Tigre de Régnier, son fils, est également un poète), des fleurs, du ciel, des oiseaux, du nid, sont les thèmes chéris de Gérard d'Houville. Dans ses poésies et dans ses romans, qu'elle écrive « je », en homme, ou à la troisième personne (« il » ou « elle »), qu'elle se cache, se déguise ou parle pour elle-même, en femme, c'est toujours une sensibilité très féminine, c'est-à-dire charmeuse, joueuse, câline, provocante, sauvage, violente, qui exerce en mille et une facettes ses pouvoirs de séduction.

« La chair voluptueuse et le cœur taciturne », ainsi qu'elle se décrit elle-même, Marie a aimé plaire, jouer, rêver, coiffer pendant des heures la longue chevelure brune qui fascinait son mari et ses amants, les poètes. Toute une mélancolie – angoisse de vieillir, de mourir, de perdre les êtres chers, obsession du temps qui passe et flétrit la beauté – apporte une note grave dans la peinture du bonheur. L'œuvre de Gérard d'Houville, aussi peu cérébrale qu'il est possible, toute en chansons, en caresses à fleur de peau et en insolences diverses, ressemble à Marie dans son bel amour de la vie.

Bibliographie : *L'Inconstante*, rm (Calmann-Lévy, 1903). *L'Esclave*, rm (id., 1905). *Le Temps d'aimer*, rm (id., 1908). *Les Enfants, leurs portraits, leurs jouets : exposés dans les Palais du domaine de Bagatelle, 14 mai-15 juillet 1910* (Société Nationale des Beaux-Arts, 1910). *Le Séducteur* (Fayard, 1914). Grand Prix de Littérature de l'Académie française : 1919. *Jeune Fille* (Fayard, 1916). *Tant pis pour toi* (id., 1921). *Le Roman des quatre*, en collaboration avec Paul Bourget, Henri Duvernois et Pierre Benoît, 2 vol. (Plon, 1923 ; t. 2 : *Micheline et l'Amour*, 1926). *Le Chou*, nouvelles (Le Divan, 1924). *La Vie amoureuse de l'Impératrice Joséphine* (Flammarion, 1925). *Vingt poèmes* (Champion, 1925). *L'Enfant*, nouvelles (Hachette, 1925). *Paris et les Voyages*, nouvelles (Le Divan, 1925). *Clowns*, nouvelles (Abbeville : E. Paillard, 1925). *Les Ages de la vie, l'Enfant* (Hachette, 1925). *Opinions candides*, nouvelles (La Cité des Livres, 1926). *Proprette et Cochonnet*, illustré pour enfants (Hachette, 1926). *Chez le magicien*, nouvelle (Le Divan, 1926). *Je crois que je vous aime*, sept proverbes, théâtre (Fayard, 1927). *La Vie amoureuse de la Belle Hélène* (Flammarion, 1928). *Le Charmant Rendez-Vous*, rm (Les Cahiers Libres, 1929). *Les Poésies de Gérard d'Houville* (Grasset, 1930). *Les Rêves de Rikiki*, ill. pour enfants (Plon, 1930). *Églantines et amoureuses*, nouvelles (Nouvelle France, 1946).

Sélection critique : Bona, Dominique : *Les Yeux noirs ou les vies extra-ordinaires des sœurs Heredia* (Lattès, 1989). Fleury, Robert : *Marie de Régnier* (Plon : 1990).

Dominique Bona

HUAS, Jeanine, romancière, essayiste.

Juliette Drouet ou la Passion romantique (Hachette, 1970). *Les Femmes chez Proust* (id., 1971). *Valentine* (Éd. de Trévise, 1980). *A corps et à cœur* (id., 1980). *Les Talus d'herbe folle* (J. Picollec, 1985). *Juliette Drouet* (G. Lachurié, 1985). *Sur les traces du tigre* (id., 1987).

HUBERT, Manon, romancière, parolière suisse au Québec.

« Album d'Art 1973 », avec R. Schaller. *Ballades d'aujourd'hui sur un air de jadis,* poèmes (Sherbrooke : Naaman, 1980). *D'Éphémères et de vent,* poèmes (id., 1981). *Voyages impromptus,* nouvelles (id., 1984). *L'Arbre foudroyé,* rm (Vulliens, Vaud : Éd. Mon Village, 1986). *Amours, délices en faille,* nouvelles (à paraître).

HUMBERT, Marie-Thérèse, romancière franco-mauricienne.

A l'autre bout de moi (Stock, 1979). *Le Volkameria* (id., 1984). *Une Robe d'écume et de vent* (id., 1989). *Balzac, Saché, ou le nid de coucou,* essai (Saint-Cyr-sur-Loire : C. Pirot, 1991).

HUSER, Marie-France, romancière.

La Maison du désir (Seuil, 1982). *Aurelia* (id., 1984). *La Chambre ouverte* (id., 1986). *Les Lèvres nues* (id., 1988).

HYVRARD, Jeanne, penseur, romancière, poète.

Lors de la publication des *Prunes de Cythère* en 1975, la presse a fait grand état de la voix singulière de Jeanne Hyvrard qui est restée long-temps entourée de mystère. Sa relation au langage faisait croire à la critique tant parisienne qu'antillaise qu'il s'agissait d'une Noire, et son imaginaire est effectivement marqué par l'espace antillais car elle a vécu quelques années à la Martinique. Professeure de sciences économiques dans la région parisienne, mariée, elle a une fille.

Le « je » dans ses premiers textes indique non pas une personne, fût-ce Jeanne Hyvrard, ni même un personnage, mais plutôt le jeu à l'état pur, car, dès qu'une position de sujet est affirmée, la dénégation réglant ces textes en mouvance la dissout. La voix-sujet est donc libre de poser « mille moi éclatés » (*Mère* : 15) sans qu'il y ait ni formation d'identité ni individuation. La fusion de grand-mère, mère, fille, petite fille, et sœur dans le « je » permet un contrepoint de voix multiples qui tisse néanmoins une « parole de femme » singulière, celle de toute une lignée « d'enfol-lées ». Ce sont des générations de femmes reliées dans le corps de chacune d'entre elles, comme ces « poupées russes qui n'enfantent que des filles à perpétuité » (*Prunes* : 123). Il s'agit d'une parole-cri (cri de souffrance, de révolte, d'amour), où un « je » hors la loi peut s'affirmer indifférem-ment noire et/ou blanche, maîtresse et/ou esclave, jeune et/ou vieille, car ni distinction ni contradiction n'ont prise dans la logique « autre » de cette parole. Le jeu entre catégories linguistique, logique et textuelle libère le « je » des contraintes de ces dernières, ce qui, en ce qui concerne les réfé-rents, permet au sujet d'échapper à toute « vérification d'identité », à toute définition, bref, à toute appropriation.

Cette parole singulière se forge au cours d'une quête, celle d'une « langue très vieille dans le fond de mon corps. Une langue où les mots signifient aussi leur contraire. Une langue avec trois modes. Le réel. L'imaginaire. Le fusionnel. Une langue qui n'a qu'un temps, l'infinitif sans doute » (*Mère* : 9-60, 76). Pour y accéder, le « je » doit (re)passer par le corps de la mère, source de vie et/ou de mort. Cet « accouchement mythique, renouvelé chaque jour » prend la forme d'un corps-à-corps entre la mère-pieuvre qui étouffe et digère son fœtus et la fœtus-fille qui lutte pour sa vie. Cependant la fusion de la mère et la fille dans le « je » fait en sorte que cet accouchement est une naissance à soi, une mise au monde de « naître à moi-même » (*Prunes* : 200).

Comme chez Freud, pour qui toute culture est fondée sur un meurtre rituel, cette mise au monde d'un « je(u) d'écriture », fondateur sinon d'une culture du moins d'un style « autre », s'accompagne d'une mise à mort. Que ce soit sous la forme de la mère mythique (*Mère la Mort*) ou de celle de la fille-émissaire, marquée du stigmate des « acides rouges » (signe de folie), le meurtre du « je » en tant qu'identité personnelle est requis pour l'émergence de cette parole singulière.

Dans *Les Prunes de Cythère*, l'oppression coloniale aux Antilles sert de métaphore de la situation d'une femme vis-à-vis de sa langue dite maternelle, mais dont tout ce qui dit la femme a été amputé. Le « je », étranger partout, se meut dans un espace « entre-deux » – entre la langue de la femme dissoute et celle du Père, entre deux races, entre deux cultures (française et antillaise), entre traditions poétiques enfin. Cette mouvance rend possible une réécriture de textes sacrés, mythiques et poétiques (de la Bible, de Freud, de Césaire, de Baudelaire) ainsi que la création d'un «nouveau style... une nouvelle perception du temps et de l'espace» (*Mère*: 81). Si, comme l'affirme le «je», «le corps est ma patrie» (*Mère*: 98), l'on pourrait dire que les textes de Jeanne Hyvrard sont ses «cahiers d'un retour au pays natal» dont le style effectue un voyage «outre-mère» (outre-langue «maternelle»).

La recherche d'une langue corporelle mène les textes de Jeanne Hyvrard mais chacun de ses livres présente une version différente de sa quête. Elle fait ainsi appel à diverses traditions hermétiques ou mythologiques qui contiendraient toutes des éléments permettant d'accéder au «temps d'avant». *La Meurtritude* (mot forgé parallèle à «négritude» et «féminitude») s'ouvre, par exemple, sur un mythe de la Création, une sorte de «Genèse selon Jeanne Hyvrard». Deux progressions hermétiques forment la trame narrative du texte. Le lecteur participe au cheminement du «je» à travers les vingt-deux cartes de l'Arcane majeure d'un jeu de Tarot où le «je» occupe la position (# 0) du Mat (le Fou), la carte «qui a un nom et qui n'a pas de place. L'autre épreuve du «je» sera les «sept morts du cerveau» par où il faut passer «pour retourner dans la matrice du monde». Le Grand Œuvre des alchimistes (la transmutation du plomb en or) est une métaphore traditionnelle pour la voie d'individuation, la sublimation de la matière en esprit, ou de la pensée en puissance spirituelle. En revanche, le «Grand Œuvre» de Jeanne Hyvrard, son «Alchimie du verbe» la mène à remonter à l'envers la voie des transmutations. Si, chez les alchimistes, l'argent et l'or (métaux précieux) forment les dernières étapes de la voie des transmutations, chez Jeanne Hyvrard, «la fusion» et «la confusion» forment les dernières étapes (les dernières «morts») d'une «sublimation» du cerveau ayant pour but un retour à la source, au chaos primordial, au temps d'avant toute séparation, d'avant toute distinction logique, temps qui permettait de penser – se penser – AVEC et non SANS. C'est en cela qu'on peut retracer chez Hyvrard, d'après Maïr Verthuy, une version renouvelée de diverses croyances anciennes et occultées, entre autres celle des Amérindiens Hopis.

Jennifer Waelti-Walters a par ailleurs fait remarquer la disjonction majeure entre l'intention et la réception des *Prunes de Cythère*. Un rapport sur l'état économique de la Martinique est lu comme la mélopée d'une Martiniquaise. Ce serait le primat de l'idée reçue (l'association entre le discours littéraire féminin et la folie) sur l'indésirable conjonction de la femme avec le discours politique. La dimension proprement politique et sociale de l'œuvre d'Hyvrard est effectivement parfois négligée. On oublie trop volontiers qu'elle est professeure de sciences économiques. Sa lutte pour se sauver, pour nous sauver, est fondée sur une connaissance précise des données socio-économiques qui conditionnent notre présent et notre avenir, sur une analyse poussée des coûts humains qu'elles entraînent et dont font fi les économistes « officiels ». Ces pré-occupations, qui sous-tendent tous ses écrits, sont particulièrement évidentes dans *Le corps défunt de la comédie* et *Ton nom est végétal*... Par ailleurs *Auditions musicales certains soirs d'été* reflète les méditations et fantasmes que peut inspirer la vie d'un point névralgique de la capitale tel que le centre Beaubourg, sorte de microscosme planétaire où se côtoient ou sont évoquées les questions les plus diverses : tant éducation que dégénérescence et maladie, violence sexiste et terroriste aussi bien que conflits raciaux, pollution et euthanasie. Cette suite rhapsodique de micro-textes a la vitalité anarchique de la vie moderne, c'est une invitation à la prise de conscience aux antipodes de l'abstraction et du commentaire sociopolitique.

C'est vers un réagencement cruel et tonique du monde dans son ensemble que tend la pensée de Jeanne Hyvrard, un réagencement tenant compte de toutes les oppressions, un réagencement nécessaire à sa survie comme à la nôtre. Il serait fondé sur la restauration de la parole-femme, la différence d'un discours méconnu, rigoureux. Son œuvre est comme cri continu d'alerte devant la disparition des valeurs de vie, voix qui se fait (mal) entendre mais qui compte parmi les plus fortes, inventives et intransigeantes de sa génération.

Bibliographie : *Les Prunes de Cythère* (Minuit, 1975). *Mère la Mort* (id., 1976). *La Meurtritude* (id., 1977). *Les Doigts du figuier* (id., 1977). « Passage de mort force 8 sur l'échelle de la nuit », *Des femmes en mouvement hebdo* 7-8 (21 déc. 1979 - 3 janv. 1980). « Négresse à pleurer », *Europe* 612 (avril 1980). *Le Silence et l'obscurité : Requiem littoral pour corps polonais,* 13-28 déc. 1981 (Montalba, 1982). *Le Corps défunt de la comédie* (Seuil, 1982). *Auditions musicales certains soirs d'été* (Des Femmes, 1984). *La Baisure* suivi de *Que se partagent encore les eaux* (id., 1984). *Canal de la Toussaint* (id., 1986). *Le Cercan : essai sur un long et douloureux dialogue de sourds* (id., 1987). *La Pensée corps* (id., 1989). *La Jeune Morte en robe de dentelle* (id., 1990). *Ton nom de végétal* (Québec : Trois, à paraître).

Sélection critique : Freustié, Jean : « Soleil noir », *Le Nouvel Observateur* 571 (20-26 oct. 1976). Minière, Claude : « Comme le récit ancien d'une colonisation », *Art-Press International* 5 (mars 1977). Le Clézio, Marguerite, « Mother and Motherland (The Daughter's Quest for Origins) », *Stanford French Review,* 5 (hiver 1981). Moscovici, Marie : « Un language décolonisé », *Critique* XXXII 347 (avril 1976). Orenstein, Gloria : « Une vision gynocentrique dans la littérature et l'art féministes contemporains », *Études littéraires,* vol. 17, n° 1 (avril 1984). Romet, Gilles : *Magazine littéraire* 112-113 (mai 1976). Saigal, Monique : « L'appropriation du corps dans *Le Cercan* » (*Atlantis*, vol. 16, n° 2, printemps 1991). Verthuy-Williams, Maïr et Jennifer Waelti-Walters : *Jeanne Hyvrard* (Amsterdam, Rodopi, 1988). Waelti-Walters, Jennifer : « Transnational Thought : Michel Butor and Jeanne Hyvrard », *Dalhousie French Studies,* n° spécial (automne-hiver 1989).

Claudia Reeder et Maïr Verthuy

I-J

IGRECQUE, pseud., v. SIMHA.

IRIGARAY, Luce, philosophe, psychanalyste.

Cf. FFC & FWW.

IRINE (pseud. de Irène Hamoir), poète surréaliste belge.

Boulevard Jacqmain (Bruxelles : Éd. des Artistes, 1953). *L'Orichal-cienne* (La Louvière : Daily-Bul, 1972). *Corne de Brume*, poésie (Bruxelles : Tom Gutt & Isy Brachot, 1977). *La Cuve infernale* (Bruxelles : Brassa, 1987).

JACOB, Suzanne, n. 1943, écrivaine québécoise.

Née à Amos, Suzanne Jacob traverse souvent l'Atlantique. Elle a reçu le prix du Gouverneur Général pour *Laura Laur* ainsi que le prix Québec-Paris. Elle a fondé à Montréal une maison d'édition avec l'écrivain Paul Paré et mène parallèlement à l'écriture une carrière de musicienne et chanteuse.

La poésie, orientation profonde et première chez Suzanne Jacob, donne le ton à tous ses ouvrages, et on retrouve une disposition extrêmement imaginative chez ses principaux personnages de fiction. Ce sont des femmes autonomes, comme si leur féminisme était un acquis, inutile à proclamer. Leur force et leur assurance sont bien celles de l'auteure, qui possède la maîtrise des formes narratives, de la nouvelle au roman en passant par le récit, et nombre de ses poèmes sont des récits en germe où s'accomplit un équilibre parfait entre l'image et un récit potentiel. La diversité concentrée du tempérament de Jacob apparaît dans un ouvrage collectif récent, *Filandere cantabile*, suite bilingue de poèmes qui accompagne une composition musicale sur disque laser faite par Marc Moreau avec des photos du corps immobile et comme sculpté de la danseuse Marion Moreau. L'indépendance affective et intellectuelle des femmes ainsi que les rapports divers entre les arts constituent deux motifs récurrents dans l'écriture de Suzanne Jacob.

La liberté féminine, reprise au niveau symbolique, incarne chez Jacob le lien esthétique entre choses et valeurs. D'où l'attribut d'«énigmatique» qu'emploient les critiques pour les personnages de Flore Cocon et Laura Laur, par exemple, car ces «beautés qui parlent comme tout le monde» (*Flore Cocon*) personnifient le secret de l'art. Plusieurs personnages centraux chez Jacob passent du reste pour des fous. Laur s'effacera d'elle-même à la fin de *Laura Laur* et le deuxième narrateur, Gilles, prévoit le suicide de son amante : « A mesure que tu vis avec elle, t'es... je sais pas... t'es en vie. Pourtant, elle ne parle rien que de sa mort ».

Comparée à celle des premiers romans, la forme narrative dans *La passion selon Galatée* (1987) semble plus libre des contraintes chronologiques, marquant ainsi une convergence progressive de la prose et de la poésie chez Jacob. On y retrouve le motif du brouillage de la différence entre femme réelle et femme engendrée par l'imagination et le mythe. L'auteure pousse toujours plus loin son exploration du rapport entre l'expérience affective et celle de l'écriture : « Je suis convaincue que le risque réel de la disparition peut entretenir la passion ». Il semble que le thème de la perte des différences, liée à la «folie» des personnages principaux, soit un fil conducteur décisif dans les textes de Jacob. Par-delà leur teneur psychologique, ils donnent à penser que le milieu de la figuration serait le lieu où le dit et le non-dit, le vécu et l'écrit se confondent et se fondent réciproquement.

Le récit intitulé *Maude* (1988) met en œuvre une technique de la répétition des syntagmes, une technique de reprises, qui attire l'attention du lecteur avec plus d'insistance encore sur la matérialité du texte comme construction de langage *sans événement*. C'est la Raison qui est implicitement mise en cause. Dans *Filandere cantabile*, la voix lyrique traduit l'absence par l'image d'un rendez-vous manqué. La narratrice dans *Galatée* avait exprimé sa certitude d'avoir rencontré une personne «plus intimement parce qu'elle n'est pas venue» au rendez-vous. En lisant et relisant les textes de Suzanne Jacob, une question surgit qui contient sa propre réponse : peut-on attribuer un sens à ce récit, à ce poème ? Dans sa prédilection pour les petites scènes de la vie très chargées, en effet, de signification *latente*, Suzanne Jacob transforme le quotidien en mythe profond, invente des formes nouvelles où la femme ne se laisse pas définir par l'homme, et où tout lecteur pourra encore lire des indices du sacré dans les interstices du monde.

Bibliographie : *Flore Cocon* (Montréal : Parti pris, 1978). *La Survie* (id. : Le Biocreux, 1979). *Poèmes* I (id., 1979). *Laura Laur* (Seuil, 1987). *La Passion selon Galatée* (id., 1987). *Les Aventures de Pomme Douly* (Montréal : Boréal, 1988). *Maude* (Montréal : NBJ, 1988). *Plages du Maine* (id., 1989). *Filandere cantabile* (Marval, 1990). *L'Obéissance* (Seuil, 1991).

Wilson Baldridge

JACQUEMARD, Simonne, n. 1924, scientifique, romancière.

Simonne Jacquemard a passé son enfance en baie de Somme, a fait ses études à la Sorbonne et épousé un psychologue. Ses premiers ouvrages sont parus après la deuxième guerre mondiale. Elle jouit d'une réputation d'ornithologue et de naturaliste – elle a écrit entre autres le texte d'un très bel ouvrage sur *L'Oiseau* – aussi bien que de romancière. Son domaine dans la Sarthe sert de refuge aux animaux et aux oiseaux sauvages qu'elle observe, soigne et parfois apprivoise. Esprit aux très vastes connaissances, elle se passionne pour la Grèce ancienne et l'Afrique du Nord et connaît remarquablement bien la musique, tant orientale qu'occidentale. Elle a reçu le prix Renaudot en 1962 pour *Le Veilleur de nuit.*

Toute l'œuvre de Simonne Jacquemard constitue un vaste projet analytique : explorer la conscience humaine et l'univers sous tous les angles possibles. Visée ambitieuse donc, elle entreprend tour à tour l'exploration du monde des sensations (*Exploration d'un corps*), de l'amour et de la jalousie (*Sable*), de la vie mystique (*Les Fascinés*), l'obsessionnelle descente dans la Terre-Mère (*Le Veilleur de nuit*) ou dans les profondeurs du subconscient d'une agonisante (*L'Éruption du Krakatoa*) ou encore la tentation d'un retour à une autre civilisation (*Le Mariage berbère*). Les rapports qui s'établissent entre les personnages infiniment variés de cet univers romanesque sont subtils et puisent souvent leur origine dans le besoin qu'ils éprouvent de tirer d'un/e Autre une identité ou une signification qui leur manquent. Des liens affectifs compliqués se tissent donc entre une victime et son séducteur, un pécheur et son confesseur, des enfants et leur gouvernante, des écolières et leur maîtresse, des femmes et l'Église, les amoureux et les époux. La quête de cette coïncidence voulue mais quasi impossible avec soi s'exprime fréquemment en métaphores physiques : un « voyage intérieur » (*Un Petit Œil*), un enlèvement (*Le Veilleur de nuit, Judith Albarès*), une éruption volcanique (*La Famille Borgia, L'Éruption du Krakatoa*), la recherche d'un double (*L'Orangerie*) ou bien une plongée dans les rêves et les hallucinations. Un personnage privilégié, Anne, traverse plusieurs de ces œuvres : nous la voyons grandir de l'enfant dans *Sable* et *L'Orangerie* à la femme qui, dans

L'Éruption du Krakatoa et *Le Mariage berbère,* entreprendra des voyages audacieux et sans précédent.

Les personnages de Simonne Jacquemard, et surtout les femmes, sont souvent tentés de substituer à une réalité présente celle d'une identité passée. Ainsi, dans *Sable*, Anne essaie de coïncider avec une partie d'elle-même longtemps oubliée. Judith Albarès se livre à une quête désespérée de l'amour qu'un homme lui avait inspiré à l'âge de dix-sept ans. Dans *Le Mariage berbère*, Anne croit, en se plongeant dans le monde traditionnel berbère, retourner aux sources et redécouvrir un savoir et un art de vivre dont l'Occident a perdu la clé. Elle changera son nom pour celui de Lalla Zahra mais en vain : le mariage n'aura pas lieu. On ne peut devenir autre.

L'œuvre de Simonne Jacquemard est habitée du désir de dépasser l'apparente dualité, de trouver un angle de vue d'où les choses ne soient plus antinomiques : son vœu serait que « dedans-dehors, moi-l'autre, l'infiniment petit et l'infiniment grand, la substance et l'idée qui la précéda, qui ardemment l'enveloppe, la vie-la mort redevienne comme l'endroit et l'envers d'une même et somptueuse étoffe qu'on ne se lasse pas en détail de contempler » (*Dérive au zénith*).

Parfois, on a l'impression que la transformation s'opèrera par la fête, d'où la fascination de Simonne Jacquemard pour les fêtes anciennes, les *moussem* berbères. Les fêtes médiévales de Cordes (*La Fête en éclats*) deviennent l'occasion de nouvelles explorations souterraines, de jeux d'identité, dédoublements et cataclysmes. L'établissement d'une « assise » est un processus si insolite que les romans abondent en voyages extérieurs et intérieurs, changes et rechanges. L'Européenne retournera donc au Maroc (*Lalla Zahra*) où elle découvrira au sein de la modernisation le monde à la fois visible et invisible des « célébrations humbles et fastueuses » à propos du pain, du feu et du vent. Mais sans parvenir à croire qu'elle n'était pas née pour vivre à Tazzarine, elle doit accepter que le cours des choses a inexorablement emporté la coïncidence entre elle et le jeune Lahçen, douze années auparavant. Dans *L'Éruption du Krakatoa*, il sera permis à Anne, après de « patientes manœuvres », de transcender le temps et l'espace, de faire se rejoindre le commencement et la fin, l'esprit et la matière, les connaissances scientifiques et les arts, les civilisations orientales et occidentales, tous éléments incarnés dans les multiples personnages côtoyés dans ce « voyage ». Deux romans récents évoquent la Grèce antique dont ils révèlent une fine connaissance : *L'Éphèbe couronné de lierre* (1995), fable lyrique inspirée par la danse, qui transporte ses personnages à travers les siècles et les mers, prolonge cette thématique chère à la romancière du *Mariage berbère* de la recherche de l'Autre, de la culture à travers un être qui l'incarne. Ici, c'est un jeune Crétois que Sybille, jeune helléniste française, retrouvera en France puis en Grèce pour une éphémère rencontre.

Simonne Jacquemard (qui est également poète) écrit dans une prose qui adhère étroitement à son sujet, ample et suggestive ou concise et descriptive selon le cas. Un vocabulaire riche y est à la mesure d'un savoir quasi boulimique. Ses récits entremêlent les voix et les discours : des bribes de documents-reportages, d'essais anthropologiques, de lettres, de notes diverses modifient son texte, le fragmentant en autant de points de vue, multipliant encore la complexité et l'ambiguïté des sens que ces récits nous proposent. L'œuvre de Simonne Jacquemard est sans contredit l'une des plus originales et des plus fortes qui soient aujourd'hui ; elle se situe, selon A. Fabre-Luce, « résolument en dehors des écoles sinon des influences contemporaines. »

Bibliographie : *Les Fascinés* (Seuil, 1951). *Sable* (id., 1953). *Vincent ou l'invitation au silence* (id., 1953). *La Leçon des ténèbres* (id., 1954). *Opéra-Buffa* (Plon, s. d.). *La Famille Borgia* (Laffont, 1957). *Judith Albarès* (Seuil, 1957). *Comme des mers sans rivages,* poèmes (Jacques Haumont, s. d.). *Planant sur les airs* (Gallimard, 1960). *Compagnons insolites* (Laffont 1961). *Le Veilleur de nuit* (Seuil, 1962). *L'Orangerie* (id., 1963). *L'Oiseau* (Robert Delpire, 1963). *Un Petit Œil* (Laffont, 1964). *Les Derniers Rapaces* (Stock, 1964). *Dérive au zénith,* poèmes (Seuil, 1965). *Exploration d'un corps* (id., 1966). *A l'état sauvage* (Laffont, 1967). *L'Éruption du Krakatoa ou des chambres inconnues dans la maison* (Seuil, 1969). *Des Renards vivants* (Stock, 1970). *La Thessalienne* (Seuil, 1973). *Des Roses pour mes chevreuils* (Stock, 1974). *Le Mariage berbère* (Seuil, 1975). *Alezanes au galop* (Stock, 1977). *Danse de l'orée,* poèmes (Seuil, 1979). *Le Funambule* (id., 1981). *Lalla Zahra* (id., 1983). *La Fête en éclats* (id., 1985). *Les Belles Échappées* (Seghers, 1987). *Le Jardin d'Hérodote* (-). *L'Éphèbe couronné de lierre* (Bordeaux : L'Escampette, 1995).

Sélection critique : Bonnefoy, Claude : *Quinzaine Littéraire* 224, janv. 1976. Duranteau, Josane : *Le Monde*, 14 nov. 1975. Fabre-Luce, Anne : *Quinzaine Littéraire* 69, mars 1969. Lacarrière, Jacques : *Quinzaine Littéraire,* 181, fév. 1974. Test, Mary Lawrence : *Une analyse des romans de Simonne Jacquemard* (thèse, Université de Californie – Los Angeles, 1973).

Mary Lawrence Test

JACQUES, Paula, n. 1948, romancière d'origine égyptienne.

Lumière de l'île (Mercure de France, 1980). *Un Baiser froid comme la nuit* (id., 1983). *L'Héritage de tante Carlotta* (id., 1987). *Deborah et les anges dissipés,* prix Fémina (id., 1991).

JACQUET, Elizabeth.

Les Contretemps (Stock, 1984). *Les Mouettes* (id., 1986). *Lulu et Joey* (id., 1988). *Marie-Canète, Reporter* (Nathan, 1991).

JALLAIS, Denise (Dubois) n. 1932, poète.

Martin triste (Seghers, 1952). *L'Arbre et la Terre* (id., 1954). *Les Couleurs de la mer* (id., 1955). *La Cage* (id., 1958). *Pour mes chevaux sauvages* (Chambelland, 1966). *La Lionne assise : Entretiens avec Nicole Corbassière* (Stock, 1974). *Exaltation de la vie quotidienne* (Saint-Germain-des-Prés, 1977). *La Tzarine : Hélène Lazareff et l'aventure de Elle* (Laffont, 1984).

JAQUET, Anaïs, poète suisse.

Poèmes de sable (Grassin, 1962). *Sagittaire* (Éd. de la Revue Moderne, 1966). *Calendrier* (Tours : Impr. JFPF, 1966). *Feu follet* (Toulouse : Centre d'art national français, 1966). *Mille et une vies,* nouvelles (Paragraphe Litt. de Paris, 1970). *Volcan* (id., 1972). *Bulles de savon* (Toulouse : Centre d'art national français, 1972). *Hier, aujourd'hui, demain* (id., 1973). *Presque rien* (Pensée Universelle, 1975). *Camaïeu* (Saint-Germain-des-Prés, 1976). *Zigzag de la pensée* (Grassin, 1978). *L'Opéra de midi,* avec Liliane Bétant (Art et Poésie de France, 1978). *Regards sur eux* (Saint-Germain-des-Prés, 1980). *Abécédaire* (Thibaud, 1980). *Graines au vent* (Guilde des Lettres, 1981). *Hasard vie* (Taulignon : Regard, 1982).

JEAN-CHARLES, Jehanne, romancière, essayiste.

Les Plumes du corbeau (Poche, 1953). *Le Livre des chats* (Stock, 1970). *Le Lexique des bons petits plats* (Presses de la Cité, 1970). *La Mort Madame* (Flammarion, 1974). *Vous avez dit horrible ?* nouvelles (Jean Goujon, 1980). *Les Chats et les autres* (Plon, 1983). *La Nuit de l'engoulevent* (Flammarion, 1985). *Le Chat de la Mère Michel* (Etrepilly : C. de Bartillat).

JELINEK, Henriette, romancière.

La Vache multicolore (Gallimard, 1961). *Le Gentil Liseron* (id., 1963). *La Route du whiskey* (id., 1964). *Portrait d'un séducteur* (id., 1965). *La*

Marche du fou (id., 1967). *La Vie de famille* (id., 1969). *Les Bêtes n'aiment pas l'amour des hommes* (id., 1972). *Donnez-moi des rentes.* (Julliard, 1972). *Dans la nuit des deux mondes* (id., 1975). *Anne Lee rachète les âmes* (id., 1978). *Le Porteur de Dieu* (id., 1979). *L'Adolescente* (Éd. Albatros, 1979). *Madame le Président de la République* (Stock, 1981). *Une Goutte de poison* (Ramsay, 1987).

JULLIEN, Rosalie Ducroillay, mémorialiste du XIXe s.

Copie de la lettre écrite par la citoyenne J..... au citoyen..... à Valence 16 Juillet 1793 (s.l.n.d.). *Journal d'une bourgeoise pendant la Révolution (1791-1793)* (C. Lévy, 1881).

JYL, Laurence, romancière.

Le Mari de maman (Julliard, 1978). *La Course au flan* (id., 1979). *Le Nez à la fenêtre* (id., 1980). *Coup de cœur* (Flammarion, 1981). *Bellissimo* (id., 1983). *Monsieur-Joël* (id., 1984). *Drôle de nièce* (J.-C. Lattès, 1985). *Le Chemin des micocouliers* (Flammarion, 1987). *Madame d'Aulnoy ou la Fée des contes* (Laffont, 1989). *La Maison des papas* (Flammarion, 1990).

K

KAISER, Isabelle, romancière, poète suisse.

Ici-bas, poésies (Genève : 1888). *Sous les étoiles,* poésies (Genève : 1890). *Fatimé,* poésies (Neuchâtel : Ottinger, 1893). *Héro,* rm (Lausanne : 1898). *Notre Père qui êtes aux cieux* (Perrin, 1900). *Hisé le Roi !,* roman des guerres de la Vendée (Lausanne : 1903). *L'Ascension d'une âme : Marcienne de Flüe : Journal de la vie d'une femme* (Perrin, 1909). *Le Jardin clos,* poésies (Lausanne : Payot ; Paris : Perrin, 1912). *La Femme vaillante : Catherine Morel* (Neuchâtel : Zahn, 1913). *La Vierge du lac,* roman des montagnes d'Unterwalden (Lausanne : Payot, 1914). *Le Vent des cimes,* essais (Perrin, 1916). *Cœur de Femme* (Lausanne : 1922).

KAPLAN, Leslie, écrivaine franco-américaine.

L'Excès l'usine (P.O.L., 1982). *Le Criminel* (id., 1985). *Le Pont de Brooklyn* (id., 1987). *Le Silence du diable* (id., 1989). *Le Livre des ciels* (id., 1983). *L'Épreuve du passeur* (id., 1988).

KAYA, Simone, écrivaine ivoirienne.

Les Danseuses d'Impé-eya, autobiographie (Abidjan : INADES, 1976). *Le Prix d'une vie,* rm (Abidjan : CEDA, 1984). Cf. RAEF.

KEGELS, Anne-Marie, n. 1912, poète belge.

Douze poèmes pour une année (Bruxelles : Cahiers de l'Hippogriffe, 1950). *Rien que vivre* (Dison-Verviers : Jespers, 1951). *Chants de la sourde joie* (Lyon : Henneuse, 1955). *Haute Higne* (Bruxelles : Éd du Verseau, 1962). *Les Droits verts* (Bruxelles : De Rache, 1967). *Chant de la présence* (Condom : Gabriel, 1968). *Lumière adverse* (Bruxelles : De Rache, 1970). *Les Chemins sont en feu...* (Limoges : Rougerie, 1973). *Porter l'orage* (Bruxelles : De Rache, 1978). Cf. DLLF « Belgique » & Trekker, Anne-Marie et Jean-Pierre Vander Straeten : *Cent auteurs, Anthologie de littérature française de Belgique* (Éd. de la Francité & de la CEC, 1982).

KÉITA, Aoua, essayiste malienne.

Femme d'Afrique : La Vie d'Aoua Kéita racontée par elle-même (Présence Africaine, 1975), grand prix littéraire de l'Afrique noire 1976. Cf. RAEF.

KEN BUGUL, pseud. de Mariétou M'Baye, Sénégalaise.

Le Baobab fou, autobiographie (Dakar : Nouvelles Éditions Africaines, 1982). Cf. RAEF.

KETOU, Safia, nouvelliste, journaliste algérienne.

Amie cithare, poèmes (Sherbrooke : Naaman, 1979). *La Planète mauve et autres nouvelles* (id., 1983).

KHOURY-GHATA, Vénus, n. 1937, poète, romancière libanaise.

Poète et romancière, Vénus Khoury-Ghata est née au Liban. Elle a fait des études à l'École supérieure des lettres à Beyrouth puis s'est installée à Paris après son remariage avec un médecin français (décédé en 1981). Elle a quatre enfants, écrit intensément mais rédige aussi des chroniques littéraires (pour la revue *Europe* en particulier) et fait partie d'une dizaine de jurys de poésie (prix de la Francophonie, Mallarmé, Jacob, etc.). Elle-même a reçu entre autres le prix Guillaume Apollinaire, le prix Mallarmé et le grand prix de la Société des Gens de Lettres au printemps 1993 pour l'ensemble de son œuvre. De sa double vocation, elle dit plaisamment : « Je suis bigame », menant une vie conjugale paisible avec le roman et clandestine (donc primordiale) avec le poème, cette « étoile filante ».
Poète, Vénus Khoury-Ghata dévoile d'abord son monde secret, ses angoisses et ses désirs en images sensuelles, à la fois concrètes et symboliques. Comme d'autres poètes libanais, elle évoque la mer, le vent, tels

arbres, tels oiseaux, traces de son héritage méditerranéen. Les phrases se construisent autour de mots clés (elle-même les désigne ainsi) et des juxtapositions inattendues créent des images fortes et surprenantes : « lunes qui appellent le monde », « soleils condamnés à mort », « rires de fleuves », « villages d'oiseaux », « femmes lisses comme les cailloux des fleuves », « mère qui édente son enfant pour apprendre à compter ». Elles composent la vision d'un monde douloureux, déchiré par l'exil et dans lequel le désir de liberté, d'amour et de sensualité ne peut être assouvi.

Les premiers écrits étaient surtout orientés vers la recherche de soi, dans un effort de compréhension quelque peu narcissique. Mais la crise du Moyen-Orient et la guerre civile libanaise ont entraîné une prise de conscience qui s'est traduite par un resserrement thématique autour du scandale de la violence dans lequel sont pris aussi bien les Palestiniens, qu'elle évoque avec pitié, amour et haine mêlés, que ceux venus du Sud et qui créent la discorde : « le Sud est aux autres », « le Sud est une prairie vêtue de barbelés ». Aux premiers, elle donne un visage et un corps repliés sur eux-mêmes, un avenir d'oubli, des villes sans routes, sans fenêtres et sans portes. Mais ce sont surtout les enfants, victimes innocentes d'un conflit insensé, qu'elle peint avec une passion amère : « enfants se métamorphosant en feuilles, « enfant mort parlant à son cerf-volant », « dernier enfant au monde traçant son âge sur un mur ».

Déjà, dans *Les Inadaptés*, l'histoire se déroulait dans ce lieu hautement symbolique qu'est la prison, lieu où toutes les existences se confondent en un destin unique auquel « les inadaptés » sont obligés de se plier. Des personnages s'interrogent sur une réalité qui leur échappe : Yoakim ne sait plus bien s'il est gaucher ou gauchiste, Bouba se demande s'il a véritablement tué sa femme et Anton s'interroge sur la nécessité de participer ou non à une action révolutionnaire. Vénus Khoury-Ghata réussit là à rendre un univers d'autant plus tragique qu'il respire l'absurde. Plus de dix ans après, l'indignation lui inspire un roman sardonique, *Vacarme pour une lune morte*, dont l'humour virulent n'est pas sans rappeler le Voltaire de *Candide*. Dans cette fantaisie parodique sur les affrontements sanglants qui déchirent le pays mythique de la Nabilie – nom qui renvoie clairement au Liban – la romancière fait preuve d'une imagination fertile, les événements et personnages multiples s'imposant dans un tourbillon de vie. Les jeux de mots, les morceaux parodiques, les jeux onomastiques nous rappellent que, en poète, Vénus Khoury-Ghata a d'abord le sens du verbe et de sa sonorité. Elle utilise ici le comique corrosif, arme depuis longtemps éprouvée contre le désespoir paralysant.

Depuis 1980, dans tous ses recueils, elle creuse en profondeur le thème de la mort, pour en faire un espace de vie tandis que le roman *Mortemaison* (1987) dit le suicide d'une maison inhospitalière après la disparition de son propriétaire. *Bayarmine* (roman radiodiffusé en 15 épisodes sur France-Culture en juin 1991) explore l'amour sur fond de déclin de l'Empire ottoman sous le bref règne de Mourad V, tandis que *Les Fugues d'Olympia*, bien loin de Manet et de l'orientalisme, évoque la passion de l'écrivain pour... sa machine à écrire. Le thème de la femme infidèle/ adultère comme bouc émissaire d'une cité innommable que scindent irrévocablement la foi musulmane et la chrétienne nous ramène aux racines du mal et de la vocation d'écriture.

Le long de son parcours, si le style a pu prendre un ton primesautier, c'était le dépassement d'une souffrance qui hante l'œuvre : voix d'une femme exorcisant la douleur par les mots. Si l'on songe à la distance qui sépare ce roman de 1983 du lyrisme émouvant qui a inspiré, par exemple, le recueil poétique de 1975, *Au sud du silence* (« de la marche inquiète du vent enjambant/les frontières/de l'odeur du maïs qui agite ses mouchoirs /de feuilles/ils comprirent qu'il était peuplé cet autre versant/de leur terre/ de leurs morts successives. »), on mesure ce qui peut apparaître comme l'inscription dans les textes d'un déchirement historique et culturel. C'est aussi bien – l'une n'excluant pas l'autre – la preuve d'une authentique richesse d'invention et de sensibilité qui sait utiliser toute la gamme des tons, car elle nous parle d'une tragique aventure qui nous concerne tous.

Bibliographie : *Visages inachevés* (Beyrouth : Éditions Catholiques, 1965). *Terres stagnantes* (Seghers, 1968). *Les Inadaptés*, rm (Éd du Rocher, 1971). *Au sud du silence* (Saint-Germain-des-Prés, 1975). *Dialogue à propos d'un christ ou d'un acrobate* (Éd. Français Réunis, 1975). *Alma cousue main* (Régine Deforges, 1977). *Les Ombres et leurs cris,* poésie, prix Apollinaire (Belfond, 1978). *Qui parle au nom du jasmin ?* (Éd. Français Réunis, 1980). *Le Fils empaillé*, rm (Belfond, 1980). *Vacarme pour une lune morte*, rm (Flammarion, 1982). *Les Morts n'avaient pas d'ombre*, rm (id., 1984). *Un faux pas du soleil*, poésie (Belfond, 1985). *Monologue du mort*, poésie, prix Mallarmé (id., 1987). *Leçon d'arithmétique au grillon* (Toulouse : Milan, 1987). *Mortemaison*, rm (Flammarion, 1986). *Bayarmine*, rm (id., 1988). *Les Fugues d'Olympia*, rm (Ramsay, 1990). *La Maison pliée*, rm (Laffont, 1992). *Fables pour un peuple d'argile*, poésie (Belfond, 1992). *La Maîtresse du notable* (Seghers, 1992).

Sélection critique : Brindeau, Serge : *La Poésie contemporaine française depuis 1945* (Saint-Germain-des-Prés, 1973). *Le Monde,* 8 août 1980, 5 déc. 1980.

Évelyne Accad

KIEFFER, Rosemarie, écrivaine luxembourgeoise.

Plusieurs recueils de contes et nouvelles dont : *La Nuit sereine d'avril* (Sherbrooke : Naaman, 1974). *Pays clément dans la fureur des vagues ; Les femmes écrivent au Luxembourg* (1993), éd. Rosemarie Kieffer et Danièle Medernach-Merens (Luxembourg : Ministère des Affaires culturelles, 1994).

KLEIN, Colette, n. 1950, poète.

Ailleurs l'étoile (Saint-Germain-des-Prés, 1973). *A Défaut de visages* (id., 1975). *Le Passe-Nuit* (ARCAM, 1980). *Néante aux mains d'oiseaux* (Groupe de recherches polypoétiques, 1984).

KOLTZ, Anise, poète luxembourgeoise.

Vienne quelqu'un (Éd. Rencontre, 1970). *Le Jour inventé* (Saint-Germain-des-Prés, 1975). *Vigilance* (Saint-Laurent-du-Pont : Le Verbe et l'Empreinte, 1979). *Naissances accélérées* (id., 1980). *La Terre monte* (Belfond, 1980). Cf. KIEFFER.

KOULOUB, Out-El-, 1892-1968, écrivaine égyptienne.

Née dans une vieille famille égyptienne, Out-El-Kouloub a brossé de petits tableaux de la vie qui lui était familière avec des détails pittoresques et une technique très sûre, faite de simplicité et de rigueur. *Le Harem* devait connaître quatre éditions successives. Parfois une phrase à l'orientale, somptueuse et riche, éclate au milieu de cette concision. Elle représente ainsi la «cérémonie» de la lecture du marc de café qui regroupe des dames ravies de se retrouver devant une tasse de café et dont la sensibilité ne s'épanouit que dans la communication humaine et l'amitié. L'une d'elles, Hafiza, déclare : «Le paradis, quand on y est seul, est un enfer (...) ; mais l'enfer en compagnie d'amies très chères devient un paradis.» L'auteur évoque également le jour de Cham el Kessin ou fête du printemps en Égypte, qui se situe au lendemain de la Pâque copte : «...la population entière salue avec enthousiasme la journée printanière (...) La ville surgit, fraîche, ruisselante de lumière, sonore de mélodies (...). Sous les arbres, les familles s'installent, mangent des poissons salés et des oignons verts, plaisantent, se lancent des œufs colorés et des oranges, et s'offrent des plats... [les] rayons du soleil descendent sur le Nil en une caresse dorée». La poésie de la description est rendue ici par les deux synesthésies où éclate la luminosité du paysage égyptien. De ce livre, Paul Morand devait dire : «Il apaise, il réjouit, il réchauffe, il s'approche de nous et nous nous apercevons que, sous des airs exotiques, son soleil est celui de notre Méditerranée».

Dans un autre ouvrage, *La Nuit de la destinée*, Out-El-Kouloub présente les légendes populaires qui entourent le rituel des fêtes religieuses. D'une façon générale, ses œuvres cernent les traditions, les usages des Égyptiens et ont le mérite de permettre au lecteur de saisir l'esprit, les couleurs et la poésie de la culture égyptienne. On lui reprocherait de flirter avec la facilité du folklorique si son inspiration n'était parfaitement ingénue.

Bibliographie : *Le Harem* (Gallimard, 1937). *La Nuit de la destinée* (id., 1954).

Marie Francis

KUOH-MOUKOURI, Thérèse, romancière, essayiste camerounaise.

Plusieurs essais et *Rencontres essentielles*, rm (Impr. Edgar, 1969). *Les Couples domino, Noirs et blancs face à l'amour,* essai (Julliard, 1973).

KRISTEVA, Julia, linguiste, essayiste, critique, psychanalyste.

Les Samouraïs, rm (Fayard, 1990). *Le Vieil Homme et les loups*, rm (id., 1991). *Possessions,* rm (id., 1996). Une vingtaine d'essais. Cf. FFC & FWW.

KRISTOF, Agota, n. 1935, romancière suisse.

Qui est, en fait, Agota Kristof ? Personne secrète vivant hors de tout milieu littéraire dans un canton de Suisse romande (à Neuchâtel). Pour écrire, elle a dû renoncer à ses débuts poétiques en hongrois et « désou-blier » son enfance. Elle a dû conjurer son triple dépaysement – politique, linguistique, géographique – en racontant, sur un mode radicalement transposé, sa séparation d'avec ses frères dont l'un surtout fut très aimé, un « presque jumeau », et d'avec la petite ville hongroise de Köszeg à la frontière autrichienne où elle avait passé sa jeunesse. Cette dernière deviendra la Petite Ville mythique de ses livres. Agota Kristof n'aurait sans doute jamais quitté son pays natal si son mari, professeur d'histoire, n'avait été impliqué dans la révolution de 1966. Celle-ci écrasée, le jeune couple, un bébé sur les bras, prenait les routes de l'exil (elle aura trois enfants). Par pur hasard c'est la Suisse qui les adoptera, et un lieu dont la romancière adopte en retour la langue qui lui était parfaitement étrangère jusque-là.

Entre 1956 et 1986, l'année où Grasset publie son premier roman (envoyé par la poste), une vie d'exilée peu évidente mais imaginable : deux mariages, trois enfants, dix années de travail dans une usine d'hor-loges (suisses) et la lente venue à l'écriture dans une langue de moins en moins étrangère qu'elle manie avec précaution et précision : les véritables écrivains sont toujours, de toutes façons, des « traducteurs ». En résulteront trois romans minces, retenus et taciturnes, comme arrachés au silence et à la difficulté d'être et d'écrire, d'une économie d'expression et d'un dépouillement sans pareils. Car cette anti-trilogie a l'acuité déroutante du rêve et de la parabole kafkaïenne, le faux détachement d'un certain Camus, la tension d'écriture de Duras.

Le paradoxe est profond de cette écriture du « faire » fondée dans l'élimination et la structuration/déstructuration ; elle s'emploie à symboliser la frustration personnelle et collective par un discours minimaliste et surchargé de sens. Le tout avec la précision d'une horloge qui ne dirait pas l'heure mais l'époque, car Kristof inscrit en premier lieu, non pas le flou poétique et nostalgique de son propre sevrage du pays natal mais le doute : doute en la crédibilité de l'histoire préfabriquée à l'usage des manuels scolaires dans les sytèmes totalitaristes. La mise en doute du mythe personnel, voire celle de l'Histoire, s'emploie à créer très pudiquement, avec une modestie incisive, une parabole de la dérive personnelle et politique, à saper les certitudes mêmes de la logique et de son discours, en cernant l'abîme du non-sens historique à travers la dérive existentielle de ses personnages.

C'est avec le troisième roman d'Agota Kristof que commencent à se dessiner les contours d'une œuvre aussi étonnante qu'autonome. Elle ne ressemble à aucune autre, ce qui n'est pas peu dire dans une époque du « déjà lu ». Sa nouveauté sans ostentation explique sans doute l'accueil des plus favorables de la critique et une réception internationale d'envergure : dix-huit traductions pour le premier roman, présélection pour plusieurs prix pour le troisième (intitulé à juste titre *Le Troisième Mensonge*), porté à la scène en automne 1991 à Paris. Ce dernier, accompagné de la réédition en format de poche des deux premiers (*Le Grand Cahier,* 1986 et *La Preuve*, 1988), permet de voir dans l'ensemble une sorte de trilogie à rebours. Car ces romans axés sur la double destinée de frères jumeaux d'un pays d'Europe centrale au moment où celle-ci devient Europe de l'Est (fait qui entraînera leur séparation) se contredisent au lieu de se renforcer et se compléter. Il s'agit toujours de la même histoire racontée d'un autre point de vue. Qui plus est, l'histoire est, chaque fois, radicalement autre. Les anneaux de cette trilogie paradoxale se mettent ainsi mutuellement en doute, emportant dans le glissement du sens l'histoire racontée en même temps que les habitudes douillettes du lecteur. A travers la succession des versions différentes du même drame d'une famille meurtrie par un crime et séparée par la guerre, il se dégage comme un troisième sens en pointillé et encore inédit, qui s'insinue dans notre imaginaire, dans ce que l'on peut désigner comme un espace intertextuel ou palimpseste : discours de mythe personnel ou parabole politique ?

Les deux jumeaux (anagrammatiques), Klaus et Lucas, séparés et inséparables, écrivent tous deux l'histoire de leur vie dont l'événement crucial, à savoir la raison même de leur séparation, leur échappe. C'est le crime de la mère-patrie qui tour à tour les répudie et les revendique. Possessive et coupable, elle mythifie le frère absent (l'Occidental) et bafoue celui qui est resté à ses côtés. Est-ce transposer les dilemmes de cette Europe désunie, sciée en deux, partagée entre deux époques mentales, deux systèmes politiques ? L'auteur dénoncerait-elle les deux pour le manque d'humanité et de vérité où ces deux mondes finissent par se joindre dans la dépossession de l'individu ? Malgré leur dissemblance, les deux systèmes aboutissent tous deux, quoique pour des raisons opposées, à une aliénation différente mais semblable. La solution reste inédite, inscrite en creux sous forme d'un nouvel ordre, encore inimaginable, où il n'y aurait pas la précarité et le dogmatisme de l'Est, ni le pragmatisme de l'Occident.

Les romans d'Agota Kristof sont des romans politiques, certes, mais bien étranges, au code soigneusement caché. Trait « féminin », stratégie de « colonisé/e », de « dépossédé/e » que cette communication détournée du récit allégorique ? L'écrivaine se dit lasse des histoires de femmes, de leur penchant pour le corps ou le cœur. Elle pense qu'elles peuvent symboliser aussi le social et le politique d'une autre façon. Les figures féminines dans ses romans ne sont ni typées ni novatrices. Plutôt abstraites, comme il convient aux personnages de fables. Post-féminisme rime-t-il ici avec post-modernisme ? Quoi qu'il en soit, cette écriture est d'une profonde tristesse malgré sa désinvolture apparente. Les personnages d'Agota Kristof sont des personnes à jamais blessées par l'Histoire : « Mes enfants ne jouent pas. – Que font-ils ? – Ils se préparent à traverser la vie. – Je l'ai traversée et je n'ai rien trouvé », dit le frère qui apparaît dans le rêve de l'autre.

Une plainte plus résignée qu'indignée monte de cette *Mittel Europa* meurtrie. A la veille de son unification, les baumes de la renaissance ne sauront être que cosmétiques aussi longtemps que la mémoire douloureuse persistera et que les jumeaux séparés ne trouveront pas le chemin de la réconciliation : seul le dialogue véritable pourrait les innocenter d'une faute qui ne fut même pas la leur.

Bibliographie : *Le Grand Cahier* (Seuil, 1986). *La Preuve* (id., 1986). *Le Troisième Mensonge*, prix Inter 1992 (id., 1991). *Hier* (id., 1995).
Sélection critique : Nolte, Verena et Gunna Wendt : « Si on ne nous tue pas directement, on ne meurt pas des choses », entretien avec Agota Kristof, 10 mai 1990 (Munich : Ateliers Germinal). Wajsbrot, Cécile : *Magazine Littéraire*, oct 91 : 82. Zand, Nicole, *Le Monde*, 12 sept. 1991.

Ingrid Safranek

KRUDENER, Barbara Juliane Vietinghoff de –, 1764-1824, romancière russe, dite sentimentale.

Pensées (-, 1802). *Valérie ou Lettres de Gustave de Linar à Ernest de G...* (Henricks, 1804, Klincksieck, 1974). *Le Camp de vertus* (Lyon : Guyot & frères, 1815). *Madame de Krüdener, ses lettres et ses ouvrages inédits*, P.L. Jacob (Ollendorf, 1880). *Écrits intimes et prophétiques* (CNRS, 1975). Cf. DLLF, DFELF & FWW.

KRYSINSKA, Marie, 1864-1908, poète.

Rythmes pittoresques (Lemerre, 1890). *Joies errantes. Nouveaux Rythmes pittoresques* (id., 1894). *Intermèdes* (Messein, 1904). *La Force du désir* (Sté du Mercure de France, 1905).

KUSHNER, Eva (n. à Prague, 1929) critique, poète québécoise.

Patrice de la Tour du Pin (Seghers, 1961). *Chants de Bohême* (Montréal : Beauchemin, 1963). *Rina Lasnier* (Seghers, 1969). *Mauriac* (Desclée de Brouwer, 1972). *La Poésie québécoise depuis 1975 : essais, témoignages, inédits* (Halifax, Canada : *Dalhousie French Studies*, 1985).

KÜTTEL, Mireille, n. 1928, romancière suisse.

D'origine piémontaise par son père, vaudoise par sa mère, Mireille Küttel est née à Renens, dans la banlieue lausannoise. Elle s'est mariée après ses études secondaires à l'École supérieure et au Gymnase de jeunes filles de Lausanne, et c'est à l'âge de vingt-huit ans qu'elle a publié son premier ouvrage, un recueil de nouvelles, *Jeu d'ombres*. Avant d'aborder le roman, genre dans lequel elle devait exceller, elle écrivit encore des poèmes publiés en plaquette sous le titre *Pièges*. En 1959, le Service de Presse suisse organisa un concours de romans : le premier prix fut attribué à *La Parenthèse* et révéla au public le nom de Mireille Küttel. Domiciliée à Pully, elle construit désormais son œuvre, sans pour autant négliger de nombreuses activités sociales et culturelles. Outre le prix du Service de Presse suisse, elle a reçu le prix Schiller, le prix du Livre vaudois, le prix international « Piemontesi nel mondo » et, en 1991, le prix Lipp.

L'œuvre romanesque de Mireille Küttel est largement centrée sur l'univers féminin. Il convient pourtant de distinguer deux époques, la première allant de *La Parenthèse* à *L'Oiseau-Sésame*, la seconde commençant avec *La Malvivante*. Ces époques correspondent à l'évolution de l'écrivaine, mais aussi au fait que, dès 1978, elle a été accueillie par une maison aussi importante que L'Age d'Homme, ce qui lui a donné un nouvel élan.

Les quatre premiers romans témoignaient d'une imagination foisonnante : autour des figures féminines se construisait tout un monde parfois d'inspiration baroque, avec de nombreux personnages hauts en couleurs. C'est le cas, par exemple, des *Cyclopes*, un livre très original par sa conception et son écriture, et de *L'Oiseau-Sésame*, où l'on voit des marginaux essayer de recourir aux signes pour diriger leur vie.

Riches en images, en symboles, en rebondissements, ces premiers romans ont pour point commun un style spontané, personnel, qui ne reculait pas devant une abondance, une générosité, qui contrastaient avec la rigueur habituelle des écrivains de Suisse romande. C'étaient sans doute les racines italiennes de Mireille Küttel qui perçaient à leur manière le terreau helvétique !

La Malvivante marque un tournant. L'écrivaine reprend, en l'approfondissant, un thème déjà abordé dans *Au bout du compte* : l'italianité, précisément. Mais alors qu'*Au bout du compte* se déroule dans un village piémontais peuplé de femmes (les hommes étant partis pour travailler), *La Malvivante* aborde le problème sous un autre aspect : il s'agit maintenant pour Mireille Küttel de traiter le thème douloureux de l'exil, du déracinement, de cette double appartenance qu'elle a vécue au plus profond d'elle-même. Tosca, le personnage central du roman, est fille et petite-fille d'immigrés italiens et, dans le quartier suisse petit-bourgeois où elle vit, on l'appelle « la folle » : différente, elle l'est, mais aussi sensible et intelligente, incomprise, malmenée et humiliée par la société et par les hommes qu'elle rencontre. Une figure inoubliable que cette Tosca qui, comme pour donner raison à ceux qui la méconnaissent, finit par se réfugier dans un asile psychiatrique.

Plus proche désormais de la réalité, de personnages qu'elle a connus, observés et aimés, Mireille Küttel garde pourtant intact le monde intérieur qui n'appartient qu'à elle. On le retrouve dans le roman suivant, *La Pérégrine*, qui nous introduit dans le clan des Berti, des immigrés italiens travailleurs et économes qui ont quitté leurs hautes terres du Piémont pour s'installer en Suisse. La chronique s'étend sur trois générations et se recompose par les voix alternées de l'aïeule Bella, et de sa petite fille Flore. Comme la Malvivante, Bella est attachante, émouvante, emblématique aussi d'une certaine condition féminine : autrefois exploitée comme tisserande dans son village, portant un rude passé de pauvreté et de soumission, elle garde pourtant la nostalgie de ce monde-là, plus humain, plus chaleureux, que celui qui est en train d'émerger dans son pays d'adoption, où comptent surtout les valeurs matérielles.

Autre figure de femme dans *La Maraude*, Cora Conti, elle aussi d'ascendance piémontaise, refuse l'avenir médiocre qui l'attend dans un milieu de petites gens honnêtes et étriqués, dont le souci premier est de s'arracher à leur condition. Elle préfère dériver les yeux ouverts, sans renoncer à aucune illusion.

Dans *Le Balcon sur la mer*, le point de vue de Luisa, la protagoniste, n'est plus celui d'une Italienne qui subit sa condition d'immigrée et affronte le regard des autochtones qu'elle a, en quelque sorte, intériorisé : c'est de son balcon des Pouilles, dont elle a si longtemps rêvé, qu'elle revoit la Suisse où elle a passé de nombreuses années, ainsi que les circonstances douloureuses qui l'ont obligée à s'expatrier. On retrouve dans ce roman, étoitement mêlés, les deux aspects du talent de Mireille Küttel : l'imagination audacieuse qui lui permet de créer des personnages que l'on croirait issus d'un film de Fellini, et l'observation attentive, respecteuse, de la réalité vécue par les plus humbles, ceux qui n'ont pas de voix pour exprimer leur souffrance, en particulier les femmes qui ressentent doublement l'oppression.

Bibliographie : *Jeu d'ombres*, nouvelles (Lausanne : Éd. de la Tramontane, 1956). *La Parenthèse* (Lausanne : Éd. Spes, 1959). *Pièges*, poèmes (-, 1960). *Au Bout du compte* (id., 1961). *Les Cyclopes* (id., 1965). *L'Oiseau-Sésame* (Bienne : Éd. du Panorama, 1970). *La Malvivante* (id., 1978). *La Pérégrine* (id., 1983). *La Maraude* (id., 1986) *Le Balcon sur la mer* (L'Age d'Homme, 1990).

Yvette Z'Graggen

L

LABÉ, Louise, 1522-1566, poète.

Louise Charly naît à Lyon en 1522, au mois d'avril. Elle est la fille d'un artisan-cordier, Pierre Charly, dit Labé et de la veuve Étiennette Deschamps qu'il a lui-même épousée en secondes noces. Artisan, il vend suffisamment de cordes pour se dire commerçant. Très tôt, Pierre Charly confie Louise à des maîtres de valeur, tels que le poète Maurice Scève. Ce père semble avoir été un féministe avant la lettre : l'éducation émancipatrice qu'il fait donner à sa fille n'est pas monnaie courante en France, surtout dans ce milieu. En 1563, elle rencontre Clément Marot à qui elle inspirera un poème à sa louange.

Quand se découvre-t-elle le don de poésie ? On ne peut le dire exactement. Pas plus qu'on ne sait la date de son mariage : entre les années 1540 et 1544. Un mari de quelque trente ans plus âgé que l'épousée, quasi inculte, pas même riche, tel se présente Ennemond Perrin. Dès 1545, des poètes commencent à faire ronde autour de Louise. C'est aussi l'année où elle perd son amie, Pernette du Guillet. 1555 : Louise Labé poète naît à l'immortalité. Ses œuvres sortent des presses de l'imprimeur Jean de Tournes. Elles sont dédiées à Clémence de Bourges, devenue l'amie particulièrement chère. Trois ans de gloire, puis retraites de plus en plus fréquentes à Parcieux-en-Dombes. Louise a 36 ans. 1562 : prise de Lyon par les réformés, la ville est en sang, les cadavres s'entassent, la peste emporte le frère de Louise, Maurice Scève et Ennemond Perrin. A partir de cette date Louise se retire définitivement du monde. 1566 : elle meurt quasi abandonnée de tous, le nom de Labé, déjà presque oublié, subira une éclipse de deux siècles.

Lyon 1555 : *Les Œuvres de Lovize Labé Lyonnoize* courent de bouche en bouche, d'oreille à oreille. Elles comprennent une *Épître dédicatoire*, *Le Débat de folie et d'Amour,* tous deux en prose, trois *Élégies* et vingt-quatre *Sonnets*. Un seul petit livre. La rumeur qu'il suscite est faite d'autant de sarcasmes (quand ce ne sont pas des calomnies) que de louanges. Le succès se nourrit de cette mixture. La raison d'un pareil succès ? Car enfin Louise Labé, en dépit de la malédiction qui pèse depuis toujours sur la féminité, est loin d'être la première femme qui s'adonne à l'art d'écrire. Elle n'est pas non plus la première à chanter les affaires de la passion, et pas davantage la première féministe. Mais la première, sans doute, à poser les jalons d'une libération féminine en profondeur, la première femme poète de la passion inconditionnelle, en tout cas de l'ère chrétienne. Avant, il y a Sapho. Son siècle lui permet cette éclosion. Fini le temps des quenouilles, la femme de la Renaissance entend mettre en pratique les théories humanistes sur l'égalité des sexes. Castiglione la porte aux nues : « Sans elle, il n'y a rien de possible ». D'Ève responsable de tous les malheurs du monde, la voici élevée au rang d'inspiratrice. Mais cette femme-là, cette Psyché en laquelle l'homme se reflète et se contemple – et qui n'est somme toute qu'une forme différente, plus subtile de soumission – Louise ne la sera pas non plus. Elle recevra plusieurs hommages en vers, certes, mais de là à être un « objet » d'inspiration... elle est trop androgyne d'esprit. Aucun être, en effet, qu'il soit homme ou femme, ne saurait concevoir et engendrer une œuvre, de laquelle on puisse dire : « Ce qui est en bas est comme ce qui est en haut », sans réunir en lui, pareillement agissantes, les deux forces complémentaires : expansive (principe mâle) et réceptive (principe féminin qui est aussi celui de la transformation).

Pour cerner la nature de Louise Labé, c'est peut-être au mythe des Amazones qu'il faut se référer. « Amazones » étymologiquement : femmes qui ne nourrissent pas ou, d'après une autre source : qui suivent la ceinture. Dans cette ceinture il faut entendre les cercles de lumière qui entourent l'empyrée. Dans un sens moins ésotérique, elles sont les farouches guerrières de la personnalité féminine. Chaque époque a eu et continuera d'avoir ses Amazones. Dans son *Épître dédicatoire,* Louise dit des vêtements féminins, « Lesquels ne pouvons vraiment estimer nôtres que par usage ». Les vante-t-elle, c'est en pensant aux autres femmes. Adolescente, elle leur préférait les hauts-de-chausse, et se faisait appeler Capitaine Loys. Dans la même *Épître,* elle exprime son désir de voir les femmes *non seulement égaler mais surpasser les hommes en science et en mérite.* Aveu poignant de sa double nature, tant virile que féminine et l'on ne peut que mentionner George Sand dans cette lignée de haute race.

Son livre, qui restera l'unique, c'est à une femme qu'elle le dédie : Clémence de Bourges. Un hommage de ce genre s'adresse à la personne qu'on admire, ou qu'on aime le plus. Astuce, diront ses détracteurs : une « impudique », une « courtisane ». Le silence restera son meilleur plaidoyer. On parle, en effet, d'un avocat, lequel aurait succédé à Olivier de Magny, son prétendu amant. C'est lui, ce poète, le premier calomniateur de Louise. De quel refus paye-t-elle le prix ? L'*Ode à Sire Aymon* (son mari) sent trop le dépit et l'amour-propre blessé, pour nous convaincre.

En contrepartie, un témoignage de Guillaume Parradin : « Cette nymphe ne s'est pas seulement fait connaître par ses écrits, mais aussi par sa grande chasteté ».

Effleurer le mystère Louise Labé, c'est une errance entrecoupée de quelques dates, quelques faits, rares points de repère. De son époque, à part les initiales de Clémence de Bourges, la plume de Louise ne trace aucun nom. Quelques célébrités antiques, dieux et déesses, quelques lieux, c'est tout. Un nom encore, de poète, celui-là, de poète et de femme, Sapho, dont elle écrit (évoquant Phébus, le dieu de la lumière) : « Il m'a donné la lyre qui des vers/Soulait chanter de l'amour lesbienne ». S'il s'agit d'un aveu, laissons-le dans son demi-jour. Cela n'empêche pas la comparaison entre les deux poètes. Sapho, Louise, les mêmes accents. Passion, création de l'univers ; passion, terre choisie au confluent du sang rouge et du sang noir où plongent les racines de l'arbre cosmique. *Les sages dames lionnoises,* auxquelles Louise demande de lui pardonner, et les messieurs bien pensants qui lui jettent la pierre, sont moins sages qu'elle. Passion de la vie, de la mort, passion de renaître, passion. Respectons la présence innommée de la sienne : Passion puisque poésie, à la fois planète et soleil, nuit et jour, Folie et Amour, Iseult et Tristan.

La relation qui m'est apparue entre les *Sonnets* et ce mythe celte met en relief la double résonance des poèmes. Tristan y chante et pleure tout autant qu'Iseult. La voix de Louise est faite de ces deux voix, comme chacune contient une part de l'autre. Mais sur quoi Louise s'est-elle basée pour le classement des *Sonnets* ? Seul un ordre chronologique expliquerait leur désordre. A moins qu'elle n'ait intentionnellement brouillé les pistes. Un seul exemple : le vingtième sonnet qui chante la fatalité de l'amour terrestre, devrait de toutes façons être le premier. Ne croirait-on pas entendre Iseult, après qu'elle a partagé avec Tristan le breuvage fatal ? Louise est-elle une initiée ? car le mythe, lui, n'est autre qu'initiatique. L'épreuve de la mort rejoint l'épreuve de Sapho se précipitant du haut d'un rocher dans la mer où le soleil s'est posé (fusion de l'eau et du feu, féminin/masculin). Si le poète est plus ou moins un initié né, la connaissance ésotérique affine sa faculté de perception. Or, Louise eut pour maître Maurice Scève, disciple fervent de Pic de la Mirandole, grand spécialiste en la matière. Dans son *Débat de Folie et d'Amour,* elle fait prononcer à Jupiter les nombres : trois, sept, neuf. Trois nombres chargés de signification.

Mais quel est ce débat qui, à la parution du livre et pendant très longtemps eut encore plus d'audience que les poèmes ? Amour insulte Folie, elle riposte, il lui décoche une flèche, elle l'évite, mais pour le punir, lui crève les yeux et lui met un bandeau qu'il n'est plus possible de retirer. Le différend est porté devant Jupiter, Folie sera défendue par Mercure, Amour par Apollon, puis Jupiter prononcera la sentence.

Louise fait de Folie une déesse et d'Amour un dieu, au même titre que les autres dieux et déesses. Ils n'en sont pas moins des personnages familiers en lesquels nous retrouvons nos racines physiques, esprit et chair du cosmos. Mais que peut apporter le poète dans un monde où l'amour est aveugle ? Louise Labé, fidèle à ses devancières dans la lutte qui s'appellera plus tard la libération féminine, a les yeux ouverts sur tout : cette libération ne pourra s'accomplir que parallèlement à une libération masculine. Mais de quoi l'homme pourrait-il se libérer ? Il se trahit dans ce *Débat* sous les traits de l'enfant. Privé de ses yeux, Amour n'en surestime pas moins sa valeur et prend à partie Folie. Elle, Folie, est adulte. Elle peut avoir de la tolérance envers un enfant, sous-entendu un inconscient, elle peut même croire qu'elle croit qu'il lui est supérieur, mais qu'il cesse de la traiter avec ce mépris ! D'ailleurs il devra bien finir par se laisser guider par elle. Sans Folie, Amour resterait enfermé dans son intelligence logique et concrète. Jamais il ne pourrait même imaginer qu'il pût avoir des ailes. Folie est l'intelligence perceptive, divinatrice, qui fait craquer toutes les limites.

L'intention de Louise est flagrante : démontrer que c'est la femme, cette créature opprimée, méprisée, celle-là même dont Aristote déclarait qu'elle était un mâle raté, qui conduira l'homme au-delà de sa raison, autrement dit à sa propre féminité, cette part de lui-même qu'il a reniée, étouffée, d'où son orgueil et sa prétendue supériorité. Il faudra bien qu'un jour il se libère de ces chaînes. Alors Amour aura des yeux, alors le monde, jusque-là condamné à être univoque, dialoguera de ses deux voix égales.

Aucune femme n'avait osé aller aussi loin dans le proto-féminisme, même pas celles, comme Christine de Pisan, qui eurent le courage d'attaquer l'adversaire de front. Elles s'en sont prises à l'injustice de leur condition qui faisait d'elles des atrophiées cérébrales, jamais elles n'ont abordé le problème de leur libération par la libération de leur oppresseur. Les modernes ne sont guère plus avant si elles confondent la fonction et le rôle. Celui qui est échu à la femme par ordre du cosmos est d'humaniser l'humanité, de la porter plus haut (comme Folie qui donne des ailes à Amour), d'affiner sa sensibilité. Louise Labé, femme poète du seizième siècle, reste la figure de proue d'un féminisme qui n'est pas encore né, celui qui incitera l'homme à se libérer de ses propres chaînes.

Bibliographie : *Trois élégies, Le Débat de Folie et d'Amour*, précédées de l'Épître « A. M. C. D. B. L. » (A Mademoiselle Clémence de Bourges, Lionnoize). 1ʳᵉ édition originale : *Œuvres de Lovïze Labé Lionnoize*, à Lion, par Jean de Tournes, 1555, achevées d'imprimer le 12 août. Comprend les « Escriz de divers Poëtes à la louenge de Lovïze Labé Lionnoize ». En 1556, deux autres éditions originales, la première : *Œuvres de Lovïze Labé*

Lionnoize « revues et corrigées par la dite dame », avec adjonction du privilège du Roi ; la seconde sans privilège. *Élégies et Sonnets* (Sansot, 1910 ; Porrentruy : Portes de France, 1943). Éditions contemporaines : *Œuvres complètes* (Genève : Droz, 1981). *Œuvres* (Genève : Slatkine, 1981). *Œuvres poétiques* (Gallimard, 1983). *Œuvres complètes* (Flammarion, 1986). *Épître dédicatoire...* (Bagneux : L. Ferry, 1988). *Débat de Folie et d'Amour* (Versailles : École des Beaux-Arts, 1989).

    Sélection critique : Ardouin, Paul : *Maurice Scève, Pernette du Guillet, Louise Labé : L'Amour à Lyon au temps de la Renaissance* (Nizet : 1981). Berriot, Karine : *Louise Labé : La Rebelle et le français nouveau* (Seuil, 1985). Demerson, Guy : *Louise Labé, les Voix du lyrisme* (CNRS, 1990). Guillot, Gérard : *Louise Labé, Vie et Œuvres* (Seghers, 1962). O'Connor, Dorothy : *Louise Labé, sa Vie, ses Œuvres* (La Presse Française, 1926). Pédrou, François : *Louise Labé, La Femme d'amour* (Fayard, 1984). Sibona, Chiara : *Le Sens qui résonne : Étude sur le sonnet français à travers l'œuvre de Louise Labé* (Ravenne : Longo, 1984). Zamarcon, Fernand : *Louise Labé, Dame de franchise, sa vie et son œuvre* (Nizet, 1968). Cf FWW.

Pierrette Micheloud

LABERGE, Marie, n. 1950, dramaturge québécoise.

    Née à Québec, Marie Laberge a fait des études universitaires de journalisme et de théâtre. Auteure de nombreuses pièces à succès, elle est connue également pour son travail de comédienne et de metteure en scène. Elle a remporté en 1981, pour sa pièce *C'était avant la guerre à l'Anse à Gilles,* le prestigieux prix du Gouverneur-Général, section théâtre. Plusieurs de ses pièces ont été jouées en Europe, parmi lesquelles *L'Homme gris* a été la première pièce québécoise à dépasser cent représentations à Paris (1986, théâtre Marigny). Cette pièce a été traduite en cinq langues. En 1988, Marie Laberge a été nommée « chevalier de l'ordre des Arts et des Lettres » par le ministre français de la Culture pour sa contribution au rayonnement de la culture francophone.

    Bien qu'elle ait publié un roman, *Juillet,* Marie Laberge est surtout connue comme dramaturge (une vingtaine de pièces à ce jour). Elle affirme écrire « pour toucher », pour témoigner « d'une certaine race d'êtres humains qui est la nôtre avec son immense détresse, son immense solitude et son incommensurable courage », ainsi qu'elle l'a confié à André Dionne. Mais aussi, comme le rapporte un entretien dans *Spirale,* pour « exorciser la souffrance » extrême de vivre, omniprésente dans son œuvre.

    Ses premières pièces publiées font revivre la société québécoise du début du siècle. *Ils étaient venus pour,* pièce à grand déploiement dans la veine brechtienne, met en scène « un des plus spectaculaires ratés qu'a connus le développement industriel de type capitaliste », la naissance et la mort, entre 1902 et 1927, de Val-Joubert, petite ville fondée avec les plus grands espoirs et qui s'éteindra lorsque l'unique usine fermera ses portes. *C'était avant la guerre à l'Anse à Gilles,* dont l'action se déroule en 1936 dans un petit village en bordure du fleuve Saint-Laurent, évoque une période troublée, marquée par la montée de l'idéologie fasciste mais aussi par l'émergence d'un nouveau féminisme. L'un des personnages, Marianna, affirme que les femmes devraient participer pleinement à la politique, que le mariage et la vie religieuse ne sont pas les seules voies qui les attendent. Lorsque la jeune bonne Rosalie se fait violer par son patron, Marianna décide de partir avec elle. Il s'agit là sans doute de la pièce la plus explicitement féministe de Marie Laberge.

Ces pièces historiques, où le personnel et le collectif s'imbriquent, cèdent ensuite le pas à des drames psychologiques, de sombres histoires familiales dont l'action se déroule à l'époque contemporaine. Histoires violentes, histoires de mort, de vengeance et d'émotions devenues meurtrières à force d'être retenues. Une femme épuisée et rancunière soigne un mari malade (son « cadavre ») qui refuse de lui adresser la parole (*Avec l'hiver qui s'en vient*). Un père alcoolique parle toute une nuit à sa fille anorexique, mal mariée que son mari battait ; elle déchaînera sur son père toute la violence qu'elle renfermait en elle (*L'Homme gris*). Une jeune suicidaire hésite entre la vie et la mort et finit par choisir la « terrible passion » du départ (*Jocelyne Trudelle trouvée morte dans ses larmes*). Une femme mariée depuis six ans vit une passion subite, puis revient à sa triste vie conjugale (*Deux tangos pour toute une vie*). Quatre sœurs, dont l'une illégitime, veillent leur mère agonisante et remuent de vieilles rancœurs (*Oublier*).

La critique universitaire a eu tendance à bouder l'œuvre de Marie Laberge, qu'elle juge trop populaire, trop facile. On lui reproche souvent, selon l'expression de Stéphane Lépine, une manière « typiquement américaine d'écrire des dialogues et de bâtir un huis-clos psychologique », c'est-à-dire des intrigues artificielles, grossièrement campées, et des personnages parfois caricaturaux. Selon Julie Cauchy, Marie Laberge traite de thèmes à la mode, mais sans les approfondir. Reste que ses pièces sont généralement efficaces et bien construites, et que l'émotion qu'elles renferment sonne vrai. Comme le dit encore Stéphane Lépine, elle sait « regarder son monde sans pathos et sans ironie, avec un brin d'humour, et surtout beaucoup d'affection ».

Si son parti pris naturaliste – dialogues en français québécois populaire ou régional – lui interdit d'explorer une écriture au féminin, en revanche, l'auteure met souvent en scène des femmes et évoque certains problèmes qui leur sont propres (viol, inceste, anorexie, partage des tâches domestiques). Tantôt victimes des hommes, tantôt victimes « d'elles-mêmes […]. de leurs préjugés, de leurs propres peurs» (*Spirale,* entretien), les femmes n'ont, pas plus que les hommes, le beau rôle dans ce théâtre sombre, parfois désespéré.

Bibliographie : *Soleil d'otage* (Québec : Garneau, 1970). *George Saint-Pierre* (Québec : Ministère des Affaires culturelles, 1975). *C'était avant la guerre à l'Anse à Gilles* (Montréal : VLB, 1981). *Ils étaient venus pour...* (id., 1981). *Avec l'hiver qui s'en vient* (id., 1981). *Aux mouvances du temps : Poésie, 1961-1971* (Montréal : Leméac, 1982). *Jocelyne Trudelle trouvée morte dans ses larmes* (id., 1985). *L'Homme gris, suivi de Éva et Évelyne* (id., 1986). *Oublier* (Montréal : VLB, 1987). *Aurélia, ma sœur* (id., 1988). *Le Blanc* (id., 1989). *Juillet,* rm (Montréal : Boréal, 1989). *Le Faucon* (id., 1991). *Pierre* (id., 1992). *Quelques adieux,* rm (id., 1992).

Sélection critique : Andrès, Bernard et Andrée Yanacopoulo : «Entretien avec Marie Laberge» (*Spirale* 53, juin 1985). Cauchy, Julie : «Oublier d'oublier» (*Spirale* 76, février 1988). Collectif : *Écrivain cherche lecteur ; l'écrivain francophone et ses publics* [Colloque de Royaumont], dir. Lise Gauvin et Jean-Marie Klinkenberg (Créaphis, 1991). Dionne, André : «Marie Laberge, dramaturge», interview (*Lettres québécoises* 54, été 1989). Genuist, Monique : «Idéologie féministe dans *Le Temps sauvage* et *C'était avant la guerre à l'Anse à Gilles* (*Histoire du théâtre au Canada* 8 : 1, printemps 1987). Lépine, Stéphane : «Le Théâtre qu'on joue» (*Lettres Québécoises* 49, printemps 1988 et 55, automne 1989).

Lori Saint-Martin

LA BRETE, Alice (Cherbonnel dite Jean de –). 1858-1945, romancière.

Mon Oncle et mon Curé (1889). *Un Réveil* (Plon-Nourrit, 1904). *L'Impossible* (id., 1905). *Un Mirage* (id., 1906). *Illusion masculine* (id., 1908). *Aimer quand-même* (id., 1909). *Vieilles Gens, Vieux Pays* ((id., 1910). *Un Obstacle* (id., 1912). *L'Aile blessée* (Plon, 1914). *Les Deux Sommets* (Plon-Nourrit, 1920). *Le Rubis* (id., 1923). *Le Solitaire* (id., 1924). *Les Reflets* (id., 1926). *La Source enchantée* (Plon : 1928). *Le Comte de Palène* (id., 1930). *Une Lumineuse Clarté* (id., 1930). *Un Conseil* (id., 1931). *Les Gardiens* (id., 1933). *L'Appel des souvenirs* (id., 1934).

LABROUSSE, Élizabeth, philosophe du XVIIe s.

Avertissement aux Protestants des provinces [1664?] (PUF, 1986). *La Révocation de l'Édit de Nantes* [essai sur] (Payot/Labor et Fides, 1985). *Notes sur Bayle* (J. Vrin, 1987).

341

LACASCADE, Suzanne, Guadeloupéenne.

Claire-Solange, âme africaine (?, 1924). Cf. DLLF «Caraïbes/Guyane».

LACROSIL, Michèle, n. 1915, romancière guadeloupéenne.

« Femme de lettres pleine de charme exotique... » C'est en ces termes bienveillants que le *Nouveau dictionnaire national des contemporains* salue Michèle Lacrosil. Née à Basse-Terre, elle a fait des études primaires dans un pensionnat religieux et des études secondaires au lycée de Pointe-à-Pitre. Elle a terminé à Paris des études supérieures interrompues par la deuxième guerre mondiale. Mariée, sans enfants, elle a fait carrière de professeur de lettres au lycée Claude Bernard et a donné de nombreuses conférences tant en France qu'aux Antilles.

L'œuvre de Michèle Lacrosil présente une remarquable unité de thèmes et de ton. Que ce soit la petite pensionnaire au teint basané, brimée par les blanches religieuses colonialistes de *Sapotille et le serin d'argile,* que ce soit la brillante universitaire de *Cajou* qui, convaincue de son indignité, refuse l'amour d'un Blanc, que ce soit enfin l'adolescent tourmenté de *Demain Jab-Herma,* éconduit quand il a cessé d'amuser et qui se venge par le meurtre, tous ces personnages vivent sous le regard du Blanc pour qui les apparences font l'essence, regard dont ils ne peuvent se libérer que par la fuite physique, c'est-à-dire l'exil, ou par la fuite métaphysique, c'est-à-dire la mort. Ce regard souille le royaume d'enfance dont l'île antillaise est la métaphore, cercle enchanté dans lequel la conscience noire, pur sujet, ne s'était pas encore réveillée objet. Réveil et chute.

Immense palimpseste touffu de la mémoire malade, l'œuvre de Michèle Lacrosil fait appel à des procédés divers : narration autobiographique à la première personne, explosion du cadre et de la chronologie linéaire, chevauchements et recoupements spatio-temporels : démarche syncopée d'une conscience qui se cherche.

Cette œuvre courageuse, qui pose de plein fouet la pénible question de race, exige l'engagement total du lecteur. Dans le vase clos d'une île soi-disant décolonisée, *Sapotille* dresse le procès d'une société dont l'arbitraire système de caste reste fidèle à la hiérarchie colonialiste. Les structures sociales n'ont point suivi le processus de décolonisation des structures politiques. Telle une gangrène, la mentalité blanche s'est infiltrée dans les cerveaux noirs. Ainsi, Sapotille, la câpresse, trouve-t-elle inévitable que son amant métis au teint clair refuse de l'épouser, de même qu'elle tolèrera longtemps que son mari noir, officier dans l'armée française, la batte jusqu'au sang pour se venger sur elle des humiliations de sa carrière. Non qu'elle reconnaisse la légitimité morale du contrat social antillais, mais parce que, dans son univers, le racisme est dans l'ordre des choses. Pour y mettre fin, elle demande le divorce et s'enfuit en France, pays de la liberté, du moins le croit-elle.

Cajou commence où s'achève *Sapotille*. Promue directrice de recherches du laboratoire parisien où elle travaille, et sur le point d'épouser le grand bourgeois blanc dont elle attend l'enfant, la jeune femme semble avoir réalisé ce rêve d'une société sans conscience de race. Et pourtant, le roman se termine par son suicide. Michèle Lacrosil dépasse ici un constat au demeurant banal : la mère-patrie est encore plus sournoisement raciste que ses anciennes colonies. Elle s'attache à montrer que ce qui importe plus encore que l'existence objective du racisme, c'est la manière dont la conscience sensibilisée à son existence le vit.

Avec le troisième ouvrage, *Demain Jab-Herma,* l'enquête reprend dans le cadre élargi d'un roman historique à la troisième personne. En apparence traditionnel, c'est une réflexion sur l'histoire exemplaire d'un peuple dont le héros se fait sauter avec son armée plutôt que de se rendre à l'envahisseur napoléonien. Dans l'univers hermétique d'une plantation sucrière abêtie par la faim et l'ignorance, le blanc naïf, frais débarqué de France, sème le désordre par sa simple présence. L'ébranlement d'une structure sociale séculaire permettra peut-être au Noir Jab-Herma de prendre en mains le destin de son peuple, après la mort du métis criminel proscrit par les deux races. Ambitieuse fresque sociale, difficile expérimentation stylistique, *Jab-Herma* reste fidèle au malaise d'être qui régit l'univers de Lacrosil.

Le monde de *Sapotille* et de *Cajou* est dominé par des valeurs masculines. Les personnages féminins y sont contraints d'affronter à la fois le monde des Blancs et celui des hommes. Rivalisant pour la faveur du maître, les femmes ne connaissent qu'en de brefs instants l'amitié miraculeuse toujours susceptible d'être détruite par l'arrivée d'un intrus qui les dressera les unes contre les autres. Les rapports de race ne sont, ici, que la métaphore des rapports humains toujours perçus comme des rapports de force. C'est pourquoi *Cajou,* roman préféré de l'auteur, n'a pas été bien reçu de la critique car il fait éclater les limites rassurantes du genre exotique en refusant de s'en tenir à une lecture purement «raciale».

Telle Cajou devant son miroir, c'est l'être humain, et non seulement la femme, qui subit le double assujettissement du regard de l'autre et du sien propre. Inversant le procès sartrien repris par Fanon, Lacrosil accuse le Noir de créer le Blanc en se voulant nègre. Également coupables, Noirs et Blancs sont ontologiquement malades de l'Histoire. Il faut donc considérer cette écriture comme une écriture féminine oblique, la difficulté des rapports entre femmes symbolisant une difficulté d'être qui rend aléatoire toute libération de sexe, de race ou d'espèce.

Bibliographie : *Sapotille, ou le serin d'argile* (Gallimard, 1960). *Cajou* (id., 1961). *Demain Jab-Herma* (id., 1967).

Sélection critique : Condé, Maryse : *La Parole des femmes* (L'Harmattan, 1979). Case, Frederick Ivor : *The Crisis of Identity ; Studies in the Guadeloupean and Martiniquan Novels* (Sherbrooke, Canada : Naaman, 1985). Corzani, Jack : *La Littérature des Antilles et Guyane française,* 6 vol. (Fort-de-France : Désormeaux, 1978). Diallo, A. : « Interview avec Michèle Lacrosil », *Amina* 113 (nov, 1981). Ormerod, Beverly : *Introduction to the French Caribbean Novel* (Londres : Heinemann, 1985). Sainville, Léonard : *Anthologie de la littérature négro-africaine* (Présence Africaine, 1963). Smith, Jr., Robert P. : « Michèle Lacrosil : Novelist with a Color Complex », *The French Review* XLVII (mars 1974). Zimra, Clarisse : « Patterns of Liberation in Contemporary Women Writers », *L'Esprit Créateur* XVII, n° 2 (été 1977).

Clarisse Zimra

LAEDERACH, Monique, n. 1938, poète, romancière suisse.

Monique Laederach est née aux Brenets dans le canton de Neuchâtel. Élevée dans ce canton, elle y poursuit également des études de musique et de lettres. A partir de 1970, elle publie de la poésie et plus récemment des romans. De plus, elle a composé des pièces radiophoniques et travaillé aussi comme traductrice et critique. Elle enseigne l'allemand au Gymnase [lycée] Numa-Droz à Neuchâtel. Elle a reçu divers prix littéraires, en particulier le prix Schiller à deux reprises (1977 et 1983).

Une grande soif de plénitude excitée par la conscience aiguë des manques, qui font obstacle à toute fusion et à l'épanouissement total de l'être, voilà ce qui caractérise l'écriture très personnelle de Monique Laederach. Déjà dans les tout premiers poèmes de *L'Étain la source* (1970), où se développe une poésie du « nous », la réalisation de l'unité n'est avancée que sur le mode de la concession :

Pourtant, il arrivait que nous dormions en elle
Qui était une, et l'instant accordé
Demeurait simple. (31)

L'Autre n'en apparaît pas moins différent sous le scalpel d'une voix poétique scrutatrice qui n'hésite pas à détacher toutes les écorces :

J'ai pénétré l'espace de ta nudité,
Touché le cercle étroit de notre différence ? (25)

Le constat d'incongruence mènera dans un premier temps à « l'attente », incarnée par une *Pénélope* (1971) qui sait tendre des pièges à Ulysse et ne voit en lui « qu'un homme ». Pour étancher la soif de plénitude, il s'agira alors d'arracher à l'ombre «un verbe unique», soleil ou sève fulgurante.

Une dialectique de l'ombre et de la lumière s'installe. L'écriture y défie la nuit des mots «grinçants et inaudibles». Elle est un moyen de sonder l'obscurité pour tirer au jour le plus profond de soi. Dans ce sens, l'œuvre de Monique Laederach s'inscrit bien dans la tradition protestante propre au canton qu'elle habite, mais étant femme, elle ne trouvera rien au fond d'elle-même qui relaie le Verbe du Père dont l'empire domine, à son idée, les Suisses romands. De plus, son écriture du «moi» se fonde sur une expérience psychanalytique.

Dans *J'habiterai mon nom* (1977) la poète prend vraiment possession de son espace: «ICI JE SUIS JE PARLE». Du même coup elle s'arrache aux perspectives étrangères de ceux qui, lui donnant des noms, la définissaient comme un TU. La page elle-même et la graphie deviennent ici témoins des écarts que la poésie cherche à surmonter sans jamais rien escamoter. Pour dire tout le mal de la rupture, Monique Laederach aura finalement recours à la prose. *Stéphanie* (1978), son premier récit, dessine les affres de l'abandon. Il y a le trop plein de tendresse, l'agressivité nue, la nausée, l'agacement, la dépression, la transe... Dans cette descente aux enfers le monstre est le plus fort. Un accident de voiture facilite enfin l'aveu d'un besoin de régression, de chaleur et de partage. Une solidarité féminine s'affirme alors pour la première fois et ne quittera plus cette œuvre de femme.

La prose de Monique Laederach déploie ses vraies richesses dans *La Femme séparée* (1982). L'actualité neuchâteloise y est saisie sur le vif et la douleur de l'incomplétude y est portée vers une réalisation formelle franchement originale. Ce gros roman, qui dit le deuil d'Anne à la suite de sa séparation d'avec Jérôme, est bâti autour d'une figure de rhétorique qui correspond profondément aux réalisations avortées, désirs bloqués, gestes incomplets, mots bégayés dont l'héroïne retrace la désolante répétition jusque dans ses expériences les plus intimes.

Monique Laederach a trouvé son style dans une syntaxe hachée où les creux, les bonds, les ellipses mettent en valeur le mot, le nom, la désignation. Dès lors sa prose romanesque va se lire comme une partition qui parvient à détailler l'apport de multiples voix en orchestrant divers niveaux de conscience, de perception, d'action sans qu'elles se perdent.

Dans *La Partition* (poèmes, 1982) et *Trop petits pour Dieu* (roman, 1986), des documents viennent s'entremêler au discours de la poète et de la romancière. Des textes publicitaires servent de repoussoirs aux poèmes, tandis que des extraits de journaux donnent une armature historique au roman. Dans les deux cas la parole de l'Autre lui est rendue. Elle ne saurait plus pirater la voix de l'auteure, consciente de la nécessité de bousculer toutes les valeurs pour se «refaire entièrement». Oui, dans ce roman, Monique Laederach parvient à refaire entièrement, dans une optique de femme, l'histoire de la frontière franco-suisse qui l'a vu naître, et où l'on ne trouvait plus guère que des femmes pendant les années de sa petite enfance qui ont coïncidé avec le début de la deuxième guerre mondiale. Entre une mère malade, puis mourante, une sœur anorexique, un amant à l'armée et des villageoises de tout acabit, Judith reste à l'écoute des voix du passé et de celles du présent qui l'habitent. Cette musique engage la jeune femme à honorer la vie et la mort dans un monde qui, par ailleurs, la prive de son avenir. Dans l'œuvre de Monique Laederach la réalité s'assume au féminin.

Bibliographie : *L'Étain la source,* poèmes (Lausanne : L'Aire-Rencontre, 1970). *Pénélope,* poésie (id., 1971). *Marguerite Burnat-Provins, sa vie et son œuvre* (Lausanne : Bibliothèque Romande, 1971). *Ballade des faméliques baladins de la Grande Tanière,* poèmes (Neuchâtel : Cahiers du Bateleur, 1974). *J'habiterai mon Nom,* poésie (Lausanne : L'Age d'Homme, 1977). *Jusqu'à ce que l'été devienne une chambre,* poésie (Genève : Éliane Vernay, 1978). *Stéphanie,* récit (Lausanne : L'Aire, 1978). *La Femme séparée,* rm (Paris-Lausanne : Fayard-L'Aire, 1982). *La Partition,* poésie (Lausanne : L'Aire, 1982). «L'écriture et les femmes : un héritage tronqué ?», essai, in *Écriture féminine ou féministe ?* (Genève : Zoé, 1983). *Trop petits pour Dieu,* rm (Lausanne : L'Aire, 1986). «Suovetaurilia», poèmes, in *Écriture* 30, 1988. *J'ai rêvé Lara debout* (Éd. Zoé, 1992 ?). Théâtre : *Perséphone, Celle qui porte la blessure* (1984) ; *Un peu d'opium pour un dimanche* (1984); *Le bus ne passe qu'une fois* (1984). Théâtre lyrique : *Le Roi vagabond,* comédie musicale pour enfants (1965) ; *Verbe de feu,* oratorio (1967) ; *Les très riches heures,* suite pour chœurs (1971).Théâtre radiophonique : *La Herse de Zürich* (1958) ; *Judas* (1959) ; *La Chaîne* (1972) ; *Une seule nuit* (1979) ; *Regard ouvert fermé* (1980) ; *Les deux lèvres de la blessure,* document-fiction (1981) ; *Divorce : point de vue de femme,* scénario TV (1982).
Sélection critique : Bevan, David : *Écrivains d'aujourd'hui* (Lausanne : 24 Heures, 1984). Bishop, Michael : *Continental Women Writers* (Halifax, NS, 1987). Brindeau, Serge : *La Poésie contemporaine de langue française depuis 1945* (Bordas, 1973). Collectif : *Écrivain cherche lecteur ; l'écrivain francophone et ses publics* [Colloque de Royaumont], dir. Lise Gauvin et Jean-Marie Klinkenberg (Créaphis, 1991). Rancourt, J. : *Anthologie de la poésie érotique* (La Pibole, 1980). Stüssi : «L'Angoisse et la révolte dans *La Femme séparée* de Monique Laederach», mémoire de licence (Zurich, 1986).

Monique Moser-Verrey

LA FAYETTE, Marie-Madeleine de –, 1634-1693, romancière.

« Sa qualité principale », écrit sa grande amie Mme de Sévigné, était sa « divine raison ». Née à Paris, de petite noblesse, Marie-Madeleine Pioche de La Vergne bénéficie d'une éducation soignée, d'abord chez son père, puis chez le grammairien Ménage. Monsieur de La Vergne meurt en 1649, et un an plus tard, sa mère épouse en secondes noces Renaud-René de Sévigné, oncle de la Marquise. A vingt et un ans, Marie-Madeleine fait un mariage de raison avec un homme beaucoup plus âgé qu'elle, Jean-François Motier, comte de La Fayette. Ils auront deux fils mais bientôt Mme de La Fayette s'installe seule à Paris. Cette singulière séparation permet à la future romancière de faire son entrée à la cour et dans le cercle d'Henriette d'Angleterre, dont elle écrira l'histoire. Elle reçoit rue de Vaugirard les plus beaux esprits de l'époque et, en 1665, elle se lie avec La Rochefoucauld.

Après avoir débuté en littérature par un portrait de la marquise de Sévigné (1659), elle écrit, sans les signer, deux nouvelles, *La Princesse de Montpensier* et *Zaïde,* avant *La Princesse de Clèves* qui fait grand éclat à sa parution en 1678. Après la mort de La Rochefoucauld, elle mène une vie retirée, laissant encore une nouvelle posthume, *La Comtesse de Tende,* publiée en 1724, une *Histoire d'Henriette d'Angleterre et Mémoires de la Cour de France pour les années 1688 et 1689,* et une correspondance.

Le prestige de *La Princesse de Clèves,* prototype du roman classique, fait du roman une province souvent réputée « féminine ». Le genre tragique étant à l'époque réservé aux hommes, il revenait à Marie-Madeleine de La Fayette de faire entrer la tragédie dans un genre mondain, le roman. *La Princesse de Clèves* rompt définitivement avec le roman baroque, et donne le modèle du roman moderne à la française, où l'analyse concise des passions est l'objet principal du récit. On attribue à Mme de La Fayette la double création du roman d'analyse et du roman de mœurs, car *La Princesse de Clèves* unit l'étude des cœurs et la peinture de la cour. L'analyse psychologique domine l'intrigue mais les personnages seraient incompréhensibles en dehors du décor de la cour des Valois, sous laquelle on retrouve bien sûr l'atmosphère de la cour de Louis XIV. De son roman, Mme de La Fayette dira : « Surtout ce qu'on y trouve, c'est une parfaite imitation de la cour et de la manière dont on y vit ». Elle aurait même envisagé de donner à son livre le titre de *Mémoires.*

Comme toute grande dame de l'époque, Mme de La Fayette ne peut guère s'avouer auteur. N'osant signer ses ouvrages d'imagination, elle est même forcée de les désavouer. On sait que Mlle de Scudéry tenait *La Princesse de Clèves* pour un ouvrage de Mme de La Fayette *et* La Rochefoucauld. Mais dans une lettre à Ménage, celle-ci confie que La Rochefoucauld et Segrais n'ont apporté « qu'un peu de correction ». De nos jours on attribue aussi à Mme de La Fayette l'innovatrice, *La Princesse de Mont-*

pensier, qui annonce le roman de 1678 par le réalisme de son cadre historique et par la sévérité de sa peinture de l'amour. Le roman *Zaïde,* auquel Segrais, Huet et La Rochefoucauld auraient contribué, retombe toutefois dans les conventions du roman héroïque du début du siècle, mais s'apparente au chef-d'œuvre de Mme de La Fayette par le traitement pessimiste des passions humaines. *La Comtesse de Tende,* nouvelle posthume, peut se lire comme une esquisse de *La Princesse de Clèves* ; l'héroïne est consciente de son erreur, mais la raison est toujours moins forte que la passion. Le vrai sujet du célèbre roman d'analyse serait, comme l'a proposé Serge Doubrovsky, l'échec de l'analyse.

Les ravages de la passion dans le cœur des honnêtes gens reflète donc le « désordre passionné » de la cour où règnent l'ambition et les intrigues. « L'amour » dans cette cour « était toujours mêlé aux affaires et les affaires à l'amour ». Au centre des cabales, des intérêts divergents, figurent les femmes autant que les hommes. Le monde de la galanterie et le monde de la politique n'en font qu'un. Il n'y a pratiquement pas de vie privée dans cette société de loisirs où la galanterie remplace la guerre comme voie de l'idéal héroïque. Aussi Mme de Clèves n'est-elle jamais seule ni tranquille, même dans ses moments les plus intimes (scène de l'aveu, nuit de rêverie à Coulommiers). Partout elle est traquée, épiée, espionnée, en vue. On a judicieusement observé que le monde de la Princesse apparaît comme un salon très éclairé qu'il s'agit de traverser avec dignité.

La jeune femme (qui a seize ans) est moins terrassée par sa passion insolite que par le décalage que cette passion engendre entre son moi public et ce qu'elle perçoit graduellement comme étant son moi authentique. Elle tente l'impossible : être sincère dans une société perfide. « Si vous jugez par les apparences ici, lui confie Mme de Chartres, vous serez souvent trompée : ce qui paraît n'est presque jamais la vérité ». Cette peinture de l'amour comme chose funeste, elle la partage avec Racine et l'auteur des *Lettres Portugaises,* mais la grande innovation de Mme de La Fayette est de placer ce drame après le mariage. Elle invente par là un nouveau sujet – la tragédie conjugale – où le vrai thème n'est plus l'amour, mais la liberté. La quête du « repos » se comprend alors comme la recherche de l'autonomie pour la femme menacée par la passion qui est dépossession de soi. La renonciation à l'amour est moins une fuite qu'une protestation. Elle refuse une nouvelle alliance au nom d'une chasteté libératrice ; le moi se découvre en maîtrisant la passion. Il n'y a aucun obstacle à cet amour, sauf le désir de sauvegarder son intégrité, au prix même de la mort. La passion rend l'héroïne méconnaissable à ses propres yeux, indigne d'elle-même. Elle doute de Nemours et des hommes en général qui s'avèrent impunément inconstants et ambitieux. M. de Clèves n'est pas exempt non plus de cette méfiance : en cherchant chez son mari un protecteur, elle n'aurait trouvé qu'un agresseur, un maître en tout cas.

Le scandaleux aveu au mari fait la preuve du gouffre qui sépare les êtres dans une société qui répugne à la sincérité et à l'affection.

La famille n'offre aucune protection contre l'abîme. Mlle de Chartres est orpheline affective avant même la mort de sa mère. Son éducation sert moins à protéger la jeune fille qu'à préparer sa défaite sentimentale. L'éducation des filles, problème qui passionnait le XVIIe siècle, est l'entière responsabilité des mères. L'extraordinaire attention de Mme de Chartres pour sa fille ne semble, pour nos yeux modernes, accompagnée d'aucune tendresse réelle. Mme de Chartres n'évite pas les sujets épineux, mais elle noircit la peinture des dangers de l'existence, ce qui annihile chez la jeune personne toute capacité de s'engager dans le monde « réel » de la cour. Et surtout son programme recèle une contradiction fondamentale : la mère met sa fille en garde contre la cour où elle l'amène pour la faire briller. Mme de Chartres enseigne la prudence et n'éprouve aucune répugnance à lui faire épouser un homme qu'elle n'aime point. Comme Molière, Mme de La Fayette plaide, implicitement, contre les mariages forcés, à moins que ce ne soit, à l'instar de Madeleine de Scudéry, contre le mariage tout court.

Bibliographie : *Romans et Nouvelles* [*La Princesse de Montpensier, Zaïde, La Princesse de Clèves* et *La Comtesse de Tende*], éd. d'Émile Magne (Garnier, 1958). *Correspondance,* éd. André Beaunier, 2 vols. (Gallimard, 1942). *Histoire de Madame Henriette d'Angleterre et Mémoires de la Cour de France pour les années 1688 et 1689,* éd. Gilbert Sigaux (Mercure de France, 1965). *Histoire de la Princesse de Montpensier : sous le règne de Charles IX* (Genève : Droz, 1979). *La Comtesse de Tende* [suivi de] *La Princesse de Montpensier* (Les Cent Une, 1988).

Sélection critique : Delacomptée, Jean-Michel : *La Princesse de Clèves, la mère et le courtisan* (PUF, 1990). Duchêne, Roger : *Mme de La Fayette : La Romancière aux cent bras* (Fayard, 1988). Doubrovsky, Serge : « *La Princesse de Clèves,* une interprétation existentielle », *La Table Ronde* 138 (juin 1959). Lauga, Maurice : *Lectures de Mme de La Fayette* [articles de Butor, Poulet, Pingaud, Fabre, Camus, Rousset, Durry] (A. Colin, 1971). Mayer, Denise : *Une Amitié parisienne au Grand Siècle : Mme de La Fayette et Mme de Sévigné, 1648-1693 (Papers on French Seventeenth Century Literature,* 1990). Tiefenbraun, S. W. : *A Structural Stylistic Analysis of 'La Princesse de Clèves'* (Mouton, 1976). Virmaux, Odette : *Les Héroïnes romanesques de Mme de La Fayette : la Princesse de Montpensier, la Princesse de Clèves, la Comtesse de Tende* (Klincksieck, 1981). Cf. FWW.

EE

LAFFAY, Claire, n. 1914, poète.

Cette Arche de péril (H.C., 1961). *Essai de géographie poétique* (Debresse, 1964). *Imaginaires* (Strophes, 1966). *Pour tous vivants* (Debresse, 1966). *Dédales* (Saint-Germain-des-Prés, 1968). *Chants pour Cybèle* (Uzès : Formes et Languages, 1970). *L'Oiseau l'Archange* (id., 1972). *Temporelles* (id., 1974). *Nykta* (Agori, 1975). *Les Encantats et autres montagnes* (Uzès : Formes et Languages, 1977). *Miroir abîme* (id., 1977). *L'Arbre fleuve* (Saint-Germain-des-Prés, 1983). *Le Quatrième Délire* (id., 1986).

LAFONTANT-MÉDARD, Michaëlle, poète haïtienne.

Brumes de printemps (Port-au-Prince : Impr. Rodriguez, 1964). *Pour que renaisse ma quisqueya* (P.-au-P. : Impr. Serge Gaston, 1967). *Le Ficus,* nouvelle, avec Rassoul Labuchin (P.-au-P. : Impr. Théodore, 1971). *A la découverte de Rassoul Labuchin, poète du réalisme merveilleux,* essai (P.-au-P. : Multi-Copie, 1974). *Et la fête sera belle,* nouvelles avec Rassoul Labuchin (P.-au-P. : H. Deschamps, 1979). Sous le pseud. de Marguerite Deschamps : *Clefs pour Charades Haïtiennes,* de Roger Gaillard (P.-au-P. : Multi-Copie, 1975). « Spécial Cinéma Haïtien », essai (*Conjonction.* juin-sept 1983). *Désert étoilé,* poèmes (Caractères, 1993).

LA FORCE, Charlotte-Rose de –, 1654-1724, auteur de contes.

Histoire secrète de Bourgogne (S. Bernard, 1694). *Histoire secrète de Marguerite de Valois* (id., 1696). *Gustave Vasa, histoire de Suède* (id., 1697-1698). *Anecdote galante...* (Nancy : 1703). *Mémoire historique...* (Amsterdam : Desbordes, 1709). *Les Fées, contes des contes* (Compagnie des librairies, 1725). *Anecdotes du XVIᵉ siècle, ou Intrigues de Cour, politiques et galantes avec les portraits de Charles IX, Henri III et Henri IV...* (Amsterdam : aux dépens de la Compagnie, 1741). *Nouveau Cabinet des Fées. Les Fées : Contes des contes* (Genève : Slatkine, 1978). Cf. DLLF.

LAFOREST, Michèle, poète, romancière, dramaturge.

Sous le pseud. Michèle Albrand : *La Clairière,* rm (EFR, 1967). *L'Envers des Ombres,* poèmes (Le Pont de l'Épée, 1981). Sous le nom de Michèle Dussutour-Hammer : *Amos Tutuola,* essai (Présence Africaine, 1981). Sous son nom propre : *L'Ile du silence,* rm (Belfond, 1984). *La Perquisition* (id., 1986). *Sables,* poèmes (Cassiodore, 1990). *Geneviève et Attila* (Albin Michel, 1992). Théâtre : « Dans la brousse des fantômes », adaptation de *L'Ivrogne dans la brousse,* d'Amos Tutuola (1989, inéd.). « Le Fabuleux Voyage au pays de la femme-plume » (inéd., 1992). Traduction : *Ma vie dans la brousse des fantômes* d'Amos Tutuola (Belfond, 1988).

LA HOUSSAYE, Sidonie de –, 1820-1894, romancière louisianaise.

Née Sidonie Perret et publiant sous le pseudonyme de Louise Raymond, Sidonie de La Houssaye est l'une des rares et précieuses représentantes de la littérature féminine louisianaise francophone du XIXᵉ siècle. Issue, du côté maternel, d'une famille ayant émigré en Louisiane au XVIIIᵉ siècle, elle naquit en 1820 sur la plantation de canne à sucre de son père, dans la paroisse Sainte-Marie. Riche héritière créole, elle est élevée dans la tradition française et mariée à l'âge de treize ans à M. Pelletier de La Houssaye, et quitte alors la plantation familiale pour s'installer à Saint-Martinville (« le petit Paris de la Louisiane », précise E. L. Tinkler). Elle aura treize enfants et, comme tant d'autres, commence à la mort de son mari une carrière d'enseignante. Écrivant tout d'abord pour ses élèves, elle publie par la suite dans les journaux locaux, *L'Abeille* et *Le Meschacébé* entre autres.

Si les contextes dans lesquels se déroulent les intrigues déployées par Sidonie de La Houssaye dans ses romans ont pour espace commun la Louisiane, les époques, les milieux et les héroïnes que l'auteure dépeint sont fort divers, et ce n'est pas leur moindre intérêt. D'une communauté acadienne du début du siècle aux plantations de l'après guerre civile, du conflit entre sudistes et nordistes aux conflits entre Blancs et Noirs, de l'élite créole aux pauvres de tous bords, Sidonie fait une peinture de son pays natal toute en contrastes et en contradictions. Ainsi, dans *Amis et fortune,* nous raconte-t-elle l'histoire d'une jeune héritière retournant sur la plantation familiale après la guerre civile et faisant l'expérience des préjugés liés à la pauvreté (en effet elle se fait passer pour sa propre gouvernante) dans une Louisiane dévastée. Dans *Pouponne et Balthazar,* la romancière évoque les dures conditions de vie de la communauté acadienne louisianaise. Elle s'attache à dépeindre de manière détaillée les traditions et la culture des Acadiens (langue, nourriture, chansons, mœurs). Mais l'œuvre majeure de l'écrivaine est sans doute *Les Quarteronnes de la Nouvelle Orléans,* roman-fleuve où elle évoque le sort, la plupart du temps tragique, de plusieurs générations de femmes condamnées par leur appartenance raciale à demeurer hors des normes morales et sociales de la communauté des Blancs.

Les descriptions détaillées, hautes en couleur, qui constituent la toile de fond de ces ouvrages sont toutefois systématiquement placées, on ne s'en étonnera guère, sur une échelle de valeurs où domine la classe aisée blanche. A nos yeux de fin du vingtième siècle, les contradictions que l'on peut déceler dans ces textes ont pour point d'origine la position ambiguë de l'écrivaine dans son propre contexte et son histoire de femme créole. Il se dégage en effet de l'œuvre la défense d'une hiérarchie rigide, tant sociale que raciale et culturelle, qui va à l'encontre de sa critique du sort des femmes. Ainsi, l'héroïne de *Pouponne et Balthazar* est une jeune Acadienne dont la moralité et la délicatesse contrastent avec la vulgarité et la bassesse de la communauté acadienne qu'elle finit par renier. De même, le préjugé racial qui est condamné dans *Les Quarteronnes de la Nouvelle Orléans* porte sur des héroïnes dont la blancheur de peau, l'éducation et la moralité sont opposées à la débauche, la laideur, la corruption et le manque de sens moral ou d'intelligence d'êtres qui sont manifestement plus sombres de peau. Ces romans, loin d'être apolitiques, purement « romanesques » ou « objectivement » historiques, s'inspirent d'un genre traditionnellement et conventionnellement féminin, le roman dit « sentimental », et ils en compliquent les règles souvent jugées simples, voire simplistes. Les intrigues ont pour protagonistes des femmes ayant à faire face à des choix moraux qui menacent leur bonheur. Or ces choix existent pour la seule raison que les intrigues en question sont ancrées dans des réalités sociales et politiques dépassant et motivant l'ordre du romanesque. Dans l'important contexte d'analyses de la représentation littéraire des relations sociales, raciales et culturelles, l'œuvre de Sidonie de La Houssaye invite une lecture multiple et elle problématise la traditionnelle lecture « facile » du roman féminin.

Bibliographie : *Le Mari de Marguerite* (Nouvelle-Orléans : *L'Abeille,* 1883). *Pouponne et Balthazar : Nouvelle acadienne* (id., Librairie de l'Opinion, 1888). *Charles et Ella* (id., Le Meschacébé, 1892). *Amis et Fortune : Roman louisianais* (id., Bonnet Carré, 1893). *Les Quarteronnes de la Nouvelle Orléans* (id., Impr. du Meschacébé, 1894 et 1895).

Sélection critique : Tinker, E. L. : *Les Écrits de langue française en Louisiane au XIXe siècle : Essais biographiques et bibliographiques* (Genève : Slatkine, 1975). Monicat, Bénédicte : « Tensions raciales, culturelles et sociales dans deux romans de S. de La Houssaye, écrivaine louisianaise », *Revue Francophone de Louisiane* VII,1 (1992).

Bénédicte Monicat

LALANDE, Françoise (Watstchenko), romancière, essayiste belge.

Le Gardien d'abalones (Bruxelles : J. Antoine, 1983). *Cœur de feutre* id., 1984). *Daniel ou Israël* (Acropole, 1987). *Madame Rimbaud* (Presses de la Renaissance, 1987). *Alma Mahler* (Actes Sud, 1989).

LALONDE, Michèle, n. 1937, poète québécoise.

Songe de la fiancée détruite (Montréal : Éd. d'Orphée, 1958). *Geôles* (id., 1959). *Terre des hommes* (Montréal : Éd. du Jour, 1967). *Ankrania. Speak White* (Montréal : L'Hexagone, 1974). *Dernier recours de Baptiste à Catherine,* théâtre (Ottowa : Leméac, 1977). *Défense et Illustration de la langue québécoise : Proses et Poèmes* (Montréal : L'Hexagone & Seghers/ Laffont, 1979). *Cause commune : Manifeste pour une internationale des petites cultures* (Montréal : L'Hexagone, 1981). Cf. DEQ & Gauvin, Lise et Gaston Miron : *Écrivains contemporains du Québec depuis 1950* (Seghers, 1989).

LAMBERT, Anne-Thérèse, 1647-1733, pédagogue, épistolière.

Réflexions nouvelles sur les femmes, par une dame de la Cour de France... (F. le Breton, 1727 ; Côté-Femmes, 1989). *Avis d'une mère à son fils et à sa fille* (E. Ganeau, 1728). *Métaphysique d'amour* (La Haye : Gausse et Néaulme, 1729). *Œuvres* (Lausanne : M.M. Bousquet, 1748). *Lettres de Mlle de Montpensier et de Mme de Lambert, accompagnées de notices biographiques...* (L. Collin, 1806). *Œuvres complètes, suivies de ses lettres* (id., 1808). *Œuvres morales* (C. Gosselin, 1843). *De l'Éducation des jeunes filles* (E. Rouveyre, 1896). *Œuvres* (H. Champion, 1990).

LAMBRICHS, Louise, romancière.

Le Cercle des sorcières (–, 1988). *Le Journal d'Hannah,* rm (La Différence, 1993). *Le Jeu du roman* (id., 1995).

LANGE, Monique, romancière.

Les Poissons chats (Gallimard, 1959). *Les Platanes* (id., 1960). *Cannibales en Sicile* (id., 1967). *Une Petite fille sous une moustiquaire* (id., 1972). *Histoire de Piaf* (Ramsay, 1979). *Les Cabines de bains* (Gallimard, 1982). *Cocteau : Prince sans royaume* (J.-C. Lattès, 1989).

LANGFUS, Anna, 1920-1966.

Anna Langfus est née le 1er janvier 1920 à Lublin (Pologne) dans une famille juive qui sera décimée. A dix-sept ans, elle entre à l'École polytechnique de Verviers (Belgique), se marie et repart en Pologne où la guerre la surprend. Membre d'un réseau de résistance, elle est arrêtée à plusieurs reprises et sera internée à la prison politique de Plock jusqu'à la Libération. Elle arrive en France en 1946 et se remarie. Elle partage son temps entre sa fille, l'écriture (d'abord le théâtre : une pièce sera jouée par Sacha Pitoëff en décembre 1956 au Théâtre d'Aujourd'hui) et les activités culturelles qu'elle essaie de lancer à Sarcelles où elle ira s'installer. Elle meurt brusquement en mai 1966, alors qu'elle travaillait à son quatrième roman.

L'horreur de la guerre, la terreur du ghetto, la torture enfoncent l'être « dans un pays crépusculaire où les autres passent comme des ombres, où plus rien n'arrive – où surtout plus rien ne saurait vous arriver, vous atteindre » (*L'Arche,* mars 1961). Cette expérience de la douleur qui corrode est décrite dans *Le Sel et le Soufre* (Prix Charles Veillon). Document brut, largement autobiographique plus que récit élaboré, tout est ici vécu subjectivement, sans commentaire. L'absence d'un manichéisme qui mettrait les victimes du côté des bons et les bourreaux du côté des méchants rend le livre impitoyablement vrai et lucide. Dénué de tout pathétique facile, il est, parmi l'abondante littérature née des tragiques expériences de la guerre, l'un des plus bouleversants. Mais lorsque l'être atteint « cet engourdissement... cette stupeur proche de l'indifférence » où il n'est retenu que par les viscères qui s'obstinent à vivre, la remontée vers les autres est longue. Est-elle même possible, s'interroge Anna Langfus dans *Les Bagages de sable* et dans *Saute, Barbara* ? Là, Maria, jeune réfugiée polonaise à Paris, ici, le rescapé d'un camp, Michael, dont la femme et la fille sont mortes en Pologne, tentent chacun de se recréer une existence « normale ». Elle accepte de partir avec un vieil homme dans le Midi. Il la désire patiemment, elle le refuse passivement, coulant jusqu'à la plus complète absence, au plus profond du non-être. La maladie du vieillard rejette Maria du côté de la vie, mais trop tard. L'épouse appelée dans un moment d'angoisse par le malade qui se voit mourir survient et chasse l'intruse. Celle-ci reprend alors ses « bagages de sable », expression que l'auteur emprunte à André Breton, lourds du passé et symbole du temps qui coule dans le sablier de la mort. Michael, lui, amène en France une fillette trouvée dans les ruines de Berlin et en qui il tente de faire revivre sa propre fille. Entreprise difficile car les morts en veulent aux vivants de survivre. Les autres s'affairent autour de Michael, tâchent de lui rebâtir une existence ; l'accident de la petite « Barbara » réussit momentanément à faire naître en lui un véritable sentiment paternel que la romancière décrit en une merveilleuse scène : Michael arrivant à l'hôpital les bras remplis de jouets. Mais l'effort est surhumain ; les sources de l'amour sont irrémédiablement taries en lui et comment, sans elles, affronter les mornes lendemains du bonheur bourgeois que lui offre une jeune femme ? Michael ramène l'enfant à Berlin et tire sur un étranger, ultime acte de vengeance. Puis il disparaît.

En entreprenant *Les Bagages de sable,* Anna Langfus voulait, dit-elle, écrire un roman léger, « à la Sagan ». Le roman que les Goncourt ont acclamé en lui accordant leur prix est un roman douloureux, celui « de l'absence, de la déréliction, du doute fondamental » (P. de Boisdeffre, *Nouvelles Littéraires,* 8 nov. 62). Nous ne savons ce que serait devenu son quatrième roman mais il est certain que, comme ses personnages, la romancière ne parvient pas à se soustraire au passé : dans chacun des trois romans, elle intercale des épisodes où la présence physique et hallucinatoire d'êtres aimés et disparus s'impose au personnage central et le submerge. Le temps « d'après » – distinct du temps avant l'événement tragique – est vécu comme un ennemi qu'il faut à tout prix empêcher de se ressouder en éléments cohérents d'une chaîne. La seule manière de ne pas trahir les morts, c'est de vivre chaque instant déconnecté de l'autre, pour affirmer l'absurdité totale, refuser qu'il y ait *sens,* simultanément direction et signification. Car la vie est entachée de culpabilité pour ceux qui s'étonnent quotidiennement de survivre.

Ainsi Anna Langfus traque patiemment dans l'être qui a beaucoup souffert la mort du désir et le désir de mort, avec une très grande attention pour les mouvements psychologiques ténus. Le récit est mené sur un ton volontairement contrôlé. Refusant les épanchements, elle choisit la litote, l'ellipse, les silences. La phrase est souvent courte, vibrante, presque sèche. On pourrait être tenté d'attribuer la concision à la formation scientifique de l'auteur ainsi qu'au fait que, le français n'étant pas sa langue maternelle, l'écriture a dû constamment passer par le contrôle renforcé d'une syntaxe moins sûre au premier jet. Quoi qu'il en soit, nulle langue pourrait mieux faire passer ce long enlisement de héros désormais « étrangers » à la terre.

Bibliographie : *Le Sel et le Soufre*, prix Charles Veillon, 1961 (Gallimard, 1960). *Les Bagages de sable,* prix Goncourt (id., 1962). *Saute, Barbara* (id., 1965). Théâtre inédit : *Les Lépreux* (S. Pitoëff, Théâtre de l'Alliance, 1956). *Amos ou les fausses expériences* (Bruxelles, 1963). *La Récompense. La Nuit de Félicité. Le Dernier témoin* (France Culture, « Carte blanche », 31 juillet 1965).

Sélection critique : Entretien avec Maurice Marc (*Les Lettres Françaises,* 23-29 août 1962). Entretien (*Nouvelle Critique,* juin 1965). Cottenet-Hage, Madeleine : « Les Risques de la mémoire », *Lettres Romanes,* à paraître.

MH

LA ROCHEFOUCAULD, Edmée de –, 1895-1991, poète et critique.

La Vie humaine (Émile-Paul Frères, 1928). Sous le pseud. de Gilbert Mange : *Le Même et l'Autre* (Éd. du Sagittaire, 1932). *Concert* (Sagittaire,

1937). *Chasse cette vivante* (Nice : Éditions des Iles de Lérins, 1945). *La Vie commode aux peuples* (Sagittaire, 1947). *Le Soleil, la lune, les étoiles et les poètes,* précédé par *Une Poésie* (Odilis, 1951). *Choix de poèmes* (Gallimard, 1955). *Pluralité de l'Etre* (Gallimard, 1957). *Femmes d'hier et d'aujourd'hui* (Grasset, 1969). *Courts Métrages* (id., 1970). *Spectateurs* (id., 1972). *L'Angoisse et les écrivains* (id., 1974). *Anna de Noailles* (Mercure de France, 1976). *De l'ennui* (Grasset, 1976). *L'Acquiescement* (id., 1978). *Flashes* (id., 1982). *En lisant les cahiers de Paul Valéry* (Mercure de France, 1986).

LA ROCHE-GUILHE, Anne de –, 1644-1707, romancière.

Environ 25 titres. *Arioviste, Histoire romaine* (Claude Barbin, 1674-1675). *Le Grand Scanderberg : Nouvelle* (Genève : Slatkine, 1980). Cf. DLLF& DFELF.

LA ROCHEJAQUELEIN, marquise de –, mémorialiste.

Mémoires de Madame la Marquise de la Rochejacquelein, Écrits par elle-même, Rédigés par M. le Baron de Barante, avec deux cartes dont l'une enluminée (Bordeaux: Racle, 1814). *Mémoires, 1772-1857* (Mercure de France, 1984).

LARUE, Monique, n. 1948, romancière québécoise.

Après une maîtrise de philosophie, Monique LaRue a fait une thèse de doctorat en littérature, dirigée par Roland Barthes. Elle publie aussitôt son premier roman (1976). Elle enseigne le français et la littérature et publie de nombreux articles critiques dans *Spirale, Le Devoir, Voix et Image* et *Possibles.* Elle a ausi composé des textes pour la radio et reçu pour l'une d'elles, « L'Enregistrement » le premier prix du concours d'œuvres dramatiques radiophoniques de Radio-Canada en 1984.

Préoccupée par les questions de langage, Monique LaRue travaille à concilier, dans *La Cohorte fictive,* le corps de la narratrice enceinte qui met l'enfant au monde et le texte. La tentative d'écrire et celle de donner naissance à un être humain s'enchevêtrent dans un même mouvement ponctué par la peur du bébé et la peur du livre. Chez beaucoup d'écrivaines québécoises la recherche de l'écriture du corps occupe une place primordiale. Dans ce contexte, on doit reconnaître que Clotilde, la narratrice, réussit à travers les descriptions de la grossesse et de l'accouchement à faire le lien et dire la fusion entre le corps de la femme et la langue : double délivrance, du premier bébé et du « premier récit ».

C'est une place comparable qui est faite à la quête du langage dans *Les Faux-fuyants* : pour que la vie normale de la famille reprenne et que la fuite de chacun de ses cinq membres cesse, il est impératif de récupérer la parole initiale, de retourner au « réel ». Ici encore, la fille recouvre la parole lors d'un accouchement. Une nouvelle naissance libère la fille, sa mère et le texte que Monique LaRue présente aux lecteurs

En revanche *Copies conformes* – encore un titre ironique – plonge de plain pied le lecteur dans le monde de San Francisco et son double : l'univers de la micro-informatique, tous deux également mystérieux. On pourrait leur adjoindre un troisième espace, celui des personnages de Dashiel Hammett dans *Le Faucon maltais* auquel la narratrice se réfère tout au long de son propre discours. Ici encore la famille et la relation de couple fondent la trame de l'histoire : l'enfant occupe la place centrale dans les activités et les réflexions quotidiennes de sa mère, préoccupée par la trace et le poids du temps et de l'espace. Ce roman, comme les deux précédents où le vécu et l'écrit se conjuguent, invite à des lectures à divers niveaux.

Bibliographie : *La Cohorte fictive* (Montréal : Éd. de l'Étincelle, 1979). *Les Faux-Fuyants* (Sherbrooke : Québec-Amérique, 1982). *Copies conformes* (Montréal : Lacombe & Denoël, 1989). *Promenades littéraires dans Montréal,* essai avec Jean-François Chassay (Montréal : Québec-Amérique, 1989). Une dizaine de nouvelles ont paru dans des revues entre 1985 et 1992.

Sélection critique : trois communications au congrès du CIEF-Strasbourg, 24 juin 1992 : Chassay, Jean-François [UQAM] : « L'Invention d'une ville ». Ireland, Susan [Univ. d'Oregon] : « Le Palimpseste corporel : Corps et langage dans *La Cohorte fictive* ». Roussel, Brigitte [Wichita SU, Kansas] : « La Réécriture dans les romans de ML ». Cf. *Magazine Littéraire,* oct. 1986.

Ginette Adamson

LASNIER, Rina, n. 1915, poète québécoise.

Sa vie commence à Saint-Grégoire d'Iberville, dans « la belle province », au sein d'une famille catholique, active et joyeusement créatrice. Dès l'âge de 13 ans, elle trouve dans la poésie « son climat naturel ». Lorsqu'après des études en Angleterre puis au Canada elle doit renoncer à la médecine à la suite d'une longue maladie, elle se tourne vers l'étude de la littérature. D'abord journaliste, elle entreprend ensuite un diplôme de bibliothéconomie avant de se consacrer à l'écriture, théâtre et surtout poésie. En 1943, elle reçoit le prix David, qui lui sera de nouveau attribué en 1974. Plusieurs prix et bourses lui ont été décernés. Hormis de fréquents voyages, Rina Lasnier réside dans la petite ville de Joliette, proche de la nature qu'elle célèbre. Elle est membre fondateur de l'Académie canadienne-française et active dans divers organismes de soutien aux arts.

« ... que la poésie se confonde avec l'être ou ne soit rien », écrit Rina Lasnier en avant-propos aux deux volumes des *Poèmes* (1972). C'est dire toute la gravité et la densité d'une œuvre qui allie une très profonde sensibilité aux êtres et aux choses, un sens remarquable des significations symboliques des instants de l'existence et la recherche d'une beauté formelle. Ces qualités sont déjà manifestes dans le beau recueil d'inspiration biblique, *Le Chant de la montée* (1947), qui évoque en versets l'amour de Rachel et de Jacob. De charnelles images disent la fièvre du désir, l'enivrement du baiser, l'exultation de l'amour, la faim dans le corps de la femme qui n'a pas enfanté mais surtout la soif que creuse chez les amants la possession charnelle. « O Bien-Aimé, toi qui as délié l'eau de l'amour de la désespérance de la pierre, sauras-tu la lier à la soif des dieux ? », interroge Rachel (« Le Baiser », chant sixième).

On a voulu voir dans *Escales* (1950) un recueil qui marquerait une étape nouvelle. En réalité, le thème qui en fait l'unité n'a jamais cessé d'être présent chez Rina Lasnier, à savoir la difficulté de lier la terre au ciel, de consentir au poids de la chair, alors que l'âme aspire au « voyage icarien et radieux ». Aussi n'est-il pas surprenant que les symboles les plus fréquents soient l'oiseau, l'arbre et la neige qui, de diverses façons, expriment bien la tension entre l'azuréen et le terrestre, l'ordre du rêve et de la pureté et l'ordre de l'incarnation et de l'enracinement. Ainsi le regard est célébré, qui traduit l'intensité du désir et son dépassement dans la longue attente d'une union différée et parfaite. Dans le même mouvement, l'absence de l'être aimé, toute déchirante qu'elle soit – et Rina Lasnier ne refuse jamais de dire le désespoir, la douleur comme la joie – garantit une présence qui perdure dans une « mémoire sans jours », au-delà de la turbulence du désir, de « la longue, la triste paix possessive » (*Mémoire sans jours*, 1960 ; *Présence de l'absence*, 1956). *Les Gisants*, « corps étendu sur l'acclamation de l'âme », sont encore pour le poète l'occasion de méditer sur ce même mystère du dépassement de la chair.

Mais s'il faut nous convaincre que dépassement n'est jamais abandon, lisons le plus connu des poèmes, à la fois ample et dense, sur la naissance obscure de la poésie : « La Malemer » (*Mémoire sans jours*). Ici le poète ne craint pas de descendre au plus obscur de l'être, dans les replis de l'inconscient où le réel transmué par le souvenir rejoint l'intemporelle profondeur. C'est dans la nuit de la malemer, « maria », « usage dense du sein et nativité du feu », écrit Rina Lasnier, que se révèle le Verbe : Verbe-Dieu ou verbe-poème, le lieu de leur naissance/reconnaissance est le même.

Dans *La Salle des rêves* (p. 36) se poursuit le voyage vers la face cachée de l'éternel dont l'univers est signe et le poème manifestation fragmentaire.

Ame de moi dévêtue des écumes de la turbulence
et des bandelettes de l'inertie par accoutumance,
j'ai cette écoute cherchante de l'oreille animale
recouchée sur ses abattures pour rompre la traque adverse.

On a, à propos de Rina Lasnier, évoqué Claudel, Péguy, Patrice La Tour du Pin. Certes son œuvre s'apparente à la leur par l'inspiration volontiers biblique, l'ampleur du vers, l'utilisation de formes telles que la parabole, dont elle nous a donné un exemple dans *Le Rêve du quart jour,* ou le théâtre-mystère, comme *Le Jeu de la voyagère.* Mais aucune école ni aucun maître ne saurait se l'annexer comme disciple. Son expérience – celle de l'enfance est consignée dans les lumineuses pages en prose de *Miroirs* – est totalement ancrée dans la terre canadienne, avec son espace balayé des vents, recouvert de neige, sa faune, sa flore, ses saisons, ses enchevêtrements d'eaux et de forêts qui soutiennent des images denses et toujours multivoques.

Rina Lasnier use du vers avec une très grande liberté, verset, vers court, chanson, vers rimé ou libre, mais elle atteint toujours à une extrême condensation du poème dont l'ultime vers laisse éclater le sens dans un maximum d'intensité sonore et rythmique.

Bibliographie : *Féérie indienne* (Saint-Jean : Éd. du Richelieu, 1939). *Images et proses* (id., 1941). *Le Jeu de la voyagère* (Montréal : Société des écrivains canadiens, 1941). *Les Fiançailles d'Anne de Noué* (Montréal : Secrétariat de la LME, 1943). *Madones canadiennes* (Montréal : Beauchemin, 1944). *Le Chant de la montée* (id., 1947). *Escales* (Trois-Rivières : Imp. du Bien Public, 1950). *Présence de l'absence* (Montréal : Hexagone, 1956). *Miroirs,* proses (Montréal : Atelier, 1960). *Mémoire sans jours* (id., 1960). *Les Gisants suivis des Quatrains quotidiens* (id., 1963). *L'Arbre blanc* (Montréal : Hexagone, 1966). *La Part du feu* (Montréal : Songe, 1970). *La Salle des rêves* (Montréal : HMH, 1971). *Poèmes I et II,* avant-dire de l'auteur [recueils de 1941 à 1966 et poèmes anglais] (Montréal : FIDES, 1972). *Le Rêve du quart jour,* prose (Montréal : Richelieu, 1973). *L'Échelle des anges,* prose (Montréal : FIDES, 1975). *Amour* (Lacolle : M. Nantel, 1975). *Les Signes* (Montréal : HMH, 1976). *Entendre l'ombre, 2 poèmes* (Montréal : Hurtubise, 1981). *Voir la nuit, 2 proses* (id., 1981). *Le Soleil noir, le soleil dans la muraille nocturne de la sainte tête de Jean le Baptiste,* drame poétique (Joliette : Parabole, 1981). *Chant perdu* (Trois-Rivières : Écrits des Forges, 1983).

Sélection critique : Kushner, Éva : *Rina Lasnier* (Seghers, 1969). Marcel, Jean : *Rina Lasnier* (Fides, 1964, Classiques Canadiens 28). *Liberté* 108 (nov.-déc. 1976 + bibliographie). *Les Pharaons* 20 (automne 1974).

MH

LASSAYS, Yvonne, poète réunionnaise.

A mes petits enfants (Éd. de la Revue Moderne, 1963). *Hommage à la Réunion* (id., 1963). *Mon cœur* (id., 1963). *La Réunion à travers les âges* (id., 1963). *Eden* (id., 1964). *Reflets* (id., 1964).

LA SUZE, Henriette de Coligny, 1618-1673, poète.

Cf. DLLF, DFELF.

LAURAN, Annie (pseud.), essayiste, romancière.

A Temps plein (Gizard, 1952). *Celle que j'étais hier* (Plon, 1955). *Les Parents trouvés* (id., 1957). *La Machine a fait tilt* (id., 1960). *Le Gâteau du samedi* (Les Éditeurs Français Réunis, 1964). *Un Noir a quitté le fleuve* (id., 1968). *L'Age scandaleux* (id., 1971). *Les Enfants de nulle part, entretiens avec des enfants de travailleurs migrants* (Terre Entière, 1972). *La Casquette d'Hitler, ou le Temps de l'oubli* (Éditeurs Français Réunis, 1974). *L'Ile de la Ste Enfance* (id.,1976). *Servir en France* (Société d'Édition « Droit et Liberté », 1976). *Quatre histoires de ma vie inquiète*, nouvelles (J.-P. Oswald, 1973). *Psychanalyse d'un fait divers* : *Samia* (Éditeurs Français Réunis, 1978). *Les Enfants jouent à l'avenir* (Galilée, 1981). *Le Sale Espoir* (L'Harmattan, 1981). *Usurpateur* (Galilée, 1983). *La Divine* (Sables-d'Olonne : Cercle d'Or, 1986).

LAUVERGNE, née LEROUX, Mme de –, 1620-?.

Elle serait la Léonaride du *Dictionnaire des Précieuses*. Élégies, portraits galants. *Recueil de poésies* (C. Barbin, 1680).

LAVAUX, Catherine, n. 1935, écrivaine réunionnaise.

La Réunion (Cible Ste-Suzanne : C. Lavaux, 1973). *Du Battant des lames au sommet des montagnes* (sl, id., 1978). *Artiste et Mimose : L'Ile de la Réunion racontée aux enfants* (id., 1982). *L'Univers de la famille réunionnaise* (sl, Diffusion Mascareignes, 1982). *La Réunion vue du ciel* (Gallimard, 1990).

LÊ, Linda, n. 1963, romancière franco-vietnamienne.

Écrivaine qui se décrit comme « une rescapée de la guerre du Vietnam », Linda Lê a pu confier à un journaliste qu'elle se sentait « tout à fait de culture française et occidentale ». Née à Saïgon, Linda Lê vit en France depuis 1977. Elle a fait des études à l'Université de Paris, se spécialisant en littérature française. Elle faisait une thèse sur Amiel à la Sorbonne quand elle a renoncé au doctorat pour se consacrer à la création littéraire. Elle a publié plusieurs romans et recueils de nouvelles. En 1990, Linda Lê a reçu le prix de la Vocation et en 1993 le prix Renaissance de la Nouvelle.

Les textes de Linda Lê sont distinctifs. Dans son premier roman, *Un si tendre vampire* (1987), elle s'est différenciée de ses compatriotes francophones en s'écartant du contexte historique cher à ses prédécesseurs. Cependant elle effectue un chemin comparable en choisissant l'autobiographie, même si elle la veut « codée » selon ses propres termes. Le premier ouvrage présente les thèmes qui se retrouveront sous d'autres formes dans les textes subséquents : l'écriture, l'imposture et la question de l'identité, le jeu théâtral, l'illusion et le rôle, le père lointain (l'histoire, la tradition), l'androgyne et l'ambiguïté sexuelle, le bourreau et la victime, le double enfin. C'est ce dernier qui prime dans *Un si tendre vampire* où il se manifeste partout : dédoublement de personnages qui se voient dans leurs contreparties masculines et féminines, qui jouent des rôles les uns pour les autres ainsi que pour eux-mêmes.

Si le premier roman supprimait les références explicites à l'histoire vécue de son pays, *Fuir* (1988) met en scène un personnage vietnamien qui se dégrade progressivement, étant voué à l'exil et à l'aliénation, tandis que *Solo* (1989) examine de plus près les thèmes du double, du jeu théâtral, du pouvoir et de l'exil. La solitude désignée par le titre, l'« exil intérieur », se présente sous la forme d'un père abandonné et oublié par sa fille, laquelle est à son tour hantée par l'absence, exilée qu'elle est de son pays natal.

Les Évangiles du crime (1992) pousse plus loin l'idée du double : chaque personnage dans les quatre nouvelles a le sien, ce qui nuance davantage les jeux multiples et ambigus du pouvoir et la complexité du rapport bourreau-victime déjà présentés dans les textes précédents. Les « évangiles » de Linda Lê en évoquent de plus familiers, ceux-là mêmes qui fondent la moralité occidentale. En liant « évangiles » et « crime », Lê annonce ce qu'elle appelle « la mauvaise nouvelle », le côté noir de l'âme humaine, son hypocrisie, sa cruauté, sa propension à la haine. Par ses ouvrages, Linda Lê s'insère dans une tradition d'écrivains qui examine la beauté dans le mal. Mais en pratiquant des genres narratifs variés (roman, nouvelle, récit) et des techniques également diverses (textes éclatés, voix multiples, espaces blancs, etc.) elle multiplie les perspectives de cette exploration et fait preuve d'une étonnante créativité.

Bibliographie : *Un si tendre vampire* (Table Ronde, 1987). *Fuir* (id., 1988). *Solo* (id., 1989). *Les Évangiles du crime,* nouvelles (Julliard, 1992). *Les Dits d'un idiot,* rm (Christian Bourgois, 1995).
Sélection critique : Yeager, Jack A. : *Vietnamese Literature of French Expression* (Nouvelle-Orléans, LA : CELFAN Review Monographs, 1993).

Jack A. Yeager

LEBLANC, Émilie, épistolière satirique acadienne.

Si la Sagouine est devenue un mythe encombrant pour les natifs, et si les écrivains acadiens tentent de « désévangéliniser » l'Acadie et de s'exprimer en acadien, cette voie a été tracée par une femme qui écrivit des lettres satiriques et revendicatrices publiées entre 1895 et 1898 dans *L'Évangéline*, journal libéral de Weymouth, Nouvelle-Écosse, sous le pseudonyme de « Marichette ». Émilie LeBlanc y dénonçait les manigances politiques, les injustices sociales, et la situation linguistique. Elle revendique le droit de vote pour les femmes, elle proclame la supériorité de la femme sur l'homme. Attentive à la condition des siens, elle emploie, le 7 janvier 1897, l'expression « nègres blancs » qui fera fortune trois quarts de siècle plus tard. Elle dénonce l'émigration et l'américanisation qu'elle décrit comme un processus à deux phases (la première linguistique, la seconde religieuse) conduisant l'Acadien à la perte de son identité (26 août 1897).

Bien avant les politiciens du vingtième siècle finissant, elle a l'idée d'une législation protectrice en matière linguistique. Elle revendique le droit à la parole pour elle-même et les autres Acadiennes. A cause surtout de son utilisation écrite d'une variante régionale de la langue populaire, le parler acadien de la baie Sainte-Marie, N.-E., et de son discours souvent polémique, elle a scandalisé. Grâce à l'esprit de révolte qui les anime, les lettres de Marichette suscitèrent un tel engouement que l'écrivaine fut à l'origine d'un « genre » qui porte son nom ; elle s'attira des sympathies masculines et féminines et fit figure de chef d'école avec des émules qu'elle soutint.

Après cinq ans de luttes et d'avanies, Émilie C. LeBlanc dut se taire. Il faudra attendre le réveil des années soixante-dix pour voir renaître en Acadie une contestation aussi véhémente.

Pierre Guérin

LE BRUN, Annie, essayiste, poète.

Poésie : *Les Pâles et fiévreux après-midis des villes* (Éd. Maintenant, 1972). *Tout près, les nomades* (id., 1972). *Les Écureuils de l'orage* (id., 1974). *Annulaire de la lune* (id., 1977). *Comme c'est petit un éléphant* (–). *Une Obscure Utopie* (–). Essais : *Les Mots font l'amour : Citations surréalistes* (Losfeld, 1970). *Lâchez tout !* (Sagittaire, 1977). *A Distance* (J.-J. Pauvert/Carrère, 1985). « Soudain un bloc d'abîmes, Sade », Introduction aux *Œuvres Complètes* (Pauvert, 1986). *Appel d'air* (Plon, 1988). *Sade : Aller et détours* (id., 1989). *Petits et grands théâtres du Marquis de Sade* [exposition ; Paris Art Center, 1989). *Qui vive : Considérations actuelles sur l'inactualité du surréalisme* (Ramsay-J.-J. Pauvert, 1991). *Les Châteaux de la subversion* (Garnier, 1992). *Pour aimer Césaire* (J.-M. Place, 1994).

LECLERC, Annie, n. 1940, romancière, essayiste.

Annie Leclerc a été élevée à Sceaux, dans la banlieue parisienne. Troisième d'une famille de quatre enfants, elle a perdu sa mère à l'âge de douze ans, perte qui l'a profondément marquée. Après avoir enseigné la philosophie pendant dix ans, elle se consacre à l'écriture. A partir de 1970 surtout, elle se sent très engagée dans le mouvement des femmes comme dans tout mouvement qui cherche à transformer la société pour un plus grand épanouissement de l'être humain et pour son intégration dans l'environnement naturel. Elle se révèle à travers son œuvre toute entière mais on la retrouve plus particulièrement dans un texte comme « Descartes : la gourmandise de la perfection » (*Épousailles*).

A l'époque où *Parole de femme* est sorti, peu de lecteurs connaissaient Annie Leclerc, qui pourtant avait déjà publié une nouvelle, « Étoile-Nation », et un roman, *Le Pont du Nord,* où se faisait entendre une voix très chaude, très réconfortante. Le prétexte de la nouvelle est simple : une jeune femme s'éveille, un peu inquiète du retard de ses règles. Elle se prépare et se rend au travail par la ligne de métro Étoile-Nation. Son monologue intérieur accroche au passage les senteurs, les sensations de son propre corps en mouvement, les réflexions, la perception des autres, pour s'épanouir, au moment où le métro franchit la Seine, en un élan de fusion avec l'eau, ce lieu sans rupture, qui se répand, s'ouvre, immobile. Elle est de ces écrivains qui savent exprimer avec évidence les mouvements d'une pensée toute imprégnée d'affectivité au contact de la réalité urbaine.

Le Pont du Nord évoque cette chanson dans laquelle Adèle s'en va à la fête et trouve la mort sur le pont écroulé. Hélène, 20 ans, retourne dans la maison familiale. Cet été-là sa mère meurt tandis que la jeune fille découvre son désir pour Philippe, le mari de sa tante. C'est le roman d'une éducation sentimentale dans lequel le passage de l'enfance à l'âge adulte et la rencontre avec la vie incluent l'expérience de la mort. Annie Leclerc possède le talent de faire passer la jubilation de vivre à travers le goût de la menthe, la sensation de l'eau qui glisse sur la peau ou la vue d'un corps de femme ferme et épanoui.

Sept ans séparent ce roman de *Parole de femme*. Cette œuvre « à qui je n'avais rien demandé de tel, s'inscrivit dans le vaste Mouvement des femmes, alors chaleureux, encore indéfini, et m'entraîna à sa suite ». (*Hommes et Femmes,* 18). Dégagée du prétexte narratif, Annie Leclerc semblait rompre avec son premier roman. Elle poursuivait cependant un même but : célébrer l'intense jouissance de la vie qui passe par un corps, son corps de femme. Jouissance du sang menstruel, de l'acte sexuel, de la grossesse, de l'accouchement, de l'allaitement. Parce que cette jouissance a été interdite à des générations de femmes réduites au silence par l'écrasante affirmation du désir mâle, la voix doit d'abord se libérer dans la rage, ce qu'Annie Leclerc appelle, dans *Épousailles*, ses « hoquets de haine ». Ayant réglé son compte à l'Homme, elle peut se laisser aller à rire des mascarades du pouvoir et convier les femmes à une nouvelle naissance : « Je voudrais que la femme apprenne à naître, à manger et à boire, à regarder le jour et à porter la nuit » (*Parole,* 13), à inventer sa sexualité, à ne plus être cet atroce mur blanc qui ne peut que crier sa nudité (*Autrement dit,* 217). Une euphorie d'images, de mots, de souvenirs soulève le texte dont le lyrisme charnel nous fait déjà participer à la Fête.

Épousailles prolonge et amplifie *Parole de femme,* en tentant de saisir cette parole née au plus profond du corps. De l'apparition du corps de la mère à l'enfant dans la pénombre, de l'apprentissage du tricot, de la lecture de Descartes ou de la contemplation des mains d'un « liseur », Annie Leclerc fait surgir le sens qui toujours ramène à cette conviction centrale : la vie est là où quelqu'un/quelque chose donne, dilate, féconde. Elle est la Mère, elle est puissance. Le contraire de la vie est ce qui prend, opprime, interdit, c'est l'exercice du pouvoir, le Père. Mais entendons-nous bien, il y a des pères aimants et des mères haineuses : *Épousailles* refuse une dichotomie simpliste homme/femme. Il ne s'agit plus d'opposer la matière, l'informel, l'instinct à l'esprit, le formel, la raison. L'un féconde l'autre, comme en atteste l'ordonnance d'un parc, à la fois germination et ordre. Ainsi *Épousailles* prépare *Hommes et Femmes* dans la mesure où Annie Leclerc, tout en maintenant très fort la notion de différence, refuse la tentation de la séparation des sexes et affirme déjà la force révolutionnaire de l'amour en son sens plus large : amour de la vie, amour de l'humain.

La Lettre d'amour, poétique méditation sur un tableau de Vermeer, prolonge la réflexion sur la femme et plus particulièrement sur l'écriture, nous entraînant vers une vision androgyne du féminin, « à la fois élancement et gestation » (149-150). C'est la femme-en-écriture qu'Annie

Leclerc a voulu saisir dans *Autrement dit,* livre écrit en collaboration avec Marie Cardinal. La libération de la puissance féminine passera par la parole des femmes dans une mise en commun de l'expérience individuelle telle qu'elle a lieu au plus profond de soi.

Parole de femme était, dira Leclerc en 1985, un «repli passionné... mais sauvage, du féminin sur lui-même». *Hommes et Femmes,* prenant le contrepied d'un discours trop exclusivement fondé sur la domination de la femme par l'homme, réintègre le masculin, posant en principe «l'indestructible désir d'amour» qui lie l'Un à l'Autre comme la femme à l'homme (les autres cas de figure n'étant pas rejetés). Même si le désir d'amour se fourvoie, se trompe ou change d'objet, devient agressif, même si l'amour se refuse par peur de l'engagement, Éros n'en reste pas moins la grande affaire de l'existence, celle où se révèle de la manière la plus forte l'Absolu. Mystique de l'amour, Annie Leclerc assigne à la Femme le rôle de prêtresse de ce culte.

Ce livre, que sa bande présentait comme un nouveau traité «De l'Amour», confirme chez Annie Leclerc sa filiation avec les moralistes. Son inspiration est généreuse mais on aurait aimé qu'elle entre plus directement et plus simplement dans l'expérience quotidienne, dans la solidité des objets et des êtres, ce qui aurait permis d'avancer à la recherche de figures nouvelles. Alors, on découvre avec gêne la réapparition des notions les plus discutables qui entourent celle de l'éternel féminin. Le langage reflète le piétinement : le poétique s'est figé dans des formules précieuses : emploi excessif de métaphores pseudo-bibliques, de pronoms personnels sans référents, d'adjectifs tels que «adorables», «délicieux», de superlatifs, de majuscules pour les noms, suppression des articles définis, etc. Ce n'est pas là le meilleur ouvrage d'Annie Leclerc et peut-être faut-il attribuer une hésitation très perceptible entre plusieurs genres (l'essai philosophico-moral, le pamphlet polémique et l'apologie lyrique) à la difficulté qu'elle a éprouvée à situer son évolution personnelle dans le champ idéologique du débat féministe.

Bibliographie : *Le Pont du Nord,* roman (Gallimard, 1967). «Étoile-Nation», nouvelle (*Temps Modernes,* juillet 1967). *Parole de femme* (Grasset, 1974 ; Poche, 1978). *Épousailles* (id., 1976). Postface dans *Autrement dit* (id., 1977). *La Lettre d'amour* dans *La Venue à l'écriture,* avec Hélène Cixous et Madeleine Gagnon (10/18, 1977). «Entre le papier et moi, la cigarette» (*Des Femmes en mouvements,* n° 3, mars 1978). *Au feu du jour* (Grasset, 1979). *Hommes et Femmes* (id., 1985). *Le Mal de mère,* nouvelles (id., 1986). *Origines* (id., 1988). *Clé* (id., 1989).

Sélection critique : Gallop, Jane : «Annie Leclerc Writing a Letter», *The Poetics of Gender,* Nancy K. Miller ed. (NY : Columbia UP, 1986).

MH

LECOUVREUR, Adrienne, 1692-1730, épistolière.

Lettres (Plon, Nourrit & Cie, 1892). *Lettres. Deux admiratrices du Comte de Belle-Isle : Adrienne Lecouvreur et la Comtesse de Bonneval* (Lille : 1909). V. Marquis d'Argenson : *Adrienne Lecouvreur et Maurice de Saxe, leurs lettres d'amour* (A. Messein, 1962).

LE DANTEC, Denise, romancière, essayiste.

Métropole... (Honfleur : J.-P. Oswald, 1970). *Le jour* (Des Femmes, 1975). *Les joueurs de Go* (Stock, 1977). *Les Fileuses d'étoupe,* Prix des écrivains bretons de langue française 1980 (Romillé : Folle Avoine, 1985). *Mémoires des dunes* (id., 1985). *Le Roman des jardins de France : leur histoire* (Plon, 1987). *Le Journal des roses* (Bourin, 1991). *Paris in Bloom* (Flammarion, 1991). *Spendeur des jardins de Paris* (id., 1991). *Suite pour une enfance* (Des Femmes, 1992).

LEDUC, Violette, 1907-1972, romancière.

A une naissance illégitime qui l'a hantée toute sa vie, Violette Leduc doit son insécurité profonde, une immense peur de la féminité, et l'inspiration de son œuvre. Elle grandit à Valenciennes entre une grand-mère adorée et une mère qui la repousse cruellement à cause des circonstances de sa naissance et aussi parce que Violette est devenue une petite fille laide et maladive. Après le pensionnat, elle part pour Paris où elle poursuit ses études au lycée Racine et à la Maison du Livre. Elle entre comme secrétaire dans une maison d'édition, puis devient journaliste. Un bref mariage échoue ; elle se lie d'une amitié passionnée avec l'écrivain Maurice Sachs qui l'encourage à écrire et elle se réfugie avec lui en Normandie pendant l'Occupation. Le succès de son sixième roman, *La Bâtarde,* préfacé par Simone de Beauvoir, et l'amitié de nombreuses personnalités littéraires de son époque telles que Beauvoir, Cocteau, Sarraute, Genet, contribuent à sa renommée. Ses activités littéraires l'absorbent jusqu'à sa mort, en 1972, dans sa maison de Faucon.

Violette Leduc incarne la contradiction la plus flagrante à une conclusion de Simone de Beauvoir dans *Le Deuxième sexe,* à savoir que la femme qui écrit « n'ose pas déranger, explorer, exploser ». En effet, l'œuvre de Leduc est entièrement fondée sur la description constante de sa solitude, sa laideur, sa folie, son désespoir, sa cruauté et ses trois obsessions : humiliation, destruction et mort. Le terme « confessions » serait plus apte à décrire cette œuvre que celui d'« autobiographie ». Le cauchemar de son enfance qui se perpétue dans sa vie torturée d'adulte forme la substance de tous ses livres, de façon explicite dans *L'Asphyxie, La Bâtarde, La Folie en tête, La Chasse à l'amour,* ou en tant que réalité déguisée dans *L'Affamée, Ravages, Thérèse et Isabelle*. Son style haletant, ses cris de désespoir, ses délires traversés par des moments de grâce, de supplication, de tendresse, ne manifestent pas le seul besoin de s'exprimer mais bien celui de maîtriser la folie qui menace et de la transposer en création artistique. Les traumatismes de son enfance formeront donc la trame de son existence ainsi que de ses romans. Ces étouffants souvenirs nourrissent son premier livre, *L'Asphyxie,* dont la première phrase résume une longue solitude : « Ma mère ne m'a jamais donné la main ».

Le fait d'assumer et d'imposer au public ses névroses est peut-être le résultat d'un choix, comme Simone de Beauvoir nous l'assure dans sa préface, une forme de manipulation qui lui permet de revendiquer sa situation comme étant unique. Inversement, le cauchemar perpétuel dans lequel elle vit peut aussi être la soumission intégrale aux forces de son subconscient. Ce sont des distinctions difficiles sinon impossibles à établir. C'est, en tout état de cause, à partir de son état torturé que, mutilée par son isolement spirituel et affectif, elle « délire en écrivant ».

Le visage, le corps rendus haïssables dans une société qui prise avant tout chez la femme la beauté servent de médiateurs pour chaque contact avec le monde. Dégoût, désespoir, désir, frustration sont traduits par la réaction immédiate de la chair. Dans ses souvenirs, Leduc revit chaque émotion avec autant de violence que l'expérience originelle. Cette spontanéité nous force à pénétrer dans le délire de l'écrivaine. La solitude est le thème majeur, que ce soit celle de la lesbienne vieillissante qui se croit « la chienne » de tout le monde, celle de la jeune pensionnaire (*Thérèse et Isabelle*), ou de la vieille fille qui ne peut se faire aimer que d'un cadavre (*La Vieille Fille et le mort*). En refusant de tricher elle choisit de ne pas renier l'image mais de l'imposer. « Je n'aurai été qu'une montée de solitude... c'est mon chef-d'œuvre intime », affirme-t-elle. C'est là qu'elle se sépare le plus nettement des écrivaines qui n'osent étaler dans leurs livres des qualités « antiféminines ». Il est également rare de trouver chez une femme une telle puissance d'érotisme, des descriptions aussi lyriques, littérales et violentes à la fois de ses expériences sexuelles. Ainsi le petit livre *Thérèse et Isabelle,* qui décrit ses amours de pension, était-il à l'origine la partie censurée d'un autre roman.

La « passion de l'impossible » domine ses rapports avec les autres. La re-création constante de son abandon par son père, de la trahison de sa mère nourrit sa souffrance, et pourtant c'est aussi l'humiliation qu'elle recherche dans chaque liaison. Détraquée par la présence de l'autre mais également ravagée par son absence, elle redoute profondément l'échec et cependant le recherche obstinément. Décrit dans *La Bâtarde* et dans *Ravages,* le triangle Gabriel-Hermine-Violette sera le premier d'une longue série de triangles douloureux.

Par son art, l'envergure de son délire et la richesse de ses visions, Leduc se fait poète maudite. Cette « suprême malade », comme l'aurait désignée Rimbaud, réussit dans la lutte avec le langage en lui arrachant les images, les rythmes, les répétitions, les sons qui correspondent aux déchaînements de son corps et de son imagination. C'est ainsi que, si elle ne se libère jamais de la douleur d'exister, elle n'en prend pas moins sa revanche sur un monde invivable pour la bâtarde qui s'est constituée « championne de la désolation ».

Bibliographie : (réédités pour la plupart en Folio) : *L'Asphyxie* (Gallimard, 1946). *L'Affamée* (id., 1948). *Ravages* (id., 1955). *La Vieille Fille et le mort* (id., 1958). *Trésors à prendre* (id., 1960). *La Bâtarde* (id., 1964). *La Femme au petit renard* (id., 1965). *Thérèse et Isabelle* (id.,1966). *La Folie en tête* (id., 1970). *Le Taxi* (id., 1971). *La Chasse à l'amour* (id., 1972).

Sélection critique : Beauvoir, Simone de : Préface de *La Bâtarde* (Gallimard, 1964). Cecatti, René de, éd. : *Masques, Revue des homosexualités* 11 (1981). Courtivron, Isabelle de : *Violette Leduc* (Boston : Twayne, 1985). Evans, Martha Noël : « La Mythologie de l'écriture dans *La Bâtarde* de Violette Leduc » (*Littérature,* mai 1982). Girard, Pièr : *Œdipe masqué, Une Lecture psychanalytique de « L'Affamée » de Violette Leduc* (Des Femmes, 1986). Cf. FWW.

Isabelle de Courtivron

LEFARGE, Marie (Capelle), 1813-1853, mémorialiste (incarcérée pour empoisonnement).

Mémoires, 4 vol. (A. René, 1841-42). *Lettres de Marie Capelle, Veuve Lafarge* (Toulouse : Impr. de Vve Corne, 1842). *Quelques vérités nouvelles sur le procès Lafarge* (Toulouse : Impr. de J.M. Douladoure, 1847). *Heures de prison* (Lib. Nouvelle, 1854). *Correspondance* (Mercure de France, 1913).

LEFÉBURE, Nadine, essayiste, romancière.

Partance, poèmes (Éd. Imp. des Poètes, 1953). *Les Portes de Rome* (Gallimard, 1956). *Les Sources de la mer* (id., 1957). *Visages des grands marins du Sud,* documentaire (Albin Michel, –). *Le Chemin de Lato* (J.-J. Pauvert, 1975). *Marins célèbres* (Reuil-Malmaison : « Pen Duick », 1982).

LEFÈVRE, Françoise, romancière.

La Première Habitude, Grand Prix des Lectrices de « Elle » 1975 (J.-J. Pauvert, 1974). *L'Or des chambres* (id., 1976). *Le Bout du compte* (id., 1978). *Mortel Azur* (id., Mazarine, 1985). *Le Petit Prince cannibale* (Arles : Actes-Sud, 1990).

LEFÈVRE, Kim, n. c. 1939, romancière vietnamienne.

« Je suis née, paraît-il, à Hanoï un jour de printemps, peu avant la Seconde Guerre mondiale, de l'union éphémère entre une jeune Annamite et un Francais ». Ainsi commence le récit autobiographique de Kim Lefèvre, *Métisse blanche* qui a fait sensation en France en 1989, livre où l'auteur raconte son enfance et son adolescence dans le Viêt-nam colonial. Comme métisse, l'innocente petite fille est rejetée et humiliée par les Vietnamiens auxquels elle rappelle constamment la double « faute » de sa mère, amante d'un Français et fille-mère. Et la présence de la jeune métisse incarne aussi toute l'humiliation d'un peuple colonisé par la France. Elle est en outre la « fille inutile » dans une culture qui ne se cache pas de préférer ses fils.

Dans *Métisse blanche,* tout ramène au corps « mêlé » de la narratrice, au cœur du texte. D'abord marginalisée par les gens autour d'elle, elle poursuit une éducation occidentale dans les écoles françaises de la colonie, enseigne ensuite le français aux enfants vietnamiens, puis obtient une bourse pour étudier en France. Kim Lefèvre a effectivement quitté sans retour le Viêt-nam en 1960. *Métisse blanche* retrace donc la séparation progressive de la narratrice de sa famille et de son pays natal. Dans *Retour à la saison des pluies* (1990) Lefèvre continue son histoire et répond en quelque sorte aux questions posées par son premier texte. Elle présente la réaction du public à *Métisse blanche,* les contacts qu'elle a pris avec la communauté vietnamienne de Paris puis avec sa mère et ses sœurs toujours en Asie du Sud-Est. Elle dit enfin le crucial « retour » que fut son récent séjour au Viêt-nam. Si la narratrice s'éloignait progressivement de son passé lors du premier texte, elle choisit en effet de s'intégrer dans ce même passé dans le second.

Les récits autobiographiques de Kim Lefèvre présentent la dualité classique du personnage pris entre deux cultures, dualité inscrite dans l'ambiguïté même d'un genre littéraire qui se situe quelque part entre histoire et fiction. Mais l'histoire personnelle de Kim Lefèvre, romancée à travers dialogues et situations recréés (en fait, en mai 1989 Kim Lefèvre a désigné *Métisse blanche* comme un « roman » dans une présentation au Nhà Viêt-nam de Paris) dépasse sa spécificité pour raconter l'histoire d'autres métis(ses) du Viêt-nam colonisé. « Vous avez parlé pour moi », devait confier une ancienne amie du Couvent des Oiseaux à la narratrice dans *Retour.* Et l'histoire de la métisse blanche au Viêt-nam a des ramifications exemplaires encore plus vastes, en contant comme elle le fait l'humiliation de tout un pays.

Bibliographie : *Métisse blanche* (Barrault, 1989). *Retour à la saison des pluies* (id., 1990).

Sélection critique : « Apostrophes », 7 avril 1989. Yeager, Jack : « Retour à la saison des pluies : Rediscovering the Landscapes of Childhood », *L'Esprit Créateur* 32 : 2 (été 1993). Yeager, Jack A. : *Vietnamese Literature of French Expression* (Nouvelle-Orléans, LA : CELFAN Review Monographs, 1993).

Jack A. Yeager

LE FRANC, Marie,1879-1964, romancière canadienne d'origine bretonne.

Grand-Louis l'innocent (Rieder, 1925, prix Fémina 1927). *La Poste sur la dune* (id., 1928). *Hélier, fils des bois* (id., 1930). *Voix de misère et d'allégresse,* poésie. *Dans l'île* (Fasquelle, 1932). *Grand Louis le Revenant* (J. Ferenczi & fils, 1933). *Inventaire,* nouvelles (Rieder, 1933). *La Rivière solitaire,* rm (Ferenczi, 1935). *La Randonnée passionnée,* rm (id., 1936). *Pêcheurs de Gaspésie* (id., 1938). *Dans la tourmente* (La Fenêtre Ouverte, 1944). *Pêcheurs du Morbihan,* rm (id., 1946). *O Canada ! terre de nos aïeux,* nouvelles (id., 1947). *Le Fils de la forêt* (Grasset, 1952). V. Paulette Collet : *Marie Le Franc : deux patries, deux exils* (Sherbrooke : Naaman, 1976).

LE HARDOUIN, Maria, 1912-1967, romancière.

Dialogue à un seul personnage (Buchet-Chastel, 1941). *Journal de la jalousie* (id., 1942). *La Voile noire* (id., 1943). *Samson ou le héros des temps futurs* (id., 1944). *Celui qui n'était pas un héros* (id., 1944). *L'Étoile absinthe* (id., 1947). *La Dame de cœur,* prix Fémina (id., 1949).

LEJEUNE, Claire, n. 1926, poète belge.

Claire Lejeune est secrétaire permanente du Centre interdisciplinaire d'études philosophiques de l'université de Mons (CIEPHUM). Elle est aussi la fondatrice des *Cahiers internationaux de symbolisme* (1962) et de *Réseaux,* revue interdisciplinaire de philosophie morale et politique (1965), dont elle continue à assumer le secrétariat. Elle n'enseigne pas régulièrement mais a, par exemple, animé à Montréal un atelier de théorie et pratique de l'écriture en 1977.

La préoccupation fondamentale de Claire Lejeune est le langage. La démarche poétique est à la fois pour elle moyen de se connaître et lutte contre les mots. Elle dit l'indigence de ces « mots-caillots » qui engluent la pensée, mais elle dit aussi le luxe et la fécondité des « mots gorgés d'âme ». Ses ouvrages, en vers ou en prose, traitent tous de la création poétique en tant que moyen de connaissance, et du problème du langage auquel doit faire face le poète lorsqu'il veut communiquer à autrui son message vital. Un certain nombre de mots clés vont constamment apparaître dans les textes.

Claire Lejeune entreprend tout d'abord la descente en soi-même, la spirale « enclose tout au fond » du moi. Elle descend dans les ténèbres pour « creuser jusqu'à l'autre soleil », et le ramener à la surface. L'exploration de cet abîme l'amène à se remettre en cause, corps et âme ; il lui faut « draîner une obscure mémoire ». L'inspiration soudaine qui s'empare d'elle est un feu qui la dévore, sa pensée devient un bûcher et la poète se découvre prisonnière d'elle-même. Ce n'est qu'en atteignant le « point » où les contraires cessent d'être perçus comme tels qu'elle trouve la clé de sa prison. Mais cette phase n'est attente que lorsque l'ouvrière des mots perçoit les rapports d'amour qui existent entre le Je et l'Autre : « Je, enfin révélé comme personnifiant l'univers de l'appel, de la question; l'autre, personnifiant le monde, la réponse. » Une fois le « Point » atteint, il faut sortir du puits et « se faire margelle ». La tentation du suicide apparaît alors ; pour celle qui « atteint le bout de l'inconnu », la mort devient « sa raison d'être » ; se donner la mort pour se prouver qu'on existe. Elle n'ira cependant pas jusqu'au bout de la tentation et le monde extérieur reprendra ses droits. La poète se remet au dur travail d'écriture. « Écrire exclut pour moi décrire », déclare Claire Lejeune ; il lui faut donc avoir recours à des symboles et espérer que leur sens sera compris. C'est pourquoi dans toutes ses œuvres, elle s'efforce de « mettre dehors le dedans des mots afin qu'ils deviennent tous rayonnants de sens ».

Par l'importance qu'elle accorde à la parole, Claire Lejeune s'inscrit dans les courants poétiques contemporains. L'extrême singularité de cette poésie, tentée par l'abstraction, va de pair avec un discours difficile, selon un vœu qu'elle formulait dans *La Geste* : « Un langage va devoir se créer qui sera celui de la raison déraisonnante, sciemment, ayant projet de se fonder dans la reconnaissance de son absence, dans sa négation » (67). Le lecteur doit donc ne pas se laisser rebuter par l'hermétisme de certains passages.

Claire Lejeune est poète et femme mais son féminisme est loin d'être flagrant. Lorsqu'on lui demande si elle écrit au féminin, elle répond : « Je ne crois pas qu'on puisse dire que "j'écris au féminin" : j'ai toujours écrit "du point de vue du tiers", de ce tiers qui n'en finit pas, en Occident, d'être exclu par le Principe d'identité ; autrement dit, mon écriture est résolument, incurablement poétique, multivoque ».

Qu'est donc la femme ? « De son silence identifié, l'homme crée la femme. Elle est son maître poème, son désir en liberté ». Dans un article écrit pour une revue féminine, Claire Lejeune assimile le progrès à un processus favorisant le savoir, l'avoir et le pouvoir, et aboutissant « au triomphe des forces viriles sur les forces féminines ». Ailleurs elle déclare que l'homme est un être de raison et la femme un être de foi. Ce n'est que dans l'amour où les contraires se fondent que la lutte éternelle entre l'homme et la femme peut aboutir à une réconciliation ; car « on ne peut faire le point qu'au nom d'un devenir » (*La Geste,* 69). Cependant *Age poétique, Age politique* pousse plus avant, sans la résoudre, la question des irréductibles principes : seul l'oxymore, l'union symbolique des contraires, permet de faire entrevoir la conclusion de l'impossible idylle entre deux mythes fondateurs contradictoires : Ariane et Don Juan.

Bibliographie : *La Gangue et le Feu* (Bruxelles : Phantomas, 1963). *Le Pourpre* (Bruxelles : Le Cormier, 1966). *La Geste* (José Corti, 1966). *Le Dernier Testament* (Lausanne : Rencontre, 1969). *Elle* (Bruxelles : Le Cormier, 1969). *Mémoire de rien* (id., 1972). *L'Atelier* (id., 1979). *L'Issue* (id., 1981). *L'Il de la lettre* (Bruxelles : Le Cormier, 1984). *Court-Circuit* (Outremont, Ca : Nouvelle Barre du Jour, 1985). *Age poétique, Age politique* (Montréal : L'Hexagone, 1988). *Quadrature* (sd). Articles dans *Courrier international d'études poétiques, Cahiers internationaux de symbolisme, Les Cahiers du Grif,* etc.

Sélection critique : Biron, Michel : « Critique de la raison autre » (Montréal : Spirale, avril 1988). « Poètes français de Belgique » (*Les Lettres françaises* 1276, 26 mars-2 avril 1969). Collectif : *Écrivain cherche lecteur ; l'écrivain francophone et ses publics* [Colloque de Royaumont], dir. Lise Gauvin et Jean-Marie Klinkenberg (Créaphis, 1991). Lacôte, René : « Pierre Toreilles, Claire Lejeune » (id., n° 1295, 6-19 août 1969). Sojcher, Jacques : « Voix de plus loin » (*Courrier du Centre international d'études poétiques* 80). Guimbretière, André : « Symbole et langage dans l'expérience poétique » (*Cahiers internationaux de symbolisme* 6, 1964).

Mariette (Givoiset) Todea

LEMSINE, Aïcha (pseud. de Aicha Laidi), n. 1942, romancière, journaliste, essayiste algérienne.

La Chrysalide ; Chroniques algériennes (Des Femmes, 1976). *Ciel de porphyre* (J.-C. Simoën, 1978). *Ordalie des voix ; Les femmes arabes parlent,* essai, prix de l'Académie des Sciences d'Outre-Mer (Encre, 1983). *Les Enfants du fanatisme,* essai (–).

LENCLOS, Ninon de –, 1620-1705, épistolière.

Lettres de Ninon de Lenclos au Marquis de Sévigné (Londres : J. Nourse, 1751 ; Plan-de-la-Tour : Éd. d'Aujourd'hui, 1985). *Ninon de Lenclos,* essai de Roger Duchêne (Fayard, 1984).

LENÉRU, Marie, 1875-1918, dramaturge, mémorialiste.

Marie Lenéru est née à Brest dans un milieu d'officiers de marine. A la suite d'une rougeole, elle est frappée de surdité et, temporairement aveugle, elle ne recouvrera suffisamment la vue que pour lire à l'aide d'une loupe. Sur les conseils de sa mère, elle commence à tenir un journal qui permet d'entrevoir l'enfant vive, jolie et intelligente qu'elle a été. Elle confie donc au papier ses débats intérieurs, sa hantise du péché et de ses propres faiblesses ainsi que ses anciens rêves d'entrer au couvent, d'être missionnaire et martyre. Confiante en ses talents et amoureuse de la vie, elle s'adonne à l'étude et décide, selon ses propres termes, de « sauver » par l'écriture ce qui « reste » en elle de la femme. Son courage et sa ténacité ne sont pas sans analogie avec l'entêtement à vivre d'une Albertine Sarrazin ou d'une Marie Bashkirtseff. « Comment faire pour vivre assez par jour ? », demande-t-elle dans son journal.

S'étant installée avec sa mère à Paris en 1902, Marie découvre un milieu intellectuel stimulant. La guerre fait bientôt d'elle une ardente socialiste et pacifiste mais les bombardements lui font quitter la capitale pour la Bretagne où la grippe espagnole l'emportera deux mois avant l'armistice de 1918. Sa biographie et son œuvre ont fait l'objet d'une étude attentive et chaleureuse par Suzanne Lavaud, elle-même sourde de naissance.

La première œuvre de Marie Lenéru, un roman, est, le fait n'est pas rare, refusée par les éditeurs. Marie entreprend alors une étude du révolutionnaire Saint-Just, et des fragments en sont publiés dans *Le Mercure de France* qui lui attirent les éloges de Maurice Barrès ; il écrira la préface pour la publication posthume de l'ouvrage. En 1908, Marie Lenéru donne au *Mercure* « Le cas Miss Helen Keller », article qui présente au public français la célèbre Américaine aveugle, sourde et muette. Marie écrit également un poème en prose, « La Vivante », qui lui rend hommage et reçoit le prix du *Journal,* dont le jury compte, entre autres, Gyp, Rachilde et Catulle Mendès. Elle envoie à ce dernier le manuscrit de sa première pièce de théâtre, *Les Affranchis.* Parvenu à Lugné-Poë qui l'admire, ce texte reçoit le prix du jury de *La Vie Heureuse.* Il est publié chez Hachette et représenté au théâtre de l'Odéon avec succès. La réputation de Marie est désormais établie.

Les Affranchis présente le dilemme d'un professeur-philosophe ; ayant en théorie aboli les bases de la morale conventionnelle, il mène cependant une vie exemplaire d'époux et de père. Une jeune fille qui se destine à la vie religieuse et dont il tombe amoureux lui fait remettre en cause le bien-fondé de sa théorie. Mais la morale sera sauve et le professeur ne pourra que s'interroger: « Sommes-nous des lâches ou des héros ? »

Cette dernière pièce étant destinée à un public restreint, Marie Lenéru visait le grand public avec la seconde, *Le Redoutable.* Drame de la trahison d'un officier de marine pris entre l'amour et l'honneur, la pièce dut être retirée à la suite d'interprétations tendancieuses. A la veille de la guerre, sa troisième pièce, *La Triomphatrice,* était prête pour la scène mais ne devait être jouée qu'en janvier 1918. Une femme écrivain, lauréate du prix Nobel, perd sa fille mais aussi son amant, candidat au même titre de gloire. Selon S. Lavaud, « *La Triomphatrice*... loin d'être une pièce féministe, semble établir la prédominance masculine comme base essentielle d'une entente amoureuse magnifiée par l'intelligence ». Le théâtre de Marie Lenéru est un théâtre d'idées caractéristique du drame bourgeois du début du siècle ; malgré sa désuétude, il ne manque pas d'intérêt.

Toutefois, c'est son *Journal* qui mérite une attention particulière. Outre son intérêt historique, il révèle la personnalité indomptable d'une femme qui triomphe de sa double infirmité grâce à son intelligence. Nathalie Barney voyait en elle « une surfemme, de par cette claustration en elle-même ». Lectrice avide, ses goûts la portent vers la poésie et les ouvrages « sérieux », tels que ceux de Darwin. Elle entre en « conversation » avec les auteurs qu'elle pratique, leur adressant des commentaires. Les jugements qu'elle porte sur ses contemporains sont aussi sévères que ceux qu'elle porte sur elle-même et la lecture ne manque pas de piquant. Il y est question, par exemple, du « fatras » de Victor Hugo. De Marcelle Tinayre et de Colette Yver, elle écrit : « Ce sont des raconteuses et des parleuses » non des écrivains. « *Elles ne repensent pas ce qu'elles voient... elles ne sont pas des sensibilités-forces, nous n'avons rien à hériter d'elles ».

Le style tendant à l'aphorisme, toutes les notations sont soigneusement rédigées et l'on ne trouve guère de ces épanchements propres au genre. Dans les dernières années elles se font plus brèves, tandis que Marie incorpore sa correspondance au journal. Celui-ci devait être publié en 1922 et soulever beaucoup d'intérêt tout en s'attirant des critiques sévères. Mais il est difficile d'en imaginer de plus cruelle et de plus injuste que celle de Benjamin Crémieux qui écrivait : « Que ce soit faute d'avoir été une femme adulée, adorée, que Marie Lenéru a écrit ses œuvres, qu'elle n'ait accepté de devenir femme de lettres que comme une déchéance, cela, loin de nous retenir, nous détournerait plutôt d'elle. Son infirmité la fait trop différente de nous pour que nous puissions nous incorporer à sa vie ».

C'est bien au contraire cette voix différente et semblable qui nous interpelle encore aujourd'hui.

Bibliographie : « Le Cas de Miss Helen Keller », *Mercure de France*,
268, LXXIV (16 août 1908). « La Vivante », *Le Journal* (14 décembre
1908). *Les Affranchis* (Hachette, 1910). *Le Redoutable* (id., 1912). *La Paix*
(Grasset, 1922). *Saint-Just* (id., 1922). *Journal* (G. Grès, 1922). *Le Bonheur des autres* (Bloud et Gay, 1925). *La Maison sur le roc* (Plon, 1927).
La Triomphatrice ; Les Lutteurs (Figuière, 1928). *Journal*, précédé du
Journal d'enfance (Grasset, 1945).

Sélection critique : Barney, Nathalie Clifford : *Aventures de l'esprit*
(Éd. Émile-Paul Frères, 1929). Crémieux, Benjamin : « Saint-Just ; Journal », *Nouvelle Revue Française* (1er août 1922). La Rochefoucauld, Edmée
de : *Femmes d'hier et d'aujourd'hui* (Grasset, 1919). Lavaud, Suzanne :
Marie Lenéru : sa vie, son journal, son théâtre (Société Française d'Éditions Littéraires et Techniques, 1932).

MHB

LE PRINCE DE BEAUMONT, Jeanne-Marie, 1711-1780, auteur de contes.

Lettre en réponse à l'Année merveilleuse (Nancy : Henry Thomas,
1748). *Magasin des enfants* (Lyon : J.B. Reguilliat, 1758). *Œuvres
mêlées...* (Maestrich & J.E. Dufour & P. Roux, 1775). *L'Adepte moderne
ou le vrai secret des Francs-Maçons ; Histoire intéressante* (Londres,
1777). *Magasin des fées* contenant : Le Prince chéri, La Belle et la Bête,
La Veuve et ses deux filles, Aurore et Aimée, Le Prince Tity, Les Princes
Fatal et Fortuné, Le Prince Spirituel, Belote et Laidronette, Joliette, Le
Prince Désir (Astoin & Duperron, 1836). *Le Prince charmant* suivi de *La
Fée Diamantine* et de *La Veuve et ses deux filles* (Poitiers : Saurin frères,
1838). *Fatal et Fortuné* (Épinal : Impr. de Pellerin, 1854). *La Belle et la
Bête,* Contes de fées (H. Larens, 1911, Casterman, 1973 etc.). Cf. DLLF,
DFELF.

LEPRINCE RINGUET, Tilise, romancière.

Il faut que je rentre (Buchet/Chastel, 1985). « La Femme du vent » (id.,
1987). *Honorine ou les Imprévus de Versailles* (id., 1988). *Chère carte
orange* (id., 1990). *Aurelio Aurelia* (Phébus, 1991).

LEPRONT, Catherine, romancière, nouvelliste.

Le Tour du domaine, rm (Gallimard, 1983). *Une Rumeur* (id., 1984). *Le Retour de Julie Farnèse,* rm (id., 1985). *Partie de chasse au bord de la mer,* nouvelles (id., 1987). *La Veuve Lucas s'est assise,* rm (id., 1989). *Le Passeur de Loire* (id., 1990). *Trois gardiennes,* prix Goncourt de la Nouvelle (id., 1992). *Un Geste en dentelle* (id. 1993). *Josée Bethléem,* suivi de *Femme seule à l'aquarium* (id., 1995).

LEROYER DE CHANTEPIE, Marie-Sophie, 1800-1888, romancière, historienne, critique littéraire.

Les Duranti, 2 vol. (Souverain, 1844). *Angélique Lagier,* 2 vol. (s. éd., 1851 [= *Une Vengeance judiciaire,* Perrin, 1888]). *Angèle ou Le Dévouement filial* (Tours : Mame, 1860). *Chroniques et Légendes* (Château-Gonthier: J.-B. Bézier, 1870). *Mémoires d'une provinciale,* 2 vol. (Dentu, 1880). *Nouvelles littéraires* (id., 1889). *Récits d'amour* (id., 1890). *Groupe des martyres* (id., 1891). *Souvenirs et Impressions littéraires* (id., 1892). *Luttes du cœur* (id., 1893). *Figures historiques et légendaires* (id., s. d.). Cf. *Les Angevins de la littérature* [Colloque, 14-16 décembre 1978] (Angers : Presses de l'Université, 1979).

LESELEUC, Anne de –, romancière.

Le Douzième Vautour (Seuil, 1983). *Éponine* (id., 1985).

LESPARRE, Christiane, romancière.

Un Hamac dans le Vaucluse (Grasset, 1980). *L'Appartement* (id., 1985). *L'Impossible Monsieur Bierce,* biographie (id., 1981). *Six contes à rebours pour un tatou empaillé,* nouvelles (id., 1983). *Voyage autour d'un monde perdu* (id., 1991).

LESPINASSE, Julie de –,1732-1776, épistolière.

Julie de Lespinasse, née à Lyon, a reçu une excellente éducation de la comtesse d'Albon dont elle était la fille illégitime et jamais reconnue. Après la mort de sa mère, elle est engagée comme gouvernante pour les enfants de sa demi-sœur. En 1752, elle rencontre Mme du Deffand qui tient l'un des plus célèbres salons et, deux ans plus tard, elle la rejoint comme dame de compagnie. Mais en 1764, Mme du Deffand, jalouse de son influence, se sépare d'elle. Julie ouvre alors son propre salon, rue de Bellechasse, où d'Alembert la suit, nourrissant pour elle un amour qui ne sera pas partagé. A trente-cinq ans, elle s'éprend violemment de Mora, noble d'Espagne, puis éprouvera quelques années plus tard une autre et dévorante passion pour Guibert. Épuisée physiquement, déchirée psychologiquement, Julie meurt en 1776.

« Quoique Mlle de Lespinasse ne laisse aucun ouvrage, du moins qui nous soit connu, sa mort a fait événement dans notre littérature. » C'est en ces termes que la *Correspondance Littéraire* rendait hommage à Julie de Lespinasse après sa mort. Parmi tant de femmes brillantes dont le nom reste associé au XVIIIe siècle Julie a été l'une des plus admirées. « La tête la plus vive », « l'âme la plus ardente », disait d'elle Marmontel. Dans une société volontiers cynique et libertine, elle a su allier la vivacité d'esprit à la sensibilité, au tact et à la générosité.

A l'exception notoire de Mme du Deffand, dont elle se sépare avec fracas, elle a fait naître des amitiés profondes et durables parmi les meilleurs esprits de son temps : d'Alembert, comme elle enfant illégitime, Marmontel, Turgot, Malesherbes, Condorcet et l'Anglais Shelburne. Elle sait, dans son salon, réconcilier les points de vue les plus divers, harmoniser les personnalités les moins compatibles. Elle se trouve ainsi liée intimement au grand mouvement philosophique qui prépare la Révolution et joue, pour les Encyclopédistes, le rôle de muse. Son pouvoir s'étend au-delà de son salon. En particulier, grâce sans doute à son amitié avec d'Alembert, elle réussit à faire élire son ami Suard à l'Académie française, malgré une violente controverse.

A l'encontre d'autres femmes de son temps qui ont feint les sentiments plutôt qu'elles ne les ont éprouvés, Julie est une femme intense, sincère et passionnée. « Je n'agis que du premier mouvement », dit-elle et elle écrit encore : « J'aime pour vivre, je vis pour aimer ». Chérissant également les amis, les livres, la musique, sa quête des « sentiments extrêmes » en fait une des grandes figures du pré-romantisme. Cependant la rencontre de Mora marque un tournant dans son existence ; sa « vie publique » s'estompe devant sa vie privée. Alors commence la rédaction des lettres qui nous sont parvenues et qui seront suivies des lettres à Guibert. Déchirée entre le sentiment de la faute, le souvenir d'un amour impuissant à sauver l'amant de la mort et la fulgurance d'une passion qui la rend dépendante sans réciprocité, Julie de Lespinasse cherchera dans la musique et l'opium d'abord un apaisement, puis la fin prématurée à tous ses maux.

On a prétendu que la passion malheureuse de Julie a inspiré à Madame Riccoboni ses *Lettres de Mistriss Fanni Butlerd*. Mais il s'agit ici de fiction, là de vécu et si l'on doit comparer les lettres de Julie de Lespinasse, c'est à celles de Mlle Aïssé ou aux *Lettres Portugaises* qu'il faudrait le faire. Certes, elles n'ont pas la fraîcheur parfois naïve, la pureté et l'élan souvent lumineux de ces dernières. Ici le tragique de la passion amoureuse, dont la violence est à peine masquée par l'élégance et la concision de la phrase, frappe par sa modernité. Nous assistons à la progressive défaite, lucidement enregistrée, d'une femme douée pour la vie, la connaissance et la communication. Par ailleurs, la gamme des sentiments et la mouvance des états d'âme confèrent à ces lettres une épaisseur et un chatoiement qui leur sont propres. L'écriture bouge ; elle vit, proche en cela de celle de Mme de Sévigné. Il faudrait lire, parmi beaucoup d'autres, la lettre du 27 mai 1774, qui fut adressée à Guibert cinq mois après la mort de Mora. (Dans une lettre précédente, Guibert faisait part à son amie de ses projets de se trouver une épouse pour assurer sa stabilité financière.) Elle illustre de manière exemplaire comment l'écriture devient une « thérapie », imposant un ordre à l'agitation de la pensée et des sentiments, et par là créatrice de vie et affirmation de la personne.

Témoignage sur une existence, les lettres de Julie de Lespinasse constituent aussi, bien sûr, un témoignage sur une époque, coloré par un esprit curieux et une sensibilité particulièrement vive.

Bibliographie : *Lettres de Mlle de Lespinasse écrites depuis l'année 1773 jusqu'à l'année 1776*, édition établie par la comtesse de Guibert, en collaboration avec Barère (Léopold Colin, 1809). *Lettres de Mlle de Lespinasse suivie de ses autres œuvres et de lettres de Mme du Deffand, Turgot, Bernardin de Saint-Pierre* (Eugène Asse, éd. rev. Eugène Fasquelle, 1918, rééd. Genève : Slatkine, 1971). *Lettres à Condorcet ; Portrait de Condorcet* (Desjonquères, 1990). *Les Tourments d'une passion : A l'ombre des lumières* (Malakoff : Solin, 1989).

Sélection critique : Marquis de Ségur : *Julie de Lespinasse* (s. éd., 1905). Bouissounouse, Janine : *Julie de Lespinasse. Ses amitiés. Sa passion* (Hachette, 1958). Carrell, Susan L. : *La voix féminine dans les lettres d'amour ; Analyse d'une formule monophonique de la littérature épistolaire, des Héroïdes aux lettres de Julie de Lespinasse* (thèse, Univ. Virginia, 1977). Castries, duc de, *Julie de Lespinasse* (Librairie Perrin, 1984). Lacouture, Jean : *Julie de Lespinasse : Mourir d'amour* (Ramsay, 1980). Cf. FWW.

MH

LESSARD-BISSONNETTE, Camille, écrivaine franco-américaine du Maine, d'origine québécoise.
Canuck (–).

LESUEUR, Daniel, pseudonyme, 1860-1921, romancière.

Jeanne Loiseau (épouse d'Henri Lapauze, conservateur du Petit-Palais), figure rarement dans les ouvrages de référence modernes mais semble avoir été tenue en grande estime par ses contemporains (une avenue de Paris porte son nom). Sa biographie reste à établir et à purger de contradictions que l'on relève dans les comptes rendus de l'époque. Dès 1882, son nom de jeune fille et son pseudonyme de Daniel Lesueur sont connus parallèlement. Elle reçoit en effet deux prix de l'Académie française, l'un pour un roman, *Le Mariage de Gabrielle* et l'autre pour un recueil de poèmes : *Fleurs d'Avril,* suivi d'un prix d'éloquence pour une pièce en vers. Elle est écartée de la Société des Gens de Lettres en 1890 à cause de son sexe, au grand scandale de ses amis et parrains littéraires (Flammarion, Coppée) mais elle finira pourtant par en être vice-présidente. Traductrice de Byron au tournant du siècle, elle a un succès d'estime en tant que dramaturge. En 1898, son roman *Comédienne,* où l'expérience du théâtre est longuement analysée et « mise en scène », reçoit le prix de Jouy. Naguère, le *Grand Larousse Encyclopédique* a noté son existence en termes laconiques : « recueils poétiques et romans sentimentaux mêlés de thèses féministes ».

D'une œuvre d'une quarantaine de titres tombée dans l'oubli, certains romans avaient cependant atteint jusqu'à dix éditions. Il semble que les mieux reçus, traduits en langues étrangères, soient précisément les plus « sentimentaux » et les moins « féministes ». Ces romans valent mieux que leurs titres mélodramatiques, destinés au seul public féminin : *Passion slave* ou *Calvaire de femme, Le Fils de l'amant* ou *L'Amant de Geneviève, Justice de femme, L'Honneur d'une femme, A force d'aimer, Au-delà de l'amour ?* A lire les titres, on croit avoir lu les romans : Delly avant la lettre ?

Contrairement au genre traditionnel du roman rose cette œuvre est souvent enracinée dans la réalité politique, économique et sociale. Les conflits idéologiques y sont présentés, la question de la condition des femmes est omniprésente. Daniel Lesueur n'a pas seulement traduit et commenté Byron et lu intégralement Nietzsche, elle est informée sur l'Amérique, elle connaît si bien l'Italie et la Suisse qu'elle y situe avec minutie des pans entiers de ses récits. Son roman « romanesque » par excellence, *Calvaire de femme* en deux volumes, soutient la comparaison avec *Le Comte de Monte-Cristo* : même puissance de l'intrigue gigogne avec meurtres, déguisements, enfant perdu à retrouver, entrecroisement des vengeances et des passions pures ou adultères. On y voit non sans vraisemblance une princesse romaine dans les griffes d'une lionne et un double dénouement : la princesse est culbutée par son dernier amant en date (soudoyé par son époux) du haut de la cascade de Tivoli, tandis que la noble ambassadrice de France à Rome retrouve enfin son enfant devant les chutes de la Loue, dans le Jura : ce sont « l'eau qui tue » et « l'eau qui chante ».

La recherche du paysage symbolique se remarque encore dans *Nietzschéenne* où le site du mont Cervin représente l'idéal héroïque de maîtrise de soi pour l'être d'exception. Devant ce « sphinx monstrueux » qui matérialise la philosophie de la transcendance de l'humain par lui-même, l'héroïne réitère son amour pour un homme et son intention de ne pas lui sacrifier son amour-propre de femme rejetée par « le monde ». Victime d'un chantage au mariage, elle s'est donnée à celui qu'elle savait ne pouvoir épouser. Sorte de nonne laïque en marge de la société, belle et puissante parce que riche, elle se consacre à l'amélioration de la condition ouvrière et puise sa force morale dans Nietzsche. Elle incarne ainsi véritablement la femme idéale pour Daniel Lesueur, type qui reparaît dans divers romans (*Mortel Secret, A force d'aimer*).

Ceci correspond à la position politique de l'auteure qui, dans son rapport sur *L'Évolution féminine* au Congrès international du commerce et de l'industrie, préconise l'initiative privée à but humanitaire et s'en remet davantage aux riches qu'à l'État pour amener la justice sociale. Elle y dénonce la condition faite aux femmes (tout en rejetant prudemment le débat féministe) : « Les hommes doivent-ils se réserver le monopole de presque toutes les fonctions lucratives ? » Et elle réclame l'éducation professionnelle des filles, le « salaire maternel » pour les mères célibataires, veuves, abandonnées ou divorcées, car, insiste-t-elle, il y va de l'avenir de la race française (et la place d'une mère est au foyer). Enfin elle réclame le salaire égal à travail comparable et la réforme du mariage.

Outre les « féminins » (cornéliens) débats entre l'honneur et une sensualité souvent affirmée par ses héroïnes, l'œuvre pose des questions gênantes telles que la corruption du milieu politique et financier (scandale du tunnel sous la Manche dans *A force d'aimer*), les imp(r)udences du capitalisme, la déchéance sociale et morale à laquelle les femmes sont acculées (*Comédienne*) ou destinées par leur « nature » névrotique (*Marcelle, Névrosée*). Elle oppose au communisme démagogique le socialisme éclairé (*A force d'aimer, Nietzschéenne, Le Droit à la force*) et au pouvoir de l'argent celui de l'idée. Dans ces romans réputés sentimentaux – il est certain que les épisodes vaudevillesques, les suicides, les maternités illégitimes lourdement payées ne sont pas rares – la question de la religion est quasi absente. Dieu est bien mort et, par voie de conséquence, le pouvoir mâle est mis en cause. Par ailleurs une culture bien moderne est reflétée dans des descriptions de grèves en usine, d'espionnage industriel, de coups de Bourse, de fêtes mondaines ou populaires, scènes à la Chambre des Députés, scène de duel, détails techniques sur le cyclisme, le théâtre, l'équitation, sans exclure une observation parfois néo-romanesque avant la lettre de l'objet.

Malgré l'idéalisme qui la marque, le primat donné à l'initiative privée, à la fonction maternelle et la notion de « race », Daniel Lesueur étant par là bien représentative de son époque, cette œuvre tient une place particulière par la fermeté de son réquisitoire politique et féministe. De toute évidence, elle fut entendue par ses lectrices contemporaines.

Bibliographie : *Le Mariage de Gabrielle* (Calmann-Lévy, 1882). *L'Amant de Geneviève* (id., 1883 ; 3ᵉ éd. 1898). *Marcelle, étude parisienne* (A. Lemerre, 1885). *Un Mystérieux Amour* (id., 1886). *Amour d'aujourd'hui* (id., 1888). *Rêves et Visions,* poésies : *Souvenirs* ; *Visions antiques* ; *Visions divines* ; *Sonnets philosophiques* ; *Échos et Reflets* ; *Paroles d'amitié* ; *Paroles d'amour* (id., 1889). *The Marriage of Gabrielle* trad. par Laura E. Kendall (Chicago : McNally & Co., 1890). *Névrosée* (A. Lemerre, 1890). *Une Vie tragique* (id., 1890). *Passion slave* (id., 1892). *Justice de femme* (id., 1893). *Haine d'amour* (id., 1894). *A force d'aimer* (Imp. de *L'Illustration,* 1895 ; 2ᵉ éd. : A. Lemmer, s. d.). *Poésies de Daniel Lesueur : Visions divines* ; *Les Vrais Dieux* ; *Visions antiques* ; *Sonnets philosophiques* ; *Sursum corda ! Souvenirs* ; *Paroles d'amour* (A. Lemerre, 1896). *Invincible Charme* (id., 1897). *Comédienne* (id., 1898 ; trad. allemande : 1901). *Lèvres closes* (id., 1898). *Au-delà de l'amour* (id., 1899). *Lointaine Revanche,* 2 vol. (id., 1900). *Fiancée d'outre-mer,* suivi de « Péril d'amour » ; « Justice mondaine » ; « Une Mère » (id., 1901). *L'Honneur d'une femme* (id., 1901). *Mortel Secret,* 2 vol. (id., 1902). *La Force du passé* (supplément de *L'Illustration,* 1905 ; rééd. A. Lemerre). *Le Masque d'amour,* pièce en 5 actes et 7 tableaux (Sarah Bernhardt, 10 oct. 1905 ; pub. 1909 ; trad. en espagnol). *L'Évolution féminine, ses résultats économiques* (A. Lemerre, 1905). *Le Fils de l'amant* (id., 1907). *Madame l'Ambassadrice* (id., 1907). *Calvaire de femme,* 2 vol. (id., 1907). *Nietzschéenne* (suppt. de *L'Illustration,* 1907 ; 2ᵉ éd. Plon, Nourrit & Cie, 1908 ; éd. 1919 + préface de l'auteur et addendum de citations de Nietzsche intitulé « Nietzsche, pour la France, contre l'Allemagne »). *Le Droit à la force* (id., 1909). *Du sang dans les ténèbres,* 2 vol. (id., 1910). *Une Ame de vingt ans* (P. Lafitte, 1911). *Au tournant des jours (Gilles de Claircœur),* (Plon, Nourrit & Cie, 1913).

CM

LETESSIER, Dorothée, romancière.

Le Voyage à Paimpol (Seuil, 1980). *Loïca* (id., 1983). *La Belle Atlantique* (id., 1986). *Jean-Baptiste ou l'Éducation vagabonde* (Gallimard, 1988). *La Reine des abeilles* (Seuil, 1989).

LEY, Madeleine, 1901-1981, écrivaine belge.

Petites Voix (Stock, 1930 et 1937). *L'Enfant dans la forêt* (Centaure, 1931). *La Nuit de la Saint-Sylvain* (Calmann-Lévy, 1935 ; Nathan, 1979). *Olivia* (Gallimard, 1936). *La poésie est-elle un mensonge ?* [entretiens] (*Cahier du Journal des poètes*, 1939). *La Maison du ciel et Petites Voix*, nouvelles (Stock, 1941). *Le Grand Feu*, nouvelles, prix Rossel (Bruxelles : Éd. des Artistes, 1942 et 1946).

LHÉRITIER, Marie-Jeanne de Villandon, 1664-1734, auteur de contes.

Les Fées, avec Charles Perrault. *L'Adroite Princesse ou les Aventures de Finette* (M.-P. Trémois, 1928). *L'Apothéose de Mademoiselle de Scudéry* (Jean Moreau, 1702).

LIGNERIS, Françoise de (pseud. : Anne-Olivier), n. 1913, romancière.

Le Livre de la joie (Julliard, 1947). *Les Chroniques du petit monstre* (Stock, 1950). *Bouchons sur l'eau* (Julliard, 1951). *Olympia* (Éd. de Minuit, 1953). *La Confession de Marie-Pie*, sous le pseud. Anne-Olivier (Gautier-Languereau, 1956). *Catherine, princesse captive* (Hachette, 1956). *Fort-Frédérick* (Grasset, 1957). *Psyché 58* (id., 1958). *Bijoux* (id., 1960). *Les Lentes Nuits* (id., 1962). *La Femme et la Poison* (id., 1964). *Le Cercueil d'argent* (Julliard, 1969). *Les Deux Vies de Basile Ebreuil* (id., 1968).

LIKING, Werewere, n. 1950, écrivaine, artiste camerounaise.

Née au Cameroun, grande voyageuse mais enracinée en Côte-d'Ivoire depuis 1980 avec ouverture sur le monde francophone, Werewere Liking est à la fois peintre, poète, romancière, parolière, compositrice et directrice de spectacles. Pour ceux qu'elle crée avec le Ki-Yi M'Bock Théâtre à Abidjan, elle dessine aussi les sculptures, les bijoux et les costumes. Une éducation formelle très tôt interrompue, deux maternités prématurées (à quatorze et quinze ans), marquent une jeunesse quelque peu bohême et mouvementée mais une certitude quant à sa vocation la fera sortir de l'anonymat. Les arts du spectacle, si peu accessibles aux femmes et aux Africaines de notre époque, c'est là que se situe avant tout son orientation.

Grâce à une femme, sa tante, très versée dans les traditions orales et les rituels bassa, elle acquiert de solides racines dans sa propre culture et c'est ainsi qu'elle porte nécessairement un regard hybride et neuf sur l'espace scénique car elle y marie un regard de femme à un héritage africain authentique mais non point naïf sur le plan de la dramaturgie. Elle travaille de nombreuses années à l'Institut de recherches sur l'esthétique théâtrale négro-africaine de l'université d'Abidjan. Avec une collègue française, Marie-Josée Hourantier, et trois compositeurs-chorégraphes, elle fonde en 1983 un groupe de création artistique, le Ki-Yi M'Bock.

Après 1985, le Ki-Yi se développe en communauté artistique polyvalente sous la seule direction de Werewere Liking. Vivant ensemble et exerçant de multiples métiers, quelque soixante-dix personnes de sept pays africains donnent quotidiennement des spectacles ou travaillent à de nouvelles créations, gèrent une galerie d'art, un musée, une maison d'édition, un restaurant, des boutiques et un théâtre. A la source de leur effort il y a le désir de donner naissance à une esthétique panafricaine.

Perçus Perçues (1991) est un travail sur le son, le chant et la danse, une recherche d'opéra africain qui est poursuivie dans *Un Touareg s'est marié à une Pygmée,* incorporant des intruments modernes et non africains. Axé sur une formation physique et mentale adaptée des rites d'initiation et des techniques traditionnelles de mémorisation, utilisant des marionnettes géantes inspirées par la tradition malienne et aussi des masques et des ombres chinoises, des mélopées du Sahel et des polyphonies de la forêt en plus d'une musique forte en percussion, le travail du groupe puise dans tous les arts africains vers une forme opératique où les textes de Liking servent de supports fondamentaux. Ces paroles vont de l'humour féroce aux plaintes lyriques (*Un Touareg*) et mettent en question la politique aussi bien que la position souvent déchirée de la femme africaine (*Singué Mura*). L'œuvre du Ki-Yi M'Bock et de Werewere Liking se font connaître dans des rencontres annuelles telles que le Festival des Francophonies de Limoges et par des tournées en Europe, au Japon, et bien sûr en Afrique centrale et occidentale. Werewere Liking a reçu le prix Arléty du théâtre de langue française en 1991 et s'est vue invitée d'honneur au congrès 1993 de l'Association [états-unienne] pour la littérature africaine (ALA) en Guadeloupe.

Bibliographie : *On ne raisonne pas le Venin*, poésie (Saint-Germain-des-Prés, 1977). Théâtre : *La Puissance de Oum* (Abidjan : CEDA, 1979). *Une nouvelle terre* et *Du sommeil d'injuste* (Dakar : NEA, 1980). *Spectacles rituels : Les Mains veulent dire* et *La Rougeole arc-en-ciel* (id., 1987). Romans : *A la rencontre de* (Abidjan : NEA, 1980). *Orphée Dafric* (L'Harmattan, 1981). *Elle sera de jaspe et de corail* (id., 1984). Spectacles, mises en scènes : « Orphée d'Afrique » (1983). « Une Nouvelle Terre » (1984). « Nso Ngond » (1985). « La Femme mêlée » (1985). « Césarienne » (1986). « Dieu Chose » (1987). « Les Cloches » (1988). « Singué Mura » (1990). « Percu perçues, esquise d'un opéra de percussion » (1990). « Un

Touareg s'est marié à une Pygmée » (1992). Contes en collaboration : *Liboy li Nkundung* (Classiques Africains, 1980). *Contes d'initiations féminines* (id., 1983). Divers en collaboration : *Une Vision de « Kaydana » d'Hamadou Hampaté Bâ* (Dakar : NEA, 1984). *Marionnettes du Mali* (id., 1987). *Statues colons* (id., 1987).

Sélection critique : Auclaire -Tamaroff, Elisabeth : « W. L. Une Dame d'Afrique », *Le Traversier, Journal du Festival international des Francophonies en Limousin* n° 1 (aut. 1991). Dabla, Sewanou : *Nouvelles écritures africaines* [romanciers de la seconde génération] (L'Harmattan, 1986). Hourantier, M. J. : *Du rituel au théâtre rituel* (L'Harmattan, 1985). Pillot, Christine : « Le "Vivre vraie" de Werewere Liking », *Théâtre Théâtres* (juillet-août 1990). Scherer, Jacques : *Le Théâtre en Afrique noire francophone* (PUF, 1992). Tilliette, Bruno : « Werewere Liking : Naissance d'un mouvement » [entretien], *Le Traversier* 2 (déc. 1991).

CM et Judith G. Miller

LILAR, Suzanne (pseud. de Suzanne Verbist), 1901-1992, essayiste, romancière belge.

Suzanne Lilar est née à Gand (Belgique). Dans *Une Enfance gantoise* elle explore comment son origine géographique a dominé sa vie : élevée dans le culte de la langue française, elle est attirée par le flamand que la bonne lui apprend en cachette. Elle analyse avec lucidité et tendresse le clan familial et les thèmes qui ont marqué son enfance : les castes, les jeux, le merveilleux et le sacré. Docteur en droit, elle a été avocate pendant plusieurs années à Anvers. Son mari a exercé les fonctions de ministre de la Justice ; sa fille, Françoise Mallet-Joris, est la romancière bien connue. Le prix Europalia de littérature a été décerné à Suzanne Lilar en 1980 pour l'ensemble de son œuvre.

Cette œuvre occupe dans le mouvement des idées féministes une place originale. Ses thèmes sont mis en place dès la première pièce, *Le Burlador :* importance de la bisexualité, qui seule permet d'expliquer l'existence de tendances féminines chez l'homme et masculines chez la femme ; espoir d'un triomphe de l'érotique féminine sur l'érotisme masculin. La vocation de séducteur pèse à Don Juan, héros de cette pièce. Il aime une femme et tend à la fidélité comme à un repos. Seule la mort donnera à son amour « cette consécration de la durée que n'a pu lui apporter la vie » (12).

Dix-huit ans plus tard, Suzanne Lilar reprend dans son œuvre principale, *Le Couple,* l'examen des notions d'amour et de couple et plaide en faveur de l'amour qui dure, distinguant derechef entre l'érotique féminine et l'érotisme masculin. Celui-ci est « un parti-pris de jouissance qui se détourne aussitôt satisfait » (42), tandis que l'érotique postule la liaison, la communication, c'est-à-dire l'amour. Plus attachée à connaître qu'à jouir, elle convertit l'amour en expérience métaphysique et trouve sa parfaite expression dans l'union sexuelle. Suzanne Lilar attache une grande importance à la sexualité et rejette la notion de femme-objet précisément dans la mesure où elle dissocie l'érotique de la fonction sexuelle, aboutissant à la désintégration de l'amour. Plutôt que d'aligner son comportement sexuel sur celui de l'homme, la femme doit rester fidèle aux valeurs féminines que sont la passion, la durée et la communion. D'où l'importance de la complémentarité des sexes, illustrée par le mythe de l'androgynat. Elle place tous ses espoirs dans le couple idéal dont l'harmonie repose non sur la parfaite sexualité de l'homme et de la femme mais sur leur foncière bisexualité.

Dans *A Propos de Sartre et de l'amour,* paru quatre ans plus tard, Lilar étudie la contradiction qui existe dans les écrits de Sartre entre l'impureté de la condition humaine et la nostalgie de l'absolu. Soulignant chez lui une évolution de l'érotisme à l'érotique, elle plaide à nouveau pour une égalité des sexes réalisée non dans « la négation massive du Féminin, mais dans cette compensation que la bisexualité ne cesse de fournir à la différenciation des sexes ».

C'est précisément parce qu'elle revendique la différence que Lilar s'attaque au *Deuxième sexe* de Simone de Beauvoir. Dans *Le Malentendu du Deuxième sexe,* elle accuse cette dernière de mal poser le problème et de se placer dans une perspective de radicale hostilité des sexes, se soustrayant ainsi à cette dialectique « qui semble être le rythme de l'existence » (104). « La bisexualité, qui étoffe et anime toute notre vie affective et intellectuelle, est aussi le pont jeté sur la solitude des sexes. » (243). Ainsi « féministe, dans la mesure où [elle s'est] avisée de l'injure et de l'injustice immenses faites à la femme par la politique et la morale traditionnelle du mariage, [elle s'] écarte de la position féministe » en ce qu'elle croit à l'existence d'un éternel féminin « qui déborde la physiologie » (*Le Couple,* 15). L'éternel féminin s'inscrit dans le désir qu'a la femme de bâtir sa vie sur l'amour. Dans ce débat, la clef reste de préciser les bases sociologiques de toute réflexion sur la différence sexuelle.

C'est ce désir (qu'il faut avant tout associer à l'Europe occidentale plutôt qu'aux cultures de survie) que Suzanne Lilar explorait déjà en 1960 dans *Le Divertissement portugais.* Elle y retraçait la lente gestation d'un amour-passion. Déçue par une union avec un mari volage, l'héroïne tombe amoureuse d'un homme plus âgé. A travers cet amour non partagé mais qui lui apporte momentanément le bonheur, Sophie Laprade redécouvre qu'aimer est chose plus divine qu'être aimée.

Une telle conception de la femme et du couple ne pouvait qu'inspirer une écriture classique, qui frisera le désuet pour certain/es. C'est en fin de compte dans les essais et les textes autobiographiques que Suzanne Lilar semble avoir donné sa pleine mesure.

Bibliographie : *Théâtre* : *Le Burlador* (Bruxelles : Éd. des Artistes, 1945). *Le Roi lépreux* (Gand : Éd. Lumière, 1951). *Tous les chemins mènent au ciel* (–).

Essais et récits : *Le Journal de l'analogiste* (Julliard 1954). *The Belgian Theatre since 1890* (New York : Belgian Government Information Center, 1957, 2ᵉ éd.). *Le Théâtre de Maeterlinck* (Lisbonne : Academia des Ciencias de Lisboa, 1958). *Le Divertissement portugais* (Julliard, 1960). *Le Couple* (Grasset, 1963). *A Propos de Sartre et de l'amour* (id., 1967). *Le Malentendu du Deuxième sexe* (PUF, 1969). *Une Enfance gantoise* (Grasset, 1976). *A la recherche d'une enfance* (Jacques Antoine, 1979). *La Confession anonyme* (id., 1983).

Sélection critique : Collectif : *Cahiers Suzanne Lilar* : Actes du Colloque de Bruxelles, 1983 (Gallimard, 1986). Jordis, Christine : « S. L. et l'impatience des limites », *Le Monde*, 18 déc. 1992. Rochefoucault, Edmée de la : *Courts métrages* (Grasset, 1970). Trekker, Anne-Marie et Jean-Pierre Vander Straeten : *Cent auteurs, Anthologie de littérature française de Belgique* (Éd. de la Francité & de la CEC, 1982). Weinstein, Leo : *The Metamorphoses of Don Juan* (Stanford University Studies, 1959).

Mariette (Givoiset) Todea

LINVAL, Paule de – [pseud. ?], écrivaine antillaise.

V. DLLF, « Caraïbes + Guyane ».

LOESCH, Anne, romancière, essayiste.

La Valise et le Cercueil (Plon, 1963). *Le Tombeau de la chrétienne* (id., 1965). *Mange ta soupe et joue ton piano* (Grasset, 1967). *La Prochaine* (Plon, 1968). *Une Toute Petite Santé* (Seuil, 1969). *Les Imbéciles en liberté* (Hachette, 1969). *Les Adultes infantiles* (id., 1970). *Guide de la vie privée* (id., 1973). *La Grande Fugue* (id., 1973). *La Bête à chagrin* (Calmann-Lévy, 1975). *Le Vent est un méchant* (id., 1976). *Les Couleurs d'Odessa* (id., 1979). *Le Soleil derrière la vitre* (id., 1982). *Tout pour être heureuse* (Mazarine, 1988).

LONGUEVAL, Angélique de –, 1609-1694, mémorialiste.

LORANGER, Françoise, n. 1913, dramaturge québécoise.

Mathieu (Montréal : CLF, 1949). *Une Maison, un jour* (id., 1965). *Encore cinq minutes* suivi de *Un Cri qui vient de loin* (Montréal : CLF, 1967). *Double Jeu* (Montréal : Leméac, 1969). *Le Chemin du Roy* (id., 1969). *Medium Saignant* (id., 1970). *Jour après jour et un si bel automne* (id., 1971).

LORIOT, Noëlle, v. ORIOL.

LOUVIER, Nicole, poète, romancière bretonne.

Chansons interdites, précédé de « Villa Médicis » et de « Poèmes de Septembre » (Table Ronde, 1953). *Qui qu'en grogne* (id., 1953). *L'Heure des jeux,* rm (id., 1955). *Les Marchands,* rm (Table Ronde, 1959). *Chansons pour ma guitare* (id., 1961). *Poèmes de l'alliance* (id., 1962). *Les Dialogues de la nuit blanche* (La Jeune Parque, 1967). *Honorable ou le chien,* rm (id., 1968).

LUBERT, Marguerite de –, 1710-1779, auteur de contes.

Le Prince glacé et la Princesse étincelante (La Haye, 1743). *Blanche-rose* (Londres : Clément, 1751). *Mourat et Turquia,* histoire africaine (Londres : Clément, 1752). *Léonville,* nouvelle (Nancy et Paris : M. Lambert, 1755). *Histoire secrète du Prince Croqu'étron et de la Princesse Foirette* (Gringuenaude : V. d'Avalos & Fleurimont, 1864).

LY THU HO, c.1920-1989, romancière, poète vietnamienne.

Née en Cochinchine pendant la période coloniale, Ly Thu Ho a fait ses études au Collège indigène de Saïgon. Elle s'est mariée, et à partir de 1958, après avoir élevé six enfants et s'être installée en France, elle s'est consacrée à l'écriture. Elle a composé en particulier une trilogie romanesque sur trente-cinq années de guerre au Viêt-nam, ayant passé la fin de sa vie près de Paris, à la Varenne-Saint-Hilaire, et à Valras-Plage. Son dernier roman, *Le Mirage de la paix,* a remporté le prix de l'Asie de l'ADELF (Association des écrivains de langue francaise), qu'elle partageait avec Michel Tauriac.

Les romans de Ly Thu Ho présentent les effets de plus de trois décennies de guerre sur la famille vietnamienne. Dans un monde où la société traditionnelle était basée sur le principe confucéen de la piété filiale et où la structure hiérarchique familiale se répétait à tous les niveaux sociaux, la famille, telle que Ly Thu Ho la peint, symbolise toute la société vietnamienne déchirée par les forces extérieures et vouée à son autodestruction dans une guerre « fratricide ». En incorporant des références historiques, Ly Thu Ho ancre ses narrations dans un contexte spécifique bien connu en Occident. *Printemps inachevé* (1962) est centré sur la deuxième guerre mondiale et la guerre contre les Francais jusqu'aux accords de Genève tandis qu'*Au milieu du carrefour* (1969) reprend le fil du premier texte pour présenter la lutte entre le Nord et le Sud, sous l'ombre de l'intervention américaine. *Le Mirage de la paix* (1986) retrace l'histoire du Viêtnam jusqu'en 1976, période de réunification mais aussi de profonde incertitude pour les Vietnamiens.

Dans ses personnages, Ly Thu Ho humanise un destin qui semble écrasant et incompréhensible pour ces mêmes individus et *a fortiori* lointain et étranger pour les lecteurs. Elle crée en particulier des personnages féminins courageux et indépendants, en l'absence d'hommes morts ou partis à la guerre. Ces femmes seules assureront la survie de la culture vietnamienne face à l'incertitude de l'avenir. D'un souffle quasi épique, Ly Thu Ho conte la tragédie et le courage de son peuple.

Bibliographie : *Printemps inachevé,* rm (Peyronnet : 1962). *Au milieu du carrefour,* rm (id., 1969). *Le Mirage de la paix,* rm (Promédart/Les Muses du Parnasse, 1986).

Sélection critique : Yeager, Jack A. : *The Vietnamese Novel in French : A Literary Response to Colonialism* (Hanover, N. H. & Londres : Univ. Press of New England, 1987). Yeager, Jack A. : « La Production romanesque des écrivaines vietnamiennes d'expression française », *Présence Francophone* (automne 1993). Yeager, Jack A. : *Vietnamese Literature of French Expression* (Nouvelle-Orléans : CELFAN Review Monographs, 1993).

Jack A. Yeager

LYR, Guyette, romancière.

La Fuite en douce (Mercure de France, 1976). *L'Herbe des fous* (id., 1978). *Adèle Ripois ou le Portrait* (id., 1979). *Un Trou dans le soleil* (id., 1981). *Retour à Elna* (Mercure de France, 1983).

M

MAGLOIRE, Nadine, romancière haïtienne.

Le Mal de vivre (Port-au-Prince : Éd. Verseau, 2ᵉ éd. 1970). *Autopsie in vivo ; Le Sexe mythique* (id., 1975). Cf. *Callaloo* 15 : 2 (printemps 1992).

MAHEUX-FORCIER, Louise, n. 1929, romancière québécoise.

Amadou (Montréal : CLF, 1963). *L'Ile joyeuse* (id., 1965). *Une Forêt pour Zoé* (id., 1969). *Paroles et Musique* (id., 1973). *Neige et Palmier* suivi de *Le Violoncelle*, théâtre (id., 1974). *Un Arbre chargé d'oiseaux*, télé-théâtre (Ottawa : Éd. Univ. d'Ottawa, 1976). *Le Cœur étoilé*, suivi de *Chrysanthème et Miroir de nuit* (Montréal : P. Tisseyre, 1977). *Le Sablier, Journal intime, 1981-1984* (id., 1984). Cf. DEQ & Gauvin, Lise et Gaston Miron : *Écrivains contemporains du Québec depuis 1950* (Seghers, 1989).

MAI, Bach, romancière et journaliste vietnamienne-canadienne.

D'Ivoire et d'Opium (Sherbrooke : Naaman, 1985).

MAIGA KA, Aminata, romancière sénégalaise.

La Voie du salut suivi de *Le Miroir de la vie,* nouvelles (Présence Africaine, 1985). *En votre nom et au mien*, rm (Abidjan : Nouvelles Éditions Africaines, 1989).

MAILHOT, Michèle, romancière québécoise.

La Montagne sacrée (en feuilleton, revue *Claire*, 1962-63). *Dis-moi que je vis* (Montréal : Cercle du Livre Français, 1965). *Le Portique* (id.,

1967). *Le Fou de la Reine* (Montréal : Éditions du Jour, 1969). *La Mort de l'araignée* (id., 1972). *Veuillez agréer* (Montréal : Éd. de la Presse, 1975). *Notes de parcours* (id., 1986). Cf. DEQ.

MAILLARD, Claude, romancière, essayiste, poète.

Ombres nues (Grassin, 1962). *La Liberté* (Orphée-Chambelland, 1965). *La Dissection* (Flammarion, 1967). *Les Précieux Édicules* (J.-J. Pauvert, 1967). *Ventre amer* (Saint-Germain-des-Prés, 1970). *Petite Messe pour Rose,* cantique (J. Martineau, 1972). *L'Oiseau du Bel-Air* (Stock, 1977).

MAILLART, Ella, n. 1903, écrivaine voyageuse suisse.

Des monts célestes aux sables rouges (Genève : Edito-Service, 1972). *Oasis interdite : de Pékin au Cachemire, une femme à travers l'Asie centrale en 1935* (Genève : Payot, 1984). *La Voie cruelle* (Lausanne : 24 Heures, 1987). *Parmi la jeunesse russe : de Moscou au Caucase en 1930* (id., 1989). *La Vagabonde des mers* (trad. de la version anglaise : *Gypsy Afloat*) (Genève : Payot, 1991).

MAILLET, Antonine, n. 1929, romancière, conteuse acadienne.

Auteur d'une œuvre abondante qui comporte des romans et des pièces de théâtre, Antonine Maillet est née à Bouctouche (Acadie), dans une famille de neuf enfants. Ses parents étaient instituteurs, ce qui lui a valu de passer son enfance dans un milieu où les livres et la parole étaient privilégiés. Vers vingt ans, elle entre au couvent et y reste une quinzaine d'années, tout en commençant a écrire. Très tôt, elle s'intéresse au théâtre pour lequel elle écrit *Poire-Acre* (1958), qui reçoit le prix du Festival national d'art dramatique. Entre 1960 et 1964, des études de lettres l'entraînent d'abord dans un travail sur Gabrielle Roy puis sur Rabelais. Tout en continuant d'écrire, elle voyage et enseigne la littérature dans diverses universités. Elle poursuit également des recherches sur le folklore des provinces maritimes de l'est du Canada, auxquelles elle reste très attachée. Son roman, *Mariaagélas* (1974), a été couronné du prix de la ville de Montréal et en 1979 elle a reçu le prix Goncourt pour *Pélagie-la-Charrette* dont un million d'exemplaires ont été vendus en France. En 1987 elle a été nommée membre du Haut Conseil de la Francophonie, et récemment chancelière de l'université d'Acadie-Moncton.

Antonine Maillet est la première conteuse acadienne dont le nom ait dépassé un petit cercle d'initiés et elle appartient à la génération qui, dans les années soixante et soixante-dix, a été à la charnière entre la littérature orale et la littérature écrite. La venue de « La Sagouine » – montée par Viola Léger – au théâtre d'Orsay à Paris à l'automne de 1976 a été, pour le public français, l'occasion d'une émouvante rencontre avec un personnage de femme subalterne qui, bien qu'ancrée dans une réalité canadienne et parlant une langue du terroir, tenait des propos d'un humour corrosif sur des sujets universels, parmi lesquels le statut des riches et des pauvres, la justice, l'argent ou le droit au bonheur.

Fidèle à l'art du conte, Maillet s'intéresse moins à la psychologie de ses personnages qu'à leurs faits et gestes et leur langage parlé. Elle-même trouve une voix proche de la leur pour raconter les destins ordinaires ou extraordinaires des oubliés de l'Histoire qu'elle investit d'une dimension légendaire : ainsi Mariaagélas, contrebandière des années vingt, ou l'héroïne de *Pélagie* « qui voit l'histoire se faire en face d'elle et [...] ne sait pas que c'est elle qui, pendant ce temps-là, est en train de faire une histoire », celle du retour d'un peuple en Acadie après les années d'exil.

L'art de la romancière se déploie dans la mise en scène des temps forts d'une vie quotidienne : un pique-nique, une kermesse, la vente des bancs d'église, un enterrement, l'arrivée d'un bateau ou le recensement des habitants d'un village. Qu'il s'agisse de théâtre ou de roman, l'entreprise est identique : restituer les us, les coutumes et l'esprit d'un peuple à travers l'histoire d'une petite communauté, la baie de Pointe-aux-Coques peuplée de personnages empruntés à la réalité. Une topographie imaginaire est recréée à partir d'éléments réels où ceux du bas, « les Crasseux » (titre de l'une des pièces) regardent vivre et parfois contestent l'espace à ceux du haut, les nantis.

On a fait le double reproche à l'écrivaine de s'accrocher au passé et de décrire inlassablement une société qui se survit dans des textes qui se ressemblent. Ce à quoi elle répond que dans le passé elle recherche le reflet de son présent et de son avenir, et les millions de vies qui auraient pu être la sienne en un autre temps. « Écrire, c'est me multiplier », dit-elle à Martine Jacquot. Par ailleurs, elle justifie son attirance pour le passé par la nécessité de sauver de l'oubli qui le guette l'héritage culturel d'un groupe minoritaire menacé de disparaître. Aussi l'œuvre de Maillet tire-t-elle sa séduction en partie du pittoresque et de la couleur locale, ainsi que de la langue drue et des archaïsmes langagiers, tous éléments qui ne sont sans doute pas étrangers à son succès en France. D'où le risque pour l'auteur de se cantonner dans un genre à la jonction entre épopée populaire et ethnographie fabulée. Cependant l'œuvre d'Antonine Maillet a pris un tournant en 1986 avec *Le Huitième jour*, mélange d'aventures imaginaires précédé et suivi de notes personnelles sur la création artistique – le huitième jour étant celui « au cours duquel le créateur littéraire prolonge la création divine ». Dans cette œuvre, Maillet renoue avec l'influence rabelaisienne qui avait inspiré sa thèse universitaire.

Par-delà l'attrait « exotique » des récits et des pièces, deux qualités contribuent à la réussite de Maillet : l'humanisme et l'humour. Comme l'écrit André Major, les personnages de ces sagas – car il s'agit bien de la saga de générations d'hommes et de femmes du peuple – savent sinon mieux vivre, du moins vivre plus. Ils avancent dans l'existence avec la superbe assurance que la vie triomphe toujours malgré échecs et tragédies. Dans des paysages d'où la mer et son odeur saline ne sont jamais absentes, Radi, l'enfant d'*On a mangé la dune* ou Citrouille et Don l'Orignal, deux personnages de « simples », incarnent, parmi bien d'autres, le rêve qui traverse l'œuvre de Maillet : retrouver l'innocence des origines et l'origine d'une sagesse. Gapi, dit Maillet, « est un peu le disciple de Montaigne ».

En faisant parler des personnages marginaux, les pauvres, les enfants, les vieux, les simples, pour lesquels elle ne dissimule pas sa sympathie, Maillet dresse le procès d'une société dominée par des rapports de force, d'argent et de sexualité. La satire s'exprime souvent en formules lapidaires et drôles. Les récits de Maillet, qui tirent leur poésie d'un savant mélange de tons – le comique, le fantastique, le réalisme magique, et l'épopée humoristique – sont toujours entraînés par une énergie verbale, une parole truculente et jouissive qui situent l'auteur dans toute une lignée de conteurs, aussi bien acadiens que français, et qui irait de Rabelais à Daudet et Chamoiseau.

Bibliographie : *Pointe-aux-Coques,* rm (Montréal : Fides, 1958). *On a mangé la dune*, rm (Montréal : Beauchemin, 1962). *Les Crasseux*, théâtre (Montréal : H.R.W., 1968 ; Leméac, 1973). *La Sagouine*, théâtre (Leméac, 1971). *Rabelais et les traditions populaires en Acadie*, thèse de doctorat (Presses Universitaires de Laval, 1971). *Don l'Orignal*, rm (Leméac, 1972). *Par derrière chez mon père*, contes (id., 1972). *L'Acadie pour quasiment rien, guide touristique* (id., 1973). *Mariaagélas*, rm (id., 1973). *Gapi et Sullivan*, théâtre (Leméac, 1973). *Emmanuel à Joseph à Davit*, rm (id., 1975). *Évangéline Deusse*, théâtre (id., 1975). *La Veuve enragée* (id., 1977). *Les Cordes-de-Bois*, rm (Grasset, 1977). *Pélagie-la-Charrette*, rm (id., 1979). *Le Bourgeois gentleman* (Leméac, 1979). *La Contrebandière* (id., 1981). *Cent ans dans les bois* (id., 1981). *Christophe Cartier de la Noisette*, ill. Hans Troxler (id., 1981). *La Gribouille*, rm (Grasset, 1982). *Les Drôlatiques, horrifiques et épouvantables aventures de Panurge, ami de Pantagruel, d'après Rabelais* (Montréal : Leméac, 1983). *Crache-à-pic*, rm (Grasset, 1984). *Les Acadiens, piétons de l'Atlantique* (Éd. A.C.E., 1984). *Garrochés en paradis* (Montréal : Leméac, 1986). *Le Huitième jour* (id., 1986). *Margot la Folle* (id., 1987). *L'Oursiade* (id., 1990). *Confessions de Jeanne de Valois* (Grasset, 1993).

Sélection critique : Entretien avec André Major (*Écrits du Canada Français*, n° 36, 1973). Dossier A. Maillet (*Si que,* Université de Moncton, mai 1974). Entretien avec A. Maillet (*Les Cahiers du Grif*, n° 12, juin 1976). Dolet, Bruno : *Entre dune et boîteux... un peuple* (Montréal : Éd. Pleins Bords, 1975). *Quinzaine Littéraire*, n° 269. *F Magazine* 10, nov. 1978. Entretien avec Martine L. Jacquot (*Studies in Canadian Literature*, XIII, 2, 1988). *French Review* LIII, n° 6 mai, 1980. Collectif : *La Réception des œuvres d'Antonine Maillet : Actes du colloque international* (Moncton, Ca. : Chaire d'études canadiennes, 1989).

MH

MAILLET, Michèle, écrivaine, critique martiniquaise.

Bonsoir, faites de doux rêves : Antillaise, speakerine... et remerciée, témoignage (Lausanne : P.-M. Favre, 1982). *L'Étoile noire*, prix Antiraciste 1991 (Bourin, 1991). Cf. *France-Iles* 6, juin-août 1991. Rosello, Mireille : « Michèle Maillet's *L'Étoile Noire ;* Historian's Counter-History and Translator's Counter-Silence », *Callaloo* 16, 1 (1993).

MAINTENON, Mme de –, 1635-1719, mémorialiste.

Mémoires pour servir à l'histoire de Madame de Maintenon et à celle du siècle passé, 6 vol. (Amsterdam : La Beaumelle, 1755-1756). *Lettres,* 9 vol. *Conseils et instructions aux demoiselles pour leur conduite dans le monde*, 2 vol. (Charpentier, 1857). Nombreuses éditions posthumes, choix de lettres, etc. Cf. *Lettres choisies de Mmes de Sévigné, de Grignan, de Simiane et de Maintenon* (Bossange Frères, 1826). *Correspondance secrète entre Ninon de Lenclos, le marquis de Villarceaux et Mme de Maintenon* (Renard, 1805). *Lettres historiques et édifiantes adressées aux dames de St-Louis par Mme de Maintenon*, 2 vol. (Charpentier, 1856). Cf. Chandernagor, Françoise et DLFF & DLLF.

MAKHALI-PHAL, (pseud. de Marie-Elisabeth Guesde), poète, romancière.

Chant de Paix (Phnom-Penh : Bibliothèque royale du Cambodge, 1937). *La Favorite de dix ans* (Albin Michel, 1940). *Le Festin des vautours* (Fasquelle, 1946). *Narayana ou celui qui se meut sur les eaux* (Albin Michel, 1942). *Le Roi d'Angkor* (id., 1952). *Le Feu et l'Amour* (id., 1953). *L'Égyptienne : moi, Cléopâtre Reine* (Encre : 1979).

MALLET-JORIS, Françoise, n. 1930, romancière, nouvelliste d'origine belge.

Née à Anvers, Françoise Mallet-Joris passe son enfance en Belgique. Son père, Albert Lilar a été ministre de la Justice, sa mère, Suzanne Lilar (voir ce nom), écrivaine et membre de l'Académie de Belgique. A quinze ans elle quitte sa famille et fréquente les milieux universitaires de Philadelphie et de Paris. Elle fait ses débuts littéraires à l'âge de vingt et un ans avec *Le Rempart des béguines*. Renommée comme biographe et romancière, elle est rédactrice dans ses propres maisons d'édition. En 1955, elle publie *La Chambre rouge*, suite de son premier roman et reçoit le baptême catholique. De 1968 à 1970, elle fait partie du jury du prix Fémina qui a couronné son *Empire céleste* en 1958. En 1970, elle a été élue à l'Académie Goncourt dont elle devient vice-présidente en 1973. Entre 1972 et 1979, elle accompagne la chanteuse Marie-Paule Belle, pour laquelle elle écrit des chansons, lors de ses déplacements. En 1973, la Modern Language Association of America la nomme « honorary fellow » et, en 1980, elle est nommée au conseil d'administration de TF1. Remariée au peintre Jacques Delfau, elle est mère de quatre enfants.

Françoise Mallet-Joris était sans doute destinée à prendre une place officielle dans les lettres franco-américaines. Les traditions de la haute bourgeoisie belge, y compris son catholicisme singulier, se sont avérées en fin de compte plus fortes que les impulsions de la révolte juvénile. De l'inventaire des dérèglements dressé dans *Lettre à moi-même* (1963) à la description des satisfactions conjugales et familiales dans *La Maison de papier* (1970), on peut suivre la progression de son adhésion aux valeurs bourgeoises.

Bien qu'au cours des années elle soit devenue une véritable femme de lettres (avec toute l'ambiguïté du terme), ses ouvrages dépassent le qualificatif de littérature populaire qu'on pourrait être tenté de leur appliquer. Saisir l'écart entre l'image du personnage et la vérité de la personne sera le fil conducteur d'une œuvre qui comporte à la fois des romans, des nouvelles, des biographies romancées et des ouvrages autobiographiques. Le christianisme y transparaît tôt. Dans *Les Personnages* (1961), *Marie Mancini, le premier amour de Louis XIV* (1964), ou *Trois âges de la nuit* (1968), l'équivoque des passions suscite la sensualité et le mysticisme d'une femme qui se sait appartenir à une culture, une classe et une génération particulières. Cette même ambivalence constitue la trame de textes autobiographiques tels que *Lettre à moi-même* et *La Maison de papier* déjà cités.

On ne saurait mettre en doute le catholicisme ardent de Françoise Mallet-Joris, cependant ses romans n'ont, sur le plan spirituel, rien d'édifiant. Les personnages ne sont pas rivés à leurs conflits intérieurs comme ceux de Julien Green ou de François Mauriac. Les intrigues ne sont pas des compensations pour des passions mal maîtrisées, comme c'est le cas pour Flannery O'Connor ou Graham Greene. Les personnages de Françoise Mallet-Joris vivent au-dessus, sur un plan où de tels problèmes ne se posent pas. Mais le lecteur attentif peut lire en filigrane un contexte que des lectures successives ne manqueraient pas d'éclaircir. Ces romans sont efficaces si on ne leur demande qu'un simple plaisir d'agrément. Ils se conforment à une trame prévisible dès que les personnages se rencontrent dans tel ou tel milieu, à telle ou telle époque. Ils sont en définitive le produit d'une femme de lettres habile et experte en la matière.

Son meilleur ouvrage reste sans doute le premier roman, *Le Rempart des béguines*. Hélène, jeune fille flamande de quinze ans, prend conscience sans appréhension aucune de sa nature bisexuelle. Son initiatrice est Tamara, la fiancée de son père (fabricant, homme politique et veuf). Mais finalement les violences du monde sado-masochiste lesbien ne les retiennent ni l'une ni l'autre. Le récit se termine dans le silence discret des noces paternelles. Le roman aussi est discret. Hélène raconte ce qui se passe mais reste muette sur beaucoup de détails qui pourraient choquer, se contentant d'y faire allusion. Cette réticence chez un auteur néoréaliste s'explique par l'ignorance de la narratrice qui ne sait pas nommer les gestes qu'elle et Tamara échangent. Cependant elles s'accordent dans une telle plénitude de détails quotidiens et suggestifs que le lecteur a l'impression de tout savoir. *Le Rempart des béguines* expose donc les troubles, voire les dangers, de la jeunesse ; c'est par ailleurs l'exposé romancé d'une auto-analyse inhabituelle : un complexe d'Electre exorcisé.

La protagoniste du *Rempart des béguines* et de *La Chambre rouge* aura servi de prototype à toutes les héroïnes de l'œuvre à venir. Jeune fille à l'image de l'auteur, elle apparaît décidée, indépendante et en quête d'une vérité à laquelle les personnages masculins refusent de faire face (en particulier dans *Les Mensonges* et *L'Empire céleste*). Une thématique de l'authenticité/inauthenticité a permis à certains critiques (P.H. Simon, G. Steiner, L. Frackman Becker) de rapprocher l'œuvre de Mallet-Joris de celle de Sartre tout en soulignant que jamais on ne trouvera de mise en question radicale de l'existence, la foi servant de justification à l'exercice de la liberté et de l'engagement. Si les romans de Mallet-Joris font donc écho à des préoccupations contemporaines, sur le plan formel ils se situent très directement dans la tradition du roman psychologique et leur écriture alerte et agréable innove relativement peu.

Bibliographie : *Le Rempart des béguines* (Julliard, 1951). *La Chambre rouge* (id., 1953). *Les Mensonges* (id., 1956). *Cordélia* (id., 1956). *Nouvelles* (id., 1957). *L'Empire céleste* (id., 1958). *Les Personnages* (id., 1961). *Le Rendez-vous donné par Françoise Mallet-Joris à quelques jeunes écrivains* (id., 1962). *Lettre à moi-même* (id., 1963). *Marie Mancini,* *le premier amour de Louis XIV* (Hachette, 1964). *Enfance, ton regard* (id., 1966). *Les Signes et les Prodiges* (Grasset, 1966). *Trois âges de la nuit* (id., 1968). *La Maison de papier* (id., 1970). *Le Roi qui aimait trop les fleurs* (Tournai : Casterman, 1971). *Les Feuilles mortes d'un bel été* (Le Club Français du Livre, 1972). *Le Jeu du souterrain* (Grasset, 1973). *J'aurais voulu jouer de l'accordéon* (Julliard, 1975). *Juliette Gréco,* avec Michel Grisida (Seghers, 1975). *Allegra* (Grasset, 1976). *Jeanne Guyon* (Flammarion, 1978). *Dickie-roi* (Grasset, 1979). *Un chagrin d'amour et d'ailleurs* (id., 1981). *Le Clin d'œil de l'ange* (Gallimard, 1983). *Le Rire de Laura* (id., 1985). *La Tristesse du Cerf-Volant* (Flammarion, 1988). *Adriana Sposa* (id., 1990). *Divine* (id., 1991).

    Sélection critique : Becker, Lucille Frackman : *Françoise Mallet-Joris* (Boston : Twayne, 1985). Detry, Monique, éd.: *Françoise Mallet-Joris : Dossier critique et inédits. Le miroir ; Le voyage et La fête* (Grasset, 1976). Géoris, Michel : *Françoise Mallet-Joris* (Bruxelles : P. de Méyère, 1964). Knapp, Bettina, entretien avec F. M.-J. dans *French Novelists Speak Out* (Troy, N.Y. : Whitson, 1976). Cf. DFELF & FWW.

Marilyn Gaddis-Rose

MALRAUX, Clara, 1897-1982, mémorialiste, romancière.

    Née à Paris en 1897 de parents d'origine juive allemande, Clara Goldschmidt a porté témoignage sur les grands événements du siècle. Ses œuvres, presque toutes marquées par la transparence autobiographique, retracent son expérience de femme bourgeoise, éduquée et militante ; elles suscitent des parallèles avec l'œuvre de Simone de Beauvoir, à cette différence que madame Goldschmidt Malraux devait affronter l'antisémitisme en plus de sa condition de femme et de compagne d'un homme célèbre. Clara vit dès l'enfance entre deux pays et deux religions (elle reçoit une éducation catholique) sous le signe de l'ambivalence : ambivalence envers sa mère, envers André Malraux (ils se marient en 1921 et divorcent en 1947), envers la maternité, et envers sa vocation littéraire. Après une période de liberté et de bonheur relatif dans les années vingt et trente, y compris des voyages marquants en Indochine et en URSS et un séjour comme journaliste pour l'opposition annamite, sa vie s'assombrit sous la pression d'événements privés et politiques. La convergence de la chute du Front populaire, la débâcle de la démocratie en Espagne, la montée du fascisme et de l'antisémitisme en France, et l'échec de son mariage font que Clara Malraux se retrouve, à la veille de l'Occupation, seule avec une fillette de neuf ans. Elle participe à la lutte des résistants à Toulouse, de 1942 jusqu'à la fin de la guerre ; puis elle s'engage plus avant dans les causes féministes et juives. Bien qu'elle ne cesse pas d'écrire son autobiographie ni de critiquer, à travers son expérience particulière, la situation des femmes, les événements de 1968 semblent cristalliser ses idées politiques. Clara Malraux incarne le féminisme de la génération de Colette et de Simone de Beauvoir : sa toute première préoccupation est celle de l'identité féminine. La présentation de l'altérité profonde qui sépare femmes et hommes, son refus de la mythologie « blanchissante », lustrale et purificatrice qui entourait un « grand homme » témoignent d'une lutte pour l'intégrité individuelle, qu'elle a menée à grand prix.

Les œuvres très diverses de genre, littéraires et historiques, relèvent toutes de la question féminine, à partir de son expérience personnelle. Les romans et nouvelles autobiographiques (qui retracent les années 1920 à 1945) – *Portrait de Grisélidis, Par de plus longs chemins, La Lutte inégale, La Maison ne fait pas crédit* – soulèvent les problèmes qu'une femme affronte au niveau du couple : la dépendance affective, le manque d'autonomie, la double moralité, l'abandon et la solitude. Il s'agit souvent d'un jeu de fausses images entre la femme et l'homme, jeu qu'élucideront les théories féministes contemporaines sur la « femme-reflet », garante de la virilité. Par ailleurs, Clara Malraux place fréquemment son héroïne dans une situation difficile ou dangereuse qui la fait agir pour qu'elle puisse connaître sa propre force. La partie majeure de l'œuvre comporte ses six volumes de mémoires, qui couvrent sa vie d'une manière fragmentaire, de son enfance jusqu'à mai 1968. Les tensions que cette autobiographie évoque entre image et authenticité, soumission et révolte, tensions issues des images culturelles contradictoires, créent une impression d'hésitation fertile chez une mémorialiste qui se juge sans arrêt. Ses fréquents affrontements avec la misogynie et l'antisémitisme façonnent la venue de Clara Malraux à une affirmation politique d'elle-même en tant que femme et juive : les essais historiques *Civilisation du Kibboutz* et *Venus des quatre coins de la terre*, ainsi que la biographie *Rahel, ma grande sœur*, condamnent l'éthique du pouvoir qui nie l'humanité de l'Autre et en appellent à la solidarité. Clara Malraux a publié par ailleurs des contes pour enfants (*Contes de Perse*), un documentaire de voyage (*Java, Bali*), et des traductions de Virginia Woolf et Kafka entre autres.

Bibliographie : *Portrait de Grisélidis* (Colbert, 1945). *La Maison ne fait pas crédit*, récits (La Bibliothèque Française, 1947). *Contes de Perse* (Éd. G.P., 1947). *Par de plus longs chemins* (Stock, 1953). *La Lutte inégale* (Julliard, 1958). *Java, Bali* (Rencontre, 1963). *Le Bruit de nos pas, Mémoires*, 6 vol. (Grasset) ; t. 1 : *Apprendre à vivre* (1963) ; t. 2 : *Nos vingt ans* (1966) ; t. 3 : *Les Combats et les Jeux* (1969) ; t. 4 : *Voici que vient l'été* (1973) ; t. 5 : *La Fin et le Commencement* (1976) ; t. 6 : *Et pourtant j'étais libre* (1979). *Civilisation du Kibboutz* (Gonthier, 1964). *Venus des quatre coins de la terre : Douze rencontres en Israël* (Julliard, 1971). *Journal psychanalytique d'une petite fille* (Denoël, 1975). *Rahel, ma grande sœur : Un salon littéraire à Berlin au temps du romantisme* (Ramsay, 1980).

Sélection critique : Bartillat, Christian de : *Clara Malraux : Le regard d'une femme sur son siècle* (Lib. Acad. Perrin, 1986). Courtivron, Isabelle de : *Clara Malraux, une femme dans le siècle* (L'Olivier, 1992). Gœssl, Alfred et Roland Champagne : « Clara Malraux's *Le Bruit de nos pas* : Biography and the Question of Women... », in *Biography*, VII, 3 (été 1984). Witherell, Louise : « A Modern Woman's Autobiography : Clara Malraux », in *Contemporary Literature* XXXIV, 2 (été 1983). Cf. DFELF & FWW.

Elissa Gelfand

MANCINI, Hortense, duchesse de Mazarin.

Mémoires (Cologne : P. du Marteau, 1675). *Mémoires* [d'Hortense et de Marie Mancini] (Mercure de France, 1987).

MANCINI, Marie, princesse Colonna.

Les Mémoires de M. L. P. M. Colonne, Gd Connétable du Royaume de Naples (Cologne : P. Marteau, 1676). *Apologie, ou les Véritables mémoires de Mme Marie Mancini, connétable de Colonna, écrits par elle-même* (Leide : Van Gelder, 1678). *Mémoires* [d'Hortense et de Marie Mancini] (Mercure de France, 1987).

MANICOM, Jacqueline, 1935-1976, romancière guadeloupéenne.

Jacqueline Manicom est née en Guadeloupe dans une famille de vingt enfants, fille de paysans pauvres originaires de l'Inde. Devenue sage-femme après des études primaires et secondaires en Guadeloupe, Jacqueline Manicom travaille dans un hôpital de l'Assistance publique à Paris. Elle fait des études de droit puis devient conférencière et directrice de programmes radio-télévisés aussi bien aux Antilles qu'en France, militant toujours pour une politique gouvernementale responsable envers la condition féminine. Elle compte parmi les fondatrices du mouvement Choisir, elle organise la lutte pour la réforme des lois sur la contraception et l'avortement. Mariée à un agrégé de philosophie, mère de deux enfants, Manicom s'est suicidée à Paris bien que la rumeur amicale, et par suite certaines notices biographiques, aient d'abord propagé la version d'un accident de voiture en Guadeloupe.

Jacqueline Manicom était une marxiste engagée qui a fondé une œuvre ouvertement autobiographique sur la triple exploitation de classe, de race et de sexe, utilisant pour ce faire une écriture passionnément féministe.

Dans son roman, *Mon Examen de blanc*, et *La Graine*, journal romancé de son expérience de sage-femme, l'héroïne est mise, par sa profession, en contact permanent avec le préjugé de race et de sexe, et le mépris écrasant de la classe régnante envers les opprimés dont dépend son pouvoir économique et politique. Le médecin devient donc le champion symbolique, non seulement d'une classe, mais d'un système patriarcal aliénant. Régis par une hiérarchie de caste et de sexe, hôpital et clinique sont des microcosmes où s'accentuent les préjugés du macrocosme social. Il n'est donc pas surprenant que Manicom préconise l'éveil d'une conscience antillaise distincte de la traditionnelle symbiose avec la métropole qui fait de la Guadeloupe un petit morceau de France. Et cet éveil doit passer par une radicale prise de conscience féministe.

On ne saurait nier que l'œuvre littéraire a profité de l'énorme succès du carnet de bord. C'est le scandale de *La Graine*, jeté dans la bataille féministe pour dénoncer les abus perpétrés par les hommes sur les corps des femmes, qui a entraîné la réimpression de *Mon Examen de blanc*. Pour Manicom, la littérature est aussi une arme au service de la justice sociale. Mais les qualités formelles de l'écriture en font plus qu'un instrument politique. Dans une langue toujours lyrique, souvent même surréaliste, la fonction génitale féminine devient la métaphore propre à une femme mythique, être merveilleux, doué d'un pouvoir créateur que l'homme voudrait s'approprier en l'occultant davantage. Manicom s'attaque au problème de la passivité de la femme, passivité entretenue par sa propre ignorance des fonctions corporelles. Pour se libérer socialement et politiquement, la femme doit d'abord se libérer corporellement. Pour l'héroïne de *Mon Examen de blanc*, qui est une femme de couleur, cette libération ne peut se produire que si elle rejette l'esthétique qui gouverne les rapports amoureux à l'image des rapports sociaux et qui font de la femme noire l'objet de plaisir du Blanc. Il lui faut donc échouer délibérément à cet «examen de blanc» auquel toute sa vie d'Antillaise l'a préparée. Il lui faut nier l'impératif catégorique que Fanon appelle «lactification» et qui incite la femelle à améliorer l'espèce en blanchissant la race. En choisissant de rompre avec le fils de famille et d'avorter elle-même l'enfant qu'elle porte, Madévie tue en elle le Blanc. La jeune fille qui poursuivait en France des études de médecine, rentre en Guadeloupe. Sa trajectoire suit donc un mouvement inverse de celle des héroïnes de Capécia ou de Lacrosil, car elle conserve toujours une conscience de la dimension politique de ses choix. Là, elle exorcise enfin l'expérience française en devenant la maîtresse de Gilbert, militant noir qui organise la résistance interraciale du prolétariat insulaire. Il ne s'agit toutefois pas de substituer l'idéologie de la négritude à celle de la lactification mais au contraire de transcender le concept de race et, dans un rapport d'égal à égal, le clivage entre le masculin et le féminin.

La structure du roman indique toutefois la difficulté de l'entreprise. Les retours en arrière obsessionnels d'une mémoire malade scandent le lent engagement dans l'action politique. La mort symbolique de Gilbert, tué au combat en l'absence de Madévie, souligne combien la libération politique est problématique pour l'homme et plus encore pour la femme qui doit la vivre à travers l'homme. Dédié à « ceux qui sont morts sur la place de la Victoire en mai 1967 », le roman reste solidement ancré dans la réalité historique. La mort prématurée de son auteur clôt un débat à peine esquissé.

Bibliographie : *Mon Examen de blanc* (Éditions Sarrazin, 1972). *La Graine* (Presses de la Cité, 1974).

Sélection critique : Condé, Maryse : *Le Roman antillais*, 2 vol. (Nathan : 1977). Corzani, Jack : *La Littérature des Antilles et Guyane françaises*, 6 vol. (Fort-de-France : Désormeaux, 1978). Herdeck, Donald E. *et al.* : *Caribbean Writers : A Bio-Bibliographical Critical Encyclopedia* (Washington, D. C. : Three Continents Press, 1979). Zimra, Clarisse : « Patterns of Liberation in Contemporary Caribbean Women Writers », *L'Esprit Créateur* XVII, n° 2 (été 1977). Zimra, Clarisse : « Society's Mirror : A Sociological Study of Guadeloupe's Jacqueline Manicom », *Présence Francophone* 19 (automne 1979).

Clarisse Zimra

MANSOUR, Joyce, 1928-1986, poète surréaliste d'origine égyptienne.

Née à Bowden, Grande-Bretagne, de parents égyptiens, Joyce Mansour a fait ses études en Angleterre, en Suisse et en Égypte. En 1953 elle s'installe définitivement à Paris où elle publie son premier recueil : *Cris*. Jean-Louis Bédouin en salue la parution dans un compte rendu bref mais enthousiaste pour la revue surréaliste *Medium* (mai 1954). A partir de cette date, Joyce Mansour participe au mouvement surréaliste. Elle fait vite preuve de ses talents en prose : elle publie « Le Perroquet » (version abrégée du récit « Marie ou l'honneur de servir » qui fera partie du livre *Les Gisants satisfaits*) dans *Le Surréalisme*, dès 1956. En 1968 elle s'essaie au théâtre avec une pièce en un acte, *Le Bleu des fonds*, jouée pour la première fois le 18 avril 1967 au café-théâtre de l'Absidiole à Paris et bien accueillie. On déclare même que « Joyce Mansour pourrait bien être le plus grand auteur de théâtre féminin que nous avons jamais eu » (*Le Nouvel Observateur*, 26 avril-3 mai 1967).

Ainsi, dès la parution de *Cris*, Joyce Mansour établit sa réputation de poète parmi les surréalistes. Le thème de ce premier recueil, l'amour fou, restera sinon l'unique du moins le thème central de toute son œuvre. Un amour fou dont les composantes ne sont pas l'adoration et la sacralisation mais l'érotisme et la volupté célébrés dans toute leur violence et leur cruauté, sans exclure le sadisme ni le masochisme du rapport amoureux. L'expérience sexuelle est vécue comme une libération de l'être qui entraîne une égale libération de l'écriture et particulièrement des images. L'amour que Mansour décrit n'offre aucune prise à la notion de péché ou de pénitence et s'inscrit dans le sang, les blessures et les mutilations. Voici un exemple caractéristique de son univers : « Laisse-moi lécher tes yeux fermés/Laisse-moi les percer avec ma langue pointue/Et remplir leur creux de ma salive/Laisse-moi t'aveugler. »

Avec *Déchirures*, l'exploration de la sexualité se poursuit. L'angoisse liée à l'expérience du désir s'y fait entendre plus clairement. L'amour et la mort existent désormais dans un rapport étroit. Cependant, bien que les ombres de l'infini recouvrent l'existence, bien que la solitude, la pourriture et la désagrégation hantent ces pages, une lueur subsiste. L'amour reparaît en dépit de la mort : « Ouvre les portes de la nuit/Tu trouveras mon cœur pendu/.../Mangé par les mites la saleté les ans/Pendu sans vêtements écorché par l'espoir/ Mon cœur aux rêves galants/Vit encore. »

Comme les poèmes de *Déchirures*, ceux de *Rapaces* et de *Carré blanc* sont le lieu d'une lutte entre la mort et l'amour, contre les obstacles qui empêchent d'atteindre la jouissance suprême que celui-ci promet. Car c'est dans l'union physique que Mansour quête et célèbre le seul salut possible : la vie. « Toute l'œuvre de Joyce Mansour parle de l'âpre lutte amoureuse de l'homme et de la femme qu'un millénaire de "coïts burinés" sépare. La femme refuse d'être ce que l'homme veut faire d'elle » (Xavière Gauthier, 1977).

L'écriture poétique de Joyce Mansour déconcerte et gêne : dotée d'un riche bestiaire, sa violence peut paraître sacrilège, ses images vulgaires, obscènes ou démentes, sa révolte démesurée. « Et moi je veux mourir vautrée dans la sauge/Orgueilleusement mauvaise dans l'immobilité de l'exil » (« Fleurie comme la luxure »). Mais la diversité, l'inattendu des images, leur brutalité sans détour et leur effet visionnaire donnent à cette poésie un mouvement unique. Mansour se délivre férocement – et souvent avec humour – d'une vision intérieure dont peu de femmes ont parlé avec le même souffle. Elle plonge sans réserve dans un monde érotisé et inquiétant qui échappe totalement aux dimensions logiques et aux contraintes du réel.

Dans ses récits en prose, Joyce Mansour évoque plus particulièrement les forces troublantes qui annulent les frontières entre le rêve et la réalité, le bien et le mal, le normal et l'anormal (particulièrement dans *Ça*), la beauté et la laideur (dans « Le Cancer »), la vie et la mort. *Jules César* illustre bien un tel art. Il met en scène la nourrice (qui porte le nom de l'empereur) et d'affreux jumeaux nés de l'union d'une vache et d'un fossoyeur. Des aventures abracadabrantes et des personnages monstrueux sont décrits sur un ton objectif se jouant bien sûr des valeurs familiales.

Ici comme ailleurs, les personnages, victimes-bourreaux, plongent dans la volupté destructrice dont ils acceptent sciemment les conséquences iné-luctables : presque toujours la mort (« Marie, ou l'honneur de servir »). Il y a chez Mansour une volonté démesurée de briser les tabous et d'exorci-ser la peur et l'angoisse par l'humour, d'exhiber ce que l'on ne laisse pas communément passer dans l'écriture.

Avec *Le Bleu des fonds*, son travail théâtral sape les conventions du genre. Il pose la question de l'identité, du Nom et de la vérité. Le vrai semble n'être pas différent de ce qui est imaginé et l'enjeu de la pièce sera de parvenir à imposer SA vérité, c'est-à-dire SON REVE comme une réalité, grâce à la parole. Le personnage central en est la figure paternelle du « Flotteur ». La vision mansourienne est désorientante et risque d'être prise à contresens, mais il n'y a aucun doute que le déferlement vision-naire qui s'en dégage justifie amplement l'image de soi que Joyce Man-sour donnait dès son premier recueil : une bien « étrange demoiselle ».

Bibliographie : *Cris* (Seghers, 1953). *Déchirures* (Minuit, 1956). *Jules César* (Seghers, 1956). *Les Gisants satisfaits* (Pauvert, 1958). *Rapaces* (Seghers, 1960). *Carré blanc* (Le Soleil Noir, 1965). *Les Damnations* (Visat, 1966). *Le Bleu des fonds* (Le Soleil Noir, 1968). *Phallus et Momies* (La Louvière, Belgique : 1969). *Ça* (Le Soleil Noir, 1970). *Histoires nocives* (Gallimard, 1973). *Pandemonium. Orsa Majore avec Wilfredo Lam* (La Nueva Folio, 1976). *Caniculaire* (Milan : Arte Contemporanea, 1977). *Faire signe au machiniste* (Le Soleil Noir, 1977). *Textes dans Obliques,* n° 14-15, 1977. *Pierre Molinier* (Genève : Bernard Létu, 1979). *Le Grand Jamais* (Maeght, 1982). *Jasmin d'hiver* (Montpellier: Fata Morgana, 1983). *Trous noirs* (Bruxelles : La Pierre d'Alun, 1986). *Œuvres complètes* (Actes-Sud, 1991).

Sélection critique : Brisac, Geneviève : « Joyce Mansour l'intrépide », *Magazine Littéraire*, oct. 1991. Hubert, Renée : « Three Women Poets : Renée Rivet, Joyce Mansour, Yvonne Caroutch », *Yale French Studies*, 21, 1958. Matthews, J.H. : « Joyce Mansour-Les Gisants satisfaits », in *Surrealism and the Novel* (Ann Arbor : Michigan U. Press, 1966). Matthews, J.H. : *Joyce Mansour* (Amsterdam : Rodopi, 1985).

Robert Ariew et MH

MARCHESSAULT, Jovette, n. 1938, dramaturge québécoise.

Née en 1938 dans une famille pauvre de Montréal, Jovette Marches-sault grandit au milieu de femmes fortes. Elle quitte l'école jeune et tra-vaille dans des usines de textile. Par la suite, elle exerce divers métiers, femme de ménage et vendeuse en librairie, par exemple. A la mort d'une grand-mère adorée, elle quitte son dernier emploi afin de se mettre à écrire, mais la peur, l'angoisse l'en empêchent. Elle s'initie alors aux arts plastiques et présente de nombreuses expositions. Peinture cosmique, sculpture tellurique qui célèbrent les femmes et la nature, comme le feront également ses écrits. Elle remportera des prix prestigieux : prix France-Québec pour son premier roman, *Comme une enfant de la terre,* en 1976 ; prix du Journal de Montréal pour *Anaïs, dans la queue de la comète,* en 1986 ; prix du Gouverneur Général, section théâtre, pour *Le Voyage magnifique d'Emily Carr,* en 1991. « Les vaches de nuit » ont été jouées à Montréal, à New York, à Paris, à Toronto, à Vancouver et en Italie.

Autodidacte, lesbienne, féministe engagée, Jovette Marchessault pratique une écriture inventive, hautement poétique, qu'elle veut également arme politique au service de la cause des femmes. Tous ses textes respirent un violent refus de la culture patriarcale (« Je suis [...] une rescapée des camps de concentration patriarcaux », écrit-elle dans *Triptyque lesbien*) et mettent en scène une quête et une célébration de valeurs pacifiques, « visionnaires » et féminines. D'où aussi la figure lumineuse de la Grande Déesse, « l'immense grand-mère de la Terre et du ciel » (*Triptyque lesbien*), à laquelle se superpose la grand-mère de l'auteure. En effet, les écrits de Jovette Marchessault doivent leur efficacité à la puissante convergence du réel et du mythique qu'illustre à merveille l'incipit de *Comme une enfant de la terre* : « Je suis d'origine céleste et je suis née à Montréal dans les années trente ». D'où enfin la revalorisation de termes traditionnellement péjoratifs, notamment les « poules mouillées ». « Ma mère est une vache. Avec moi, ça fait deux », lit-on au début des « Vaches de nuit », monologue lyrique qui se termine sur une fusion mère-fille extatique, un « sabbat des sabots dans la Voie lactée ».

« Si j'écris, c'est peut-être pour entendre à nouveau cette voix unique, continuer la chaîne parlée, parlante du langage des mères », affirme Jovette Marchessault dans *La Saga des poules mouillées*. Mères réelles, mères légendaires, et, surtout, mères spirituelles : les créatrices du passé et du présent, dont le théâtre de Jovette Marchessault chante les louanges. Défilent tour à tour Emily Carr, peintre canadienne du XIXe siècle, Anaïs Nin, Violette Leduc, Gertrude Stein, Alice B. Toklas, Renée Vivien, Nathalie Barney, les Québécoises Laure Conan, Germaine Guèvremont, Gabrielle Roy et Anne Hébert, des femmes « légendaires » qui entendent « à la fois envahir la légende et le mythe et l'Histoire » (*La Saga des poules mouillées*). « Sur cette terre promise, on a brûlé deux choses : des femmes et des livres », rappelle-t-on dans la *Saga*.

Le théâtre de Jovette Marchessault gêne certaines féministes, qui se demandent si « les femmes gagnent encore à être déifiées » (Monique Dumont), si « l'usage du mythe est en soi libérateur » (Thérèse Marois). Il n'en reste pas moins que l'auteure trace des portraits de femmes fortes, admirables, dont la puissance, loin d'être meurtrière comme celle des femmes de la mythologie et de la littérature traditionnelles (Médée, Lady

Macbeth), est source de vie et d'illumination. Protestation contre l'oubli (l'essai *Lettre de Californie* rend hommage à la féministe radicale américaine Meridel Le Sueur et à dix autres femmes héroïques du passé), contre la censure, contre la violence de l'ordre patriarcal, l'œuvre de Jovette Marchessault est aussi un tendre chant d'amour, amour du monde, amour des femmes, amour surtout de l'écriture.

Bibliographie : *Comme une enfant de la terre*, rm (Montréal : Leméac, 1975). *La Mère des herbes,* rm (Montréal : Quinze, 1980). *Triptyque lesbien,* monologues (Montréal : Remue-Ménage, 1980). *La Saga des poules mouillées*, théâtre (Montréal : Pleine lune, 1980). *La Terre est trop courte, Violette Leduc*, théâtre (id., 1982). *Lettre de Californie*, essai (Montréal : Nouvelle Optique, 1982). *Alice et Gertrude, Nathalie et Renée et ce cher Ernest*, théâtre (Montréal : Pleine lune, 1984). *Anaïs, dans la queue de la comète*, théâtre (id., 1985). *Des Cailloux blancs pour les forêts obscures*, rm (id., 1987) *Le Voyage magnifique d'Emily Carr*, théâtre (id., 1991).

Sélection critique : Collectif : *Voix et images* (vol. XVI, n° 2, hiver 1991) : dossier spécial avec Louise Forsyth, Gloria Orenstein, Claudine Potvin, Anthony Purdy, Lori Saint-Martin. Dumont, Monique : « Une filiation d'écriture », *Spirale* 10 (juin 1981). Le Clézio, Marguerite : « Poétique et/ou politique : le théâtre de Jovette Marchessault », *North Dakota Quarterly* LII, 3 (été 1984). Marois, Thérèse : « Mythes féministes : *La Saga des poules mouillées* au T.N.M. », *Jeu* X, 20 (1981). Rosenfeld, Marthe : « The Development of a Lesbian Sensibility in the Work of Jovette Marchessault and Nicole Brossard », dans Paula Gilbert Lewis, ed., *Traditionalism, Nationalism and Feminism: Women Writers of Québec* (Westport : Greenwood Press, 1985). Smith, Donald : « Jovette Marchessault : de la femme tellurique à la démythification sociale », *Lettres québécoises* 27 (automne 1982).

Lori Saint-Martin

MARENIS, Jacqueline, romancière.

Une Femme de l'Occident : L'Inde avec Gandhi (A. Redier, 1931). *Une Femme dans le désert* (Éd. Revue Française, 1932). *Tout l'or du monde* (Grasset, 1937). *Les Fantômes de la solitude* (id., 1938). *Finir les rêves* (id., 1941). *Mémoire des vivants* (id., 1942). *Présence d'une inconnue* (Éd. Balzac, 1944). *Adieu Shanghaï* (Grasset, 1945). *La Révolte sans âme* (id., 1946). *Le Puits de l'abîme* (La Clé d'Or, 1951). *Dieu reconnaîtra les siens* (Grasset, 1952). *Les Bonheurs perdus* (Tallandier, 1953). *Inconnue parmi nous* (id., 1955). *Saison ardente* (Tournai : Casterman, 1960). *A l'Ombre d'un rêve* (id., 1965). *Les Dernières Limites* (id., 1969). *La Fin du jeu* (id., 1970). *Le Voyageur ébloui* (id., 1971). *Les Roses d'antan* (Éd. Mondiales, 1976).

MARGERIE, Diane de –, critique, romancière.

Le Détail révélateur (Flammarion, 1974). *Le Paravent des enfers* (id., 1976). *Collection du miroir, suite anglaise* (Granit, 1978). *La Volière* (Balland, 1979). *L'Arbre de Jessé* (Flammarion, 1979). *Ailleurs et Autrement* (id., 1980). *Duplicités*, nouvelles (id., 1982). *Le Ressouvenir* (id., 1985). *La Femme en pierre* (Gallimard, 1989). *Dans la spirale* (id., 1995).

MARGUERITE de PROVENCE, 1221-1295, femme de lettres.

Femme de Saint-Louis, v. Raoul Goût : *Miroir des dames chrétiennes* (Éd. « Je sers », 1935) : 193-198.

MARGUERITE de VALOIS (dite de France), 1553-1615, mémorialiste, poète.

[Cf. Navarre, Marguerite de –, 1492-1549). *L'Excellence des femmes...* (P. Passy, 1618). *Les Mémoires de la reine Marguerite* (C. Chappelain, 1628). *Mémoires et Lettres de Marguerite de Valois*, nouvelle édition par M.F. Guessard pour la Société de l'Histoire de France (Jules Renouard, 1842). *La Ruelle mal assortie...* (A. Aubry, 1855). *Lettres inédites...* 1580 (Auch : Impr. de F. Foix, 1881). *Mémoires et autres écrits* (éd. Yves Cazaux, 1971, rééd. Mercure de France, 1987). *Mémoires et Lettres* (1842, fac. U.S. Johnson, Coll. Société Histoire de France, n. 28).

MARGUERITE D'OINGT (de Duyn), † c. 1310, mystique, épistolière.

Pagina meditationum, Speculum, titres latins, ouvrages en français. Édition des œuvres par A. Duraffour, P. Gardette, et Paulette Durdilly (1965). *Vie de la bienheureuse Béatrix d'Ornacieux* (s. d.).

MARIE de BRABANT, 1530-1592, poète.

Annonces de l'esprit et de l'âme fidèle contenant le Cantique des Cantiques de Salomon en rime français... (St-Gervais : E. Vignon, 1602).

MARIE de FRANCE, fin XIIᵉ siècle [?1140-?1200]

L'identité de Marie de France nous est mal connue, sinon qu'elle déclare s'appeler Marie et qu'elle est « de France » (Épilogue, *Fables*). Des conjectures sur son identité, qu'elle était abbesse de Shaftesbury, demi-sœur d'Henri II ou peut-être fille de Waleran de Beaumont, aucune ne prévaut. Nous savons qu'elle a vécu dans la seconde moitié du XIIᵉ siècle en Angleterre, dans un milieu anglo-normand. Elle était bien « de France », c'est-à-dire originaire du royaume plutôt que de la maison royale de France. Dans son œuvre, elle fait allusion à la mélancolie de vivre dans un pays étranger. Elle a entretenu des rapports avec la cour d'Henri II et Aliénor d'Aquitaine et écrivait pour un public aristocratique. Il est établi aujourd'hui que c'est probablement à Guillaume Longue-Épée que furent dédiées ses fables.

On attribue trois œuvres à Marie de France : les *Lais*, les *Fables* (ou *Ysopet*), et *l'Espurgatoire Saint Patrice*, œuvres probablement écrites entre 1160 et 1190. Marie possédait une culture étendue et connaissait l'anglais, le latin et le français. Sans doute son affirmation d'être « de France » est-elle l'expression d'une fierté quant à sa langue maternelle, plus pure que celle de son entourage en un temps où la conquête normande date de moins de cent ans. Ses œuvres attestent sa connaissance des Anciens (Ovide, Ésope et Pricien) et de ses contemporains (les romans *Enéas, Thèbes*, le *Brut* de Wace, au moins une version de *Tristan* ainsi que la tradition arthurienne). Marie s'intéressait aussi aux légendes celtiques, aux contes oraux et aux lais chantés à l'accompagnement de la harpe ou de la rote.

Les *Fables* et *L'Espurgatoire Saint Patrice* sont des traductions. Les cent deux fables furent traduites en français avec un prologue et un épilogue, à partir de la version anglaise de fables latines établie par le roi Alfred le Grand. Le texte complet se trouve dans le manuscrit Harley 978 du British Museum qui contient aussi les célèbres *Lais*. Quant à *L'Espurgatoire*, il fut traduit du texte latin de Henry de Saltrey. Il existe un seul manuscrit (Bibliothèque nationale, fr. 25407) de cette légende populaire du Moyen Age d'après la version de Marie. Alors que les *Fables* exposent la morale laïque, *L'Espurgatoire* propose au lecteur la morale chrétienne.

Bien que ces deux œuvres ne manquent pas d'intérêt, c'est surtout pour ses *Lais* que l'on connaît Marie de France. Certains des *Lais* (« Laüstic », « Guigemar », « Chèvrefeuille ») étaient déjà fort connus des lettrés du Moyen Age. Dans ces brefs récits, Marie explore les sentiments de personnages plongés dans des intrigues amoureuses ou des aventures merveilleuses, féeriques, parfois réalistes. Première femme poète de langue française, elle s'y révèle écrivaine raffinée, sensible et consciente de son talent. Dans cette œuvre d'imagination, elle s'avère psychologue convaincante de l'amour. Les contes, malgré leur naïveté et la présence d'héroïnes courtoises peu différenciées, toutes belles et instruites, explorent avec une complexité croissante le thème amoureux. Des notations subtiles, une fine ironie, un goût pour le détail de la toilette ou de la vie familiale constituent le charme intemporel des textes de Marie de France.

Entre autres, on lira avec grand plaisir « Le Frêne », lai narratif de 518 octosyllabes à rime plate, souvent rapproché de « Fair Annie » ou encore de la légende de Griselde (voir parmi diverses versions celle de Christine de Pisan dans le *Livre de la Cité des Dames*, ou bien celle des *Contes* de Perrault). Ce conte n'est probablement pas d'origine celtique ni ancienne mais plutôt l'invention de Marie ou de ses contemporains, à moins que ce ne soit un « fait divers » authentique, car il n'y a ici rien de féerique. Il s'agit selon E.A. Francis d'une « aventure domestique du pays de Dol, dont on a fait un lai ». Dans le village breton de La Coudre une femme est prête à tuer sa propre fille pour se tirer d'embarras, posant ainsi la question de l'infanticide dont nous savons qu'il n'était pas rare – celui des filles en particulier – dans le haut Moyen Age, étant surtout lié à la famine ou à la bâtardise.

Bibliographie : *Les Lais*, éd. Ernest Hœpffner (Strasbourg : Heitz, 1921). *Lais,* éd. Alfred Ewert (Oxford : Blackwell, 1965). *Les Lais de Marie de France*, éd. Jean Rychner (Champion, 1966). *Les Lais de Marie de France,* traduits de l'ancien français par Pierre Jonin (id., 1972). *Die Fabeln der Marie de France*, éd. Karl Warnke (Halle : Niemeyer, 1898). *Fables*, éd. Alfred Ewert (Oxford : Blackwell, 1942). *Äsop/Marie de France*, éd. Hans Ulrich Gumbrecht (Munich : Fink, 1973). *L'Espurgatoire Saint Patriz,* éd. T. A. Jenkins (Chicago : Univ. Chicago Press, 1903). *The Lais of Marie de France*, trad. et introd. Joan Ferrante et Robert Hanning (New York : E. P. Dutton, 1979). *Fables*, éd. Harriet Spiegel (Toronto : Univ. Toronto Press, 1987). *Œuvres complètes*, éd. Yorio Otaka (Tokyo : Kasama, 1987).

Sélection critique : Burgess, Glyn S. : *Marie de France ; An Analytical Bibliography*, Research Bibliographies and Checklists, n° 21 (Londres : Grant and Cutler Ltd, 1977). Foulet, Lucien : « Marie de France et les lais bretons », *Zeitschrift für Romanische Philologie* 29 (1905). Francis, Elizabeth A. : « Marie de France et son temps », *Romania* 72 (1951). Frappier, Jean : « Une Édition nouvelle des *Lais* de Marie de France », *Romance Philology* XXII, 4 (mai 1969). Joubert, Claude-Henry : *Oyez le dit Marie : Étude sur les Lais de Marie de France, XIIᵉ siècle* (J. Corti, 1987). Mickel, Emanuel J., Jr : *Marie de France* (New York : Twayne, 1974). Cf. DFELF, DLFF, DLLF & FWW.

MHB

MARIE DE L'INCARNATION, Marie Guyard, 1599-1671, épistolière franco-canadienne née à Tours.

Lettres de la Vénérable Mère Marie de l'Incarnation, première Supérieure des Ursulines à Québec (Chez Louis Billane, 1681). *Récits spirituels et historiques*, tomes 1 & 2 par Dom Jamet (Paris et Québec : Desclée de Brouwer, l'Action Sociale, 1929-1930) ; tomes 3 & 4 (id., 1935-39). *Marie de l'Incarnation*, textes choisis par R. Renauden (Aubier, 1942). *Marie de L'Incarnation,* textes choisis par Marie-Emmanuel Chabot (Montréal : Fides, 1963). *Correspondance*, nouvelle éd. par Dom Ury (Solesmes : Abbaye Saint-Pierre, 1971). *Dieu, mon Amour : Extraits des écrits* (Montréal : Éd. Bellarmin, 1972). *La Relation autobiographique de 1654*, établie par Dom Albert Jamet (Solesmes : Abbaye Saint-Pierre, 1976). Cf. Vuarnet, J.-M. : *L'Aigle-Mère* (Gallimard, 1996).

MARIE de VENTADOUR, cf. VENTADOUR, Marie de –.

MARITAIN, Raïssa, 1883-1960, poète, essayiste.

Raïssa Oumansov est née à Rostov-sur-le-Don, de parents juifs orthodoxes. Son père dirigeait une échoppe de tailleur. Bientôt la famille se rend à Marioupol (l'actuelle Jdanov) dans l'espoir d'améliorer sa situation économique puis décide d'émigrer à l'Ouest, pour trouver un milieu plus propice à l'épanouissement des deux filles. L'une des rares enfants juives admises dans une école publique de son district, Raïssa manifeste des dons exceptionnels mais, en tant que membre d'une minorité en Ukraine, elle ne peut espérer poursuivre des études secondaires tandis que sa sœur, Véra, née en 1886 n'a pas pu entrer à l'école primaire. La famille rejoint le père à Paris, où il s'est arrêté en route pour New York et s'est fait naturaliser en 1898. Raïssa adopte la nationalité française de plein gré mais sa fidélité à ses origines russes juives restera entière.

Elle passe le baccalauréat à seize ans et s'inscrit à la faculté des sciences en 1900. Elle y rencontre Jacques Maritain, d'un an plus âgé qu'elle et licencié en philosophie ; ils se marient en 1904. Peu après leur rencontre, ayant découvert leurs intérêts communs, ils s'étaient engagés à « poursuivre la vérité ». Ils se tournent d'abord vers les sciences naturelles dans l'espoir de trouver la synthèse de la connaissance. Mais, découragés par le positivisme qui dominait à l'époque, et poussés par leur ami et mentor Charles Péguy, ils vont écouter Henri Bergson exposer ses théories métaphysiques au Collège de France. Sous l'influence de Léon Bloy, qu'ils avaient rencontré en 1905, ils se convertissent alors au catholicisme, ainsi que Véra qui vient vivre avec eux. En 1912 Raïssa, Jacques et Véra font vœu de chasteté comme membres du tiers ordre bénédictin.

Hormis un séjour de deux ans en Allemagne qui suit leur conversion et au cours duquel Raïssa découvre sa vocation contemplative, les Maritain vivent à Paris ou dans les environs jusqu'en 1940. Dans les années vingt et trente, leur maison de Meudon devient un lieu de rencontre pour les artistes et les intellectuels, dont la plupart étaient associés à la Renaissance catholique. Les Cercles d'études thomistes, qu'ils fondent en 1922 et animeront jusqu'en 1937, avaient pour objectif l'application de la sagesse thomiste aux questions philosophiques contemporaines et à une pratique de vie dont l'idéal était, selon l'expression de Raïssa, « la contemplation sur les chemins ».

Les Maritain quittent la France au début de la seconde guerre mondiale. Ils n'y reviendront que pour de brefs séjours d'été après 1945. Ils passent les années de guerre à New York où Jacques continue de mener une vie publique active tandis que Raïssa est de plus en plus recluse. En 1945, ils habitent Rome, où Jacques est ambassadeur de France auprès du Vatican. En 1948, ils retournent aux États-Unis, à l'université de Princeton, où ils vivent jusqu'à la mort de Raïssa lors d'un séjour à Paris.

La fidélité jamais démentie de Raïssa à ce qu'elle a toujours appelé la Vérité s'exprime dans son dévouement quasi religieux au travail philosophique de Jacques, dans sa vocation contemplative et dans ses propres écrits. Selon le témoignage réitéré de Jacques, elle a collaboré à tous ses ouvrages. Tout au long de leur collaboration, Jacques Maritain a représenté la voix et la personnalité publiques tandis que le rôle de Raïssa est resté plus effacé. Sa pratique habituelle de l'étude et de la prière se reflètent dans son œuvre, qui est sinon toujours ouvertement du moins indirectement autobiographique.

Le compte rendu le plus détaillé que nous ayons de la vie spirituelle de Raïssa est son *Journal*, qui évoque l'expérience intime d'une « âme abandonnée ». Commencé l'année de sa conversion, il a été tenu de manière intermittente jusque dans les dernières années de leur séjour à Princeton. Personne n'en connaissait le contenu durant sa vie. Il sera revu et annoté par Jacques après la mort de Raïssa. Les thèmes principaux de toute son œuvre y apparaissent : la touchante beauté de la Création comme signe de la main de Dieu, le divin comme source de l'art, l'âme et son désir d'union avec Dieu et l'exil auquel une existence matérielle condamne un tempérament mystique.

Le *Journal* est écrit dans ce style transparent et dépouillé de tout artifice qui caractérise l'œuvre de Raïssa. Elle estimait que tout ornement sert d'écran et que seule la simplicité permet d'appréhender les vérités spirituelles. Dans son autobiographie, *Les Grandes Amitiés,* elle raconte que la première fois qu'elle a lu Pascal, les idées lui en avaient été masquées par l'élégance séduisante du style. De même, les cadences sonores et l'extrême musicalité de la poésie racinienne atténuaient pour elle la force du destin de ses personnages. Dans son œuvre, elle a toujours cherché à éviter tout excès et toute ostentation afin que la présence de Dieu, son unique sujet, puisse se manifester. Sa prose est donc nette et claire et sa poésie d'une limpidité voulue et pratiquement dénuée d'artifices rhétoriques.

Son ouvrage le plus connu est l'autobiographie publiée d'abord en deux volumes sous des titres différents et réunis en 1948. Elle y évoque rapidement son enfance et son adolescence et s'attarde aux années qui vont de 1900 à 1917, année de la mort de Bloy. Le motif traditionnel du « voyage » lui permet de retracer son propre « voyage vers la grâce » et celui des amis qui firent partie du cercle des Maritain à cette époque. L'ouvrage est considéré comme un chef-d'œuvre stylistique et un document de valeur sur un climat intellectuel, artistique et spirituel désormais disparu. Deux autres œuvres en prose de Raïssa ont attiré l'attention d'un public plus restreint : *L'Ange de l'école,* biographie de saint Thomas pour les enfants et *Chagall ou l'orage enchanté*, essai abondamment illustré sur les éléments juifs et chrétiens dans l'art du peintre.

Connue également comme poète, Raïssa a publié deux recueils durant les années à Meudon : *La Vie donnée* et *Lettre de nuit*. Deux autres recueils ont suivi au cours des années passées en Amérique : *Portes de l'horizon/Doors of the Horizon* et *Au Creux du rocher*. Sa poésie est toujours plus ou moins fondée sur des thèmes religieux, au moins implicites dans leur dérive vers une transcendance qui fait de son œuvre poétique une offrande perpétuelle à Dieu, source de l'art.

La forme de ces poèmes varie considérablement, des strophes classiques du « Chant royal » (*La Vie donnée*), écrites en décasyllabes et rimes régulières, au poème « Chagall » (*Lettre de nuit*), riche en inventions rythmiques et représentation graphique des toiles du peintre jusqu'en 1939. Même dans les poèmes mystérieux qui font allusion à l'union contemplative du poète avec Dieu, tels que « Nocturne » (*Lettre de nuit*), « Automne » (*Au Creux du rocher*), et « Le Revenant » (posthume), la langue est délibérément dénuée d'artifice.

La foi de Raïssa dans la tradition et l'autorité divine, et sa manifestation temporelle, l'Église, ont fait que son œuvre s'est construite en marge des mouvements contestataires de son époque, le modernisme et le surréalisme. Tandis que ses goûts en musique et en peinture étaient éclectiques et incluaient souvent ses contemporains ou quasi-contemporains (Auric, de Falla, Lourié, Poulenc, Satie, Vines, Chagall, Matisse, le Douanier Rousseau, Rouault, Seurat), dans ses propres ouvrages elle a manifesté peu d'intérêt pour l'expérimentation et peu d'indépendance à l'égard des valeurs littéraires reçues. Sa prose et sa poésie sont constamment marquées par son héritage juif, qu'elle considérait comme un préalable à sa conversion, et par l'intensité de son expérience de catholique contemplative.

Bibliographie : *Œuvres complètes de Jacques et Raïssa Maritain* (Fribourg, Éditions Universitaires ; Paris : Éditions Saint-Paul, 1982). *Œuvres de Raïssa : Le Prince de ce monde* (Desclée de Brouwer, 1929). *L'Ange de l'école* (id., 1934). *Histoire d'Abraham ou la Sainteté dans l'état de nature, Nova et Vetera* (*Revue Catholique pour la Suisse Romande* 3 (1935). Éditions revues : *La Conscience morale et l'État de nature* (New York : Éditions de la Maison Française, 1942). *Histoire d'Abraham ou les premiers âges de la conscience morale* (Desclée de Brouwer, 1947). *La Vie donnée* (Raphaël Labergerie, 1935). *Lettre de nuit, La Vie donnée* (Desclée de Brouwer, 1939). *Les Grandes Amitiés* (New York : Éditions de la Maison Française, 1941). *Les Aventures de la grâce* (Desclée de Brouwer, 1948). *Marc Chagall* (New York : 1943 = *Chagall ou l'orage enchanté*, Genève : Trois Collines,1948). *Portes de l'horizon/Doors of the Horizon* (Bethlehem, CT : Regina Laudis, 1952). *Au creux du rocher* (Alsatia, 1954). *Notes sur le Pater* (Desclée de Brouwer, 1962). *Journal de Raïssa* (id.,1963). *Poèmes et Essais* (id., 1968).

Œuvres en collaboration : *De la vie d'oraison* (Paris : L'Art Catholique, 1924). *Situation de la poésie* (Desclée de Brouwer, 1938). *Liturgie et Contemplation* (id., 1959)

Sélection critique : Barre, J.-L. : *Jacques et Raïssa Maritain, les mendiants du ciel* (Stock, 1996). Brihat, Denise : *Laïcs et Contemplatifs : Jacques et Raïssa Maritain, des prophètes pour notre temps* (Nouan-le-Fuzelier : Éd. du Lion de Judas, 1989). Bush, William : *Understanding Maritain, Philosopher and Friend*, éd. Deal W. Hudson & Matthew J. Mancini (Macon, GA : Mercer Univ. Press, 1988). Suther, Judith D. : *Raïssa Maritain, Pilgrim, Poet, Exile* (NY : Fordham Univ. Press, 1988). *Cahiers Jacques Maritain*, « Le Centenaire de Raïssa » (7-8 sept. 1983).

Judith D. Suther

MARQUET, Gabrielle, n. 1928, romancière, poète.

Gabrielle Marquet est née dans une famille de la petite bourgeoisie nantaise. Elle a résidé surtout à Paris et fait des études à la Maison de la Légion d'honneur. Mariée et mère d'une fille depuis 1958, elle dispose de temps pour entreprendre sans trop d'obstacles une carrière littéraire harmonieuse. Présidente du jury Louise Labé, elle est très au fait de la poésie contemporaine mais donne plus de place, dans sa pratique, à l'écriture romanesque.

« Ma poésie, c'est le carrosse que j'essaie de sortir de la citrouille, et littéralement ce n'est pas exact puisque j'aime la magnificence des citrouilles », dit Gabrielle Marquet de son deuxième livre de poésie, *Les Oiseaux font bouger le ciel* (1961). Fortement construits, imagés, souvent elliptiques, ses vers mettent en scène un monde secret, éphémère, et sans prétention. Ils animent une pelote à épingles ou imaginent la douleur du géranium coupé. Voici une tulipe, « craquante/taffetas, vénéneuse/à l'œil de bougie jaune/corsetée de lances... » Les meilleurs vers de Gabrielle Marquet sont à la fois lyriques et réservés, réussissant à capter en les élargissant des impressions subites. Un monde humble d'objets, de sensations, d'expériences sert le plus souvent à éclairer divers aspects de la condition humaine, l'enfance, l'isolement ou la vieillesse. Mais on ne saurait trop approfondir la sensibilité d'une tulipe ou d'une citrouille : c'est donc en sa qualité de romancière que Gabrielle Marquet nous présente une vision plus complexe et plus étendue.

Les romans sont écrits avec élégance, sa prose conservant toujours la netteté ciselée de ses poèmes. Ils relient le monde extérieur au monde intérieur en recherchant dans un milieu domestique l'expression de conflits universels qui le transcendent. Les personnages sont généralement des femmes sensuelles et introspectives dont l'isolement devient la condition même de leur existence. Elles ne savent pas communiquer avec les autres ; ce sont leurs débats intérieurs et leurs efforts pour faire face aux circonstances qui soutiennent l'intérêt dramatique des récits. L'abondance de personnages secondaires dont les ébauches ne sont pas toujours bien intégrées nuit parfois à l'unité du roman. Cependant, dans *Le Sourd-Muet* (grand prix de l'Humour noir, 1961) où l'auteur adopte généralement un seul point de vue narratif, celui de Françoise, la brume dans laquelle elle maintient ses autres personnages souligne avec bonheur le détachement de l'héroïne. Une jeune fille y observe la vie sans pouvoir y participer pour autant, et son obsession pour la perfection physique aboutit à la mort de son jeune frère infirme. Dans ce roman, comme dans ses ouvrages les plus réussis, Gabrielle Marquet examine en particulier la difficulté que rencontre la femme intelligente à user de son intelligence pour avoir prise sur le réel.

Les textes font souvent preuve d'un humour subtil, le sérieux et le comique s'y trouvant réunis. Les portraits de parents âgés, loquaces et têtus sont particulièrement réussis. En général, ces personnages servent à contrebalancer les effets de l'égoïsme des plus jeunes. Ceci est surtout vrai de son roman *Les Martins-Pêcheurs* (1968), dans lequel « Grand-mère » s'impose comme la présence dominante. Dans *Le Fauteuil à bascule* (1970) et *L'Œil de Déodat* (1971), l'auteur renonce à l'humour et mêle le suspense et l'analyse psychologique. Avec *La Boîte à boutons* (1973), sorte de conte philosophique, elle retourne à une forme narrative moins élaborée pour se concentrer sur un seul personnage, une femme assez ordinaire, passive et détachée, dont la vie permettra un commentaire ironique sur les deux mondes qu'elle habite : le nouveau monde perfectionné de la technologie et le vieux monde, la « Réserve des Sentiments Disparus ». Dans deux textes du milieu des années soixante-dix, Gabrielle

Marquet explore des situations où l'homme, plutôt que la femme, est victime du système de valeurs en cours. *Le Signe des jumeaux* (1975) décrit un jeune homme qui entreprend d'élever les enfants qu'il a eus d'une femme qui n'est pas la sienne, tandis que *Mort d'un cadre* (1976) raconte l'histoire d'un chômeur qui s'efforce vainement de conserver sa dignité d'homme tout en assumant les tâches de sa femme. Ce sont donc ici la société, et surtout les femmes elles-mêmes, qui s'avèrent les pires adversaires du héros.

C'est peut-être dans *La Cerise de porcelaine* que l'on trouvera l'étude la plus approfondie de Gabrielle Marquet sur la conscience féminine. L'héroïne, Agathe, à la fois sentimentale et réaliste, se trouve plongée dans un dilemme qui l'isole en même temps qu'il fait ressortir toutes ses contradictions. Comment disposer du cadavre de Stanislas, son amant, qui vient de mourir d'une crise cardiaque dans l'atelier d'Agathe au moment même où elle attend son mari et des cousins pour le week-end? Cette situation rocambolesque permet à la romancière de jouer avec ironie sur un thème qui lui est familier, la difficile réconciliation entre rêve et réalité, la sensibilité et le bon sens.

Bibliographie: *Peau de lapin* (Denoël, 1952). *La Pelote à épingles*, poèmes (Gallimard, 1958). *Les Oiseaux font bouger le ciel*, poèmes (id., 1961). *Le Sourd-Muet* (id., 1961). *Le Bonheur d'être*, poèmes (José Millas-Martin, 1965). *La Cerise de porcelaine* (Flammarion, 1966). *Les Martins-Pêcheurs* (id., 1968). *Premiers regards* (Laon: L'Étrave, 1969). *Le Fauteuil à bascule* (id., 1970). *L'Œil de Déodat* (id., 1971). *Invités à Paris* (Arts et métiers graphiques, 1972). *La Boîte à boutons* (Flammarion, 1973). *Le Signe des jumeaux* (id., 1975). *Mort d'un cadre* (id., 1976). *La poupée phonographe* (id., 1979). *Les Années-Vermeil* (Calmann-Lévy, 1984). *La Vie de château* (id., 1987).

Kathleen Bulgin

MARQUET, Mary, poète, actrice.

Mes Récitals (Stock, 1943). *Les Impérissables* (Éd. de la Nouvelle Revue Critique, 1948). *A l'Ombre de tes ailes* (Fasquelle, 1947). *Cellule 209* (Fayard, 1949). *La Course aventureuse* (–). *Ce que j'ose dire* (Dullis, 1974). *Ce que je n'ai pas dit* (id., 1975). *Tout n'est peut-être pas dit* (J. Grancher, 1977). *Caviar à la louche* (id., 1978). *Vous qui m'aimiez, vous que j'aimais* (id., 1979).

MARQUETS, Sœur Anne de –, 1533-1588, poète mystique.

Sonnets, prières et devises en forme de pasquins pour l'assemblée de Messieurs les prélats et docteurs, tenue à Poissy (Veuve G. Morel, 1562). *Les Divines poésies de M. Ant. Flaminius, avec plusieurs sonnets* (Nicolas Chesneau, 1569). *Sonnets spirituels de feue très vertueuse et très docte dame sœur A. de M., religieuse à Poissy, sur les dimanches et principales solemnités de l'année* (chez Claude Morel, 1605).

MARTIN (pseud. de Claire Montreuil), n. 1914, romancière québécoise.

Avec ou sans amour, nouvelles (Montréal : Cercle du Livre Français, 1958 ; Laffont, 1959). *Doux-amer* (id., 1960). *Quand j'aurai payé ton visage* (id., 1962). *Dans un gant de fer* (id., 1965). *La Joue droite* (id., 1966). *Les Morts,* rm (id., 1970). *Moi, je n'étais qu'espoir*, théâtre (id., 1972). *La Petite Fille lit*, récit (Ottawa : Éd. de l'Université d'Ottawa, 1973). *Le Choix de Claire Martin dans l'œuvre de Claire Martin* (Notre-Dame des Laurentides : Presses Laurentiennes, 1984). Cf. DEQ & Gauvin, Lise et Gaston Miron : *Écrivains contemporains du Québec depuis 1950* (Seghers, 1989).

MARTIN, Vio, n. 1906, poète suisse.

Escales (La Chaux-de-Fonds, Éd. des Nouv. Cahiers, 1940). *Venoge*, poèmes et proses (Genève : Perret-Gentil, 1943). *Équinoxe d'automne* (Lausanne : Payot, 1947). *La Cathédrale de Lausanne* (Neuchâtel : Éd. du Griffon ; Genève : Roto-Sadas, 1950). *L'Enchantement valaisan*, poèmes en prose (Perspectives, 1950). *Les Saisons parallèles* (Éd. de la Revue Moderne, 1952). *Tourne, petit moulin* (Lausanne : P.F. Perret-Gentil, 1955). *Terres noires*, poèmes en prose (Lausanne: Éd. Rencontre, 1959). *Visages de la flamme* (Neuchâtel : La Baconnière, 1963). *Ce pays : Images de Suisse romande* (Lausanne : Éd. du Verdonnet, 1964). *Récits* (Neuchâtel : Delachaux & Niestlé, 1968). *Grave et Tendre Voyage* (Neuchâtel : La Baconnière, 1969). *Le Chant des coqs* (id., 1973). *Amusons-nous, Francine : enfantines* (Yverdon : Cornaz, 1983).

MARTINOIR, Francine de –, essayiste, romancière.

Née Rostopchine (Gallimard, 1980). « Introduction à Sylvia Montfort », *Vagabondages* 53 (1983). *Un Été à Mazargues* (M. Nadeau,1984). *Arrêt sur image* (Gallimard, 1986). *La Bazarette* (Payot, 1989). *Marie*

Susini et le silence de Dieu, essai (Gallimard, 1989). *Le Dernier été russe* (Éd. de l'Olivier, 1991). *Mathilde et Eugénie : deux cousines pour un empereur* (Grand Livre du mois, 1992).

MARTINON, Suzanne.

Le Cœur mal défendu (Plon, 1926). *Nous deux* (id., 1927). *Les Tourments* (id., 1928). *Le Silence enchanté* (id., 1929). *Laide* (id., 1930). *Le Partage de l'homme* (J. Tallandier, 1933).

MASSARD, Janine, nouvelliste suisse.

Née à Rolle (Vaud) dans un milieu terrien qui s'est prolétarisé par la suite, elle a ressenti, très jeune, ce que la bourgeoisie helvétique nie en général, le mépris des nantis envers les pauvres. Elle est rapidement confrontée à une double différence : sa nature féminine la réduit à un rôle secondaire (les femmes n'ont pas encore le droit de vote), son origine sociale la pousse vers le bas. Malgré ces différences, elle fait des études. Puisque rien ne s'offre à elle pour la mettre en valeur, elle affûte son sens critique. Elle lit, apprend les langues étrangères, voyage. C'est à travers ces trois éléments qu'elle va commencer à mettre des mots par devers son malaise : elle sera toujours en contradiction avec une société gérée par des hommes et qui instaure l'autosatisfaction comme vertu nationale. Du point de vue social, elle n'appartient plus à la classe ouvrière mais ne s'intègre pas à la bourgeoisie non plus. Ce porte-à-faux va déterminer ses thèmes : les différences de classe, l'hypocrisie bourgeoise, l'injustice, l'écrasement des plus faibles, femmes, enfants, travailleurs étrangers. Ses livres montrent des personnages qu'on ne rencontre pas souvent dans la littérature romande. Janine Massard n'a pas commencé à écrire par souci d'esthétisme mais par besoin d'expulser une violence. Cependant son écriture s'articule autour de certaines constantes : discours direct et indirect se mélangent, s'amalgament et finissent par éclater tout en libérant, avec humour, les idées de l'auteure, ses observations sur la société. Autre aspect du talent de cette écrivaine : la réalité est souvent doublée d'une surréalité. Dans *Christine au dévaloir,* recueil de nouvelles qui a fait connaître Janine Massard comme auteure féministe, on voit une femme en situation d'échec arriver dans un lieu occupé par des rats pointilleux et rachitiques et qui s'avère son nouveau domicile pour l'éternité. Mais cette nouvelle demeure (le point de non-retour) va lui permettre d'analyser avec précision les raisons de l'échec de sa vie. Cette surréalité se retrouve dans *La Petite Monnaie des jours,* où Janine Massard décrit, avec un humour parfois féroce, une partie de son enfance et de son adolescence en milieu ouvrier, dans les années cinquante, alors que la société de consommation balbutie encore et implique un changement radical dans le statut des femmes : de productrices, elles deviendront consommatrices. Les arêtes de cette réalité quotidienne sont coupées par la présence des Parques, femmes redoutables, responsables de la vie et de la mort, sous le regard desquelles l'héroïne grandit. A la fin de son adolescence, la jeune fille aura compris que le temps des Parques est révolu parce que la société a changé.

Bibliographie : *...de seconde classe* (Eygalières, France : Le Temps Parallèle, 1978). *Christine au dévaloir* (Genève : Elaine Vernay, 1981). *L'Avenir n'est pas pour demain* (Lausanne : Clin d'Œil, 1982). *La Petite Monnaie des jours* (En Bas, 1985). *Terre noire d'usine* (Yverdon, 1990). *Trois mariages* (Lausanne : L'Aire, 1992).

Sélection critique : Dubuis, Catherine : « Terre noire d'usine » (*Écriture* 37, 1991). Junod, Roger-Louis : « Christine au Dévaloir » (*Coopération* 8, 1982). Junod, Roger-Louis : « Violent témoignage de Janine Massard : Humiliante misère » (*Coopération* 26, 1986). Graf, Marion : « Comment l'esprit vient aux femmes » (*Supplément du Journal de Genève*, 1986).

Mousse Boulanger

MASSÉ, Carole, romancière québécoise.

L'Existence (Montréal : Herbes Rouges, 1983). *Nobody* (id., 1985). *Hommes* (id., 1988).

MASSIP, Renée, romancière.

La Régente (1954). *La Petite Anglaise* (1956). *Les Déesses* (1958). *La Main paternelle* (Gallimard, 1961). *La Bête quaternaire* (id., 1963). *Le Rire de Sara* (id., 1966). *Les Torts réciproques* (id., 1969). *L'Entente du couple* (Grasset, 1970). *A la Santé de Dieu* (id., 1971). *La Vie absente* (Gallimard, 1973). *La Femme et l'Amitié* (Grasset, 1974). *Qu'avez-vous fait de lui ?* (id., 1976). *Le Chat de Briarres* (Gallimard, 1977). *Belle à jamais* (id., 1979). *Les Passants du siècle*, avec Roger Massip, mémoires 1920-1960 (Grasset, 1981). *Douce Lumière* (Gallimard, 1985).

MAURE, Anne de –, 1600-1663, épistolière.

Correspondance (v. Barthélémy, Édouarde de : *Madame la Comtesse de Maure...*).

MAUROIS, Michelle, n. 1914, romancière.

La Table des matières (Flammarion, 1948). *Accord parfait* (id., 1955). *Les Arapèdes* (id., 1957). *L'Œil neuf* (id., 1963). *Les Grandes Personnes* (id., 1966). *Art d'utiliser les hommes* (Hachette, 1968). *Le Carillon de Fénelon* (Flammarion, 1972). *L'Encre dans le sang* (id., 1981). *Les Cendres brûlantes* (id., 1986). *Déchirez cette lettre* (id., 1990).

MAURON, Marie, essayiste, romancière provençale.

Le Quartier Mortisson (Denoël, 1938). *Les Rocassiers* (Laffont, 1945). *Lira de Roquemale* (id., 1945). *La Transhumance* (Amiot-Dumont, 1955). *Vers Saint-Jacques de Compostelle. Cette route étoilée* (id., 1957). *Les Cat-Fert* (Laffont, 1964). *Éternelle Magie* (Perrin, 1964). *Le Royaume errant* (id., 1964 ; Presses de la Cité, 1967). *Hommes et cités de Provence* (Éditions du Sud, 1965). *Châteaux de cartes* (Seghers, 1966). *Les Lampions des fêtes* (Perrin, 1967). *Lorsque la vie était la vie,* récits (Aix-en-Provence : P. Rollet/R. Berenguié, 1971). *Les Arsacs* (Plon, 1972). *Mes grandes heures de Provence* (Perrin, 1974). *« Il pleut, il fait soleil, le diable bat sa femme »* (Plon, 1975). *Le Monde des santons* (Perrin, 1976). *Les Cigales de mon enfance* (Belfond, 1978). *Un Noël solitaire et peuplé* (Plon, 1978). *Ces Lointains si présents,* mémoires (id., 1979). *Berbiguier de Carpentras* (Belfond, 1979). *Cette Camargue que nous aimons* (id., 1980). *Au pays des bergers* (Presses de la Cité, 1981). *Les Caprices du destin* (Plon, 1981). *La Mer qui guérit* (id., 1982). *En roulette et à pied en Haute Provence* (id., 1984), une douzaine d'autres titres.

MAYI, Marie Ziyâdé, dite Al-Anîsa, 1895-1942, libanaise bilingue.

Fleurs de rêve (s. le pseud. Isis Copia) (1911). Traductions en arabe de romans européens.

MAYRAN, Camille (pseud. de Mme Saint-René Taillandier), essayiste, romancière alsacienne.

Histoire de Gotton Connixlooj, suivi de *L'Oubliée* (Plon-Nourrit & Cie, 1918). *L'Épreuve du fils* (id., 1920). *Hiver* (Grasset, 1926). *Le Grand Roi et sa cour* (Hachette, 1930). *Dame en noir* (id., 1937). *Dans l'intimité de la cathédrale* (Colmar : Alsatia, 1970). *Portrait de ma mère en son grand âge* (Julliard, 1980).

M'BAYE D'ERNEVILLE, Annette, poète, nouvelliste sénégalaise.

Poèmes africains (Centre d'art national français, 1965). *Kaddu* (Dakar : Imp. Diop, 1966). *Chansons pour Laïty* (Dakar : NEA, 1976). *La Bague de cuivre et d'argent,* nouvelle (id., 1983). *Noël du vieux chasseur,* nouvelle (id., 1983).

MÉMOIRE, Danielle, romancière.

Dans la tour (P.O.L., 1984). *Trois capitaines* (id., 1987). *Parmi d'autres* (id., 1991).

MERCŒUR, Élisa, 1809-1835, poète, dramaturge.

Poésies (Nantes : Mellinet-Mallasis, 1827, reéd. en 1829). *Œuvres complètes, comprenant Boabdil, roi de Grenade,* tragédie en 5 actes en vers, 3 vol. (Pommeret & Guenot, 1843). Cf. DLLF, DFELF.

MERNISSI, Fatima, essayiste marocaine (pseud. : Fatna Aït Sabbah).

La Femme dans l'inconscient musulman (Le Sycomore, 1983). *Sexe, Idéologie, Islam* (Tierce, 1983). *Le Harem politique : le Prophète et les femmes* (Albin Michel, 1987). *Les Sultanes oubliées : Femmes chefs d'État en Islam* (id., 1990). *Le Monde n'est pas un harem : paroles de femmes du Maroc* (id., 1991). *La Peur-modernité : Conflit Islam démocratie* (id., 1992).

MESUREUR, Amélie Dewailly, poète.

Nos Enfants, poésies (A. Lemerre, 1885). *Le Petit Monde* (Quantin, 1886). *Histoire d'un enfant de Paris* 1870-71 (id., 1888). *Rimes Roses* (A. Lemerre, 1891). *Voyage à la mer* (Librairies-Imprimeries réunies, 1893). *Le Dernier des Pifferari* (id., 1895). *Les Châtaignes,* suivi de *Voyages autour d'une fenêtre,* et de *Au Bord de la Durolle* (id., 1895). *Garden-Party élyséenne,* pièce en vers (Univ. pop. du faubourg Saint-Antoine, 1907). *A la recherche d'une source* (E. Gaillard, 1908).

MEYER, Michèle, n. 1941, poète alsacienne.

Les Imageries (Bordeaux : J. Germain, 1970). *Ma Révolution prospective* (Mulhouse : *Prospective* n° 1, 1974).

MICHEL, Clémence Louise, 1830-1905, écrivaine socialiste (« la Vierge rouge »).

Le Claque-dents (E. Dentu, 1890). *A Travers la vie et la mort, œuvre poétique* (A. Fayard, 1894, Maspero 1982). *Œuvres posthumes* (Alfortville : Lib. Internationaliste, 1905). *Au Gré du vent* (Fontemoing, 1912). *Fleurs et Ronces* (id., 1913). *La Commune, histoire et souvenirs* (1898 ; Maspero, 1970). *Lettres à Henri Bauer* (sd). *Éditions récentes : L'École de campagne...* (Bordeaux : Nouveaux Cahiers de Jeunesse, 1968). *Mémoires de Louise Michel : Écrits par elle-même* (Maspero, 1976). *Contes et Légendes,* préface d'Henri Rochefort (B.N., 1979). *Les Crimes de l'époque,* nouvelles (Plasma, 1980). *Matricule 2182*, Préf. Paule Lejeune (Éd. du Dauphin, 1981). *Souvenirs et Aventures de ma vie*, prés. Daniel Armogathe (Maspero, 1983). *Légendes et Chants de gestes canaques*, prés. Gérard Oberlé (1988). Cf. DLLF, DFELF.

MICHEL, Natacha, essayiste, romancière.

Ici commence (Gallimard, 1973). *La Chine européenne* (id., 1975). *Contre M.-A. Macciochi* (Marseille : Potemkine, 1976). *Le Repos de Penthésilée* (Gallimard, 1980). *Impostures et Séparations, neuf courts romans* (Seuil, 1986). *Canapé est-ouest* (id., 1989). *Le Jour où le temps a attendu son heure*, rm (id., 1990). *Ciel éteint* (id., 1995).

MICHELOUD, Pierrette, n. 1920, poète et peintre romande.

Née en Valais dans une famille d'artisans et d'artistes (musiciens, tisserands, sa sœur Edmée Girardet est une mosaïste de grand talent), Pierrette Micheloud a fait des études secondaires à Lausanne. Un séjour en Angleterre lui fait découvrir Blake, Shelley et Yeats, qui composeront avec Nietzsche, les romantiques allemands, Sapho et Louise Labé son panthéon poétique. Dans les années cinquante, elle établit sa résidence principale à Paris tout en entreprenant des tournées de lectures poétiques à pied ou en bicyclette dans les hauts de sa région natale. Outre les jurys poétiques parisiens, et les conférences et lectures, elle ne cessera pas de donner des articles et comptes rendus aux rubriques littéraires romandes,

Construire en particulier. Elle voyage sans enthousiasme (Québec, Belgique, Roumanie) mais fait inlassablement la navette entre Paris et Belmont ou Lausanne. Son œuvre poétique, une vingtaine de titres, a reçu deux fois le prix de la Fondation Schiller, le prix Edgar Poe, le prix Apollinaire. Elle expose ses peintures à l'occasion et dessine volontiers (pour) ses poèmes.

Allant droit au cœur des textes, on découvre une poète, chantre au féminin et au sens traditionnel noble qui n'exclut pas une dimension futuriste et visionnaire. Pierrette Micheloud dénonce parfois crûment les aspects les plus destructeurs de la modernité. Le portrait composé par la voix qui s'inscrit dans les textes est celui d'une femme à quatre visages : la bergère rustique et sereine, attentive aux cycles de sa terre et aux êtres qui y passent depuis toujours (enfants, vieillards, travailleurs, jeunes filles joyeuses) ; la sorcière qui connaît les secrets du monde végétal et minéral et qui les a longtemps partagés avec sa fidèle petite chienne, Saugette ; l'amante : celle qui dit les amours chastes ou brûlantes et les verts paradis, possédés et perdus. Sur les nécessaires distinctions à faire entre les termes de lesbienne, homosexuelle et saphiste, Pierrette Micheloud s'est clairement exprimée (*Femmes suisses*, avril 1988). Elle est enfin prophète, sibylle qui dit la venue lointaine d'une humanité gynandre et qui interprète le plus ancien livre du monde, le Yi King. Comme le Petit Prince, celle-là a élu résidence mystique dans une étoile : « Je te l'avais dit : mon cœur/Est un morceau de soleil/Prisonnier d'une apparence » (*L'Enfant de Salmacis*).

Sa philosophie, en certains points, nous est familière, et qui dira si elle est futuriste, passéiste ou quintessentielle ? « Car ce qui compte, ce ne sont pas les choses en elles-mêmes, ni leurs détails, mais les résonances qu'elles suscitent, les télépathies secrètes qu'elles éveillent entre le monde invisible et nous. Les légendes ne mentent jamais... » (*Valais de cœur*). C'est dès *L'Enfant de Salmacis*, dédié à Léonor Fini, que Pierrette Micheloud entreprend une longue réflexion sur la différence sexuelle et la féminéité (comme elle préfère écrire). La nymphe obtint de Zeus le privilège de ne jamais se séparer de son amour, Hermaphrodite : elle est donc la féminité de ce dernier. L'ensemble des poèmes de ce recueil est un tribut aux diverses formes, surtout mythologiques, du féminin : de l'innocence de Rasalhague à la violence d'Isidis en passant par Hélia, Néphélé, Maya, Danaha et bien d'autres. La figure de Marie trouve sa place en conclusion du recueil, faisant résonner déjà la grande Vierge cosmique, celle du Zodiaque et non de la Croix, tout en annonçant *Douce-Amère* qui rêve derechef de l'unicité : « une femme qui aurait en elle la semence du mâle... retour à l'UN "pour que le mâle ne devienne mâle et le féminin ne devienne féminin", comme l'enseigne l'œuvre d'Hermès. Certains poèmes, comme la "Prière à la Grande Gynandre de l'Univers" en sont directement inspirés. Cette prière s'oppose à l'orgueilleuse suprématie du "Notre Père" » (correspondance inédite).

La visionnaire ne se prive d'aucun élément, tout en privilégiant la pierre avec laquelle elle entretient des affinités particulières (pierre à feu). Un matéralisme mystique l'unit à la terre rude mais sa hiérarchie ne laisse pas de doute : « La terre sombre dans l'eau/L'eau sombre dans l'air/Et l'air sombre dans le feu » (*Entre ta mort et ta vie*). C'est une écriture heureuse, modeste et messianique, parfois limpide mais aussi très travaillée au point de friser l'hermétisme lié à sa culture ésotérique. La traversant de part en part, la jouissance de dire la Nature au sens des choses naturelles, et de faire fuser les réminiscences ou dire les correspondances métasensibles car, écrit-elle dans un avant-propos, « le mythe est l'interprétation de souvenirs que la mémoire originelle restitue à la conscience en travail, la révélation d'un mystère ».

Clins d'œil, fantaisie, jeux de mots, cris de douleurs aussi, avant tout ceux de la douleur amoureuse (*Tant qu'ira le vent, Audace d'Oï*), cris de colère enfin et prières sacrilèges sont des modes en mineur mais soutenus d'un livre à l'autre. Le mode majeur se dégage encore plus clairement dans les années quatre-vingt : c'est à partir de la séparation de l'Un que se déroule la grande aventure de la conscience. *Les Mots la pierre*, prix Apollinaire, dit la « Pierre notre origine » et les « Douleur et joie de la Gynandre » jusqu'à ce que le cycle s'accomplisse et qu'advienne une nouvelle pierre philosophale non pas liée à l'or mais au céleste, car elle « naît sagement en l'air », selon le Yi King.

Dans un récent recueil, encore un livre d'amour intitulé *Elle, vêtue de rien,* Pierrette Micheloud a voulu dire à nouveau « la femme, la nature, leur essentialité humaine et cosmique, notre devenir à travers elles, l'une et l'autre en osmose... ». Un des plus jolis fantasmes de la poète se lit : « Les flammes sont les âmes/Des femmes/Qui se sont aimées/Dès l'aube de la Terre ». Alors, la présence de la mort, le désir de remonter le temps ne résistent pas, en fin de compte à un mysticisme idiosyncratique qui fait la grande originalité de sa poésie : célébration de l'être et de la féminéité hantée par le rêve de la virginité cosmique (et non pas mariale ni femelle), virginité des Amazones mais au-delà encore et surtout, unicité du genre primordial. Car si le sexe [séparation] se manifeste fondamentalement dans la « fureur du germe/ Impatience de l'œuf », Pierrette Micheloud symbolise sa foi mystique en l'entité gynandre d'avant Lilith, avant l'origine, soit « la Grande Gynandre de l'Univers ». Elle est représentée par le sigle Oï où le ï s'inscrit dans l'O (*Audace d'Oï*, inédit). Ainsi se transcende symboliquement « Homme ou femme, cette geôle/ De l'Unité séparée ». De cette magnifique Gynandre ou Oï, la poète-peintre a produit d'heureuses représentations. Son art pictural entretenant des liens intimes avec sa poésie, on peut se reporter en priorité aux « dessins de poèmes » du superbe recueil *Entre ta mort et LA VIE* pour apprécier sa joie d'être et de créer au féminin. La pureté du trait essentiel caractérise donc une œuvre nourrie et entretenue à l'écart du bruit et de la fureur du quotidien de nos mégapoles. « Vivre est mourir de vivre », formulera-t-elle comme en épitaphe dans *En amont de l'oubli*.

Bibliographie : *Saisons* (Lausanne : Held, 1945). *Pluies d'ombre et de soleil* (id., 1947). *Sortilèges* (id., 1949). *Le Feu des ombres* (id., 1950). *Simouns* (id., 1952). *Points suspendus* (Seghers, 1953). *Dictionnaire psychanalytique des rêves* (NED, 1957). *Ce Double Visage* (CELF, 1959). *Passionnément*, proses ill. par Claire Finaz (Neuchâtel : La Baconnière, 1960). *L'Enfant de Salmacis*, une ill. de Léonor Fini (Nouvelles Éd. Debresse, 1963). *Valais de cœur*, proses, photographies de Jean Luder (Neuchâtel : La Baconnière, 1964). « Les six des eaux pures », mystère (théâtre-club, Genève, 1964). *Tant qu'ira le vent* (Seghers, 1966). *Tout un jour toute une nuit* (Neuchâtel : La Baconnière, 1974). *Douce-Amère* (id., 1979). *Les mots la pierre*, prix Apollinaire (La Baconnière, 1983). *Entre ta mort et LA VIE*, poèmes avec 40 illustrations de l'auteur (Genève : Éd. Pourquoi pas, 1984). *Elle, vêtue de rien* (L'Harmattan, 1990). *En amont de l'oubli* (id., 1993). *L'Ombre ardente* (Sierre : Éditions Monographic, 1995).

Sélection critique : n° Spécial de *La Revue des Pharaons/La Voix des Poètes* (janvier 1979). Humbert, Jean-Dominique, « Magies féminines », *Construire* (12 mars 1991). Wauthier, Jean-Luc, *Journal des Poètes* (janvier 1992).

CM

MIEGE, Denise, n. 1936, poète.

Gestuaires (Coll. Alluvions, Action poétique, 1964). *Au Niveau de la mer*, prix Villon (Millas-Martin, 1967). *Sous les pavés la plage* (Saint-Germain-des-Prés, 1969). *L'Art de jouir* (Civilisation Nouvelle, 1969). *Littérature érotique féminine*, textes choisis (id., 1970). *Littérature érotique féminine*, textes choisis, 19ᵉ s. (id., 1973). *La Mourre* (Saint-Germain-des-Prés, 1983).

MITAUD, Janine, n. 1921, poète.

Hâte de vivre (Seghers, 1949). *Bras étendus* (Monteiro, 1951). *Silence fabuleux* (Saint-Jouin-de-Marnes : Signes du Temps, 1951). *Rêverie* (Monteiro, 1953). *Poème à Eluard* (id., 1953). *Départs* (Seghers, 1953). *Les Armes fulgurantes* (Limoges : Rougerie, 1955). *Soleil de blé* (id., 1958). *Le Futur et le Fruit* (Seghers, 1960). *Le Visage* (Limoges : Rougerie, 1961). *L'Échange des colères*, Avant-propos de René Char (id., 1965). *La Porte de la Terre* (id., 1969). *La Parole naturelle* (Métamorphoses,

1971). *Juillet plain-chant* (Libos, Alain Sanchez, 1974). *Danger* (Rougerie, 1974). *Le Soleil sursoit* (Périgueux : Fanlac, 1974). *De la rose à l'éros* (La Coïncidence, 1982).

MOGADOR, Céleste, 1824-1909 (pseud. de Chabrillan, Elisabeth-Céleste Vénard, comtesse Lionel de), courtisane et romancière.

Mémoires. Sapho, rm (1858). *Miss Pewel* (1859). Cf. Leclerq, P.-R., *Céleste Mogador, une reine de Paris* (Table Ronde, 1996).

MOKEDDEM, Malika, médecin, romancière d'origine algérienne.

Les hommes qui marchent (Ramsay, 1990). *Le Siècle des sauterelles* (id., 1992).

MONAGHAN, Hélène de –, auteur de romans policiers.

Une vingtaine de titres parmi lesquels : Marie noire (Lib. Champs-Élysées, 1973). *Noirs parfums* (id., 1978). *Le Couperet* (Denoël, 1987). *L'Article de la mort* (id., 1989).

MONESI, Irène, romancière.

Cet acte tendre (Buchet-Chastel, 1960). *Les Banderilles* (id., 1961). *Les Pères insolites* (id., 1963). *Le Faux-fuyant* (id., 1964). *Nature morte devant la fenêtre*, prix Fémina (Mercure de France, 1966). *Une Tragédie superflue* (id., 1968). *Un Peuple de colombes* (id., 1971). *Vie d'une bête* (id., 1972). *L'Amour et le Dédain* (id., 1974). *Les Mers profondes* (id., 1977). *La Voie lactée* (Gallimard, 1981). *Le Parcours du brigadier Souloup* (id., 1985).

MONETTE, Madeleine, n. 1951, romancière québécoise.

Née à Montréal, Madeleine Monette est jeune adolescente au plus fort de ce qu'on appelle la Révolution tranquille québécoise. Elle fait des études classiques au collège Saint-Ignace, puis des études de littérature à l'Université du Québec à Montréal. Se détournant de l'enseignement en 1978, elle vient à l'écriture après la vague de fond du renouveau féministe. Sa voix singulière dit l'imaginaire nord-américain. Ayant écrit à New York son premier roman *Le double suspect* (prix Robert-Cliche,

1980), elle élit domicile dans cette ville où elle vit avec un architecte américain. Divers textes ont paru dans des journaux et des collectifs.

Dans « Détournements », un essai de 1986, Madeleine Monette parle des sentiments et modifications provoqués par son déplacement de Montréal à New York : « une excitation et une misère auxquelles je ne voudrais pas renoncer » ; et elle ajoute : « Les effets sur moi du décentrement de la vie à New York allaient se faire sentir également dans mon rapport au langage, dans cette part de l'expérience quotidienne et intime qu'informent les mots ». Ce déplacement d'un lieu à un autre implique le dédoublement de soi, du JE à l'Autre, pour mieux le cerner, mieux se cerner. Il permet à l'écrivaine de devenir aussi le double du lecteur : « L'autre et le <je>, le lecteur et l'écrivain sont tour à tour saisis en croyant saisir... J'ai mis longtemps à pressentir que mes textes aussi bien que ma vie privée se développaient à la façon de fictions redoublées, écrites ou vécues deux fois plutôt qu'une ». Ces réflexions mènent en plein cœur du *Double suspect*, roman dans lequel « le lecteur se laisse prendre par ce récit de l'ambiguïté où toute vérité devient suspecte et... fascinante » (André Vanasse, *Livres et Auteurs québécois*). Il faut noter que cette ambiguïté fonctionne à tous les niveaux et porte sur tout, dans la vie et dans l'écriture, celle-ci n'étant que la doublure de celle-là.

Soucieuse de la dimension féministe de son roman, Madeleine Monette n'ignore pas le double sexuel, le Je de la bisexualité, donc de l'Autre, sa complexité double et suspecte. Paul, le mari de Manon, vit mal son homosexualité, son « double suspect ». Anne, de son côté, ne survivra à sa « double suspecte » que par la réécriture de ses cahiers, en se substituant à elle. Ainsi, dans l'écriture de Madeleine Monette, il y a glissements progressifs de la subjectivité des personnages dans la fabrication textuelle. La mort sert souvent à ce passage de l'espace physique à un autre espace, celui de la subjectivité. La mort de Paul, son mari, permettra à Manon de gagner son espace subjectif en refaisant le parcours de leur vie ensemble ; celle de Manon facilitera la réécriture de ses cahiers sous la plume d'Anne. La subjectivité surgit donc du travail de surimpressions successives.

Petites violences (1982) est le titre du deuxième roman de Madeleine Monette. Il renvoie aux violences que le monde patriarcal fait subir aux femmes. L'auteure situe une fois encore le texte au niveau de la subjectivité avec double subversion de la violence et du langage toujours suspect pour l'écrivain et le lecteur. Les rapports humains, ceux surtout des couples de *Petites violences,* permettent, tels les « cahiers » de Manon, d'accéder à la subjectivité ambiguë de la narratrice. Les « petites violences » deviennent des sous-violences, comme les « sous-conversations » sarrautiennes, plus percutantes que les grandes violences ouvertement dévoilées qui débordent l'écriture. Symboliquement, c'est une écriture moins opaque, qui force le lecteur à la réflexion, violente ses habitudes, lui ouvre les portes menant vers la découverte du texte neuf.

Madeleine Monette offre ensuite à lire *Amandes et Melon* (1991), un roman de plus de 400 pages. Il est remarquable par le tissage des diverses tensions que provoque chez chaque personnage l'absence de Marie-Paule. Mais il l'est aussi, comme dans les autres textes de Monette, par la place qu'elle réserve à la réflexion sur la création. Parallèlement à l'inventaire psychologique des membres de la famille, toute l'activité scripturale de l'auteure émerge par le biais des lettres de l'absente qui suscitent en chaque destinataire des réactions différentes. Ce désir de montrer l'infrastructure du texte se manifeste en même temps par le travail de la peintre Elvire pour qui les drames familiaux servent de textes parallèles. Ce n'est guère par hasard que Madeleine Monette donne à son roman le titre que l'artiste avait choisi pour l'exposition de ses tableaux. Le lien intime entre écriture et peinture confirme qu'il est possible de combiner l'émotion, « la dynamique des rapports amoureux » et la réflexion artistique pour offrir aux lecteurs le plaisir toujours renouvelé du texte.

Bibliographie : *Le Double suspect*, prix Robert-Cliche (Montréal : Quinze, 1980). *Petites Violences* (Montréal : Quinze, 1982). *Amandes et Melon*. (Montréal : L'Hexagone, 1991). *Nouvelles et Récits* : « L'Américain et la jarretière », *Fuites et poursuites* (Montréal : Quinze, 1982). « La Plage », *Plages* (Montréal : Québec/Amérique, 1986). « Le Maillot », *L'Aventure, la Mésaventure* (Montréal : Quinze, 1987). *Essais* : « Autoportrait », *Québec Français* (déc. 1983). « Détournements », *Écrits du Canada Français* 58 (1986).

Sélection critique : Aas-Rouxparis, Nicole : « Inscriptions et transgressions dans *Le Double suspect* de Madeleine Monette », *French Review* 64, 5 (avril 1991). Fisher, Claudine G. : « Sensibilités française et québécoise dans *Plages* », *Revue Francophone de Louisiane* V, 1 (printemps 1990). Ricouart, Janine : « Le silence du double dans *Le Double suspect* de Madeleine Monette », *Québec Studies* 7 (1988). Roussel, Brigitte. « Le Je du Jeu chez Madeleine Monettte », *Revue Francophone de Louisiane* V, 1 (printemps 1990).

Ginette Adamson

MONNIER, Adrienne, 1892-1955, poète.

La Figure (aux dépens de l'auteur, 1923). *Les Vertus* (Hors commerce, 1926). *Fableaux*, signé J.M. Sollier (La Maison des Amis du Livre, 1932). *Fableaux,* éd. revue et augmentée (Mercure de France, 1960). *Les Poésies d'Adrienne Monnier* (id., 1962). *Rue de l'Odéon*, récits personnels (Albin Michel, 1989).

MONNIER, Mathilde, dite Thyde, 1887-1967, romancière, essayiste.

La Rue courte (Grasset, 1937). *Annonciata* (id., 1939). *Les Desmichels*: t. 1. *Nans le berger* (Julliard, 1943); t. 2. *La Demoiselle* (id., 1944); t. 3. *Travaux* (id., 1945); t. 4. *Grand-Cap* (id., 1947); t. 5. *Le Pain des pauvres* (id., 1947); t. 6. *Le Figuier stérile* (id., 1947); t. 7. *Les Forces vives* (id., 1948). *Barrage d'Arvillard* (Genève: Éd. du Milieu du monde, 1946). *Brin d'avoine* (Lyon: Éd. Gutenberg, 1946). *Fleuve* (Genève: Éd. du Milieu du monde, 1946). *Cœur* (Plon, 1951). *Les Cinq Doigts de la main* (Fayard, 1959). Cf. DLLF, DFELF.

MONNIOT, Victorine, 1825-1888, romancière créole réunionnaise.

Une trentaine de titres dont: *Le But de la vie* (Bourguet-Calas, 1876). *La Chambre de la grand'mère* (Périsse Frères, 1860). *Coralie Delmont* (id., 1861). *Journal de Marguerite* (Versailles: Beau-Jeune, 1858, 2 vol., 30 rééd., dernière: Bourguet-Calas, 1878). *Marguerite a vingt ans* [suite du *Journal de Marguerite*] (Ruffet, 1861-62, 2 vol., 16 rééd.). *Madame Rosély* (id., 1864, 2 vol., 11 rééd.). *Rafaela de Méran* (id., 1866). Cf. Lejeune, Philippe: *Le moi des jeunes filles* (Seuil, 1993).

MONTÉGUT-SÉGLA, Jeanne de –, 1709-1752, poète.

Œuvres mêlées de Madame de M., maîtresse ès Jeux Floraux, recueillies par Monsieur de Montégut, son fils, 2 vol. (Desaint & Barbou, 1768).

MONTANCLOS, Marie-Émilie de –, 1736-1812, poète.

La Bonne Maîtresse, comédie (Hugelet, an XII). *Le Choix des fées par l'Amour et l'Hymen* (Bruxelles: P.: Vve Duchesne, 1782). *Œuvres diverses en vers et en prose,* 2 vol. (s.l., 1791). *Robert le bossu ou les trois sœurs,* vaudeville en un acte, prose et vers (Montansieur-variétés, 1799).

MONTOLIEU, Isabelle de –, 1751-1832, romancière suisse.

103 volumes parmi lesquels: *Caroline de Litchfield* (Londres, 1786). *Les Châteaux suisses* (Bertrand, 1817). *Nouvelles et romans* (9 vol., Genève et Paris, 1812-1823). *Le Robinson suisse, ou Journal d'un père de famille naufragé avec ses enfants* (Paris, 1924, 3 vol.).

MORAND, Florette, poète antillaise.

Mon Cœur est un oiseau des îles (Éd. de la Maison des Intellectuels, 1954). *Biguines* (Fontenay-le-Comte, 1956). *Chanson pour ma savane* (Librairie de l'Escolier, 1958).

MOREL, Suzy, romancière.

Célébration de la neige (04-Mane : R. Morel, 1968). *Une Certaine Victoire* (Stock, 1975). *L'Enfant cavalier* (id., 1977). *L'Éblouie* (id., 1979). *Les Pas d'Orphée* (id., 1981). *La Marie Concorde* (Meylan [Aurore], 1984). *Le Chemin du Loup* (Calmann-Lévy, 1985). *L'Office des ténèbres* (id., 1989).

MORPEAU, Hélène, poète haïtienne.

Pages de Marie et d'Hélène, essai (Port-au-Prince : Les Presses Libres, 1954). *Alma* (Port-au-Prince : Imp. La Phalange, 1959). *Médaillons féminins d'Haïti* (Port-au-Prince : Imp. Rodriguez, 1975).

MOTTEVILLE, Françoise de –, 1621-1689, mémorialiste.

Mémoires pour servir à l'histoire d'Anne d'Autriche, épouse de Louis XIII (Amsterdam : F. Changuion, 1723 ; Fontaine, 1982). *Lettres*. (L. Colin, 1806). *Mémoire de Henriette-Marie de France* (Londres : Camden Society, 1880). *Le Mariage de Louis XIV* (H. Gautier, 1897).

MOULIN, Jeanine, n. 1912, poète, critique belge.

Jeux et Tourments (Bruxelles : La Maison du Poète, 1947). *Feux sans joie* (Seghers, 1957). *Rue Chair et Pain* (id., 1961). *La Pierre à feux* (id., 1968). *Les Mains nues* (Libr. Saint-Germain-des-Prés, 1971). *Voyage au pays bleu* (Bruxelles : De Méyère, 1975). *Huit siècles de poésie féminine,* anthologie (Seghers, 1975). *Fernand Crommelynck ou le théâtre du paroxysme* (Bruxelles : Académie royale de langue et littérature françaises, 1978). *Musée des objets perdus* (Saint-Germain-des-Prés, 1982). *Marceline Desbordes-Valmore* (Seghers [rééd.]1983). *La Craie des songes* (Saint-Germain-des-Prés, 1986). *Les Yeux de la tête* (Cherche Midi, 1988). *De pierre et de songe* (Différence, 1991). Cf. DLLF & Trekker, Anne-Marie et Jean-Pierre Vander Straeten : *Cent auteurs, Anthologie de littérature française de Belgique* (Éd. de la Francité & de la CEC, 1982).

MURAIL, Elvire, essayiste, romancière.

Escalier C. (Sylvie Messinger, 1983). *Suivez le guide* (ARCAM, 1983). *La Plume de perroquet* (S. Messinger, 1984). *Les Mannequins d'osier* (Laffont, 1987). *Indiana Jones et la dernière croisade* (Nathan, 1989). *Bingo !*, rm (Françoise Bourin, 1990).

MURAT, Amélie, 1882-1940, poète auvergnate.

D'un Cœur fervent (Sansot, 1908). *Humblement sur l'autel* (Jouve, 1919). *Bucoliques d'été* (Renaissance du Livre, 1920). *La Maison heureuse* (Garnier, 1921). *Le Rosier blanc* (Bloud & Gay, 1923). *Le Sanglot d'Ève* (Garnier, 1923). *Passion* (id., 1929). *La Bête divine* (L'Artisan du Livre, 1929). *Solitude* (La Maison du Livre Français, 1930). *Le Chant de la vie* (Saint-Félicien-en-Vivrais : Éd. du Pigeonnier, 1935). *Vivre encore* (Uzès : Éd. de la Cigale, 1937).

MURAT, Henriette-Julie de Castelnau, comtesse de –, 1670-1716, femme de lettres bretonne.

Le Conte de Dunois (C. Barbin, 1671). *Contes de fées* (id., 1671). *Mémoires* (id., 1697). *Histoires sublimes et allégoriques* (J. & P. Delaine, 1699). *Voyage de campagne* (Vve de C. Barbin, 1699). *Les Nouveaux contes de fées* (Vve de Ricœur, 1710). *Les Lutins du château de Kermosy,* nouvelle historique (J. LeFèbvre, 1710). *Nouveau Cabinet des fées, avec Charles Perrault* (Genève : Slatkine, 1978).

N

NAVARRE, Marguerite d'Angoulême, reine de –, 1492-1549.

Née à Angoulême, sœur du roi de France, elle est aussi connue sous les noms de Marguerite de Valois, d'Alençon, ou d'Orléans (à ne pas confondre avec Marguerite de Valois (v. ce nom) ou de France, poète, épistolière surnommée « la Reine Margot », du siècle suivant, qui épousa le futur Henri IV en 1572). A l'âge de dix-sept ans, elle épouse Charles d'Angoulême, mariage heureux auquel met fin en 1525 la mort de ce dernier. A l'avènement de son frère François Ier, l'univers de Marguerite devient celui d'une cour brillante et parfois licencieuse. Politique et diplomate, elle conseille souvent le roi, pour qui elle a une grande affection, et œuvre à sa délivrance, après la défaite de Pavie, en entreprenant le voyage d'Espagne.

Très cultivée, Marguerite connaît l'italien et l'espagnol, ainsi que le latin et l'hébreu. Elle joue à la cour un rôle de mécène éclairé, entrant en rapport avec les meilleurs esprits du temps. Ses contacts avec les écrivains réformés, ainsi que l'influence du néo-platonisme italien, très apparente dans son œuvre, contribuent à créer l'impression qu'elle a embrassé la Réforme. Il est probable que Marguerite a épousé Henri d'Albret, roi de Navarre : elle tient désormais sa cour à Pau ou à Nérac. Elle meurt à cinquante-sept ans. Sa fille, Jeanne d'Albret, sera la mère d'Henri IV.

Dans un dizain, publié en 1532 dans *l'Adolescence Clémentine*, Clément Marot, poète de cour et protégé de Marguerite d'Alençon, fait de la reine le portrait suivant : « corps féminin, cœur d'homme, tête d'ange ». Pour surprenante qu'elle soit, cette description de la future reine paraît justement inspirée. Le portrait de Marguerite par Clouet. au Musée de Chantilly, montre un visage où la fermeté des traits et l'intensité du regard contrastent avec la grâce du bras dont elle entoure le petit chien sur ses genoux.

Remarquable à tous égards, Marguerite est aussi femme de lettres. Durant la première partie de sa vie, elle compose surtout des poèmes religieux ; longues récitations verbeuses, ces premiers efforts ont une valeur littéraire discutable. Plus tard un recueil de « chansons spirituelles » (souvent chantées sur des airs connus) contient des vers d'un charme indéniable.

Marguerite doit sa célébrité à une œuvre de plus longue haleine : *L'Heptaméron*. Il n'est guère possible de fixer la date à laquelle la reine eut l'idée d'écrire un *Décameron* français. Le livre de Boccace était bien connu, en France, au début du XVIᵉ siècle. En 1531 Marguerite avait demandé à l'un de ses protégés qui rentrait d'Italie de faire une conférence à la cour sur Boccace et de traduire en français l'ouvrage italien. La traduction d'André Le Maçon ayant paru en 1541, il est probable que, la mémoire rafraîchie par la traduction française, Marguerite a commencé à cette époque à composer *l'Heptaméron*. Il semble que la plupart des contes aient été rédigés entre 1542 et 1546. L'ouvrage est interrompu par la mort de la reine, en 1549.

Il est important de souligner que la ressemblance qui existe entre l'ouvrage de Boccace et celui de Marguerite est uniquement formelle. Dans les deux livres, un groupe de jeunes gens (cinq hommes et cinq femmes), se trouvant réunis par la force des événements dans une campagne isolée, décident de passer le temps en racontant chacun une histoire par jour. Le *Décaméron* contient cent nouvelles, l'*Heptaméron* inachevé en compte soixante-douze. Comme le *Décaméron,* il est divisé en « journées » de dix contes chacune, la septième et dernière journée n'en contenant que deux. L'ouvrage fut publié pour la première fois en 1558, neuf ans après la mort de la reine, sous le titre *Histoire des Amants Fortunés* (l'éditeur n'avait sans doute pas lu le livre). C'est seulement l'année suivante que Claude Gruget fait paraître l'ouvrage sous le titre que nous lui connaissons. Cette nouvelle édition, plus complète que la précédente, avait été préparée à la requête de sa fille, Jeanne d'Albret.

L'Heptaméron est une œuvre complètement originale. Que Marguerite fort cultivée ait subi l'influence des conteurs italiens est inévitable. Mais si la forme est semblable à celle du *Décaméron,* ni le fond ni la manière ne sont celles de Boccace ou de Bandello. Dans son livre, Marguerite aborde plusieurs genres : histoire courte, parfois gauloise, nouvelle dramatique, récit philosophique ; chaque conte contient un débat moral où l'auteur se révèle une des meilleures psychologues du temps.

Le thème principal de l'*Heptaméron* est l'amour et c'est là que le « proto-féminisme » de la reine de Navarre est apparent. Comme Christine de Pisan avant elle, Marguerite essaye de redresser l'ordre établi par le Moyen Age, selon lequel la femme est un être inférieur. Elle examine les rôles respectifs des sexes dans le mariage et en dehors et conclut qu'hommes et femmes étant égaux devant Dieu, ils sont égaux... ou presque, devant les hommes. Le réalisme est un des charmes principaux de l'*Heptaméron*. Le souci de vérité annoncé dans le prologue est constant chez l'auteur qui ne présente que des « faits véritables », résultant de ses observations personnelles. A la fin de chaque nouvelle, les personnages prennent part à une discussion, à laquelle le lecteur se sent invité à participer.

Marguerite est habile et persuasive. Pas plus qu'elle ne fait l'éloge de tous les personnages féminins qui paraissent dans les contes, elle ne blâme tous les hommes. Mais nous découvrons sans peine qu'ils sont plus souvent fautifs que les femmes et que leur sexualité agressive est à l'origine de bien des faiblesses féminines ! Pour Marguerite, à l'encontre de Boccace, l'amour est une chose sérieuse, parfois dramatique. Le bonheur dépend non pas des circonstances mais des individus. A une époque où les mariages de convenance étaient nombreux, Marguerite ne les condamne pas, car dans une certaine mesure le choix continue à appartenir à la femme. Elle s'intéresse au conflit moral et aux sentiments plus qu'aux événements. Chaque conte est un roman en miniature, dans la tradition qui deviendra celle du roman français d'analyse.

Le jugement de Montaigne fait sourire. Il écrit dans les *Essais* : « Comme fait la Royne de Navarre en l'un des contes de son *Heptaméron* (... un gentil livre pour son estoffe) ». *L'Heptaméron* de Marguerite de Navarre est aujourd'hui considéré comme une étape marquante de l'histoire littéraire aussi bien que de l'histoire des femmes et des idées sur leur émancipation.

Bibliographie : *L'Heptaméron*, éd. M. François (Garnier, 1943). *L'Heptaméron*, dans *Conteurs Français du XVIe siècle* (Gallimard/Pléiade, 1965). *Les Marguerites de la Marguerite des princesses*, éd. Félix Frank, 4 vol. 1873 (rééd. Mouton, 1970). *Les Dernières Poésies de Marguerite de Navarre*, éd. Abel Lefranc (Colin, 1896). *Contes licencieux* (France-Édition, 1932). *Théâtre Profane*, éd. V.L. Saulnier (Genève et Paris, 1946 ; aug. 1963). *Nouvelles*, éd. Yves LeHir (Presses Universitaires de France, 1947). *Lettres de Marguerite d'Angoulême*, éd. F. Genin (Jules Renouard, 1841). *Chansons spirituelles*, éd. G. Dottin (Genève/Paris : Droz /Minard, 1971). *La Coche*, éd. Robert Marichal (id., 1971). *Correspondance : 1521-1524*, éd. Guillaume Briçonnet (Genève : Droz, 1975). *Les Prisons* (Genève : Droz, 1978). *Heptaméron*, éd. Michel François (Garnier, 1991).

Sélection critique : Cazauran, N. : *L'Heptaméron de Marguerite de Navarre* (SEDES, 1977). Cerati, Marie : *Marguerite de Navarre* (Éd. du Sorbier, 1981). Clive, H.P. : *Marguerite de Navarre, An Annotated Bibliography* (Londres : Grant & Cutler Ltd, 1983). *Fèvre Lucien, Autour de l'Heptaméron, Amour sacré, Amour profane* (Gallimard, 1944). Dejean, Jean-Luc : *Marguerite de Navarre* (Fayard, 1987). Gouvion, Colette : *Plus vous que moi : Marguerite de Navarre* (Ramsay, 1989). Roubaud, Jacques : *Impressions de France ; Incursions dans la littérature du premier XVIe siècle, 1500-1550* (Hatier, 1991). Telle, Émile V. : *L'Œuvre de Marguerite d'Angoulême, Reine de Navarre et la Querelle des femmes* (Lion et Fils, Toulouse, 1937). Cf. DLFF, DLLF, FWW.

Martine Messert

NAVERY, Raoul de –, pseud. de David, Marie (de Saffron), 1831-1885, romancière.

Environ 80 titres, nombreuses rééditions : *Avocats et Paysans* (H. Gautier, 189?). *Les Chevaliers de l'Écritoire* (8ᵉ éd. id., 1899). *Comédies, drames et proverbes* (6ᵉ éd., id., 1898). *Divorcés* (8ᵉ éd., id., 1890). *Les Drames de l'argent* (Blériot et Gautier, 1883). *Les Drames de la misère* (8ᵉ éd., Gautier, 1899). *La Cendrillon du village,* suivi de *La Malédiction* (rééd., id., 1899?). *Les Crimes de la plume* (rééd., id., 189?). *Le Duel de la veuve* (id., 1891). *Le Juif Ephraïm* (9ᵉ éd., 1896). *La Femme d'après Saint Jérôme* (rééd., Blériot Frères, 1882). *Les Femmes malheureuses,* avec B. de Laroche (Gautier, 1889). *Les Héritiers de Judas* (6ᵉ éd., id., 189-). *Les Parias de Paris* (rééd., id., 1898). *Le Procès de la Reine* (id., 189-). *Patira* (Gautier et Languereau, 1925). *La Fille sauvage* (id., 1930). *Le Trésor de l'Abbaye* (rééd., id., 1970).

NDIAYE, Catherine, journaliste, romancière d'origine sénégalaise.

Gens de sable (P.O.L., 1984). *La Coquetterie ou la passion du détail* (Autrement, 1987). Cf. RAEF.

NDIAYE, Marie, n. 1967, romancière.

Née à Pithiviers, Marie NDiaye a fait des études au lycée Lakanal, donné une brève chance à la faculté des lettres de Paris-Censier, savouré une bourse d'études à la Villa Médicis avec Jean-Yves Cendrey et mis au monde deux enfants. Parisienne occasionnelle, elle fréquente plutôt la Normandie. D'un patronyme sénégalais djolof (ethnie cousine des Wolof) cette jeune femme au teint très clair devait se démarquer en lui ôtant son apostrophe. C'est à l'âge de dix-sept ans (la légende dit que Jérôme Lindon, à la lecture de son manuscrit, s'en fut trouver la lycéenne au sortir de ses cours) qu'elle entreprend de se faire son nom propre avec *Quant au riche avenir.* Les Éditions de Minuit ayant décliné son second texte, les deux suivants la ramènent au prestigieux bercail du Nouveau Roman et d'une certaine néo-critique. C'est de toute évidence un très grand talent, une énergie tout entière tournée vers la fiction narrative qui se cherche et déjà peut-être se trouve. Dès l'âge de 12 ans elle a éprouvé le désir d'écrire et l'on peut envier ses professeurs de lycée (et sa mère, elle-même professeur de sciences). Comme le suggère l'article de Jean Palestel (*Libération*), l'oralité médiatisée n'est pas son fort, non plus que la bêtise, ce qu'elle aurait en commun avec un certain M. Teste.

Échos de presse autour d'*En famille* avec lequel la jeune femme se voit carrément intégrée au paysage littéraire parisien : « Il y a chez Marie NDiaye un joli complexe de Cendrillon », décide tel critique ; « picaresque », selon tel autre, au sens précisé d'un « monde fermé parcouru en tous sens par un personnage rencontrant toujours les mêmes comparses qui ne songent qu'à l'éviter ou à l'exploiter brièvement ... son art est antisentimental, mais il est grave... » ; « Kafka revisité ici par la jactance des griots... pour creuser une problématique, où les questions de l'identité, de la différence, voire de l'aliénation, apparaissent portées par un langage véritablement novateur » ; « l'usage paisible d'une prose synchronique et surtout le choix littéraire de la parabole... [et un style] monocorde jusqu'à l'obsession, persistant jusqu'à l'insupportable, conçu avec la précision démoniaque d'une bombe à retardement... » ; « Marie NDiaye interprète en virtuose le thème périlleux de la quête d'identité » ; « n'aurait pas ce poids, cette résonance parfois déchirante s'il n'y avait bien des façons d'être d'ailleurs... » ; « talent incroyablement précoce, incroyablement libre, plaisant, assuré, qui mélange tous les genres – roman anglais, conte philosophique, mélo familial – avec une virtuosité confondante... maîtrise invraisemblable pour un écrivain de 23 ans... »

La critique de presse a donc reconnu avec enthousiasme le plus souvent et toujours dans la stupéfaction le chemin de Marie NDiaye. Si le diagnostic d'un « joli complexe de Cendrillon » laisse pantois(e), et si la généalogie interraciale de l'écrivaine infléchit souvent les interprétations de ses livres, l'unanimité est totale sur l'originalité et la surabondance des dons. Le travail de Marie NDiaye et sa réception en France ont une valeur emblématique car ils marquent l'histoire littéraire de langue française. Avec Marie NDiaye, « noire » et « hexagonale », on est dans les temps nouveaux des post-ismes (féminisme, colonialisme, modernisme) où l'on échappe déjà facilement à la cage du sexe mais point encore tout à fait à celle de l'ethnicité. La presse française a fait discrètement état d'un père « tôt disparu de sa vie », la presse africaine a déploré la blanchitude de son discours cependant que la critique universitaire francisante américaine cherche déjà à disséquer le spectre de ses couleurs et que le respecté critique Kibédi Varga l'a citée comme illustrative du roman post-moderne.

L'écriture de Marie NDiaye aura d'abord fait son miel du roman canonique : les raffinements de l'analyse psychologique sont machiavéliquement sarrautesques dans *Quant au riche avenir,* déploiement de la conscience d'un jeune hypersensible, dont elle dit qu'il n'aurait pas été écrit sans Proust et James. Si l'on a savouré l'insatiable parlerie de Pinget, les performances de la phrase de Simon, le ton imperturbable du Petit Nicolas (ou de Bécassine) on est prêt à la déguster.

Comédie classique se met dès la première page sous le signe de Proust (avec distanciation, c'est un pastiche de l'ouverture de *A la recherche du temps perdu*) et Marie NDiaye y rend un hommage ironique à certains

« maîtres » tels que Flaubert (« tâcheron surfait »), Zola (« basse-contre [sic] d'opérette »), Proust donc (« un narcotique »), Joyce (« ce pédant ? Illisible ! ») pour faire déclarer à son jeune protagoniste (par ailleurs maître en l'art d'émincer les concombres avec quelques autres talents) que la littérature commence... avec lui. L'enchaînement de ce texte, trop rapidement classé comme « exercice de style », repose avant tout sur l'anadiplose et les propositions participes : c'est une surenchère ludique de la phrase complexe où Grevisse trouverait bien quelques faiblesses. Il vaut mieux lire ce texte comme discours jouant avec l'autobiographique. Une voix, donc une personne, s'élève finalement par-delà la logorrhée : c'est le refus honnête de mettre de l'ordre dans une vie parisienne où les relations de parenté jouent déjà leur comédie.

Dans les textes de 1989 et 1990, le récit opte délibérément pour un « réalisme fantastique » fait de fable irréaliste et d'analyse psychologique fragmentaire. Marie NDiaye se situe plus près de Bulgakov (*Le Diable et Marguerite,* « Cœur de chien ») que de Tutuola (*L'Ivrogne dans la brousse*) pour le fantastique satirique. Pour l'« énigmatisme » et le flamboyant narratif, on pourra penser à Duras et à Tournier. Quant à la cruauté, c'est toute une école française (outre la très simple et authentique rage meurtrière de la femme trompée) plutôt que l'indéfinissable légèreté sadique d'une Toni Morrison qui peut illuminer l'amitié féminine ou le meurtre du bébé dans *La Femme changée en bûche.* Et l'humour, rabelaisien deci, beckettien delà, ne manque pas à la panoplie. Ce texte, dont elle confie qu'elle n'aurait pas pu l'écrire après avoir donné naissance à sa petite fille, est moins formidable qu'*En famille,* mais il entretient des liens intimes avec l'odyssée de Fanny, car Marie NDiaye a choisi ici, comme perspective dominante mais non exclusive, une voix féminine. La protagoniste infanticide s'est vouée au Diable, défini comme Protée insaisissable – serait-il la gloire médiatique ? – et dont le domaine prend des allures du milieu de l'édition. Dans *La femme changée en bûche* (donc en « femme de bois » comme on dit « langue de bois »), elle travaille beaucoup à défaire l'étanchéité du masculin/féminin, du singulier/pluriel, du je/nous, confusion des catégories que le couple et l'amour favorisent et que le diable cultive pour ne pas démériter.

Les nouvelles « pérégrinations d'une paria » que sont les mésaventures de Fanny dans *En famille* sont avant tout le discours d'une marginalisation qui évoque sans doute *L'Homme invisible* de Ralph Ellison. Sa différence est inscrite en creux, elle peut passer inaperçue (« Fanny coiffée de maigres couettes... les cousines qui portaient leurs cheveux longs et raides », p. 152 ; « Fanny... jeune fille maintenant auprès de sa cousine frêle et pâle... », p. 153 ; « vigueur de son teint, l'originalité de ses traits... tu ne nous ressembles guère... », p. 154). C'est bien d'un manque fondamental d'importance, d'un statut de membre superflu et « jetable » que l'héroïne cherche vainement à « se racheter ». Syndrome de l'éclatement de la famille en Occident ? satire de la France profonde ? discours identitaire fondamentalement non occidental (loi de l'identification par appartenance au groupe) ? implacable altérité mythique du métis, de tout « autre » ? angoisse du sujet décentré ? impuissance liée au masochisme d'une certaine traditionnelle jeunesse et à la féminité traditionnelle ? Aucune de ces options n'exclut les autres, chaque idéologie, chaque grille de lecture (sauf la lecture au premier degré) peut y trouver son compte. Ab-Bildungsroman échevelé au féminin, ce gros livre doit se savourer comme l'aboutissement – comme le glorieux avatar en tout cas – d'un impressionnant cheminement littéraire des voix de femmes de langue française depuis Marie de France, conteuse qui, elle aussi, se sentait quelque peu d'ailleurs... en Angleterre !

Bibliographie : *Quant au riche avenir* (Minuit, 1985). *Comédie classique* (P.O.L., 1987). *La Femme changée en bûche* (Minuit, 1989). *En famille* (id., 1990). *Un Temps de saison* (id., 1994).

Sélection critique : Amette, Jean-Pierre : « Sans famille » (*Le Point*, 4 fév. 1991). Braudeau, Michel : « Le coefficient d'inconfort » (*Le Monde*, 11 janv. 1991). Garcin, Jérôme : « Marie NDiaye : Familles, je vous hais ! » (*L'Événement du jeudi*, 17-23 janv. 1991). Giroud, Françoise : « En famille » (*JDD*, 27 janv. 1991). Giuliani, Marc : « Familles, où êtes-vous ? » (*Politis*, 17 janv. 1991). Grainville, Patrick : « Imbroglio familial » (*Le Figaro*, 7 janv. 1991). Lebrun, Jean-Claude : « Kafka et les Griots » (*Révolution*, 11 janv. 1991). Palestel, Jean : « Les trois secrets de Marie NDiaye » (*Libération*, 3 janv. 1991). Prévost, Claude : « Du réel vécu aux images du rêve » (*L'Humanité*, 9 janv. 1991).

CM

NDOYE, Mariama, femme de lettres sénégalaise.

De vous à moi, 16 nouvelles (Présence Africaine, 1990). *De vous à moi II* (L'Harmattan, -). *Sur des chemins pavoisés* (Dakar : NEA et Abidjan : CEDA, -). Cf. RAEF.

NECKER, Germaine de –, v. STAEL.

NECKER, Suzanne, 1729-1794, moraliste suisse.

Hospice de charité (Impr. royale, 1780). *Des Inhumations précipitées* (id., 1790). *Réflexions sur le divorce* (Lausanne : Durand Ravanel, 1794).

Mélanges, 6 vol. (C. Pougens, 1798). *Nouveaux mélanges extraits des manuscrits de Mme Necker* [microfilm des ms de 1801] (B.N. 1979).

NECKER DE SAUSSURE, Albertine-Adrienne, 1766-1841, pédagogue suisse.

Prévoyance et charité, sur les caisses d'épargne. Charité pratique (s.l.n.d.). *Cours de littérature dramatique de Schlegel,* trad. 6 vol. (Paris & Genève : 1814). *L'Éducation progressive* (A. Sautelet, 1828-1832). *Notice sur le caractère et les écrits de Mme de Staël* (Treutel & Würtz, 1820).

NEMIROVSKI, Irène, 1903-1942, romancière d'origine russe, morte en déportation.

David Golder (Grasset, 1929). *Le Malentendu* (Fayard, 1932). *Le Pion sur l'échiquier* (Albin Michel, 1934). *Vin de solitude* (id., 1935). *Jézabel* (id., 1936). *La Proie* (id., 1938). *Deux* (id., 1939). *Les Chiens et les Loups* (id., 1940). *Les Feux de l'automne* (id., 1957). *Le Bal* (Grasset, 1985). *Les Mouches d'automne* (id., 1988). *La Vie de Tchekhov* (Albin Michel, 1989). *L'Affaire Courilof* (Grasset, 1990). Cf. DLLF.

NESPO, France, romancière.

Le Bonheur aux trousses (Seuil, 1975). *La Veuve de paille* (id., 1978). *Une Femme fragile* (id., 1980). *Le Chat qui la regarde* (Seuil, 1983). *Mes parents sont de grands enfants que j'ai eus quand j'étais petit* (Mazarine, 1986).

NGOC, Huu et Françoise Corrèze.

Fleurs de pamplemoussier, femmes et poésie au Vietnam depuis le XIe s. (L'Harmattan, 1984).

NGO MAI, Jeanne, poète camerounaise.

Poèmes sauvages et Lamentations (Monte-Carlo : Poètes de notre temps, 1967).

NICOIDSKI, Clarisse, romancière.

Le Désespoir tout blanc (Les Sept Couleurs, 1962). *La Mort de Gilles* (Mercure de France, 1970). *Les Voyages de Gabriel* (id., 1971). *La Nuit verte* (id., 1972). *Le Trou de l'aiguille* (id., 1973). *La Balle dumdum* (La Table Ronde, 1976). *Le Caillou* (Ramsay, 1979). *Couvre-feux* (id., 1981). *Raphaël, je voulais te dire...* (Flammarion, 1985). *Frères de sang : post-scriptum de l'infanticide* (Flammarion, 1986). *Le Train de Moscou* (id., 1989). *Amedeo Modigliani* [Autobiographie imaginaire] (Plon, 1989). *Rumeurs dans la salle des profs de Cortance* (Ramsay, 1990). *Guerres civiles* (Payot, 1991). *Le Pot de miel* (Mercure de France, 1991).

NICOLAI, Marie, romancière belge.

Samarinas (Bruxelles : La Renaissance du Livre, 1962). *Où reposer la tête ?* (Casterman, 1963). *L'Ombre de l'autre,* Prix triennal (id., 1963). *Les Variations* (Bruxelles : La Renaissance du Livre, 1964). *Une Passion difficile* (Casterman, 1965). *Lincoln, ce président* (Dargaud, 1968). *Les Pavés de Versailles,* nouvelles (Bruxelles : L. Musin, 1984). *Satura. Le Voyage* (-). Cf. Trekker, Anne-Marie et Jean-Pierre Vander Straeten : *Cent auteurs, Anthologie de littérature française de Belgique* (Éd. de la Francité & de la CEC, 1982).

NIMIER, Marie, romancière.

Sirène (Gallimard, 1985). *La Girafe* (id., 1987). *Anatomie d'un chœur* (id., 1990). *Mina Prish,* monologue théâtral (dans *Le Voyage à l'est,* Balland/Maison des Écrivains, 1990). *L'Hypnotisme à la portée de tous* (Gallimard, 1992). *La Caresse* (id., 1994).

NIZET, Marie, 1859-1922, poète.

Moscou et Bucarest (Versailles : Imp. de E. Aubert, 1877). *Romania, chants de la Roumanie* (Aug. Ghio, 1878). *Pour Axel de Missie* (Bruxelles : Éd. de la Vie intellectuelle, 1923).

NJOYA, Rabiatou, n. 1945, dramaturge camerounaise.

Toute la rente y passe, comédie en 2 actes, et *Ange noire, ange blanc,* comédie en 4 actes dans *CLF théâtre,* n° 13 (Yaoundé : Éd. CLE, 1968). *La Dernière Aimée* (id., 1974). *Raison de royaume* (Yaoundé : SOPE-CAM, 1990). *Haute trahison* (id., 1990).

NOAILLES, Anna de –, 1876-1933, poète.

Anna-Élisabeth de Brancovan naît à Paris d'une mère grecque, fille de l'ambassadeur turc à Londres, Musurus Pacha, et d'un père roumain de la haute aristocratie, qu'elle perd à l'âge de neuf ans. Elle devait être la plus parisienne des poètes, considérant la langue française comme sa langue maternelle. Très tôt passionnée par la poésie, elle écrit dès l'âge de treize ans et cultive Corneille, Hugo, Musset, les Parnassiens. Elle connaît la plupart des grands écrivains de son temps : Barrès, Proust, Colette, Cocteau. Elle épouse le comte Mathieu de Noailles en 1897 et publie son premier recueil de poèmes en 1901, l'année de la naissance de son fils, Anne-Jules. En 1922 elle est élue à l'Académie royale de Belgique où Colette la remplacera en 1935, Cocteau devant prendre leur succession en 1955. Elle reçoit le Grand Prix de littérature de l'Académie française et devient la première femme commandeur de la Légion d'honneur. De santé précaire, elle est souvent alitée : « Elle dormait mal, souffrait et parlait peu de ses souffrances. On la croyait une fausse malade. On traitait Proust de faux malade... Les poètes, malades imaginaires. Et ils meurent. Quelle surprise ! Quelle inconvenance ! » (Cocteau : *La Comtesse de Noailles oui et non*). Elle devait, au printemps 1933, recevoir des funérailles officielles et être inhumée au Père-Lachaise.

De son vivant, Anna de Noailles a été comblée de louanges qui allaient à sa beauté, sa conversation brillante, son talent et ses écrits. Ses premiers poèmes circulent et sont acclamés dès leur parution (*Le Cœur innombrable* ne sera publié qu'en 1901). Sa poésie sensuelle, païenne, fervente, célèbre les beautés du monde, l'extase amoureuse et la joie de vivre en vers qui restent de facture traditionnelle mais dont le lyrisme chaleureux a l'accent de la sincérité : « Nul n'aura comme moi si chaudement aimé/ La lumière des jours et la douceur des choses/ L'eau luisante et la terre où la vie a germé. » Cependant, dès 1913 avec *Les Vivants et les Morts,* aux thèmes majeurs de la nature et du Moi qui vibre à travers elle et aime se regarder vivre, s'ajoute celui de la hantise de la mort, qui dominera les derniers recueils, alors qu'elle est accablée de malaises et de deuils. *Le Poème de l'amour* (1925), *L'Honneur de souffrir* (1927) et *Derniers Vers* (1934), qui renferment certains de ses plus beaux textes pour leur dépouillement et leur élégance, mettent tous en regard « le tendre humain paysage », « L'honneur physique,/ Cette intérieure musique/ Par quoi nous nous guidons », et « l'injure de cesser d'être,/ Pire que n'avoir pas été ! »

Poète essentiellement, Anna de Noailles a aussi laissé plusieurs ouvrages en prose, dont un roman, *Le Visage émerveillé* (1904). Écrit sous forme du journal amoureux d'une religieuse, il a fait scandale lors de sa parution et ce, malgré une conclusion fort morale. Aujourd'hui, il paraît innocent et même drôle (peut-être en dépit de son auteur). Par ailleurs, *Le Livre de ma vie* (1932) constitue une remarquable autobiographie, interrompue malheureusement cinq ans avant son mariage. Il rend compte des jeunes années d'une des femmes les plus brillantes, les plus admirées et les plus douées pour la vie et la poésie de son époque.

Considérée comme « néo-romantique » ou « romantique sensualiste » (Jeanine Moulin), Anna de Noailles a connu une éclipse durable après sa mort. On s'est généralement contenté d'évoquer son charme, sa personnalité colorée sans prêter une attention sérieuse à son œuvre. Le centenaire de sa naissance a cependant fait renaître un certain intérêt pour sa vie et ses écrits. On évoque son esprit, son humour et l'on fait d'elle une « psychologue de l'amour ». Même si Anna de Noailles n'est pas « le plus grand poète du vingtième siècle que la France ait produit, si ce n'est l'Europe », comme le déclarait, un peu imprudemment, un critique du *Times* en 1913, sa poésie, outre qu'elle aborde des thèmes qui n'ont pas d'âge, a conservé une fraîcheur, une fermeté ronde, une présence charnelle et simple qui lui méritent des relectures attentives.

Bibliographie : *Le Cœur innombrable* (couronné par l'Académie française ; Calmann-Lévy, 1901). *L'Ombre des jours* (id., 1902). *La Nouvelle Espérance* (id., 1903). *Le Visage émerveillé* (id., 1904). *La Domination* (id., 1905). *Les Éblouissements* (id., 1907). *De la rive d'Europe à la rive d'Asie* (Dorbon, 1913). *Les Vivants et les Morts* (Fayard, 1913). *Les Forces éternelles* (id., 1920). Préface à *La Paix* de Marie Lenéru (Grasset, 1922). *Les Innocentes ou la Sagesse des femmes* (Fayard, 1923). *Poèmes de l'amour* (id., 1924). *Les Climats* (Société du Livre Contemporain, 1924). *Passions et Vanités* (Champion, 1926). *L'Honneur de souffrir* (Grasset, 1927). *Poèmes d'enfance* (id., 1928). *Exactitudes* (id., 1930). *Le Livre de ma vie* (Hachette, 1932). *Derniers vers et poèmes d'enfance* (Grasset, 1934). *Correspondance 1902-1928* [avec Gide] (Lyon : Centre d'études gidiennes, 1986).

Sélection critique : Broche, François : *Anna de Noailles : Un Mystère en pleine lumière* (Laffont, 1989). Du Bos, Charles : *Anna de Noailles et le Climat du génie* (La Table ronde, 1949). Cocteau, Jean : *La Comtesse de Noailles oui et non* (Perrin, 1963). Higonnet-Dugua, Élizabeth : *Anna de Noailles : Cœur Innommable : Biographie, Correspondance* (M. de Maule, 1989). Larnac, Jean : *Comtesse de Noailles : sa vie, son œuvre* (Éd. du Sagittaire, 1931). La Rochefoucauld, Edmée de : *Anna de Noailles* (Mercure de France, 1976). Perche, Louis, éd. : *Anna de Noailles* (Seghers,

1964). Renaitour, Jean : *Erato* (Jean Grassin, 1972). Romains, Jules : *Amitiés et rencontres* (Flammarion, 1970). Cf. DFELF, DLLF, FWW.

MHB et MH

NOËL, Francine, n. 1945, romancière et dramaturge québécoise.

D'origine franco-écossaise, Francine Noël est née à Montréal, elle a un fils et vit du côté d'Outremont. Elle est professeur à l'Université du Québec à Montréal où elle enseigne l'art dramatique. Son œuvre déjà importante compte des romans et des textes dramatiques (par exemple *Chandeleur,* 1986). Membre du comité de rédaction des cahiers de théâtre *Jeu,* au début des années quatre-vingt, Francine Noël a donné plusieurs articles sur le théâtre contemporain : « Plaidoyer pour mon image » (*Jeu* 16 : 3, 1980), traite des rôles et de la représentation de la femme dans le théâtre québécois actuel. La question du théâtre (et) des femmes demeure au premier plan du travail théorique et de la production littéraire de Francine Noël. Comme Gabrielle Roy et Margaret Laurence avant elle, Noël a créé tout un univers fictif inspiré de son environnement familier, la ville de Montréal.

Reliés entre eux par le décor montréalais et par des personnages communs, les trois premiers livres de Francine Noël forment une trilogie, marquée par une subversion du temps et des genres littéraires et une focalisation féministe. Comme l'indique Lise Gauvin dans sa préface, *Maryse* est à la fois un « roman d'apprentissage » et un « trip de langage ». Les événements politiques de Québec entre 1968 et 1975, servent de toile de fond au portrait de la génération d'étudiants de Mary O'Sullivan, alias Maryse. Au temps linéaire de l'intrigue, viennent s'opposer les spirales du travail psychique du rêve, de la mémoire puis de l'écriture de l'héroïne en quête de son identité. Francine Noël pratique des formes ludiques telles que le pastiche, la parodie, la mise-en-abyme, l'intertextualité, manifestant une jouissance plurielle et féminine du texte, qui devient celle de Maryse à mesure qu'elle se libère.

D'abord figée dans des modèles littéraires du roman réaliste québécois (*Maria Chapdelaine, Bonheur d'occasion*) ou du cinéma qu'aimait son père anglophone (*Pygmalion/My Fair Lady*), Maryse renie par la suite ses humbles origines (un père irlandais, ivrogne et chômeur, une mère québécoise déclassée, quasi « Sagouine »), pour s'installer dans le regard de son « chum », mufle banal et fils de bourgeois d'Outremont-en-Haut. Petit à petit, elle s'éloigne de Michel et de sa clique snob, affirme son indépendance et resserre ses liens avec son propre réseau d'amis : deux femmes complémentaires, une avocate et une actrice puis François Ladouceur, nouveau type d'homme altruiste et sensible. Féminisation cocasse du

Matou de Beauchemin et compliment à Jovette Marchessault, la chatte Mélibée Marcotte demeure la plus fidèle compagne de Maryse.

Insatisfaite des rôles féminins dans la littérature comme dans la vie, elle annonce à son professeur de « littérologie » : « C'est de la femme que j'aurais voulu parler ». Après le départ de Michel, la mort de son père, le suicide de son double négatif, Élise Laurelle, et l'obtention d'un poste d'enseignante, Maryse peut enfin vivre sa « venue à l'écriture ». Elle inscrit d'abord la pauvreté et le mutisme des femmes de sa famille : « A mesure qu'elle travaillait, d'innombrables personnages de femmes se levaient sous sa plume, sortant de l'oubli et du silence ». En finale, la naissance de la fille de Marité et de François, annoncée avec humour par « l'Archange Gabrielle », a l'impact du double cri d'Hélène Cixous dans *La* : « C'est une fille ! » et « C'est une langue ! »

Le nom de l'enfant donne son titre au deuxième roman, *Myriam première* (1987). Bien que le fil soit repris, avec une ellipse de huit années, *Myriam* se définit mieux comme occultation de *Maryse,* par l'art, le rêve et l'enfance qu'en tant que suite. L'histoire se réduit à quatre mois de 1983. Le bleu de l'été, de l'imaginaire et de « La Sultane de cobalt », théâtre où se prépare la dernière pièce de Maryse, tentent de faire oublier l'hiver, l'insoutenable déception du référendum et la crise de la quarantaine. Le registre magique du livre provient de la mise en scène de la voix des enfants avec leur perception du temps au ralenti. Myriam sera choyée dans son cercle familial élargi car l'ordre matrilinéaire s'instaure dès la première page. Les deux grand-mères, Blanche Grand'maison et Alice Ladouceur (mère de François), représentent une autre génération de femmes. Maryse renoue avec la tradition orale en racontant aux enfants des histoires tirées de son théâtre où reviennent leurs bisaïeules. Consacrée « auteur » à succès, Maryse semble avoir trouvé le bonheur entre son art et son nouvel amour, Laurent, fils de sourcier, qui porte le nom du fleuve de Montréal. La fin du roman est celle d'une époque marquée par trois morts, celles de Gabrielle Roy, d'Alice et de Mélibée Marcotte. Un nouveau monde s'ouvre à Maryse, avec un voyage, une grossesse et un nouveau roman « à venir », l'histoire tragique de sa cousine prostituée.

La *Cantate parlée pour cinq voix et un mort, Chandeleur,* fonctionne comme mise en abyme des romans : l'action se concentre en trois jours de février 1985, autour d'une enfant, Sara, reliée à Myriam par leur amie commune. Le matriarcat fonctionne : l'enfant est éduquée, en l'absence de sa mère, par trois générations de gardiennes tandis que deux hommes demeurent accessoires. Désespéré par le chômage, l'un d'eux se suicide. A trente ans, Almira incarne toutes les femmes battues et les immigrantes apatrides qui parcourent le monde. Même protégée, Sara est initiée à la misère, à la mort, à l'amour douloureux éprouvé pour un petit voisin juif, et au racisme qui en découle. Si les romans sont ponctués d'intermèdes théâtraux, la « cantate » se compose en grande partie de récits faits à Sara par les adultes.

Babel marque une nouvelle étape dans l'écriture de Francine Noël car la protagoniste incarne toute une série de remises en question. Fatima Gagné est orthophoniste dans une zone floue, multi-ethnique de Montréal en bordure du quartier francophone d'Outremont. Son journal alterne de loin en loin avec celui de son voisin bientôt ami intime. C'est une vue intérieure de Montréal, concentrée sur les relations intenses de quelques individus, toile tissée sur le fond d'un inconscient collectif où la morale bourgeoise s'estompe et se dissout. *Babel* est un roman « adulte » avec l'exaltation, la cruauté, la complexité et la simplicité que cela implique.

L'écriture de Francine Noël est tantôt désespérante, noire sur un tableau blanc (graffiti des murs de *Maryse*, textes filmés de la Cantate), tantôt blanche comme la voix aphone de l'aphasique de *Babel* ou ce personnage de Blanche dans *Myriam*, voix de femme d'aujourd'hui, s'insurgeant contre la noirceur du monde et d'un continent dont elle ne veut plus.

Bibliographie : *Maryse,* rm (Montréal, VLB Éditeur, 1983). *Chandeleur, cantate pour cinq voix et un mort,* théâtre (id., 1986). *Myriam Première,* rm (id., 1987). « Plaidoyer pour mon image », *Jeu* 16, 3 (1980). « La Scène se passe à Montréal, de nos jours », in Actes du colloque *Lire Montréal* (Montréal : Univ. de Montréal/Groupe de recherche Montréal imaginaire, 1989). *Babel, prise deux, ou Nous avons tous découvert l'Amérique* (Montréal : VLB, 1990).

Sélection critique : Cliche, Ann Élaine : « Paradigme, palimpseste, pastiche, parodie dans *Maryse* de Francine Noël », *Voix et Images* 36 (printemps 1987). Collectif : *Écrivain cherche lecteur ; l'écrivain francophone et ses publics* [Colloque de Royaumont], dir. Lise Gauvin et Jean-Marie Klinkenberg (Créaphis, 1991). Colville, Georgiana : « L'Univers de Francine Noël », *Quebec Studies* 10 (printemps-été 1990). Gauvin, Lise : « Lettre à Maryse : en guise de préface » [à l'édition Poche de *Maryse*, 1987]. Larue, Monique et Jean-François Chassay : *Promenades Littéraires dans Montréal* (Montréal : Québec/ Amérique, 1989).

Georgiana Colvile

NOËL, Marie (Mélanie Rouget, dite –), 1883-1967, poète et conteuse.

Marie Noël, poète et conteuse, est née à Auxerre dans une famille cultivée : son père, agrégé, enseignait la philosophie. En 1904 deux événements marquent son existence et seront à l'origine de deux de ses thèmes les plus insistants : la mort soudaine d'un jeune frère et le départ d'un homme pour lequel elle nourrissait un sentiment non partagé. Elle aura très peu quitté sa ville natale où elle s'éteint à l'âge de 84 ans en dépit d'une santé physique et nerveuse fragile. (Cf. « Prière à mon corps ») Elle a évoqué ses années d'enfance dans *Petit-jour* et a confié à Raymond

Escholier le soin d'écrire sa biographie (*La Neige qui brûle*). L'œuvre poétique et l'œuvre en prose ont été réunies en deux recueils aux éditions Stock en 1956 et 1977.

La renommée de Marie Noël a souffert des jugements réducteurs ou excessifs portés sur elle. Le plus excessif fut sans doute celui de Montherlant : « le plus grand poète français vivant ». Mais l'étiquette de « poète rustique et chrétien » (Georges Pillement) risque tout autant d'imposer l'image fade d'une écrivaine régionaliste et pieuse. Or l'œuvre poétique de Marie Noël présente, comme le pseudonyme qu'elle s'est choisi, une double face : « Marie (mara) l'amertume mortelle de ma racine, Noël, mon miracle, ma fleur de joie ». Une première voix, lyrique, tendre et très vite nostalgique tisse, surtout dans le premier recueil (*Les Chansons et les Heures*), le rêve d'amour d'une Cendrillon qui attend son prince et celui d'un espace familier qui serait « ma maison à moi ». La nature bourguignonne, ses senteurs, ses rythmes saisonniers y sont évoqués en une langue simple mais non sans saveur et fermeté. Cependant, déjà dans ce recueil, affleure une angoisse qui lie le désir de se perdre « toute » dans l'amour à la peur de ce même désir violent et du silence qui risque de répondre à l'attente (« Attente »).

Ce sont toutefois les poèmes d'inspiration religieuse et liturgique qui, malgré des titres qui sembleraient annoncer des chants sereins et allègres, font entendre clairement une deuxième voix douloureuse, inquiète, souvent amèrement lucide. Dans *Les Chants de la merci* et *Le Rosaire des joies,* Marie Noël interpelle un Dieu exigeant, un Dieu de tourmente auquel obéit un peuple souffrant et qui s'en va lentement à la mort, « le cierge en main » (« Chandeleur »). Une équation qui lie implacablement les termes vivre/manger/mourir ou faire mourir/ se déploie en variantes d'une logique obstinée et frappante comme dans le « Poème des dents » (première partie d'« Adam et Ève »). Dans les *Chants et Psaumes d'automne* la voix s'assombrit encore. La détresse, le doute (« Ténèbres ») et « l'inconsolable cri de l'homme... [qui] est entré en moi... et n'en est plus ressorti » s'y entendent presque à chaque page. « La Mort, dira Marie Noël, dans *Petit-Jour,* m'a toujours trouvée hurlante à la face du Ciel ». Et elle intitule précisément « Hurlement » l'un de ses poèmes les plus émouvants de révolte contre la mort.

L'originalité de Marie Noël tient en grande partie au décalage entre le sentiment tragique qui se greffe presque toujours sur le thème abordé, qu'il soit personnel, liturgique ou biblique et la forme qu'elle adopte : moule résolument lyrique et traditionnel de la chanson populaire avec ses rimes régulières, ses couplets et ses refrains et qui renoue avec une poésie d'inspiration médiévale. Marie Noël s'est d'ailleurs intéressée aux mélodies populaires et régionales et a mis elle-même en musique quelques-uns de ses poèmes. Cette affinité avec un passé médiéval se retrouve dans ses *Contes,* allégories sur le thème de l'amour humain et divin, et le miracle qu'elle a écrit en 1955, *Le Jugement de Don Juan.*

Une écriture mélodieuse et sage dissimule donc, dans l'œuvre de Marie Noël et à son détriment, une complainte folle de solitude : révolte contre la souffrance humaine et déchirement d'un sauvage désir qui, autant qu'une soif mystique d'absolu, pourrait bien être une faim de vivre. Sans doute, comme son personnage d'Adam, Marie Noël en a-t-elle eu peur.

Bibliographie : *Les Chansons et les Heures* (Sansot, 1921). *Le Rosaire des joies* (Éd. G. Crès et Cⁱᵉ, 1929). *Les Chants de la merci* (id., 1930). *Contes* (Delamain, 1944). *Chants et psaumes d'automne* (Stock, 1947). *Petit-Jour, souvenirs d'enfance* (id., 1951). *L'Ame en peine, Conte pour le jour des Morts* (id., 1954). *Le Jugement de Don Juan, miracle* (id., 1955). *L'Œuvre poétique* (id., 1956). *Notes intimes* (id., 1959). *La Rose rouge, l'âme en peine et autres contes* (id., 1960). *Chants d'arrière-saison* (id., 1961). *Le Voyage de Noël,* contes (Livre de poche, 1962). *Petit-jour et souvenirs du beau mai* (Stock, 1964). *Le Cru d'Auxerre* (id., 1967).

Sélection critique : Anne-Claire [sic] : *La souffrante, l'aimante, la fervente Marie Noël, poète authentique* (Cournon d'Auvergne : Orionis, 1989). Escholier, Raymond : *La Neige qui brûle* (Fayard, 1957). Manoll, Michel : *Marie Noël* (Éd. Universitaires, 1962). Blanchet, André : *Marie Noël* (Seghers, 1962). Gouhier, Henri : *Le Combat de Marie Noël* (Stock, 1971). Cf. DLLF, DFELF.

MH

NOTHOMB, Amélie, n. 1967, romancière belge.

Née à Kobé (Japon), elle a passé enfance et adolescence en Extrême-Orient : Chine populaire, Bangladesh, Birmanie et Laos outre le Japon. A partir de dix-sept ans, elle commence à écrire, découvrant l'âge adulte et la solitude, et parallèlement, elle entreprend des études de philologie romane à l'Université libre de Bruxelles. Elle retourne au Japon, se fiance avec un Japonais, mais elle rompt et se réinsère en Occident à vingt-trois ans.

Son premier roman paru est en réalité un onzième ouvrage (l'écriture « est [sa] drogue dure [...] impossible d'écrire moins de quatre heures par jour ») : *Hygiène de l'assassin* connaît un succès marqué (100 000 exemplaires vendus en 1994) et reçoit cinq prix littéraires (prix Alain Fournier en particulier). Il est adapté à la scène (Bobigny, Lille et Bruxelles) et fait l'objet d'un livret d'opéra pour les scènes lyriques de Lille et de Bruxelles. C'est l'histoire d'un prix Nobel de littérature fictif condamné par les médecins : Prétextat Tach accorde quatre entretiens à des journalistes en guise de testament littéraire : trois d'entre eux battent en retraite devant l'originalité grossière du personnage, la dernière fait tout basculer en lui révélant qu'elle a percé son monstrueux secret (il a assassiné une amie d'enfance). La verve grinçante, la perversité de ses personnages déconcerte et fascine les lecteurs d'Amélie Nothcomb.

La jeune romancière prend de nouveau son public à revers en donnant la chronique d'une enfance extraordinaire à Pékin (1972-1975) durant une « Guerre Mondiale ». Dans le quartier interracial, international et pacifiste – on le conçoit – des ambassades, les enfants mènent le jeu et font la guerre selon un droit très particulier. La jeune narratrice de sept ans, « meneuse d'hommes » et « Éclaireur » des Alliés, patrouille le quartier sur son cheval. Une intrigue amoureuse est greffée entre la narratrice et une petite Italienne à la beauté froide. *Le sabotage amoureux* est une fable qui se situe aux confins du fantastique, comme une Alice fin de siècle au pays des démons.

Poursuivant son exploration de l'écriture au couteau, Amélie Nothcomb étonne à nouveau dans *Les Combustibles* par sa proximité avec l'écriture dramatique. C'est derechef une situation d'affrontement, mais ici en « huis clos ». Un professeur de littérature, son assistant et la fiancée de ce dernier sont à court de combustibles en période de guerre… De quoi va-t-on se chauffer ? Après les meubles, il ne reste que le papier… et parmi les livres, lesquels sacrifier en premier ? Échange triangulaire de propos acerbes, cyniques et lettrés, ce texte est une invitation à s'interroger sur la littérature que tourne en dérision la nouvelle « enfant terrible » des lettres belges, déjà traduite en six langues (y compris catalan, turc et coréen).

Bibliographie : *Hygiène de l'assassin* (Albin Michel, 1992). *Le Sabotage amoureux* (id., 1993). *Les Combustibles* (id., 1994). *Les Catilinaires* (id., 1995).

Yolande Helm

NZUJI, Baleka Bamba, n. 1949, écrivaine zaïroise.

Née à Banzyville, province de l'Équateur du Zaïre, Marie-Caroline devient Baleka Bamba Nzuji à la suite du décret de 1971 sur l'africanisation des prénoms. Elle fait des études de lettres classiques et à treize ans un poème de Lamartine éveille en elle l'amour des mots. Ses études supérieures à l'Université Lovanium de Kinshasa lui procurent une licence de philologie romane. Elle poursuit ses recherches sur les traditions orales du Zaïre et se fait remarquer en 1969 en recevant deux prix littéraires nationaux. Elle représente officiellement son pays au premier congrès de l'Association internationale des femmes écrivains (Nice, 1975) et depuis œuvre dans l'ombre.

Les contes baluba écrits par Baleka Bamba Nzuji ne se distinguent pas par leur structure narrative qui respecte la matière orale recueillie. Mais pour la formulation, elle en a une conception bien précise car elle ne se limite pas à la transcription de la tradition orale. Si elle a choisi le conte comme forme de création littéraire, c'est bien parce qu'il est ouvert à toutes les libertés. L'intérêt de la narration naît de l'univers particulier, souvent invraisemblable, où l'on est progressivement plongé, du merveilleux, de l'intrigue et du message transcendant, tandis que l'emploi des figures de style et des vers donnent à la narration une charge poétique. Le conte s'ouvre donc à toutes les fantaisies, qui, combinées avec justesse, peuvent produire une œuvre d'art... (entretien avec *Dombi*).

Ainsi, dans sa recréation du conte, Baleka Bamba Nzuji crée de petits poèmes pour faire prononcer aux animaux et aux humains les formules liées au tabou sur lequel repose le conte. Ces formules sont répétées à chaque variante de la situation fondamentale. Le poème se trouve donc singulièrement mis en valeur du fait qu'il est obligatoirement relu ; il constitue donc la structure musicale du conte. Baleka a été une des toutes premières Africaines francophones qui ait pris ouvertement position sur la question de l'émancipation de la femme : « La vraie civilisation procède par la mise en valeur de cette part de l'autre sexe que chaque individu porte en lui. Il va de soi que la femme civilisée est celle qui acquiert sa libération et l'homme civilisé celui qui s'affine, celui dont la sensibilité, le tact, s'enrichit au détriment de la violence primitive. » Enfin, on doit noter : « La libération féminine est typiquement comparable au développement de l'Afrique [qui] doit sauvegarder ses valeurs essentielles et dignes qui lui donnent son identité africaine, ainsi/.../la femme libérée ne doit pas singer l'homme, elle doit demeurer femme parmi les hommes et devenir femme nouvelle parmi les femmes. »

Dans un contexte traditionnel (africain ou autre) il est vital de rester dans la norme. Il s'agit pour la femme d'enfanter (légitimement si possible) et le sort réservé à la célibataire stérile est des moins enviables. C'est là la situation de Nseya au début du conte « L'Igname mystérieuse ». Non seulement Nseya est « vieille fille », et la risée du village, mais elle n'est pas même en harmonie avec la nature : infructueuse jusque dans ses entreprises agricoles. Dans la forêt un jour, elle entend une voix qui lui annonce le bonheur et l'exhorte à s'avancer. La voix est celle d'une igname que Nseya déterre et lave avec le plus grand soin. Bientôt l'igname magique (cachée dans le lit de Nseya) se transforme en époux magnifique mais clandestin. D'heureux mois s'écoulent et la femme met au monde un fils. Un jour, en revenant des champs, elle trouve la chambre conjugale vide et part en quête du mari merveilleux. L'ayant rejoint, elle le convainc de ne pas l'abandonner : il l'entraîne dans la région de « l'au-delà » qui est son pays car elle a accepté de se soumettre à toutes ses volontés.

Triomphe de Griselde, la vertu féminine maternelle s'impose donc : l'interdit a été respecté et la femme a activement conquis son bonheur. Ce conte apparaît comme une projection du fantasme (misogyne) de la Mère Dévorante si commun dans toutes les mythologies et la mythologie africaine en particulier. Mais c'est une variante euphémisée, exceptionnellement positive : il n'y a pas de mauvaise mère.

Bibliographie : « L'Igname mystérieuse », in *Anthologie des écrivains congolais* (Kinshasa : SNEC, 1969). « Les Grenouilles », in *Dombi* 5, août-sept. 1972 (Revue zaïroise des lettres et des arts). « Entretien avec Dombi » (*ibid.*). « Que signifie au juste la libération féminine ? », in *Cultures* 1, 1973 (*Revue zaïroise des sciences de l'homme,* Office national de la recherche et du développement).

CM

O

OANH, Trinh Thuc, romancière vietnamienne.

En s'écartant des ancêtres, avec Marguerite Triaire (Hanoï : Impr. d'Extrême Orient, 1939). *La Tortue d'or, contes du pays d'Annam* (id., 1940). *La Réponse de l'Occident* (id., 1941).

OLDENBOURG, Zoé, n. 1916.

La romancière Zoé Oldenbourg, née à Saint-Petersbourg, est la fille aînée de Serge Oldenbourg, journaliste et historien, et d'Ada Starynke-vitch, mathématicienne. Son grand-père était secrétaire perpétuel de l'Académie des Sciences en Russie. En 1925 la famille émigre à Paris où elle connaîtra de nombreuses difficultés. Zoé Oldenbourg poursuit des études de lettres et d'histoire à la Sorbonne. En 1938 elle passe une année en Grande-Bretagne et étudie la théologie. De 1940 à 1946, elle s'exerce à la peinture et la décoration sur tissus et elle écrit continuellement. Parmi les écrivains importants pour elle, elle cite Pouchkine, Tolstoï, Dostoïevsky, Balzac, Dickens, Emily Bronte, Tacite et surtout Shakespeare. Son premier roman, *Argile,* paraît en 1946 et son second, *La Pierre angulaire,* reçoit le prix Fémina. En 1961 elle devient membre du jury qui l'avait couronnée.

Zoé Oldenbourg a commencé à écrire à douze ans et n'a jamais cessé. Écrire est pour elle « une disposition congénitale et héréditaire » (*Visages d'un autoportrait*). Elle est l'auteur non seulement de romans mais d'ouvrages historiques, d'essais, de biographies et d'une autobiographie. Connue d'abord comme auteur de romans « historiques », genre souvent considéré marginal, elle a cherché à donner à celui-ci un statut littéraire. Elle a voulu créer « une vision du monde et de l'homme à la fois symboliquement simplifiée et magnifiée par le prestige de l'éloignement dans le temps » (« Le Roman et l'Histoire », p. 131). Elle emploie donc son érudition à composer des fresques de personnages « humains » dont émergent quelques figures héroïques, spirituellement enracinées dans leur époque et leurs traditions et prises dans le remous de grands événements historiques. L'intérêt que Zoé Oldenbourg porte aux questions théologiques explique sans doute que la romancière se soit souvent tournée vers le Moyen Age (*Le Bûcher de Montségur, Les Croisades, La Joie des pauvres, Les Brûlés, Argile et Cendres* et *La Pierre angulaire*). Sur le sombre arrière-plan des Croisades en Terre Sainte ou contre les albigeois une vision essentiellement tragique se déploie. Mais la romancière sait aussi peindre le temps présent, comme le montrent *Réveillés de la vie, Les Irréductibles,* qui racontent l'amour tragique de deux jeunes émigrés, un Russe et une juive allemande, dans le Paris du XXᵉ siècle, ou *La Joie-Souffrance* qui fait revivre la communauté russe exilée à Paris dans les années trente. Dans ces fresques contemporaines, nous retrouvons la même dénonciation de l'intolérance et de l'inhumanité et la même compassion pour les victimes de luttes fratricides. En même temps, nous y découvrons l'autre face de l'homme occidental, « spirituellement déraciné, privé de ses mythes, et avide de s'intégrer dans un passé humain » (« Le Roman et l'Histoire », p. 135). C'est dans cette perspective que Zoé Oldenbourg a écrit son essai, *Que vous a donc fait Israël ?* (1974), défense tant prudente qu'éloquente d'Israël.

Dans l'œuvre de Zoé Oldenbourg, nombreux sont les personnages féminins exemplaires, doués d'une force et d'une énergie spirituelles. Pris dans le cataclysme des événements, ils imposent leur présence grâce à des détails concrets judicieusement choisis et malgré une psychologie fruste, résultant pour une part d'un parti pris romanesque avoué par l'auteur et du genre historique lui-même. Zoé Oldenbourg se déclare féministe depuis toujours : « J'avais été, dans mon enfance, tranquillement persuadée de la supériorité des femmes sur les hommes » (*Visages,* p. 42). Du point de vue formel, l'œuvre foncièrement humaniste de Zoé Oldenbourg s'inscrit dans le cadre du roman traditionnel écrit dans une langue agréable mais sans grand éclat.

Bibliographie : *Argile* (plus tard *Argile et Cendres*) (Gallimard, 1946). *La Pierre angulaire* (id., 1953). *Réveillés de la vie* (id., 1956). *Les Irréductibles* (id., 1958). *Le Bûcher de Montségur : 16 mars 1244* (id., 1959). *Les Brûlés* (id., 1958). *Les Cités charnelles* (id., 1961). *Les Croisades* (id., 1965). *Catherine de Russie* (id., 1966). *La Joie des pauvres* (id., 1970). *Que vous a donc fait Israël ?* (id., 1974). *Visages d'un autoportrait* (id., 1977). *Saint Bernard* (Albin Michel, 1970). *L'Épopée des cathédrales* (Hachette, 1972). « La Prise de Jérusalem », dans *La Nouvelle Revue Française,* n° 238 (oct. 1972). *La Joie-Souffrance* (Gallimard, 1980). *Le Procès du rêve* (id., 1982). *L'Évêque et la Vieille Dame ou La Belle-Mère de Peytavi Borsier* (id., 1983). *Que nous est Hécube ? ou un Plaidoyer pour l'humain* (id., 1984). *Les Amours égarées* (id., 1987). *Déguisements,* nouvelles (id., 1989).

Sélection critique : Aury, Dominique : « Zoé Oldenbourg : La Pierre angulaire », *NRF*, n° 6 (juin 1953). Aury, D. : « Le droit d'asile », *NRF*, n° 50 (fév. 1957). Savinel, Pierre : « Zoé Oldenbourg : Que vous a donc fait Israël ? », *Bulletin des Lettres,* n° 364 (15 jan. 1975).

MHB et MH

ORBAIX, Marie-Claire d'–, n. 1920, poète belge.

La Source perdue (Bruxelles : chez l'auteur, 1948). *Traces de nous-mêmes* (Bruxelles : chez l'auteur, 1955). *Ces Mots vivront dans ta vie* (Bruxelles : Éd. des Artistes, 1959). *Érosion du silence* (Bruxelles : De Rache, 1970). *Gouffre et Garde-fou* (-). *Noyau de feu* (Bruxelles : Éd. Vie Ouvrière, 1987). Cf. Trekker, Anne-Marie et Jean-Pierre Vander Straeten : *Cent auteurs, Anthologie de littérature française de Belgique* (Éd. de la Francité & de la CEC, 1982).

ORIOL, Laurence (pseud. de Noëlle Loriot), n. 1925.

Après ses classes secondaires au collège Jeanne d'Arc et au lycée Lamartine, Noëlle Loriot a fait des études à l'IDHEC. Elle épouse ensuite un cinéaste, divorce sept ans après (1954) et commence sa carrière littéraire comme romancière et journaliste littéraire pour divers magazines dont l'*Express*. Elle connaît le succès littéraire d'abord sous son vrai nom, avec des œuvres telles que *Eve* (1958) et *Le Cri* (1963) qui sera adapté à l'écran sous le titre *D*ʳ *Françoise Gaillant*. Elle étend alors son champ d'écriture au domaine policier avec *A cœur ouvert* (1963) et obtient à deux reprises le Grand Prix de littérature policière avec *L'Interne du service* (1966) et *Le Domaine du Prince* (1990). En 1982-1983, elle dirige la collection « Sueurs Froides » aux éditions Denoël. Elle a signé une douzaine de romans policiers sous son pseudonyme mais les deux veines littéraires s'allient souvent, en particulier dans *L'Inculpé* (1992). Albin Michel, fort du succès de sa biographie de Joliot-Curie, publie en effet ce roman du crime sous le vrai nom de l'auteur. Noëlle Loriot travaille aussi à la création de fictions policières pour la télévision.

Le talent considérable de Laurence Oriol/Noëlle Loriot réside dans sa capacité à traduire, dans toute sa complexité, la vie bourgeoise de cette fin de XXᵉ siècle en romans de suspense. Sa conception du policier privilégie le quotidien car il incarne non seulement les valeurs normatives de la société française mais aussi ses paradoxes. Oriol sait très bien peindre dans toute leur force les aspirations sur lesquelles se fonde cette classe comme ses refus. Cette dualité se traduit dans la trame du roman qu'elle situe volontiers dans le milieu médical. Oriol soulève le voile de la respectabilité pour montrer ce qu'endiguent les tabous. La sexualité sous toutes ses formes, la violence, l'intolérance, le racisme, la jeunesse nantie mais désenchantée et l'amour désabusé représentent les thèmes privilégiés. A l'égard du racisme, Oriol traite souvent le problème des enfants étrangers adoptés (*Le Tueur est parmi nous*) par les familles françaises.

On a souvent critiqué son impassibilité à l'égard de ses personnages car Oriol s'en prend au côté superficiel du milieu bourgeois qui valorise le paraître et impose un code strict de comportement. A l'interprétation simpliste du monde trouvée dans les romans policiers plus traditionnels s'oppose une vision qui met en exergue des forces complexes et concurrentes. Le lecteur s'allie aux acteurs car il se prend à la même ambiance malsaine et étouffante. L'application rigide des mécanismes de l'ordre établi ne saurait répondre aux besoins d'une société hétérogène subissant les chocs économiques, sociaux et politiques de notre temps. De fait, la force de l'œuvre d'Oriol est d'affirmer le droit à certaines différences, position qui répond mieux à la réalité de la société française contemporaine.

Le Domaine du Prince (1990) est le drame d'un pédophile qui tue des adolescents. La romancière fait d'abord une analyse des mœurs de la « bonne société » qui est inséparable de l'intrigue. Elle élabore une peinture de la vie au Domaine, écartant du premier plan l'action policière car la clé des crimes se trouve justement du côté des rapports intimes. Ici le mobile est lié à la répression des désirs homosexuels car l'identité sexuelle est fondamentale au comportement des individus. Par de tels romans, Laurence Oriol met donc en question les valeurs communautaires, dans les institutions du mariage et de la famille, qui tiennent pour suspect tout comportement s'écartant de la norme. Ainsi, les actions du meurtrier soulignent les dangers inhérents à un système où la différence est étouffée.

La passion avec laquelle la romancière traite des problèmes inhérents au système social fait de son œuvre l'une des plus importantes du genre policier contemporain.

Bibliographie : [Laurence Oriol] *A cœur ouvert* (Col. Crime Club, Denoël, 1963). *La chasse aux innocents* (id., 1965). *L'interne de service.* (id., 1966). *Un meurtre, ça fait grandir* (id., 1967). *On tue pour moins que cela* (id., 1968). *Le cas de Renaud Ball-Henstin* (id., 1970). *Un crime par jour* (Col. Super Crime, Denoël, 1970). *Mieux valait tuer* (id., 1973). *Trop jeune pour mourir* (id., 1973). *Ma jeunesse assassinée* (Col. Sueurs Froides, Denoël, 1977). *Le tueur est parmi nous* (Col. Spécial Suspense, Albin Michel, 1983). *Le Domaine du prince* (id., 1990). [Noëlle Loriot] *Eve* (Grasset, 1959). *Les Grandes Personnes* (id., 1963). *Un Cri* (id., 1974). *Un Père singulier* (Robert Laffont, 1977). *Thérèse Humbert* (Albin Michel, 1984). *Quand Bertrand était là* (id., 1985). *Le Serment d'Hippocrate* (Le Grand Livre du Mois, 1989). *Irène Joliot-Curie* (Presses de la Renaissance, 1991). *L'Inculpé* (Albin Michel, 1992).

Deborah Hamilton

ORMOND, Jacqueline, c. 1915-1970, romancière suisse.

Vols d'oiseaux, instantanés (Genève : Roto-Sadag, 1941). *Transit* (Gallimard, 1966). *Envols* (Éd. du Chêne, 1964). *Après l'aube,* récit (Lausanne : Coopérative Rencontre, 1970).

OUELLETTE-MICHALSKA, Madeleine, écrivaine québécoise.

Depuis plus de vingt ans, Madeleine Ouellete-Michalska contribue de façon spécifiquement féminine au renouvellement du discours théorique et des formes littéraires, et à l'œuvre impressionnante des écrivaines québécoises. Professeur de création littéraire à l'université de Montréal, elle a enseigné la littérature québécoise à l'université d'Albuquerque (États-Unis) et à l'Institut de technologie de l'éducation de Constantine (Algérie). Elle est également critique littéraire et journaliste à Radio-Canada et au quotidien *Le Devoir*. Membre de l'Académie canadienne-française, elle a reçu de nombreux prix dont le prix Molson de cette même académie (1984), le prix du Gouverneur-Général (1982) et le Choix des Libraires (1981).

Son œuvre, riche et variée, comprend des romans, des nouvelles, un journal, un recueil de poèmes, des écrits théoriques innovateurs d'orientation féministe et des textes dramatiques. Ses essais principaux, *L'Échappée des discours de l'Œil* et *L'Amour de la carte postale. Impérialisme culturel et différence,* rendent explicite l'intention de ses romans les plus importants, *La Maison Trestler ou le 8ᵉ jour d'Amérique* et *Le Plat de Lentilles,* intention qui est la déconstruction du « discours masculin exclusif », comme l'a bien compris le critique Jean Royer.

Tant dans l'œuvre critique que l'œuvre de fiction, Madeleine Ouellette-Michalska ébranle les bases d'un savoir totalisant et dévoile avec érudition et finesse l'arrière-plan économique et politique des grandes théories fondatrices des conduites individuelles et collectives en philosophie, en histoire, en psychanalyse, en sociologie, en histoire littéraire. A travers une archéologie de l'écriture, *L'Échappée des discours de l'Œil* identifie les enjeux qui imposent la circulation des biens, des signes, des lois, des rôles ordonnant la symbolisation du féminin. *L'Amour de la carte postale* analyse la façon dont la différence est symbolisée dans le rapport à l'autre selon le lieu social occupé, et la distance qui nous en sépare : la femme se situe dans l'aire d'un autre très proche, difficile à contourner.

L'œuvre romanesque ne cesse d'interroger ce rapport au désir, à la mémoire, à l'histoire, à tout ce qui détourne du corps biologique, auquel on revient continuellement. Cette nécessité de déplacer les frontières qui limitent l'accès à la liberté d'être et de dire est visible dans chaque livre, qu'il s'agisse de *La Danse de l'amante* (le rapport à la mère) ou de *La*

Tentation de dire (la nécessité du voyage). Qu'elle évoque l'intime ou les grands mythes inducteurs de croyances et de pratiques, la voix de Madeleine Ouellette-Michalska retentit d'une intensité paradoxale. Elle conjugue une élégance féminine sexualisée avec un soutien critique percutant et l'acuité d'un regard lucide.

Bibliographie : *Romans : Le Jeu des saisons* (Montréal : L'Actuelle, 1970). *La Termitière* (id., 1975). *Le Plat de lentilles* (Montréal : Le Biocreux, 1979). *La Maison Trestler ou Le 8ᵉ Jour d'Amérique* (Montréal : Québec/Amérique, 1984).

Nouvelles : Le Dôme (Montréal : *Utopiques*, 1968). *La Femme de sable* (Sherbrooke : Naaman, 1979). *L'Aventure, La Mésaventure* (Montréal : Édition Quinze,1987).

Essais : L'Échappée des discours de l'œil (Montréal : Nouvelle Optique, 1981). *L'Amour de la carte postale : Impérialisme culturel et différence* (Montréal : Québec/Amérique, 1987).

Poésie : Entre le souffle et l'aîne (Montréal : Noroît, 1981).

Théâtre : Une Tête de plus (Radio-Canada, 1971). *Le Tambour africain* (Radio-Canada, 1973). *Les Esprits de la maison Trestler* (Radio-Canada, 1982). *La Danse de l'amante* (Montréal : Pleine Lune, 1987).

Sélection Critique : Andersen, Margret : « L'Échappée des discours de l'Œil », *Resources for Feminist Research* 10, 31 (1981). Barrett, Caroline : « Dossier Madeleine Ouellette-Michalska – De la rupture à la sérénité », *Québec français* (déc. 1984). Bertrand, Claudine : « L'écriture intime », *Arcade* (Montréal) 12 (1986). Gaudet, Gérard : « Ces mémoires nombreuses qui nous traversent », *Voix d'écrivains* (Montréal, 1985). Lafrance, Micheline : « Madeleine Ouellette-Michalska », *Magazine Littéraire* (oct. 1986). Royer, Jean : « Faire circuler le féminin », *Arcade* (Montréal) 12 (1986). Vigneault, Robert : « Du règne de Phallus à l'avènement d'une humanité intégrale », *Lettres québécoises* 25 (1982).

Katharine Gingrass

OUVRARD, Hélène, n. 1938, écrivaine québécoise.

Romancière et nouvelliste, née à Montréal, elle prend dans sa famille le goût d'écrire et sa formation littéraire, obtenant un baccalauréat de rhétorique au collège Marguerite-Bourgeoys. Pendant dix ans, elle étudie le piano tout en suivant des cours de dessin et de peinture à l'École des Beaux-Arts puis devient rédactrice à l'Office national du film. Après deux premiers romans bien accueillis par la critique, elle bénéficie de plusieurs bourses du Conseil des Arts, fait des séjours en France et rédige un troisième roman, des nouvelles, des contes et des textes dramatiques dont *La Femme singulière*. Elle collabore aussi à des éditions d'art.

Dans ses romans Hélène Ouvrard explore un imaginaire qui serait propre aux femmes. Dans *Le Corps étranger*, elle dénonce la mainmise d'une technologie masculine envahissante et destructrice. A la ville-mensonge « dans l'épaisseur ouatée de son poison », elle oppose un univers mythique, une « image perdue du monde », un retour aux sources du paradis perdu des femmes qui aurait disparu avec l'arrivée de l'Homme, cet « étranger ». Les images symboliques l'entraînent dans un labyrinthe initiatique à la recherche d'elle-même. Le recours à la Nature face à « l'angoisse de la barbarie montante » est également le thème de *L'Herbe et le Varech*. Le voyage de la narratrice aux confins du pays illustre la fuite d'un amour impossible, « l'échec d'une grande passion qui aurait dû être », celle de l'homme et celle du pays. On assiste à une superposition du destin individuel au destin collectif, le voyage en Gaspésie se fait métaphore d'un malaise de l'identité personnelle au sein d'un pays impossible : « Moi, seule, parcourant un moi plus grand, le pays ». Ainsi, de la même façon qu'« on n'échappe pas à la condition féminine », on « peut naître handicapé par un pays ». La seule certitude qui émane de ce double échec est que la femme y gagne la possibilité de se définir : « Je tiens dans ma main, au creux de ma bouche qui enfin ose dire : *je,* la femme du présent et de l'avenir. »

Ce désir de « féminisation » passe dans *La Noyante* par une appropriation de l'espace mythique et symbolique. Deux jeunes femmes décident de tout quitter pour partir à la campagne. Elles s'établissent dans la vallée du Richelieu, haut-lieu de l'histoire du Québec. C'est dans cet espace symbolique qu'elles entreprennent de restaurer une vieille maison. Elles y assistent impuissantes à la destruction de l'environnement rural, leur maison sera elle-même vendue à un Américain qui l'emmènera aux États-Unis. Si la maison comme métaphore du destin du Québec prête à une lecture nationaliste, ce projet est débordé par une autre dimension plus essentielle : l'apport d'une véritable mystique féministe. Le souffle onirique, le symbolisme cosmogonique et l'utilisation d'une mythologie au féminin sont des constantes des romans d'Hélène Ouvrard et en font un passionnant lieu d'exploration d'un imaginaire autre. Ce projet se poursuit en 1985 avec *Contes intemporels*.

Bibliographie : *La Fleur de peau* (Montréal : Éditions du Jour, 1965). *Le Cœur sauvage* (id., 1967). *Le Corps étranger* (id., 1973). *L'Herbe et le Varech* (Montréal : Éditions Quinze, 1977). *La Noyante* (Montréal : Éditions Québec/Amérique, 1980). *La Femme singulière,* théâtre (Montréal : Éditions de la Pleine Lune, 1983). *Contes intemporels (Amours)* (Montréal : Éditions Marcel Broquet, 1985). *La Femme de Lespugue* (-).

Sélection critique : Lord, Michel : « L'espace du rêve ou les romans d'Hélène Ouvrard », *Lettres Québécoises,* hiver 81-82. Mauguière, Bénédicte : « L'Imaginaire féminin dans *Le Corps étranger* », *Québec Studies* 14, printemps/été 92. Mauguière, Bénédicte : « Mythe, Symbole et Idéologie du pays dans *La Noyante* », *The French Review* 65, 5, avril 1992. Mélançon, Joseph : *Le Corps étranger, Livres et auteurs québécois*. Cf. Têtu, Michel : *La Fleur de peau, Livres et auteurs canadiens,* 1965.

Bénédicte Mauguière

P

PAGNIEZ, Yvonne, n. 1896, romancière, essayiste.

Guessant (Stock, 1935). *Évasion 44* (Flammarion, 1949 ; Grand Prix du roman de l'Académie française 1949). *Ils ressusciteront d'entre les morts* (id., 1950). *Choses vues au Vietnam, naissance d'une nation* (La Palatine, 1954). *Pêcheurs des côtes de France* (Lanore, 1977). *Ressemblance et Effort* (Vrin, 1982). *Le Magnificat des forçats.*

PANCOL, Katherine, romancière.

Moi d'abord (Seuil, 1979). *La Barbare* (id., 1981). *Scarlett si possible* (id., 1985). *Les Hommes cruels ne courent pas les rues* (id., 1990). *Vu de l'extérieur* (id., 1993).

PARADIS, Suzanne, n. 1936, critique, poète, romancière québécoise.

Les Enfants continuels, poésies (Charlebourg : c. d'auteur, 1959). *A Temps le bonheur* (id., 1960). *Les Hauts Cris,* rm (Éd. Diaspora Française, 1960). *La Chasse aux autres,* poésie (Trois-Rivières : Éd. du Bien Public, 1961). *Il ne faut pas sauver les hommes,* rm, prix Mgr Camille-Roy (Québec : Garneau,1961). *La Malebête,* poésie, prix de la Province de Québec (id., 1962). *Pour les enfants des morts,* poésie (id., 1964). *Le Visage offensé,* poésie (id., 1966). *François-les-oiseaux,* nouvelles (id., 1967). *L'Œuvre de Pierre* (id., 1968). *Les Cormorans,* rm (id., 1968). *Pour voir les plectrophanes naître* (id., 1970). *Emmanuelle en noir,* rm (id., 1971). *Il y eut un matin* (id., 1972). *La Voie sauvage* (id., 1973). *Quand la mer était toujours jeune* (id., 1974). *L'Été sera chaud,* rm (id., 1975). *Noir sur sang,* poésie (id., 1976). *Un Portrait de Jeanne Joron,* rm (id., 1977). *Les Chevaux de verre,* poésie (Montréal : Nouvelles Éd. de l'Arc, 1979). *Miss Charlie,* rm (Montréal : Leméac, 1979). *Un Goût de sel,* poésie, prix du Gouverneur Général 1984 (id., 1983). *Les Ferdinand,* rm (id., 1984). *Un Aigle dans la basse-cour,* récit autobiographique (id., 1984). *La Ligne bleue,* rm (id., 1985). *Effets de l'œil,* poésie (id., 1986). Essais : *Femme fictive, Femme réelle* (Québec : Garneau, 1966). *Adrienne Choquette lue par Suzanne Paradis* (Charlesbourg : Presses Laurentiennes, 1978). Cf. DEQ & Gauvin, Lise et Gaston Miron : *Écrivains contemporains du Québec depuis 1950* (Seghers, 1989).

PARMELIN, Hélène, n. 1915.

Hélène Parmelin est née à Nancy, de parents russes exilés après leurs activités pendant la révolution de 1905. Sa mère était avocate, son père agronome. Elle évoque son enfance comme une « vie difficile dans un milieu familial merveilleux ». Elle a surtout résidé à Paris et y obtient son baccalauréat au lycée Fénelon, mais elle a également vécu deux ans en Indochine durant un premier mariage et beaucoup voyagé par ailleurs. Sa carrière de journaliste est marquée par sa collaboration à *L'Humanité* de 1944 à 1956. En 1951, elle reçoit le prix Fénéon pour *La Montée au Mur.* Elle est également l'auteur de nombreuses études sur l'art dont plusieurs sont consacrées à Picasso : elle devait être « l'ami » de ce dernier jusqu'à sa mort. Épouse du peintre Édouard Pignon, Hélène Parmelin a un fils, le couple partage son temps entre Paris et le Midi de la France. La romancière admet que son principal problème, sinon l'unique, est le temps de tout mener de front : création et engagement politique.

Adoptant sur le féminisme une position assez courante chez les écrivaines de sa génération, Hélène Parmelin déclare avoir « franchi la ligne » dans l'exercice du métier et ne pas avoir écrit en tant que femme mais en tant qu'écrivain. C'est toutefois une attitude ouverte qu'elle adopte « avec les féministes, du côté des féministes et dans le soutien aux féministes. Même si je trouve redoutable de les voir s'enfermer souvent dans un autre ghetto, celui de leur propre sexe, les résultats de leur action sont probants, y compris leurs excès. » Pour Hélène Parmelin, l'écriture englobe le social, le politique et le privé tout ensemble. « L'écriture exprime tout ce qu'on a sous la peau. Activité vitale, l'écriture est engagement de tout… de là viennent toutes les satisfactions, tous les bonheurs. Le moment de l'écriture est un moment royal, quelles que soient les difficultés. Ce qui est déformant, c'est la vie du livre édité » (lettre inéd., 1977).

Les écrits sur l'art d'Hélène Parmelin comprennent deux pamphlets : « L'art et les anartistes » et « L'art et la rose ». Ses études sur Picasso sont particulièrement précieuses dans leur entreprise de dévoilement de l'artiste « tel quel », au moyen de citations, anecdotes et nombreux entretiens avec les Picasso à Notre-Dame-de-Vie. L'essai d'Hélène Parmelin pour le catalogue de l'exposition de 1970, « la femme est l'enfant » du sculpteur

Balthazar Lobo, son introduction aux *Estampes chinoises révolution-naires,* enfin *Cinq peintres et le théâtre : décors et costumes...,* où elle commente des œuvres d'Édouard Pignon, sont parmi les plus importants de ses écrits sur l'art.

Mais elle a aussi publié un nombre impressionnant de romans, renouvelant sa manière avec chacun d'entre eux. Romans impliqués dans l'actualité, ils reflètent une de ses préoccupations fondamentales d'écrivain : le simultanéisme. Parmi les auteurs marquants pour la romancière, on note Tolstoï, Balzac, Stendhal, Pavese, Dumas, etc., mais aussi toute une partie de la littérature américaine (Thornton, Wilder, Dos Passos, Faulkner) qui a influencé son goût de la littérature d'actualité et du simultanéisme. Un article de Josane Duranteau la cite à ce sujet : « Je me sens être, comme chacun de nous, une sorte de lieu géométrique de tout ce qui se passe, un carrefour, une conscience où se répercute à tout instant tout le fabuleux grouillement du monde ».

La politique (de gauche en particulier), la guerre, la folie, l'illusion, l'art, la littérature sont les thèmes majeurs explorés dans les romans. Le style est vif, sans répit pour le lecteur, marqué par le visuel, que ce soit l'œil du peintre ou celui de la caméra. Les personnages sont souvent des artistes ou des écrivains car elle aime représenter des êtres qu'elle connaît. Les jeux de mots, la virtuosité verbale ont leur part dans la séduction exercée sur le lecteur jusqu'à l'éblouissement. Un fond d'angoisse, qui peut atteindre au sentiment du tragique, se voile d'épisodes satiriques, de traits d'esprit et d'une dimension comique particulièrement évidente dans l'importance accordée au personnage du clown qui apparaît un peu partout dans l'œuvre. Hélène Parmelin a aussi publié plusieurs « entrées de clowns ».

Une histoire d'amour qui tourne bien (fait assez rare pour qu'on le note) est le sujet de *La femme écarlate* (1975). L'auteur du récit, Pierre-Noël Natal, a un « double » ou alter ego nommé « le Clown ». Sa partenaire est une guide touristique doublement désignée « Elle/Aile » : le calembour est prétexte à des variations caractéristiques de la part de la romancière. Pierre-Noël Natal prend un train pour Rome. En reprenant le sujet de *La Modification,* Parmelin aurait-elle écrit un roman anti-butorien, demande Guy Le Clec'h ? Rome, cependant, loin de séparer les amants, comme chez Butor, exalte la passion de Pierre-Noël Natal. Le romancier-dans-le-roman recrée sa première rencontre avec Aile, au cours d'une réception où se retrouve le genre de personnages qu'Hélène Parmelin connaît et décrit si bien. Si l'on a parfois évoqué les nouveaux romanciers à son sujet, c'est sans doute qu'elle manifeste, comme certains d'entre eux, une grande désinvolture dans la logique narrative au bénéfice du travail sur le mot.

Bien qu'elle accorde généralement au protagoniste masculin le devant de la scène, le goût d'Hélène Parmelin pour la description du costume, du décor, trahit une plume féminine. Il faudrait sans doute explorer une vision androgyne chez cette écrivaine prolifique, fort consciente de l'évolution de ses idées et de son art. Il lui reste à sonder l'intériorité de ses personnages féminins avec le même soin qu'elle accorde à leur apparence. Prudente et avisée, elle a déclaré n'avoir pas de vision de la femme : « A-t-on une vision de l'homme ? » L'héroïne d'un de ses romans, *Le Monde indigo*, est cependant au premier rang de ses protagonistes préférées.

Bibliographie : *Introduction à la peinture moderne*, en collaboration avec Henri Wormser (Studio Raber, 1945). *Arthur Dallidet, héros de la Résistance* (Éditeurs français réunis, 1945). *La Montée au mur*, prix Fénéon (id., 1950). *Estampes chinoises révolutionnaires* (Éd. Cercle d'Art, 1951). *Cinq semaines chez les hommes libres* (Éditeurs Français Réunis, 1951). Matricule 2078 : *L'Affaire Henri Marin* (id., 1953). *Cinq Peintres et le Théâtre : Décors et costumes de Léger, Coustand, Gischia, Labisse, Pignon* (Éd. Cercle d'Art, 1956). *Les Mystères de Moscou* (Julliard, 1956). *Léonard dans l'autre monde* (id., 1957). *Le Taureau-matador* (id., 1959). *Picasso : 150 céramiques originales : La Terre et le Feu de Picasso* (Maison de la Pensée Française, 1958). *Picasso sur la place* (Julliard, 1959). *Le Complexe de Filacciano : Essai sur la dépolitisation* (id., 1969). *Pignon : « Combats de coqs »* (Galerie de France, 1960). *L'Amour-peintre* [signé Slem Mortimer] (id., 1962). *Le Soldat connu* (id., 1962). *Pour Georges Dayez* (Villand et Galanis, 1962). *Aujourd'hui* (Julliard, 1963). *Le Voyage à Lucerne* (id., 1962). *Les Secrets d'alcôve d'un atelier* [Picasso] : I. *Les Dames de Mougins* (1964) ; II. *Le peintre et son modèle* (1965). III. *Notre dame de vie* (1966) (Éd. Cercle d'Art). *Picasso dit* (Gonthier, 1966). *Le Guerrier fourbu* (Julliard, 1966). *La Gadgeture* (id., 1967). *La Flûte double* (Saint-Paul-de-Vence : Éd. du Vent d'Arles, 1967). *La Femme-crocodile* (Julliard, 1968). *L'Art et les Anartistes* (Bourgois, 1969). *La Manière noire* (id., 1970). *Lobo : marbres, pierre, bronzes : la femme et l'enfant* (Villand et Galanis, 1970). *L'Art et la Rose* (Union Générale d'Éditions, 1972). *Le Contre-pitre (entrées de clowns)* (Bourgois, 1973). *Le Perroquet manchot* (Stock, 1974). *La Femme écarlate* (id., 1975). *Belperroque* (Bourgois, 1977). *Le Monde indigo*, 2 vol. (id., 1978). *Voyage en Picasso* (Laffont, 1980). *Le Diable et les Jouets, ou La Ballade des temps rétifs*, (Ramsay, 1982). *La Mort au diable, conte théâtral* (Bourgois, 1982). *La Désinvolture, Auto-pamphlet* (id., 1983). *La Tortue surpeuplée* (id., 1987). *Édouard Pignon : Touches en zigzag pour un portrait* (Marval/ Galerie Beaubourg, 1987).

Sélection critique : Duranteau, Josane : « Hélène Parmelin », dans *Littérature de notre temps, Recueil IV* (Casterman, 1970). Jaubert, Jacques : « La Dame au perroquet », *Figaro Littéraire*, n° 1492 (21 déc. 1974). Kay, Burf : « Hélène Parmelin : La manière noire », *French Review*, vol. XLIV, n° 5 (avril, 1971). Le Clec'h, Guy : « Bien-heureuse Hélène Parmelin », *Figaro Littéraire*, n° 1539 (15 nov. 1975). McLanathan, Richard : « Always with Style », *New York Times Book Review* (mai 28, 1967). Schmidt, Albert-Marie : *Chroniques de « Réforme » : 1945-1966* (Lausanne : Rencontre, 1970). Verthuy, Maïr : *Fenêtre sur cour : voyage dans l'œuvre romanesque d'Hélène Parmelin* (Montréal : Éditions Trois, 1992).

MHB

PARTHENAY L'ARCHEVÊQUE, Catherine de –, 1554-1631, poète, dramaturge.

Holopherne, tragédie biblique (1573). *Élégies. Complaintes.*

PARTURIER, Françoise, 1919-1995, critique, romancière.

Antoine ou l'amant de cinq jours (Plon, 1971). *L'Amour des animaux et de quelques idées,* essai (Albin Michel, 1973). *Lettre ouverte aux hommes* (Poche, 1973). *Lettre ouverte aux femmes* (Albin Michel, 1974). *La Folle Vie,* pièce en 3 actes (id., 1977). *Calamité, mon amour,* rm (id., 1978). *La Lettre d'Irlande* [correspondance, Ch. de Gaulle] (id., 1979). *Les Hauts de Ramatuelle,* rm (id., 1983). *Les Chiens du Taj Mahal* (id., 1987). *Le Sexe des anges* (de Fallois, 1991).

PAULIN, Louisa, 1888-1944, poète occitane.

Airs villageois (Baraine : Éd. du Goéland, 1938). *Loïza Paulin, Fresca* (Toulouse : Bibl. de la Revue du Tarn, 1942). *Variations* (1942). *Cour d'amour* (sl, sd, 26 p, 1943). *Rythmes et Cadences* (Albi : Éd. du Languedoc, 1947). *Poèmes* (Albi : Éd. Revue du Tarn, 1969). *Direm a la nostra nena* (Valderies : Énergues, 1984). *Je voudrais bâtir une ville heureuse,* anthologie bilingue (Valderies : Vent Terral, 1986). *Correspondance : 1936-1944* [avec René Rouquier] (Andouque : Vent Terral, 1991).

PAYSAN, Catherine (pseud. d'Annie Roulette), n. 1926, romancière.

Si les notices ne sont pas unanimes sur la date de naissance à Aulaines d'Annie Roulette, toutes s'accordent pour lui attribuer un père gendarme, une mère institutrice de campagne et de profondes racines dans la Sarthe et son village natal. Après des études secondaires au Mans comme pensionnaire, elle entreprend une licence d'allemand, enseigne deux ans en Allemagne (Palatinat) puis une vingtaine d'années à Paris où il lui est aussi arrivé de chanter ses chansons. Elle a établi sa résidence principale à Aulaines après le succès de son premier roman (1961) qui l'affranchit bientôt de l'enseignement. Elle a épousé en 1969 l'écrivain hongrois Émile Hausen.

Outre une dizaine de romans dont plusieurs ont été portés à l'écran (*Les Feux de la Chandeleur* avec Annie Girardot, *Je m'appelle Jéricho* avec Michel Simon) ou adaptés pour la télévision (*Histoire d'une salamandre*), l'œuvre comprend quelques recueils de poèmes, chansons, nouvelles et deux textes dramatiques. Elle a publié aussi des chroniques familiales (*Comme l'or d'un anneau, Pour le plaisir, La Colline d'en face*) où l'évocation de ses parents et de ses modestes origines rurales se révèle chaleureuse, exceptionnelle parmi tant de discours autobiographiques tourmentés, de Leduc à Ernaux en passant par Beck, Cardinal ou Bienne. La Sarthe, département de l'ouest sans profil accusé, à l'écart de Nantes et Saint-Malo comme de Rennes et Paris, fournit son cadre, ses paysages, sa valeur représentative de la France rurale à plusieurs des livres de Catherine Paysan. Le choix même du pseudonyme de «Paysan», au risque de déclencher un préjugé de lecture, signifie son franc parti pris pour un certain nombre de valeurs traditionnelles et surtout contre une modernité mercantile et déshumanisante qu'elle met volontiers en cause. Ainsi, *Le Clown de la rue Montorgueil*, situé à Paris, présente un vieil homme victime des promoteurs de l'immobilier et qui se réfugie dans une église : on est à l'orée de l'ère des sans-abris sans plaisir, loin de la clochardise d'antan.

Souvent honorée en tant que «romancière populaire», louée pour la beauté de son style d'un bord, critiquée de l'autre pour des facilités «sentimentales» et ailleurs encore pour des faiblesses de ce même style (qui n'est pas «un», bien entendu), l'œuvre de Catherine Paysan est importante et digne d'intérêt à bien des égards. Sa qualité première est l'immense intelligence, nuancée et constructive, de l'analyse psychologique, intelligence des êtres les plus variés. Trente ans et une quinzaine de livres après le succès considérable de *Nous autres les Sanchez* (1961) qui débutait avec la voix d'un homme évoquant son enfance («Notre père et notre mère s'aimaient avec passion»), l'auteur souhaite être reconnue comme écrivain et poète plutôt que «romancière» avec *La Route vers la fiancée*. Comme pour *Dame suisse sur un canapé de reps vert,* le livre se donne la forme de son contenu. Il se fait ici trésor aux abords imprenables contenant de superbes scènes tant d'horreur que d'extase, mais bardé d'une érudition implacable et qui prend avec la syntaxe des libertés aux allures de grésillements électroniques, avec des accumulations ou des interruptions sans apparent souci de lisibilité (même pour les plus férus lecteurs de Proust, Simon, Chawaf ou Cixous). Catherine Paysan tourne ainsi le dos au commun des mortels pour l'offrande aux Immortels. On ne saurait mettre en doute ni son authentique passion pour la connaissance ni sa vocation didactique.

La curieuse trajectoire créatrice de Catherine Paysan manifeste peut-être les effets pervers de la presse littéraire, avec ses obligations d'estime, son respect du succès mais aussi sa condescendance devant tout ce qui, venant d'une plume de femme, est émouvant ou proche du vécu, de l'observation authentique de la vie. On ira jusqu'à la complimenter de l'authenticité autobiographique dans le cas de *Dame suisse sur un canapé de reps vert,* texte gorgé de descriptions et de comptes rendus d'histoire politique, dont la mélancolique protagoniste partage sans doute quelques traits avec son auteur (« Soudainement entichée de culture médiévale neuchâteloise, elle se jetterait dans l'histoire de ces dynasties... ») mais point des plus intimes.

Indubitablement, c'est sur une certaine pureté idéaliste à l'ancienne, et sur l'endurance femelle de l'espèce, sur son entêtement à aimer qu'ont reposé les succès de Catherine Paysan. Une grande partie de l'œuvre échappe toutefois à cette généralisation. Si l'on voulait débusquer un message féministe (l'épouse qui bronche sous le poids de l'égocentrisme masculin), on le trouverait clairement inscrit dès 1968 dans *Le Nègre de Sables,* assorti à vrai dire d'une dose réaliste de masochisme (la violence masculine peut être subie). On y trouve l'antiracisme comme idéologie parallèle (aux frais des États-Unis, mais la France ne s'en tire pas indemne). Enfin, la diversité culturelle et l'expérience des « autres » sont, avec l'amour, ses plus importantes préoccupations dès le départ : *Nous autres les Sanchez* met déjà en scène un peintre mexicain, moins torturé que le « nègre de Sables », peintre encore mais issu de Harlem.

Une évolution spectaculaire caractérise l'œuvre romanesque de Catherine Paysan au-delà des valeurs du « terroir » auxquelles elle revient et qu'elle enluminera pour les « happy few » (universitaires médiévistes) dans son monumental roman de 1991. En face du monde d'hier, il y a l'omniprésence des questions d'identification culturelle : la délicate question de « la race » (la famille et le sol) comme des races (différences ethnoculturelles plus ou moins discrètes). Les problèmes de hiérarchie socio-économique, les différences d'une région à l'autre, entre ruraux et citadins, entre catholiques et protestants, juifs ou musulmans, entre enracinés et déracinés, paysans et « roumis » ou gens du voyage sont souvent analysés par le biais d'un amour. Ce sera à l'occasion l'amour d'une fillette et de son grand-père dans le très beau récit d'un attachement paysan à la terre, à l'animal, et d'une loyauté envers l'être humain « inutile » (*L'Empire du taureau*). Ce pourra être la passion qui se défait avant ou après le mariage dont le tendon d'Achille est l'inégalité traditionnelle des rôles dans le couple, avec l'amante qui donne trop, qu'elle soit ou non chargée d'enfants, et parvient aux limites de son amour (masochisme, troubles mentaux). L'amour, soutenu par une sexualité toujours positive, peut se transformer et survivre pour les couples que n'écrase pas le problème interculturel. C'est le cas de *Je m'appelle Jéricho* qui recèle une des très grandes scènes d'accouchement (pré-1975) de la littérature française. Ici, la recherche sur l'altérité culturelle (des Gitans) reste discrète, utile, parfaitement intégrée.

Malgré des dénouements ouverts en apparence (... *Sanchez, Dame suisse..., Nègre..., ... Strasbourg*) le bilan sur les amours interculturelles et le bonheur personnel est pessimiste. Proche observatrice, dans le Paris de l'après-guerre, de l'émancipation politique et psychologique des étrangers et des colonisés, Catherine Paysan semble avoir pressenti la montée des intégrismes. *Le Rendez-vous de Strasbourg* par exemple est un beau récit, mais alourdi de descriptions livresques aux dépens de la vraisemblance psychologique et langagière tandis qu'un coup de théâtre final trahit un souci formaliste. Sans opter pour une désinvolture postmoderne, l'écrivaine ne résout pas, dans ses romans récents, la question de la voix narrative. Elle pratique une omniscience artiste à la Yourcenar, pour partager ses passions intellectuelles. Dans sa critique des dégâts du modernisme, elle semble en rester à la ségrégation culturelle comme forme du tragique et comme loi sociale, dans l'ignorance de cet éloge du métissage qui marque aussi notre fin de siècle et de millénaire. Elle fait donc, en fin de compte, œuvre de moraliste pour le plus grand nombre, ce qui ne saurait surprendre chez une cadette de la génération existentialiste, « amie des immigrés », internationaliste généreuse, critique pessimiste mais bonne vivante, et « bien de chez nous ».

Bibliographie: *Nous autres, les Sanchez,* prix de la Société des Gens de Lettres (Denoël, 1961). *Histoire d'une Salamandre* (id., 1962). *Les Faiseurs de chance,* nouvelles, prix des écrivains de l'Ouest (id., 1963). *Je m'appelle Jéricho* (id., 1964). *Les Feux de la Chandeleur,* prix des Libraires de France (id., 1966). *La Musique du feu,* poèmes, prix Marceline Desbordes-Valmore (id., 1967). *Le Nègre de Sable* (id., 1968). *Comme l'or d'un anneau* (id., 1971). *L'Empire du taureau* (Denoël, 1974). *Pour le plaisir* (id., 1976). *Le Clown de la rue Montorgueil* (id., 1978). *La Colline d'en face* (Balland, 1987). *Dame suisse sur un canapé de reps vert* (Grasset, 1981). *Attila Dounaï,* théâtre (Denoël, 1983). *Le Rendez-vous de Strasbourg* (id., 1984). *La Route vers la fiancée* (Albin Michel, 1991). *52 poèmes pour une année* (Éditions Ouvrières, -). *Chansons pour ceux que j'aime* (Éditions Mouloudji, -).

Sélection critique: Chalon, Jean: comptes rendus dans *Le Figaro* (6 janv. 1992, etc.). Galey, Matthieu: comptes rendus dans *L'Express* (25 sept. 1978, etc.). Cf. DLLF.

CM

PECLARD, Luce, poète suisse.

Foure'z'y'tout (Neuchâtel : Au Bouquin d'or, 1956). *Sortilèges d'enfance,* nouvelles (Debresse, 1961). *Les Aubes à venir* (Genève : Perret-Gentil, 1964). *Comprendre* (id., 1966). *Le Veilleur d'aurores* (id., 1969). *Pèlerin sur la terre* (Moutier : Éd. de la Prévote, 1975). *Racines avides* (Genève : Poésie Vivante, 1985).

PELLETIER-DOISY, Jacqueline, romancière.

Au printemps, Tipasa (Julliard, 1971). *L'Étang de la Breure,* suivi de *Le Domaine de Hautefrâgne* (id., 1973). *Lumières et Ombres,* poèmes (Moulins : Cahiers du Bourbonnais, 1975). *Le Front Sarrasin,* nouvelles (Plon, 1976). *Contes du Berry* (Hachette, 1978). *Contes du Bourbonnais* (id., 1980). *Les Étés de Persanges* (Plon, 1985).

PERIN, Cécile, 1877-1959, poète.

Vivre (Éd. de la Revue littéraire de Paris et de Champagne, 1906). *Les Pas légers* (Sansot, 1907). *Variations de cœur pensif* (id.,1911). *La Pelouse* (id., 1914). *Les Captives* (id., 1919). *Les Ombres heureuses* (Le Divan, 1922). *Finistère* (id., 1924). *Océan* (id., 1926). *La Féerie provençale* (id., 1930). *Offrande* (id., 1933). *Dicté par une ombre* (id., 1934). *Miroirs du bonheur* (id., 1935). *La Coupe* (Flory, 1937). *Mélodies* (Gap : Ophrys, 1943). *Pénélope* (Savel, 1950). *Bretagne* (Le Divan, 1951). *D'une Chambre ouverte sur le ciel* (id., 1953). *Paroles à l'enfant* (id., 1954). *Regards vers l'ombre* (id., 1956).

PENROSE, Valentine Boué, 1898-1978, poète surréaliste.

Née à Mont-de-Marsan dans un milieu militaire qu'elle fuit très tôt pour aller à Paris, Valentine Penrose fera toute sa vie preuve d'indépendance et d'originalité. A vingt-sept ans, elle épouse le peintre anglais Roland Penrose et fréquente le groupe surréaliste à Paris, à Mougins et en Angleterre. Elle est très appréciée en tant que poète, en particulier par Paul Éluard. A Paris, elle étudie les philosophies orientales, s'intéresse à l'alchimie et subit l'influence d'un maître d'études arcanes, le comte Galarza de Santa Clara, rencontré en Égypte : elle fera plusieurs séjours dans son ashram en Inde.

Séparée de Penrose en 1936, Valentine repart aux Indes avec Alice Rahon Paalen. Elles deviennent très liées et une symbiose exceptionnelle

463

se manifeste dans leur poésie de 1936 à 1943 environ. De retour en Europe en 1940, Valentine Penrose sert quelque temps dans l'armée française, passe en Angleterre, hébergée la moitié du temps chez Roland Penrose et sa nouvelle épouse : il en sera ainsi jusqu'à la fin de sa vie. Un jeune poète et admirateur traduira une grande partie de son œuvre tandis qu'elle consacre un essai au peintre catalan Antoni Tapiès et une biographie romancée à Ersébet Bathory.

La poésie de Valentine Penrose reflète les expériences de l'écriture automatique, du collage et de techniques picturales, telles que le *frottage* de Max Ernst, ou le *fumage* de Wolfgang Paalen, par la juxtaposition souvent incongrue ou hermétique d'éléments syntaxiques ou sémantiques disparates. Éluard écrit dans la préface d'*Herbe à la lune* (1935) : « Je pense que Valentine Penrose n'hésite jamais à écrire un mot à la place de l'autre, le mot immédiatement accessible au lieu du mot rebelle. D'où un langage poétiquement clair, un langage rapide, qui échappe à la réflexion. Un langage déraisonnable, indispensable... »

Elle inscrit dans les premiers poèmes des fragments de folklore de France et d'ailleurs, ainsi que des paysages exotiques de tous les coins du monde :

> Il paraît en forme de roi
> chaque couleur plus égoïste qu'une autre
> tous les oiseaux du monde au jardin de mon père
> tous les oiseaux qui ont leur nid au monde.

Une écriture lesbienne se développe à partir de 1937, et le même couple d'amoureuses, Émilie et Rubia, domine le petit texte en prose *Martha's Opera* (1945) comme le recueil de collages et de poèmes, *Dons des Féminines* (1951). Les deux plaquettes de 1937, *Sorts de la lueur* et *Poèmes* s'adressent à une femme aimée perdue et frappent par leur intimité :

> Je t'ai tournée tu m'as tissée
> Ta cave importait comme des montagnes (*Poèmes*)

La Comtesse sanglante semble vouloir revendiquer une force supérieure chez la femme, jusque dans la cruauté et le crime. Le récit des aberrations d'Erzsébet Bathory fait concurrence à Gilles de Rais, à la suite de Bataille dans *Les Larmes d'Eros,* dans une langue toujours poétique. Il est ironique que ce texte soit le seul encore disponible de Valentine Penrose alors que son chef-d'œuvre demeure *Les Magies*, recueil de 1972. Si on y retrouve de loin en loin la mystérieuse inconnue des livres précédents, un retour aux mythes du passé, aux sciences occultes et aux couleurs de la nature marque davantage ce dernier livre. Valentine Penrose tisse un principe féminin à la fois personnel et universel ou mythique tout au long de son œuvre, tant dans sa prose que sa poésie.

Bibliographie : *Poésie :* « Imagerie d'Épinal », *Cahiers du Sud* 82. *Herbe à la lune,* préface de P. Éluard (GLM, 1935). *Sorts de la lueur* (id., 1937). *Poèmes* (id., 1937). *Dons des féminines,* poèmes et collages (Les Pas Perdus, 1951). *Les Magies* (Les Mains Libres, 1972).

Prose : Le nouveau Candide (GLM, 1936). *Martha's Opera* (Fontaine, 1945). *La Comtesse sanglante* (Gallimard/ Mercure de France, 1962).

Sélection critique : Collectif : *Obliques* 14-15 : *La Femme Surréaliste,* (1977). Colvile, Georgiana : « Through an Hour-Glass Lightly : Valentine Penrose and Alice Rahon Paalen », à paraître dans *Modern French Poetry : Reconceptions,* éd. Bernard McGuirk et Russell King (Leicester Univ. Press). Riese-Hubert, Renée : « Gender, Genre and Partnership : A Study of Valentine Penrose », *The Other Perspective of Gender and Culture ; Rewriting Women and the Symbolic,* éd. Juliet Flower-MacCannell (New York : Columbia Univ. Press, 1990).

Georgiana Colvile

PERREIN, Michèle, n. 1929, romancière.

Née à La Réole, en Gironde, Michèle Perrein fait ses études au collège classique de La Réole, puis à la faculté de droit de Bordeaux. A Paris elle a travaillé comme secrétaire en suivant des cours du soir au Centre de formation des journalistes. Son premier roman, *La Sensitive,* obtient le prix des Quatre Jurys. Le quatrième, *La Flemme,* sert de point de départ au film de H.-G. Clouzot, *La Vérité. Le Buveur de Garonne* obtient le prix des Librairies en 1974. Divorcée, sans enfants, elle se déclare féministe.

L'œuvre de Michèle Perrein est imprégnée d'une conscience profonde de l'oppression. Il en découle une vision du monde qui se précise dans les livres des années soixante-dix. Dans *La Chineuse,* cette vision transparaît dans le monologue intime d'une journaliste nostalgique d'un amour passé mais résolue à conquérir son autonomie. Dans *La Partie de plaisir,* elle se présente à travers le récit d'une toute jeune femme obligée d'avorter dans les pires conditions, frôlant la mort. L'oppression est mise en scène dans *Le Buveur de Garonne* à travers la description d'un village où le pouvoir détruit et la nature et l'esprit. Elle apparaît encore dans *Gemma lapidaire,* fable poétique et mystérieuse d'une péninsule imaginaire où les luttes s'avèrent semblables à celles qui, de façon plus subtile mais non moins destructrice, menacent notre société contemporaine dite civilisée. Enfin, dans *Le Mâle aimant,* un essai-récit, Michèle Perrein démontre cette oppression plus directement à travers des réflexions personnelles, philosophiques et politiques.

Ce thème qui domine tous ses livres opère donc à deux niveaux différents : personnel et politique. Au premier, les victimes sont les femmes. Au deuxième, les opprimés sont les faibles et les déshérités des deux sexes. Une chose reste constante : l'oppresseur est toujours mâle. L'homme opprime la femme par son absence. Que celle-ci résulte de la mort, de l'abandon ou de la faiblesse de caractère, l'auteur y montre toujours les signes de l'hostilité envers la femme. Les pères ont disparu, sont inconnus ou morts tandis que les amants et les maris s'avèrent absents, affectivement aussi bien que physiquement. Dans tous les cas, les femmes sont seules et déchirées entre la nostalgie d'une véritable présence masculine et une lutte pour atteindre l'autonomie.

L'oppression politique imposée par les hommes se manifeste dans le colonialisme et la guerre (*La Chineuse*), l'industrialisation (*Le Buveur de Garonne*) et le système juridique (*La Partie de plaisir*). Michèle Perrein offre une perspective symbolique de cette manipulation du pouvoir dans *Gemma lapidaire*. On y voit le monde avant la civilisation, à l'ère primaire du pouvoir phallique. C'est précisément sa verge qui octroie à Macaire, l'homme de pouvoir de la péninsule, l'emprise absolue et cruelle sur son pays en général et sur les femmes en particulier. La romancière nous invite à voir en lui le prototype de tout détenteur de pouvoir, de tout homme, pour tout dire. Forts, mobiles et conscients, les personnages féminins de Michèle Perrein se révoltent. Ils trouvent force dans leur détermination à créer leur propre voie, à diriger leur vie d'une façon constructive. Bien que cette force n'aboutisse pas forcément à la destruction du pouvoir mâle, elle représente un pas décisif vers la libération personnelle.

Bibliographie : *Romans* : *La Sensitive* (Julliard, 1956). *Le Soleil dans l'œil* (id., 1957). *Barbastre* (id., 1960). *La Flemme* (id., 1961). *Le Cercle* (id., 1962). *Le Petit Jules* (id., 1965). *M'oiselle S.* (id., 1970). *La Chineuse* (id., 1970). *La Partie de plaisir* (Flammarion, 1971). *Le Buveur de Garonne* (id., 1973). *Gemma lapidaire* (id., 1976). *Comme une fourmi cavalière* (Grasset, 1980). *La Margagne* (id., 1989).

Essais/récits : *Le Mâle aimant* (Julliard, 1975). *Entre Chienne et louve* (Grasset, 1978). *Ave Cesar : Rencontre avec Adam Thalamy* (Grasset, 1982). *Les Cotonniers de Bassalane* (Grasset, 1984). *La Margagne* (id., 1989).

Théâtre : *L'Hôtel Racine* (Julliard, 1966). *Un Samedi, deux femmes* (id., 1968). *A + B + C = Y* (pièce radio/France-Inter). *Clinique d'anticipation* (id.). *L'Alter-auto* (créée à Aix-en-Provence).

Sélection critique : Susan Husserl-Kapit : « Sexual Politics in Four Novels by Michèle Perrein », dans *Folio 11*, éd. par Martha O'nan (Brockport publ. de SUNY, 1978). *F. Magazine*, 4 avril 1978. *Le Monde*, 3 mars 1978, 14 nov. 1980.

Susan Husserl-Kapit

PERRIER, Anne, poète suisse.

Selon la nuit (Lausanne : Éd. Amis du Livre, 1952). *Pour un vitrail* (Seghers, 1955). *Le Voyage* (Neuchâtel : La Baconnière, 1958). *Le Petit Pré* (Lausanne : Payot, 1960). *Le Temps est mort* (id., 1967). *Lettres perdues*, prix Rambert (id., 1971). *Proverbe, quand tu nous tiens* (id., s. d.). *Le Conte d'été*, théâtre (Th. de Vidy, 1975). *Feu les oiseaux*, prix Schiller (Neuchâtel : La Baconnière, 1976). *Le Livre d'Ophélie* (Lausanne : Payot, 1979). *Poésie (1960-1979)* (Lausanne : L'Age d'Homme, 1982). *La Voie nomade* (Genève : La Dogana, 1986). *Poésie (1968-1986)* (Lausanne : L'Age d'Homme, 1988).

PERRINE DE BAUME, 1408-?, biographe de sainte Colette.

PERT, Camille (pseud. de Rougeul, Louise-Hortense Grille), 1865-192?, romancière.

Amante (H. Simonis Empis, 1895). *L'Amour vainqueur* (La Renaissance du Livre, s. d.). *Amoureuse* (id., 1895). *Leur égale* (id., 1899). *La Loi de l'amour* (id., 1903). *Le Bonheur conjugal* (Librairie Universitaire, 1905). *L'Amour vengeur* (Garnier, 1906). *Les Amours perverses de Rosa Scar* (Libr. Artistique, 1907). *L'Autel* (Ollendorf, 1907). *L'Incendiaire* (Nilsson, c. 1907). *Une Liaison coupable* (id., 1907). *Cady mariée* (Renaissance du Livre, 1913). *La Petite Cady* (E. Mignot, 1914). *Le Divorce de Cady* (id., 1914). *Georges à Paris* (id., 1917). *Mystérieux mensonge* (Ferenczi, 1917). *Cady remariée* (Albin Michel, 1926).

PESKINE, Brigitte, romancière.

Femmes expatriées [témoignages] (IEP, 1982). *Le Ventriloque*, rm (Actes Sud, 1985). *Et la famille ? Ça va, merci*, rm (Luneau Ascot, 1986). *L'Échappée*, rm (Ramsay, 1988). *Une Robe pour Julia*, rm (Seghers, 1992). *Romans pour la jeunesse* : *Ça s'arrangera* (École des Loisirs, 1985). *La Télé c'est pas la vie* (id., 1986). *Une Odeur de poisson* (id., 1988). *Chantages* (id., 1990). *Chef de famille* (id., 1992). *La Petite annonce* (id., 1993).

PEUGNIEZ, Colette, v. SEGHERS-PEUGNIEZ.

PHAL, v. MAKHALI-PHAL.

PHILIPE, Anne, 1917-1990, romancière franco-belge.

Le Temps d'un soupir (Julliard, 1963). *Le Rendez-vous de la colline* (id., 1966). *Spirale* (Gallimard, 1971). *Ici, là-bas, ailleurs* (id., 1974). *La Demeure du silence,* entretiens avec Éva Ruchpaul (id., 1975). *Un Été près de la mer* (id., 1977). *L'Éclat de la lumière,* entretiens avec Marie-Hélène Viera da Silva (id., 1978). *Gérard Philipe,* souvenirs et témoignages (id., 1978). *Promenade à Xian* (id., 1980). *Les Résonances de l'amour* (id., 1982). *Je l'écoute respirer* (id., 1984). *Le Regard de Vincent* (id., 1987). Cf. DLLF, DFELF.

PICARD, Hélène, poète.

L'Instant éternel (Sansot, 1907). *Souvenirs d'enfance,* 2 vol. (Sansot, 1911, 1913). *Rameaux* (Fayard, 1919). *Pour un mauvais garçon* (Delpeuch, 1927). Correspondance [lettres à Colette] (BN, sl, sd).

PIGUET, Marie-José, n. 1941, poète et romancière suisse.

Marie-José Piguet a des racines, du côté paternel, dans une famille d'horlogers de la Vallée de Joux et, du côté maternel, dans le milieu paysan du pied de ce même Jura vaudois. Mariée à un peintre anglais, elle vit à Exeter mais passe ses étés dans la ville de son enfance.

Elle se situe dans la lignée des Monique Saint-Hélier et Catherine Colomb par une écriture qui obéit aux lois de la mémoire et de la fantaisie plus qu'à celles de la raison. En sous-titrant son roman *Jean Fantoche* « portrait bouffon d'une auguste famille », Marie-José Piguet caractérise son propos : elle suit la logique de ses sens, dont celui de l'humour et celui de la tribu. Les vivants et les morts se bousculent dans ses chroniques, ses personnages ne sont pas des héros mais des hommes et des femmes tels qu'on peut les rencontrer, laids parfois, farfelus souvent, pleins de rêves fous mais aussi du sens de la réalité. Dans ses derniers *Petits contes d'outre-Manche,* tableautins fantaisistes partant parfois d'un simple mot, on retrouve des décrochages inattendus comme dans les rêves. Le choc du réel et de l'imaginaire se traduit par des images cocasses qui donnent à l'écriture de Marie-José Piguet une tonalité unique dans la littérature romande.

Bibliographie : *Feuillets de poésie,* 1er cahier, automne 1966 (Genève : Perret-Gentil). *Reviens ma douce* (Lausanne : Bertil Galland, 1974). *Jean*

Fantoche (id., 1981). *Une demoiselle éblouissante* (Lausanne : L'Aire, 1987). *Petits contes d'outre-Manche* (id., 1990)

Françoise Fornerod

PINEAU, Gisèle, romancière guadeloupéenne.

Le Papillon dans la cité (Sépia, 1992). *La Grande Drive des esprits* (Serpent à Plumes, 1993). *L'Espérance-macadam* (Stock, 1996). *L'Exil selon Julia* (id., 1996).

PISAN, Christine de –, 1364-1431.

Fille de Tommaso da Pizzano, Christine naît à Venise et reçoit « le nom du plus parfait homme » (*Mutacion* v. 378). Titulaire de la chaire de médecine et d'astrologie à l'université de Bologne, son père est invité à Paris par Charles V où il devient conseiller du roi. En 1368 Christine et sa mère l'accompagnent donc en France. Favorisée par le souverain, la famille, dont deux fils naîtront en France, mène une vie confortable. Thomas fait apprendre à sa fille à lire et écrire le latin, le français et l'italien. La mère s'occupe de l'instruction religieuse mais surtout de l'éducation mondaine de Christine qui fréquente la cour où il faut politesse et art de plaire. A quinze ans, Maître Thomas la marie à son jeune protégé Étienne de Castel, d'une noble famille de Picardie, qui est devenu notaire et secrétaire du roi. Après d'élégantes noces, ils font bon ménage jusqu'à la mort accidentelle d'Étienne, dix ans plus tard. La mort de Charles V et de Thomas de Pisan entraîne de plus grands malheurs pour Christine. Veuve à vingt-cinq ans avec trois enfants, une mère et deux frères à charge, écrasée de soucis d'argent et de procès, se sentant sans ressources, sans défense, elle commence à écrire. Christine dédie ses œuvres aux plus hauts personnages du royaume. Invitée en Angleterre par le roi Henri IV et en Italie par le duc de Milan, elle choisit de rester en France, son pays d'adoption où elle témoigne des événements importants de son époque. En 1418 elle se retire dans une abbaye, probablement celle de Poissy, où sa fille était religieuse.

Pour dominer sa douleur et par besoin financier, Christine compose des vers lyriques, ballades et rondeaux. Dans quelques-uns, elle déplore la mort de son mari et se lamente sur son sort, mais pressentant que le récit de ses chagrins importunera, elle préfère inventer des poèmes d'amour de style traditionnel où elle joue avec les rimes compliquées et les figures de rhétorique. Habile à écrire ce qui amuse ses protecteurs, comme le *Débat des deux amants* et le *Livre du Duc des Vrais Amants*, elle est néanmoins trop sérieuse pour se contenter de rimes courtoises. Elle prend alors « le chemin de longue étude », lisant les ouvrages d'histoire ancienne, les chroniques, les compilations, les encyclopédies, les œuvres de vulgarisation de toutes sortes qui se trouvent dans les bibliothèques de ses protecteurs.

Irritée par la misogynie des écrivains, elle prend un beau jour la défense des femmes contre leurs calomniateurs. Christine, qui connaît trop bien les difficultés d'une femme sans protecteur et sans argent, éprouve de la compassion pour toute femme de bonnes mœurs frappée par le destin. Toujours modeste et juste, admettant qu'il y a de mauvaises femmes ainsi que de mauvais hommes, elle énumère les qualités de ses congénères, ayant trouvé inadmissible que la femme ait de tout temps été jugée inconstante, trompeuse, avare, impudique et méchante. Elle écrit donc l'*Epistre au Dieu d'Amour* où elle s'en prend à l'*Art d'aimer* d'Ovide et au *Roman de La Rose* de Jean de Meun. A la fin de son poème, le « Dieu d'Amour » bannit les médisants. Peu après cette première attaque contre un chef-d'œuvre universellement reconnu, elle prend à partie Jean de Montreuil pour un livre qui, d'après elle, incite au libertinage et à la séduction. Les frères Gontier et Pierre Col, hautains et sarcastiques, font procès à Christine, tandis que Jean Gerson, chancelier de l'Université de Paris, lui donne raison : chose inouïe qu'une femme qui triomphe d'hommes haut placés !

Célèbre à cause de la « Querelle du Roman de La Rose », savante et sage, Christine connaît alors une période d'intense créativité littéraire : œuvres en prose, œuvres en vers, longues allégories aimées au Moyen Age quoique moins au goût du lecteur moderne. Les protecteurs ne manquent plus. *L'Épître d'Othéa,* populaire à l'époque, le *Chemin de longue estude,* le *Livre de la mutacion de Fortune,* le *Livre des faits et bonnes mœurs de Charles V,* la *Cité des dames,* l'*Avision Christine* et beaucoup d'autres sont achevés entre 1400 et 1410. Quasi voyante, elle conseille les princes pour prévenir les désastres de la guerre civile et la menace des Anglais qui aboutit à Azincourt. Elle condamne les vices de son époque et révèle ses connaissances politiques dans le *Livre du corps de policie,* la *Lamentation sur les maux de la guerre civile,* et le *Livre de la paix,* tous écrits pour instruire, soutenir et encourager le dauphin, car cette femme, née à l'étranger, est l'une des plus patriotes de son époque.

Après le carnage des guerres, préoccupée par la morale et la religion, Christine écrit l'*Épître de prison de la vie humaine,* pour consoler les survivants, et les *Heures de Contemplation de Nostre Dame.* Vers la fin de sa vie, elle rend hommage à Jeanne d'Arc dans la *Dictie de la Pucelle,* précieux témoignage contemporain sur cet événement historique autant que légendaire, et s'exclame : « Hé ! Quel honneur au féminin sexe ! »

Christine de Pisan lègue à la postérité une œuvre riche et importante, bien que jugée parfois peu lisible et pléthorique. Elle est la première écrivaine professionnelle en France et fait montre d'une parfaite maîtrise des genres traditionnels et à la mode. Observatrice de son temps et de son milieu, elle projette sur eux, de par sa personnalité et sa vie peu communes, un point de vue féminin qui les éclaire de façon toute particulière. « Pour la première fois en France, nous ne pouvons pas séparer l'étude de l'œuvre et celle de l'écrivain. Voilà, au sens qui deviendra classique, notre premier auteur, et cet auteur est une femme », écrit Daniel Poirion. Pourtant, il faudra attendre 1986 (après la décennie des femmes promulguée par les Nations unies) pour que l'œuvre majeure de la studieuse et prolifique Christine, *Le Livre de la Cité des dames*, soit enfin accessible au public francais, dans une belle traduction. On peut dire que ce fut « un secret bien gardé ». Des érudit/es anglo-saxon/nes avaient depuis quelques temps révélé ce trésor de légendes, histoires et anecdotes sur toutes les femmes de tous les pays, compilé par une femme qui avait décidé de conter, avec une bienveillance systématique, ses congénères : lorsqu'elle explique par exemple l'inceste de Sémiramis, Christine fait preuve d'un sens très moderne de la relativité des cultures.

Bibliographie : *Cent ballades, Virelais, Ballades d'étrange façon, Lais, Rondeaux, Jeux à vendre, Autres ballades, Épître au Dieu d'amour, Complainte amoureuse, Débat des deux amants, Dit des trois jugements amoureux, Livre du Duc des vrais amants, Épître d'Othéa, Dit de Poissy, Dit de la Rose, Épîtres sur le Roman de la Rose, Chemin de longue estude, Dit de la pastoure, Quinze joyes de Nostre Dame, Oraison Nostre Dame, Livre des faits et bonnes mœurs de Charles V, Épître à Eustache Deschamps, Cité des Dames, Avision Christine, Livre des trois vertus, Épître à Isabeau, Prod'homie de l'homme, Livre du corps de policie, Enseignements moraux, Oraison Notre Seigneur, Proverbes moraux, Livre de Prudence, Les Sept Psaumes allégorisés, Livre des faits d'armes et de chevalerie, Lamentation sur les maux de la guerre civile, Livre de la Paix, Épître de prison de la vie humaine, Heures de contemplation de Nostre Dame, Dictié de la Pucelle.*

Éditions modernes : *Œuvres poétiques*, 3 vol., éd. M. Roy (Firmin-Didot, 1886). *Lavision-Christine*, éd. M.-L. Towner (Washington, D.C. : Catholic Univ. of America, 1932). *Le Livre des fais et bonnes meurs du sage roy Charles V*, éd. S. Solente, 2 vol. (Société de l'Histoire de France, 1936-40). *Ballades, Rondeaux, and Virelais*, éd, Kenneth Varty (Leicester University Press, 1965). *Le Livre de la Mutacion de Fortune*, 4 vol., éd. Suzanne Solente (Picard, 1959-68). *Le Livre du chemin de longue estude*, éd. Robert Puschel (Berlin, 1887 ; Genève : Slatkine Reprints, 1974). *Le Débat sur « le Roman de la rose »*, éd. critique d'Éric Hicks (Champion, 1977). *Cent ballades d'amants et de dames*, prés. Jacqueline Cerquiglini (UGE, 1982). *Le Livre de la Cité des Dames*, trad. et prés. par Thérèse Moreau et Éric Hicks (Stock, 1986). *Le Livre des trois vertus*, éd. critique de Charity C. Willard et Éric Hicks (id., 1989).

Sélection critique : Du Castel, Françoise : *Damoiselle Christine de Pizan, Veuve de Me Etienne de Castel (1364-1431)* (A. & J. Picard, 1972). Laigle, Mathilde : *Le Livre des trois vertus de Christine de Pisan et son milieu historique et littéraire* (Champion, 1912). McLeod, Enid : *The Order of the Rose* (Londres : Chatto & Windus, 1976). Moulin, Janine : *Christine de Pisan* (Seghers, 1962). Poirion, Daniel : *Le Moyen Age II : 1300-1480* (Arthaud, 1971). Richards, Earl Jeffrey : *The Book of the City of the Ladies,* trad. et introd. (New York : Persea Books, 1982). Rigaud, Rose : *Les Idées féministes de Christine de Pisan* (Neuchâtel : 1911 & Slatkine, 1973). Cannon Willard, Charity : *Christine de Pizan. Her life and Works.* (N.Y. : Persea Books, 1983). Cf. FWW.

MHB

PLANTIER, Thérèse, n. 1911.

Née à Nîmes, Thérèse Plantier a grandi dans un milieu familial très ouvert et politisé. Sa mère est enseignante, son père journaliste. Elle fait des études à Marseille, puis à Paris où elle prépare une licence d'anglais à une époque où l'on pouvait encore être épris de trotskysme. Depuis l'université elle reste attachée au socialisme révolutionnaire. Elle a enseigné l'anglais dans sa Provence natale aussi bien qu'au Cameroun et travaillé avec les enfants inadaptés. Elle écrit depuis 1960 et considère son œuvre comme une parole militante. Une personnalité conquérante lui fait traverser trois mariages et décliner la maternité. Elle s'est installée à Faucon, dans le Vaucluse, pour se consacrer à l'écriture et gérer un camping estival.

Arrivée tard à la vocation poétique, Thérèse Plantier n'avait pourtant rien perdu de sa jeunesse comme le montrent d'une façon imposante les recueils publiés depuis 1963. En commençant par *Chemins d'eau* (1963) et jusqu'à *La loi du silence* (1976), ses poèmes font preuve d'une volonté d'élargir les perspectives d'un verbe vieilli et inapte à exprimer son féminisme. Elle s'est attaquée surtout à cette entrave intellectuelle par excellence qu'est, insiste-t-elle, la langue française. C'est dans la préface à *C'est moi Diégo,* son recueil le plus audacieux, qu'elle dénonce cette *novlangue* orwellienne créée par les hommes et propre à subordonner les femmes. Dans les poèmes qui suivent, elle se livre à une exploration linguistique. Elle brouille genres et accords, non pas pour réformer la syntaxe française, mais pour signaler au lecteur le sexisme inhérent à la langue. Son féminisme s'exprime encore plus vigoureusement à travers la cacophonie de vocables et le rassemblement d'images de choc que sont ses poèmes. Elle se plaît à considérer comme démoniaque cette opposition à l'ordre social masculin prononcée tout au long des recueils, mais définie dans l'essai « D'un fémonisme intégral » [sic] (voir *Possibles,* n° 5, 1-16).

Les buts de ses recherches poétiques sont présentés dans les essais publiés dans le numéro de *Possibles* consacré à son œuvre. Par le texte, « D'une orientation de poésie », ainsi que par son « Appendice », elle s'insère carrément dans l'esthétique structuraliste et annonce en même temps sa confiance qu'un avenir prochain découvrira chez elle les signes d'un véritable « scripteur » sensible aux malheurs qui caractérisent son époque, sa classe et son sexe. Dans cette optique, il est possible de reconnaître sous l'hermétisme et la variété formelle de ses poèmes un effort pour trouver l'expression adéquate et exprimer un message qui lui soit propre. Elle se montre ouverte aux influences anglo-saxonnes, particulièrement à celles de poètes hippies dont elle a préparé des traductions (*Pont de l'épée,* n° 46, hiver 1971) et à celle de William Burroughs dont elle arrive souvent à rendre en français les images hallucinatoires de *Naked Lunch* ou *Soft Machine.*

Si ses recherches n'aboutissent pas toujours, ses textes les plus frappants sont ceux où se manifeste la force féminine. Ce n'est pas dire qu'un contenu unique nourrisse ce verbe : vivant profondément sa condition de femme, elle est pleinement consciente non seulement des faces multiples que la femme présente au monde, mais aussi de la multiplicité d'êtres dont la femme se vêt pour « vivre en folle » ; amputée à quatre-vingt-quinze pour cent de l'univers. Pas le moindre effort pour synthétiser, réduire à une formule simple, cette multiplicité d'être. Au contraire, Thérèse Plantier la scrute, la palpe, la décante pour offrir sa vision de la désintégration morale du monde perverti par des hommes. Elle semble vouloir dresser le bilan d'un matérialisme en faillite, un bilan qui, à l'instar d'un Francis Ponge, serait le plus souvent le parti pris féministe des choses. C'est donc une poésie tout d'abord matérialiste, qui prend comme point de départ le regard porté sur ce qui meuble notre vie quotidienne. Mais elle pénètre au-delà de la surface pour rattacher ce mode de vie à un système économique, politique ou moral dont il signale la pourriture.

La poète cependant n'hésite pas à fustiger ses sœurs trop prêtes à se vendre pour le luxe bourgeois, « la soie des fastes morts et le marbre couché des dalles » (« Afin que te cernent »). Mais ces critiques sont souvent formulées sans raideur : une délectation moqueuse inspire des textes tels que « Polissariat », où la fantaisie d'images et de vocables saugrenus tourne en ridicule la domination masculine. Ces poèmes constatent que les femmes laissent aux hommes le soin de définir leur essence. Libérée de son aliénation culturelle, la femme devient trop souvent une passion inutile, une liberté sans les buts qui définissent une personnalité, un vide au fond de l'âme.

L'écriture peut être statique, truffée de propositions relatives qui créent des liens insolites avec le monde moral ou amoral. Les meilleurs poèmes, les plus sobres en qualificatifs, montrent avec une âpre nudité les hommes, et plus souvent les femmes, comme victimes d'une société perverse, d'une technologie qui, au lieu de servir, détruit. Thérèse Plantier s'élève, avec cette vision d'une veulerie qui est aussi populaire que bourgeoise, contre la panacée d'une fraternité à la Camus, par exemple. Mais comme lui, elle est hantée par une métaphysique de l'absurde. Elle s'attaque alors à ceux qui privent leurs semblables du peu de bonheur possible dans ce monde. Il n'est donc pas étonnant que l'inventaire des méfaits masculins aille de pair avec une sympathie pour les femmes tantôt victimes de l'oppression, tantôt rongées par la vieillesse ou par la maladie, mais toujours traquées par la mort. A l'actif de ce monde figurent cependant, sans doute trop rarement, des représentations d'un amour sincère : fréquemment des amours saphiques autant qu'hétérosexuels, et l'amour des enfants, car seule la mère semble assurée d'une place au Panthéon de Thérèse Plantier.

Bibliographie : *Chemins d'eau* (s.l. : Guy Chambelland, 1963). *Mémoires inférieurs* (La Corde, 1966). *C'est moi Diégo* (St-Germain-des-Prés, 1971). *Jusqu'à ce que l'enfer gèle* (Pierre-Jean Oswald, 1974). *La loi du silence : Omerta* (St-Germain-des-Prés, 1975). *Le Sonneur* (Gigondas : Atelier des Grames, 1977). *La Portentule,* suivi de *Mémoires inférieurs* (id., 1978). *Le Discours du mâle : Logos Spermaticos* (Anthropos, 1980). *George Sand ou ces dames voyagent* (Lyon : Atelier de Création Libertaire, 1986). *Je ne regrette pas le père Ubu* (Cerisiers/ Coïncidence, 1988).

Sélection critique : Hermey, Carl : *Contemporary French Women Poets* (Van Nuys, California : Perivale Press, 1976). McLelland, Jane : « Now that the Muse is Writing : Écriture Feminine and Contemporary French Women's Poetry », *Contemporary French Literature*, 24, 2 (Su 1883).

James Greenle

PLUME, Amélie, romancière, humoriste romande.

Les Aventures de Plumette et de son premier amant (-). *Oui Émile pour la vie* (-). *En bas tout en bas dans la plaine* (-). *Marie-Mélina s'en va* (-). *La Mort des forêts ni plus ni moins* (-). *Promenade avec Émile L.* (Genève : Éd. Zoé, 1992).

PODOLSKI, Sophie, 1953-1974, poète belge.

Très tôt Sophie Podolski quitte famille et lycée pour faire des études de gravure à l'Académie de Boitsfort. Elle vit quelque temps rue de l'Aurore, à Bruxelles, au sein du Montfaucon Research Center, collectif de création dont elle est un des membres fondateurs avec Alberto Raposo,

Pidwell Tavares et Joëlle de la Casnière. Elle subit de brefs internements psychiatriques à Bruxelles et Paris, écrit *Le Pays où tout est permis* et laisse de nombreux inédits et un grand nombre de dessins. Elle se suicide le 23 décembre 1974 à Bruxelles.

S'il existe une œuvre qui résiste physiquement à l'attrait de la littérature, c'est celle de Sophie Podolski. Écriture instantanément publiée en première édition dans l'immédiateté de sa graphie, dans le prolongement de la main, qui décale et détourne les lignes, majuscule et minuscule les lettres, les lie, les hachure, se noue en dessins, s'épand en points, en grains, et dont l'imprimé ne peut rendre exactement compte. Mais il y a là une immédiateté toujours différée : celle de « l'autre main » pour reprendre l'expression de Maurice Blanchot. Rien d'automatique en elle. Elle accompagne la vie, sautant d'un niveau à l'autre. Elle lie mais comme un gué. Elle déroule un ruban chaotique où les mots dansent, jetés en débandade, tantôt serrés, tantôt éclatés. Elle tient ensemble un certain espace. Elle occupe la page sous la garde incessante du non-dit de la mort.

L'écriture de Sophie Podolski ne tend pas de miroirs. Si elle réfléchit et se réfléchit, c'est sans se figer dans la représentation. Elle va droit devant soi, dans un sens qui n'a pas de direction. Elle imprime ses traces sans se reprendre et sans se retourner : elle ne sera pas changée en statue de sel comme la femme de Lot, ni renvoyée aux enfers comme Eurydice.

Cette œuvre en forme de dérive insolente, et qu'on peut vouloir mettre en rapport avec les effets déstructurants de la drogue ou de la folie, paraît au contraire un travail inouï de résistance à la destruction, une œuvre où la « santé » telle que l'entendait Nietzsche s'efforce contre la maladie. L'écriture émerge du blanc, du vide, comme une puissance, comme le triomphe de l'existence matérielle, l'énergie jeune du sauve-qui-peut. Rien n'y est empreint de morosité, aucune rumination pathétique ne l'alourdit. Sophie Podolski fait œuvre d'affirmation et elle en appelle à tous dans cette affirmation qui est celle de l'amour : oui dit à la vie.

La drogue, souvent convoquée, n'est pas un élément déréalisant. Elle n'a pas ici pour mission de procurer des sensations inédites, des hallucinations fascinantes comme dans l'expérience prudente d'intellectuels curieux de leurs limites : la drogue est le pain de chaque jour qui, à tort ou à raison, rend apte au réel. Le « voyage » n'est pas un départ, mais une suite de bonds parmi les points lumineux qui balisent la nuit du quotidien. Il ne s'agit pas de « planer ». L'écriture de Sophie Podolski n'est pas un envol : c'est une suite de bonds.

On pourrait dire paradoxalement que Sophie Podolski fait œuvre de moraliste, dans la mesure où elle tente d'énoncer une certaine sagesse, où elle tente de faire affleurer un monde possible, et déjà présent, où elle se déploie en sentences et en déclarations. Déclarations et sentences souvent recopiées sur la sagesse du monde, et humoristiquement détournées de leur destination première, mais déclarations et sentences quand même, comme si cette forme était l'une de celles qu'affectionne Sophie Podolski, où elle se rassure. Dans le non-sens, il faut bien que cela fasse sens quelque part.

Son œuvre est révolutionnaire, comme elle le dit elle-même. Mais d'une révolution sans agressivité, celle de la souveraine indépendance. Le tranchant de ses phrases, leur entrechoc, ne cherche pas à scandaliser ou à surprendre. Leur violence ne naît pas de la provocation, mais du besoin dont elle a l'évidence. L'écriture s'expose nue dans une totale innocence et sans mesure du risque. Rien n'y est intentionnel, lourd d'arrière-pensées. Les mots parlent et partent comme des gestes : « Je casserais bien la gueule à tous les gens du monde moi ».

Il est rare que nous soyons aussi peu épargnés, aussi peu visés. Livre de grand air et de vigueur, pur de tout maniérisme, *Le Pays où tout est permis* laisse des trous, des hiatus, là où ils viennent, sans les recouvrir. Que le lecteur s'y loge : « c'est toi qui as envie d'écrire ». Et là-dessus éclate la mort de Sophie Podolski à vingt et un ans. Quelqu'un met fin à soi-même. De quelle blessure ? Peut-on dire que la mort n'est pas triste ? « Tu es un con de pleurer parce que je suis morte brûlée vive dans un accident de motos – et de voitures – tu sauras que tu m'aimais – le dalmatien – passé à l'eau de javel – il est moins taché – tu le veux – qui veut ce jour – j'en meurs – je vois que tu crèves ça me fait plaisir ».

Bibliographie : *Le Pays où tout est permis* (Bruxelles : Montfaucon Research Center, 1972). *Le Pays où tout est permis* précédé de *Biologie* de Philippe Sollers (Pierre Belfond, 1974 [texte censuré et corrigé]). *Le Pays où tout est permis* (Bruxelles, Transédition, 1978 ; fac-similé du manuscrit au format original suivi en fin de volume d'une leçon typographie fidèle). « Extraits du *Pays où tout est permis* », *Tel Quel* 53 (printemps 1973) et 55 (automne 1973). Dessins extraits dans *Le Quotidien des Femmes* (3 mars 1975). Textes et dessins inédits dans *Luna-Park 1, Proses en Expérimentation* (hiver 1974-1975) et *Luna-Park 2, Graphies* (printemps 1976). Dessins inédits dans *Tel Quel 74, Recherches féminines, Art Press International* n° 5 (spécial Femmes, mars 1977) et *+-0* n° 16 (février 1977). *Luna-Park 6, Sophie Podolski Snow Queen* (printemps 1979).

Françoise Collin

POMES, Mathilde, 1886-?, poète.

Ferveur, Lettre fac-simile de Paul Valéry (La Jeune Parque, 1928). *Saisons* (Éd. de Poesia, 1931). *Altitude* (Bruxelles : Les Cahiers du Journal des Poètes, 1938). *Au Bord de la nuit* (chez l'auteur, 1956). *Orée* (A la Fontaine de Grenelle, 1958).

PONS, Anne, essayiste, romancière.

Le Tour de France par Camille et Paul : Deux enfants d'aujourd'hui (Tchou 1977). *La Maison des jours d'autrefois* [= Musée forézien Alice Taverne] (J. Cuénot, 1980). *Le Chemin des écoliers,* essai (Hachette, 1982). *La Villa irlandaise* (Grasset, 1985). *Les Sentiments irréguliers* (Grasset, 1988). *Dark Rosaleen,* rm (Grasset, 1991).

PORTUGAL, Anne.

Les Commodités d'une banquette, poésie (P.O.L., 1985). *De quoi faire un mur* (id., 1987). *Souris au lait* (Messidor/La Farandole, 16 p.).

POTOCKA, Helena Massalska, 1765-?.

Journal sur l'éducation des filles. Lettres. Une Française à la cour de Prusse. Souvenirs de la princesse Radziwill (Plon, 1931). *L'Abbaye-aux-Bois : Mémoires d'une petite fille au XVIIIᵉ siècle* (Sang de la Terre, 1987).

POUGY, Liane de –, salonnière de la Belle Époque.

Yvée Lester (Ambert, 1906). *Mes Cahiers bleus* (Plon, 1978). *Idylle saphique* (J.-C. Lattès, 1979).

POUJOL-ORIOL, Paulette, dramaturge, romancière haïtienne.

La Fleur rouge (-). *Le Creuset,* rm, prix de la Nouvelle française du Monde (Port-au-Prince : Imp. Deschamps, 1980).

POZZI, Catherine, 1882-1934.

Catherine Pozzi, qui signait souvent du nom de Karin (« grâce », en grec), est née à Paris dans une famille cultivée. Comme Louise Labé, elle était d'origine italienne par son père et lyonnaise par sa mère. En dépit de son père, dont « le modernisme ne s'étend pas à l'éducation des filles », elle acquiert une culture classique qu'elle ne cessera de parfaire, étant douée d'une vive intelligence et d'une curiosité encyclopédique qui s'étendait des sciences modernes – biologie, physique – à la philosophie et aux mystiques (v. son autobiographie, *Agnès*). Musicienne, elle étudie avec Vincent d'Indy et s'adonne également à la peinture. Elle séjourne deux ans à Oxford et épouse, en 1909, le dramaturge Édouard Bourdet dont elle a un fils, Claude, futur journaliste et homme politique. En 1920, année de son divorce, elle rencontre Paul Valéry. Suivent huit années d'une relation passionnée mais « instable, inquiète [et] dramatique » (v. *Journal* et préface de Laurence). A la suite de leur rupture, elle noue plusieurs amitiés amoureuses avec divers écrivains qu'elle prend comme confidents de ses difficultés à trouver un équilibre entre sa volonté de se parfaire et son angoisse de la solitude. Mais sa santé s'altérant, elle doit renoncer aux activités nombreuses et aux sports où elle excellait. Elle meurt prématurément d'une tuberculose compliquée de crises d'asthme.

Catherine Pozzi a été jusqu'au bout une « styliste » d'un très grand raffinement, égal à son intensité. Outre son *Journal* et son autobiographie, *Agnès,* nous ne connaissons d'elle que quelques poèmes, dont un seul fut publié de son vivant (Ils figurent dans plusieurs anthologies, dont celle d'André Gide, NRF, 1949). Si l'on songe qu'ils ont été écrits alors que Catherine Pozzi souffrait déjà intensément, on est émerveillé de l'impression de sérénité altière que donne une pensée tendue vers ce lieu où l'être éparpillé sera unifié au-delà de la mort. Vers cet espace mystique basculent les images, en lui disparaît l'espace terrestre auquel elle invite son âme à renoncer. L'émotion est si contenue à l'intérieur de la perfection formelle du vers que ces chants paraîtraient trop stoïques, trop inhumains si ne s'y glissait parfois, et surtout dans le dernier poème, l'aveu du doute, « nuit noire » qu'ont connue certains mystiques. Publié dans la revue d'Adrienne Monnier, *Mesures,* en juillet 1935, « Nyx » est dédié à « Louise aussi de Lyon et d'Italie » :

> O vous mes nuits, ô noires attendues
> O pays fier, ô secrets obstinés
>
> Je ne sais pas pourquoi je meurs et noie
> Avant d'entrer dans l'éternel séjour.
> Je ne sais pas de qui je suis la proie.
> Je ne sais pas de qui je suis l'amour.

Ailleurs, au détour d'un titre, « Scopolamine », dont la sonorité mélodieuse fait oublier qu'il désigne un calmant, le poème évoque la dérive dans un sommeil où l'on note l'étrange masculin d'un être déjà spiritualisé.

> Mon cœur a quitté mon histoire
> Adieu Forme je ne sens plus
> Je suis sauvé je suis perdu
> Je me cherche dans l'inconnu
> Un nom libre de la mémoire.

Dans tous les poèmes de Catherine Pozzi, une forme très maîtrisée, répartie en strophes égales (avec la notable exception de « Maya »), en vers de longueur classique (presque toujours de huit, dix ou douze pieds) et en rimes alternées féminines/masculines, tente d'endiguer les forces incontrôlées et non illuminées par l'esprit et la grâce. C'est peut-être dans « Maya » que l'émotion poétique atteint une intensité toute particulière grâce à l'utilisation d'images plus charnelles et visuelles qu'ailleurs pour évoquer l'expérience spirituelle de la mort :

> Je descends les degrés de siècles et de sable
> Qui retournent à vous l'instant désespéré
> Terre des temples d'or, j'entre dans votre fable
> Atlantique adoré
> [...]
> Les oiseaux sur le vent dans l'Ouest marin s'engagent
> Il faut voler, bonheur, à l'ancien été
> Tout endormi profond où cesse le rivage
>
> Rochers, le chant, le roi, l'arbre longtemps bercé,
> Astres longtemps liés à mon premier visage
>
> Singulier sommeil de calme couronné.

Si Catherine Pozzi est demeurée insensible aux débats sur la forme, notamment poétique, qui agitaient son époque, elle a su, comme le note son biographe, « ce que souffrir, dans son corps, son cœur, son esprit, son temps, veut dire ».

Biographie : *Agnès,* nouvelle (Éditions de la revue *Commerce,* 1927). *Peau d'âme* (Éd. Corréa, 1934 & 1990). *Poèmes* (Gallimard, 1959 & 1989). *Journal 1913-1934* (Ramsay, 1987). *Œuvres poétiques* (Éd. La Différence, 1988). *Journal 1913-1934* (Seghers, 1990, préface de Joseph Lawrence, annot. par Claire Paulhan). Articles et chroniques dans *Le Figaro,* la *NRF* et un article sur Marie Jaëll, dans *Cahiers Alsaciens,* mars 1914. *Correspondance, 1924-1925* [R. M. Rilke] (Différence, 1990).
Sélection critique : Edmée de La Rochefoucault : « Catherine Pozzi » dans *Courts métrages* (Grasset, 1970). Boutang, Pierre : *Karin* [sic] *Pozzi et la quête de l'immortalité* (Différence, 1991). Lawrence, Joseph : *Catherine Pozzi : Une Robe couleur du temps* (id., 1988). Préface au *Journal 1913-1914* (Seghers, 1990. Annotations de Claire Paulhan).

MH

PRAGER, Marie-Françoise, n. 1925, poète.

Poèmes inédits (*Le Pont de l'Épée,* n° 32). *Narcose* (Chambelland, 1966). *Rien ne se perd* (id., 1970).

PRASSINOS, Gisèle, n. 1920.

Gisèle Prassinos, poète, romancière et artisane, est née à Constanti-nople, d'un père grec et d'une mère italienne. En 1922, sa famille émigre en France et s'installe à Nanterre. Ses souvenirs d'enfance sont évoqués dans son premier roman, *Le Temps n'est rien,* dominé par la figure pater-nelle et celle de son frère, Mario, qui deviendra peintre et cartonnier de tapisserie. En 1934 il présente sa sœur au groupe surréaliste devant lequel elle lit ses textes automatiques qui vont lui valoir une notoriété précoce. Après un silence d'une quinzaine d'années qui commence avec la seconde guerre mondiale, elle retrouve l'inspiration et se consacre plus particuliè-rement au roman entre 1958 et 1966 avant de revenir à la poésie. Prassi-nos crée également des objets en bois insolites et des tapisseries en feu-trine. Avec son mari, Pierre Fridas, elle a traduit plusieurs ouvrages de Nikos Kazantzakis.

Peu d'écrivains ont obtenu des surréalistes la consécration que Gisèle Prassinos a reçue avant quatorze ans. Son premier recueil, *La Sauterelle arthritique* (1935) fut suivi de huit autres, dont *Le Feu maniaque,* paru avec une notice d'André Breton et une postface de Paul Éluard. Ces textes écrits dans une large mesure selon le procédé automatique retrouvaient d'instinct l'esprit et les formes chers aux surréalistes : non-sens, fantas-tique, onirisme, humour noir, violence des images, pastiches et conversa-tions absurdes, collages, etc. (Ils sont réédités dans *Trouver sans chercher* et dans *Les Mots endormis*). Un bestiaire inquiétant, des êtres monstrueux et tour à tour agressés et agresseurs habitent un univers sadique et sans lois. Les récits sont narrés d'une voix blanche qui en aiguise la fantaisie corrosive (Breton parlait de « révolution coloriée »). A cette période « automatique » succède un long silence interrompu par la publication du roman autobiographique, *Le Temps n'est rien*. Même si, en passant « du délire à la parfaite conscience », le ton s'est apaisé et humanisé, les romans restent marqués par une imagination surréaliste qui éclaire des expériences quotidiennes d'un jour insolite et poétique. Le plus beau est peut-être le dernier, *Le Grand Repas,* sorte d'autobiographie mythique. Il raconte les aventures d'un jeune héros contraint de passer sans cesse du monde tiède, envahissant et irrésistible du « dedans » au monde menaçant et fantastique du « dehors », dans lequel il sera finalement rejeté. Comme dans presque tous les romans de Prassinos, on retrouve un mouvement pendulaire entre deux réalités : le passé/univers de l'enfance et le présent/ univers de l'exil. On y retrouve aussi les thèmes majeurs de Prassinos : les incertitudes du Moi, la difficulté de mûrir et de vivre, de s'ancrer dans le réel, le travail du temps, la solitude, l'exclusion, le désir de materner ou d'être materné. L'érotisme et la sexualité, qui s'exprimaient plus ou moins directement dans les textes de l'adolescence, ont ici peu de part. Par contre, la fantaisie cocasse et le fantastique lui inspirent deux ouvrages difficiles à classer parmi les genres : *Le Visage effleuré de peine,* récit d'aventures emboitées les unes dans les autres, dont le ton l'apparente aux contes voltairiens. *Brelin le Frou,* paru en 1975, est, entre autres, un divertissant traité sur les mœurs d'un pays imaginaire, la Frubie. Ajoutant à la diversité de ses voix, certaines nouvelles du *Cavalier* (prix de la Nouvelle en 1961) révèlent désormais chez l'auteur un sens très personnel du portrait et du réalisme intimiste.

Enfin, plus récemment, Prassinos est revenue à la nouvelle et à la poésie, une poésie qui se dispose sur deux versants : un versant difficile, dense, riche en images souvent inattendues qui, si elles ne jaillissent plus avec la liberté des poèmes automatiques, cherchent néanmoins à rapprocher les réalités les plus opposées. Elle veut aller très vite à l'essentiel, communiquer l'intensité d'un instant, d'un regard, laisser sourdre la voix enclose en cette « poche de nuit... qu'à la faveur d'un assouplissement de la conscience l'écriture vient à percer ». Dans *Les Mots endormis* et *La Vie la voix,* la peur toujours présente du silence poétique rend plus intense la joie des mots retrouvés. Ici la poésie apparaît comme le seul lieu où la difficulté de vivre et la conscience du temps soient dépassées dans la maîtrise des mots. Sur l'autre versant se dispose une poésie beaucoup plus accessible, enjouée et souvent humoristique, ostensiblement écrite pour les enfants (dont *Le Ciel et la terre se marient, L'Instant qui va, Comptines pour fillottes et garcelons*). La sensibilité et l'expérience s'y dissimulent sous le jeu verbal. A la jointure entre poésie et prose se situe l'ouvrage de 1982, *Mon Cœur les écoute.* Mettant en scène un narrateur mal dans sa peau, il explore en cinquante et un courts récits métaphoriques qui se déroulent selon une « logique absurde » très serrée les thèmes chers à Prassinos. Plus clairement que d'autres, cet ouvrage illustre les liens qui peuvent se tisser entre une inspiration surréaliste, une littérature de l'absurde et la tradition des moralistes et des philosophes. Une langue classique impose à l'étrangeté une apparence de raison et de quotidienneté.

Bibliographie : *La Sauterelle arthritique,* contes et poèmes (GLM, 1935). *Une demande en mariage,* histoire (id., août 1935). *Quand le bruit travaille,* contes (id., mars 1936). *Facilité crépusculaire,* poèmes (éd. René Debresse, mai 1937). *La Lutte double,* contes (GLM, mai 1938). *Une Belle Famille,* contes (id., août 1938). *La Revanche,* contes (id., 1939). *Sondue,* histoire (id., 1939). *Le Feu maniaque,* contes (R.J. Godet, 1939). *Le Rêve,* histoire (Éd. Fontaine, 1947). *Le Temps n'est rien,* rm (Plon, 1958). *La Voyageuse,* rm (id., 1959). *Le Cavalier,* nouvelles (id., 1961). *La Confidente,* rm (Grasset, 1962). *Le Visage effleuré de peine,* rm (id., 1964). *L'Homme au chagrin,* poèmes (G.L.M., 1962). *Le Grand repas,* rm (Grasset, 1966). *Les Mots endormis,* poèmes et contes (Flammarion, 1967). *La Vie la voix,* poèmes (id., 1971). *Petits quotidiens,* poèmes (Éd. Commune Mesure, 1974). *Brelin le Frou,* récit et dessins (Belfond, 1975). *Trouver sans chercher,* textes surréalistes, 1934-1944 (Flammarion, 1976). *Comp-*

tines pour fillottes et garcelons, poèmes (L'École des Loisirs, 1978). Le Ciel et la terre se marient, poèmes (Éditions Ouvrières, 1979). Pour l'arrière-saison, poèmes (Belfond, 1979). La Fièvre du labour (Querqueville : Urville, 1989). Mon Cœur les écoute, poèmes en prose (Liasse à l'Imprimerie, 1982). L'Instant qui va, poèmes (Romillé : Éd. Folle Avoine, 1985). Comment écrivez-vous ? ou Ils sont malins les écrivains, poèmes (id., 1985). Le Verrou et autres nouvelles (Flammarion, 1987). La Lucarne, nouvelles ((id., 1990). La Table de famille, nouvelles (id., 1993).

Sélection critique : Chénieux, Jacqueline : « Gisèle Prassinos disqualifiée disqualifiante » (La Femme surréaliste : Obliques 14-15, 1977). Cottenet-Hage, Madeleine : Gisèle Prassinos ou le désir du lieu intime (Jean-Michel Place, 1987) et « Gisèle Prassinos Issues of Order and Disorder », (Avant-Garde, n° 4, 1990). Ensch, José et Kieffer, Rose-Marie : A l'écoute de G. Prassinos (Québec : Éd. Naaman, 1986). Hedges, Inez : « What Do Little Girls Dream of : The Insurgent Writing of Gisèle Prassinos », Surrealism and Women (Boston, Ms : MIT Press, 1991). Richard, Annie : Le Discours féminin dans Le Grand Repas de Gisèle Prassinos (thèse inéd., Paris III, 1980).

MH

PRÉVOST, Françoise, romancière.

Ma vie en plus (Stock, 1975). Mémoires à deux voix, avec Marcelle Auclair (Seuil, 1978). L'Amour nu (Stock, 1981). Les Nuages de Septembre (id., 1985).

PRIGOGINE, Hélène, poète, critique belge.

Ponts suspendus (GLM, 1964). L'Objet de cet objet (Le Rulx, Belgique : Talus d'Approche, 1983).

PRINCEN, Marie Émilie Mayon de –, journaliste et dramaturge, 1736-1812.

Originaire d'Aix-en-Provence, elle épouse un baron allemand beaucoup plus âgé qu'elle. Bientôt veuve, elle se remarie en 1774 au Brigadier de Montanclos mais les époux se séparent peu après. Elle a plusieurs filles du premier mariage et s'occupe elle-même de leur éducation. Cette responsabilité se ressent dans les textes qu'elle publie dans Le Journal des Dames, premier périodique féminin de quelque envergure, auquel une dizaine de journalistes ont collaboré à tour de rôle, elle-même étant la dernière après mesdames de Beaumer et de Maisonneuve. C'est en fait après un arrêt de plusieurs années que Mme de Princen ressuscite le *Journal des Dames,* jouissant d'un appui plus important que les deux directrices précédentes. Sous son égide, le journal est publié avec privilège et dédicacé à la reine.

Plus diplomatique, telle sera sa manière de présenter ses idées «féministes» avant la lettre. Elle a comme principe de s'occuper spécialement des ouvrages écrits par des femmes, mais elle tient compte de «l'œil de la candeur» appartenant aux jeunes filles. En outre, dans ses nombreux comptes rendus d'ouvrages intéressant les femmes, elle ne manque pas de sens critique et ne loue certes pas tout, ce qui lui valut des conflits.

Étant mère elle-même, elle a été influencée par les idées de Rousseau, mais elle entend bien être une mère éclairée : sous sa direction, le *Journal des Dame*s présente des exemples de femmes célèbres et savantes. Vers la fin de sa présence à la tête du journal une certaine amertume se fait sentir qui annonce son départ. Elle devait le revendre à Louis-Sébastien Mercier qui le détournera largement du féminin.

Bibliographie : *Journal des Dames* (années 1774-1775). Diverses pièces de théâtre jouées à la Comédie française. *Œuvres de Mme de Montanclos* (1792). *Petit Magasin des Dames,* avec Mme de Beauharnais (1804-1807).

Sélection critique : Gelbart, Nina R. : *Feminine and Opposition Journalism in Old Regime France : Le Journal des Dames* (Berkeley, CA : Univ. of California Press, 1987). Van Dijk, Suzanne : «*Le Journal des Dames,* 1759-1778 ; les journalistes-dames et les autres», dans *Traces de femmes, Présence féminine dans le journalisme français du XVIIIe siècle* (Amsterdam/ Maarsen : Holland Univ. Press, 1988).

Suzanne van Dijk

PRIVAT, Béatrice, romancière.

Les Vergers de février (Denoël, 1970). *Alpha du Centaure* (id., 1971). *L'Assassin d'avril* (Julliard, 1977). *Portrait d'une enfant interdite,* (Denoël, 1981).

PROU, Suzanne, 1920-1995, romancière.

Suzanne Prou est née à Grimaud et a fait des études de lettres à Aix-en-Provence. Elle écrit depuis l'âge de six ans. Écrire pour elle est une passion, un acte plus privé que volontairement politique. Elle cite Flaubert, Proust, Marguerite Duras, Virginia Woolf parmi les auteurs importants dans sa formation littéraire. Si elle a choisi comme personnages principaux des femmes indépendantes, c'est parce qu'elle s'est inspirée de son milieu familial où les femmes, dit-elle, dominent : « Elles sont plus fortes, plus imaginatives, plus intéressantes que les hommes ». Son premier roman, *Les Patapharis* (1966) a été suivi de nombreux autres dont l'un a reçu le prix Cazes (*Méchamment les oiseaux,* 1972) et un autre le prix Théophraste-Renaudot (*La Terrasse des Bernardini,* 1973). Suzanne Prou est également l'auteur d'ouvrages pour enfants, parmi lesquels *Érika et le Prince Grognon* et *Caroline et les grandes personnes.*

Dans le monde clos des romans de Suzanne Prou le quotidien de la vie bourgeoise et provinciale est envahi insidieusement par l'étrange ou l'obsédant. Cette transformation, marquée par une prolifération de détails grotesques, provoque un sentiment de malaise devant la révélation d'une réalité insolite, proche de la folie, qui s'oppose au savoir et à l'ordre rationnel.

Si les romans se déroulent suivant une logique rigoureuse, ils n'aboutissent cependant à aucune certitude. Ils sont structurés par une série d'hypothèses avancées successivement mais dont nulle ne s'impose définitivement. Le mode interrogatif domine la narration. *Les Demoiselles sous les ébéniers* prend ainsi la forme d'une enquête policière sur l'authenticité du séjour de « la vieille fille », Mlle Savelli, à la pension Ortéga. Sa peur d'y être tenue prisonnière se transforme en fascination érotique pour la belle directrice, Solange, qui semble avoir une liaison avec la jeune Jade. La pension est ici un lieu secret, hors du temps : le lieu du désir. Ce même lieu est exploré dans *Méchamment les oiseaux* où les structures sociales, révélant leur inanité, semblent prêtes à s'écrouler. Le narrateur, ayant renoncé à son double rôle de bureaucrate et de père de famille, découvre en lui-même, avec l'aide d'un tapissier-analyste, des abîmes insoupçonnés. A travers des souvenirs et des fantasmes, un langage érotique et violent se fait jour. Des paroles-oiseaux volent furieusement dans son esprit, l'amenant au bord de la folie sans jamais lui révéler la signification qu'il cherchait à donner à sa vie.

Toute autre est la manière dont l'héroïne des *Miroirs d'Edmée* met en question le rôle social qui lui est imposé : Edmée cède à la dangereuse tentation de se donner un modèle masculin et devient bientôt la proie de la folie. Car il ne s'agit pas de soumettre les autres à son pouvoir mais de trouver le moyen de pulvériser tout pouvoir.

Avec *La Terrasse des Bernardini,* on s'éloigne des conflits du pouvoir pour pénétrer dans un microcosme féminin dont les personnages, presque hors de jeu, n'attendent plus que leur mort. Tandis que les vieilles femmes du village passent des après-midi délicieux sur la terrasse, dans un monde de porcelaine, de soie et de fleurs, évoquant des fêtes de jadis, des amours et des haines, jusqu'à des meurtres sanglants, nous sommes balancés entre le réel et le rêvé, le passé et le présent de Laure, petite bourgeoise froide dont l'ambition est d'être maîtresse de la somptueuse villa Bernardini.

L'œuvre de Suzanne Prou se situe à la limite entre le récit psychologique et la nouvelle. L'auteur ménage entre elle et ses personnages une distance ironique et s'interdit tout jugement. Elle suggère plutôt qu'elle n'analyse les motivations secrètes de leur comportement, découvrant une violence et une sexualité masquées par le discours habituel et les pratiques sociales, laissant au lecteur le soin d'en tirer ses propres conclusions. Écrits dans une langue classique, en phrases brèves et mordantes qui refusent tout attendrissement, les romans de Suzanne Prou ont été comparés à ceux de Mauriac, cet autre chroniqueur d'une bourgeoisie provinciale qui dissimule le tragique et le désordre sous les apparences du banal.

Bibliographie : *Les Patapharis* (Calmann-Lévy, 1966). *Les Demoiselles sous les ébéniers* (id., 1967). *La Ville sur la mer* (id., 1970). *Méchamment les oiseaux* (id., 1971). *La Petite boutique,* essai (Mercure de France, 1973). *La Terrasse des Bernardini* (Calmann-Lévy, 1973). *Érika et le Prince Grognon* (Casterman, 1974). *Miroirs d'Edmée* (id., 1976). *Le Rapide Paris-Vintimille* (Mercure de France, 1977). *Caroline et les grandes personnes* (Bordas, 1978). *Les Femmes de la pluie* (Calmann-Lévy, 1978). *La Dépêche* (Balland, 1978). *Les Dimanches* (1979). *Le Cygne de Fanny* (id., 1979). *Le Voyage aux Seychelles* (id., 1981). *Mauriac et la jeune fille* (Ramsay, 1982). *Jeanne l'hiver,* récit (Éd. BFB, 1982). *Les Couleurs du monde* (Clancier-Guénaud, 1983). *La Petite fille sous la rivière,* avec Évelyne Noviant (Casterman, 1983). *Le Pré aux narcisses* (id., 1983). *Les Amies du cœur* (id., 1984). *Les Voyageurs de la paix,* avec Bernard Frederick (Messidor-La Farandole, 1984). *Les Amis de monsieur Paul* (Mercure de France, 1985). *La Petite Tonkinoise,* récit (Calmann-Lévy, 1986). *Le Dit de Marguerite,* récit [recueilli à Grimaud] (id., 1986). *Le Temps des innocents* (Albin Michel, 1988). *La Notairesse* (id., 1989). *La Demoiselle de grande vertu,* nouvelles (id., 1990). *Car déjà le jour baisse* (id., 1991).

Winnifred Woodhull

PUISIEUX, Madeleine Darsant ou d'Arsant, 1720-1798, moraliste, romancière.

Née à Paris, Madeleine Darsant épouse à seize ans Philippe-Florient de Puisieux, avocat au Parlement, puis traducteur de métier. En 1745, elle rencontre l'encyclopédiste Diderot et leur liaison dure jusqu'en 1749. Veuve depuis 1772, elle meurt à Paris trois ans après l'obtention d'une subvention par la Convention.

Mme de Puisieux se fait d'abord connaître par des œuvres de morale (*Conseils à une amie, Caractères, Réflexions et avis sur les défauts et ridicules à la mode*), genre au goût de l'époque qui lui permet d'exprimer ses opinions sur nombre de sujets tels que l'amour, l'amitié, la mort, la bienséance ou l'éducation. Indifférente à la religion et à toute notion d'un au-delà, elle fait de l'art de vivre sa principale préoccupation, et ceci malgré les limites qu'impose une société dans laquelle « tous les préjugés sont pour les hommes et contre les femmes ». Le bonheur préconisé se trouve dans une condition moyenne, une fortune suffisante, la pratique régulière de la vertu, même si celle-ci ne conduit pas nécessairement à la félicité, l'existence d'amis car l'amitié est plus durable que l'amour, la jouissance modérée des sens qui n'est pas contre nature et la lecture de bons ouvrages, remède souverain contre l'ennui, surtout pour les femmes qui ont cessé de plaire. Donc, bonheur tout individuel et limité qui, par certaines de ses composantes, reste inaccessible aux classes défavorisées. Mme de Puisieux se penche pourtant sur le sort de celles-ci dans son *Prospectus d'un plan d'éducation pour les enfants du peuple* mais ce qu'elle souhaite, c'est faire de chaque garçon un honnête homme, de chaque fille une bonne épouse et mère, et de tous des citoyens dociles et utiles. Pensée donc conservatrice, malgré ici et là quelques dénonciations du sort réservé aux femmes et quelques remarques sur l'injustice sociale.

Romancière, Mme de Puisieux a publié de 1752 à 1768 sept romans et contes qui diffèrent entre eux tant par la longueur que la forme avouée et le but supposé. Si certains s'apparentent au roman oriental (*Zamor, Alzarac*), d'autres au conte philosophique (*Céphise, Le Plaisir et la Volupté*), et d'autres encore au roman d'aventures (*Histoire de Mlle de Terville, Mémoires d'un homme de bien*), tous traitent de l'amour qui demeure le thème dominant et unificateur. Les héros souffrent ou trouvent le bonheur grâce à lui, même s'il n'est pour quelques-uns que passion physique (*Alzarac, Mlle de Prémur, Milord N.,*) et pour d'autres sentiment tendre et inaltérable (*Fanni, Lastink, Mlle Lovel*). La plupart des romans pèchent par des personnages plats, des intrigues à rebondissements multiples ou des histoires secondaires mal venues.

Cependant *L'Éducation du Marquis de xxx ou Mémoires de la Comtesse de Zurlac* ne mérite pas l'oubli dans lequel il est tombé. Les deux protagonistes échappent à l'abstraction sclérosante bien qu'ils incarnent des types fort communs, à savoir celui du jeune ingénu et celui de l'éducatrice morale et sentimentale. Ceci est surtout vrai de Mlle de Valence, jeune fille très naïve, qui au cours du roman devient la comtesse de Zurlac, jeune femme assagie par sa première aventure amoureuse, son mariage forcé, son veuvage et la mort d'une mère tendrement aimée. Mais toujours sensible, elle veut rendre digne d'elle le jeune marquis dont elle vient de tomber amoureuse. Les leçons qu'elle lui prodigue sont autant d'occasions d'y trouver leur compte et pour les sens et pour la morale car ravissement de l'âme et plaisir physique s'y trouvent étroitement mêlés.

L'œuvre de Mme de Puisieux, inégale, certes, mais de laquelle se détachent le roman ci-dessus et certains essais moraux qui n'ont rien perdu de leur vigueur et de leur justesse, témoigne de la passion des lettres partagée par nombre de femmes du XVIIIe siècle.

Bibliographie : *Conseils à une amie* (s. l., 1749). *Les Caractères* (Londres, 1750). *Le Plaisir et la Volupté*, conte allégorique (Paphos, 1752). *Réflexions et Avis sur les défauts et les ridicules à la mode* (Vve Brunet, 1761). *L'Éducation du Marquis de xxx ou Mémoires de la Comtesse de Zurlac*, rm (Fouché, 1753). *Zamor et Almanzine ou l'inutilité de l'esprit et du bon sens,* rm (Hochereau, 1755). *Alzarac ou la nécessité d'être inconstant,* rm (Charpentier, 1762). *Histoire de Mlle de Terville,* rm (Vve Duchesne, 1768). *Mémoires d'un homme de bien,* rm (Paris : Delalain, 1768). *Prospectus d'un plan d'éducation pour les enfants du peuple* (N.F. Valleyre jeune, 1772). *Céphise,* conte moral (B.N. : Mss, Fonds Français 15241). *N.B. La Femme n'est pas inférieure à l'homme* (1750) est la traduction d'un ouvrage anglais de 1739 et non une œuvre originale comme l'affirme Alice A. Laborde.

Sélection critique : Garnier, Camille : *Madame de Puisieux, moraliste et romancière (1720-1798),* Michigan : University Microfilms, 1979. Laborde, Alice : *Diderot et Madame de Puisieux* (Saratoga, CA. : Anma Libri, 1984).

Camille Garnier

R

RABINOVITCH, Anne, traductrice (J. C. Oates, Han Suyin, etc.), romancière.

L'Hiver au cœur (B. Barrault, 1983). *Les Étangs de Ville d'Auray* (Actes Sud, 1987). *Pour Budapest, il est encore temps* (id., 1990).

RACHILDE (pseud.), 1860-1953, romancière, dramaturge, journaliste.

Née en Périgord, Marguerite Eymery a été confiée aux soins de domestiques par un père colonel et une jeune mère coquette et instable. Auteur de plus de soixante romans et critique littéraire des plus prolifiques, elle a écrit son premier conte, *La Création de l'oiseau-mouche*, à l'âge de douze ans et son premier grand roman, *Monsieur de la nouveauté*, huit ans plus tard. Entre 1877 et 1882 des journaux régionaux ont publié 113 romans, contes, articles, reportages, etc., de Rachilde, pseudonyme trouvé lors d'une séance de spiritisme. Douée d'un talent satirique, d'un scepticisme irrévérencieux et d'un goût farouche de la liberté, elle s'installe à Paris où, dûment autorisée par la Préfecture de Police, elle adopte le costume masculin et distribue sa carte de visite : « Rachilde, homme de lettres ». Belle, courtisée et malgré tout bourgeoise (« un animal incompréhensible à cause de sa pure intellectualité », selon Maurice Barrès) elle épouse Alfred Vallette, avec qui elle fonde *Le Mercure de France*. Critique lucide et écoutée, membre du jury du prix Fémina, elle recevait « le mardi » : Paul Valéry, Oscar Wilde, Rémy de Gourmont, Pierre Louys, Willy, et bien d'autres encore qui ont inspiré d'excellents chapitres de ses *Portraits d'hommes* (1929). Alfred Jarry – pour qui elle a écrit le sympathique *Alfred Jarry, ou le surmâle des lettres* (1928) – l'a appelée « l'écrivain que j'admire le plus au monde », et Huysmans l'a considérée « la seule femme de lettres qui fût un écrivain ». Si elle n'estimait pas et fréquentait peu ses congénères, elle a apprécié le génie de sa grande rivale, Colette.

Vers la fin de sa vie pourtant, oubliant l'anticonformisme de sa jeunesse, elle se montre hostile aux avant-gardes artistique, littéraire et politique. Après la mort de Vallette en 1935, elle connaîtra la solitude, les privations matérielles, la mauvaise santé. C'est la fin de la belle époque du *Mercure* et des glorieux « mardis » décrits en détail dans *Duvet d'ange* (1943). En 1945 paraît enfin l'amère *Survie*, son second recueil de poèmes. Ses mémoires, *Quand j'étais jeune* (1947), précèdent de six ans une mort discrète.

« Je n'ai jamais eu confiance dans les femmes, a écrit Rachilde, l'éternel féminin m'ayant trompée d'abord sous le masque maternel ». Ses rapports avec sa propre fille n'étaient pas des meilleurs et son œuvre présente sous un jour défavorable les personnages de mères tout en posant la question de l'instinct maternel. Cependant, sa vie et son œuvre démentent son apparente désaffection de la cause des femmes (*Pourquoi je ne suis pas féministe*, 1928).

« Chez moi, a dit Rachilde en parlant de son besoin d'écrire, il n'y a pas d'art d'écrire. » Pourtant ses pages où pétillent les jeux de mots et le soufre de l'ironie reflètent presque un siècle d'évolution littéraire : le réalisme et le naturalisme alternaient avec l'art symboliste ou décadent pour faire place, après la guerre de 1914, à une satire sociale plus aiguë et plus âpre. Écrivant au moins un roman par an Rachilde a exploré tous les genres, du récit historique au conte fantastique et a créé une œuvre d'une extrême diversité. Tantôt poétiques tantôt satiriques, ses écrits subvertissent leurs modèles : ses héroïnes fantasmées en tigre, louve, chatte ou cobra sont les porte-paroles d'un nouveau discours. Leurs noms et les titres des ouvrages où elles sont mises en scène traduisent la quête d'une nouvelle identité : citons en particulier *La Jongleuse*, *Madame Adonis*, *Monsieur Vénus*, *La Marquise de Sade*, *L'Animale*, *L'Amazone rouge*, *La Femme Dieu*.

A partir de 1884, avec le scandaleux *Monsieur Vénus*, les lignes de force de ses romans sont tracées : le refus par l'héroïne de la domination par l'homme et le refus de l'amour, conçu comme asservissement. *A Mort* (1886) renforcera la dévalorisation de l'amour charnel au profit des sentiments platoniques. Avec *La Marquise de Sade* (1887), cette femme scandalise de nouveau le Paris des lettres en créant un Sade femelle. Tout comme Raoule de Vénérande, héroïne de *Monsieur Vénus* qui entretient un ouvrier fleuriste qu'elle ensorcèle et mène impitoyablement à la mort, Mary Barbe, fouets et philtres en main, fait de l'homme un objet, un esclave de la cérébralité puissante de la femme. En 1888, *Madame Adonis*, roman de mœurs provinciales et œuvre policière, continue la lutte pour *Refaire l'amour* (1927), cette fois-ci en esquissant un rapport saphique. *La Tour d'amour* (1899), roman préféré de Rachilde et souvent considéré comme son chef-d'œuvre, raconte une histoire d'épouvante, d'enfermement et de nécrophilie à la manière d'Edgar Poe. Ce texte a fait l'objet d'une adaptation dramatique et d'une fort belle mise en scène de Jeanne Champagne en 1984-1985 au théâtre de l'Essaïon (Paris).

Avec *La Jongleuse* (1900), Rachilde complète la série de ses héroïnes qui toutes partagent sa hardiesse d'esprit. Blanche Eliante Donalger jongle avec les couteaux et les hommes. Elle trouve sa jouissance non pas dans le viril Léon Reille mais... dans un vase d'albâtre. L'étudiant en médecine devient voyeur devant Eliante qui l'initie à une autre sorte de plaisir. D'autres romans tels *Nono* (1885), *La Sanglante ironie* (1891), *La Princesse des ténèbres* (1896, signé Jean de Chilra), *Les Hors nature* (1897), *L'Heure sexuelle* (1898), *Le Dessous* (1904) et *Le Meneur de Louves* (1905) jusqu'aux derniers ouvrages examinent les mêmes fantasmes et mettent en scène des vierges perverses en quête de l'absolu, de l'« anormal pur », comme le dit Henri Dormoy dans *La Souris japonaise* (1921).

Au centre des romans de Rachilde figurent donc des personnages féminins qui exigent la plus complète liberté dans l'amour. L'héroïne rachildienne réinvente le couple et réécrit les règles. Elle va jusqu'au bout d'elle-même. Comme l'exprime la jongleuse, féministe sinon suffragette, « le grand bonheur des femmes, c'est d'avoir raison un jour, une heure, une seconde après avoir eu tort toute leur vie... en apparence ».

Si certains textes de Rachilde semblent employer des stéréotypes de la psychologie ou l'imagerie en vogue, il s'agit en fait d'une radicalisation de ces stéréotypes et d'une subversion rusée des motifs de son époque : amour platonique, expérimentation sexuelle, articulation politique des découvertes bio-sociologiques concernant la femme. Les rapports de domination qui se jouent entre les personnages explorent non seulement le couple homme/femme mais aussi celui du parent et de l'enfant dont le moteur reste le maternel refoulé et sa négation. Réversibilité et stratégie de contradiction signalent le maternel négatif et le refus de l'amour comme moyen d'échange. A travers une prose dite pornographique et une présentation bestiale du genre féminin filtrent une critique de l'exploitation et un rapport filial amoureux. C'est donc là un univers fictif pervers en apparence, qui explore la théâtralité et l'absurde dans des situations déviantes pour contextualiser l'économie du désir féminin.

Bibliographie : *La Femme du 19* (Périgueux : Impr. de Dupont, 1881). *Nono, roman de mœurs contemporaines* (E. Monnier, 1885). *La Marquise de Sade...* (id., 1887). *Le Tiroir de Mimi-Corail* (id., 1887). *Madame Adonis* (id., 1888). *Monsieur Vénus* (F. Bossier, 1889). *Théâtre* (Nouvelle Librairie Parisienne, Slavine, ed., 1891) contenant : « Madame la mort » ; « Le Vendeur de soleil » ; « La Voix du sang ». *L'Animale* (H. Simonis Empis, 1893). *Le Démon de l'absurde* (Mercure de France, 1894). *Les Hors Nature, mœurs contemporaines* (id., 1897). *La Jongleuse* (id., 1900). *Le Meneur de Louves* (id., 1905). *La Découverte de l'Amérique*, nouvelles (Genève : Kundig, 1919). *La Haine amoureuse* (Flammarion, 1924). *Alfred Jarry, ou le Surmâle de lettres* (B. Grasset, 1924). *Pourquoi je ne suis pas *féministe* (Éditions de France, 1928). *Œuvres* (Mercure de France, 1929). *Portrait d'hommes* (id., 1930). *Les Accords perdus,* poésies (1927), etc. *Rééditions récentes : Monsieur Vénus* (Flammarion, 1977). *La Marquise de Sade* (Mercure de France, 1981). *La Tour d'amour* (Le Tout sur le Tout, 1980). *La Jongleuse* (Des Femmes, 1983). *La Fiancée du fossoyeur* (Éd. du Fourneau, 1984). *Le Chat jaune* (id., 1984). *L'Étoile filante* (id., 1985).

Sélection critique : Collectif : *Organo Graphes du Cymbalum Pataphysicum*, n° 18 « Rachilde et Jarry, 1896-1907 », 8 sept. 1982 ; n°ˢ 19-20 « Hommage à Rachilde », 4 avril 1983. Dauphiné, Claude : *Rachilde, femme de lettres 1900* (Périgueux : Pierre Fanlac, 1985 ; rééd. avec *Calvaire d'une femme russe* et des lettres inédites, Mercure de France, 1991). David, André : *Rachilde, Homme de Lettres* (Paris : Éditions de la Nouvelle Revue Critique, 1924). Gaubert, Ernest : *Rachilde* (Paris : Sansot, 1907). Waelti-Walters, Jennifer : *Feminist Novelists of the Belle Époque : Love as Lifestyle* (Bloomington : Indiana U. Press, 1990). Cf. FWW.

Linda K. Stilmann

RAHON PAALEN, Alice Marie Yvonne, 1904-1987.

Née Philippot, d'une modeste famille du Doubs, elle passe son enfance et sa jeunesse à Paris. Sa beauté la fait remarquer par les surréalistes, Man Ray la photographie. Elle épouse le peintre autrichien Wolfgang Paalen en 1934, écrit des poèmes et connaît une liaison mouvementée avec Pablo Picasso (son mari menace de se suicider). Elle part pour quelques mois découvrir l'Inde avec Valentine Penrose. En 1939 les Paalen partent pour l'Amérique : Alaska, côte Ouest où ils sont fascinés par les totems amérindiens et l'art dit primitif.

Ils s'installent en 1940 à Mexico : Alice passe de la poésie à la peinture pour laquelle elle adopte le nom de sa mère : Rahon. Elle donne des poèmes, des textes en prose et des hors-textes à la revue *Dyn* qu'édite Paalen : six numéros paraissent à New York et Mexico de 1942 à 1945. Elle se lie d'amitié avec Frida Kahlo, Leonora Carrington et Remedios Varo. Bientôt les Paalen se séparent, puis ils divorcent vers 1945… Alice se remarie avec Edward Fitzgerald, créateur de décors pour Buñuel. Paalen s'étant suicidé en 1959, Alice lui dédie de nouveaux poèmes (inédits jusqu'en 1986) exprimant son désespoir. A nouveau divorcée en 1960, elle expose fréquemment, à New York et Mexico notamment, mais elle cesse de peindre en 1976 et se retire dans la solitude de sa maison mexicaine.

Ceux qui ont connu Alice Rahon Paalen (Anaïs Nin, Lourdes Andrade, Nancy Deffebach) évoquent l'enchantement qui émanait de sa personne et de son œuvre. Inscrit dans le titre de son second recueil, le sablier semble symboliser le réseau de correspondances entre sa poésie et sa peinture :

c'est une image riche pour Breton comme pour Éluard. Les poèmes, datant pour la plupart de sa jeunesse, sont plus intimes, plus personnels et plus tristes que les tableaux où la couleur éclate et l'humour abonde. Alice Rahon tisse toute une gamme de couleurs et de formes plastiques dans ses poèmes comme elle suscite dans ses toiles une atmosphère de poésie. Ainsi ces vers d'*A même la Terre* qui paraissent décrire une toile de Picasso : ... « passive comme ce portrait ovale, d'une jeune fille devenue fruit ».

Contrairement à la majorité des femmes en marge du surréalisme, Alice Rahon est demeurée fidèle au mouvement central de Breton, même lorsque Paalen s'en dissocie officiellement dans *Dyn*. Effectivement, dans *A même la terre* et *Noir animal* (nom de la couleur faite à partir d'os broyés), les structures expérimentales de l'écriture automatique, des images antinomiques ainsi qu'une fragmentation insolite du corps, ne cessent de se manifester.

Alice Rahon adopta le personnage fictif de Lewis Carroll du même prénom comme alter ego, représenté sous un jour clownesque dans l'unique « Auto-portrait » peint, de 1951. Par ailleurs, un portrait narcissique et très visuel de femme-enfant se dissémine à travers l'œuvre poétique. Ses vers mêlent des images de nature luxuriante et exotique, de paysages et d'animaux familiers à de nombreuses allusions astrologiques, alchimiques et occultes. Son pays poétique se perçoit à travers le miroir de rêves et rêveries mélancoliques où l'objet aimé peut être un homme, une autre femme ou le moi spéculaire :

> Maintenant près de la source, mon Aimée
> tu peignes tes cheveux de soleil
> ton miroir est l'envers de l'eau
> un buisson d'étoiles diurnes ta main
> cachée par la lumière quotidienne (*Pleine marge* 4 : 24)

Le poème « Muttra » de *Sablier couché* et certains textes de *Noir Animal* semblent se référer plus précisément à l'expérience indienne partagée avec Valentine Penrose. Si le style d'Alice Rahon reste fluide et harmonieux, d'une simplicité nominale et souvent anaphorique, le sens tend à se dérober et à se désagréger à la manière surréaliste. Alice Rahon demeure sans doute, avec Joyce Mansour, le poète féminin de langue française le plus purement surréaliste.

Bibliographie : *A même la terre*, eau-forte de Tanguy (Éditions Surréalistes, 1936). *Sablier couché*, eau-forte de Miró (Éditions Sagesse, 1938). *Noir Animal*, portrait de l'auteur par Wolgang Paalen (Mexico : Éd. Dolorès Larue, 1941). « Poèmes et peintures », *Pleine marge* 4 (déc. 1986).

Sélection critique : Andrade, Lourdes : « Le Mythe de l'histoire, l'histoire du mythe », *La Femme et le Surréalisme*, catalogue (Lausanne : Musée Cantonal des Beaux-Arts, 1987). Collectif : *La Mujer en Mexico/Women in Mexico*, catalogue de l'exposition (New York : National Academy of Design, 1990). Colvile, Georgiana : « Through an Hour-Glass Lightly : Valentine Penrose and Alice Rahon Paalen », *Modern French Poetry : Reconceptions*, éd. Bernard McGuirk et Russell King (Leicester Univ. Press, 1993). Deffenbach : « Alice Rahon. Poems of Light and Shadow, Paintings in Free Verse », *On the Bus* 8-9 (Los Angeles : Bombshelter Press, 1991).

Georgiana Colvile

RAKOTOSON, Michèle Raveloarison, écrivaine malgache, n. 1948.

Dadabé, nouvelles (Karthala, 1984). *Le Bain des reliques* (id., 1988). « La Maison morte » et « Un Jour, ma mémoire », théâtre (*Théâtre Sud* 3, L'Harmattan, 1991). « Sambany », grand prix de théâtre de Radio France International. *Elle au printemps* (Sépia, 1995).

RAPIN, Simone, comédienne, poète, essayiste suisse.

Une Jeune Fille juive, légende biblique en six parties (Monte-Carlo : Regain, 1955). *L'Année de l'amour,* poèmes (Bienne : P. Boillat, 1957). *Le Ciel de l'instant* (Jarnac : Éd. La Tour de feu, 1957). *Ce que terre dit* (P.J. Oswald, 1959). *Hommage à Ramuz* (Neuchâtel : La Baconnière, 1960). *La Trêve de Dieu*, pièce en un acte (Genève : Perret-Gentil, 1960). *Mon lac,* suivi de *Une Nuit dans Chillon* (Neuchâtel : La Baconnière, 1962). *L'Enfant victorieux* (Lausanne : Verdonnet, 1965). *La Symphonie du parti* (Lyon : Maison Rhodanienne de Poésie, 1968). *Méditations orientales en Occident,* quatrains inspirés par 30 images de l'art chinois (Genève : « Poésie vivante », 1969). *Cette France* (La Pensée Universelle, 1972). *Mon Italie* (Genève : Poésie vivante, 1972). *Petite galerie Marcel Proust* (Lyon : Maison Rhodanienne de Poésie, 1974). *Préface à Rieu/Sylvie Deonna* (Genève : Société Générale d'Imp., 1973). *L'Œil du temps* (Lyon : Maison Rhodanienne de Poésie, 1975).

RATEL, Simone, 1900-1948, romancière, auteur de livres pour enfants.

Trois parmi les autres (Plon, 1929). *La Maison des Bories* (id., 1932). *Ben Kiki l'invisible* (Denoël et Steele, 1932). *Le Raisin vert* (Plon, 1935).

RATTAZI, Marie de Solms (Mary de Tresserve, pseud.), 1833-1902, poète, romancière, dramaturge.

Madame Émile de Girardin, sa vie et ses œuvres (Bruxelles : Libr. Internationale, 1857). *Quand on n'aime plus trop, l'on n'aime plus assez,* proverbe en 2 actes et en vers (Gênes : Impr. Ligure-économique, 1858). *Fleurs d'Italie,* poésies (Chambéry : Ménard, 1859). *La Réputation d'une femme* (Dentu, 1862). *Mademoiselle Million* (id., 1863). *Le Piège aux maris* (A. Cardot, 1865). *Les Mariages de la Créole* (Bruxelles : Lacroix, 1866). *L'Aventurière des colonies,* drame en 5 actes (Florence : Le Monnier, 1867). *Louise de Kelner* (Degorce-Cadot, 1869). *L'Ombre de la, mort. Le Roman d'Aline* (Libr. des Bibliophiles, 1875). *L'Espagne moderne* (Dentu, 1879). *La Belle Juive* (Ollendorf, 1882). *Enigme sans clef* (id., 1894). *La Grand'mère* (Flammarion, 1899). *Dernière Folie* (Libr. des Mathurins, 1902).

RAWIRI, Angèle Ntyugwetondo, romancière camerounaise.

Elonga (Silex, 1986). *G'amèrakano : au carrefour* (id., 1983). *Fureurs et Cris de femmes* (L'Harmattan, 1989).

RÉAGE, Pauline (pseud. de Dominique Aury).

Histoire d'O (J.-J. Pauvert, 1954). *Retour à Roissy,* précédé de *Une Fille amoureuse* (id., 1969). *O m'a dit,* entretien avec Pauline Réage de Régine Deforges (id., 1976).

RÉCAMIER, Julie (dite Juliette) Bernard, Mme.

Lettres à Mme Récamier, correspondance de Benjamin Constant (Klincksieck, 1984). Cf. DLFF.

REDONNET, Marie, n. 1950.

Marie Redonnet s'est tournée vers l'écriture – d'abord poétique et fragmentaire sur le mode du *haïku* – à la suite d'une analyse. Depuis lors, elle a écrit des contes, des pièces de théâtre et une trilogie romanesque qui ont été unanimement salués par la critique.

Depuis *Le Mort & Cie,* recueil de poésie (1985), Marie Redonnet construit une œuvre très particulière dans laquelle des lieux, – souvent les mêmes, l'hôtel, la mairie, le dancing, la lagune, des personnages – liés par une évidente parenté, des événements similaires – création, survie et mort d'un hôtel, d'un dancing, une défloraison, un naufrage, tout à la fois étranges et réels modulent des thèmes récurrents : la sexualité, l'identité, l'échec, la solitude, la désintégration de la matière, la quête de l'origine, la perte des racines, le déplacement, la mort, etc. Mais les effets de miroir, les jeux de nombres et de noms, les répétitions et circularités au cœur d'une structure qui nous entraîne inexorablement vers la décomposition d'un groupe ou d'une société créent un univers quotidien déréalisé à la fois transparent, mystérieux et envoûtant.

Dans la trilogie que constituent les trois romans, *Splendid Hotel, Forever Valley et Rose Mélie Rose*, une « voix de femme… raconte un lieu qui se vide, des vies qui se défont, des destins sans espoir » (J. Savigneau, *Le Monde*, 4 sept. 1987). Dans le troisième volet de ce triptyque, peut-être le plus accompli, le roman se déroule entre une descente – celle de la jeune Mélie qui, à la suite de la mort de sa mère adoptive, quitte les bois et l'Ermitage d'en haut pour se rendre au bord de la lagune de Oat – et une remontée, quatre ans plus tard lorsque Mélie repartira là-haut pour accoucher d'une fille avant de mourir elle-même. L'histoire paraît se répéter mais le legs de la mère à l'enfant se sera enrichi de douze photos prises par la mère et d'un nouveau livre de légendes écrit désormais dans deux alphabets, l'ancien et le nouveau. Il est difficile de refléter des intrigues à la fois si simples et si chargées de résonances symboliques et tout autant de rendre compte du charme angoissant qui émane d'une écriture excessivement retenue, minimale. La syntaxe volontairement pauvre nous renvoie à une innocence « monstrueuse » du regard que les narratrices de Redonnet portent sur l'existence. Ici, aucune plainte ni jugements moraux mais une sorte d'acquiescement fou aux événements les plus tragiques ainsi qu'à la poursuite d'une tâche à laquelle elles se croient appelées, comme retrouver les morts dans le cimetière de Forever Valley, ou entretenir au milieu du marais qui s'étend le Splendid Hotel dont la plomberie se délabre et que les rats infestent. Monde angoissant et vision pessimiste mais non sans humour ni tendresse. Tendresse d'un amour non dit entre Mélie et Yem, qui disparaîtra avec son bateau *La reine des Fées,* ou celle de l'héroïne de *Forever Valley* pour le douanier auxiliaire dont le cœur lâchera lors d'une ascension en montagne. Tendresse aussi de Marie Redonnet pour ses personnages féminins.

L'écriture romanesque reste très proche de celle des contes. Dans les douze petits contes de *Doublures*, douze personnages, marionnettes et pantins aux noms monosyllabiques (Lia, Lii, Gal, Gil, etc.) sont pris chacun dans une « petite machine de ratage et de mort ». Dans *Silsie*, le double est à la fois au cœur du même (Si/l/Si/e) et extérieur, puisque la narratrice est le double d'une Silsie qu'elle avait connue autrefois au pensionnat de Sian et dont elle prolonge l'existence. Deux univers rentrent l'un dans l'autre qu'il faudra séparer. Les noms, chez Marie Redonnet, suggèrent des jeux infinis d'emboîtement ; ainsi la ville de Texe (texte et sexe) occupe le point central de cette géographie mythique où, comme dans la trilogie, l'eau menace toujours les fondations.

Les pièces de théâtre, dont *Tir et Lir* (créé au Festival d'Avignon en 1988) et *Mobie-Diq* (créé à Paris, au Théâtre de la Ville en janvier 1989) appartiennent au même univers étrange, à la fois limpide et opaque, dépouillé et vibrant. Dans *Tir et Lir*, deux vieillards grabataires, Mab et Mub, vivent des lettres que leur envoient régulièrement leurs deux enfants. Mais lorsque les lettres cesseront de leur parvenir à la suite de la mort du fils et de la fille, les vieillards s'éteindront dans un dénouement qui peut faire songer à Beckett. Dans *Mobie-Diq*, un vieux couple se retrouve naufragé sur la mer. Autour d'une intrigue « pauvre », le texte s'enrichit des événements d'une vie revécue dans la confusion et l'hallucination, d'un tissu de références textuelles et mythiques, et de fantasmes personnels. Par trois fois, une baleine apparaît, la dernière étant la grande baleine blanche des nuits de Moby Dick et de Jonas.

Marie Redonnet a donné depuis 1985 une œuvre singulière d'une grande unité, d'une facture poétique aux multiples résonances.

Bibliographie : *Le Mort et Cie,* poésie (P.O.L., 1985). *Doublures*, contes (id., 1986). *Splendid Hôtel*, rm (Minuit, 1986). *Forever Valley*, rm (id., 1987). *Rose Mélie Rose*, rm (id., 1987). *Tir et Lir,* théâtre (id., 1988). *Mobie-Diq*, théâtre (id., 1989). *Silsie*, conte (Gallimard, 1990). *Seaside*, rm (Minuit, 1991). *Nevermore* (P.O.L., 1994). Divers contes dans des revues.

Sélection critique : Bellour, Raymond : « La baleine blanche », *Magazine Littéraire,* février 1989. Bernstein, Michèle : « Marie Redonnet. La symphonie des adieux », *Libération*, 22 mars 1992. Matthys, Francis : « L'inquiétante trilogie de Marie Redonnet », *La Libre Belgique*, 19 nov. 1987. Raillard, Georges : « La chimère et l'élégance de Marie Redonnet », *La Quinzaine Littéraire,* 1er déc. 1990. Savigneau, Josyane : « Une vie et une vallée perdues », *Le Monde,* 27 fév.1987 et « Narratrice d'un monde qui s'achève », *Le Monde,* 4 sept. 1987.

MH

REFF, Sylvie, poète, romancière.

Terre ouverte, poèmes (Saint-Germain-des-Prés, 1971). *La Nef des vivants* (Stock, 1975). *Les Ailes du cœur* (Ringendorf, 1982). *Cette fureur tranquille* (Strasbourg : BP 49, 1986). *Soleil de prières : Anthologie de prières du monde* (Albin Michel, 1989). *Source de feu* (Les Herbiers, 85500, 1990).

RÉGNIER, Marie-Louise-Antoinette (voir Houville, Gérard d'–, pseud.).

RÉGNIER, Paule, 1890-1950.

Octave (E. Basset, 1913). *La Vivante Paix* (Grasset, 1924). *Marcelle, faible femme* (Fayard, 1929). *Heureuse Faute* (Plon, 1929). *Petite et Nadie* (id., 1931). *L'Abbaye d'Evolayne* (Plon, 1933). *Cherchez la joie* (id., 1936). *Tentation* (id., 1941). *L'Expérience d'Alain* (Éd. C.L., 1942). *Les Filets dans la mer* (Plon, 1949). *Journal* (id., 1953).

RÉMUSAT, Claire de –, 1780-1821, mémorialiste.

Claire Élisabeth Jeanne Gravier de Vergennes descend d'une famille de magistrats anoblis sous l'Ancien Régime, avec un grand-oncle ministre de Louis XVI et avocat de la Révolution américaine à la Cour. Le père et le frère de Mme de Rémusat furent victimes de la Terreur bien qu'appartenant à la noblesse libérale. Claire fut donc élevée par sa mère, une femme très fine et très cultivée, qui aimait à s'entourer d'hommes de lettres. Elle devait se souvenir de cette éducation privilégiée et en faire son profit.

Grâce aux relations de sa mère avec celle de Joséphine de Beauharnais, Claire, mariée à un avocat d'Aix-en-Provence, entre au service de Bonaparte en tant que dame du Palais. Ralliés d'abord au jeune consul, M. et Mme de Rémusat ont essayé de se mettre à l'écart d'un régime dont ils blâmaient les audaces. La vie à la Cour de Napoléon est relatée dans les *Mémoires* écrits d'abord sous le coup des événements mais détruits au retour de Napoléon en 1814 en raison sans doute du caractère indiscret de certaines anecdotes. Sous la Restauration elle les réécrira sans jamais les voir imprimés.

Claire de Rémusat, souffrante pendant des années, écrit pourtant, seconde son mari et élève ses deux fils, l'un retardé et maladif, l'autre brillant, futur publiciste et homme d'État. Pendant les années libérales du gouvernement de Louis XVIII, M. de Rémusat ayant été nommé préfet à Toulouse puis à Lille, elle redécouvre les joies de la nature et s'occupe activement de l'éducation des enfants pauvres. Mais la carrière de M. de Rémusat allait prendre fin avec l'arrivée au pouvoir des ultras, et c'est en plaignant son mari, dont elle prévoyait la destitution prochaine, qu'elle s'est éteinte en 1821.

L'opinion devait rester remarquablement stable à l'égard de Mme de Rémusat. Sainte-Beuve parlera de « son sens délicat » et de « sa jeunesse ornée », et ajoutera ce qui n'était pas un mince compliment : « Elle est peut-être la femme avec laquelle ont le mieux aimé causer Napoléon et M. de Talleyrand » (*Portraits de femmes*). Quant aux mœurs, elle a gardé la réputation d'une femme sérieuse et douce, et l'on chercherait en vain des traces de scandale dans sa vie. Elle s'était imposé un idéal moral auquel elle adhérait sans tapage et avec autant de fermeté que discrétion. A cela elle ajoutait une imagination et une sensibilité qui corrigeaient la froideur du raisonnement. Toujours égale à elle-même, elle savait se maintenir au-dessus des événements, ne pas se laisser atteindre.

Ses romans, les mémoires de la vie à la cour de Napoléon, son *Essai sur l'éducation des femmes* traitent des questions chères à la pensée humaniste et montrent sa foi en tout ce qui est naturel, humain et utile à la formation de l'esprit. Ses écrits comme sa correspondance sont marqués au sceau d'une intelligence qui a voulu savoir, comprendre, d'une volonté qui a voulu être libre et agissante. La maladie, l'inquiétude n'ont jamais eu assez d'emprise sur elle pour la désespérer, et elle s'est toujours vue comme une épouse heureuse et une mère comblée. Ayant vécu dans une époque de transition profondément troublée, elle avait, pour s'y adapter, le privilège d'une philosophie à toute épreuve, et l'avantage d'avoir reçu une éducation intelligente, de posséder la hauteur de vue d'une femme fort en avance sur son temps.

Sincèrement croyante, Mme de Rémusat savait à quel moment la foi devient intolérance et source de méfaits. Mais son esprit pouvait blesser par une ironie aussi cuisante que polie. Réaliste, elle avait appris à observer autour d'elle et ne pouvait supporter en silence la situation faite alors aux pauvres et aux faibles, aux femmes en particulier. Avec son fils qui, à ses côtés, s'engage dans le libéralisme, elle a anticipé la plupart des questions sociales qui occupent notre époque et s'est sérieusement préoccupée du sort fait aux femmes. Le bon goût lui interdisait de parler d'une supériorité possible des femmes sur les hommes ; elle s'est contentée de revendiquer pour celles-ci le droit à une liberté contrôlée par l'exercice de la raison. Elle s'insurge contre l'état de dépendance dans lequel les éducateurs voudraient maintenir la femme : il devrait être inutile de répéter que la femme, ayant été douée de facultés non égales, mais semblables à celles de l'homme, mérite, malgré la différence de sa destinée sur la terre, d'être dirigée par les mêmes principes que l'être dont elle partage et la céleste origine et la céleste fin (*Essai sur l'éducation des femmes* [1903] 67).

Elle refuse aux philosophes, et en particulier à Rousseau, le droit de « nous ravaler à un abaissement qui n'est pas fait pour nous ». Elle ne veut pas que la société continue à faire des femmes des « esclaves ou des révoltées », insistant que « comme créature intelligente, la femme n'est pas différente de l'homme. Elle possède sans doute à un moindre degré les mêmes facultés : mais elle les possède, et c'est assez pour qu'elle mérite qu'on les exerce ». En fait, elle cherchait, au nom de principes immortels, à libérer la femme des conventions et restrictions qu'on lui imposait alors. Elle réclamait le droit de vivre une vie dont l'utilité ne se confinerait pas au cercle restreint de la famille. Elle appelait cela, selon les pensées nouvelles du temps, remplacer la forme par le fond : une vie de parade soumise au protocole par une existence réelle et signifiante. Tel est le plaidoyer discret qu'elle glissait dans ses considérations sur l'éducation des femmes.

Bibliographie : *Essai sur l'éducation des femmes* (Ladvocat, 1824). *Mémoires de Madame de Rémusat, 1802-1808*, publiés par son petit-fils Paul de Rémusat, 3 vol. (Calmann-Lévy, 1880). *Lettres de Madame de Rémusat, 1804-1814*, 2 vol. (id., 1881). *Mémoires de Mme de Rémusat, 1802-1808*, introd. et notes de Charles Kunstler (Hachette, 1957). *Mémoires de Mme de Rémusat*, éd. établie et annotée par Pierre-André Weber (Amis de l'Histoire, 1968).

Sélection critique : Gooch, G. P. : « Madame de Rémusat and the First Consul » et « Madame de Rémusat and the Empire », in *Courts and Cabinets* (New York : Knopf, 1946). Gérard, Octave : « Étude », in *Essai sur l'éducation des femmes*, par Mme de Rémusat (Hachette, 1903). Hugues, G. d' : « Mme de Rémusat », *Le Correspondant*, 140 (1885). Sainte-Beuve, Charles-Augustin : « Madame de Rémusat », in *Portraits de femmes* (nouv. éd., Garnier Frères, 1884).

Éliane Jasenas

RENAUD-VERNET, Odette, écrivaine suisse, 1920-1993.

Trois heures de présence (Lausanne : Aujourd'hui, 1959). *Récits des peuples sauvages* (José Corti, 1966). *Les Temps forts* (Lausanne : L'Aire, 1974). *Xannt, contes fantastiques* (Lausanne : L'Aire, 1979).

RENIERS, Annie, n. 1941, poète belge.

Née à Bruxelles, Annie Reniers passera près de douze ans à Rome à partir de 1965, séjour entrecoupé de plusieurs voyages, notamment en Inde, au Japon et au Mexique. De 1964 à 1986, elle écrit douze recueils de poésie en néerlandais. En 1970, l'éditeur bruxellois Henry Fagne fait paraître dans sa maison d'édition un de ses recueils intitulé *A contre-gré* qui reprend ses propres traductions du néerlandais vers le français. Ses premières poésies écrites en français remontent à son séjour au Mexique d'où elle rapporte un premier recueil bilingue, *Demain à Canaan/ Morgen in Kanaän*. Elle fera suivre cette publication d'une série de recueils, les uns entièrement en français, les autres en deux langues, alors qu'il s'agit moins de traduction de l'une vers l'autre langue que de textes parallèles. Annie Reniers est d'abord néerlandophone, mais elle écrit et publie dans les deux langues avec une égale virtuosité. Elle vit à Bruxelles où elle est professeur d'esthétique et d'histoire de l'art.

Les vers tendus d'Annie Reniers cherchent le plus souvent à retenir la qualité insaisissable et mystérieuse des mots et de leurs significations multiples, la forme des sons linguistiques de la pensée et de l'expérience, l'utilisation du silence dans la parole. Son univers poétique, qui évoque le monde urbain, exprime ce clair-obscur des images et de la réalité. Son rapport, conscient ou non, à sa double identité linguistique (qui est une situation particulière et incontournable en Belgique), de même que les conflits et les possibles confusions qui en résultent, donnent une force dramatique singulière à ses textes.

Bibliographie : *A contre-gré* (Bruxelles : Henry Fagne, 1970). *Demain à Canaan/ Morgen in Kanaän* (id., 1971). *Le jour obscur/Wonen een feest* (id., 1972). *Excentriques* (id., 1973). *Lointains* (id., 1975). *Exil ailé/Groene Vogels* (id., 1976). *Dédale* (Bruxelles : Maison Internationale de la Poésie, 1980). *Suicidaire/Overland* (id., 1983).

Philip Mosley

RENOOZ, Céline, 1840-1928, essayiste, scientifique, féministe franco-belge.

L'Origine des animaux, histoire du développement primitif. Nouvelle théorie de l'évolution réfutant par l'anatomie celle de M. Darwin (Baillière, 1883). *La Nouvelle Science*, 3 vol. ; t. 1 : *La Force* ; t. 2 : *Le Principe générateur de la vie* ; t. 3 : *Psychologie comparée de l'homme et de la femme, Bases scientifiques de la morale* (Société d'éditions scientifiques, 2ᵉ éd. 1902). *L'Ère de vérité, Histoire de la pensée humaine et de l'évolution morale de l'humanité*, 5 vol. (Girard, 1921-1927). Cf. Carnoy, Henry : *Mᵐᵉ C. Renooz et son œuvre* (Maton, 1902).

REVAL, Gabrielle, pseud., 1870-1938, romancière.

Les Sévriennes (Société d'éditions littéraire et artistique, 1900). *Le Ruban de Vénus* (Calmann-Lévy, 1906). *Les Camp-volantes de la Riviera* (id., 1908). *La Bachelière* (Éd. de Mirasol, 1910). *L'Infante à la rose* (Flammarion, 1920). *Cœur volant* (id., 1921). *Le Dompteur* (id., 1922). *La Fontaine des amours* (id., 1923). *La Chaîne des dames* (G. Grès, 1924). *La Vipère* (Flammarion, 1925). *Les Grandes amoureuses romantiques* (A. Michel, 1928). *La Tour du feu* (G. Grès, 1928). *Altesse impériale* (Éd. des Portiques, 1930). *Hortense ou La Reine qui chante* (id., 1932).

REYES, Alina, romancière.

Quand tu aimes, il faut partir (Gallimard, 1993) est son 4ᵉ roman. *Le Chien qui voulait me manger* (id., 1996).

REYMOND, Marie-Louise, romancière suisse.

Le Miracle (Neuchâtel : Attinger, 1936). *Hors du jeu* (Genève : Jeheber, 1950). *Le Feu saluda* (Marcinelle/Dupuis, 1955). *La Cloche de bois* (Neuchâtel : La Baconnière, 1956).

RHAIS, Elissa, romancière juive d'Algérie.

Saâda, marocaine (Plon-Nourrit, 1919). *Le Café chantant ; Kerkeb ; Noblesse arabe* (id., 1920). *Les Juifs ou La Fille d'Eléazar* (id., 1921). *La Fille des pachas* (id, 15ᵉ éd. 1922). *La Fille du douar* (id., 1924). *La Chemise qui porte bonheur* (id., 1925). *Le Mariage de Hanifa* (Plon, 1926). *Par la voix de la musique* (id., 1927). *Le Sein blanc* (Flammarion, 1928). *La Rifaine, Petits pachas en exil* (id., 1929). *La Convertie* (id., 1931).

RICCOBONI, Marie-Jeanne, 1713-1792, romancière épistolaire.

Née à Paris, Marie-Jeanne de Laboras épouse en 1734 l'acteur Antoine-François Riccoboni et débute sur la scène de la Comédie italienne, jouant souvent le rôle de seconde amoureuse dans les pièces de Marivaux. Sa carrière comme actrice est problématique («Personne ne joue plus mal», écrira Diderot) et son union avec Riccoboni également médiocre. En 1751, elle compose une suite très applaudie au roman inachevé de Marivaux : *La Vie de Marianne*. Vers 1755, elle emménage rue Poissonnière avec une autre comédienne, Marie-Thérèse Biancolelli, qui sera sa compagne jusqu'à sa mort. Ayant quitté la scène en 1761, elle se consacre à la littérature, fréquente le salon du baron d'Holbach et fait, vers 1763, la connaissance du célèbre metteur en scène David Garrick, dont elle devient l'amie et la correspondante. Veuve en 1772, elle reçoit une pension du roi la même année. Elle meurt à Paris où elle est inhumée en l'église Saint-Eustache.

La forme littéraire dominante vers la fin du dix-huitième siècle est ce roman épistolaire qu'adoptent si souvent les auteurs de l'époque. Alors que les talents prolifiques ne sont point rares, les romans de Mᵐᵉ Riccoboni sont parmi les plus lus et les plus réputés, tant en France qu'à l'étranger, quoique leur auteur ait déjà quarante-quatre ans lorsque paraît le premier d'entre eux. Marie-Jeanne Riccoboni est également traductrice, elle compose pour le théâtre et publie nouvelles et articles dans la presse. Mais ses huit romans, qui se ressemblent sur bien des points, font sa gloire. Romans épistolaires à l'exception d'*Histoire du marquis de Cressy* et d'*Histoire d'Ernestine*, ils présentent des héroïnes sensibles qui dépeignent pour leur amant ou leur ami leurs désirs intimes, leurs expériences et leurs désillusions. Ajoutons à ce schéma la présence du lecteur du dix-huitième siècle (bien souvent une lectrice), et les liens qui se tissent entre lui (ou elle) et les romans qui sont riches de suggestions : des femmes lisent des romans écrits par des femmes et traitant de femmes qui écrivent – toutes ces femmes évoluant dans un monde non réaliste, un gynécée symbolique où l'on peut communiquer et vivre indirectement les expériences fondamentales au féminin.

Outre les ressemblances formelles, une uniformité de contenu caractérise ces textes, car ce monde fictif a pour unique centre d'intérêt l'amour. Le propos de l'auteur est d'y analyser les rapports entre les sexes. Ce sont donc des textes de l'école sentimentale, qui explorent avec beaucoup de finesse le thème de la séduction des femmes et des avanies que leur font subir les hommes. La plupart des histoires se déroulent selon une trame qui varie peu : une femme aime un homme qui s'avère volage ou borné, dans les meilleurs cas, ambitieux, retors et calculateur, dans les autres. Le point de vue est décidément celui de la femme et les personnages masculins sont presque toujours moins aimables que leurs compagnes. Même maltraitées par l'homme en particulier et par la société en général, les héroïnes ne tentent guère de briser leurs entraves ou de se venger. Elles dénoncent l'injustice masculine et prennent leur parti d'une condition pénible, insistant souvent sur la supériorité de l'amitié sur l'amour. Leur révolte se limite au domaine du sentiment et l'on ne trouve parmi ces créatures sensibles aucun personnage qui fasse écho à celui de la Merteuil de Laclos. Il faut noter, du reste, que Mme Riccoboni adressa plusieurs lettres à ce dernier pour dénoncer en la Marquise une insulte à la France et à la femme.

Le premier roman de Mme Riccoboni, *Lettres de Fanni Butlerd* (1757), est caractéristique de son art mais se distingue de ses œuvres ultérieures. Comme plusieurs autres (*Lettres de Milady Juliette Catesby, Histoire de Miss Jenny, Lettres de Mylord Rivers*), et à la manière de l'époque, ce roman est situé en Angleterre et ses personnages sont anglais. Mais les *Lettres de Fanni Butlerd* sont moins longues et moins compliquées, plus riches aussi en éléments autobiographiques : ce livre semble bien être la transposition d'une déception amoureuse de l'auteur. Il se compose de cent seize lettres ferventes que l'éloquente Fanni, âgée de vingt-six ans, adresse à son soupirant, Lord Alfred, lequel devient son amant au cours de l'intrigue et l'abandonne finalement pour faire, on s'en doute, un mariage avantageux. Le lecteur réel de ces lettres ne prend jamais connaissance des réactions d'Alfred, si ce n'est par la plume de Fanni qui retrace point par point la naissance de leurs amours, le « don » de sa personne et la trahison de l'amant. Ce roman exploite très habilement la forme épistolaire : c'est de cette forme même que se nourrit l'histoire vécue par Fanni. La séduction qu'elle subit et la passion dépendent d'une certaine manière des lettres qu'elle compose, qui lui permettent d'explorer ses sentiments les plus profonds, de les rendre plus tangibles et plus intenses en les objectivant, de débattre en son for intérieur la question du renoncement.

Notons, enfin, que la passion de Mme Riccoboni pour un jeune Écossais, Robert Liston, dont elle tomba amoureuse dans son âge mûr, nous est révélée dans des lettres dont le code amoureux est le même que celui qu'on trouve dans *Lettres de Fanni Butlerd*. On y rencontre quelques-unes des mêmes expressions mais les lettres fictives furent écrites entre neuf et vingt-six ans plus tôt. C'est en partie de la fiction, semble-t-il, que la réalité procéda. Ainsi, l'abbé Prévost n'a-t-il pas quelque peu vécu *Manon Lescaut* après l'avoir écrit ?

Bibliographie : *Lettres de Mistriss Fanni Butlerd à Milord Charles Alfred de Caitombridge, comte de Plisinte, duc de Raflingth* (Amsterdam : s. éd., 1757). *Histoire de M. le marquis de Cressy* (id., 1758 ; rééd. Alix Deguise : Des Femmes, 1987 ; rééd. Olga B. Cragg : *Studies on Voltaire and the XVIIIth C*, n° 266, 1989). *Lettres de Milady Juliette Catesby à Milady Henriette Campley, son amie* (id., 1759 ; rééd. + préface de Sylvain Menant, Éd. Desjonquères, 1983). *Amélie* (trad. de Fielding ; Brocas et Humblot, 1762). *Histoire de Miss Jenny, écrite et envoyée par elle à Milady comtesse de Roscomond, ambassadrice d'Angleterre à la cour de Danemark* (id., 1764). *Histoire d'Ernestine* (recueil de pièces détachées ; Humblot, 1765 ; rééd. + préface de Colette Piau-Gillot, Éd. Côté Femmes, 1991). *Lettres d'Adélaïde de Dammartin, comtesse de Sancerre, à M. le comte de Nancé, son ami* (id., 1767). *Le Nouveau Théâtre anglais* (traductions ; id., 1769). *Lettres d'Elisabeth-Sophie de Vallière à Louise-Hortense de Canteleu, son amie* (id., 1772). *Lettres de Mylord Rivers à Sir Charles Cardigan, entremêlées d'une partie de ses correspondances à Londres pendant son séjour en France* (id., 1777 ; rééd. Olga B. Cragg, Droz). *Histoire des amours de Gertrude et de Roger ; La Rencontre dans la forêt des Ardennes ; Aloise de Livarot ; Histoire de Christine de Suabe* (Bibliothèque des Romans, 1779-80). *Histoire de deux jeunes amies* (Mercure de France, avril 1786). *Lettres de Mistriss Fanni Butlerd* (Genève : Droz, 1979 ; facsimile de 1786, introduction et notes de Joan Hinde Stewart).

Sélection critique : Cazenobe, Colette : « Le Féminisme paradoxal de Mme Riccoboni » (*R. H. L. F.* 88, 1988). Cook, Elizabeth H. : « Going Public... Fanni Butlerd » (*Eighteenth-Century Studies* 24, 1990). Crosby, Emily : *Une Romancière oubliée* (F. Rieder, 1924). Demay, Andrée : *Marie Jeanne Riccoboni ou la pensée féministe chez une romancière du*

18ᵉ siècle (La Pensée Universelle, 1977). Nicholls, James C. : *Mᵐᵉ Ricco-boni's Letters to David Hume, David Garrick and Sir Robert Liston : 1764-1783* (Oxford : *Studies on Voltaire and the Eighteenth Century*, 1976). Servien, Michèle : *Madame Riccoboni : Vie et œuvre* (thèse, Paris IV, 1973). Stewart, Joan Hinde : *The Novels of Mᵐᵉ Riccoboni* (Chapel Hill : N. C. Studies in Romance Lang. & Literatures, 1976). Stewart, Joan Hinde : *Gynographs : French Novels by Women, 1750-1800* (Lincoln : University of Nebraska Press, 1993 ?). Van Dijk, Suzanne : « Mᵐᵉ Riccoboni : Romancière ou journaliste ? » (*Studies on Voltaire and the Eighteenth Century*, à paraître). Cf. FWW.

Joan Hinde Stewart

RIESE-HUBERT, Renée, poète.

La Cité borgne (Seghers, 1953). *Asymptotes* (Debresse, 1954). *Le Berceau d'Ève* (Minuit, 1957). *Natures mortes* (J.P. Oswald, 1972).

RIFFAUD, Madeleine, poète, reporter.

Le Courage d'aimer (Seghers, 1949). *Vienne le temps des pigeons blancs* (id., 1951). *Les Baguettes de jade* (Éditeurs Français Réunis, 1953). *Si j'en crois le jasmin* (Coaraze : Éd. Coaraze, 1958). *Le Chat si extraordinaire,* conte (La Farandole, 1958). *De votre envoyée spéciale* (Éditeurs Français Réunis, 1964). *Au Nord Vietnam* (Julliard, 1967 [= *Au Viet-Nam : écrit sous les bombes,* Rombaldi, 1976]). *Cheval Rouge,* poèmes 1939-1972 (Éditeurs Français Réunis, 1973). *Les Linges de la nuit* (Julliard, 1974).

RIHOIT, Catherine, romancière, essayiste.

Portrait de Gabriel (Gallimard, 1977). *Le Bal des débutantes* (id., 1979). *Les Abîmes du cœur* (id., 1980). *Histoire de Jeanne transsexuelle* (Mazarine, 1980). *Les Petites Annonces* (id., 1981). *Tentation* (Denoël, 1983). *Triomphe de l'amour* (Gallimard, 1983). « Kidnapping », théâtre (Poche-Montparnasse, 1985). *Brigitte Bardot : un mythe français* (Orban, 1986). *Triomphe de l'amour de l'amour* (Gallimard, 1987). *Retour à Cythère* (id, 1988). *They Chose English,* avec F. Gusdorf (Hatier, 1990). *Dalida* (Plon, 1995).

RIOUX, Hélène, n. 1949, écrivaine québécoise.

Suite pour un visage, poésie (Montréal, s.e., 1970). *Finitudes,* poésie (Montréal : Éd. d'Orphée, 1972). *Yes Monsieur,* récit (Montréal : La Presse, 1973). *Un Sens à ma vie,* récit (id., 1975). *J'Elle,* récit (Montréal : Stanké, 1978). *Une Histoire gitane,* rm (Montréal : Québec/Amérique, 1982). *L'Homère de Hong Kong,* nouvelles (id., 1986).

RISSET, Jacqueline, poète, essayiste.

Jeu (Seuil, 1971). *La Traduction commence* (Christian Bourgois, 1978). *Sept Passages de la vie d'une femme,* poésie (Flammarion, 1985). *L'Amour de loin,* poésie (id., 1988). *Marcellin Pleynet* (Seghers, 1988). *Le Sheikh blanc* [Fellini] (A. Biro, 1990). *Petits éléments de physique amoureuse,* poésie (Gallimard, 1992).

RIVAZ, Alice, n. 1901, romancière, mémorialiste genevoise.

Alice Rivaz, fille du socialiste Paul Golay, est née à Rovray dans le canton de Vaud. Après avoir fait ses études secondaires et musicales à Lausanne, elle tient à suivre sa voie, seule et indépendante ; aussi s'installe-t-elle pour le reste de sa vie dans un appartement à Genève. Elle est employée au Bureau international du travail et c'est seulement au cours de périodes de liberté occasionnelle qu'elle peut se consacrer à l'écriture, notamment pendant la guerre où elle fait du journalisme et prépare, aux côtés de Ramuz, une *Anthologie de la Poésie française*, enfin et surtout depuis sa retraite. Elle a publié une quinzaine d'ouvrages, romans, nouvelles, récits et textes plus ou moins autobiographiques, publications qui lui ont valu deux fois le prix Schiller, le prix des Écrivains genevois et celui du Livre vaudois. En 1975 elle fut la première femme à recevoir le Grand Prix quadriennal de littérature de la ville de Genève pour l'ensemble de son œuvre ; enfin le prix Ramuz (1980) pour l'ensemble de son œuvre. Elle est traduite en plusieurs langues, y compris le chinois, et a fait l'objet d'un entretien cinématographique.

Au bel âge de quatre-vingt-huit ans, Alice Rivaz a écrit ce qu'elle considère sa meilleure nouvelle : « Un amour interdit », journal basé sur les expériences d'une jeune femme qui se découvre lesbienne. Contrairement aux héros qui peuplent les beaux romans de Ramuz, paysans, vignerons, montagnards, pêcheurs, en contact avec les forces élémentaires, à l'opposé également des écrivains traditionnels des générations précédentes qui ont peint surtout les milieux de la grande bourgeoisie de la Suisse francophone, les personnages d'Alice Rivaz sont de petites gens des villes, des employés qui étouffent dans les bureaux, rêvent d'une autre destinée, victimes du vide qui sépare le rêve et la réalité.

Alice Rivaz a pris un départ original en refusant les héros typiquement suisses, mais ses personnages restent cloisonnés dans les rôles que leur ont fabriqués la société, le sort, la famille. Rôles qu'ils voudraient refuser pour découvrir leur propre être, leur propre vérité, mais par rapport auxquels ils ne peuvent pas prendre suffisamment de recul pour en rire. Tous sont déchirés par leurs amours difficiles, naissantes ou déclinantes, licites ou illicites, leurs insolubles partages du cœur dans un monde écartelé par les grands événements de leur époque. Un rapport se crée ainsi entre l'Histoire en train de se faire et leur vie intérieure, rapport plus émotif que cérébral. L'événement : la guerre civile espagnole dans *Nuages dans la Main* (1940), la montée du nazisme dans *Le Creux de la Vague* (1967), l'approche d'une deuxième guerre mondiale, dans *La Paix des Ruches* (1947), l'événement atteint leur sensibilité comme le ferait un appel qui les renvoie à la souffrance de milliers de gens qu'ils ne connaîtront jamais et dont ils se sentent proches.

En revanche, dans ses deux volumes de nouvelles, *Sans Alcool* (1961) et *De Mémoire et d'Oubli* (1973), les personnages évoqués sont surtout des isolés : célibataires, vieillards abandonnés, femmes à qui l'amour est refusé, tous membres de la confrérie obscure de ceux qui ne s'expriment pas, au nom desquels l'écrivaine a toujours éprouvé le besoin de parler.

Alice Rivaz est la première Suissesse à montrer le monde de la femme qui travaille et les étapes de la vie des femmes. Dans le roman intitulé *Le Creux de la vague* on rencontre quatre femmes à un moment particulier de leur vie. Une femme âgée, militante antifasciste, regarde sa vie s'écouler vers la mort. Nelly, femme d'un fonctionnaire international, se réfugie dans l'amertume. Hélène Blum, naguère maîtresse du même homme, se découvre juive face à l'avènement du nazisme : à quarante ans, elle lutte pour ne pas voir son existence sombrer dans l'absurde. Claire-Lise enfin, est la jeune fille qui sort de l'adolescence, l'avenir devant elle.

Dans l'ensemble de l'œuvre, un texte se fait remarquer par un mouvement implicite vers l'avenir. *La Paix des ruches* formule le problème du couple du seul point de vue de la femme, et en termes de contestation, ce qui valut à l'auteure quelques insultes masculines. Dans ce journal de Jeanne Bornand, déçue par le mariage et l'amour, un univers essentiellement féminin se dessine où une femme ne se sent plus rivale ni ennemie des autres femmes, mais complice. Elle souffre de la pesanteur et de la brutalité du monde des hommes grevé depuis des millénaires par la violence et où, en tant que femme, elle se sent étrangère.

Bien que, dans son premier roman, *Nuages dans la main*, tout soit « donné en brut » et créé par les situations qui pèsent sur les personnages, elle commence à parler à la première personne dans les ouvrages de la maturité. Ainsi, *Comptez vos jours...* (1966) la fait entendre pour la première fois en son nom sur des thèmes majeurs de sa vie de femme. Dans *L'Alphabet du matin* (1968), elle raconte sa petite enfance qu'enchantait la tendresse d'une mère et que bouleversait un père en révolte contre le plat conformisme de son milieu. C'est un livre révélateur, un moment de l'histoire d'une Suissesse « non folklorique » dont les historiens ne parlent guère. Alice Rivaz sent tout le poids de son époque, de son milieu social, de sa féminité et elle en dégage, même face à sa propre mort, une voix personnelle et grave où crépite la vie.

Bibliographie : *Nuages dans la main* (Lausanne : Guilde du Livre, 1940). *Comme le sable* (Julliard, 1946). *La Paix des ruches* (Fribourg : Egloff, 1947). *Sans alcool* (Neuchâtel : La Baconnière, 1961). *Comptez vos jours...* (José Corti, 1966). *Le Creux de la vague* (Lausanne : Rencontre et L'Aire, 1967). *L'Alphabet du matin* (id., 1968). *De mémoire et d'oubli*, récits (id., 1973). *Jette ton pain...* (Lausanne : Bertil Galland, 1978 et Gallimard, 1979). *Ce nom qui n'est pas le mien*, critique et inédits (Vevey : Bertil Galland, 1980). *Traces de vie, Carnets (1939-1982)* (id., 1983). *Jean-Georges Lossier : Poésie et vie intérieure*, essai (Fribourg : Éd. Viri, 1986).

Sélection critique : Galland, Bertil : *Princes des marges, La Suisse romande en trente destins d'artistes* (Renens : 24 Heures et Bertil Galland, 1991). Gsteiger, Manfred : *La nouvelle littérature romande* (1974 ; trad. française chez Bertil Galland, 1978).

Karin Blair

RIVOYRE, Christine de –, n. 1921, romancière.

Née à Tarbes en 1921 dans une famille attachée aux traditions, son éducation chez les Dames du Sacré-Cœur ne semblait en rien la disposer à mener une vie libérée des interdits bourgeois. Malgré des difficultés de santé qui ont momentanément arrêté ses études supérieures, elle a conduit sa vie de main ferme. Le reflet de certaines batailles menées contre le poids des traditions se trouve, sans aucun doute, dans *Le Petit matin* (Prix Interallié, 1968), où les portraits de la tante Eva-Cracra et de l'aïeule Feuzojou, championnes du conformisme, sont d'une réjouissante férocité. Deux ans et demi à l'université de Syracuse (États-Unis) sont évoqués dans *La Glace à l'ananas* ainsi que dans de beaux passages du *Voyage à l'envers*. De 1950 à 1955, elle a été journaliste au *Monde*, spécialisée dans la littérature anglo-saxonne et la danse. C'est dans le milieu de la danse qu'elle avait situé son premier roman. De 1955 à 1966, elle a occupé la direction littéraire de *Marie-Claire* puis s'est consacrée exclusivement à son travail de création. Elle s'est installée dans les Landes.

Trois de ses romans ont été filmés : *La Mandarine* par Molinaro, *Le Petit Matin* par Albicocco et *Les Sultans* par Delannoy. « Je n'aime pas les vautrés, je n'aime pas qu'on s'abaisse, je crois qu'il y a toujours un petit bout de dignité qu'on peut garder. » Cette profession de foi pourrait servir d'exergue à l'œuvre de Christine de Rivoyre ; c'est en effet une des leçons qui s'en dégage en filigrane.

Encore qu'elle marque brutalement ses distances avec « les bonnes femmes », Christine de Rivoyre leur accorde une place importante dans son œuvre, composée de romans et d'un conte philosophique écrit en collaboration avec Alexandre Kalda. *Marie-Claire*, après la sortie de *Boy*, a publié un entretien au titre fracassant : « Femme, femme, ce mot j'en ai marre. J'aurais préféré être un homme ». La romancière y explique longuement une position qui devient évidente à la lecture de son œuvre. Elle refuse les « revendications violentes du MLF » et pense que le problème de la condition féminine est mal posé. C'est sur l'aspect individuel de la question de la libération des femmes qu'il lui paraît nécessaire d'insister. Ses œuvres foisonnent d'exemples de femmes qui, d'une façon ou d'une autre, dans un milieu confortable, comme « mémé Boulé » dans *La Mandarine,* ou dans un milieu modeste, comme Maria Sentucq dans *Boy*, se font une certaine idée d'elles-mêmes, s'y tiennent et l'imposent aux autres. En ce qui la concerne, elle se déclare « solidaire de Rivoyre » et offre d'elle même une image cohérente que son public connaît bien. Sans doute n'échappe-t-on pas facilement, en fin de compte, à son milieu et il semble difficile à Christine de Rivoyre de concevoir la femme « qui ne s'aide pas elle-même ». Que penser en effet de Solange, ou mieux encore de Mireille, dont la dépendance envers leurs « amants à éclipses », les Sultans, est absolue ?

Cette position sévère est quelque peu tempérée par le côté méridional de l'auteur. Après un séjour dans un club de vacances, elle a entrepris *Fleur d'agonie*, où elle fait feu sur la société de consommation. L'héroïne Malou, belle mais « vide », raconte ses vacances, ses amours avec Noël qui pourrait être son fils, et les événements de Mai 68. En commençant ce roman, l'auteur avait prévu de l'intituler « Mémoires d'une imbécile », mais elle avoue s'être prise de sympathie pour Malou. Cette ouverture d'esprit est une des qualités les plus séduisantes de Christine de Rivoyre. Malou est en effet limitée mais elle aime cet étrange jeune homme et, pour une fois, cesse de s'occuper exclusivement d'elle-même.

La romancière s'intéresse particulièrement à ces « attachements singuliers » où il ne s'agit pas toujours d'amour et où les sentiments ne sont pas nécessairement troubles. L'aspect physique de l'attirance peut être présent, comme dans *La Glace à l'ananas* (pastiche des romans américains que l'auteur avait pensé publier sans le signer), mais ne joue pas par exemple dans *La Mandarine*. Dans *Les Sultans*, l'attachement de Laurent pour sa fille frôle l'inceste mais il y a chez Rivoyre trop d'éclatante santé pour que ces affinités secrètes, parfois surprenantes, entre des gens

différant par l'âge, l'origine ethnique ou le milieu social, sèment véritablement le trouble.

L'amour des Landes, de l'océan et des animaux, chevaux et chiens en
tête, joue un rôle important dans certains de ces romans. Rivoyre se reconnaît disciple de Colette dans cet amour de la nature et elle prend ses distances à l'égard de la société d'aujourd'hui dont elle exècre particulièrement « la lèpre », c'est-à-dire l'ennui qui nous dévore. Cette passion de
la vie explique son admiration pour Simone de Beauvoir dont elle ne partage pas pour autant les idées. Elle avoue également son admiration pour
Montherlant, malgré ses attaques à l'égard des femmes, admirant sa
langue, qui mêle harmonieusement le français le plus pur aux néologismes
et aux expressions semi-argotiques. Christine de Rivoyre, quant à elle,
utilise librement l'argot et emploie les régionalismes dans les textes dont
le Sud-Ouest est le cadre. Elle sait effectuer un dosage qui donne à son
style une vivacité propre et lui assure des effets heureux.

Bibliographie : *L'Alouette au miroir*, prix des Quatre Jurys (Plon,
1955). *La Mandarine* (id., 1957). *La Tête en fleurs* (id., 1960). *La Glace à
l'ananas* (id., 1962). *Les Sultans* (Grasset, 1964 [édition « définitive » :
1970]). *Le Petit Matin*, prix Interallié (id., 1968). *Le Seigneur des chevaux*,
en collaboration avec Alexandre Kalda (Julliard, 1969). *Fleur d'agonie*
(Grasset, 1970). *Boy*, Grand Prix de la ville de Bordeaux (id., 1973). *Le
Voyage à l'envers* (id., 1977). *Belle Alliance* (id., 1982). *Reine-Mère* (id.,
1985). *Crépuscule, taille unique* (id., 1989).

Sélection critique : Bourdet, Denise : « Christine de Rivoyre », *Revue
de Paris* (mars 1965). Démeron, Pierre : « Femme, femme, ce mot j'en ai
marre », *Marie-Claire* (sept. 1973). Duranteau, Josane : « C. de Rivoyre,
lauréate du Prix Interallié, ou La Folle Poursuite », *Les Lettres Françaises*,
3 déc. 1968. Ducou, Françoise : « Christine de Rivoyre s'explique », *Elle*,
27 mai 1970. Venault, Philippe : « Entretien avec Christine de Rivoyre »,
Magazine Littéraire (juil. 1970).

Nicole Aronson

ROBERT, Antoinette Henriette Clémence, 1797-1872, romancière, poète.

Abbé Olivier (1839). *Le Tribunal secret* (Bruxelles : 1947). *Le Baron
de Trenck* (Arnauld de Vresse, 1865). *La Pluie d'or* (id., 1866). *Le Moine
noir* (id., 1868). *Le Martyr des prisons* (Michel Lévy, 1874). *Les Mendiants de la mort* (id., 1874). *L'Amoureux de la reine* (id., 1874). *Le Mont
Saint-Michel* (id., 1976).

ROBIER, Martine, romancière.

Le Veilleur du marais (Flammarion, 1988). *Le Vol du grisard* (id., 1990). *Les Hasards de la mer* (id., 1991). *Le Souffleur de rêves* (id., 1992). *9, allée des brouillards* (id., 1994). *Les Bêtes à bon Dieu* (id., 1996). *Le Petit Homme* (Stock, 1996). Cf *Magazine Littéraire*, oct. 1991, *Le Monde*, 20 mai 1988, 12 janv. 1990 et 8 nov. 1991.

ROCHE, Sylviane, n. 1949, écrivaine, critique franco-suisse.

Elle est née à Paris et a passé toute sa jeunesse sur les bords de la Seine. Après des études de lettres à Lausanne, où elle vit avec ses enfants, elle enseigne au gymnase de Nyon. Avec Daniel Maggetti et Françoise Fornerod, elle dirige la revue littéraire *Écriture*, l'une des plus importantes de Suisse romande.

Son premier recueil de nouvelles, *Les Passantes*, a d'emblée attiré l'attention de la critique par la fermeté de l'écriture et la maîtrise de la dramatique narrative. Rien d'étonnant à ce qu'elle apporte un souffle nouveau, citadine élevée dans les milieux intellectuels parisiens. Elle garde de sa ville natale une nostalgie qui habite sa nouvelle « Noms de rues », où les trajets de l'enfant créent la poésie d'une géographie intime. Marqués souvent par le tragique d'un destin qu'ils n'ont pas entièrement maîtrisé, les personnages de ses histoires sont saisis à un point crucial de leur existence où s'impose le bilan des plus fortes expériences. Mais Sylviane Roche sait aussi exprimer la magie de l'enfance, pas celle qui serait douillettement privilégiée, mais celle qui puise dans son paysage quotidien des rêves nourriciers. Élargissant dans *Le Salon Pompadour,* l'histoire à la vie entière d'une bourgeoise juive de Paris née avant l'Affaire Dreyfus, Sylviane Roche brosse une saga familiale dans laquelle, sur fond d'événements historiques, défilent trois générations de fortes femmes. L'aïeule qui, à l'occasion de son quatre-vingtième anniversaire, revit les temps forts de son existence, pose un regard tour à tour lucide et naïf sur les grands faits de l'Histoire, qu'elle ramène à ses propres préoccupations. Le procédé contribue à restituer aux faits historiques, qui tendent à devenir abstraits dans les livres d'histoire, leur résonance individuelle et par là même tragique. Nulle volonté de démonstration ou analyse chez la romancière ; elle fait agir ses personnages, et lorsqu'ils réfléchissent, ils ne prétendent pas se poser en moralistes. Elle laisse au non-dit la place de l'ombre qui met en valeur la lumière. Le regard qu'elle jette sur cette tribu, dans laquelle les êtres sont liés par les sentiments d'amour et de haine qui sont le tissu de toutes les familles, est à la fois tendre et ironique, fait de complicité critique.

Bibliographie : *Les Passantes*, nouvelles (Yvonand : Bernard Campiche éditeur, 1987). *Le Salon Pompadour*, roman (id., 1990).

Françoise Fornerod

ROCHEFORT, Christiane, n. 1917, romancière.

La plus « pop » des écrivaines féministes contemporaines est née à Paris, dans un quartier populaire. Les nécessités matérielles semblent avoir été le seul frein à la liberté d'une vie riche en expériences de toutes sortes. Ses apprentissages et ses passions vont des arts plastiques et de la musique à la psychologie et à l'ethnologie. Ses métiers de subsistance la font passer par le ministère de l'Information, le journalisme au Festival de Cannes pendant plusieurs années, et à la Cinémathèque de Paris. Sa carrière littéraire débute par le scandale du *Repos du guerrier* (1958) qui, grâce au film de Vadim, lui assure d'être « lue au-dessous de la ceinture » pendant au moins dix ans. Son engagement dans le premier MLF n'a évidemment pas incliné la critique établie vers la mansuétude ni le sérieux. Outre-Atlantique surtout, on a reconnu en elle la meilleure humoriste française. Une énergie sans bornes apparentes la fait se déplacer volontiers vers les pays « neufs », Québec, États-Unis, lieux où, pour la satiriste et l'utopiste qui veillent en elle, le meilleur comme le pire se côtoient.

Christiane Rochefort est la moins conventionnelle des romancières. L'élément satirique, la fantaisie débridée, l'ironie qui marquent ses livres depuis 1966 (*Une Rose pour Morrison*) sont des qualités que l'on trouve encore trop rarement dans les textes de femmes. Les premiers romans penchent davantage vers l'analyse psychologique de dérision (*Le Repos du guerrier*) et sociologique (*Les Petits Enfants du siècle*) avec l'arrière-plan réaliste de la région parisienne ou de Paris. Plus récemment, la question de l'homosexualité masculine (*Printemps au parking, Quand tu vas chez les femmes*) et féminine (*Stances à Sophie*) sont les éléments neufs d'une mise en cause soutenue des institutions sociales (mariage, vie familiale, conditionnement à la consommation) qui trouve sa forme la plus originale dans les utopies politiques.

Indifférente mais non insensible aux mouvements et aux modes littéraires, Christiane Rochefort participe à sa manière à l'introspection de l'écriture qui caractérise les textes modernes. C'est dans un essai au ton de confidence espiègle capté dans le titre, *C'est bizarre l'écriture,* qu'elle expose la nature spontanée, ludique, de son art d'écrire. Elle ne croit ni à la recherche obsédante du mot à la Flaubert, ni à celle de la structure sophistiquée, à la Ricardou & Cie. Elle vit dans un rapport symbiotique avec ses personnages, ce qui n'exclut pas le travail de polissage, d'épuration. Mais à ceux qui lui reprocheraient d'assassiner sa langue – elle fait abondant et irrésistible usage de la parole vivante, argotique et populaire – Christiane Rochefort affirme son intention obstinée d'éconduire « le beau style » que nous avait imposé l'école. L'intraitable Céline des *Stances à Sophie* n'est sans doute pas prénommée sans égard à l'innovateur du délire textuel. Le style de Christiane Rochefort est celui du dialogue vivant, ponctué de jeux de mots truculents plus que subtils, une fantaisie sans bornes, et une familiarité authentique avec le langage de la rue et les milieux non intellectuels.

Le second aspect très remarquable des romans de Christiane Rochefort est une dimension quasi prophétique dans sa fiction non réaliste. Déjà, *Les Stances à Sophie* proposaient le modèle de l'émancipation iconoclaste de l'épouse bourgeoise, telle que le renouveau féministe l'a précipitée. Avec *Une Rose pour Morrison,* qui doit quelque chose aux contes philosophiques de Voltaire, davantage à *1984* d'Orwell et plus encore à la conscience politique de l'auteure, c'est une caricature futuriste de la société moderne qui se propose mais aussi une avant-première des événements de 1968 : la crise de l'enseignement, des agences gouvernementales, la subversion du langage, le réveil des masses ouvrières et estudiantines. S'il y a une révolte massive ouverte des « tinazeurs » dans les décennies à venir, elle est inscrite, fictivement, dans *Encore heureux qu'on va vers l'été.* Cette utopique « école buissonnière généralisée » a été lue diversement : la structure symbolique en a été louée et le désengagement (du fait même du genre utopie romantique) dénoncé. La désinvolture d'une militante qui transpose le slogan « pas de révolution sans libération des femmes » (ou son inverse) en « pas de libération des femmes sans libération des enfants » a déçu certaines féministes.

C'est évidemment trop exiger de l'artiste que de vouloir trouver dans des textes satiriques et utopiques une stratégie politique. Faut-il lui dénier le droit d'inscrire ses rêves de militante dans une forme non réaliste ? Il faudrait, par ce même critère, dénoncer l'œuvre de Monique Wittig et quelques autres. Aussi vaut-il mieux savourer ses joyeux débordements, sans méconnaître leur philosophie subversive. Christiane Rochefort cultive parfois le paradoxe au point de l'autodestruction. On se demande en effet « qui parle pour qui », espérons au moins qu'elle s'amuse, lorsqu'elle parodie le discours pornographique en appuyant sur l'arsenal sado-masochiste dans *Quand tu vas chez les femmes,* curieux exercice de style dont on voit mal ce qu'il ajoute à l'œuvre.

Archaos ou le jardin étincelant, le plus rabelaisien et le plus joliment fou des textes de Christiane Rochefort, le plus monumental aussi, fait l'apologie de l'anarchie. Dans une conférence publique de 1975 elle évoquait un rêve familier : celui d'un double asexué qui l'aurait sauvée bien des fois de la désintégration. Dans *Archaos,* ce rêve féminin/féministe s'inscrit différemment. Les rôles sexués étant reconnus comme la source de tous les maux, de toutes les injustices liées au sexe, la bisexualité est généralisée, sur le mode quasi grotesque et avec un humour efficace. Tous les tabous sont levés, une fois le vieux tyran autocastré. Il est démontré dans ce récit que le bonheur dépend de l'acceptation effrénée du désir et de la liberté. L'inceste – thème qu'elle traite plus sérieusement dans *La Porte du fond* – est ici pratiqué joyeusement par de royaux jumeaux (avatar savoureux d'Isis et Osiris). Le vieux roi étant exilé à Rome, où il découvre les délices de l'art vocal (et les ressources de l'anal), l'État se dérègle allègrement. Au pays d'Archaos l'or n'a plus cours, du moins essaie-t-on de s'en dispenser, ce qui génère des désordres tout particuliers mais la nouvelle constitution fait régner le désir, respectueux du désir de l'autre, et le plaisir. L'histoire ne dit pas que le nouveau royaume est viable ! Le seul contrepoids à Christiane Rochefort sur le plan de l'humour gynocentrique se rencontre outre-Atlantique : on rêve de ce que pourrait donner un dialogue de Christiane Rochefort avec l'auteure de *L'Euguélionne*, Louky Bersianik.

Bibliographie : *Le Repos du guerrier* (Grasset, 1958). *La Française et l'Amour,* essai (id., 1960). *Les Petits Enfants du siècle* (id., 1961). *Les Stances à Sophie* (id., 1963). *Une Rose pour Morrison* (id., 1966). *Printemps au parking* (id., 1969). *C'est bizarre l'écriture,* récit (id., 1970). *Archaos ou le jardin étincelant* (id., 1972). *Encore heureux qu'on va vers l'été* (id., 1975). *Les Enfants d'abord,* essai (id., 1976). Interventions au colloque « La Femme et l'Écriture » 1975 (Montréal : *Liberté* 106-107, juil.-oct. 1976). *Pardonnez-nous vos enfances,* nouvelles (Denoël, 1978). *Ma vie, revue et corrigée par l'auteur* (Stock, 1979). Plusieurs adaptations de textes de l'hébreu, d'Amos Kenan. *Quand tu vas chez les femmes* (id., 1982). *La Porte du fond* (Grasset/Fasquelle, 1988). *Le Monde est comme deux chevaux* (Grasset, 1984).

Sélection critique : Bourdet, Denise : *Visages d'aujourd'hui* (Plon, 1960). Ophir, Anne : *Regards féminins* (Denoël/Gonthier, 1976 ; avec un inséré de C. Rochefort). *Elle* 1539 (7 juil. 1975) : « Entretien avec Christiane Rochefort », *Express* 1432 (23 déc. 1978) et 1435 (janv., 1979). *Magazine Littéraire* 111, dossier spécial 1984. Hessedenz, Ingrid : *Née d'une illusion d'amour,* film (Hocus Focus, 1993). Cf. FWW.

CM

ROCHE GUILHEN, Anna de la –, 1644-1707, romancière huguenote.

ROCHES, Madeleine de –, 1520-1587 et Catherine de –, 1542-1587, mère et fille poètes.

Les Œuvres de Mesdames de R., mère et fille (Abel l'Angelier, 1578). *Les Œuvres de Mesdames de R.,* corrigées et augmentées de la tragi-comédie *Tobie* et autres œuvres poétiques (id., 1579). *Les Secondes œuvres de Mesdames de R. mère et fille* (Poitiers : Nicolas Courtoys, 1583). *Les Missives de Mesdames de R., de Poitiers, mère et fille* (Abel l'Angelier, 1586).

ROGER, Noëlle (pseud. d'Hélène Pittard-Dufour), 1874-1953, écrivaine suisse.

Rêves, comédie en trois actes (Genève, 1896). *Saas-Fée et la vallée de la Vierge de Saas* (Bâle et Genève, 1901). *Docteur Germaine* (Lausanne : Payot, 1908). *De l'un à l'autre amour* (Perrin, 1912). *Apaisement* (Payot, 1914). *Le Feu sur la montagne, journal d'une mère* (Neuchâtel, 1916). *Terres dévastées et Cités mortes* (Éd. de la Foi et Vie, 1919). *Larmes d'enfants* (Neuchâtel : Attinger, 1919). *Les Disciples* (Lausanne : Payot, 1921). *Le Choix d'Andromaque* (Neuchâtel : Attinger, 1922). *Le Nouveau Déluge* (Calmann-Lévy, 1922). *Le Nouvel Adam* (A. Michel, 1924). *Les Carnets d'une infirmière* (Neuchâtel, s.d.). *Celui qui voit* (Calmann-Lévy, 1926). *Le Livre qui fait mourir* (id., 1928). *Princesse de Lune* (id., 1929). *Le Chercheur d'ondes* (7ᵉ éd. : id., 1931). *Les Amours de Corinne* [Mᵐᵉ de Staël] (id., 1931). *Le Nouveau Lazare* (Pierre Lissac, 1935). *L'Enfant, cet inconnu* (Lausanne : Payot, 1941). *Peau d'éléphant* (id., 1943). *Aimer, simplement,* drame en quatre actes, suivi de trois pièces en un acte (Genève : Perret-Gentil, 1945). *Des Hommes et des Femmes* (id., 1945). *La Guerre des pots,* comédie en deux actes (Genève : Reflets, 1948).

ROLAND, Marie-Jeanne Philipon de la Platière, 1754-1793, mémorialiste.

Appel à l'impartiale postérité (Louvet, an III). *Œuvres* (Bidault, an VIII). *Mémoires* (Baudoin fils, 1820). *Lettres choisies*, par C.A. Dauban (Plon, 1867). *Souvenirs de la Révolution* (G. Hurtel, 1886). *Souvenirs de jeunesse* (H. Gautier, 1894). *Le Mariage de Madame Roland. Trois années de correspondance amoureuse, 1777-1780* (Plon-Nourrit & Cie, 1896). *Lettres*, publiées par Claude Perroud (Impr. nationale, 1900-1902 ; 1913-1912). *Mémoires de Mᵐᵉ Roland,* éd. Claude Perroud (Mercure de France, 1986). Cf. DLLF, FWW.

ROLIN, Dominique, n. 1913, romancière franco-belge.

Née à Bruxelles, Dominique Rolin est attirée dès son jeune âge par la littérature et la peinture, deux arts auxquels elle ne cessera de se consacrer. En 1941, elle publie *Les Marais*, roman insolite tout imprégné de visions personnelles, étonnantes pour l'époque. En 1946, elle s'installe à Paris, mais son œuvre évoquera sans cesse « l'autre pays », celui de son enfance. *Le Souffle* lui vaut en 1952 le prix Fémina. Elle sera membre du jury qu'elle quitte quand son inspiration l'entraîne sur des voies trop audacieuses pour l'esprit qui anime alors ce groupe. L'œuvre romanesque de Dominique Rolin compte une vingtaine d'ouvrages.

Sur plusieurs décennies, l'ensemble des textes se répartit en trois grands courants. A une période traditionnelle succède une recherche néo-romanesque qui éclatera elle-même sur un lyrisme savant. Mais cette évolution n'accuse aucune faille car on observe ici une rare continuité qui est sans doute fidélité à ce qui fait l'écrivain de valeur, fidélité à cette voix têtue qu'elle écoute en elle dès ses premiers ouvrages.

De la première période, dite psychologique, d'une écriture encore classique, bien qu'animée d'un souffle très particulier, citons *Les Marais*. Déjà les personnages y sont agis et menés par d'invisibles présences, plus envahissantes que l'apparence des choses. La mort, thème qui obsède l'auteur, circule dans ce roman où les plats paysages vibrent eux-mêmes d'une vie propre et souvent menaçante. La moindre feuille d'arbre est magique, et la lumière vient toujours d'ailleurs. *Le Souffle* s'inscrit dans la même ligne. On y retrouve une famille, presque la même, dont les voix disparates composent une sorte de partition cosmique. Chacun rêve sa vie tandis que le destin s'organise pour la mort, la naissance, la joie, le malheur, au milieu d'une nature brossée par une main de peintre.

Le Lit (1960) inaugure la seconde période. C'est l'époque du Nouveau Roman, et l'auteur, poursuivant sa quête de l'envers des choses, est attirée par cette forme descriptive, lucide et intransigeante. Elle rompt avec la rêverie sensible de ses premiers romans pour décortiquer le moi dans le temps et l'espace, à la façon d'un objet distancié, un je dans le miroir éclairé par la virtuosité du style. Cette autodescription sans vergogne descend dans les profondeurs du corps et de la vie organique. Ici, une femme, à côté de l'homme qu'elle aime et qui se meurt, examine avec une lucidité implacable la progression du mal et sa propre attirance pour un autre, le médecin, qui vient se confondre avec le mari. Le regard de la narratrice se veut si distant que les objets, le paysage, le lit d'amour et de mort et la maison feutrée semblent être les véritables personnages.

La Maison, la forêt (1965) amorce un changement de ton. La phase de libération s'infléchit vers un lyrisme plus affirmé, et le réalisme débouche sur la poésie. L'exploration analytique se poursuit, envoûtante. Ici deux vieillards revoient leur vie par plans entrecoupés, et le tragique se colore souvent d'ironique ou de grotesque. L'auteur va maintenant où l'emporte le vent des réminiscences, rompant définitivement avec le schéma romanesque traditionnel, et on regrette un peu la richesse candide des premiers romans, véritables sagas familiales. Le moi plonge en lui-même jusqu'à l'os pour trouver sa place juste selon une vision cosmique où la chair est mêlée de souvenirs, la naissance imprégnée de mort. Cette auto-analyse, qui se poursuit à travers plusieurs ouvrages, s'articule autour des mêmes thèmes obsessionnels: la famille, la vie, la mort, la chair, l'écriture. Si l'auteur cerne toutes choses d'une lumière étrange, cette perspective élargie englobe pourtant les éléments les plus concrets de la vie, et Dominique Rolin reste une visionnaire du quotidien, même si son cheminement se fait maintenant plus cérébral.

Avec *Le Corps* (1969) la narratrice se dédouble pour s'observer en train d'écrire. Ce dédoublement périlleux, à la pointe d'un intellectualisme forcené, nous le retrouvons dans *Les Éclairs* (1971) où « passé et présent se mêlent pour un récit multiple qui ouvre l'aventure entière de la planète ». A travers le dialogue père-fille de la *Lettre au vieil homme* (1973) apparaît déjà le bilan d'une vie. La langue chaleureuse et frémissante donne à ce constat toute sa dimension poétique. Mais il fallait la mort du « vieil homme », le père de l'auteur, pour que telle Margot l'Enragée, la Dulle Griet de Breughel, la narratrice rassemble ses morts, ses vivants, ses mots, toute la vaisselle de son existence, pour une bacchanale libératrice, *Dulle Griet*. Le couple des parents se lève de la pierre tombale pour aider la narratrice à devenir la femme qu'elle est devenue. Cette marche enragée, l'auteur l'accomplit sur la flèche ivre des mots, prête à tout vomir, « retourner le dedans pour en faire du dehors ».

Mais Dominique Rolin n'en a pas terminé avec cet entêtement à faire surgir l'inconscient, le non-dit qui tremble entre les lignes, de la chair. At-elle voulu signifier que sa recherche éperdue n'aboutissait qu'à la bouche de l'enfer ? Cette prose flamboyante l'a-t-elle délivrée, fait naître enfin à la vie et à la mort ? Elle n'a cessé, à travers ses différents ouvrages, d'approfondir la vision totale de son propre moi, suspendu dans le temps et l'espace, et des êtres, fictifs ou réels, qui traversent son paysage. Elle opère constamment entre deux entités dialectiques : la Belgique et la France, l'enfance et la vieillesse, la chair et l'esprit, le côté gauche et le côté droit... A renfort de mots, elle traque les images figées et met à nu les corps jusqu'à l'obscénité pour les recomposer dans un lyrisme toujours éclatant. Les mots enragent dans la phrase, se bousculent et se poursuivent avec la ferme volonté de ne pas se laisser enfermer. A une sensibilité extrêmement fine, s'allie une sorte de gloutonnerie verbale dont l'intellectualisme forcené n'assourdit pas la musique.

Bibliographie : *Les Marais* (Denoël, 1942). *Les Deux sœurs* (id., 1946). *Moi qui ne suis qu'amour* (id., 1948). *L'ombre suit le corps* (Seuil, 1950). *Les Enfants perdus* (Denoël, 1951). *Le Souffle* (Seuil, 1952). *Les Quatre coins* (id., 1954). *Le Gardien* (Denoël, 1955). *L'Épouvantail*, théâtre (Gallimard, 1957). *Le Lit* (Denoël, 1960). *Le For intérieur* (id., 1962). *La Maison, la forêt* (id., 1965). *Maintenant* (id., 1967). *Le Corps* (id., 1969). *Les Éclairs* (id., 1971). *Le Fauteuil magique*, conte (Castermann, 1971). *Le Lit* (Gallimard, 1972). *Lettre au vieil homme* (Denoël, 1973). *Casquette ou les tribulations d'un chien* (Castermann, 1975). *Deux* (Denoël, 1975). *Dulle Griet* (id., 1977). *L'Enragé* (Ramsay, 1978). *L'Infini chez soi* (Denoël, 1980). *Le Gâteau des morts* (id., 1982). *La Voyageuse* (id., 1984). *L'Enfant-roi* (id., 1986). *Trente ans d'amour fou* (Gallimard,

1988). *Bruges la vive* (Ramsay, 1990). *Vingt chambres d'hôtel* (Gallimard, 1990). *Un Convoi d'or dans le vacarme du temps* (Ramsay/Cortanze, 1990). *Deux femmes un soir* (Gallimard, 1992). *L'Accoudoir* (id., 1996).

Marie-Louise Audiberti

ROLIN, Gabrielle, journaliste, traductrice, romancière.

Le Secret des autres (Gallimard, 1960). *Le Mot de la fin* (id., 1972). *Chères Menteuses* (Stock, 1978). *Cléo* (Bias, 1979). *L'Innocence même* (Mercure de France, 1980). *Souriez, ne bougez plus* (Flammarion, 1985). *Sorties de secours* (id., 1990). *Le Public de la poésie* (sl, sd).

ROLLAND, Laure, poète.

La Part de la solitude (Debresse, 1962). *La Vraie Vie est absente* (Promotion & édition, 1968). *Poèmes de l'heure irréversible* (Saint-Germain-des-Prés, 1972). *Le Passage du fils de l'homme* (2ᵉ éd. Rodez : Subervie, 1973). *Recours à l'âme* (id., 1980).

ROLLAND-JACQUET, Anne, romancière.

Aria da Capo (Minuit, 1972). *A Cappella* (id., 1972).

ROMIEU, Marie, dite de –, 1569?-1585?

Il n'a été conservé aucun document officiel sur la vie de Marie de Romieu. Dans l'épître qui introduit son unique recueil de vers et qui est adressée à son frère et éditeur Jacques de Romieu, elle dit vouloir répondre aux écrits antiféministes de ce dernier, malgré le peu de temps à sa disposition, étant donné les soins de son ménage. On ignore le nom de son mari et toute date importante de sa vie sauf celle de la publication de ses *Premières Œuvres poétiques* (1581). Les Romieu sont les boulangers de Viviers mais les enfants reçoivent une éducation exceptionnelle. Jacques, plus âgé que sa sœur, lui sert de maître de poésie et c'est lui qui ajoute la particule à leur nom.

Le « nouvel Androgyne », c'est ainsi qu'un admirateur contemporain désigne Marie de Romieu. A y regarder de près, l'expression ne manque pas de pertinence. Comme toute écrivaine de l'époque, elle s'exerce en effet, non seulement à parler comme femme, mais aussi à faire entendre le point de vue masculin. Elle adopte facilement le rôle de soupirant dans ses élégies, ses complaintes et ses sonnets pétrarquisants mais elle excelle tout autant dans l'art d'exprimer les sentiments de l'amour conventionnel.

Son « Brief Discours » prolonge le débat sur la question de la femme lancé par Christine de Pisan. Elle y constate « que l'excellence de la femme surpasse celle de l'homme ». En dépit de cette affirmation révolutionnaire pour l'époque, Marie de Romieu semble avoir mené une vie traditionnelle. Dans une épître à son frère, elle excuse les fautes de composition de son poème en lui rappelant les exigences de sa situation domestique : « Prenez donc en bonne part, mon Frère, ce mien brief discours que je vous envoye, composé assez à la hâte, n'ayant pas le loisir, à cause de notre ménage, de vaquer (comme vous dédié pour servir aux Muses) à chose si belle et divine que les vers ». Ce discours témoigne ainsi des tribulations du sexe féminin à travers les âges mais en fait la polémiste se contente de reprendre ses arguments à Charles Étienne et d'y ajouter une liste du grand nombre de Françaises dignes d'admiration :

> Or je suis comme cell' qui entre en un jardin
> Pour cueillir un bouquet quand ce vient au matin.
> Là le thym ???, et là la rose belle,
> Là l'œillet, là le lys, là mainte fleur nouvelle.
> S'offrent à qui mieux mieux, tellement qu'ell' ne sait
> Comme doit de sa main entasser un bouquet ;
> Tout ainsi je ne sais laquelle je dois prendre
> Première entre cent mill' qu'à moi se viennent rendre,
> Tant la France est fertile en très nobles esprits,
> Qui rendent tous mes sens extasément épris.

Marie nommera première la comtesse de Retz, parmi les cent mille, puis Hélisenne de Crenne, Marguerite de Valois, Catherine de Médicis, et d'autres femmes moins connues du seizième siècle. Traductrice et imitatrice, elle s'inspirera dans certains de ses meilleurs vers d'Anacréon, de Pétrarque et de Passerat. Elle s'amuse à écrire, révélant un penchant pour la poésie spirituelle – anagrammes et énigmes – qui annoncent les passe-temps de l'hôtel de Rambouillet. Adoptant souvent l'identité du destinataire du poème, elle cache la sienne : le moi de la poétesse reste malheureusement obscur.

> Mon vers est si petit, ma Muse si petite,
> Mon chant si enroué, si peu forte ma voix,
> Que d'un grand Edouard entonner le mérite
> N'appartient seulement qu'aux Princes et aux Rois.

Cependant le « peut-être » du quatrain ci-après suggère qu'elle rêve de renommée :

> A l'entour de vos pieds j'entortille ces vers
> Que le Rhône bruyait naguère sur son onde ;
> Si vous les recevez, peut-être l'univers
> Les lira après vous, où toute grâce abonde.

Cette réserve et cette modestie, si l'on fait la part de l'artifice rhétorique, tiennent sans doute à l'expérience vécue de cette Vivaroise douée, qui essayait de concilier son désir de créer une œuvre littéraire avec les exigences de sa vie personnelle. Son épitaphe, composée d'après Anacréon et dédiée à une « Françoise de la Rose » sans doute imaginaire, ne fait d'ailleurs point état de son amour de la poésie mais uniquement de sa passion pour les roses, passion spectaculaire et métaphorique puisqu'elle demande que l'on plante mille rosiers près de sa tombe.

Bibliographie : *Instruction pour les jeunes dames* (Lyon, 1573). *Les Premières Œuvres poétiques* (Lucas Breyer, 1581). *Les Premières Œuvres poétiques,* édition critique par André Winandy (Genève : Droz, 1972).
Sélection critique : Bourras, Émile : « Essai sur Marie de Romieu », *Revue du Vivarais* 9 (1901). Le Sourd, Auguste : *Recherches sur Jacques et Marie de Romieu, poètes vivarois* (Villefranche, 1934). Pize, Louis : « Jacques et Marie de Romieu, un écho vivarois de la Pléiade », *Revue du Vivarais* 31 (février 1924)

Diane S. Wood

ROUANET, Marie, écrivaine occitane de l'Aveyron.

Les Secrets des enfants (04-Mane : Morel, 1969). *Occitanie 1970* [Les Poètes de la décolonisation, anthologie bilingue / Poésie occitane] (Honfleur : Oswald, 1971). *Dins de patetas rojas* (Toulouse : Inst. d'ét. occitanes, 1975). *Le Troupeau des abeilles* (Béziers : Centre international de documentation occitane, 1983). *Apollonie-Reine au cœur du monde*, avec Henri Jurquet (Plon, 1984). *Béziers dans ses vignes* (Portet s/Garonne : Loubatières, 1986). *Bréviaire* (Narbonne : Imp. Gautier, 1987). *La Cuisine amoureuse, courtoise et occitane* (Portet : Loubatières, 1990). *Nous les filles* (Payot, 1990). *Poésie d'Oc* [collection sous la direction de].

ROUMIER, Marie-Anne de – Robert, romancière du XVIIIe s.

ROUSSEAU, Blanche, 1875-1949, romancière belge.

Nany à la fenêtre (1897). *Le Rabaga* (1913). *Mon beau printemps* (Éd. Universitaires, 1950). *L'Ombre et le Vent* (–).

ROUSSEAU, Estelle, poète auvergnate.

Poèmes choisis (Aurillac : Éd. du Centre, 1970). *Le Chemin des merveilles* (Rodez : Subervie, 1974). *Chants sur la plaine* (id., 1976). *Temps de mon école ; Souvenirs de 1919 à 1928,* suivi de *Les Contes du cœur* (id., 1977). *Le Temps de la maison* (id., 1980).

ROUTIER, Marcelle.

Va-t-en ! avec David Tulman (France-Loisirs, 1973). *Derrière eux le soleil* (id., 1974). *Les Couleurs de la nuit,* avec Gilbert Siboun (Laffont, 1978). *L'Avion viendra de Londres* (Denoël, 1982). *Pour amitié et plus* (Acropole, 1985). *L'Enfant né à la fin d'un monde,* avec Françoise Renaudot (Balland, 1990).

ROY, Gabrielle 1909-1983, romancière franco-canadienne.

D'origine québécoise (sa famille émigre vers la province anglophone du Manitoba dont l'ouest est francophone), Gabrielle Roy est née à Saint-Boniface, où se tiendra en son honneur un colloque international en 1995. Elle commence sa carrière comme institutrice en 1929, tout en s'intéressant au théâtre. En 1939 elle part pour la France et l'Angleterre où elle collabore à diverses revues et, de retour à Montréal, travaille comme journaliste à la pige. En 1945, *Bonheur d'occasion* lui apporte la gloire au Canada et le prix Fémina en France en 1946. Quinze autres livres ont balisé la carrière de cette lauréate du prix Duvernay, du prix du Conseil des arts du Canada et du prix David de la province du Québec. Gabrielle Roy fut aussi membre de la Société royale du Canada et du Pen Club, chevalier de l'Ordre de Mark Twain et compagnon de l'Ordre du Canada. Mariée en 1947 au docteur Marcel Cabotte, elle a résidé à Québec et à Petite-Rivière-Saint-François (Charlevoix) pendant plus de quarante ans mais a toujours été considérée comme canadienne française plutôt que québécoise.

L'œuvre de Gabrielle Roy, écrite en français mais traduite presque immédiatement en anglais, s'est constitué un public au-delà des frontières canadiennes. Elle offre une perspective à la fois réaliste et idéalisée sur le monde et non seulement le Canada, attentive à la variété, l'indépendance et la solidarité des diverses ethnies. Évoluant constamment entre la ville (lieu de pauvreté, d'angoisse et d'étouffement, comme elle le sera souvent dans le roman canadien) et la campagne (lieu de nature ouverte, d'optimisme et d'espoir), cette œuvre est écrite en un beau style clair et simple. Entre 1945 et 1983, G. Roy a publié seize textes littéraires : romans, recueils de nouvelles, œuvres de jeunesse, essais et une autobiographie. A l'exception de *La Montagne secrète*, d'*Alexandre Chenevert* et de plusieurs nouvelles, ses œuvres sont construites surtout autour de personnages féminins et mettent souvent l'accent sur la relation mère-fille ou mère-fils.

Bonheur d'occasion, le roman le plus célèbre de G. Roy, décrit la période de la deuxième guerre mondiale vécue par une famille d'un quartier pauvre de Montréal. L'action est centrée sur le personnage de la mère de famille nombreuse, Rosa-Anna, et de sa fille aînée, Florentine, remarquables incarnations de la condition féminine de l'époque. La première assume courageusement des maternités rapprochées et des responsabilités familiales accablantes. La seconde se révolte mais, dans son désir de « s'en sortir », elle se trouve prise au piège d'une grossesse accidentelle et finit par accepter un mariage arrangé. Ce roman, chef-d'œuvre réaliste et l'un des premiers à traiter de la vie urbaine dans la littérature canadienne, demeure l'un des ouvrages les plus lus au Canada selon une enquête de 1976. Il a fait l'objet d'une excellente adaptation à l'écran.

Le premier recueil de nouvelles, *Rue Deschambault* (1955), proche du récit autobiographique, permet de suivre l'élaboration de l'univers de G. Roy partagé ici entre une relation mère-fille riche et une approche plus difficile du père. La nouvelle « Les Déserteuses » est particulièrement intéressante en ce qu'elle décrit l'initiative d'une femme qui s'éloigne momentanément de son foyer afin de réaliser un projet personnel et de se rapprocher de sa dernière-née.

Dans *Alexandre Chenevert* (1956) et *La Montagne secrète* (1961), G. Roy a recours à des protagonistes masculins pour décrire l'individu aux prises avec les grands problèmes du monde contemporain ou l'artiste tourmenté par les exigences de l'art. Alexandre est le personnage dont Roy a dit se sentir le plus proche dans son œuvre. Alors que, dans *Bonheur d'occasion,* les hommes, mari, amant ou fils, étaient dépeints comme des êtres faibles, fuyants ou absents, ici la femme et la fille d'Alexandre Chenevert apparaissent plutôt comme les victimes de la médiocrité de l'homme et de son impuissance à les comprendre et à les aider. Dans *La Montagne secrète,* la figure féminine, la jeune Nina, représente la tentation de tendresse et de bonheur que l'artiste doit repousser au nom de son idéal esthétique.

Déjà dans *La Petite Poule d'eau* (ouvrage entre roman et recueil de nouvelles), le personnage féminin, très idéalisé et enfantin de Luzina (dont le nom n'est pas sans évoquer la jeune Mélusine), incarnait cette même image de tendresse et de bonheur solide et simple. Mère d'une famille nombreuse dans une région reculée du Manitoba, Luzina est, grâce à sa générosité et son ouverture d'esprit, une source d'inspiration pour tous ceux qui l'entourent. Lu encore une fois comme un roman ou un recueil de nouvelles, *La Route d'Altamont* (1966) offre avant tout en sous-texte un dialogue entre trois générations de femmes : à travers les écrits de la fille/petite fille, renaissent les voix de la mère et de la grand-mère tandis que dans la fille revit la mère. Avec *La Rivière sans repos*, composée de trois « nouvelles esquimaudes » (« Les Satellites », « Le Téléphone », « Le Fauteuil roulant ») et du roman qui lui a donné son nom, G. Roy élargit son univers romanesque en évoquant des épisodes de la vie des Esquimaux menacée par le progrès venu du sud. De ces esquisses se détachent Deborah, Esméralda et surtout Elsa, la mère célibataire du beau texte de « La Rivière sans repos », qui s'impose comme personnage pris entre deux mondes, deux traditions et englué dans le désir paralysant de la maternité (thème que l'on retrouve sous la plume de nombreux écrivains franco-canadiens).

Soulignant de nouveau son amour de la nature, G. Roy décrit avec tendresse et humour les bêtes familières de la région de Charlevoix dans *Cet été qui chantait*. L'esprit « franciscain » de la romancière, entrevu dans *La Petite Poule d'eau*, apparaît ici en pleine lumière. Quant aux nouvelles d'*Un Jardin au bout du monde*, elles présentent, au milieu de cette belle nature, des nomades et des immigrants qui incarnent ces « graines voyageuses » qui viennent s'implanter dans les territoires de l'Ouest. Le dernier recueil, *Ces enfants de ma vie*, offre quelques portraits inoubliables des enfants à l'école dans l'immense plaine canadienne.

Formée par sa longue expérience de journaliste, Gabrielle Roy a d'abord utilisé une écriture neutre dans *Bonheur d'occasion* et *Alexandre Chenevert*. *La Montagne secrète* et *La petite Poule d'eau* font davantage place au lyrisme dans la description. Mais c'est surtout dans les recueils de nouvelles que le style se décante, devient de plus en plus personnel, apte à capter les frémissements les plus délicats des êtres et à les restituer avec une fraîcheur teintée d'humour.

L'autobiographie publiée de façon posthume, *La Détresse et l'Enchantement*, décrit la jeunesse et les séjours européens de Gabrielle Roy, offrant avant tout l'image d'une future écrivaine qui incarne ses personnages. Il est clair que son art a constitué une vocation salvatrice, une perspective sur l'existence et une morale ainsi que le suggèrent les deux termes du titre. Le monde littéraire de G. Roy est, comme la vie, constitué de moments de détresse sans cesse ponctués par des éclairs d'enchantement qui poussent de nouveau ses personnages vers les fragiles lumières de la terre et leur donnent la force de continuer la lutte vers un avenir meilleur.

Bibliographie : *Bonheur d'occasion* (Montréal : Beauchemin, 1945). *La Petite Poule d'eau* (id., 1950). *Alexandre Chenevert* (id., 1954). *Rue Deschambault* (id., 1955). *La Montagne secrète* (id., 1961). *La Route d'Altamont* (Montréal : Éditions HMH, 1966). *La Rivière sans repos* (Montréal : Beauchemin, 1971 ; rééd. Flammarion, 1971 avec « Nouvelles esquimaudes »). *Cet été qui chantait* (Québec : Les Éditions Françaises, 1972). *Un Jardin au bout du monde* (Montréal : Beauchemin,1975). *Ma vache Bossie* (Montréal : Leméac, 1976). *Ces enfants de ma vie* (Montréal : Stanké, 1977). *Fragiles lumières de la terre* (Montréal : Quinze, 1978). *Courte-Queue* (Stanké, 1979). *De quoi t'ennuies-tu, Eveline ?* (Montréal : Éd. du Sentier, 1982). *La Détresse et l'Enchantement* (Montréal : Boréal Express, 1984). *L'Espagnole et la Pékinoise* (id., 1986).

Sélection critique : Babby, Ellen : *The Play of Language and Spectacle : Structural Reading of Selected Texts by Gabrielle Roy* (Toronto : ECW Press, 1985). Charland, Roland-M. et Jean-Noël Samson : *Gabrielle Roy*, dossier de documentation sur la littérature canadienne-française (Montréal : Fides, 1972). Collectif : *Études Littéraires : Gabrielle Roy, hommage* (17, n° 3, hiver 1984). Collectif : *Un Pays, Une Voix : Gabrielle Roy ;* Colloque des 13-14 mai 1987 (Talence et Maison des sciences de l'homme d'Aquitaine, 1991). Gagné, Marc : *Visages de Gabrielle Roy* (Montréal : Beauchemin, 1973). Lewis, Paula Gilbert : *The Literary Vision of Gabrielle Roy : An Analysis of her Works* (Birmingham, Alabama : Summa Publications, 1984). Ricard, François : *Gabrielle Roy. Écrivains canadiens d'aujourd'hui*, n° 11 (Montréal : Fides, 1975).

Thuong Vong-Riddick et Paula Gilbert Lewis

S

SABLÉ, Madeleine de Souvré, 1599-1678.

Maximes et pensées diverses (S. Mabre-Cramoisy, 1678). Cf. DLLF.

SAFONOFF, Catherine, romancière suisse.

La Part d'Esmée, prix George Nichol de la Suisse romande (Vevey : Bertil Galland, 1977). *Retour, retour* (Genève : Éd. Zoé, 1984). *Les Ilots dans la peur,* journal (id., 1993).

SAGAN, Françoise, n. 1935.

Née Françoise Quoirez à Cajarc (Lot) dans une famille bourgeoise, la romancière et dramaturge Françoise Sagan est élevée à Paris jusqu'en 1939, puis à Lyon pendant l'occupation. De retour à Paris en 1944, elle poursuit des études mouvementées dans des institutions religieuses (Couvent des Oiseaux, Sacré-Cœur dont elle est renvoyée). Elle réussit au baccalauréat en 1952 mais après une année d'études en Sorbonne elle abandonne l'université. Poussée par sa mère à entreprendre une activité studieuse, elle se cloître dans sa chambre, emprunte son nom de plume à une page de Proust et écrit *Bonjour Tristesse* en sept semaines. Le roman paraît chez Julliard en 1954. Elle reçoit le Prix des Critiques : à 18 ans, son livre est un succès mondial et le « mythe Françoise Sagan » est né. Dès lors, elle est vedette autant qu'écrivaine ; ses déplacements et ses voitures se remarqueront autant que ses livres. Elle est prolifique sinon prolixe et ses textes dramatiques sont également reconnus par un large public.

Françoise Sagan est appréciée comme peintre d'une certaine modernité, celle du monde de l'irresponsabilité, de l'oisiveté, du provisoire, du monde « des gens qui perdent (ou rêvent) leur vie en toute gaîté ». Son thème quasi unique est la solitude, force implacable qui résiste même à l'amour. « Ce qui m'intéresse, déclare Sagan dans ses entretiens, ce sont les rapports des gens avec la solitude et l'amour ». Ses personnages, des êtres païens qui ne vivent que pour le plaisir, sont peu individualisés. Ils habitent la planète amorale d'abondance et d'alcool qui s'appelle Paris ou Saint-Tropez, monde post-sartrien qui les condamne à la liberté et à la lucidité. Le soleil, les plages, les voitures de sport, le whisky, le jazz composent « le petit monde saganesque » et semblent résumer pour certains lecteurs le désarroi contemporain et pour d'autres, à coup sûr, l'inaccessible.

L'univers romanesque de Sagan explore la double obsession des temps modernes : l'âge et le sexe aux dépens du souci politique. Ce n'est qu'avec *Le Chien couchant* paru en 1980 que Sagan introduit l'espace prolétarien, celui des corons du Nord. Héritière sans doute, à sa façon, de Colette, Sagan sait rendre la chasse au plaisir des êtres en lutte avec l'horloge. Deux prototypes peuplent ces pages : la jeune fille nonchalante et éreintée et la femme mûre et sans illusions qui représente souvent la seule amarre dans un milieu d'égoïsme sans but. Autour de ces femmes, qui incarneraient le conflit archétypique de la mère et de la fille, rôdent des hommes, également pères ou fils symboliques. Richissimes mais souvent sans couleur, ils sont des pantins plutôt insignifiants, accessoires au drame de la femme aux prises avec sa solitude, avec elle-même ou avec ce moi futur qu'est la femme adulte.

Les héroïnes reconnaissent qu'elles existent « à côté », comme dit Lucile (*La Chamade*). Elles font de leur farniente un culte : « La paresse, a dit Sagan, est une drogue aussi violente que le travail ». Ces jeunes femmes vivent leur vie pour les petits moments de plaisir ou de souffrance qui constituent « le bonheur triste », « la douceur dure ». Sagan dépeint la génération des années cinquante ou soixante, à l'abri et écœurée de tout engagement politique, qui possède tout mais qui a horreur de la possession. Si l'ennui est un signe de supériorité chez Sagan, l'argent, par ailleurs indispensable, est la marque de la pourriture, « l'affreux gâchis ». Les membres de cette génération, qu'elles s'appellent Cécile, Dominique, Josée, Éléonore ou Lucile, sont d'éternelles étrangères dans un monde où l'on s'ennuie et elles restent totalement sourdes à tout appel « normal ». Elles ne veulent ni mari, ni foyer, ni carrière, ni enfants. Elles ne revendiquent que leur liberté dans le plaisir. Ce qui compte pour ces « petits monstres charmants », selon l'expression de Mauriac, c'est la sensation immédiate et l'insouciance accélérée. Un seul péché : l'ennui. Une seule valeur : la complicité, l'honnêteté dans la poursuite de l'amour... et implicitement, la littérature.

Ces contes de fées « jet-set » que proposent les romans de Sagan ayant connu une immense popularité, cela mène souvent la critique littéraire à les sous-estimer. On pourrait lire dans ces histoires qui finissent par paraître conventionnelles l'expression même de l'aliénation féminine dans la mesure où ni le travail ni les rapports humains n'offrent de point d'ancrage à un excès de liberté. Sagan excelle à peindre la tentation de la passivité, de « se laisser faire », de l'enfantillage permanent qu'est la contingence féminine dans le patriarcat et peut-être surtout la jeunesse « nantie » des sociétés triomphantes. « Je n'avais, au reste, jamais rien décidé. J'avais toujours été choisie », déclare l'héroïne d'*Un Certain Sourire,* exprimant l'état extrême d'inertie quasi pathologique de la femme dépossédée. Sagan n'apporte certainement aucune solution rassurante. Si, dans ses plus récents ouvrages, on décerne un intérêt nouveau pour une certaine affectivité, l'amour s'avère toujours impropre à répondre à la solitude, modernité d'une remise en perspective où la passion sera en marge des desseins sociaux. Les femmes de Sagan sont joyeusement polyandres.

C'est avec une considérable économie de moyens (on peut penser entre autres à l'écriture d'Annie Ernaux, et on peut aussi se demander quelle loi du succès se joue dans ces choix) que Sagan nous a transmis ce monde déjà réduit par définition. Comme le formule Robert Pingaud : « Le peu qu'elle dit – le banal – elle le dit d'une grande exactitude ». Pas de détails superflus, des images nettes et un goût pour les aphorismes serrés ont gagné à Sagan l'épithète de « moraliste » et de « classique ». Se démarquant de toute tendance expérimentale dans le roman, elle persiste à garder ce qu'elle nomme « un côté humain » souvent traduit par un ton volontairement nostalgique, voire anachronique.

Sans illusion ni condescendance, avec une élégance sévère bien française, elle aussi, Michel Braudeau devait résumer l'importance de Françoise Sagan en 1991 : « une tradition bien française ». Il évoque la carrière récente de la romancière en ces termes : « Françoise Sagan n'est sans doute pas notre plus opiniâtre romancière du prolétariat, il faut s'y résoudre... [incursion] dans un autre univers suspect, celui du best-seller copieux et hâtif, pavé de plage portatif et appuie-tête du campeur à l'heure de la sieste. *La Femme fardée* n'était pas à la hauteur de ses dons. Avec trois romans (*Un orage immobile, De guerre lasse, Un sang d'aquarelle*) et un très beau livre de portraits et d'amitié (*Avec mon meilleur souvenir*), elle était retournée à ses amours, à sa mesure. » Mais sur *Les Faux-Fuyants* (1991) qui traite de l'exode de 1940, Braudeau conclut : « Françoise Sagan n'est pas Gorki et nous échappons au traité sur la culture du blé... Ce très involontaire retour à la terre des gens chics est avant tout un prétexte de comédie et l'on rit souvent et de bon cœur... C'est drôle, charmant, léger, dans une tradition française du bon goût et de l'insouciance élevés au rang de garde-fous... ». En fin de compte, « Je me demande ce que le passé nous réserve » illustre pour Braudeau l'esprit de moraliste humoriste de Sagan, la soupesable légèreté que l'on peut rechercher dans les couches plus profondes de l'œuvre. Cependant un ouvrage autobiographique (*Avec mon meilleur souvenir*) à révélé derrière la Sagan que l'on construit à travers ses héroïnes un être différent, plus riche, plus complexe et lucide, victime sans doute de sa médiatisation précoce et, somme toute, très emblématique de son temps.

Bibliographie : *Bonjour tristesse* (Julliard, 1954). *Un Certain Sourire* (id., 1956). *Dans un mois, dans un an* (id., 1957). *Aimez- vous Brahms ?* (id., 1959). *Château en Suède*, théâtre (id., 1960). *Les Merveilleux Nuages* (id., 1961). *Les Violons parfois*, théâtre (id., 1962). *La Robe mauve de Valentine*, théâtre (id., 1963). *Bonheur, impair et passe*, théâtre (id., 1964). *La Chamade* (id., 1965). *Le Cheval évanoui*, suivi de *L'Écharde* (id., 1966). *La Garde du cœur* (id., 1968). *Un Peu de soleil dans l'eau froide* (Flammarion, 1969). *Un Piano dans l'herbe*, théâtre (id., 1970). *Des Bleus à l'âme* (id., 1972). *Le Garde du Cœur* (Rombaldi, 1972). *Réponses, 1954-1974* (J.-J. Pauvert, 1974). *Un Profil perdu* (Flammarion, 1974). *Les Yeux de soie*, nouvelles (id., 1976). *Les Fougères bleues* (id., 1976). *Le Lit défait* (id., 1977). *Il fait beau jour et nuit* (id., 1978). Avec Jacques Quoirez : *Le Sang doré des Borgia* (id., 1978). *Le Chien couchant* (id., 1980). *La Femme fardée* (Ramsay, 1981). *Musiques de scènes* (J'ai lu, 1982). *Un Orage immobile* (id., 1984). *Avec mon meilleur souvenir* (Gallimard, 1984). *De guerre lasse* (Gallimard, 1985). *La Maison de Raquel Vega* (La Différence, 1985). *Un Sang d'aquarelle* (Gallimard, 1987). *Sarah Bernardt, Le Rire incassable* (Laffont, 1987). *Au marbre ; Chroniques retrouvées, 1952-1962* (La Désinvolture, 1988). *La Sentinelle de Paris* (Laffont, 1988). *L'Esprit du Temps,* avec Y. Saint-Laurent (Movida, 1989). *Les Faux-Fuyants* (Julliard, 1991). *La Laisse* (Julliard, 1991). *...Et toute ma sympathie* (id., 1993). Rééd. : 14 romans en un volume : Laffont/« Bouquins », 1993.

Sélection critique : Braudeau, Michel : « Théâtre de campagne » (*Le Monde*, 26 avril 1991). Hourdin, Georges : *Le Cas de Françoise Sagan* (Éditions du Cerf, 1958). Miller, Judith G. : *Françoise Sagan* (Boston : Twayne, 1988). Mourgue, Gérard : *Françoise Sagan* (Éditions Universitaires, 1958). Vandromme, Pol : *Françoise Sagan ou l'Elégance de survivre* (Régine Deforges, 1977). Cf. DFELF, FWW.

Erica Eisinger et CM

SAÏD, Amina, n. 1953, poète franco-tunisienne.

Amina Saïd est née à Tunis, d'une mère française et d'un père tunisien. Elle fait des études à la Sorbonne et obtient un DEA de littérature anglo-américaine. Enseignante, journaliste, elle vit à Paris. Elle commence à publier des poèmes en revues en 1976. *Paysages, nuit friable* (1980) attire l'attention sur une voix nouvelle de la littérature francophone. En 1989, le prix Jean-Malrieu distingue son quatrième recueil, *Feu d'oiseaux*. Présente dans plusieurs anthologies, elle collabore à diverses publications, en France et à l'étranger.

L'œuvre poétique d'Amina Saïd est essentiellement une quête ontologique, voyage au long cours dont chaque recueil est une étape. Le médiateur exemplaire en est l'oiseau, figure de l'envol, qui est aussi l'âme, la lumière en leurs espaces délivrés. De sorte que tout poème est mouvement, élan spirituel, flux générateur. Rien n'y est figé, tout *devient* jusqu'à l'obsession. Sont mises en question l'aventure humaine – existentielle, symbolique, historique – et l'identité (le regard, le visage, le masque, le miroir, la déchirure) jamais définitive, toujours à construire, comme l'œuvre elle-même, incandescente et limpide. « Né de l'éclair et de la confusion », le poème manifeste un refus de choisir : l'errance est une origine et un destin. Prise de vertige, la parole funambule oscille sur le fil des mots.

Une dialectique constante des complémentarités et des séparations hante cette poésie, dont l'une des composantes est l'attachement inquiet à deux rives différentes, voire antagonistes, de la Méditerranée. Cette « appartenance », qui ressemble à l'exil, légitime la quête du lieu, comme elle génère la prolifération du double (notamment les ombres, les voix) et des oppositions (le jour et la nuit, l'instant et la durée, le monde et les territoires intérieurs, la liberté et la loi, le silence où se forge la parole...). Cette poésie, toute d'alliances épineuses et de métamorphoses infinies, acquiert une dimension véritablement cosmique, tant l'être y est en symbiose avec les éléments (l'air, l'eau, la terre, le feu).

Des poèmes aux images fulgurantes, sans titre ni ponctuation ni majuscules, fluides et remarquablement rythmés, mettent en valeur la sobriété, la concision, l'étonnante densité sensuelle d'une écriture dont les spirales se déploient jusqu'à entraîner le lecteur (l'autre veilleur) au cœur des antiques prophéties. Car l'auteur, familier des grands mythes, en irrigue naturellement son imaginaire, sans jamais occulter les enjeux contemporains, ni paraphraser la vie réelle.

Au contraire, le poète assume le féminin singulier de sa condition objective. Comment mieux rendre compte d'un itinéraire dont l'indépendance ombrageuse est l'un des ferments ? Enfant du verbe qu'elle enfante, Amina Saïd est cette « femme de sable/qu'animent les chemins ». Brisant les encerclements pour mieux redonner corps et sens à la conteuse et au témoin obstinés, elle revendique l'horizon intérieur, intègre l'éphémère et l'ancestral, célèbre l'amour, le partage, la beauté fragile, « l'aile et le chant ».

Ce n'est pas une coïncidence si de nombreux critiques (du Maghreb, de France, du Québec...) s'accordent à dire que l'auteur est une figure importante de la poésie maghrébine modulée en français : une parole intense, dictée par l'absolue nécessité, une œuvre mouvante et émouvante qui atteint à l'universel. « Qu'écrirait de plus lucide Orphée, de retour du théâtre des ombres ? », demande le poète français Claude Vercey, Orphée, ou quelque double, « noir jumeau », « voyante du silence », qui aurait pour mission de mener le lecteur vers ses propres arcanes.

Bibliographie : *Paysage, nuit friable* (Vitry : Barbare, 1980). *Pour Abdellatif Laâbi* [anthologie, en collaboration] (Rupture/La Table Rase, 1982). *Métamorphoses de l'île et de la vague,* préface d'Abdellatif Laâbi (Arcantère, 1985). *Sables funambules,* monotypes d'Abidine Dino (Paris/ Trois Rivières, Ca : Arcantère/ Les Écrits des Forges, 1988). *Feux d'oiseaux,* prix Jean Malrieu (Marseille : Sud, 1989). *Nul autre lieu,* encres de Mechtilt (Trois-Rivières, Ca : Les Écrits des Forges, 1992). *L'Une et l'Autre Nuit* (Chaillé-sous-les Ormeaux : Le Dé Bleu, 1993). *L'Horizon est toujours étranger* (à paraître).

Ghislain Ripault

SAINTE-SOLINE, Claire (Nelly Fouillet), 1897-1967.

Journée (1934). *D'une haleine* (1935). *La Montagne des alouettes* (Reider, 1940). *Irène Maurespas* (PUF, 1942). *Et l'enfant que je fus* (id., 1944). *Belle* (id., 1947). *Le Mal venu* (Delamain & Boutelleau, 1950). *Le Dimanche des Rameaux* (Grasset, 1952). *Reflux* (id., 1953). *Mademoiselle Olga* (id., 1954). *Antigone ou l'idylle en Crête* (Club fr. du livre, 1955). *D'amour et d'anarchie* (id., 1955). *La Mort de Benjamin* (1957). *Le Menteur* (Grasset, 1961). *De la rive étrangère* (id.,1962). *Si j'étais une hirondelle* (id., 1964). *Noémie Strauss,* nouvelles (id., 1965). *Les Années fraîches* (id., 1966). *En souvenir d'une marquise* (id., 1969). Cf. DLFF.

SAINT-HÉLIER, Monique (pseud. de Berthe Briod), 1895-1955, romancière suisse.

Née à La Chaux-de-Fonds, elle y a fait ses classes secondaires. Après un début d'études de médecine, elle se tourne vers les lettres et obtient une licence à l'université de Berne où elle s'est mariée entre-temps. Après trois ans d'immobilité dans une clinique bernoise suite à une intervention chirurgicale, la jeune femme, à peine installée à Paris avec son mari, est atteinte d'une suite de maladies dont les médecins ne viennent pas à bout et qui la laisseront grabataire pendant près de trente ans, malgré toutes les tentatives de traitement. Intransportable, elle doit rester à Paris pendant toute la période de l'Occupation. Ayant quitté la capitale pour la Normandie en 1950, elle meurt dans l'Eure.

Coupée du monde, elle ne l'est cependant pas de la littérature : poètes et écrivains viennent à elle, dans sa chambre parisienne, elle correspond avec Gide, Rilke, tous les grands noms de l'entre-deux-guerres. Faute d'agir elle-même, elle crée un monde romanesque qu'elle situe dans les paysages de son enfance, dont elle ressuscite en mots le charme puissant. Sa chronique des Alérac n'a cependant rien du roman réaliste ; les événements qui marquent les trois grandes familles qu'elle met en scène ne sont pas référentiels. Certes, il a existé à La Chaux-de-Fonds des bourgeois ruinés comme les Alérac, de riches industriels commes les Balagny ou des paysans qui songent à accroître leur patrimoine par n'importe quel moyen comme les Graew... Ce ne sont pas les mécanismes de l'argent qui intéressent la romancière, mais les destinées sentimentales de personnages déchirés par la vie. Les fortunes pèsent lourd dans les projets de mariage, le passé trouble des ancêtres aussi. Dans quatre romans successifs, *Bois-Mort, Le Cavalier de paille, Le Martin-Pêcheur, L'Arrosoir rouge,* Monique Saint-Hélier reprend les mêmes personnages sans tenir compte d'une chronologie rigoureuse ; l'histoire de chacun se constitue par fragments, retour en arrière, remémoration. La mémoire avec ses méandres tient lieu de fil conducteur dans cette chronique foisonnante qui joue habilement avec le temps ; distendue parfois à l'extrême, la durée se contracte brusquement, ce qui, avec la récurrence des thèmes et de certaines scènes, laisse parfois le lecteur désemparé. Monique Saint-Hélier explore déjà certaines techniques que développera ensuite le « nouveau roman ». Ses livres ont connu un grand succès et ont été introuvables pendant une vingtaine d'années. Tous ont été récemment réédités et ont permis une véritable redécouverte d'une œuvre dont on mesure aujourd'hui l'originalité profonde, non seulement par rapport à la littérature de Suisse romande mais aussi au roman français.

Bibliographie : *A Rilke, pour Noël* (Éd. du Chandelier, 1927). *Les Rois Mages* (id., 1927). *La Cage aux rêves* (Corréa, 1932). *Bois-Mort* (Grasset, 1936). *Le Cavalier de paille* (id., 1936). *Le Martin-Pêcheur* (id., 1953). *Quick* (Neuchâtel : La Baconnière, 1954). *L'Arrosoir rouge* (Grasset, 1955). *Souvenirs et Portraits littéraires* (Lausanne, L'Aire, 1985). *Lettres à Lucien Schwob* (id., 1985). « Les Carrières » (fragment inédit, Lausanne : Écriture 26, 1986). *Les Joueurs de harpe* (Lausanne : L'Aire, 1987).

Sélection critique : Dentau, Michel : *Le jeu de la vie et de la mort dans l'œuvre de Monique Saint-Hélier* ((L'Age d'Homme, 1978). Makward, Christiane : « Le Récit féminin de Suisse : Un autre regard ? » (*Présence Francophone* 36, 1990). Seylaz, Jean-Luc : « Promenade dans les inédits de Monique Saint-Hélier » (Écriture 26, 1986).

Françoise Fornerod

SAINTONGE, Louise-Geneviève de –, 1650-1718, poète.

Poésies galantes (Guignard, 1696). *Poésies diverses de Madame de S.,* 2 vol. (Dijon : de Fay, 1714).

SAINT-PHALLE, Thérèse de –, romancière.

La Mandigote (Gallimard, 1966). *La Chandelle* (id., 1967). *Le Tournesol* (id., 1968). *Le Souverain* (id., 1970). *La Clairière* (id., 1974). *Le Métronome* (id., 1980). *Le Programme* (id., 1985). *L'Odeur de la poudre* (Julliard, 1988).

SAINT-PIERRE, Isaure de –, romancière.

Une Fausse Sortie (Julliard, 1973). *Une Étoile qui danse* (id., 1974). *L'Ombre claire* (Belfond, 1977). *Métro Charonne* (Orban, 1978). *Les Dieux et les Chiens* (Belfond, 1979). *L'Œil d'Osiris* (id., 1980). *Une Croisière en enfer* (id., 1984). *Monsieur le Marquis* (id., 1985). *D'azur et d'hermine* (id., 1987). *Les Mirages de Naples* (Laffont, 1987). *Thérèse d'Avila : Ivre de Dieu* (id., 1989). *Le Dernier Duel* (Julliard, 1989).

SAINT-VALMONT, Alberte Barbe d'Ernecourt, Mme de –, 1607-1660, dramaturge et poète.

Les Jumeaux martyrs (1650). Cf. Jean-Marie Vernon : *Vie de Mme de Saint-Valmont*.

SALAGER, Annie, n. 1934, poète.

La Nuit introuvable (Lyon : Henneuse, 1961). *Présent de sable* (La Bastide de Goudargues : Chambelland, 1964). *Histoire pour le jour* (Seghers, 1968). *Dix Profils sur la toile, l'été* (Henneuse, 1971). *La Femme-buisson* (Saint-Germain-des-Prés, 1973). *Récits des terres à la mer* (Lyon : FEDEROP, 1978). *Figures du temps sur une eau courante* (Belfond, 1983). *Chants* (Seyssel : Comp'Act, 1988).

SALAMEH, Noḥad, écrivaine libanaise.

Beyrouth en forme de croix (Salamed-Nohad, s. d.). *Les Enfants d'avril* (Eygalières : Temps parallèle, 1980). *Folie couleur de mer* (Le Four : –, 1982). V. DLLF, article « Liban ».

SALLENAVE, Danièle, n. 1940, romancière, dramaturge, critique.

Danièle Sallenave est née à Angers. Normalienne et agrégée de lettres, elle enseigne à l'université de Paris X (Nanterre) les formes de la représentation (photographie, théâtre, cinéma). Rédactrice en chef du *Messager européen* et chargée de collection chez Gallimard, elle a obtenu le prix Renaudot en 1980 pour son roman, *Les Portes de Gubbio*.

Dans les années soixante-dix, Danièle Sallenave fonde *Digraphe*, revue d'art et d'esthétique et publie des articles d'analyse sémiotique avant de se tourner vers la fiction avec *Paysage de ruines avec personnages*. Dans ce texte purement descriptif, les images s'accumulent dans une continuité obsessionnelle et anonyme pour dire le temps et la mémoire. Bouleversant syntaxe et ponctuation traditionnelles pour obéir à une dynamique propre, ce premier récit s'inscrit dans les recherches formalistes de l'époque qui stipulent l'écriture close sur elle-même comme une fin en soi. Avec *Le Voyage d'Amsterdam ou les règles de la conversation,* l'auteur s'intègre davantage à son texte. Au gré de moments suspendus dans l'espace et rythmés par la solitude de la nuit s'énonce une histoire d'amour et de nostalgie surgie de la mémoire. Désormais seule, la narratrice se souvient de ce voyage à Amsterdam, peut-être rêvé, où « nous avons accueilli sur notre peau les reflets clandestins du temps, la lumière d'ardoise claire des petits matins, la lueur verte des feuillages sous nos fenêtres » (p. 61). Danièle Sallenave mêle ici dans un même chant la respiration des choses vues, canaux, façade rose entrevue au-dessus des toits, et celle des personnages. Avec *Les Portes de Gubbio,* elle pose la question de l'art et de l'artiste. Dans ce beau livre symbolique placé sous le signe de la musique, des vies s'imbriquent, comme accouchant les unes des autres tout en cherchant à se confondre. Dans une ville de l'Est, un musicien sur le déclin cherche à retrouver les traces d'Egon Kaerner, musicien mort fou, personnage visiblement inspiré de celui de Schumann. L'auteur procède par jeux de miroirs, entremêlant pages de journal, lettres, interviews, notations, citations et narration pure, ce qui renforce l'effet totalisant. Danièle Sallenave adopte ici une prose large et souple qui serre de près le propos. De cette œuvre exigeante, on retiendra en particulier de belles pages sur la musique, « cri du corps soulevé par l'âme et provisoirement arraché à elle par la mort » (p. 72).

Avec *Un Printemps froid,* recueil de onze récits salué dans *Le Monde* (mars 1986) comme meilleur recueil de nouvelles paru depuis dix ans, Danièle Sallenave prend une orientation nouvelle. Dans un style précis et concis, elle opère sur le mode mineur à même une quotidienneté volontairement sans éclat. Solitude, échec, dérision rythment ces histoires ordinaires contées d'un ton sobre et nous assistons, entre autres, à la mort d'un vieux chien, à la stérilité créatrice d'un peintre et à l'attente d'une visite improbable. La transparence du style et le désenchantement souriant évoquent Tchékhov. Dans ces textes pointillistes Danièle Sallenave renonce délibérément à la profusion verbale de ses premiers écrits. De la surabondance elle passe à l'économie, voire la parcimonie. Attachée à saisir l'impalpable derrière l'apparence, elle utilise une écriture minimale au service de sujets dits banals. Telle l'histoire d'un adultère (dans *La Vie fantôme*), sujet auquel elle donne de nouvelles lettres de noblesse en le débarrassant de toute mièvrerie et en braquant sur les détails un œil-scapel qui n'est pas sans rappeler le roman anglo-saxon. D'une facture fine comparable sont les pièces de théâtre, *Regarde, regarde de tous tes yeux* et *Conversations conjugales,* où la sous-conversation affleure sous le dialogue.

Danièle Sallenave est l'un des auteurs les plus représentatifs de sa génération. Par un long travail sur la langue qui la mène sur des chemins divers, elle s'efforce de traquer le réel en ses mouvements infimes. Venue de la recherche théorique, elle poursuit une œuvre littéraire ambitieuse dont le dessein global peut être emprunté à l'un de ses personnages : « Je ne suis la source d'aucun récit, j'en suis le confluent. Je ne prends pas la parole, je la donne » (*Les Portes de Gubbio*, p. 251).

Bibliographie : *Paysage de ruines avec personnages* (Flammarion, 1975). *Le Voyage d'Amsterdam ou les Règles de la conversation* (id., 1977). *Les Portes de Gubbio* (Hachette/P.O.L., 1980). *Un Printemps froid* (id., 1983). *La Vie fantôme* (id., 1986). *Regarde, regarde de tous tes yeux* (Papiers, 1986). *Conversations conjugales* (P.O.L., 1987). *Adieu*, récit (id., 1988). *Visages secrets, regards discrets, parcours de la photo dans la DGA* (Contrejour, 1990). *Villes et Villes* (Des Femmes, 1991). *Le Don des mots* (Sur la littérature) (Gallimard, 1991). *Passages de l'Est, Carnets de voyages 1990-1991* (id., 1993).

Sélection critique : Coustou, Claude : «Danièle Sallenave : *Un Printemps froid*», *Nouvelle Revue Française* 373 (fév. 1984). Robert, Suzanne : « Danièle Sallenave : ethnographie de la répétition », *Liberté,* 26-4 (août 1984). Forni, Jacqueline : « La Vie fantôme », *Quinzaine Littéraire* 471, 1-15 octobre 1986. Cf. DFELF, DLLF.

Marie-Louise Audiberti

SALM-DYCK, Constance Salm-Reifferscheid-Dyke,1767-1845, poète, mémorialiste. •

Sapho, tragédie en 3 actes et en vers (l'auteur, 1794). *Amitié et Imprudence* (1799). *Poésies* (Impr. de F. Didot, 1811). *Vingt-quatre heures d'une femme sensible* (Bertrand, 1824). *Mes soixante ans...* (id., 1833). *Quelques Lettres 1805-1810* (Impr. de F. Didot, 1841). *Œuvres complètes* (id., 1942), contenant : I. *Epîtres. Discours.* II. *Sapho. Cantates. Poésies diverses.* III. *Vingt-quatre heures d'une femme sensible. Pensée.* IV. *Éloges. Rapports. Notice. Mes soixante ans.*

SAND, George (pseud.), 1804-1876, écrivaine romantique.

Aurore Dupin naît l'année même du code civil qui fait de la femme une mineure pour un siècle et demi. Par sa naissance en porte à faux entre le peuple et l'aristocratie, elle se trouve affranchie et le devient davantage par une éducation inhabituelle et sa résolution de trouver l'épanouissement personnel après un mariage médiocre et décevant. Elle arrive à Paris en 1831, débute dans le journalisme et rédige des nouvelles seule ou en collaboration avec Jules Sandeau. Seize mois plus tard, son premier roman, *Indiana,* lui assure la notoriété et une certaine indépendance financière à l'âge de vingt-huit ans. Après cette réussite spectaculaire, sa carrière littéraire se poursuivra pendant plus de quarante ans : elle est, avec Victor Hugo, l'auteur le plus lu de son temps.

George Sand vit donc au moment de la crise historique et culturelle qui s'échelonne de la Révolution à la fin du Second Empire, et qui a vu se succéder et s'interpénétrer l'esprit rationaliste, la passion romantique et l'idéologie socialiste. Son œuvre entière est marquée par le brassage et les conflits de ces valeurs. Elle est au cœur de la vie artistique, culturelle et politique de son temps : elle collabore au *Figaro,* à *La Revue des Deux Mondes,* au *Temps,* à *La Revue de Paris.* Elle-même fonde *La Revue Indépendante,* et *La Cause du Peuple.* Elle a des rapports étroits, parfois intimes (c'est trop connu) avec les plus grands artistes et écrivains de son temps : Delacroix, Berlioz, Chopin, Liszt, Sainte-Beuve, Renan, Hugo, Chateaubriand, Flaubert (pour qui elle écrit une introduction à *L'Éducation sentimentale* et qui la traite en « maître »), Musset bien sûr, Théophile Gautier et Fromentin qui lui dédie son *Dominique.* A sa mort, Hugo, Flaubert, Renan, Dumas fils lui rendent hommage et Dostoïevsky soulignera en ces termes les aspects multiples de son talent : « L'une des plus sublimes et des plus belles représentantes de la femme, une femme presque unique par la vigueur de son esprit et de son talent... »

Celle qui fut considérée comme le modèle de l'émancipation des femmes, qui inspira George Eliot, Elisabeth Barret Browning, les sœurs Brontë, Colette, Simone Weil et Willa Cather, est aujourd'hui désavouée par certaines féministes et taxée de conservatisme, et même d'individualisme. En outre, l'envergure et la place de son œuvre dans le siècle continuent à être sous-estimées sinon par les spécialistes, certainement par les rédacteurs de manuels scolaires et d'histoires littéraires. L'œuvre de George Sand est une longue enquête sur la place et le rôle de la femme dans la société. Dans ses grands romans : *Indiana, Valentine, Lélia, Consuelo, Jeanne, Laura, Mademoiselle La Quintinie,* elle expose les rapports des sexes dans la société, dénonce leur fausseté, condamne le mariage de convenance et d'intérêts, affirme le droit de tout être à la libre disposition de soi-même et à l'épanouissement sexuel et affectif. Pour mieux alerter l'opinion publique, elle n'hésite pas à porter le problème à la scène dans de nombreuses pièces : Claudie, par exemple, soulève le drame de ce que l'on a longtemps appelé « la fille-mère ». Elle explique ses positions dans des essais ou des pamphlets tels que *Pourquoi les Femmes à l'Académie ?* ou *L'Homme et la Femme*. Elle ne s'est donc pas fait faute de s'expliquer et l'on peut suivre la démarche de sa pensée et sa propre évolution au long d'une massive correspondance, en particulier dans ses lettres aux jeunes femmes artistes qui sollicitaient ses conseils ainsi que dans ses échanges avec Marie Duval, Pauline Viardot, Hortense Allart de Méritens et Juliette Adam-Lamber.

La lutte de George Sand est symbolique : se rebellant contre les contraintes qui assujettissent les femmes, elle cherche à développer toutes ses capacités d'artiste et de femme sans sacrifier un aspect quel qu'il soit de sa nature : peu à peu, et non sans mal, elle se libère et suit sa propre voie. Elle écrit par besoin de s'exprimer et de communiquer, par nécessité financière et surtout parce qu'elle est poussée par le sens de la justice. Elle proteste vigoureusement dans ses écrits contre la subordination économique, sociale et politique de la femme. Elle réclame « pour la moitié du genre humain » le droit à l'éducation, au travail, à la responsabilité civile et judiciaire et à la propriété. Elle donne l'exemple par sa vie courageuse, active, une lutte constante avec la tentation qui ramène au passé et replonge les femmes dans la démission et la passivité mais elle s'inscrit aussi contre les mutilations et distortions des féministes radicales.

George Sand pose le problème des rapports des sexes dans la perspective de la société toute entière : il ne faudrait pas que « la question de sexe efface la notion de l'être humain ». A ses yeux la promotion féminine est indissolublement liée au progrès de la société et il faut s'employer à « détruire le manque d'instruction, l'abandon, la dépravation, la misère qui pèsent sur la femme en général, encore plus que sur l'homme. Il s'agit d'ouvrir un monde à tous les êtres qui composent l'humanité ; qu'ils soient hommes ou femmes, ils doivent échapper à l'esclavage de la misère et de l'ignorance ». Naturaliste, Sand défend la spécificité de son sexe et l'on entend clairement chez elle cette « tentation » de la différence qui divise aujourd'hui encore les débats gynocentriques. George Sand pense que la femme ne doit pas vouloir assumer un rôle masculin dans la société : « J'admets physiologiquement que le caractère a un sexe comme le corps, mais non pas l'intelligence. Je crois les femmes aptes à toutes les sciences, à tous les arts et même à toutes les fonctions comme les hommes. Mais je crois que leur caractère qui tient à leur organisation donnera toujours en elles un certain aspect particulier à leurs manifestations dans la science, dans l'art et dans la fonction » *[sic]*. Pressé par les saint-simoniens et par les femmes clubistes de jouer un rôle public, George Sand refuse car elle pense qu'il faut d'abord obtenir l'égalité civile, avant de viser l'égalité politique : « Les femmes doivent-elles participer un jour à la vie politique ? Oui, un jour, je le crois avec vous, mais ce jour est-il proche ? Non, je ne le crois pas, et pour que la condition des femmes soit ainsi transformée, il faut que la société soit transformée radicalement... les conditions sociales sont telles que les femmes ne pourraient pas remplir honorablement et loyalement un mandat politique ». (*Correspondance*, VIII, n° 3910, avril 1848). Le refus de se présenter aux élections ou d'entrer à l'Académie est en réalité refus d'entrer dans le jeu de l'androcratie régnante, geste contestataire et existentiel qui met en question toutes les valeurs de la société française chrétienne.

George Sand est donc engagée dans une œuvre qui reflète les grands mouvements et aspirations de son époque et ses convictions démocratiques et humanitaires sous-tendent tous ses textes, jusqu'au plus « anodin » en apparence des romans champêtres. Trop en avance sur son temps, elle se voit mise à l'index quand elle dénonce l'injustice du système capitaliste et soulève le problème de l'organisation et de l'éducation du monde ouvrier. S'opposant à toutes les formes de fanatisme, elle conserve toute sa vie une attitude anticléricale et met sa plume, dans l'enthousiasme de 1848, au service du gouvernement provisoire, ce qui lui vaudra, bien entendu, des injures. Mais elle est prompte à mesurer la distance qui sépare « la république que nous subissons et celle que nous rêvons ». Profondément pacifiste, elle voit arriver la guerre de 1870 dans le désespoir et multiplie les appels à la concorde pendant la Commune. Témoin de la révolution industrielle, elle met les savants en garde contre les conséquences néfastes de leurs découvertes et leur lance ce cri prophétique : « Votre science de destruction augmentant toujours, chaque nouvelle guerre sera plus meurtrière que les autres, jusqu'à ce que vous restiez seuls en face de vos instruments formidables, n'ayant plus d'autre ressource que de faire sauter la planète pour en finir ».

Pour s'écarter des sentiers battus des lectures sandiennes qu'offrent les collections commerciales et bibliothèques de loisir, on explorerait avec étonnement l'immense correspondance éditée par Georges Lubin (4 736 lettres au volume IX de 1972, à laquelle on a consacré un colloque à Nohant en 1991. Plus commodément peut-être, on lira les *Lettres à Marcie,* inspirées par celles que l'écrivaine adressa réellement à Élisa Tourangin. Elles furent publiées à partir de février 1837 dans *Le Monde,* le journal de Lammenais, mais ce dernier, effrayé par leur audace, en suspendit définitivement la publication trois mois plus tard. Dans ces pseudolettres, Sand examine la condition d'une jeune fille de vingt-cinq ans qui est belle, intelligente et cultivée mais pauvre (ce fut, rappelons-le, le détail déterminant de la vie de Simone de Beauvoir). Elle explore les possibilités offertes à Marcie dans la société du dix-neuvième siècle. Elle met en cause le mariage. Plutôt que de contracter une union médiocre, elle l'engage à rester célibataire et à mener une vie active et utile sans liens maternels, à devenir artiste « si elle peut » car c'est la voie royale de l'autonomie créatrice. Avec cette « leçon », Sand s'insère dans la noble lignée des figures d'artistes au féminin. Et même les romans champêtres auxquels on limite encore bêtement l'œuvre sandienne sont à lire avec nos yeux d'aujourd'hui car ils sont d'un modernisme qui n'en finit pas d'étonner. Elle met par exemple en scène la psychanalyse avant Freud (*La Petite Fadette*) et elle revendique la supériorité affective et poétique du patois dans les mêmes termes que les créolistes les plus convaincus de la Caraïbe contemporaine (Avant-propos de *François le Champi*).

Bibliographie (non exhaustive) : *Le Roman d'Aurore Dudevant et d'Aurélien de Sèze, 1825-26,* présenté par J. Bertaut (Aubier, 1928). *Rose et Blanche* (pseud. Jules Sand, -1831). *Indiana* (Roret, 1832). *Valentine* (Dupuy, 1832). *Lélia* (id., 1833). *Lettres d'un voyageur* (Calmann-Lévy, 1834). «Lettres à Marcie» (*Le Monde,* fév.-mars 1837). *Consuelo* (De Potter, 1842 ; livre-cassette Des Femmes, 1984). *La Comtesse de Rudolstadt* (id., 1844). *La Mare au diable* (1846). *François le Champi* (1847-1848). *La Petite Fadette* (1849). *Souvenirs et Idées* (Calmann-Lévy, 1853). *Les Maîtres-sonneurs* (1853). *Histoire de ma vie* (Victor Lecour, 1854). *Evenor et Lucippe* (Garnier, 1856). *Elle et Lui* (Hachette, 1859). *Nouvelles* (Lévy, 1861). *Autour de la table* (E. Dentu, 1862). *Souvenirs et Impressions littéraires* (id., 1862). *Pourquoi les femmes à l'Académie ?* (M. Lévy, 1863). *La Confession d'une jeune fille* (id., 1865). *Impressions et Souvenirs* (id., 1873). Parmi les éditions posthumes : *Dernières pages* (Calmann-Lévy, 1877). *Nouvelles lettres d'un voyageur* (id., 1877). *Questions d'art et de littérature* (id., 1878). *Souvenirs de 1848* (id., 1880). *Correspondance* (id., 1882-1884). «Lettres de femme» (*Revue Illustrée,* 1er nov. 1890-15 janv. 1891). *Lettres à A. de Musset et à Sainte-Beuve* (Calmann-Lévy, 1897). *Souvenirs et Idées* (id., 1904). *Correspondance de G. Sand et A. de Musset,* prés. par F. Decori (Bruxelles : Deman, 1904). *Correspondance entre G. Sand et G. Flaubert,* prés. par H. Amic (Calmann-Lévy, 1904). *Journal intime, 1834-1868,* signé Aurore Sand (id., 1926). *George Sand-Marie Dorval, Correspondance inédite,* prés. par Simone André-Maurois (Gallimard, 1953). *Lettres inédites de George Sand et de Pauline Viardot 1839-1849,* prés. par T. Marix-Spire (Nouvelles Éditions Latines, 1959). Éditions récentes : *Œuvres autobiographiques,* prés. par Georges Lubin (Gallimard, 1970-1971). *Consuelo* (La Sphère, 1979). *Légendes rustiques* (Éd. Libres Hallier, 1980). *Voyages dans le cristal* (UGE, 1980). *Correspondance,* prés. par Georges Lubin (Garnier, vol. I, 1964-vol. XXV, 1991.). *Agendas,* éd. Anne Chevereau (J. Touzot, 1990-92, etc.). *Le Dernier Amour,* prés. Mireille Bossis (Des Femmes, 1992). *Questions d'art et de littérature,* éd. Henriette Bessis et Janis Glasgow (Des Femmes, 1992).

Sélection critique : Barry, Joseph : *George Sand ou le scandale de la liberté* [1976] (trad. Seuil, 1982). Chalon, Jean : *Chère George Sand* (Flammarion, 1991). Chandernagor, Françoise : *George Sand* (à paraître). Crecelius, Kathryn : *Family Romances : George Sand's Early Novels* (Bloomington : Indiana Univ Press, 1987). Glasgow, Janis : George Sand *Collected Essays* (Troy, N. Y. : Whiston, 1985). Lubin, Georges [v. ci-dessus]. Mallet, Francine : *George Sand* (Grasset, 1976). Mozet, Nicole, éd. : *George Sand, Grande Épistolière* [Colloque de Nohant, 1991] (Saint-Cyr-sur-Loire : Christian Pirot, 1993). *Nineteenth Century Studies* IV : 4 (1976). Solomon, Pierre : *Indiana,* éd. critique (Garnier, 1969). Van Rossum Guyon, Françoise, éd. : *George Sand : Une Œuvre multiforme, Recherches nouvelles* 2 (Amsterdam & Atlanta: CRIN 24, 1991). Cf. FWW.

Marie-Jeanne Pécile et CM

SANTOS, Emma, n. 1946.

Sous ce pseudonyme a écrit une jeune femme internée à plusieurs reprises, dès 1967, dans des hôpitaux psychiatriques. Elle a vécu pour se dire, elle et sa révolte, dans de courtes autobiographies romancées dont *Le Théâtre d'Emma Santos* est une adaptation pour la scène et un concentré des précédentes. Née à Paris d'une famille pauvre, elle a très tôt « honte » d'un père alcoolique, d'une mère-ventre qui ne cesse d'enfanter. Une enfance terne et commune donc, mais à douze ans elle a la gorge tranchée dans un accident de voiture dont elle sort avec un goître et une maladie de la thyroïde. A seize ans, elle se lie à un peintre de plus de dix ans son aîné. Douze ans de vie commune et de bohème, quelques suppléances comme institutrice, avortements, maladie, puis c'est l'hôpital psychiatrique. L'écriture la hante tout autant que la folie : « Raconter toujours sa petite histoire minable, n'importe où, à n'importe qui, à soi-même, dans une deuxième parole ». Son compagnon l'abandonne à sa désintégration, à sa solitude, peu avant que la critique ne salue son deuxième roman, *La Malcastrée* (1973). *L'Illulogicienne* (1971) était passé inaperçu et son tout premier aurait été refusé par vingt-deux éditeurs.

Sept livres écrits en sept ans, au hasard d'internements, dans des éclaircies de folie. Sept livres courts, percutants, d'une poésie amère et sans pudeur, qui se ressemblent car tous constituent les fragments sans cesse remaniés d'un seul et même documentaire autobiographique à peine voilé. Emma Santos est bien la matière de ses livres, mais elle l'est non pas tant dans le rappel des événements qui ont marqué son existence, que dans la perception qu'elle a de ces derniers, à divers stades de ses dérèglements psychiques. D'un titre à l'autre, on reconnaît, ressassés, obsessionnels, les événements vécus : l'accident, le goitre qui s'ensuit, la soumission à « C », « l'homme », l'abandon par lui, l'avortement, la hantise de l'enfantement et celle de l'écriture, l'adoption d'un enfant mongolien, la maladie de Basedow, les hôpitaux, Élisabeth la femme-psychiatre et l'amante-loméchuse, partenaire des jeux lesbiens, l'Emma « je-elle », insecte goitreux portant dans sa gorge l'œuf, enfant à naître ou révolte.

Emma Santos écrit et se « regarde dans [son] écriture pour ne pas mourir ». « Ils l'avaient donc ramassée folle nue, un cahier d'écolier à la main. » Dans un drame dont elle est à la fois témoin et victime, écrire est dans une première visée, une façon de conjurer la folie et la solitude. A défaut du regard des autres, les mots lui renvoient sa propre image. Par ce subterfuge de distanciation – « dire » à travers des mots –, elle se dissocie de sa folie, ou tout simplement, de la réalité détestable. « Actrice et spectatrice de mon théâtre, je lance des pétards et m'applaudis ».

Dans *L'Illulogicienne,* comme le titre le suggère, Emma reconnaît s'être inventé une logique de l'illusion, sans doute comme l'avait fait son aïeule de papier, Emma Bovary. Elle se fait « illulogicienne » pour se justifier, et dans sa situation de femme, et dans sa situation de folle potentielle, ce qui, aux yeux de la tradition, pourrait bien revenir au même. S'étant accrochée à « C » (« l'homme »), elle s'était faite *loméchuse,* dépendante, abdiquant toute autonomie. Mais consciente de son échec, il lui fallait le justifier, l'escamoter. La démence présente un biais tentant. Elle mime donc la folie dans l'écriture, puis finit par se prendre au jeu. C'est du moins ce dont l'écrivaine veut nous persuader dans *L'Itinéraire psychiatrique.*

J'ai tué Emma S. ou l'écriture colonisée est l'antidote à l'illusion et le refus de la folie, mais c'est aussi la répudiation de l'écriture comme instrument de subordination. Le pseudonyme Santos est supprimé du titre parce qu'il lui avait été donné pour nom de plume par le compagnon-assujettisseur. Celui-ci l'avait encouragée à « s'écrire ». Les psychiatres le lui avaient recommandé aussi, à titre de thérapie, mais, à ses yeux, pour la dompter. Emma Santos rejoint le néo-féminisme par ce thème de la parole étouffée et de l'écriture colonisée. Tout se passe comme si Emma avait cherché dans sa folie un prétexte à exagérer l'impuissance de la femme pour mieux la dénoncer. Le titre *La Malcastrée* implique l'idée d'une violence qu'on aurait faite « en vain » à son corps et à son esprit. Le fantasme de la loméchuse qui hante ses écrits ne représente pas seulement Élisabeth, l'amante parasitaire. Il dit aussi, en elle, l'obstination à vivre de l'insecte blessé, toutes pattes gigotantes : loméchuse, enfin, Emma Santos est ce scarabée-sisyphe, « pousse-merde » absorbé dans son activité têtue et salvatrice, l'écriture. Elle s'en est sortie ?

Bibliographie : *L'Illulogicienne* (Flammarion, 1971). *La Malcastrée* (Maspero, 1973 ; Des Femmes, 1976). *La Loméchuse* (La Marge-Kesselring, 1974). *La Punition d'Arles* (Stock 2, 1975). *J'ai tué Emma S. ou l'écriture colonisée* (Des Femmes, 1976). *L'Itinéraire psychiatrique* (id., 1977). *Le Théâtre d'Emma Santos* (id., 1977). *Écris et tais-toi* (Stock, 1978).
Sélection critique : Pagès, Irène : « Le Biologique, la folie et l'écriture » (*Canadian Woman Studies/Les Cahiers de la Femme* 5, 1 (1983).

Irène Pagès

SANTSCHI, Madeleine, traductrice, écrivaine suisse.

La Pièce se joue à l'intérieur, nouvelles (Lausanne : Tramontane, 1951). *Couteaux au soleil* (1972). *L'Enfant qui attendait* (Almanach du groupe d'Olten, Lausanne : L'Age d'Homme, 1974). *Sonate,* rm (Mercure de France, 1975). *Voyage avec Michel Butor* [bibliographie de –]. *Gustave Roud,* «Petits riens» (Carrouge/Genève : Zoé, 1988). Postface à sa traduction de *La Madre* et *Elias Portolu* de Grazzia Deledda (Stock, 1981). *Gustave Roud* : «Petits riens» (Genève : Éd. Zoé).

SARDE, Michèle (pseud. de Michèle Blin), critique, romancière.

Le Désir fou (Stock, 1975). *Colette, libre et entravée,* essai (id., 1978). *Regard sur les Françaises, Xᵉ-XXᵉ siècle,* essai (Stock, 1984). *Histoire d'Eurydice pendant la remontée* (id., 1991). *Vous, Marguerite Yourcenar* (Laffont, 1993).

SARRAUTE, Nathalie, n. 1900.

Née en Russie, elle voyage beaucoup étant enfant, car elle n'a que deux ans quand ses parents divorcent. Tous deux intellectuels, s'intéressant à la politique, ils se partagent l'enfant qui confiera un jour : «J'ai eu de la chance, mon père n'avait pas de fils ; quand il a eu un fils, j'avais déjà dix-sept ans.» Elle fait des études à Oxford et Berlin, obtient une licence d'anglais, étudie l'histoire, la sociologie et finalement fait une licence de droit qu'elle exerce pendant une douzaine d'années. Mariée en 1925, elle a bientôt trois filles et cède, dans les années trente, à sa vocation d'écrivain. Elle donne en 1939, non sans quelques difficultés auprès des éditeurs, ses fameux *Tropismes.* Ses origines juives l'obligent, pendant la guerre, à se faire passer pour gouvernante de ses propres filles. Dès 1946, le non moins fameux *Portrait d'un inconnu* est prêt, mais ce sont les même rebuffades et le livre est mis au pilon en 1948 pour être repris, son temps étant enfin venu, en 1957, avec une préface de J.-P. Sartre. Quelques articles réunis dans *L'Ère du soupçon* (1956) la mettent au rang de porte-parole du Nouveau Roman, aux côtés d'Alain Robbe-Grillet. Elle n'a jamais décliné l'étiquette, tout en affirmant continuellement qu'elle est menée par «une idée fixe» au nom tout simplement énorme, «la Vie», aveu serein qui va à rebrousse poils de la théorie néo-romanesque. Elle a publié depuis, à intervalles réguliers, de nombreux autres romans et textes dramatiques. Traduite en plusieurs langues, l'œuvre désormais «classique» a fait l'objet d'innombrables études et ses textes dramatiques ont été superbement interprétés et parfois filmés.

Voici plus de trente ans, Sartre déclarait à propos de Nathalie Sarraute que la « pulvérulence » qui caractérise sa manière d'écrire est « exactement l'envers du refus de prendre en charge le monde atomisé, c'est l'action refusée... Un livre de femme, c'est un livre qui refuse de prendre à son compte ce que font les hommes » (Madeleine Chapsal, *Les Écrivains en personne*). Écriture de femme, disait-il, à une époque où ce ne pouvait être entendu que comme une réserve... Nathalie Sarraute a répondu négativement à l'enquête de *La Quinzaine Littéraire* (août 1974) sur la question de savoir si le sexe de l'écrivain est déterminant dans l'écriture. La question du féminin dans le texte n'a donc pas été posée efficacement à propos des livres de Nathalie Sarraute. Étant entendu que c'est, pour elle, une question non pertinente (et impertinente), il nous appartient pourtant de la poser.

L'état originaire de la « théorie de l'écriture féminine », que l'on pouvait réduire, après Luce Irigaray, à une « mécanique des fluides » (cf. *L'Arc/Lacan*) ne peut manquer d'éclairer la question. Sur le plan de l'imagerie poétique, il est bien connu que, comme chez Sartre d'ailleurs, l'informe (liquide, suintant, visqueux, impalpable, vaporeux) est constamment opposé au dur (tranchant, blessant, lacérant, termes généralement appliqués par Nathalie Sarraute aux mots eux-mêmes, mais aux mots « hostiles ». Sur le plan de la « micro » ou « infra-psychologie », ce domaine de la sous-conversation connu comme le seul territoire d'exploration de Nathalie Sarraute, il est révélateur de poser la question du sexe des locuteurs (pas question, on le sait, de « personnages » chez la romancière). On verra facilement que pour chaque « il » (généralement anonyme, ce qui est aussi un indice) qui épie, juge, espionne, se débat, blesse une « elle » (la fille du *Portrait,* la sœur du *Planétarium,* etc.), cette « elle » est douée du même pouvoir de regard, d'écoute, de langage, de souffrance et de sadisme. L'altérité est donc parfaitement réciproque. Dans *Les Fruits d'or,* un « tropisme » remarquable illustre l'égalité, ou l'indifférenciation du genre : « elle » retourne chez « lui » pour clarifier un propos qu'elle croit malentendu dans une conversation récente. Son embarras (à elle) se traduit par un fantasme où elle se voit folle, échevelée, telle qu'elle s'imagine qu'il l'imagine. Elle se fait subconsciemment victime du stéréotype « toutes les femmes sont folles ». Mais la situation ne tarde pas à être renversée et d'autres « tropismes » vont le montrer lui, déchu et impuissant, toujours dans son imagination à elle, lorsqu'elle sera tentée de se joindre au concert des détracteurs.

La *vie* que Nathalie Sarraute a passé toute une vie à capter, et magistralement réussi, est donc celle des mouvements inexprimés et trop fluctuants, trop brefs pour affleurer même à la conscience. Cette vie procède par balancements, sans la rigueur du pendule bien sûr mais on peut dire que l'antithèse (sans jamais de « synthèse », c'est-à-dire de clôture éphémère) est la figure dominante des textes. La mer « toujours recommencée» des chatoiements de pulsions non polarisées, les ondes affectives dans leur désordre vivant, c'est ce qu'il s'agit d'emprisonner dans les mots «tout secs, tout gris». On comprend le sérieux de la déclaration de la romancière : écrire, «c'est le plus souvent une souffrance, et en même temps, c'est ma raison d'être» (entretien avec G. Besser).

S'il y a un message gynocentré à trouver dans cette œuvre, c'est celui de l'égalité plutôt que de la différence. Les «elles» sont montrées comme différentes socialement, culturellement et non «essentiellement». En cela, Nathalie Sarraute est existentialiste (et elle a milité pour le vote des femmes en 1935). Mais le niveau de l'existence qu'elle explore est au-delà des rôles sexués : ce que devient le sujet affrontant l'Autre, la matière, le groupe, la famille. Au-delà de l'aliénation du sujet dans le langage, les rôles sexués perdent toute consistance, tout contour. Elle démontre la dépendance du sujet et de l'Autre, quel que soit le sexe. Quant au «sujet» des livres, il est souvent insignifiant (du moins au sens banal du terme). «C'est quand il ne se passe rien que cela m'intéresse de voir ce qui se passe en réalité.» Histoire d'un emprunt, histoire d'un tableau, d'un fauteuil, d'un livre, d'une statuette, tels sont les sujets (objets) des livres (*Martereau, Portrait d'un inconnu, Le Planétarium, Les Fruits d'or, Vous les entendez ?*). Histoire d'une écriture, d'une grand-mère, tels sont les autres sujets (sujets) d'autres livres (*Entre la vie et la mort, Disent les imbéciles*) ; toujours/jamais le même livre. «Mes phrases sont inachevées, suspendues, séparées en tronçons... quelquefois au mépris de la rigueur grammaticale.» Livres de femme car elle est obsédée par la problématique de la communication intersubjective, femme qui ne comprenait pas pourquoi elle ne pouvait pas, voici cinquante ans, «écrire comme les autres» ; livres surtout de poète acharnée sur sa matière : la vie, les mots, la vie des mots. Il n'y a jamais de conclusion ni de point final au flux de l'écriture de Nathalie Sarraute, grande maîtresse de l'ambiguïté, de l'ironie et de l'ambivalence des pulsions.

Bibliographie : *Tropismes* (Denoël, 1938 ; rééd. Minuit, 1957 avec 5 inédits). *Portrait d'un inconnu,* préface de J.-P. Sartre (Marin, 1948). *Martereau* (Gallimard, 1953). *L'Ère du soupçon* (id., 1956). *Le Planétarium* (id.,1959). *Les Fuits d'or* (id., 1963). *Entre la vie et la mort* (id., 1968). *Isma ou Ce qui s'appelle rien,* suivi de *Le Silence et Le Mensonge,* théâtre (id., 1970). *Vous les entendez ?* (id., 1972). *C'est beau,* théâtre (*Cahiers Renaud-Barrault* 89, Gallimard, 1975). *Disent les imbéciles* (id., 1976). *Elle est là,* théâtre (id., 1977). *Enfance* (id., 1983). *Paul Valéry et l'Enfant d'éléphant,* suivi de *Flaubert le précurseur* (id., 1986). *Tu ne t'aimes pas* (id., 1989). *Ici* (id., 1995).

Sélection critique : Allemand, André : *L'Œuvre romanesque de Nathalie Sarraute* (Payot, 1980). Benmussa, Simone : *Nathalie Sarraute : Entretiens* (Lyon : La Manufacture, 1987). Besser, Gretchen : «Colloque avec Nathalie Sarraute, 22 avril 1976» (*French Review,* vol. 50, 2, déc. 1976).

Câlin, Françoise : *La Vie retrouvée, étude de l'œuvre romanesque de Nathalie Sarraute* (Minard/Lettres Modernes, 1976). Cranaki, Mimica et Yvon Belaval : *Nathalie Sarraute* (Gallimard, 1965). Pierrot, Jean : *Nathalie Sarraute* (José Corti, 1990). Rykner, Arnaud : *Nathalie Sarraute* (Seuil, 1991). Tison-Braun, Micheline : *Nathalie Sarraute ou la recherche de l'authenticité* (Gallimard, 1971). Cf. FWW.

CM

SARRAZIN, Albertine Damien, 1937-1967.

Déposée à l'Assistance publique d'Alger le 17 septembre 1937, Albertine Damien est recueillie par des parents adoptifs âgés, de milieu militaire français. L'enfant s'avère intelligente et « difficile ». A l'âge de sept ans, son père adoptif lui révèle ses origines. Le coup est violent et légitimera désormais sa rebellion. Elle fait des études secondaires à Marseille en « école surveillée ». Munie d'un baccalauréat « mention bien », elle s'enfuit à Paris où elle vit de prostitution. Arrêtée pour vol à main armée, elle séjourne à Fresnes puis est transférée à Doulens en 1956. Elle s'y lie d'amitié avec Mme Gogois-Myquel, psychiatre de la prison. Au cours d'une évasion l'année suivante, elle se casse un os du pied, l'astragale, et n'échappe à la police que grâce à l'aide de Julien Sarrazin qu'elle épousera (de nouveau en prison) en 1959. Après un grave accident de voiture, le couple est arrêté pour vol. Albertine commence alors à écrire *La Cavale*. Relâchée, elle devient pigiste au *Méridional* d'Alès. Incarcérée de nouveau brièvement, elle écrit *L'Astragale*. En 1965 paraissent ses deux premiers récits (*La Cavale* reçoit le prix des Quatre Jurys en 1966) avec un succès immédiat. *La Traversière* devait être le seul livre écrit en liberté (1966). La santé d'Albertine se détériore malgré diverses interventions et elle meurt au cours d'une opération chirurgicale, le 10 juillet 1967.

Albertine Sarrazin avait en fait tenu dès son enfance un journal et manifesté un intérêt vorace pour la lecture : les dictionnaires, les jeux de mots, la poésie de Rimbaud la fascinent. Ses carnets, dont quelques-uns sont perdus, détruits ou confisqués, l'accompagnent partout mais elle en abandonne périodiquement la rédaction en période de crise. L'écriture, pour laquelle elle se sait douée, lui sert de salut dans l'horreur des prisons et l'ennui. Elle constitue l'évasion symbolique quand une évasion réelle n'est pas concevable. Tout au long de sa vie en prison, la moitié de sa vie adulte, elle s'écrit dans ces carnets pour un lecteur à venir : elle imagine que son œuvre ne sera reconnue qu'après sa mort. Par ailleurs, elle écrira de nombreuses lettres.

L'œuvre d'Albertine Sarrazin est toujours, d'une façon ou d'une autre, autobiographique. Les romans – traduits en de nombreuses langues, publiés en livres de poche et adaptés, pour les deux premiers, à l'écran par Mitrani (1971) et Casaril (1968) – constituent un témoignage sur sa vie de «taularde», les milieux qu'elle côtoie après ses «cavales» et surtout la grande histoire d'amour qu'elle a vécue avec Julien Sarrazin. Écrits dans une langue drue, qui mêle argot et langue populaire, ils révèlent une maîtrise de la forme romanesque et une voix attachante dans sa violence et son authenticité.

La correspondance complète l'image de la jeune femme. Son appétit de vivre et ses «flirts» avec la mort, sa très grande demande d'amour en même temps que sa révolte contre une société légaliste et disciplinaire sont exprimés en une langue qui épouse avec bonheur le rythme et les formes de la parole. Les lettres à Julien sont particulièrement remarquables : elles renouvellent, par la manière avec laquelle elles brisent la syntaxe, alignent sans transition les souvenirs, les détails réalistes, de brèves méditations et réflexions, les souhaits, les regrets et les confessions lyriques, une forme littéraire que menace aisément la sentimentalité (cf. lettre du 25 janvier à Julien, *Lettres de la vie littéraire*).

Albertine Sarrazin a également écrit des poèmes dont elle avait dédié le premier à la mère inconnue pour laquelle elle écrivait en décembre 1951 : «Tu seras pardonnée, puisque tu as créé quelque chose qui vibre et qui bouge, un être humain, le chef-d'œuvre de Dieu.»

Bibliographie : *La Cavale* (J.-J. Pauvert, 1965). *L'Astragale* (id., 1965). *La Traversière* (id., 1966). *Lettres et Poèmes* (id., 1967). *Romans, lettres et poèmes,* préface d'Hervé Bazin (id., 1967). *Lettres à Julien, 1958-1960,* introd. et notes par Josane Duranteau (id., 1971). *Journal de prison,* préf. de J. Duranteau (Éd. Sarrazin, 1972). *La Crèche et autres nouvelles* (id., 1973). *Lettres de la vie littéraire,* préf. de J. Duranteau (J.-J. Pauvert, 1974). *Le Passe-peine : 1949-1967,* textes réunis et présentés par J. Duranteau (Julliard, 1976). *Biftons de prison* (J.-J. Pauvert, 1977).

Sélection critique : Bosc, Pierre : *Albertine mon amie* (Béziers : Éd. Vision sur les Arts, s. d.). Duranteau, Josane : *Albertine Sarrazin* (Éd. Sarrazin, 1971). Gelfand, Elissa D. : «Albertine Sarrazin : A Control Case for Feminity in Form», *French Review*, vol. LI, n° 2 (déc. 1977), pp. 245-251. Schmidt, Albert-Marie : *Chroniques de «Réforme»: 1945-1966* (Lausanne : Éd. Rencontre, 1970). Cf. FWW.

MHB et MH

SARRAZIN, Hélène.

A la rencontre d'Elie Faure (Périgueux : Fanlac, 1982). *Elisée Reclus* (La Découverte, 1985). *Le Pont de la Garonne* (id., 1989). *Les Chevaux de bronze* (id., 1991).

SARRERA, Danielle (pseud. de Frédérick Tristan).

Sous ce nom ont paru des textes précisés ici mais il s'agissait en réalité d'une de ces impostures littéraires qui distraient périodiquement le monde des lettres. L'auteur n'était autre que le romancier Frédérick Tristan. « Danièle » (ou « Danielle ») avait tenté une rentrée avant de se taire définitivement. Les premiers « Extraits » furent publiés dans A.V. Aelberts et J.J. Auquier, *Poètes singuliers du surréalisme et autres lieux* (UGE, 1971). Vinrent ensuite *Œuvre* (*Le Nouveau Commerce*, automne 1974 ; réédité en plaquette, 1976). *Journal* (en fac-similé, *Le Nouveau Commerce*, 1976). Deux poèmes par Danièle Sarrera [sic] avec présentation par Denise D. Jallais (*Elle*, 22 mai 1978).

> *Sélection critique* : Bott, François : « Le visage fulgurant de Danielle Sarrera » (*Le Monde*, 11 juin 76). Macé, Gérard : « Une sœur orale » (*Le Nouveau Commerce*, Cahier 36-37, 1977). *Quinzaine Littéraire* 255, mai 1977.

MH

SARTIN, Pierrette, essayiste, poète, romancière.

Visages de l'absence (A l'enseigne de l'homme méditant, 1948). *Visages de l'amour* (L'auteur, 1949). *Les Faussaires* (Éd. des poètes, 1952). *La Vraie Demeure* (id., 1953). *Ce Masque dont on meurt* (Rodez : Subervie, 1958). *Falaises de la solitude* (id., 1960). *Un Ange aux yeux cruels* (Villeneuve-sur-Lot : Y. Filhol, 1963). *L'Anneau de vie* (id., 1965). *Une Femme à part entière*, roman (Casterman, 1966). *Une Étrangère sans bagages* (id., 1967). *Le Revers de la médaille* (id., 1968). *Le Démon du matin* (id., 1969). *Vivre ou rêver* (id., 1970). *Comme je te veux* (id., 1972). *D'Amour et de Colère* (Éd. du Dauphin, 1972) *Ce destin accepté* (St-Germain-des-Prés, 1973). *Aujourd'hui, la femme*, essai (Stock, 1974). *Destins en croisière* (Casterman, 1974). *Ah ! Mon beau château* (id., 1976). *La Femme libérée ?* essai (Stock, 1969). *Un Château et des cygnes* (Éd. Mondiales, 1981). *Souvenirs d'une jeune fille rangée* (Pierre Horay, 1982). *Un Enfer bien convenable* (id., 1983). *L'Or de Mathieu Gommard* (id., 1987). *Chronique du temps passé* (id., 1987). *Belles-Mères* (St-Genlaye : Orbe, 1991).

SAUMONT, Annie, romancière, nouvelliste.

Dis, blanche colombe (Belfond, 1976). *Enseigne pour une école de monstres*, nouvelles (Gallimard, 1977). *Dieu regarde et se tait* (id., 1979).

Il n'y a pas de musique des sphères (Luneau Ascot, 1976). *Quelquefois dans les cérémonies* (Gallimard, 1981). *Une Ile sur papier blanc* (id., 1984). *Si on les tuait ?* (Luneau Ascot, 1984). *La Terre est à nous* (Ramsay, 1987). *Je suis pas un camion* (Seghers, 1989). *Quelque chose de la vie* (id., 1990). *Moi les enfants j'aime pas tellement* (Syros, 1990). *Le Pont, la rivière* (Métailié, 1990). *Le Lait est un liquide blanc,* nouvelles (Julliard, 1995). *Après* (id., 1996).

SAUVAGE, Cécile, 1883-1927, poète provençale.

Tandis que la terre tourne (Mercure de France, 1910). *Le Vallon* (id., 1913). *Œuvres de Cécile Sauvage* (id., 1929). *L'Ame en bourgeon* (Éditions Steff, 1955).

SCHAVELZON, Irène.

Les Mères (Gallimard, 1960). *La Chambre intérieure* (Des Femmes, 1975). *Les Escaliers d'eau* (id., 1978). *A contre-jour* (id., 1982). *Le Réduit* (id., 1984). *La Fin des choses* (Arles : Actes Sud, 1988). *Confession de Marie Vigilance* (id., 1990).

SCHÉHADÉ, Laurice, poète libanaise.

Journal d'Anne (GLM, 1947). *Le Temps est un voleur d'images* (id., 1952). *La Fille royale et blanche* (id., 1953). *Fleurs de chardons* (id., 1955). *Portes disparues* (id., 1957). *Jardins d'orangers amers* (id., 1959). *Le Batelier du vent* (id., 1961). *Les Grandes Horloges* (Julliard, 1961). *J'ai donné au silence ta voix* (GLM, 1962). *Du Ruisseau de l'aube* (id., 1966). *Le Livre d'Anne 1952-1966* (id., 1968).

SCHWARZ-BART, Simone, n.1938, romancière guadeloupéenne.

Née dans les Charentes, élevée en Guadeloupe, Simone Schwarz-Bart a poursuivi des études secondaires à Paris et supérieures à Dakar dans les années soixante. Elle a résidé en France, puis plusieurs années dans la banlieue lausannoise, dans les années soixante-dix. Elle s'est ensuite installée à la Guadeloupe, y a terminé l'éducation de ses fils, créé une entreprise et poursuivi son travail littéraire et culturel. Elle a d'abord écrit avec André Schwarz-Bart (Goncourt 1959 pour *Le Dernier des Justes*), un roman qui n'a pas reçu l'attention qu'il mérite : *Un Plat de porc aux bananes vertes*. Était prévue une « œuvre croisée » dont le premier récit, *La Mulâtresse Solitude*, parut en 1972. Il était signé par André seul mais avec une dédicace qui suggérait l'apport de Simone. La même année, Simone se voit attribuer simplement le Grand Prix des lectrices de *Elle* pour ce qui est sans nul doute (ses homologues masculins s'en rendront compte une ou deux décennies plus tard) le chef-d'œuvre de la littérature féminine antillaise : *Pluie et Vent sur Télumée Miracle*. Un troisième roman remarquable paraît sept ans plus tard : *Ti Jean L'Horizon* (1979), suivi par une pièce de théâtre et, à titre de rédactrice principale, une spectaculaire « encyclopédie de la femme noire » qui reste encore peu accessible et mal diffusée.

Héritière spirituelle, comme tant d'autres, du poète Aimé Césaire dont la sainte et sarcastique colère circule dans son premier livre, Simone Schwarz-Bart appartient à la deuxième génération d'après la négritude. Sur cette question, Simone a déclaré : « Quand on est nègre, on n'a pas besoin d'une négritude, comme un Européen n'a pas besoin d'une blanchitude. Il faut être naturel, ne rien systématiser, ne rien rationaliser ». Cette sage position est, notons-le, tributaire d'une illusion de symétrie et ne rend pas compte du statut des groupes sociaux « subalternes » par la race, le sexe ou la pauvreté.

Si le réel est loin de se présenter comme « le meilleur des mondes », la féminité nègre chez Simone Schwarz-Bart est représentée comme digne d'attention, et après une éducation douloureuse, comme sereine et respectée. Nous sommes donc très loin des « négresses à cœur blanc » de la génération d'Antillaises précédentes, stéréotype grevé de sexisme dont l'exégèse historique reste à faire. Les deux premiers romans de Simone Schwarz-Bart présentent bien, dans certaines figures secondaires (la terrifiante Man Louise d'*Un Plat de porc...*, la sœur de Télumée dans *Pluie et Vent...*) la négritude aliénée telle que Frantz Fanon l'a si durement stigmatisée chez Mayotte Capécia. Dans le contexte socio-historique réaliste du premier roman, la question de l'identité domine la différence des sexes. Dans le second, la vie amène le personnage féminin à trouver sa complétude dans les autres plutôt que dans un homme problématique. De toute façon, la situation culturelle et socio-politique de l'Antillais/e hanté/e par l'histoire prend le pas sur la divergence ou la différence des sexes.

Certains personnages de Simone Schwarz-Bart paraissent presque conventionnels dans leurs stratégies, plus dignes de pitié que de sympathie. Ainsi, Marie, dans *Un Plat de porc...* séduit le concierge (blanc) de l'hospice parisien par une pirouette grotesque, pour qu'il la laisse sortir sans égard au règlement. Elle joue le même jeu « femelle » pour obtenir un verre de vin. Mais elle exprime aussi sa solidarité de femme et de marginale à une vieille juive. Elle fait donc la femme et la négresse, sans en être dupe : le plus ancien racisme est, dit-elle, « celui du pénis contre la matrice ». Et de dénoncer l'autre racisme : « l'échelle du mépris : le Blanc méprise l'Octavon qui méprise le Quarteron qui méprise...» La troisième déchéance dont Marie est victime, tout aussi lourde sinon davantage à porter est celle de la vieillesse. L'hospice est un triple enfer blanc où la vieille Antillaise se sent «blanchir» et perdre, dans un Paris enneigé, tout souvenir du goût et de la couleur «pays». Pour retrouver son âme, elle met sa vie en jeu et part en quête du «plat de porc aux bananes vertes», ce type de «nourriture terrestre» que l'Américain a désigné «soul food», la nourriture de l'âme, le lien mystico-charnel avec l'identité. Le roman est construit sur des parallèles à divers niveaux entre la terre natale et la terre d'aliénation. Le récit non linéaire n'est pas sans affinités avec certains nouveaux romans : de grands pans de souvenance distendent l'histoire d'un journal tenu pendant douze jours pour ne pas mourir, car le contrat narratif du texte est en vérité un testament spirituel.

Tout autre sera la destinée de Télumée Miracle. Jeune fille, elle est avertie des différences liées au sexe et de la position privilégiée du mâle mais elle descend d'une lignée de femmes remarquables : issues du couple mythique Minerve - Shango (dieu yoruba), les personnages de Toussine (la grand-mère, dite «Reine-sans-nom») et la mère (amoureuse passionnée, mère absente mais aimée) sont des incarnations de la sagesse et de la liberté féminines qui soutiennent Télumée dans la tâche de vivre. Un détail des plus éloquents sur la représentation de la féminité, est cette joyeuse transe de Toussine dans les rues, le jour où elle remarque la naissance des seins de Télumée. Dans un monde où la venue d'enfants est une charge économique nouvelle et cruciale, les valeurs de vie restent incontestées. La féminité est une condition acceptée et célébrée, la beauté nègre est chantée en termes nouveaux (sans exotisme ni sexisme), l'amour est vécu et non dévalorisé, lors même qu'il échoue et sombre dans la haine et la violence. Télumée jeune femme subit le sort du dernier degré (avant le chien) dans l'«échelle du mépris». Elle est humiliée, rouée de coups, trompée sans vergogne par son compagnon, autrefois amoureux idyllique, lui-même victime de l'alcoolisme et de cette folie destructrice qui est parfois le dernier recours de l'homme démuni.

Cette injuste folie masculine est comprise, sinon pardonnée, par l'Antillaise et c'est en elle-même, dans des épisodes très riches symboliquement (prostration de Télumée près du pont «de l'autre côté» qu'elle ne franchit pas, bain magique que lui administre la bénévole quimboiseuse-herbaliste Man Cia) qu'elle trouve les forces nécessaires pour renaître, réapprendre la joie, voir remonter dans le ciel «son étoile», selon l'inégalable prose poétique de Simone Schwarz-Bart. La sagesse de son personnage – qui traverse tous les degrés de la déchéance – la romancière la résume en ces termes : ce qu'un homme ne doit pas faire, c'est «se lever de grand matin pour faire ce dont on est incapable», «cracher sur un bienfait», «voir la beauté du monde et dire qu'il est laid». Télumée est donc une formidable et admirable figure d'un autre âge. En outre, elle incarne tragiquement l'inconscience politique de ses concitoyens (son dernier amour est brûlé lors d'une grève).

Pluie et Vent était un hymne à la féminité antillaise, écrit parce qu'une vieille femme que l'auteur considérait comme «une mémoire de notre époque» était morte : Stéphanie Priccin, dite Fanfanne ou Fanotte ou Diaphane est bien morte en 1968, assise fumant sa pipe, ou dûment couchée sinon comme le dit le texte «debout dans son petit jardin» de Goyave. En regard de *Pluie et Vent...*, *Ti Jean L'Horizon* se veut le péan d'une certaine virilité mythique antillaise. «J'espère, explique Simone Schwarz-Bart, qu'en écrivant j'aide peut-être les Antillais à se constituer leur mémoire, à ne pas être de nouveau des gens complètement vides». Et de préciser : «Je suis une femme d'espoir.»

Le lieu primordial pour *Ti-Jean* est le même village de Fond-Zombi, à Basse-Terre, où l'écrivaine a élu résidence depuis quelques années. C'est un roman qui reprend à son compte l'imaginaire du folklore antillais que l'auteur a exploré. Un jour, une Bête fantastique – qui a quelque affinité avec la vache céleste du mythe égyptien – avale le soleil et inflige la grisaille sur le monde. Le jeune Ti Jean, héros «à la verge d'or» né d'un inceste rituel entre le dernier Africain de Guadeloupe et sa fille Awa (Ève d'abord soumise puis révoltée) part en quête du soleil et de sa bien-aimée Égée, passant lui-même par le ventre de la Bête. Ti Jean, à rapprocher donc de Jonas, Ulysse et Kunte (*Racines* d'Alex Haley), traverse diverses morts initiatiques, du Niger au Royaume des Morts et au pays de France où l'attend la dernière épreuve : la perte de sa couleur. Il survit et parvient à la connaissance du passé africain, à la longue patience et à la victoire sur l'esprit du mal. La Bête a partie liée avec le pouvoir des Blancs qui aliène et fait perdre la mémoire de leur identité à ces Antillais «d'En-Bas», taxés de se complaire à être «les derniers des derniers».

Ce riche texte limite les représentations féminines à quelques figures d'épouses, de mères, de sorcières bonnes ou mauvaises. L'héroïsme de Ti Jean prend en partie ses sources dans l'amour parfait qu'il porte à sa mère et à Égée. Le leitmotiv des matrices qui seules peuvent permettre aux âmes des morts la remontée sur terre – la sexualité féminine est donc seconde à la fécondité mais célébrée en soi également – trouve une expression hardie dans le «chant» nocturne des amoureuses, tradition instituée au village par Awa-Man Eloise, mère du héros. C'est une tradition que Ti Jean redécouvre en Afrique où il est initié à la polygamie et où il découvre qu'il est lui-même la réincarnation de son grand-père Wademba, capturé avant la chute d'Abomey.

Ton beau capitaine, beaucoup plus ponctuel, fait au contraire subtilement l'éloge de l'amour monogame jusqu'en ses parades défensives et mensongères. La pièce a été créée au Centre des arts de Pointe-à-Pitre (Troisième Rencontre caribbéenne de théâtre) et jouée également à Limoges (Festival de la Francophonie, octobre 1987) et au théâtre de

Chaillot, avec une mise en scène de l'Haïtien Syto Cavé. Le spectacle a fait l'objet d'un entretien télévisé au printemps 1990 avec l'actrice Mariann Matheus qui incarnait Marie Ange, une femme qui « sait parler » et sauve ainsi son amour, contre toute attente. C'est un dialogue par cassette sonore interposée où le génie de Simone Schwarz-Bart s'exerce à communiquer en des images neuves, explicites et pudiques, le désir et la frustration sexuelle, à travers la crise conjugale archétypique où le choix s'accomplit encore et toujours du côté de la vie... discours idéaliste à nouveau et derechef magnifique dans le contexte du drame socio-économique d'Haïti.

En 1988 et 1989 paraît le fruit spectaculaire et peu accessible d'un travail d'équipe, imprimé en Belgique, et dont la rédaction avait été confiée à Simone Schwarz-Bart, avec la collaboration d'André Schwarz-Bart. Six volumes constituent l'*Hommage à la femme noire*. S. Schwarz-Bart en résume la conception : évoquer l'histoire de la femme noire dans sa continuité, de l'origine (« Lucy ») à nos jours. Les deux premiers volumes passent par l'Égypte ancienne et ses grandes reines noires, les Candaces de Nubie et les reines et guerrières de l'Afrique traditionnelle : conquérantes, amazones, résistantes (les trois Ranavalona, reines de Madagascar). Le troisième tome est consacré aux grandes figures de l'esclavage, du Brésil aux États-Unis et aux Caraïbes : Agualtune, Nanny, Harriet Tubman, Zabeth, Solitude, etc. Le quatrième présente les grandes figures du vingtième siècle en Afrique : Bessie Head, Myriam Makeba, Winnie Mandela, Mariama Ba parmi les plus célèbres. Le cinquième volume est consacré aux États-Unis avec Mahalia Jackson, Bessie Smith, Josephine Baker, Angela Davis, Coretta Luther King (mais point Tony Morrison). Enfin, le dernier présente les Antillaises parmi lesquelles la cinéaste Euzhan Palcy (*La Rue Cases-Nègres, Siméon*), Maryse Condé, Ina Césaire, Sarah Maldoror, Toto Bissainthe, etc. C'est un travail conçu pour « rendre hommage à nos mères depuis le début des temps, et manifester que nous sommes là debout, vivantes, pleines de courage et d'espoir pour les tâches futures ».

Bibliographie : *Un Plat de porc aux bananes vertes,* avec André Schwarz-Bart (Seuil, 1967). *Pluie et Vent sur Télumée Miracle* (id., 1972). *Ti Jean L'Horizon* (id., 1979). *Ton beau capitaine,* théâtre (id., 1987). *Hommage à la femme noire,* avec André Schwarz-Bart *et al.,* 6 vol (Éditions Consulaires, 1988-1989).

Sélection critique : Case, Ivor Frederick : *The Crisis of Identity : Studies in the Guadeloupean and Martinican Novel* [Lacrosil, Glissant, Schwarz-Bart] (Sherbrooke : Naaman, 1985). Collectif : *L'Héritage de Caliban,* dir. Maryse Condé (Guadeloupe : Éd. Jasor [diff. Sépia], 1992). Condé, Maryse : *La Parole des femmes* (L'Harmattan, 1979). Cissey, M.B., « A propos de *Pluie et Vent sur Télumée Miracle* », entretien avec S.S.-B. (*L'Afrique Littéraire et Artistique* 26, 1972). Malu-Mert, Dominique :

Simone Schwarz-Bart (Bruxelles : Hatier, 1985). Toumson, Roger : *Pluie et vent sur Télumée Miracle* (TED, n° 2. GEREC, 1979, Éditions Caribéennes). Toureh, Fanta : *L'Imaginaire dans l'œuvre de S. Schwarz-Bart : Approche d'une mythologie antillaise* (L'Harmattan, 1987).

CM

SCUDÉRY, Madeleine de –, 1607-1702, romancière « précieuse ».

Madeleine de Scudéry naquit au Havre, sans doute fin décembre 1607, dans une famille noble mais de médiocre fortune. Toute jeune orpheline, elle est recueillie avec son frère par un oncle qui lui assure une éducation exceptionnelle. Elle étudie la peinture et la musique aussi bien que le latin, l'espagnol et l'italien. L'excellence de cette formation se manifeste dans l'œuvre par les échos de Virgile, Horace, Pétrarque et Aristote qui ponctuent de longs textes suivant la vogue du genre pastoral. Elle restera célibataire. Pour ses débuts littéraires, elle collabore au célèbre roman *Ibrahim* (1641) avec son frère, Georges de Scudéry. Ce dernier devait d'ailleurs signer les premiers textes de Madeleine en raison des conventions de l'époque et malgré la réputation qu'elle acquiert très tôt de juge en matière de goût littéraire.

Formée au salon de la Marquise de Rambouillet, elle règne avec succès sur son propre salon entre 1640 et 1658. On la tient pour responsable au premier chef de cette « préciosité » caractérisée par un souci de raffinement et de réforme des mœurs qui se traduit dans l'emploi de pseudonymes et de circonlocutions. C'est ainsi que Madeleine se représente idéalisée en « Sapho » dans *Le Grand Cyrus*, roman fort prisé dans les années 1650. Mais la satire de Boileau, de Molière et autres critiques des Précieux amène le déclin de son salon. Après la mort de son frère, en 1666, ses écrits portent de plus en plus la marque du style moraliste propre au siècle. Attirée par les solitaires de Port-Royal à la publication des *Lettres Provinciales,* elle en tire l'austère philosophie de *Clélie*. Ce n'est qu'avec la parution des *Conversations Morales* que sa réputation, de longtemps établie, lui vaut une pension royale. La romancière assagie gagne enfin la faveur de Madame de Maintenon et continue, malgré une santé précaire, à écrire jusqu'à sa mort. Elle est inhumée en l'église de Saint-Martin-des-Champs, près de Beaubourg.

Très fière de son esprit, de son intelligence, Madeleine de Scudéry s'accommode mal toutefois de son manque de beauté. Elle cultive donc assidûment un art de la conversation qui lui assure l'admiration de son entourage dès son entrée au salon de Madame de Rambouillet. C'est là qu'elle rencontre les maîtres de la « préciosité » : Voiture, Guez de Balzac, Mme de Sévigné. Elle participe à l'élaboration des règles d'un jeu qui marque le siècle. Son influence est déterminante dans la formulation des théories romanesques de l'époque qui ne jouissent pas d'une très grande respectabilité, du fait qu'elle ne s'appuient pas vraiment sur les principes d'Aristote. Le mérite de ces théories est toutefois d'être originales. Il faut aussi noter que Madeleine de Scudéry ouvre la voie à Racine et Mme de La Fayette par son traitement de la crise psychologique intime. Son influence s'étend à d'autres pays d'Europe car *Clélie* et *Le Grand Cyrus* sont traduits en anglais, en allemand et en italien. Les artifices du roman baroque sont une cible facile pour la critique mais Mlle de Scudéry n'en est pas seule responsable : épousant les tendances du moment, elle les exagère et les raffine plus qu'elle ne les impose.

On peut compter Madeleine de Scudéry au rang des féministes, en regard même des critères d'aujourd'hui. Ses idées sur l'éducation des femmes sont jugées fort audacieuses par ses contemporains et la description de l'école des filles par « Sapho » est unique en son temps. La romancière pense qu'une femme doit être savante sans pédanterie et soutient qu'un esprit raffiné et une vive intelligence ne tombent pas nécessairement dans l'affectation. Le portrait de Sapho dans *Le Grand Cyrus* et ses idées sur l'éducation figurent généralement dans les anthologies. *Clélie*, roman qu'elle préférait au *Grand Cyrus*, est significatif au même degré, car il constitue un commentaire transposé de la condition féminine au XVIIe siècle.

La plupart des femmes célèbres des salons en sont en effet venues à s'opposer au mariage forcé, mariage « d'intérêt » prédéterminé, si caractéristique de l'époque. Au lieu de cette dure réalité, les romans néo-platoniciens, tels *Le Grand Cyrus* et *Clélie*, montrent des héroïnes qui réussissent à garder leur indépendance précisément parce qu'elles effectuent un renversement du monde réel : le héros courtois est obligé de s'abaisser devant sa dame. La trame de ces romans, difficile à cerner de par leur ampleur, inclut parfois des personnages indistincts et des intrigues mineures fondées sur le hasard. Cependant une idée claire se dégage de cette création : le roman doit se dérouler dans un passé historique lointain qui puisse être adapté ou modifié au gré de l'auteur. Ceci afin que la leçon morale qu'il présente soit claire.

On pourra apprécier le débat sur l'amour et l'amitié en écoutant Plotine, dans *Clélie*. Comme Sapho dans *Le Grand Cyrus*, elle a décidé de ne jamais se marier. Elle a aimé Martius mais elle ne voulait pas l'épouser afin de mieux préserver son bonheur et son indépendance. Les amis déplorent sa décision, surtout Amilcar qui l'aime tendrement. Les idées exposées ne sont pas nécessairement celles de Madeleine de Scudéry : on envisage plutôt les possibilités diverses de résolution d'un problème. Si l'on en juge par les mariages qui ponctuent la fin de *Clélie,* il n'est pas tant question de la validité de la décision de Plotine que des (dés)avantages du mariage en général. L'héroïne préfère « sans comparaison mieux passer toute [sa] vie avec la liberté d'avoir des Amies et des Amis tels qu'il [lui] plaira». «Car je sens bien que si je me mariais, je serais si bonne femme, que j'en serais misérable.» On entend là une voix qui annonce celle de la Princesse de Clèves, la voix de l'autonomie féminine qui, comme celles de Christine de Pisan et de Simone de Beauvoir entre autres, ne cessent de scandaliser.

Bibliographie: *Ibrahim ou l'illustre Bassa*, 4 vol. (Sommaville, 1641). *Artamène ou le Grand Cyrus*, 10 vol. (Courbé, 1649-1653). *Les Femmes illustres* (Sommavile et Courbé,1642, & Quiney et de Sercy, 1644; rééd. avec préface de Claude Maignien, Côté-Femmes, 1991). *Clélie, histoire romaine*, 8 vol. (id., 1660-1663). *Almahide, ou l'esclave reine*, 8 vol. (id., 1660-1663). *Célinte. Nouvelle première* (id., 1661). *Mathilde* (Eschart, 1667 avec *Les Jeux*, servant de préface à *Mathilde*). *Dialogue d'Acante et de Pégase* (1668). *La Promenade de Versailles* (Barbin, 1669). *Célanire* (id., 1671). *Discours de la louange de la gloire* (Recueil de l'Académie Française, 1671). *Conversations sur divers sujets*, 2 vol. (Barbin, 1680). *Entretiens de morale*, 2 vol. (Anisson, 1682). *Conversations morales*, 2 vol. (T. Guillan, 1686). *Nouvelles conversations de morale*, 2 vol. (Cramoisy, 1688). *Autres éditions modernes: Artamène ou le Grand Cyrus* (Genève: Slatkine, 1972). *Clélie, Histoire romaine* (id., 1973). *Choix de conversations de Mlle de Scudéry*, éd. Philip Wolfe (Ravenne: Longo, 1977). *Mathilde d'Aguilar* (Genève: Slatkine, 1979). *La Promenade de Versailles ou Entretiens de six coquettes* (id., 1979; = Barbin, 1669). *Célinte*, nouvelle première (Nizet, 1979).

Sélection critique: Aronson, Nicole: *Mademoiselle de Scudéry* (Boston: Twayne/G. K. Hall, 1978). Godenne, R.: *Les Romans de Mlle de Scudéry* (Genève: Droz, 1983). Goldsmith, Elizabeth C.: *Exclusive Conversations: The Auld Interaction in 17th c.* (Philadelphie: Univ. of Pennsylvania Press, 1988). Mongrédien, G.: *Madeleine de Scudéry et son salon, Paul Pélisson et leur monde* (Univ. de Rouen/ PUF, 1977). Cf. FWW.

Denise M. Decker

SEBBAR, Leïla. n. 1941, romancière franco-algérienne.

On pourrait présenter une biographie de Leïla Sebbar en utilisant le titre d'un article qu'elle a donné à la revue *Intersignes* (printemps 1991): «Le corps de mon père dans la langue de ma mère». Elle y explique qu'elle est «la fille d'un Arabe et d'une Française, ce qui, soit pendant la colonisation, c'est-à-dire pour l'Algérie jusqu'en 1962, soit après l'indépendance de ce pays devenu un État nationaliste et musulman, représente une situation complexe, sinon conflictuelle». Leïla Sebbar, née à Aflou, vit à Paris, mariée avec un Français, écrit dans nombre de revues et journaux, et publie des livres qui entrent pour la plupart dans la rubrique « roman ». Elle est à la fois enseignante, journaliste, écrivain, le tout en tant que Française plutôt que francophone dans la perception qu'on a d'elle généralement, car le français est sa langue maternelle. Au cours de ses études supérieures de lettres à Paris, elle a mené des recherches sur la littérature coloniale au dix-huitième siècle et sur l'éducation des filles au dix-neuvième.

On peut reconnaître dans le travail de Leïla Sebbar deux préoccupations principales, qui souvent s'entrecroisent dans un même livre. Il s'agit d'une part de la condition de la femme, vue dans son mode de vie très concret, à l'âge des mères comme à celui des petites ou jeunes filles, et d'autre part du sort de ceux qu'en France on appelle les travailleurs immigrés, alors que, du point de vue de leur pays d'origine, ils constituent l'émigration. Sur le premier thème, elle a écrit dans *Les Temps Modernes* et dans la revue *Sorcières*, sur le second dans des journaux comme *Sans frontière*, ou en tant que critique dans *La Quinzaine Littéraire*. Elle pratique également cette activité de critique littéraire dans des émissions de radio telles que, sur France-Culture, « Antipodes » ou « Panorama ».

C'est en croisant le thème de la femme ou celui de l'exil et de l'immigration qu'elle a donné ses créations littéraires les plus personnelles et les plus fortes. Ce croisement est au centre du livre intitulé *Lettres parisiennes,* qui est une correspondance à deux voix entre Leïla Sebbar et Nancy Huston, elle-même d'origine canadienne vivant en France. Le sous-titre de ce livre, « Autopsie de l'exil », en dégage le thème principal, mais il n'en est pas moins spécifié dans les lettres que la particularité de cet exil (et de cette recherche d'identité) est qu'il est vécu par des femmes.

Dans le domaine romanesque, L. Sebbar est l'auteur d'une trilogie centrée sur le personnage de Shérazade, qu'elle décrivait ainsi, dans le titre même du premier volume : *17 ans, brune, frisée, les yeux verts*. Le nom de cette fille vient évidemment des *Mille et une nuits*, mais avec une syllabe en moins, de manière à faire une référence humoristique à la tradition orientaliste. Shérazade est une jeune Algérienne vivant à Paris, représentative de ceux et celles qu'on appelle les Beurs (et « Beurettes ») ou les Maghrébins de la deuxième génération, nés en France. De là vient que le conflit des générations est particulièrement aigu dans ce groupe social, car les enfants n'ont jamais connu cette tradition à laquelle on veut pourtant les soumettre et qui est si différente de ce qu'ils voient chez leurs camarades français. Shérazade est une jeune révoltée et une fugueuse, c'est-à-dire qu'elle a quitté le domicile familial pour vivre librement. Sa relation amoureuse avec un jeune Français n'est qu'un aspect ou une illustration de cette liberté. Il n'est d'ailleurs pas étonnant que ce jeune homme appartienne à une famille de « pieds-noirs », ces Français d'Algérie qui sont massivement rentrés en France au moment de l'indépendance. Shérazade retrouve un peu grâce à lui et à sa culture le parfum d'une identité qu'elle n'a jamais eue et qu'elle n'aura jamais, mais qui est pour elle l'objet d'un désir et d'un mythe.

Au cours des deux livres suivants, *Les Carnets de Shérazade* et *Le Fou de Shérazade*, la jeune fille part à la recherche de ses origines orientales, si mystérieux et vague que soit ce mot. *Les Carnets* montrent qu'elle en trouve quelques traces en France, car le passé maghrébin fait partie de la culture ex-colonisatrice. Mais ce livre est surtout celui de l'errance, ni gaie ni triste, et du mélange singulier que l'adolescente pratique entre retenue et don de soi. *Le Fou* fait référence à la tradition littéraire arabe, notamment à la légende de Leïla et Medjnoun, où il désigne l'amoureux éperdu, que sa passion rend poète en même temps. Cependant l'histoire d'amour qui est belle et secrète se déroule dans le cadre d'un pays qui, en 1991, représente l'Orient sous sa forme la plus actuelle dans la conscience angoissée de l'auteur et de son personnage. Ce pays est le Liban où Shérazade se trouve quelque temps retenue en otage, malgré son évidente innocence et son ignorance de toute politique. Le livre est pour Leïla Sebbar l'occasion de rendre un hommage plein de tristesse et d'effroi à ce pays irrémédiablement déchiré.

L'auteur précise que l'histoire de Shérazade s'arrêtera au terme de cette trilogie. Il est vrai qu'en matière de narration, elle pratique aussi la forme courte, comme on a pu le voir par un recueil de nouvelles intitulé *La négresse à l'enfant*. Les personnages sont encore des femmes, non seulement la négresse elle-même, mais « la fille au juke-box », ou les « Femmes derrière des poubelles ». Ce dernier titre parodique de ceux qu'on donnait aux tableaux d'autrefois, du genre « Femme à l'ombrelle » montre toute la dureté des vies que l'auteur évoque, pour ses personnages doublement voués aux travaux les plus ingrats, parce qu'elles sont femmes et parce qu'elles sont immigrées. Ici il ne s'agit plus de Maghrébines mais de femmes en provenance de nombreux autres pays, Mauriciennes, Antillaises, etc., car le problème est élargi : il touche à la composition de la nouvelle société française, société plurielle où abondent des minorités diverses et en leur sein des destins individuels pathétiques, ignorés de la majorité.

Sans « appartenir » à tel ou tel parti, Leïla Sebbar est vigoureusement engagée et, soucieuse d'efficacité, elle s'appuie parfois sur des albums de photos qu'elle commente, de manière à renforcer par l'image l'impact des mots. Cependant elle ne considère pas seulement la littérature comme une arme, c'est aussi le lieu où se déploie son imaginaire, et son plaisir de créer, à travers les croisements entre l'Orient et l'Occident, avec la violence, l'amour et la haine qu'ils peuvent produire dans les territoires de l'exil.

Bibliographie : « Le Mythe du bon nègre au 18ᵉ siècle », essai (*Temps Modernes,* juil.-sept., 1974). « Si je parle la langue de ma mère », fiction

(*Temps Modernes*, février 1978). « Tu ne téléphones plus », nouvelle (*Sorcières* 17, 1979). *On tue les petites filles*, essai (Stock, 1980). *Le Pédophile et la maman,* essai (id., 1980). *Anatomie de la vie domestique* [textes sur photographies de femmes] (Nathan, 1980). *Des femmes dans la maison,* en collaboration (Nathan, 1981). *Fatima ou les Algériennes du square* (Stock, 1981). *Shérazade, 17 ans, brune, frisée, les yeux verts* (id., 1982). *Le Chinois vert d'Afrique* (id., 1984). *Les Carnets de Shérazade* (id., 1985). *Lettres parisiennes, autopsie de l'exil,* avec Nancy Huston (Barrault, 1986). *J.H. cherche âme sœur* (Stock, 1987). *Génération métisse* [photos d'Amadou Gaye] (Syros-Alternatives, 1988). *Femmes des Hauts-Plateaux, Algérie 1960* [photos de Marc Garanger] (La Boîte à Documents, 1990). *La Négresse à l'enfant,* nouvelles (Syros-Alternatives, 1990). *Le Fou de Shérazade* (Stock, 1991).

Denise Brahimi

SEGALAS, Anaïs, 1814-1893, poète, dramaturge.

Les Algériennes (Mary, 1831). *Oiseaux de passage* (Moutardier, 1837). *Enfantines* (Janet, 1844). *La Femme* (id., 1847). *La Loge de l'Opéra* (Second Théâtre Français, 7 avril 1847). *Récits des Antilles* (Delgrave, 1885). *Le Compagnon invisible* (Dentu, 1888).

SEGHERS-PEUGNIEZ, Colette, n. 1928, poète.

Lointains (Seghers, 1960). *Sarah Cortez* (id., 1966). *Un Jour dans la vie de Mennie Lee* (id., 1968). *L'Homme de saphir* (id., 1969). *Dix Poèmes pour un bébé* (id., 1970). *Belle ou l'envers du temps* (Laffont, 1978).

SÉGUR, Sophie Rostopchine, comtesse de –, 1799-1874, auteur pour enfants.

Les Petites Filles modèles (Hachette, 1858). *Les Malheurs de Sophie* (id., 1859). *Un Bon Petit Diable* (id., 1865). *Les Deux Nigauds* (id., 1863). *La Fortune de Gaspard* (id., 1866). *Pauvre Blaise. La Bible racontée aux enfants. Le Général Dourakine, Comédies et Proverbes, Le Mauvais Génie, Les Mémoires d'un âne,* etc. *Œuvres,* 3 vol., prés. de Claudine Beaussant (Laffont, 1990). V. Audiberti, Marie-Louise : *Sophie de Ségur née Rostopchine* (Stock, 1981). Doray, Marie-France : *Une Étrange Paroissienne, La Comtesse de Ségur* (Rivages, 1990). Dufour, Hortense : *Comtesse de Ségur née Rostopchine* (Flammarion, 1990). Ezgal, Yves-

Michel et M.-J. Strich : *La Comtesse de Ségur* (Perrin, 1990). Cf. DLLF, DFELF, FWW.

SELLE, Anne, n. 1897, poète, romancière bretonne.

Offrandes (-, 1925). *L'Année enchantée* (-, 1935). *Thumette, Bigoudenne* (Figuière, 1936). *Brume sur le grand port* (-, 1958). Cf. DLFF.

SERREAU, Geneviève, 1915-1981, romancière, critique, dramaturge.

Née dans l'île d'Oléron, elle a fait des études de lettres et de théâtre et fondé avec son époux, Jean-Marie Serreau, le théâtre de Babylone où fut créé *En attendant Godot*. Proche collaboratrice de Maurice Nadeau aux *Lettres Nouvelles* pendant de longues années, Geneviève Serreau a publié une *Histoire du Nouveau Théâtre* et un essai sur Brecht ; elle a traduit des œuvres de Brecht et Gombrowicz, a écrit des romans et plusieurs recueils de nouvelles.

« Est-ce cela qu'elle est allée chercher jusqu'au bout des terres habitées : la vérité non supportable de leur vie ? et en mourir s'il le faut ? » Quand elle s'interroge ainsi à propos de l'héroïne d'une des nouvelles de *La Lumière sur le mur*, Geneviève Serreau définit assez exactement sa propre démarche d'écrivain et une quête qui, de nouvelle en nouvelle, de *Ricercare* à *Dix-huit mètres cubes de silence*, débouche sur l'isolement des êtres et leur mort solitaire. Cette vérité tragique de la condition humaine, c'est dans la vie des êtres les plus humbles ou les plus démunis que Geneviève Serreau la met à nu, chez tous les paumés, immigrés, clochards, enfants, vieillards. Mais c'est aux femmes surtout qu'elle donne une voix, à des femmes qui portent en elles tout le malheur du monde, celle qui est abandonnée et celle qui a perdu son enfant mort-né, l'une qui n'est pas aimée, l'autre qui va se faire avorter et celle-là qui se cloître avec son enfant handicapé. Et cette voix est inoubliable.

On se souvient que Geneviève Serreau a été mêlée de près à l'aventure du théâtre moderne. Proches de ceux de Beckett, ses personnages s'expriment avec des mots de tous les jours en un discours fait de bribes de réflexions, de monologues intérieurs, de cris et murmures, dans une langue qui marie l'humour, la farce même, à la poésie, et parvient à cerner l'indicible, le « ça » de l'expérience humaine la plus humble. Ce « ça » qui revient comme un leitmotiv dans le titre de plusieurs nouvelles : « où faire ça, » « où ça va, » « faire passer ça. » Est-ce un univers sans espoir ? Dans ses romans la vision de Geneviève Serreau s'élargit et l'individu tente de sortir du cercle étroit du couple ou de la famille où il essayait d'exister. Mais s'insurger contre une société raciste (*Le Fondateur*), changer le monde par l'action révolutionnaire ou terroriste (*Cher point du monde*), ou par l'exode vers la terre promise (*Un Enfer très convenable*) n'aboutit qu'à l'échec et à la mort. Il n'y a pas de paradis sur terre. Le silence de la fin rejoint le silence des origines : « une vie éjectée dans un petit chuintement misérable – drôle d'accouchement » (*Ricercare*). Pourtant la fable politique nous touche moins que le thème insistant de l'être qui, pris sous la chappe des événements, ne peut se sauver que par son refus de toute résignation et sa fidélité à des rêves personnels. Ainsi on ne peut oublier la Grelu, fille mal-aimée de l'Assistance publique dans *Un Enfer très convenable* qui s'arrache même à l'amour d'un enfant pour préserver l'intégrité de sa recherche personnelle d'une dignité. Symbole dans une vie de femme d'un entêtement à être soi-même et d'un apprentissage sans illusion de ce que Cocteau appelait « la difficulté d'être ».

Bibliographie : *Le Fondateur*, rm (Julliard, 1959). *Bertolt Brecht* (L'Arche, 1960). *Un Barrage contre le Pacifique,* d'après le roman de Marguerite Duras, *L'Avant-Scène* 212 (1960). *Ressac* (Julliard, 1962). *Cher point du monde*, rm (Denoël, 1970). *Ricercare,* nouvelles (id., 1973). *Dix-huit mètres cubes de silence*, nouvelles (id., 1976). *Les Peines de cœur d'une chatte anglaise,* adapt. de Balzac (Paris, 1978). *La Lumière sur le mur,* nouvelles (Gallimard, 1979). *Un Enfer très convenable*, rm (id., 1981). *Tabarin* (Plasma, 1981). *Nouvelles*, livre-cassette lu par l'auteur (Des Femmes).

Sélection critique : *Le Monde*, 28 février 1970 (Jacqueline Piatier). *L'Express,* 14-20 mai 1973 (Angelo Rinaldi). *Le Monde,* 14 juin 1973 (Bertrand Poirot-Delpech). *Le Monde*, 21 mai 1976 (Marion Renard). *French Review*, octobre 1977 (Nicole Rapoza). *L'Express*, 7-13 avril 1979 (Angelo Rinaldi). *Le Monde*, 4 octobre 1981 (Maurice Nadeau).

Monique Whiting

SEVESTRE, Hélène, n. 1955, poète.

Poèmes sauvages (Denoël, 1972). *Mes expériences, mes terreurs ; Le Sang qu'on appelle le manger rouge* (Pierre Émile, 1979). *Voyage en Argentine* (Parler Net, 1986). *Les Iles malouines* (Imp. nationale : 1989).

SÉVIGNÉ, Marie de Rabutin-Chantal, marquise de –, 1626-1696, épistolière.

Si la tentation de dépoussiérer les classiques n'est pas nouvelle, elle n'est pour nul auteur plus nécessaire que pour l'un des plus malmenés par la tradition : Mme de Sévigné. La tâche urgente est, avant d'entreprendre toute présentation de cette œuvre trop (mal) connue, de faire table rase de certaines idées préconçues qui orientent essentiellement la lecture dans trois directions tyranniques : Mme de Sévigné mondaine fait la chronique de son temps pour déployer les charmes de son esprit ; Mme de Sévigné femme de lettres s'attend en effet à être lue par l'aristocratie des salons ; Mme de Sévigné, mère obsessionnelle d'une fille obligée de suivre son mari en Provence, écrit pour supporter les affres de la séparation.

Née à Paris, elle est la fille de Celse-Benigne de Rabutin, baron de Chantal, et de Marie de Coulanges. Elle est donc issue de deux maisons d'importance inégale : les Rabutin d'ancienne noblesse, les Coulanges enrichis de fraîche date. Son père mort au combat en 1627 et sa mère en 1633, elle n'a bientôt plus qu'une grand-mère, Jeanne Frémiot, baronne de Chantal, qui entre dans la vie religieuse où elle fondera l'ordre de la Visitation sans pour autant souhaiter faire de sa petite-fille une religieuse. Confiée aux Coulanges, la jeune Marie reçoit une éducation variée par des maîtres, qui, s'ils ne sont pas Chapelain et Ménage, comme le voudrait la tradition (leur influence sera plus tardive, à la faveur d'amitiés quelque peu galantes), lui apprennent le chant, le maintien, les bonnes manières, l'équitation, ainsi que les belles lettres, l'italien, l'espagnol et le latin.

Quand elle se marie en 1644 avec Henri de Sévigné, elle fait plutôt figure comme sa mère de riche héritière alors que son futur mari est issu d'une famille équivalente de celle des Rabutin. C'est lui qui hausse l'orpheline à son niveau tandis que la dot de sa femme lui servira à acquérir, pendant la Fronde, en faisant sa paix avec le roi, la charge de gouverneur de Fougères. A rebours de la coutume de l'époque, Mme de Sévigné n'est pas disposée – ses conseils à sa fille vont dans ce sens – à sacrifier santé et beauté à des maternités répétées. En accord avec les nouvelles idées précieuses, elle entend affirmer le droit de la femme à se préserver des dangers de l'enfantement. Cette attitude la conduit non aux méthodes contraceptives que l'on connaît peu mais à la continence qui satisfait pleinement la marquise. D'ailleurs M. de Sévigné meurt en 1651 au cours d'un duel pour l'honneur de sa maîtresse, Mme de Gondran. L'épouse reste veuve avec deux enfants : Françoise-Marguerite née en 1646 et Charles né en 1648.

La belle et spirituelle marquise est poussée vers la galanterie par son cousin Bussy qui, selon ses propres écrits, se serait contenté d'une amitié amoureuse faute d'une relation plus étroite. Mme de Sévigné charge en fait Mme de la Trousse de veiller sur sa conduite, un peu comme Mme de Clèves dans le célèbre roman de Mme de La Fayette (amie fidèle de la marquise) se réfère à sa mère pour sauvegarder son honneur. Car Mme de Sévigné après un séjour aux Rochers (héritage breton de son mari où elle se retirera souvent par la suite) vit entourée d'une société choisie. Beaucoup d'admirateurs entrent dans ce jeu galant, Ménage notamment, le poète Marigny et aussi de grands personnages comme Turenne et Fouquet dans les papiers duquel on trouve, après son arrestation, des lettres de Mme de Sévigné que le roi trouve «très plaisantes». Jeu raffiné mais dangereux dont le profit est sans doute plus intellectuel que sentimental : les dames de ce temps-là peuvent par la fréquentation de tout ce qui compte dans le monde des arts – chez Fouquet, Mme de Sévigné connaît La Fontaine et Corneille – parfaire leur éducation souvent incomplète, différente de celle des hommes car les filles au dix-septième siècle sont éduquées dans des couvents et ne sont pas reçues à l'université. Mme de Sévigné cherchera toute sa vie à s'entourer d'avis autorisés, celui de Corbinelli par exemple dont elle parle fréquemment dans ses lettres. Ce qu'elle réussit à faire pendant cette période la plus brillante de sa vie tient de la prouesse : «Il n'y a point à votre âge de femme plus aimable et plus vertueuse que vous», lui écrit Bussy en 1655 se faisant l'écho de ses contemporains.

On a souvent figé Mme de Sévigné dans cette situation enviable où elle écrirait à sa fille en toute quiétude d'esprit. Mais quand l'heure fatidique de la séparation survient, la faveur royale a déjà délaissé Retz, dont Henri de Sévigné était parent, ainsi que Fouquet et Bussy. Mais plus encore que pour elle-même, c'est pour sa fille qu'elle sent les dangers d'être femme à la Cour. En 1664, Françoise-Marguerite a dix-huit ans et la marquise entend l'établir avec éclat. Or la gloire d'être réputée «plus jolie fille de France» inclut le risque d'être remarquée par le roi sans payer de retour cette insigne faveur. Sans doute peut-on trouver là – outre son appartenance à une «race frondeuse» – la raison du mariage tardif, à 22 ans, et de l'éloignement des Grignan en Provence. Dorénavant Mme de Sévigné prend ses distances avec la Cour : elle passe en Bretagne de longues périodes, hivers compris. La grande dame ne donne pas non plus l'impression de l'aisance : son oncle, dit «le Bien Bon», abbé de Coulanges, prend soin de ses affaires mais elle est maintes fois obligée d'aller sur place retirer le profit de ses terres. A ce tableau, on doit ajouter les inquiétudes de la période où son fils suit Louis XIV dans ses campagnes militaires. Les lettres se nourrissent de ces difficultés : il y a loin de la béate épistolière qui transforme le monde en un spectacle divertissant à la femme en proie aux luttes, doutes et inquiétudes de sa condition.

Mme de Sévigné vit en littérature : écrits spirituels à cause de Jeanne de Chantal, littérature d'esprit pour les Rabutin (son cousin Bussy est le premier à accréditer la légende de l'épistolière mondaine), poésie chez les Coulanges et talents divers de ses amis : Mme de La Fayette, La Rochefoucauld, le Cardinal de Retz, et de ses maîtres Chapelain, Ménage, Corbinelli sans oublier l'engouement de l'aristocratie pour le théâtre et le roman au point d'abolir la frontière entre vie et spectacle. Or, de même que les femmes sont à la fois interdites et libérées d'une culture codifiée réservée aux hommes, elles sont un public privilégié pour le roman, production marginale pour les doctes. Les contemporains de Mme de Sévigné comme elle-même tirent de cette fréquentation l'habitude de traduire événements réels en relations romanesques et inversement. C'est une façon de voir et de sentir répandue dont la marquise n'est pas inconsciente, se défiant même de cet entraînement comme d'une « folie », tout en s'y livrant. Mme de Sévigné ne donne du réel ni une version systématiquement spirituelle ni une version systématiquement romancée.

C'est aussi vers la vérité des lettres que l'on s'achemine quand on prend conscience de la distance entre le genre épistolaire pratiqué pour un public et la lettre proprement dite (v. R. Duchêne, *RHLF* 71). Ce genre ne comporte pas plus que les autres une quelconque exigence de sincérité, et encore moins le négligé dont font preuve les lettres de Mme de Sévigné. La préoccupation constante des éditeurs successifs sera de remanier et rendre présentables ces lettres. Seul le hasard permettra en 1873 à Charles Capmas de découvrir six volumes d'une copie manuscrite des lettres à Mme de Grignan, source des éditions critiques de Gérard Gailly (La Pléiade, 1953) et surtout de Roger Duchêne (1978) qui fait autorité.

On comprend dès lors combien l'approche de Mme de Sévigné demande un décryptage, une initiation : dégager l'épistolière de l'écrivain épistolier que la postérité avait tenté d'en faire, c'est retrouver l'intention de Mme de Sévigné de ne pas écrire une œuvre dans des règles qu'elle avoue ne pas connaître : aux femmes l'ignorance donc, mais aussi la liberté de juger et d'écrire en toute indépendance. Écrivant en marge, la seule légitimité que Mme de Sévigné cherche à obtenir lui viendrait de son destinataire : l'on peut comprendre ainsi le souci exprimé de l'agrément que veulent apporter ses lettres, et en retour les éloges prodigués au correspondant. Elle est ainsi sans doute représentative d'une écriture féminine liée aux conditions différentes de production selon le sexe.

La partie essentielle de la correspondance est bien constituée par les lettres à Mme de Grignan. Il s'agit, comme on l'a dit et répété, d'un amour-passion et d'un amour contrarié par l'absence. Quand Françoise-Marguerite part en Provence en 1671, c'est un arrachement et Mme de Sévigné n'aura de cesse de supprimer la distance par l'écriture comme de se rapprocher concrètement de sa fille. Au grand dam de la mère, les maternités sont nombreuses mais l'absence est moins définitive qu'on ne la présente habituellement. Les retrouvailles aussi sont nombreuses et, en 1688, lorsque Mme de Grignan retourne en Provence après la mort du « Bien Bon », Mme de Sévigné ne tardera pas à la rejoindre et c'est avec elle qu'elle reviendra à Paris. Hormis quelques mois en 1694, elles ne se quitteront plus.

L'absence agit comme un moteur : Mme de Sévigné s'engage dans une démarche sans fin qui, destinée à la conduire toujours plus près de sa fille (l'écriture à cet égard est création autant qu'expression de la communication), la conduit autant vers elle-même. Il fallait au départ cet appel que ne lui inspirait pas son fils mais pour lequel elle éprouve cependant plus qu'il ne transparaît dans la correspondance. Or, la communication entre les deux femmes est loin de se faire d'emblée. Aux ambitions mondaines de sa mère, Françoise-Marguerite commence par opposer ce qu'elle appelle sa « paresse », c'est-à-dire une résistance sourde que la mère devra accepter et dépasser par un effort sur elle-même. Il en est ainsi tout au long de la correspondance où reproches et réflexions s'imbriquent jusqu'à ce que sans doute (nous n'avons pas les réponses de Mme de Grignan) mère et fille fassent chacune sa part du chemin vers l'autre. Il est tentant d'imaginer la mort de Mme de Sévigné comme le moment où, établie auprès de sa fille, la rencontre est accomplie. Mais ce serait trahir la complexité de la vie qui constitue la trame même des lettres : il reste des dissonances, notamment les inquiétudes de Mme de Sévigné sur la santé fragile de sa fille. Rien n'accrédite la version selon laquelle ce serait la petite vérole qui aurait emporté la marquise à soixante-dix ans, mais elle était certainement découragée de voir sa fille malade.

Cette quête de l'autre mène obligatoirement Mme de Sévigné à elle-même : recherche d'identité qui donne aux lettres un ton si moderne et une portée bien différente de la simple expression d'un sentiment maternel, fût-il démesuré. On l'imagine solitaire, notamment pendant ses longs séjours aux Rochers, se racontant et découvrant, stupéfaite, combien vitale est devenue cette habitude : « Eh ! quoi, ma fille, j'aime à vous écrire : cela est épouvantable, c'est donc que j'aime votre absence ! » Pas de sujet privilégié dans cette entreprise : événements domestiques, historiques, littéraires, préoccupations d'argent, chronique médicale, badinage, impressions, réflexions, méditations religieuses nourrissent cette exploration continue et mouvante. On pourrait avec beaucoup de précautions dessiner une évolution, parler de conversion quand, autour de 1671, elle commence à s'imprégner de Nicole, attirée de plus en plus par le jansénisme qui lui paraît être essentiellement un dépouillement consenti vers le sacrifice suprême, celui de la présence de sa fille, et dont la mort sera l'accomplissement inéluctable : « Il faut tout sacrifier et me résoudre à passer le reste de ma vie séparée de la personne du monde qui m'est la plus sensiblement chère, qui touche mon goût, mon inclination, mes entrailles... Il faut donner tout cela à Dieu et je le ferai avec sa grâce, et j'admirerai sa Providence. »

On comprend l'intérêt de notre époque qui, selon certaines observations (par exemple Henri Godard : *Poétique de Céline,* 1985), préfèrerait à la fiction l'engagement autobiographique, pour une œuvre si vraie qui nous est donnée, fait rarissime, à l'insu de son auteur. La distance que Mme de Sévigné avait prise de son temps par rapport à la littérature, n'aura servi en fait qu'à l'y enchaîner définitivement.

Bibliographie : *Correspondance,* 3 vol., éd. Roger Duchêne (Pléiade/ Gallimard, 1973-1978). Choix de *Lettres,* prés. Bernard Raffali (Garnier-Flammarion, 1976).

Sélection critique : Avigdor, Eva : *Mme de Sévigné : Un Portrait intellectuel et moral* (Nizet, 1974). Bray, Bernard : «Le Système épistolaire de Mme de Sévigné», *Revue d'Histoire Littéraire de la France*, mai-août 1961. Cordelier, Jean : *Mme de Sévigné par elle-même* (Seuil, 1967). Duchêne, Roger : *Mme de Sévigné ou La Chance d'être femme* (Fayard, 1982). Duchêne, Roger : *Mme de Sévigné et la lettre d'amour* (Bordas, 1970). Goldsmith, Elizabeth C. : *Exclusive conversations : The Auld Interaction in 17th c.* (Philadelphie : Univ. of Pennsylvania Press, 1988). Mossiker, Frances : *L'Amour d'une mère : Mme de Sévigné et son temps* [trad. de l'anglais] (Julliard, 1984). Cf. FWW.

Annie Richard

SHALIT, Béatrice.

Roi de cœur (Stock, 1982). *L'Année de Louise* (Barrault, 1984). *Le plus jeune frère* (Barrault, 1985). *Comédie américaine* (id., 1987). *Lisa, Lisa* (id., 1990).

SICAUD, Sabine, 1913-1928, poète.

Poèmes d'enfant (Poitiers : Les Cahiers de France, 1926). *Les Poèmes de Sabine Sicaud* (Stock, 1958).

SICOTTE, Sylvie, n. 1936, poète québécoise.

Pour appartenir (Montréal : Déom, 1968) *Infrajour* (id., 1973). *Femmes de la forêt* (Montréal : Leméac, 1975). *L'Arbre dans la poésie de Rina Lasnier* (Sherbrooke : Cosmos, 1977). *Sur la pointe des dents* (St-Germain-des-Prés, 1978).

SIEFERT, Louisa, 1845-1877, poète.

Rayons perdus (Lemerre, 1868). *L'Année républicaine* (id., 1969). *Les Stoïques* (id., 1870). *Les Saintes Colères* (id., 1871). *Souvenirs rassemblés par sa mère. Poésies inédites* (G. Fishbacher, 1881).

SIMHA, Yolaine (pseud. : Igrecque).

O Maman, baise-moi encore (Des Femmes, 1973). *Contes grinçants du dimanche* (Nouveau Commerce, 1983). *Eva comme Eve en ville* (Tierce, 1985). *Dialogues de chaises* (Point Hors Ligne, 1991).

SIMONE, pseud. de Pauline Benda, 1877-1985, actrice, mémorialiste, dramaturge.

Le Désordre (Plon, 1930). *Jours de colère* (id., 1935). *Le Paradis terrestre,* rm (Gallimard, 1939). *Quéfébi*, rm (Genève : Éd. du Milieu du Monde, 1943). *Rosiers blancs* (1945). *Emily Brontë* (Nagel, 1945). *Le Bal des ardents* (Plon, 1951). *L'Autre Roman,* mémoires (id., 1954). *Sous de nouveaux soleils* (Gallimard, 1957). *Ce qui restait à dire* (1967). *Avant l'aurore ; Une dame, deux maîtres et un valet* (-). *Mon nouveau testament* (Gallimard, 1970). *Correspondance, 1912-1914,* avec Alain Fournier, éd. Claude Sicard (Fayard, 1992). V. Josselin, J.-F. : *Simone : Deux ou trois choses que je sais d'elle* (Grasset, 1995).

SINGER, Christiane, romancière.

Chronique tendre des jours amers (Albin Michel, 1976). *La Mort viennoise* (id., 1978). *La Guerre des filles* (id., 1981). *Les Ages de la vie* (id., 1983). *Histoire d'âme* (id., 1988).

SODENKAMP, Andrée, n. 1906, poète belge.

Des Oiseaux à tes lèvres (Charleroi : Héraly, 1950). *Sainte Terre* (Libr. des Lettres, 1954). *Les Dieux obscurs* (Bruxelles : Éd. des Artistes, 1958). *Femmes des longs matins* (Bruxelles : De Rache, 1965). *A Rivederci Italia* (id., 1965). *Et l'Amour brûle,* anthologie bilingue (Bruxelles : Henri Fagne, 1972). *La Fête debout* (Bruxelles : De Rache, 1973). *Autour de moi-même : Journal d'une année* (id., 1976). *C'est au feu que je pardonne ; Les Veuves de l'été ; La Neige effacera les hauts corbeaux du jour ; L'Alphabet de la nuit* (id., 1984). Cf. Trekker, Anne-Marie et Jean-Pierre Vander Straeten : *Cent auteurs, Anthologie de littérature française de Belgique* (Éd. de la Francité & de la CEC, 1982).

SOLMS, Marie de –, v. RATTAZI.

SOUCHON, Gabrielle, philosophe, fin XVIIIe siècle.

Traité de la morale et de la politique (1793). Cf. Aliénor Bertrand : présentation au colloque « Femmes et Philosophie », Centre Georges Pompidou, 22 nov. 1991. [Bourgeoise élevée au couvent, elle veut annuler ses vœux mais le Parlement et le pape s'y opposent. Elle fait l'analogie de sa situation avec celle des esclaves.]

SOULAC, Anne-Marie (pseud.), traductrice, romancière.

L'Ange à la Bête (1956). *Dans cette galère* (Albin Michel, 1957). *Le Printemps des monstres* (Denoël, 1960).

SOUZA, Adélaïde de –, 1761-1836, romancière.

Née à Paris en 1761, Adélaïde-Marie-Émilie Filleul épouse le comte de Flahaut en 1776. Quand son mari est arrêté pendant la Terreur, elle s'enfuit avec son fils Charles en Allemagne puis en Angleterre, où elle apprend que son mari a été guillotiné. Elle publie son premier roman, *Adèle de Sénange*, en Angleterre en 1793. Rentrée en France sous le Consulat, elle épouse en secondes noces le comte de Souza, noble portugais dont elle avait fait la connaissance en Allemagne. Elle devait vivre avec lui à Paris jusqu'à sa mort.

Les sept romans de Mme de Souza reflètent la nostalgie d'une société aristocratique détruite par la Révolution. Sur un ton léger, ils présentent un tableau clair et élégant de la vie quotidienne des nobles de l'Ancien Régime. Dans l'introduction de son premier roman, l'auteur explique qu'elle n'a pas l'intention de décrire des aventures extraordinaires ni d'inventer des situations originales. Son but est tout simplement de dépeindre les « mouvements ordinaires du cœur qui composent l'histoire de chaque jour ». Malgré cette mise en garde, les critiques du vingtième siècle ont vivement attaqué son manque d'imagination et d'invention.

Certes, l'histoire est toujours celle de jeunes gens que des parents condamnent, sans consulter leurs sentiments, soit à un mariage de convenances, soit à la vie monastique. Les personnages se ressemblent. Le mariage étant, dans la vie des jeunes femmes du XVIIIe siècle, le principal événement, il forme le nœud central de tous les romans. A l'exception de Mathilde dans *Eugénie et Mathilde*, toutes les héroïnes d'Adélaïde de Souza aiment un homme qu'elles ne peuvent pas épouser. L'insensibilité et l'intérêt des parents ont pour conséquence le malheur des filles. La liste des mal mariées est longue : Mme de B. dans *Adèle de Sénange*, Émilie dans *Émilie et Alphonse*, la mère de Marie dans *Charles et Marie*, la maréchale d'Estouteville et Amélie dans *Eugène de Rothelin*, Ernestine et Mme de Revel dans *Eugénie et Mathilde*, Mademoiselle de Tournon dans le roman du même nom et la comtesse dans *La Comtesse de Fargy*. Dans les rares cas où les jeunes gens obtiennent de leurs parents qu'ils consentent à un mariage d'amour, le bonheur leur est accordé pour toujours (*Adèle de Sénange, Eugène de Rothelin, Charles et Marie*).

On connaît le rôle joué par les institutions religieuses dans la société du dix-huitième siècle. Mme de Souza, qui, orpheline, passa une grande partie de sa jeunesse dans des couvents, les dépeint comme des asiles sûrs et chaleureux où les jeunes filles attendent le mariage. Cependant le couvent perd vite ses charmes lorsque l'héroïne est condamnée par sa famille à y passer une vie entière. Les romans de Mme de Souza content à plusieurs reprises l'histoire pathétique d'une jeune fille qui a pris le voile trop tôt pour connaître le monde auquel elle renonce et qui regrettera son choix.

L'œuvre de Mme de Souza constitue sans doute un document plus sociologique que littéraire sur les aspects touchant plus particulièrement à la condition féminine : la vie de salon, la vie conjugale, la vie de couvent et les problèmes de l'éducation des enfants. *Eugène de Rothelin* et *Adèle de Sénange* sont en général considérés comme ses deux meilleurs romans.

Bibliographie : *Œuvres complètes* (Alexis Eymery, 1821-23) en 6 ou 12 volumes : *Adèle de Sénange* (1793), *Émilie et Alphonse* (1799), *Charles et Marie* (1801), *Eugène de Rothelin* (1808), *Eugénie et Mathilde* (1811), *Mademoiselle de Tournon* (1820), *La Comtesse de Fargy* (1823). *La Duchesse de Guise,* théâtre (Charles Bosselin, 1832).

Sélection critique : Bearne, Catherine Mary : « Mme de Souza », dans *Four Fascinating French Women* (Londres : T.F. Unwin, 1910). Decreus-Van Liefland, Juliette : « Madame la Comtesse de Flahaut-Souza », dans *Sainte-Beuve et la critique des auteurs féminins* (Boivin, 1949). Maricourt, André : *Mme de Souza et sa famille : les Maigny-les Flahaut- Auguste de Mornay (1761-1836)* (E. Paul, 1907). Sainte-Beuve, Charles Augustin : *Œuvres* (Gallimard, 1960) II.

Lucy Schwartz

SOW FALL, Aminata, n. 1941, romancière sénégalaise.

« Je suis Wolof et de religion musulmane. Je suis née à Saint-Louis, dans le Nord du Sénégal où j'ai passé une enfance sans problème. J'y ai grandi et fréquenté l'école primaire puis le lycée. Ensuite, j'ai terminé mes études secondaires à Dakar./.../ Puis à Paris, j'ai préparé une licence de lettres modernes tout en suivant les cours de l'école d'interprétariat. » Ainsi Aminata Sow Fall se présentait-elle à Françoise Pfaff (1985).

Auteur de romans qui ont atteint un grand public (toutes proportions gardées) dans son pays ainsi qu'à l'étranger, femme qui se définit professionnellement et d'abord comme enseignante, Aminata Sow Fall a professé dans des écoles secondaires et des instituts, à son retour au Sénégal. Plus tard, elle a été affectée à la commission nationale de réforme de l'enseignement du français. Elle a participé à l'élaboration des manuels de grammaire et littérature adaptés aux réalités africaines et elle a dirigé un programme au Centre d'études des civilisations à Dakar, dans le but de revaloriser le patrimoine traditionnel.

Cette romancière fait exception dans le domaine littéraire africain, où les femmes restent rares, en mettant expressément l'écriture au second plan par rapport à sa vie de famille et à sa fonction d'enseignante. Ses divers rôles se rejoignent par la fonction plutôt intime de la littérature et le caractère foncièrement collectif de la tradition orale comme de l'éducation publique. La question de l'acculturation et de l'identité sont primordiales chez Aminata Sow Fall dont les romans présentent le Sénégal d'aujourd'hui en pleine évolution avec ses affrontements de générations ou de classes et ses côtoiements ethniques et linguistiques en déséquilibre. L'oralité et le féminin sont inextricables du fait que son texte est enraciné dans ce qu'elle observe et entend (Pfaff, 1985) mais elle ne met pas en avant la question du mariage, sinon pour y explorer le rôle de l'argent – la cupidité des uns, la malhonnêteté des autres – et la dégradation, toujours à cause de l'argent, des coutumes les plus respectables telle que les rituels funéraires et la charité (*Le Revenant, La Grève des Battù*).

L'évolution de la recherche stylistique entre ses deux premiers romans a été analysée par Trinh T. Minh-ha (1981) qui théorise le jeu des stéréotypes, les fréquentes interventions du wolof, le ton familier comme marques d'un nouveau « degré parlé » de l'écriture romanesque. Par ailleurs, Elinor Miller (1987) a entrepris d'étudier la satire, cet outil pédagogique universel, particulièrement efficace dans le second roman mais qui teinte tous les textes. Selon la romancière, le roman « africain » doit être celui « par lequel les Africains se découvrent eux-mêmes » (Hawkins, 1987). Aminata Sow Fall a bien vu que les armes de l'ironie sont aptes à conquérir les publics les plus divers.

L'*Appel des arènes* revendique la tradition mais par un renversement des plus intéressants (signe précurseur d'un renouveau fondamentaliste ?), c'est l'enfant qui fait l'éloge du monde ancien et de la culture traditionnelle incarnée d'une part par la grand-mère qui l'a élevé et de l'autre par le mâle rituel de la lutte africaine. Les parents qui ont été faire des études en France en seraient revenus distanciés de leurs racines. Comme exemple de la modernité la plus malvenue, il y a cette circoncision aseptique (et sous anesthésie) que les parents ménagent à leur fils en lieu d'initiation à l'endurance et à la fraternité masculines. C'est le fils, rebelle aux conjugaisons françaises, qui en fin de compte amène le père à une renaissance spirituelle dans l'arène tandis que la mère, qui travaille dans une maternité, refuse de rebrousser symboliquement chemin.

Les romans d'Aminata Sow Fall constituent donc une œuvre didactique dans ses mises en garde contre les excès de l'occidentalisation et du matérialisme, et consciemment artistique dans l'exploration attentive et diversifiée des richesses culturelles de son pays.

Bibliographie : *Le Revenant* (Dakar : Nouvelles Éd. Africaines, 1976). *La Grève des Battù ou Les Déchets humains* (id., 1979). *L'Appel des arènes* (id., 1982). « Femmes et littérature », *Femmes Africaines*, propos recueillis par Annette Mbaye d'Erneville sur les thèmes de *Femmes et Société*, 6 vol. (Martinsart, c. 1982). *L'Ex-Père de la nation* (L'Harmattan, 1987).

Sélection critique : Hammond, Thomas : « Entretien avec Aminata Sow Fall », *Présence Francophone* 22 (1981). Jaccard, Annie-Claire : « Les Visages de l'Islam chez Mariama Ba et ASF », *Nouvelles du Sud* 6, 1986-87. Pfaff, Françoise : « ASF : l'écriture au féminin... » [entretien], *Notre Librairie* 81, 1985 ; et « Enchantment and Magic in Two Novels by ASF », *College Language Association Journal* 31 (3), 1988. Trinh, Minh-ha T. : « ASF et l'espace du don », *Présence Africaine* 120, 1981.

Margaret Fête

SPÈDE, Lucie, n. 1936, poète belge.

Née à Etterbeek, commune bruxelloise, Lucie Spède est aussi rédactrice publicitaire, traductrice et mère de trois enfants. A la suite d'une rencontre avec Janine Moulin qui l'encourage à écrire, Lucie Spède publie un premier recueil de poésie, *Volte-face*, puis un second, *Inventaire*. Certains de ses poèmes seront mis en musique par Isabelle Rigaux et, dans la foulée, elle compose les paroles pour plusieurs chansons. Elle reçoit le prix René Lyr pour son troisième recueil de poésie, *La Savourante*, et la même année sa pièce radiophonique, *Les Portes,* gagne le prix des Dramatiques de la Radio-Télévision belge francophone. Elle reçoit le prix de la Louve pour son quatrième recueil de poésie, *Comme on plonge en la mer.* Quant à *Furies douces,* il s'agit d'un recueil de vingt nouvelles où se mêlent le réalisme et le fantastique et où « ses phrases courtes, souples, s'emparent d'une réalité originale, sensuelle, cruelle », comme l'écrira Jean Mergeai dans *Letzeburger Land.* Son cinquième recueil de poésie, *Eves*, a remporté le prix René Gerbeault.

La réception critique des premiers textes mérite quelque attention. Robert Frickx et Michel Joiret soulignent une économie lexicale, une nudité et une concision qui rejoignent les œuvres les plus modernes et la rapprocheraient de Françoise Delcarte. Si ces commentateurs relèvent l'ironie « parfois cinglante » de ses deux premiers recueils, d'autres soulignent que Lucie Spède est « une voix pour les joies » (Georges Sion dans *Le Soir*) et qu'« elle a rendu saveur et dignité au beau mot d'érotisme » (Louis Rouche dans la revue *Marginales*). L'auteur est d'ailleurs une fervente lectrice de Colette dont elle aime la sensualité, la lucidité, la franchise et l'art d'affûter les mots.

Auteur qui n'hésite pas à toucher aux divers genres littéraires, Lucie Spède a écrit nombre de poèmes (« l'érotisme mais aussi des chants de méditation, des dialogues avec les arbres et les oiseaux, des cantiques ou suppliques ») et des récits pour enfants, diffusés depuis 1979 dans des anthologies (« L'Univers des enfants n'est pas que rose, et ils attendent qu'on le reconnaisse pour qu'ils puissent s'exprimer. Je crois aussi qu'il faut leur rappeler les joies et les saveurs de la vie, qui n'ont rien à voir avec les jeux électroniques et la violence télévisée »). Par ailleurs, sa réserve d'inédits compte des poèmes érotiques ou inspirés d'un vécu zen, des poèmes pour adolescents et des pièces de théâtre. Ce n'est pas sans humour qu'elle note combien l'école du slogan publicitaire a été une bénéfique « école de souplesse où l'on apprend à sauter du parfum au potage, de la voiture au détergent et du tampax à la nourriture pour chats... école parfois de rouerie... école en tout cas du mot juste... »

Bibliographie : *Volte-face* (Paris : Grasset, 1973). *Inventaire* (Bruxelles : Jacques Antoine, 1974). *La savourante* (Bruxelles : André de Rache, 1979). *Comme on plonge en la mer* (Spa : Éditions de La Louve, 1984). *Furies douces,* nouvelles (Bruxelles : Jacques Antoine, 1984). *Eves* (Amay : Éditions Identités, 1985). Divers textes pour enfants. « Auto-portrait(s) d'une femme de plume(s) », inédit, 1992.

Sélection critique : Frickx, Robert et Michel Joiret : *La poésie française de Belgique de 1880 à nos jours* (Paris/Bruxelles : Nathan/Labor, 1977). Trekker, Anne-Marie et Jean-Pierre Vander Straeten, eds. : *Cent auteurs* (s.l. : Éditions de la Francité, 1982) [Entretien avec Giselle Leibu].

Philip Mosley

STAËL, Germaine de –, 1766-1817, essayiste, romancière helvétique.

Germaine de Staël, femme de lettres accomplie, polémiste et brillante salonnière, incarne la culture européenne de son époque. A la fois rationaliste et exaltée, elle est représentative du passage entre le siècle des Lumières et le romantisme naissant. Par son père, Jacques Necker, banquier citoyen de Genève et directeur général des Finances sous Louis XVI, et par son mari, Eric Magnus de Staël-Holstein, ambassadeur de Suède à Paris, elle entre tôt dans la vie politique et ne se résigne jamais à l'abandonner. Son essai *De la littérature* (1800) et son roman *Delphine*

(1803) lui valent d'être le symbole de la résistance libérale contre Napoléon. Exilée par lui de Paris en 1803, Germaine fait de Coppet, propriété de son père sur les bords du lac Léman, le lieu où se crée un esprit européen qui a suivi le chemin que l'on sait. Elle voyage en Allemagne (1803-1804), en Italie (1805), en Suède et en Russie (1812), en Angleterre (1813), et le carnet de route de la voyageuse exilée devient roman (*Corinne*, 1807), pamphlet (*Dix annés d'exil*, 1821) et théorie (*De l'Allemagne*, 1813). A la Restauration, elle revient à Paris, à peine quinquagénaire, mais la mort met bientôt un terme à une existence passionnée.

Germaine de Staël est bien connue (mais aussi méconnue) pour son essai de sociologie de la littérature (*De la littérature*), sa définition du romantisme (*De l'Allemagne*), son défi à Napoléon... et son habileté à attirer des hommes d'esprit et de prestige dans son salon et dans son lit. De son premier essai d'envergure, on a pu dire qu'il fondait l'esprit comparatiste littéraire et qu'il « introduisait le relativisme de Montesquieu dans le domaine de la théorie esthétique, donnant par là le coup de grâce au classicisme ». Elle « prolonge le Siècle des Lumières en éclairant les ramifications de l'art dans *De la littérature* [qui] constitue un document détaillé sur un esprit engagé dans le travail de synthèse de diverses traditions littéraires et, cependant, pris dans la situation personnelle d'une femme de talent qui écrit en des temps révolutionnaires » (J. Hamilton). Romantique donc en ce qu'elle tient compte de ses passions et états d'âme et ne craint pas de parler en sa voix propre, elle est moderniste par l'espoir qu'elle place dans le progrès de l'humanité.

Dans une perspective gynocentrique, elle se distingue également par ses positions sur la question de la femme. Dans des essais, elle examine attentivement son pouvoir créateur dans les domaines de l'art, de la religion, de la morale et de la philosophie. Elle instaure dans ses romans une image imposante de la femme indépendante, qui s'applique à créer ses propres valeurs, sa propre vie, sa propre identité.

Pourtant l'énorme fortune dont Germaine de Staël hérite de son père et le prestige de sa position sociale la tiennent à l'écart du féminisme militant qui avait surgi pour être aussitôt réprimé sous la Révolution française. Différente d'une Olympe de Gouges qui vit en marge de la société, Germaine de Staël occupe une place d'élite dans le patriarcat et ne prône pas de changements radicaux dans les structures sociopolitiques. Si elle adresse aux souverains et diplomates d'Europe qu'elle reçoit à Coppet un « Appel public aux souverains réunis à Paris pour en obtenir l'abolition de la traite des nègres », elle ne demandera jamais de droits politiques pour les femmes !

Dans son essai *De l'influence des passions*, Germaine de Staël (re)formule la théorie que la féminité tire du corps l'origine de son caractère et que la constitution anatomique de la femme doit être normative pour elle. Dans *De la littérature* elle conclut, de la nature physique de la femme, à l'existence d'une «nature spirituelle» toute particulière. Elle distingue deux modalités de l'humain : l'émotion et l'intuition présentées comme des traits féminins ; l'intelligence et la réflexion reconnues comme des caractéristiques masculines. Elle dresse ce bilan non seulement pour éviter la compétition, la rivalité, et, en dernier lieu, la guerre avec les hommes mais aussi pour accorder aux femmes certains domaines d'expérience où leur nature propre peut être cultivée et affirmée. En d'autres termes, elle formule encore une fois le mythe des deux natures sur lequel se fondent le droit patriarcal et bourgeois, et d'autres dualismes répressifs.

Que tout ne soit pas cohérent dans la pensée de Germaine de Staël sur la féminité apparaît dans ses deux romans *Delphine* et *Corinne*. La fin de l'un comme de l'autre est marquée par la mort de l'héroïne : Delphine meurt en prenant du poison au moment où son amant est fusillé, et Corinne expire dans la déchéance et sans amour. L'auteure estime que de tels exemples sont nécessaires pour dénoncer avec force l'injustice d'un contrat social qui interdit aux femmes l'élan vers l'individualité. Ce que la romancière manque à reconnaître est que sa propre théorie, la répartition sexuée des qualités psychiques, est si astreignante qu'elle nie pour ses héroïnes la possibilité même d'y parvenir.

Après avoir critiqué les *Lettres sur J.J. Rousseau* dans l'*Analytical Review* en 1789, Mary Wollstonecraft écrivait que l'œuvre de Germaine de Staël devrait être proscrite des «lectures féminines». La baronne avait excusé Rousseau qui «refuse à la femme la raison, l'écarte du savoir et la détourne de la vérité... » (*Vindication of the Rights of Woman*). L'Anglaise discernait à juste titre une dangereuse complicité de la Française avec les hommes. Ce que la première ne pouvait prévoir (elle est morte en 1797), c'est que le féminisme toucherait un jour la grande Germaine de Staël. Son père désapprouvait la carrière littéraire pour une femme. Son héros Rousseau soutenait que toute femme de lettres, s'écartant de son rôle «naturel» de mère et d'épouse, renonçait à son droit à l'amour. On ridiculisait et méprisait ainsi irrévocablement pour se convaincre que les femmes de lettres ne peuvent que ressembler aux parias de l'Inde, dédaignés, repoussés par les autres et pitoyables («Des femmes qui cultivent les lettres», *De la littérature*). Des attaques personnelles, intenses et incessantes, forceront donc Germaine de Staël à élargir ses perspectives sur la condition féminine. Son féminisme s'exprime alors dans sa revendication du droit pour les femmes à une éducation égale à celle des hommes (*De la littérature*). Elle affirme la valeur intrinsèque de la culture de l'esprit pour toutes les femmes, et point seulement la femme supérieure (deuxième préface aux *Lettres sur J.J. Rousseau*). Elle condamne l'inégalité des deux sexes dans le mariage (*De l'Allemagne*). Elle plaide en faveur du divorce (*Delphine*). Elle dépeint une héroïne qui, s'écartant de la coutume, mène une vie d'indépendance épanouie (même si Corinne finit mal).

C'est un élément nouveau dans la littérature que l'image de la gloire féminine incarnée par Corinne, femme de génie acceptée, adorée, et publiquement applaudie. Poète, improvisatrice, peintre, cantatrice et artiste, elle est portée en triomphe par le peuple à travers les rues de Rome jusqu'au Capitole où un grand sénateur la couronne en la nommant la femme la plus illustre d'Italie. Pour des lecteurs modernes, la fantaisie de la scène confine au ridicule mais pour les lectrices qui rêvaient de gloire et d'un univers autre que la domesticité, cette image d'une féminité triomphale était exaltante. Mme de Staël montrait la possibilité « d'autre chose » dans la condition féminine. Rien d'étonnant à ce que *Corinne* ait marqué des générations d'écrivaines, parmi lesquelles Mary Shelley, Hortense Allart de Méritens, George Sand, Elizabeth Barrett Browning, Margaret Fuller, Harriet Beecher Stowe, George Eliot, Kate Chopin et bien d'autres.

Bibliographie : *Sophie, ou les sentiments secrets,* drame (Treuttel et Würtz, 1820). *Jane Gray* (id.). *Lettres sur les écrits et le caractère de J.J. Rousseau* [1788] (id.). *Réflexions sur le procès de la reine* [1793] (id.). *Réflexions sur la paix* [1795] (id.). *Réflexions sur la paix intérieure* (id.). *Epître au malheur, ou Adèle et Edouard* (id.). *Zulma* (id.). *Essai sur les fictions* (id.). *Mirza, ou lettre d'un voyageur* (id.). *Adélaïde et Théodore* (id.). *Histoire de Pauline* (id.). *De l'influence des passions sur le bonheur des individus et des nations* [1796] (id.). *De la littérature, considérée dans ses rapports avec les institutions sociales* [1800] éd. Gérard Gengembre et Jean Goldzink (Flammarion, 1991). *Delphine* [1802] (Treuttel et Würtz, 1820). *De l'Allemagne* [1813]. *Dix années d'exil* (Bruxelles : A. Wahlen & Co, 1821). *Réflexions sur le but moral de Delphine* (id.). *Du caractère de M. Necker et de sa vie privée* (id.). *Corinne, ou l'Italie* [1807] (id., rééd. Claudine Herrmann : Des Femmes, 1979). *Essais dramatiques* (id.). *Réflexions sur le suicide* (Treuttel et Würtz, 1820). *Considérations sur les principaux événements de la Révolution française* (id.). *Correspondance de Germaine de Staël et Don Pedro de Souza* (Gallimard, 1980). *Correspondance générale* (J.-J. Pauvert, 1960-1985).

Sélection critique : Andlau, Béatrix d' : *La Jeunesse de Madame de Staël* (Genève : Droz, 1970). Balayé, Simone : *Mme de Staël : lumières et liberté* (Klincksieck, 1979). Eaubonne, Françoise d' : *Une femme témoin de son siècle : Madame de Staël* (Flammarion, 1966). Fabian, Françoise : *Madame de Staël* (Des Femmes, 1984). Guillemin, Henri : *Mme de Staël et Napoléon, ou Germaine et le Caïd ingrat* (Seuil, 1987). Gwynne, G. E. : *Madame de Staël et la Révolution française* (Nizet, 1969). Luppé, Robert de : *Les Idées littéraires de Madame de Staël et l'héritage des lumières (1795-1800)* (Vrin, 1969). Solovieff, Georges : *L'Allemagne et Mme de Staël : En marge d'un événement* (Klinckseick, 1990). Valois, Marie-Claire : *Fictions féminines : Madame de Staël et les voix de la Sibylle* (Stanford French and Italian Studies 49, 1987). Weingarten : *Mme de Staël* (St Martin's Press, 1985). Cf. *Cahiers Staeliens*, Société des études staëliennes ; *The Staël Chronicle* (Clemson Univ., SC). Cf. FWW.

Lucy Morros

STAAL DE LAUNAY, Marguerite, 1684-1750, écrivaine, dramaturge.

Mémoires (Londres, 1755). *Œuvres complètes,* contenant ses mémoires et ses comédies (Barrois l'aîné, 1783). *Lettres* (L. Collin, 1806). *Œuvres* (A.A. Renouard, 1821). *La Mode et l'Engouement* (Librairie théâtrale, 1931). *Mémoires de Mme Staal de Launay,* éd. Gérard Doscot (Mercure de France, 1970).

STANTON, Julie, écrivaine québécoise.

La Nomade (Montréal : L'Hexagone, 1982). *A vouloir vaincre l'absence* (id., 1984).

STERN, Daniel (v. AGOULT, Marie d'–).

SUSINI, Marie, 1920-1993, romancière corse.

Marie Susini est née dans un village de montagne de la région d'Ajaccio. Elle a fait ses études secondaires chez les religieuses, en Corse et à Marseille, puis des études supérieures à Paris : licences de philosophie et de lettres classiques et mémoire d'études supérieures sur Bergson et la philosophie indienne. Elle a commencé ensuite une thèse sur la méditation bouddhique et suivi des cours à l'École du Louvre (elle s'intéresse tout particulièrement à l'art contemporain), à l'École pratique des hautes études et au Collège de France. Auteur d'une dizaine de romans, tous passés en « poche », d'une pièce de théâtre et d'un album photographique sur la Corse, Marie Susini était membre du jury du prix Fémina depuis 1971 ; membre de l'Académie européenne des sciences humaines (Bruxelles) depuis 1980 et membre du jury France-Canada. Marie Susini a été nommée officier dans l'Ordre des Arts et Lettres en 1984.

La Renfermée, la Corse, titre d'un ouvrage de 1981 et essai sur son pays natal, pourrait aussi bien désigner l'auteur. Paradoxalement, Marie Susini, la secrète, se révèle dans ce livre, à travers une Corse où se mirent ses « paysages intérieurs ». Les photos sobres et émouvantes de Chris Marker restent sans titres. Ces images et le texte de Marie Susini fixent les traces de la Corse d'avant les années soixante, lorsque commença l'invasion destructrice et irréversible des touristes et des promoteurs étrangers. La Corse, telle que Marie Susini l'a vécue et écrite, « tourne résolument le dos à l'histoire », alors qu'aujourd'hui « le temps de l'Histoire a tout à coup remplacé le temps des légendes » (*Renfermée* : 39). Elle n'écrirait plus sur la Corse qu'elle perçoit alors comme « une femme en deuil ».

Malgré sa claustrophobie par rapport à la mer et à l'île-mère, c'est dans son amour chargé d'angoisse pour la Corse et dans son enfance que Marie Susini a puisé l'essence de ses romans : « emmurée dans (sa) condition de fille, prise à l'intérieur de cette cellule rigide qu'est la famille corse, prise elle aussi dans l'îlot du village, le village bouclé sur lui-même dans un pays tout naturellement isolé, barricadé par la mer » (*Renfermée* : 87).

Son écriture effectue un retour aux sources. Par la voie/voix de sa Corse natale, elle remonte vers l'Antiquité grecque et, plus loin encore, jusqu'aux terres du mythe. Les personnages de son univers romanesque, poussés par un destin tragique, évoluent dans une dimension mythique qui éclipse le temps et l'espace de l'Histoire. Lorsqu'elle écrit, Marie Susini part d'une musique, d'un rythme en elle. Le mouvement, le regard et le non-dit refoulent souvent une intrigue floue ou fragmentée. Quant aux lieux, le seul qui prenne de l'importance, hormis la Corse des premiers livres, est un certain Paris de la liberté (loin de l'île), Paris de la Libération et des vingt ans de Marie Susini, revécu l'espace de quelques heures, en Mai 68, par Fabia, la protagoniste de *C'était cela notre amour*, qui se trouve figée depuis longtemps dans un mariage de raison.

Les trois premiers livres forment une trilogie corse : deux romans, *Plein soleil* (1953) et *La Fiera* (1954) et une pièce de théâtre *Corvara* (1955). *Plein soleil*, souvenirs d'enfance écrits sur le conseil de Camus, est le seul des romans de Marie Susini entièrement à la première personne. Vanina, la narratrice de dix ans, évoque avec tendresse son village. Cependant, la triste initiation à la vie au couvent, où l'enfant découvre le mensonge, la maladie et l'amour malheureux qui entraîne la mort d'une jeune femme, annonce la matière des romans qui suivent. Vanina porte déjà la marque fatale de la féminité : « le malheur d'être née fille ».

Les protagonistes de Marie Susini sont toutes des femmes, sauf l'enfant de douze ans du *Premier regard,* et toutes méditerranéennes. Ce sont les sœurs d'Andromaque, d'Antigone et de Cassandre. Marie Susini ne croit pas à l'écriture féminine mais elle écrit la femme. Les thèmes que lui renvoie la Corse : « Le tragique de la vie, l'absolu de l'amour, la toute-puissance du destin » esquissent le schéma-carcan dont aucune de ses héroïnes ne sortira indemne. Celles qui se sont « libérées » par la fuite (Fabia de *C'était cela notre amour*), par les amours successives (Sefarad de *Les yeux fermés*) ou qui se jettent à corps perdu dans l'inceste (Sefarad avec son frère, Anna Livia avec son père), sont aussi irrémédiablement malheureuses que celles qui restent dans la tradition. L'amour demeure le domaine fatal de la femme, dont l'homme fuit la passion dévoratrice (comme Serge dans *Un pas d'homme*). A la fin de *La Fiera*, Sylvie l'étrangère expire, brebis galeuse de son village, entourée d'un chœur de femmes malheureuses, une fille délaissée par sa mère, une mère qui a perdu son fils, une jeune fille déjà meurtrie par l'amour. Le texte le plus puissant et le plus dépouillé est sans doute la tragédie *Corvara*, sous-titré *La Malédiction*. Bien que l'être maudit soit un homme, il ne paraît jamais et c'est sa femme, Corvara, qui se fait la voix du malheur : « Quand on est marqué, on l'est dès qu'on sort du ventre de sa mère et déjà le cri qu'on pousse en naissant est celui du désespoir » (*Corvara* : 128).

A la difficulté d'être Corse et d'être femme, vient s'ajouter celle d'écrire. Le perfectionnisme de Marie Susini tend vers l'azur mallarméen. Elle n'a cessé de rechercher des formes nouvelles. Au montage alternatif de *La Fiera*, des groupes de personnages qui s'acheminent, tels des pèlerins médiévaux, vers une chapelle un jour de fête religieuse et à leur prise de conscience collective finale, viennent s'opposer, par exemple, le travail individuel de la mémoire exprimé par un long monologue dans *Les Yeux fermés*, l'intensité interminable du moment de la rupture, dans *Un Pas d'homme* ou le pas-de-deux symétrique entre passé et présent dans *C'était cela notre amour*.

Le chef-d'œuvre de Marie Susini, c'est incontestablement *Je m'appelle Anna Livia* (1979). L'histoire existe à peine. Anna Livia grandit dans la nuit des temps, dans une Italie qui a pour seul indice une rangée de cyprès aux connotations sinistres. Sa mère l'a abandonnée toute petite. Francesco, le fils des gardiens, son seul compagnon de jeux, est mort. Son brave chien est tué par son père. Anna Livia n'a plus que son père. Elle le prend. Il se pend. Elle suit aveuglément un mendiant jusqu'à ce que la route la ramène devant chez elle où elle meurt seule dans la poussière. La mère, revenue pour être rejetée par sa fille avant le passage du mendiant, reste en marge du récit qu'elle reçoit du vieux gardien Josefino. Ni l'un ni l'autre ne sont toujours identifiables, mais ça se dit par bribes. Anna Livia vit dans le temps du mythe. Ses parents ne sont pas nommés, elle seule se nomme, elle choisit seule l'acte tabou qui le tue et la tue. Elle est la solitude faite femme.

Marie Susini a réussi une rare prouesse en dévoilant les secrets les plus insoutenables, le murmure du fond de l'âme humaine, elle préserve la pudeur d'une langue pure et classique. Elle décrit ainsi sans le vouloir sa propre écriture, génitrice d'un univers qui n'est pas sans affinités avec celui de Marguerite Duras :

> Qu'est-ce que l'écriture sinon une solitude et une ascèse, une métaphysique aussi, peut-être celles entrevues vaguement ou pressenties dans les années d'enfance. Quand le silence était plus important que la parole. Quand le temps était à la fois instant et éternité. Le temps du mythe (*Renfermée*, p. 90)

Bibliographie : *Plein soleil*, rm (Seuil,1953). *La Fiera*, rm (id., 1954). *Corvara*, Théâtre de l'Œuvre, janvier 1958 (id., 1955). *Un pas d'homme*, rm (id., 1957). *Le premier regard*, récit (id., 1960). *Les Yeux fermés* (id.,

1964). *C'était cela, notre amour* (id., 1970). *Un Pas d'homme* (Gallimard, 1974). *Je m'appelle Anna Livia* (Grasset, 1979). *La Renfermée, la Corse*, album illustré, photographies de Chris Marker (Seuil, 1981). *L'Ile de beauté* (-).

Sélection critique : Albertini, Marie : « Étude psychanalytique de *Je m'appelle Anna Livia* » (séminaire à la Salpêtière, 1983). Colvile, G. : « L'Enfermement dans l'Ile : la femme corse dans l'œuvre de Marie Susini », *Continental Latin American and Francophone Women Writers*, vol. 3, éd. Ginette Adamson et Eunice Meyers (Washington, D.C., University Press of America, 1995). Martinoir, Francine de : *Marie Susini et le silence de Dieu* (Gallimard, 1989). Thiers, Jacques : « Pour une lecture praxématique des œuvres corses » [*La Fiera*] (*Études Corses* 23). Livres-cassettes (Des Femmes) : *La Renfermée, la Corse*, lu par Marie Susini ; *Je m'appelle Anna Livia*, lu par Nicole Garcia.

Georgiana Colvile

SUZE, Henriette de la –, 1618-1673.

Précieuse : elle est la Doralise du *Dictionnaire des Précieuses. Recueil de pièces galantes en prose et vers*, avec M. Pellisson (1664).

SYLF, Christia, romancière.

Kobor Tigan't, chronique des géants (Bernard Laffont 1969). *Le Règne de Ta, chronique des géants* (id., 1971). *Markosamo le sage ; Chronique d'Atlantis* (id., 1972). *La Patte de chat*, histoires fantastiques (id., 1974). *La reine au cœur puissant : Chronique archaïque chinoise* (id., 1979).

T

TADJO, Véronique, romancière de Côte-d'Ivoire.

Latérite (Hatier, 1984). *A vol d'oiseau* (Nathan, 1986). *Le Royaume aveugle* (L'Harmattan, 1990). *La Chanson de la vie et autres histoires* (Hatier/ Jeunesse, 1990).

TANNER, Jacqueline, poète suisse.

Aurore pétrifiée, poésie (Lausanne : L'Aire, 1979). *Mélanie la nuit,* poésie (id., 1980). *La Maryssée,* rm (id., 1984). *Moraine infiniment* (Lausanne : L'Age d'Homme, 1989). Divers textes en collaboration, prix Schiller, 1981 ; prix Michel Dentan, 1984.

TAOS-AMROUCHE, voir AMROUCHE.

TAPPY, José-Flore, n. 1954, poète romande.

Née à Lausanne, José-Flore y a fait toutes ses classes et des études de lettres. Elle est documentaliste au Centre de recherches sur les lettres romandes de l'université de Lausanne.

A côté de traductions de poèmes et de textes critiques, c'est par une œuvre poétique dense et incisive qu'elle se fait remarquer. Baignée de la lumière aride d'austères paysages désertiques, sa poésie dit l'inquiétude, la douleur devant le monde, la fraternité et aussi l'espoir, comme dans ce poème « Lorsque le monde entier aura disparu » qui traduit le fantasme d'une renaissance de la vie sous forme d'une timide vigne...

> et la terre peu à peu retrouvera
> remontant le passé

> la longue patience des chèvres
> penchées sur les chardons
> depuis la nuit des temps

Contenue, la passion vibre d'autant plus qu'elle refuse l'effusion facile et les images connues. L'exigence serrée de l'écriture est celle de José-Flore Tappy devant la vie, où seul l'essentiel jette son feu.

Bibliographie : *Errer mortelle* (Lausanne : Payot, 1983). *Pierre à feu* (id., Empreintes, 1987).

Françoise Fornerod

TASTU, Amable, 1789-1855, poète.

Linné, l'iris et la lyre (impr. de l'Ilantel, 1822). *Le Livre des femmes par Mme Dufrénoy et Amable Tastu* (Buscher, 1823). *Les Oiseaux de sacre* (Impr. de J. Tastu, 1825). *Poésies* («L'Ange gardien») (Dupont, 1827). *Chroniques de France,* poèmes historiques (Delange frères, 1829). *Œuvres* (Bruxelles : Laurent frères, 1829). *Poésies nouvelles* (Demain & Delamare, 1835). *Prose* (Allardin, 1837). *Œuvres poétiques,* 3 vol. (Didier, 1838). *Éloge de Mme de Sévigné,* prix d'éloquence (Didot, 1840). *Poésies complètes* (Didier, 1858). *Les Récits du maître d'école* (id., 1866) et de nombreux autres titres. Cf. DLLF.

TENCIN, Claudine-Alexandrine de –, 1682-1749, romancière.

La vie de Claudine-Alexandrine de Tencin est plus romanesque qu'aucun de ses romans. Née à Grenoble, elle appartient à une honorable famille du Dauphiné. Dès l'âge de huit ans, on l'envoie au couvent dont elle ne sortira qu'à l'âge de trente ans. Alors, elle s'empresse de rattraper le temps perdu et de participer à toutes les affaires politiques, religieuses et littéraires de son temps. Son nom est intimement lié à la chronique mondaine, plus ou moins scandaleuse, de l'époque et son salon est l'un des plus brillants de Paris. Elle trouve cependant le temps d'écrire quatre romans et d'entretenir une importante correspondance. Elle ne s'est jamais mariée, mais de sa liaison avec le chevalier Destouches est né un fils, d'Alembert, qu'elle abandonne dès sa naissance et ne voudra jamais ni reconnaître ni connaître. En 1749, elle meurt paisiblement à Paris, entourée de ses amis.

Pour Mme de Tencin écrire des romans n'est pas une vocation mais une distraction, car le but de sa vie était la conquête du pouvoir. Ses deux premiers romans, *Mémoires du comte de Comminge* et *Le Siège de Calais,* ont paru à un moment où elle avait été forcée d'interrompre toute activité politique. Elle a composé les deux derniers, *Les Malheurs de l'amour* et les *Anecdotes,* à la fin de sa vie, pour passer le temps car elle était malade et avait vu s'écrouler toutes ses ambitions. Écrire des fictions semble donc bien n'avoir été qu'une occupation secondaire. Elle ne voulait pas, comme Prévost, essayer de trouver une réponse au problème de la destinée humaine, ni, comme Marivaux, donner une autre dimension au genre romanesque. Elle désirait simplement plaire au public de son temps en lui offrant des œuvres qu'il pouvait apprécier et comprendre. C'est pourquoi elle a choisi les deux genres romanesques les plus à la mode entre 1700 et 1750 : les mémoires et la nouvelle historique. Elle a satisfait le goût des lecteurs de son époque pour la sensibilité contenue, pour les passions violentes, mais exprimées dans une langue élégante et sobre. Par son style, elle appartient encore au XVIIᵉ siècle. Elle est trop imprégnée de l'idéal classique pour concevoir qu'un jour le manque de discipline des passions se reflèterait dans le style d'un roman, et que dans une même œuvre, il existerait différentes sortes d'expressions, adaptées à chaque situation et à chaque personnage.

Le public du début du XVIIIᵉ siècle se délectait des amours malheureuses à grand renfort d'obstacles entre les amants, du romanesque assorti d'une certaine atmosphère sombre. Tous ces éléments se trouvent dans les romans de Mᵐᵉ de Tencin. Ses œuvres ont connu une grande popularité, pourtant on ne les lit plus guère, car elle ne s'est pas souciée de transcender son temps. C'est parce qu'elle représente les tendances de la première moitié du XVIIIᵉ siècle et qu'elle a su les exprimer avec talent et souvent originalité, qu'elle occupe dans la littérature féminine de son époque la place importante que les critiques modernes lui reconnaissent.

Ses romans reflètent aussi un autre phénomène intéressant : la révolte du personnage malheureux contre l'autorité des parents. Les héros et héroïnes du XVIIᵉ siècle se plaignaient mais finissaient par se soumettre. Ceux de Mᵐᵉ de Tencin résistent ouvertement à leurs parents. L'autorité du mari est aussi remise en question, mais de façon plus subtile : dans deux de ses romans, Claudine-Alexandrine de Tencin nous présente des héroïnes qui sont en apparence des épouses irréprochables, mais qui aiment passionnément un autre homme. Elle ne voient pas leur mari comme une personne, mais comme un objet dont elles se servent, l'une pour sauver son amant, l'autre pour se venger de son infidélité.

Mᵐᵉ de Tencin se situerait ainsi dans la lignée féministe par certains aspects de son œuvre. Ses romans ne contribuent pas à donner une très bonne image des hommes : les « amants » sont souvent égoïstes, faibles et de plus, infidèles. Ils ont tendance à profiter sans scrupules de l'amour qu'on leur porte. Elle n'est pas plus indulgente pour certains maris qui abusent de leur autorité pour séquestrer et maltraiter leur femme. Par ailleurs les pères ne valent pas souvent mieux que les maris, comme le démontre amplement *Mémoires du comte de Comminge,* publié en 1735. C'est un court roman, à peine cent pages, dans le genre dit sentimental, c'est-à-dire « qui a pour objet la peinture et l'analyse des sentiments plutôt que la description des mœurs et de la société ». Le comte de Comminge et Adélaïde de Lussan en sont les héros : pour des raisons d'intérêt, M. de Comminge père refuse aux deux jeunes gens la permission de se marier et va jusqu'à enfermer son fils dans un cachot pour l'empêcher d'aller retrouver Adélaïde ! Souvent victimes de l'égoïsme ou de la cruauté masculine, les héroïnes de Mᵐᵉ de Tencin sont vraiment les seules qui savent aimer. Cette partialité contribuera-t-elle un jour à la remettre à la mode ?

Bibliographie : Mesdames de La Fayette, de Tencin et de Fontaines : *Œuvres Complètes* IV, V (P. A. Moutardier, 1825). *Mémoires du Comte de Comminge* (1735). *Le Siège de Calais* (¹739). *Les malheurs de l'amour* (1747). *Anecdotes de la cour et du règne d'Edouard II, roi d'Angleterre,* roman terminé par Mᵐᵉ Elie de Beaumont (1776). Éditions récentes : *Les Mémoires du Comte de Comminge,* prés. Jean Decottignies (Lille : Librairies René Giard, 1969). Roy, Claude : *Quatre romans dans le goût français* (inc. *Mémoires du Comte de Comminge :* Club Français du Meilleur Livre, 1959). Roman attribué à Mᵐᵉ de Tencin : *Histoire d'une religieuse, écrite par elle-même* (Bibliothèque Universelle des Romans, ouvrage périodique, mai 1786).

Sélection critique : Fauchery, Pierre : *La Destinée féminine dans le roman européen du XVIIIᵉ siècle* (Armand Colin, 1972). Masson, Pierre-Maurice : *Mᵐᵉ de Tencin* (Hachette, 1910). May, Georges : *Le dilemme du roman au XVIIIᵉ siècle* (PUF, 1954). Sareil, Jean : *Les Tencin* (Genève : Droz, 1969). Vaillot René : *Qui étaient Mᵐᵉ de Tencin... et le Cardinal* (Le Pavillon, 1974). Cf. FWW.

Françoise Vachon

THÉORÊT, France, n. 1942, poète, critique québécoise.

Née à Montréal, France Théorêt grandit dans un milieu modeste où les études avancées – surtout pour une femme – ne sont pas bien vues. Elle doit surmonter beaucoup d'obstacles familiaux et culturels afin de poursuivre des études supérieures. Elle obtient une licence ès lettres en 1968, poursuit des études de sémiologie et psychanalyse à Paris entre 1972 et 1974. Elle est titulaire d'une maîtrise de lettres de l'université de Montréal et d'un doctorat de l'université de Sherbrooke, enseignant pendant dix-neuf ans avant de se consacrer entièrement à l'écriture. Cofondatrice des *Têtes de Pioche* en 1976 et plus tard du magazine culturel *Spirale,* elle collabore régulièrement à diverses revues littéraires et culturelles à Montréal.

Depuis la publication de *Bloody Mary* en 1977, et malgré une préférence marquée pour une esthétique de la modernité qui insiste sur la fragmentation et la rupture, France Théorêt ne cesse de s'intéresser aux rapports de culture, de classe et de famille dans la formation du sujet-femme qu'elle voudrait voir naître. Résultant d'une écriture exploratrice qui résiste aux restrictions des genres traditionnels tout en interrogeant la position des femmes dans le langage « des pères », les textes de Théorêt mêlent l'intime et le social, le vécu et l'imaginaire, le corporel et l'intellectuel, la raison et la *déraison,* le temps de l'expérience immédiate et celui de la mémoire (individuelle et collective) afin de briser à jamais la *doxa* de la tradition littéraire. La qualité radicale de sa révolte s'exprimera non seulement par les sujets qu'elle ose traiter (La femme-objet, la mère muette, le viol, l'avortement), mais aussi par son refus de formes fixes et de grande narration unie – « refus de tout ordre qui serait issu de l'extérieur », a noté Suzanne Lamy (« Résonances » : 145). Favorisant ainsi une écriture hétérogène et féministe, France Théorêt réussit à apporter une dimension pulsionnelle, émotive, intellectuelle et historique à des textes de fiction théorique et poétique qui, selon l'écrivaine, « œuvre dans le métissage des genres, tout en conservant une part culturelle de leur distinction » (*Entre raison,* 126).

Comme pour d'autres féministes québécoises de sa génération, la remise en question d'une littérature de la *modernité,* qui tendait vers la neutralité du sujet et l'effacement de l'expérience personnelle, mènera France Théorêt à une pratique d'écriture qui travaille à l'émergence du sujet féminin. Cependant ce projet affirmatif sera constamment interrompu par l'évocation des obstacles historiques qui ont empêché les femmes de s'affirmer, par le poids excessif de la tradition masculine, et par les difficultés qu'ont eues des femmes à s'assumer dans une langue qui ne leur appartient pas et qui, souvent, les ignore. Son œuvre se situe donc au centre du débat féministe, poststructuraliste et postmoderne sur la stabilité du sujet féminin et sur la possibilité d'inscrire *une présence de femme dans la langue* de façon visible et durable. Les personnages de Théorêt expriment l'anxiété de leur auteur – qui cherche sa langue à elle – par leur propre gêne dans le langage, leur peur d'articuler des émotions brutes, et par le bégaiement : « Elle est muette ou bégayante ou écrasée par le cri du dedans ou déparlante ou disant l'exact contraire de ce qu'elle veut dire » (*Une Voix pour Odile* : 30). La douleur, la colère, et le sentiment du désastre informent les mots, le rythme et la qualité émotive des phrases d'un sujet féminin en train de s'écrire.

Dans *L'Homme qui peignait Staline,* Théorêt donne une série de récits autobiographiques, historiques et allégoriques écrits dans un langage plus direct, plus dépouillé qu'avant. En racontant des épisodes dramatiques et souvent douloureux de la vie de ses personnages – jeunes filles, étudiantes, femmes mariées, mères seules ou esseulées – elle fait ressortir les liens entre des histoires personnelles de femmes différentes et leur « histoire en commun » de femmes québécoises soumises, solitaires et en révolte, histoire qui procède des années cinquante jusqu'à la « renaissance féministe », bien que la chronologie linéaire ne soit pas respectée dans l'organisation de ces récits.

Outre les thèmes majeurs du texte (solitude, désir réprimé, vie aliénante du couple marié, rapports fille-mère-père, parole intérieure qui résiste à l'autorité, deuil) qu'il faudrait situer dans l'évolution de l'œuvre de France Théorêt, on remarquera les débats modernes sur l'art et la réalité que le premier récit semble susciter de façon allégorique. Par extension, on ne peut manquer de mesurer la place qu'occupe la réalité historique, quotidienne, autobiographique, dans l'optique narrative et artistique que l'écrivaine développe à travers tous les récits qui composent *L'Homme qui peignait Staline*. Cette valorisation de la réalité quotidienne et collective des femmes dans un langage réaliste et accessible annonce non seulement un changement dans la direction de sa propre œuvre mais aussi une nouvelle voie pour l'écriture au féminin au Québec.

Bibliographie : « L'Échantillon », dans *La Nef des sorcières* (Montréal : Quinze, 1976). *Bloody Mary* (Montréal : Les Herbes Rouges 45, janvier 1977). *Une Voix pour Odile* (id., 1978). *Vertiges* (id., 1979). *Nécessairement putain* (id., 1980). *Nous parlerons comme on écrit* (id., 1982). *Transit* (id., 1984). *Intérieurs* (id., 1984). *Entre raison et déraison* (id., 1987). *L'Homme qui peignait Staline* (id., 1989). Divers textes dans *Liberté* 106-107 (1976) ; *La Barre du jour* (hiver 1975) ; *La Nouvelle Barre du jour* 68-69 (sept. 1978) etc. Entretiens : *Écrivains contemporains : Entretiens I* (Montréal : L'Hexagone, 1982). *La Vie en rose* 11 (mai 1983). *Moebius* 23 (1984). *Voix et Images* X, 2 (1985). *Estuaire* 38 (1986). *Voix et Images* 40 (1988).

Sélection critique : Collectif [Colloque Cixous/Djebar, Queens, ONT, 1991] dir. Calle-Gruber, Mireille : *Mises en scène d'écrivains : Assia Djebar, Nicole Brossard, Madeleine Gagnon, France Théorêt* (PUG/ Canada : Le Griffon d'Argile, 1993). Drapeau, René-Berthe : *Féminins singuliers : Pratiques d'écriture : Brossard, Théorêt* (Montréal : Triptyque, 1986). Dupré, Louise : *Stratégies du vertige/Trois poètes : Nicole Brossard, Madeleine Gagnon, France Théorêt* (Montréal : Remue-Ménage, 1989). Dupré, Louise : « Une Poésie de l'effraction », *Voix et Images* 40 (1988). Gould, Karen : *Writing in the Feminine : Feminism and Experimental Writing in Quebec* (Carbondale, Ill. : Southern Illinois Univ. Press, 1990). Lamy, Suzanne : « Des résonances de la petite phrase : « Je suis un nœud » de France Théorêt », *Féminité, Subversion, Écriture,* éd. S. Lamy et I. Pagès (Montréal : Remue-Ménage, 1983). Nepveu, Pierre : « BJ/NBJ : difficile modernité », *Voix et Images* 10, 2 (1985). Smart, Patricia : *Écrire dans la maison du père* (Montréal : Québec/Amérique, 1988).

Karen Gould

THÉRAME, Victoria, n. 1937, romancière.

Auteur de textes autobiographiques, dramatiques et romanesques, Victoria Thérame est née à Marseille, dans une famille franco-italienne d'où lui vient peut-être la vivacité langagière qui distingue ses livres. A sa majorité, un séjour à Paris lui fait découvrir le milieu hospitalier d'une part, le milieu littéraire de l'autre. Ayant obtenu à Marseille un diplôme d'infirmière, elle exerce ce métier dans la capitale pendant neuf ans puis devient chauffeur de taxi pendant quatre ans. Le succès de son livre *Hosto-Blues* la libère de cette double vie car elle n'a pas cessé d'écrire depuis son adolescence.

La maturation de l'écriture est tout à fait exemplaire après le premier livre, *Morbidezza* (« douceur féminine » en italien) daté de 1958-1959, autobiographie romancée dédiée à Françoise d'Eaubonne. A vingt et un ans, à Paris, la narratrice fait le bilan de ses fatras sentimentaux et se déleste d'une virginité encombrante mais de ses jeunes années rien ne se dégage qu'un acte de foi intense dans le plaisir d'écrire, la conviction que cet acte oriente son existence alors que religion et famille ont été reléguées au grenier des objets inutiles.

En écrivant inlassablement, sans fléchir sous les critiques ou les échecs, elle franchit une distance énorme avec *Hosto-Blues*. Désormais, le style sage, quelque peu scolaire des débuts est abandonné. Victoria a pris la parole littéralement : c'est l'oralité qui définit des textes qui passeront facilement à la scène. Partout le style direct est utilisé sous forme d'éclats, de bribes qui émaillent constamment le discours confidentiel en « je » pour *La Dame au bidule* et *Staboulkash,* en « tu » pour *Hosto-Blues.*

L'auteur triture, pétrit son lexique, sa syntaxe avec la pétulance des êtres dont l'énergie à vivre-parler est irrépressible. Calembours, mots-valises, mots composés, abréviations, sigles, innombrables références culturelles, politiques placent Thérame dans la foulée de Queneau. Elle fait entendre un personnage féminin qui témoigne et condamne des faiblesses ou des erreurs circonscrites mais non pas la Vie ni l'Univers. Thérame connaît de première main le milieu hospitalier et les drames étouffés de l'avortement, de l'internement psychiatrique, de l'euthanasie discrète, de la morphine. *Hosto-Blues* est comme un autre voyage au bout de la nuit ponctué de notations horaires et conté en confidence à une compagne d'esclavage, « smicarde », collègue infirmière, lectrice, en tout cas sœur d'aliénation.

La Dame au bidule est beaucoup moins sombre mais également révélateur. C'est un témoignage sur le travail du taxi et la vie nocturne parisienne. Comme l'infirmière, la femme-taxi est une observatrice privilégiée et insatiable : en quatre ans, Thérame a conduit vingt quatre mille personnes, dont un quart de bavards. Pour dire cette immense comédie humaine, elle a trouvé une parole vive, pétillante plus que fragmentaire, où le plus remarquable effet est l'accélération du texte grâce à des listes et répertoires divers, d'un comique efficace : listes des réflexions patriarco-sexistes qu'elle s'attire en tant que faible (et blonde) femme au volant d'un taxi (« pourhûnefâme »), liste des objets oubliés, des gens qui changent de vêtements... Quelques vignettes se dégagent : la jeune Israélienne antimilitariste, un adolescent toxicomane, un hyper-sexué effarant de candeur et, bien sûr, toute une cohorte de travailleurs du plaisir. L'ensemble est vu avec humour et intelligence, une compassion sans bornes pour les métèques, les marginaux et autres « animaux » (chiens, chats et pigeons compris).

Après que *La Dame au bidule* a fait l'objet d'une adaptation théâtrale en 1978, *L'Escalier du bonheur* donne un excellent exemple de ces monologues pour une actrice qui ont fleuri dans les années quatre-vingt. Thérame met en scène une démarcheuse d'encyclopédies devant des portes qui ne s'ouvriront jamais, mais la réalité imaginée derrière ces portes par la femme qui parle ne cesse de se transformer. Il est probable qu'après trois destinataires de son discours, Fifine a fini par identifier correctement l'être derrière la porte, il est aussi probable qu'elle lui a sauvé la vie. Mais c'est avant tout Fifine elle-même, c'est-à-dire une femme quelconque, assez désespérée et tentée par le suicide, qui se révèle, devant la porte-miroir, comme une fort belle âme moderne, libre et obstinément vivante.

Par la suite, la vision de Victoria Thérame s'éclaire de tous les feux de l'imaginaire : le monde factice, baroque et échevelé qu'est par exemple « Le Corsaire Manchot », boîte de nuit où évolue l'héroïne du roman au titre barbare de *Staboulkash*. Ce texte semble prolonger le travail de Victoria Thérame à *Charlie-Hebdo,* où elle a tenu un feuilleton. Roman d'aventures au style de bande dessinée féministe et joyeux, leçon de fantaisie et d'affirmation d'une féminité libre et par-dessus tout créatrice, c'est le contraire de la femme étouffée ou rompue que Victoria Thérame invite à poursuivre en exerçant son humour.

Bibliographie : *Morbidezza* (Julliard, 1960). *Trans-viscère-express* (Poésie de Poche, Saint-Germain-des-Prés, 1970). *Hosto-Blues,* livre-cassette (Des Femmes, 1974 ; poche, 1976). *La Dame au bidule* (id., 1976). *Staboulkash* (id., 1981). *L'Escalier du bonheur* (id., 1982). *Bastienne* (Flammarion, 1986). *Journal d'une dragueuse* (Ramsay, 1990). *Scorpion, yeux bleus* (id., 1991).

CM

THÉRIAULT, Marie-José, écrivaine québécoise.

Pourtant le Sud, poème (Montréal : Hurtubise, 1976). *Invariance ; Célébration du prince* (St-Lambert : Noroît, 1982). *Les Demoiselles de Numidie* (Montréal : Boréal Express, 1989).

THÉRON, Anne, romancière.

Les Plaisirs et les Corps (Buchet/Chastel, 1983). *Figures : essai sur un miroir* (id., 1983). *La Trahison de Frédégonde,* avec Jacques Katus-zewski (Grasset, 1987). *Faux Papiers* (Denoël, 1990).

THÉVOZ, Jacqueline (Pseud. : Patricia Belsen), poète, romancière suisse.

Simon d'Estavayer ou la Cité des vieux âges, rm (Lausanne : Capri-corne, 1956). *Raison vagabonde,* poésie (Lausanne : Éd. Risold, 1959). *Mon grand voyage autour du monde,* poésie (Revue Moderne, 1966). *Traité de rythmique* (Lyon : Maison Rhodanienne de la Poésie, 1972). *Aloys Fornerod, mon maître* (id., 1973). *Escales vers ma mort,* poésie (id., 1974). *La Vie cachée de Foetus-Désiré Jacquinot ou le Roman d'un foetus* (id., 1974). *Mimile* (id., 1975). *Journal poétique d'une femme de trente ans* (id., 1976). *Jean Dawint : l'extraordinaire châtelain de Cernex* (id., 1977). *Le Château de paradis* (id., 1979). *Le Prince au palais dor-mant* (id., 1980). *Maman-Soleil* (id., 1980). *Les Termites* (Lausanne : Front Littéraire, 1982).

THIECK, Françoise, n. 1940, romancière, poète.

Histoire d'une nayika, de ses merveilles et des autres choses (Buchet/Chastel, 1967). *Fragments* (Saint-Germain-des-Prés, 1970). *C'est la fin de l'été* (Chambelland, 1972). *La Baignoire verte* (Bourgois, 1974). *La Cap-ture imaginaire,* jeux de prose (Saint-Germain-des-Prés, 1976). *Un lundi bleu* (Le Sycomore, 1983).

THOMAS, Édith, n. 1909, romancière, essayiste.

La Mort de Marie (Gallimard, 1934). *L'Homme criminel* (id., 1934). *Sept-Sorts* (id., 1935). *Le Refus* (Éd. Sociales Internationales, 1936). *Études de femmes* (Éd. Colbert, 1945). *Le Champ libre* (Gallimard, 1945). *Jeanne d'Arc* (Hier et Aujourd'hui, 1947). *Les Femmes en 1848* (PUF, 1948). *George Sand* (Éd. Univ., 1959). *Les Pétroleuses* (Gallimard, 1963). *Roussel* (id., 1967). *Le Jeu d'échecs* (Grasset, 1970). *Ève et les autres* (Mercure de France, 1970). *Louise Michel ou la Valléda de l'anarchie* (Gallimard, 1971). *Le Témoin compromis,* mémoires (Viviane Hamy, 1995). *Pages de journal, 1939-1944* (id., 1995).

TIBORS, poète anonyme du XIIᵉ siècle, peut-être sœur du troubadour Raimbaut d'Orange. Cf. TROBAIRITZ.

TINAYRE, Marcelle, 1872-1948, romancière.

Née Marcelle Chasteau à Tuile dans le Limousin, région qu'elle évoque dans ses romans, elle est élevée dans un milieu bohême et artiste. « Entre George Sand, Rosa Bonheur, et Augusta Holmes, l'horoscope de ma destinée s'inscrivit », dira-t-elle. Sa mère écrit et offre ses pages aux premières revues de Paris. La fille reçoit une excellente initiation aux humanités et aux mouvements sociaux tels que le féminisme et le socialisme. Précoce (elle publie des vers dès l'âge de treize ans, son premier roman à dix-neuf ans), Marcelle Tinayre écrit des récits de voyage et des contes de fées sous le pseudonyme de Charles Marcel. Elle épouse très jeune un graveur dont la carrière est ruinée par la venue de la photographie. Mère de trois enfants, elle soutient sa famille grâce à des travaux littéraires. Elle est rédactrice, tient la chronique littéraire à *La Mode Pratique* et travaille par la suite pour plusieurs journaux en tant que chroniqueuse de mode et reporter. Elle publiera plus de vingt romans et de nombreux articles et nouvelles, voyageant beaucoup mais restant fidèle à Montfort-l'Amaury.

L'affranchissement de la femme moderne est l'unique sujet de Marcelle Tinayre. Témoin de la première vague d'écriture féministe qui fleurit autour de 1900, elle traite dans ses romans des conflits que pose la révolution morale et sociale du nouveau siècle. Son œuvre dépeint la jeune femme qui s'éveille à la liberté. Partout elle défend celle qui étudie, qui travaille, qui aime, qui enfante et qui ne se résigne pas. Ses héroïnes sont des « rebelles », comme le signifie le titre de deux romans de l'époque, l'un de Marcelle Tinayre et l'autre de Colette Yver. Mais il s'agit de rebelles partielles ou ambivalentes : si elles réclament une liberté nouvelle, c'est souvent pour la donner à un homme qui s'avère toujours le maître. Marcelle Tinayre ne l'ignore pas ; elle insiste sur le fait que ses héroïnes vivent dans « une époque de transition ». Elle reconnaît que c'est une société injuste et une éducation paralysante qui contraignent la femme à garder « l'instinct de la servitude amoureuse ». « Ne raillez pas les femmes qui ont brisé les vieilles chaînes, parce qu'elles traînent encore les tronçons ! », dit une féministe vieillissante dans *La Rebelle*.

L'apprentissage de la liberté se fait doucement, l'affranchissement moral et sentimental ne venant que fort longtemps après l'émancipation sociale. Le conflit entre le droit à la passion et l'ancienne tradition de dévouement féminin devient le thème majeur de Tinayre et de ses contemporaines, y compris Colette. Tout en envisageant une nouvelle morale féministe, l'héroïne de Marcelle Tinayre est subjuguée par les vestiges du mysticisme romantique qui tient l'amour pour une révélation. L'obstacle au plein épanouissement du bonheur de la femme en amour n'est pas la « nature féminine », mais une société qui impose des barrières à ce qu'elle appelle une « loi naturelle ». Comme le fait remarquer Ernest Tissot, l'œuvre de Tinayre pose la question de ce que doit devenir l'amour dans une perspective féministe convaincue.

A la différence de ses sœurs romantiques du siècle précédent, l'héroïne du roman de 1900 jouit d'une nouvelle indépendance matérielle. Les réels progrès des femmes dans les professions se reflètent dans les romans de cette génération. Les milieux universitaires, scientifiques et artistiques récemment ouverts aux femmes paraissent dans les romans de Colette Yver, Gabrielle Réval et d'autres. Tinayre se spécialise dans le témoignage sur les milieux de la presse féminine. Sans dissimuler les rigueurs de la profession où la journaliste besogne durement dans des postes subalternes, Tinayre rend vivant l'émoi de la salle de rédaction, et le dévouement de la femme à son nouveau métier. La chronique littéraire, le compte rendu des conditions sociales, même le récit de mode, tout sert à élargir l'horizon de la femme et lui permet d'exercer sa plume, de gagner honnêtement sa vie, et de respirer l'air grisant des idées nouvelles. La journaliste connaît une liberté de mouvement inhabituelle à l'époque ; elle fréquente les petits restaurants du Quartier Latin, pénètre dans les librairies d'avant-garde ; elle se meut seule dans la rue et seule dans la vie.

A la jeune rebelle il faut une nouvelle éducation, semblable à celle de l'homme et en particulier, le modèle de la Renaissance. Le roman *Hellé* propose une vision utopique de l'éducation idéale qui serait une libération des conventions sociales et religieuses. A l'instar de Rousseau, *Hellé* est le récit d'une éducation par la sensibilité et par l'imagination qui laisserait à la fille « le droit de se développer comme une plante fleurit ». Hellé connaît une parfaite liberté physique. « Ignorante des petites manières qu'on enseigne aux filles bien élevées… ». Une telle éducation se dresse spécifiquement contre le christianisme qui enseigne résignation et sacrifice. « Je hais le culte des chrétiens, dit Hellé, et leur morale (…) Ils ont blasphémé l'amour, stigmatisé la femme, et n'ont trouvé d'excuse à la maternité que la virginité féconde de Marie ».

Autre diatribe contre une morne chrétienté, *La Maison du péché* est considéré comme le chef-d'œuvre de Marcelle Tinayre. Formé par un jansénisme sévère, Augustin de Chanteprie est incapable d'affronter la vie des passions que représente Fanny Manolé, une jeune artiste qui, elle, accepte les pulsions sans ambages. Comme chez Colette, c'est plutôt l'homme qui s'avère torturé, complexé, pudibond devant ce qui est pour la femme quelque chose de très simple.

Dans *La Rebelle* aussi, la femme éduque l'homme qui a commencé par être son mentor. Dans ce que Tinayre estime être son meilleur livre, elle offre une peinture optimiste de la femme affranchie qui aspire à tout, à l'indépendance comme à l'amour (le manuscrit devait s'intituler « Le Joug brisé »). Josanne, peu émancipée d'abord, soigne par pitié un mari neurasthénique et cherche réconfort chez un jeune homme timide et égoïste dont elle aura un fils... mais elle ne sera pas punie, ayant autant que l'homme droit à l'amour. Dans toute son œuvre, Marcelle Tinayre manifeste une sollicitude envers la femme « tombée » (*L'Oiseau d'orage*), l'adultère (*La Rançon*), la fille naturelle (*Avant l'amour*), et enfin la mère seule et travailleuse (*La Rebelle*). En toutes elle voit des femmes trahies par l'homme. « Si bas que tombe une femme, un homme, presque toujours, est responsable de sa déchéance... » Il s'agit donc pour elle de mettre sa plume au service de la révolte contre les injustices morales et matérielles dont souffrent ses semblables.

Bibliographie : *Vive les vacances* (s/pseud., Alcide Picard, 1885). *L'Enfant gaulois* (s/pseud., id., 1887). *Avant l'amour* (Mercure de France, 1897). *Hellé* (id., 1899). *L'Oiseau d'orage* (Calmann-Lévy), 1901). *La Maison du péché* (id., 1902). *La Vie amoureuse de Françoise Barbazanges* (id., 1904). *La Rebelle* (id., 1905). *La Rançon* (id., 1907). *La Consolatrice* (*L'Illustration,* 1907). *L'Amour qui pleure* (Calmann-Lévy, 1908). *Notes d'une voyageuse en Turquie* (id., 1909). *L'Ombre de l'amour* (id., 1910). *La Douceur de vivre* (Impr. de A. Chatenet, 1911). *Madeleine au miroir, journal d'une femme* (Calmann-Lévy, 1912). *Perséphone* (id., 1920). *Les Lampes voilées. Laurence. Valentine* (id., 1921). *Le Bouclier d'Alexandre* (*L'Illustration,* 1922). *La Légende de Duccio et d'Orsette* (id., 1923). *La Vie amoureuse de Madame de Pompadour* (Flammarion, 1924). *Un Drame de famille* (Calmann-Lévy, 1925). *Figures dans la nuit* (id., 1926). *Saint-Jean, libérateur,* nouvelle (*L'Illustration,* 1926). *Une Provinciale en 1830* (P. Lafitte, 1927). *Terres étrangères : Norvège, Suède, Hollande, Andalousie* (Flammarion, 1928). *L'ennemi intime* (*L'Illustration,* 1931). *La Femme et son secret* (Flammarion, 1933). *Château en Limousin* (*L'Illustration,* 1934). *L'Affaire Lafarge* (Flammarion, 1935). *Gérard et Delphine...* (id., I. *La Porte rouge,* 1936 ; II. *Le Rendez-vous du soir,* 1938). *Mariage* (Flammarion, 1937). *Sainte-Marie du Feu,* nouvelle (*L'Illustration,* 1938). « Est-ce un miracle ? » (Flammarion, 1939). *La Porte rouge* (id., 1939). *Châteaux disparus* (Firmin-Didot, 1945).

Sélection critique : Bertaut, Jules : *La Littérature féminine d'aujourd'hui* (Libr. des Annales, c. 1910). Clarentie, Léo : *Histoire de la littérature française,* 5, 1900-1910 (Ollendorf, 1912). Flat, Paul : *Nos Femmes de lettres* (Libr. Académique, Perrin & Cie, 1909). Martin-Mamy, Eugène : *Madame Marcelle Tinayre* (Sansot, 1909). Tissot, Ernest : *Nouvelles Princesses des lettres* (Lausanne : Payot, s. d.). Waelti-Walters, Jennifer : *Feminist Novelists of the Belle Epoque : Love as Lifestyle* (Bloomington : Indiana U. Press, 1990).

EE

TOURVILLE, Anne de – (pseud.).

Jabadao (Prix Fémina, 1951). *Femmes de la mer* (Éd. G.P., 1959). *Les Gens de par ici* (Picollec/ Bibliothèque celtique, 1981).

TRESSERVE (pseud.), v. RATTAZI.

TRIOLET, Elsa, 1896-1970, romancière.

Elsa Triolet, née Kagan à Moscou, était la fille aînée d'un avocat russe. Diplômée en architecture, elle épouse André Triolet en 1918. Le mariage ne dure pas et Elsa rentre seule de Tahiti en 1919, mais on lui refuse la permission de repasser la frontière russe. Elle séjourne donc à Londres, puis à Berlin, avant de revenir à Paris en 1924. C'est en 1928 qu'elle fait la connaissance de Louis Aragon. Ils se marient en 1939 et elle lui inspire nombre de ses plus beaux poèmes : *Elsa, Les Yeux d'Elsa, Le Fou d'Elsa*, etc. L'influence réciproque des deux écrivains est évidente dans leurs *Œuvres romanesques croisées* (1964-1974), seule publication de la sorte en France. Elsa et Aragon font plusieurs voyages en Espagne en 1937-1938 où ils travaillent pour la cause des écrivains républicains pendant la guerre civile. En France en 1941, ils sont parmi les premiers à résister à l'occupation allemande d'une façon organisée. Elsa se charge d'une presse clandestine, devenue plus tard *Les Lettres françaises*. Elle traduit également des écrivains russes, en particulier Maïakovski.

Situation rare dans l'histoire des lettres féminines françaises que de se faire connaître par des écrits dans une langue qu'elle avait dû travailler longuement et parfois péniblement afin de la maîtriser. Trois romans de jeunesse d'Elsa Triolet étaient parus à Moscou pendant les années vingt, mais c'est en France que son talent s'est révélé. Sept ans après la publication de *Bonsoir Thérèse* (1938), Elsa Triolet est la première femme en France à recevoir le prix Goncourt. Elle publiera plus de vingt romans, des centaines d'articles et de nombreux comptes rendus sur le théâtre parisien ; des biographies de Chekhov et de Maïakovski et des traductions françaises de poésies russes. Elle ne réussira pourtant jamais à s'identifier comme écrivain français : « … j'écris en français, mais je suis Russe ». Elle se disait « transplantée à Paris », en fonction de quoi, elle pouvait, par exemple, aborder des questions politiques ou sociales avec plus de lucidité et plus d'audace que les romanciers français de l'époque. En effet, c'est elle qui, la première, dans les contes des *Mille Regrets* (1942), a osé peindre la vie quotidienne des Français sous l'occupation. Souffrant d'incertitudes dans son rapport au français, elle craint aussi de négliger sa langue maternelle : « Être bilingue c'est un peu comme d'être bigame :

mais quel est celui que je trompe ? » Elle cherchera la réponse toute sa vie. C'est ce dilemme qui est à la source de ses écrits. Les thèmes de toute son œuvre littéraire s'y rattachent, un des principaux étant celui de « l'étranger ». Dans *Le Rendez-vous des étrangers* (1965) réputé un des livres les plus personnels d'Elsa Triolet, elle décrit avec émotion les difficultés sociales, psychologiques et économiques qui assaillent l'étranger en France. Dans *Le Cheval roux* (1953), deux personnages dont un s'appelle Elsa, cherchent vainement la France qu'ils connaissaient avant la destruction totale de la troisième guerre mondiale. *Le Cheval blanc* (1943) dépeint le vagabondage de Michel Vigaud, un jeune homme qui a gâché sa vie, mais qui meurt héroïquement pendant la guerre tandis que dans *L'Inspecteur des Ruines* (1948), Antonin Blond revient de guerre sans savoir que sa famille et sa maison n'existent plus. Comme beaucoup d'autres personnages d'Elsa Triolet, il passera des années à errer, tâchant toujours de retrouver son passé perdu. Car chez elle, les thèmes de « la nostalgie » et de « l'errance » suivent de près celui de « l'étranger ». Souvent l'aliénation veut dire simplement perte d'identité psychologique : « Etre étranger ce n'est pas une affaire de passeport… C'est se sentir malvenu. »

L'autre thème fondamental de l'œuvre est la solitude de la femme, qu'elle soit étrangère ou, plus fréquemment encore, artiste. Ainsi Jenny dans *Personne ne m'aime* (1946) et Clarisse dans *Les Manigances* (1962) sont toutes deux des actrices qui ressentent de manière aiguë leur isolement et leur faiblesse au moment même de leur plus grand succès. Souvent « la femme seule » choisit cette solitude, souvent elle a quitté son époux. On s'étonne de ce que la femme chantée et aimée par Aragon se préoccupe tant de solitude et de couples brisés. *Roses à crédit* (1959) traite longuement de la dissolution d'un mariage, tandis que l'on trouve dans presque tous ses romans une femme qui a connu un amour malheureux.

Il semble que la femme la plus profondément seule soit celle qui a atteint la vieillesse. Emma dans *L'Inspecteur des Ruines* parle amèrement des malheurs des vieux dans une société qui ne veut pas les reconnaître et où les jeunes font semblant de ne pas les voir. Dans *Le Cheval roux,* elle va jusqu'à comparer la vieillesse aux ravages physiques d'une guerre atomique.

Mais ces solitudes ne restent pas nécessairement sans remède : des « femmes seules » animées d'un profond désir humanitaire cherchent souvent à s'accomplir dans le service à une cause commune. Par exemple, l'énergique Juliette dans « Les Amants d'Avignon » (1942) refuse l'amour pour se dévouer entièrement à la patrie en guerre. Anne-Marie dans *Les Fantômes armés* (1947) veut elle-même guérir les blessures d'une France divisée et hostile après la Libération. On pourrait quasiment parler d'un archétype de Jeanne d'Arc qui n'est pas sans rapport – équilibre compensatoire ? – avec celui de « l'étranger ».

Bibliographie : Triolet, Elsa et Louis Aragon, *Œuvres romanesques croisées*, 42 vol. (Robert Laffont, 1964-74). Les titres d'Elsa Triolet sont :

vol. I : *Bonsoir, Thérèse* (1938) ; *Les Manigances, journal d'une égoïste* (1962) ; vol. III : *Mille Regrets et autres nouvelles* (1941-44) ; vol. V et VI : *Le Premier Accroc coûte deux cents francs* (Prix Goncourt, 1945) ; vol. IX : *Personne ne m'aime* (1946) ; vol. X : *Les Fantômes armés* (1947) ; vol. XIII : *L'Inspecteur des Ruines* (1948) ; vol. XIV : *Le Monument* (1957) ; vol. XVII et XVIII : *Le Cheval blanc* (1943) ; vol. XXI et XXII : *Le Cheval roux* (1953) ; vol. XVII et XVIII : *Le Rendez-vous des étrangers* (1956) ; vol. XXXI : *Roses à crédit* (1959) ; *Luna Park* (1959) ; Vol. XXXII : *L'Ame* (1963) ; vol. XXXV : *Le Grand Jamais* (1965) ; XXXVI : *Écoutez-voir* (1968) ; vol. XL : *Le Rossignol se tait à l'aube* (1970) ; *La Mise en mots* (1970). *Camouflage* (Gallimard, 1976). *Chroniques théâtrales : 1948-1951* (id., 1981). Divers : *L'Age de nylon* (Gallimard, 1959). *Fraise des bois,* trad. du russe (id., 1974).

    Sélection critique : Casey, Brenda B. : *Elsa Triolet : A Study in Solitude* (thèse inédite, Northwestern University, 1974). *Europe,* XLIX (juin, 1971). GRELIS : *Recherches croisées Aragon-Elsa Triolet,* 3 vol. (Les Belles Lettres, 1988, 1989, 1991). Centre aixois de recherches sur Aragon : *Écrire et voir : Aragon, Elsa Triolet et les arts visuels* (Aix-en-P. : Publications de l'Univ. de Provence, 1991). Maude, Jacques : *Ce que dit Elsa* (Denoël, 1961). Cf. *Faites entrer l'infini,* Société des amis de Louis Aragon et Elsa Triolet.

Brenda Casey

TRISTAN, Flore, dite Flora, 1803-1844.

    Flora Tristan est née d'un père péruvien de famille noble et d'une mère française, dont l'union ne sera pas reconnue. Considérée comme illégitime, elle vit dans la pauvreté après la mort de son père, marginalisée par sa famille et la société parisienne. Quatre ans après un mariage arrangé par sa mère avec le peintre et lithographe André Chazal (1821), dont elle avait été l'ouvrière coloriste, elle s'enfuit avec ses deux fils, enceinte d'Aline, la future mère de Paul Gauguin. Après avoir été dame de compagnie en Angleterre, elle se rend au Pérou où elle espère convaincre un oncle de lui donner sa part de l'héritage paternel, mais en vain. Elle rentre à Paris en 1834 et se met à écrire pour faire vivre sa famille. Elle fait paraître à compte d'auteur une brochure commencée sur le bateau, *De la nécessité de faire bon accueil aux femmes étrangères.* Jaloux de son indépendance, son mari ne cesse de la tourmenter et finit par tirer sur elle. L'incident attire l'attention du public sur son livre, *Les Pérégrinations d'une paria, 1833-34.* Sorti en 1838, il connait un grand succès et Flora Tristan se hâte de publier son roman, *Méphis ou le prolétaire.* Mais hantée par les questions sociales, en particulier par le sort de la femme et la condition ouvrière, elle abandonne la fiction pour une œuvre à caractère politique. Frappée par les effets du travail industriel qu'elle a pu observer lors de sa quatrième visite en Angleterre (1839), elle consigne ses remarques dans *Promenades dans Londres* puis elle rédige un ouvrage politique, *L'Union ouvrière* et parcourt les routes de France où elle trouve la renommée et la mort alors qu'elle travaille à susciter une prise de conscience parmi les ouvriers.

Romantique, mystique et messianique, Flora Tristan est une véritable enfant de son siècle, prise dans le mouvement des idées où elle découvre simultanément le sort de la femme et celui du milieu ouvrier. Elle va mettre sa plume au service d'un monde qu'elle rêve meilleur, appelant tous ceux qu'elle observe à témoigner sans relâche de leur oppression, à « nommer » leurs oppresseurs. Son message ne sera cependant reçu qu'après sa mort. Le projet d'une « Union ouvrière » formulé dans son dernier ouvrage (1843) précède de cinq ans l'Internationale préconisée par Karl Marx et dépasse de loin la tentative réformiste proposée en 1833 dans *La Nécessité de faire bon accueil aux femmes étrangères.* Par ailleurs, tout en mettant le projet socialiste au premier plan, elle ne cessera de se préoccuper du sort des femmes, réclamant « le 89 des femmes ». Déjà en 1825, elle promettait à sa fille nouvellement mise au monde : « Je te jure de lutter pour toi... Tu ne seras ni esclave, ni paria. » Son message et sa foi en l'influence civilisatrice de la Femme ne diffèrent pas essentiellement des idées de ses contemporains, en particulier de celles des saint-simoniens ou des autres féministes en matière d'éducation, formation professionnelle, droit au divorce, autonomie légale, etc. Cependant son lyrisme et son engagement personnel font de Flora une figure d'exception.

Au début de sa carrière, Flora Tristan notait, dans *Les Pérégrinations d'une paria,* que l'Art était impuissant à résoudre les problèmes des femmes et des pauvres. Elle refuse de s'abriter derrière le voile de la fiction comme le faisait George Sand, à laquelle elle le reprochait ainsi que d'avoir emprunté un nom de plume masculin. Appelant les victimes à exposer l'iniquité de leur situation, elle donne l'exemple dans ses *Pérégrinations* et dans *Promenades dans Londres,* qui constituent un témoignage sur l'Angleterre de la révolution industrielle. Si ces textes ne peuvent être considérés comme proprement « littéraires », ils constituent néanmoins des documents précieux. Par leur technique – observation et notation des faits – ainsi que par les sujets abordés, (les bas-fonds, la prostitution, la prison, le travail en usine, etc.) ils ont inspiré des contemporains tels qu'Eugène Sue et George Sand et annoncent le courant naturaliste.

Avec *Méphis ou le prolétaire,* Flora Tristan se proposait de résoudre le dilemne d'un *Bildungsroman* écrit au féminin et qui soit suffisamment exemplaire pour servir de témoignage universel et inciter à l'action politique et sociale. Au lieu de centrer le récit sur un seul personnage, l'auteur propose un couple, ce qui lui permet d'élargir la vision qu'elle nous offre du monde et mêle des bribes de biographie à des aventures imaginaires.

Dans ce roman de la passion et de la folie riche en péripéties, Méphis rencontre une jeune fille qui l'a aimé mais qui a été éloignée de lui par des calomnies : en le retrouvant, elle perd la raison. *Méphis* est alourdi par un didactisme et une intention « socialisante » appuyés. Cependant, de nombreuses pages, en particulier sur l'évolution des milieux de la finance et sur le pouvoir des nouveaux riches, constituent un document sur l'époque. Il laisse par ailleurs entrevoir une Flora secrète dont l'attitude par rapport à l'amour n'est pas sans ambiguïté, la folie et la mort apparaissant comme les seules solutions aux problèmes de l'existence. Derrière le don de soi, jusqu'à l'épuisement, à la cause des opprimés dont sa vie offre un exemple (qui autorise un rapprochement avec Simone Weil), il n'est pas interdit de discerner une angoisse profonde liée à un malaise de l'identité, lui-même masqué par le charisme et l'élan visionnaire qui marquent ses écrits.

Bibliographie : *Nécessité de faire bon accueil aux femmes étrangères* (Delaunay, 1835 & 1984, 1988). « Pétition pour le rétablissement du divorce à Messieurs les Députés » (Archives Nationales, pétition n° 133, dossier 71 du 20 décembre 1837). *Pérégrinations d'une paria (1833-1834),* 2 vol. (Arthus Bertrand, 1838 ; Maspero, 1979). *Méphis* (Ladvocat, 1838). *Promenades dans Londres ou l'Aristocratie et les prolétaires anglais* (H.-L. Delloye, 1840 ; Londres : W. Jeffs, 1840 ; 3e éd., 1842 avec une « Dédicace aux classes ouvrières » ; éd. récente de Françoise Bédarida, Maspero, 1978). *L'Union ouvrière* (Prévot, 1843 ; fac similé : Éditions d'Histoire Sociale, 1967). *L'Émancipation de la femme, ou le Testament de la paria, ouvrage posthume de Mme Flora Tristan,* éd. A. Constant (La Vérité, 1846). *Le Tour de France : état actuel de la classe ouvrière sous l'aspect moral, intellectuel, matériel* (posthume) éd. Jules L. Puech, préface de Michel Collinet (Éditions Tête de Feuilles, 1973). *Lettres, 1821-1844* (Seuil, 1980).

Sélection critique : Baelen, Jean : *La Vie de Flora Tristan. Socialisme et féminisme au XIXe siècle* (Seuil, 1972). Debout, Simone : « La geste de Flora Tristan », *Critique,* 308 (janvier 1973). Desanti Dominique : *Flora Tristan, la femme révoltée* (Hachette, 1972) ; *Flora Tristan : vie et œuvre mêlées* (10/18, 1973). Puech, Jules-L. : *La Vie et l'œuvre de Flora Tristan* (Marcel Rivière, 1925). Schneider, Joyce A. : *Flora Tristan* (N.Y. : William Morrow & Co., 1980). *Flora Tristan (1803-1844)* (Éd. Ouvrières, 1984). Cf. FWW.

Sandra Dijkstra et MH

TROBAIRITZ.

Ce sont les poétesses de langue d'oc au Moyen Age, une vingtaine de « troubadoures » provençales dont des poèmes subsistent, parfois à l'état de fragments. Les noms de la comtesse de Die (voir ce nom) et de Marie de Ventadour (voir ce nom) sont les plus souvent cités, mais d'autres sont aujourd'hui connues. On hésite à souscrire aux remarques de Jeanroy, par exemple, qui les écarte comme poètes s'exerçant seulement dans des « genres inférieurs n'exigeant qu'un médiocre effort » (« Les Femmes Poètes dans la littérature provençale aux XIIᵉ et XIIIᵉ siècles »). Ce lecteur les accuse en outre d'un « choquant oubli de toute pudeur et de toute convenance », et prétend, avec d'autres érudits, être scandalisé par leurs mœurs. La critique contemporaine apprécie au contraire la simplicité, la sensualité, la franchise, l'absence d'affectation de cette expression féminine à l'âge des rituels courtois où l'on ne distinguait point entre désir, demande et fantasme, car tout émoi des sens signifiait passion amoureuse. Chaque précieux fragment, chaque poème fait entendre la trace d'une voix singulière à travers les siècles.

Outre Marie de Ventadour, Véran cite Tibors comme poétesse anonyme du XIIᵉ siècle ; elle était peut-être la sœur du troubadour Raimbaut d'Orange. On connaît d'elle un fragment « Bels doux amics... » ou, en français moderne : « Beau doux ami, je puis bien dire en vérité, que je n'ai jamais cessé de vous désirer. Depuis que vous êtes mon amant, je n'ai jamais été sans envie, beau doux ami, de vous voir souvent et jamais n'eus motif de m'en repentir, et si vous partiez fâché, je n'aurais plus de joie que vous fussiez revenu » (Véran : 76-77).

Quant à Garsenda, née autour de 1170, elle est probablement la fille de Bernard de Forcalquier. Elle est en tout cas l'épouse d'Alphonse II, comte de Provence et a gouverné après sa mort. Dans la citation qui suit elle encourage un prétendant timide : « Vous qui me paraissez du nombre des sincères amants, ah ! je voudrais que vous ne fussiez si timide ! Je me réjouis que l'amour vous tienne, car moi-même je souffre pareillement à cause de vous. Vous portez la peine de votre timidité, quand vous n'osez vous enhardir à prier une dame et vous faites grand tort à vous et à moi, car jamais une femme n'ose découvrir tout ce qu'elle désire, par crainte de faillir » (Véran : 86-87).

Au début du XIIᵉ siècle, une dame poète auvergnate, Castelloza, était probablement l'épouse d'un croisé. Elle a laissé trois poèmes où s'exprime la volupté franche d'une « dame qui prie un chevalier au sujet d'elle-même ». Cf. *Les Troubadours cantaliens,* par le duc de La Salle de Rochemaure et René Lavaud (Aurillac : Impr. Moderne, 1910) et *Le Miroir des dames chrétiennes,* par Raoul Goût (Éd. « Je sers », 1935).

Au XIIIᵉ siècle, Clara d'Anduze, séparée de son ami, peut-être le troubadour Uc de Saint-Cirq, exprime le regret qu'elle en a ainsi que son fidèle amour « En greu esmai... » : « En grand émoi, en grand souci et en grand trouble ont mis mon cœur les médisants et les faux devins, contempteurs de la vie et de la jeunesse, car vous que j'aime plus que tout au monde, ils vous ont fait séparer et éloigner de moi, si bien que, ne pou-

594

vant vous voir et vous admirer, j'en meurs de douleur, de colère et d'amertume » (Véran : 160-161).

Bibliographie : Audiau, Jean : *Nouvelle Anthologie des troubadours* (Delagrave, 1928). Bec, Pierre : *Chants d'amour des femmes troubadours,* anthologie en langue d'oc, traduite et commentée par - (Stock, 1996). Bogin, Meg : *The Women Troubadours* (New York : Paddington, 1976). Boutière, J. & A.-H. Schutz : *Biographies des troubadours* (Nizet, 1964). Jeanroy, Alfred : *La Poésie lyrique des troubadours,* 2 vol. (Didier-Privat, 1934). Jeanroy, A. : « Les Femmes poètes dans la littérature provençale aux XIIe et XIIIe siècles », dans *Mélanges de Philologie offerts à J.-J. Salverda de Grave* (Groningue : Wolters, 1933). Véran, Jules : *Les Poétesses provençales du Moyen Age* (Aristide Quillet, 1946).

MHB

TSIBINDA, Marie-Léontine, n. c. 1958, poète congolaise.

Marie-Léontine Tsibinda est née dans le Kouilou, a fait ses études primaires à Loubomo, et ses études secondaires et universitaires à Brazzaville de 1971 à 1983. Après avoir obtenu une maîtrise d'anglais en 1983, elle a travaillé au Centre culturel américain, collaboré à de nombreuses revues africaines et pratiqué l'art dramatique dans la troupe de Sony Labou Tansi. Elle a un fils. Elle a reçu le prix national de Poésie en 1981 (d'après Brézault et Clavreuil).

Après s'être essayée au roman et à la nouvelle, Marie-Léontine Tsibinda a opté pour une poésie qu'elle a d'abord découverte dans la nature : c'est aux gens de son village natal qu'elle a dédié son premier recueil, *Poèmes de la terre,* « parce que c'est de la terre qu'ils tirent leur puissance », mais la poète reconnaît aussi être fascinée par l'océan et les ouvertures qu'il offre. Une de ses nouvelles le met en scène, comme lieu où s'accomplit l'amour de deux enfants de la terre.

Sans vouloir le dire peut-être en termes « occidentaux », Marie-Léontine Tsibinda – comme Calixthe Beyala – incarne un degré de libération très avancé selon les normes occidentales puisqu'elle est mère célibataire et se gausse du chantage traditionnel qu'elle a subi : « A force d'écrire des poèmes et d'aller à l'université, tu ne trouveras plus de mari ! » (Brézeault/Clavreuil : 16). Seuls des patriarches ignorant l'histoire des femmes peuvent attribuer le goût de la liberté aux méfaits d'une éducation de type occidental. Savent-ils qu'en 1900, les savants occidentaux démontraient que les études supérieures étaient néfastes à la santé physique et mentale, et à la fertilité des femmes blanches ? Quant à la problématique cruciale de la langue de création, Marie-Léontine, qui vient d'une ethnie minoritaire ne se morfond pas en spéculations théoriques et culpabilisantes : « J'écris en français parce que la plupart des Congolais comprennent cette langue. Si j'écrivais dans la langue de ma mère, cela ne concernerait qu'un petit nombre de gens et j'aurais besoin de traducteurs pour communiquer avec tous les autres habitants de mon pays. »

Tel critique a pu estimer que Tsibinda « aurait tout intérêt à s'adresser aux enfants », parce qu'elle a consacré un recueil à poétiser son plaisir de communiquer méta-linguistiquement avec son enfant. Là encore elle se situe à la pointe des comportements gynocentriques positifs, écrivant fièrement une expérience féminine par excellence. Traditionnellement en effet, l'homme ne s'intéresse qu'à l'enfant qui peut l'écouter. *Une lèvre naissant d'une autre* chante son nouveau-né Frank Stéphane, avec photographie à l'appui, et l'inspiration autobiographique est explicite. La douceur de la bouche de l'enfant en est le leitmotiv, comme le suggère le titre. La prééminence du tactile et le ravissement devant le corps du bébé fondent un discours marqué au sceau du féminin maternel. Le mouvement, en particulier le sourire, cimente l'unité thématique du recueil.

Ici la nature est africaine bien sûr : conçu dans un septembre « en fleurs » le bébé arrive au mois de mai, quand « l'herbe se fane » (« Si je viens en mai »). Mais l'élément le plus présent dans le texte est l'eau : la mer associée au rêve mais aussi aux fluides de la gestation (« Aube ») et à la jubilation de la naissance dont l'humour n'est pas absent. La mort, comme l'amour, n'apparaissent que comme thèmes mineurs.

La forme poétique de Tsibinda est tantôt brève et simple, marquée d'images concrètes, tantôt ludique, colorée de jeux de mots et d'humour. La première forme s'apparente aux chants traditionnels, la seconde caractérise des poèmes faits pour les enfants autant que sur eux. Ce recueil, entièrement centré sur l'enfant et la maternité, n'exclut pas l'ouverture sur le monde comme l'exprime la dédicace : « C'est à vous mères, c'est à vous enfants de la terre, pépinière dorée que je dédie mon amour... ». Même élan dans les derniers poèmes : « je chanterai, je chanterai/ pour les enfants/ du Tchad/ du Liban/ de Soweto/ d'Israël/ de Jérusalem/ des favellas/ des bidonvilles/ de Harlem (...) ».

Le quatrième recueil passe de la sphère intime au sociopolitique et tempère le penchant ludique du livre précédent. C'est la « mort prochaine » de l'Afrique qui en constitue le thème principal, participant ainsi à ce désespoir radical qui semble balayer la scène littéraire africaine des années quatre-vingt : « Entends-tu entends-tu/ la procession funèbre qui passe/ elle ne vient pas de la Nouvelle-Orléans/ ni des îles éclatantes du Pacifique/ elle sourd près de toi/ elle a la couleur de ta couleur/ elle respire le bonheur de ton malheur/ entends-tu entends-tu... » Le pessimisme frôle alors le défaitisme et met en doute la créativité même : « Avez-vous déjà vu/ les mots guérir les maux » (« Lourd comme du plomb ») mais relève le défi : « je trouerai le silence de vos/ cœurs de pierre » (« Torche du Sud »). Ce vacillement entre résignation et révolte s'observe aussi pour le thème principal : si l'auteur évoque «L'Aube des monstres» en Afrique noire il y a la lueur de l'Afrique du Sud : «Torche du Sud». La résistance des Noirs en Afrique du Sud est opposée à la résignation, voire la complicité des Noirs «d'ici» où «Le noir séquestre le noir/ le noir chasse le noir/ le noir vole le noir...» («Résister... existe»). Du coup, le langage politique, langue du camouflage, est remis en question. Une autre source d'espoir est la femme, «image de paix d'amour et de douceur» («Comme une lumière»).

La poésie de Tsibinda participe, on s'en doute, à l'intertextualité africaine, congolaise particulièrement, et francophone (Césaire, Diop, Tati Loutard, U Tam'si, Labou Tansi). C'est toutefois la désillusion qui donne le ton au recueil, nourrie par cette gangrène morale qui ronge son continent : «la pourriture s'infiltre dans/ le sang de l'homme» («Dans mon village»). La poésie d'une part et la résistance de l'autre représentent toutefois un certain espoir que suggère le titre *Demain un autre jour*.

Bibliographie : *Poèmes de la terre* (Brazzaville : Éd. littéraires congolaises, 1980). *Mayombé* (St-Germain-des-Prés, 1980). *Une lèvre naissant d'une autre* (Brazzaville/Heidelberg : Éd. Bantoues/P. Kivouvou Verlag, 1984). *Demain un autre jour* (Silex, 1987).

Sélection critique : Brézault, Alain et Gérard Clavreuil : *Conversations congolaises* (L'Harmattan, 1989). Kom, A. : *Dictionnaire des œuvres littéraires négro-africaines de langue française,* vol. 2 : 1979-1989 (à paraître).

Ingse Skattum, avec CM

TUÉNI, Nadia,1935-1983, poète libanaise.

Née le 8 juillet à Beyrouth, de père libanais et de mère française, Nadia Tuéni fait ses études au lycée français de jeunes filles de Beyrouth, à l'Académie française d'Athènes et à l'université de Saint Joseph de Beyrouth. Elle obtient son baccalauréat en droit puis, en 1954, épouse Ghassan Tuéni, journaliste et ancien déporté. Elle continue sa carrière de poète et femme de lettres, vivant en partie à Paris et au Liban. Depuis Paris, elle organise plusieurs services de secours pour les sinistrés de la guerre civile libanaise et meurt à Paris des suites d'une maladie.

Extrêmement sensible et tourmentée, Nadia Tuéni révèle dans sa poésie ses aspirations, ses rêves et ses déchirements. Se considérant poète d'abord et femme en second lieu, sa poésie n'en est pas moins «féminine» au meilleur sens du terme, dans sa façon viscérale de voir les choses. Pour elle, la femme est un être beaucoup plus tellurique que l'homme, plus proche de la nature et de la terre, moins abstrait parce que plus soumis au cycle de la création.

Par la poésie, Nadia Tuéni accède au merveilleux du rêve et de l'enfance. Ses premiers recueils sont marqués par son attachement à ses racines méditerranéennes. Dans *Les textes blonds* et *L'Age d'écume,* la mer, le soleil, les oiseaux, la terre, les vagues, le vent, les arbres et le ciel sont présents dans chaque poème pour exprimer la hantise d'un être qui se cherche et veut briser avec les conventions et les traditions : « Comme un arbre nourri de miel et de batailles, je suis le vent qui tombe, lorsque l'oiseau n'est plus ». Cette révolte se manifeste au plan du langage par un rejet de l'usage terne des mots, une recherche soutenue de l'image.

Comme chez Vénus Khoury-Ghata, après la découverte de soi vient la prise de conscience politique exprimée dans les recueils ultérieurs.. Dans *Juin et les mécréantes* Nadia Tuéni avait pressenti le drame libanais. L'épopée de la guerre, l'écartèlement d'une région y sont inscrits à partir de quatre personnages féminins qui représentent les grandes cultures et traditions du Moyen-Orient – la chrétienne, la musulmane, la juive et la druse –, vivant et se déchirant sur un même fond de pierres, de mer et de rochers. Puis viennent *Poèmes pour une histoire,* qui obtient le prix de l'Académie française en 1973, et *Le Rêveur de terre.* Dans ces deux recueils, on assiste, semble-t-il, à une dépolitisation. Le second évoque l'histoire d'une passion entre un personnage – homme ou femme – à naître et sa terre. C'est une vision pour l'après-guerre donc.

Dans l'évolution profonde d'une poésie révélatrice de souffrance et d'angoisse, Nadia Tuéni veut avant tout faire appel à l'émotion. Ses premiers poèmes doivent être sentis plutôt que compris, vécus plutôt que lus. Comme pour la majorité des poètes modernes, la poésie n'est pas le langage de la raison. Cependant, son écriture plus lourdement structurée et plus abstraite que celle de Vénus Khoury-Ghata témoigne d'une réflexion davantage élaborée, moins immédiate.

Bibliographie : *Les textes blonds* (Beyrouth : Éd. Dar-An-Nahar, 1963). *L'Age d'écume* (Seghers, 1966). *Juin et les mécréantes* (id., 1968). *Poèmes pour une histoire* (id., 1972). *Le Rêveur de terre* (id., 1975). *Liban, 20 poèmes pour un amour* (Beyrouth : Imp. Zakka Graphic Center, 1972). *Archives sentimentales d'une guerre au Liban* (J.-J. Pauvert, 1982). *La Terre arrêtée,* préf. d'Andrée Chedid (Belfond, 1984). *La Prose, Œuvres Complètes,* prés. Jad Hatem (Beyrouth : Dar An-Nahar, 1986). *Œuvres poétiques complètes,* prés. Jad Hatem (id., 1986).

Sélection critique : Hatem, Jad : *La Quête poétique de Nadia Tuéni* (Beyrouth : Dar An-Nahar, 1987).

Evelyne Accad

U-V

URSINS, Marie-Anne de la Trémoille, princesse des –, 1642-1722, épistolière.

Cf. DLLF.

VACARESCO, Hélène, 1864-1947, écrivaine d'origine roumaine.

Chants d'aurore (Lemerre, 1886). *Ce rhapsode de la Dambovita,* chansons, ballades roumaines (id., s.d.). *Lueurs et Flammes* (Plon-Nourrit, 1903). *Nuits d'Orient* (E. Sansot, 1907). *Le Jardin passionné* (id., 1908). *Amor vincit* (id., 1909). *Le Sortilège* (id., 1911). *La Dormeuse éveillée* (id., 1914). *Dans l'or du soir* (Blondet Gay, 1927). *Mémorial sur le mode mineur* (La Jeune Parque, 1946).

VALCIN, Virgile [Virginie ?], Mme –, poète, romancière haïtienne.

Fleurs et Pleurs, poèmes (Port-au-Prince : Impr. Nationale, 1925). *Cruelle Destinée,* rm (Jouve, 1929). *La Blanche Négresse* (Port-au-Prince : Impr. V. Valcin, 1934).

VALÈRE, Valérie, 1961-1982.

Le Pavillon des enfants fous (Stock, 1978). *Malika ou un jour comme les autres* (id., 1979). *A la porte de moi-même* (Éd. du Marais, 1979). *Obsession blanche* (Stock, 1981). *Vera ; Magnificia Love et Pages diverses : œuvres inédites* (Étrepilly : C. de Bartillat, 1992). Cf. Clerc, Isabelle : *Valérie Valère : Un seul regard m'aurait suffi* (Perrin, 1987).

VALMORE, Ondine, 1821-1853, poète.

Cf. *Sainte-Beuve inconnu,* par Spœlberch de Lovenjoul (Plon, 1901). Cf. *Sainte-Beuve,* par Léon Séché (Mercure de France, 1904). *Les Cahiers de O.V.* (Ch. Bosse, 1932).

VAN DE WIELE, Marguerite, 1859-?, romancière belge.

Lady Fauvette. Insurgée. Ame blanche. Fleurs de civilisation. La Maison flamande. Le Roman d'un chat. Le Sire de Ryebeke. Le Filleul du Roi.

VAN HIRTUM, Marianne, 1935-1988, poète, peintre belge.

Fille du directeur d'un hôpital psychiatrique à Namur, Marianne Van Hirtum naît à Brieniot, « endroit réputé pour ses sources et ses fées », et selon ses propres dires, trop éloigné de tout centre urbain pour lui permettre d'aller à l'école, d'autant plus qu'elle est de santé fragile. Des religieuses lui donneront donc des cours privés jusqu'à douze ans et elle dessine et fait des vers pour le plaisir dès sa petite enfance. Près d'elle, un frère s'essaie à la peinture (il deviendra médecin) et une sœur à la gravure, elle passera par l'Académie des Beaux-Arts. Frère et sœur partis de la maison familiale, Marianne reste pour aider ses parents car sa mère est invalide : inscrite à l'Académie des Arts Graphiques, elle écrit. C'est en 1956 qu'elle s'installe à Paris où elle loge dans des chambres de bonnes prêtées par des amis de Montparnasse qu'elle gardera jusquà sa mort.

Il y a entre le surréalisme et Marianne Van Hirtum des affinités profondes qui remontent à ses lectures de Rimbaud et surtout Lautréamont. Elle écrit à André Breton et la rencontre a lieu en 1959, le groupe étant bien vivant en dépit de la chronique littéraire de l'époque, toujours prête à sonner le glas. Selon le témoignage de Marianne Van Hirtum, Breton n'est pas ce pape intransigeant passé dans la légende. Il accueille les voix nouvelles et Marianne va désormais participer aux activités du groupe, assidue aux réunions journalières dans les cafés de 18 à 19 heures 30. On y prépare les revues à partir de discussions autour d'événements du jour, réconciliant l'action et le rêve, suscitant la participation d'invités divers, lançant des jeux, des enquêtes. Van Hirtum produit surtout des dessins : deux sont parus dans le deuxième numéro de *BIEF*/« Jonction surréaliste » (15 déc. 1958) ainsi que le poème en prose « L'Hymne au grand parapluie » ; un autre paraît dans le premier numéro de *La Brèche*/ « Action surréaliste » qui succède à *BIEF* en octobre 1961 et correspond sans doute à un des moments les plus intenses de la vie du groupe, moment du Manifeste des 121 – sur le droit d'insoumission à la guerre en Algérie – époque aussi de la polémique sur le Nouveau Roman.

Alors Marianne Van Hirtum côtoie Nora Mitrani et Toyen, elle voit passer Marcel Duchamp et Man Ray. A la scission, en 1969, elle suit Vincent Bounoure qui lui paraît le plus fidèle à la ligne authentique et participe à l'élaboration du *Bulletin de Liaison Surréaliste* de 1970 à 1977. Mêlant toujours dessins et textes, elle donne « Pour Mésange » (n° 3, mars 1971) et « Décalcomanie instinctive » dédié à Micheline et Vincent Bounoure, puis un dessin original « Portrait de l'Indien » et le texte « Les Petits Doigts » dans le n° 8, février 1974. Elle collabore avec « Un Lexique succint de l'Érotisme » (réédité chez Losfeld) au catalogue *Éros* pour l'exposition surréaliste de 1959 et un texte « Éros-Thanatos » paraît en 1977 dans *Non-Lieu* que dirige Michel Carassou, en même temps que des comptes rendus de recueils poétiques. Elle publie peu par ailleurs : Paulhan l'a introduite chez Gallimard en 1956 pour « Les Insolites », prose et poèmes de la collection Métamorphoses et Seghers l'édite la même année puis elle fait la connaissance de Rougerie, éditeur de la région de Limoges, à qui elle confiera l'essentiel de son œuvre.

Peu de publications, en somme, mais beaucoup d'inédits : Marianne fait elle-même un tri impitoyable, gardant à part des nouvelles dont deux paraîtront par les soins d'une universitaire anglaise, rejetant d'autres textes narratifs comme « L'Enfant-promenade » et « Silence un Doigt ». En ce sens, Van Hirtum agit sans doute en vraie surréaliste, préservant sa liberté totale par rapport à une institution littéraire aux pressions multiformes qui risque de modeler ou de figer le perpétuel mouvement de la création artistique. C'est pourquoi sans doute elle expose peu, préférant mêler dans son univers privé ses toiles et les plantes qui foisonnent au milieu d'animaux empaillés ou vivants : l'œil surréel associe étroitement les imprévus des formes naturelles et le déploiement sans fin de la pensée dans les dessins et les poèmes. Le rêve ne se distingue pas non plus de la veille, dans le monde de Van Hirtum : il suscite dans sa poésie des images obsédantes qui déferlent à coups de versets inégaux d'où émergent des figures nanties de majuscules ou de caractères gras ; le même rôle de signal est dévolu aux tirets, seule ponctuation utilisée. « La Surprise est une Grande Mère étincelante » (« Trêve de sourdine », dans *Les Balançoires d'Euclide*) pourrait figurer en exergue de son œuvre dont une grande partie reste dans l'ombre.

Bibliographie : *Poèmes pour les petits pauvres* (Seghers, 1956). *Les Insolites* (Gallimard, 1956). *La Nuit mathématique* (Limoges : Rougerie, 1976). « Les Balançoires d'Euclide », in *Poésie Présente* (id., 1977). *Maisons* (La Chaux : Parisod, 1977). *Le Cheval Arquebuse* (Orléans : Sergent, 1980). *Le Trépied des algèbres* (id., 1980). *Le Papillon mental* (Limoges : Rougerie, 1982). *John the Pelican* [trad. anglaise] (Hour Glass : 1990). *Proteus Volans,* contes (Hour Glass, 1991).

Sélection critique : Baron, Jacques : « Van Hirtum », *Anthologie Plastique du surréalisme* (Filipacchi, 1980). *Poètes singuliers du surréalisme et autres lieux,* par A.V. Aelberts et J.J. Auquier (UGE, 1971). Carassou, Michel : « Hirtum, Van », Passeron et Biro : *Dictionnaire Général du Surréalisme et de ses environs* (Fribourg : Office du Livre & PUF, 1982).

Annie Richard

VANNIER, Angèle, n. 1917, poète.

Les Songes de la lumière et de la brume (Savel, 1947). *L'Arbre à feu* (Paramé : Éd. du Goéland, 1950). *Avec la permission de Dieu* (Seghers, 1953). *Choix de poèmes* (id., 1961). *Le Sang des nuits* (id., 1966). *La Nuit ardente,* rm (Flammarion, 1969). *Théâtre blanc* (Rougerie, 1970). *Otages de la nuit,* essai ; *Parcours de la nuit,* poème (Troyes : Centre culturel Thibaud de Champagne, 1978). *Poèmes choisis, 1947-1978* (Mortemart : La Rougerie, 1990).

VAN ROKEGHEM, Suzanne. V. DLLF art. « Belgique ».

VAUBOURG, Marie.

Silence... on crie (Des Femmes, 1976). *Échec et mat ou un an de psychanalyse* (id., 1978). *La Petite Fille aux mains coupées* (id., 1980).

VAUTRIN, Denyse, romancière.

On ne tue jamais assez (Denoël, 1974). *Le Tourbillon des jours :* t. I : *Les Noces de Corrèze* (id., 1976) ; t. II : *L'Heure d'été* (id., 1977). *Le Reste de l'âge* (id., 1977). *Mimi Bamboche ou la jeunesse d'Hortense Schneider* (id.,1979). *La Maison saccagée* (id., 1981). *Mimi Bamboche* (+ entretien) (Rombaldi, 1981). *Vautrin : Les Cassettes d'Étienne Marcel* (Denoël, 1986).

VÈDRES, Nicole, 1911-1965, romancière.

Christophe, l'allié du destin (Seuil, 1948). *Le Labyrinthe* (Éd. de la Revue *Fontaine,* 1950). *Les Cordes rouges* (Gallimard, 1953). *L'Exécuteur* (id., 1958). *La Bête lointaine* (id., 1960). *Suite parisienne* (Mercure de France, 1960). *Les Abonnés absents* (id., 1961). *La Fin de septembre* (Gallimard, 1962). *L'Horloge parlante* (Mercure de France, 1962). *L'Hôtel d'Albe* (Gallimard, 1963). *Point de Paris* (Mercure de France, 1963). *Paris 6ᵉ* (Seuil, 1965). *Les Canaques,* théâtre (id., 1966).

VENTADOUR, Marie de –, 1165? - c. 1222.

Marie de Ventadour ou Maria de Ventadour, née en Limousin, était la fille de Raymond II, vicomte du Turenne et de Helis de Castelnau. Marie et ses deux sœurs, «las tres de Torena», sont chantées par Bertran de Born. On pense que Marie fut mariée à Eble V, vicomte de Ventadour, avant 1183. La cour de Ventadour était au XIIᵉ siècle un foyer de culture courtoise et d'activité littéraire qui compte de nombreux poètes et protecteurs de poètes parmi lesquels le célèbre Bernard de Ventadour. L'arrière-grand-père d'Eble V, Eble II, est avec Guillaume IX le plus ancien des troubadours.

Marie, protectrice et inspiratrice de troubadours comme Pons de Capdeuil, le Moine de Montaudon, Gaucelm Faidit et Gui d'Ussel, jouait souvent le rôle d'arbitre dans les dialogues et débats qui se tenaient dans les «cours d'amour». Il existe un seul exemple de sa poésie, une «tenson» ou dialogue avec Gui d'Ussel. Nous avons aussi une «razo» (un commentaire plus ou moins contemporain) sur ce dialogue qui conte que Marie «était la plus belle dame et la plus prisée qu'il y eût jamais en Limousin, celle qui fit le plus de bien et se garda le plus de mal. Sa raison l'aida toujours, et la folie ne lui fit jamais faire un acte insensé. Dieu l'orna d'un beau corps plaisant et gracieux, sans aucun artifice» (Boutière : 202-204). Ayant perdu sa dame, Gui d'Ussel ne chante plus. Les dames du pays en sont affligées, surtout Marie, que Gui avait l'habitude de louer dans ses chansons. A la cour de Ventadour, on débat donc pour savoir si un chevalier «du moment que sa dame lui donne son amour et le prend comme chevalier et ami, doit, tant qu'il est loyal et fidèle, avoir autant de suzeraineté et d'autorité sur elle que la dame en a sur lui». Marie ne le pense pas. Pour ramener Gui «Aux chansons et à la joie», elle «Le provoqua à échanger une tenson et lui dit» «Gui d'Ussel, vous me faites beaucoup de peine... »

Il est rare qu'un poème écrit par une femme s'accompagne d'un tel commentaire. Le dialogue avec Gui d'Ussel a probablement été écrit avant 1209, date de l'interdiction d'écrire qui lui fut faite par le légat du pape. On conclut dans ce texte que si la dame de haute position accorde l'égalité en amour à son soupirant, elle s'abaisse... on pressent donc bien ici le chemin qui mènera au tragique de la Princesse de Clèves.

Bibliographie : Cf. l'article TROBAIRITZ.

MHB

VERCHEVAL, Jeanne.

Cf. DLLF art. « Belgique ».

VILLEDIEU, Marie-Catherine-Hortense Desjardins dite Mme de –, 1632-1683.

Bien que de naissance médiocre (ses parents servent comme domestiques nobles auprès du duc et de la duchesse de Montbazon), Marie-Catherine Desjardins se fit une rapide célébrité, par son esprit et l'originalité de son style, dans la société parisienne. Elle est sans doute née à Paris dans la maison qu'habitait Voiture, lequel remarque cette petite fille éveillée ; il semble que la Fronde ait éloigné la famille en Normandie. L'appauvrissement et la séparation de ses parents firent qu'on envoya la jeune fille dans la capitale « sur sa bonne foi » pour y faire fructifier ses talents. Elle est reçue par Anne de Montbazon, future duchesse de Luynes, et dans les hôtels de grands parlementaires parisiens dont elle anime les salons.

Le 18 novembre 1659, elle assiste à la première des *Précieuses ridicules* que Molière, pour des raisons mal élucidées, retire aussitôt malgré le succès que la pièce remporte. Devant la frustration générale, Marie-Catherine reconstitue la pièce de mémoire, sous forme d'une narration mêlée de dialogues et de vers. Ce *Récit* fait merveille, les copies en circulent et il se retrouve bientôt imprimé à l'insu de l'auteur. Voilà Mlle Desjardins célèbre. Comme on sait qu'elle écrit des vers amoureux, les éditeurs s'empressent et il paraît en 1662 un volume de ses seules *Poésies* dont un « sonnet de jouissance », genre ordinairement réservé aux hommes. L'heureux élu n'est autre que le fils du grand musicien Antoine Boëst, sieur de Villedieu, avec lequel elle cohabite crânement, indifférente aux commérages.

Cependant la qualité de ses vers attire l'attention du respecté théoricien du théâtre, l'abbé d'Aubignac, qui fait d'elle son élève privilégiée et qui, en la guidant pour nouer l'intrigue, l'incite à composer dans le genre le plus noble, la tragédie. Il fait monter l'œuvre produite, *Manlius,* par les meilleurs professionnels qui soient, les Grands Comédiens de l'Hôtel de Bourgogne. Mlle Desjardins encore une fois se distingue dans un domaine largement fermé au sexe féminin ! L'œuvre connaît un succès de curiosité autant que d'estime et donne lieu à une polémique entre Pierre Corneille et l'Abbé d'Aubignac. Elle vaut à l'auteur d'être remarquée par le duc de Saint Aignan, académicien et premier gentilhomme de la chambre, qui invite sa protégée aux *Plaisirs de l'Ile enchantée.* Comme une seconde tragédie, *Nitétis,* semble avoir déçu le public de l'Hôtel, c'est Molière qui représente, en 1665, une tragi-comédie d'elle, *Le Favory,* assez goûtée de lui pour qu'il en régale la cour à Versailles, lors des fêtes de juin 1665.

C'est pendant les répétitions de cette pièce que Mlle Desjardins change de nom. En effet, le sieur de Villedieu, major du régiment de Picardie, va s'embarquer en Provence pour une dangereuse expédition contre les Barbaresques. Molière prête à l'amoureuse de quoi voler jusqu'au port et, non loin d'Aix, ils se promettent le mariage devant notaire et témoins. Cet acte ayant alors valeur juridique, la jeune femme se considère comme mariée. Deux ans plus tard, à peine rentré, ce presque époux sera tué à l'assaut des remparts de Lille. Dans son désespoir, la jeune « épouse » est prise sous la protection directe d'une grande princesse, Marie d'Orléans-Longueville, duchesse de Nemours, qui lui avait suggéré d'aborder un nouveau genre, le roman. Elle en compose deux, à la gloire des ancêtres de la duchesse et, sous des noms d'emprunt, à celle de la duchesse même, deux fois sacrifiée à la raison d'État. Dans le même temps, Barbin a réussi à se procurer les lettres véritables qu'elle a adressées des Pays-Bas à des amis parisiens, et même des lettres d'amour reçues par Villedieu : il ose les imprimer (*Lettres et Billets galants,* 1669) mais doit y renoncer après la parution des premiers exemplaires. Après une réconciliation, la romancière se lance dans un genre nouveau. D'abord, des suites de nouvelles qui puisent leur matière dans la parodie : il s'agit de dévoiler les faiblesses amoureuses des Grands tout au long de l'histoire civile et ecclésiastique, sources à l'appui, en raillant les sérieuses publications dénommées *Journal des Savants* et *Annales écclésiastiques.* Ainsi naquirent le *Journal amoureux* et les *Annales Galantes* (1669 et 1670). Les récits n'avaient rien de vulgaire : admirablement tournés, ils donnaient à penser tout en divertissant et le public ne s'y trompa pas.

Enhardie, Mme de Villedieu se lance, mais sans oser signer, dans la fabrication de faux mémoires, tant les vrais, circulant sous le manteau sous forme d'apologies, envahissaient les salons. Elle se prend elle-même pour une héroïne qui, sous un nom figuré, est entraînée dans des aventures imaginaires dans un décor contemporain et bien réel, parmi des figurants connus et vivants. Les *Mémoires de la vie d'Henriette-Sylvie de Molière* (1672-74) connurent un vif succès et se lisent encore avec plaisir. Comme l'auteur – fait rarissime alors – vit de sa plume, son éditeur n'a pas de peine à obtenir d'elle les nouveautés dont il est friand. Sitôt après les *Mémoires,* elle trousse avec délicatesse la chronique d'un hiver parisien (1674-75) sous forme de roman épistolaire : *Le Portefeuille,* sans doute son meilleur ouvrage. On sait à quelle fortune ce genre était promis au siècle suivant. Sans désemparer, séduite par l'histoire plus récente, elle entreprend d'exécuter un ensemble de trois nouvelles historiques solidement documentées dans le sillage de *La Princesse de Montpensier* de Mme de Lafayette. *Les Désordres de l'amour,* qui s'attachent à montrer, par des récits exemplaires et remarquablement conduits, quels troubles politiques peuvent amener les passions des Grands, se déroulent sous les règnes de Henri VIII et Henri IV. L'humour y est toujours présent, mais dans le style plus que le propos : l'auteur s'est faite moraliste.

C'est d'ailleurs là le dernier ouvrage qui paraîtra de son vivant, car la condition d'auteur n'étant guère estimée de la bonne société, Mme de Villedieu ne demande qu'à s'en départir : la pension royale de 600 livres, promise depuis dix ans, lui étant enfin versée, elle se retire du monde des lettres, et se marie avec un bâtard de l'illustre maison de Clermont, branche de Chaste, petit-fils d'un commandeur de l'Ordre de Malte, dont Louis XIV fera le premier gouverneur des Invalides. L'enfant né de cette union, prénommé Louis, sera baptisé dans la chapelle du château de Saint-Germain et tenu sur les fonts par le dauphin et la Grande Mademoiselle. Mais à cette date, M. de Chaste venait de mourir. Sa veuve se retira donc dans la propriété normande où vivait encore sa mère. Elle s'enfonça désormais dans une austère dévotion et expira peu d'années après cette retraite.

Barbin édita les manuscrits inachevés, qui n'ajoutent rien à sa gloire ; diverses éditions suivirent et on crut même bon parfois d'inclure des œuvres qui n'étaient manifestement pas de Mme de Villedieu. Si le XVIIIe siècle lui fait fête, c'est que sa plume légère, toujours teintée d'humour, se trouvait, mieux que l'œuvre tragique de Mme de Lafayette, accordée à l'esprit du temps. La vogue de la romancière se poursuivra durant l'époque révolutionnaire mais les élites bourgeoises du XIXe siècle s'insurgeront, une fois connues les *Historiettes* de Tallemant des Réaux, contre l'effronterie prétendue de sa vie privée et son mépris de l'opinion : son œuvre tombera alors dans l'oubli. Sa réhabilitation, longtemps différée par le règne de *La Princesse de Clèves,* date à peine des années soixante-dix, période à laquelle on entreprend une étude plus fine et moins sélective des genres romanesques du XVIIe siècle. Mme de Villedieu entre alors dans « La Pléiade » comme auteur de nouvelles et comme poète.

Bibliographie : *Alcidamie* (Barbin, 1661). *Œuvres* (G. Quinet, 1664). *Anaxandre* (1667). *Cléonice, nouvelle galante* (Barbin, 1669). *Annales galantes* (id., 1670). *Le Comte de Dunois* (id., 1671). *Œuvres*, 12 vol. (Lyon : 1696) : I. *Le Journal amoureux* (A. Besson, 1695). II. *Journal amoureux d'Espagne* (Baritel, 1697). III. *Annales galantes* (id., 1697). IV. *Les Amours des grands hommes* (Besson, 1696), V. *Portrait des faiblesses humaines...* (id., 1696), 2 tomes. VII. *Les Exilés* (id., 1696). VIII-IX. *Aventures et Galanteries grenadines... Le Prince de Condé* (Baritel, 1711). X. *Les Héros illustres en guerre et en amour* 2 vol. *Asterie et Tamerlan. Tamerlan et Orixène* (id., 1712). XI. *Nouvelles et Galanteries chinoises* (id., 1712). XII. *Nouvelles Œuvres mêlées* (id., 1712).

Éditions modernes (sélection) : *Œuvres complètes de Mme de Villedieu* (Slatkine Reprints, 1971 [Compagnie des Libraires de Paris, 1720-1721]). *Lettres et Billets galants,* éd. critique M. Cuénin (Société d'Étude du XVIIe siècle, n° 3, 1975). *Mémoires de la vie d'Henriette-Sylvie de Molière,* éd. critique M. Cuénin *et al.* (Groupe d'Études du XVIIe siècle de l'Université François Rabelais de Tours, 1977). *Cléonice ou le roman galant*, éd. R. Godenne (Genève : Slatkine Reprints, 1979). *Les Désordres de l'amour*, éd. critique M. Cuénin (Genève : Droz, 1970).

Sélection critique : Collectif : *Papers on French Seventeenth Century Literature* 37 (1987) : 285-510 [*Actes de Wake Forest*]. Cuénin, Micheline : *Roman et Société sous Louis XIV : Mme de Villedieu* (Champion, 1979). Morrissette, B.-A. : *The Life and Works of M.-C. Desjardins, Mme de Villedieu* (Washington Univ. Press, 1947). Cf. FWW.

Micheline Cuénin

VILLEMAIRE, Yolande, n. 1949, poète, romancière québécoise.

Yolande Villemaire a obtenu un baccalauréat (spécialité en théâtre) et une maîtrise de lettres à l'Université du Québec à Montréal en 1974. Bénéficiaire du studio du Québec pour artistes à New York, elle y a vécu un an en 1985-1986. Une bourse du Conseil des Arts lui a aussi permis de séjourner près de deux ans en Inde pour écrire un roman intitulé *Nataraj*. Elle est professeure de littérature au collège André-Laurendeau à Montréal.

Dès ses premières publications en 1974, Yolande Villemaire s'affirme comme une auteure originale. Cette année-là, elle publie, coup sur coup un mince recueil de poèmes intitulé *Machine-t-elle* ainsi que *Meurtres à blanc*, un « roman policier pour rire » dont l'héroïne est une espionne qui écrit des romans pour passer le temps entre ses missions. Mais c'est avec *La vie en prose* en 1980 que Yolande Villemaire fait preuve d'une imagination débordante hantée par la figure d'une mythique « femme en rose », sorte d'archétype de ce que pourrait être une femme libérée de ses conditionnements millénaires. Ce vaste roman dans lequel de nombreuses héroïnes entraînent le lecteur et la lectrice du rire aux larmes et d'un continent à l'autre donne naissance à cette Rrose Sélavy empruntée à Duchamp, dont Yolande Villemaire fera par la suite la figure de proue d'un groupe d'écriture de femmes qu'elle animera de 1982 à1986.

En 1982, son recueil *Adrénaline*, regroupant des textes de poésie et de prose publiés en revues au cours des années soixante-dix, mettra en évidence cette « Wonder Woman » des bandes dessinées américaines à laquelle les personnages de l'auteure s'identifient par dérision. *Ange Amazone*, roman publié en 1982, ouvre dans l'œuvre de Yolande Villemaire une dimension nouvelles. L'exploration des mémoires du passé conduit à *La Constellation du Cygne*, dont l'action se passe dans le Paris occupé de 1940. Cette intense aventure érotique entre une prostituée juive et un officier allemand a remporté le Grand Prix du Roman du *Journal de Montréal*.

En poésie, la démarche amorcée dans *Les Coïncidences terrestres* en 1983, se poursuit dans *Jeunes Femmes rouges toujours plus belles* et *Quartz et Mica*. Images de femmes, expéditions psychiques dans les annales « akashiques », laboratoire de langues réelles ou inventées, c'est un imaginaire urbain tout à fait branché sur « l'esprit du temps » qui se précise peu à peu pour ensuite se déployer dans *Vava*. Ce roman-fleuve de plus de 700 pages raconte la vie de Vava Lafleur de 1968 à la fin des années quatre-vingt, un cheminement spirituel douloureux à travers une histoire d'amour troublante.

Rejetant toutes les étiquettes, Yolande Villemaire prône un féminisme « rose » et le droit de rire de tout et de soi-même. Follement débridée dans ses premières œuvres, son écriture se fait plus claire et plus puissante à partir de *La Constellation du Cygne* dont la sensualité remarquable constitue une des caractéristiques paradoxales de cette écriture vouée à l'exploration de la dimension spirituelle qui devient encore plus évidente dans *Vava*. C'est avec un esprit profondément rebelle que Yolande Villemaire s'attache à ses personnages de femmes constamment bouleversées : descente aux enfers de l'émotion et de l'aliénation d'identité typiquement québécoise, recherche passionnée de la véritable *loi du cœur,* celle du Soi.

Bibliographie : *Meurtres à blanc*, rm (Montréal : Guérin, 1974). *Machine-t-elle*, poésie (Montréal : Les Herbes Rouges, n° 22, 1974). *Que du stage blood,* récit (Montréal : Cul Q, 1977). *Terre de mue,* poésie (id., 1978). *La Vie en prose* (Montréal : Les Herbes Rouges, 1980). *Du côté hiéroglyphe de ce qu'on appelle le réel,* proses (id., 1982). *Ange Amazone,* rm (id., 1982). *Adrénaline,* poésie (Saint-Lambert : Le Noroît, 1982). *Belles de nuit,* pièces radio (Montréal : Les Herbes Rouges, 1983). *Les Coïncidences terrestres,* poésie (Montréal : La Pleine Lune, 1983). *Jeunes Femmes rouges toujours plus belles,* poésie (Montréal : Lèvres urbaines, n° 8, 1984). *La Constellation du Cygne,* rm (Montréal : La Pleine Lune, 1985). *Quartz et mica*, poésie (Trois Rivières : Les Forges, 1985, et Pantin : Le Castor Astral). *Vava,* rm (Montréal : L'Hexagone, 1989). *En collaboration : Rrose Sélavy à Paris le 28 octobre 1941* (Montréal : La Pleine Lune, 1984). *Souffler dans sa main* (Montréal : Lèvres urbaines, n° 20, 1991).

Sélection critique : Chamberland, Roger : « La Nuit expérimentée » (Québec : *Québec français*, n° 76, hiver 1990). Cliche, Anne Elaine : « La Lutte avec l'ange. Le corps à corps avec le Nom dans la prose de Yolande Villemaire » (Montréal : *Voix et Images, Littérature Québecoise*, n° 33, 1986). Potvin, Lise : « L'Ourobouros est un serpent qui se mord la queue » (id.).

Claude Beausoleil

VILLENEUVE, Gabrielle de –, 1695-1755, auteur de contes de fées et de textes dramatiques.

Le Phénix conjugal, nouvelle (Le Breton, 1734). *Gaston de Foix* (La Haye : P. Gosse, 1739). *La Jeune Américaine et Les Contes marins,* 2 vol. (La Haye : aux dépens de la Compagnie, 1740 ; rééd. en 1765 et sous le titre *Le Temps et la Patience,* en 1768). *Les Belles solitaires,* théâtre (Martereaux, 1745). *Le Loup galeux et la Jeune Vieille* (s.l., 1745) ; « Le Prince des cœurs et la Princesse Grenadine » ; « La Princesse Azerolles ou l'excès de confiance » ; « Fleurette et Abricot ». *Le Beau-Frère supposé* (1752). *Les Ressources de l'amour* (Amsterdam : L'Honoré et Chatelain, 1752). *La Jardinière de Vincennes* (Hochereau, 1753). *Le Juge prévenu* (id., 1754). *Anecdotes de la cour d'Alphonse* (id., 1756). *Mademoiselle de Marsange* (La Haye : 1757). *Contes* (Mérigot père, 1765). *Le Temps et la Patience* (Hochereau, 1768).

VILMORIN, Louise de –, 1902-1969.

Louise Lévêque de Vilmorin est née à Verrières-le-Buisson (Essonne) d'une famille lorraine. De santé fragile, elle mène avec sa sœur et ses quatre frères une existence à la fois recluse et enchanteresse. D'abord fiancée avec Saint-Exupéry, elle épouse un Américain, Henry Leigh-Hunt et émigre un temps au Nevada. De ce mariage naîtront trois filles. La parution de son premier livre, *Sainte-Unefois,* lui ouvre les portes du monde artistique qui la célèbre pour son charme et son esprit. Divorcée de H. Leigh-Hunt, elle se remarie en 1937 avec le comte Palffy, un riche propriétaire hongrois. Après ses deux mariages, Louise de Vilmorin revient s'installer définitivement en France où elle poursuit une carrière de femme de lettres. Dans la dernière partie de son existence, elle devient la compagne d'André Malraux qui avait été le premier à lui conseiller d'écrire.

La parution de *Sainte-Unefois* en 1934 est saluée par Cocteau comme un événement littéraire. Le ton nouveau, la fraîcheur insolente de l'inspiration charment le poète qui voit en l'auteur un prodige. « Nul ne peut mettre en doute que Madame de Vilmorin possède un ballon qui l'enlève et l'emporte où elle veut », écrit-il. Grisée par le succès, Grace, figure centrale du roman, a repoussé Sylvio et se lamente de ne pouvoir retenir Milrid qui lui échappe. Fuite et regret plongent l'héroïne dans une ivresse poétique qui se traduit en images insolites, trouvailles et digressions. Après ce premier succès, romans et recueils de poèmes vont se succéder à une cadence régulière. D'une grâce rêveuse et malicieuse, les poèmes de Louise de Vilmorin, dont certains ont été mis en musique par Francis Poulenc et Guy Béart, parlent souvent de rupture et de mort. Sous la frivolité apparente affleure une mélancolie qui se donne libre cours dans

« Le Voyageur en noir » (*L'Alphabet des aveux*), poème tragique en cinq cents vers. André Malraux écrit qu'elle a « su donner l'âme et la voix à un enchantement désespéré » (Préface de *Poèmes*).

La virtuosité de Vilmorin, qui se plaît à composer des palindromes ou calligrammes, aussi bien que des alexandrins, se retrouve dans ses romans, courts en général et agencés comme des fables. Louise de Vilmorin dépeint sur le mode ludique et iconoclaste les milieux élégants qui fournissent le cadre de ses récits. Ainsi, dans *La Fin des Villavide*, un couple d'aristocrates fabrique un fauteuil qui leur tiendra lieu de fils. *Madame de*, le plus célèbre de ses romans, sorte de sotie sur le mensonge et ses conséquences en chaîne, a inspiré un film, de même que *Le Lit à colonnes*.

Dans l'œuvre de Louise de Vilmorin les héroïnes, telles Maliciose de *L'Heure Maliciose* ou Migraine du roman du même nom, sont des créatures à la fois sentimentales et magiques que leur poésie intérieure sauve de la déréliction.

Journaliste, Louise de Vilmorin s'attache à donner un ton original à ses chroniques, n'hésitant pas à les présenter comme des historiettes avec personnages. Poète, romancière, journaliste, traductrice ou scénariste – on lui doit le scénario des *Amants* de Louis Malle – et aussi douée pour le dessin que pour l'écriture, elle a également publié un ouvrage de critique d'art sur le peintre Ubeda. Sans doute son éclectisme a-t-il nui à son renom. Si on a pu la comparer à Louise Labé pour la ferveur de son chant, d'aucuns ne voient en elle aujourd'hui qu'une femme de lettres mondaine d'un autre temps déjà.

Bibliographie : *Sainte-Unefois* (Gallimard, 1934). *La Fin des Villa-vide* (id., 1937). *Fiançailles pour rire* (id., 1939). *Le Lit à colonnes* (id., 1941). *Le Sable du sablier* (id., 1945). *Le Retour d'Erica* (Paris-Lausanne : Éd. Marguerat, 1946). *Julietta* (Gallimard, 1951). *Noël* (Liège : Helberts, 1951). *Madame de* (Grasset, Les Cahiers Verts, n° 8 ; Gallimard, 1951). *L'Alphabet des aveux* (NRF, 1954). *Les Belles Amours* (Gallimard, 1954). *Histoire d'aimer* (id., 1956). *Une Fabuleuse Entreprise* (Calmann-Lévy, 1956). *La Lettre dans un taxi* (Gallimard, 1958). *Migraine* (id., 1959). *Le Violon* (id., 1960). *Ubeda*, en coll. avec Jean Chabanon (Paris : Les Cahiers de la Peinture, Les Presses artistiques). *L'heure Maliciôse* (Gallimard, 1967). *Carnets* (id., 1970). *Poèmes* (id., 1970). *Le Lutin sauvage* (id., 1971). *Solitude ô mon éléphant* (id., 1972).

Sélection critique : Bothorel, Jean : *Louise, ou la Vie de Louise de Vilmorin* (Grasset, 1993). Chalon, Jean : *Florence et Louise, les Magnifiques : Florence Jay-Gould et Louise de Vilmorin* (Éd. du Rocher, 1987). Guth, Paul : *Une Vraie Femme, Louise de Vilmorin* (Monaco : Les Éditions du Palais, 1955).

MHB

VINCENDON, Mireille, poète franco-égyptienne.

Le Dialogue des ombres (Seghers, 1953). *Le Nombre du silence* (id., 1955). *Les Cahiers d'Annabelle* (Mercure de France, 1957).

VIVIEN, Renée, 1877-1909, poète lesbienne.

Renée Vivien, née Pauline Tarn à Londres, est élevée tour à tour en France et en Angleterre dans des pensionnats catholiques. Très jeune, elle se lie d'un sentiment passionné avec une jeune Américaine, sa camarade de classe. Bientôt séparée d'elle, son désespoir est profond. Elle s'installe à Paris où elle fait la connaissance de Nathalie Clifford-Barney, Américaine dynamique, poète elle aussi, qui l'introduit dans un milieu artistique et lesbien : femmes de lettres, poètes, actrices en vogue, courtisanes. (Liane de Pougy, Gérard d'Houville, Colette, Sara Bernhardt, Romaine Brooks, Emma Calvé, Marguerite Moreno, etc.) Toutes belles et douées, elles travaillent infatigablement leurs talents artistiques : leçons de musique, de danse, de prosodie, discussions de textes littéraires dans l'étrange hôtel de l'avenue du Bois où habite Renée Vivien, dans un luxe sombre un peu étouffant qu'a évoqué Colette.

La nature intense de la poétesse la porte au mysticisme, le crucifix remplaçant peu à peu les statuettes boudhiques autour d'elle. Malheureuse, elle perd le goût de la vie, et n'aspire qu'au néant ou tout au moins à l'oubli qu'elle cherche, en secret, dans l'alcool. Sa santé n'y résistera pas, et elle s'éteindra, très chrétiennement, à l'âge de trente-deux ans.

C'était donc une jeune Anglaise qui, en l'espace de dix années à peine, publierait dans une langue qui n'était pas la sienne et dont elle avait tout à apprendre, sept ouvrages en prose, des traductions du grec, et douze recueils de poésie. Elle est aussi la première femme depuis l'Antiquité à oser chanter ouvertement l'amour qui a rendu Sapho célèbre, plus de deux mille ans avant elle. Passionnément éprise de la beauté féminine, elle la chantera inlassablement, convaincue que «tous les sens... servent l'âme». La sauvagerie, la misanthropie de la jeune poétesse aux cheveux cendrés lui faisaient fuir la gloire, mais non pas une certaine mise en scène, dans son costume ou dans le décor quasi macabre de sa demeure ; et sa voisine Colette, venant lui rendre visite, ne manquait pas d'ouvrir les fenêtres ni d'apporter «une offensante grosse lampe à pétrole ! »

Auteur inégal, son œuvre en prose intéresse moins de nos jours ; mais elle a laissé des vers inoubliables. Nourrie de Shakespeare, de Shelley et de Keats, ses compatriotes, elle y ajoute Sapho qu'elle préfère à tout autre poète ancien, Dante, et aussi Rimbaud et Lecomte de Lisle. Mais c'est de Baudelaire qu'elle est avant tout disciple, vivant dans sa chair même le «suicide incessamment renouvelé» évoqué par l'auteur des *Fleurs du*

Mal. Lui faisant écho, elle chante les parfums, les bijoux, l'ivresse, les départs, la nuit et les chevelures, partageant son attrait pour l'horreur et la mort, sa haine de la souffrance, du vice... et de la réalité.

Mais tandis que la littérature 1900, boursouflée et verbeuse, sombre parfois dans le mauvais goût, les vers de Renée Vivien étonnent par leur pureté, un respect de la prosodie qu'on ne manifestait plus guère au temps des verslibristes, et qui la rattacherait plutôt au Parnasse. Pourtant, même dans ses sonnets, l'alexandrin y est plus souple, il y coule une lente sensualité qui aime à se perdre dans l'infini et qu'on ne trouve guère parmi les Parnassiens. Elle a une prédilection pour la strophe saphique et sa fluidité si vivante – trois vers de onze pieds suivis d'un vers de cinq – longtemps délaissée des poètes.

L'œuvre n'est pas celle d'une novatrice mais elle a trouvé dans l'amour des cris torturés, profonds et graves, et dans la sensualité la plus violente, une aspiration à l'infini. La beauté de ses vers lui a attiré les éloges sans réserves de Colette et de Rémy de Gourmont parmi d'autres. «Le style a pu vieillir, écrit Charles Maurras, les cris et les pleurs d'une enfant lui ont restitué l'intérêt pathétique et le charme invaincu du vrai». Tel poème, émouvant dans son humilité, constitue le credo de cette nouvelle Sapho («Paroles à l'amie»). Tel autre qui le précède constate amèrement comme «...le monde a toujours été cruel aux femmes». C'est donc sans soutien qu'elle s'y avance, car «je n'ai point choisi de compagnon de route,/ Parce que tu parus au tournant du chemin». Elle évoque alors la douloureuse mise à l'index : «On m'a montrée du doigt en un geste irrité/ Parce que mon regard cherchait ton regard tendre...» Bravant les préjugés du monde, Renée Vivien ne cessera plus de chanter ses amours pour d'autres femmes dans un style émouvant par l'éloquence de la simplicité, dans «Paroles à l'amie» par exemple :

> Les yeux sur le tapis plus lisse que le sable,
> J'évoque indolemment les rives aux pois d'or
> Où la clarté des beaux autrefois flotte encore...
> Et cependant je suis une grande coupable.

Bibliographie : *Poèmes de Renée Vivien* (Lemerre, éd. posthume). Tome I (1923) : *Études et Préludes* (1901 ; rééd. Régine Deforges, 1977) ; *Cendres et Poussières* (1902 ; Régine Deforges, 1977) ; *Évocations* (1903) ; *Sapho*, trad. du grec (1903) ; *la Vénus des Aveugles* (1904) ; tome II (1924) : *les Kitharèdes*, trad. du grec (1904) ; *À l'Heure des mains jointes* (1906) ; *Sillages* (1908) ; *Flambeaux éteints* (1907) ; *Dans un coin de violettes* (1909) ; *Le Vent des vaisseaux* (1909) ; *Haillons* (1910). *Une Femme m'apparut*, rm (Lemerre, 1905 & Deforges, 1977). *La Dame à la louve*, contes (Lemerre, 1904) ; rééd. Régine Deforges, 1978). *Le Jardin turc*, prose inédite, suivi de dix lettres à Kérime (Muizon : A l'Ecart, 1982). *Anne Boleyn* (id., 1982). *Correspondances croisées* (avec Pierre Louys) (id., 1983). *Poésies Complètes* (Régine Deforges, 1986).

Sélection critique : Charles-Brun : *Renée Vivien* (Sansot, 1910). Germain, André : *Renée Vivien* (Crès, 1917). Goujon, Jean-Paul : *Tes blessures sont plus douces que leurs caresses ; Vie de Renée Vivien* (R. Deforges, 1986). Jay, Karla : *The Amazon and the Page* (Bloomington, IN : Indiana Univ. Press, 1988. Le Dantec, Yves-Gérard : *Renée Vivien, femme damnée, femme sauvée* (Aix-en-Provence : Éd. du Feu, 1930). Sansot, Edward : *Souvenirs sur Renée Vivien* (Nice : Éd. du Moderne-Studio, 1924). Willette, Henriette : *Le Livre d'Or de Renée Vivien* (Le Livre d'Or, 1927). Lorenz, Paul : *Sapho 1900, Renée Vivien* (Julliard, 1977).

Anne Duhamel Ketchum

VIVIEZ, Marianne, auteure de chroniques.

Une Famille comme une autre (Seuil, 1975). *La Fête des mères* (id., 1978). *Mémoires d'une sage-femme de l'Ardèche : Au nez et à la barbe des gens pressés,* récits recueillis (Valence : Éd. Peuple Libre, 1983). *Tes lacets sont défait,* méditations (Éd. du Cerf, 1991).

VOILQUIN, Suzanne, 1801-1877, journaliste, sage-femme féministe saint-simonienne.

Souvenirs d'une fille du peuple ou la Saint-Simonienne en Égypte (Sanzet, 1866 ; Maspero + introd. de Lydia Elhadad, 1978). *Mémoires d'une saint-simonienne en Russie, 1839-1846,* éd. Maïté Albistur et Daniel Armogathe (Des Femmes, 1979). V. Monicat, Bénédicte : *Itinéraires de l'écriture au féminin : Voyageuses du XIXe s.* (Amsterdam : Rodopi, 1995).

VOISINS, Jeanne, romancière.

A l'ombre d'un fjord (Plon, 1980). *Un Château en Bavière* (id., 1980). *J'ai murmuré ton nom* (id., 1981). *Le Portrait dérobé* (id., 1981). *La Sonate de l'amour* (Presses de la Cité, 1981).

VOISINS D'AMBRE, Anne-Caroline, n. 1827 (pseud. : Pierre CŒUR), romancière.

Contes algériens (Michel Lévy, 1869). *La Fille du Rabbin* (Plon, 1870). *Les Borgia d'Afrique. Le Magicien et la captive* (Librairie de la

Société des gens de lettres, 1874). *L'Ame de Beethoven* (Plon, 1876). *Héautontimorouménos. Berzéluis* (id., 1877). *Excursions d'une Française dans la région de Tunis* (Dreyfous, 1884). *Les Derniers de leur race* (Ollendorf, 1885). *Le Petit Roseray* (Lévy, 1885). *Un Drame à Alger* (id., 1887). *L'Assimilation des indigènes musulmans* (Guédan. 1890). *La Jolie Brunisseuse* (Librairie des publications à 5 centimes, 1892).

VOLDENG, Évelyne, n. 1943, poète, critique, universitaire.

Les Plaquebières, poèmes (Mortemart : Rougerie, 1980). *La Rose épervière,* poèmes (id., 1983). *Keranna,* rm (Regina : Louis Riel, 1985). *Mon père à l'Edelweiss,* rm (id., 1987). *Les Étoiles d'eau,* poèmes (Mortemart : Rougerie, 1987). *Mes Amérindes* (Regina : Louis Riel, 1988). *La Cosse blanche,* poèmes (Mortemart : Rougerie, 1992). *Les Nuits de Brocéliande,* rm (Regina : Louis Riel, à paraître). Divers poèmes dans des revues, essais et articles, thèse sur la poésie féminine au Canada,1940-1980 (Univ. Lille III, 1990).

W

WALDOR, Mélanie, 1796-1871, romancière, dramaturge.

L'Écuyer Dauberon, rm hist (Moutardier, 1832). *Le Livre des jeunes filles* (Perron, 1834). *Poésies du cœur* (L. Janet, 1835). *Heures de récréation* (Didier, 1836). *Pages de la vie intime* (Dumont, 1836). *La Rue aux Ours* (1837). *L'Abbaye des Fontenelles* (Desessart, 1839). *Alfonse et Juliette* (id., 1839). *L'École des jeunes filles,* drame en 5 actes (Marchant, s.d. c. 1841). *La Coupe de corail* (Potter, 1842). *André le Vendéen* (id., 1843) *Le Château de Ramsberg* (id., 1844). *Les Moulins en deuil*, rm (Nantes : Impr. Vve C. Mellinet, 1849). *Jeannette* (Poulet-Malassis et de Broise, 1861). *La Mère Grippe tout,* vaudeville en 1 acte (Librairie théâtrale, 1861). *Le Bateau d'Emeriau* (Limoges : E. Ardent, 1881).

WANSON, Françoise, 1939-1980, poète belge.

Née à Bruxelles, Françoise Wanson a passé sa première enfance au Congo d'où elle est revenue en 1950. Cette expérience marque son second recueil de poésie, *Les fous aux pattes bleues.* En 1967 elle réalise, en collaboration avec Jeanine Gautier, une adaptation théâtrale d'*Alice au pays des merveilles* de Lewis Carroll, mise en scène par André Ernotte au Palais des Beaux-Arts de Bruxelles. Entre 1973 et 1975, elle expose plusieurs de ses textes-collages à la Richard Foncke Gallery à Gand, puis au Théâtre-Poème de Bruxelles, ainsi qu'à la librairie-galerie Au Quai de la Roture à Liège. A quarante ans, Françoise Wanson se suicide. En 1983, un hommage lui est rendu au Théâtre-Poème. Divers textes demeurent inédits.

Les fous aux pattes bleues se compose de quatre chants accompagnés de neuf dessins à l'encre de Chine de l'auteur. Les nombreuses citations dans le texte (de Lorca, Séféris, De Vinci, Laing, Foucault) témoignent de l'ampleur de sa pensée ainsi que de ses affinités intellectuelles (elle avait, par ailleurs, une grande admiration pour Marguerite Duras). « Le texte entier, soutient son amie Madeleine Van Oudenhove, est une longue plaidoirie pour la vie, une dernière lutte martelée d'« impossibles » et où l'écrivain belge Pierre Mertens constate pour sa part, dans la préface, « l'incantation lyrique alterne avec le collage pop ». Il est certain que Françoise Wanson tenait son écriture et son art pour des activités conjointes.

Cette artiste-poète exprime donc une quête profonde et parfois désespérée pour la santé, la vérité, et la tranquilité de l'esprit. Son ardeur, son acuité, comme ses richesses chromatiques, mais aussi son goût de l'exotique et du primitif, ses rêves (de la vie naturelle, sans entraves, aux îles Galapagos, par contraste avec la vie banale et réprimante des sociétés occidentales) font penser à Chateaubriand ou Rimbaud, comme à Gauguin, ou au Douanier Rousseau. La poésie de Françoise Wanson coule bruyamment sur la page, avec un air de défi ou de colère ; mais elle conduit également son lecteur vers un monde serein, doux et entendu, par delà les bruits et les démences qui menacent de nous dévorer.

Bibliographie : *Robe de Léda Lidoine,* suivi de *Icônes dans la poitrine, icônes, icônes* (Bruxelles : Jacques Antoine, 1973). *Les fous aux pattes bleues* (s.l. : Des amis de l'auteur, 1982).

Philip Mosley

WARD-JOUVE, Nicole, n. 1938, romancière

Née à Marseille dans une famille bourgeoise, ancienne élève de l'École normale supérieure de jeunes filles et agrégée, Nicole Ward-Jouve enseigne à l'université de York en Grande-Bretagne. Elle est mariée au romancier Anthony Ward, passant donc une bonne partie de son existence en pays anglo-saxon : Cambridge, Alberta (Canada), Yorkshire. Elle s'intéresse aussi bien au crochet, au jardinage, à la fabrication d'objets en tous genres, à la cuisine qu'à l'anthropologie, la sorcellerie et passionnément aux « arts visuels, » surtout la peinture. Nombreux sont les écrivains qui l'ont marquée, des Anglais (Scott, les Brontës) comme des Français (Baudelaire, Racine, Proust, Geneviève Serreau, Cixous, Beckett). Sympathisante du mouvement féministe, c'est par l'écriture qu'elle se veut engagée mais sans dogmatisme. Écrire est pour elle une expérience « crucifiante très souvent », exaltante, parfois et surtout nécessaire : « Ramer à contre-courant, et savoir qu'on sera malade si on évite de le faire. »

Avec son premier recueil de nouvelles, *Le Spectre du gris* (1977), N. Ward-Jouve s'est imposée comme une voix originale et forte. Depuis lors elle a publié *L'Entremise* (1980), *Un Homme nommé Zapolski* (1982), plusieurs textes dans des revues et recueils divers et une longue et attachante étude sur l'œuvre de Baudelaire, plus récemment des textes sur

Colette. L'auteur du *Spectre du gris* sait non seulement voir mais faire voir et entendre. Sous l'anodin, le quotidien, le banalement humain, elle dévoile la faille, le tragique des destins, la violence des désirs frustrés, du noir et du blanc. La solitude d'une accouchée est évoquée avec une rage tour à tour crue et lyrique dans « Qu'elles ». N'existent qu'elles en effet, la mère et la fille, chairs solidaires livrées aux ténèbres où le mari/père les accueille avec une cruelle exaspération. La force de cette nouvelle est aussi dans le heurt entre l'espace linguistique français de la mère et celui, anglo-saxon, où se déroule la scène. Ainsi le recueil est mis sous le signe double de la naissance et du langage au cœur desquels s'inscrivent l'expérience de la séparation et celle de la difficile mise au monde de soi. Dans « Noir et Blanc, » une jeune femme, jambe plâtrée et grande lectrice de romanciers noirs américains, erre dans Paris à la recherche d'une aventure noire. Lorsqu'elle croit avoir enfin abordé aux rives de la grande fraternité des sexes et des races elle découvre l'impossibilité de la communication. De même la jeune Européenne de bonne volonté en voyage dans l'ouest canadien (« Transports en commun »).

Lorsque N. Ward-Jouve travaille à la frontière du réalisme et du symbolique, le tableau qu'elle propose est féroce. « L'Immaculée Conception » (où se rejoignent l'Église et Breton) retrace l'existence de Jeanne, une bourgeoise bordelaise totalement incapable de maîtriser quoi que ce soit de la vie. Les enfants lui naissent morts; après une tentative pour s'approprier l'enfant d'une autre, abandonnée d'un époux artiste et volage, elle dérive dans un univers obsessionnel : la propreté à tout prix. On découvrira son squelette trois mois plus tard, « replié sur soi, contre l'aspirateur ».

La vision de N. Ward-Jouve est résolument féministe sans être réductrice : chez elle, les femmes ne sont pas toutes des saintes ou des victimes innocentes ; les hommes ne sont pas tous des « salauds ». Par ailleurs elle a de l'humour. Le rire corrige la tragique grisaille de ces textes qui s'apparentent au naturalisme. Surtout le recueil nous achemine, dans la quatrième partie plaisamment intitulée « Tentative de greffe d'une colonne vertébrale sur Molly Bloom », vers l'image d'une femme nouvelle. Opposant au « mol » éternel féminin de la Molly de James Joyce sa force et sa droiture retrouvées, elle devient « l'affirmation d'une science ancestrale du vivre ; et d'un avenir ouvert ».

Le paradoxe de ce livre est que le gris soit rendu par un surprenant chatoiement de tons, avec une énergie et une vitalité qui évoquent l'écriture célinienne. La rage, la raillerie, l'ironie y fusent. Mais la tendresse et le lyrisme n'ont pas honte de s'y exprimer. On lui a reproché un excès d'images et de jeux linguistiques. Certes la syntaxe est démantelée par une ponctuation irrespectueuse qui isole souvent le relatif de son antécédent, le sujet de son verbe, l'adjectif de son nom. Mais ce ludisme y est presque toujours producteur de sens et il impose à cette langue un entrain et rythme séduisants.

L'Entremise est une entreprise plus ambitieuse. Roman à plusieurs voix, il repose sur l'image centrale de Léa, déesse baudelairienne, belle comme un « rêve de pierre ». Léa a misé sur la jeunesse éternelle et semble avoir gagné jusqu'au jour où l'Autre s'insère entre elle et le miroir. Traquée par ce double, elle s'accroche à un bel enfant blond, à des amants et disparaîtra mystérieusement. Par l'entremise de ses sœurs, le pouvoir maléfique de la disparue sera conjuré dans la deuxième partie et son être symboliquement libéré sera réintégré dans le cercle chaleureux de la communauté des femmes. Le roman souffre parfois d'une intention allégorique trop appuyée mais il peut atteindre à une indéniable intensité. Paradoxal lui aussi, ce texte sur l'image narcissique de la femme « clôturée... circulaire, parfaite » est empli de la matière du monde, attentif à ses formes et ses métamorphoses. La présence sensuelle des objets, des paysages écossais, des corps impose à ce roman fantastique une évidence poétique.

Un Homme nommé Zapolski se situe ailleurs : à la jonction entre le reportage, la méditation sociologique, ethnographique et littéraire et l'invention poétique. L'ouvrage a comme point de départ le fait divers qui a terrorisé la région de Leeds (Angleterre) entre 1975 et 1981. Treize femmes ont été assassinées et sept grièvement blessées par celui que l'on a surnommé « l'éventreur du Yorshire ». Arrêté, celui-ci s'avère non pas la brute que l'on imaginait mais un homme doux, poli et apparemment heureux en ménage. Conté à la première personne (il s'ouvre sur ces lignes : « Je suis une qui a survécu »), examinant patiemment les faits, les témoignages, réinventant les acteurs de ce drame, l'ouvrage, dédié à « la mémoire d'Antigone », « accuse un ordre qui, pour se perpétuer, a besoin de faire de l'Autre/femme/le mal ». Il fait le procès d'une société où la misogynie – projection et rempart de la fragilité et de l'angoisse masculines – lie l'affirmation de la virilité et la réussite sociale. N. Ward-Jouve nous a donné ici un livre riche par sa culture, la variété de ses tons et chaleureux dans sa passion de découvrir le sens sous les signes.

Bibliographie : *Le Spectre du gris* (Des Femmes, 1977). *Baudelaire ; A Fire to Conquer Darkness* (New York : St. Martin's Press, 1980). *L'Entremise* (Des Femmes, 1980). *Un Homme nommé Zapolski* (id., 1982). Nouvelles, fictions diverses, traductions et textes critiques divers.

Sélection critique : Pétillon Monique : « Des nouvelles d'elles », *Le Monde,* 18 nov. 1977. Vitoux, Frédéric : « Naturalisme au féminin », *Le Matin de Paris,* 30 nov. 1977. Lawton, Heather : « Neither black nor white », *Times Literary Supplement,* juillet 1981. (Sur *L'Entremise*) Pétillon, Monique : « Une beauté fatale », *Le Monde*, 19 déc. 1980. Greenberg, Judith L., in *World Literature Today* (automne 1981).

MH

WARNER-VIEYRA, Myriam, romancière sénégalo-guadeloupéenne.

Myriam Warner-Vieyra est née à Pointe-à-Pitre, Guadeloupe, en 1939. Elle a passé son enfance en Guadeloupe, où elle a perdu ses parents très tôt. Jeune fille, elle est venue à Paris ; elle vit au Sénégal depuis 1960, où elle est bibliothécaire médicale à l'Institut pédiatrique de l'Université de Dakar. Son époux, Paulin Vieyra, un cinéaste et critique du cinéma sénégalais, est mort en 1988. Elle a trois enfants adultes.

L'œuvre de Myriam Warner-Vieyra traite surtout des problèmes des Antillaises en exil, partagées entre leur île, la France, et, quelquefois, l'Afrique. Ceci est inscrit dans son œuvre sous forme de personnages de jeunes filles sans mère, absence qui accroît les difficultés à vivre. Dans son premier roman, *Le Quimboiseur l'avait dit*, Suzanne, que sa mère traite en esclave et qu'un beau-père a violée, repense à son enfance en Guadeloupe où elle trouvait la paix dans « le refuge du fond de la barque de [s]on père ». Ainsi c'est vers le père que la fille se tourne dans l'espoir de retrouver un lieu protecteur (l'image de la barque évoque paradoxalement le giron maternel). Mais le retour est impossible et le roman, à partir du récit de huit destins de femmes que Suzanne côtoie à l'hôpital, explore avec insistance le thème de l'aliénation qui menace les filles de toute société. Une petite juive a dû se cacher dans une cave infestée de rats pendant la guerre. Une petite Française est rentrée de l'école pour trouver son père pendu. Une autre a essayé de se suicider après le divorce de ses parents.

C'est le pouvoir patriarcal dont les femmes sont victimes qui fait l'objet du deuxième roman, *Juletane*. Juletane, une jeune Guadeloupéenne assez naïve, qui habite avec sa tante à Paris après la mort de ses parents, épouse un étudiant africain. Orpheline, elle pourrait être la figure d'une société antillaise qui n'a de parenté ni avec la France ni avec l'Afrique. Elle se trompe en décidant que son époux pourrait remplacer le « père disparu si tôt ». Quand elle l'accompagne dans son pays, elle découvre qu'il a déjà une autre femme et un enfant. Plus tard il prend une troisième épouse, qui imite le comportement occidental. Juletane n'arrive pas à admettre que ce que cherche son époux dans le mariage est fort éloigné des idées romantiques qu'elle a acquises. Rejetée parce qu'elle n'est ni indigène ni occidentale, elle déclare : « Je ne suis de nulle part ». Produit d'un mélange de cultures, Juletane aime la musique classique et les auteurs français en même temps qu'elle se voit et se sent victime de « trois siècles d'histoire de [son] peuple ». Après qu'un accident l'a rendue incapable d'avoir un enfant, Juletane refuse de coucher avec son mari, se retire dans une petite chambre sans meubles, et commence à écrire un journal pour expliquer ce que d'autres considèrent sa « folie ». Elle tue les enfants de la première coépouse (acte dont elle n'endosse pas la responsabilité consciente dans son journal), jette de l'huile bouillante au visage de la belle troisième épouse et meurt internée dans une clinique.

Sur le plan formel, Warner-Vieyra utilise une structure à laquelle les écrivaines contemporaines ont fréquemment recours : celle du journal qu'une autre femme découvre et lit. La lecture favorise l'identification entre lectrice et auteur du journal, menant Suzanne elle-même vers la folie. Ainsi deux destins de femmes se mélangent et se dissolvent l'un dans l'autre, ajoutant une nouvelle résonance au thème de la femme victime. Mais tandis que la folie de Suzanne semble le seul moyen de refuge contre les horreurs de la famille, celle de Juletane nous est présentée comme la recherche d'une sagesse et le reflet de l'hypersensibilité lucide d'une âme pure, droite, précipitée dans un vide affectif réel ou imaginaire. On peut penser au commentaire de Marguerite Duras selon qui les femmes sont plus près de la folie que les hommes (et on ajouterait volontiers que tous les sub/alternes existent dans ces marges de l'aliénation mentale). Myriam Warner-Vieyra, en effet, comme Duras et tant d'autres, présente l'amour comme tragique, toujours proche de la folie. Les seuls amants heureux dans son œuvre seront quelques vieilles « toquées » en Guadeloupe, dans *Femmes échouées,* celles qui imaginent des liaisons avec des marins depuis longtemps naufragés.

Bibliographie : *Le Quimboiseur l'avait dit* (Présence Africaine, 1980). *Juletane* (id., 1982). *Femmes échouées,* contes (id.,1988).
Sélection critique : Lionnet, Françoise : « Geographies of pain... », *Callaloo* 16,1 (1993). Mortimer, Mildred : « An Interview with Myriam Warner-Vieyra », *Callaloo* 16,1 (1993).

Adèle King

WART-BLONDIAU, Félixa, dramaturge belge, Cf. DLLF : « Belgique ».

WEIL, Simone, 1909-1943, poète-philosophe, mystique engagée.

Simone Weil est née à Paris dans une famille juive agnostique. Au cours de brillantes études, elle suit les cours d'Alain qui la marquent profondément. A sa sortie de l'École normale supérieure, elle enseigne la philosophie dans divers lycées du centre de la France puis à Saint-Quentin. A cette époque (1931-34), elle noue d'étroits contacts avec le milieu ouvrier en pleine lutte syndicale et soutient les chômeurs de ses propres deniers. De 1934 à 1935, elle travaille en usine puis rejoint en Espagne les républicains mais un accident la contraint à rentrer en France. C'est à Marseille, où elle a suivi ses parents après l'occupation allemande, qu'elle rencontre le père Perrin et Gustave Thibon, tous deux proches témoins de son évolution spirituelle. Ayant gagné les États-Unis à contrecœur en 1942, elle repart pour Londres travailler pour les Forces françaises libres. Elle meurt dans la banlieue de Londres, épuisée en grande partie par les privations qu'elle s'est imposées, ayant par ailleurs toujours été de constitution fragile et sujette aux violents maux de tête. L'intensité avec laquelle Simone Weil s'est engagée dans les luttes syndicales et politiques comme dans sa quête de Dieu n'en paraît que plus admirable.

Si elle a composé des poèmes et une pièce de théâtre, les plus beaux textes de Simone Weil demeurent sans doute ses réflexions sur l'histoire et la société ainsi que ses écrits sur la transcendance et son expérience mystique. Formulés en une langue ferme, dépouillée, usant d'images pour éclairer le sens avec économie, ils transcendent les genres. C'est pourquoi ce sont des philosophes (M.M. Davy, F. Heidsieck), et plus récemment les féministes socialistes américaines, qui se sont intéressés à son œuvre, mais c'est un philosophe, Gabriel Marcel, qui a refusé de la classer parmi les « siens ».

L'œuvre de Simone Weil est l'inlassable recherche de la vérité par la pensée et par l'action. Il est rare de rencontrer une aussi parfaite adéquation chez un être entre l'une et l'autre. Pour elle, il s'est toujours agi d'adhérer au maximum au réel, en dehors de tout conformisme, de ne jamais se laisser prendre aux mythes des mots et des orthodoxies. Aussi son œuvre, dont rien ne fut publié de son vivant sous sa forme définitive, reflète-t-elle l'évolution d'une pensée qui sait se remettre en question sans dévier de l'élan fondamental qui l'anime : l'amour des individus les plus déshérités.

Simone Weil est d'abord attirée par les révolutionnaires trotskystes, les anarchistes et les syndicalistes révolutionnaires de la revue *La Révolution prolétarienne* mais assez rapidement ses positions se nuancent, en particulier à l'égard des analyses marxistes dont elle dénonce les lacunes dans plusieurs écrits qui seront réunis dans *Oppression et Liberté* et *La Condition ouvrière*. Plus tard, à Londres, dans le seul livre conçu comme tel, *L'Enracinement*, elle esquissera les conditions d'une intégration harmonieuse de l'être humain dans une société qui ne serait ni capitaliste ni socialiste mais prendrait en compte les aspirations les plus profondes, entre autres l'ordre, l'égalité, la responsabilité et la liberté. Une telle société reposerait sur le « travail conscient », c'est-à-dire une participation libre et active à la tâche et non sur des rapports de force et de domination. Pour ce, Simone Weil prônait déjà la décentralisation (cf. « Principes d'un projet pour un régime intérieur nouveau dans les entreprises industrielles », *La Condition ouvrière*). Dans l'évolution de ses idées, deux expériences ont été déterminantes : d'une part l'expérience en usine consignée dans « Journal d'usine » (*id.*) et qui ajoute aux considérations théoriques tout le poids d'une souffrance ressentie quotidiennement. D'autre part l'expérience mystique qui l'amène à tout recentrer sur l'existence de la transcendance et la dimension spirituelle qui seules peuvent donner un sens au travail, à l'obéissance, à la nécessité et au malheur.

Très tôt, Simone Weil avait été attirée vers les enseignements évangéliques, mais en 1938, dans une lettre à Joë Bousquet, elle fait allusion à des expériences mystiques. Désormais ses écrits sont éclairés de l'intense lumière de cette certitude : nous sommes « sortis » de Dieu par la volonté même de Dieu qui s'est retiré du monde dans l'acte de la création (*Attente de Dieu*). La loi du monde étant la pesanteur du mal et de la nécessité, seule la grâce peut nous appeler à rejoindre Dieu. Tout acte de volonté de l'être humain ne peut qu'obscurcir cet appel de Dieu qui lui est adressé. Il faut donc que le moi s'efface, se « décrée », pour exister dans une totale disponibilité dans l'« attente » ou l'attention ; alors il sera prêt à recevoir le divin, être empli de lui qui est amour, beauté et harmonie. L'intensité de l'ascèse exigée par la connaissance surnaturelle ne risque-t-elle pas de détourner de l'engagement temporel ? Pour Simone Weil – et ses propres choix l'ont amplement prouvé – il n'est pas de dichotomie. La contemplation garantit seulement la pureté de l'action au-delà de l'imagination, du mensonge, du désir personnel et des contradictions. Elle accroche tout désir et toute action à « l'axe des deux pôles » (*La Pesanteur et la Grâce*).

Simone Weil a hésité aux portes de l'Église catholique qu'elle n'a pas rejointe. En accord profond, sans nul doute possible, avec une pensée trop soucieuse de vérité pour exclure l'inorthodoxe et rejeter des courants de pensée dont elle était imprégnée, les Grecs (cf. *La Source grecque*), les Égyptiens, les Assyro-Babyloniens et surtout l'enseignement de Krishna.

Dans une œuvre si sensibilisée aux mécanismes d'oppression et d'aliénation, on chercherait en vain une page qui reflète des préoccupations féminines et féministes. Consciente de l'humain et des limites de l'expérience humaine, Simone Weil ne semble pas avoir ressenti celles d'une condition de femme. Dans *Les Voleuses de langue*, Claudine Herrmann voit en elle l'exemple d'une femme « entièrement aliénée par sa formation dans la culture virile ». Il est incontestable que la biographie de Simone Pétrement pose, sans l'analyser, la question de la répression de la féminité et de la sexualité chez celle qu'elle a bien connue. Il existe cependant un texte fort intéressant dans lequel, en 1940, Simone Weil proposait de constituer un petit groupe d'infirmières qui soigneraient les blessés et les mourants sur le front, au sacrifice de leur vie : « Des femmes risquent toujours de constituer une gêne si elles ne possèdent pas une quantité de résolution froide et virile qui les empêche de se compter pour quelque chose en quelque circonstance que ce soit. Cette résolution froide se trouve rarement unie dans un même être humain à la tendresse qu'exige le réconfort des souffrances et des agonies. Mais quoique ce soit rare, ce n'est pas introuvable » (*Écrits de Londres et dernières lettres*)

Qu'elle-même ait eu cette rare combinaison d'attributs, on ne saurait en douter.

Bibliographie : *La Pesanteur et la Grâce* (Plon, 1948). *L'Enracinement* (Gallimard, 1949). *La Connaissance surnaturelle* (id., 1950). *Intui-*

tions pré-chrétiennes (Éd. du Vieux-Colombier, 1951). *Lettre à un religieux* (Gallimard, 1951). *La Condition ouvrière* (id., 1951). *La Source grecque* (id., 1953). *Oppression et Liberté* (id., 1955). *Écrits de Londres* (id., 1957). *Écrits historiques et politiques* (id., 1960). *Pensées sans ordre concernant l'amour de Dieu* (id., 1962). *Attente de Dieu* (Éd. du Vieux-Colombier, 1950 ; Fayard, 1966). *Poèmes, suivis de Venise sauvée* (id., 1968). *Cahiers I, II, III* (Plon, 1970, 1972, 1974). *Correspondance* [avec Joë Bousquet] (Lausanne : L'Age d'Homme, 1982). *Œuvres complètes,* dir. André Devaux et Florence de Lussy (Gallimard, 1988).

Sélection critique : Cabaud, Jacques : *L'Expérience vécue de Simone Weil* (Plon, 1957). Coles, Robert : *Simone Weil,* une biographie [trad. de l'anglais] (Des Femmes, 1992). Davy, Marie-Madeleine : *Simone Weil* (Éd. Universitaires, 1966). Heidsieck, François : *Simone Weil* (Seghers, 1965). Hourdin, Georges : *Simone Weil* (La Découverte, 1989). Marge, Jean : *A la recherche de la raison* (Toulouse : Éd. Universitaires du Sud, 1991). Pétrement, Simone : *La Vie de Simone Weil,* 2 vol. (Fayard, 1973). Giniewski, Paul : *Simone Weil ou la haine de soi* (Berg International, 1978). Saint-Sernin : *L'Action politique selon Simone Weil* (Éd. du Cerf, 1988). Cf. FWW & *Cahiers Simone Weil.*

MH

WEINZAEPFLEN, Catherine, romancière.

Isocelles (Des Femmes, 1977). *La Farnésine* (id., 1978). *Portrait et un rêve* (Flammarion, 1983). *Totem,* textes (id., 1985). *Am See* (id., 1984). *L'Ampleur du monde* (id., 1989). *D'où êtes-vous ?* (id., 1992).

WEISS, Louise, 1893-1983, suffragiste, mémorialiste.

La Marseillaise, 3 vol. (Gallimard, 1945). « Sigmaringen », inéd. dramatique (c. 1950). *Le Voyage enchanté* (Fayard, 1960). *Mémoires d'une Européenne :* vol. I, II, III (Payot, 1968 ; éd. définitive : Albin Michel, 1978). IV. *Le Sacrifice du chevalier,* sept. 1939-juin 1940 (Albin Michel, 1972). V. *La Résurrection du chevalier,* 1940-1944 (id., 1974). *Lettre à un embryon... : l'idée fixe de l'an 2000* (Julliard, 1973). *Une Petite Fille du siècle* (Albin Michel, 1978). *Dernières Voluptés* (id., 1979). *Combats pour l'Europe,* 1919-1934 (id., 1979). *Combats pour les femmes,* rééd., tome III des *Mémoires* (id., 1980). *Sabine Legrand* (J. Grandcher, 1981).

WIAZEMSKY, Anne, comédienne, écrivaine.

Des filles bien élevées, nouvelles (-). *Mon Beau Navire*, rm (-). *Canines* (Gallimard, 1993).

WILWERTH, Évelyne, n. 1947, poète, critique belge.

Née en 1947 à Spa (Belgique), Évelyne Wilwerth est l'auteur de plusieurs recueils de poésie, ainsi que de contes, de nouvelles, de pièces dramatiques pour la scène et la radio et de textes pour enfants. Elle mérite également attention pour son étude critique intitulée *Visages de la littérature féminine*. Cet ouvrage, qui traite de tous les genres de la littérature féminine de France et de Belgique du début du douzième siècle à 1955 (125 écrivaines y sont présentées) combine informations, commentaires et extraits d'œuvres. Ce livre a été élaboré dans le cadre du groupe féministe de Bruxelles «Changeons les livres», qui s'est constitué en 1979 et dont fait partie l'auteur. On pourra consulter également une autre publication émanant du même groupe, *Les femmes dans les livres scolaires*. Évelyne Wilwerth collaborera à cette publication en rédigeant le chapitre sur la littérature.

Plus récemment encore, Évelyne Wilwerth s'est constituée biographe pour faire revivre de façon saisissante l'aventure de Neel Doff, romancière belge d'origine hollandaise que sa farouche volonté et son talent sauvèrent d'une déchéance à laquelle la vouaient la pauvreté comme la beauté.

Bibliographie : *La Péniche-Ferveur*, poèmes (Paris : Chambelland, 1978). *Le Cerfeuil émeraude*, poèmes (Bruxelles : André de Rache, 1981). *Grenat*, nouvelles (id., 1982). *Histoires très fausses,* contes (Paris : Chambelland, 1985). *Les Femmes dans les livres scolaires*, essai (Bruxelles : Pierre Mardaga, 1985). *Visages de la littérature féminine* (id., 1987). *Neiges de boule* (Amay : Identités, 1989). *Neel Doff* (1858-1942) ; *Conte de fée sur écran noir* (Le Pré aux Sources, Belgique : Bernard Gilson, 1992). *Théâtre : Hortense, ta pétillance* (1980). *Pulchérie et Poulchérie* (1982). *Gil et Giroflée* (1983). *Sous-Sol à louer* (1984). *Elle porte une robe cerise* (1986). *Des crapauds à la crème fraîche* (1991). Plusieurs livres pour enfants.

Philip Mosley

WITTIG, Monique, n. 1935, auteure de fictions gynocentriques.

Monique Wittig est née en Alsace mais elle a passé sa jeunesse surtout à Paris, faisant des études à la Sorbonne, à l'École du Louvre et aux

Langues orientales. Sa sœur, Gilles Wittig est peintre. Elle-même a travaillé à la Bibliothèque nationale et dans l'édition (Denoël, Minuit), et enseigné brièvement dans une institution religieuse. Elle a reçu le prix Médicis en 1964 pour *L'Opoponax*. Engagée dans les événements de 1968, elle fait partie des femmes qui se détachent des groupes de gauche pour fonder le MLF. Une scission se produit bientôt où les homosexuelles se regroupent séparément sous le nom de « gouines rouges » dont Monique Wittig est une figure principale. Ses textes sont très remarqués outre Atlantique, dans les milieux féministes, lesbiens et universitaires. Elle vit depuis 1976 aux États-Unis où elle enseigne dans diverses universités (de Berkeley à Duke, et plus récemment en Arizona). L'Amérique du Nord est un monde, selon le *Brouillon pour un dictionnaire des amantes*, « appelé en leur for intérieur le pays des amantes. » Monique Wittig a publié aussi divers articles de nature philosophique sur la question de la différence sexuelle et traduit entre autres l'ouvrage d'Herbert Marcuse : *L'Homme unidimensionnel* (Minuit, 1968) ainsi que des nouvelles de Djuna Barnes.

On peut avancer que Monique Wittig inaugurait une nouvelle poétique, une rhétorique narrative féministe en France dès 1969, avec *Les Guérillères*. Nous tenons désormais pour acquis qu'un texte gynocentrique puisse soutenir la comparaison avec les textes les plus remarquables de son époque. Si des textes d'une femme ont stupéfié et troublé en faisant fi des critères antérieurs ce sont les siens car ils sont accessibles, gratifiants, troublants autant que révolutionnaires. On n'a pas manqué d'évoquer tout l'héritage littéraire, d'Homère à Artaud en passant par Lautréamont, pour cerner un discours qui trouve une formule nouvelle à chaque livre, bien que l'on note une reprise, dans le *Brouilllon pour un dictionnaire des amantes*, du ton particulier, à la fois solennel, familier, humoristique et didactique des *Guérillères*. Comme Marguerite Duras, Monique Wittig a d'abord été associée avec le Nouveau Roman, pour avoir fait « nouveau. » La suite des textes a amplement démontré que la théorie littéraire n'entre guère en jeu pour Monique Wittig, même si certaines marques extérieures d'expérimentation linguistique portent à le croire.

C'est qu'il ne s'agit pas de « marques extérieures » mais de signes au sens fort, de « marques du contenu. » Tel le « on » des *Guérillères* ou le fameux « j/e » scindé du *Corps lesbien* qu'elle explique : « Je n'arrive pas à cerner concrètement l'importance que peut avoir le mouvement des femmes pour la société. Parfois il me semble que nous ne sommes qu'une toute petite épine dans sa chair, et à ce moment-là, je nous perçois comme des schizo à l'état pur, complètement et à jamais déconnectées de la réalité. C'est le sens de ce « j/e. » Parfois, au contraire, il me semble que même en étant si peu nombreuses, nous sommes, toutes ensemble, la seule contestation réellement radicale au sein du système. » (*Actuel*, janvier 1974). Par la suite (et dans son article fondamental « The Mark of

Gender ») elle démontrera que le pronom personnel est la marque subreptice d'une catégorie sociologique (celle du « deuxième sexe » en tant que fabrication du système patriarcal), catégorie qui ne dit pas son nom puisque la syntaxe française exige des accords alors même que le pronom « je » n'est pas sexué. Cette catégorie sociologique masquée est le contrat social le plus fondamental et le moins fondé en raison : l'hétérosexualité comme loi de la « nature » humaine.

Le dos tourné, donc, au roman lisible habituel mais aussi à l'écart du « nouveau, » Monique Wittig utilise méthodiquement et librement l'espace du livre avec *Les Guérillères*. On l'a excellemment démontré, ce texte est une « cosmogonie du cercle » (v. Ostrovsky) qui intègre une mesure de désordre et de ruptures. C'est aussi l'épopée d'une race que domine l'allégeance au principe féminin : mythologies classiques renversées, féminisées et vision d'un monde archaïque-futuriste qui évoque les Amazones ou l'île de Lesbos sans exclure la planète Vénus. Les guérillères célèbrent leur corps à l'état de nature, se fêtent, s'aiment et se disent, élaborent une culture mais ne s'y enlisent pas, brûlant leurs « féminaires » car elles ne veulent pas être prisonnières de leur propre idéologie : « nous sommes à la recherche d'un concept humain dont ni masculinité ni féminité ne rendent compte. Pour nous c'est l'idée d'amazone qui s'en rapproche le plus. » (*Actuel*). Elle emploiera aussi volontiers le vocable d'« ange » pour désigner le genre à venir.

Monique Wittig a toujours affirmé la nécessité de remédier aux mythologies aliénantes de la culture dominante en créant ces contre-mythologies. Le principe mâle est absent ou tourné en dérision. Il n'y a pas d'article « homme » dans le *Brouillon*. Dès son premier roman, l'*Opoponax*, on assistait à un joyeux jeu de massacre de tous les représentants du système phallique, un cadavre par chapitre, y compris l'Archevêque et la triste institutrice, cependant qu'avec l'allégresse et la désinvolture de l'archétypique Claudine de Colette, les élèves survivent à l'enseignement ! Cette délicieuse et troublante satire des adultes trouve écho dans les textes de Christiane Rochefort, cités dans la bibliographie du *Brouillon* comme comptant dans « l'âge de gloire » (après 1968).

Comme *Les Guérillères* et le *Brouillon...*, *Le Corps lesbien* opte pour la fragmentation, dramatisée avec l'emploi de doubles pages en gros caractères qui détaillent l'anatomie du corps féminin. Ce texte est une suite de petits poèmes en prose, inscriptions d'une force d'invention inouïe, sans défaillance, sans redites. Ce sont des fantasmes d'extase et de terreur, de pénétration, dévoration, morcellement, mise à mort et résurrection ; des mises en scène littérales, donc, de pulsions de tous ordres. Un imaginaire véritablement « pervers polymorphe » déroule ses visions hallucinantes, avec parfois le répit d'un rêve harmonieux comme celui du vol, de la fête « des vulves perdues », de petits tableaux de fantaisie évoquant l'accès à un « vert paradis ». Sans aucun doute le chant d'amour domine, le morcellement du corps et ses métamorphoses peuvent être heureux et désirables, mais au fond de l'extase amoureuse, l'angoisse guette : le paradis se mue en vallée de larmes, de sang et de fragments d'une unité perdue. Monique Wittig indique ici que si « nous sommes actuellement entrées dans l'âge de gloire, cela ne s'est pas fait sans mal. » Contrairement à ce que *Les Guérillères* avait pu suggérer dans sa dimension utopique et son abondance de fête, l'Age d'Or ne semble plus ici à l'horizon.

Le génie de Wittig semble avoir partie liée avec le côté le plus sombre de l'imaginaire, non sans un effort délibéré pour le nuancer. On aura dans *Virgile, non,* un « opéra des gueuses » qui renvoie à *La Divine Comédie* pour la déconstruire en tant que modèle de la quête initiatique occidentale masculine. Ici, c'est la lesbienne Mastanabal qui guide « Wittig » et lui fait voir certaines représentations de conditions féminines, dans des espaces parfois reconnaissables tels qu'une laverie automatique ou une boîte de nuit lesbienne à San Francisco. L'enseignement premier de Mastanabal est que « Wittig » n'a pas le droit de s'identifier aux souffrances des femmes qu'elle observe mais doit devenir celle qui sait ce qu'est la compassion, celle qui garde le détachement nécessaire devant la servilité, reconnaît l'aliénation passionnelle et s'en garde. Ces visions infernales ont été magistralement mises en ondes par l'Atelier de Création radiophonique de France-Culture. Elles incluent des déclarations de cannibalisme et de torture et des parades de femmes-serves ou d'esclaves inaccessibles (c'est-à-dire non-rédemptibles). Pas plus que dans ses autres fictions, Wittig n'a voulu respecter l'ordonnance hiérarchique du modèle de Dante : limbes, enfer et paradis co-existent et s'interpénètrent dans un espace-temps déstructuré des plus "post-modernes". C'est dans cette œuvre qu'est présentée la comparaison explicite des lesbiennes et des nègres marrons, image fort "parlante" dans le contexte américain, que Wittig reprend dans divers articles et exposés.

Il y aurait lieu de comparer les énigmatismes de Nicole Brossard, les ambigus « tropismes » de Nathalie Sarraute (à qui Wittig s'est toujours beaucoup intéressée) et les fragments du *Corps Lesbien* mais aussi les « bonds » et « méandres » d'Hélène Cixous ou les brèches incantatoires de bien des textes de Chawaf : ce sont là des discours poétiques sans commencement ni fin, ouverts, pris dans un corps à corps avec le langage, pour faire passer par ses grilles la vie fantasmatique. Cette lutte passe bien souvent par la métamorphose, le bestiaire fantastique, ou, dans ses moments positifs, par une affinité particulière avec le végétal, l'organique. On trouvera aussi dans les articles « sorcières, » « tribu » et « voler » du *Brouillon,* des fragments d'un discours dont le ton, fort différent du *Corps lesbien*, est empreint d'une certaine sérénité. Mais les œuvres plus récentes (« Le Voyage sans fin », une reconversion de Don Quichotte sous les aspects d'une lesbienne errante, créé en 1984) et *Virgile, non* ne renforcent pas cette orientation. Monique Wittif a opté, théoriquement, contre la valorisation de la différence sexuelle : il faut défaire « la femme » en la niant en tant que produit de l'histoire occidentale (et universelle) et débouter, décentrer le sexe. On serait alors au plus près, en niant la différence sexuelle, de l'humain universel. Cela situe la pensée de Monique dans un antagonisme intéressant, sinon inconciliable, avec les positions récentes de Luce Irigaray dans *J'Aime à toi*.

Bibliographie : *L'Opoponax* (Minuit, 1964). *Les Guérillères* (id., 1969). *Le Corps lesbien* (id., 1973). *Brouillon pour un dictionnaire des amantes*, avec Sande Zeig (Grasset, 1976). *Virgile, non* (Minuit, 1985). *Textes dramatiques :* « L'Amant vert », créé en 1969. « Le Grand Cric-Jules », « Recréation », « Dialogue pour les deux frères et la sœur » (1972). « Le Théâtre sans fin » [Théâtre du Rond-Point, 1985], vidéo au Centre audio-visuel Simone de Beauvoir et Lincoln Center Library of the Performing Arts. Plusieurs nouvelles dans divers périodiques. Divers articles dans *Feminist Issues* et *Questions féministes* ainsi que « The Mark of Gender » [Le Signe de la différence sexuelle] : *The Poetics of Gender*, Nancy K. Miller, ed. (NY : Columbia Univ. Press, 1986). « Le lieu de l'action », sur Nathalie Sarraute (*Diagraphe,* 1984).

Sélection critique : Bourdet, Denise : « Monique Wittig », in *Encre sympathique* (Grasset, 1966). Durand, Laura : « Heroic Feminism as Art » (*Novel*, automne 1974). Higgins, Lynn : « Nouvelle Autobiographie, Monique Wittig's *Le Corps lesbien* » (*Sub-Stance* 14, 1976). King, Adèle : *French Women Novelists* (NY : St Martin's Press, 1989). Ostrovsky, Erica : *A Constant Journey : The Fiction of Monique Wittig* (Carbondale, IL : South Illinois Univ. Press, 1991). Voir aussi *Le Monde* 1er déc. 1964 ; *Spare Rib* 41, nov. 1975. *Actuel,* janvier 1974. Cf. FWW.

CM

WORMS, Jeanine, dramaturge, essayiste, romancière, traductrice.

Il ne faut jamais dire fontaine (Fasquelle-Grasset, 1956). *Les Uns les Autres* (id., 1957). *Un Magnolia* (Gallimard, 1960). *D'une malédiction* (id., 1963). *La Boutique*, th. (Stock, 1971). *Album de là-bas* (Table Ronde, 1974). *Le Calcul*, th. (Différence, 1983). *Duetto*, th. (id., 1983). *Avec ou sans arbres,* th. (Éd. Papiers, 1985). *L'Impardonnable,* suivi de *Petit Traité de la dilapidation du moi* (La Différence, 1987). *Archiflore* (Actes Sud, 1988). *Un Chat est un chat* (Librairie Théâtrale, 1989). *Liens,* th. (Actes Sud-Papiers, 1989). *Pièces de femmes : Le Goûter, Mougnou-Mougnou, Le Palace* (Librairie Théâtrale, 1989). *La Recette* (-).

WOUTERS, Liliane, n. 1930, poète belge.

Née à Ixelles, faubourg de Bruxelles, cette flamande francophone mène une existence discrète consacrée à l'enseignement et à la littérature. Découverte par son compatriote Roger Bodart, saluée par Philippe Chabeneix, Frans Hellens et René Lacote, elle a reçu en 1956 le prix de la Nuit de la Poésie ; le jury qui l'a couronnée en même temps que Georges Limbour comprenait notamment Aragon, Audiberti, Jean Cocteau et Pierre Reverdy.

A Pierre Emmanuel qui lui demandait quelle raison la poussait à écrire, Liliane Wouters répondit un jour : « pour prendre la parole au nom de mes ancêtres qui se sont tus ». Peu d'écrivains de Belgique sont plus ardemment flamands et plus spontanément de plain-pied avec le XVe siècle, celui de Van Eyck et de Memlinc, que cette Bruxelloise qui s'exprime dans le même français d'une pureté toute classique que Verhaeren, Maeterlinck et Crommelinck.

> Nourrice Flandre je t'approche
> sur la pointe de mes souliers
> Ne me jette plus de taloches
> mais prends ta fille en amitié
> qui revient à l'appel des cloches.

Il n'entre cependant dans l'investissement de ses écrits par le passé de sa terre natale aucune nostalgie archaïsante ou réactionnaire. Liliane Wouters ne cherche pas refuge dans un Moyen-Age de confection, elle renoue plutôt avec une tradition qui, au XXe siècle, s'est révélée moderne. On lui doit aussi plusieurs études critiques sur la poésie flamande médiévale, des traductions, admirablement fidèles dans le ton, de vers très anciens dont elle a su faire de véritables re-créations et une monographie fervente de Guido Gezelle, ce prêtre brugeois au mysticisme candide qui rendit sa voix au peuple du « plat pays ».

Le premier recueil de Liliane Wouters, *La Marche forcée*, s'inscrit avec force dans la tradition à la fois truculente et mystique du Moyen-Age et de la Renaissance flamande que venaient de ressusciter les poésies de Max Elskamp et surtout le théâtre de Ghelderode. « Elle sent comme Breughel, elle écrit comme Racine », estima Roger Bodart dans *Le Soir*. De fait les récits légendaires et les contes folkloriques du patrimoine se moulent dans la structure savamment conventionnelle de chansons et de ballades populaires qui concilient la vigueur et l'économie.

> Beau chevalier poing sur la hanche
> quand vous partiez au petit jour
> votre dame restait plus blanche

que lis au sommet de la tour
à vous héler entre les branches

C'était le temps des filles prudes
qui chantaient vêpres au manoir
Laure Tiphaine et puis Gertrude
à midi sur le promenoir
guettent le prince aux gestes rudes

Bien que sa virtuosité ait fait merveille, l'auteur de ces nouvelles « riches heures » ne veut pas laisser enfermer son génie dans une thématique et une prosodie d'un autre temps. A ses préoccupations, à ses obsessions et à ses inquiétudes elle donnera désormais une forme et un ton très personnels. Avec *Le Bois sec*, puis *Le Gel,* son inspiration se dépouille définitivement de toute fioriture folklorique en même temps que son écriture se fait lapidaire et dense, mais nullement hermétique.

« Écrire, confie Liliane Wouters, est une manière de justifier mon existence – à mes propres yeux et peut-être à ceux d'autrui. Aucune recherche esthétique ou intellectuelle ne me guide, le poème répond à un besoin. Mettons que ce soit un cri. Mais un cri *contrôlé*. En face de la beauté, du tragique, du mystère de la destinée, le poète réagit comme il peut, le plus sincèrement possible, en souhaitant que son langage soit simple, rigoureux, apparemment sec, mais surtout vivant ».

Ses vers réguliers généralement strophés mais non ponctués (*Le Bois sec*), aux rythmes assouplis et diversifiés (*Le Gel*) disent la marche inexorable du temps dévorateur, le conflit insoluble de la chair et de l'esprit, un monde aride et indifférent à l'angoisse des créatures. Dieu se tait, laissant celles-ci osciller entre la révolte (« Psaume de la colère ») et une prière désespérée (« Mon Dieu pardonne moi »). La tonalité dominante de ces deux recueils est souvent platonicienne : l'âme est prisonnière, le corps est un « lit précaire », un « logis provisoire ». L'être humain est sur terre sans l'avoir désiré, il est voué à une mort qu'il lui faut apprendre à ne pas redouter. « Corps reçu sans le savoir/Corps rendu sans le vouloir/ On m'a placé de force sur les lieux/ Où ma naissance et ma mort sont inscrites ».

On retrouve les mêmes thèmes dans le théâtre de Liliane Wouters, surtout dans *La Porte*, pièce créée en octobre 1967. Cette œuvre dépourvue d'intrigue a été parfois vue comme une « belle excursion en terre langagière ». Son inspiration l'apparente au symbolisme métaphysique tel que l'a pratiqué Maeterlinck, mais on y décèle aussi une affinité discrète avec l'antithéâtre contemporain. L'auteur y montre l'homme affronté au suprahumain, au mystère irrésolu de la mort. Une famille de petits bourgeois étriqués fait l'expérience bouleversante de la transcendance absolue: dans la maison où ils emménagent une porte ouvre sur l'inconnu qu'est l'au-delà de la vie terrestre. L'échéance est lointaine, pensent les jeunes couples avides de jouir de la vie. Le grand père chenu nie de même l'iné-luctable. Le père recule devant la grande aventure et la mère cherche refuge dans ses nausées psycho-somatiques. Seuls sont grâciés les artistes pour avoir compris, comme chez Ghelderode (*Sortie de l'acteur*), qu'il n'y a pas de frontière entre la vie et la mort.

La critique s'épuiserait à chercher des références et des modèles à Liliane Wouters. Poète de l'essentiel, elle élabore patiemment une œuvre austère et ambitieuse qui ne sacrifie à aucun moment aux caprices de la mode.

Bibliographie : *La Marche forcée* (Bruxelles : Édition des Artistes, 1956). *Le Bois sec* (Gallimard, 1960). *Belles Heures de Flandre* (Seghers, 1961). *Guido Gezelle* (id., 1965). *Le Gel* (id., 1966). *La Porte* (Liège : Édi-tions du Théâtre de la Communauté, 1967). *Bréviaire des Pays-Bas. Anthologie de la littérature néerlandaise du XIIIe au XVe siècle* (Éditions Universitaires, 1973). *Panorama de la poésie française de Belgique* (Bruxelles : J. Antoine, 1976). *L'Aloès* (Luneau Ascot, 1983). *La Salle des profs,* th. (Bruxelles : J. Antoine, 1983). *L'Équateur*, suivi de *Vie et Mort de Mlle Shakespeare* (id., 1984). *La Poésie francophone de Belgique,* avec Alain Bosquet, 2 vol. (Bruxelles : Traces, 1985). *Journal du scribe* (Luxembourg : Galerie Simoncini, 1986). *Charlotte ou la nuit mexicaine,* th. (Bruxelles : Les Eperonniers, 1989). *La Marche forcée* (sl, sd).

Sélection critique : Trekker, Anne-Marie et Jean-Pierre Vander Strae-ten : *Cent auteurs, Anthologie de littérature française de Belgique* (Éd. de la Francité & de la CEC, 1982).

Jeanyves Guérin

X

XÉNAKIS, Françoise, n. 1930, romancière.

Françoise Xénakis est née en 1930 en Sologne. Elle même précise qu'elle « a pris son enfance de travers ». Elle a fréquenté les lycées d'Orléans, de Paris, de Blois, de Romorantin, de Saint-Germain-en-Laye et quelques institutions privées aux noms, lieux et date oubliés ; puis elle a fait des études de droit et de psychologie. A dix-neuf ans, elle rencontre le compositeur Xénakis, dont elle a une fille devenue peintre et étudiante en architecture. Ses livres sont dédiés à son mari et à sa fille. Elle a travaillé comme attachée de presse, pour l'enfance délinquante et l'alphabétisation des immigrants. Depuis 1977, elle a été responsable des romans, et chroniqueuse littéraire au journal *Le Matin*. Elle a eu des activités politiques militantes, mais écrire est devenu sa principale façon de militer.

Il s'agit d'une œuvre d'une grande unité, mais fracturée en plusieurs voix, en plusieurs chants, en plusieurs sujets individuels et collectifs qui communiquent et se relaient aussi bien à l'intérieur du même texte que d'un texte à l'autre. Dans cet espace où Françoise Xénakis tire profit de techniques typographiques variées (usage de « blancs », alternance de différents caractères, de différentes couleurs, suppression de la ponctuation, etc.), l'écriture est marquée au sceau d'une féminité déchirée bien que profondément assumée.

Le Petit Caillou, de facture traditionnelle, matérialise l'idée fixe sous la forme de la pierre. Claude, adolescente mal aimée et rejetée par sa mère, la surprend en flagrant délit avec son très jeune amant, essaie de se venger en séduisant ce dernier, s'installe dans la folie et en meurt. Au delà de la trame secondaire se dessine la figuration d'un conflit avec une mère castratrice pour laquelle l'amour-haine s'exaspère en obsession revancharde, puis en pulsion de mort. Le caillou, référence à la dureté de la Terre-mère réapparaît comme un signifiant privilégié dans l'œuvre de Françoise Xénakis. Sa phrase courte et de plus en plus dépouillée structurera l'horreur pour la débiter en blocs inégaux, en petits cailloux, marquant le lacis des sentiers qui conduisent toujours aux mêmes ogreries.

Mais tout part aussi d'un rapport ambivalent et douloureux à la maternité et à l'enfance : «L'essentiel, dit la jeune mythomane de *Aux lèvres pour que j'aie moins soif,* de sa fille imaginaire, étant qu'elle ne reste pas boîteuse de l'enfance».

Dans ce texte moderne, sans clôture, sorte de montage-collage, plusieurs discours s'entrecroisent, rendant la lecture d'abord malaisée, puis passionnante, au fur et à mesure que les trois chants se fabriquent, structurant en une voix collective, la confusion et l'infiltration fantasmatique du réel, du social et de l'imaginaire. Les rappels obsédants, orchestrés par les silences-blancs, font affleurer toutes les résonances du non-dit de ce poème en prose. Trois femmes seules qui «font métier de charité» dans une Permanence Sociale partagent la misère des marginaux à qui elles sont censées apporter de l'aide. Deux d'entre elles vivent, par personne interposée, la chronique que leur invente la troisième de sa vie. Ainsi fonctionne l'identification compensatoire, dégageant un rêve de bonheur tendre, de vie à trois, Lui, Elle et l'Enfant.

Le titre de ces «récits», qui comprennent une pièce de théâtre : «Théâtres Dérisoires» (trois personnages et, «sur la page de gauche trois écrans ; rêves et pensées de l'Homme, la Femme et l'Adolescent») vient d'un fragment poétique ainsi tronqué ; «Les mûres séchées sans jus que tu avais beau me presser sur les lèvres s'écrasaient pour rien/ Alors tu m'as baisée aux lèvres/ Pour que j'aie moins soif». Le retour de ce fragment parmi d'autres dans le reste de l'œuvre donne accès à une intertextualité peuplée d'obsessions. Déjà dans ce texte apparaît l'homme aimé, à la fois le mari et le déserteur, personnage unique et dédoublé à l'infini dans les différents textes du militant combattant qui a perdu la guerre et qui n'a jamais vécu. A partir de là les récits évoquent presque tous ce rêve d'amour, imaginaire ou révolu d'un couple généralement triangularisé par la présence d'un(e) enfant : elle, dans l'enfer d'un difficile passé et de la solitude, lui, dans l'enfer concentrationnaire de la torture et de la mort.

Dans *Elle lui dirait dans l'île,* la mer entoure la geôle terrienne et intérieure, le camp de concentration sur l'île. Ces espaces communiquent par le moyen de la souffrance mêlée d'espoir, qui porte la femme amoureuse vers le prisonnier, symbole du combat révolutionnaire ou résistant. Lorsqu'après trois ans d'attente pour un laissez-passer, la femme est enfin face à face dans la cellule avec son compagnon, elle ne trouve plus rien à lui dire, et lui ne peut pas s'adapter à l'insupportable routine du camp. Tandis que les gardiens le tuent, le bateau emporte la femme ; et les prisonniers, de leurs fourchettes et de leurs dents, défont la couverture, tissée de la laine de toutes ses anciennes robes, qu'elle lui avait apportée en cadeau.

Avec *Écoute,* la guerre dramatise encore cette relation particulière de la Femme-mère à la mort, en réduisant le trajet du ventre à la tombe. Le texte évoque, en une voix scindée, deux mères et leurs deux fils militants. L'une vit reléguée dans une petite maison, depuis que son compagnon est mort après cinq ans de camp. Et l'enfant qu'on lui avait enlevé, qu'est-il devenu à dix-huit ans, dans la pension d'état pour enfants de déviation-nistes ? « Pourvu qu'il ne soit pas en train de refaire le monde (...) pourvu qu'il le refasse et le réussisse... lui (...) mais qu'il garde quand même le goût du bonheur ». Le jeune homme, qui a appris la révolution dans la montagne, mourra lentement les mains enlacées dans les boyaux, tout comme le fils de l'autre mère, qui était las des révolutionnaires en chambre. Ici, comme dans *Et les morts pleureront,* le sujet disparaît, le triangle Homme, Femme, Enfant, se dédouble à l'infini, et c'est la litanie des villages rasés, des enfants-troncs, des cadavres «fabuleuses sculptures abstraites» au napalm, gonflés par les eaux des digues rompues, des empalements, des pendaisons. Tout cet insoutenable soutenu jusqu'au bout par une écriture dépouillée, qui tend plus vers le silence que vers le cri, et dont le lyrisme sait dire aussi bien que le scandale du monde, la tendresse, l'amour profond de la vie et de la chair, avec un sens aigu des petits détails qui marquent le réel.

Parallèlement se profile une relation d'aliénation amoureuse à un homme impérieux avec lequel l'enfant, «ce bourgeon de lui», est en filiation directe, la femme ne se considérant que comme «le panier porteur». Une sourde révolte s'affirme dans l'humoristique *Et moi j'aime pas la mer,* tandis que *Le Temps usé* termine le puzzle sur la perte de l'enfant grandie qui laisse la mère nue. Au total, une œuvre symphonique, qui joue sur la poésie du verbe et les rappels obsédants, pour exprimer, à travers une subjectivité inscrite dans le féminin, tout le combat des hommes qui se déchirent et toute la lutte des femmes contre les forces inéluctables de la vieillesse, de la solitude et de la mort.

Bibliographie : *Le Petit Caillou* (Laffont, 1963). *Des dimanches et des dimanches* (id., 1966 ; Balland, 1977). *Soleils* (Lettres Nouvelles, 1968). *Aux lèvres pour que j'aie moins soif* (Tchou, 1968, 1978). *Elle lui dirait dans l'île* (Laffont, 1970). *Moi j'aime pas la mer* (Balland, 1972). *Écoute* (Gallimard, 1972). *Et alors les morts pleureront* (id., 1974). *L'Écrivain ou la sixième roue du carrosse* (Julliard, 1975). *Le Temps usé* (Balland, 1976). *La Natte coupée* (Grasset, 1982). *Zut, on a encore oublié Madame Freud* (France Loisirs, 1985). *Mouche-toi, Cléopâtre* (J.-C. Lattès, 1986). *La Vie exemplaire de Rita Capucho* (id., 1988). *Chéri, tu viens pour la photo* (id., 1990). *Attends-moi,* prix des Libraires (Grasset, 1993). Nombreuses adaptations dramatiques, traductions en diverses langues (allemand, japonais, portugais, hongrois, anglais).

Sélection critique : Le Monde, 9 oct. 1976. Le Point, 27 déc. 1976. Nouvelles Littéraires, 6 oct. 1976. Elle, 1er nov. 1976. Le Figaro, 6 nov. 1976. Plusieurs thèses, en particulier sur la thématique du temps.

Michèle Sarde

Y

YAMATA, Kikou, écrivaine japonaise d'expression française.

Sur des lèvres japonaises (Le Divan : 1924). *Saisons suisses* (Neuchâtel : L'Atelier Rouge, 1929). *Shizouka, princesse tranquille* [+ portrait de l'auteur par Foujita] (M. -. Trémois, 1929). *La Trame au milan d'or* (Stock, 1930). *La Carpe*, variétés (Fayard, 1934). Trois romans (en réédition ?) : *Trois geishas* (Domat, 1953). *Mille cœurs en Chine* (Del Duca, 1957). *Masako* (Stock, 1975).

YAOU, Regina Madeleine N'Doufou, n. c. 1955, romancière ivoirienne.

« La Citadine », nouvelle, prix NEA, 1977. *Lezou Marie ou Les Écueils de la vie* (Abidjan : Nouvelles Éditions Africaines, 1982). *La Révolte d'Affiba* (id., 1985). *Aihui Anka* (id., 1988). Inédits : *Affiba Jour après jour* (-). *Zizenin - Contes du pays alladian* (-). Cf. RAEF.

YOURCENAR (pseud.), Marguerite de Crayencour, 1903-1987, romancière, essayiste.

Née à Bruxelles, d'une mère belge qui mourut peu de jours après sa naissance et d'un père français, Michel de Crayencour, nom dont « Yourcenar » est l'anagramme, Marguerite affirma très tôt son intérêt pour la littérature, son goût de l'histoire et de l'Antiquité. A quatorze ans elle écrivait ses premiers vers, dont une légende d'Icare, qui furent publiés en 1921. Elle avait vingt-quatre ans lorsqu'elle écrivit son premier roman, *Alexis ou le traité du vain combat*. Elle séjourna en Suisse, Belgique, Hollande, Autriche, vécut à l'occasion à Paris, en Italie, en Grèce, puis se fixa définitivement dans l'île des Monts-Déserts, au large de la côte du Maine (États-Unis). Marguerite Yourcenar se fait connaître du grand public pour son chef-d'œuvre *Mémoires d'Hadrien*, en 1951, et sa renommée ne cesse de croître. Elle obtient le prix Fémina en 1968 pour *L'Œuvre au noir,* le Grand Prix de l'Académie Française en 1977 (année de la publication du second volume de son autobiographie, *Archives du Nord*) et devient en 1980 la première femme jamais élue à l'Académie Française. Des traductions, éditions critiques et essais littéraires attestent par ailleurs la remarquable étendue des connaissances de Marguerite Yourcenar. Elle a, entre autres, traduit de l'anglais des negro spirituals, (*Fleuve profond, sombre rivière*), du grec la poésie de Constantin Cavafy, de l'anglais, Henry James et Virginia Woolf, et publié des essais sur Pindare, Piranèse et sur le Japonais Mishima dont elle a édité des textes dramatiques.

Sa culture fait que l'œuvre de Marguerite Yourcenar, romancière, essayiste, poète et dramaturge, est unique autant par la variété des époques et des lieux qui y sont évoqués que par celle des genres : la Grèce antique, chrétienne et moderne, la Rome du deuxième siècle de notre ère et la Rome fasciste de 1933, les Flandres de la Renaissance, la Chine, les Balkans, l'Autriche-Hongrie servent de toile de fond à une exploration de l'humain menée à partir d'une réflexion sur l'Histoire. C'est en effet par le biais de l'Histoire que Yourcenar aborde les sujets qui la préoccupent et nous préoccupent, tels les rapports entre la matière et l'esprit, le corps et l'âme, l'individu et la société, ses Dieux et son destin, le rôle de l'art, de la science, des lois et institutions dans l'évolution des civilisations. « Quand on parle de l'amour du passé, confie-t-elle à Mathieu Galey [...] c'est de l'amour de la vie qu'il s'agit. » (*Les Yeux ouverts*). L'Histoire est une « école de liberté », dira-t-elle encore. Elle est aussi une école de sage modestie – sinon de pessimisme – dans la mesure où ne s'en dégage pas l'évidence du Progrès mais plutôt celle d'un parcours avec failles et crêtes dont le tracé ressemble fort, vu dans son ensemble, à une ligne étale car « la masse humaine a peu changé depuis des millénaires. » (id.)

Dans son œuvre romanesque, Yourcenar, considérant qu'il est déjà assez « difficile de remettre quelque vérité à l'intérieur d'une bouche d'homme » et que « la vie des femmes est trop limitée ou trop secrète », fera revivre d'autres lieux et d'autres époques à travers des voix essentiellement masculines. *Alexis ou le traité du vain combat* fait, « comme tout récit écrit à la première personne/.../le portrait d'une voix » qui, douloureusement, tente de s'expliquer et raconte les épisodes d'une vie liée au tourment intime d'Alexis, son homosexualité. Dans la longue lettre qui constitue le roman, le héros tente de rompre un silence qui le séparait de sa femme et de lui-même. *La Nouvelle Eurydice* est une variation sur le même thème, l'épouse, Thérèse, y étant de même une amante sacrifiée. Marcelle, dans *Denier du rêve*, et Sophie, dans *Le Coup de grâce*, se détachent de l'ombre dans laquelle l'auteur avait placé ses premières héroïnes. Elles restent néanmoins prisonnières du triangle que forment avec elles deux hommes liés par une amitié homosexuelle à laquelle elles finiront par être sacrifiées.

La voix ferme, lucide et nuancée qui se fait entendre dans *Les Mémoires d'Hadrien* est fort différente. La romancière tente ici de « refaire du dedans ce que les archéologues ont fait du dehors » en reconstituant, selon sa sensibilité et à partir de documents authentiques, « le portrait d'un homme presque sage ». Sa méthode est celle du « délire » : « un pied dans l'érudition, l'autre dans la magie » qui consiste à se transporter en imagination à l'intérieur d'un personnage historique. L'empereur romain Hadrien, entrevoyant déjà « le profil de sa mort, » se livre dans une longue missive à son jeune successeur, Marc-Aurèle, à une méditation dans laquelle il « donne audience à ses souvenirs ». Hadrien, héros hors-pair et cependant humain, est à la mesure de cet empire romain sur lequel il a régné en un temps qui voyait sans doute l'apogée d'une civilisation. Autre héros privilégié de la romancière, Zénon, médecin, alchimiste et philosophe de *L'Œuvre au noir*, illustre la lutte – sinon le triomphe – d'un esprit éclairé et subversif contre les préjugés et l'obscurantisme de l'Europe de la Renaissance. Ici encore une solide documentation est mise au service d'une identification quasi visionnaire avec un personnage composite, aux frontières entre l'Histoire et le Rêve.

Cependant il faut concéder que rien n'est plus éloigné de la littérature confessionnelle que l'œuvre romanesque de Yourcenar. La sensibilité et l'intérêt passionné de celle-ci pour les grands problèmes humains ne nous parviennent qu'indirectement. Nous aurions pu espérer rencontrer Marguerite Yourcenar à visage découvert dans les deux volumes de son autobiographie. Or l'épigraphe du premier volume, *Souvenirs pieux*, indique d'emblée que l'auteur incline plus à remonter dans un passé familial qu'à la confidence : « Quel était votre visage avant que votre mère et votre père se fussent rencontrés ? » C'est peut-être dans *Feux*, recueil de poèmes en prose, que le désir de se dire et non seulement de se cacher s'exprime avec le plus de force. Des récits légendaires sont recréés par un auteur qui souffre et qui, de sa douleur et du fond de sa mémoire, fait ressurgir un mythe qui impose ses contours à une aventure très individuelle. Le travestissement du passé, de la légende et du mythe sont en effet le détour qui permet de dépasser une réalité personnelle douloureuse pour atteindre à une réalité au second degré, une sur-réalité psychique qui prend en charge l'émotion dans son intensité, l'organise et l'oriente dans le sens d'une nouvelle connaissance. *Feux* fait entendre, sous forme d'une polyphonie, la voix de l'auteur « éclatée » en mille voix, la plupart féminines : voix de Phèdre, d'Antigone, de Clytemnestre, de Sapho et de Marie-Madeleine.

L'art de Marguerite Yourcenar se déploie totalement en marge des interrogations et recherches formelles des dernières décennies. Conquête de l'esprit sur la matière, ou, mieux encore, mise en forme patiente de l'une par l'autre, dans un souci de perfection croissante (d'où les nombreuses révisions et rééditions de ses œuvres parfois à quarante ans de distance), l'œuvre de Yourcenar recherche, à l'instar de son héros alchimiste, Zénon, une fusion harmonieuse des éléments dans son écriture. Un vocabulaire riche, une syntaxe classique, dense et très travaillée font des meilleurs de ces textes moins des survivances d'une littérature dépassée – comme l'avancent ses détracteurs – que des objets livrés à notre réflexion et à notre appréciation d'une écriture toute à la joie de sa propre plénitude.

Bibliographie : *Romans et nouvelles* : *Alexis ou le traité du vain combat* (Au Sans Pareil, 1929). *La Nouvelle Eurydice* (Grasset, 1931). *Denier du rêve* (Grasset, 1934; éd. définitive : Gallimard, 1971). *La Mort conduit l'attelage* (Grasset, 1935). *Nouvelles orientales* (Gallimard, 1938). *Le Coup de grâce* (id., 1939). *Mémoires d'Hadrien* (Plon, 1951). *L'Œuvre au noir* (Gallimard, 1968). *Anna, soror* (id., 1981). *Œuvres Romanesques* (Gallimard/ Pléiade, 1982). *Comme l'eau qui coule,* nouvelles (id., 1982). *Un Homme obscur,* suivi de *Une Belle Matinée* (id., 1985). *Le Tour de la prison* (id., 1991).

Essais et biographies : *Pindare* (Grasset, 1932). *Les Songes et les Sorts* (id., 1938). *Sous bénéfice d'inventaire* (Gallimard, 1962). *Mémoires : Le Labyrinthe du monde.* Volume 1 : *Souvenirs pieux* (id., 1974) ; Volume 2 : *Archives du nord* (id., 1977). *Mishima ou la vision du vide* (id., 1980). *Discours de réception à l'Académie Française* (id., 1981). *Sur quelques thèmes érotiques et mystiques de la "Gita-Govinda"* (Marseille : Rivages/ Cahiers du Sud, 1982). *Le Temps, ce grand sculpteur* (id., 1983). *Quoi l'éternité ?* (id., 1988). *En pélerin et en étranger* (id., 1989). *Essais et Mémoires* (id., 1991).

Théâtre : *Théâtre I : Rendre à César, La Petite Sirène, Le Dialogue dans le marécage.* (Gallimard, 1971). *Théâtre II : Électre ou la Chute des masques, Le Mystère d'Alceste, Qui n'a pas son Minotaure ?* (id., 1974).

Poésie : *Feux* (Grasset, 1936). *Les Charités d'Alcippe* (La Flûte Enchantée, 1956).

Traductions :Virginia Woolf : *Les Vagues* (Plon, 1957). Henry James : *Ce que Maisie savait* (Laffont, 1947). *Présentation critique de Constantin Cavafy,* suivie d'une traduction intégrale de ses poèmes par M. Yourcenar et C. Dimaras (Gallimard, 1958). *Fleuve profond, sombre rivière,* commentaire et traductions de Negro Spirituals (id., 1964). *Présentation critique d'Hortense Flexner* (id., 1969). *La Couronne et la Lyre* (id., 1979). *Blues et Gospels* (1984). *Anthologie spirituelle : La Voix des choses* (Gallimard, 1987). *Conte bleu, Le Premier Soir, Maléfice,* récits (id., 1993). *Lettres à ses amis et quelques autres,* éd. Michèle Sarda (id., 1995).

Sélection critique : Blot, Jean : *Marguerite Yourcenar* (Seghers, 1971). Collectif : *Études Littéraires /Marguerite Yourcenar* (Québec : 1979). Galey, Mathieu : *Les Yeux ouverts,* entretiens (Le Centurion, 1980). Rosbo de, Patrick : *Entretiens radiophoniques avec Marguerite Yourcenar* (Mercure de France, 1972). King, Adèle : *French Women Novelists* (NY : St Martin's Press, 1989). Sarde, Michèle, *Vous, Marguerite Yourcenar* (Laffont, 1993). Savigneau, Josyane. *Marguerite Yourcenar, L'Invention d'une vie* (1990)). Le Spencer-Noël, G. : *Zénon ou le thème de l'alchimie dans « L'Œuvre au noir »* (Nizet, 1981). Cf. FWW.

Lucienne Serrano, avec MH

YVER, Colette (pseud. d'Antoinette Huzard), 1874-1953.

Les Cervelines (F. Juven, 1903). *La Bergerie* (Calmann-Lévy, 1904). *Comment s'en vont les reines* (id., 1905). *Princesses de science* (id., 1907). *Le Métier de roi* (id., 1911). *Un Coin du voile* (id., 1912). *Le Mystère des béatitudes* (id., 1916). *Mirabelle de Pampelune* (id., 1917). *Dans le jardin du féminisme* (13ᵉ éd., id., 1920). *Vous serez comme des dieux* (id., 1922). *L'Homme et le Dieu* (id., 1923). *Mammon* (id., 1924). *Le Festin des autres* (id., 1925). *Aujourd'hui* (id., 1926). *Harlequin de Lyon* (14ᵉ éd., id., 1927). *Femmes d'aujourd'hui* (id., 1929). *Enquêtes sur les nouvelles carrières féminines* (16ᵉ éd., id., 1929). *Lettres à un jeune mari* (id., 1930). *Les Cousins riches* (id., 1931). *Vincent ou la Solitude* (21ᵉ éd., id., 1931). *Cher cœur humain* (14ᵉ éd., id., 1932). *Les deux cahiers de Pauline* (id., 1934). Cf. Waelti-Walters, *Feminist Novelists of the Belle Epoque* (Bloomington : Indiana Univ. Press, 1990).

Z

Z'GRAGGEN, Yvette, n. 1920, romancière, dramaturge suisse.

Née à Genève, Yvette Z'Graggen y obtient son baccalauréat au début de la guerre. Après quelques années de secrétariat, elle entre au service de la Radio suisse romande, où elle assume la responsabilité d'émissions culturelles et documentaires ; elle écrit de nombreuses pièces radiophoniques. Elle collabore également à de nombreux journaux et traduit des ouvrages de l'italien. Elle a reçu entre autres le prix Schiller 1950 et le prix des Écrivains Genevois 1982.

De toutes ses héroïnes, c'est la dernière, Cornelia qui incarne le mieux les déchirures de la vie d'une femme, partagée entre un échec conjugal, un travail de bureau peu exaltant et une passion inattendue et sans lendemain. Même dans la plus grandes des dérives, les femmes d'Yvette Z'Graggen ne sollicitent jamais la pitié, ni même la compassion : elles sont fortes dans leurs faiblesses, exemplaires dans leur lucidité. A travers ses récits d'une écriture sans emphase, où l'analyse ne dépasse pas le ton de l'observation pertinente, Yvette Z'Graggen s'interroge sur les difficultés que peuvent rencontrer les femmes à concilier les différentes facettes de leur existence. Réflexion sans complaisance, mais sans agressivité, ses histoires sont, par leur quotidienneté, des plaidoyers qui font que l'on peut se sentir très proche de ses héroïnes, dans l'universel de la condition féminine, malgré toutes les différences.

Dans le registre autobiographique, Yvette Z'Graggen ne se contente pas de raconter les menus faits de son enfance et de sa jeunesse, elle cherche à se situer par rapport à son temps. L'histoire de sa famille s'inscrit dans une réalité socio-historique bien précise, qu'elle essaie de décrypter. C'est la Genève de l'entre-deux-guerres, où même sa famille bourgeoise n'échappe pas à la crise économique. Au-delà de l'anecdotique, il y a la complexité des rapports entre les êtres, le mystère des parents, de leur propre passé, sur lesquels l'écrivain s'interroge par rapport aux relations qu'elle a avec sa propre fille. Il y a surtout le monde, la guerre, ce que l'on en perçoit en Suisse et surtout ce que l'on en ignore. Se fondant sur des documents de l'époque, Yvette Z'Graggen essaie de comprendre comment elle a pu traverser ces « années silencieuses » sans chercher à se justifier. Sa recherche dépasse le cas personnel et prend un intérêt véritablement historique tout en gardant l'attrait d'un récit intime profondément honnête.

Bibliographie : *La Vie attendait* (Genève : Jeheber, 1944). *L'Herbe d'octobre* (id., 1950). *Le Filet de l'oiseleur* (id., 1957). *Un Été sans histoire* (Neuchâtel : La Baconnière, 1962). *Chemins perdus,* trois récits (Lausanne : L'Aire, 1971). *Un Temps de colère et d'amour,* récit (id., 1980). *Les Années silencieuses,* récit (id., 1982). *Cornelia* (id., 1985). *Changer l'oubli,* récit (id., 1989). *Les Collines,* nouvelles (id., 1991). *La Punta* (id., 1992).

Françoise Fornerod

ZIEGLER, Gillette, historienne, romancière.

Hors de cette ombre, rm (Julliard, 1960). *Le Bois du silence* (Éd. français réunis, 1963). *Les Coulisses de Versailles* (Cercle du nouveau livre d'histoire, 1966). *Histoire secrète de Paris* (Stock, 1967). *Les Mauvais Tours* (Julliard, 1968). *Le Défi de la Sorbonne* (id., 1969).

ZINAI-KOUDIL, Hafsa, romancière algérienne.

La Fin d'un rêve (Alger : ENAL, 1984). *Le Pari perdu* (id., 1986). *Le Papillon ne volera plus* (Alger : ENAP, 1990).

ZINS, Céline, traductrice [Fuentes, Calderon], poète, essayiste.

Pour l'alphabet du noir (Christian Bourgois, 1979). *Femmes extraordinaires : Christine de Pisan, Elisa Lemonnier, George Sand* [biographies, en collaboration] (Éd. de la Courtille, 1979). *Adamah,* poème (Gallimard, 1988). *L'Arbre et la Glycine* (Gallimard, 1991).

ÉDITIONS KARTHALA

(extrait du catalogue)

Collection *Méridiens*

Collection *Les Afriques*

Collection *Contes et légendes*

G.-E. MFOMO, *Au pays des initiés*.
A. DÉVI, *Contes de l'Île Maurice*.
M. BARTHÉLEMY, *Contes diaboliques d'Haïti*.
J. PUCHEU, *Contes haoussa du Niger*.
F. UGOCHUKWU, *Contes igbo du Nigeria*.
P.M. DECOUDRAS, *Contes et légendes touaregs du Niger*.
M. LOUAFAYA, *Contes moundang du Tchad*.
M. DIDI, *Contes noirs de Bahia*.
G. MEYER, *Contes du pays badiaranké*.
G. MEYER, *Contes du pays malinké*.
A. RETEL-LAURENTIN, *Contes du pays nzakara*.
A. BARBOSA, *Contes tshokwé d'Angola*.
J. COPANS, *Contes wolof du Baol*.
M.-P. FERRY, *Dits de la nuit (Les)*.
M. FÉRAUD, *Histoires maghrébines*.
H. TOURNEUX, *Nuits de Zanzibar (Les)*.
G. MEYER, *Récits épiques toucouleurs*.
G.E. MFOMO, *Soirées au village*.
K. MARIKO, *Sur les rives du fleuve Niger*.
G. KOSACK, *Contes mystérieux du pays mafa*, 2 tomes.
G. KOSACK, *Contes animaux du pays mafa*.
M. YAKOUBEN, *Contes berbères de Kabylie et de France*.

Collection *Lettres du Sud*

Essais

E. DACY, *Actualité de Frantz Fanon*.
J. DÉJEUX, *Dictionnaire des auteurs maghrébins*.
P. PFAFF, *Entretiens avec Maryse Condé*.
M. SOUIBÈS, *Femmes, famille et société au Maghreb*.
M. GASSAMA, *Langue d'Ahmadou Kourouma (La)*.
L. MATESO, *Littérature africaine et sa critique (La)*.
A. RICARD, *Littératures d'Afrique noire*.
A. HUANNOU, *Littérature béninoise (La)*.
J. DÉJEUX, *Littérature féminine de langue fr. au Maghreb*.
R. ANTOINE, *Littérature franco-antillaise (La)*.
M. ROSELLO, *Littérature et identité créole*.
N. KADIMA-NZUJI, *Littérature zaïroise (La)*.
M. CONDÉ *et al.*, *Penser la créolité*.
A. LORRAINE, *Jeamblon ou les petites libertés*.
C. MAXIMIN, *Littératures caribéennes comparées*.

Espace caribéen et haïtien

Jean JURAVER et Michel ÉCLAR, *Anse-Bertrand, une commune de Guadeloupe.*

Jacques ADELAÏDE, *La Caraïbe et la Guyane au temps de la Révolution.*

Gérard LAFLEUR, *Les Caraïbes des Petites Antilles.*

Martin-Luc BONNARDOT, *La chute de la maison Duvalier.*

Jacques ADÉLAÏDE-MERLANDE, *Delgrès.*

A. GISLER, *L'esclavage aux Antilles françaises.*

Alain ANSELIN, *L'émigration antillaise. La troisième Ile.*

André-Marcel d'ANS, *Haïti, paysage et société.*

Georges B. MAUVOIS, *Louis des Étages. Itinéraire d'un homme politique martiniquais (1873-1925).*

Christiane BOUGEROL, *La médecine populaire à la Guadeloupe.*

Rémy BASTIEN, *Le paysan haïtien et sa famille.*

Christian MONTBRUN, *Les Petites Antilles avant Christophe Colomb.*

Jean-Pierre MOREAU, *Les Petites Antilles de Christophe Colomb à Richelieu.*

Pierre PLUCHON, *Vaudou, sorciers et empoisonneurs.*

M. GIRAUD, L. GANI et D. MANESSE, *L'école aux Antilles.*

Jacques de CAUNA, *Au temps des isles à sucre.*

Laënnec HURBON, *Comprendre Haïti.*

Victor SCHŒLCHER, *Vie de Toussaint Louverture.*

Kern DELINCE, *Les forces politiques en Haïti.*

G. BARTHELEMY et C. GIRAULT, *La République haïtienne.*

J. ADELAÏDE et A. YACOU, *La découverte et conquête de la Guadeloupe.*

A.S. de WINPFFEN, *Haïti au XVIII⁰ siècle (Lettres).*

Maurice BURAL et al., *Guadeloupe, Martinique et Guyane dans le monde américain.*

G. ETZER, *Le pouvoir politique en Haïti, de 1957 à nos jours.*

Mimi BARTHÉLÉMY, *Contes diaboliques d'Haïti.*

Kern DELINCE, *Quelle armée pour Haïti ?*

Gal Pamphile de LACROIX, *La Révolution de Haïti.*

Christian RUDEL, *La République dominicaine.*

Alain YACOU (éd.), *Les apports du nouveau monde à l'ancien.*

Alain YACOU (éd.), *Créoles de la Caraïbe.*

J.-P. GIORDANI, *La Guadeloupe face à son patrimoine.*

Denis C. MARTIN, *Démocraties antillaises ambiguës.*